PEKING UNIVERSITY

北京大学年鉴

《北京大学年鉴》编委会 编

2013

图书在版编目(CIP)数据

北京大学年鉴.2013/《北京大学年鉴》编委会编.—北京：北京大学出版社，2022.1
ISBN 978-7-301-32836-1

Ⅰ.①北…　Ⅱ.①北…　Ⅲ.①北京大学–2013–年鉴　Ⅳ.①G649.281-54

中国版本图书馆 CIP 数据核字（2022）第 006143 号

书　　　名	北京大学年鉴（2013） BEIJING DAXUE NIANJIAN（2013）
著作责任者	《北京大学年鉴》编委会　编
责 任 编 辑	姚舒怡
标 准 书 号	ISBN 978-7-301-32836-1
出 版 发 行	北京大学出版社
地　　　址	北京市海淀区成府路 205 号　100871
网　　　址	http://www.pup.cn　　新浪微博：@北京大学出版社
电 子 信 箱	zpup@pup.cn
电　　　话	邮购部 010-62752015　发行部 010-62750672　编辑部 010-62752032
印 刷 者	北京中科印刷有限公司
经 销 者	新华书店 787 毫米×1092 毫米　16 开本　44 印张　5 页彩插　1565 千字 2022 年 1 月第 1 版　2022 年 1 月第 1 次印刷
定　　　价	200.00 元

未经许可，不得以任何方式复制或抄袭本书之部分或全部内容。
版权所有，侵权必究
举报电话：010-62752024　电子信箱：fd@pup.pku.edu.cn
图书如有印装质量问题，请与出版部联系，电话：010-62756370

4月23日,中共中央政治局委员、北京市委书记刘淇,市长郭金龙一行来北京大学考察调研。(宣传部 供)

3月7日,教育部赴北京大学巡视组抵达北京大学,开始对北京大学进行为期3周左右的巡视工作。(宣传部 供)

11月20日,北京大学理论中心组开展十八大精神专题学习活动。(宣传部 供)

2月25日，校领导与全国"两会"代表、委员座谈。（宣传部 供）

6月11日至13日，北京大学隆重召开中国共产党北京大学第十二次代表大会。（宣传部 供）

5月8日，北京大学2012年五四理论研讨会在英杰交流中心举行。本次研讨会的主题为"中国特色社会主义：道路、理论、制度"。（宣传部 供）

4月20日，北京大学举行仪式，聘请余光中先生为北京大学"驻校诗人"。（宣传部 供）

6月1日，"'大学堂'顶尖学者讲学计划"启动。作为入选计划的首位学者，普林斯顿大学教授崔琦作了题为"探索二维电子世界"的学术报告。（宣传部 供）

6月30日，《中国儒学史》（九卷本）出版座谈会在北京大学陈守仁国际会议中心举行。（宣传部 供）

10月26日,北医百年庆典大会举行。(宣传部 供)

5月,北京大学经济学院成立100周年暨经济学科创立110周年庆祝活动举行。(宣传部 供)

10月27日,北京大学哲学系成立100周年庆典举行。(宣传部 供)

3月21日,"北京大学斯坦福中心"揭牌仪式在北京大学朗润园举行。(宣传部供)

1月9日,北京大学党委书记朱善璐、校长周其凤率领北大代表团访问江苏省,就深化校省合作进行交流。(宣传部供)

3月4日,北京大学与广东省人民政府签署战略合作框架协议。(宣传部供)

4月11日，北京大学为剑桥大学校长博里塞维奇举行名誉博士学位授予仪式。（宣传部供）

4月25日，南苏丹总统基尔访问北京大学并发表演讲。（宣传部供）

5月9日上午，哥伦比亚总统胡安·曼努埃尔·桑托斯·卡尔德隆访问北京大学，并发表演讲。（宣传部供）

6月6日,伊朗共和国总统马哈茂德·艾哈迈迪内贾德访问北京大学并发表演讲。(宣传部 供)

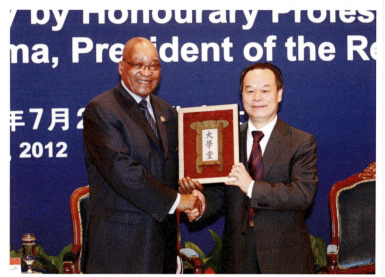

7月20日,南非总统祖马在北京大学发表演讲并接受北京大学名誉教授称号。(宣传部 供)

3月5日,是毛泽东主席"向雷锋同志学习"题词发表49周年。北京大学团委与沈阳军区雷锋生前所在团"学雷锋共建共育关系"签约仪式在英杰交流中心举行。(宣传部 供)

5月4日,北京大学举行第八届"学生五·四奖章""班级五·四奖杯"表彰大会。(宣传部 供)

7月3日、4日,北京大学举行2012年本科生和研究生毕业典礼。(宣传部 供)

9月4日,北京大学举行新生开学典礼。(宣传部 供)

5月20日,北京大学女子篮球队战胜北京师范大学女子篮球队,第一次捧起全国大学生女子篮球超级联赛(CUBS)全国冠军奖杯。(宣传部 供)

12月18日,为纪念"一二·九"运动77周年,北京大学2012年歌咏晚会在百周年纪念讲堂举行。(宣传部 供)

5月31日,海淀区领导与校领导调研肖家河教工住宅项目。(宣传部 供)

5月22日，北京大学幼教中心建园60周年庆典在百周年纪念讲堂观众厅举行。（宣传部供）

4月7日上午，第26届"京华杯"棋牌友谊赛开幕暨邱德拔体育馆全面开放启动仪式隆重举行。（宣传部供）

4月20日，北京大学第十九届体育文化节暨校运会在五四运动场拉开帷幕。（宣传部供）

《北京大学年鉴(2013)》编辑委员会

主　　任：朱善璐　周其凤
副 主 任：张　彦　吴志攀　柯　杨　王恩哥　于鸿君　敖英芳
　　　　　叶静漪　鞠传进　海　闻　刘　伟　李岩松　高　松
委　　员：李晓明　李　强　张宝岭　邓　娅　程　旭　黄桂田
　　　　　马化祥　孙　丽　陈宝剑　李　鹰　衣学磊　肖　渊
　　　　　雷　虹　王天兵　姚卫浩　余　浚　胡新龙　胡少诚

《北京大学年鉴(2013)》编辑部

主　　编：张国有
副 主 编：马化祥　肖　渊　胡少诚
编　　辑：(以姓氏笔画为序)

　　　　　王天天　左　婧　冯　路　曲一铭　任一丁　刘佳亮
　　　　　刘语潇　刘　鹏　汤继强　孙启明　李东辉　李　喆
　　　　　杨柠泽　杨凌春　杨　超　肖　桃　吴　明　利冠廷
　　　　　张妙妙　张　琳　陈　捷　陈璇雯　邵琳琳　罗小廷
　　　　　徐聪颖　高慧芳　郭俊玲　曹冠英　彭湘兰　谢　婷
　　　　　蔡曦亮　鞠　晓

统 稿 人：李　喆　徐聪颖

编 辑 说 明

《北京大学年鉴》是全面、客观、系统记述北京大学发展基本情况的大型专业性工具书，汇辑了北京大学一年内各方面、各层次的重要信息、资料和数据。

《北京大学年鉴（2013）》是北京大学建校以来的第十五本年鉴，反映了北京大学2012年度在教学改革、学科建设、科学研究、社会服务、对外交流等方面的发展进程和最新成就。

本年鉴以文章和条目为基本体裁，以条目为主。全书共分特载，专文，北大概况，基本数据，机构与干部，院系情况，教育教学与学科建设，科学研究与社会服务，管理与后勤保障，党建与思想政治工作，人物，党发、校发文件目录，表彰与奖励，毕业生名单，大事记，附录等基本栏目。

本年度所收录的各院、系、所、中心等单位的资料基本按照发展概况、教学科研、合作交流、管理服务等条目编写。统计图表附在相关内容之后。

本年鉴所刊内容由各单位确定专人负责提供，并经本单位领导审定。

本年鉴采用双重检索系统。书前有目录，书后有索引。索引采用内容分析主题法，按汉语拼音排序，读者还可以通过书眉检索所需资料。

本年鉴主要收录了各单位2012年1月1日至12月31日期间发生的重大事件，部分内容依据实际情况，在时限上略有延伸。

《北京大学年鉴（2013）》由北京大学党委办公室、校长办公室组织编写，在编写过程中，得到了各有关单位和部门的大力支持，在此谨表示衷心感谢。

《北京大学年鉴》编辑部
2013年12月

目 录

·特 载· ……………………………… (1)
中共中央政治局常委、中央书记处书记、国家
　副主席习近平视察北京大学 ……………… (1)
中共中央政治局常委、中央书记处书记、国家
　副主席习近平亲切看望徐光宪院士 ……… (2)
中共中央政治局常委李长春观看北京大学
　原创歌剧《钱学森》 ……………………… (2)
中共中央政治局委员、北京市委书记刘淇亲切
　看望全国优秀共产党员、北京大学化学与
　分子工程学院高松院士 …………………… (3)
中共中央政治局委员、国务委员刘延东亲切
　看望徐光宪院士、吴树青教授 …………… (3)
中国共产党北京大学第十二次代表大会召开 … (3)
北京大学举行北医百年庆典大会 …………… (5)

·专 文· ……………………………… (7)
勇担使命 团结奋斗 更加执著地加快推进创建
　世界一流大学步伐——在中国共产党北京大学
　第十二次代表大会上的报告 ……………… (7)
党委书记朱善璐在春季全校干部大会上的
　讲话 ……………………………………… (21)
校长周其凤在春季全校干部大会上的
　讲话 ……………………………………… (29)
党委书记朱善璐在秋季全校干部大会上的
　讲话 ……………………………………… (36)
校长周其凤在秋季全校干部大会上的
　讲话 ……………………………………… (48)

·北大概况· …………………………… (56)

·基本数据· …………………………… (61)

·机构与干部· ………………………… (65)
校领导机构组成名单 ………………………… (65)
学术委员会名单 ……………………………… (66)
专业技术职务评审委员会名单 ……………… (66)
学位评定委员会名单 ………………………… (66)
学部学术委员会名单 ………………………… (67)
第六届教职工代表大会执行委员

会委员名单 …………………………………… (68)
各院、系、所、中心负责人名单 …………… (68)
校机关各部门、工会、团委负责人名单 …… (70)
直属、附属单位负责人名单 ………………… (72)
各民主党派和归国华侨联合会负责人名单 … (73)

·院系情况· …………………………… (75)
数学科学学院 ………………………………… (75)
物理学院 ……………………………………… (77)
化学与分子工程学院 ………………………… (80)
生命科学学院 ………………………………… (84)
城市与环境学院 ……………………………… (86)
地球与空间科学学院 ………………………… (88)
心理学系 ……………………………………… (90)
建筑与景观设计学院 ………………………… (93)
信息科学技术学院 …………………………… (94)
工学院 ………………………………………… (99)
计算机科学技术研究所 ……………………… (102)
软件与微电子学院 …………………………… (104)
环境科学与工程学院 ………………………… (106)
中国语言文学系 ……………………………… (107)
历史学系 ……………………………………… (109)
考古文博学院 ………………………………… (110)
哲学系（宗教学系） ………………………… (111)
外国语学院 …………………………………… (113)
艺术学院 ……………………………………… (115)
对外汉语教育学院 …………………………… (117)
歌剧研究院 …………………………………… (119)
国际关系学院 ………………………………… (119)
经济学院 ……………………………………… (122)
光华管理学院 ………………………………… (124)
法学院 ………………………………………… (127)
信息管理系 …………………………………… (129)
社会学系 ……………………………………… (131)
政府管理学院 ………………………………… (134)
马克思主义学院 ……………………………… (137)
教育学院 ……………………………………… (139)
新闻与传播学院 ……………………………… (143)
人口研究所 …………………………………… (145)
国家发展研究院 ……………………………… (147)

体育教研部 …………………………………（148）	北京北大英华科技有限公司 ……………（360）
基础医学院 …………………………………（154）	北京北大明德科技发展有限公司 ………（361）
药学院 ………………………………………（155）	厦门北大泰普科技有限公司 ……………（361）
公共卫生学院 ………………………………（157）	北京北大先锋科技有限公司 ……………（362）
护理学院 ……………………………………（159）	北京北大维信生物科技有限公司 ………（363）
医学人文研究院/医学部公共教学部………（163）	北京北大软件工程发展有限公司 ………（365）
北京大学第一医院（第一临床医学院）……（165）	北大国际医院集团有限公司 ……………（365）
北京大学人民医院（第二临床医学院）……（167）	北京医大时代科技发展有限公司 ………（366）
北京大学第三医院（第三临床医学院）……（171）	**主要教学科研服务机构** ……………………（367）
北京大学口腔医院（口腔医学院）…………（173）	图书馆 ………………………………………（367）
北京大学肿瘤医院（临床肿瘤学院）………（176）	医学图书馆 …………………………………（379）
北京大学第六医院（精神卫生研究所）……（178）	北京大学出版社 ……………………………（385）
北京大学首钢医院 …………………………（180）	北京大学医学出版社 ………………………（387）
北京大学深圳医院 …………………………（183）	档案馆 ………………………………………（387）
元培学院 ……………………………………（185）	医学部档案馆 ………………………………（389）
中国社会科学调查中心 ……………………（187）	校史馆 ………………………………………（389）
分子医学研究所 ……………………………（189）	博物馆 ………………………………………（391）
科维理天文与天体物理研究所 ……………（191）	体育馆 ………………………………………（393）
北京国际数学研究中心 ……………………（192）	北京大学学报（自然科学版）……………（393）
深圳研究生院 ………………………………（193）	北京大学学报（哲学社会科学版）………（394）
	北京大学学报（医学版）…………………（395）
·教育教学与学科建设·……………（199）	计算中心 ……………………………………（396）
本科生教育 …………………………………（199）	现代教育技术中心 …………………………（399）
研究生教育 …………………………………（265）	医学部信息通讯中心 ………………………（400）
继续教育 ……………………………………（279）	医药卫生分析中心 …………………………（401）
留学生与港澳台学生教育 …………………（285）	实验动物科学部 ……………………………（402）
	中国药物依赖性研究所 ……………………（403）
·科学研究与社会服务·……………（287）	医学教育研究所 ……………………………（404）
理工科与医科科研 …………………………（287）	医学信息学中心 ……………………………（405）
文科科研 ……………………………………（315）	中国卫生发展研究中心 ……………………（406）
医院管理 ……………………………………（335）	
科技开发 ……………………………………（336）	**·管理与后勤保障·**…………………（408）
国内合作 ……………………………………（340）	"985工程"与"211工程"建设…………（408）
主要区域发展服务机构 ……………………（341）	发展规划工作 ………………………………（409）
首都发展研究院 ……………………………（341）	对外交流 ……………………………………（412）
深港产学研基地 ……………………………（344）	人事管理 ……………………………………（414）
校办产业管理 ………………………………（346）	离退休工作 …………………………………（431）
校本部产业管理 ……………………………（346）	财务工作 ……………………………………（432）
医学部产业管理 ……………………………（347）	审计工作 ……………………………………（435）
主要高科技企业 ……………………………（349）	房地产管理 …………………………………（437）
北大方正集团有限公司 ……………………（349）	肖家河项目建设 ……………………………（440）
北大资源集团有限公司 ……………………（352）	实验室与设备管理 …………………………（441）
北大青鸟集团 ………………………………（354）	昌平校区管理 ………………………………（458）
北大未名生物工程集团有限公司 …………（357）	基建工作 ……………………………………（459）
北京北大科技园有限公司 …………………（359）	总务工作 ……………………………………（461）
北京开元数图科技有限公司 ………………（360）	后勤党委 ……………………………………（467）

医学部后勤与基建管理处 …………………… (468)
主要后勤保障服务机构 ………………………… (474)
　餐饮中心 ……………………………………… (474)
　水电中心 ……………………………………… (475)
　供暖中心 ……………………………………… (476)
　校园管理服务中心 …………………………… (478)
　学生宿舍管理服务中心 ……………………… (479)
　运输中心 ……………………………………… (481)
　幼教中心 ……………………………………… (482)
　电话室 ………………………………………… (483)
　特殊用房管理中心 …………………………… (484)
燕园街道办事处 ………………………………… (487)
燕园社区服务中心 ……………………………… (488)
北京大学医院 …………………………………… (490)
北京大学附属中学 ……………………………… (491)
北京大学附属小学 ……………………………… (493)
信息化建设与管理 ……………………………… (494)
教育基金会与校友工作 ………………………… (496)
　教育基金会 …………………………………… (496)
　校友工作 ……………………………………… (497)

· **党建与思想政治工作** · ……………… (499)
组织工作 ………………………………………… (499)
宣传工作 ………………………………………… (501)
统战工作 ………………………………………… (504)
纪检监察工作 …………………………………… (509)
保卫工作 ………………………………………… (513)
保密工作 ………………………………………… (515)
工会与教代会工作 ……………………………… (517)
学生工作 ………………………………………… (519)
共青团工作 ……………………………………… (524)

· **人物** · …………………………………… (531)
在校院士名录 …………………………………… (531)
文科资深教授名录 ……………………………… (532)
长江学者名录 …………………………………… (532)
教授名录 ………………………………………… (534)
2012年逝世人员名单 …………………………… (543)

· **党发、校发文件目录** · ……………… (545)

· **表彰与奖励** · ………………………… (551)
2012年度党建与思想政治工作奖励名单 …… (551)
2012年度教学科研奖励与奖教金名单 ……… (559)
2011—2012年度学生及学生工作奖励
　名单 …………………………………………… (562)
2011—2012年度奖学金名单 ………………… (580)
2011—2012年度共青团系统先进集体和先进个人
　表彰名单 ……………………………………… (602)

· **毕业生名单** · ………………………… (606)
本专科毕业生名单 ……………………………… (606)
毕业硕士研究生名单 …………………………… (622)
毕业博士研究生名单 …………………………… (631)
毕业留学生（硕士、博士）名单 ……………… (635)

· **大事记** · ……………………………… (640)

· **附　录** · ……………………………… (655)
2012年授予的名誉博士 ………………………… (655)
2012年授予的名誉教授 ………………………… (655)
2012年聘请的客座教授 ………………………… (655)
2012年媒体有关北京大学主要消息索引 …… (656)
北京大学2011—2012学年校历 ……………… (662)
北京大学2012—2013学年校历 ……………… (664)

· **索　引** · ……………………………… (666)

表　目　录

表6-1	2012年数学科学学院获准科研项目一览	(75)
表6-2	2012年数学科学学院获奖情况一览表	(76)
表6-3	外国语学院获北京市第十二届哲学社会科学优秀成果奖情况	(115)
表6-4	2012年马克思主义学院毕业生就业去向统计	(138)
表6-5	2012年教育学院纵向项目情况	(140)
表6-6	2012年教育学院横向、委托和国际合作项目情况	(140)
表6-7	2011年"北大杯"校田径运动会及校运会获奖情况	(148)
表6-8	2012年度"北大杯"各单项冠军名单	(149)
表6-9	护理学院2012年度科研项目情况	(160)
表6-10	护理学院2012年主编教材情况	(162)
表7-1	北京大学本科专业分布表	(203)
表7-2	北京大学本科课程目录	(206)
表7-3	2012年北京大学获全国优秀博士学位论文情况统计	(272)
表7-4	北京大学有权授予博士、硕士学位的学科专业目录	(272)
表7-5	2012年在校研究生统计（含双证）	(278)
表8-1A	国家实验室	(290)
表8-1B	国家重点实验室	(290)
表8-1C	国家级重点实验室	(290)
表8-1D	国家工程研究中心	(291)
表8-1E	国家工程实验室	(291)
表8-1F	省部共建国家重点实验室培育基地	(291)
表8-2A	教育部重点实验室	(291)
表8-2B	教育部工程研究中心	(291)
表8-3A	卫生部重点实验室	(291)
表8-3B	卫生部工程技术研究中心	(292)
表8-4A	北京市重点实验室/工程技术研究中心	(292)
表8-4B	中关村开放式实验室	(292)
表8-5	广东省、深圳市重点实验室	(292)
表8-6	其他省部级研究基地	(293)
表8-7	2012年北京大学申请撤销的理工科虚体研究中心	(293)
表8-8	北京大学2012年度理工医科在研科研项目数分类统计	(293)
表8-9	北京大学2012年度理工科新批科研项目	(294)
表8-10	北京大学2012年理工医科科研项目到校经费	(295)
表8-11	北京大学2003—2012年北京大学到校科研经费分类统计	(295)
表8-12	北京大学2012年医科新增科研项目	(296)
表8-13	北京大学2012年获批国家自然科学基金项目	(296)
表8-14	2011年北京大学医学部获批国家自然科学基金项目数和经费数	(297)
表8-15	2012年北京大学各单位获国家自然科学基金面上和青年基金项目数和经费数	(297)
表8-16	北京大学2012年获批的国家自然科学基金重点项目(30项)	(298)
表8-17	北京大学2012年获批的国家自然科学基金重大项目	(299)
表8-18	北京大学2012年获批的国家自然科学基金国家重大科研仪器设备研制专项（自由申请）	(299)
表8-19	北京大学2012年获批的国家自然科学基金重大研究计划（共20项）	(299)
表8-20	北京大学2012年获批的国家自然科学基金重大国际合作项目	(299)
表8-21	北京大学2012年获批的国家重点基础研究发展计划（"973计划"）项目（共8项）	(299)
表8-22	北京大学2012年获批的国家重点基础研究发展计划（"973计划"）课题（共26项）	(300)
表8-23	北京大学2012年获批的重大科学研究计划项目（共5项）	(300)
表8-24	北京大学2012年获批的重大科学研究计划课题（共22项）	(301)
表8-25	北京大学2012年获批的"863计划"课题	

		（共5项）……………………（301）	表8-47	2012年北京大学文科主要纵向项目申报和立项情况……………………（315）
表8-26	北京大学2012年获批的支撑计划课题（共11项）……………………（301）		表8-48	2012年北京大学文科其他纵向项目立项情况……………………（315）
表8-27	北京大学2012年获批的科技部国家重大科学仪器设备开发专项……（301）		表8-49	2008—2012年北京大学文科科研经费到账情况……………………（316）
表8-28	北京大学2012年理工医科获批"创新团队发展计划"名单…………（302）		表8-50	2012年北京大学教育部哲学社会科学重点研究基地情况…………（317）
表8-29	北京大学2012年理工医科获批的"新世纪优秀人才支持计划"名单……………………………（302）		表8-51	2012年度北京大学文科纵向科研课题立项名单……………………（320）
表8-30	北京大学2012年理工医科获批的教育部重大项目………………（302）		表8-52	2012年北京大学获北京市第十二届哲学社会科学优秀成果奖名单……（325）
表8-31	2012年北京大学青年教师入选北京市科技新星计划名单……………（302）		表8-53	北京大学获第六届吴玉章人文社会科学优秀成果奖名单……………（326）
表8-32	北京大学2012年获批的公益性行业专项……………………………（302）		表8-54	北京大学获2011年下半年北京市社会科学理论著作出版基金资助著作名单（总第39批）……………（326）
表8-33	北京大学获2012年度国家科学技术奖项目……………………………（302）		表8-55	北京大学获2012年上半年北京市社会科学理论著作出版基金资助著作名单（总第40批）……………（327）
表8-34	北京大学获2012年度高等学校科学技术奖项目…………………（303）		表8-56	北京大学获2012年下半年北京市社会科学理论著作出版基金资助著作名单（总第41批）……………（327）
表8-35	北京大学获2012年度北京市科学技术奖项目……………………（304）		表8-57	2012年教育部"新世纪优秀人才支持计划"文科入选者名单………（327）
表8-36	北京大学获2011年度中华医学科技奖项目……………………（304）		表8-58	2011年度北京大学人文社科SSCI、AHCI、SCI论文奖励院系统计表…（327）
表8-37	2012年度SCI数据库收录的北京大学为第一作者单位的论文及分布总体情况……………………（305）		表8-59	2011年度北京大学人文社科SSCI、AHCI、SCI论文奖励名单………（328）
表8-38	北京大学2012年度出版的理工医科类著作目录（共138部）……（305）		表8-60	2012年科技开发部签订技术合同统计…………………………………（338）
表8-39	北京大学2012年通过鉴定的科研成果统计表……………………（308）		表8-61	2012年科技开发部签署技术合同分布区域统计………………………（339）
表8-40	北京大学2012年专利申请受理、授权情况统计表………………（308）		表8-62	2012年医学部专利申请及授权情况统计…………………………（339）
表8-41	北京大学校本部2012年主办的理工类国际学术会议和研讨班情况统计（共17项）………………（309）		表8-63	2012年首都发展研究院承担科研项目的情况……………………（342）
表8-42	北京大学医学部2012年主办的医学类国际学术会议和研讨班情况统计（共40项）………………（309）		表8-64	2012年首都发展研究院提交科研报告的情况……………………（343）
表8-43	北京大学理工医科2012年获得科技部政府间国际合作项目（共6项）……（311）		表8-65	2012年医学部产业关停并转进展情况……………………………（347）
表8-44	北京大学理工科2012年获得其他国际（地区）合作项目（共40项）……（311）		表8-66	2012年度图书馆书刊采访工作统计……………………………（368）
表8-45	北京大学医学部2012年获得的其他国际（地区）合作项目（43项）……（313）		表8-67	2012年度图书馆电子资源订阅情况统计……………………………（368）
表8-46	《北京大学学报（自然科学版）》文献计量指标…………………（315）		表8-68	2008—2012年图书馆相关读者服务工作进展情况………………（369）

表 8-69	2012年移动图书馆服务情况统计 …………………………（370）
表 8-70	2008—2012年图书馆总馆主页访问情况 ……………………（371）
表 8-71	2008—2012年图书馆总馆多媒体服务情况 …………………（371）
表 8-72	2008—2012年图书馆分馆读者服务情况统计 ………………（372）
表 8-73	2012年图书馆人员流动情况 …………（373）
表 8-74	2012年图书馆专业技术职务评定工作情况 …………………（373）
表 8-75	2012年图书馆领导职务变动情况 ……………………………（373）
表 8-76	2012年图书馆科研项目一览表 ………（374）
表 8-77	2012年图书馆（总馆）学术成果获奖情况统计 ………………（375）
表 8-78	2010—2012年医学图书馆电子资源使用统计表 ……………（381）
表 8-79	2012年医学图书馆完成信息用户培训教育项目情况 ………（381）
表 8-80	2012年北医系统各用户使用图书馆远程访问系统情况 ……（382）
表 8-81	2012年医学图书馆服务器品牌、型号和数量一览表 ………（383）
表 8-82	2012年档案馆档案收集数量构成表 …………………………（388）
表 9-1	2012年校本部现有全职人员分布情况 ………………………（415）
表 9-2	2012年校本部全职人员职称分布 …（415）
表 9-3	2012年校本部教师国籍/地区构成表 …………………………（415）
表 9-4	2012年校本部教师队伍年龄分布表 …………………………（415）
表 9-5	2012年校本部教师队伍学历分布表 …………………………（415）
表 9-6	2012年校本部教师学缘结构表 ……（415）
表 9-7	2012年医学部教职工基本情况一览表 ………………………（415）
表 9-8	2012年校本部增员分布表 …………（416）
表 9-9	2012年校本部增员类别及学历分布表 ………………………（416）
表 9-10	2012年校本部选留应届毕业生分布表 ………………………（416）
表 9-11	2012年校本部引进人员分布表（非毕业生） …………………（416）
表 9-12	2012年校本部引进高层次人才名单 …………………………（416）
表 9-13	2012年医学部调入人员岗位及来源分布情况 ………………（417）
表 9-14	2012年医学部接收毕业生情况统计表 ………………………（418）
表 9-15	2012年校本部减员分布表 …………（418）
表 9-16	2012年医学部调出人员岗位及流向分布情况 ………………（418）
表 9-17	2012年校本部公派出国(境)人员的派出类别 ………………（419）
表 9-18	2012年校本部公派出国(境)人员学历、职称、年龄分布状况 …（419）
表 9-19	2012年校本部派出国别（地区） …（419）
表 9-20	2012年校本部公派留学人员回校工作类别分布 ……………（420）
表 9-21	2012年校本部人文基金人员分布及资助情况 ………………（420）
表 9-22	2012年校本部各学部教授(研究员)审议结果 ………………（423）
表 9-23	2012年校本部各学部副教授(副研究员)审议结果 …………（423）
表 9-24	2012年校本部各分会正高职务评议结果 ……………………（424）
表 9-25	2012年校本部各分会副高职务评议结果 ……………………（424）
表 9-26	2012年校本部教师系列晋升正高人员年龄与学历情况 ……（424）
表 9-27	2012年校本部教师系列晋升正高人员任职时间与教学任务、科研文章统计 …………………（424）
表 9-28	2012年校本部晋升副高人员年龄与学历情况统计 …………（425）
表 9-29	2012年校本部晋升副高人员任职时间与教学任务、科研文章统计 …（425）
表 9-30	2012年医学部专业技术二级、三级、四级岗位比例表 ……（426）
表 9-31	2012年医学部管理岗位聘用统计表 …………………………（426）
表 9-32	2012年医学部管理岗位聘用新增情况统计表 ………………（426）
表 9-33	2012年校本部工资福利相关其他重要工作 …………………（428）
表 9-34	2012年医学部本部(含临时聘用人员)社会保险缴费情况 …（429）
表 9-35	2012年北京大学土地基本情况汇总表 ………………………（439）
表 9-36	2012年北京大学校舍基本情况汇总表 ………………………（440）

表号	表名	页码
表 9-37	2012年北京大学（校本部）实验室基本情况一览表	（445）
表 9-38	2012年北京大学新增40万元以上大型仪器设备一览表	（445）
表 9-39	北京大学大型仪器设备开放测试基金使用情况表	（449）
表 9-40	北京大学第二十一期大型仪器设备开放测试基金开放仪器一览表	（450）
表 9-41	2008—2012年北京大学校本部大型仪器设备测试服务收入统计表	（452）
表 9-42	2012年北京大学校本部大型仪器设备购置论证统计表	（453）
表 9-43	2012年总务部主要实施的项目情况	（462）
表 9-44	2012年总务部主要实施的节能改造项目情况	（464）
表 9-45	2012年医学部基建工程已竣工项目	（470）
表 9-46	2012年医学部基建工程在建项目	（471）
表 9-47	2012年医学部基建工程规划设计项目	（471）
表 9-48	2012年12月北京大学学生宿舍情况一览表	（479）
表 9-49	2012年度社会捐赠奖学金、助学金、奖教金概表	（497）
表 10-1	2012年校本部民主党派组织机构状况	（509）
表 10-2	2012年医学部民主党派组织机构状况	（509）

图 目 录

图 6-1 化学与分子工程学院教学及研究机构 …………………………………（81）

图 8-1 2008—2012 年图书馆馆际互借与文献传递满足率比较 ……………………（370）

· 特 载 ·

中共中央政治局常委、中央书记处书记、国家副主席习近平视察北京大学

2012年6月19日上午,中共中央政治局常委、中央书记处书记、国家副主席、中央军事委员会副主席、中央党校校长习近平同志在中共中央政治局委员、北京市委书记刘淇,中共中央政治局委员、国务委员刘延东,中央政策研究室常务副主任何毅亭,教育部部长袁贵仁,团中央书记处第一书记陆昊,北京市委副书记、市长郭金龙,中组部副部长李智勇,北京市委常委、教育工委书记赵凤桐等领导陪同下到北京大学视察调研。北京大学党委书记朱善璐、校长周其凤和其他校领导陪同调研。

上午9点25分,习近平首先来到环境科学与工程学院,了解学院基本情况和党建特色工作。在动力学实验室、集装箱大气环境野外观测站和电化学基础研究实验室,习近平认真听取了实验室工作人员关于重金属污染治理、南水北调中线工程丹江口水源区黄姜污染治理等项目科研进展情况,并在高倍显微镜下仔细观看用激光测量大气中PM2.5细颗粒上不同部位的化学成分。习近平充分肯定了实验室科研成果为北京奥运会空气质量监控做出的突出贡献,希望实验室继续勇攀科技高峰,为大城市空气质量改善继续做出积极贡献。

在考古文博学院赛克勒考古与艺术博物馆,习近平认真听取了院长赵辉教授的汇报,详细了解学院发展情况、考古发掘成果以及"支部建在考古队上"——考古工地临时党支部建设、"手拉手"党建创新项目等,对学院加强学科建设、创新高校党建形式表示充分肯定。习近平指出:"考古文博学院的学科建设、学术研究都站在中国的学术前沿。学院不仅有丰硕的学术成果,而且培养了一大批考古人才,为我国的考古事业和中华民族文明传承做出了贡献。学院在党建创新方面有一些举措和探索。比如'支部建在考古队上',这符合中央提出的党建原则,增强党组织的覆盖面。当前经济在转型,社会变化和流动性增强,怎么适应生产、社会生活,党的组织方式变化比较大。'支部建在考古队上'是党的组织方式变化,是一个有益探索。在工地上,怎么增强党的凝聚力,发挥战斗堡垒作用,激发考古专业人士、学生奋力攀登科技高峰,这个组织变化探索很有必要。党建带团建也很重要。要在各个领域体现党建带团建,团建是党建的有益补充,党建对团建有指导、引导作用。我们有八千万党员,还有八千万团员。如何将这个八千万团员培养成祖国未来的可造之材,团组织的建设和党建带团建的促进作用很重要。这方面学院也有很好的探索,做得很好。祝考古文博学院的事业蒸蒸日上,培养出更多的优秀考古人才,创建出一流的考古专业。"

在办公楼西侧广场,习近平参观了北京大学党建成果展,听取了党委书记朱善璐关于学校大力全面开展创先争优活动和胜利召开北京大学第十二次党代会的相关情况。习近平认真观看展览,不时询问学校学科建设、世界大学排名、北大未来科学城规划等进展情况。习近平表示,北大胜利召开了党代会,新当选的领导班子朝气蓬勃,生机盎然。希望北大以成功召开党代会为契机,把北大的教育事业搞好,把北大办得越来越好,以优异成绩来迎接党的十八大。朱善璐书记代表学校党委、行政和全体师生对习近平同志一直以来对北大的关怀表示衷心感谢。朱善璐书记表示,北大将深入学习、认真贯彻落实习近平同志的重要指示,凝心聚力,执著奋进,加快创建世界一流大学,为国家的繁荣发展做出北大人应有的贡献。

习近平同志与新当选校领导班子一一握手,并亲切合影留念。

中共中央政治局常委、中央书记处书记、国家副主席习近平亲切看望徐光宪院士

2012年1月18日,中共中央政治局常委、中央书记处书记、国家副主席习近平来到北京大学化学与分子工程学院教授、国家最高科学技术奖获得者徐光宪院士家中,代表胡锦涛总书记和党中央亲切看望徐光宪院士,向他致以诚挚的问候和新春的祝福,听取他对深入实施人才强国战略的意见和建议。

中共中央政治局委员、中央书记处书记、中央组织部部长李源潮陪同看望。中央组织部、教育部等中央有关部委负责人,北京大学党委书记朱善璐、校长周其凤参加看望活动。

沐浴着冬日暖阳,北京城处处洋溢着新春的喜悦。上午9时20分,习近平等领导同志轻车简从,来到北京大学徐光宪院士家中。刚一进门,习近平就紧紧握住徐光宪的手,亲切询问他的生活和身体情况,并为他送上鲜花。在客厅里,习近平同徐光宪坐在沙发上促膝谈心,对他为发展我国稀土工业、培养化学人才、推动化学教育科研事业发展做出的贡献表示敬意和感谢,并认真听取徐光宪对科技人才培养的意见和建议。

在看望徐光宪院士等知名专家过程中,习近平反复强调,广大专家是我们党和国家的宝贵财富,在人才队伍建设中起着高端引领作用,在科技、经济、文化和社会进步中起着关键支撑作用,是党执政兴国的重要依靠力量。各级党委要充分认识加强联系专家工作的重要意义,将联系专家工作列入重要议事日程,建立完善党委联系专家制度,做好联系服务专家工作。各级领导干部要注意加强与专家的思想联系,直接联系一批优秀专家学者,和他们交朋友、"结对子",对专家的情况要能做到如数家珍,经常性地听取他们的意见和建议,及时帮助他们解决工作生活中遇到的困难和问题,把各类优秀专家团结凝聚在党的周围,为中国特色社会主义建设事业贡献智慧和力量。

徐光宪对胡锦涛总书记和党中央的关怀和勉励深表感谢,并表示要继续努力,为培养更多高素质人才、为建设创新型国家再立新功。

中共中央政治局常委李长春观看北京大学原创歌剧《钱学森》

在"五四"青年节即将到来之际,中共中央政治局常委李长春2012年5月3日晚来到北京大学,与1400余名师生一起观看原创歌剧《钱学森》,向师生员工致以节日的祝贺和良好的祝愿。他勉励北京大学广大师生把继承北大优良传统与学习钱学森同志紧密结合起来,深入学习钱学森同志爱党爱国的政治品格、严谨求实的科学态度、开拓进取的创新精神、无私奉献的高尚情操,不断赋予新的时代内涵,努力形成崇尚科学、追求创新的浓厚氛围,为提高自主创新能力、推动经济社会又好又快发展做出新的更大贡献。

歌剧《钱学森》是由北京大学联合中国航天科技集团公司共同出品的一台原创歌剧。晚8时许,演出拉开帷幕。全剧共分4幕,以钱学森与夫人蒋英历经艰辛回到祖国怀抱的感人经历为主线,通过浓烈的抒情方式和辉煌的音乐表达,热情讴歌了他们的爱国情怀和为科学献身的崇高精神,激起了全场观众的强烈共鸣。演出结束后,李长春走上舞台,与演职人员亲切交谈。他称赞这部歌剧主题鲜明深刻、旋律优美动人、表演精湛细腻,希望进一步修改完善,使之成为一部具有较强思想性和艺术性的优秀作品,成为加强青少年思想道德教育、推进社会主义核心价值体系建设的生动教材。

演出开始前,李长春参观了北京大学发展概况展、人文社会科学成果展和"学雷锋树新风、加强校园文明建设"系列活动成果展,与吴树青、袁行霈、沙健孙、叶朗等老教授和青年教师、学生代表亲切交流。他希望北京大学以深入贯彻落实党的十七届六中全会精神为强大动力,紧密结合中国特色社会主义生动实践,不断增强理论自觉和理论自信,大力推动哲学社会科学创新工程,多出优秀成果,多出高素质人才,更好地服务经济社会发展。他勉励北京大学进一步把雷锋精神与北大光荣传统相结合、与学生思想道德教育相融合,大力弘扬雷锋精神,激励广大青年学子勇担时代重任,不负美好青春。

中共中央政治局委员、北京市委书记刘淇,中共中央政治局委员、国务委员刘延东一同出席当晚活动。

中共中央政治局委员、北京市委书记刘淇亲切看望全国优秀共产党员、北京大学化学与分子工程学院高松院士

2012年1月20日,中共中央政治局委员、北京市委书记刘淇来到北京大学化学与分子工程学院高松院士家中,亲切看望慰问了全国优秀共产党员高松院士,向他送去了新春的祝福。市领导赵凤桐、洪峰一同看望。北京大学党委书记朱善璐、校长周其凤参加看望活动。

与高松一家围坐在一起,刘淇关切地询问他们的学习工作情况。刘淇说,北大在全国都有很大影响,做好党建工作,对于保持高校的和谐稳定意义重大。高松既抓好了教学工作,又重视党建工作,真正做到了又红又专。他代表市委市政府感谢高松这样工作在一线的优秀党员,向他们致以节日的问候。

47岁的高松是北大最年轻的中科院院士,入党20年来,他始终坚持以对科学研究的执着追求实现共产党员的价值,为我国化学事业做出了卓越贡献,去年被评为全国优秀共产党员。他还培养了17名博士生,在教书和育人方面都取得突出业绩。

中共中央政治局委员、国务委员刘延东亲切看望徐光宪院士、吴树青教授

2012年1月12日,中共中央政治局委员、国务委员刘延东分别看望了中国科学院院士、北大化学与分子工程学院教授、2008年度国家最高科学技术奖获得者徐光宪和著名经济学家、北大教授、原北大校长吴树青。国务院副秘书长江小涓,中国科学院院长、党组书记白春礼,教育部副部长李卫红,北大党委书记朱善璐、校长周其凤等陪同看望。

刘延东代表党中央、国务院给徐光宪院士拜年,并祝福他健康长寿。刘延东说,徐光宪院士是我国著名的化学家,他提出立足基础研究、面向国家需求的思想,为我国稀土事业发展与稀土应用做出很大贡献,对我国的科学事业和产业发展意义非凡。

徐光宪对中央的关心和慰问表示感谢,并就我国的稀土问题提出了建议,希望大学和科研院所加强合作,组建国家稀土科技战略研究中心,吸收法律和外事人才,定期为国家有关部门提供决策参考。

刘延东高度评价徐光宪的建议。她说,徐光宪的建议符合科学发展观的思想,符合去年胡锦涛总书记在清华百年校庆上谈到的"协同创新"思想,现今稀土问题不仅是科技问题,还是法律、外事、外贸问题,要整合各种资源,加强合作,为经济发展服务,为国家战略和国家利益服务。

随后,刘延东来到原北大校长吴树青教授家中,代表党中央、国务院向吴树青送去生日及新春祝福,并祝愿他身体健康,生活愉快。刘延东说,吴树青教授是我国著名的经济学家,是我国政治经济学、中国特色社会主义研究方面的知名专家,著作颇丰,为国家经济理论发展,中国特色社会主义理论建设发展,研究和宣传邓小平理论,三个代表重要思想,做出了不可替代的重大贡献。

中国共产党北京大学第十二次代表大会召开

2012年6月的燕园,万木葱茏,繁花似锦。12日上午,中国共产党北京大学第十二次代表大会在办公楼礼堂隆重开幕。这次党代会是在北京大学迈出改革新步伐、谋求发展新跨越,加快创建世界一流大学的关键时期召开的一次十分重要的会议。来自校内的300名代表在为期两天的大会上共商学校发展和党的建设大计。大会的主题是:高举中国特色社会主义伟大旗帜,以马克思列宁主义、毛泽东思想、邓小平理论和"三个代表"重要思想为指导,深入贯彻落实科学发展观,牢牢把握党的十七大及十七大以来历次中央全会的基

本精神，深入学习贯彻胡锦涛总书记在北京大学建校110周年师生代表座谈会上的重要讲话、在清华大学100周年校庆大会上的重要讲话和中央领导同志的讲话精神及《国家中长期教育改革和发展规划纲要(2010—2020年)》，坚持第九、十、十一次党代会确定的共同奋斗目标，进一步升华使命自觉、创建自信、差距自省、奋斗自强的境界，突出内涵发展，重在提升，创新突破、创建推动工作主题，团结带领全校共产党员和师生员工，勇担使命，艰苦奋斗，万众一心，开拓前进，以更加广阔的视野、更加开放的姿态、更加执著的努力，加快推进创建世界一流大学步伐，全面开创北京大学科学发展、率先发展、跨越发展的新局面。

在北京大学第十二次党代会召开前夕，中央政治局委员、国务委员刘延东专门致电学校，预祝大会胜利召开，向全校广大共产党员和师生员工表示诚挚问候。

出席大会的领导嘉宾有中共中央政治局委员、北京市委书记刘淇，教育部党组书记、部长袁贵仁，北京市委常委、教工委书记赵凤桐，北京市副市长洪峰以及教育部、北京市相关部门负责人和兄弟高校领导。

北京大学校长周其凤首先致开幕词。周其凤表示，这次党代会是在深入学习贯彻党的十七大和十七大以来历次中央全会重要精神，学习贯彻胡锦涛总书记重要讲话和中央领导同志讲话精神以及北大加快创建世界一流大学关键时期召开的一次重要会议。通过这次大会，全校师生员工将继续勇担使命，再立新功，示范引领，走在前列，向党的十八大献礼，为我国的改革开放和社会主义现代化建设做出新的贡献。

民主党派代表、民盟北京大学委员会主委、地球与空间科学学院鲁安怀教授宣读了北京大学各民主党派、侨联会的贺信。贺信说，第十一次党代会以来，北大党委团结带领广大师生员工，在学校的各项事业中都取得了显著成就。在未来的发展中，北大各民主党派、侨联会和广大无党派人士将一如既往，始终与中共北京大学党委保持思想上同心同德，目标上同心同向，行动上同心同行，牢牢把握科学发展主题和加快创建世界一流大学主线，继承和发扬与中国共产党密切配合的优良传统，积极参与学校民主管理与民主监督，为北京大学辉煌未来做出新的贡献。

教育部党组书记、部长袁贵仁在讲话中肯定了北大第十一次党代会以来各项事业所取得的成就，他希望北大以更加广阔的视野、更加开放的姿态、更加执著的努力，加快推进创建世界一流大学步伐，这是胡锦涛总书记对北大的殷切希望，也是时代赋予北大的光荣使命。对于即将选出的新一届党委，他代表教育部党组提出三点希望：坚持立德树人，努力培养社会主义建设的接班人；坚持内涵发展，加快推进创建世界一流大学步伐；坚持党的领导，为学校科学发展提供有力保证。

中共中央政治局委员、北京市委书记刘淇发表了热情洋溢的讲话。他充分肯定了北京大学自第十一次党代会以来在人才培养、科学研究、社会服务、文化传承创新等方面取得的显著成绩。他说，多年来，北京大学自觉以服务首都经济社会发展为己任，通过教育培训、战略研究、科技成果转化等各种方式，参与到人文北京、科技北京、绿色北京战略之中。在中关村国家自主创新示范区建设、中关村人才特区建设等方面发挥了积极作用，为推动北京科学发展、建设中国特色世界城市提供了有力支持。他希望北京大学牢记使命，不负重托，扎实推进世界一流大学建设；在推动科技创新、文化创新双轮驱动上发挥基础作用；不断提高服务国家、服务社会、服务首都的水平；争当高校党的建设的先锋模范。市委市政府将一如既往地大力支持北京大学的发展，积极协调解决学校发展中的难题，努力为北京大学创建世界一流大学创造更好的发展环境。

朱善璐代表中共北京大学第十一届委员会作了题为《勇担使命，团结奋斗，更加执著地加快创建世界一流大学步伐》的报告。报告分四部分：第十一次党代会以来学校党的建设和主要工作；加快创建世界一流大学的形势分析、战略设想与基本思路；今后五年的工作任务与主要举措；以改革创新的精神加强改进党的建设和思想政治工作。

朱善璐说，第十一次党代会召开八年多以来是北京大学继续保持快速、平稳发展的重要时期。学校各项事业取得了新的显著进步，教育质量和办学水平不断提高，学校核心竞争力和国际影响力进一步提升，党的各项建设工作全面推进，继续保持了在国内的领先地位，在整体上达到了世界先进水平，在部分领域接近或达到了世界一流水平。与此同时，我们对如何加快创建世界一流大学形成了一系列战略设想与基本思路，即：面临新形势、新变化、新要求，一定要坚持社会主义办学方向科学发展不动摇，坚持加快创建世界一流大学不懈怠，坚持维护改革发展稳定大局不折腾，坚持全面提高教育质量和办学水平不停步。

朱善璐强调，今后一个时期，是北京大学从世界先进水平向世界一流水平跨越发展的重要阶段，要围绕"建设什么样的一流大学，怎样建设这样的一流大学"这一重大时代性课题，进一步增强使命自觉、创建自信、差距自省、奋斗自强，进一步升华加快创建世界一流大学的认识和实践发展的新境界。具体的工作思路为：咬定加快创建世界一流大学这个长期的奋斗目标和战略任务不放松；进一步加强党的领导；把握以提高质量为核心的内涵发展主线和以改革创新为动力的"创建"工作两条主线；突出人才汇集、制度创新、支撑保障、实干创业四个工作重点；深入实施文化引领战略、比较优势战略、集成聚焦战略、开放合作战略、和谐发展战略;把队伍建设、学科建设、现代大学制度建设、院系基层建设、校园发展和办学实力条件建设、创建能力建设摆在更加突出的位置,切实加以有效推进落实。

朱善璐最后号召全校师生员工紧密团结在以胡锦涛同志为总书记的党中央周围,万众一心、艰苦创业、埋头苦干、奋力争先,向着率先跻身世界一流大学、进而走在世界一流大学前列的前进目标不懈奋斗,为中华民族伟大复兴和人类文明进步做出更大的贡献!

12日下午和13日上午,18个党代表小组分别对党委工作报告和纪委工作报告进行讨论和提出修改意见,并对大会相关事项进行讨论。

13日下午,党代会进行大会选举,首先表决通过了大会选举办法和中国共产党北京大学第十二届委员会委员、纪律检查委员会委员候选人名单,以及总监票人、监票人名单。此后,大会选举产生了中国共产党北京大学第十二届委员会和中国共产党北京大学第十二届纪律检查委员会。朱善璐等29人当选新一届党委委员,于鸿君等15人当选新一届纪委委员。

随后,大会举行了闭幕式。大会表决通过了《中国共产党北京大学第十二次代表大会关于第十一届委员会报告的决议》和《中国共产党北京大学第十二次代表大会关于纪律检查委员会报告的决议》。

朱善璐致闭幕词。他说,这次大会取得了一系列成果,圆满完成了各项任务,是一次承前启后、继往开来、民主和谐、团结奋进的大会。在这次党代会上,全体代表认真履行神圣职责,保证了大会的成功召开和卓有成效。他向所有为大会筹备和召开付出辛勤劳动、做出突出贡献的同志们表示衷心感谢。

朱善璐指出,大会全面总结了学校第十一次党代会以来的主要成绩,客观分析了学校发展建设存在的问题、差距与不足,对北大加快建设世界一流大学面临的形势任务作出了准确判断,提出了未来五年乃至更长时期的发展战略和工作思路。大会通过的集中了全体代表智慧的两个工作报告及各项决议,将对学校未来的发展起到重要的指导作用。这次大会开始实行代表任期制,对于推进学校党内民主建设具有重要意义。他还就贯彻落实第十二次党代会精神向全校师生员工提出了团结、奋斗、实干和创新的要求。

朱善璐最后说,大会闭幕后,各级党组织要团结带领全校师生员工,按照这次会议的精神,紧紧围绕党和国家的工作大局,围绕学校的中心任务,抓住"围绕创建抓党建,抓好党建促创建"的主题,以改革创新精神改进党建和思想政治工作,保持党的先进性和纯洁性,不断提高党对学校工作的领导水平,更充分地发挥学校党委在学校工作中总揽全局、协调各方的作用。他说,在全校共产党员和全体师生员工的共同努力下,这次党代会的宏伟蓝图一定能够实现,北京大学一定能以优异的成绩迎接党的十八大胜利召开,并为中华民族伟大复兴做出新的更大贡献。

大会在雄壮的《国际歌》声中胜利闭幕。

北京大学举行北医百年庆典大会

2012年10月26日的北医校园,拥抱着所有共贺百年华诞的人们。他们中有白发苍苍的老校友,有身着红衫的学生志愿者,灿烂的笑脸冲淡了天空的雾霾——运动场门口,鲜花扎成的"百年北医"照壁迎接着他们的到来;场内巨大的红色幕墙映衬着绿草和彩球。北医百年庆典大会于上午10时在这里举行。

全国人大常委会副委员长、医学部主任韩启德,全国政协原副主席罗豪才,全国政协副主席王志珍、张梅颖,卫生部部长陈竺,教育部部长助理林蕙青,北京市人民政府副市长洪峰等领导应邀出席。北京大学党委书记朱善璐、校长周其凤等领导,校本部及医学部部分老领导、两院院士、杰出校友等在前排就坐。参加大会的还有来自国内78所兄弟院校、友好合作单位、57所海外院校和机构的来宾及北医校友、师生代表。大会由北京大学常务副校长、医学部常务副主任柯杨主持。

北京大学党委副书记、医学部党委书记敖英芳宣读了中共中央政治局常委、全国人大常委会委员长吴邦国,中共中央政治局常委、国务院副总理李克强,中共中央政治局委员、国务委员刘延东等发来的贺信。

卫生部部长陈竺为大会致辞。他说,北医经历了近代中国社会的发展变迁,见证了卫生事业的不断进步。我们对学校发展寄予厚望,希望积极探索中国特色医学教育发展之路,为人民群众培养更多的优秀医学人才,推动和引领国家医学教育不断深化改革,加快发展,日趋完善。陈竺还特别强调,北医各附属医院在公立医院改革中坚持公平与效率统一,积极推进各项便民为民服务,发挥了部管医院的模范带头作用。他希望医务人员攻坚克难,更加重视转化医学的发展,加强对基层的医学对口支援,解决医改这一世界性难题。

教育部部长助理林蕙青在致辞中说,北医在一个世纪的发展过程中秉承勤奋、严谨、求实、创新的精神,在人才培养、科学研究和医疗服务等方面取得了优秀的成果,在中国医药卫生史和医学教育史上谱写了优秀的篇章。她希望北医在新的历史起点上深入贯彻科学发展观,把握战略机遇,奋勇争先,加快创建世界一流大学的步伐,全面提高质量,大力提升服务国家医药卫生事业发展的能力。

北京市副市长洪峰充分肯定了北医近年来为促进首都经济社会发展和民生改善作出的积极贡献,指出加快建设中国特色世界城市,需要各高校的积极参与。他祝愿北医发扬优良传统,全面加强内涵建设,把学校发展与社会需求结合起来,不断提升人才培养水平和科技创新能力,为北京率先实现人人享有医疗服务的目标做出贡献。

北京大学党委书记朱善璐发表致辞说,北医与北大合校12年来,优势互补、创新发展,各方面都取得了新的成就,特别是通过机制创新,推进教育体制改革,强化素质教育,加强学科交叉融合和协同创新。今后,学校将继续全力支持医学部的发展建设,为加快创建世界一流医学教育进程提供更好的条件。医学部广大师生员工要以百年庆典为契机,发扬优良传统,认真思考谋划,在新的百年奋斗目标和发展战略引领下,开创北医发展的新局面。

基础医学院教师张毓、2006级医学口腔专业吕珑薇作为在校师生代表分别发言。

专程赶来的海内外兄弟院校代表,美国中华医学基金会主席陈致和教授、美国杜克大学医学及医疗体系总裁 Victor Dzau 教授、台湾阳明大学校长梁赓义教授、复旦大学校长杨玉良院士、北京协和医学院校长曾益新院士发表了热情洋溢的致辞。

庆祝大会的颁奖环节,韩启德为来到现场的杰出校友钟南山、甘英、王澍寰、钱煦、张友尚、屠呦呦、于德泉、吴景春、程书钧、曹荣桂、彭玉、曹泽毅、王存玉颁奖。敖英芳宣读了对支援边疆及基层卫生事业发展的校友的集体表彰决定。

杰出校友代表钟南山院士在讲话中深情地表示,能够有机会获得母校授予的"杰出校友"称号感到无比兴奋,得到"母亲"给予的嘉奖非常激动。希望北医百尺竿头、更进一步,特别是在教育部创新计划、在体制改革上做出创新,在临床、各学科结合、境内外合作等方面做出表率,使北医真正成为一面协作、创新的旗帜。

韩启德在致辞中回顾了北医初建至今的发展过程,指出对社会责任的担当是贯穿北医百年历史的一条主线,北医人具有独特而富有魅力的精神传统和品格:实事求是、认真执著;包容豁达、尊才尚能;厚爱厚德、追求卓越,概括起来即为"厚道"二字。他分析了当前所面临的机遇与挑战,希望北医确定正确的发展战略,对以下方面进行深入思考:创造中国特色医学教育模式;淡化专业界限,着力加强学科交叉;为中医药发展开创新局面;完善管理机制,坚持民主办校,按章治校;重视人才工作;发挥合校优势,深化有机融合。他鼓励广大北医人继承百年传统,不负使命,敢于担当,甘于奉献,共谱新百年的辉煌篇章。

由学生、教工和离退休人员组成的"老中青"合唱团走上主席台,带领全体与会代表共唱《北医之歌》,大会在优美的歌声中闭幕。

·专 文·

勇担使命 团结奋斗 更加执著地加快推进创建世界一流大学步伐
——在中国共产党北京大学第十二次代表大会上的报告

朱善璐

(2012年6月12日)

各位代表,同志们:

现在,我代表中国共产党北京大学第十一届委员会向大会报告工作,请各位代表审议。

自1998年5月江泽民同志在北大百年校庆上提出创建世界一流大学的重大国家战略以来,我们已经团结奋斗了14年。2003年学校第十一次党代会提出,要在本世纪头20年基本实现创建世界一流大学的奋斗目标,也已过去八年多的时间。当前,国家发展继续处在重要的战略机遇期,北京大学站在了一个具有特殊意义的历史节点上,正处在加快创建世界一流大学的关键阶段。此时,我们召开北京大学第十二次党代会具有承前启后、继往开来的重大意义。

本次大会的主题是:高举中国特色社会主义伟大旗帜,以马克思列宁主义、毛泽东思想、邓小平理论和"三个代表"重要思想为指导,深入贯彻落实科学发展观,牢牢把握党的十七大及十七大以来历次中央全会的基本精神,认真贯彻落实即将召开的党的十八大的重大部署,深入学习贯彻胡锦涛总书记在北京大学建校110周年师生代表座谈会上的重要讲话、在清华大学百年校庆上的重要讲话和中央领导同志的讲话精神及《国家中长期教育改革和发展规划纲要(2010—2020年)》,以及北京市第十一次党代会精神,坚持第九、十、十一次党代会确定的共同奋斗目标,进一步升华使命自觉、创建自信、差距自省、奋斗自强的境界,突出内涵发展、重在提升,创新突破、创建推动的工作主题,团结带领全校共产党员和师生员工,勇担使命,艰苦奋斗,同心同德,开拓前进,以更加广阔的视野、更加开放的姿态、更加执著的努力,加快推进创建世界一流大学步伐,全面开创北京大学科学发展、率先发展、跨越发展的新局面,迎接党的十八大和北京十一次党代会的胜利召开。

一、第十一次党代会以来学校党的建设和主要工作

2003年12月北京大学第十一次党代会召开八年多以来,是北京大学继续保持快速、平稳发展的重要时期。在党中央、国务院的亲切关怀和教育部党组、中共北京市委的领导下,在科学发展观的指引下,学校党委结合实际深入学习贯彻党的十六大、十七大精神和中央重大战略部署,依托国家"211工程""985工程"的重点支持,在第十次党代会的基础上,认真落实第十一次党代会确定的发展目标和各项任务,团结带领全校党员和师生员工,求真务实、锐意进取,把创建世界一流大学的历史任务继续推向前进,开创了学校发展新局面。

(一)深入贯彻党的教育方针,牢牢把握社会主义办学方向。

党委始终坚持马克思主义的办学指导地位,坚持党的教育方针,加强领导班子的理论学习,加强思想政治工作,深入开展保持共产党员先进性教育活动、学习实践科学发展观活动和创先争优活动,坚持用中国特色社会主义理论体系武装头脑、指导实践、推动工作,牢牢把握学校的社会主义的办学方向。

以科学发展观统揽工作全局,坚持科学发展、以人为本、提高质量、统筹兼顾,不断推动学校事业又好又快发展;注重提高党委对学校工作统揽全局、协调各方的领导能力,认真贯彻执行党委领导下的校长负责制,坚持党委领导、校长负责、师生治学、民主管理的有机统一,不断提高治校理教水平。

秉承育人为本、立德树人、德育为先的理念,致力于培养中国特色社会主义高素质建设者和可靠接班人。深入贯彻落实中央16号文件,以"文明生活、健康成才"为主题,以思想政治理论课教学为主渠道,以校园文化和社会实践活动为"第二课堂",不断加强和改进学生思想政治教育;开展"向实践学习,向人民群众

学习"专题教育活动,推动学生工作科学转型和精致化发展,形成全员、全方位、全过程的思想政治教育体系。结合医学教育实际,深入开展"爱·责任·成长"教育活动。在北京市委教育工委组织的北京高校党的建设和思想政治工作优秀成果评选中,我校连续四届获得一等奖。

近年来,北大学生在支援抗震救灾、服务北京奥运会残奥会、参与国庆60周年群众游行等重大考验中表现优异,一批又一批青年学子志愿到西部地区、基层一线建功立业。医学部师生为实现人人享有基本医疗卫生服务,保障人民群众健康做出了积极贡献。2011年5月,胡锦涛总书记亲自给我校第十二届研究生支教团成员回信,对我校实践育人工作给予充分肯定和巨大鼓舞。

弘扬北京大学传播马克思主义的光荣传统,发挥哲学社会科学学科和人才显著优势,积极推进马克思主义中国化、时代化、大众化。38位教授被聘为中央马克思主义理论研究和建设工程的首席专家和主要成员,主持和参与编写教材30余部。

加强师德、医德、教风、学风、校风、医风建设,深入开展学习胡锦涛总书记给孟二冬女儿回信活动,设立学校师德最高奖"蔡元培奖"并开展两届评选表彰活动,集中推出和宣传了王选、孟二冬、姜伯驹、高松、马庆军等先进典型。

(二)坚持科学发展,不断提升教育质量和办学水平。

教育教学改革不断深化,人才培养质量逐步提高。继续推进以元培计划为重点的本科生教育教学改革,积极实施质量工程、基础学科拔尖学生培养试验计划、本科生科研训练、医学创新人才培养等项目,形成了拥有16名国家级教学名师、14个国家级教学团队、21个国家级人才培养基地、8个国家级实验教学示范中心、90门国家级精品课程的本科教育教学阵容,教育教学水平接近世界一流。扎实推进以稳定规模、优化结构、提高质量为方针的研究生教育教学改革,逐步建立起以素质能力为根本、申请与全面考核相结合的研究生招生机制,大力提升研究生教育国际化水平,全面实行弹性学制和博士学位论文匿名评阅制度,努力探索具有国际视野、满足国家目标、创新能力突出的优质博士生教育教学模式。深圳研究生院作为学校的重要改革试验区,在开展交叉学科研究和国际化办学上取得了明显成效。

学术研究水平持续提升,学科建设总体上达到世界先进水平。原北京大学和原北京医科大学合校以来,学校学科的综合性和办学实力进一步加强,9个一级学科排名全国第一。根据汤森路透"基本科学指标数据库"2012年3月调查数据,我校进入全球前1‰的学科从2002年的4个增长到18个。其中,化学与材料科学进入全球前0.1‰。组建了前沿交叉学科研究院、先进技术研究院、工学院等交叉学科研究机构和公共平台。形成了以18个国家重点一级学科、25个国家重点二级学科、3个国家重点培育学科为龙头,以48个博士学位授予权一级学科、4个博士和29个硕士授予权专业学位、39个博士后流动站为主干,以17个理工医科国家级科研基地、50个理工医科省部级重点实验室、13个教育部人文社会科学重点研究基地为战略支点,人文、理学、社会科学、信息与工程、医学五大学科集群比肩并行,综合交叉的学科发展布局。学校承担国家重大科技任务、为国家重大需求提供人才和科技支撑的能力显著提高。"十一五"期间,获批"973计划"和重大科学研究计划34项、"863计划"重大重点项目课题28项,国家哲学社会科学基金重大项目17项,获得国家自然科学奖25项、国家科学技术进步奖37项、国家技术发明奖5项,18项成果入选年度中国高校十大科技进展,医学部"北京大学综合性创新药物研究开发技术大平台"项目被立为国家科技重大专项。人文社会科学学科取得了一批在国内外有重大影响的标志性成果,为国家和地方重大科学决策提供了重要的智力支持。

师资队伍建设稳步推进,人才优势保持领先。按照总量控制、按需设岗、公开招聘、平等竞争、择优聘用、分级流动、岗位管理的原则,深化师资人事制度改革。充分利用国家各项人才计划,加大人才引进力度,通过实施"长江学者奖励计划""海外高层次人才引进计划""优秀青年人才引进计划""海外学者讲学计划"和"讲席教授制度"等政策举措,培养和吸引了大批海内外优秀学者。形成了以70名"两院"院士、19名哲学社会科学资深教授、136名长江学者、87名"千人计划"入选者、49名"973"项目和国家重大科学研究计划首席科学家、168名国家杰出青年科学基金获得者、21个国家自然科学基金委创新研究群体、25个教育部创新团队以及一批"百人计划"青年学者为代表的优秀人才队伍。徐光宪教授获得国家最高科学技术奖。诺贝尔物理学奖得主崔琦教授受聘为北京大学终身教授,将以北京大学崔琦实验室为基地在中国开展科研工作。

坚持服务国家战略,校地合作进一步拓展,服务经济社会发展能力不断增强。长期以来,北京大学积极参与国家发展建设,整合调动校内外资源为党和国家的重大政策提供高水平的资政、咨询和服务。全力支持2008年北京奥运会、残奥会等,筹资兴建奥运乓乓球馆并负责场馆运行,3000余名志愿者参加各类志愿活动,提供医疗保障和科技支持,为奥运会的成功举办做出了北大应有的贡献。与中央部门和17个省市建立了正式合作关系,积极参与北京市高新技术产业、文化创意产业和城市规划建设等方面的工作。初步建立起以产学研结合为重点的多层次、宽领域、灵活多样的社会服务合作体系,一批优秀的科研成果实现了产业化。以方正集团为代表的校办产业在结构调整中持续发展,年度产值占据全国高校产业近三分之一的份额。对口支援石河子大学和西藏大学成效显著,荣获"全国民族团结进步先进集体""西部大开发突出贡献集体"称号。各附属医院年门诊总量近1000万人次,年收治住院病人20万人次。广大医务人员积极投入抗震救灾、支援基层、支援边疆,做出了重要贡献。

文化传承与创新引领学校气象,国际交流合作走在前列。按照高举旗帜、坚持方向,尊重差异、包容多样,百花齐放、百家争鸣,育人为本、师生至上,传承创新、引领气象的文化建设方针,积极参与中央马克思主义理论研究与建设工程,新组建成立了马克思主义哲学研究中心、高等人文研究院、儒学研究院、西方古典学中心、歌剧研究院、中国画法研究院、文化产业研究院、中国诗歌研究院、国际汉学家研修基地等跨学科研究机构。在中华典籍整理、中华文明探源工程、秦汉简牍的整理与研究、儒藏的编撰出版、文化产业研究等领域取得重要成就。在近年国内各种人文社会科学研究优秀成果奖评选中,获奖成果均位列全国高校前列,学术贡献和影响力继续保持明显优势。

与世界53个国家和地区的266所大学建立了交流与合作关系,与耶鲁大学、斯坦福大学等著名大学联合进行教育和科研项目。着力实施"学生海外学习"计划,稳步推进海外引智工作。留学生数量与质量稳步提高,先后接待了60位国家元首和政府首脑、300多个世界著名大学校长代表团。与国外知名大学共建9所孔子学院,北京论坛、北京大学国际文化节等大型活动成为中外文化交流的重要平台,为国家公共外交做出积极贡献。

基础设施和公共服务体系建设持续推进,办学条件进一步改善,校园民生工程取得新的进展。成府教学科研园区、昌平校区科研基地、北大科技园建设顺利实施,五道口教师住宅完成认购工作,肖家河教工住宅项目加快推进,校园民生工程取得新突破。"小机关、多实体、大服务"的后勤管理运行体系和服务平台建设取得了新进展,学校经费筹集和财务管理能力不断增强,多渠道筹措办学经费的格局基本形成,基金会成为争取社会捐赠的重要渠道,营造了和谐校园环境和可持续发展的工作局面。

医学部的发展在校本部和各方面的支持下,取得了新的业绩,呈现出良好发展态势。作为北京大学的重要组成部分,医学教育的发展对北京大学创建世界一流大学的事业具有不可替代的作用。合校以来,医学部紧紧围绕国家战略需求和群众卫生健康需要,瞄准国家和世界医学发展的前沿目标,充分发挥已有基础和优良传统及综合性大学举办医学教育的优势,创新体制机制,推进医学教育综合改革,加强对医学学科建设和科研发展的宏观统筹和顶层设计,进一步增强了学科整合、交叉融合和协同创新的主动性、积极性。附属医院的整体实力持续增强,积极配合国家区域协调发展和北京世界城市建设的需要,立足北京、辐射全国,支撑健康北京和健康国家建设。

(三)加强党的先进性建设,全面推进党的建设各项工作。

学校党委坚持将党的领导和党的建设贯穿在改革发展稳定的各项工作和创建世界一流大学的进程中,围绕中心抓党建,抓好党建促发展,推动了事业发展,保持了持续稳定。

科学理论学习进一步加强,学习型党组织建设初见成效。发扬北京大学传播先进思想的光荣传统,积极探索建立新形势下、新媒体环境中高校党员干部学习的长效机制。近9年来,校党委理论中心组学习近百次,举办形势报告会和理论研讨会近70场,党委各部门编发各类学习刊物10余种;宣传部、组织部和学工部建立了各具特色、具有分类指导意义的党建网站,有力地推动了马克思主义中国化最新理论成果的宣传教育。

领导干部思想政治水平与能力素质进一步提高,干部队伍建设稳步推进。根据学校党政管理工作的特点,按照中央和上级党组织的要求,调整、充实和完善干部队伍建设规划,坚持德才兼备、以德为先的用人标准,注重治校理教能力的提升、班子结构优化,统筹党外干部队伍建设,选好配强各单位领导班子。按照民主公开竞争择优方针不断深化干部人事制度改革,加大年轻干部配备力度,加强干部岗前培训和届中考核力度,干部选拔任用管理监督机制不断健全。目前,全校中层干部45岁以下230人,占总数的41.0%,近9年来,举办各类干部学习班37期,累计2337人参加学习,促进了干部理论政策水平和工作能力的提高。同时,保持了一支政治坚定、能力突出、结构合理、数量充足的高素质后备干部队伍。

抓基层、打基础的工作思路进一步明确,基层党建切实加强和改进。认真贯彻落实《中国共产党普通高等学校基层组织工作条例》,以不断增强和发挥基层党组织的战斗堡垒作用和党员的先锋模范作用为方向,着力推动党支部活动方式创新,提高组织生活质量,着力增强党组织的影响力,重视在青年教师和学术骨干中发展党员。党员人数由2003年12月的15389人上升到2012年2月的26166人。其中,教师党员占教师总数的45.6%,35岁以下青年教师中党员比例达到46.8%。教授党员比例为52.7%,院士党员比例为

59.5%，长江学者中党员比例为43.8%。研究生和本科生中党员比例分别达到51.2%和20.1%。高松、王建祥、张平文、孙祁祥等教师党员分别被评为全国优秀共产党员、北京市"群众心目中的好党员"、北京高校"育人标兵"、北京市"创先争优"优秀党员。基层党组织在促进发展、推动改革、保持稳定中发挥了重要作用。

廉洁从政、廉洁从教意识进一步增强，党风廉政建设扎实推进。坚持党委统一领导、党政齐抓共管、部门各负其责、纪委组织协调，依靠师生员工支持参与的领导体制和工作机制，以"一岗双责"为抓手，以贯彻落实《关于实行党风廉政建设责任制的规定》《关于加强高等学校反腐倡廉建设的意见》和《廉政准则》为重点，以廉政风险防控管理为依托，不断推进教育、制度、监督并重的惩治和预防腐败体系建设，在校园廉洁文化建设、重点领域和关键岗位廉政管理监督、查办违法违纪案件和信访工作等方面取得新成效。

群众观点、统战传统和民主管理精神进一步发扬，统战工作、教代会工会工作、共青团工作和离退休工作迈上新台阶。完善党外人士参与学校民主管理与监督的机制，拓宽教职员工参与学校民主管理与监督的渠道，积极支持民主党派自身建设和党外代表人士在各级政府参政议政；切实维护教职员工的合法权益，创办平民学校、建立爱心基金、完善校领导与教职工见面会；充分发挥共青团作为党的助手在青年学生中的组织、宣传和引导教育作用；更加重视在政治上尊重、在思想上关心、在生活上照顾离退休教职工。建立健全校系两级工作机制，落实党员干部联系群众、联系党外人士制度。统战部荣获"全国统战系统先进集体"称号；校工会通过"全国模范职工之家"复验；校团委荣获"北京奥运会残奥会先进集体"称号；离退休工作多次得到了上级的表扬和肯定。

2007年，我校再次被评为"北京市党建与思想政治工作先进单位"。

（四）按照中央的部署和上级党组织的安排，深入开展保持共产党员先进性教育活动、学习实践科学发展观活动和创先争优活动，党在学校知识分子中的影响力和凝聚力进一步提升。

2005年，学校党委在全校共产党员中开展了以实践"三个代表"重要思想为主要内容的保持共产党员先进性教育活动，取得了显著成效。各级党组织和广大党员端正思想、认真学习，受到了一次深刻的马克思主义思想教育和党性锻炼，进一步增强了为人民服务、为师生员工服务的宗旨意识。通过广泛征求意见、深刻自我剖析和查摆突出问题，党委对学校发展建设的形势、目标、任务形成了更加清醒的认识。群众对学校保持共产党员先进性教育活动的满意率达96.1%。

2009年，学校党委以"服务国家战略，坚持科学发展，加快推进创建世界一流大学步伐"为实践载体，紧紧围绕"培养什么人，怎样培养人"和"办什么样的大学，怎样办好大学"这两个根本问题，按照"党员干部受教育、科学发展上水平、人民群众得实惠"的总要求，深入开展学习实践科学发展观活动。经过学习调研、分析检查、整改落实，各级领导班子和全体师生员工在"为什么要科学发展，怎样科学发展"的问题上，统一了思想，明确了方向，凝聚了共识，制定了61项整改落实措施，集中力量解决了一些关系师生员工切身利益的实际问题。

2010年8月份以来，学校党委按照先进基层党组织"五个好"、优秀共产党员"五带头"的要求，在全校组织开展了创先争优活动。2011年下半年，学校党委提出，在全校上下深入开展"进一步学习贯彻胡锦涛总书记'七一'重要讲话，刘延东国务委员在全校教师干部大会上的讲话精神"专题教育活动，以"示范引领，走在前列，加快推进创建世界一流大学步伐"为主题，继续深化创先争优活动。党委常委分组深入院系调查研究，指导工作，加强基层党组织建设；基层党组织大力宣传先进典型，搭建活动平台、丰富活动内容、创新活动方式，形成了广大党员群众立足岗位创先争优的良好氛围。

近半年来，围绕"开好党代会、加快创一流、迎接十八大"的工作主题，学校党委和行政领导班子成员转作风、下基层、察实情、听意见，问需于师生、问计于群众，深入调研、广泛征集意见和建议；广大党员干部和师生员工积极响应学校号召，分别开展了"解放思想大讨论""总结经验找差距"活动以及"建言献策话发展"活动。2012年3月，教育部赴北京大学巡视组对学校进行为期三周的巡视工作，对北京大学的工作给予充分肯定，并提出了重要意见。前不久，中共北京大学医学部第十二次党代会顺利召开，对医学部党的建设和主要工作做了总结和新的部署。这些都为学校党代会的召开作了重要的思想和工作准备。

经过长期的努力，尤其是八年多来的持续快速发展，我校各项事业取得了显著进步，教育质量和办学水平明显提高，学校核心竞争力和国际影响力进一步提升，党组织的影响力和凝聚力切实增强，学校继续保持了在国内的领先地位，在整体上接近了世界先进水平，在部分领域接近或达到世界一流水平，为基本实现建设世界一流大学奋斗目标奠定了坚实基础。同时，我们也进一步深化了对新时期学校建设和发展，特别是对如何加快创建世界一流大学的一些规律性认识：

——必须始终高举旗帜，坚持正确办学方向。在科学理论的指引下，坚持和巩固马克思主义的指导地位，深入学习贯彻研究宣传中国特色社会主义理论体系这一马克思主义中国化最新理论成果,认真贯彻落实党的教育方针,自觉与党中央保持高度一致,大力推进社会主义核心价值体系建设,筑牢全校党员干部和师生员工团结奋斗的思想政治基础。

——必须用科学发展观统领学校发展全局。坚持以人为本、育人为本、人才为本、师生为本,牢牢把握育人这个学校工作的核心任务,一切为了学生的健康成长,为了全体学生的健康成长。坚持教育以学生为主体,办学以教师为主体,坚持质量立校,突出内涵发展,注重全面协调可持续和统筹兼顾,控制规模,优化结构,提高效益,努力实现好字当头、好中求快、又好又快的科学发展。

——必须牢牢把握加快创建世界一流大学的奋斗目标和长期战略任务。加快创建世界一流大学的奋斗目标已成为全校师生员工的高度共识,成为凝聚人心、鼓舞斗志的共同理想和强大精神力量。学校事业发展和各项工作都要紧紧围绕这一奋斗目标和战略任务,以"加快创建"为主要抓手和基本工作载体,促进学校建设发展。通过这一共同的奋斗目标团结党内外同志和朋友,凝聚全校师生员工的意志和力量,调动一切积极因素,最广泛地团结一切可以团结的力量,最大限度地激发全校师生员工的积极性和创造性,把创建世界一流大学作为始终如一、接力奋斗不断自我超越的长期可持续发展过程。

——必须以改革创新为动力,遵循全面推进、重点突破的工作方针。以改革创新激发办学活力,以重点突破带动整体提升,实现创新驱动发展。从发展中大国的国情和北大的实际出发,始终把队伍建设和学科建设作为最重要的基础性工作,克服力量分散的弊端,突出重点、强化特色、发挥优势,实现学校各项事业的全面推进。

——必须积极服务国家发展战略,加快推进国际化发展。紧密联系改革开放和社会主义现代化建设伟大实践,紧紧围绕国家科学发展主题和加快转变经济发展方式主线,积极服务国家战略需求和地方经济社会发展重大需要,以服务求支持,以贡献求发展,在服务国家现代化建设中提升教育质量创新能力和办学水平,在服务国家和民族的和平崛起时代进程中跻身世界一流行列。统筹利用国际国内两种资源,汇聚世界优质高等教育资源和发展要素,不断提高学校的核心竞争力和国际声誉、国际影响力,为人类文明进步做出应有贡献。

——必须大力加强和改进新形势下党的建设,保持校园和谐稳定。保持党的先进性和纯洁性,以校级领导班子和各级干部队伍为重点,提高党的领导能力和党建工作科学化水平,深入开展创先争优活动,切实做好思想政治工作。自觉维护北大和首都改革发展稳定大局,牢固树立安全稳定工作无小事、北大无小事的自警意识,在和谐稳定的环境中抓改革、谋发展。

我们的以上认识和体会概括起来就是,面临新形势、新阶段、新要求,一定要坚持社会主义办学方向和科学发展不动摇,坚持加快创建世界一流大学不懈怠,坚持维护改革发展稳定大局不折腾,坚持全面提高教育质量和办学水平不停步。

在总结成绩和经验的同时,还要清醒认识到,我们的工作与形势发展要求、与党和人民对北京大学的期待还有不小差距,工作中还存在一些亟待解决的问题:

——学校改革发展的战略目标、战略思路、战略共识需要进一步凝炼和巩固提升,对创建世界一流大学规律的认识和把握还有待深化提高。在部分单位和部分同志中,科学发展观的根子还扎得不深,外延为主粗放式发展的惯性影响仍不可忽视,提高教育质量和办学水平还有不少问题需要下大力气解决。长期以来存在的过于分散、难于整合集中的问题还比较突出,改革突破的力度还不够,抓创新驱动发展的能力还需进一步增强。

——具有全球竞争力的领军人才不多,结构不优。缺少享誉海内外的学术大师,优秀中青年后备人才数量还不足,部分优秀人才流失的压力仍将长期存在,在全球范围内吸引杰出人才的政策、机制、环境还难以适应新的形势和要求,培养扶持本土本校人才的力度还要进一步加大。管理队伍和后勤服务队伍建设亟待加强。部分干部、教师精力不集中,做好本职工作和教书育人投入不足,一定程度上存在着浮躁的风气。

——近年来,学校办学条件有了很大改善,但距离创建世界一流大学的要求还有不小差距,发展瓶颈和办学实力硬约束问题还比较突出,重要办学资源总体短缺,发展空间严重不足,办学经费仍然紧张、基础设施建设供不应求等瓶颈问题亟待攻克,资源合理配置和高效利用的机制亟待加强和健全。在进一步改善师生员工工作、学习、生活条件方面压力比较大,民生工程需进一步深入推进。

——党的建设和思想政治工作还存在一些深层次问题亟待解决。领导班子和干部队伍中间的思想作风状况、领导能力和执行能力建设与新形势、新任务的要求还不很适应。一些部门服务意识和作风要进一步改进。少数单位、人员工作中失之于软、散、懒、庸、空的现象需要着力克服,小进即安、不思进取的精神懈怠倾向需要着力扭转等等。

我们要高度重视这些问题,在调查研究的基础上,采取必要措施,迎难而上,努力探索,在实践中通过改革和发展认真加以解决。

各位代表、同志们:八年多来,本届党委团结带领全校党员和师生员工,不辱使命、开拓进取,真抓实干、攻坚克难，在加快创建世界一流大学的进程中迈出了新的重要步伐，将北京大学的建设和发展又推进到了更高的起点上。

我校创建世界一流大学的宏伟事业始终得到党中央、国务院的亲切关怀，得到了教育部和北京市的大力支持。百年校庆江泽民总书记莅临北京大学视察并在庆祝大会上发表重要讲话，做出重大战略决策；在建校110周年之际胡锦涛总书记亲临北大视察，发出加快创建世界一流大学、谱写北京大学发展崭新篇章的时代性号召。两任党的总书记先后亲临我校就创建世界一流大学发出号召并加快推进，给我们以巨大的鼓舞和激励。温家宝、贾庆林、李长春、习近平、李克强、贺国强、刘淇、刘延东、李源潮、汪洋等领导同志先后莅临北大视察指导工作，与师生见面，作出重要指示，给北大师生以亲切关怀和指导。我们取得的所有成绩，是在党中央国务院的亲切关怀和教育部党组、中共北京市委的领导下，在中组部、卫生部等有关部门的指导和关心支持下，全校广大党员、干部和师生员工凝心聚力、团结奋斗的结果，是一代又一代北大的共产党人和广大师生长期努力积累的结果。在此，我谨代表中共北京大学第十一届委员会，向中央领导和上级党组织，向学校老领导老同志，向全校共产党员和共青团员，向各民主党派的成员们，向工会教代会的同志们，向全校师生员工和离退休教职工，向海内外北大校友和兄弟高校的同仁们，以及所有关心支持北大建设发展的同志们、朋友们，致以最诚挚的感谢和最崇高的敬意！

二、加快创建世界一流大学的形势分析、战略设想与基本思路

今后一个时期，是北京大学从世界先进水平向世界一流水平跨越发展的关键重要阶段。我们一定要肩负起崇高使命和历史责任，根据世界格局的发展变化，根据党和国家发展与建设的需要，立足于我国高等教育发展大局和北大的实际，抢抓机遇，迎接挑战，奋发进取，勇攀高峰，继续坚定不移地加快推进创建世界一流大学步伐。

（一）形势分析和历史方位判断。

从世情来看，当今世界正处在大发展大变革大调整时期，经济全球化日益加速，以科技创新能力和人才资源为核心的综合国力竞争日趋激烈，新一轮科技革命正在酝酿形成，人类社会的生产力形态以前所未有的速度正在演变。国际金融危机以来，世界政治经济格局包括高等教育格局正在发生深刻的变化，新一轮全球高等教育的变革与调整正在进行。这些都启发我们深刻思考：如何发挥后发优势、抢抓发展机遇和利用可能出现的发展先机，在把握和尊重世界一流大学建设规律的前提下，冷静观察，看准方向，抢抓机遇，有所作为，努力实现发展新跨越。

从国情来看，当前我国正处在本世纪头20年重要战略机遇期的后半期，处在全面建设更高水平的小康社会的关键阶段，处在加快转变经济发展方式的紧要时刻。为了掌握国际竞争主动、深度开发人力资源、实现创新驱动发展，党和国家先后制定出台了教育、科技、人才三个中长期规划纲要，提出必须始终坚持把教育摆在优先发展的位置，推动教育事业在新的历史起点上科学发展，加快从教育大国向教育强国、从人力资源大国向人力资源强国迈进，建设创新型国家和世界科技强国，特别明确提出到2020年若干所大学达到或接近世界一流大学水平。党和国家的战略决策、巨大支持，中华民族的和平崛起，为我们加快创建世界一流大学提供了强大动力和重要保障。面对重大机遇和有利条件，我们应该深刻思考：怎样勇于担当、有所作为，为率先创建世界一流大学做出历史性探索。

回顾北大一百多年的发展历史，冷静分析北大面临的形势和所处的历史方位，我们看到，迄今为止，北京大学一个多世纪以来的发展史，大体上可以划分为三个历史阶段，恰好大约50年左右为一个发展周期。

1898至1949年前，是北京大学第一个50年的发展周期，是学校在剧烈的社会动荡和社会变革中艰难发展的时期。在这一发展周期的第二个十年中，由蔡元培等前辈的改革启动了北京大学的第一次跨越式发展。通过蔡元培校长领导的改革，北京大学从一个还带有一定封建属性的旧式学堂转变成为新式的近代意义上的大学，确立了学术自由、兼容并包的传统，树起了民主、科学的大旗，形成了现代大学的学科结构和制度体系的雏形。北大成为了新文化运动的中心、五四运动的策源地，成为了在中国传播马克思主义和中国共产党早期活动的基地，在中国近现代史上写下了极其光辉的一页，"爱国、进步、民主、科学"的光荣传统也在此期间孕育扎根。经过第一个发展周期50年的积累和第一次跨越发展，北京大学成为了一所在国内领先，在国际上有重要影响的世界知名大学。

1949至1998年，是北京大学第二个50年的发展周期，是学校在社会主义条件下探索和形成新的发展道路和发展体制的时期。在这一发展周期中，以新中国的成立和1952年的院系调整为重要起点，开始启动了北京大学的第二次跨越式发展。经过调整和建设，旧北京大学转变为文理基础学科厚实、师资队伍人才济济的社会主义的新北京大学，确立了新的办学方向和教育方针，北大成为了全国科技、文化和人才培养的重镇。特别是进入改革开放新时期以来，在拨乱反正的基础上，北大抢抓发展新机遇、适应建设新要求，进入了发展快车道，保稳定、抓改革、促发展，各项事业蒸蒸日上。经过第二个发展周期和第二次跨越发展，北京大学总体基本达到了世界先进水平。

以百年校庆为重要历史节点,以党和国家作出创建世界一流大学的重大战略决策为突出标志,北京大学进入了第三个50年的发展周期,迎来了迈向世界一流大学的第三次伟大跨越的新的历史发展阶段。2000年原北京大学与原北京医科大学的合并又注入了新的强大动力。1998年5月4日,江泽民总书记在北大百年校庆上郑重宣告:"为了实现现代化,我国要有若干所具有世界先进水平的一流大学。"北京大学和一批国内兄弟大学创建世界一流大学的愿望和计划从此上升到国家战略层面,得到了国家的强力支持。2008年5月3日,胡锦涛总书记在北京大学建校110周年之际亲临北大视察,在师生代表座谈会上发表重要讲话,要求北京大学"一定要肩负起崇高使命和历史责任,始终高举中国特色社会主义伟大旗帜,坚持正确办学方向,继承优良传统,借鉴国外经验,发挥自身优势,紧密联系改革开放和社会主义现代化建设的伟大实践,以更加广阔的视野、更加开放的姿态、更加执著的努力,加快推进创建世界一流大学步伐,谱写北京大学发展的崭新篇章。"经过一个多世纪的奋斗,特别是近14年在国家战略指导下的新发展,为实现加快创建世界一流大学的宏伟目标、实现第三个50年的新的历史跨越奠定了至关重要的基础。

抚今追昔,审时度势,今天的北京大学正处在第三个50年的发展周期前半期,也是实现第三次历史性跨越的关键时刻。我们要再接再厉、继往开来,抓住机遇、奋力争先,更加执著地把创建世界一流大学的宏伟事业加快推向前进。要围绕"建设什么样的一流大学,怎样建设这样的一流大学"这一重大时代性课题,进一步增强使命自觉、创建自信、差距自省、奋斗自强,进一步升华加快创建世界一流大学的认识和实践发展的新境界。

使命自觉,就是要切实增强加快创建世界一流大学的使命感和责任感,不辱崇高使命,不负历史重托。加快创建世界一流大学,作为党和国家的重大战略决策,是应对激烈国际竞争的必然选择,是全民族赋予的历史责任和广大人民群众的深切期望,是适应中华民族伟大复兴、建设社会主义现代化强国历史趋势的迫切需要,是北大实现又好又快发展、实现自我超越和百年梦想的必由之路。今天,历史又把我们这一代北大人推到了一个新的重要关头,党和国家把率先加快创建世界一流大学的光荣使命交给了我们,全国人民殷切期待着我们,宏伟的目标感召和激励着我们,我们不会畏难退缩,也不会小进即安、懈怠自满。每一位北大人都必须深刻认识自己肩负的不可推卸的历史责任,倍加自觉、倍加努力地创造无愧于先烈和前辈,无愧于党和人民,无愧于伟大时代的新业绩。

创建自信,就是要深刻认识加快创建世界一流大学的可能性和可行性,牢固树立向着更高目标追求的宏伟志向和自信心。创建世界一流大学是与我们国家发展和民族复兴同向同行的过程,只要我国现代化建设和中华民族伟大复兴的进程不可阻挡,北京大学加快创建世界一流大学的步伐就是大势所推、在所必然。当前,我国经济持续快速发展,党和国家继续深入实施科教兴国、人才强国战略,国际金融危机深入发展带动国际高等教育格局深刻调整,加上北大自身在前两个50年的跨越发展和最近14年的发展基础,使我们不仅有必要,而且有条件、有可能迈出创建世界一流大学的更大步伐,实现学校更好更快发展,在我国高等教育事业向世界水平迈进中,争取率先跻身世界一流大学行列。在国际高等教育发展史上,抓住国家加速发展上升趋势、依托民族崛起的战略机遇,乘势而上,有所作为,打破常规,实现跨越,较快跻身一流大学的先例并不少见。我们已经有了很好的百年奋斗基础,我们正面临难得的发展机遇,我们应该对自己充满信心。在这个问题上,既要防止脱离实际、背离规律、心浮气躁、急功近利,也要防止妄自菲薄、缺乏自信、无所作为、丧失机遇。

差距自省,就是要增强危机感和忧患意识,冷静客观地分析目前北大与世界一流大学的差距和发展中存在的突出问题,保持清醒的头脑。必须承认,与世界一流大学相比,我们在不少方面还存在不小差距。主要是:推进高水平知识创新和培养杰出的知识创新人才亟待加强,创新、创造、创优氛围还不够浓厚,国际化水平不够高,迫切需要大力引进和培养世界级学术大师和领军人才;学科交叉融合、协同创新、集约集成发展的能力不强,综合优势没有得到充分发挥,缺少顶尖学科和重大创新成果;研究生特别是博士生教育培养模式亟待调整创新,教师和学生科研水平和创新能力亟待提升;办学空间亟需拓展,办学实力亟需增强。我们必须坚持实事求是,围绕"北京大学加快创建世界一流大学自身的优势与特色是什么,与世界一流大学的差距在哪里"这一核心性问题,继续深入开展解放思想大讨论,深入思考和理解制约加快创建世界一流大学的主要瓶颈和关键环节。要头脑清醒,正视差距,客观全面地分析和把握存在的突出问题,学习借鉴国外先进经验,紧密结合中国国情和学校实际,积极探索有中国特色北大特点的办学模式和发展路径,走出一条特色发展道路,在缩小差距和解决问题的过程中加快发展。

奋斗自强,就是要增强紧迫感和艰苦奋斗的意识,以可能达到的更高标准作为追求境界和努力方向,脚踏实地,埋头苦干,把自觉、自信、自省转化为攻关克难、艰苦创业的实际行动。在我国创建世界一流大学是前无古人的宏伟事业也是矢志不移的抱负和志向,挑战艰巨,任重道远。特别是当前国内外高等学校之间竞争非常激烈,不进则退,慢进即退,形势逼人。要缩小差距、加快创建、完成使命,除了自强不息、执著奋斗,别无捷径。我们自觉地选择了一个崇高的事业和目标,也就选择了一条艰苦卓绝的奋斗之路。要奋斗就注定有艰辛,艰辛又总是孕育着希望与发展。无论是过去、现在,还是未来,大力发扬艰苦奋斗精神都是创建世界一流大学的内在要求。始终坚持更高的工作标准,就要艰苦创业、忧劳兴校,一天一天积累,一年一年奋斗。惟有无悔付出辛勤与汗水,才能最终收获喜悦与辉煌。

(二)"北大2048"远景规划和"三步走"战略设想。

到本世纪中叶之前,我国将实现两大宏伟目标:到我们党成立100年时,建成惠及十几亿人口的更高水平的小康社会;到新中国成立100年时,基本实现现代化,建成富强民主文明和谐的社会主义现代化国家。北京大学发展的第三个50年,要与社会主义现代化建设共奋进,与中华民族伟大复兴同步伐。因此,在学校第九、十、十一次党代会提出的战略目标和学校"十二五规划""985工程"建设规划的基础上,按照《国家中长期教育改革和发展规划纲要(2010—2020年)》确定的目标和中央领导对北大提出的要求,我们提出"北大2048"远景规划和力争在第三个五十年的发展周期内实现加快创建世界一流大学"三步走"的战略设想:

第一步,从现在起,用5到10年左右的时间,在加快建设高等教育强国进程中,在北大建校120周年前后,努力率先跻身世界一流大学行列,实现在本世纪头20年基本建成世界一流大学的阶段性目标;

第二步,用15年左右或更多一点的时间,继续加快创建,巩固提升,将北大进一步建设成为更高水平的世界一流大学;

第三步,再用15年左右的时间,大体上到北大建校150周年前后,新中国成立100周年之际,伟大民族复兴实现之时,全面实现加快创建世界一流大学的奋斗目标,并力争走在世界一流大学前列,完成北大发展史上的第三次历史性跨越。

今后5—10年左右,我们将迎来北京大学建校120周年、五四运动100周年、中国共产党建党100周年等历史节点,这是北京大学全面实施"十二五"及"十三五"规划、向加快创建世界一流大学"三步走"战略的第一步阶段性目标冲刺的关键时期,也是为今后实现更高水平的两步战略目标打下坚实基础的重要阶段。我们必须切实增强紧迫感,勇担使命,再立新功,示范引领,走在前列,抓住机遇,大有作为。

(三)指导思想、工作思路和发展战略。

今后五年乃至更长一个时期,学校工作总的指导思想是:高举中国特色社会主义伟大旗帜,坚持以马克思列宁主义、毛泽东思想、邓小平理论和"三个代表"重要思想为指导,深入学习贯彻党的十七大和十七大以来历次中央全会的重要精神,全面贯彻落实即将召开的党的十八大提出的重大战略部署,学习贯彻胡锦涛总书记的重要讲话和中央领导同志讲话精神,以科学发展观统领学校发展全局,围绕内涵发展、重在提升,创新突破、创建推动的工作主题,以提高质量为核心,以改革创新为动力,以人才队伍建设为根本,以学科建设与院系建设为基础,以提高科学管理水平加强创建能力为关键,以大幅提升办学实力为支撑,以加强和改进党的建设和思想政治工作为根本保证,立足抓好当前,科学谋划未来,勇担使命,团结奋斗,开拓创新,狠抓落实,更加执著地加快推进创建世界一流大学步伐,为实现中华民族伟大复兴再创新辉煌,为推动人类文明进步做出新贡献。

根据以上总的指导思想和当前工作实际,提出以下工作思路和发展战略:

咬定"一个目标",就是要继续坚定地把加快创建世界一流大学作为长期的奋斗目标和战略任务。这是学校第九、十、十一次党代会作出的一以贯之的战略部署,我们一定要接力前行,持续不断,全力以赴地推进和完成。

抓好"一个保证",就是要按照"围绕创建抓党建,抓好党建促创建"的主题,进一步加强和改进党的领导和党的建设,在中国共产党最早的活动基地,继续推进党的建设新的伟大工程,提高党委和思想政治工作科学化水平,以此作为加快创建世界一流大学根本政治保证。

扣住"两条主线",就是要扣住以提高质量为核心的内涵发展主线和以改革创新为动力的"创建"工作主线。

质量是学校的发展生命线。创建世界一流大学,归根到底是实现教育质量与办学水平世界一流。必须把全面提高教育质量和办学水平作为最核心最紧迫的任务,全面提高以育人为核心的教育教学质量、学科质量、人才质量、管理质量等各方面建设发展的质量。当前和今后一个时期,要坚定地以内涵为主、质量立校为重要方针和根本导向,严格控制总量和规模,把工作重点放在调整优化结构,提高水平、提升效益上,走出一条瞄准世界一流、符合中国国情和北大实际的重内涵、抓质量、重提高、上水平的又好又快建设与发展路子。

"创建"是学校加快推进世界一流大学建设的工作动力线。"加快推进创建世界一流大学步伐"是胡锦涛总书记对北大提出的新要求。创建世界一流大学是一项宏伟的事业,是一个复杂艰巨的系统工程,也必将是一个艰苦创业和探索创新的过程。加快创建世界一流大学的关键在"创建",基本途径和主要抓手也是"创建"。创建不仅仅是一般意义上的常规性建设,而是要更加注重发扬艰苦创业精神和埋头实干的奋斗追求,更加注重勇于探索改革创新,更加注重创优的标准和绩效,更加注重探索中国特色北大气派的建设模式和道路。

扣住了以上两条主线,也就抓住了今后一个时期的工作主题。我们要以提高质量为核心,以改革创新为动力,事业发展抓"内涵",工作推动抓"创建",重质量提高,重创新突破,实现学校又好又快发展。面对新形势、新阶段,全校上下要把主要精力和资源配置更加有效地集中到全面提高教育质量和办学水平上来;全校各项工作的重点要更加有力地集中到同心同德、真抓实干,加快创建世界一流大学上来。

突出"四个着力点",就是要突出人才汇集、制度创新、支撑保障、实干创业四个工作着力点。

人才汇集是根本。人才是学校科学发展的第一资源,也是学科发展的核心。一方面要继续大力引进世界级学术领军人才、拔尖创新人才,同时,也要更加重视、积极培养和扶持本土本校人才。要解放思想、改革创新,打造"人才特区",营造一流环境。

制度创新是核心。管理是学校建设的关键,管理的核心是制度建设与创新。要积极探索建立中国特色的现代大学学校制度,既要避免官僚主义的行政化倾向,又要在尊重学术权力的前提下建立科学有效的管理体制机制,尽快提升管理水平。要创建世界一流大学,最重要的是必须具有世界一流的管理能力,创造世界一流的管理水平。

支撑保障是基础。世界一流大学既要有大师,也要有充沛的资源保障和物质支撑。必须千方百计克服资源相对匮乏的困难,突破发展瓶颈,不断增强资源汲取整合能力,提高资源利用效益。

实干创业是关键。完成加快创建世界一流大学的既定战略和目标,归根到底靠真抓实干、团结奋斗。要不断加强和改进学校各级领导班子的能力建设,埋头苦干,扎实工作,切实提高执行力和抓落实的能力,讲实话,办实事,见实效。在全校大兴讲真务实、干事创业之风,确保各项目标任务和要求高标准地落到实处。

深入实施"五大战略"。一是文化引领战略。一流大学有崇高精神追求方成气象,有先进文化引领方有灵魂。创建世界一流大学,首先要坚持先进文化引领方向,追求有灵魂的卓越。要高扬社会主义先进文化的旗帜,树立先进的办学理念,珍惜和守护我们的精神家园,弘扬高尚进取的大学精神,不断加强校风教风学风医风建设,净化校园风气,引领社会风尚。要继承和发扬北京大学百余年中形成的深厚的优秀文化传统,把追求真善美和科学民主的文化精神与爱国进步的崇高精神相结合,把为理想奋斗奉献精神与党的事业相结合,把追求真理和崇尚自由的学术精神转化为终身学习的动力,不断巩固、发挥和提升我们的文化建设优势。

二是比较优势战略。发挥自身优势和特色建设世界一流大学,是当今世界一流大学特别是后发的一流大学建设和发展中带有规律性的现象,在中国这样的发展中国家建设世界一流大学,更要注重研究和发挥自己的比较优势,要巩固传统优势,大力发展特色优势,着力打造新的优势,充分发挥后发优势,要下真功夫把潜在优势转化为现实优势。要面向世界高等教育和中国高等教育的发展趋势,结合北京大学在文化积淀、精神传承、文理综合、中西会通、人才聚集、本科教育等方面形成的优势,瞄准国际学术学科最前沿,适应世界高等教育发展新趋势,努力打破常规路径和模式,有所大为、有所小为、有所先为、有所后为、有所为、有所不为。

三是集成聚焦战略。没有集成就没有效益,没有聚焦就没有突破。在中国这样一个发展中国家创建世界一流大学,面临着较为突出的资源约束,要突破这种约束,惟有着力提高资源集聚力,改革体制、交叉整合全面推进、重点突破。要突出重点,交叉集成,自觉克服片面依靠规模扩张的外延式发展惯性,着力克服北大在一定程度上存在的过于分散和低水平重复问题,打破壁垒,突破体制制约,促进办学要素充分流动、交融和整合,引导要素和资源向人才培养根本任务倾斜,向重点优势学科、前沿交叉学科和领军人才聚集,择优扶重,形成集约聚焦效应,优化配置出效益,集中力量办大事,突出重点求突破。

四是开放合作战略。要把国际化和更高水平的对外开放与合作作为重要战略取向,大幅度提高开放与合作水平,巩固发展与世界顶尖大学的关系,坚持"走出去"与"引进来"相结合,学习借鉴世界一流大学和国内兄弟高校的先进经验,在国际通行的、可比的主要指标上,找准和缩小差距。要深入贯彻落实"2011计划"协同创新精神,服务国家战略和经济社会发展需求,进一步与高水平大学和研究机构、政府、企业强强合作、强项合作、优势互补、协同进步,以大开放、大协同推动大提高、大发展,不断提高创新能力和服务贡献能力。

五是和谐发展战略。和谐稳定的校园环境是加快创一流的重要前提。要把坚持和谐发展作为又好又快发展的重要导向,善于总揽全局、协调各方,统筹兼顾、合理安排。要坚持以人为本、民生为重,让广大师生员工共享学校改革发展的成果,特别注意重视关心离退休人员、中青年教师、后勤服务职工、生活困难家庭等群体的切身利益问题,高度重视学生群体健康成长中遇到的突出问题。要在充分调查研究的基础上,区别情况,采取措施,有计划地帮助这些群体切实解决面临的困难和问题。建立完善群众诉求表达机制、合理的利益调整机制和矛盾纠纷的化解机制，构建人尽其才、利益协调、分配合理、安定有序、人人心情舒畅、充满创造活力的和谐校园，努力形成全校上下一条心、一股劲，齐心协力共创建的生动局面。

重点推进"六项建设"，就是要把队伍建设、学科建设、现代大学制度建设、院系基层建设、校园发展和办学实力条件建设、创建能力建设摆在更加突出的重要位置，采取有力措施，切实加以有效推进落实。通过重点抓好这六项建设，带动全盘工作格局，扎扎实实地推动创建世界一流大学的实践进程。

三、今后五年的工作任务与主要举措

根据以上的发展思路和发展战略，今后五年，我们将着力抓好以下几项工作：

（一）心无旁骛地着力抓好人才培养工作，大力提升育人质量。

要更加牢固地树立人才培养作为学校最重要的中心工作的地位，把一切为了学生的健康成长和成才作为学校一切工作最重要的出发点和落脚点，把这一要求贯彻到学校各项事业中去，牢固树立教书育人、管理育人、服务育人的意识，教育引导广大教职员工力戒浮躁、恪尽职守、心无旁骛、苦练内功、强本固基，不断优化育人环境，提高育人质量。

要努力培养热爱祖国，胸怀理想，追求进步，品行高尚，身心健康，具有国际视野和扎实功底，创新精神和实践能力突出，勇于担当和奉献，在各行各业起引领作用的中国特色社会主义建设者和接班人。进一步落实育人为本、德育为先、能力为重、全面发展的方针，着力提高学生服务国家服务人民的社会责任感、勇于探索的创新精神、善于解决问题的实践能力，强化重视基础、尊重选择的育人特色，探索创新育人模式，为学生提供更广阔的自主学习与成长空间，把创新、创业教育贯穿人才培养全过程，高度重视实践育人，建立现代研究型大学人才培养体系，实施创造力和健康人格培养计划，促进人才协同培养，为国家造就更多更好的拔尖创新人才和领军人才。

更加重视本科教育，认真总结本科生元培教学改革经验，借鉴国内外先进的本科教育教学经验，继承优秀的本科教育教学传统，采取有效措施，大力巩固提升新时期本科教育教学质量，稳步推进大类招生培养和"基础学科专业人才创新培养试验计划"，创新本科人才培养模式，推动多样化人才培养模式的和谐发展。要探索建立切实可行的教学管理和质量评估制度，落实教授为本科生上课的要求，加强一流教材建设，让更多的优秀教师深入教学第一线，进一步加强师生互动。全面推进素质教育，努力把学生培养成为德智体美全面发展、堪担重任的高素质人才。

把研究生培养模式创新作为下一步重点要抓的工作，缩小与世界一流大学的差距，创新研究生培养的思路、体制、办法、标准，大力推进研究生培养机制和模式改革。以进一步提升博士研究生科研创新能力为重点，引导、鼓励、支持研究生进军国际学术科研最前沿。积极建设人才协同培养平台，健全与国内外高校、科研机构、企业等单位的协同培养机制，采取导师责任制、导师项目资助制、"双导师制"等新举措。完善研究生培养质量监督机制。

深入贯彻《教育部关于进一步推进教育部直属高校医学教育管理体制改革的意见》精神，充分发挥医学部的优良传统和综合性大学举办医学教育的优势，继续推进医学教育综合改革，顺应国家的发展和人民群众的需求，培养卓越的临床医学和各类医学相关人才，努力建设世界一流的医学教育中心。

认真总结继续教育在调整中发展的经验，不断提升继续教育办学水平。

（二）更加重视和大力加强队伍建设，大幅度提升人才优势。

坚持把教师队伍建设作为学校最重要的基础性工作，将师德建设放在首位，引导广大教师弘扬优良教风，提高教学能力，遵守学术道德，做学生健康成长的指导者和引路人。要倡扬爱岗敬业、追求卓越的争先意识，同时也要开展"爱我北大"教育活动，大力倡导爱校荣校、恪尽职守的责任感与道德情操。

继续深化以教师聘任和职务晋升制度为核心的人事制度改革，构建科学合理的各类人才队伍管理体制。依托中关村人才特区政策，打造北京大学的"人才特区"，完善人才引进机制，建立人才引进启动基金，为重点引进的国内外优秀学术带头人提供配套支持。依托国家"千人计划""长江学者计划""青年千人计划"以及学校"百人计划"，根据发展战略和阶段目标，通过较长时间的努力，研究制定与创建一流大学目标相适应的新的一揽子北大"人才行动计划"，即着力打造以世界级顶尖人才、在国际上有重要学术影响的一流人才、各学科学术领军人才为核心的团队，在全校形成有重要影响的学术骨干和起重要作用的管理、后勤服务骨干队伍。完善人文社会科学资深教授遴选机制，以改革创新精神，结合北大实际，积极探索建立人文社会科学院士（学部委员）制度，提升人文社会科学师资队伍的建设水平和层次。

将青年教师队伍的建设放在更加重要的战略地位，政治上主动引导、专业上着力培养、生活上热情关心，在政策和资源上加大扶植力度。高度重视和切实解决教师精力外流的问题，为教师潜心学术研究创造更充分的环境条件。加大对教师的继续培训和培养力度，使教师在知识结构、思维方式和教学方法上不断进

步。进一步优化行政、实验技术、后勤队伍，增进员工福祉，改善教职工住房、生活条件。

（三）更加重视和大力推进学科优化与建设，提升学科发展水平和科技创新能力。

坚持以科学谋划和规划引领学科发展建设。在新的起点上进一步凝炼学科方向，加大整合力度，优化结构布局，增强学科发展的前瞻性和前沿性，继续坚持择优扶重、重点突破的原则，根据学科发展趋势和北京大学的文理医工综合学科特点，重视基础学科，加强应用学科，发展新兴学科，重点建设一些对学校整体学科发展有重大影响的前沿学科和交叉学科，全面提升学科建设水平，形成科学合理、世界水准的学科体系。

认真贯彻落实胡锦涛总书记在2012年两院院士大会和全国科技创新大会上的重要讲话精神，按照加快国家创新体系建设的要求，结合北京大学实际，在学科建设的基础上，进一步推进科研体制改革。加大对国家、教育部、卫生部、北京市重点实验室、国家基础科学研究与教学人才培养基地、高校人文社会科学重点研究基地的支持力度，建立和完善科学、公正的评估和管理制度，建设世界一流实验室、工程中心和创新基地，争取和实施一批大科学平台等重大项目，创造一批国内领先、世界一流的科研成果。认真研究和切实加强协同创新，在继续实施"985"和"211"工程的同时，认真组织落实《高等学校创新能力提升计划》即"2011计划"，构建协同创新的新模式，形成协同创新的新优势。

继续深入推进校本部和医学部的学科交叉融合，力争在学科协同创新方面较快取得新的重大突破，把北京大学在生命科学、医学等相关领域潜在的综合优势更加充分地发挥出来，切实肩负起国家医学教育发展与医疗卫生事业改革的重任，承担建设世界一流医学教育事业的攻坚之责。

（四）大力发展哲学社会科学，推进文化传承创新。

以党的十七届六中全会精神为指导，抓住国家促进文化大繁荣大发展的历史性机遇，制定学校文化建设与发展的方针政策和规划，自觉承担文化传承创新的责任，立足于服务文化强国战略，为人类文明作出贡献。

大力推进社会主义核心价值体系建设，结合世情、国情和校情，引导师生学习和掌握马克思主义的世界观和方法论，坚定中国特色社会主义共同理想，弘扬以爱国主义为核心的民族精神和以改革创新为核心的时代精神，自觉践行社会主义荣辱观，增强理论自觉、理论自信。

进一步加强哲学社会科学，推进古今文化的比较研究，开展中西文化的对话交流，促进人文与科学、文化与科技的结合。构建与创新我国人文社会科学的基本体系、基本理论、基本方法，努力形成若干具有北大风格、北大水平的人文社会科学学派。

继承发扬优秀的北大传统和北大精神，以凝练北京大学核心价值观为重点，以北大精神为核心，加强北大文化研究，推进弘扬北大文化的形象与载体建设。在新的历史条件下，在党内外和师生员工中大力地持久地弘扬北大光荣传统和精神。加强德育文化研究、推进师德学风建设；加强美育文化研究、推进艺术文化发展建设；加强景观文化研究、推进校园空间建设；加强信息科学文化研究、推进校园网络文化建设；加强管理文化研究、推进学校管理体制建设；加强中华优秀传统文化研究、推进中华文化国际影响力建设。

（五）进一步推进和深化学校内部管理体制改革，加强院系基层建设。

认真学习借鉴世界一流大学管理的先进理念和经验，抓好《北京大学章程》的制订，努力形成适合北大实际，符合高等教育管理规律的制度体系，进一步完善大学治理结构。

按照"理顺关系、调整结构、强化职能、转变作风、降低成本、提高效率"的基本思路和指导原则，继续深化人、财、物各方面的管理体制改革，认真研究并适时启动学部制改革试点工作，提高管理水平和服务质量。当前和今后一段时间，重点抓好人事制度的改革和后勤改革。人事制度改革要处理好队伍建设与学科建设的关系、人才引进与现有队伍培养的关系、常规制度与特殊机制的关系，积极稳妥地推进教学科研人员分类管理制度和新聘教师预聘制度，进一步完善教师评价体系，提高外籍教师聘用管理服务水平。后勤改革要坚持社会化改革方向和为教学科研服务，为师生员工服务的方针，处理好队伍建设和体制创新的关系，全局、局部和个人的关系，政策的连续性和利益调整的关系，进一步完善管理运行模式，保持后勤队伍的稳定。

学校建设与发展，基础在院系。院系在人才培养、科学研究、社会服务、文化传承创新等各项事业中发挥着主体作用，也是学科建设、队伍建设、党的建设的重要载体。院系的建设速度和水平决定着学校整体的建设速度和水平，要在探索建立现代大学制度的过程中，借鉴世界高等教育的经验，形成有自己特色的现代大学院系建设途径，学校工作的重心要向院系下移，政策和资源要向院系倾斜，要将是否有利于发挥院系的优势、激发院系的创造性、增强院系的执行力作为衡量学校管理工作成效的重要标志。各院系要结合自身特点，进一步明确发展目标、转变发展理念、创新发展模式，发挥后发优势，走向世界一流。

（六）加快提升办学实力，继续努力改善办学条件，提升校园建设水平。

把提升办学实力作为当前和今后一个时期学校建

设的重点任务,高度重视,千方百计解决好办学经费、办学空间、公共基础设施不适应加快创建世界一流大学需要等突出问题,加大多渠道筹措办学经费的力度,不断改善教学科研条件和师生学习生活保障条件。

实施新一轮校园总体规划编制工作计划,优化校园生活和服务设施布局。在燕园中区,推动中央公共文化区建设工程,在燕园西区,推动燕西新区建设工程,在燕园东区,推动院系规划建设;提升医学部校区规划建设水平,加快医学部西北区规划建设;在昌平校区,努力形成北京北部研发和高技术产业带以及昌平新城未来结点。

着力营造人文校园、绿色校园、智慧校园、和谐校园。注重传承历史文脉,加强对校园历史建筑和环境的保护,注重校园生态建设,着力建设国际一流的环境友好型校园。以"湖光山色塔影建设工程"为抓手,推进低碳生活,发展绿色交通,营造绿色校园;以"智慧校园建设工程"为抓手,推进校园信息化和智能化。加强公共服务体系建设,提升师生学习、工作、生活的环境品质。

下大决心抓紧解决北大未来发展新的战略空间问题,在北京市委、市政府和海淀区的大力支持下,抓紧在海淀山后规划和建设"北大未来科学城",并以此带动争取实现北大发展空间新的突破,为北大长远可持续发展奠定基础。

继续遵循严格、透明、公平、效益、服务的工作方针,执行统一领导、分级管理、财力集中、财权下放的财务管理体制,严格成本核算,拓宽筹资渠道,提高学校经费的使用效益。

充分发挥教育基金会和校友会的功能,团结联络海内外校友为支持母校的建设与发展发挥积极作用。

(七)以国际交流与合作为平台,提高对外开放水平。

坚持对外开放,面向全球,走向世界,全面提升办学的国际化水平和质量。坚持国际交流与合作服务于国家外交大局和国家经济社会发展,服务于学校教学、科研、人才培养、文化传承与创新等中心工作,充分挖掘和利用好国家和学校丰富的国际交流资源,进一步充实"顶尖伙伴合作计划",创新国际化的教学科研体系;实施"大学堂顶尖学者讲学计划",汇聚全球学术大师;积极推进"留学北大计划",吸引世界优秀学子;完善"学生海外学习计划",着力培养国际化人才;精心构建"筑巢北大工程",吸引并发挥好世界高端领军人才的作用;组织好"国际化校园工程",加快国际交流与合作的服务体系建设;积极提升学校的海外影响力,使国际化充分融入学校学科建设、队伍建设、人才培养等中心工作中。

(八)积极投身经济发展和社会建设主战场,增强社会服务能力。

以服务国家战略为方向,坚持以服务求支持,以贡献求发展的方针,尽力而为,量力而行,以与北京市的合作为重点,积极服务东部率先发展、中部崛起、西部大开发、东北振兴,稳步推进校地合作,发挥北京大学的人才优势和智力优势,紧紧围绕国家科学发展主题和加快转变经济发展方式主线,促进区域经济发展和社会建设,为首都的建设和国家区域发展战略做贡献。

积极争取中央和北京市的支持,在中关村国家自主创新示范区核心区建设中,筹建北大未来科学城,使之成为未来世界级科技创新区、未来国际顶级大学合作办学教育区和未来国际高端人才社区。

努力办好北京大学深圳研究生院,使之成为深圳市进一步改革开放、建设国际化城市的重要力量和为华南地区培养高素质人才的重要基地,成为教育教学改革的重要试验田。

进一步加强校企合作,积极、稳妥地推进校办企业建立和完善以资本为纽带,产权清晰、权责明确、校企分开、管理科学的现代企业制度,加快高新技术成果转化,推进北大上地科技园建设,使之成为中关村新一轮发展的协同创新基地。同时,通过多种途径,扩大与国家骨干企业和公司的战略合作,提升对国家现代化的贡献率。

加强物质文明、政治文明和精神文明建设的政策研究,努力成为新兴产业的促进者,经济社会发展的助推器,学习型社会的引领者,国家决策的智囊团和思想库。

把办好附属医院作为北京大学社会服务的重要途径和重要优势,按照国家医疗卫生体制改革的要求,持续建设高品质医疗服务中心。

积极推进与新疆石河子大学和西藏大学的对口支援,为民族地区的教育发展贡献力量。

(九)自觉维护好改革发展稳定大局,推进校园民生工程,建设和谐校园。

发展是硬道理,是第一要务;稳定是硬任务,是第一责任。维护校园和谐稳定是推进北大创建世界一流大学宏伟事业的重要前提。北京大学已经持续保持了二十多年的稳定局面,我们要倍加珍惜,更加深刻认识在新形势下做好安全稳定工作的重要性和紧迫性,以更高的标准夯实安全稳定工作的基础。要以构建平安校园、和谐校园为目标,坚持"稳定压倒一切"的工作方针和"预防为主、严格管理、落实责任"的工作原则,加强组织建设和制度建设,建立健全安全稳定工作领导体系和责任体系,不断增强维护学校安全稳定的能力。

以人为本,攻坚克难,继续推进重大校园民生工程。要把为师生服务作为发扬党的先进性,实现又好又快发展的切入点和落脚点,把校园民生当成学校建设发展的大事。努力克服事业发展需求和经费不足的矛盾,进一步建立完善教职工待遇合理增长机制,继续下大力气解决师生员工的实际困难,特别要注意重视关心离退休人员、中青年教师、后勤服务职工、生活困难家庭等群体的福祉和民生改善,关心学生健康成长中面临的突出问题;在北京市委市政府的大力支持下,加快推进肖家河教工住宅建设项目,努力改善教职工住房紧张状况;大力改善师生工作、学习、生活、医疗条件,解决师生文化活动场所紧缺的问题。努力做到谋发展、保稳定、惠民生、促和谐相互协调、互相促进。

四、以改革创新的精神加强和改进党的建设和思想政治工作

加快创建世界一流大学,关键在党,关键在领导班子和干部队伍。要以"围绕创建抓党建,抓好党建促创建"为主题,抓班子和干部队伍建设,全面推进思想理论建设、能力建设、制度建设、作风建设和基层组织建设,为加快创建世界一流大学提供坚强保证。

北京大学具有光荣的革命传统,与中国共产党的建立和发展息息相关,与马克思主义在中国的传播渊源相连,这不仅是北大人永远的骄傲,也是我们进一步加强党的建设的历史责任和精神动力。作为具有光荣传统的共产党人和党组织,我们一定要更加自觉地肩负起崇高使命和责任,坚持"围绕创建抓党建,抓好党建促创建",不断加强和改进党对创建世界一流大学的领导,深入贯彻中央路线方针和指示要求,确保社会主义办学方向;在团结带领全校师生员工加快创建世界一流大学的伟大实践中,以改革创新的精神,结合学校实际全面加强党建和思想政治工作,进一步提高党的建设科学化水平,保持党的先进性和纯洁性,深入开展创先争优活动,着力解决"能力不足、精神懈怠、脱离群众、消极腐败"风险。尤其是要树立真抓实干、创业干事的导向,进一步坚定党员和干部的理想信念,强化事业心和责任感,真正做到敬业奉献、敢于担当、积极进取、奋发有为。

(一)坚持将思想理论建设放在首位,推进学习型党组织建设,不断提高领导班子和党员干部的思想政治水平。

大力发扬北大学习、研究、宣传马克思主义的光荣传统,坚持解放思想实事求是、与时俱进的思想路线,组织全体党员和干部深入学习和掌握马克思列宁主义、毛泽东思想和中国特色社会主义理论体系,充分发挥学校和院系两级理论中心组学习的引导作用,推进学习型党组织建设,提高学习水平,注重学习实效,创新学习机制,不断增强师生的理论自信和理论自觉;充分发挥思想政治理论课的主渠道作用,继续推进学生工作科学化转型和精致化发展,进一步巩固和发展文化育人、实践育人优势,提高大学生思想政治工作的针对性和实效性。

充分发挥哲学社会科学学科优势,推动理论创新。加强马克思主义一级学科建设,以组织重大课题项目和举办各类理论研讨、宣讲活动为载体,积极参与中央马克思主义研究与建设工程,推进马克思主义中国化、时代化、大众化。

将加强社会主义核心价值体系建设作为提高高等教育质量的内在需要和做好意识形态工作的基础工程,融入学校教育教学和精神文明建设的全过程。一手抓正面宣传引导,一手抓制度建设和管理。在贴近学校实际、贴近师生生活中发挥思想政治工作解疑释惑、平衡心理、理顺情绪、化解矛盾的重要作用,努力在校园内形成讲理想信念、讲精神追求、讲道德风尚的文化氛围。

(二)坚持将能力建设作为重点,推进领导班子和干部队伍建设,不断提高推动学校工作科学发展的领导水平。

认真研究北京大学的发展规律、中国高等教育的发展规律和世界高等教育的发展规律,坚持正确的政治方向和学术导向,努力探索建立中国特色的现代大学制度,不断提高推动科学发展的能力,领导加快创建世界一流大学的能力,以及在北京大学这样的重要阵地上,正确认识和处理各类矛盾与化解风险的能力。

充分履行党委管方向、管长远的职责,根据到建校150周年时走在世界一流大学前列的奋斗目标和"三步走"的发展战略,在以往制定的发展规划的基础上,着手开展面向2048年的学校中长期战略规划的研究与制定工作。

坚持和完善党委领导下的校长负责制,党委要在学校工作中充分发挥统揽全局、协调各方的领导核心作用,同时大力支持校长和学校行政独立、负责地开展工作。正确认识和处理党委工作、行政工作和学术工作的关系,稳妥处理改革发展稳定的重大问题,不断提高应对复杂情况,保持政治稳定和依法办学、依法治校的能力。

坚持党管干部、党管人才的原则,建立健全民主、公开、竞争、择优的干部选拔任用机制,创新干部培训和分类管理体系,加强后备干部队伍建设;深入推进人才强校战略,坚持尊重人才、扶植人才、服务人才的方针,统筹协调人才的遴选、引进培养、使用和考核;不断提高在教学科研队伍、党政干部队伍、后勤管理队伍中聚集优秀人才、留住优秀人才、用好优秀人才的能力。

进一步发挥统一战线和工会教代会的作用,加强党外代表人士队伍建设和院系工会教代会组织建设,注意听取民主党派和教职员工的意见,推进校务公开,拓宽民主管理和民主监督的渠道和途径,不断提高科学决策、民主决策的能力。

高度重视共青团在校园文化建设中的重要地位，加强学生辅导员队伍建设，积极支持学生社团活动。坚持"双百"方针，尊重文化差异，包容思想多样，不断提高用社会主义核心价值体系引领社会思潮、建设和谐校园、平安校园的能力。

学校党政领导班子的能力建设关系到学校发展的大局和长远，要严格按照社会主义教育家和政治家的要求，加强领导班子和干部队伍的自身建设，注重理论学习、加强党性修养、增强战略思维、拓展国际视野，在能力建设上走在前列，做出表率。

（三）坚持将制度建设作为支撑，推进党内民主建设，不断提高学校党的建设科学化水平。

以党章为根本依据，以民主集中制为基本原则，将制度建设贯穿于学校党的思想、组织、作风和反腐倡廉建设全过程，努力构建充分体现党的领导、扩大民主、依法办事有机统一的制度体系。

坚持集体领导、民主集中、个别酝酿、会议决定的原则和"三重一大"的决策制度，完善党委常委会议事规则和决策程序，落实常委会向全委会报告工作和接受监督的制度，健全各级党组织征求党员、群众意见的制度。

积极推进党务公开，进一步完善党内情况通报、领导班子年度民主评议和党内民主选举制度，充分发挥党代会在学校党建中的重要地位和作用，落实好党代会代表任期制，建立和健全党代表通过提案和列席会议等方式，参与党内重大问题讨论和决策的制度，加强党委与党员、群众的联系。

建立健全党内督查制度，加强对制度执行过程的监督检查。提高党委决策的执行力，做到议而有决、决而有行、行而有果，按章办事、违章必究，保证民主集中制的贯彻落实。

进一步在学校深入开展树典型、学先进活动，研究探索建立创建世界一流大学荣誉新的表彰制度。

（四）坚持将作风建设作为根本，加强领导干部和教师队伍作风建设，推进反腐倡廉建设，不断提高党风校风建设水平。

把加强领导干部和教师队伍作风建设作为当前和今后一个时期抓好各项工作的重中之重，力争使党风校风进一步实现更显著的转变和提升。坚持党的理论联系实际的作风。学校大政方针的制定和执行，都要建立在深入实际、调查研究的基础上，求真务实，不讲空话，不讲套话；坚持党的密切联系群众的作风，反对官僚主义、形式主义。努力做好新形势下的群众工作，注意听取群众意见，注重民情民生，关心师生员工特别是青年教师、离退休人员和家庭经济困难学生的学习、工作、生活，尽心竭力为师生员工解决实际困难，集中全校师生员工的智慧、调动全校师生员工的积极性；坚持党的批评和自我批评的作风，反对文过饰非。广开言路，虚心听取批评意见。常怀反思之心，增强忧患意识，保持清醒头脑。

坚定不移地贯彻落实党风廉政建设责任制，强化"一岗双责"意识，坚持一手抓发展、一手抓廉政、两手都要硬，落实标本兼治、综合治理、惩防并举、注重预防的方针，建立健全与高校实际情况相适应的惩治和预防腐败体系，实施领导班子任期责任制和考核评估制，切实加强对重点领域和关键环节的监管，严把招生录取、基建项目、大宗物资设备采购、财务管理、科研经费、校办企业和学术道德七个关口，加强廉政教育，进一步推动校园廉洁文化建设。

要下大气力，求真务实抓落实，把提高工作执行力作为作风建设和能力建设的重点任务，敢于负责，敢于担当，动真碰硬，真抓实干，务见成效。

（五）坚持将基层党组织建设作为基础，推进先进性建设，不断提高创先争优水平。

认真总结贯彻落实《中国共产党普通高等学校基层组织工作条例》的经验，健全院系党政联席会议制度，民主讨论、集体决定院系发展的重大事项，分工配合、协调推进各项工作。

将提高党支部生活质量作为院系党组织建设的重点，配强支部书记，创新活动方式，将支部生活与教学科研、与教书育人、与教师的工作生活紧密结合起来，推动学习型党组织建设在基层扎根，使支部工作保持生机和活力。

坚持不懈地在党员中开展党性教育，加大发现、培养、宣传身边优秀共产党员的力度，加强在学生和青年教师和学术骨干中发展党员的工作，把优秀的教师和学生吸收到党内，凝聚到党的事业中。

当前，学校各级党组织要深入推进第二阶段创先争优活动，认真落实基层组织建设年的各项工作和任务，促进党的先进性和纯洁性建设。

党的十八大和北京市十一次党代会将胜利召开，我们将按照中央和上级党组织决策和部署，在党的十八大和市党代会召开后，认真贯彻落实大会精神，推动学校改革、发展、稳定各项事业实现新的发展，进入新境界。

各位代表，同志们：

九十五年前，老校长蔡元培先生在北京大学二十周年纪念会上发表演讲，他说："本校二十年之历史，仅及柏林大学五分之一，来比锡大学二十五分之一，苟能急起直追，未尝不可与为平行之发展。惜我国百事停滞不进，未能有此好现象耳"，表达了与当时的世界一流大学"平行之发展"的强烈愿望，也发出了这一愿望无法实现之慨叹。再过五年多时间，就是蔡元培先生表达上述愿望并发出慨叹的一百年了。

今天，可以告慰蔡元培先生与北大先人的是，在新的历史条件下，他们的这一梦想已经成为了党和国家的重大决策，成为了国家战略、民族工程和世纪规划，并且正在加快推进。百年期盼，世纪梦圆。在我国建设高等教育强国的进程中，力争率先跻身世界一流大学行列这一多少代北大人的光荣梦想，将有可能在我们这一代人的手中变成现实。在此基础上继续奋斗，我们还将在不远的将来，让一个充满活力、享誉世界、有更高发展水平的北京大学屹立于世界一流大学之林。我们的人生何其有幸，我们的责任何其重大。我们的目标一定要实现，我们的目标一定能够实现！

让我们紧密团结在以胡锦涛同志为总书记的党中央周围，齐心协力、艰苦创业，埋头实干、奋力争先，向着率先跻身世界一流大学行列、进而力争走在世界一流大学前列的宏伟目标不懈奋斗，为实现中华民族伟大复兴和人类文明进步做出更大的贡献！

党委书记朱善璐在春季全校干部大会上的讲话

（2012年2月24日）

同志们：

今年寒假和春节期间，学校保持了安全稳定，寒假期间留校过节学生的资助和管理顺利开展，后勤保障系统运行正常，相关部门的同志牺牲了大量休假时间，坚守在一线岗位上，为全校师生度过一个安定祥和的春节做出了重要贡献。在此，我谨代表学校党委和行政班子向所有在寒假和春节期间坚守岗位、辛勤工作的同志，表示亲切的慰问和衷心的感谢！根据教育部党组的要求，学校党委和行政班子每年年终要在一定范围内进行述职，学校领导班子成员的述职报告也已经由组织部在一定范围内公开征求意见。为减少会议频率，提高会议效率，我校照例将年终述职大会和春季干部大会合并召开。

刚才，周其凤校长全面回顾和总结了学校去年的行政工作，对2012年的各项工作进行了安排部署。我完全赞同，请同志们认真学习领会，按照学校的安排部署，密切结合本单位实际，科学谋划未来一个时期的发展战略，做好顶层设计，制订工作计划，明确任务责任，狠抓贯彻落实。学校上下联动，共同推进2012年各项工作。

在今天的干部大会上，我代表党委主要讲三个方面的内容：一是对2011年学校党委的主要工作进行回顾总结，这也是按照上级要求，代表校党委向大家述职；二是对2012年特别是上半年党委工作进行部署；三是对召开好学校第十二次党代会和迎接教育部巡视工作这两项重大专项工作进行部署。

一、2011年学校党委主要工作总结

2011年，在中央的亲切关心下，在教育部党组、北京市委的正确领导和大力支持下，经过全校师生员工的共同努力，我校人才培养、科学研究、社会服务、文化传承与创新等各项事业都取得了新的进展和成效，为学校实现"十二五"奋斗目标，特别是加快建设一流大学的步伐，尽早跻身一流大学行列进一步奠定了基础。学校党委按照中央、教育部党组和北京市委的部署要求，深入贯彻落实科学发展观，紧密围绕改革发展稳定大局，努力提升党建和思想政治工作水平，党的思想理论建设、组织建设、作风建设、制度建设、反腐倡廉建设等各个方面都取得了新进展，为加快推进建设世界一流大学步伐，谱写北京大学发展新篇章提供了坚强的思想保证、组织保证和政治保证。去年，根据中央安排，学校党委主要领导实现了新老交替、顺利交接和平稳过渡。我和其凤校长以及同志们一起，凝心聚力，努力把工作向前推进，落实了去年年初干部大会上学校党委做出的各项工作部署，同时推进了一些重点工作，在党的建设和加快建设一流大学两个方面都取得了新的工作成效。

一是思想理论武装和文化建设工作扎实推进。

2011年，我们以马克思主义学院为主阵地，以中国特色社会主义理论体系研究中心为平台，全面加强马克思主义学科建设，大力支持马克思主义理论研究和建设工程，扎实推进中国特色社会主义理论体系进教材、进课堂、进学生头脑，坚持用社会主义价值体系引领各种思潮，筑牢马克思主义在学校意识形态领域的指导地位。

学校党委紧紧抓住庆祝建党90周年的契机，深刻认识建党90周年对于北京大学的特殊重要意义，按照中央和上级部门的安排部署，精心筹划，举办一系列纪念活动，在全校开展了一次卓有成效的党史校史教育、党的知识教育、党性教育，掀起了学习宣传党的创新理论最新成果的热潮。学校党委隆重召开了庆祝中国共产党成立90周年暨创先争优活动年度推进大会，举办了纪念中国共产党成立90周年理论研讨会、老中青三代党员共话党的建设与发展座谈会，组织了纪念中国共产党成立90周年歌咏比赛、纪念中国共产党成立90周年征文比赛、北京大学与中国共产党的创建——中国共产党成立90周年纪念图片展等；各基层党组织

自主开展了生动活泼的主题教育活动,通过专题学习、参观考察、演讲辩论等形式,扎实推进党史校史教育;共青团组织和学生团体紧抓重大教育契机,在广大青年学生中深入开展理想信念教育,切实用中国特色社会主义理论武装学生头脑。胡锦涛总书记"七一"重要讲话发表后,学校党委立即在全校开展深入学习贯彻胡锦涛总书记"七一"重要讲话精神活动。通过扎实开展庆祝建党90周年系列教育活动,在全校唱响了中国共产党好、社会主义好、改革开放好、伟大祖国好、各族人民好的主旋律。广大师生进一步增强了对党的理论、路线、方针、政策的认识和对党的情感认同、政治认同、理论认同,进一步坚定了在党的领导下走中国特色社会主义道路的决心和信心,爱党爱国爱校热情空前高涨。

2011年10月,党的十七届六中全会胜利召开。全会结束后,学校党委立即在全校组织开展学习贯彻十七届六中全会精神,全面推进学校文化建设的工作。学校党委理论中心组举行了专题学习活动,并将学习贯彻十七届六中全会精神作为学校领导班子秋季战略研讨会的首要议题。根据学校党委统一部署,各基层党委迅速掀起学习贯彻十七届六中全会精神的热潮,通过主题报告会、专题培训会和座谈交流活动等形式,帮助广大师生深刻理解十七届六中全会精神,也激发了师生发挥自身优势,为推动新时期北大文化建设走在前列建言献策的积极性。学校组织起草了《北京大学加强和改进文化建设的意见(征求意见稿)》,提出了文化建设的工作思路和具体举措;全面整理了北大优秀历史文化传统,进一步凝练北大精神,编写出版了《北大文化百年》。这项工作正在进一步深入推进。前不久召开的学校领导班子寒假战略研讨会,以"深入学习贯彻十七届六中全会精神,大力加强校园文化建设,进一步繁荣发展北大人文社会科学"为主题,进行了专题研讨,总结了前一阶段我校文化传承创新工作的经验,对今后一个时期的文化建设工作作出了设计规划。

二是认真学习贯彻中央领导同志重要讲话精神,用中央要求凝聚共识,谋划未来。

2011年8月,刘延东国务委员出席我校干部教师大会,代表党中央、国务院对北京大学建设世界一流大学事业提出了新的更高要求,在全校党内外引起了强烈反响。为了把师生的思想和认识迅速统一到中央的决策和部署上来,学校党委抓住契机,立即在全校组织开展了深入学习贯彻胡锦涛总书记"七一"重要讲话、刘延东国务委员在全校教师干部大会上的重要讲话精神活动,制订了学习"两个讲话"精神工作方案,成立了专项工作小组办公室,精心组织活动,加强督促检查,确保取得实效。学习活动过程中,始终强调领导带头学习,党员干部和积极分子全体参与,师生全面覆盖,将学习"两个讲话"精神与学习贯彻胡锦涛总书记在庆祝清华大学建校100周年大会上的重要讲话精神、贯彻落实《国家中长期教育改革和发展规划纲要(2010—2020年)》结合起来,与全校共产党员和各级党组织开展创先争优活动紧密结合起来,与加快建设世界一流大学的具体工作结合起来,切实发扬理论联系实际的马克思主义优良学风,紧密联系北大现实情况,努力在武装头脑、指导实践、促进工作上下功夫。在这次学习教育活动中,全校涌现出很多先进事迹,很多单位、部门以及党内外领导干部结合工作实际,创造了很多新业绩,党的建设与事业发展取得了新进步,也创造了一些新经验。总的看来,这项学习教育活动取得了良好效果,全校上下形成了奋发努力、振奋精神、创先争优的良好局面,为下一阶段夺取建设世界一流大学的新胜利打下了坚实的思想基础。

在战略谋划和顶层设计方面,学校党委、行政密切配合,重点开展了两方面的工作:一是根据中央领导同志的重要指示精神和《国家中长期教育改革和发展规划纲要(2010—2020年)》精神,抓紧制定《北京大学"十二五"改革和发展规划纲要》。我们把制定纲要的过程作为统一思想、凝练共识和开展教育的过程,广泛征求师生员工和海内外校友的意见建议,多次修改完善,努力制定出一部紧贴中央精神、具有超前意识、反映北大特色的规划纲要;二是召开了两次学校领导班子战略研讨会。会议的核心内容就是学习贯彻中央领导同志重要讲话精神和中央重要决策部署,研讨加快推进世界一流大学建设的战略布局。领导班子紧扣主题,集中学习,深入研讨,总结了经验,查找了距离,廓清了思路,并就解决学校发展建设中的重点、难点问题提出了很好的意见和建议,领导班子在统一思想、凝聚共识、明确方向方面达到了一个新的高度。

三是创先争优活动进一步走向深入,基层党组织建设和干部队伍建设取得新进展。

我们始终坚持"围绕中心抓党建,抓好党建促发展"。根据中央和上级党委的统一部署,继续深入推进创先争优活动。按照中央关于在窗口单位和服务行业深入开展"为民服务创先争优"活动的指导意见,落实北京市委关于北京高校深入开展"提高办学质量促发展、服务人民群众树形象"活动的具体要求,紧密结合北大实际,学校党委确立创先争优的主题为"服务群众树形象、示范引领创一流",载体是"三亮三比三评",牢牢把握"服务师生群众,改进作风树立形象"和"提高办学质量,示范引领走在前列"两个目标,按照先进基层党组织"五个好"、优秀共产党员"五带头"的要求,搭建活动平台、丰富活动内容、创新活动方式,充分发挥基层党组织战斗堡垒作用和党员先锋模范作用,带动广大党员群众争创优秀服务品牌、争当优秀服务标兵。

在"立德树人、示范引领"教工党支部主题党日活动和"学习'七一'讲话精神、牢记使命争创一流"学生党团日联合主题教育活动中，全校党员和青年团员积极参与"服务群众树形象、示范引领创一流"专题大讨论和"我心中的党组织/党员形象标准"关键词征集与承诺活动，29个党委（党工委、党总支、直属党支部）、110个党支部提出党组织形象关键词387个、党员形象关键词408个，在此基础上，党员干部公开承诺、践行承诺、接受监督。这一阶段的创先争优活动内容丰富、成效显著，极大调动了党员教职工、青年学生参与世界一流大学建设的积极性、主动性和创造性，也进一步提升了党组织的创造力、凝聚力和战斗力。

干部队伍建设方面，2011年稳妥推进基层单位领导班子换届工作。校本部6个基层党组织和行政班子完成换届，新组建班子1个，36个班子完成调整和充实。医学部党委也于2011年下半年召开党代会，顺利完成整体换届。医学部这次换届工作做得非常好，准备充分、扎实、周密，严格按照党章办事，充分发扬民主。医学部作为北大的重要组成部分，在发展的关键时期成功召开这次党代会，为建设世界一流的医学教育奠定了重要基础。进一步改进优化干部工作程序。学校成立干部人事小组，增加干部事项协商议事环节，为常委会提供决策支持。为深入了解引进人才干部基本情况，尝试开展了校外延伸考察。为防止干部"带病提拔""带病上岗"，与纪检监察部门密切配合，将干部工作程序中出具纪检意见环节提前至常委会预告前。为促进干部工作更加民主，采用信函推荐和大会推荐相结合的民主推荐方式，进一步提高了群众参与度；进一步扩大选用人视野，推动落实2010年举行的公开选拔副处级干部工作，大力推进一线教师到机关职能部门挂职，以及院系与机关干部之间进行交流与轮岗工作；完善干部考核评价机制，组织全校38个校部机关开展了干部年度考核工作，尝试开展院系年度考核工作，探索建立科学规范的党政领导班子和领导干部考核评价机制，起草了《关于加强中层领导班子和领导干部考核工作的意见》《北京大学院系领导班子和领导干部年度考核工作办法》《北京大学党政管理及教学科研支持单位领导班子和领导干部年度考核工作办法》等文件草案。

四是学生思想政治教育工作水平进一步提升。

2011年5月10日，胡锦涛总书记亲自给我校第12届研究生支教团亲切回信，高度评价了北大学生的支教扶贫行动，并勉励青年大学生"向实践学习，向人民群众学习"。学校党委立即组织开展了深入学习宣传胡锦涛总书记回信精神活动，召开专题会议研究实践育人工作，在全校青年学生中进一步唱响了到西部去、到基层去、到祖国和人民最需要的地方去建功立业的时代强音。2011年教育部"永远跟党走"主题社会实践活动的出征仪式也在我校举行，刘延东国务委员、袁贵仁部长等领导出席了仪式，北京大学在会上作经验交流发言。2011年我校共有266支团队赴全国各地进行暑期社会实践，实践育人的主题更鲜明，内容更丰富，层次进一步提升，也取得了丰硕成果。

学校党委进一步明确精致化工作理念。持续深化"文明生活，健康成才"主题教育活动，树立和宣传先进学生群体和个人典型工作均在原有基础上取得了新的进展。学生管理方面，节假日等关键时段的安全教育、学业困难学生的综合帮扶以及大型学生活动的组织水平又有不同程度的提高；学生就业工作在保持较高就业率的基础上，实现了对重点学生的积极辅助和成功引导，毕业生到基层和西部地区就业工作受到教育部充分肯定；困难学生资助方面，刘延东国务委员亲自复信给我校新资助政策首批毕业生，在给学生鼓励的同时也肯定了学校相关工作；心理健康教育与咨询工作坚持排查与辅导相结合，不仅给许多学生提供了优质的服务，而且成功干预了多起学生心理危机事件。

2011年，北大学生范敬怡和辅导员李玉莲分别被评为"2010中国大学生十大年度人物"和"2010全国高校辅导员十大年度人物"。中宣部挑选北大形势与政策教育作为典型，在全国进行宣传。北大还荣获教育部2011年高校校园文化建设优秀成果评选一等奖。

五是党风廉政建设工作稳步推进。

2011年11月10日，中共中央政治局常委、中央纪律检查委员会书记贺国强同志到北京大学视察并召开部分高校反腐倡廉建设座谈会，对北京大学党风廉政建设工作给予了高度评价，并对北大创建世界一流大学工作提出明确要求。会议结束后，我校党委认真学习并深入贯彻落实贺国强书记重要讲话精神，按照中央要求，进一步夯实反腐倡廉建设的基础，为学校发展建设营造风清气正的良好氛围。

按照"一岗双责"的要求，深入实施党风廉政建设责任制。根据中央文件精神，结合我校实际，修订完善了《北京大学党风廉政建设责任制实施办法》，明晰"一岗双责"制度的工作思路，把"一岗双责"作为贯彻落实党风廉政建设责任制的关键。进一步加大制度执行力度，将落实"一岗双责"和干部评优、选拔、提拔紧密结合起来；强化反腐倡廉教育，建设校园廉洁文化。认真开展对新任领导班子和领导干部任前廉政谈话和廉政培训工作，纪委书记对新任处级干部开展廉政谈话，提出廉洁自律工作要求，并签订廉政承诺书。按照教育部和北京市要求，开展处级及以上领导干部兼职情况专项调查工作。高度重视，扎实开展重点部门和关键岗位人员的警示教育。医学部专门为医院和学院的科系室主任、支部书记、学科带头人举办"加强反腐倡廉建设，夯实医学事业发展基础"专题培训，取得良好效果；创新开展大学生廉洁教育，丰富教育内涵，提升教育效果；开展廉政风险防范管理"回头看"工作，要求各基层单位开展自查自纠，剖析工作程序、制度、管理等方面存在的廉政风险，并提出加强预防腐败工作的对策。各基层单位都按照要求递交了自查报告。2011年9月，学校顺利通过教育部和北京市《关于实行党风廉政建设责任制的规定》和《中国共产党党员领导干部廉洁从政若干准则》"两项法规"专项检查。12月15日，我校还在"北京高校廉政风险防控管理工作大会暨北京高校廉政风险防控管理工作论坛"上作了大会经验交流。

六是以人为本，攻坚克难，重要民生工程取得新突破。

学校党委和行政一起，坚持以人为本，把为师生服务、解决师生实际困难作为创先争优的思路和落脚点。学校党政领导反复强调，一定要更加重视校园民生工作，多次调研民生工作的发展，集体研究克服民生建设的难题。2011年，学校在增加教职工收入和改善教师住房方面都有重要的进展和突破。增加收入方面，去年党委行政下决心，多方筹集资金，在前几年每年都有提高的基础上，又向前跨了一大步。离退休人员的待遇也得到改善；住房方面，克服重重困难，完成了五道口教师住宅置换售房工作，坚定不移大力推进肖家河教工住宅项目。要特别指出的是，在五道口教师住宅置换售房工作中，同志们提出：老百姓永远有道理，领导者永远是责任人，党员干部永远是服务者，要把教职工当家人，把群众来信当家书，把申请、录入、审核、排榜当家事，把看房、选房、认购当家业，拿出看家本领，通过实际工作，维护好了学校这个大家庭的和谐稳定，真正做到了把好事办好。这种精神十分值得表扬。此外，我们投入资金实施全校水电暖设施、学生食堂、宿舍、浴室、校园环境和幼儿园等改造工程，消除安全隐患，提高安全系数，为师生学习、工作和生活提供安全优质的硬件环境；克服原材料持续涨价、人工成本上涨和餐饮招工难等多种困难，保持学生食堂饭菜价格稳定，为师生提供安全优质的餐饮服务，等等。

七是广大师生员工民主参与、民主管理、民主监督的制度进一步完善，建设和谐校园的合力进一步增强。

学校党委贯彻落实中央、北京市关于加强新时期统战工作的文件精神，围绕党和国家的中心工作，适应北京大学创建世界一流大学的需要，提出了进一步加强新时期北京大学统战工作的意见，明确了北京大学统战工作的方针。党委统战部认真组织庆祝建党90周年、纪念辛亥革命100周年系列活动，讴歌中国共产党领导中国革命、建设和改革的丰功伟绩，全面展示广大党外人士与中国共产党肝胆相照、荣辱与共的光辉历程，进一步激励他们为创建世界一流大学而努力奋斗的热情。认真做好民主党派工作，积极支持民主党派加强自身建设，开展丰富多彩、富有特色的活动，积极协助各民主党派区县组织做好换届工作；工会教代会以学校改革发展为中心，以服务教职工为根本，以建设和谐校园为主线，充分发挥党委联系广大教职工的桥梁纽带作用，在依法维护教职工权利的同时，积极为教职工参与学校决策、管理搭建平台。2011年，中华全国总工会授予北京大学"全国五一劳动奖状"，中国教科文卫体工会授予北京大学工会"先进工会组织"称号。北京大学还通过"全国模范职工之家"复查验收，获得北京市教育工会"模范职工之家优秀建设单位"荣誉；团委和学生会充分发挥育人功能和桥梁纽带作用，密切联系学生，掌握思想动态，及时帮扶有困难的学生，积极动员广大学生为学校发展建设建言献策，为营造和谐融洽的校园文化氛围做出了新的贡献。

八是加强基层基础建设，有力维护校园安全稳定。

2011年，受国际国内多种因素影响，我校维稳工作一直面临较大压力。学校党委始终坚持"安全稳定压倒一切，责任重于泰山"的原则，认真贯彻落实中央和上级部门的指示精神，严格落实各项工作部署，始终绷紧校园维稳这根弦，充分发挥安全稳定领导小组和一线工作小组的作用，依靠院系和职能部门的力量，全力以赴，周密细致地做了大量工作，较好地应对处置了一系列突发事件，维护了校园安全稳定尤其是政治稳定，维护了学校声誉，也为维护首都乃至全国政治稳定做出了贡献，受到了中央和上级部门的表扬。学校党委还居安思危，着眼长远，采取一系列有力措施，扎实开展校园维稳"抓基层，打基础"的工作，进一步完善维稳工作体制机制，着力提升基层院系和职能部门维稳工作的能力和水平。除了每季度召开一次全校安全管理业务工作会议外，学校还组织召开了全校新上岗正处级干部安全稳定工作培训会，进一步提升了各基层单位一把手的维稳意识和工作水平。

此外，学校还进一步畅通民意沟通和表达渠道，进一步完善了"书记信箱""校长信箱"，并建立新工作机制，由专门部门负责管理，坚持"有呼必应、每信必复"的原则。2011年共收到来信658封，师生反映的问题基本都得到满意答复和及时处理，及时消除了师生的不满情绪，受到师生欢迎。

以上是去年学校党委开展的主要工作。这些成绩的取得，是老书记和现任党委班子共同努力的成果，是全校各级党组织和全体党员团结奋斗的结果，也是周校长带领的行政团队大力支持和配合的结果，我代表学校党委对全校党员干部和师生员工表示衷心的感谢！

二、2012 年党委工作部署

开学前,学校召开了领导班子寒假战略研讨会。会议认真学习贯彻党的十七届六中全会和第二十次全国高校党的建设工作会议精神,就学校发展的许多战略性、全局性、方向性问题展开了热烈讨论,迸发了智慧火花,凝聚了重要共识。下面,我代表学校党委,结合学校领导班子寒假战略研讨会的讨论成果,对 2012 年特别是上半年的党委工作做出安排。

2012 年大事多、喜事多。举世瞩目的党的十八大将在北京召开,党和国家的事业将开启新的征程;北京市委将召开第十一次党代会,首都科学发展、和谐发展将迈上新的台阶;学校也将召开第十二次党代会,这是承前启后、继往开来的一次重要会议,是加快创建世界一流大学进程中的一次关键会议。此外,今年下半年,医学部还将迎来百年庆典,这不仅是医学部的喜事,也是全体北大人共同的节日。

中央把 2012 年定为"基层组织建设年",根据中央的部署,学校党委把 2012 年明确为北大的"党建工作年",要抓住重大契机,全力推进党的建设伟大工程,并且通过党建工作,统领带动创建世界一流大学工作的全局。我们当前的各项工作,都要紧紧围绕"开好党代会,加快创一流,迎接十八大"这一主题展开,都要与深入开展"创先争优"活动相结合,与落实中央领导同志提出的新要求、真正做到"示范引领、走在前列"相结合。

学校党委重点要抓好以下几个方面的工作:

(一)深入学习贯彻十七届六中全会精神,大力加强学校文化建设。

党的十七届六中全会从中国特色社会主义事业总体布局的高度,对坚持中国特色社会主义文化发展道路、建设文化强国做出了重大战略部署,是我们党成立 90 年来第一次以中央全会的形式专题研究和全面部署文化建设问题。在第二十次全国高等学校党的建设工作会议上,刘延东同志特别指出,学习贯彻十七届六中全会精神,是高等教育战线的重大政治任务。

学校党委明确要求,当前和今后一个时期的重大政治任务,就是深入学习、全面贯彻十七届六中全会精神,大力加强学校文化建设,努力提升文化自觉、文化自信,发扬精神的魅力,避免精神懈怠的危险,提升全校师生的精神状态,以此引领和带动世界一流大学建设事业。要以社会主义核心价值体系建设为重中之重,用马克思主义中国化最新成果武装头脑、指导实践,用中国特色社会主义共同理想凝聚师生,培养造就大批社会主义合格建设者和可靠接班人。要大力开展以爱国主义为核心的民族精神教育和以改革创新为核心的时代精神教育,激发师生民族自豪感、自信心和创新创造活力。要自觉践行社会主义荣辱观,加强思想道德建设、校园文化建设和学风教风校风建设,以学雷锋活动为重要抓手,引导全校师生高标准、严要求、讲师德、讲正气,加强道德修养、珍惜自身荣誉、维护学校声誉,把北大建成全社会的道德高地。要重点抓好人文社会学科建设,对中国特色社会主义发展道路进行总结研究,形成中国特色、中国风格、中国气派的理论话语体系,更好地发挥北京大学服务国家战略的"思想库""智囊团"作用。

对于北大而言,充分发挥自身传统优势,积极服务社会主义文化建设,既是义不容辞的使命,又是提升学校软实力、营造良好发展环境的重要途径。北京大学历来是我国思想文化建设的重镇,文化建设始终关系着北大发展的全局、方向和战略。当前我校正处于创建世界一流大学的关键时期。创建世界一流,必须要做到文化先行、文化引领、文化驱动。要发挥自身优势,找准着力点,积极服务国家文化发展战略,为建设社会主义文化强国发挥独特作用,尤其要落实中央领导指示精神,在凝练社会主义核心价值观、推动社会主义核心价值体系建设方面发挥重要作用,在中国特色社会主义理论创新方面做出突出贡献,在社会主义文化大发展大繁荣的事业进程中"示范引领,走在前列"。

在这里,我还要特别强调北大人的精神面貌、精神状态和师德建设问题。

总书记在"七一"重要讲话中,提出我们党面临着四个风险,第一个风险就是精神懈怠风险,大家务必牢记总书记的教导。现在,北大办学的物质条件在不断改善,大家的收入在不断增长,但我们要加快创建世界一流大学,最核心的东西是什么呢?物质条件当然还要继续改善,我们要为之不懈努力,这是前提,但我们创建一流大学的核心问题,不是物质条件,而是北大的精神。无论在什么物质条件下,我们都要坚持爱国、进步、民主、科学的优良传统,都要坚持先进文化,追求真理追求卓越。没有理想信念,没有精神追求,北大就立不住。一流大学的创建要有一流的大学精神、一流的校风、一流的学风、一流的文化,这些才是我们的灵魂。应该说,在我们的校园里,在广大师生员工中间,北大精神仍然保持得很好,很感人,这是我们最宝贵的力量。但在个别单位、个别干部、老师和学生身上,确实存在精神懈怠问题,"精气神"变了。可以说,我们现在出现的很多问题,都与精神懈怠有关。失去了理想信念,大学就没有了精神的魅力。

师德建设非常重要。教师是学校办学的主体,是加快建设世界一流大学的关键因素。要按照党的教育方针,把教师队伍建设作为学校最重要的基础性工作,把师德建设摆在教师队伍建设的首位,切实履行好立德树人、教书育人的光荣职责,办好人民满意的高等教育。在新的时代条件下,教师队伍建设面临着一些新情况、新挑战。由于北大在全国高校中具有特殊的影响力,社会对北大给予了更高的期盼,媒体对北大给予了更多的关注,这都为学校进一步加强教师队伍建设提出了新的要求。近些年来,北大教师队伍总的师德状况和社会形象是好的,得到了党和国家、人民群众的充分肯定,涌现了以王选、孟二冬为代表的一批先进人物。这种好传统、好形象的形成,是百余年来一代又一代北大教师在教育教学实践中长期努力的结果,来之不易,尤需珍惜。每一位北大教师都有责任、有义务严格要求自己,自觉弘扬北大的光荣传统,自觉践行优良的师德风范,自觉维护学校的良好形象。

学校党委要求,全校教师要进一步增强作为北大教师的集体荣誉感和社会责任感,努力用渊博的学识魅力和崇高的人格魅力潜移默化地教育学生,努力做践行社会主义核心价值体系、繁荣社会主义先进文化、推动社会发展进步的知识分子表率,为学校在我国建设世界一流大学进程中示范引领、走在前列做出应有贡献!

(二)继续推进创先争优活动深入开展,进一步加强基层党组织建设。

在中国建设世界一流大学,关键在党。广大党员和基层党组织是党在学校工作的基础,是团结教育广大师生员工的政治核心和战斗堡垒。深入贯彻落实科学发展观、加快创建世界一流大学的各项工作能否落到实处,关键在于基层党组织能否充分发挥自身的政治优势、组织优势和思想优势,能否不断增强凝聚力、战斗力和创造力。必须认真贯彻落实《中国共产党普通高等学校基层组织工作条例》,抓基层、打基础,深入开展创先争优活动,抓好党员队伍和基层党务工作者队伍建设,尤其是开展好针对基层党委书记、党委秘书、教工党支部书记等骨干人员的培训工作,进一步提升基层党组织的先进性。要切实指导基层党组织抓好党员培养、发展和教育工作,加大在高知识群体中发展党员的工作力度,重点做好针对长江学者、千人计划、优秀青年教师等高知识群体中入党积极分子的联系和培养工作。要以北京市委教育工委新修订的《党建和思想政治工作基本标准》为线索,推进院系党委和党支部制度化、规范化、程序化建设,提高基层单位党建和思想政治工作整体水平。

(三)进一步加强各级领导班子、干部队伍和人才队伍建设。

要把领导班子建设抓好抓实。以筹备第十二次党代会为契机,进一步抓好校级领导班子建设、院系领导班子建设、各部门各单位领导班子建设,带动干部队伍、人才队伍以及其他管理服务队伍的建设。要重视职工队伍建设,领导协调、统筹推进一线基层工作。要加强思想建设,用中国特色社会主义理论武装头脑,将各级领导干部的思想统一到加快建设世界一流大学的目标上来;加强制度建设,健全完善领导班子工作体制机制,巩固加快建设世界一流大学的组织基础;加强作风建设,在坚持科学发展、积极改善民生和创建和谐校园上取得实效,带动形成加快建设世界一流大学的良好风气。

要坚持"党管干部",切实抓好各院系、各部门领导班子和干部队伍建设。要积极深化干部人事制度改革,建立与高等学校性质相契合、与当前院系管理格局和干部队伍现状相适应的干部选任办法,按照"民主、公开、竞争、择优"的原则,增加干部选任工作中的竞争因素,真正把那些能有效服务教学科研一线、善于开展群众工作、善于统筹协调的学科带头人充实到院系党政一把手的岗位上。要密切关注"双肩挑"干部的工作、生活状况,建立稳定的、可持续的、能体现管理岗位贡献的考核评估激励机制,帮助他们协调处理好教学科研与管理岗位工作之间时间、精力分配的矛盾,为院系党政一把手履行职责、发挥作用创造更加有利的条件。要进一步加大干部培训和对外交流力度。

要进一步做好"党管人才"工作,加强北京大学人才工作领导小组的体制机制建设,有效发挥人才工作协调小组、党政管理人才队伍建设战略协调小组和干部交流工作领导小组的统筹协调功能。要千方百计地改善科研环境和生活环境,不断增强北大对于优秀学术人才的吸引力,充分体现学校党委对人才的关怀,丰富在人才队伍中开展思想政治工作的方法,帮助各类人才协调解决工作生活中的瓶颈性困难,确保优秀人才进得来、留得住、干得好、有发展。要加大干部对外交流力度,在现有项目平台的基础上,建立部门联动机制,整合资源、形成合力,积极拓展新项目、新平台、新渠道,共同选派符合条件的优秀管理干部、青年教师、在站博士后和在读研究生到重要地区、重要行业和重要岗位挂职锻炼或交流任职。

(四)不断提高宣传思想工作水平。

北大是意识形态工作的重要阵地,这条战线的工作要常抓不懈、落到实处。当前,我校宣传思想工作具有社会宣传报道资源丰富、哲学社会科学学科实力雄厚等有利条件,也面临着师生思想多样化、社会舆论关注度高、宣传报道北大改革发展成就和促进北大和谐稳定的任务繁重等现实挑战。要充分利用现有条件,科学策划、深入调研、主动挖掘,促进宣传思想工作出成果、上水平。2012年,全校宣传思想工作要以迎接党的十八大为核心主题,抓大事、带全局,集中力量策划、开展一系列有新意、有影响的重要活动和精品力作,全面提高思想理论建设水平。要大力加强意识形态建设和管理,不断提高思想政治工作能力和水平,确保学校思想稳定、政治稳定。要有计划、有步骤地宣传报道北大建设世界一流大学阶段性成果和各方面的发展成就,进一步统筹对内对外新闻宣传,积极主动地开展对外宣传和学校形象塑造工作,为加快创建世界一流大学营造正面积极、和谐有利的舆论氛围。

(五)加强大学生思想政治教育工作。

思想政治理论课教师和各级党团组织要坚持用中国特色社会主义理论体系武装学生头脑,以"精致化"为要求,持续深化"文明生活、健康成才"的教育主题,推动大学生思想政治教育创新发展。要进一步探索学生党建工作的新思路、新举措,在形势政策教育、学生党团日联合主题教育、研究生思想政治教育、大学生榜样教育、学生骨干培养和新生入学教育等特色工作领域深挖育人内涵,创新育人形式,优化育人效果。在学生管理工作方面,要进一步凸显管理在规范学生日常言行、引导学生健康成长方面的"杠杆"效应,完善学生综合素质测评体系,规范学生评奖评优和违纪处分程序,充分发挥管理对学生思想政治教育的辅助和促进作用。学生心理健康、学生资助、毕业就业等方面要着力解决学生存在的实际困难,帮助学生顺利完成学业。

(六)继续加强党风廉政建设。

2012年,我们要按照《关于实行党风廉政建设责任制的规定》和《中国共产党党员领导干部廉洁从政若干准则》的要求,全面推进廉政风险防范管理创新工作,"找漏洞、打补丁",积极推进廉政风险防范管理的延伸,查找风险点、制定防控措施、检查防范效果、及时进行整改,构建起以岗位为"点"、以程序为"线"、以制度为"面"的廉政风险防范管理机制。重点抓好"一岗双责"制度和"三重一大"集体决策制度的落实,彻底整治"小金库",继续推进廉政风险防范管理工作,促进学校反腐倡廉工作取得新成效。要大力加强反腐倡廉宣传教育活动,营造风清气正的校园文化氛围。

(七)做好新时期党的统一战线工作和工会教代会工作。

北大是党的统战工作的传统阵地和重要窗口,要进一步发挥好民主党派成员和党外代表人士在学校教学、科研、医疗、管理和改革、发展、稳定中所起到的不可或缺的重要作用。工会、教代会是党联系广大教职工的重要桥梁纽带。2012年要进一步加强工会、教代会的组织建设和能力建设;深入贯彻落实《中共北京大学委员会关于进一步加强和改进工会、教代会工作的意见》精神,加强和完善校、院(系)两级教代会制度建设,调动教职工参与民主管理的积极性;深化校(院、系)务公开工作,拓宽民主管理渠道;完善"校领导与教职工见面会"制度,继续邀请学校领导与相关部门负责人与教职工代表进行沟通交流;根据教职工关心的热点问题,继续组织教代会代表参与学校重大事项的决策和评议,提高教代会代表民主参与、民主管理的能力水平。

(八)全面推进民生工程与和谐校园建设。

民生工程是得民心、聚民意、提民气的工程,要真抓实干、好事办好、实事办实,尽最大努力改善师生员工的生活、学习、工作条件,调动全校师生员工参与学校建设的积极性、主动性与创造性。2011年,学校下决心办了两件大事,一是提高了部分在职人员的岗位津贴,二是加速推进了五道口教师住宅置换售房工作。肖家河教师住宅项目的拆迁工作,也实现了重大突破。前面我已经专门提出了表扬。学校党委充分肯定这些民生工程的良好进展,明确要求:全校各部门要进一步树立"民生大于天"的意识,继续高度重视、大力做好服务师生员工的相关工作,集中力量解决一些群众最希望办、当前或近期能够办好的实际问题。要建立教职工待遇逐步提高的科学机制,加快校园基础设施建设,推进肖家河教师住宅工程建设,健全保障帮扶工作机制,进一步做好离退休教职工的服务工作。当然,还包括前面提到的加强学生就业指导服务、学生心理健康教育和家庭经济困难学生资助工作,切实为学生排忧解难。

(九)确保安全稳定。

维护北大安全稳定始终是高于一切、重于一切、压倒一切的政治任务。2012年是十分关键、十分重要的一年,北大稳定工作的责任更加重大,使命更加光荣。学校党委和各级党组织必须高度重视安全稳定工作,始终保持清醒的头脑和高度的政治敏感性。要密切关注师生思想动态,对于倾向性、苗头性的问题,要及时处理在萌芽状态,切不可麻痹大意。学校党委和行政、学校各部门、各院系要加大对安全稳定工作的重视程度和支持力度,提前分析研判,弥补薄弱环节,完善工作预案;要结合迎接北京市"平安校园"创建达标检查验收工作,进一步把校园安保工作抓紧、抓实、抓细;尤其是在重大节庆日和敏感时点,务必要提高警惕、加强力度、未雨绸缪、不留隐患。要高度重视、特别关注、妥善应对境内外关于北大的网络舆情事件,充分认识到网络舆论环境的复杂性,要全力应对网络时代对北大安全稳定工作带来的新挑战新问题,积极、稳妥、慎重地处理好各类网络舆情危机;要切实加强安全稳定工作队伍建设,打造一支能够正确应对新时期复杂局面、妥善处理各类突发事件的维稳队伍。

三、关于迎接教育部巡视和筹备学校第十二次党代会

根据教育部直属高校巡视工作办公室的安排,从3月7日起,巡视组将来北大开展3—4周的巡视工作。巡视的主要内容包括:坚持党的教育方针,贯彻执行党的路线方针政策和部党组的决议、决定的情况,特别是贯彻落实邓小平理论、"三个代表"重要思想和

科学发展观的情况；推进学校改革发展稳定重大问题的情况；落实《中国共产党普通高等学校基层组织工作条例》，执行民主集中制和党委领导下的校长负责制的情况；选拔任用干部的情况；执行党风廉政建设责任制和自身廉政勤政的情况；开展作风建设的情况。

巡视组的主要工作方式为听取汇报、列席有关会议、个别谈话、召开座谈会、调阅资料、对学校领导班子进行民主测评、问卷调查、接待来信来访听取意见和建议等。

学校各单位和全校各级党员领导干部，都要高度重视做好相关工作，积极支持配合巡视组的工作。学校也成立了相应的领导小组、工作小组，严肃认真地做好协调、协助、配合、服务工作。要通过这次巡视工作，对北大过去几年的工作，特别是领导班子的工作进行全面总结，查找问题，改进加强，从而促进北大的科学发展。

同志们，经中共北京市委批准，学校党委拟定于2012年6月中上旬召开中共北京大学第十二次代表大会。这次党代会，是在深入贯彻落实党的十七大和十七届三中、四中、五中、六中全会精神，认真学习贯彻胡锦涛总书记"七一"重要讲话和刘延东国务委员在我校教师干部大会上的讲话精神，迈出改革新步伐、谋求发展新跨越、加快推进创建世界一流大学进程的关键时期举行的一次重要会议。大会将以邓小平理论和"三个代表"重要思想为指导，深入贯彻落实科学发展观，以加快推进创建世界一流大学步伐为奋斗目标，认真总结第十一次党员代表大会以来学校改革、发展、稳定各项事业的成就和经验，为学校的进一步发展做出战略部署。

通过这次党代会，我们要研究未来五年学校发展面临的形势、机遇与挑战，对工作中的主要困难和问题进行研判，还要明确今后五年学校党委工作的目标、指导思想和主要任务，明确学校加快创建世界一流大学的形势任务、指导思想、阶段目标、发展战略等重大问题。

学校第十次党代会提出的奋斗目标，是到2015年前后创建世界一流大学，第十一次党代会提出到2020年之前进入世界一流大学行列。我们这一次党代会，应该进一步明确近期和远期的奋斗目标。通过未来五年的艰苦奋斗，到北京大学建校120周年，也就是2018年前后，我们应该实现第十次、第十一次和第十二次党代会所提出的目标。按照《国家中长期教育改革和发展规划纲要》，到2020年，我国将建设若干所具有世界一流水平的大学，而北大要示范引领、走在前列，就必须在2020年之前取得关键性成果。因此，到2018年前后，我们必须完成冲刺，实现跨越，再上一个新台阶，在国内高校中率先进入世界一流大学行列。

到北大建校150周年，也就是2048年前后，我们还要取得更大的进步。根据中央的战略部署，到新中国成立100周年也就是2049年的时候，我们国家将要基本实现现代化，成为社会主义现代化强国，实现中华民族的伟大复兴，而北京大学必然要在这一伟大的历史进程中扮演重要角色。所以，到2049年之前，北大的发展应该进入一个更高的境界，在全世界的一流大学中应该处于比较领先的地位，应该达到或者超过西方发达国家一流大学的水平，应该对全世界的高等教育发展起到引领作用。

围绕着这几个时间节点，我们这次党代会要认真展开讨论，做出战略谋划。同时，围绕第十二次党代会的文件起草工作，还要广泛征求全校师生员工的意见建议，要通过筹备党代会，进一步团结带领全校师生员工，把思想和认识统一到中央精神上来，把智慧和力量凝聚到促进学校改革发展稳定各项事业上来，迈出改革新步伐、谋求发展新跨越、加快创建世界一流大学！

为开好党代会，学校党委提出四点要求：

第一，全校各基层党组织和全体党员，都要以高度的政治责任感和强烈的历史使命感迎接第十二次党代会的胜利召开，大家要充分认识第十二次党代会对北京大学加快创建世界一流大学进程的重要意义，以主人翁的姿态积极参与党代会的各项工作。要服从大局，形成合力；要广泛动员、深入人心；要严守纪律，确保秩序；要努力工作，提高效率。各级党组织要进一步增强自身的凝聚力，继续发挥好战斗堡垒作用，切实加强领导，精心安排，认真组织和落实好各个环节的工作，使党员在参与中经受一次严肃的党性锻炼和教育。

第二，要严格遵照组织程序和民主集中制原则，做好党代会代表和新一届党委、纪委委员候选人的推选工作。各级党组织要服从学校党委的统一领导，识大体、顾大局，严格按照学校党委提出的总体安排、工作程序和时间要求，把握好工作进度，制订好工作方案，把工作做深、做细、做扎实，保质保量完成好各环节工作。要教育引导广大党员把发扬党内民主和贯彻党的主张统一起来，以学校发展和广大师生员工的利益为重，正确行使民主权利。要坚持民主基础上的集中，将组织考察和群众评议有机结合起来，努力选出一个政治坚定、结构合理、奋发有为、勤政廉洁、群众满意的领导班子，为加快创建世界一流大学进程提供坚强可靠的组织保证。

第三，要将迎接党代会的宣传动员和思想教育工作与深入开展创先争优活动结合起来。党代会代表和新一届党委、纪委委员候选人的推选工作，既是对前一阶段创先争优活动成果的全面检验，也是继续深入推进创先争优活动的重要机遇。要抓住用好机遇,深入开展宣传动员和思想教育工作,做到选好一个代表,宣传一个典型,树立一面旗帜,形成一种导向,这对于深入推进创先争优活动,激励和引导基层党组织和广大党员用实际行动践行党的先进性,必将起到重要推动作用。党支部书记要带头创先争优,敬业勤奋,真抓实干,开拓创新,努力工作和学习中做出显著成绩,推动本单位中心工作发展。

第四,要切实把各级党组织工作重心转移到服务发展、服务民生、服务群众上来,进一步抓好基层工作,集中力量破解难题、化解矛盾。中央要求,今年创先争优要抓住召开全国党代表大会的机遇,突出加强基层组织这个重点。要集中力量抓支部,要解难题、办实事,领导干部要下基层、抓基层、直接联系基层。要排查师生员工利益相关、高度关注的热点难点问题,及时回应、妥善解决。各党支部要把代表和委员的产生过程作为把工作重心转移到服务发展、服务民生、服务群众上来的过程,大力排查师生员工利益相关、高度关注的热点难点问题,及时回应、妥善解决。对党代会筹备、召开期间,可能出现的热点、难点问题,我们都要深入调研、一一排查、积极应对、稳妥解决,为第十二次党代会营造安定团结的良好氛围,创造有利于研讨大事、开拓进取的良好环境。

召开中共北京大学第十二次代表大会,是我校党内政治生活中的一件大事。学校党委号召,全校各级党组织和党员要凝心聚力、振奋精神、真抓实干,以良好的精神面貌和优异的工作成绩,迎接我校第十二次党员代表大会的胜利召开,向党的十八大献礼。

同志们,未来的一个时期,学校工作任务比较艰巨,头绪比较复杂,时间紧,压力大,大家一定要作好充分的思想准备和工作准备,科学安排、提前谋划,切实提高管理水平、加强效能建设,确保各项工作有条不紊、各项目标顺利实现。我们正在加快推进创建世界一流大学的步伐,这是一次伟大的创业!我们必须下定决心、鼓足勇气,毫不动摇、永不停顿地把创建世界一流大学的事业推向前进,要认真实施"和谐发展、内涵发展、特色发展、跨越发展"四大战略,努力提高办学质量、提升管理服务水平,提振"精气神",重点抓方向、抓队伍、抓保障支撑、抓文化建设、抓制度创新,不断增强学校的核心竞争力和国际影响力,从而实现学校的率先发展、科学发展。

历史赋予了我们这一代北大人崇高的使命,也给我们的肩上压了沉重的担子。我们要有精神、有干劲、有胆识、有气魄,也要有科学、严谨的态度和勤奋、求实的作风。只有这样,才能实现我们的宏伟奋斗目标。在前进的道路上,我们要时刻保持清醒的头脑,建设世界一流大学不可能一蹴而就,也不可能一劳永逸,必须付出长期艰辛的努力。在建设世界一流大学过程中加强党的建设,也必须与时俱进。我们要不断增强大局意识、政治意识、责任意识、忧患意识,在党的领导下,坚定不移走中国特色社会主义高等教育发展道路;更加积极主动地服务国家发展战略,将北大的发展深深融入民族的凝聚力、创造力和国家发展的不竭动力之中!

同志们,让我们抓住机遇,乘势而上,勇于担当,奋发有为,认真开好学校第十二次党代会,以优异的成绩迎接党的十八大,为建设社会主义文化强国和创新型国家、为实现中华民族伟大复兴做出新的更大贡献!

校长周其凤在春季全校干部大会上的讲话

(2012年2月24日)

老师们、同志们:

新学期开始了。2012年对学校、对国家都是非常重要的一年。这一年,学校将迎来第十二次党代会,北京市也将要召开第十一次党代会,举世瞩目的党的第十八次全国代表大会也将胜利召开。这些重要会议将对我们的未来生活有着重要的影响和意义。这部分内容,书记将着重报告。这里我主要就2011年学校行政的主要工作向大家作一报告,也是代表学校行政领导班子向大家述职;再就是对今年的行政工作进行部署和安排。

2011年的主要工作

2011年是"十二五"开局之年,也是全面贯彻落实国家中长期教育改革和发展规划纲要的关键一年。一年来,我们把提高质量作为最核心最紧迫的任务,坚定不移走内涵式发展道路,以学科建设、队伍建设为基础,以体制机制改革为重点,以增强创新能力为关键,办学实力和国际、国内竞争力得到了显著提升,建设世界一流大学的事业稳步推进。学校的行政工作主要从以下十个方面展开:

一、不断提升学科整体竞争力。根据汤森路透"基本科学指标数据库"(ESI)2011年9月公布的对过去10年论文引用的调查数据显示,北大共有17个学科先后进入全球大学和科研机构的前1%,在国内各高校中遥遥领先。其中,化学与材料科学已经进入全球前0.1%，物理、临床医学、工程、地球科学、数学等5个学科进入全球前0.25%。经济学与商学、精神病学与心理学是中国大陆唯一进入全球前1%的机构。同时，根据《美国新闻与世界报道》(*U. S. News & World Report*)公布的2011年世界大学分类排名榜显示，在自然科学、生命科学与生物医学、工程与信息科学、艺术与人文学科以及社会科学领域，北京大学都位列全球前35位。以上数据显示，我们的学科整体水平基本跨入全球先进行列，个别学科已经达到世界一流水平。

二、继续加强高水平人才队伍建设。在2011年"两院"院士增选工作中，我校有5人当选中科院院士、1人当选工程院院士，当选院士总数居全国高校之首，这也是近十年"两院"院士增选中，北大当选人数最多的一年。截至2011年年底，我校共有中科院院士62人、工程院院士8人、第三世界科学院院士16人。我们还积极参与千人计划、长江学者奖励计划等中央和国家级人才工程，着力培养和引进了一批高端人才。截至目前，我校共有"千人计划"44人（含引进2人）（另据了解，在第七批"千人计划"中我校又有12人入选）、长江学者133人、国家杰出青年基金获得者166人。学校还大力推进青年人才队伍建设，培育结构合理、可持续发展的后备人才梯队。在第一批国家"青年千人计划"中，我校有13人入选。第二批"青年千人计划"名单已公布，北大又有18人入选。目前，我们已形成了一支总数近500人的拔尖人才梯队，各项人才指标在国内均居于领先水平。

三、进一步提升科研工作水平。2011年，全校新获批国家自然科学基金委项目总经费超过5亿元，比上年增加近2亿元，继续保持全国高校领先水平。新获批各类科研项目681项，其中"973计划"项目5项（含重大科学问题导向项目1项）、子项目22个，重大科学研究计划项目7项，子项目20个，立项数高居全国首位。根据国家奖励工作办公室的通告显示，2011年度以北京大学为第一完成人单位获得国家自然科学奖二等奖5项、国家科技进步奖二等奖2项，教育部"高等学校科学技术奖"一等奖7项、二等奖11项，何梁何利科学与技术进步奖2项。北京大学作为第一完成人单位获得国家自然科学奖的总数居于全国高校首位，充分体现了我们基础研究的优势。人文社科科研方面，继2008年我校文科科研经费突破亿元大关后，2011年文科到账经费约1.7亿元，有了新突破。人文社科纵向项目立项总数继续稳健增长，新获批国家社科基金重大项目6项、一般项目47项，国家哲学社会科学成果文库6项，教育部人文社会科学研究一般项目28项，教育部哲学社会科学研究后期资助项目2项，北京市哲学社会科学规划重大项目1项、一般项目9项。

四、深入推进教育教学改革。2011年是元培计划实施十周年，学校召开了"元培十周年庆典暨本科教育改革研讨会"，认真总结元培计划十年探索的经验，并确定了下一阶段的改革目标与发展任务。教育部"基础学科拔尖学生培养试验计划"启动两年来，我校陆续在数学、物理学、化学、生物学、计算机科学和环境科学等6个领域组织实施该计划。目前进入该计划的学生共320名。根据北大学科特点，学校还在工学院和地球与空间科学学院设立了两个校内人才培养试验项目。学校还组织文、史、哲、外语、考古等五个基础人文学科院系共同开展"古典语文学"试验项目，已招收两届32名本科生。同时，我们继续优化研究生教育结构，深入推进培养机制改革，全面改革研究生招生选拔方式，不断提高研究生教育质量。进一步推进继续教育办学体制综合改革，加强继续教育战略研究，推进继续教育工作蓬勃发展。

五、推动学生服务管理工作迈上新台阶。2011年，学生工作紧密围绕创建世界一流大学的工作全局，进一步贯彻落实中央16号文件精神和学生工作"精致化"的发展目标，努力推动育人工作再上新台阶。学校大力加强学生工作队伍建设，积极推荐学工干部参加教育部及北京市的各类培训，并整合校内资源，突出培训重点，加大校内培训力度。通过制定激励制度、搭建研究平台、支持课题项目等途径，着力提升广大基层学工干部的理论素养和研究水平。在全国大学毕业生就业形势日益严峻的情况下，2011年我校本科生与研究生就业率继续保持较高水平。学校积极引导毕业生到西部地区、艰苦行业和基层工作。据统计，2011年我校有501名毕业生报名应聘各地基层选调生项目、"村官"项目、预征入伍项目、社区工作者项目，288人签约基层和西部地区。2011年，学生资助、心理健康教育等工作也稳步开展，为学生的健康成才提供了有力保障。

六、进一步完善校园公共服务体系。2011年，我校各类建筑工程共25项，总建筑规模达24万平方米。北京国际数学研究中心、人文学苑顺利竣工，既为我校增加了两处新的人文景观，也为学校引进高端人才、改善办学环境提供了重要保障，尤其对缓解长期以来文、史、哲等人文基础学科存在的教学科研和办公场所的紧张局面起到了重要作用。医学部综合服务楼（跃进厅）启用大大改善了医学部师生的学习、工作和生活条件，北医三院新门急诊楼、运动医学楼竣工启用将大幅提升就医环境和医治效率，更好地为社会和患者服务。此外，深圳研究生院汇丰商学院大楼已经封顶、国际法学院大楼开工建设，校本部的工学院与交叉学科大楼、科技成果转化中心、斯坦福中心等一大批项目顺利推进，我校的教学科研基础设施将得到进一步改善。2011年，学校还大力推进校级科学仪器公共平台建设，加强信息化建设和校内公共资源的有效管理和合理配置。其中，公用房管理改革取得重大进展，完成了全校37家教学、科研单位的公用房数据盘查和定额测算工作。

七、深入开展社会服务工作。2011年，学校进一步整合全校科技及产业化研发力量和资源，成立了北京大学技术转移中心，与北京市共同推动自主创新、协同创新。除服务首都发展外，2011年学校还配合国家东部率先发展战略，加强与江苏省及南京、苏州、淮安、常州等地高层互访，分别与苏州市、南京市签订了战略合作协议；面向中西部及边疆地区，深入参与国家西部大开发战略及边疆发展战略。2011年既是我校对口支援石河子大学工作的第十个年头，也是我校对口支援西藏大学工作的开局之年。我校作为对口支援石河子大学、西藏大学两个高校团队的组长单位，先后协同16所高校在新疆、西藏分别召开两个对口支援团队的工作例会，凝聚发展目标、协同部署下一步工作。2011年，我们的高端培训工作和医疗服务也为国家和社会的发展做出了重要贡献。

八、不断提高对外合作水平和层次。2011年，我校国际交流规模和层次显著提高，共接待各类代表团402个、6000人次，其中高校代表团226个；接待外国元首及政要11人。2011年，我们多次派出校级代表团赴海外访问，与其他高校增进交流、深化合作。同时，进一步完善学生出国学习的渠道，稳步实施"学生海外学习"项目。加强留学生的招生、培养和管理，留学生研究生招生规模实现了快速增长，其中博士生录取人数比2010年同期增长80%。海外引智工作也取得长足发展，2011年共聘请外籍学者670人次，其中长期专家150人次，并邀请了不少国外高层次专家前来讲学。

九、确保财务运行效率，扎实做好筹资工作。学校财务工作继续贯彻"严格、透明、公平、效益、服务"的方针，严格财务管理，维护预算特别是校级预算的严肃性，预算执行情况良好。2011年，学校筹资渠道进一步拓展，二级筹款体系进一步完善。基层单位筹资工作形势喜人，生命科学学院、工学院、建筑与景观设计学院、经济学院、法学院、医学部等单位都获得了千万以上的大额捐赠。此外，学校进一步加强校友联络工作，在服务校友的同时积极争取校友对学校发展的支持。目前，北京大学总计有地方校友会51个，涵盖了全国绝大部分的省、自治区、直辖市和重要城市；共有海外校友会29个，覆盖美国、日本、法国、加拿大等国家。

十、大力推进民生工程，不断提高后勤保障水平，确保校园平安。学校始终把五道口和肖家河教师住宅项目作为当前最大的民生工程，作为关系北大长远发展的重点工程，动员各方资源，坚定不移地大力推进。目前，五道口教师住宅已经完成了选房工作，后续工作也正在有序推进。肖家河住宅项目已经进入了拆迁阶段。学校还积极通过组织商品房团购项目、租用公共租赁住房等途径，多渠道缓解教师住房压力。2011年，学校投入3000余万元，实施全校水电暖设施、学生食堂、宿舍、浴室、校园环境和幼儿园等改造工程，为师生学习、工作和生活提供安全优质的硬件环境；在原材料持续涨价、人工成本上涨和餐饮招工难等多种困难下，积极通过财政补贴、节约成本、内部挖潜等各种措施，保持食堂饭菜价格稳定，为师生提供安全优质的餐饮服务。同时，学校下大力气改善教职工薪酬福利，较大幅度提高了全体在职职工的职务补贴和985专项岗位津贴，并继续实施年终绩效奖励。改善离退休人员待遇。学校进一步畅通信息沟通渠道，认真听取师生意见，及时化解矛盾纠纷，解决师生反映的实际问题。学校切实做好维稳工作、保密工作，深入推进"平安校园"创建活动，有力地维护了校园的和谐稳定。

在看到成绩的同时，我们也清醒地认识到，学校发展中的困难和问题还不少，还有些深层次矛盾尚未根本解决。例如，学校资源紧缺的状况还没有根本转变，资源配置方式还有待改善，尚不能充分激发办学活力；个别学科专业调整还不能很好地适应国家战略需求，北大的整体学科优势和人才优势还没有充分发挥；管理理念和管理方式与创建世界一流大学的要求还存在差距，体制机制还需要进一步理顺，等等。尤其是2011年，中央领导对北京大学建设世界一流大学提出了新的更高的要求，给我们的定位是"示范引领，走在前列"。因此，我们必须以"时不我待，只争朝夕"的精神来加快创建世界一流大学，树立榜样、做出表率。当前及今后一段时期是创建世界一流大学最为关键的时期。前不久，学校领导班子召开寒假战略研讨会，就关系学校发展的若干重大问题进行了研究。下面，我结合寒假战略研讨会领导班子形成的共识，谈一下2012年学校行政方面的主要工作安排。

2012年的行政工作要点

一、不断提升学科品质，着力开展交叉研究和协同创新。我们的学科建设水平有了很大的提升，但在国际高等教育竞争日益激烈的形势下，仍然要不断提升学科品质。在不断巩固和提高我们具有比较优势的数学、物理学、地球科学、材料科学、计算机科学、工程等学科的全球竞争力和影响力的同时，还要大力加快发展国家迫切需要的生命科学、医学、环境和生态科学、神经科学和行为科学、心理学、空间科学、人文学科、社会科学、经济学和商学，引领我国学科结构优化升级。

2012年,学校的科研工作将按照进一步强调创新、提高自主创新能力,培养创新人才,创建协同创新平台和文化氛围的思路来推进。在继续加强基础研究、面向国家重大战略需求加强大科学项目、海外科技合作项目的组织工作,以及科研平台建设等工作的同时,要重点加强交叉研究和协同创新。

在交叉研究方面,要进一步明确交叉研究的战略性主导领域和方向,以传染病学、临床医学、健康科学、脑科学、新一代ICT、新能源、先进材料、海洋科学、全球气候变化与可持续发展、中国道路与中国模式研究、全球治理、文明冲突与和谐、国别区域及战略问题研究等领域为重点,完善交叉研究体制机制,改进交叉研究环境,大力促进文理医工跨学科交叉研究,提高交叉研究的规模和水平。大力推动构建多学科交叉研究平台,促进人文社会科学与自然科学、工程技术科学的密切结合,扭转我校在国际比较中交叉研究相对较弱的局面,引领我国交叉研究赶超世界先进水平。

在协同创新方面,学校将紧密结合教育部《高校创新能力提升计划》(简称2011计划),以国家急需、世界一流为主线,以提高人才、学科、科研三位一体创新能力为核心任务,通过体制机制改革,促进学校与科技、经济、文化的有机结合,进一步提升学校创新能力,支撑创新型国家和人力资源强国建设。要进一步完善和加强教师双聘制度、博士后联合工作制度、研究生联合招生培养等制度建设,加快推进我校文献信息资源体系的一体化建设,促进资源共享。注重与世界一流大学、研究机构及跨国公司合作,搭建和参与一流、高效的区域、国家和全球创新体系,积极争取和承载较多的国家协同创新平台,努力形成联合各方协同创新的局面。注重共建中关村科学城,积极参与首都创新资源平台建设与运作,努力实现与"中关村国家自主创新示范区"的协同创新。注重加强和规范新体制科研机构的建设、运行和管理,充分发挥其在协同创新体系中的引领作用。

这里,我还要强调要加强科研工作的保密意识。去年,我们顺利完成了军工保密资格审查认证,保密工作部门、相关院系和科研人员都做出了重要贡献。目前,学校的涉密科研项目在增多,涉密领域也在扩大,不仅在自然科学领域,而且哲学社会科学领域也存在涉密信息。因此,保密工作部门和各院系有必要进一步做好保密教育,扩大保密工作覆盖范围,不断增强科研人员的保密意识,在认真做好科研的同时严守国家秘密。在保密资格认证工作中,我们也发现了不少隐患和问题,需要认真研究并抓紧加以解决。

二、进一步加强人才培养、学生管理和服务工作,提高育人成效。今年3月底,学校将召开本科教学研讨会,研究部署下一阶段的本科教育工作。今年,学校的本科生培养要进一步推进教学改革,稳步推进基础学科专业人才培养试验计划,加强课程体系建设,继续完善通识教育课程体系,推动政治理论课、大学语文以及哲学类课程教学内容和教学方式的改革,培养和提高学生的综合素养。在此基础上,完善教学质量监控体系,切实抓好每个教学环节,开发和完善教学教务管理系统,确保教学质量提升。

研究生教育要进一步推进培养模式改革,探索学术型研究生和专业学位研究生的分类培养途径,继续实施"研究生教育创新计划",推进交叉学科培养,不断完善研究生奖助体系,充分发挥"才斋讲堂"等品牌课程的作用,不断提升研究生,尤其是博士研究生的培养质量。要积极建立健全"走出去"和"请进来"相结合的研究生国际化培养体系,为研究生拓展国际视野提供保障。

我们还要积极稳妥地推进招生制度改革。在招收本科生方面,要通过优秀夏令营、校长实名推荐制等方式进一步提升自主招生生源质量,推动教育公平,同时扎实有效地做好各省市高考招生录取工作,为学校高素质创新人才培养选拔适合的优秀生源。要继续通过"优秀大学生夏令营"活动,抢先吸引和选拔优秀研究生生源,并根据学校学科发展规划,在稳定现有招生规模的基础上,继续进行结构优化调整。前不久,教育部、中宣部、财政部、文化部、中国人民解放军总参谋部、总政治部、团中央七部门联合下发了《关于进一步加强高校实践育人工作的若干意见》,明确提出各高校要坚持把实践育人工作摆在人才培养的重要位置。有关部门和院系要深入领会文件精神,进一步加强领导,在已有工作的基础上,继续强化实践教学环节,深化实践教学方法改革,统筹安排,抓好落实。

今年的继续教育工作要继续大力发展高层次、高水平、高质量的非学历继续教育,继续高度重视中组部"全国干部培训高校基地"建设,精选"名师""名课",提供高水准的教学服务。要充分利用学校与各省(市、自治区)的战略合作契机,通过继续教育培训,为地方经济社会的发展建设助力。2012年,学校还将申报人力资源与社会保障部"国家级专业技术人才培训基地",这对于引导和支持各院系积极开展高级专业技术人才培训,开创继续教育发展的新增长极是一个重要机遇,相关部门和院系要切实做好工作,推动院系开展以教学科研力量为依托的继续教育,加强继续教育与学校教学科研的有机结合。

学生管理和服务是人才培养必不可少的环节。我们要进一步创新工作思路,采取有力举措,在切实做好学生资助、日常行为管理、心理健康咨询、网络行为管理等工作的同时,还要按照"精致化"的要求,依据学生群体的差异化特征，选取不同维度的分类标准，为学生"量身定制"富有针对性的分类指导方案，推动学生分类培养工作走向深入。这里，我还要再次强调学生就业问题。这些年学生就业工作的成绩是值得肯定的，但现在的就业形势依然严峻，我们切不可掉以轻心。就业指导部门和各院系要主动了解京外市场人才需求，开拓就业市场，引导和鼓励更多毕业生面向京外地区和基层西部地区就业。要继续加强专业化、信息化、国际化建设，打造立体化就业指导服务平台，进一步提升我校就业工作精致化程度和科学化水平。

三、进一步打造国际一流的人才队伍。去年12月，全国人才工作座谈会在北京召开，会议明确了下一阶段人才工作的方向，并做出了部署。在寒假战略研讨会上，学校领导班子专门学习听取了此次会议的精神。近日，学校领导班子也召开会议，专题研究教师队伍建设问题。我们要充分认识到，在硬件条件不断提高，资源投入不断加大的形势下，建设一支国际一流的人才队伍已经成为我们创建世界一流大学最紧迫、最重要的任务。2012年，学校的人才队伍建设将着力做好以下三方面的工作：

第一，依托国家计划，进一步壮大高端人才队伍。在继续做好千人计划推荐申报、聘任管理工作的同时，结合千人计划的新政策，研究制定相应的实施办法。今年年初，长江学者奖励计划也将启动新一轮的评审，我们要结合新政策的实施，认真研究如何充分利用政策进一步加强人才队伍建设。优秀青年人才是人才强校的重要力量。我们要紧紧抓住国家实施"青年千人计划"的机遇，结合《北京大学实施"青年千人计划"暂行办法》，为"青年千人计划"工作的实施提供有力保障，同时，围绕学科建设需要和发展战略规划，在既有条件下将资源投入向优秀青年人才倾斜，大力吸引、培养和支持优秀青年人才，着力打造具有强大竞争力和发展优势的青年学术带头人队伍。

第二，加快实施人才强校战略，保证人才队伍健康发展。在国家政策的基础上，我们要结合学校人才队伍建设目标，进一步形成和完善具有北大自身特点的人才引进与培养政策体系，做到既有引进培养的一般标准，又要有选拔的特殊标准，既要突出重点，又要统筹全局，通过各类高低结合、衔接有序的举措使北京大学的人才队伍建设协调发展。要继续实施好国家各类人才计划，不断完善校内人才计划体系，将校内百人计划作为新教师聘任的主要渠道。要进一步严格选拔机制，通过规模控制、结构调整，持续优化教师人才队伍结构，增强发展后劲，为今后若干年实现人才队伍水平的进一步提升奠定坚实基础。

第三，建立健全制度保障，进一步推进人才体制机制改革创新。要实现人才队伍水平的进一步提升，在争取更多资源的同时，要通过人才体制机制改革创新解决发展难题。在2012年的人才工作中，我们要充分吸收"人才特区"建设过程中的经验，结合我校现有人才队伍的实际情况，通过合理系统的新制度设计为人才队伍健康、快速发展提供强有力的保障。要通过不同的政策支持和资源配置来实现对不同人才队伍发展的选择和激励。要通过分类管理，不断提高人才队伍的核心竞争力和创造活力，加强交融合作，提高人才队伍整体效力，加快建设一流人才队伍。

在人才队伍建设上，我还要强调一下师德师风的问题。去年12月，教育部和中国教科文卫体工会全国委员会联合颁布了《高等学校教师职业道德规范》，对教师的职业道德提出了明确要求。今年学校也将适时出台教师职业道德规范和关于加强师德师风建设的意见等文件。我们选拔、培养、引进人才，在关注其能力的同时，必须考察其道德品行是否良好，只有"学为人师，行为世范"的人才，才能真正有助于学校的建设发展。因此，有关部门、各院系在考察人才时，务必要对其进行全面考察，努力建设一支能力突出、品德高尚的人才队伍。

四、深入推进国内合作与社会服务，提高社会贡献力。这些年，我们的国内合作取得了很多重要成果。今后，要立足于以往的工作基础，并不断拓展深化既有的合作成果，实现深度合作；同时，积极开拓新的合作伙伴和领域，不断扩大合作的广度。

我们要以国内合作委员会办公室、首都发展研究院等机构为平台和纽带，扎根北京、布局全国，积极服务国家区域发展的总体战略。要进一步加强与长三角地区、珠三角地区的战略合作，充分利用既有平台和新的合作机构，进一步提高校地合作层次和水平，彰显服务社会贡献力。要积极参与新一轮西部大开发，以对口支援为纽带，集中帮助西藏大学、石河子大学实现快速发展。同时，还要积极参与东北振兴，促进东北地区老工业基地转型发展，积极参与中部崛起，探索服务国家中部地区战略需求和区域经济建设的新模式，推动区域协调发展。

产学研结合工作也是学校服务经济社会发展的重要抓手。在寒假战略研讨会上，学校领导班子对这一问题做了专门的研讨。在下一步的工作中，学校将以产业技术研究院为载体，以学科发展指导产业发展，以产业发展促进学科建设，抓住中关村科学城建设等重要机遇，明确发展思路，推进规范化建设，进一步完善产学研统筹协调的机制体制，争取我校知识产权转移和成果转化绩效有更大幅度增长。

我们还要积极服务国家和北京医疗卫生改革与发展，加强我校医疗卫生服务能力建设，完善我校医疗卫生政产学合作体制机制，努力支撑健康北京和健康国

五、大力发展人文社会科学,以文化传承创新推进世界一流大学建设。去年,教育部召开了全国高校哲学社会科学工作会议,财政部、教育部还颁布了《高等学校哲学社会科学繁荣计划(2011—2020年)》等文件,对发展哲学社会科学提出了意见、做出了部署。我们要切实抓住国家实施文化大发展、大繁荣战略和哲学社会科学繁荣计划的重大机遇,完善和加强我校文化传承创新体系,巩固和提升我校文化传承创新能力,进一步强化文化传承创新在建设世界一流大学中的战略地位和作用。

第一,要进一步加强文化科研工作。围绕中国特色社会主义文化、中国古代文明、汉唐文明等历史文化、中华传统文化、数字文化、生态环境文化、文化的全球化与多样性等重大方向和领域问题,深入促进人文、艺术与科技的融合,完善和加强文化跨学科协同传承与创新平台。加强《儒藏》等文化典籍的整理、编纂与研究工作。深入推进建设文化产学研用协同创新基地,完善和加强跨部门、跨行业、跨国界的文化协同传承与创新平台体系,加强两岸文化传承与创新的交流合作。积极承接和实施国家文史哲基础研究中长期重大专项和学术文化工程,努力培育新的学科生长极,不断推出具有原创性、引领性、标志性的先进文化重大学术成果。

第二,要有效服务中华文化"走出去"战略,积极传播中华优秀文化。利用学校学术交流的独特优势,积极开展跨文化交流,在展示中华优秀文化的风采和国际影响力的同时,也要吸收借鉴国外优秀文化成果,努力形成有说服力、感染力、影响力,具有中国特色的学术话语体系,不断提升我国学术的国际话语权,不断提升中华文化的亲和力和影响力。同时,积极组织实施优秀学术作品翻译和中华文化经典海外推广计划,积极承担国家重大文化基础设施建设,寻找、探索通过与地方合作深刻挖掘和推广地方历史文化的新平台、新方法。

第三,要进一步传承北大精神,弘扬北大文化。要充分发挥北京大学作为新文化运动的摇篮、最早传播马克思主义和中国共产党早期活动的中心地的价值,积极建设以社会主义核心价值体系为主导的大学文化。要加强人文校园建设,发挥文化育人功能,不断完善校园内博物馆/陈列馆体系,加快形成北大精神、北大文化的校园识别体系。

在寒假战略研讨会上,学校领导班子还重点就贯彻十七届六中全会精神、加快人文社会科学发展进行了研讨,明确了下一步的工作思路。学校决定,在今年上半年择机召开相关会议,对促进人文社会科学发展做进一步的深入研讨,形成工作方案,以抓住机遇、凝聚共识,促进学校人文社会科学的大发展、大繁荣。

六、围绕学校核心目标,继续加强国际交流与合作。这些年来,我们的国际交流与合作发展迅速,成绩显著,今后要进一步围绕创建世界一流大学这一核心目标,认真总结过去几年来的基本成果与经验,研究并制定学校中长期国际化战略,为师资队伍、人才培养、文化交流等服好务、出好力。

本年度,我们要进一步加强引进高层次国际人才,开展高水平的学术交流,大力建设"海外名师讲学计划"等引智平台,推动设立"大学堂"大师计划,在全球范围内邀请各领域学术大师来校举办讲座、开设课程、合作研究等,促进世界一流人才与校内科研骨干的合作交流。

针对目前我校留学生招生工作中的一些瓶颈,相关部门和院系也要加强合作,进一步完善留学生自主招生计划,筹划设立北京大学留学生奖学金,并充分抓住国家实施"留学中国计划"的契机,进一步吸引海外优秀生源。此外,要加强对留学生的学业指导和生活服务、管理工作。

我们还要进一步加大学生的国际交流力度,积极申报国家留学基金委设立的优秀本科生国际交流项目,争取国家在留学经费等方面的支持,为学生赴海外留学提供可持续保障。此外,要充分利用"国际研究型大学联盟"等优质资源,努力提升学生海外学习的层次,力争与更多的世界知名院校签署学生交流协议。

国际交流工作既是促进学校发展的重要抓手,也是学校服务国家战略的重要体现。去年12月,习近平副主席参观了我校参与建设的泰国朱拉隆功大学孔子学院,对学院的建设成绩予以了肯定,并对学院的发展提出了目标和要求。今后,我们要继续办好孔子学院,充分依托孔子学院丰富的国际资源,使之成为集校际交流、基金筹集、招生海外宣传、中华文化传播等功能于一体的综合性宣传平台,成为北大面向国际、传播自身国际化理念的一扇窗口。此外,还要继续办好北京论坛(2012)及生态文明贵阳会议(2012),以国际会议为平台,进一步提升北大在生态环保及人文社会科学方面的学术水平。

七、抓住百年契机,推动医学部发展迈向新阶段。今年,医学部将迎来百年华诞,这对医学部、对北京大学而言,都是一次盛事、喜事。去年12月,教育部、卫生部联合召开了全国医学教育改革工作会议,为新时期医学教育的发展明确了方向。学校也将以医学部百年庆典为契机,给予医学部更多的支持,推动医学部的发展迈向新阶段。

在学科建设和科研组织方面,要充分发挥北大医学的整体学科实力,充分利用临床医学丰富的医疗资源,进一步促进医学与文理工学科的合作,加大力度支持合作领域和交叉学科的发展,特别要加强临床医学研究。要进一步加强科研项目的组织协调,在共同申请项目,特别是重大科研项目方面进行资源整合,形成合力。要加强大型仪器设备的共享,实现资源的优化配置,提高资源使用效益。

在医学人才培养方面,要加强教学、科研、实践的有机结合,开展对学生科学精神与实践能力的培养。注重教学内容与社会实践以及科学研究的结合,通过科学研究训练以及研究性课程学习、实习与实践等活动提高学生的创新思维能力、批判精神和实践能力。

这些年,医学部的基础设施建设有了很大进展,对于西北区建设等几个比较重要、难度很大的项目,学校也将全力支持推进,进一步改善医学部校园的整体面貌。在筹资工作上,学校也将进一步加强对医学部的帮助,充分挖掘各方面的资源,开拓医学部的筹资潜力。

八、进一步做好民生服务和各项保障工作。今年年初,五道口教师住宅项目已经完成了选房工作,学校将进一步与北京市有关部门沟通,做好后续工作,为选房教师早日入住提供保障。随着五道口置换售房工作的推进,学校也将适度扩大教师周转公寓,努力通过多种渠道、采取多方式改善教职工住房条件。下一步,学校将投入更大的精力推进肖家河教师住宅项目建设。目前,肖家河的拆迁工作已经启动并稳步推进,学校将同政府部门一道争取加快工作进度,争取按期完成拆迁,并想方设法筹措建设资金。学校将进一步构建有效的薪酬待遇激励机制,克服困难,努力提高教职工整体薪酬待遇。同时,要进一步抓好离退休工作机制建设,广泛发动各方面力量参与离退休管理服务工作,重点是要抓好二级管理机制的落实问题,夯实二级管理服务的力量,为广大离退休职工的晚年生活提供优质服务和良好保障。学校各部门要高度重视师生提出的合理化建议,认真听取他们的意见。

目前,北京地铁16号线的规划将对学校高精密仪器的正常使用产生负面影响,有关部门务必要和北京市保持紧密联系,使16号线的线路规划得以适当变更,确保相关科研活动的正常开展。

去年,学校多次讨论研究了后勤队伍建设"十二五"规划纲要,并在今年的第一次党政联席会上审议通过了这个纲要。下一步,有关部门要认真把握纲要精神,认真做好改革的每一个环节,确保后勤队伍的改革能够平稳顺利地完成,实现后勤队伍的可持续发展。在扎实推进改革的同时,学校要求务必要确保后勤服务水平不下降,要两手抓、两手都要硬。

校园服务水平的提升需要高质量的教育信息化作为支撑。我们要贯彻落实《教育信息化十年发展规划》,研究制定智慧校园建设规划,将智慧导入校园各个系统、过程和基础设施中,将信息化深植于教学、科研、管理和生活的各个方面,推进优质教育资源共享,全面构建智慧校园。

九、加强资源统筹工作,推动学校可持续发展。在加快创建世界一流大学的进程中,要做到"示范引领、走在前列",我们对资源的需求就显得更加迫切。当前,学校的人才培养、师资队伍、基础设施建设、后勤服务、民生工程等方方面面的工作都面临很大的资金压力,因此,我们一定要千方百计地开源节流,提高资源使用效率。

各单位都要继续加强财务管理和预算管理,合理安排支出,提高资金使用效益,从源头上扼制浪费现象的发生,保证各方面平稳运行。前不久,学校制定了校级科学仪器公共平台建设与管理办法,修订了公用房管理条例,进一步加强了公共资源的制度建设。相关部门要认真执行这些制度、政策,进一步加强对土地、房屋、大型仪器设备等公共资源的统筹利用,提高资源使用效率。

我们更要多方筹措资金,不断扩大学校可控资金的总量。要加大力度拓展捐赠资源,精心维护发展捐赠关系,并进一步做好投资工作,探索更为有效的投资策略和决策机制,实现捐赠基金的保值、增值。同时,还要积极抓住中央财政配比的机遇,争取国家配比资金的支持。

我们还要高度重视校友工作,积极拓展工作阵地,尽可能多地获取校友信息,以便为校友提供更加优质的服务。比如,我了解到现在很多地方的校友会通过微博发布相关信息,这就为我们了解校友动态提供了便利和渠道。这些年来,一些校友活动也组织得很好,要不断提升活动质量。总之,我们要通过多种途径联系、服务校友,让广大校友离校不离家,真切感受到母校的温暖,从而为母校的发展贡献更大力量。

十、几个专项工作。加快推进《北大章程》的制定工作。今年1月1日,由教育部制定的《高等学校章程制定暂行办法》正式施行,这为学校章程的制定提供了框架和规范。我们要认真研究办法的精神,结合办学实际需求,积极和教育部沟通,争取早日出台学校章程,建立健全现代大学制度,为学校的运行提供根本制度依据和保障。

校园秩序管理和安全工作。今年的大事很多,有关部门一定要加强校园秩序的管理,尤其是要抓好校园交通安全,确保校园环境的平安、和谐、稳定。要以北京市创建"平安校园"试点高校达标验收工作为契机,进一步完善校园安全管理工作体系,提高校园安全管理硬件设施的科技化水准和软件管理的精致化水平。要进一步做好信访接待和群众信访问题协调处理工作,保证校园正常秩序,维护校园和谐稳定。进一步加强行政管理服务工作。要进一步理顺相关职能部门的关系,确定管理服务单位职责权限,完善管理服务部门工作流程、规则和人员职责,探索"一口受理、全程服务"的一站式服务。加强行政管理评估工作,建立健全管理服务工作评估制度,探索全员参与的管理服务评估机制。要进一步强化信息公开和校务公开,推进部门和岗位信息互联互通。

深圳研究生院已经成立十周年,取得了很大的成绩,也迎来了新的发展阶段。学校会抓紧研究深研院的发展工作,积极与深圳市进行沟通,争取获得更多支持,借助深圳创办国家教育综合改革示范区的契机,进一步将深研院建设成为"前沿领域、交叉学科、应用学术、国际标准"的"南国燕园"。

今年,我校还将承办首都高校第50届田径运动会,有关部门要认真做好准备工作。

以上是本学期行政工作的要点。由于时间关系,一些经常性的工作就不一一点到了。今年的大事很多,学校党代会召开和迎接党的十八大等,也有不少专项性的工作,比如国家和上级部门组织的来校巡视、审计、"211"工程验收、一级学科评估、"2011"工程实施、北京大学章程起草,等等。任务繁重,希望同志们再接再厉、加倍努力,确保各项工作扎实到位、取得实效,保证学校在创建世界一流大学的进程中真正做到"示范引领,走在前列",以优异的成绩迎接党的十八大的胜利召开!

谢谢大家!

党委书记朱善璐在秋季全校干部大会上的讲话

(2012年9月4日)

同志们:

今天这次大会,是学校第十二次党代会后召开的第一次全校干部大会,也是一次学习传达中央精神,贯彻落实党代会各项要求部署的动员大会、推进大会,意义十分重大。

暑假刚刚过去,这个假期很不平凡,全校各个部门、各条战线的同志都非常辛苦。面对北京"7·21"特大自然灾害,学校预案启动及时、应急反应迅速、防汛措施得力,确保了校内的安全稳定。在此,我谨代表学校党委,向所有在暑假期间坚守岗位、辛勤工作的同志们致以亲切的慰问和衷心的感谢!

前不久又发生了"邹恒甫微博事件"。这起事件性质十分恶劣,影响很大,严重损害了北大声誉,是对我们的一场严峻考验。上级领导、学校领导班子和全校师生,也包括广大校友和社会主流舆论,对此事件的认识是一致的,对于肆意诽谤、污蔑、损害北大声誉的行为,我们非常愤慨,坚决抵制,决不姑息。我们要运用法律武器和各种途径、各种办法,一定要打好、打赢这一仗!在中央、教育部和北京市的领导下,北大将依法依规、有理有据,维护好自己的声誉和尊严,维护好中国高等教育的整体形象,维护好社会的和谐稳定,要还事件以真相,还北大以声誉,还网络以秩序,还社会以公正。希望同志们包括全校师生员工,紧密团结起来,共同做好相关工作,要变坏事为好事,从这一负面事件中总结经验教训、汲取正面能量。稍后我还会谈到如何认识、应对这一事件,这里就不展开了。

上一周,学校党政领导班子围绕"认真贯彻落实党代会精神,加快改革创新、科学发展,迎接十八大胜利召开"的主题,召开了暑期战略研讨会。在暑期研讨会上,学校领导班子集体学习了胡锦涛总书记在省部级主要领导干部专题研讨班开班式上的重要讲话精神、刘延东同志在教育部直属高校工作咨询委员会第二十二次全体会议上的重要讲话精神和全国科技创新大会精神,重点研讨了我校的教学科研改革、人才队伍建设、财务工作、体制机制建设、党建和思想政治工作方面等重要问题,并对本学期的主要工作进行了研究。

经学校党委和行政商量,今天的干部大会主要有以下内容:

首先,我传达胡锦涛总书记在省部级主要领导干部专题研讨班开班式上的重要讲话精神和刘延东同志在教育部直属高校工作咨询委员会第二十二次全体会议上的重要讲话精神。

同时,也简要传达全国科技创新大会精神。

然后,请其凤校长对全校的行政工作进行部署。

最后,我就全面贯彻落实学校第十二次党代会精神,推进党的建设,抓好新学期学校党的工作,迎接党的十八大胜利召开谈几点意见。

一、学习传达中央领导同志重要讲话精神

(一)学习传达胡锦涛总书记在省部级主要领导干部专题研讨班开班式上的重要讲话精神

7月23日上午,省部级主要领导干部专题研讨班开班式在北京举行,胡锦涛总书记发表了重要讲话。总书记强调,高举中国特色社会主义伟大旗帜,以邓小平理论、"三个代表"重要思想为指导,深入贯彻落实科学发展观,解放思想,改革开放,凝聚力量,攻坚克难,坚定不移沿着中国特色社会主义道路前进,为全面建成小康社会而奋斗。

总书记在讲话中指出,中国特色社会主义是当代中国发展进步的旗帜,也是全党全国各族人民团结奋斗的旗帜。我们必须毫不动摇以邓小平理论、"三个代表"重要思想为指导,深入贯彻落实科学发展观,坚持和发展中国特色社会主义。我们必须抓紧工作,抓紧落实,在未来5年为到2020年如期实现全面建成小康社会目标打下具有决定性意义的基础,进而到本世纪中叶基本实现社会主义现代化。我们必须毫不动摇走党和人民在长期实践中开辟出来的正确道路,不为任何风险所惧、不为任何干扰所惑。我们必须毫不动摇推进改革开放,永不僵化、永不停滞,团结一切可以团结的力量,调动一切可以调动的积极因素,信心百倍战胜前进道路上的一切困难和风险。

总书记指出,综合分析当前国内外形势,我们面临前所未有的机遇,也面对前所未有的挑战,我国发展仍处于可以大有作为的重要战略机遇期。能否牢牢把握机遇、沉着应对挑战,关键取决于我们的思想认识,取决于我们的工作力度,取决于我们推进改革发展的步伐。我们要全面审视当今世界和当代中国发展大势,全面把握我国发展新要求和人民群众新期待,科学制定适应时代要求和人民愿望的行动纲领和大政方针,更加奋发有为、兢兢业业地工作,继续推动科学发展、促进社会和谐,继续改善人民生活、增进人民福祉,奋力完成时代赋予的光荣而艰巨的任务。

总书记强调,党的十六大以来,我们走过了很不平坦的道路。综观这十年,国际形势风云变幻,国内改革发展稳定任务繁重,我们紧紧抓住和用好我国发展的重要战略机遇期,战胜一系列严峻挑战,奋力把中国特色社会主义事业推进到一个新的发展阶段。我们之所以能取得这样的历史性成就和进步,最重要的就是坚持以马克思列宁主义、毛泽东思想、邓小平理论、"三个代表"重要思想为指导,勇于推进实践基础上的理论创新,形成和贯彻了科学发展观,为全面建设小康社会、加快推进社会主义现代化提供了有力的理论指导。深入贯彻落实科学发展观仍然是一项长期艰巨的任务,面临着一系列极具挑战性的矛盾和困难。我们必须以更加坚定的决心、更加有力的举措、更加完善的制度来贯彻落实科学发展观,真正把科学发展观转化为推动经济社会又好又快发展的强大力量。

总书记强调,经过长期努力,我们坚持和发展中国特色社会主义取得了重大理论和实践成果,最重要的就是,开辟了中国特色社会主义道路,形成了中国特色社会主义理论体系,确立了中国特色社会主义制度。这是党和人民90多年奋斗、创造、积累的根本成就,必须倍加珍惜、始终坚持、不断发展。新的历史条件下,我们继续推进中国特色社会主义,必须不断丰富中国特色社会主义的实践特色、理论特色、民族特色、时代特色。

总书记要求,全党同志必须牢记,我国过去30多年的快速发展靠的是改革开放,我国未来发展也必须坚定不移依靠改革开放。只有改革开放才能发展中国、发展社会主义、发展马克思主义。我们一定要坚持党的十一届三中全会以来的路线方针政策,坚持把改革创新精神贯彻到治国理政各个环节,更加自觉、更加坚定地推进改革开放,不断在制度建设和创新方面迈出新步伐,奋力把改革开放推向前进。

总书记还就加快转变经济发展方式、推进政治体制改革、建设社会主义文化强国、改善民生和加强社会建设、推进生态文明建设、加强和改进党的建设等重大问题进行了深刻论述,做出了全面部署。

总书记要求,各级党委和政府要以高度负责、奋发有为的精神做好改革发展稳定各项工作,继续脚踏实地、扎扎实实抓好落实,认真贯彻稳中求进的工作总基调,保持经济平稳较快发展势头,切实做好关心群众生产生活工作,加强宣传舆论工作,以优异成绩迎接党的十八大胜利召开。

深刻领会、准确把握胡锦涛总书记重要讲话的精神实质,一是要深化对当前和今后一个时期党和国家工作总要求的认识。统一思想,明确方向,这是我们党推进事业发展的重要经验。胡锦涛总书记在讲话中强调:高举中国特色社会主义伟大旗帜,以邓小平理论、"三个代表"重要思想为指导,深入贯彻落实科学发展观,解放思想,改革开放,凝聚力量,攻坚克难,坚定不移沿着中国特色社会主义道路前进,为全面建成小康社会而奋斗。这是我们党立足世情国情党情新变化、立足发展新要求与人民新期待,提出的当前和今后一个时期党和国家工作的总要求,也是贯穿讲话的鲜明主题。这个总要求,鲜明回答了举什么旗、走什么路、以什么样的精神状态、奔向什么样的目标这些事关党和国家发展全局的重大问题。一定要把握好、落实好这个总要求。

二是要深化对贯彻落实科学发展观的根本要求的认识。在概括党的十六大以来我国取得巨大成就进步的根本原因时,总书记指出:"我们之所以能取得这样的历史性成就和进步,最重要的就是坚持以马克思列宁主义、毛泽东思想、邓小平理论、'三个代表'重要思想为指导,勇于推进实践基础上的理论创新,形成和贯彻了科学发展观,为全面建设小康社会、加快推进社会主义现代化提供了有力的理论指导。"认真学习胡锦涛同志重要讲话精神,一个极其重要的方面就是紧密联系我们党推进实践创新和理论创新的历史进程,从新的思想高度提升对科学发展观的认识,深刻把握科学发展观的实践价值、理论贡献、实践要求,不断增强贯彻落实科学发展观的自觉性坚定性。科学发展观之所以成为我国经济社会发展的重要指导方针，就在于它站在历史和时代的高度，围绕中国特色社会主义这一主题，以一系列新思想、新观点、新论断，深刻回答了新形势下实现什么样的发展、怎样发展的重大问题，为实现社会主义现代化不断指明前进方向。

三是要深化对中国特色社会主义伟大道路的认识。用什么样的旗帜引领社会进步，靠什么样的指导思想凝聚社会共识，决定着事业的兴衰成败。中国特色社会主义是党和人民90多年奋斗、创造、积累的根本成就，必须倍加珍惜、始终坚持、不断发展。深刻理解中国特色社会主义是当代中国发展进步的旗帜，是全党全国各族人民团结奋斗的旗帜，反映了时代进步的要求和亿万人民的心声，体现了实践发展的需要。我们坚持和发展中国特色社会主义取得了重大理论和实践成果，最重要的就是，开辟了中国特色社会主义道路，形成了中国特色社会主义理论体系，确立了中国特色社会主义制度，必须不为任何风险所惧，不为任何干扰所惑，不断丰富中国特色社会主义的实践特色、理论特色、民族特色、时代特色。

四是要深化对改革开放强大动力的认识。改革开放是中国特色社会主义的重要内涵，是中国未来发展的强大动力。我们要从实现全面建成小康社会目标的要求，从加快推进社会主义现代化建设的全局，从坚持和发展中国特色社会主义的高度，把握改革开放、坚持改革开放、推进改革开放。改革开放30多年来特别是党的十六大以来，面对国际风云的不断变幻，面对艰巨繁重的改革发展任务，我们之所以能够抓住并用好重要战略机遇期，之所以能够办成一系列大事、办好一系列喜事、办妥一系列难事，将中国特色社会主义事业推进到一个新的发展阶段，一个重要原因，就是始终把解放思想作为强大思想武器，始终把改革开放作为强大动力。

五是要深化对经济建设、政治建设、文化建设、社会建设以及生态文明建设重大部署的认识。总书记"7·23"重要讲话，着眼中国特色社会主义事业总体布局，对推进经济、政治、文化、社会建设以及生态文明建设做出一系列新的重大部署。这些重大部署有原则要求，有政策安排，有举措办法，体现了战略设计、宏观谋划与实施步骤、具体措施的统一，为促进经济社会又好又快发展，提供了重要遵循。认真学习领会讲话精神，必须深刻把握推进中国特色社会主义事业的重大部署，紧密结合工作实际贯彻落实。

六是要深化对全面提高党的建设科学化水平新任务的认识。总书记从中国特色社会主义伟大事业和党的建设新的伟大工程有机结合的高度，深刻分析了新形势下党的建设面临的突出问题，明确提出了加强党的建设的新任务新要求，明确提出要"继续推进党的建设新的伟大工程"，"确保党始终成为中国特色社会主义的坚强领导核心"。办好中国的事情，关键在党，在党的创造力、凝聚力、战斗力。近年来，从深入学习实践科学发展观活动到创先争优活动，从建设学习型党组织到加强反腐倡廉制度建设，我们党紧紧围绕中国特色社会主义伟大事业，全面推进党的建设，取得了明显成效。正是因为我们党大力保持先进性和纯洁性，才能始终站在时代前列，团结带领各族人民不断推进中国特色社会主义建设从胜利走向胜利。

（二）学习传达全国科技创新大会精神

7月6日至7日，全国科技创新大会在北京举行。胡锦涛总书记、温家宝总理和刘延东国务委员都在会上作了重要讲话。总书记强调，大力实施科教兴国战略和人才强国战略，坚持自主创新、重点跨越、支撑发展、引领未来的指导方针，全面落实国家中长期科学和技术发展规划纲要，以提高自主创新能力为核心，以促进科技与经济社会发展紧密结合为重点，进一步深化科技体制改革，着力解决制约科技创新的突出问题，充分发挥科技在转变经济发展方式和调整经济结构中的支撑引领作用，加快建设国家创新体系，为全面建成小康社会进而建设世界科技强国奠定坚实基础。

这次大会提出，到2020年，我们要达到的目标是：基本建成适应社会主义市场经济体制、符合科技发展规律的中国特色国家创新体系，原始创新能力明显提高，集成创新、引进消化吸收再创新能力大幅增强，关键领域科学研究实现原创性重大突破，战略性高技术领域技术研发实现跨越式发展，若干领域创新成果进入世界前列；创新环境更加优化，创新效益大幅提高，创新人才竞相涌现，全民科学素质普遍提高，科技支撑引领经济社会发展能力大幅提升，进入创新型国家行列。

总书记就深化科技体制改革、加快创新型国家建设提出了6点意见。第一，进一步推动发展更多依靠创新驱动，坚持把科技摆在优先发展的战略位置，把科技创新作为经济发展的内生动力，激发全社会创造活力，推动科技实力、经济实力、综合国力实现新的重大跨越。第二，进一步提高自主创新能力，大力培育和发展战略性新兴产业，运用高新技术加快改造提升传统产业，加快农业科技创新，发展关系民生和社会管理创新的科学技术，推进基础前沿研究。第三，进一步深化科技体制改革，着力强化企业技术创新主体地位，提高科研院所和高等学校服务经济社会发展能力，推动创新体系协调发展，强化科技资源开放共享，深化科技管理体制改革。第四，进一步完善人才发展机制，坚持尊重劳动、尊重知识、尊重人才、尊重创造的重大方针，统筹各类人才发展，建设一支规模宏大、结构合理、素质优良的创新人才队伍。第五,进一步优化创新环境,完善和落实促进科技成果转化应用的政策措施,促进科技和金融结合,加强知识产权创造、运用、保护、管理,在全社会进一步形成讲科学、爱科学、学科学、用科学的浓厚氛围和良好风尚。第六,进一步扩大科技开放合作,提高我国科技发展国际化水平,在更高起点上推进自主创新。

(三)学习传达刘延东同志在教育部直属高校工作咨询委员会第二十二次全体会议上的重要讲话精神

8月20日至21日,教育部直属高校工作咨询委员会第二十二次全体会议在武汉召开,刘延东国务委员出席并发表了题为《坚定不移走中国特色高等教育发展道路 全面推进高等教育事业科学发展》的重要讲话。在讲话中,延东同志强调,要认真学习贯彻胡锦涛总书记在省部级主要领导干部专题研讨班上的重要讲话精神,深入落实科学发展观,着力推动高等教育改革发展,加快建设中国特色现代高等教育体系,为我国早日进入高等教育强国行列不懈奋斗。

在讲话中,刘延东同志回顾了过去五年,我国高等教育事业改革发展取得的成就,深刻总结和凝练了中国特色高等教育发展道路的六条宝贵经验:一是必须坚持党的领导;二是必须坚持围绕中心、服务大局;三是必须坚持育人为本;四是必须坚持改革创新;五是必须坚持内涵发展;六是必须坚持开放办学。

延东同志在讲话中深刻指出,我国高等教育承载着前所未有的重要使命,也面临着前所未有的压力与挑战,我们还存在着不完全适应经济社会发展新要求、不完全适应国际竞争新形势、不完全适应人民群众新期盼的突出问题。

延东同志在精辟分析我国高等教育面临的形势和任务的基础上,明确提出:今后一个时期,高等教育要根据国家发展战略部署,坚定不移地实现发展目标。要通过实施"三步走"战略,到本世纪中叶国家基本实现社会主义现代化之前,全面实现高等教育现代化,进入高等教育强国行列。这一奋斗目标和战略部署的提出,适应了国际国内形势发展变化和我国高等教育发展进入新阶段所必然提出的内在要求,符合实际,令人鼓舞。

延东同志在讲话中强调指出,面对新形势、新任务、新要求、新期盼,我们要坚持把改革创新精神贯彻到高等教育改革发展的各个方面,更加自觉、更加坚定地以改革开放促进高等教育事业科学发展。要始终牢牢把握、自觉坚持协调发展、内涵发展、特色发展、创新发展、开放发展、持续发展等"六个发展",真正实现高等教育的全面协调可持续发展。我体会,这是延东同志这次重要讲话中的鲜明主题。

延东同志特别要求:要加强组织领导,为促进高等教育科学发展提供坚强保障。一是牢牢把握社会主义办学方向,坚持党对高校的领导,坚持和巩固马克思主义在意识形态领域的指导地位,把培养中国特色社会主义合格建设者和可靠接班人作为根本任务。二是始终保持昂扬向上的精神状态,不负使命,敢于担当,甘于奉献。三是不断提升办学治校能力,其中包括战略谋划的能力,汇聚和建设高素质人才队伍的能力,组织和运用资源的能力,营造良好发展环境的能力。四是进一步提高高校基层党建工作科学化水平,积极创新基层党组织工作,着力增强党员队伍生机活力,深入推进大学生思想政治教育,大力提高党务工作和大学生思想政治工作队伍的素质,切实加强反腐倡廉建设。

此外,延东同志还特别强调了当前一个时期高校稳定工作的重要性,并提出了明确要求。

以上,我传达了近期中央的重要精神。胡锦涛总书记"7·23"重要讲话,从坚持和发展中国特色社会主义的政治高度和宽广视野,精辟分析了我国面临的新形势新任务,科学阐述了事关党和国家的若干重大问题,深刻回答了党和国家未来发展的一系列理论和实践问题,明确提出了坚持和发展中国特色社会主义,全面推进社会主义经济建设、政治建设、文化建设、社会建设以及生态文明建设和党的建设的新要求。讲话总揽全局,内容丰富,思想深刻,富于创新,具有很强的政治性、理论性、指导性和针对性,是一篇马克思主义的纲领性文献,对于团结动员全党全国各族人民解放思想、实事求是、与时俱进、开拓创新,满怀信心地为全面建成小康社会而奋斗,具有十分重大的意义。

全校各级党组织和广大党员干部一定要充分认识胡锦涛总书记"7·23"重要讲话的重大意义,把思想和行动统一到中央精神上来,在政治上、思想上、行动上同以胡锦涛同志为总书记的党中央保持高度一致,要紧紧围绕"贯彻党代会,加快创一流,迎接十八大"的主题,迅速掀起学习热潮,要把学习贯彻总书记"7·23"重要讲话精神与落实党代会提出的各项战略部署紧密结合起来,与我们喜迎十八大的各项安排结合起来。要按照去年8月22日延东同志在我校干部教师大会上对北大提出的"勇担使命、再立新功,示范引领、走在前列,抓住机遇、大有作为"二十四字要求,和延东同志在这一次直属高校工作咨询会上对全国高等教育工作提出的新要求,坚持以科学发展观为指引,扎扎实实做好当前学校改革发展稳定的各项工作,加快创建世界一流大学步伐。

下面,请其凤校长部署本学期的行政工作。

二、立即行动起来,扎实有力地贯彻落实党代会精神和各项部署

刚才,其凤校长就当前和学校下个学期建设和发展的一些主要任务、我们的总体规划做了总体的部署,他讲了11个方面,就落实好党代会精神,落实好中央的有关部署、决策以及科学发展和一些北大的问题讲了一些重要意见,做出了一些部署,希望同志们根据周校长讲的11个方面落实好专项工作,我完全赞同。各单位、各院系、各机关、各部门结合自己的实际和刚才校长的讲话和部署,落实和做好这学期的工作。其凤校长对新学期的行政工作进行了安排部署,请同志们抓好落实。

下面,我代表学校党委,就贯彻落实学校第十二次党代会精神,推进党的建设,抓好新学期学校党的工作,以优异成绩迎接党的十八大胜利召开,谈几点意见。主要有两方面的问题:一是学校下个学期的党的建设有关工作,另一方面是谈如何贯彻落实党代会精神的考虑部署和要求。

两个多月前,学校召开了第十二次党代会,这是在北京大学加快创建世界一流大学关键时期召开的一次重要会议。党代会得到了中央和上级党组织的高度重视。大会开幕前,刘延东同志亲自打来电话表示祝贺并提出殷切希望,刘淇同志、袁贵仁同志莅临大会发表重要讲话。党代会闭幕后,《人民日报》在头版头条发表了长篇文章《北大:志存高远又出发》,其中明确提出:创建世界一流大学,更要"走在世界一流大学前列",北大,重任在肩,责无旁贷!

党代会之后不久,6月19日上午,习近平同志莅临我校调研。在亲切接见我校新一届党委领导班子时,习近平同志说:"北大刚开完党代会,新班子朝气蓬勃、生机盎然,希望北大能够借这次党代会召开的东风,把北大的教育事业搞好,把北大办得越来越好,用开拓新局面的优异成绩来迎接党的十八大。"习近平同志给我们的亲切勉励,为学校的发展指明了方向,也极大地鼓舞和激励了全校师生。

此次大会的时间虽然不长,但是确实开出了全校上下高度关注,社会各界也十分关心,特别是凝聚党内外的各界力量,朝着加快创建世界一流大学目标前进的效果。这次党代会内容、成果、决策和部署非常重要,对于学校今后五年和更长一段时间的发展和建设具有全局性、战略性、深远性的指导意义,它必将在今后的工作发展中产生重要的影响。考虑到学校将近九年没有召开党代会,下次党代会没有意外的话应该是七年后也就是建校120周年之后召开,那时再过两年就将迎来中国共产党建党100周年。这次党代会不论是对北京大学的发展和建设,还是对我国的高等教育发展都有重要的意义,因为北大要起到示范引领的作用,特别是对于能够解决好当前及今后发展中的一些重大问题和矛盾,加快创建世界一流大学的步伐,实现历史性的跨越有重要的意义,在这次大会上,做出的决定,大会闭幕以后要抓好贯彻落实。

党代会后,学校党委下发了《关于认真学习贯彻中共北京大学第十二次代表大会精神的通知》,并组织了一系列卓有成效的学习教育活动。学校新一届党委领导班子把班子自身建设摆在首要位置,精心组织了"红楼寻根"主题教育活动和第十二届党委延安学习班,研究讨论了《关于进一步加强和改进党委领导班子建设的意见》,更加明确了新一届党委所肩负的光荣而艰巨的崇高使命与历史责任。

由于党代会之后不久就是暑假,所以,新的学期,将是在全校范围内深入贯彻落实党代会精神的关键时期,主要的工作都将放在这学期来抓。学校党委已经明确,新学期学校工作的主题,就是"贯彻党代会,加快创一流,迎接和贯彻十八大"。党代会精神是统领当前和今后一个时期学校各项工作的总的精神,贯彻落实好党代会精神是学校党建及各项工作的重中之重。我们要在十八大精神的指引下,进一步掀起学习贯彻党代会精神的热潮,把党代会所取得的重要历史性成果转化为万众一心、科学发展、加快创建的工作实效。关于贯彻落实党代会精神,我想谈三个方面的问题:

(一)为什么要认真学习贯彻落实第十二次党代会精神

第一,党代会的性质、地位和功能决定了我们必须认真学习贯彻党代会精神。《党章》明确规定,党代表大会制度是党的一项带根本性的组织制度,是党的各级组织包括中央组织、地方各级组织和部分基层组织讨论、决定党的重大问题和选举党的领导机关的会议。《党章》还规定,"党的最高领导机关,是党的全国代表大会和它所产生的中央委员会。党的地方各级领导机关,是党的地方各级代表大会和它们所产生的委员会。党的各级委员会向同级的代表大会负责并报告工作。"也就是说,北大党的代表大会和所产生的新一届党委,是北大党组织的领导机关。党代会在党内具有崇高地位,党代会要讨论和决定重大问题,党代会所讨论通过的党代会报告具有最高权威性和重要指导意义。

第二,第十二次党代会是在关键历史阶段召开的一次具有特殊重要意义的会议。从第十一次党代会到第十二次党代会,中间隔了八年多时间,酝酿了很长时间,我们全校党员和全体师生员工为这次党代会的成功付出了大量心血。十二次党代会召开的时候,北大发展到了一个新的阶段,我们站在了一个新的历史起点上,在学校改革发展稳定各项事业发展的关键时期,我们召开了这样一次具有历史意义的党代会,承前启后,继往开来,这次会议所取得成果,必然对当前和今后一个时期北大的发展建设产生重大影响。

第三,党代会报告充分吸取了校内外、党内外各方面意见,是全校师生员工智慧的结晶,也是北京大学百余年发展历程中的一份重要历史性文献。党代会报告中，关于发展战略发展思路、精神状态思想状态、奋斗目标战略目标的论述非常丰富，科学发展观的红线贯穿了报告全文，使得这份报告能够成为在北大改革发展关键阶段团结带领全校师生员工勇担使命、团结奋斗，更加执著地加快创建世界一流大学的政治宣言和行动纲领。

第四，贯彻落实党代会精神，是党代会所做出的重要决定，也是全体党代表和全校党员的强烈要求和共同愿望。党代会做出的决议，代表了全校党员和党内外师生员工的共同意志，我们必须坚决落实好，否则就不能取信于全校党员、取信于师生员工、取信于广大校友和社会公众。

第五，贯彻落实好党代会精神，也是北大当前发展的客观要求。十二次党代会开得很成功，但更加重要的是党代会精神能不能得到很好的贯彻落实。不落实，党代会所取得的成果就会落空，北大的发展就得不到加快推进。我们必须把这次党代会所取得的历史性成果转化为推动创建事业的强大动力，团结一切可以团结的力量，调动一切可以调动的积极因素，凝心聚力加快创建世界一流大学。

（二）怎样贯彻落实党代会精神

学习贯彻落实党代会精神，首要先抓好党代会精神的学习宣传。要充分动员起来，组织全体党员也包括党内外的群众，认真学报告，精读、读深、读透，要实现全覆盖，让党代会精神真正进入头脑，内化为我们每一位北大人的精神理念，形成全校上下高度共识，把党代会精神转化为强大精神力量，凝聚成共同信念、共同意志。

贯彻落实党代会的部署，前提是要深刻领会党代会精神。一要深刻领会学校第十二次党代会的主题，深刻认识指引我们的旗帜是什么，凝聚我们的目标是什么，指导我们的思路是什么，激励我们的动力是什么等重大问题，进一步筑牢全校上下团结奋斗的思想政治基础。

二要深刻领会学校第十一次党代会以来的发展历程和基本体会，坚持社会主义办学方向和科学发展不动摇，坚持加快创建世界一流大学不懈怠，坚持维护改革发展稳定大局不折腾，坚持全面提高教育质量和办学水平不停步。

三要深刻领会"三个发展周期""三次跨越式发展"的历史定位和使命自觉、创建自信、差距自省、奋斗自强的认识与实践境界。

四要深刻领会"北大2048"远景规划和"三步走"的战略设想。北京大学发展的第三个50年，要与社会主义现代化强国建设共奋进，与中华民族伟大复兴同步伐。今后5—10年，是北京大学加快冲刺的关键时期，我们必须切实增强紧迫感，勇担使命、再立新功，示范引领、走在前列，抓住机遇、大有作为。

五要深刻领会今后一段时期学校的指导思想、工作思路和发展战略，坚持以邓小平理论和"三个代表"重要思想为指导，坚持用科学发展观统领学校工作全局，紧紧围绕"内涵发展、重在提升，创新突破、创建推动"的工作主题，努力走出一条瞄准世界一流水准、符合中国国情、立足北大实际的科学发展、率先发展、跨越发展之路。其中，重点要领会党代会报告提出的"112456"：咬定"一个目标"，抓好"一个根本保证"，扣住"两条主线"，突出人才汇集、制度创新、支撑保障、实干创业等"四个着力点"，深入实施文化引领、比较优势、集成聚焦、开放合作、和谐发展等"五大战略"，重点推进队伍建设、学科建设、现代大学制度建设、院系基层建设、校园发展和办学实力条件建设、创建能力建设等"六项建设"。

六要深刻领会今后五年学校的重大工作部署和要求，心无旁骛地着力抓好人才培养工作，更加重视和大力加强队伍建设，更加重视和大力推进学科优化与建设，大力推进文化传承创新，进一步推进和深化学校内部管理体制改革，继续改善办学条件，提高对外开放水平，积极投身经济发展和社会建设主战场，自觉维护好改革发展稳定大局。

贯彻落实党代会精神，在学校层面，要认真抓好任务分解落实。党代会提出的各项任务，我们已经做了分解落实，相关的文件已经制定好，这次干部大会上就要下发。学校党政领导班子成员，人人负责，分工落实。学校领导班子要带头学习贯彻好党代会精神，带头抓落实。要按照党代会精神，进一步提升、完善、修订学校的发展战略规划，把党代会的成果体现到我们的发展规划之中。要突出抓学校发展中面临的重大瓶颈问题，特别是人才队伍建设问题、管理问题、实力保障问题等，要攻坚克难、重点突破、取得实效，要用实实在在的创建业绩来取信于师生。

贯彻落实党代会精神，重点在院系、在基层，机关职能部门要发挥示范作用。在贯彻落实党代会精神的过程中，我们更要加重视基础、基层。当前，心浮气躁、精力分散、投入不足、工作不实的现象还在一定程度上存在，这严重影响着我们实现又好又快科学发展。应该沉下心来，把资源和精力更多地投入到抓基层、打基础上来，正本清源、固本强基。

各单位、各部门首先要吃透党代会精神，真正掌握精神实质，要结合自身实际，把党代会精神转化为具体的思路和举措，制定、修改、完善本单位本部门的发展规划，要一条一条对照检查，明确目标、厘清思路，逐条逐项抓好落实。特别是要深入分析当前工作中面临的主要问题和突出矛盾，抓住本单位发展中的重点难点问题，迎难而上，敢于动真的、碰硬的，要抓执行、重问责,切实提高我们各级组织的领导力和执行力。

院系和基层是重点,同时,机关职能部门也要切实发挥好示范作用,要为院系基层服好务,提升服务水平、管理水平。

(三)在贯彻落实党代会精神的过程中,需要特别强调和准确把握的几个重点问题

一要抓方向、抓思路,在发展理念、发展思路上有新提升。根据胡锦涛总书记在省部级主要领导干部专题研讨班开班式的重要讲话精神和延东同志的要求,也按照我们十二次党代会的精神,全校上下必须从新的思想高度提升对科学发展观的认识,不断增强贯彻落实科学发展观的自觉性坚定性,必须真正把科学发展观确立为指导办学实践的核心理念,以更加坚定的决心、更加有力的举措、更加完善的制度来贯彻落实科学发展观。

党代会报告中明确提出,要坚持以人为本、育人为本、人才为本、师生为本,注重全面协调可持续和统筹兼顾,控制规模,优化结构,提高效益,继续探索中国特色、北大风格的办学模式和发展路径,这些重要理念,要真正转化为我们发展的具体思路,从而努力实现协调发展、内涵发展、特色发展、创新发展、开放发展、持续发展等"六个发展"。

二要用"三步走"战略和共同奋斗目标凝聚人心、凝聚力量,特别是要增强使命感责任感紧迫感。党代会提出了"北大2048"远景规划和"三步走"战略设想,得到了全校党员和广大师生员工的赞同、拥护,使命光荣,任务艰巨,时不我待,我们惟有奋发进取、埋头苦干。

特别是"三步走"战略的第一步,从现在起,用5到10年左右的时间,在北大建校120周年前后,努力跻身世界一流大学行列,实现在本世纪头20年基本建成世界一流大学的目标。

我给大家算个数,今天是2012年9月4日,从今天起到北大建校120周年,也就是2018年5月4日,还有2067天;从今天起到五四运动100周年,2019年5月4日,还有2432天;或者再往后推一点,到2020年12月31日,到教育规划纲要所明确提出的时间表的最后一天,也只有3039天。如果算学期数,那到2018年只有12个学期了。时间确实非常紧迫!我们必须一天一天积累,一年一年奋斗!从现在起,我们已经进入向着既定战略目标冲刺的阶段,决战决胜的阶段,此时不冲刺,更待何时?

既然是冲刺,我们的思想观念、精神状态、工作的方式方法,都必须与之相适应。请大家对照检查,如果我们还存在着懒、散、软、庸、空,还是没有创业的激情、创业的举措、创业的氛围、创业的精神,那我们拿什么去冲刺?党代会所明确的"三步走"战略,拿什么去实现?所以,在这里特别要强调,全校上下特别是各级领导干部,必须进一步增强使命感责任感紧迫感,要以全力冲刺的精神面貌、工作状态来抓党代会精神的落实。

三要紧紧扣住"两条主线",实现"两个更加集中",加快转变发展方式。党代会报告明确提出,要把握以提高质量为核心的内涵发展主线和以改革创新为动力的"创建"工作主线。

质量是学校的发展生命线。世界一流大学,归根到底是教育质量与办学水平一流。必须把全面提高教育质量和办学水平作为最核心最紧迫的任务,全面提高以育人为核心的教育教学质量、学科质量、人才质量、管理质量等各方面建设发展的质量。当前和今后一个时期,要坚定地以内涵为主、质量立校作为重要方针和根本导向,严格控制总量和规模,把工作重点放在调整优化结构,提高水平、提升效益,走出一条瞄准世界一流、符合中国国情和北大实际的重内涵、抓质量、重提高、上水平的发展路子。

"创建"是学校的工作动力线。创建世界一流大学是一项宏伟的事业,是一个复杂艰巨的系统工程,也必将是一个艰苦创业的过程。加快创建世界一流大学的基本途径和主要抓手是创建。创建不仅是一般意义上的常规性建设,而且要更加注重创业精神、创新机制、创优标准,更加重视创造在建设中的核心和引领作用。

我们必须充满创业的激情与理想,坚持创业的作风,提升创业的能力,营造浓厚的创业氛围。既然是创业,就必然离不开开拓创新的精神,要敢于突破,大胆创新,充分发挥实践主体的奋斗精神,善于攻坚;既然是创业,也必然离不开创优的标准,应该有更高的自我要求,精益求精,追求卓越,实现更好更快发展。

北大应该是最具有创业精神的地方,我们这一代人,赶上了这个创业的时代,应该担负起创业的使命和责任。

抓住了以上两条主线,实际上就抓住了今后一个时期的工作主题。我们要以质量为核心,以创新为动力,事业发展抓内涵,工作推动抓创建,推动学校又好又快发展。面对新形势、新阶段,全校上下要把主要精力和资源配置更加有效地集中到全面提高教育质量和办学水平上来;全校各项工作的重点要更加有力地集中到同心同德、真抓实干,加快创建世界一流大学上来。其中,要特别突出育人的核心地位,决不能削弱、淡化这一核心,一切工作都要服务于提升育人质量。

推进北大科学发展,还必须加快转变发展方式。当前国际国内形势的发展变化,以及我国高等教育自身发展进入新阶段的内在规律,都迫切要求加快转变高等教育发展方式。转变发展方式的重点突破口在于优化结构,要把结构的调整优化、提升再造作为主攻方向。北大内部的结构性矛盾比较突出,学科结构、人才

队伍结构和治理结构都亟待改善,要直面矛盾、正视差距,攻坚克难、重点突破,通过结构优化实现质量与效益的提升。当前和今后一个时期,我们要坚定地以内涵为主、质量立校作为重要方针和根本导向,严格控制总量和规模,自觉克服片面依靠规模扩张的外延式发展惯性,着力克服北大在一定程度上存在的分散和低水平重复问题,打破壁垒,突破体制制约,促进办学要素优化配置,引导要素和资源向人才培养根本任务倾斜,向重点优势学科、前沿交叉学科和领军人才聚集。

三、贯彻落实党代会精神,主要动力是改革创新,要以改革创新精神加快推进创建世界一流大学步伐

延东同志在教育部直属高校工作咨询委员会第二十二次全体会议的讲话中强调,要坚持把改革创新精神贯彻到高等教育改革发展的各个方面,更加自觉、更加坚定地以改革开放促进高等教育事业科学发展。

我们要贯彻落实学校第十二次党代会精神,推进科学发展,主要动力和抓手在改革创新。当前国际国内形势的发展变化,我国高等教育自身发展进入新阶段的内在规律,以及我们面临的严峻挑战和突出问题,都迫切要求加大改革创新力度。

高等教育改革创新的核心,在于以体制机制创新为重点的制度创新。制度问题具有根本性、全局性、稳定性和长期性,也是改革进入攻坚阶段的重点和难点,必须在保稳定的前提下加大改革创新力度。大学的改革是高等教育体制改革的重要基础,大学内部管理体制、治理结构的改革和制度创新任务繁重而紧迫。

除了管理体制机制创新,人才培养模式创新和科研组织体制创新是当前学校改革创新的两个重要着力点。暑期研讨会上,学校领导班子就开展小班课教学进行了热烈的讨论,我很受启发。我们就是要坚持改革不动摇,大量增加师生互动,全面提升教学质量。我们还要通过加大协同创新力度,全面改革科研体制,努力打破形形色色的壁垒,突破体制制约,促进创新要素和资源充分流动、交融和整合,形成集约聚焦效应,优化配置出效益,集中力量求突破。

同时,我们必须把国际化和更高水平的对外开放与合作作为北大发展的重要战略取向,大幅度提高开放与合作水平,巩固发展与世界顶尖大学的关系,坚持"走出去"与"引进来"相结合,学习借鉴世界一流大学和国内兄弟高校的先进经验,在国际通行的、可比的主要指标上,找准和缩小差距。

在进一步提升学校创新能力和服务国家战略能力方面,我们还要深入学习领会全国科技创新大会精神,充分认识加快建设创新型国家对科技的新要求,切实增强加快改革发展的责任感紧迫感,把党和国家的重大战略决策转化为学校改革发展的强大动力。

近期,我们要将组织实施"2011计划"作为贯彻落实大会精神的重要抓手。学校已经成立了"2011计划"领导小组。学校各级领导干部都要高度重视这项工作,群策群力、同心同向,全力推动学校创新能力实现质的飞跃。此外,还要通过实施"2011计划",带动学校的科研创新、教育教学创新、管理创新、体制机制创新、文化创新,实现学校的创新驱动发展。

这里,我还要强调一下文化创新的问题。党代会报告中提出的五大战略,第一条就是文化引领战略。北京大学历来是我国思想文化建设的重镇,文化建设始终关系着北大发展的全局、方向和战略。世界一流大学作为新知识、新思想、新理论诞生的重要摇篮,肩负着发展先进文化、引领社会风尚、培育民族精神、传承人类文明的重要使命,是增强国家凝聚力、感召力和创造力的重要载体。这为我们适应创建世界一流大学的需要、培育创新文化提出了迫切要求。

这学期,学校将适时召开文科战略研讨会,这对于学校的文化建设、培育创新文化是一次重要契机。作为我国的旗帜性大学,北大文化建设底蕴深厚、资源丰富、特色突出,我们一定要发挥自身优势,找准着力点,积极培育创新文化,紧密结合国家经济社会建设、外交战略等重大问题开展科学研究,真正实现高校作为"知识创新策源地"的基本要求,成为提升国家文化软实力、增强中华文化国际影响力的主力阵营。我们还要站在全人类发展的高度,从哲学的高度研究人类目前发展所面临的重大问题,提出我们的思想,发出北大的声音,这也是世界顶级大学的责任所在。

此外还要狠抓管理,切实提高学校管理水平,不断增强学校各级组织的执行力和抓落实的能力。

党代会报告中提出了"四个着力点",其中,特别强调要真抓实干,这也是我们一切工作的根本抓手。在暑期战略研讨会上,学校领导班子对提升执行力问题进行了热烈的探讨。没有执行力,就必然没有竞争力。执行力差,一切宏伟目标都是空谈。

党代会报告对加强和改进学校管理进行了特别强调,明确提出:管理是学校建设的关键,管理的核心是制度。要积极探索建立中国特色的现代大学制度,既要避免官僚主义的行政化倾向,又要在尊重学术权力的前提下建立科学有效的管理体制机制,提升管理水平。

我们反对大学行政化,但要特别注意,"去行政化"不等于取消管理。行政管理仅仅是高校管理的一个组成部分,行政管理不能"越位",不能取代学术管理、战略管理、人事管理、学生管理等等,但如果把"去行政化"搞成了弱化甚至取消管理,那就从一个误区走向另外一个更大的误区。

当前,我校办学的规模体量不断扩大,对资源的需求更加迫切,进一步提高高等教育质量的要求更加凸显,学校加快发展需要进行的学科交叉融合、协同创新等各项工作,都迫切需要有高质量的管理作为支撑。我们要在加强研究、深入思考的基础上,将北大的管理工作推上一个新台阶,加强统筹、整合资源,以管理抓执行,以管理促发展。

我们讲加强管理,特别要重视制度建设。教育纲要中做出了建设中国特色现代大学制度的重要部署,北大要带头进行探索。当前,现代大学制度建设的一项重要内容是学校的章程建设。大学章程是大学的"宪法",是高校依法自主办学、实施民主管理和履行公共职能的基本准则。因此,我们要抓紧制定、及时出台《北大章程》,以此作为建立健全现代大学制度的切入点和着力点。

我们还要抓紧建立和完善中国特色现代大学制度。要落实党委领导下的校长负责制,完善和推进党委领导、校长负责、教授治学、民主管理的内部管理机制。始终坚持党的群众路线,坚持党务公开、校务公开,认真接受群众监督,善于听取师生员工的意见,依靠师生员工管好学校,形成既有民主、又有集中,既有自由、又有纪律,既有统一意志、又有个人心情舒畅的生动活泼的良好局面。要进一步改革基层学术组织结构与运行机制,完善、设计好院、系、中心、研究所等学术组织的目标定位、功能划分与资源配置,从而优化学术资源配置,提高学术产出,激发学术创造力。要积极利用新体制科研机构等平台,建立有利于学科交叉、融合和汇聚的科研体制,形成有利于增强自主创新能力和提高创新人才培养质量的基层学术组织结构。要进一步改进和健全人事管理制度,努力健全适应社会主义市场经济体制要求、符合高等教育规律、人才发展规律和教师职业特点的大学人事制度。要建立质量监控和内部自律机制。要加强北大办学质量监控和完善内部自律机制,探索建立对学生学习过程、教师教学科研工作信息的收集机制,对教育教学质量、科研工作质量等进行评估,加强质量监督工作。要进一步加强学术道德建设,积极探索完善学术自律与学术监督相结合、学术自由与学术责任相结合的有效机制。在财务、资产、产业管理方面,要结合学校特点,建立资金运作机制和监督机制,提高资金使用效率,避免财务风险。推行资源有偿使用和成本核算,加强资源管理信息化建设,促进各单位之间资源共享,提高存量资源使用效益。

我们还要抓队伍作风和校风、学风、师风、医风建设。

作风问题,事关北大的形象,事关北大事业的兴衰成败。作风不纯、精神不振,北大的发展就要出问题,北大的事业就会毁于一旦。

首先,我们必须按照胡锦涛总书记的要求,坚决抵御"精神懈怠、能力不足、脱离群众、消极腐败"的危险。

当前,我们创建世界一流大学正处在关键的冲刺阶段,没有一种一往无前、敢于胜利的精神是不行的。北大人是有精神的,在历史上很多重要的关头,北大人都体现了自己那种不屈不挠、敢为天下先的精神,于是才创造了北大光荣的历史;今天我们还要特别强调精神状态,有了艰苦奋斗的强大精神,就能够干事创业,就能够实现跨越发展、率先发展,否则就只能错失历史机遇,成为北大历史的罪人。因此,学校各级领导班子成员一定要严格按照中央的要求,更加牢固地树立职业责任意识、开拓创新意识和危机忧患意识,牢记宗旨、不负使命,敢于担当,甘于奉献,要力戒浮躁,心无旁骛,全身心地投入学校建设管理,以昂扬向上的精神状态领导创建世界一流大学的各项工作。

要在激烈的高等教育国际国内竞争中肩负起领导创建世界一流大学的重任,在新形势下经受住新的考验,就必须高度重视我们这支队伍的思想作风建设。其中,既包括各级领导班子和干部队伍的作风,也包括全体教职员工的作风,特别是师德师风建设。我们全校党员,要始终坚持全心全意为人民服务的宗旨意识,发扬求真务实、艰苦奋斗精神,讲党性、重品行、做表率,做党风廉政建设的楷模,以高尚情操和优良作风,团结带领广大师生员工以良好的作风正校风、促学风、带教风,为创建世界一流大学创造一个风清气正的好环境。

前面我已经提到了"邹恒甫微博事件",这是一个负面的恶性事件。但是,我们要善于从负面事件中总结经验教训,汲取正面能力,从而变坏事为好事。邹恒甫在微博中散布的言论,是完全没有事实根据的不实之词,是谣言。但从这个事情上我们也看到,全社会对北大的关注度极高,社会公众对北大师生的道德水准,有着超出寻常的期盼,对北大的要求是极其严格甚至是极其苛刻的。我们一方面要澄清谣言、明辨是非,以正视听,另一方面,也必须保持清醒的头脑,要认真反思、反省。这些年来,我们的干部队伍、教师队伍中,确实存在着个别的害群之马,严重败坏了北大的声誉,损害了北大形象,我们要自我净化,坚决清除消极腐败现象,要以更高的标准来加强校风、学风、师风、医风建设,匡正风气,扶正祛邪,要在挽回损失的过程中重树北大的威信、重建北大的形象。从这个意义上讲,"邹恒甫微博事件"对我们是一个很重要的契机,促使我们更加严格要求自己,更加严格地抓好队伍作风建设,使北大更加风清气正,让社会公众对北大更加信任、更加崇敬!

四、推进党的建设,抓好新学期学校党的各项工作,以优异成绩迎接十八大胜利召开

同志们,以上我就贯彻落实党代会精神谈了三个方面的意见,其中特别强调了需要高度重视、准确把握六个重点问题。下面,我代表学校党委,就党委工作进行安排。新的学期,我们要全面推进党的建设,抓好学校各项工作,以优异成绩迎接十八大胜利召开。

(一)为党的十八大胜利召开营造良好氛围,全面学习宣传贯彻十八大精神

党的十八大将于今年下半年在北京召开。这次大会,是我们党在全面建设小康社会的关键时期和深化改革开放、加快转变经济发展方式的攻坚时期召开的一次十分重要的会议,对我们党团结带领全国各族人民继续全面建设小康社会、加快推进社会主义现代化、开创中国特色社会主义事业新局面具有重大而深远的意义。学校各级党组织、领导干部、全校共产党员都要团结带领广大师生员工继续解放思想、坚持改革开放、推动科学发展、加快创建一流,以优异成绩迎接党的十八大召开。

从现在开始,全校上下就要积极行动起来,营造喜迎十八大的良好氛围。要兴起学习中国特色社会主义理论体系新高潮,以深入学习贯彻胡锦涛总书记在省部级领导干部专题研讨班开班式上的重要讲话精神为契机,以领导班子和领导干部为重点,组织好校、院(系)两级党委理论中心组学习活动,引导党员干部深入学习党的基本理论、基本路线、基本纲领和基本经验,进一步提高坚持中国特色社会主义道路、理论体系和制度的自觉性,坚定不移执行党的教育方针,深入推进科学发展观的贯彻落实。要发扬北大光荣传统,紧密结合学校改革发展实际,着力建设学习型领导班子,创建学习型党组织,号召全体党员争当学习型党员,提高党员干部的思想理论素质和科学文化素养。

党的十八大召开后,要按照中央的统一部署,立即动员起来,充分利用舆论宣传阵地,通过举办代表报告会、师生座谈会、专家研讨会等方式,及时传达会议精神并提出贯彻落实的具体措施和工作方案,迅速组织广大党员干部运用多种方式学习贯彻十八大精神,引导广大师生把思想和行动统一到十八大精神上来。要充分发挥北大多学科的理论研究优势,以高水平的研究成果,为全校师生深入学习领会十八大精神提供理论辅导,主动引导全校党员干部将学习贯彻十八大精神与进一步加快我校世界一流大学建设结合起来,用马克思主义中国化最新成果武装师生员工头脑,指导和推动学校事业发展。

(二)以迎接党建评估为契机,不断提高学校党的建设科学化水平

深入贯彻落实科学发展观、加快创建世界一流大学的各项工作能否落到实处,关键在于各级党组织能否充分发挥自身的政治优势、组织优势和思想优势,能否不断增强凝聚力、战斗力和创造力。

今年11月,市委教工委将再次对我校进行《北京普通高等学校党建和思想政治工作基本标准》集中检查。五年来,我校党建和思想政治工作的规范性进一步增强,同时各级党组织创造性地开展了许多具有北大党建特色的工作,我们有信心在这次党建评估中取得优异成绩。

我们要充分认识到党建基本标准达标验收是对学校整体工作的一次全面检验,能不能顺利通过这次达标验收,是对北大各级党组织凝聚力、战斗力和创造力的一次现实考验,也是对北大全体共产党员的政治思想素质的一次现实考验。各级党组织和广大党员要把它作为总结经验、展示成绩、促进发展的一个契机,从继承和发扬北大党建的优良传统、继续巩固北大党建在高校中的领先位置的高度,着眼大局,严肃认真,各项准备工作落实到位,务求评估验收结果全优。

学校党委要求,全校各级党组织、各部门、各单位要高度重视这项工作,要对照《基本标准》和学校的具体要求,对迎评准备工作再进行一次全面、系统的自查。9月下旬,学校党委将组成检查组到基层单位进行检查。希望大家团结一心,各司其职,以良好的精神风貌和出色的党建成果迎接评审,以评促改,以评促建,结合学习贯彻党代会精神,继续围绕"围绕创建抓党建,抓好党建促创建"的主题,深入开展创先争优活动,切实加强北大党组织的治校理教能力建设和先进性建设,抓住机遇使北大党建工作水平再上一个新台阶。

(三)加强干部队伍和人才队伍建设

在新学期,我们要着力抓好中层干部队伍建设。要认真总结过去几年在干部队伍建设中取得的经验和做法,优化领导班子运行机制,建立健全以职责为中心的干部选拔任用机制,进一步加强干部培训,制订完善干部培训计划,将干部人才合作交流纳入校地合作整体框架并作为重点内容来推动;关注"双肩挑"干部的工作、生活状况,建立健全相关制度,为"双肩挑"干部开展工作提供保障。要继续做好领导班子换届和干部调整工作,按照建设世界一流大学的要求,努力造就在学术上追求卓越,在管理上敢于负责,善于驾驭复杂局面,善于听取群众意见,善于合作共事和组织队伍,能够平衡和兼顾各方面利益做出科学决策的基层领导班子。

要进一步做好"党管人才"工作。当前,我校具有全球竞争力的领军人才不多,结构不优。缺少享誉海内外的学术大师,中青年后备人才数量还不足,部分优秀人才流失的压力仍将长期存在,吸引杰出人才的政策、机制、环境还难以适应新的形势和要求,培养扶持本土本校人才的力度还要进一步加强。学校第十二次党代会将人才汇集作为创建世界一流大学的首要着力点,我们要进一步加强人才工作的体制机制建设,千方

百计地改善科研环境和生活环境,不断增强北大对于优秀学术人才的吸引力,继续大力引进世界级学术领军人才、拔尖创新人才,同时,也要更加重视、积极培养和扶持本土本校人才,两手抓、两手都要硬,各类人才队伍要协调发展。要解放思想、改革创新,打造"人才特区",营造一流环境,确保优秀人才进得来、留得住、干得好、有发展。

前不久,学校提出了"大学堂顶尖学者讲学计划",要在全球范围内,邀请世界级顶尖学者来我校举办讲座、开设课程、开展合作研究,进而争取引进到我校全职工作。通过实施这一计划,提升引进国外智力的层次和水平,促进世界一流人才与校内科研教学骨干的交流,推动科学研究、人才培养等方面的协同创新,增强我校人才队伍的竞争力和影响力。在未来5年中,我们每年将邀请10位左右世界级顶尖学者加入该计划。今年6月,在中央的亲切关怀下,诺贝尔物理学奖获得者、美国国家科学院院士、美国国家工程院院士、中国科学院外籍院士、美国普林斯顿大学教授崔琦先生成为"大学堂顶尖学者讲学计划"的首位入选者,北大已经授予其北京大学名誉博士学位,并设立了北京大学崔琦实验室。今年8月21日,通过长期的接触和深入的相互了解,美国科学院院士、哈佛大学教授庄小威女士也欣然同意参加"大学堂顶尖学者讲学计划",成为入选该计划的第二位学者。庄小威教授是华人科学家的杰出代表,也是当今世界青年科学家的优秀代表,是美国科学院院士中唯一一位"70后"大陆华人。下一步,北大将全力以赴作好相关工作,争取她将更多的精力投入到北大,从而引领、带动相关学科的跨越发展。

此外,我们还要抓好党员队伍和基层党务工作者队伍建设,尤其是开展好针对基层党委书记、党委秘书、教工党支部书记等骨干人员的培训工作,进一步提升基层党组织的先进性,为抢抓新机遇、迎接新挑战、推动新发展夯实基础。加大在高知识群体中发展党员的工作力度,重点做好针对长江学者、千人计划、优秀青年教师等高知识群体中入党积极分子的联系和培养工作。

(四)以社会主义核心价值体系为引领,进一步做好宣传思想和校园文化建设工作

如何更加紧密地联系北大实际,与学习贯彻十八大精神和中央领导同志重要讲话精神,贯彻落实学校第十二次党代会精神相结合,坚持用党的理论创新的最新成果武装思想、指导实践、推动工作,是今后一个时期我校宣传思想工作的主要任务。当前,我们尤其要以社会主义核心价值体系为根本,把社会主义核心价值体系融入学校教育全过程,不断推进中国特色社会主义理论体系进课堂、进教材、进头脑,旗帜鲜明地坚持马克思主义在学校意识形态领域的指导地位。

要加大整合宣传思想工作资源的力度,善于把思想政治理论课、专业课、第二课堂和校园文化建设有机结合起来,努力创新宣传思想工作的方式和手段,不断增强宣传思想工作的创造力、说服力和感召力。要将学风教风校风建设作为提高高等教育质量的重要举措来抓,切实将师德建设放在首位,引导广大教师弘扬优良教风,提高教学能力,遵守学术道德,做学生健康成长的指导者和引路人。其中,特别要重视加强青年教师队伍的思想政治建设,高校青年教师是一个具有特殊重要地位的群体,只有赢得了青年教师,才能赢得青年学生、赢得未来和希望。加强青年教师队伍的思想政治建设是高校党的建设的一项重要内容,党中央对此始终高度重视。今年以来,习近平同志在全国组织部长会议上,在接见第二十次全国高等学校党的建设工作会议代表时,以及在北大、清华、人大等高校调研党建工作时,三次就抓好青年教师队伍思想政治建设做出重要指示,为我们指明了努力方向,我们要按照中央要求,不断增强工作的针对性、实效性,团结带领广大青年教师风清气正抓育人,凝心聚力谋发展,强基固本促和谐。

要继续加强校园媒体建设,着力发现、培养和宣传优秀教师、优秀医务工作者和优秀学生典型。整理北大优秀历史文化传统,认真总结新时期北大精神的新内涵,通过各种形式的主题宣传,不断凝练和丰富学校自身的生动历史传承、共同价值认同和独特精神品格,在广大师生中大兴爱校荣校之风,强化师生对北大的情感和价值认同,增强师生和海内外校友的向心力和凝聚力。充分运用今年上半年学雷锋活动的重要成果,推动学雷锋活动常态化、机制化,促进广大师生员工不断形成优良作风。

要扎实做好宣传思想和舆论引导工作。创建世界一流大学既要靠埋头实干,也要靠舆论氛围的激励和引导。党代会前后,我们的宣传工作贡献很大,对此学校党委给予高度肯定。新学期,我们还要继续大力宣传报道北大建设世界一流大学阶段性成果和各方面的发展成就,发现和宣传师生员工中的先进典型,要正确看待北大面临的复杂而敏感的思想、宣传与舆论环境,进一步增强引导公共舆论、维护学校声誉的能力,积极主动地开展对外宣传和学校形象塑造工作。

(五)以培养社会主义合格建设者和可靠接班人为目标,加强大学生思想政治教育

深入开展大学生思想政治教育,为广大学生的健康成长成才提供优质服务,既是培养中国特色社会主义事业合格建设者和可靠接班人的客观要求,也是切实维护校园安全稳定的重要保证。各单位、各部门要牢固树立"全员育人、全方位育人、全过程育人"的意

识，以人为本，以学生为本，正本清源、固本强基，切实抓好育人这一中心。

要创新学生思想政治教育载体和形式，不断增强工作的针对性、实效性。要与学习贯彻十八大精神相结合，继续深入开展"文明生活、健康成才"主题教育活动，在理想信念教育、形势政策教育、榜样教育、廉洁教育、学生骨干培养等特色工作领域，深挖育人内涵，增强育人效果，积极促进第二课堂和第一课堂的有效衔接，全面推进大学生思想政治教育，进一步加强研究生思想政治教育。继续深入贯彻胡锦涛总书记给我校第十二届研究生支教团成员回信精神，落实《关于进一步加强高校实践育人工作的若干意见》要求，组织好实践教学、军事训练和社会实践活动，引导学生向实践学习，向人民群众学习，进一步将"实践育人"上升到教育理念的高度，构建长效机制，提高育人质量。

要继续以"精致化"为要求，提高学生管理和服务工作水平。完善学生综合素质测评体系，规范学生评奖评优和违纪处分程序，积极发挥学生管理对人才培养的保障和促进作用。加强学生资助、就业指导、心理咨询、课外活动指导等工作，在广度、深度和学生可接受程度等方面提高学生服务工作水平。要按照"职业化、专业化、专家化"的目标，打造一支素质高、政治强、纪律严、作风正的高水平学生思想政治教育工作队伍。共青团工作要以总书记在建团九十周年庆祝大会上的重要讲话精神为指引，高扬理想主义旗帜，贯彻"两个全体青年"战略，带领北大青年始终走在时代前列，始终挺立潮头、勇创一流。

（六）进一步加强党风廉政建设，营造风清气正的校园环境

多年来，在同志们的共同努力下，学校党风廉政建设和反腐败工作呈现出良好的发展势头。但也应该清醒地看到，当前，我校党风廉政建设和反腐倡廉还面临着新形势、新情况、新问题和新挑战，反腐倡廉形势依然严峻，责任依然重大，任务依然艰巨。学校党委要求各级党员领导干部要进一步强化自律观念，自觉加强党性修养，要常修为政之德、常思贪欲之害、常怀律己之心，克己慎行，慎重交友，净化社交圈，自觉接受党组织、党员和群众的监督。

在今后的工作中，要贯彻落实学校纪委向学校第十二次党代会的报告中的各项工作部署，围绕中心，服务大局，营造风清气正的校园环境，为创建世界一流大学保驾护航。要严格执行《中国共产党党员领导干部廉洁从政若干准则》和《直属高校党员领导干部廉洁自律"十不准"》，认真贯彻执行《北京大学党风廉政建设责任制实施办法》，进一步落实"一岗双责"要求，细化廉政责任体系，完善党风廉政建设责任制检查考核办法，健全责任追究机制，提高干部廉洁自律意识，严肃查处违反政治纪律、违反组织人事纪律等各类案件。抓好"三重一大"决策制度落实，完善领导班子议事规则和决策程序，切实推进党务公开，不断提高领导班子议事决策水平。深化廉政风险防控管理，建立动态的廉政风险防控运行机制。继续加大专项治理力度，巩固建设领域专项治理、"小金库"专项治理、公款出国（境）旅游专项治理和教育收费专项治理成果，严把招生录取关、基建项目关、物资采购关、财务管理关、科研经费关、校办企业关、学术道德关。

（七）做好统一战线工作和工会教代会工作，为推动学校各项事业发展凝聚力量

北大是我们党统战工作的传统阵地和重要窗口，我们要充分利用党的十八大召开的重大契机，进一步发挥好民主党派成员和党外代表人士在学校教学、科研、医疗、管理和改革、发展、稳定中的重要作用，团结带领广大民主党派投入创建世界一流大学的伟大事业中。要认真学习贯彻中共中央《关于加强新形势下党外代表人士队伍建设的意见》，加强党外代表人士队伍建设和党外干部培养选拔，做好全国和北京市"两会"换届的人选推荐提名和考察工作。坚持和完善沟通协商机制，充分发挥学校民主党派组织和无党派代表人士在学校民主管理、民主监督中的作用。积极开展统战理论、方针、政策的学习宣传教育和统战理论与实践的研究工作，进一步增强各级党组织和广大党员的统战意识，提高统战干部队伍的理论、政策和工作水平。

工会教代会在构建和谐校园、凝聚发展力量中具有重要作用。学校初步计划于今年年底或明年年初召开第六届教职工代表大会暨第十八次工会会员代表大会。我们要以此为契机，进一步发挥工会教代会的组织优势和桥梁纽带作用，落实《中共北京大学委员会关于进一步加强和改进工会、教代会工作的意见》，加强校、院（系）两级工会组织建设和教代会制度建设。深化校（院、系）务公开和信息公开工作，完善校领导与教职工见面会制度，组织教代会代表参与学校重大事项的决策和评议，调动教职工参与民主管理的积极性。充分发挥教代会各专门工作委员会和代表的作用，完善群众利益表达和协调机制，进一步做好劳动争议调解和信访接待工作。

（八）以人为本，攻坚克难，继续推进重大校园民生工程

按照党代会报告中的要求，我们要把为师生服务作为发扬党的先进性，实现又好又快发展的切入点和落脚点，把校园民生当成学校建设发展的大事。努力克服事业发展需求和经费不足的矛盾，进一步建立完善教职工待遇合理增长机制，继续下大力气解决师生员工的实际困难，特别要注意重视关心离退休人员、中青年教师、后勤服务职工、生活困难家庭等群体的切身

利益问题,关心学生健康成长中面临的突出问题;在北京市委市政府的大力支持下,加快推进肖家河教工住宅建设项目,努力改善教职工住房紧张状况;大力改善师生工作、学习和生活条件,解决师生文化活动场所紧缺的问题。努力做到谋发展、保稳定、惠民生、促和谐相互协调、互相促进。

五、关于十八大前学校的安全稳定工作

同志们,维护北大安全稳定始终都是高于一切、重于一切、压倒一切的政治任务。前面我已经反复强调,党的十八大即将召开,北大稳定工作的责任更加重大。各级党组织和领导干部要始终保持清醒的头脑和高度的政治敏感性。要积极开展师生思想动态调研工作,对于倾向性、苗头性的问题,要及时处理、坚决遏制,切不可因一时平安而麻痹大意。学校党委和行政、学校各部门、各院系都要加大对安全稳定工作的重视程度和支持力度,提前分析研判,弥补薄弱环节,完善工作预案。要切实加强安全稳定工作队伍建设,打造一支能够正确应对新时期复杂局面、妥善处理各类突发事件的维稳队伍,确保校园稳定、做到万无一失!

在安全稳定工作中,我们还要继续高度重视、特别关注、妥善应对境内外关于北大的网络舆情事件,积极、稳妥、慎重地处理好各类网络舆情危机。

这一次,学校如此重视"邹恒甫微博事件",决定由学校党委书记亲自牵头抓好应对处理工作,这是有着深远和全局考虑的。首先,这次事件性质特别恶劣,影响特别坏,我们如果不坚决打好这一仗,就不能正视听、还清白,就对不起"北大教师"这样一个神圣的称号,就有损于北大的百年清誉,就无法向广大师生员工和校友交代,我们要发展要建设,不能伤害了北大自己人的感情。

第二,学校经过反复考虑,决定要抓住这一事件,对近年来社会上特别是网络舆论中对北大肆意炒作、歪曲、诬蔑、攻击的歪风进行一次坚决回击。要从此刹住歪风,为北大的发展营造一个良好的舆论环境。我们欢迎公众监督北大,欢迎善意的、建设性的批评,欢迎有真凭实据、合法合规的检举揭发,北大不会包庇任何一个违法违纪分子,但也决不允许任何人、任何机构肆意地攻击北大。北大不能天天陷入网络舆论炒作之中,不能疲于应付。过去我们讲清者自清是对的,很少主动回应,这是对的,我们首要的是要做好自己的事情,把北大发展好,但不能放任歪风横行,我们需要一个和谐的舆论环境,否则怎能集中精力谋发展?

第三,我们这一次的应对,也是维护中国高等教育的形象,维护社会的和谐稳定。大家看到,这一次的炒作、攻击,矛头是对着整个中国高等教育的,甚至是针对我们的体制而来的。北大是中国高等教育的排头兵,我们有责任有义务打好这一仗!

第四,我们打这一仗,也是要对治理网络乱象,促进中国网络舆论的理性化、法治化做出北大的贡献。网络环境十分复杂,过去一个时期,存在着比较严重的混乱状况,非理性的声音很多,造谣诽谤者得不到应有的惩罚。这种现象不能再继续下去了,北大是受害者,但我们也不是仅仅出于北大本位的考虑,北大要大气,要站得高,看得远,我们要好好总结这一次的事件,希望成为中国网络舆论法治化的一个里程碑,不能再让守法者孤单,让违法者猖狂!要通过北大人的努力,为中国网络的发展正风气、正人心。

同志们,要确保党代会精神落到实处,确保党代会提出的战略部署实现良好开局,今后一个时期的工作十分关键。我们要勇担使命、团结奋斗,迎难而上、乘势而进,坚决维护学校和谐稳定,力争把创建世界一流大学的伟大事业推向新的高度,以优异成绩迎接党的十八大胜利召开!

谢谢大家!

校长周其凤在秋季全校干部大会上的讲话

(2012年9月4日)

同志们:

2012年已经过半,新学期又开始了。上半年,在学校党委行政的统一领导下,经过全校各级干部和全体师生员工的共同努力,我校改革发展建设各项事业取得了新的可喜业绩,在这里,我首先向全校师生员工,特别是在座的各院系、职能部门、直属附属单位的负责同志表示衷心的感谢!大家辛苦了!

上半年我们胜利召开了学校的第十二次党代会,这是一次承前启后、继往开来的大会,为今后五年乃至更长一段时期北大加快创建世界一流大学进行了战略部署。暑假期间中央召开了几次重要会议,刚才朱书记传达了精神,非常重要。为认真贯彻落实中央精神,8月23日至25日,学校召开了以"认真贯彻落实党代会精神,加快改革创新、科学发展,迎接十八大胜利召开"为主题的校领导班子暑期战略研讨会。会上,领导班子就学校改革发展的诸多重大问题进行深入探讨,进一步凝聚了共识。

下面,我结合中央会议的精神和暑期战略研讨会形成的共识,就本学期学校行政工作进行部署。

第一,稳步推进"985 工程"建设,周密细致迎接"211 工程"三期国家验收

"985 工程""211 工程"是北京大学创建世界一流大学的重要依托,是国家对我校进行重点支持的主渠道。正是在两大工程的持续支持下,自创建世界一流大学计划启动以来,学校发展建设的"硬件"和"软件"都实现了质的飞跃。我们一定要持之以恒地扎实推进这两大工程的实施,不断取得新业绩,并在此基础上争取更大力度的支持。

我校"211 工程"已经走过了 20 年的历程,"211 工程"三期建设从 2008 年开始,历时 4 年,今年是最后一年。迎接"211 工程"三期国家验收是今年的重点工作。我校"211 工程"三期中央专项经费的投资总额为56400 万元,包括重点学科建设、队伍建设以及创新人才培养等 20 个建设项目。上半年,根据国家《211 工程》部际协调小组办公室要求,我校完成了《"211 工程"三期总结报告》,并按要求完成了 20 个建设项目的校内验收工作。我校"211 工程"前三期分别立足于"打基础""上水平""求突破"的思路。根据三期校内验收的情况看,我们较好地完成了各项计划任务,基本达到了"211 工程"建设的既定目标。"211 工程"三期国家验收由三部委统一部署,"211 工程"部际协调小组办公室负责组织实施,较前两期更加规范和严格。国家验收包括网络验收、抽查验收和第三方验收等三种形式,各有侧重,同步进行。全校上下对这次验收要高度重视,认真准备,全力以赴做好迎检工作,以优异成绩争取国家更大的支持。

我们还要通过迎接检查验收来全面总结成绩和经验,深入查找存在的不足和问题,为继续实施"211 工程"四期建设奠定坚实基础。"211 工程"四期将面临模式的转变。我们要认真做好规划设计,研究提出创新思路,联合国内其他高校,争取教育部、发改委、财政部的支持,力争工程四期尽快启动。这项工作除了相关职能部门牵头外,各院系要积极配合支持。

"985 工程"(2010—2013 年)建设时间已经过半。上半年,学校对"985 工程"建设进行了阶段性总结。从各方面分析,我校"985 工程"进展良好,成绩喜人。6 月 26 日教育部召开全国高校"985 工程"座谈会,我校进行了汇报,得到上级领导充分肯定。经过前两期积累,我校"985 工程"已经进入到一个新阶段。在这个阶段,深入推进改革创新是基本要求。过去几年中我们在这方面下了很大功夫,包括新体制机构的建设、在有些院系试行院长负责制、在全校层面建立新的教师聘评体系、在学生培养方面鼓励学科交叉,等等,这些举措为创建世界一流大学带来了新的活力,也产生了明显的效果。今后这种劲头和势头不能减弱。虽然在改革的过程中必然遇到种种阻力和产生各种矛盾,但我们必须咬紧牙关,坚持改革。因为不改革就没有出路,不触及深层次矛盾就难见成效,全面提高办学质量必须坚持改革创新,克服不敢改、不愿改、不会改的畏难情绪,摈弃安于现状的惰性思维,敢于突破思想观念和体制机制障碍。

在这里还要对"985 工程"和"211 工程"专项经费的管理和使用特别强调一下。今年上半年,审计署对除北大、清华以外的在京"985 工程"高校进行了"985 工程"专项审计,在审计过程中发现了一些问题。例如,部分学校中央专项资金存在结余,预算执行不力;有的学校用专项资金购买的设备长期没有开封使用;部分学校买的图书堆在那里没有投入使用;部分学校经费开支内容与预算内容差别大;部分学校购置的设备没有到货;一些学校未经批准自行调整预算;个别学校在专项经费中开支大量餐费,出现几天连号的出租车票,大额广告费没有合同,等等。被发现问题的学校都被要求整改,不整改好坚决不进行验收。虽然我校这次没有被审计,但并不表示就不存在这样那样的问题。下半年学校有关职能部门和专项经费使用单位要对照上级要求进行自查,发现问题要及时解决、及时整改,为迎接"985 工程"国家验收做好充分准备。教育部最近也专门召开会议,就高校经费监管提出明确要求,我们一定要认真贯彻执行。对于"985 工程""211 工程"专项经费管理中有待商榷的地方,我们可以积极向上级部门反映。但是,我们每个人一定要明白,任何专项经费都是有特定使用范围、使用原则和时效的,要合理合法使用。

第二,进一步优化学科布局,提升学科建设水平

学科是学校发展的生命线,是学校改革发展的龙头,也是学校常抓不懈的重中之重。应该说,在"985 工程"和"211 工程"前几期建设中,我校抓住有利时机,明确目标定位和工作思路,面向世界一流,推动学科整体布局和调整,取得了良好效果。经过努力,我们基本完成了较大幅度的学科整合任务,构建了适应新的学科发展趋势,优势突出、特色鲜明、结构合理、综合性强、协调发展的研究性大学学科体系,学科整体水平上了一个新台阶,为加快创建世界一流大学打下了坚实基础。根据汤森路透"基本科学指标数据库"(ESI) 2012 年 7 月公布的对过去 10 年论文引用的调查数据显示,北大共有 18 个学科先后进入全球大学和科研机构的前 1%,在国内各高校中遥遥领先。其中,化学与材料科学已经进入全球前 1‰,临床医学、物理学、工程学、地球科学等学科的发展态势良好。这些数据显示,经过这些年不懈努力,我校学科建设保持国内领先,总体上达到世界先进水平。

在看到成绩的同时,我们更要看到不足,尤其是与世界一流水平的差距。虽然我们有这么多学科已经进入前1%,但是这些学科的排名位置还比较靠后。就是与清华大学相比,虽然我们进入前1%的学科总数超过他们,但是他们有4个学科进入千分之一,其中2个万分之一。而我们进入千分之一的只有2个,万分之一的还没有。另外,北大重点学科数量多、分布广,战线也长,而一些兄弟院校近年来集中力量发展一个或几个拳头学科,这个竞争策略使我们的各个学科都面临着挑战。因此,我们在学科建设方面必须进一步集中力量,大力提升学科品质,进一步优化学科布局,力争五年之内20个学科进入ESI全球前百分之一,各学科在全球前1%的位置全面提升,更多学科进入全球前千分之一、万分之一,全面提升学科整体实力,并使部分学科尽早进入世界一流行列。

要全面落实学校"985工程"中长期规划和学校"十二五"规划关于学科建设的总体战略,针对学科发展前沿、科技进步和经济社会发展重大问题进行学科布局,进一步加强具有传统优势的基础学科,重点发展前沿交叉学科,有选择地发展应用学科和技术学科,鼓励基础研究与实际应用相结合,鼓励教学与科研的结合,促进原创基础上的成果转化。在这里强调三个问题:

一是敢于突破,勇于创新,根据科学发展前沿进行顶层设计、超前布局,继续推进新体制科研机构建设。"985工程"三期,学校建立了一批重要的新体制科研机构,包括量子材料科学中心、分子医学研究所、北京国际数学中心、科维理天文与天体物理研究所、中国社会科学调查中心等。作为北京大学体制创新和学科建设的重要组成部分,这些新体制科研创新平台瞄准国际前沿、世界一流,致力于在我国科技发展和创新人才培养中发挥引领示范作用。事实证明,这些新体制机构能够很快形成集聚效应,成为北大吸引世界高端学术人才的重要基地,也已取得了一些高水平的原创性成果,发展势头良好。学校要继续给予支持,在前期改革探索的基础上,高标准、严要求,进一步加强规范管理。

二是坚持有所为有所不为的原则,全面规划北大学科布局,并根据学科发展前沿和国家战略需求做出战略选择,集中力量,重点建设。我们的经费、资源总是有限的,但是我们要按照中央要求,进一步加快建设世界一流大学步伐。因此,我们在资源配置上就不得不有所侧重,希望通过资源的有效配置引导学科发展。要建立健全现代化的学科资源配置机制,加快形成具有顶层设计的人、财、物学科资源竞争调节机制,同时注重支持基础学科,保持北大学科的多样性和全面协调发展。近年来我们重点加强生命科学建设,现在"985工程"学科经费大约有30%投入相关学科建设中。此外,学校为加强临床医院与校本部和医学部基础学科合作而设立的"临床医学交叉学科专项"也已正式启动。该专项将加强工程学科、生命科学和基础医学、临床医院的合作,积极推进转化医学的发展,提升北大医学研究的整体实力。这些都是我们在学科建设方面进行的战略选择。

三是加强机构研究,形成学科数据分析和数据服务长效机制以及学科发展科学决策的治理结构和体制机制,健全院系和跨学科机构的分析评估工作体系,逐步推广和完善国际评估制度。我们提倡容忍失败、鼓励创新,但是科学的评估也是必不可少的。

第三,完善科研创新体系,进一步提高协同创新能力

今年上半年,中央推动科技创新的力度明显增强。6月,胡锦涛总书记出席两院院士大会并发表重要讲话;7月6日,中央召开全国科技创新大会,胡锦涛总书记、温家宝总理和刘延东国务委员分别发表重要讲话。党中央、国务院还印发了《关于深化科技体制改革加快国家创新体系建设的意见》。这次会议的召开和《意见》的印发是我国科技改革发展史上的大事,反映了党中央、国务院当前和未来一个时期推动我国科技改革发展的总体规划,明确了我国科技改革发展的战略目标和重大任务,是我们党加快建设创新型国家的战略总动员。北京大学一直是我国科学研究的重镇,在我国科技创新事业中走在前列。面对国家推进科技改革创新的热潮,我们要统一思想提高认识,坚定为建设创新型国家做贡献并"示范引领、走在前列"的决心,认真贯彻落实中央精神,紧紧抓住建设创新型国家的良好机遇,进一步发挥我校学科、人才等方面的优势,积极主动地融入国家科研创新体系,在服务国家战略的同时提升自身的科研创新水平。

理工医科要面向国家重大战略需求,加强大科学项目、海外科技合作项目的组织工作,体现北京大学在项目组织中的科学领导作用;要进一步加强科研创新平台建设,做好现有研究机构清理与整顿,同时积极组织筹建新科研平台,探讨依托大科学装置建设科研平台的可行性;要结合国家相关科技人才计划,吸引和凝聚高水平科技人才,推动北京大学科研创新团队建设;要进一步加强基础科学和前沿技术研究,特别是交叉科学的研究,努力在生物科技、科技支撑文化发展等方面有大的作为;要积极响应国家号召,推动我校开展各层次的协同创新工作,突出特色、务求实效;要高度重视知识产权管理和科技成果转化,进一步提高工作水平。此外还要加强对科技管理体制创新的探讨和研究,通过体制机制创新激发科研创新的活力,鼓励教师自觉将科研创新工作与服务国家需求紧密结合起来。

今年上半年,教育部、财政部已经颁布文件,正式实施"高等学校创新能力提升计划"也就是"2011计划"。最近关于这方面的宣传很多,大家对这个计划都很关心,领导班子暑期战略研讨会也就我校贯彻落实中央精神和"2011计划"进行了讨论。总的看来,"2011计划"是加快创新型国家建设的重要支撑,是推动我国教育与科技、经济、文化紧密结合的战略行动,是继"211工程""985工程"之后,中国高教系统又一项体现国家意志的重大战略举措。这个计划的核心就是要通过大力推进协同创新,鼓励高等学校同科研机构、行业企业开展深度合作,建立战略联盟,加强资源共享,在关键领域取得实质性成果,促进高等学校创新能力持续提升。这项工作我强调四点:

一是要高度重视这项工作,深刻认识"2011计划"的重要意义。应该看到,这个计划和我校创建世界一流大学计划在整体思路和目标上是一致的。我们以前做的和正在做的很多工作其实就是协同创新的事情。我们要积极响应中央号召,将各院系参与开放合作、协同创新的意识提升到一个新境界,在发挥我校特色和优势的基础上开展协同创新。

二是要进一步强化推进学校内部各学科、各院系之间的协同创新。紧紧围绕国家战略需求和经济社会发展需要,瞄准国家和世界科学发展的前沿目标,打破学科壁垒和院系壁垒,加大校内学科布局调整与交叉融合的力度,深挖学科交叉融合的潜力,走内涵发展道路。只有内部协同创新做扎实了,才能在联合外单位开展协同创新时拥有坚实的基础,才能够在国家协同创新体系中发挥示范引领作用。

三是要打开思路,拓宽视野,积极组织和参与多层次、多领域的协同创新。按照国家急需、世界一流的要求,坚持"需求导向、全面开放、深度融合、创新引领"原则,既要推动建立校校协同、校所协同,又要积极组织参与校企(含行业)协同、校地(区域)协同、校军协同和国际合作协同。尤其是后一方面的协同要进一步加强,善于通过协同争取更多外部资源。

四是要加强组织,鼓励各院系先行先试,对于比较成熟的项目学校给予大力支持。目前,学校成立了2011计划领导小组和办公室,已经开展了卓有成效的工作。理工科方面,我们联合清华大学和中国科学院物理研究所("两校一所")共同组建了"量子物质科学协同创新中心",这也是首个由高校和科研院所联合培育创建的协同创新中心;联合上海交通大学、中央电视台、广电总局、中国科学院、数字电视国家工程研究中心、上海广播电视台、华为、百度、AVS产业技术创新战略联盟等单位,共同组建"未来媒体网络协同创新中心";联合北京师范大学、清华大学和中国科学院相关研究所,共同组建"全球变化与可持续发展协同创新中心";人文社科方面,我们联合南开大学、中国社科院欧洲研究所,共同成立了"世界文明与区域研究协同创新中心"。学校相关职能部门还要进一步加强引导和管理,尽快出台相关管理办法。

我校人文社会科学要以党的十七届六中全会精神为指导,抓住国家促进文化大发展大繁荣的历史性机遇,制定好学校文化建设方针政策,自觉承担文化传承创新的责任,服务文化强国战略。人文社科各院系要进一步强化服务中央决策、服务国家大局的意识,充分发挥学科优势、科研优势、人才优势,抓住当前关系国家内政外交的热点问题开展研究,主动为中央决策提供一流的咨询服务和智力支持。下半年将召开全校人文社会科学科研工作会议,通过总结经验、分析形式,重点研讨解决制约我校文科发展的瓶颈问题,制定繁荣发展人文社会科学的意见,为新时期新阶段进一步繁荣发展我校人文社会科学奠定更加坚实的基础。

这里还要强调一下科研保密工作。去年我们在军工保密资格审查认证中发现了一些问题和隐患,尤其是学院和项目组层面的工作相对薄弱,必须引起高度重视。本学期,承担涉密科研任务的相关单位要抓紧制定体现本单位保密管理模式的二级制度,制定保密工作专项管理办法以及针对涉密人员的绩效考核办法。承担涉密科研任务较多的学院还应设立专职人员负责日常保密管理工作。近几年,境外情报机构针对高校人文社科领域的教师和科研人员窃取涉密情报的事件呈现多发频发态势,要引起高度警惕。要根据教育部要求,尽快出台《北京大学人文社会科学研究领域保密工作暂行规定》,加强建设安全保密的教学科研环境。

第四,加强教育教学改革,稳步提升人才培养质量

我们始终强调,培育人才是我们全部工作的出发点和落脚点,是党和国家交给我们的核心使命,必须集中精力、全力以赴地做好各项工作。

要巩固本科教学基础地位。把本科教学作为最基础、最根本的工作,领导精力、师资力量、资源配置、经费安排和工作评价都要体现以教学为中心。我们招来全国最优秀的生源,就要提供全国甚至全世界最高质量的培养和教育。这些年我们一直在不断改革,不断探索,形成了具有鲜明特色的教育模式,但我们仍不能懈怠,仍需追求更高水平。

战略研讨会上,领导班子对本学期将要稳步推进的小班课教学工作进行了充分讨论,形成了一致共识。这项改革探索是我校多年来本科教学改革的延续,其重要性不言而喻。上半年,学校在经过充分的调查研究、总结我校教学改革经验并借鉴国内外兄弟学校先进经验的基础上,提出这项改革计划,目的是提高本科教学质量、加强师生互动和激发学生学习的主动性、创造性。这是学校推进教学改革的一件大事,要下决心推进。经过前期准备工作,下学期将有五个学院参加首批试点。教务部和参加试点的各个学院都要高度重视、密切配合,稳步推进这项工作。要加强调研与交流,认真做好教学管理与质量监控等工作。同时,学校相关部门积极配合,在经费保障、教学条件等方面给予大力支持,确保试点工作顺利进行。这项工作现在本着"自愿参加"和"成熟一个院系、开展一个试点"的原则,逐步探索,稳步推进。未参加试点的院系也要认真思考,与教务部门积极沟通,结合实际做好准备。我们的目标是将来每一名本科生在大学期间能至少参加2门"小班课教学"课程学习。

招生工作是人才培养的基础环节。建设世界最好的本科教育,必须要有一流的学生做支撑。近年来,通过不断创新机制、完善制度,我校生源质量持续稳步提高。今后,我们还要进一步深化改革,逐步探索符合世界高等教育发展规律,符合国情、校情并与北大人才培养、学科建设相适应的具有中国特色的拔尖创新人才选拔新路。同时也要高度关注教育公平,加大对农村地区、偏远地区、边疆少数民族地区以及中西部地区考生的扶持力度,切实履行社会责任。

四年一度的北京市教学成果奖评审工作将在下半年展开。这次评奖不仅关系学校荣誉,也是对我校四年来教学改革成果的总结和检验。教务部要牵头负责做好这项工作。

近十年来我校研究生教育取得了可喜成绩。但我们也要清醒认识到,与世界一流水平相比,我校研究生教育的发展潜力和提升空间还很大,在改革前进中面临的问题与挑战也相对复杂。可以说,我们提高研究生培养质量、创建世界一流的目标还任重道远。

要继续推进研究生培养机制改革,通过多种途径大力提升研究生培养质量。进一步优化结构,调整学科专业、类型、层次结构。以体制机制改革为重点,大胆探索,勇于创新,加快重要领域和关键环节的改革步伐,进一步完善研究生招生、培养、奖助、学位以及质量监督机制,理顺现有的学科培育和人才培养机制,建立系统科学、相互协调、全面推进的研究生教育机制和制度,实现资源的优化配置,形成多维度的培养合力。

要以提高研究生培养质量为目标,探索构建基于分类培养的质量评价体系。学校逐步建立符合实际需要的二级单位实体管理制度,院系进一步明确权利、责任和义务,把工作的重心转移到提高研究生、特别是博士研究生的培养质量上来。要进一步探讨导师激励措施和规范机制,考虑如何更合理地发挥学术声誉、同行声誉对导师职责的激励、约束和引导作用。

继续教育要充分发挥学科、师资、课程和经验优势,大力开展高水平继续教育,为完善终身教育体系、实现科教兴国和人才强国战略、建设学习型社会做出新贡献。要高度重视继续教育全面质量管理。上半年,我们完成了继续教育品牌建设推广体系、规范办学的监督管理体系、教学质量管理及评估体系和信息化管理体系的建设,将全面质量管理应用到了继续教育管理的各个环节,大大提高了办学质量和管理效率,保护了学校声誉。这项工作还要加强。

进一步加强高校实践育人工作,是全面落实党的教育方针,把社会主义核心价值体系贯穿于教育全过程,深入实施素质教育,大力提高高等教育质量的必然要求。中央和上级部门高度重视,教育部、中宣部、财政部、文化部联合颁发了《关于进一步加强高校实践育人工作的若干意见》。多年来,我校一直高度重视实践育人工作,根据人才培养的规律,结合工作实际,围绕不同功能定位,陆续打造了实践育人十大平台,得到了上级部门的高度肯定以及社会各界的关注和好评。我要强调的是,要坚持把加强实践育人工作作为提高教育质量的切入点和突破口,作为创新人才培养的重要途径,着力做好转观念、重保障、求实效三方面工作,形成实践育人合力,着力构建长效机制,努力推动实践育人工作取得新成效。

新学期我们还要进一步抓好学生资助工作、学生就业工作、学生心理健康教育咨询工作,一切为了学生、为了学生的一切,克服困难,迎接挑战,在加强学生管理工作的同时提高人性化服务、精致化服务的水平,确保每一名学生健康成才。

第五,创新人才工作理念,推进师资队伍建设更上新台阶

我们要坚持把教师队伍建设作为学校最重要的基础性工作,秉承"人才资源是第一资源"的理念,始终把人才工作放在学校工作的核心位置。

经过这些年的努力,也在中央和国家的大力支持下,我校人才工作取得了很好成绩,基本完成了创建世界一流大学所需要的人才积淀,尤其在高端人才队伍建设上走在全国高校前列。但是,面对人才强国战略的不断推进,以及北京大学向世界一流大学冲刺入列的紧迫任务,我校人才工作也面临新的挑战。

一是高层次人才总量偏少。近几年通过引进、培养,我校高层次人才的数量有了明显增加,但跟世界顶尖大学相比,跟学校人才队伍建设的总体目标相比,高层次人才尤其是顶尖人才规模依然偏小。

二是人才成本不断上升。随着国际人才竞争日益激烈,高层次人才资源的成本也在持续上升,学校投入高层次人才队伍建设的经费增长迅速,但是学校的资源及经费投入缺乏可持续的有效保障。

三是引进人才与培养扶持本土本校人才尚未形成

良性互动。引进人才是高层次人才队伍建设的最直接的途径,我们不得不在引进高层次人才上投入较多资源。但是,在开发存量人才资源方面我们还未形成卓有成效的机制。这直接影响到人才队伍的和谐发展和优化配置。

四是人才流失的压力将长期存在,吸引杰出人才的政策、机制、环境还难以适应新的形势和要求。国家人才引进的相关配套政策滞后,特别是北京生活成本高,户口、居留、子女入学等不利因素也对学校人才队伍建设造成很大压力。同时,学校创新人才工作体制机制虽然初见成效,但是尚未形成体系,不能满足高层次人才队伍建设的需要。

因此,教师队伍的素质、结构、制度是当前人才队伍建设中最突出的三个问题。有关应对策略党代会报告有全面阐述,这里再做一个归纳:提高教师队伍素质,关键要落实"师德为先、教学为要、科研为基";优化教师队伍结构,要抓住高层次人才和青年教师两个重点;增强教师队伍活力,主要从分类管理、薪酬激励和退出机制等三个方面推进教师队伍管理制度改革。吴志攀常务副校长在暑期战略研讨会上提出,队伍建设首先要抓精神状态的提升,其次要抓队伍的能力建设和结构优化,另外还要保持队伍和谐稳定。我完全同意。我们要想方设法建设一支精神饱满、昂扬向上、能力突出、学有专长的教师队伍。

这几天发生了网上爆炒的邹恒甫污蔑北大事件。对于这件事,学校党委迅速应对,依法依规妥善处置,对于有违师德的人和随意谩骂攻击北大的人都决不迁就姑息,这是总的态度。但是从这件事我们也进一步看到,北大永远是社会关注的焦点之一,教师师德尤其容易触动社会的敏感神经。关注这个问题的人形形色色,其中有些人就是心怀叵测,但是也有关心北大的人,包括广大校友、学生家长。我们一定要高度重视师德师风建设,把师德建设放到队伍建设的首要位置,强化师德教育,严格教师管理。只要教师自己不出什么问题,任何无端攻击都是软弱无力的,最终都会在与事实的交锋中败下阵去。当然对于新闻舆论应对,对于新媒体条件下的网络危机公关工作,我们要高度重视,进一步加强研究,提高工作水平,坚决维护好北大的声誉。

第六,把握国内合作大局,全面增强社会服务能力

近年来,我校国内合作工作发展很快,规模和层次都有较大提升,对口支援工作成绩显著,得到了中央和受援单位的充分肯定。今后,学校还要准确把握国家发展大势,全方位、多角度、多层次推动国内合作和对口支援向纵深发展。

要加强对国内合作及社会服务事业的全局领导,进一步发挥国内合作委员会的作用,完善重大合作项目前期专家委员评估程序,建立公平公正公开的合作项目评价体系。在委员会的统筹下,通过完善制度、整合资源、协调组织、监督实施,推进相关工作规范化、制度化、科学化。进一步完善面向区域、面向领域的国内合作及社会服务总体规划,立足长远、突出特色、整体推动、增进实效。

进一步增强全校教职员工积极服务国家战略、服务地方发展的意识,鼓励基层单位在学校统一部署下发挥主观能动性,积极有序地参与国内合作和社会服务工作;借鉴国际先进经验,建立健全社会服务评价和奖励机制。

在社会服务工作中充分尊重并用好地方特色政策、特色资源和特色优势,制订针对性强、结合度好的合作方案,一地一策、一企一策,研究并探索建立符合校地、校企双方实际的合作新机制、新模式。

这里重点强调一下服务首都的工作。今年上半年,北京市主要领导同志多次来北大调研指导工作,对北京大学服务首都发展建设的作用和地位给予充分肯定,尤其是对北京大学在海淀山后规划建设"北大未来科学城"、拓展北大未来发展战略新空间的设想表示大力支持,令我们倍感振奋。北京大学位于首都,学校空间拓展、人才引进、科研创新、校园稳定等方方面面都离不开北京市、海淀区以及中关村的帮助和支持。我们必须进一步强化服务首都的意识,积极主动适应首都发展战略调整,为北京实现建设中国特色世界城市的目标提供更多的智力支持、科技支持和人才支持,通过服务首都贡献率的不断提升来取得首都对北大支持力度的不断提升。

第七,坚持开放办学原则,进一步提升国际交流的层次与质量

上学期我校的国际交流和对港澳台地区的交流仍保持强劲的发展势头,共接待代表团151个,其中高校代表团88个,外国元首及政要8人。我们围绕国家教育外事热点以及学科建设重点,广泛吸纳各方资源,成立了多个高层次的研究中心或基地,一些具有国际水准的联合中心或项目也在积极筹备中。海外引智工作取得了新进展,层次进一步提高,为推动科学研究、人才培养发挥了积极作用。今年6月,诺贝尔物理学奖得主、普林斯顿大学教授崔琦被授予"北京大学大学堂顶尖学者"称号,标志着我校海外引智最高层次的项目——"北京大学大学堂顶尖学者讲学计划"正式启动,为我校今后广纳贤才、引进顶尖学者开辟了新的途径。最近,美国华裔女科学家、美国国家科学院院士、哈佛大学教授庄小威又应邀作为"北京大学大学堂顶尖学者讲学计划"的讲学嘉宾,来北大进行学术访问和交流。这些都标志着我校从国际引进高端人才的力度进一步加大,水平进一步提高,成效十分显著。此外,学生国际交流、留学生工作等也持续健康发展。

本学期外事工作依然十分繁重。下半年,我校将派出多个校级访问团赴海外交流访问,进一步学习借鉴世界一流大学建设的先进经验,深化与世界一流大学和科研院所的战略合作关系;要充分发挥北大作为重要的民间外交舞台的作用,积极主动服务国家外交战略,完成好国家和上级部门交予的各项教育外事任务;要紧紧围绕培养国际化人才的目标,进一步完善"学生海外学习计划",拓宽学生国际交流平台,拓展学生赴海外交流学习和参加实习的项目;要进一步完善和实施各项引智工程,吸引和留住更多的世界高端领军人才;要认真筹备好北京论坛、首届东盟与中日韩大学校长会议、东亚四国大学校长论坛等重要活动,加强与国际知名院校的战略合作,在交流中相互促进,在合作中共同进步。此外,学校将在下半年召开国际交流与合作战略研讨会,提出下一阶段国际交流合作的战略思路,请有关部门认真准备。

随着我校加快创建世界一流大学进程不断推进,我校国际交流与合作的热度不断上升,规模不断扩大,有显示度的各类成果也不断涌现。但是,我们要注意牢牢把握一点,那就是必须把进一步提升对外交流合作的层次和质量作为当前最紧迫的任务,坚决摆脱以迎来送往为主的交流模式,大力推进实质性的互利合作。要通过高水平的国际交流与合作工作,服务学校教学科研、人才培养、文化传承创新等中心工作,全面提升学校海外影响力,全力打造世界一流的国际化校园。

第八,进一步加强资源统筹能力,优化资源配置,提高资源使用效率

现在距离实现学校党代会提出的"北大2048"远景规划的第一步,即在北大建校120周年前后,努力跻身世界一流大学行列,实现在本世纪头20年基本建成世界一流大学的目标,已经迫在眉睫了。我们更加需要加强资源统筹,让每一分钱都能发挥效用。大家都有一个共识,就是与哈佛大学、耶鲁大学等发达国家的世界一流大学相比,我们在资源方面的差距确实还很大,已经成为限制我们发展的瓶颈。但是,我考察世界一流大学发现,他们有一流的筹资能力和雄厚的经济实力,他们优化配置资源和厉行节约方面的工作也是十分重视的,甚至是令人尊敬和钦佩的。我们现在是在发展中国家办世界一流大学,我们的筹资能力和财政实力比世界一流大学差了好多倍,我们就更加应该注意勤俭节约,更加注意资源优化配置,要提倡艰苦创业办大事,还要集中力量办大事,必须精打细算,加强成本核算,没有任何理由可以大手大脚。

今年是学校历史上资金需求最大的一年,学校资金需求和供给不足的矛盾非常突出,特别是五道口项目公建与底商购置、肖家河拆迁这两大项资金全部依靠学校自筹,学校面临前所未有的资金压力。应该看到,近年来学校财政除了进一步加大力度保障教学科研、人才培养、队伍建设、基础设施改善等中心工作外,在保障民生、维护稳定方面的投入也越来越大。要有效缓解财政压力,还是要从"开源"和"节流"两个方面着手。在节流方面,要遵循"严格、透明、公平、效益、服务"的工作方针,继续执行"统一领导、分级管理、财力集中、财权下放"的财务管理体制,继续加强财务管理和预算管理,合理安排支出,提高资金使用效益,从源头上扼制浪费现象的发生;在开源方面,要进一步健全筹资体系,更新筹资理念,拓宽筹资渠道,提升筹资能力,深挖筹资潜能,善于适应国内外经济形势发展变化和当前高校筹资融资竞争日益激烈的态势,进一步整合提升学校筹资工作的格局和层次。同时,要切实提高资金管理水平,加强研究,确保资金保值增值。

要进一步加强校友工作,校友是大学的核心资源,必须充分利用好。要解放思想,创新思路,采取各种有效措施,进一步加强与校友的联络沟通,积极主动为校友提供力所能及的个性化服务,在鼓励校友参与学校改革发展建设的同时积极争取校友更多更大力度的支持。我希望全校每一名教师和职工都要树立良好的校友工作意识,都参与校友会的工作,都积极维护校友的声誉和利益。当然,校领导班子成员要带头,分片负责,认真指导和参与校友工作。

第九,抓住有利契机,推动医学教育持续发展

再过一个多月,医学部将迎来百年庆典,这是全校的一件大事。自2000年新的北京大学成立以来,在加快创建世界一流大学的总目标下,医学部和校本部积极探索推进深度融合的模式,在人才培养、科学研究等各个方面密切合作、积极交流,实现了共同进步、整体提高。我们要以医学部百年庆典为契机,全面总结好北大百年医学教育的成功经验,认真查找存在的主要矛盾和突出问题,以科学发展观为指导,在深入分析研判当前医学教育面临的发展形势的基础上,确立下一步发展的目标任务、战略规划和工作举措。作为学校的重要组成部分,我们要给予医学部更多的支持,推动医学部的发展迈向新阶段。同时我们还要更多地思考进一步加强本部和医学部深度融合、进一步创新医学人才培养模式、进一步发挥我校文理医工优势加强学科交叉和协同创新等深层次问题,为北大医学教育的下一个百年开好篇、谋好局。

第十,狠抓校园安全管理,确保校园秩序良好

今年下半年,党的十八大将胜利召开,加强校园安全管理,维护校园安全稳定,是当前和今后一个时期重要的政治任务。教育部已经召开会议,袁贵仁部长专门就这项工作的重要性、工作目标、工作举措进行了详细部署,提出了明确要求。我们要认真贯彻落实好中央和上级精神,结合北大实际,未雨绸缪,把维护校园安全稳定的各项工作做得细之又细、严之又严,为党的十八大胜利召开营造良好氛围。再次强调,全校上下必须进一步增强政治意识、责任意识、大局意识,充分认识当前维护校园安全稳定工作面临的严峻形势,把维护安全稳定作为高于一切、压倒一切、重于一切的政治任务完成好。

第十一,几个专项工作

1. 进一步推进现代大学制度建设。自《国家中长期教育改革和发展规划纲要》颁布实施以来,我校作为国家教育体制改革现代大学制度改革试点单位,在中央和上级部门的指导支持下,进一步解放思想,深入调查研究,理论联系实际,积极探索完善中国特色现代大学制度,做了大量工作,也取得了显著成效,尤其是在推进大学章程建设、完善北京大学学术委员会制度等方面取得重要进展。目前《北京大学章程(草案)》已经修改了十几稿,《北京大学学术委员会章程(草案)》已经形成。对于这项工作,我希望全校进一步统一思想、提高认识,把制度建设作为规范办学流程、激发办学活力、提高办学质量的基础和依托。推进制度探索既要充分借鉴,又要大胆创新,在先行先试的基础上稳妥推进。中央领导对我们明确提出了要求,那就是北大创建世界一流大学除了在学科建设、科学研究、人才培养、队伍建设、社会服务等方面达到世界一流水平,还要在探索建立中国特色现代大学制度方面走在前列、做出贡献。

2. 加快推进肖家河教师住宅建设工程。这个工程是学校近年来最大的民生工程之一,广大教职员工寄予了很高的期望,我们必须以更大的决心、更大的力度、更大的热情,排除万难、加快推进。在当前社会环境和政策环境下,要推进这么大一项工程,不可能很顺利,各种困难肯定超乎想象。但是,只要我们充分依靠政府,同时发挥我们在工作中的积极性、主动性和创造性,我们就能克服各种困难。上半年,我们在拆迁腾退、规划设计和工程建设手续办理等方面都取得了突出进展,下半年要保持这种高昂士气和强劲势头,各相关部门群策群力,圆满完成各项准备工作,争取工程尽早开工建设。

3. 积极稳妥推进学校后勤改革。这项工作谈了很久,研究了很久,改革方案经过征求各方面意见,已经较为成熟。下一步工作就是要推进实施。要从学校发展建设的大局出发,按照改革的总体思路和框架,分步实施,稳妥推进。当然,改革过程中也要充分听取各方意见,进一步研究完善实施细则,做好各项风险评估。尤其要注意后勤干部队伍的平稳过渡,防范后勤工作大起大落,影响师生学习生活和学校正常运转。

4. 做好深圳研究生院相关工作。深圳研究生院是北大创建世界一流大学的重要组成部分,这些年在深圳这个改革开放最前沿的城市办学,在探索建设世界一流国际化校区方面取得了突出成绩,积累了丰富经验。随着形势发展变化,深圳研究生院在办学理念、发展定位、体制机制等方面有很多新思考,面临新选择。上学期,王恩哥、吴志攀常务副校长率团赴深圳研究生院进行了全面调研。有关部门要在此次调研的基础上尽快提出相关建议报告,供学校决策,以进一步明确深研院的定位、发展方向和相关的工作措施。

5. 进一步加强体育工作。前不久我去看望参加军训的同学们,发现刚到第四天,3500名学生中就有500多人生病看医生。而且前四天天气比较好,学生还没有参加走正步、拉练等艰苦的项目。这个现象一定要引起我们高度重视,千万不可小视。我们培养的学生不但要知识素养高,更要心理健康、体格强健。如果心理、身体素质差,即使其他方面很强,这样的学生将来也难以担当重任和成就大业,不符合我们人才培养的标准。

还有一些工作可能没有点到,并不是这些工作不重要,希望各部门保持工作节奏,进一步抓实抓好。我想,我们的方向和目标已经定了,大家就要心往一处想、劲往一处使。只要大家坚持解放思想,改革创新,团结协作,努力奋斗,我们就一定能够开创学校发展建设新局面,就一定能以优异成绩向党的十八大献礼!

最后,教师节快到了,我在这里提前向大家致以节日问候!正是有了一支能够吃苦耐劳、甘于奉献、开拓创新、严谨自律的教师队伍,北京大学创建世界一流大学的事业才能蒸蒸日上。

谢谢大家!

·北大概况·

北京大学创办于 1898 年,初名京师大学堂,是中国第一所国立综合性大学,也是当时中国最高教育行政机关。辛亥革命后,于 1912 年改为现名。

作为新文化运动的中心和"五四"运动的策源地,作为中国最早传播马克思主义和民主科学思想的发祥地,作为中国共产党最早的活动基地,北京大学为民族的振兴和解放、国家的建设和发展、社会的文明和进步做出了不可替代的贡献,在中国走向现代化的进程中起到了重要的先锋作用。爱国、进步、民主、科学的精神和勤奋、严谨、求实、创新的学风在这里生生不息、代代相传。

1917 年,著名教育家蔡元培出任北京大学校长,他"循思想自由原则,取兼容并包主义",对北京大学进行了卓有成效的改革,促进了思想解放和学术繁荣。陈独秀、李大钊、毛泽东以及鲁迅、胡适等一批杰出人才都曾在北京大学任职或任教。

1937 年卢沟桥事变后,北京大学与清华大学、南开大学南迁长沙,共同组成长沙临时大学。不久,临时大学又迁到昆明,改称国立西南联合大学。抗日战争胜利后,北京大学于 1946 年 10 月在北平复学。

中华人民共和国成立后,全国高校于 1952 年进行院系调整,北京大学成为一所以文理基础教学和研究为主的综合性大学,为国家培养了大批人才。据不完全统计,北京大学的校友和教师中有 400 多位两院院士,相当多在中国人文社科界有影响的人士也出自北京大学。

改革开放以来,北京大学进入了一个前所未有的大发展、大建设的新时期,并成为国家"211 工程"重点建设的大学之一。1998 年 5 月 4 日,在北京大学百年校庆之际,国家主席江泽民题词:"发扬北京大学爱国进步民主科学的优良传统,为振兴中华做出更大贡献",并在庆祝大会上发出了"为了实现现代化,我国要有若干所具有世界先进水平的一流大学"的号召。北京大学积极响应号召,适时启动"创建世界一流大学计划"("985 计划"),自此开启了北京大学建设发展的新篇章。

2000 年 4 月 3 日,原北京大学与原北京医科大学合并,组建了新的北京大学。原北京医科大学的前身是国立北京医学专门学校,创建于 1912 年 10 月 26 日,并于 1946 年 7 月并入北京大学。1952 年在全国高校院系调整中,北京大学医学院脱离北京大学,独立为北京医学院。1985 年更名为北京医科大学,1996 年成为国家首批"211 工程"重点支持的医科大学。两校合并进一步拓宽了北京大学的学科结构,为促进医学与人文社会科学及理科的结合、改革医学教育奠定了基础。

近年来,在"211 工程"和"985 工程"的支持下,北京大学进入了一个新的历史发展阶段,在学科建设、人才培养、师资队伍建设、教学科研等各方面都取得了显著成绩,为将北大建设成为世界一流大学奠定了坚实的基础。今天的北京大学已经成为国家培养高素质、创造性人才的摇篮、科学研究的前沿与知识创新的重要基地和国际交流的重要桥梁和窗口。

2012 年,北京大学设 53 个直属院系。开设本科专业 120 个,覆盖文、理、医等 11 个学科门类。全校有 212 个博士学位授权点、242 个硕士学位授权点、120 个本科专业、18 个国家重点学科(一级)、25 个国家重点学科(二级)、3 个国家重点(培育)学科,以及 40 个博士后流动站。全年博士后研究人员在站 1186 人,累计进站 4452 人。有 12 个国家重点实验室、4 个国家工程研究中心、86 个省部级研究院(所、中心、重点实验室)、8 所附属医院、13 所教学医院。在职教职工 18919 人,其中专任教师 6441 人。有教授 2122 人、副教授 2170 人,其中,中国科学院、中国工程院院士 71 人,"长江学者奖励计划"特聘教授和讲座教授 147 人,"973 计划"项目首席科学家 52 人,国家杰出青年科学基金获得者 168 人。毕业生 20600 人,学历教育学生中全日制研究生 5749 人(博士生 1716 人,硕士生 4033 人),普通本专科生 3515 人(本科生 3315 人,专科生 200 人),成人教育本专科生 3313 人(本科生 2998 人,专科生 315 人),网络教育本专科生 8023 人(本科生 5853 人,专科生 2170 人)。招生 28370 人,学历教育学生中全日制研究生 7118 人(博士生 2052 人,硕士生 5066 人),普通教育本专科生 3659 人(本科生 3460 人,专科生 199 人),成人教育本专科生 3022 人(本科生 3022 人,专科生 0 人),网络教育本专科生 14571 人(本科生 11397 人,专科生 3174 人)。在校生 95936 人,学历教育学生中全日制研究生 22106 人(博士生 8141 人,硕士生 13965 人),普通教育本专科生 14703 人(本科生 14116 人,专科生 587 人),成人教育本专科生10384人(本科生10170人,专科生214人),网络教育本专科生48743人(本科生38454人,专科生10289人)。本科毕业生就业率98.16%。留学生毕业2570人,招生3513人,在校3703人。图书馆建筑面积67466平方米,图书馆藏书979.62万册。校园占地面积2741118平方米,校舍建筑面积2248848平方米,固定资产总额829503.12万元,其中教学科研仪器设备资产332705.41万元。

2012年,北京大学贯彻党和国家教育方针,认真落实中央和上级的部署要求,突出"服务国家战略,坚持科学发展"的理念,主动适应国家实施新一轮教育改革发展的潮流,依托国家支持,牢牢把握改革、发展、稳定大局,统筹规划,整合资源,协调发展,全面改善办学条件,充分激发办学活力,在人才培养、科学研究、社会服务、文化传承创新等方面都取得了突出成绩,衡量办学实力的各项指标节节攀升,国际知名度显著提高,为创建世界一流大学事业开创了蓬勃发展的新局面。

一、精心实施"985工程"和"211工程",学科布局更加合理

学科是学校发展的生命线。学校依托并精心组织、严密实施、扎实推进"985工程""211工程"建设,瞄准国际学术前沿,结合国家需求和北大特点,积极调整学科布局,努力提升学科建设水平。

在第二轮全国一级学科评估中,北大37个一级学科参评,有9个排名全国第一,排前5名的一级学科达31个。2012年,教育部开展了第三轮全国一级学科评估,北大取得了优异成绩。根据美国ESI基本科学指标数据库2012年9月公布数据显示,北大有18个学科进入全球前1%,在国内高校中遥遥领先。其中,化学、材料科学、临床医学等3个学科已经进入全球前千分之一;经济学与商学、精神病学与心理学实现了零的突破,是大陆唯一进入全球百分之一的机构。而在2002年,北大只有4个学科进入全球前1%。这表明,北大学科建设整体上进入世界先进行列,部分优势学科达到世界一流水平。

北大着力抓好交叉学科这个未来学科布局和发展的重点,依托基础学科优势,组建了一批新的交叉学科研究机构和重要的公共科研平台,交叉学科布局初具规模,为未来抢占学科前沿打下坚实基础。北大创新机制大胆尝试组建学术特区,先后成立了分子医学研究所、中国社会科学调查中心、北京大学-清华大学生命科学联合研究中心、国际量子材料科学中心等一批新体制机构。目前,这些新体制机构运转良好,已经成为北大吸引全球高端人才、承担国家重大项目、产生高水平科学成果、培养高端创新人才的新学科增长点。

二、教育教学改革不断深化,人才培养质量逐步提高

北大始终将培养中国特色社会主义事业合格建设者和可靠接班人作为学校的核心使命,进一步聚焦人才培养目标,狠抓人才培养质量关不放松。

学校持续深化本科教育教学改革,实施元培计划,成立元培学院,努力开辟适合国情、校情的高素质人才培养之路。自实施教育部质量工程以来,北大已先后获得64项国家级教学成果奖、142项北京市教学成果奖;拥有90门国家级精品课程、87门北京市级精品课程,15位国家教学名师、48位北京市级教学名师,14个国家级教学团队、16个北京市优秀教学团队,37个国家级特色专业、30个北京市级特色专业,8个国家级实验教学示范中心、12个北京市级实验教学示范中心,424种"十一五"国家级规划教材、170种北京市高等教育精品教材。以上指标均在全国高校中名列前茅。

北大大力培育学生的学术素养和创新精神,"本科生科研训练"项目多达400余项,北大学生在国内外学术科研比赛中屡屡夺冠。积极探索创新本科招生模式,近年来稳步实施自主招生、校长实名推荐制等招生改革,生源质量稳步提高。

研究生教育水平稳步提高。积极探索专业学位研究生教育发展的新途径,形成了学术学位与专业学位协调发展的良好态势;积极探索和稳步推进博士生导师遴选制度改革、研究生招生选拔机制改革、研究生培养机制改革,持续推进研究生教育创新计划,探索跨学科研究生培养与交流合作机制,建立了博士生访学制度;不断完善研究生奖助体系。研究生培养质量和创新能力稳步提高,研究生已成为学校科研创新的重要生力军。1999年我国开始评选优秀博士生论文以来,北大累计有90篇论文入选。2010年至今,北大共有120位博士研究生获得教育部、国务院学位委员会设立的博士研究生学术新人奖。

医学教育蓬勃发展,持续推进教育教学一体化改革,不断提高医学生的业务能力、人文素养和综合素质,初步形成了基础医学创新型人才培养模式。

三、主动融入国家科技创新体系,科研实力和竞争力明显增强

近年北大科研经费增长迅速,科研经费占国家基金委财政拨款的比例、占国家科技投入的比例、占高校总科研经费的比例呈现出良好的上升态势,反映出北大科研水平和实力不断提升。

2012年北大获批"973计划"项目7项,国家重大科学研究计划5项,国家自然科学基金委项目710项,创新研究群体2个,国家杰出青年科学基金项目16项(为该基金历年最高纪录)、优秀青年科学基金项目28

项,科技部重大国际科技合作项目6项。近五年北大共承担各类自然科学基金项目2979项,获资助总经费达到19.2亿元。截至2012年北大共有182位科研人员得到国家杰出青年科学基金资助,23个科研团队获得创新研究群体科学基金资助,均居全国首位。2008—2012年,北大有24位教授成为24个"973计划"项目的首席科学家,21位教授成为21个重大科学研究计划项目的首席科学家,承担"973计划"系列项目总数位居全国首位。

2012年,北大科研项目到校经费总额达25亿多元(比五年前增长14亿),其中理工医科科研经费为16.8亿(比五年前增长9.4亿);2012年国家自然科学基金委项目到校经费4.6亿元(比五年前增长2.5亿);"973计划"和重大科学研究计划、"863计划"、支撑计划、实验室专项和国家重大专项到校经费总数达6.76亿元(比五年前增长2.66亿)。截至2012年,北大科研人员为首席科学家主持的"973计划"和重大科学研究计划项目共计70项。

2012年,以北京大学为第一作者或通讯作者发表SCI论文3018篇,平均影响因子3.4,两项数据均比2004年增长近一倍。授权专利从2004年的55项增加到2012年的281项。

近五年,以北京大学为第一完成单位或第一完成人单位获得国家自然科学奖11项、国家技术发明奖2项、国家科学技术进步奖6项。自1978年至今,北大已有36项成果获国家自然科学奖,居全国高校首位,体现出雄厚的基础研究实力和集成创新能力。

人文社会科学科研保持良好势头。继2008年文科科研经费突破亿元大关后,2012年已经接近2亿元。获批国家哲学社会科学基金重大项目、教育部人文社会科学研究重大课题攻关项目在全国高校保持领先水平。1999年至今,北大获教育部高等学校科学研究优秀成果奖(人文社会科学)达198项,居全国高校首位。

四、师资人事制度改革稳步推进,高端人才队伍规模不断扩大

师资结构不断优化,教师规模稳中略升。专任教师中副高以上职称人员所占比例持续上升,年龄结构更趋合理,基本完成教师队伍的新老更替,中青年学者已成为学校教学科研的中坚力量。学缘结构不断优化,实现了教师来源贯通中外的多元化格局。

师资人事制度改革不断深化。学校探索具有北大特色的事业单位全员聘用制度,在一定范围内试行教学科研人员"预聘制",探索试行"讲席教授"和"特聘教授"制度,进一步规范合同制人员用工管理办法。

高端人才队伍规模不断壮大。截至目前,北大共有中国科学院院士63人、中国工程院院士8人、第三世界科学院院士16人、"千人计划"学者62人、长江学者159人、国家杰出青年基金获得者166人、国家级教学名师16人、国家级突出贡献专家51人、教育部新世纪百千万人才工程54人、"973计划"首席科学家37人、"863计划"首席科学家20人、国家自然科学基金委创新研究群体学术带头人21人、教育部跨世纪人才74人、教育部创新团队学术带头人25人、教育部新世纪优秀人才210人,各项指标均在全国高校中名列前茅。北大已经形成了一支总数近500人的高端人才梯队,为全面落实"人才强校"工程打下坚实基础。

近年来,学校不仅面向全球引进了一批具有国际水平的高端拔尖人才,而且通过实施"海外学者讲学/研究计划""海外名家讲学计划"以及"北京大学大学堂顶尖学者讲学计划",邀请了包括乔姆斯基、霍米·巴巴、崔琦、庄小威、弗朗西斯·福山、弗雷德里克·杰姆逊等在内的一大批国际著名教授或学科领域内公认的顶尖学者来校讲学或工作,标志着北大从国际引进高端人才的力度进一步加大,水平进一步提高。

五、服务社会能力不断增强,国内合作进一步拓展

学校积极投身经济建设和社会服务主战场,参与国家重大战略实施和重大政策制定的贡献率不断提升。

服务北京成果丰硕。学校继续与北京市政府共建首都发展研究院,积极支持并融入中关村国家自主创新示范区建设,为人文北京、科技北京、绿色北京建设做出了贡献。

学校先后与全国19个省、市、自治区及新疆生产建设兵团建立正式合作关系。积极参与推进西部大开发、振兴东北老工业基地、促进中部地区崛起、支持东部地区率先发展的进程,与地方政府、大型国有企事业单位形成了良好互信互动,以服务和贡献不断拓展自身发展新空间。

北大全力以赴做好对口支援西部地区高校的工作。2011年被教育部授予"对口支援西部高校工作典型经验集体"荣誉称号,6位老师被评为"对口支援先进个人",积极主动参与学习型社会建设。抓住"中央和国家机关司局级干部自主选学基地"建设契机,对接需求,规范培训,打造品牌,为政府、企业、社会团体等提供高端培训,高端化继续教育发展成效显著,承训总量居全国高校之首;加快网络公开课程建设,参与教育部国家精品视频公开课项目和教育部国家精品资源共享课项目,积极支持学习型社会建设;先后开展了"国子监大讲堂"、平民学校等一批产生良好社会反响的特色项目。

北大积极响应党和国家建设生态文明的号召,自2009年以来每年与全国政协、科技部、环境保护部、住房和城乡建设部、贵州省人民政府共同主办"生态文明贵阳会议",已经成为跨国界、跨领域、跨行业、跨部门的生态文明建设理论探索和经验交流的重要平台。

各附属医院积极为首都乃至全国人民提供优质的医疗服务,年门诊总量1000余万人次,年收治住院病人20余万人次。在服务奥运和抗击汶川、玉树大地震等一系列自然灾害的行动中,北大医护人员都走在前列,发挥先锋和骨干作用,参与国家应急医疗卫生行动的效能不断加强。

六、文化传承与创新走在前列,软实力建设迈出重要步伐

北大秉承"思想自由、兼容并包"的学术传统,以战略思维、世界眼光、精品意识和创新思想,自觉承担文化使命。

学校充分发挥北大马克思主义研究的优良传统和哲学社会科学实力雄厚的优势,深入开展马克思主义理论研究,不断为推进社会主义核心价值体系建设和党的理论创新工程做出新贡献。

学校致力于推动中华传统文化的繁荣复兴和交流传播,加大对文学、历史学、哲学、考古学等人文学科的支持力度,在中华典籍整理、儒藏工程、中华文明探源工程、秦汉简牍的整理与研究等一系列重大领域取得重要成就。北大已连续举办九届"北京论坛",成为推动全球学术文化对话交流的重要平台。先后在8个国家建立9所孔子学院,为增强中华文化国际影响力和推动人类文明进步做出了积极贡献。

近几年北大先后成立儒学研究院、西方古典学中心、艺术学院、歌剧研究院、中国画法研究院、文化产业研究院等一批致力于文化艺术教学研究的机构,产生了一批有广泛影响的文化产品。

北大大力推动校园文化建设与研究。学校系统总结北大百年的文化传承,学习借鉴世界一流大学经验,推进北大标识系统建设和管理,还开展"文明生活,健康成才"主题教育活动,充分发挥文化育人功能,建设北大特色校园文化。

七、狠抓国际交流质量与层次,国际影响力不断提升

北大始终把提升国际合作的水平和层次作为工作重点,积极服务国家外交战略,服务教学科研与人才培养工作。已与世界53个国家和地区的近300所大学建立交流与合作关系。

学校围绕国家教育外事热点以及学科建设的重点,进一步深化与世界一流大学的合作关系,成立多个高层次的研究中心或基地,探索双学位、联合学位等形式丰富的人才培养模式。北大积极参与教育部发起的中美人文交流机制、中英人文交流机制建设,促成中美人文交流研究基地落户北大,并与英国爱丁堡大学合作建设北大英国研究中心。北大"亚洲商业领袖"项目及"国际关系与公共政策"双硕士学位项目入选中日韩三国政府共同发起的"亚洲校园"计划。2012年1月温家宝总理访问沙特期间,北大还与阿卜杜勒·阿齐兹国王公共图书馆签署了建设沙特国王图书馆北京大学分馆的协议。2012年,斯坦福大学在北大设立北京大学斯坦福中心,它成为美国一流大学首次在中国重点大学校园内建造的实体建筑。

北大重视与国际组织和基金会的联系与合作,近年先后建立了北京大学林肯土地政策研究中心、北京大学科维理天文和天体物理研究所、北京大学—IDG/麦戈文脑科学研究所等一批具有国际水准的研究机构。学校积极谋求在国际组织、大学国际联盟中发挥作用,参加由联合国秘书长潘基文发起的联合国文明联盟,参与举办"联合国学术影响力国际研讨会",承办首届东盟与中日韩大学校长论坛,发起成立东盟与中日韩大学联盟。

通过"国家建设高水平大学研究生项目"和"学生海外学习项目"等渠道,学校为北大在校生构建了包括80个常规校级交换项目、35个假期项目在内的海外交流平台,大大丰富了人才国际培养模式。

留学生规模稳步扩大,2012年全校(含医学部)长期留学生达3720人。北大采取设立预科、赴东南亚、中东欧以及北美地区招生等多种措施,不断提高留学生生源质量。通过大力发展英文授课项目,吸引欧美国家优质生源。

积极构建高层次、宽领域的港澳台交流格局,推动海峡两岸大学交流与合作。与台湾大学正式缔结战略合作伙伴关系,实现两岸高等教育史上最大规模的互访,互设办事机构,签署合办双学位项目协议,全面推进两校科研实质合作。港澳交流方面,2012年北大7个项目入选"港大千人计划",是获批项目最多的内地高校。

八、办学条件大幅改善,校园民生工程取得重要进展

北大大力拓展教学科研空间。近年来,以成府园区、中关园南部、未名湖北部、东南门周边、畅春园东北部、医学部西北区域"一园五区"为重点的校园建设改造取得重大进展;昌平园区由成人教育基地成功转型为学校重要的科研基地;收回太平洋大厦,并正在抓紧改造成为教学科研用房。近五年来新增教学科研建筑面积达20余万平方米,极大地缓解了长期以来教学科研用房紧张的状况。

北大加大绿色校园建设力度。积极响应国家号召,使用清洁能源,完成学校煤改气工程。2010年成功争创住建部、教育部"节约型校园示范单位",并获林业部、教育部、共青团中央"国家生态文明教育基地"

称号。

坚持以人为本，狠抓惠及全体师生的民生工程。

一是建立了教职工待遇合理增长机制。学校克服事业发展需求和经费不足的矛盾，下大力气改善教职工生活待遇，在提高个人收入方面做了较大调整。并高度重视离退休人员工作，成立离退休工作部，逐步改善离退休人员的待遇水平。

二是尽最大努力改善教职工住房紧张状况。学校完成了西二旗经济适用房购房、五道口教师住宅置售房工作，大力推进肖家河教师公寓项目。并努力为教职工争取限价商品房，多渠道联系商品房。

三是大力改善师生工作、学习和生活条件。学校投入资金实施全校水电暖设施、学生食堂、宿舍、浴室、校园环境和幼儿园等改造工程，为学生宿舍安装饮水机、空调，推进宿舍楼淋浴间建设，消除安全隐患，提高安全系数和舒适度；加强文化体育设施规划建设，建设奥运体育馆、学生活动中心，以及五四体育中心、二体篮球场修缮改造等，极大地缓解师生文化活动场所紧缺的困难；推进校园信息化建设，无线上网覆盖全校，网络办公系统改造升级，扩大师生电子邮箱空间，增加网络出口带宽，为师生提供高效稳定安全的信息网络环境。

此外，学校克服近年来原材料持续涨价等方面的困难，保持食堂饭菜价格稳定；设立帮扶特殊困难教职工的"爱心基金"；进一步加强校园安全管理，持续推进校园科技创安工程，为师生提供更加安全的环境。

九、筹资融资能力不断增强，财务工作更加严格规范

学校财务工作始终坚持"严格、透明、公平、效益、服务"的方针，以为教学科研服务为宗旨，以不断改善办学条件和提高师生员工生活待遇为落脚点，以深化财务改革、规范财经行为、严格财务管理为抓手，不断加大筹款力度，努力开源节流，有力支撑了学校的正常运转和事业发展。

学校基本形成国家拨款、学校办学收入、产业上交、社会捐赠等多渠道筹措办学经费的格局，近年学校经费收入总量保持稳步增长的趋势。2012年学校总收入比2008年翻了近一番。这主要得益于四个方面：一是国家投入增加，二是学校自筹能力增强，三是校办企业积极反哺学校，四是社会捐赠收入增长明显。需要指出的是，学校经费收入并非全部都可以由校长统筹安排，按照国家对资金使用和管理权限的规定，真正由学校层面统筹使用的资金只有校级经费，占学校总收入的比例不到四分之一。

随着学校事业不断快速发展，校级经费使用长期面临着资金紧张的局面。学校遵循"量入为出，收支平衡"和"一保吃饭、二要运转、三再建设"的原则合理安排支出，持续改善教职工福利待遇和离退休人员生活，完善学生资助体系，支持教学和科研工作，加大基础设施的建设步伐，改善办学条件，保障学校中心工作顺利推进。近年来，学校财政服务民生工程的力度不断加大，其中，为推进肖家河、五道口教师住宅项目这两项民生工程，学校克服困难筹措资金，积极推动项目进展。

学校加强财务管理，不断完善适应学校快速发展的财务管理体制和运行机制。近年来初步建立校系两级预算体制，合理配置财力财权；提高预算编制的科学性和预算执行的严肃性；通过建设成本分担机制，有效控制财务风险；坚持和完善会计人员派驻制，提高院系财务水平；逐步推进公用房有偿使用改革，优化资源配置；加大科研经费监管力度；逐步建立完善国有资产管理平台，加强国有资产清理核查和保值增值工作；多层次公开财务信息，将财务公开与监督落到实处；持续推进财务信息化建设，支撑财务工作规范高效运行。

学校加强财务审计，对学校财务收支及有关经济活动依法实施监督，促进学校资源使用效益不断提高，维护学校合法权益，并有效防范资金资产安全风险。

基本数据

一、总体数据

			其中,医学部
（一）校园面积		2742342 平方米	393529 平方米
		（约 4114 亩）	（约 590 亩）
	其中,绿化用地面积	1118873 平方米	114703 平方米
		（约 1678 亩）	（约 172 亩）
	运动场地面积	126089 平方米	27300 平方米
		（约 189 亩）	（约 41 亩）
（二）校舍建筑面积		2241584 平方米	443002 平方米
		（约 3362 亩）	（约 665 亩）
（三）固定资产总额		829503.12 万元	150174.58 万元
	其中,教学科研仪器设备资产值	332705.41 万元	75650.93 万元
（四）图书馆藏书			
	其中,一般藏书	979.62 万册	57.67 万册
	电子资源	103265.4GB	16939GB
（五）设立奖学金项数		95 项①	11 项
	奖学金总额	2855 万元	190 万元

二、教职工情况（单位：人）

		其中,医学部
（一）教职工数(不包含博士后)	18919②	10809
1. 专任教师数	6441	3855
其中,按职称划分：		
正高级	2122	876
副高级	2170	1160
其中,按学历划分：		
博士学历	4528	2181
其中：		
院士	71③	10
中国科学院院士	63	6
中国工程院院士	8	4
发展中国家科学院院士	17④	
海外高层次人才引进计划（简称"千人计划"）	44	4

---

① 奖学金最高金额为 40000 元,最低金额为 600 元。
② 教职工数包括专任教师、教辅人员、行政人员、工勤人员、科研机构人员、校办企业员工,不包含离退休人员和博士后。
③ 其中人事关系在本校的科学院院士 39 人,工程院院士 7 人,双聘院士 25 人。
④ 2012 年新增 1 人,化学与分子工程学院严纯华院士。

	青年千人计划	43	3
	哲学社会科学资深教授（简称"文科资深教授"）	20	
	"长江学者奖励计划"特聘教授、讲座教授	147①	14
	"973计划"项目首席科学家	52	15
	国家杰出青年基金获得者	168	20
	国家教学名师	16	2
	博士生导师	1199	333
2. 教辅人员数		6992	5321
3. 行政人员数		2712	928
	其中：专兼职辅导员	265	73
4. 工勤人员数		2106	603
5. 科研机构人员数		552	70
6. 校办企业职工数		116	32

（二）其他人员数
　　离退休人员数　　　　　　　　　　　　　　　　10058　　　4856

三、在校学生情况（单位：人）

　　　　　　　　　　　　　　　　　　　　　　　　　　　　　其中，医学部

（一）全日制学生数②		36502	7710
	其中：共产党员	12943	2045
	少数民族	2353	615
	华侨港澳台	500	122
	本科学生	14116	2904
	一年级	3511	644
	二年级	3422	634
	三年级	3334	613
	四年级	3388	596
	五年级	461	417
	硕士研究生	13665	2140
	一年级	5082	796
	二年级	5038	769
	三年级	3545	575
	博士研究生	8134	2079
	一年级	2292	691
	二年级	2028	646
	三年级	1516	335
	四年级	1370	407
	五年级及以上	928	
	专科学生	587	587
（二）成人教育学生数		10384	2356
（三）网络本专科学生数		52954	22917
（四）外国留学生数		3703	424

---

① 其中，讲座教授48人，特聘教授99人。
② 全日制学生包括普通本专科学生、硕士研究生、博士研究生，不包含成人教育学生、网络教育学生及外国留学生（单列）。

其中：博士研究生	281	3
硕士研究生	549	25
本科学生	1618	368
培训	1255	28

（五）普通本专科毕业生一次就业率　　　　98.16%　　95%

四、博士后人数（单位：人）

在站人数	1186	86
累计进站人数	4452	576

五、专业情况（单位：个）

		其中，医学部
本科专业①	120	10
专科专业	2	2
博士点	212	64
硕士点	242	71
国家重点学科（一级）	18	3
国家重点学科（二级）	25	12
国家重点（培育）学科	3	1
省部级重点学科（一级）	5	1
省部级重点学科（二级）	10	6
省部级重点学科（交叉）	2	0
博士后流动站②	40	6
全球前1%的学科（按照美国"基本科学指标数据库"ESI的统计）③	18	6

六、教学科研（单位：个）

		其中，医学部
直属院系④	53	10

---

① 本科专业名录：数学与应用数学、信息与计算科学、统计学、物理学、核物理、天文学、大气科学、核技术、化学、材料化学、应用化学、生物科学（自注：含生物化学）、生物技术、地质学、地球化学、地球物理学、空间科学与技术、地理科学、资源环境与城乡规划管理、地理信息系统、环境科学、生态学、城市规划、心理学、应用心理学、新闻学、广播电视新闻学、广告学、编辑出版学、汉语言文学、汉语言、古典文献、应用语言学、历史学、世界历史、考古学、博物馆学、哲学、逻辑学、宗教学、国际政治、外交学、国际政治经济学、经济学、国际经济与贸易、财政学、金融学、保险、环境资源与发展经济学、金融学、市场营销、会计学、法学、信息管理与信息系统、图书馆学、社会学、社会工作、政治学与行政学、行政管理、公共政策学、城市管理、英语、俄语、德语、法语、西班牙语、阿拉伯语、日语、波斯语、朝鲜语、菲律宾语、梵语巴利语、印度尼西亚语、印地语、缅甸语、蒙古语、泰语、乌尔都语、希伯来语、越南语、广播电视编导、艺术学、电子信息科学与技术、微电子学、计算机科学与技术、智能科学与技术、理论与应用力学、工程结构分析、能源与资源工程、航空航天工程、基础医学（五年）、基础医学（八年）、预防医学（五年）、预防医学（七年）、临床医学（八年）、临床医学（五年）、医学检验（五年）、医学实验学、口腔医学（八年）、口腔医学（五年）、口腔修复工艺学、护理学（五年）、药学、药学（六年）、应用药学、生物医学英语（五年）、软件工程、古生物学、政治学、经济学与哲学（PPE）、环境工程、图书馆学、葡萄牙语、化学生物学、材料科学与工程、生物医学工程、环境科学、外国语言与外国历史。（120个）

② 博士后流动站名录：数学（数学科学学院）、数学（北京国际数学中心）、物理学、化学、生物学、大气科学、天文学、电子科学与技术、信息与通信工程、计算机科学与技术、核科学与技术、地理学、环境科学与工程、地球物理学、地质学、测绘科学与技术、力学、心理学、中国语言文学、历史学、哲学、社会学、外国语言文学、理论经济学、应用经济学、工商管理、法学、公共管理、教育学、政治学、马克思主义理论、图书馆学、情报与档案管理、新闻传播学、艺术学、基础医学、药学、公共卫生与预防医学、临床医学、生物学、口腔医学。（40个）

③ 进入ESI前1%的学科名录：物理、化学、材料科学、工程学、临床医学、数学、地球科学、动物和植物学、生物学与生物化学、环境科学/生态学、社会科学、药学与毒理学、计算机科学、神经科学与行为学、分子生物学与遗传学、精神病学/心理学、经济学/商学、农学。（18个）

④ 直属院系名录（不含深圳研究生院）：数学科学学院、物理学院、化学与分子工程学院、生命科学学院、城市与环境学院、地球与空间科学学院、心理学系、建筑与景观设计学院、信息科学技术学院、工学院、计算机科学技术研究所、软件与微电子学院、环境科学与工程学院、中国语言文学系、历史学系、考古文博学院、哲学系（宗教学系）、外国语学院、艺术学院、对外汉语教育学院、歌剧研究院、国际关系学院、经济学院、光华管理学院、法学院、信息管理系、社会学系、政府管理学院、马克思主义学院、教育学院、新闻与传播学院、人口研究所、国家发展研究院、体育教研部、基础医学院、药学院、公共卫生学院、护理学院、公共教学部、医学网络教育学院、第一医院、人民医院、第三医院、口腔医院、第六医院、元培学院、先进技术研究院、前沿交叉学科研究院、中国社会科学调查中心、分子医学研究所、科维理天文研究所、核科学与技术研究院、北京国际数学研究中心。（53个）

国家实验室(筹)①	1	0
国家重点实验室②	11	1
国家工程实验室③	2	1
国家工程研究中心④	2	0
省部级设置的研究(院、所、中心)、实验室	86	29
定期出版的专业刊物⑤	25	13
附属医院⑥	5+3	5+3

---

① 国家实验室：北京分子科学国家实验室(筹)。(1个)

② 国家重点实验室：人工微结构和介观物理国家重点实验室、湍流与复杂系统研究国家重点实验室、核物理与核技术国家重点实验室、稀土材料化学及应用国家重点实验室、分子动态与稳态结构国家重点实验室(联合)、蛋白质工程及植物基因工程国家重点实验室、生物膜与膜生物工程国家重点实验室(北大分室)、天然药物及仿生药物国家重点实验室、环境模拟与污染控制国家重点实验室(北大分室)、区域光纤通信网与新型光纤通信系统国家重点实验室(北大实验区)、微米/纳米加工技术国家级重点实验室(北大分室)。(11个)

③ 国家工程实验室：数字视频编码技术国家工程实验室、口腔数字化医疗技术和材料国家工程实验室。(2个)

④ 国家工程研究中心：电子出版新技术国家工程研究中心、软件工程国家工程研究中心。(2个)

⑤ 定期出版的专业刊物：《北京大学学报(自然科学版)》《物理化学学报》《大学化学》《数学进展》《北京大学学报(医学版)》《中国生育健康杂志》《医院管理论坛》《中国药物依赖性杂志》《中国疼痛医学杂志》《中国新生儿科杂志》《中国微创外科杂志》《中国斜视与小儿眼科杂志》《中国介入心脏病学杂志》《中国妇产科临床杂志》《中国糖尿病杂志》《中国生物化学与分子生物学报》《生理科学进展》《北京大学学报(哲学社会科学版)》《中外法学》《经济科学》《国外文学》《国际政治》《大学图书馆学报》《人口与发展》《北京大学教育评论》。(25种)

⑥ 附属医院：北京大学第一医院、北京大学人民医院、北京大学第三医院、北京大学口腔医院、北京大学第六医院、北京大学肿瘤医院、北京大学首钢医院、北京大学深圳医院。(5+3个)

机构与干部

校领导机构组成名单

党委书记	朱善璐
党委常务副书记	张　彦
党委副书记	杨　河(2012年6月免)　于鸿君　敖英芳　叶静漪(2012年6月任)
党委常委	朱善璐　周其凤　张　彦　吴志攀　柯　杨　王恩哥　杨　河(2012年6月免)　于鸿君　敖英芳　叶静漪(2012年6月任)　鞠传进　刘　伟　李岩松　高　松(2012年6月任)
校　长	周其凤
常务副校长	吴志攀　柯　杨　王恩哥(2012年6月任)
副校长	鞠传进　海　闻　刘　伟　李岩松　王恩哥(2012年6月免)　张　彦(兼)
纪委书记	于鸿君(兼)
校长助理	史守旭(2012年9月免)　张维迎(2012年9月免)　李晓明　朱　星(2012年9月免)　马大龙(2012年9月免)　李　强　张宝岭　邓　娅　程　旭　黄桂田　马化祥　孙　丽(2012年9月任)　陈宝剑(2012年9月任)
纪委常务副书记	叶静漪(2012年6月免)
纪委副书记	孔凡红　周有光　龚文东
秘书长	杨开忠
副秘书长	赵为民　李　鹰　韩　流　张晓黎　白志强(2012年11月任)
教务长	王恩哥(兼)
副教务长	吴宝科　关海庭　李晓明(兼)　王　宪　王仰麟　生玉海
总务长	鞠传进(兼)
副总务长	张宝岭　赵桂莲　杨仲昭　崔芳菊
总会计师	闫　敏

医学部负责人名单

医学部主任	韩启德
医学部常务副主任	柯　杨
医学部党委书记	敖英芳
医学部副主任	李　鹰　闫　敏　方伟岗　姜保国　段丽萍　宝海荣　王　宪
医学部党委副书记	李文胜　顾　芸　孔凡红
医学部纪委书记	孔凡红
医学部主任助理	戴谷音　王维民　吴　明

学术委员会名单

主　　　任　周其凤
副　主　任　朱善璐　吴志攀　柯　杨
委　　　员　（以姓氏笔画为序）
　　　　　　丁　洁　马　戎　王诗宬　王恩哥　王缉思　方伟岗　方　竞　甘子钊　厉以宁　叶　朗
　　　　　　申　丹　朱苏力　朱作言　刘　伟　许智宏　李晓明　杨芙清　杨　河　肖瑞平　吴树青
　　　　　　佘振苏　闵维方　张礼和　张恭庆　陈佳洱　欧阳颀　周力平　赵光达　赵新生　饶　毅
　　　　　　袁行霈　高　松　郭应禄　郭　岩　阎步克　童庆禧　童坦君

专业技术职务评审委员会名单

主　　　任　周其凤
副　主　任　朱善璐　吴志攀　柯　杨
委　　　员　（以姓氏笔画为序）
　　　　　　于鸿君　王恩哥　朱　强　刘　伟　刘克新　刘　波　闫　敏　许崇任　李月东　李晓明
　　　　　　杨　河　吴慰慈　闵维方　迟惠生　张宏印　张新祥　陆正飞　林久祥　温儒敏　鞠传进

学位评定委员会名单

主　　　　　席　周其凤
常务副主席　王恩哥
副　　主　　席　柯　杨　刘　伟　陈十一
委　　　　　员　吴志攀　海　闻　袁行霈　甘子钊　厉以宁　杨芙清　文　兰　涂传诒　张传茂　彭练矛
　　　　　　　　尚新建　王邦维　钱乘旦　李　强　王　宪　段丽萍　徐　韬　张礼和　胡永华　王仰麟

医学部

主　　席　韩启德
副　主　席　柯　杨
委　　员　方伟岗　王　宪　段丽萍　庄　辉　万　有　周春燕　张礼和　胡永华　郝卫东　洪　炜
　　　　　刘玉村　王海燕　郭应禄　王　杉　陈　红　王　薇　刘忠军　傅民魁　徐　韬　季加孚
　　　　　沈　琳　王玉凤　刘俊义

学部学术委员会名单

理学部学术委员会

主　　　任	甘子钊	
副　主　任	姜伯驹　赵新生	
委　　　员	（以姓氏笔画为序）	

王学军　文　兰　方精云　朱作言　刘晓为　严纯华　李晓明　来鲁华　吴志攀　张传茂
陈运泰　陈佳洱　欧阳颀　赵光达　郝守刚　耿　直　顾红雅　席振峰　韩世辉　童庆禧

信息与工程科学部学术委员会

主　　　任	杨芙清
副　主　任	黄　琳　王子宇
委　　　员	（以姓氏笔画为序）

王阳元　王建祥　王恩哥　朱　彤　朱　星　汤　帜　何新贵　张东晓　查红彬　倪晋仁
彭练矛　程　旭

人文学部学术委员会

主　　　任	袁行霈
副　主　任	申丹　叶朗
委　　　员	（以姓氏笔画为序）

丁　宁　丁宏为　王邦维　王仰麟　王　希　孙　华　严绍璗　沈　阳　赵敦华　荣新江
胡　军　秦海鹰　阎步克　梁敏和　彭广陆　韩水法

社会科学学部学术委员会

主　　　任	厉以宁
副　主　任	雎国余　陈兴良
委　　　员	（以姓氏笔画为序）

丁小浩　王子舟　牛　军　平新乔　叶自成　朱善利　刘世定　关海庭　李翔海　李　强
吴树青　张国庆　姜明安　姚　洋　董进霞　程曼丽

医学部学术委员会

名誉主任委员	韩启德
顾问委员	（以姓氏笔画为序）

王志珍　王志新　王　夔　庄　辉　沈渔邨　陆道培　陈慰峰　秦伯益　郭应禄　韩济生
童坦君　强伯勤

主任委员	柯　杨
委　　员	（以姓氏笔画排序）：

丁　洁　万远廉　马大龙　王　宪　王海燕　王培玉　方伟岗　卢　炜　刘忠军　李若瑜

李萍萍　张大庆　张礼和　张　岱　陈贵安　林三仁　林东昕　尚永丰　柯　杨　俞光岩
敖英芳　顾　江　高学军　郭　岩　郭继鸿　黄晓军　黎晓新　魏丽惠

第六届教职工代表大会执行委员会委员名单

主任委员　孙丽
副主任委员　鞠传进　敖英芳
委员　（以姓氏笔画为序）：
王春虎　王　蓉　王　磊　王　燕　孔庆东　史录文
关海庭　孙　丽　张大成　张国有　张宝岭　岳素兰
胡　坚　敖英芳　鲁安怀　廖秦平　鞠传进

各院、系、所、中心负责人名单

数学科学学院	党委书记	刘化荣
	院长	王长平
工学院	党委书记	谭文长
	院长	陈十一
物理学院	党委书记	陈晓林
	院长	谢心澄
信息科学技术学院	党委书记	魏中鹏
	院长	梅　宏
化学与分子工程学院	党委书记	刘虎威
	院长	吴　凯
生命科学学院	党委书记	柴　真
	院长	饶　毅
	常务副院长	赵进东
地球与空间科学学院	党委书记	宋振清
	院长	潘　懋
城市与环境学院	党委书记	莫多闻（2012年4月免）
		刘耕年（2012年4月任）
	院长	陶　澍
环境科学与工程学院	党委书记	胡建信
	院长	张远航（2012年10月免）
		朱　彤（2012年10月任）
心理学系	党委书记	吴艳红
	主任	周晓林
计算机科学技术研究所	直属党支部书记	叶志远
	所长	肖建国
建筑与景观设计学院	院长	俞孔坚

软件与微电子学院	党委书记	白志强
	院长	张 兴
	常务副院长	徐雅文
中国语言文学系	党委书记	蒋朗朗
	主任	陈平原（2012年8月免）
		陈跃红（2012年8月任）
历史学系	党委书记	高 毅
	主任	高 毅
考古文博学院	党委书记	宋向光
	院长	赵 辉
哲学系（宗教学系）	党委书记	尚新建
	主任	王 博
经济学院	党委书记	章 政
	院长	孙祁祥
人口研究所	所长	郑晓瑛
光华管理学院	党委书记	冒大卫
	院长	蔡洪滨
国际关系学院	党委书记	李寒梅
	院长	王缉思
政府管理学院	党委书记	周志忍
	院长	罗豪才
	常务副院长	傅 军
法学院	党委书记	潘剑锋
	院长	张守文
信息管理系	党委书记	王继民
	主任	王余光
社会学系	党委书记	张庆东（2012年3月免）
		查 晶（2012年3月任）
	主任	谢立中
新闻与传播学院	党委书记	冯支越
	院长	邵华泽
	常务副院长	徐 泓
马克思主义学院	党委书记	孙熙国
	院长	郭建宁
艺术学院	党总支书记	邹 惠
	院长	王一川
外国语学院	党委书记	宁 琦
	院长	程朝翔
教育学院	党委书记	陈晓宇
	院长	文东茅
对外汉语教育学院	党委书记	王海峰
	院长	张 英
国家发展研究院	院长	周其仁（2012年11月免）
		姚 洋（2012年11月任）
	常务副院长	巫和懋（2012年11月免）

歌剧研究院	院长	金 曼
元培计划管理委员会	党总支书记	查 晶
元培学院	院长	许崇任
成人教育学院	院长	李国斌（兼）
网络教育学院	院长	侯建军
分子医学研究所	所长	肖瑞平
科维理天文与天体物理研究所	代理所长	刘晓为
北京国际数学研究中心	主任	田 刚
软件工程国家工程研究中心	主任	梅 宏

医学部

基础医学院	党委书记	朱卫国
	院长	尹玉新
药学院	党委书记	徐 萍
	院长	刘俊义
公共卫生学院	党委书记	郝卫东
	院长	孟庆跃
护理学院	党委书记	尚少梅
	院长	郭桂芳
网络教育学院	院长	高澍苹
公共教学部	党委书记	王 玥
	院长	张大庆
第一医院	党委书记	刘新民
	院长	刘玉村
人民医院	党委书记	陈 红
	院长	王 杉
第三医院	党委书记	贺 蓓
	院长	陈仲强（2012年4月免）
		乔杰（2012年5月任）
口腔医院	党委书记	李铁军
	院长	徐 涛
肿瘤医院	党委书记	朱 军
	院长	季加孚
第六医院	党委书记	黄悦勤（2012年9月免）
		王向群（2012年10月任）
	院长	于 欣

校机关各部门、工会、团委负责人名单

党委办公室校长办公室	主任	马化祥
	常务副主任	衣学磊
国内合作委员会办公室	主任	雷 虹

督查室	主任	王天兵
发展规划部	部长	杨开忠(兼)
	常务副部长	薛　领
监察室	主任	周有光(兼)
党委组织部	部长	郭　海
党委宣传部	部长	夏文斌(2012年3月免)
		蒋朗朗(2012年3月任)
党委统战部	部长	张晓黎
保卫部	部长	安国江
保密委员会办公室	主任	刘旭东
学生工作部、人民武装部	部长	马化祥(2012年3月免)
		张庆东(2012年3月任)
教务部	部长	方新贵
科学研究部	部长	周　辉
"211工程"办公室	主任	李晓明(兼)
社会科学部	部长	李　强
	常务副部长	萧　群
研究生院	院长	陈十一
	常务副院长	王仰麟(兼)
继续教育部	部长	侯建军
	常务副院长	张　虹
人事部	部长	刘　波
	常务副部长	蒋宗凤(2012年10月免)
离退休工作部	部长	蒋宗凤(2012年10月免)
		马春英(2012年10月任)
财务部	部长	闫　敏(兼)
	常务副部长	权忠鄂
国际合作部	部长	夏红卫
总务部	部长	张西峰
房地产管理部	部长	陈宝剑
实验室与设备管理部	部长	张新祥
基建工程部	部长	莫元彬
审计室	主任	王　雷
校办产业管理委员会办公室	主任	黄桂田(兼)
产业技术研究院/科技开发部	院长/部长	陈东敏
	常务副院长/常务副部长	姚卫浩(2012年7月任)
信息化建设与管理办公室	主任	柳军飞
工会	主席	孙　丽
	常务副主席	王春虎
团委	书记	吕晨飞(2012年3月免)
		阮　草(2012年3月任)
校友工作办公室	主任	李宇宁
机关党委	书记	刘力平
后勤党委	书记	姜晓刚
校办产业党工委	书记	孟庆焱

医学部

党委办公室、主任办公室	主任	肖　渊
纪委办公室、监察室	主任	范春梅
党委组织部	部长	戴谷音
党委宣传部	部长	姜　辉
党委统战部	部长	王军为
教育处	处长	王维民
学生工作部	常务副部长	李　红
人事处	处长	朱树梅
科研处	处长	沈如群
国际合作处	处长	孙秋丹
医院管理处	处长	张　俊
继续教育处	处长	孟昭群（2012年3月退休）
保卫处	处长	赵成知
实验室与设备管理处	处长	王京宇
审计室	主任	张　明

直属、附属单位负责人名单

直属单位党总支	书记	束鸿俊（兼）（2012年12月免）
直属单位党委	书记	束鸿俊（兼）（2012年12月任）
体育教研部	直属党支部书记	张　锐
	主任	郝光安
计算中心	主任	张　蓓
图书馆	党委书记	高倬贤（2012年10月免）
		萧　群（2012年10月任）
	馆长	朱　强
现代教育技术中心	主任	汪　琼
档案馆、校史馆	馆长	马建钧
出版社	党委书记	金娟萍
	社长	王明舟
	总编辑	张黎明
校医院	党委书记	王秋生
	院长	张宏印
燕园街道党工委	书记	李贡民（兼）（2012年10月免）
		严敏杰（2012年10月任）
燕园街道办事处	主任	李贡民
附属中学	党委书记	生玉海
	校长	王　铮
附属小学	直属党支部书记	尹　超（兼）
	校长	尹　超

首都发展研究院	院长	李国平
先进技术研究院	院长	程　旭（兼）
	常务副院长	白树林（兼）
深圳研究生院	党委书记	栾胜基（2012年10月免）
		白志强（2012年10月任）
	院长	海　闻（兼）
	常务副院长	史守旭（兼）
昌平校区管理办公室	主任	白树林
	常务副主任	卢永祥
教育基金会	秘书长	邓　娅
会议中心	主任	范　强
餐饮中心	主任	崔芳菊（兼）（2012年12月免）
		王建华（2012年12月任）
动力中心	主任	李　钟（2012年12月任）
公寓服务中心	主任	姜晓刚（兼）（2012年12月任）
校园服务中心	主任	张丽娜（2012年12月任）
燕园社区服务中心	主任	张鸿奎
特殊用房管理中心	主任	赵桂莲（兼）

医学部

图书馆	馆长	张大庆
信息通讯中心	主任	种连荣
医药卫生分析中心	主任	王京宇
出版社	社长	陆银道（2012年8月免）
		王凤廷（2012年8月任）
学报（医学版）编辑部	主任	曾桂芳
生育健康研究所[①]	所长	任爱国
医学教育研究所	所长	王　宪
中国药物依赖性研究所	所长	陆　林
实验动物科学部	主任	郑振辉
心血管研究所	所长	韩启德
	共同所长	张幼怡
北京大学中国卫生发展研究中心	常务副主任	孟庆跃
北京大学医学信息学中心	主任	赵乐平

各民主党派和归国华侨联合会负责人名单

中国国民党革命委员会北京大学支部委员会	主任委员	吴泰然
	副主任委员	关　平
中国民主同盟北京大学委员会	主任委员	鲁安怀

---

① 2012年3月1日起，生育健康研究所不再作为医学部直属单位，并入北京大学公共卫生学院管理。

	副主任委员	沈正华　刘　力　陈晓明　李　玮　宋春伟
中国民主建国会北京大学委员会	主任委员	陈效逑
	副主任委员	李　虹（2012年10月任）
		陈少峰（2012年10月任）
中国民主促进会北京大学委员会	主任委员	张颐武
	副主任委员	佟　新　刘凯欣　肖鸣政
中国农工民主党北京大学支部委员会	主任委员	刘富坤
	副主任委员	陆　地（2012年1月任）
		陈变珍（2012年1月任）
中国致公党北京大学支部委员会	主任委员	唐晓峰
	副主任委员	王若鹏
九三学社北京大学委员会	主任委员	沈兴海
	副主任委员	种连荣（常务）　夏壁灿　郭召杰　徐爱国
北京大学归国华侨联合会	主席	周力平
	副主席	龚旗煌　曲振卿

医学部

中国国民党革命委员会北大医院支部	主任委员	涂　平
	副主任委员	干汝起
中国民主同盟北京大学医学部委员会	主任委员	季加孚
	副主任委员	卫　燕　晋长伟　杨晓达
中国农工民主党北京大学委员会	主任委员	顾　晋
	副主任委员	刘富坤　李　东　金燕志　王　豪
中国致公党北京大学医学部支部	主任委员	陈仲强
中国致公党北大医院支部	主任委员	胡　晓
	副主任委员	周常青
九三学社北京大学第二委员会	主任委员	吴　明
	副主任委员	陈　新　屠鹏飞　昌晓红　阙呈立　崔　涛
		李子健
北京大学医学部归国华侨联合会	主席	朱卫国
	副主席	黄河清　谢秋菲　王培玉

· 院 系 情 况 ·

数学科学学院

【概况】 1913年北京大学设立数学门,成为我国现代第一个数学系科。1919年改称数学系。1952年中国高校院系调整后成立数学力学系。1969年力学专业迁往陕西汉中,后独立成力学系。1985年概率统计专业独立成概率统计系。1995年在数学系和概率统计系的基础上成立了北京大学数学科学学院,简称数学学院。

数学科学学院现设有5个系:数学系、概率统计系、科学与工程计算系、信息科学系、金融数学系。

北京大学数学研究所是原国家教委批准成立的研究单位,是数学科学学院体制创新的标志。

北京大学数理统计研究所与概率统计系结合在一起,实行系所合一的体制。

北京大学"数学与应用数学(教育部)重点实验室"、教育部的"高校数学研究与高等人才培养中心"、北京数学会、北京计算数学学会挂靠在数学科学学院。

数学科学学院还编辑出版《数学进展》《分析中的理论及其应用》(英文版)等全国性学术刊物。

【学科建设与教学】 数学科学学院现有2个一级学科:数学、统计学。3个本科专业:数学与应用数学、统计学、信息与计算科学。4个博士专业:基础数学、应用数学、计算数学、概率统计,4个博士专业都设有博士后流动站并全部被评为重点学科。

2012年数学科学学院招收本科生180人,硕士研究生97人,博士研究生64人。本科毕业生141人,硕士毕业生63人,博士毕业生42人。2012年春季在校学生1048人,其中:本科生643人,硕士研究生199人,博士研究生206人;进修教师15人。秋季在校生1155人,其中:本科生694人,硕士研究生233人,博士研究生228人;进修教师11人。

2012年春季开设研究生课程45门,讨论班50个,本科生课程71门,外院系高等数学课23门;秋季开设研究生课程52门,讨论班48个,本科生课程74门,外院系高等数学课31门。

【科研及学术交流】 2012年数学科学学院在研项目共计115项,结题项目21项,新获准项目28项。

在研项目包括:"973计划"项目7项,国家自然科学基金61项,博士点基金16项,人才专项基金8项,教育部重大重点基金1项,其他部门专项6项,企事业委托项目1项,行业专项8项,科技开发项目7项。

表6-1 2012年数学科学学院获准科研项目一览

项目批准号	负责人	经费(万元)	项目类型	项目名称	研究期限
11222105	王嵬	100	优秀青年基金	辛几何与非线性分析	2013—2015
11222114	李铁军	100	优秀青年基金	随机模型及算法	2013—2015
11231001	文兰	240	重点项目	微分动力系统	2013—2017
11271022	朱小华	56	面上项目	复几何中的典则度量和Ricci流	2013—2016
11271023	王保祥	56	面上项目	频率空间的分解,现代函数空间和色散型非线性方程	2013—2016
11271024	唐林	50	面上项目	与薛定鄂算子和多线性算子相关问题	2013—2016
11271025	蒋美跃	42	面上项目	有界变差函数空间中的几个变分问题	2013—2016
11271026	杨家忠	56	面上项目	常微分方程中的几个经典问题	2013—2016
11271027	李承治	60	面上项目	关于弱化希尔伯特第十六问题的研究	2013—2016
11271028	范辉军	50	面上项目	拓扑场理论与镜像对称	2013—2016
11271029	蒋达权	60	面上项目	马氏过程动态行为研究及应用	2013—2016
11271030	任艳霞	60	面上项目	测度值马氏过程及相关非线性方程性质研究	2013—2016
11271032	艾明要	50	面上项目	计算机试验的最新设计与建模理论研究	2013—2016
11271033	杨静平	60	面上项目	金融和保险中的copula理论及其应用研究	2013—2016

续表

项目批准号	负责人	经费(万元)	项目类型	项目名称	研究期限
11271034	夏壁灿	50	面上项目	半代数系统的高效求解算法及其在不等式机器证明中的应用	2013—2016
11271035	胡 俊	50	面上项目	非线性 Kohn—Sham 方程可靠性高精度数值方法的研究	2013—2016
21274005	张平文	76	面上项目	嵌段共聚物体系准晶结构的高效算法与模拟	2013—2016
61202069	孙 猛	23	青年基金项目	基于 Reo 的协调理论及其在信息物理系统开发方法中的应用	2013—2016
61272160	裴宗燕	80	面上项目	面向对象程序的分离逻辑理论基础	2013—2016
61272499	徐茂智	80	面上项目	椭圆曲线密码的计算与分析研究	2013—2016
J1210019	柳 彬	200	国家基础科学人才培养基金	北京大学数学基地人才培养支撑条件建设	2013—2016
20120001110051	刘小博	12	博士点基金	辛几何不变量与数学物理	2013—2015
20120001110057	张继平	12	博士点基金	有限群的表示论与融合系	2013—2015
20120001110058	杨家忠	12	博士点基金	常微分方程定性理论与分岔问题的研究	2013—2015
20120001110059	刘和平	12	博士点基金	西格尔型群上的调和分析	2013—2015
20120001110060	范辉军	12	博士点基金	二维拓扑场理论与镜像对称	2013—2015
20120001120098	王家军	4	博士点基金	三维流形的福勒结构及应用	2013—2015
20120001120103	孙 猛	4	博士点基金	基于 Reo 的实时及混成连接件建模与验证方法	2013—2015

论文著作情况：2012年，数学科学学院发表论文252篇，其中SCI论文210篇，教材及编著图书6本。

学术交流情况：为加强学科建设，活跃学术气氛，学院采用"请进来、走出去"的办法加强学术交流。2012年，数学科学学院接待计划内专家来访共41人，主请国外短期讲学专家14人，顺请外籍学者37人。"海外学者研究计划"7人，"海外学者讲学计划"110人。教师出国出境84人次（含港澳台地区），其中：长期访问、讲学、合作研究、进修4人次，短期访问、讲学、合作研究、研讨会等34人次，参加国际学术会议46人次。

【教学科研获奖项目】

表6-2　2012年数学科学学院获奖情况一览表

获奖人	获奖名称
柳 彬	北京市教学名师
丁伟岳	何梁何利科技进步奖
陈大岳	北京市师德先进个人
张恭庆	国华杰出学者奖
何洋波	正大奖教金
夏壁灿	方正奖教金优秀教师奖
徐树方	方正奖教金优秀教师奖
宋春伟	黄廷方/信和青年杰出学者奖
李 忠	普通高等教育精品教材
张平文	北京市优秀博士学位论文指导教师
孙文祥	北京大学优秀博士学位论文指导教师
马尽文	北京大学优秀博士学位论文指导教师
郑志明	北京大学优秀博士学位论文指导教师
刘培东	北京大学教学优秀奖
宋春伟	北京大学教学优秀奖
艾明要	北京大学宝洁奖教金
马 翔	第十一届青年教师教学基本功比赛二等奖

【队伍建设】 2012年,新聘教员4人,截至年底全院在职教职员工125人。其中,教师106人:特聘研究员4人,副研究员1人,教授60人,副教授32人,讲师9人。

教辅行政人员19人:馆员2人,助理馆员1人,编辑2人,高级工程师3人,高级实验师1人,研究员1人,助理研究员7人,讲师2人。

离退休总人数91人。

【党建工作】 1.党风廉政建设。数学科学学院在推进廉政风险防范管理工作中,坚持党委统一领导,党政齐抓共管,党员发挥先锋模范作用,广大师生支持参与。坚持推进廉政风险防范管理工作与日常工作相结合,围绕并服务于学院科学研究和人才培养的中心任务。通过推进廉政风险防范管理工作,促进学院稳定、和谐、健康发展。

2.党员活动。学院党委组织全体党员以党支部为单位,学习北京大学第十二次党代会工作报告,结合数学科学学院实际对党代会精神进行座谈讨论,通过学习深刻领会北京大学"三个发展阶段""三次跨越式发展"的定位和"使命自觉、创建自信、差距自省、奋斗自强"的精神。党员以党支部为单位认真学习领会党的十八大精神,使广大党员明确了在今后前进的征程上,要举什么旗,走什么路。就是要高举中国特色社会主义伟大旗帜,坚定不移沿着中国特色社会主义道路前进。

3.党建基本情况。2012年9月至10月期间,学院17个教工和学生党支部顺利进行了换届工作。11月1日,学院党委接待了北京高校《党建基本标准》检查组专家的检查。

学院党委讨论批准预备党员转正41人;审批新发展预备党员25人。2012年,计算数学信息科学党支部被评为北京大学先进党支部,范后宏、杨静平、董子静、周玄同等四人被评为北京大学优秀共产党员。

【学生工作】 1.获奖情况。董子静获评北京高校优秀辅导员、北京大学优秀德育奖;李博获评北京大学优秀班主任一等奖;卢存宣、李东风2位老师获评北京大学优秀班主任二等奖;李铁军、戴波、安金鹏3位老师获评北京大学优秀班主任三等奖。张瑞祥获北京大学第八届"学生五·四奖章"。2011级硕士生班、2011级博士生班、2011级本科生4班被评为北京大学先进学风班。

大学生数学竞赛团队、数学建模竞赛团队被评为北京大学学术创新团队。

8人被评为北京大学三好学生标兵;3人获北京大学创新奖;64人被评为北京大学三好学生;2人被评为北京大学优秀学生干部;38人获北京大学学习优秀奖;28人获北京大学社会工作奖。共有176人获评学校或学院奖学金,总奖励金额55万余元。

在暑期社会实践中,数学科学学院团委获优秀组织奖;张树义获优秀指导教师奖。此外,获优秀团队奖1项,先进团队奖2项,优秀实践个人奖4项,先进实践个人奖2项,优秀调研项目奖1项。

在第三届全国大学生数学竞赛中,获7项全国一等奖,1项全国二等。

2.资助学生情况。获得资助的经济困难本科生59人,资助总额60.3万元;获得资助的经济困难研究生7人,资助总额3万元。

物理学院

【概况】 中国物理学本科教育始于1913年在北京大学设立的物理学门。1919年更名为物理系。2001年5月,物理系、技术物理系核物理专业、重离子物理研究所、地球物理系的大气物理与气象专业、天文系等合并成立物理学院。为加强学科建设,2006年在聚变等离子体物理、空间与天体等离子体物理和计算等离子体物理方面逐渐形成了结合理论研究、数值模拟、实验诊断和人才培养为一体的研究队伍,并于2009年正式成立等离子体物理与聚变研究所。2009年12月,依托物理学院成立了北京大学国际量子材料科学中心。2010年4月,为加强在海—气相互作用以及全球气候变化研究中的研究力量,北京大学决定创建海洋科学教育平台,在物理学院原大气科学系的基础上,增设物理海洋专业,并将大气科学系更名为大气与海洋科学系,同时成立气候与海—气实验室。

物理学院下设2个教学实体单位(基础物理教学中心、基础物理实验教学中心),8个研究系所(理论物理研究所、凝聚态物理与材料物理研究所、现代光学研究所、重离子物理研究所、等离子体物理与聚变研究所、技术物理系、天文学系、大气与海洋科学系),同时依托物理学院建立了人工微结构和介观物理国家重点实验室、核物理与核技术国家重点实验室、医学物理北京市重点实验室、李政道高能物理研究中心、国际量子材料科学中心、科维理天文与天体物理研究所等多个科研机构,研究方向涵盖了物理科学及其相关的主要领域,并建有北京大学电子显微镜专业实验室。

物理学院现有物理学、核物理、大气科学3个国家理科基础研究和教学人才培养基地,物理学、大气科学、天文学、核科学与技术4个一级学科博士点及博士后流动站。现有师资队伍170余人,包括15位中国科学院院士(含7位双聘院士)、6位国家"千人计划"讲席教授、15位"长江学者奖励计划"特聘教授和讲座教授、22位国家杰出青年基金获得者、2位国家级教学名师奖获得者、3位北京市教学名师奖获得者。还拥有3个基金委创新研究群体、1个国家级优秀教学团队。

【年度纪事】 2012年6月10日,建筑面积为2万多平方米的物理西楼建设工程正式开工。

2012年8月1日,北京大学、清华大学和中国科学院物理研究所("两校一所")联合举行"量子物质科学协同创新中心"培育启动仪式。

2012年8月12日,北京师范大学、北京大学、清华大学和中国科学院大气物理研究所、遥感应用研究所、生态环境研究中心举行"全球变化与可持续发展协同创新中心"培育启动仪式。

刘式适课题组,"飞秒光物理和介观光学"研究群体发表的论文获中国物理学会"最有影响论文奖"一等奖。

刘晓为当选为国际天文学联合会副主席。

孟杰当选为"美国物理学会会士"。

龚旗煌课题组研究成果入选"2012年度中国高等学校十大科技进展"。

基础物理实验教学中心的"非线性热对流斑图实验仪"获全国高校物理实验仪器评比一等奖。

刘富坤等关于"超大质量双黑洞与吸积盘相互作用的理论预言得到射电观测证实"被评选为中国2011年度十大天文科技进展。

物理学院徐仁新、胡小永和王新强获国家杰出青年科学基金。

2012年以北京大学为第一单位共计发表PRL论文12篇、Nano Lett.论文5篇、Adv. Mat.论文2篇、Nature子刊论文2篇。

2012年物理学院到校科研经费约20088亿元。

2012年获批3项"973计划"项目和国家重大科学研究计划项目,1项青年"973计划"项目,1项科技部国家重大科学仪器设备开发专项。

【学科建设与科研工作】

1. 人事情况。2012年,由国内外引进教职工16人。其中,青年千人6人,入选千人计划(B)1人,百人计划7人,其他2人。

校外调入1人,博士后出站留校1人。选留应届毕业生6人。

傅宗玫、吴孝松、肖云峰和王健等4人获基金委优秀青年科学基金,彭良友、廖志敏入选教育部新世纪人才计划。

晋升教授2人,副教授4人,教授级高级工程师2人,高级工程师2人,副研究员1人,工程师3人,助理研究员4人,讲师1人。

3位百人计划研究员中期考核优良,全部续聘。

招收博士后33位,22位博士后出站;现在站博士后52人。

10名教职工获得2012年度奖教金。

2. 科研工作。2012年发表SCI论文约400篇,其中,施均仁、曹庆宏发表2篇,江华、刘运全、徐莉梅、欧阳颀发表2篇,吴成印、赵光达、许甫荣、马中水等领导的课题组分别在PRL上发表论文共12篇。

2012年申请国家发明专利36项,获专利授权20项。

2012年在研项目338项:主持科技部"973计划"和国家重大科学研究计划项目3项、课题33项,"863项目"6项,支撑计划、专项及国际合作项目5项。主持基金委杰出青年基金、海外合作基金和创新群体基金12项、重大重点基金12项、重大研究计划项目6项、人才及专项12项、面上及青年基金129项。负责教育部创新团队1项、新世纪优秀人才4项,博士点基金及新教师基金28项,留学回国等专项4项,北京市科技项目2项,海外获外企项目5项,其他协作委托及开发项目79项。

叶沿林、龚旗煌和吴飙分别担任国家"973计划"项目和重大研究计划项目首席科学家,王健担任青年"973计划"首席。叶沿林、龚旗煌、吴飙、王健、戴伦、李焱、刘运全、秦国刚、张国义、薛惠文、张庆红担任"973计划"项目课题负责人;颜学庆获科技部国家重大科学仪器设备开发专项。获批国家自然科学基金资助47项,俞大鹏、许甫荣、薛建明获批重点基金,高家红获批仪器专项。任泽峰获批北京市自然科学基金重点项目。获教育部博士点基金资助6项。

谢心澄应邀将于2013年至2015年出任《物理评论快报》(PRL)编委。

3. 校友、对外交流与筹资工作。2012年度外专项目经费拨款总计665867.74元,支出总计678945.63元。全年通过"海外学者讲学计划"邀请外籍专家70名,使用经费276250.99元;"海外学者访问研究计划"邀请专家5名,使用经费189616.75元。

台湾大学理学院院长张庆瑞教授率团访问物理学院,签署《北京大学物理学院与台湾大学理学院学术交流合作协议书》,双方就2013年科研教学合作研讨会、联合暑期学校和学生交换等项目达成具体共识。

学院先后接待来自美国、加拿大、荷兰、以色列、意大利、巴西和韩国的学术访问。

2012年承办国际/港澳台会议4次。

学院举办"北大百年物理讲

坛"第五讲和第六讲。先后邀请美国纽约州立大学布法罗分校杰出教授 Paras N. Prasad 博士和俄罗斯科学院院士、超重元素合成先驱者、国际著名物理学家 Yuri Oganessian 教授做专题报告。

学院还举办了春秋两次"格致"青年学者论坛。并召开北京大学人工微结构和介观物理国家重点实验室20周年庆典暨2012年学术委员会会议。

2012年,学院共收到校友和社会捐赠62.29万元,获配比基金62万元。设立沈克琦物理教育基金等四项基金。

院级奖教金、奖学金和助学金资助教师和学生共122人,支出金额37万元。截至2012年年底,学院校友基金项目余额总计810万元。

【人才培养】 1. 本科招生与培养。2012年,学院招收本科生204人,其中九院定向生10人,国防定向生10人,泰国留学生1人;国际物理奥赛金牌获得者5人,亚洲物理奥赛金牌获得者7人。

2012届本科毕业174人,其中授予理学学士学位170人,毕业不授予学位1人,暂结业2人,大专毕业1人。另有1人获得物理学双学位,1人完成辅修。

2012年开始参加学校各项基金资助的本科生科研项目的2010级本科生共88人次,70个项目;2011年开始的2009级本科生科研项目于2012年10月结题,参加65个科研项目的76名学生获得了研究型学习的学分。

学院开设英文课程6门,开设"量子力学讨论班"。资助18位本科生出国参加国际会议、暑期学校;获批国家留学基金委首批优秀本科生国际交流项目4项,派出8名同学到国外著名大学交流学习。举办物理学院第一届本科生学术竞赛,承办北京大学—香港中文大学物理学科优秀学生论坛,组队参加中山大学海峡两岸科技文化交流营。设立"未名物理学子班"奖学金,奖励优秀本科生56人。

举办"北京大学2012年全国优秀中学生物理科学营",共有129位来自全国各地的优秀中学生参营。

物理基地和核物理基地条件建设项目以及大气科学基地和核物理基地能力提高项目获得立项。物理基地能力提高项目顺利通过结题验收并被评为优秀。

学院学生代表队获第三届中国大学生物理学术竞赛特等奖。

2. 研究生招生和培养。2012年共招收研究生214人,其中博士研究生164人,硕士研究生50人。

毕业博士研究生方哲宇(导师朱星)的博士论文获北京市优秀博士学位论文奖;另有2人的论文获北京大学优秀博士学位论文二等奖,9人的论文获北京大学优秀博士学位论文三等奖。

研究生出国交流约200人次,其中"国家建设高水平大学公派研究生项目"选派8名在读博士研究生到国外大学或研究所联合培养,3名硕士研究生、4名本科生到国外攻读博士学位。

2012年7月举办"2012年物理学院优秀大学生暑期夏令营"。来自全国五十多所重点高校的310名优秀大学生参加。

"钟盛标教育基金"研究生学术论坛共评出一等奖5名,二等奖11名,三等奖50名,鼓励奖12名,优秀报告奖4人。

2012年共举办4期"萃英"研究生学术沙龙。

【行政后勤与实验室建设工作】
2012年4月,物理楼加层加建工程剩余区域的外墙贴砖等收尾工作顺利完成。

全年共购置一般设备1253件,大型设备32件,购置设备总价值52911299.68元。报废设备669台。截止到2012年12月15日,物理学院设备总数:154909台,总价值:3040760787.31元。

全年获得修购项目等6项实验室设备相关经费共计359.85万元。

【党建工作】 1. 党员情况。2012年共发展预备党员52人,84人按期转为正式党员。转入组织关系108人,转出组织关系93人。现有党员总数为906人(含出国等保留组织关系人员153人)。

选举产生12名代表参加2012年6月的北京大学第十二次党代会。

2. 工会与离退休工作。物理学院教工羽毛球队获校教工羽毛球团体赛第五名。"舞动青春、增添活力"工作获评精品活动。

贾春燕被评为校模范工会主席,另有2人被评为优秀工会干部,4人被评为工会积极分子。

在北京大学第十二届青年教师教学基本功比赛中,1人获二等奖、1人获优秀奖。

学院选出10位北京大学"双代会"代表。

1人被评为北京市师德先进个人。

物理学院离退休人员新增8人,去世9人,现有401人。离退休人数居全校各单位之首,70岁以上占总人数70%。

郑春开被评为"北京高校创先争优离退休干部优秀共产党员"。

【学生工作】 学院在"爱乐传习"项目暨"一二·九"合唱比赛中获得近年来最好成绩,甲组第四名;校运会取得全校第五的佳绩;共上报6件挑战杯作品,获特等奖1项,二等奖3项,三等奖2项,2名教师被评为优秀指导教师。

2012年8月,物理学院举办首届本科新生训练营,共有34名2012级定向生、贫困新生参加培训。启动29名来自不同行业的物理学院校友积极参与的"青茁计划",第一期共有57名大二本科生获助。

物理学院获学校奖励的本科生103人,研究生92人,其中创新奖14名。3个班获得北京大学优秀班集体称号。

获得校级、院级奖学金的本科生99人,研究生84人。获国家奖学金的研究生31人。

获校级、院级助学金本科生共127人,获助金额1162140元。

毕业生350名。毕业本科生175名,其中,出国深造71人,比例为40.57%,国内深造77人,比例为44%,直接工作12人,比例为6.86%。毕业硕士研究生64名,其中,出国读博士23人,直接就业39人。毕业博士研究生76名,出国读博后18人,直接就业55人。

物理学院获2012年度北京大学学生工作先进单位称号。

化学与分子工程学院

【概况】北京大学化学系始建于1910年,是中国高等院校中成立最早的化学系之一,1994年发展成为化学与分子工程学院,2001年原北京大学技术物理系应用化学专业并入化学与分子工程学院。北京核磁共振中心2001年1月成立并挂靠在化学与分子工程学院。

100余年来,化学与分子工程学院培养了本科生12000多名、研究生约3000名,其中博士生1100多名。目前学院设有化学系、材料化学系、高分子科学与工程系、应用化学系、化学生物学系,以及无机化学研究所、分析化学研究所、有机化学研究所、物理化学研究所、理论与计算化学研究所、北京大学分析测试中心、化学基础教学实验中心,并有两个国家重点实验室、两个教育部重点实验室和一个国防重点学科实验室。分别受中国化学会和高等学校化学教育研究中心委托,负责编辑出版《物理化学学报》和《大学化学》两种刊物。2003年年底,科技部批准北京大学化学与分子工程学院与中国科学院化学所联合筹建"北京分子科学国家实验室",2007年12月通过建设论证。

学院拥有一支学识渊博、治学严谨的师资队伍。截止到2012年年底,共有教职工210人,其中中科院院士10人,教授59人,副教授52人,有12人为北京大学"百人计划"特聘研究员,有15人被教育部聘为"长江特聘教授",有2人被聘为"长江讲座教授"。

学院每年招收本科生约150人、博士生和硕士生约120人。重视教学、注重学生素质的培养,注重扎实系统的基础理论教学和严格系统的实验训练是学院的优良传统。有2门课程(分析化学、无机化学)被评为国家级精品课,1门课程(有机化学)被评为北京市精品课。现有无机化学、有机化学、分析化学、物理化学、综合实验五大基础课实验室,总面积为4000平方米。2006年,化学基础实验教学中心被评为第一批国家级实验教学示范中心。全院拥有总价值3.25亿元的各种仪器设备。学院自1986年起建立了博士后流动站,共进站博士后527人(截止到2012年年底)。2005年被评为全国优秀博士后流动站。学院有7个二级学科(无机化学、有机化学、分析化学、物理化学、高分子化学与物理、应用化学、化学生物学),其中5个二级学科(无机化学、有机化学、分析化学、物理化学、高分子化学与物理)在2007年再次被评为教育部重点学科。2002年起化学一级学科下学校自设博士点两个:化学生物学、应用化学。5个重点学科均设有硕士点、博士点。

学院注重基础理论与应用基础理论研究,开展多项应用与开发研究,2012年学院从国家和省部委获得科研经费13945万元。主持和参加34项"973计划"和重大科学研究计划,主持和参加4项国家"863计划"高科技项目和攻关项目,以及200项国家自然科学基金项目和省部级项目。1994—2012年有36人获得国家自然科学杰出青年基金资助,获得国家自然科学基金委创新群体资助3个(稀土功能材料化学、有机合成化学与方法学、表面纳米工程学),还参与1项国家自然科学基金委交叉学科创新群体;16人获得教育部跨/新世纪人才基金。1978—2012年共获科研成果奖180余项(不含北京大学校级奖),其中国家自然科学奖和国家科技进步奖共24项。1994—2012年在国内外核心学术刊物上发表论文7500多篇,其中被SCI收录5819篇(从1999年起使用SCI扩展版)。

2012年配合"创建世界一流大学规划",化学与分子工程学院继续贯彻执行了学院的目标责任书,进行了2012岗位考核及2013岗位续聘,共聘A类岗位51人,B类岗位85人,C类岗位6人,职员制12人。

化学与分子工程学院							
化学系	材料化学系	高分子科学工程系	应用化学系	化学生物学系	院机关、后勤	院工厂、公司	
教学及研究机构							
无机化学研究所	北京大学稀土化学研究中心	有机化学研究所	分析化学研究所	物理化学研究所	理论与计算化学研究所	高分子化学与物理研究所	北京大学分析测试中心	化学基础实验教学中心	北京大学纳米科学与技术研究中心
重点实验室							
北京分子科学国家实验室(筹)							
稀土材料化学及应用国家重点实验室		分子动态与稳态结构国家重点实验室		生物有机与分子工程教育部重点实验室		高分子化学与物理教育部重点实验室	放射化学与辐射化学国防重点学科实验室
学报及人事挂靠单位							
《物理化学学报》编辑部		《大学化学》编辑部		北京核磁共振中心		北京大学合成与功能生物分子中心	

图 6-1 化学与分子工程学院教学及研究机构

【专业设置】 1. 本科生学位授予专业设置：化学专业、材料化学专业、应用化学专业、化学生物学专业、核化工与核燃料工程专业。

2. 五年制博士学位授予专业设置及研究方向。

无机化学，包括量子化学和理论无机化学，功能配位化学及光电功能材料，分子磁性，晶体工程，稀土固体化学和材料，纳米材料与纳米结构，富勒烯结构的碳原子簇化学，新能源与纳米材料，新能源材料与器件，稀土—贵金属纳米材料化学，无机电/光材料，纳米复合材料与高分子功能材料，高分子复合材料和分子光谱在生物医学中的应用，无机/有机金属化学，生物无机化学，金属有机化学和化学生物学。

分析化学，包括生物和纳米电分析化学，药物与生物物质的分离与分析，分子识别与生化分析，生物质谱和生化分析，生化分析与生物分离科学，色谱分析与药物分析，生物核磁、结构及分子生物学。

有机化学，包括生物有机化学，金属有机化学，物理有机化学，有机合成，有机材料化学。

物理化学，包括材料与功能体系物理化学，催化化学，胶体与界面化学，纳米物理化学，生物物理化学，理论与计算化学。

高分子化学与物理，包括高分子可控合成与材料制备，高分子溶液及凝聚态物理，特种与高性能高分子材料，生物医用与环境友好高分子材料，光电功能高分子材料及器件。

化学生物学，包括生物识别化学，生物过程化学，细胞化学生物学，外源物质的生物效应，化学生物技术。

应用化学，包括辐射化学与材料，超分子化学与核燃料化学，核药物化学，新型储能材料与锂二次电池，环境放射化学，有机/高分子功能材料化学，环境污染控制与"三废"治理。

【教学工作】 2012年对本科生的课程设置进行了一定的调整。对2011级学生调整了无机化学课程，原有的必修课"无机化学"(2学分)调整为选修课"中级无机化学"，增加了"无机化学"小班讨论课(4学分)，调整后的课程为每周2学时大课讲授和2学时小班讨论。将原有大班授课的"结构化学"(3学分)调整为小班讨论课，学分增加为4。相应地，2012级本科生的教学计划在2009年调整后的新版教学计划上进行了一定的改动，除"无机化学"和"结构化学"的调整外，将原有的物理相关课程"力学""热学""光学""电磁学"整合为"普通物理Ⅰ"和"普通物理Ⅱ"，共8学分。对于2012级学生，毕业总学分为147。

教师所取得的成就包括：

2012年刘元方院士获北京大学第三届"蔡元培奖"。

由裴坚、李维红、李子臣、朱涛、段连运等人完成的"建设多元化教学体系，培养创新型化学后备人才"获2012年度北京市教学成果奖一等奖，2012年北京大学教学成果奖一等奖。

由李维红、张亚文、杨娟等人完成的"化学类普通化学实验的教学改革实践"获2012年北京大学教学成果奖一等奖。

由廖一平、李国宝、朱志伟、耿金灵、王岩等人完成的"定量分析化学实验课的教与学——课程建设中的思考与实践"获2012年北京大学教学成果奖一等奖。

2012年度由周公度、段连运主编的《结构化学基础(第4版)》入选第一批"十二五"普通高等教育本科国家级规划教材。

刘莹、荆西平荣获2011—2012年度北京大学教学优秀奖。

应用化学实验室和中级仪器实验室被评为2012年度北京大学

实验室工作先进集体。

贺维军、孙玲、张秀、李泽军、廖复辉被评为2012年度北京大学实验室工作先进个人。

2012年度化学与分子工程学院获北京大学第十一届青年教师教学演示竞赛优秀组织奖；赵达慧、郭雪峰分获北京大学第十一届青年教师教学演示竞赛理工类一等奖和二等奖。

余志祥被评为2012年全国优秀博士学位论文一等奖暨北京大学优秀博士学位论文一等奖指导教师，齐利民被评为2012年全国优秀博士学位论文二等奖暨北京大学优秀博士学位论文二等奖指导教师，余志祥、王剑波、黄建滨等被评为2012年全国优秀博士学位论文三等奖暨北京大学优秀博士学位论文三等奖指导教师。高松、施章杰被评为2012年北京市优秀博士学位论文指导教师。施章杰、严纯华、赵美萍、黄建滨、刘忠范、裴坚、赵达慧等被评为北京大学优秀博士学位论文指导教师。

夏斌、张锦获北京大学2012年正大奖教金。

刘忠范获北京大学2012年方正奖教金优秀教师特等奖（推荐）。

付雪峰、李笑宇、彭静等获北京大学2012年绿叶生物医药杰出青年奖。

【学生工作】 1. 学生招录工作。2012年度化学与分子工程学院共录取统招本科生146人，留学生1人，实际入学统招本科生145人。2012年度离校本科生152人，其中140人获毕业证书和学士学位证书，11人暂结业，1人获大专毕业证书。

2012年度招收五年制研究生115人，3年制硕士生10人，博士留学生2人，港澳台学生1人。2012年度共有115人获博士学位，9人获硕士学位。接受国内访问学者6人。

2. 就业工作。2012年度毕业生就业率达到100%。其中，出国、保研占92%；研究生直接就业人数占63%，主要行业包括教育科研单位，国有企业、党政机关事业单位以及部分三资企业和基层单位等。2012届毕业生赴西部就业比例达到12%。

3. 学生资助。2012年度共计为90名本科生发放校级助学金，共计869692元，为4名本科生发放院级助学金，共计22000元。为18名研究生发放校级助学金95000元，为24名研究生发放院级助学金81000元。同时，学生贷款还款率达到100%。

4. 党建工作。学院目前共有9个学生党支部，学生党员366人，占学生总数的34.8%，其中预备党员76人，占党员总数的20.77%。本科生党员100人，占本科生总数的15.6%；研究生党员266人，占研究生总数的49.1%。2012年，学院分别组织82名和44名学员，参加了北京大学第19期党性教育读书班和第26期党的知识培训班。共发展学生党员56名，转正党员93人。

5. 学生活动。2012年，团委建立了铜陵化工社会实践基地和蓝天丰苑学校志愿服务基地，并签署了《共建北京大学"青年就业创业见习基地"协议》。2012年度，学院举办了第十四届化学文化节、第二届"化学之星"评选活动、陶氏化学可持续发展大赛、Ishow讲坛及"Lab杯"赛等系列活动，组织开展了"迎校友返校、向校友学习"主题志愿活动，开展了中国化工博物馆参观及志愿讲解活动、北京市丰台区蓝天丰苑学校支教等活动。

6. 获奖情况。2012年度，学院荣获北京大学学生资助工作先进单位称号。2010级1班和2011级3班获评北京大学优秀班集体，2010级3班、2010级5班获评北京大学先进学风班。学院共计138人获得校级奖学金，92人获得院级奖学金，其中，本科生104人，研究生126人，另有9名同学获得新生奖学金，22名同学获得研究生国家奖学金。共计143人获得校级奖励，其中本科生75人，研究生68人。孟虎、闫冰获得北京市三好学生称号；章伟、金亮等9人荣获北京大学三好学生标兵称号，雷震、李天祥荣获优秀学生干部称号，王杨等10人获得学术类创新奖；王航、严佳骏等61人被评为北京大学三好学生，另有71人被评为学习优秀或社会工作单项奖。徐春虎、王普舟等13人获得北京市优秀毕业生称号，另有13人获得北京大学优秀毕业生奖励。此外，赵伯譞荣获2011年度全国优秀共青团员。张韶光、杨胜韬获评北京大学第十三届研究生"学术十杰"。

2012年度，增设本科生学术奖2名，另有10人获得提名奖；增设化学与分子工程学院八七级校友奖学金，奖励最佳发明创新奖及最佳本科毕业论文奖各1名；另有43人获本科生学术荣誉奖（honors students）。在研究生教育方面，共有11人荣获化学与分子工程学院"化学之星"称号。

王炳武荣获北京大学优秀德育奖，王菲获北京大学就业先进个人奖，陈盼获评北京大学党课优秀领队辅导员，孙建波获评北京大学优秀班主任标兵，叶飞、李先江获评北京大学优秀班主任，赵文博等5人获评化学与分子工程学院优秀班主任。

【成果统计】 严纯华院士当选为发展中国家科学院院士。

裴坚、施章杰获聘2012年"长江特聘教授"。

邵元华、朱志伟获教育部自然科学奖一等奖（软界面电分析化学的若干问题研究）。

李子臣、郭雪峰、陈鹏获2013年度国家杰出青年基金资助。

马丁、彭海琳、赵达慧获国家

优秀青年基金资助。

刘海超获得中国化学会中国催化青年奖。

陈鹏获中国化学会青年化学家奖。

赵达慧入选教育部"新世纪优秀人才支持计划"。

施章杰获2013年OMCOS Award、药明康德生命化学研究奖。

【科研项目】 2012年学院共承担纵向科研项目280项,其中国家科技部重大基础研究973项目34项,国家863项目4项,国家自然科学基金委重大、重点项目14项,国家自然科学基金委杰出青年基金项目7项、基金委创新群体1项,国家自然科学基金委面上基金(含青年基金)100项,教育部博士点等各类基金29项。

【学术交流】 1. 2012年4月20日,有机与分子生物化学研讨会(1st Organic & Biomolecular Chemistry International Symposium)在北京大学化学与分子工程学院举行。会议邀请了来自德国、瑞士、加拿大以及国内著名高校、中科院的专家学者做学术交流。做邀请报告20个,与会的教授、学者和研究生约100多人。

2. 2012年6月14日,举办第三届中科院学部学术年会化学部学术报告会。来自中国科学院的李亚栋、田禾两位院士作主题报告。中国科学院戴立信院士、宋礼成院士、北京大学化学与分子工程学院高松院士、吴凯院长、刘虎威书记及各个专业多名教授参加了报告会。北京大学校长周其凤院士主持报告会。

3. 2012年9月17—18日"能源材料与化学研讨会"在北京大学召开。学术研讨会由北京大学化学与分子工程学院院长吴凯教授、高松院士、刘忠范院士、严纯华院士、来鲁华教授、刘海超教授、彭海琳博士以及斯坦福大学的崔屹教授、哈佛大学的Charles M. Lieber教授筹划组织,会议主席(崔屹教授、高松院士、Charles M. Lieber教授)邀请了在能源材料与能源化学领域活跃的20位全球中青年科学家,与北京大学及兄弟院所近300位师生齐聚一堂,就能源材料与化学领域的基本科学问题和技术进展展开了广泛而深入的探讨。

4. 2012年9月27日,北京大学纳米科学与技术研究中心15周年庆典暨中欧双边石墨烯研讨会举行。国家最高科学技术奖获奖者、两院院士师昌绪先生,北京大学常务副校长、中国科学院院士王恩哥,国家纳米科学中心主任王琛研究员、北京大学原常务副校长王义遒教授、北京大学校务委员会副主任、原常务副校长迟惠生教授、北京大学原教务长、211-985办公室主任羌笛教授,国家纳米科学中心副主任朱星教授,国际著名期刊 *Small* 主编Jose Oliveira博士等领导和嘉宾出席庆祝大会。国家纳米科学中心、清华大学、中科院化学所、中科院沈阳金属所、复旦大学、上海交通大学等研究机构及兄弟高校的同行代表,以及北京大学纳米科学与技术研究中心全体师生参加了此次庆祝大会。大会由北京大学纳米科学与技术研究中心主任、中国科学院院士刘忠范教授主持。庆典系列活动还包括中欧双边石墨烯研讨会、中心发展战略座谈会、中心15周年成果展等内容。

5. 第一届C-H键活化国际学术研讨会(Innovation on Organic Synthesis: the 1st International Symposium of C-H Activation)于2012年10月5—8日在北京大学化学与分子工程学院成功举办。会议由施章杰教授担任大会主席。这次会议是国际C-H键活化研究领域的一次重要盛会。会议邀请了来自中国、美国、日本、德国、英国、加拿大、新加坡、韩国、法国、瑞士等国家的31位相关领域学者作大会报告,并组织了墙报展讲,报告内容围绕C-H键活化前沿领域这一主题展开。

6. 2012年10月18—20日,第一届金属有机与催化国际会议(OM&Cat)在北京大学举行。会议邀请了德国、日本、韩国以及国内著名高校、科研机构的专家学者参加。会议安排邀请报告13个,并进行了广泛的学术研讨。

7. 中国化学会第十七届全国金属有机化学学术讨论会于2012年10月19—22日在北京大学举行。学术研讨会由中国化学会主办,北京大学化学与分子工程学院、中国科学院上海有机化学研究所金属有机化学国家重点实验室、北京大学深圳研究生院共同承办。会议围绕金属有机化学研究的前沿,以大会报告、邀请报告、口头报告和墙展等形式进行深入广泛的交流。会议共收到会议论文484篇,参会人数超过1000人。会议安排了6个大会报告、10个邀请报告、12个口头报告、2个专题报告、2个获奖报告以及440个墙展。

8. 2012年北京大学辐射化学研讨会于11月6日在北京大学化学与分子工程学院举行。会议由翟茂林和沈兴海教授筹划组织,4位来自印度、美国、土耳其的国外辐射化学领域的知名专家以及应用化学系的2位教师作了学术报告。来自应用化学系、工学院以及北京射线中心等30多名教师和研究生参加了学术研讨会。

【年度纪事】 1. 2012年年初,党和国家领导人多次亲切看望学院优秀教师。1月12日,时任中共中央政治局委员、国务委员刘延东,1月18日,时任中共中央政治局常委、中央书记处书记、国家副主席习近平分别来到学院教授、国家最高科技奖获得者徐光宪院士家中,代表胡锦涛总书记和党中央亲切看望徐光宪院士,向他致以诚挚的问候和新春的祝福,听取他对深入实施人才强国战略的意见和建议;1月20日,时任中共中央政治局委员、北京市委书记刘淇来看望慰问了全国优秀共产党员高松院士。

2. 2012年3月23日,中共北京大学化学与分子工程学院党代表大会顺利召开,会议选举了化学与分子工程学院出席中共北京大学第十二次代表大会的代表。

3. 2012年4月3日,泰国玛哈扎克里·诗琳通公主殿下一行30余人参观了北京大学纳米化学研究中心。北京大学副校长李岩松、前中国驻泰王国大使傅学章、化学与分子工程学院院长吴凯教授及纳米化学研究中心主任刘忠范院士及中心其他师生代表共同参与活动。

4. 在2012年4月举行的全校运动会上,学院全体职工在院工会的组织下,积极参与、奋勇拼搏,取得近年来的最好成绩,团体总分(178分)位列全校第五,在院系队伍中排名第二。

5. 2012年7月17日,"跨越时空的交汇:北大中乐学社、台大薰风国乐团联合音乐会暨北京大学第十四届化学文化节闭幕式"在北京音乐厅举行,北京大学校长周其凤、副校长李岩松出席音乐会,音乐会和闭幕式由化学与分子工程学院院长吴凯主持,北大师生与首都各界观众逾千人到场见证。

6. 2012年9月,QS发布2012/2013世界大学学科排名。北京大学化学学科综合排名世界第19位,学术排名世界第15位。

7. 2012年9月,在天津举行的发展中国家科学院(TWAS)第23届院士大会新增选49名院士,化学与分子工程学院稀土材料化学及应用国家重点实验室主任、中国科学院院士严纯华教授当选。这次新当选的14名中国大陆的科学家以及4名台湾地区的科学家中还包括了化学与分子工程学院两位兼职教授:中科院化学所研究员江雷院士和中科院生态环境研究中心江桂斌院士。

8. 2012年9月,国际教科文组织南—南合作科技创新中心(UNESCO International Science, Technology & Innovation Center,简称 UNESCO ISTIC)主席、马来西亚科学院副院长、拿督 Lee Yee Cheong 博士,UNESCO ISTIC 主任、马拉西亚科学院秘书长、拿督 Samsudin Tugiman 博士,肯尼亚共和国高等教育和科学技术部永久秘书长 Crispus M. Kiamba 教授,苏丹国 The Future University 校长 El Tayeb Mustafa 博士来化学与分子工程学院稀土国家重点实验室访问,严纯华教授接待了来访,并与来访客人就稀土科技合作及人才培养问题进行了交流。

9. 2012年10月,学院分析测试中心顺利通过实验室资质认定(国家计量认证)复查评审。

10. 2012年11月23日,中共北京大学化学与分子工程学院代表大会顺利召开,大会总结了化学与分子工程学院党委过去4年的工作,选举产生了学院新一届党委委员。

11. 2012年12月13—14日,化学与分子工程学院分析测试中心赴重庆大学交流暨大型仪器开放共享平台建设及管理研讨会顺利举行。

12. 2012年化学与分子工程学院在前几年筹款工作的基础上,继续努力,取得了良好成绩。2012年度,学院共新设立各类基金项目6项,其中3项为学生奖学金,1项为学生助学金,1项为教师奖教金,1项为学生奖学金/教师奖教金,使学院各类在执行基金数量达到25项,其中20项为学院校友直接捐赠或校友联系捐赠。新增基金项目包括:北大先锋奖学金、郑用熙奖学金、银禧奖学金、刘莱莉助学金、欧凯米特奖教金、盘固奖学金/奖教金。

生命科学学院

【概况】 生命科学学院的前身是创办于1925年的北京大学生物学系,是我国高等学校中最早建立的生物学系之一,1993年扩建成立北京大学生命科学学院。学院现有2个国家重点实验室(蛋白质与植物基因研究国家重点实验室、生物膜及膜生物工程国家重点实验室),1个教育部重点实验室(细胞增殖与分化教育部重点实验室),4个科学研究中心(北京大学—耶鲁大学植物分子遗传学及农业生物技术联合研究中心、北京大学自然保护与社会发展研究中心、北京大学生物信息中心和北京大学蛋白质研究中心),2个国家人才培养基地(国家理科生物学研究与教学人才培养基地、国家生命科学与技术人才基地),1个国家实验教学示范中心(生物基础实验教学中心)。

2012年,1人入选国家"千人计划",3人入选"青年千人计划",孔道春被聘为2012年国家重大科学研究计划项目首席科学家,蒋争凡受聘为教育部"长江学者"特聘教授,张晨获得基金委优秀青年科学基金的资助,蒋争凡作为学术带头人的团队入选教育部"创新团队发展计划"(研究方向:天然免疫的分子机理研究)。至此,生命科学学院共有中国科学院院士5名,"千人计划"入选者4名,长江特聘教授11名,"973计划"及国家重大科学研究计划项目首席科学家7名,国家杰出青年科学基金获得者16名,优秀青年科学基金获得者1名,教育部新世纪优秀人才支持计划10人,教育部跨世纪人才计划4人。

2012年生命科学学院新入编

12人；新体制引进研究员、教授共6人（谢晓亮、李晴、伊成器、李沉简、李毓龙、宋艳），副研究员3人（郭荣、冯建勋、张韵），工程师2人（周辰、胡迎春），助理工程师1人（黄士堂）。退休4人（李茹、曾月英、罗静初、于龙川），离职和调出共7人（周界文、马俊鹤、任波、田明、于祥春、林硕、李芳敏）。

截至2012年年底，生命科学学院在职职工152人，其中教授和研究员58人（含教授级高级工程师1人），副教授和副研究员33人，高级工程师8人，讲师9人，工程师26人，实验师4人，助理工程师1人，行政工作人员10人，高级技工3人。

【教学工作】 2012年，生命科学学院招收本科生97人，另有本科留学生3人；硕士生34人，博士生170人；博士后38人。学院本科毕业生共118人获得毕业证和学位证，其中生物科学专业108人，生物技术专业10人，暂结业4人，往届学生3人换发毕业证书和学位证书，双学位/辅修毕业生3人；硕士毕业生18人，博士毕业生64人；博士后出站人数为12人。

截至2012年12月31日，生命科学学院在校本科生436人，另有元培班学生23人，国内访问学者5人，双学位/辅修5人。在校硕士研究生118人，在校博士研究生422人，研究生人数合计540人。另有在站博士后70人。

2012年3月，第三届"生命科学强化挑战班暨拔尖人才培养计划"（以下简称"挑战班"）学生选拔活动录取了15名同学；上届"挑战班"年度审核中有3名同学退出，截至2012年年底，"挑战班"在校学生人数共46人。

2012年秋季学期，生命科学学院从2011级学生的"生物化学"课程开始试点小班教学。学生分成10个小班，每个班人数控制在15人之内，分别由10位青年骨干教师负责组织讨论课。讨论课设置24课时，内容以经典文献和前沿研究讨论为主，由学生主导讨论，教师负责指导并评估打分。小班教学的改革尝试立足于培养学生的科学素养，在调动学生积极性、激发学术兴趣方面初见成效。

2012年7月，生命科学学院成功举办了"全国优秀大学生暑期研究班"活动，来自全国各著名高校的180名优秀大学生汇聚生命科学学院，参加了本次活动。

2012年，生命科学学院1篇论文获得2012年北京市优秀博士学位论文（游富平，《抗病毒天然免疫信号通路调控机制研究》）。4篇论文获得2012年北京大学优秀博士学位论文（胡家志，《Dna2蛋白在维持细胞DNA复制叉及基因组稳定性中的作用机理研究》；陈慧慧，《STING与STAT6介导的抗病毒天然免疫信号通路的研究》；黄鹏，《斑马鱼基因定点突变技术研究》；杜鹏，《植物病毒诱导的内源miRNA代谢通路的研究》）。

2012年，生命科学学院获得北京市高等教育教学成果一等奖1项（"跨校的生物学野外实习教学资源共享平台建设与实践"，完成人：许崇任等）；二等奖1项（"北京大学生命学院本科生科研和社会实践体系建设"，完成人：饶毅、张研、刘德英、唐平、李兰芬）。获得北京大学教学成果奖一等奖4项，分别是："生物学野外实习优势教学资源共享教学平台的建设与实践"，完成人：许崇任；"让学生'动'起来——生态学实验教学的改革"，完成人：王戎疆、龙玉、朱小健、李大建；"通过完全英语授课培养具有国际视野的生命科学一流人才"，完成人：昌增益、田明、陶乐天、秦咏梅、饶毅、杨泉、张文霞；"北京大学生命学院本科生科研和社会实践体系建设"，完成人：饶毅、张研、李兰芬、刘德英、唐平、杨泉。

2012年生命科学学院4本教材入选第一批"十二五"普通高等教育本科国家级规划教材，分别是：《动物生物学（第2版）》（主编：许崇任、程红）；《陈阅增普通生物学（第3版）》（主编：吴相钰、陈守良、葛明德）；《现代分子生物学（第3版）》（主编：朱玉贤、李毅、郑晓峰）；《遗传学（第2版）》（主编：戴灼华、王亚馥、粟翼玟）。

2012年，生命科学学院多位老师因教学工作上的突出成绩获得嘉奖：朱玉贤获得杨芙清—王阳元院士奖教金特等奖，罗静初、陶乐天和魏文胜获得东宝奖教金，张晨、秦跟基和张泉获得绿叶生物医药杰出青年学者奖，昌增益获得2012—2013年度优秀德育奖，顾红雅获得北京大学第十七届"我爱我师——最受学生爱戴的老师"金葵奖。

【科研工作】 2012年，朱玉贤荣获2012年度何梁何利基金科学与技术进步奖。顾军作为主要完成人的项目"gC1qR细胞抗病毒机制研究"获得北京市科学技术奖三等奖。

截至2012年年底，109篇以生命科学学院为第一作者或通讯作者单位发表的论文被SCI收录，平均影响因子5.476，最高影响因子35.532，影响因子15以上的论文3篇。截至2012年年底，生命科学学院科研经费到账总数为15445万元，在研项目151项。

2012年，生命科学学院精心策划了22场系列学术讲座，邀请包括美国科学院院士、北京生命科学研究所王晓东所长、美国贝勒医学院发育生物学系主任Hugo Bellen教授等多位国内外知名专家学者，为学院师生呈献了精彩的学术盛宴。

【党建工作】 生命科学学院现有党支部17个，其中学生党支部10个，在职教工党支部6个，离退休党支部1个。截至2012年12月

31日,生命科学学院共有党员562名,其中在职党员79名,离退休党员82名,学生党员400名,流动编制党员1人。

2012年,生命科学学院共发展党员21人,预备党员转为正式党员34人,32名学生入党积极分子参加党的知识培训班学习。蔡宏、柴真、唐平、蔡昌祖、刘再冉、沈璧蓉被评为北京大学优秀共产党员,分子医学研究所教工党支部被评为北京大学先进党支部。

2012年3月23日,中共北京大学生命科学学院代表大会在生命科学学院邓祐才报告厅胜利召开,共有87位党代表参加大会。大会经过民主法定程序,最终选举柴真、白书农、苏都莫日根、刘德英、周先碗、任庆鹏6位同志为中共北京大学第十二次代表大会的正式代表。

【学生工作】 2012年,生命科学学院坚持将"育人"理念贯彻到学生工作的各个方面,开展了一系列丰富多彩的活动,例如继续举办"展望事业,探讨人生"系列讲座和一对一深度访谈,从思想上对同学予以引导;继续开设"事业与人生"课程,对高年级同学的生涯抉择进行具体的辅导和行动的指引。同时,生命科学学院学生工作办公室还创新地开展了"生科一席谈"活动。学生工作办公室遵循英国物理学家、神经心理学家博姆创立的博姆对话(Bohm Dialogue)理论指导,以无主题、无目标讨论的畅聊形式,启迪大学生思考大学生活、探索职业规划、展望未来发展。每场活动邀请2名嘉宾与不多于10名学生交谈。开场由嘉宾做5分钟有关个人生涯和职业选择的自我介绍,此后由同学们自由发言,大家平等交流,整个活动持续约1小时。在以往的对话活动中,同学们提出了专业学习、人生职业选择和规划等想法,嘉宾们也非常热心地排难解惑,并鼓励同学们勇于挑战和坚持。"生科一席谈"活动共有24名嘉宾(其中18位为校友)与109名本科新生进行了促膝交流,在同学们中反响热烈。

2012年,在生命科学学院1979基金、1987基金等项目的资助支持下,生命科学学院成功组织了第三届"校友杯"暑期社会实践项目,2011级本科生133人组成23支暑期实践团队,活动覆盖率达95%。生命科学学院还设立了本科生科研奖学金,鼓励本科生积极参与科研训练。

2012年,生命科学学院本科毕业生就业率达到100%,研究生毕业生就业率达到93.9%。2012年,生命科学学院荣获"2011—2012学年学生工作先进单位""2011—2012学年北京大学学生资助工作先进单位""学生党团日联合主题教育活动优秀组织奖"以及"2012年学生暑期社会实践优秀组织奖"。

【新科研楼建设】 2012年5月,北京市规划委员会同意了生命科学科研大楼(以下简称新科研楼)设计方案申报,具体意见为:总建筑用地面积$13650m^2$,总建筑面积$26900m^2$,建筑高度18米(到檐口高度),绿地率30%,停车位65辆(全部为地下)。

2012年7月,设计方中国中元国际工程公司完成了新科研楼主体大楼的初步设计;10月,完成了各专业施工图设计,启动大厅、会议室等局部精装修设计工作;11月,初步完成工程概算编制。在新科研楼投入使用前,为缓解生命科学学院的空间紧张问题,北京大学同意在实验设备1号楼中划拨约$800m^2$空间给生命科学学院周转使用。

【太平洋大厦改造】 2012年9月,太平洋大厦改造的设计工作完成;12月,施工招标工作完成,计划于2013年年初正式动工。其中,裙楼部分全部改造为实验用房,主楼部分全部改造为办公用房。整个改造项目计划投资8900万元,初步估计施工周期为450天。

【工会工作】 2012年10月26—29日,生命科学学院组织完成了"北京大学第六届教职工代表大会暨第十八次工会会员代表大会"代表的选举工作。最终,王世强、白书农、刘德英、苏都莫日根、柴真当选为代表,分子医学研究所推选吕凤祥为代表。

2012年11—12月,北京大学工会组织评选先进工会委员会、工会工作先进集体和先进教职工社团。生命科学学院荣获"先进工会委员会"称号,生命科学学院分子医学研究所工会小组荣获"工会工作先进集体"称号。

在北京大学第十二届青年教师教学基本功比赛中,佟向军获理工科组一等奖,毕群获优秀奖,生命科学学院工会获优秀组织奖。生命科学学院工会获得《学校教职工代表大会规定》知识竞赛优秀组织奖。

【校友工作】 2012年4月和12月,生命科学学院校友发展基金、郑昌学教学优秀奖励基金、校友尊师基金等七项基金分别获得北京大学第六批和第七批配比基金支持,共计818010.71元。2012年12月,北京北大未名生物工程集团有限公司发起成立了"北京大学沈同基金",奖励和支持在生命科学学院教学、科研方面做出突出成绩的优秀师生,扶助因病、因灾、因祸遭受重大困难的学院教职工和在校学生。

城市与环境学院

【概况】 城市与环境学院成立于2007年,由传统地理学发展而来,并产生多个新的延伸学科。在如何凝聚发展上,学院经过深入思考和讨论,设定了三大学科发展方向:一是全球变化及其生态与环境响应,二是环境污染及其对人体健康的影响,三是城市与区域可持续发展。这三个方向基本囊括学院所有专业,且打破了系所教研室的边界,便于交叉学科的合作。学院加大力度鼓励和支持学院教师申请国家自然科学基金各类项目,还根据学校的评估体系调整院系的绩效评估机制,加大力度鼓励教师产出更加优秀的科研成果,通过校企合作建立协同创新实验室,促进产学研结合和社会服务。

【队伍建设】 教师队伍建设是创建世界一流大学的核心。学院在人才招聘上,一直按照四个层次引进人才:一是具有长江学者实力的学术带头人,二是具备竞争"国家杰出青年基金"实力的百人计划研究员,三是具有国外留学背景的骨干教师,四是根据实际需要聘用非正式编制科研人员。学院一方面通过正式编制把优秀人才引进来,另一方面通过劳动合同制聘用人员来解决人事编制不足的矛盾。

学院重视对青年人才的培养和支持,年仅36岁的青年教师朴世龙2012年被教育部聘为长江特聘教授。

【教育教学】 1.本科生教学。学院高度重视课程质量建设,2011—2012学年课程评估中,学院开设的80门课程中评估成绩在90分以上的达到53门,在理科各院系中继续保持领先地位。在加强课程质量建设的同时,学院还积极推动本科生科研工作。一方面帮助学生邀请各系优秀教师进行指导,另一方面在学校支持的校长基金、君政基金等基金的基础上,全方位整合资源,通过北京大学地理学人才培养基地基金、环境教育基地资助基金、导师资助等系列项目为学生开展学术研究提供有力保障。2012年,面向2010级80余名本科生提供了35项(60名学生)的本科科研资助,本科生参与科研的人数比例超过50%。2012年由陶澍院士主持申报的教学成果"突出实践——实验教学的环境、生态与地理创新人才培养模式"获北京大学教学成果奖一等奖、北京市教学成果奖一等奖。

2012年3月,在学校的大力支持下,学院获得教育部"基础科学拔尖人才培养计划"(环境科学类)资助340万元。陶澍院士负责计划的具体实施。同时,学院整合多方资源为参与计划的学生制定了一系列特殊培养政策,例如聘请国际名师开设专项课程,允许学生制定个性化的课程表和培养计划等,为该计划的顺利实施奠定了良好的基础。

2.研究生教学。招生工作方面,2012年招收48名博士研究生、109名硕士研究生。2012年度参加学校的研究生招生制度改革,成为科研经费资助招生改革的试点院系。学院充分动员研究生导师顺利完成培养经费的缴纳,并广泛征求意见,制定了招生返回院系的自主经费的管理实施办法,进一步提高院系研究生培养工作的支持力度。

学院积极完善培养方案,加强对博士生、硕士生的培养考核,2012年度地理学(环境地理学)博士研究生张彦旭的毕业论文获评"2012全国优秀博士论文"。2012年,学院连续第五年举办全国研究生暑期学校,并形成"地理学前沿"品牌项目。暑期学校主题为:"地理学前沿2012:地理学视角下的城市可持续发展",共接收了来自全国25所重点高校的40名高年级研究生以及青年骨干教师作为本期暑期学校的正式学员。通过在北京大学的名师讲座授课、沈阳、抚顺的实践考察,以及课程论文写作三个阶段的系统学习,实现北京大学的优势资源共享,有效提高北京大学地理学研究生教育在全国的影响力。

【科研项目】 学院获得2012年度国家自然科学基金各类新批项目总计16项,面上项目10项,重点项目2项,青年科学基金1项,国家优秀青年基金2项,海外及港澳学者合作研究基金1项。其中,青年科学基金批准率为100%。截止到12月1日,全院2012年度在研项目共计216项(经费额在200万人民币以上的有22项),其中基金委79项(其中创新群体1项、杰出青年2项、重大研究计划1项、重点4项),科技部14项(其中重大研究计划1项、863项目1项),教育部6项,海外政府委托3项,北京市2项,其他及企事业单位委托112项。

2012年度全院教师发表SCI/SSCI论文104篇,是有史以来最多的一年。除此之外,全院教师共出版著作11部,发表中文核心期刊论文133篇。胡建英教授的论文"内分泌干扰物质的环境行为及生态效应"获教育部自然科学奖一等奖。韩光辉教授的著作《从幽燕都会到中华国都——北京城市嬗变》荣获北京市第十二届哲学社会科学优秀成果奖二等奖。

【党建工作】 1.思想政治学习。学院党委高度重视广大党员思想政治觉悟和个人修养的提升,在注重学习过程的基础上,将思想政治学习与为国家发展的工作实践,与广大党员的学习和生活实践相结合。党的十八大后,学院党委先后邀请方精云院士、冯长春教授、周力平教授为学院老师和同学们作解读十八大精神的报告,报告主题包括生态文明建设、城镇化建设以及海洋安全等党的十八大报告提及的热点问题。在相关学术领域有着很高威望的胡兆量、周一星等学院退休老教授也出席了学习报告会,与年轻教师和同学们共同讨论热点问题,使老师和同学们对十八大报告中的相关热点问题有了更加深入的了解,同时也进一步激发了学院老师和同学们运用自己所掌握的专业知识、践行党的十八大精神的热情,在全院范围内引起了良好的反响。

2. 学院党组织建设。2012年3月,学院组织召开了全体党员大会,总结了学院本届党委在过去5年中的工作,通过了学院党委的工作报告,最终选举出刘耕年等九位新一届党委委员以及韩茂莉等五位学校十二次党代会代表。

为加强党支部建设,学院党委每学期召开两次党委扩大会和一次以上党支部书记工作会议,并从每年经费中划拨出专项经费支持教工支部活动,从每学期的学生工作经费中划拨出专项经费支持学生支部活动。除各项常规工作和党日活动外,学生党支部还建立了月度报送制度,及时了解和反映支部同学在学习和生活中遇到的困难,并由学工办统一组织帮扶工作。

3. 党风廉政建设。学院党委始终以最高标准加强党风廉政建设。2012年,学院狠抓《城市与环境学院院务公开制度》《城市与环境学院"三重一大"制度实施方案》的落实,明确了"依法公开、真实公正、注重实效、有利监督"的院务公开基本原则和"凡属重大决策、重要干部任免、重大项目安排和大额资金使用等重要问题,必须经集体讨论做出决定"的具体实施办法,并在用房分配及收费管理、年度财务预算、教工绩效考核、研究生招生改革、人才引进等工作中严格执行。同时,学院党委严格执行"党风廉政责任制的规定",学院领导干部收入全部按时向学校纪委申报。以上工作取得了积极成效,得到了学校纪委的高度肯定。

【学生工作】 1. 学生管理和就业。学生工作的核心是育人,学院党委书记莫多闻概括为要培养学生"如何做人做事做学问"。学院现有21个班级,学生总数903人。为了更好地了解同学们的基本情况和发展诉求,有的放矢地开展服务工作,学院建立了涵盖全院学生的"城市与环境学院学生信息系统"。在为每个班级配备班主任、为低年级本科生配备辅导员的基础上,通过学生助理、研究生会、学生会、党支部、团支部、班级等学生骨干系统建立起多层次的信息反馈机制,及时了解学生在身体、学业、家庭等各个方面所面临的困惑和困难,并及时约谈以求针对性地开展帮扶和支持。2012年累计发放奖学金150项,总金额90万元以上;资助困难学生69人次,资助总金额68万元以上。学院积极开展学生就业工作,每年都召开面向全体毕业生的就业政策宣讲会,并积极联系专业相关的用人单位来学院举办专场招聘会。学院2012年共毕业学生241人,其中本科毕业生93人,就业率100%,毕业研究生148人,就业率100%。学院还积极组织第二课堂活动,每年都支持同学们开展暑期社会实践、中秋晚会、元旦晚会、毕业生晚会、"一二·九"师生合唱比赛、洪堡杯运动会、北大之锋辩论赛等一系列活动,为同学们搭建展现个人风采、提升综合素养的舞台。2012年,学院团委荣获北京大学红旗团委荣誉称号。金鑫老师荣获全国高校辅导员年度人物,并得到习近平总书记的亲切接见。

2. 大学生环境教育基地。中国大学生环境教育基地是在共青团中央的支持下,由学院与校团委联合筹建的全国大学生环境教育平台。2012年,中国大学生环境教育基地以"让环保成为青年时尚"为口号,成功开展了学术科研、绿色校园建设、环境教育推广和国际交流等领域的多项工作,形成了"北大林歌回收""甘肃文县地震灾区教育援助百人计划"等一系列品牌项目。环境教育基地先后组织和支持来自全国高校的共计1000余名师生直接参与到以上项目中来,相关工作得到了共青团中央各级领导的高度认可和广大同学们的热情支持,同时得到了人民网、搜狐公益等多家媒体的积极报道。目前,环境教育基地已经逐渐成为以北大为核心、辐射全国的高校大学生环保联盟。陈至立副委员长亲自为环境教育基地颁发了奖杯、奖牌和证书,并对环境教育基地的工作给予了充分的肯定。

目前,城市与环境学院正秉承着"执着、质朴、创新、友情"的文化传统,满载着各界友人的期望与祝福,以更加矫健的步伐迈向美好的明天。

地球与空间科学学院

【概况】 1909年创办的京师大学堂地质学门是中国最早的地质学教育机构。1919年改称地质学系。1952年高等院校院系调整,北京大学设地质地理系。1978年恢复单独设立地质学系。1959年1月,北京大学成立地球物理学系。1983年北京大学成立遥感与地理信息系统研究所,是中国最早从事遥感理论研究和技术应用的科研和教学单位之一。2001年10月26日,在原地质学系、地球物理学系的固体地球物理专业与空间物理专业、北京大学遥感所和城市与环境学系地理信息系统专业的基础上成立地球与空间科学学院。学院设置有三个系(虚体)和七个研究所(实体)及一个重点实验室。

在职教职工总数148人,其中教授51名,特聘研究员7名,副教授43名,讲师6名。2012年引进国家"千人计划"1人、"长江学者"讲座教授1人、"青年千人计划"3人、"北大百人计划"1人,新增"973计划"首席科学家1人。学院现拥有在职、兼职院士6人，"长江学者"特聘/讲座教授6人，国家"千人计划"（B）1人，国家"青年千人计划"3人，北大百人计划5人，"973计划"首席科学家3人，国家创新研究群体2个。离退休人员164人，其中2012年退休6人。2012年在站博士后43人。经校长办公会审议批准，孙元林晋升为教授，李艳、张波、张贵宾晋升为副教授。

【教学工作】 地球与空间科学学院现设有5个本科生专业：地质学、地球化学、地球物理学、地理信息系统和空间科学与技术；10个硕士研究生专业和10个博士研究生专业；构造地质学、矿物学岩石学矿床学、材料与环境矿物学、古生物学与地层学、地球化学、固体地球物理学、空间物理学、地图学与地理信息系统、石油地质学、摄影测量与遥感；并设有地质学、固体地球物理学、测绘科学与技术、地图学与地理信息系统4个博士后流动站，1个国家理科基础科学人才培养基地（地质学），2个国家基金委创新群体（地球物理学、变质作用与造山带演化）。学院"造山带与地壳演化实验室"为教育部重点实验室，"空间信息集成与3S工程应用"为北京市重点实验室；"构造地质学"和"固体地球物理学"2个学科为国家重点学科，"空间物理学"为北京市重点学科。

学院现有在校学生988人，其中在校博士研究生301人，硕士研究生296人，本科生391人。2012年招收本科生120人，其中"地质学基地班"招收64人；招收硕士研究生104人，博士研究生78人；2012年共毕业204人，其中本科毕业生83人，硕士毕业生83人，博士毕业生38人。

2011—2012年春季学期，共开设本科生课程54门。2011—2012年度暑期学校，共开设7门课程。2012—2013学年秋季学期按照教学计划共开设70门课程。成功开设一门全校理科大类平台课程"遥感应用原理与方法"。开设研究生课程161门，其中必修课45门，选修课116门。

7月举办北京大学第三届"相约北大，走进地学"全国优秀中学生夏令营，87名来自各省份的优秀高中生参加此次夏令营活动。

王伟获得"第三届李四光优秀博士研究生奖"。彭雅俊获得"毛玉刚基金优秀论文奖"。田晖获得2012年北京大学优秀博士学位论文二等奖，姚云军和赵世湖获得三等奖。李诺、孙华波和徐钊的博士学位论文被评为2012年北京大学优秀博士学位论文。邓凯获得北京大学"2012年度博士研究生学术新人奖"。

秦其明、涂传诒、鲁安怀、濮祖荫、郝守刚等教学成果"结合学科建设与科研实践，培养地学研究生创新能力"获得2012年北京市高等教育教学成果奖二等奖。刘建波、张立飞、孙元林、孙作玉、任景秋等教学成果"地质学野外和室内实践教学的融合——'地质学综合教学实验室'建设"获得"北京市教学成果奖"。魏春景获得北京大学"十佳教师"。雷军、郝永强、赵红颖获得"北京大学2011—2012年度教学优秀奖"。薛进庄获得北京大学第十二届青年教师教学基本功比赛理工科组一等奖，高勇、黄舟、刘琼分获二、三等奖和优秀奖。2012年学院获第二届全国大学生地质技能竞赛优秀教练奖、优秀组织奖，学生获得野外地质竞赛单项一等奖。

2012年，出版的专著、编写的教材有：侯贵廷《华北基性岩墙群》；潘懋，李铁锋《灾害地质学》；朱永峰《矿床地球化学导论》；赵克常《地震概论》。

【科研工作】 2012年到账总经费11690万元（包含科技开发部经费）。共获得国家自然科学基金40项，其中面上项目27项，青年基金项目7项，优秀青年科学基金2项，重点项目3项，国家基础科学人才培养基金1项，总金额3735万元；此外，还获得了包括科技部重大国际合作项目、"973计划""863计划"等在内的一系列科研项目的资助。

2012年地球与空间科学学院师生以北京大学为第一作者单位发表的SCI收录论文为173篇。鲁安怀在《元素》（Elements）上负责矿物与微生物专辑。鲁安怀是该刊物创刊以来担任特邀主编的首位亚洲学者。Nature Communications 发表鲁安怀研究团队发现微生物能量利用新方式重要研究成果。濮祖荫获得美国物理学会（AGU）年会2012年度的国际奖。徐备作为首席科学家成功获得国家重大基础研究发展计划（"973计划"）的支持。2012年学院获省部级以上奖项5项，其中国家科技进步奖二等奖1项。

全年共接待来自美国、加拿大、英国、法国等国家讲课、讲座教授56人次，访问研究7人。承办第七届（2012）青藏高原地球科学学术年会、IAU—28的"恒星与行星关系"公共论坛等学术会议，举办"973计划"首席科学家系列讲座，共邀请到6位首席科学家做讲座。自2002年启动至2012年已经坚持10年的北京大学星期五地球物理学术报告会，2012年邀请校外专家34人次。

【党建工作】 学院共有31个党支部，其中教职工党支部10个，学生党支部21个；党员人数536人，在职教职工党员91人，离退休教职工党员69人，学生党员376人。本科生党员53人，占本科生人数的14%，研究生党员323人，占研究生人数的54%。全年共有61人初级党校结业，82人高级党校结业；发展新党员44人，预备党员转正59人，为党组织增添了新鲜血液;重视在中青年骨干教师中开展党性教育,2012年1名教师发展为重点培养对象,1名教师递交了入党申请书。

2012年完成党建自查自评工作。院党委坚持"以评促改、以评促建"的方针,对2007—2012年学院开展的党建和思想政治工作进行了全面系统的审视和梳理,制订党建评估方案,撰写自查报告。

在教职工党支部中开展"贯彻党代会,加快创一流"等主题党日活动,组织教职工党员前往井冈山和遵义红色革命根据地,接受革命传统教育,坚定理想信念。在学生党支部中开展"继承传统勇担使命,建言献策参与学校发展""贯彻党代会精神,真学实干创一流"等学生党团日联合主题教育活动。

上半年13个学生党支部获批党建创新立项,获得学校16000元的专项经费支持。下半年把学习贯彻党的十八大精神作为首要的政治任务,通过组织各支部学习原文、集体观看开幕式及新一届中共中央政治局常委媒体见面会实况、召开党委委员党政领导学习十八大理论研讨会、邀请校外专家院领导为师生作解读十八大精神系列报告、组织学院师生前往北京展览馆参观"科学发展,成就辉煌"图片展、组织十八大知识竞赛等一系列活动,将学习十八大精神推向深入,努力加快推进创建世界一流大学的进程。

2012年学院党委荣获"北京市创先争优先进基层党组织""北京高校2010—2012年创先争优先进基层党组织"。学院在"立德树人、示范引领"教工主题党日活动中获优秀组织奖一等奖,在"学习雷锋精神、弘扬北大传统""继承传统勇担青年使命、建言献策参与学校发展"学生党团日联合主题教育活动中获得优秀组织奖。行政党支部、地质2010级硕士生党支部获得"北京大学先进党支部"。于超美、潘懋、何国琦、秦其明、吴朝东、邵子剑等6人获得"北京大学优秀共产党员"。邵子剑获得"北京大学十佳学生党支部书记"称号。夏菁获得"北京大学第19期党性教育读书班优秀领队辅导员"称号。邵子剑获得"北京大学第25期党的基础知识培训班优秀领队辅导员"称号。

【学生工作】 学生工作秉承"以人为本,育人为重,惠人为远"的指导思想,大力加强思想政治教育,以时事学习、党建带团建、"德育素质卡"机制、培养学生骨干为抓手,从思想上引领青年成长成才,开拓进取;学生工作在坚持"三贴近"原则的基础上,建立了"九个一"工程,不断提升学院学生工作的科学化水平;不断推进学生工作由"内向型"向"外向型"转型,2012年在江苏常州、山东胶州建立两个就业见习基地,加强与国土资源部、中国地震局等相关部门的联系,暑期赴重庆、四川、河南等地社会实践,积极开拓院友等外界资源,助力地空学子成长;着力打造地空特色文化,2012年院团委创刊《地空青年研究》《天地人》,积极指导院学生会、研究生会、青协、科协等社团开展各类活动,成功举办了迎新晚会、学院3+1篮球赛、学院K歌大赛、"天地传说"2012学院元旦晚会、"天地人"文化节等,展现学院师生丰富的文化生活,营造健康向上的学院文化氛围;2012年院团委还联合国土资源部宣教中心创建"北京大学李四光中队讲师团",成为全国首家以传播地球与空间科学知识为宗旨的青年志愿服务团队。

学院被评为2011—2012学年"北京大学学生工作先进单位"。2011级遥感硕士班被评为"北京市先进班集体"。钱加慧被评为"北京市三好学生"。佟磊获得"2011—2012年度优秀德育奖"。何涛、李秋根获得"北京大学2011—2012年度优秀班主任二等奖"。李培军、田原、郭艳军、张贵宾获得"北京大学2011—2012年度优秀班主任三等奖"。刘金秋被评为"2012年首都大学生暑期社会实践先进个人"。院团委获得北京大学2012年学生暑期社会实践优秀组织奖。

【交流与合作】 2012年,派出师生赴国外、地区参加学术交流、合作研究204人次,其中教师累计出国(境)开展学术交流活动113人次。7月成功组织18名本科生为主体的地质科学实习考察队,对位于欧洲的阿尔卑斯山西段进行历时11天的野外地质实习,考察百余个经典地质露头点。继2010年与中国石油勘探开发研究院联合培养博士研究生后,今年又与中国地科院地质研究所启动联合培养博士研究生计划。2012年举办了主题为"定量遥感与全球变化背景下的农作物动态监测"的第九届北京大学"定量遥感"研究生精品课程班,邀请童庆禧院士与丁一汇院士以及国内多名遥感领域专家学者讲授定量遥感前沿进展,130余名来自全国各地高校与相关研究院所的硕士研究生、博士研究生、青年教师和青年科研人员参加该班。

心理学系

【概况】 北京大学是中国科学心理学的发源地,其心理学本科教育始于1900年。1917年,在著名教育家蔡元培先生倡导下,北京大学创建了中国第一个心理学实验室,1926年成立了心理学系。北京大学历史上曾有多位名人学习过或出身于心理学,包括蔡元培、蒋梦麟、傅斯年、唐钺、陆志伟。1952年院系调整时,原燕京大学心理学系、清华大学心理学系和复旦大学心理学系并入北京大学哲学系心理学专业。1978年，北京大学恢复成立了国内第一个心理学系，招收了第一批学生。北京大学心理学系现拥有一级学科博士学位授予权，其"基础心理学"为国家重点学科，2008年被批准为北京市特色专业，2009年被批准为"国家理科基础科学研究和教学人才培养基地"。作为最早将心理学引入中国的学界先驱，作为中国第一个建立心理学实验室的高等学府，北京大学心理学系见证了中国心理学事业从无到有、从弱到强的发展历程，并以其"敢为天下先"的豪迈气概为中国的心理学事业的发展做出了不可磨灭的贡献，为中国心理学和社会的发展培养了大量中坚人才。目前，北京大学心理学系有正式教员37人，其中教授11人，研究员2人，副教授14人，讲师10人；教辅职员9人。现任系主任为周晓林教授。心理学系已形成师资力量雄厚、学科设置齐全、专业人才层出不穷的教学、科研体系。到2013年，北京大学心理学系已经连续三年成为中国大陆唯一进入世界（ESI）排名前百分之一的心理学教育单位，连续三年在QS世界大学排名榜上名列全球心理学专业前50名。

【党建工作】 2012年心理学系党委深入学习贯彻科学发展观，坚决贯彻学校党委各项工作部署。上半年开展"学习贯彻重要讲话精神、深入开展创先争优活动"主题教育活动，组织全系教工党员赴西柏坡参观学习，召开领导班子民主生活会，积极开展"立德树人、示范引领"专题讨论活动等。下半年按照学校党委的统一要求和部署，结合心理学系实际情况，加强领导，统筹安排，抓好学校第十二次党代会精神的学习和贯彻落实工作。积极组织开展"贯彻党代会、加快创一流、迎接十八大"的主题教育活动，统一全系党员和师生员工的思想认识，调动一切积极因素加快创建世界一流大学，迎接党的十八大胜利召开。积极组织全系党员学习党的第十八次全国代表大会精神。

促进基层组织建设，发挥党组织的战斗堡垒作用。2012年发展了17名党员，确定了51名入党积极分子。2012年心理学系的本科生学生党支部被评为北京大学先进党支部，党委书记吴艳红同志荣获"北京大学优秀共产党员标兵"荣誉称号。

【教学工作】 2012年度心理学系在北京大学校本部录取了学术型硕士研究生19名（含留学生1人、澳门地区学生1人），专业硕士45名，博士研究生24名（含留学生1人、台湾地区学生1人），本科生共44名（含美国、英国、印尼、韩国留学生各1名），辅修双学位录取学生121名。

2012年12月报考心理学系2013年学术型硕士研究生308人、应用心理硕士专业学位340人，招生考录比名列学校前列。2012年9月进行了接收2013年推荐免试研究生的工作。心理学系2013届本科毕业生中有14人获得推免资格并落实接收单位，其中6人被本系录取（含专业硕士2人），6人被校内其他院系录取（含支教1人），2人被清华大学录取。

在全日制学生的培养工作之外，心理学系还积极开拓多种形式办学、培养人才的模式，与深圳市南山区科技创业培训中心合作举办人力资源研究生课程进修班（深圳、广州两地），并在北京招收了人力资源研究生课程进修班，总共招收学员220名。心理学专业夜大学共招生259人。

2012年心理学系毕业并获得学位的心理学专业本科生33人（含留学生1人），暂结业4人。获心理学双学位118人，辅修毕业4人；毕业硕士研究生68人，获硕士学位的研究生68人；博士研究生毕业12人，获博士学位8人；同等学力获硕士学位45人。夜大毕业学生149人，其中72人获学士学位。

2012年研究生院继续实行研究生招生机制改革，心理学系2013年预计招收博士研究生20名，与清华大学心理学系联合培养社会文化心理学博士生5名，学术型硕士研究生15名，专业学位硕士40名（含在职20名）。博士研究生招生继续采用"申请-考核制"。

2012年4月15日，由北京师范大学心理学院发起，北京大学心理学系主办，清华大学心理学系和中国人民大学心理学系协办的首届"四校"心理学本科生科研项目学术交流研讨会在北京大学召开。

2012年，心理学系"国家基础科学人才培养基金——支撑条件建设项目"获得国家自然科学基金委员会的资助，资助金额为200万元（四年），旨在以实践能力培养为切入点，构建具有优势和特色的创新性人才培养平台，促进知识、能力、素质协调发展，为高素质创新性人才的培养提供有力的支撑。

从2012级开始，心理学系实行本科生导师制。每名本科生在前三个学期中，每学期都会有一名不同的导师，并将与导师进行不少于三次的谈话交流，以便指导学习生活，并引领大家发现自己的兴趣点，选择适合的人生道路。

心理学系吴艳红教授获得北京大学2011—2012年度教师优秀奖。谢晓非教授获得2012年度北京大学正大奖教金。易春丽老师获得2011—2012年度教学优秀奖。韩世辉教授获得2012年度北京大学优秀博士学位论文指导教师奖。孙洋老师获得北京大学第十二届青年教师教学基本功大赛三等奖。

【科研工作】 2012年心理学系在科研方面取得了突出的成绩，主要体现为 SCI 和 SSCI 论文继续保持较高的数量和质量。2012 年度心理学系共发表科研论文 112 篇(含国内外期刊论文),其中以心理学系为第一单位(或通讯单位)发表的 SCI 和 SSCI 收录期刊论文 68 篇。其中方方教授、李晟研究员和包燕副教授在 SCI 杂志 Neuron、Current Biology、Neuroscience and Biobehavioral Reviews、Journal of Neuroscience 和 Cerebral Cortex 上发表 5 篇研究论文,杨炯炯副教授、施俊琦副教授和 Michael Varnum 博士在重要的 SSCI 杂志 Emotion、Journal of Experimental Psychology: General、Journal of Applied Psychology 和 Academy of Management Journal 上发表 4 篇研究论文。2012 年在 SCI 和 SSCI 收录期刊以第一作者或通讯作者发表论文最多的三位教师是周晓林教授(7 篇)、韩世辉教授(7 篇)和李量教授(5 篇)。2012 年心理学系多项国家自然科学基金研究申请和 1 项科技部"863 计划"项目申请获得批准,新获批科研项目经费为 2370.75 万元人民币。

2012 年度心理学系的学术交流和讨论也很活跃,累计使用"北京大学海外学者讲学计划"邀请外国专家 25 人次,包括讲座计划、讲课计划和研究计划。这些来访专家均为美国、德国、澳大利亚和西班牙等发达国家心理学领域的著名专家或著名期刊的主编。他们不仅为心理学系带来了心理学研究的最新动态,而且在"周五学术讨论会"上作了多场精彩的学术报告。应北京大学心理学系李量教授的邀请并由"北京大学海外名家讲学计划"项目资助,2012 年 9 月 22 日到 28 日,英国剑桥大学两位院士 Trevor W. Robbins 教授和 Barbara J. Sahakian 教授对北京大学进行了学术访问并作了六场精彩的系列讲座。北京大学心理学系韩世辉教授与德国 Springer 出版社于 2012 年 9 月共同创办了一个新的全球发行的学术期刊 Culture and Brain。该期刊由北京大学心理学系韩世辉教授任主编,是集心理学、神经科学等多学科的跨学科期刊。方方教授应邀担任 Current Biology、Frontiers in Biology 和 Science China: Life Sciences 期刊编委。至此,心理学系有王垒、李量、周晓林、韩世辉、方方、余聪、钱铭怡等 7 位教授担任 17 种国际学术刊物的副主编或编委。

2012 年 11 月,心理学系李同归老师的"心理救助体系在交通运输应急救援中的应用研究"获得中国航海学会科学技术奖三等奖。

【人事工作】 心理学系按照北京大学岗位年度考核与续聘工作要求,对心理学系全体教职员工 2011 年度的教学、科研、社会服务工作业绩进行了考评,对业绩突出的 7 位同志给予了晋级。对年度考核没有达到要求的 1 位同志给予了降级。这一举措加强了考核制度的严肃性、约束性,提高了考核效力。

2012 年心理学系李建博士进入学校"百人计划"。教师人数目前达到了 38 人,成为目前国内师资规模最大的心理学系。在站博士后队伍逐渐壮大。方方教授获得第十二届"中国青年科技奖"、王选青年学者奖,2012 年任教育部长江特聘教授。

【交流合作】 2012 年度,心理学系共有 112 人次出访及参加国际会议。其中教师出访 51 人次,本科生、研究生出访 61 人次。出境参加会议内容涉及第 30 届国际心理学大会和认知神经科学、社会心理学、临床心理学、儿童发展心理学等方面,出访国家和地区包括南非、美国、德国、荷兰、俄罗斯和中国香港等。另外,受国家留学基金委资助,心理学系有 1 名副教授去国外访问交流。

心理学系在 2012 年派出 1 名联合培养博士生,1 名公派出国攻读学位的硕士研究生。这几名研究生攻读的学科都属于重点学科,有一定自主创新能力、品学兼优,有利于心理学系培养具有国际视野的拔尖创新人才。

2012 年 5 月 16 日至 20 日,海峡两岸暨香港心理学系学术交流活动在香港中文大学举行,40 名心理学系师生参加此次交流。系党委书记吴艳红和教师代表姚翔带领心理学系 12 名同学参加此次学术交流活动。此外,香港中文大学心理学系还邀请心理学系师生参加了香港中文大学心理学系成立 30 周年庆祝活动。

【学生工作】 2012 年,心理学系本科生 166 人,硕士研究生 296 人(含深圳研究生院硕士生 72 名),博士生 74 人;国防定向生 14 人,留学生 14 人,港澳台地区学生 9 人,少数民族学生 37 人。学生党员 118 人,团员 285 人,2012 年度新发展学生党员 17 人,共有 26 名入党积极分子顺利完成党的知识培训班的学业。

本着一切从学生需要出发,2012 年举办全体应届毕业生工作会议 2 场,就业经验交流会 6 场,博士生论坛 3 期,本科生午餐沙龙 2 期,针对 Photoshop 讲座、SPSS 统计软件的操作培训、网络资源的利用、学科专业资源和文献搜索培训以及新闻写作等专题讲座 7 场。成功举办"心理 Style"2013 年元旦晚会。心理学系、考古文博学院、信息管理三系联合组建的 PIA 组合在"一二·九"歌咏比赛中荣获二等奖。

2009 级本科生班获评北京大学优秀班集体,2011 级本科班和 2011 级硕士班获评北京大学先进学风班。魏坤琳老师和李晟老师获得北京大学优秀班主任二等奖。曲振卿老师荣获"北京大学优秀德育工作者"荣誉称号。

博士研究生张喜淋获葛兰素史克（GSK）"明日之星"奖和"北京大学石青云院士基金优秀论文奖"；硕士研究生何东军荣获北京大学学术创新奖；2009级硕士生王小玲获全国大学生职业生涯规划大赛全国总决赛特等奖。心理学系获得北京大学体育运动委员会颁发的"突出贡献奖"。

新生访谈工作、"525心晴小队"走进47中学和北京大学附中进行团队辅导成功举行。2012年度的心理学文化节突出了"科普、新知和社会服务"这一主题，既强调了校园日常心理健康教育的重要性，又普及了灾后心理重建等领域的新知识，是将科学知识与校园流行文化有效结合起来，是创新校园科普形式的有益探索。

建筑与景观设计学院

【概况】 2012年，在学校领导及学校各部门的指导和支持下，建筑与景观设计学院作为一个年轻的学院继续稳步发展。4月，北京大学党委书记朱善璐专程来学院调研，俞孔坚院长等向朱善璐一行进行了学院工作汇报。校领导对学院成立以来的工作给予了高度的肯定和认可，对学院特色教学科研、交流合作等工作的开展表示支持。

学院师资队伍得到了重要的发展，引进了王志芳副教授、李溪博士，为学院教学科研体系提供了多学科的人才支撑。俞孔坚教授入选教育部2011年度"长江学者"特聘教授，成为全国高校建筑、城市规划和景观设计领域的第二位长江学者。

学院的科研、设计影响力进一步提升。6月12日，美国景观设计师协会（ASLA）授予33位杰出会员为委员会委员，北京大学俞孔坚教授当选。

北京大学建筑与景观设计学院师生分别获得2012美国景观设计师协会（ASLA）专业组和学生组的两个"杰出奖"。由俞孔坚团队设计的"哈尔滨群力国家城市湿地公园"荣获ASLA专业组"综合设计类杰出奖"。哈佛大学博士生（现就读于北京大学建筑与景观设计学院）的陆小璇摘得ASLA学生组"分析与规划类杰出奖"，这也是北京大学学生第二次获得ASLA学生奖。7月，由俞孔坚及其团队设计的上海后滩公园、哈尔滨群力湿地公园两个项目同时获得了2012国际建筑奖（International Architecture Awards 2012）。

【教学科研】 2012年学院完成了全日制硕士、在职风景园林硕士培养方案。教师承担了城市与环境学院、深圳研究生院相关专业课程的教学任务。

学院教师参与了多项科研项目，包括"城市雨水径流管理与径流污染控制技术研究与示范"项目、"我国国土生态安全格局构建关键技术与保护战略研究"项目。"综合解决城市水问题的生态学途径"科技成果通过由教育部、中科院、住建部、国家林业局、国土资源部和科研院所组成的专家组的成果鉴定。俞孔坚主持的课题"土地利用规划和空间管制的生态学途径与案例"获2012年国土资源部国土资源科学技术二等奖。

2012年学院完成了一批学术著作。《国土生态安全格局：再造秀美山川的空间战略》《区域生态安全格局：北京案例》《京杭大运河国家遗产与生态廊道》《设计的生态：俞孔坚的景观设计》等陆续出版。

学院还主办了一系列学术论坛。2月主办了"儿童活动与空间"主题论坛，10月主办了"弹性城市——北京大学建筑与景观设计学院年度论坛"。

【社会服务】 2012年3月，景观设计学专业2011年级全体同学义务参与广东省和平县公白中学校园规划与建筑方案设计，方案获得专家好评，修改后移交当地作为实施方案。

8月10日，学院师生赴西藏芒康县展开第二期援藏规划工作，在2011年工作基础上，援藏小组提出了在黄坡地上开展酿酒葡萄种植的工程规划。

【交流合作】 为了进一步活跃教学、科研、促进学术交流，学院与欧美多所优秀大学景观设计学院、建筑学院开展了多次交流活动。

2012年2月10日至17日，哈佛大学设计学院与北京大学建筑与景观设计学院师生完成了为期7天的合作课程。课程的题目是"场地分析与个案研究"，两校学生共同完成了对北京青龙湖地区的研究与分析。

9月26日，加拿大不列颠哥伦比亚大学副校长John Hepburn一行莅临参观了北京大学建筑与景观设计学院、景观设计学研究院。

10月8—12日，北京大学深圳研究生院城市规划与设计学院景观设计学专业和瑞典隆德大学建筑学院可持续城市设计专业合作课程——"景观设计理论与方法二：城市景观规划设计"场地调研及设计研讨顺利开展，课程由韩西丽副教授与Peter SiÖstrÖm教授合作主持，30多名隆德大学师生顺利完成他们在中国为期两周的学习，对深圳龙华新区发展规划进行了研究。

11月1日，比利时布鲁塞尔自由大学Pirson Georges和Metzger Francis教授访问北京大学建筑与景观设计学院。Pirson Georges教授介绍了比利时布鲁塞尔自由大学的学校概况、课程设置、学生活动以及未来发展方向的构思等。俞孔坚教授也为其介绍了北京大学教学的特色。双方就城市规划、设计理论等方面交换了意见,并在相关院系的联合培养教学、科研合作等方面探讨合作性。

【年度纪事】 1. 儿童活动与空间主题论坛。2月25日,"儿童活动与空间"主题论坛在北京大学图书馆北配殿成功举办。此次论坛由景观中国网和《景观设计学》杂志主办,北京大学景观设计学研究院副院长、副教授李迪华担任主持,意格国际首席设计师马晓暐先生、奥雅设计集团首席设计师李宝章先生、丹麦康潘儿童游乐设施有限公司销售代表薛梦丹先生、北京大学深圳研究生院城市规划设计学院韩西丽老师和英国谢菲尔德大学博士及建筑师武昕女士等来自教育和企业界的人士任论坛嘉宾。论坛中嘉宾们就儿童活动空间设计的相关话题从空间、活动、安全、心理和发展多个角度进行了细致深入的探讨,为景观设计行业的设计师、学生、爱好者加深对于此类空间设计的现存问题和设计重要性的认知开拓了思路。

2. 生态治水。教育部在北京组织并主持召开了由北京大学建筑与景观设计学院和北京土人景观与建筑规划设计研究院完成的"综合解决城市水问题的生态学途径"科技成果鉴定会。鉴定委员会由教育部、中科院、住建部、国家林业局、国土资源部和科研院所的9位专家组成。委员会听取了课题组的成果报告,并审查了查新报告和用户使用报告,经质询和讨论,形成了鉴定意见,指出:课题组针对我国快速城市化建设背景下城市水问题日益突出的实际问题,以景观生态学、生态安全格局和生态系统服务为理论基础,以生态基础设施建设为途径,充分发挥水系统的生态功能,维护城市水生态系统的完整性,将理论研究与工程实践相结合,取得了创新性的成果。

3. 全国高校景观设计毕业作品交流暨高校教育论坛。2012年10月13日下午,"实践·教育·责任——第八届全国高校景观设计毕业作品交流暨高校教育论坛"在北京大学图书馆北配楼报告厅圆满举行。来自清华大学美术学院、西安美术学院、江南大学设计学院、云南大学艺术与设计学院、沈阳建筑大学建筑与规划学院等院校的10名获奖学生进行了作品汇报,来自全国各大高校的专家学者和景观设计一线知名设计师们担任了本届论坛的点评嘉宾。本次论坛由北京大学建筑与景观设计学院主办,景观中国网站和《景观设计学》杂志承办。

信息科学技术学院

【概况】 信息科学技术学院成立于2002年9月,下设电子学系、计算机科学技术系、微电子学系和智能科学系4个学科建设单位,以及基础实验教学研究所、物理电子学研究所、量子电子学研究所、应用电子学研究所、现代通信研究所、微电子学研究所、系统结构研究所、网络与信息系统研究所、软件研究所、计算语言学研究所、数字媒体研究所、高能效计算与应用中心、信息科学中心、信息技术创新研究院等14个教学科研单位。学院现有国家级重点实验室2个(区域光纤通信网与新型光通信系统国家重点实验室、微米/纳米加工技术国家级重点实验室)、国家工程实验室1个(数字视频编解码技术国家工程实验室),以及省部级重点实验室9个(纳米器件物理与化学、高可信软件技术教育部重点实验室、机器感知与智能教育部重点实验室、计算语言学教育部重点实验室、微电子器件与电路教育部重点实验室(B级)、网络与软件安全保障教育部重点实验室(B级)、微处理器及系统教育部工程研究中心、北京市软硬件协同设计高科技重点实验室、软件科学与技术网上合作研究中心)。

截至2012年12月,学院有在读全日制学生2586人,其中本科生1263人,硕士研究生788人,博士研究生535人;在职教工411人,离退休教工200余人。学院现有中国科学院院士3人,中国工程院院士2人,"海外高层次人才引进计划"(即"千人计划")入选者2人,教育部"长江学者奖励计划"特聘教授8人,讲座教授3人,国家杰出青年科学基金获得者11人,国家重点基础研究发展计划(即"973计划")项目首席科学家7人(13人次),国家重点基础研究发展计划(即"863计划")专家组成员7人,国家科技重大专项专家组成员6人,"新世纪百千万人才工程"国家级人选3人,"中国青年科技奖"获得者3人,"青年海外高层次人才引进计划"(即"青年千人计划")入选者2人,"青年拔尖人才支持计划"入选者1人,国家自然科学基金委员会(NSFC)优秀青年科学基金获得者3人,教育部新(跨)世纪优秀人才计划入选者22人,北京大学"优秀青年人才引进计划"(即"百人计划")入选者15人;NSFC创新研究群体2个,教育部"创新团队发展计划"入选团队3个;此外,在聘客座教授5人。

学院基本构建了北京大学信息学科的整体布局,形成电子科学与技术、计算机科学与技术、信息与通信工程3个一级学科和11个二级学科(包括9个目录内二级学科和2个自设二级学科),学科建设成绩斐然,其中计算机科学与技术、电子科学与技术为国家重点一级学科,计算机软件与理论、计算机应用技术、物理电子学、微电子学与固体电子学、通信与信息系统为国家重点二级学科。按2012年度 U.S. News 的评价体系(World's Best Universities 2012),

北京大学在"电子工程"学科排名第29位,在"计算机科学"学科排名第35位;按ESI的评价体系,北京大学的"计算机科学""工程"学科均进入全球研究机构的1‰。

2012年9月22日,学院成立10周年庆祝大会在百周年纪念讲堂举行。北京大学党委书记朱善璐发来贺信。北京大学党委常务副书记、副校长张彦,北京大学校务委员会副主任、原常务副校长迟惠生,北京大学秘书长杨开忠,中国科学院院士、北京大学信息与工程科学学部主任杨芙清,中国科学院院士、学院微电子学研究院首席科学家王阳元,中国工程院院士、学院首任院长何新贵,清华大学信息科学技术学院常务副院长张佐,院友代表、中国科学院计算技术研究所所长孙凝晖,学院首任党委书记郭瑛,中国科学院院士、北京大学信息科学技术学院院长梅宏等领导和嘉宾出席。大会由学院党委书记魏中鹏主持。北京大学校部机关、直属附属单位、相关院系领导,兄弟高校、研究机构的同行代表,院友代表,合作企业代表以及学院师生等近2000人与会。

2012年,学院领导、行政部分办公室负责人以及6个研究单位领导进行了换届、调整。2月,经院务会讨论决定,任命黄如为微电子学研究院院长,盖伟新、金玉丰、吴文刚、张大成为学院副院长。5月,学校任命蒋云担任学院行政副院长,魏中鹏不再兼任。10月,任命金野为现代通信研究所所长,冯梅萍、焦秉立、李正斌为副所长;任命查红彬为信息科学中心主任,吴玺宏、谢昆青、袁晓如为信息科学中心副主任;任命赵建业为应用电子学研究所副所长;同意梅宏辞去软件研究所所长,任命谢冰为软件研究所所长,黄罡、汪国平、王捍贫为副所长;同意高文辞去数字媒体研究所所长,任命黄铁军为数字媒体研究所所长,李冲、王亦洲为副所长;同意查红彬、李林不再担任信息技术创新研究院院长、常务副院长,聘用姜玉祥为信息技术创新研究院院长;同意王进、田军不再担任科研交流办公室主任、教务办公室副主任,任命孙琰、丁雪芹为科研交流办公室主任、教务办公室副主任。

【党建工作】 信息科学技术学院加强领导班子党风廉政建设,进一步明确指导思想,紧密围绕国家战略需求和学校发展目标,在不断完善学院发展规划的基础上,求实务真,认真开展制度建设、服务团队、经济基础三大保障工作,创造和谐环境,促进协调发展。

1. 高度重视对北京大学第十二次党代会精神的宣传学习和贯彻落实,喜迎十八大召开。2012年3月,学院召开党员代表大会,选举出马郓、代亚非、卢亮、佟冬、屈婉玲、胡薇薇、郭佳奇、郭瑛、黄如、梅宏、魏中鹏等11人,代表学院参加学校党代会。4月,学院副院长、微电子学研究院院长黄如教授当选北京大学出席北京市第十一次党代会的代表。6月底,召开纪念中国共产党成立91周年暨表彰大会,邀请学校党委组织部领导解读学校党代会工作报告、传达大会精神,同时特邀中央党校党建部高新民教授作题为《党的建设若干问题研究综述》的专题报告。7月,学院党委和海淀区中关村街道党工委签订了共建协议书。8月,组织学院党务工作者代表、2012年"北京大学优秀共产党员"称号获得者赴"全国爱国主义教育示范基地"红旗渠和"世界文化遗产"殷墟参观学习。11月,组织师生集中观看十八大开幕式和闭幕式;组织教工党支部书记、学生党支部书记座谈会、行政人员学习培训会等,集中学习十八大精神;组织部分研究生党支部成员赴中关村街道华清园社区、香山街道办事处开展十八大精神宣讲、交流活动。

2. 以"党建工作年"为契机,进一步加强基层党支部建设,推进基层党建工作规范化、精致化。2012年,学院发展党员83人,其中教工党员1人(吕国成),预备党员转正109人;党员组织关系转入188人次,转出240人次;完成395份研究生新生的政审和调档;174名学员从北京大学第19期党性教育读书班顺利结业,137名学员从北京大学第25期党的知识培训班顺利结业;申报学校基层党建创新立项22个,在教职工支部中开展"迎接党代会,总结经验找差距"主题党日活动,在学生支部中开展"继承传统勇担青年使命,建言献策参与学校发展"学生党团日联合主题教育活动和"贯彻党代会精神,真学实干创一流"学生党团日联合主题教育活动和组织生活会。学生党建开展以"规范固基、共建拓基、服务强基"为主体的"三基"工程,根据学院研究单位的设置,对部分学生支部进行调整,使得学生支部数量从32个增加为35个:智能科学系和计算机应用博士生党支部拆分为智能科学系博士生党支部和计算机应用博士生党支部,微电子博士生党支部和微电子硕士生党支部按照三个研究中心整合为微电子VLSI、SoC、MEMS党支部,计算机软件所博士生党支部按照行政班级拆分为两个党支部,电子学博士生党支部按照研究所和研究方向进行了整合。

3. 表彰先进,树立典型,注重党员的先锋模范带头作用,重视党员思想政治教育工作的开展。孙艳春、程旭、张钢刚、黄铁军、尹德红、唐镇松、吴锦雷、李冬晨、阴红志、孔令明、柳毅、邓丽霞、赵大宇、马郓等14人获"北京大学优秀共产党员"称号,电子学教工第一党支部、信息中心和数字媒体教工党支部、计算机系统结构所硕士生党支部3个支部获"北京大学先进党支部"称号;谭云华、依那、黄文灏等69人获"北京大学信息科学技术学院优秀共产党员"称号,计算机教工第二党支部、学院行政党支部、计算机软件所博士生党支部等8个党支部获"北京大学信息科学技术学院先进党支部"称号。

4. 创造和谐环境,促进协调发展。学院高度重视安全稳定工作,健全以"预案机制、联动机制、交流机制、保障机制"为主要内容的相关工作机制;继续执行学校公用房屋收费制度;启动信息技术创新研究院昌平校区;制订《信息科学技术学院青年人才支持计划》。在构建和谐校园、美化学院环境的过程中,充分发挥工会、教代会、学生会、研究生会的主观能动作用,坚持组织教工年度体检,组建多支运动队,督促教工加强日常锻炼,开展春节、妇女节、儿童节、教师节等慰问活动,关怀患病教工和离退休教工。2012年10月,学院召开教职工代表大会,增补12名代表,并选举王亦洲、王志军、王捍贫、冯燕、张大成、李红滨、陈清、罗英伟、胡薇薇、蒋云、韩德栋、魏中鹏等12人代表学院参加北京大学第6届教职工代表大会暨第18次工会代表大会,选举学校工会副主席迟春霞为北京大学第6届教职工代表大会暨第18次工会代表大会代表。

【教学工作】 信息科学技术学院始终把提高教学质量、培养高水平人才作为首要任务,坚持"教学第一"。

1. 学籍管理。2012届本科毕业生313人,297人获学士学位,1人获电子信息科学与技术双学位,19人获计算机双学位,3人获计算机软件辅修毕业证书,2011届结业生换双证5人;硕士和博士毕业生分别为386人和92人,1人获硕士同等学位。2011级本科生经专业分流,分别有144人、91人、55人、41人进入计算机科学技术系、电子学系、微电子学系、智能科学系。2012年,按电子信息科学类招收本科生296人,另有电子信息科学与技术专业国防生10人,共306人;录取硕士研究生274人(含推荐免试生215人,应试考生57人,申请制留学生、香港地区学生各1人),博士研究生124人(含推荐免试生79人,硕博连读生17人,应试考生25人,申请制留学生、台湾地区学生各1名)。

2. 日常教学。2011—2012学年,本科生课程秋季学期、春季学期、小学期分别开设134、105、14门次,研究生课程开设119门次。高等教育自学考试"计算机及应用"组织专业考试22个科目、2092人次,指导131人论文,其中89人参加答辩,78人获学位;"计算机应用技术"研究生课程进修班2012级招生45人,开课12门次,5人获硕士学位;此外,接收高校单科进修教师8人,访问学者8人。

3. 教学改革和教学成果。丁力的《基于碳纳米管的无掺杂高性能CMOS器件和集成电路》(彭练矛指导)入选2012年北京市优秀博士学位论文,王振兴的《基于碳基纳米材料的双极性射频器件和电路》(彭练矛指导)、曾琅的《新型半导体器件特性及量子输运快速算法研究》(刘晓彦指导)、王心悦的《全光纤陀螺仪关键技术研究》(王子宇指导)、王啸吟的《支持源代码回溯定位的字符串分析及其应用研究》(梅宏指导)、蔡少伟的《最小顶点覆盖的局部搜索算法》(苏开乐指导)、耿博的《网络图像搜索中的排序》(许超指导)等6篇入选北京大学优秀硕士学位论文;王超一、张天翔、袁洋、何欣然、白蔚、杨宏宇、宗伟健、郑家安、李刚、吕阳的论文被评为学院本科生十佳优秀论文;李超获2012年度"新生院长奖学金"一等奖学金,李浩然、李旭鹏、梁黄炫、倪泽堃、潘睿、沈业基、闫学灿、杨一帆、朱睿获二等奖学金。在第5届中国大学生计算机设计大赛决赛中,学院学生获一等奖1项、二等奖1项、三等奖2项、入围奖1项;在2012年英特尔杯全国大学生电子设计竞赛:嵌入式系统专题邀请赛中,张一博等(陈江指导)获一等奖,张清翔等(杨延军指导)、范梓野等(刘志敏指导)、李佩等(李正斌指导)获三等奖;在2012年ACM国际大学生程序设计竞赛亚洲区预选赛中,以我院学生为主力的多支代表队获赛区金奖7项、银奖7项、铜奖1项。此外,2012年,本科生发表国际期刊论文6篇、国际会议论文21篇,国内期刊论文4篇、国内会议论文1篇。

2012年,学院以本科生课程"计算机系统导论"为试点,首开小班教学;出版本科生教学系列丛书,包括《北京大学信息科学技术学院本科生课程体系》《北京大学电子信息实验教学内容体系》《北京大学计算机科学技术实验教学内容体系》《北京大学计算机学科核心课程系列实验班教学实施方案》等。"实践创新推动学生自主发展:计算机学科栋梁人才成长环境建设10年"(李文新等完成)、"大规模多需求背景下计算机专业本科教育内涵建设的研究与实践"(李晓明参与完成)获2012年北京市高等教育教学成果一等奖,"大学生物联网大赛的开展和学生创新创业能力的培养"(张海霞等完成)、"计算机实践创新能力培养体系的协同建设与示范"(李文新、钱丽艳参与完成)获二等奖;以上两项,以及"文科计算机基础课程改革与建设"(刘志敏等完成)、"'电路分析原理'实践课程的探索"(陈江等完成)、"问题求解导向的数据结构与算法实践教学"(张铭等丹完成)、"以综合能力和创新能力培养为导向的软件工程课程体系建设"(孙艳春等完成)、"凝练基础、培养能力,信息大类本科生'电路基础实验'课程建设"(周小计等完成)等7项获北京大学教育教学成果一等奖,"微机实验课程教学方法改革探索"(王道宪等完成)获二等奖。《数据结构与算法》(张铭等编著)入选"十二五"普通高等教育本科国家级规划教材;以上教材,以及《电子技术基础》(王志军编著)、《电子技术与数字电路(第二版)》(王克义编著)等3种入选2011年北京高等教育精品教材。郭耀、冯梅萍获北京大学2011—2012年度教学优秀奖;彭超获北京大学第十二届青年教师基本功比赛理工类二等奖,梁云、魏贤龙获理工类三等奖,黄少云、罗国杰获优秀奖。此外,李正斌、俞士汶获学校继续教育部优秀导师称号,关白被评为优秀访问学者。

4. 社会服务。2012年4月,学院参加校园开放日暨本科招生咨询会;7月,举办全国中学生信息科学夏令营、优秀大学生夏令营暨推荐免试研究生选拔。

【科研工作】 信息科学技术学院鼓励教师立足国家需求、面向国际前沿承担各类科研项目,取得了一批国内领先、具有国际影响的重大研究成果。

1. 科研项目和经费。2012年,学院承担国家级、省部级、科技开发等各类科研项目429项,所获经费约31425万元,签署技术服务、技术咨询、技术转让合同124项,所获经费约2938万元,纵向和横向科研经费总计约3.44亿元。

2. 科研成果。梅宏等完成的"全生命周期软件体系结构建模理论与方法"获国家自然科学二等奖,高文等完成的"数字视频编解码技术国家标准AVS与产业化应用"获国家科技进步二等奖;谢冰等完成的"可信软件资源生产与共享环境(Trustie—TSE)"获高校科学研究优秀成果奖(科学技术)自然科学一等奖;梅宏获何梁何利基金科学与技术进步奖(电子信息技术);杨光临等完成的"基于非级联迭代加密相息图的盲水印鲁棒方案"、王亦洲等完成的"基于非级联迭代加密相息图的盲水印鲁棒方案"获北京市科学技术三等奖,黄如等参与完成的"超大规模集成电路65—40纳米成套产品工艺研发与产业化"获一等奖;赵玉萍参与完成的"宽带无线通信低功耗的理论与技术研究"获湖北省自然科学一等奖;封举富等参与完成的"千万人级指纹自动识别和全国异构系统查询关键技术研究"获公安部科技进步二等奖;郭弘的"空间量子通信的理论、方法及技术研究"、张路的"软件分析与测试"获国家杰出青年科学基金项目资助;宋令阳的"多天线技术和协作通信"、黄罡的"软件自适应理论与方法"、王立威的"机器学习与模式识别基础理论"获NSFC优秀青年科学基金项目资助;宋令阳的"协同异构蜂窝层叠网络基础理论与关键技术"获"973计划"青年科学家专题立项;王胜、王立威、周明辉入选教育部新世纪优秀人才支持计划;宋令阳入选北京市科技新星计划;黄安鹏获2012年度大川研究助成奖。学院教师发表SCI论文246篇(平均影响因子为2.02,最高影响因子为13.88),发表A类学术刊物论文205篇;申请专利238项(含国际专利7项),获得授权194项(含外国专利1项);出版教材3种、专著8种、译著2种。3月27日,梅宏被聘为科技部"十二五""863计划"信息技术领域先进计算技术主题专家组专家(召集人),黄如被聘为信息技术领域微电子与光电子主题专家组专家。

3. 重点实验室。2012年2月19—20日,区域光通信网与新型光通信系统国家重点实验室接受信息科学领域国家重点实验室现场评估,被评为良好类实验室;9月2日,纳米器件物理与化学教育部重点实验室接受教育部工程和材料科学领域专家组第一轮现场评估,22日,实验室主任彭练矛参加第二轮集中答辩的综合评估,最终被评为优秀类实验室;10月17日,北京市科学技术委员会主任闫傲霜一行考察纳米器件物理与化学教育部重点实验室、微纳超净加工实验室,调研实验室在碳基纳电子器件和光电集成电路方面的成果;11月6日,计算语言学教育部重点实验室建设项目通过教育部科学技术司验收。

4. 实验室与仪器设备。学院现有实验室17个,其中高能效计算与应用中心(系室设备号为04817)为2011年5月新增,国家"863计划"主题专家办公室、信息技术创新研究院(系室设备号分别为04818、04819)的仪器设备为代管。截止到2012年12月,现有在管仪器设备15824台,总价值约4.02亿元,其中一般设备15555台,约1.99亿元,大型设备269台,约2.03亿元;65个课题获学校第21期大型仪器开放测试基金资助,总额度达21.90万元;第20期大型仪器开放测试基金资助的42个课题顺利结题。2个项目获学校仪器创制与关键技术研发项目资助。

5. "985/211工程"三期建设。2012年,学院获批"985工程"项目6个,经费270万元,其中包括新到校4人"百人计划"研究员启动经费250万元。

6. 博士后工作。2012年,学院在站博士后96人,其中当年进站40人,出站39人(4人留校,4人延期);增设"软件工程"博士后流动站;获得中国博士后科学基金特别资助4项、一等资助1项、二等资助10项,刘西奎、李光元、易华祥3人被评为北京大学优秀博士后。

7. 保密工作。2012年2月,检查学院两个保密要害部位的人防、物防,涉密档案、计算机、移动存储介质、办公自动化设备、人员等；4月，涉密教师完成自查并提交《北京大学涉密科研人员项目检查表》；6月，组织涉密人员填写《发表论文情况评估表》，并汇总论文审查情况信息；7月，学校保密委员会办公室对学院20余名涉密人员进行抽查；9—12月，对涉密计算机、移动存储介质、办公自动化设备、载体，以及非涉密计算机、USB、办公自动化设备进行全面检查。

【交流合作】 信息科学技术学院积极拓展对外交流空间，鼓励教师和学生参与海外学术活动，开拓多元化的交流合作，提升在相关研究领域的国际地位和影响。2012年，学院教师402人次完成出访任务，其中参加会议296人次，访问考察72人次，合作研究34人次；本科生99人次、研究生259人次完成参加会议、学生交换等出访任务；组织接待印度新地平线大学，以色列特拉维夫大学，美国卡耐基梅隆大学、鲍威州立大学，巴西麦肯锡教会大学、米纳斯天主教大学，以及法国巴黎综合理工大学、日本日立集团IT使用者会、美国桉树系统公司、墨西哥蒙特雷技术大学等国外机构来访10余次。学院承担海外合作项目13个，新增项目4个；与海外机构签署合作协议1种；完成"北京大学海外学者讲学计划"项目11个（其中讲课类7个，讲座类4个）、"北京大学海外学者访问研究讲学计划"2个。此外，8月27日，院长梅宏一行考察天津滨海高新技术产业开发区；11月23日，天津市滨海新区科学技术委员会主任黄亚楼一行到学院调研；11月签订《北京大学与滨海新区人民政府关于共建北京大学（滨海）新一代信息技术研究院框架协议》。

【学生工作】 信息科学技术学院坚持先锋旗帜引领作用，深入开展学生思想政治教育工作；坚持分类引航，持续推进学生个性发展与综合素质提高；坚持师长引路，大力加强学生工作队伍建设，不断提高学生工作队伍的工作能力和服务水平。

1. 抓基层，打基础，全面提升党团骨干综合素质，加强学生党员骨干研修班、高级团校、初级团校三个学生骨干培训营的建设；坚持党建带团建，深入开展学生党团日联合主题教育活动；以学生党支部活动为龙头，以多样团支部活动为血肉，以党团联合活动为骨架，党团联动，保证学生思想政治工作的深入性。在学习雷锋精神、学习胡锦涛总书记在纪念建团90周年上的讲话、学习学校第十二次党代会精神、学习十八大报告精神等主题党团日联合主题教育活动中，学院44个班团集体在学生党员的带领下，积极开展各项主题活动。

2. 打造班团集体先锋榜样，引领学生集团成长，持续推进学生综合素质提高。学院首次设立"信科之星"个人奖章、集体奖章，经过评选，6位学生、7个集体分别被授予"信科之星"称号。严睿获北京大学第八届"学生五·四奖章"，2009级本科生9班获北京大学第八届"班级五·四奖杯"，并获北京市"我的班级我的家"十佳示范班集体称号；学院青年志愿者协会获北京大学十佳志愿团队金奖；学院辩论队、多支运动队也在校级比赛中取得优异成绩。

3. 突出人文关怀，加强学生助理心理排查工作，关注和促进学生身心健康。学院制定《学院学生助理管理办法（试行）》，构建了班长、年级组长、心理排查员三方联动的排查网络机制；推出"心·下午茶"小站，并在人人网上线，以更加生动、活泼和易于接受的方式开展心理健康宣传教育；聘请心理咨询师王竞为学生进行一对一的心理咨询，并专门开辟心理辅导室。

4. 不断完善奖助工作体系，激励、引导学生奋发向上。学院制定《院级助学金管理办法》，规范了院系助学金的管理机制；建立院系临时困难补助机制，为特困学生和遭受突发性变故、经济困难的学生解燃眉之急；积极利用院友资源，为困难学生提供帮助；整理《学院奖励奖学金工作备忘》，详细总结、记录整个评审流程，留存相关文档。2012年，家庭经济困难的本科生204人获助学金资助，占本科生总人数的16.2%，人均受助额度达9400元，总资助额度达到191.77万元；研究生21人获资助，总资助额度达12.15万元。

5. 做好学生就业指导和服务工作，提升学生职业技能素质。学院定期组织就业教育与指导，进一步打造"围炉夜话"职业规划系列品牌，2012年共组织博士生专场、海外求职专场等四次座谈会；定期进行就业情况的摸底和毕业生去向的分析，完成《学院毕业生就业报告》。2012年5—7月，学院开展"记忆信科，感恩北大"毕业生工作季，以月份为基本单元，主题依次为"学业总结月""毕业感怀月""文明离校月"，为毕业生站好就业服务的最后一班岗。

6. 加强学生工作队伍建设。学院立足于学生人数众多、专业众多、班级众多的实际状况，坚持师长引路的原则，打造由学生工作办公室专职干部、班主任辅导员和学生骨干队伍三方组成的坚实力量，群策群力，共同为学生服务。学院团委获北京大学"红旗团委"、北京大学暑期实践优秀指导单位；陈江获北京大学优秀班主任一等奖，李红燕、王金延、赵卉菁获二等奖，李巨浩、陆俊林、鲁文高、宋国杰、严伟获三等奖；李妍被评为北京市高校优秀辅导员；王一涵获北京大学优秀德育奖；贾婷婷获北京大学就业工作新人奖。

工学院

【概况】 工学院下设6个系：工业工程与管理系、力学与工程科学系、航空航天工程系、能源与资源工程系、生物医学工程系、材料科学与工程系，以及18个研究机构，其中包括省部级研究机构6个。

【教学工作】 1. 本科生教学。学院招收2012级本科新生94人，目前在校本科生共计371人。2012年9月为277名在校生办理注册，完成2011级学生专业选择工作，11月底为新生办理学籍及注册手续，为94名学生办理学籍异动手续。

工学院本科教育实行导师制，学院有24名教师成为2012级学生导师，负责学生学业相关问题的指导。

在学生培养方面，2008级的83名学生中，83人毕业，82人获学士学位（24人获理学学士，58人获工学学士）；16名学生参与2012年本科生科研训练，学院共17项获得资助，其中，国家创新计划3项，毛玉刚基金2项，教育基金会基金2项，校长基金8项；2009级共41名本科生获得推荐免试研究生资格。

2012年完成了《工学院本科生培养方案》2012版的修订；2012年工学院共开设课程63门，其中新开课程10门；完成了工学院63门课程的上课及考试安排，并完成了全部课程教学档案的归纳整理工作，以及2008级毕业论文等相关文件的存档工作。

2012年招收2012级留学生1人，在校生共有15人次出访交流。

2. 研究生教学。2012年工学院录取研究生新生189人，其中硕士生69人（含工程管理硕士专业学位26人），博士生120人。2012年共毕业研究生108人，其中，硕士毕业生52人、博士毕业生56人，授予博士学位57人、硕士学位49人。目前，在校研究生人数共566人，其中，硕士研究生210人，博士研究生356人。

根据教育部第三轮学科评估的通知，工学院参与评估的一级学科有力学学科和生物医学工程学科。根据学校要求，完成了力学学科下的4个自主增设二级学科的重新论证，包括：力学（生物力学与医学工程）、力学（力学系统与控制）、力学（能源动力与资源工程）、力学（先进材料与力学），其中力学（能源动力与资源工程）拟申请自主设置一级交叉学科"能源与资源工程"。同时，对在岗的博士生指导教师资格进行了重新考核。

2012年7月8—10日，学院举办全国优秀大学生夏令营，参加夏令营的近300名优秀大学生来自全国各地30多所高校。工学院夏令营已连续举办四年，目前已经成为工学院选拔优秀研究生的主要途径。

2012年共有102人次出国参加国际会议或合作研究，其中42人获得学校国际会议资助，10人获得2012年"国家建设高水平大学公派研究生项目"支持到国外合作研究或攻读博士学位。

2012年共有4名毕业生的毕业论文获奖，分别是：李忠奎，2010年7月博士毕业，获评2012年全国百篇优秀博士学位论文；顾雪楠，2011年7月博士毕业，获评2012年北京市优秀博士学位论文；牛骏，2012年7月博士毕业，获评2012年北京大学优秀博士学位论文；王建春，2012年7月博士毕业，获评2012年北京大学优秀博士学位论文。

【科研工作】 2012年，工学院共举办各类学术报告会135场，新获批科研项目200余项，获批经费超过2亿元。其中，科技部"863计划"和"973计划"课题各1项，重大研究计划课题2项，先进技术研究院项目44项；国家自然科学基金获批60项，经费总额达到7159万，包括1项重大科研仪器设备专项、1项重大研究计划集成项目、1项创新研究群体、2项重点基金和6项杰出青年基金，获批数量和经费总额均较以往有大幅度增长。到校科研经费在去年高速增长的基础上，今年继续保持较快速度增长。2012年工学院到校科研经费将近2.04亿元（2011年1.64亿元），其中科研部1.18亿元，科技开发部近6400万元，先进技术研究院2200多万元。工学院发表论文的数量稳步增长，全年发表SCI检索论文535篇，其中280篇的第一作者或通讯作者的第一署名单位为工学院，比去年全年增加47篇。2012年工学院SCI论文（第一或通讯作者）的平均影响因子为2.75，影响因子超过5的文章有34篇，其中有5篇超过9，最高为19.5。

2012年，工学院有6人获国家杰出青年科学基金资助，2人获得基金委优秀青年科学基金资助。青年教师的很多科研论文发表在国际一流的刊物上。侯仰龙教授和化学与分子工程学院马丁研究员合作，在碳化铁（Fe_5C_2）的可控制备及其费托合成催化性能研究领域取得重要突破，成果发表于国际著名刊物《美国化学会志》；曹安源教授与哈尔滨工业大学赫晓东教授研究团队在碳纳米管纤维方面有了重大突破，相关论文发表于2012年6月的 *Advanced Materials*，并被选为封底报道。张珏副教授和环境科学与工程学院要茂盛研究员的合作小组在利用低温等离子体灭活生物气溶胶的研究上取得突破，相关成果发表于 *Environment Science and Technology*。李长辉课题组和分子医学所熊敬维教授课题组在国际上首次实现了斑马鱼幼鱼全身循环系统的在体高分辨率无标记成像，相关文章是 Biomed Optics Express 期刊 2012 年 2 月下载次数最多的文章之一。

工学院的科研实力在国内外得到了充分的展示和认可。5 月份《物理评论快报》同期发表了陈十一教授及合作者的两篇文章，报道了该团队在"高马赫数可压缩湍流的标度及统计性质"及"电湿润及饱和的分子动力学机理"的两项研究成果。7 月份《物理评论快报》报道了佘振苏教授研究团队在可压缩湍流边界层马赫数效应研究方面取得的最新成果。王健平教授课题组用粒子跟踪法对发动机内燃料的不同燃烧过程进行分析，相关成果发表在燃烧领域顶级期刊 Combustion and Flame。工学院智能控制实验室研制的各类机器人在国内外的各种公开赛中屡获佳奖，在 2012 中国机器人大赛暨 RoboCup 公开赛中，工学院代表队"功夫队"一举斩获三项冠军。工学院与太原理工大学联合研制的仿生机器鱼跟随中国第五次北极科考队展开了历时 3 个月的科学考察，仿生机器鱼首次在北极地区试航。

2012 年，北京大学工学院在国内外的学术影响力进一步扩大，成功主办或协办了多场国内外有影响力的研讨会，包括：第二届油气藏开发前沿技术研讨会，袁明武教授担任会议主席的国际虚拟材料研讨会，第一届北大－清华生物医学工程联合研讨会，高能量密度物理国际会议。另外张东晓教授负责的清洁能源研究院加入中美绿色合作伙伴计划，2013 年中国国际太阳能十项全能竞赛的准备工作也在紧张有序地进行之中。

【党建工作】 2012 年，工学院党委基于"政治核心、监督保障、营造氛围、促进发展"的工作定位，积极开展了学院的党委工作。

2012 年 6 月，北京大学召开了中国共产党北京大学第十二次代表大会。工学院党委认真学习贯彻党代会上朱善璐书记所作的《勇担使命、团结奋斗，更加执著地加快推进创建世界一流大学步伐》报告，并组织各教工支部、学生支部开展座谈会，学习报告精神。2012 年 11 月，中国共产党第十八次全国代表大会召开，工学院党委及时组织各支部学习十八大报告精神。党支部组织座谈会、讨论会，对十八大报告内容深入研讨，其中 2012 级博士 1 班、3 班组织学生党员收看央视十八大解读视频"办好中国的事情关键在党"，并积极讨论；2010 级、2011 级、2012 级本科支部的同学以新媒体形式，制作了十八大报告的学习视频资料；2011 级博士 2 班党支部以知识竞赛的方式，组织学习十八大报告内容。

工学院党委立足学院实际情况，充分发挥基层党支部工作积极性，开展职业生涯访谈、党员带新生两项活动，成果丰硕：工学院党委带领 17 个学生党支部，在 3 个多月的时间里，深度访谈了 8 大行业中的 30 位杰出校友，访谈稿经整理后结集出版：《解密工之道——30 位北大校友为你解读职场》。

工学院党委重视队伍建设，党支部书记的培训工作扎实开展。2012 年春季与秋季，工学院分别召开了一次学生党支部工作会议，对全体学生党支部书记集中培训，提升其党性认识和业务能力。在 2012 年开展的历次党团日联合主题教育活动中，2009 级本科生党支部等 4 个党支部表现优异，在党团日活动成果评比中取得优异成绩；2008 级博士生党支部书记张又升获评 2012 年度北京大学十佳学生党支部书记。

工学院党委重视组织建设，认真培养、发展新党员。2012 年共组织 98 人参加学校党课班的学习，新发展党员 46 人。学院党委根据院系情况，重新进行了支部划分，现共有党支部 31 个，其中教工党支部 9 个，学生党支部 22 个。截至 2012 年年底，工学院共有党员 553 人，其中学生党员 430 人，教职工党员 78 人，离退休党员 45 人。

2012 年，工学院党委继续深入开展创先争优活动，各支部开展形式多样、内容精彩的活动。其中 2008 级博士生党支部上半年申报的创新项目"创先争优振士气，强党抓研创一流"获批并得到学校资助。

2012 年，工学院行政党支部、2008 级博士生党支部被评为"北京大学先进党支部"；工学院党委副书记李军凯等 5 人被评为"北京大学优秀共产党员"；工学院团委副书记王少杰被评为北京大学第 25 期党的知识培训班优秀领队辅导员。

学院党委严格制定党风廉政建设责任制，落实分工，坚持谁签字谁负责的原则。积极开展民主生活会，互相监督，要求院领导严格执行学院的《党风廉政建设责任制的若干规定》。另外，学院对即将走入社会的毕业生也开展了廉政教育，帮助毕业生树立良好的自警自律意识。

【学生工作】 2012 年，工学院学生工作办公室圆满完成了各项工作，取得了突出的工作成绩，荣获"北京大学 2011—2012 学年度学生工作先进单位""北京大学 2012 年军训工作先进单位"称号。

工学院团委立足工学实际，努力开拓创新，从五个方面打造"工学特色"共青团工作。第一，学术科创育人，营造浓厚学术氛围，全面打造"学术学工"。第二，社会实践育人，整合各方资源，提供多种实践机会。第三，体育竞技育人，提高身体素质，增强集体凝聚力。第四，文娱活动育人，以提高音乐素养为契机，培养学生艺术与审美素质。第五，志愿服务育人，倡导

"人人争做志愿者",推广志愿精神。

在精致化做好学生工作队伍建设、学生思想政治教育、学生科研文体活动以及学生常规事务性工作等内容的基础上,工学院在学生工作领域探索新方法,开辟新途径。学生工作办公室着手建设了工学院学生信息综合管理服务平台,该平台包含学生工作管理系统和学生工作综合服务门户网站,提高了学工办的工作效率。此外,该平台的建设由学工办与学院教学部门通力合作,以本科生科研立项方式开展,为学生提供实践锻炼机会。学院还积极统筹各方资源,在学生与企业(社会)之间搭建桥梁。一方面,学院的合作伙伴企业,为学院设立了多项奖助学金,资助学生的学习生活;另一方面,学院与企业联合组织学生活动。

2012年4月,工学院与校团委联合主办并发起了北京大学首届工业设计大赛,本次工业设计大赛的成功举办是学院在创新实践教育上的良好探索,该活动也进一步宣传了创新思想与工学理念,促进了学生对工业工程问题的深入思考。

【工会工作】 院工会按照服务大局、突出维权、依靠群众、创新发展、齐抓共管的原则,积极开展好工会活动,为学院的改革、建设与发展做出了贡献。

学院工会牢记工会工作的基本宗旨,认真履行职能,依法维护教职工的合法权益,努力为教职工排忧解难,为教职工办实事。在2012年体检开始前,院工会向学院领导提出增加有针对性的体检项目,以便及时发现问题,把对教师的关怀落在实处。

学院工会积极推进和完善二级教代会或全体教职工大会制度建设,做到制度健全、组织规范。学院工会积极推进教职工参与民主管理,为学校、学院发展建言献策,包括组织有代表性的教职工参与学校教代会工作,邀请学院教授参加各种沟通会、沙龙活动等。

学院工会坚持开展以师德建设为重点的三育人工作,围绕学校中心工作,开展教育创新等活动,提高教职工的整体素质。2011年王习东教授荣获首都"教育先锋"教书育人标兵称号,并荣获2012年"首都劳动奖章"。学院工会积极组织青年教师参加北京大学第十二届青年教师教学基本功比赛,周超、邹如强获得二等奖,张玺、王昊获得三等奖。

关心离退休教职工,制定了完善的工学院离退休教师工作制度,成立了离退休工作小组,选派一名工会委员专职负责离退休工作。

【人才建设】 工学院坚持以科学发展观为指导,积极引进人才,同时做好人才引进的各项服务工作,力求在教师队伍结构上更加合理。到目前为止,学院教员总数146人,院士6人(含双聘),在岗千人10人,长江学者16人(陈峰、陈十一、段志生、方岱宁、韩平畴、刘锋、陆祖宏、任秋实、佘振苏、谭文长、王建祥、王龙、夏定国、徐昆、杨槐、张东晓),青年千人4人。

学院严格遵循与国际一流大学接轨的考核评估制度,对到期教员进行了评估,外审专家评阅达140多人次,其中送海外评阅达70多人次。黄岩谊、段慧玲、张信荣等三位新体制教员喜获北京大学长聘教授资格,这是工学院第三批获得此项资格的教员。新体制转长聘教员达14人。原力学系谢广明晋升为教授。2名教辅人员退休。

在获奖方面,黄琳院士荣获北京大学第三届蔡元培奖,唐少强荣获2013年"北京市优秀教师"称号,段志生被评为教育部长江学者特聘教授,王前获得2013年正大奖教金,夏定国荣获中国工商银行教师奖,黄岩谊、席鹏荣获绿叶生物医药杰出青年学者奖,裴永茂荣获黄廷方/信和青年杰出学者奖。

【对外交流】 按照院领导的统一要求与部署,结合学校的要求,全院外事工作做到严格按照规章制度执行,包括对外交流、人员派出、港澳台事务、外国专家管理等。2012年5月,原外事办公室与国际化教育办公室合并,成立了国际合作办公室,将外事与学生交换工作统筹管理。

2012年度教员出国(境)共251人次,出访国家(地区)涉及美国、英国、法国、荷兰、比利时、加拿大、俄罗斯、瑞士、日本、澳大利亚、新加坡、意大利、德国、韩国以及港澳台地区等。其中赴港澳人数为32人次,赴台人数为26人次。全年出访人数比2011年增加了23%,赴港澳台人数有较大幅度提高,比去年增加了1.5倍。

2012年,利用北京大学"海外学者讲学计划"和"海外学者研究计划"项目共50万元先后聘请了外国及港澳台专家100余人次来学院讲课、讲座及科研合作。北大"海外学者讲学计划"自2006年开始实行到目前已使用7年。学院共使用该项目经费约180万元用于邀请海外学者来学院讲座、讲课和合作研究。此外,全年共接待来自美国、英国、韩国、日本等国家和中国香港、台湾地区知名高校来宾200余人次。

2012年,协助教员申报北京市外国专家局"高端外国专家项目",申报2人,获批2人。共获得每年30万的聘请高端外国专家来京工作费用资助,连续3年。

2012年,大力推动Globex(Global Education Exchange)项目的开展,该项目是北京大学工学院和多所世界知名大学工学院之间达成的外籍教师和学生交换学习与研究合作的项目。国外合作大学将选派学科领域知名教授、学者和优秀的工科学生来北京大学工学院参加为期4—6周的Globex暑期项目，工学院相应地选派优秀工科学生赴国外合作大学进行为期一个学期的课程学习或者助研学习。双方互认学分，学费互免。2012年6月至8月，工学院成功举办2012 Globex暑期项目。在2013年春季学期，工学院已确定派出3名优秀本科生赴美国特拉华大学工学院交换学习一个学期，已在对方学校注册并分别选修四门课程。

在与美国特拉华大学友好合作的基础之上，Globex项目计划与更多的世界级高校合作。目前已经与美国佐治亚理工学院、美国南加利福尼亚大学、英国剑桥大学签署Globex友好合作框架协议；并与美国匹兹堡大学、美国马里兰大学、澳大利亚新南威尔士大学、加拿大多伦多大学、法国国立高等电气电子、计算机、水力与电信学院、美国爱荷华大学签署了Globex正式合作协议，各方将从2013年度开始互派学生进行交换学习。

【发展合作】 2012年产学研系统增加了2个平台。一是工程教育中心，负责在职教育与培训。2012年9月12日工学院首届（2012级）工程管理硕士班开班，共招收学员26人，并在2012—2013第一学年第一学期完成11学分的教学任务。工程管理硕士教育还启动了新一轮培养方案改革，定位于面向高新技术产业和现代制造业，培养具有国际视野，能够熟练掌握和运用创新及现代工程管理基本原理和方法，解决技术创新与产业发展中的运营问题的高端人才。首届（2012级）管理科学与工程研究生课程进修班录取45名学员，定于2013年1月开学。二是与北大科技园联合成立北大科技园工道有限公司，专门负责学院科技园建设与运营。目前，学院产学研体系形成了以产学研合作委员会为领导，科技开发办公室、发展办公室负日常管理与服务的管理架构，以及由工程技术研究院等5个业务中心具体落实的格局。在工程技术研究方面，从学院、全校及海内外筛选出了31个优势项目，依托院内团队以及院地合作研究机构，启动了中试或工程化研究。目前在研项目52个。

在院地合作方面，与厦门市政府的合作顺利进行，12月18日完成了2012年度项目评估；与绍兴政府达成了对绍兴研究院进行调整的共识，今后绍兴研究院将以纺织材料及相关技术为主要方向，逐渐退出生物技术及能源工程领域；与南京市雨花区达成了共建研究院的协议，6月19日，学院与南京经济技术开发区达成共建光电中心协议，现已启动，杨槐教授团队申请到南京321重点项目；与包头市达成共建研究院及科技园协议，现正式启动；与杭州未来科技城达成共建研究院及科技园协议，研究院已批准，目前正进行科研及办公场所装修，预计2013年3月正式启动。

在产业发展上，进一步吸引了电子信息、仿真和财务领域职业经理人管理产业，基本建立了产业体系格局，公司各项管理进入正轨；智能假肢项目产业化进展顺利，先后向刘淇书记和郭金龙市长、北京市残联领导、北京市常委陈刚和北京市科委主任闫傲霜作了汇报演示，与北京市科委达成1.1亿元的二期投资意向；动力学仿真团队针对远景风能公司的风机叶片设计、银轮集团的二维散热器设计共签署了710万元合同，并与大运重卡的大梁仿真分析、厦门大小金龙的车身仿真分析达成了1000万元的合作意向；磁盘缺陷检测仪已售出第一套产品给日立美国公司；新业务规划明确，包括电子信息领域的无线温度计系统、油田随钻测量系统，装备制造领域的高功率激光再制造、飞梭轮自平衡独轮车等产品和项目即将开始产业化。

2012年的捐款到账金额860.8万元。截止到2012年年底，学院捐款合同总额为1.82亿元。2012年产学研课题合同金额为6159万元，到账6387万元（较2011年增长37.9%），占全校总额的36.1%。2012年还达成了3900万元的合作意向，将在2013年跟进落实。

2012年，工学院发展工作在宣传事务、公共关系管理（院友会、工业理事会、基金会）、筹款事务等几方面都取得了很大成绩。2012年6月，在北京红螺寺召开了第二届理事会第五次会议并成立了5个专业委员会，筹划定期开展交流活动。2012年12月22日，在上海召开了院友会第二次常务理事扩大会议暨上海校友座谈会，共同探讨工学院的未来发展以及工学院院友会的建设。在宣传方面，主要完成了英文网站的建设，取得较好效果，同时对中文网站进行了改版；宣传报道除强调新闻外，新设了人物专访和系列报道；完成了学院基本宣传出版物的编写，印制了中英文宣传册《工学快讯》季刊4期，2012年出版《电子报》(eNewsletter)中英文版共6期，并就力学系庆六十周年、金海育菁捐赠活动、理事会、院友会、工业设计大赛、高能量密度物理会议等重大活动进行了一系列采访和跟踪报道。工学院逐步完善和建立了媒体网络和人脉关系，为工学院的宣传创造了更加有利的正面环境。

计算机科学技术研究所

【概况】 计算机科学技术研究所研究方向包括图形图像处理技术与数字出版应用、互联网挖掘及应用技术、数字视音频处理与检索技术、数字文档处理技术、信息安全技术,建有电子出版新技术国家工程研究中心、中国文字字体设计与研究中心、网络与信息安全中关村开放实验室等科研基地。

2012年事业编制在职人员为44人,其中正高职称人员9人、副高职称人22人。2012年晋升副高职称2人,新入职2人,去世1人,博士后10人(其中5人为企业博士后);劳动合同制人员26人。

【教学工作】 2012年毕业博士研究生4名、硕士研究生25名;入学的博士研究生7名、硕士研究生22名;目前在读博士研究生35名、硕士研究生64名。

1. 刘家瑛获北京大学优秀博士学位论文二等奖,其导师郭宗明获北京大学优秀博士学位论文指导教师奖。

2. 1名博士研究生被评为信息科学技术学院第八届"学术十杰",1名本科生的毕业论文被评为信息科学技术学院"十佳"优秀毕业论文。

3. 研究生发表期刊论文8篇、会议论文45篇,其中SCI收录论文3篇。博士生发表期刊论文6篇、会议论文25篇;硕士生发表期刊论文2篇、会议论文20篇。

4. 共有5人讲授研究生课程、4人讲授本科生课程。

【科研工作】 2012年发表学术论文97篇,其中会议论文77篇、期刊论文20篇,影响因子最高的为4.908,SCI收录论文6篇。获得国内发明专利授权50项,申请并被受理的国内发明专利40项。在研项目60余项,到账经费3000多万元,其中纵向科研经费2800多万元。

1. "面向多种终端的大型网络视频系统关键技术及应用"获教育部科技进步奖二等奖。

2. 电子出版新技术国家工程研究中心被国家发改委授予"国家工程研究中心重大成就奖",同时中心主任肖建国教授被授予"国家工程研究中心先进工作者"称号。

3. 互联网中文内容智能监测系统获中国中文信息学会钱伟长中文信息处理科学技术奖二等奖。

4. 杨斌研究员被中国科协授予第五届"全国优秀科技工作者"称号。

5. 电子出版新技术国家工程研究中心的喷墨数码印刷机成功地研制了两款新产品,并在德鲁巴2012展览会上引起了强烈反响。此外高速可变喷印系统的稳定工作速度达到80米/分钟,标签印刷机支持专色并且幅宽达到700mm。在喷墨印刷核心技术方面研发了采用图像处理技术来改善喷嘴堵塞及拉道等喷墨质量缺陷的方法,并且首先在陶瓷喷墨印刷应用方面取得了较好的效果。

6. 中国文字字体设计与研究中心的工作获得教育部的赞扬,并成功与教育部续签了共建协议。

7. 近年新成立的字形计算技术小组,在汉字笔画与部件的自动提取、汉字字形的风格融合、基于经验知识的字形轮廓矢量化、基于多层次优化拼接的中文字库自动生成等方面取得系列新进展,相关工作的论文发表在 International Journal of Computer Vision(IJCV)、Pattern Recognition(PR)、2012 IEEE Conference on Computer Vision and Pattern Recognition(CVPR)、5th ACM SIGGRAPH Conference and Exhibition on Computer Graphics and Interactive Techniques in Asia(SIGGRAPH Asia 2012)。

8. 图像、视频内容理解与检索研究方向在视觉内容表示、相似度学习、视频语义概念自动检测、基于内容的跨媒体检索等方面提出了一系列创新性方法,在TRECVID 2012的Known-Item Search(简称KIS)任务和Instance Search(简称INS)任务的所有4项评测中,共获得3项第一和1项第二的优异成绩,相关工作的论文发表在 International Journal of Computer Vision(IJCV)、Pattern Recognition(PR)、IEEE Transactions on Multimedia(TMM)、The 20th ACM International Conference on Multimedia(ACM-MM)。

9. 语言计算与互联网挖掘研究方向在汉语句法分析中,提出了一种用于依存分析的伪短语结构分析方法,并利用多句法分析器集成提高汉语句法分析的效果,相关工作的论文发表在 The 50th Annual Meeting of the Association for Computational Linguistics(ACL2012)。

在多语言环境下观点分析与总结技术中,提出了新颖的跨语言观点对象抽取方法与基于词汇关系的情感检索方法,相关工作的论文发表在 Journal of the American Society for Information Science and Technology(JASIST)、The 2012 The IEEE International Conference on Data Mining(ICDM2012)。

10. 网络信息处理技术研究方向在中文网络信息抽取方面提出了一种结构化与非结构化内容抽取相结合的弱监督概率抽取框架,已构建出关于50万个中文实体和近500万条三元组知识条目的中文语义知识库,并着重研究了新闻事件语义的抽取和整合以及网络人名消歧等任务,相关工作的论文发表在 IEEE Transactions on Pattern Analysis and Machine Intelligence(IEEE TPAMI)、The 2012 Joint Conference on Empirical Methods in Natural Language Processing and Computational Natural Language Learning(EMNLP&CoNLL)。

在基于图数据库的海量RDF数据存储和查询方面,构建了面向2亿条三元组的RDF查询引擎原型系统 gStore，提出并实现了有关编码、索引、查询方面的新技术，已完成多个 Benchmark 数据集和真实数据集的测试，相关工作的论文发表在 VLDB Journal。

11. 数字视频技术研究方向在基于图像稀疏性重建研究中，提出基于结构上下文信息的稀疏分解编码算法，进一步提高传统稀疏编码的性能，并通过图像去噪和超分辨率重建验证了提出方法的有效性和鲁棒性，相关工作的论文发表在 IEEE Transactions on Image Processing (TIP)。

在对基于广义高斯分布信源模型的标量量化器做了系统的率失真分析后，将其用于 H.264 VBR 编码码率控制中，在减小控制误差、平滑视频质量方面取得了比参考软件更好的效果，相关工作的论文发表在 IEEE Transactions on Image Processing (TIP)。

12. 网络内容保护与文档处理技术研究方向在版面理解研究中提出了基于互联网数据补偿抽取模型的元数据搜集与识别方法等，使元数据识别效果、版面理解的准确率和速度均得到了改进，相关工作的论文发表在 The 12th ACM/IEEE-CS Joint Conference on Digital libraries (JCDL 2012)、The 21st International Conference on Pattern Recognition (ICPR2012)、The 26th Conference on Artificial Intelligence (AAAI'12)，并获得2012 年科技支撑计划项目资助。

13. 在互联网搜索与挖掘技术研究方向，针对微博的短文本与实效性的特点，将微博话题标签、外部链接信息、相关扩展微博等与微博内容相融合，并考虑时间因素的影响，利用语言模型进行建模，提出了一种新颖的微博搜索算法，提高了微博搜索的准确性，相关工作的论文发表在 The 12th ACM/IEEE-CS Joint Conference on Digital Libraries (JCDL 2012)。

14. 信息安全研究方向对软件中的认证协议进行深入分析，提出了可消除后门的认证模块实现框架，并研究了在该框架下后门可用性的理论上限，从而确保了认证模块的安全，相关工作的论文发表在 IEEE Symposium on Security & Privacy 2012。

15. 近年独立研制成功的基于可伸缩视频编码 SVC (Scalable Video Coding) 的 P2P 流媒体视频服务技术在迅雷公司最新版本的客户端——迅雷看看中正式应用。还与深圳市贝尔信智能系统有限公司达成了合作协议，共同组建了"视频云转码与传输联合实验室"，并通过贝尔信积极参与到深圳市交通委的智能交通信息系统建设项目之中。

【党建工作】 认真学习贯彻党的十八大和学校第十二次党代会报告精神，邀请专家解读十八大报告，更加准确、深刻地领会了十八大报告的精神，并结合计算机所的科研领域与十八大报告中"扎实推进社会主义文化强国建设"密切相关的特点组织座谈，进一步明确了计算机所今后的发展方向与模式。

积极推进党风廉政建设，认真落实"一岗双责"，明确规定了计算机所的议事规则与所务公开要求，建立了所内的民主管理与监督机制，形成了较完善的预防腐败体系。

2012 年全所共有党员 33 人，其中离退休党员 8 人。

【交流合作】 2012 年参加国内外学术会议、交流访问的有 100 多人次，承办了第一届自然语言处理与中文计算会议 (NLP&CC 2012)，并积极与国内外科研机构、专家学者进行学术交流，进一步提高了计算机科学技术研究所的学术影响力。

【王选纪念陈列室】 组织王选纪念陈列室的接待和讲解工作，年内共接待各方参观人员 1200 余人，此外还在校内外作了 12 场题为"王选的世界"的主题报告。

由中央美术学院张德峰教授雕刻的王选雕像，在计算机所大楼举行了揭幕仪式。

"九三人物系列丛书"《王选传》，由学苑出版社出版发行。

软件与微电子学院

【概况】 2012 年，北京大学软件与微电子学院建院十周年。这十年，软件与微电子学院致力于探索高等工程教育新模式，致力于培养高端工程技术创新人才。自成立以来，软件与微电子学院一直贯彻"坚持面向需求、坚持创新创业、坚持质量第一"的建院宗旨，坚持"专业教育学分制、素质教育学苑式、产学研用一体化"的办学模式，不断探索实践高层次、实用型、复合交叉型、具有国际视野的人才培养教育模式。

软件与微电子学院现拥有 5 个工程硕士专业学位点，2 个第二学士学位点，1 个工学博士学位点，6 个教育部特色专业。2012 年新增电子与信息领域工程博士专业学位点，已形成 1 个学院、2 个学科（软件工程学科、集成电路工程学科）、4 个基地（国家软件人才国际培训（北京）基地、国家集成电路人才培养基地、软件工程国家工程研究中心北京工程化基地、北京大学软件与微电子学院无锡产学研合作教育基地）的综合性软件与微电子人才培养实体。学院的发展顺应《国家中长期教育改革和发展规划纲要》的要求，十年来，教育质量快速提升，对外交流日益拓展，科研成果不断涌现，综合实力显著增强，获得了"国家级教学成果奖一等奖"以及北京市、北京大学的多项教学成果奖。在学校加快建设世界一流大学的关键时期，软件与微电子学院将紧跟"北大2048"远景规划和"三步走"的战略思想,坚持人才培养的"精品化、规模化、国际化"发展战略,并以工程博士教育作为新的创新平台,探索企业领军人才培养模式,在高端工程人才培养的探索中保持国内领先地位,争创世界一流。

【教学工作】 软件与微电子学院通过聘请国际著名专家学者担任系主任、全球招聘教师、聘请企业专家担任兼职教师等多种措施,实现了双语教学下的优势资源共享,促进了课程体系与国际接轨。专职教师侧重知识体系的传授,企业导师侧重新技术的应用和工程实践,各司其职,相得益彰。2012年新聘教职员工29人(其中外国专家1人);新晋升教授1人,副教授1人;新评定工程硕士生导师12人;学院工程专业学位分会决议通过组建由14名博士生导师组成并由杨芙清院士和王阳元院士担任学科带头人的导师团队。迄今为止,学院共有专职教师57人,其中教授27人,副教授14人,讲师及助教16人,具有工业界和学术背景的占70%。

学生工程实习与论文质量继续保持平稳上升的势头,通过梳理历年学生实习企业,确定了重点合作的23家实习企业,实习立项共计813人次;调整了实习立项、开题、结项的流程,力求简化工作程序,方便学生申办手续的办理;共组织931名硕士生参加学位论文答辩,其中有905名学生顺利通过论文答辩并取得硕士学位,答辩委员会推优的论文共计35篇。

软件与微电子学院以工程技术研究中心建设为依托,围绕软件工程、集成电路工程、金融信息工程、交叉型新技术发展等方向,承担国家、地方、国际合作、产学合作等各类项目。承担国家科技计划项目7项(含国家重大专项4项、国家科技支撑计划3项),国家自然科学基金项目9项(含重点项目2项、面上项目7项)。相关课题组发表SCI/EI检索的相关学术论文100多篇;申请专利20项,其中欧美专利3项,PCT专利2项,已授权8项。

【党建工作】 软件与微电子学院党委秉承育人为本、立德树人、德育为先的理念,致力于培养中国特色社会主义高素质建设者和可靠接班人。在党建工作中,院党委把学生党支部建立在学苑上,党支部和学苑工作紧密结合,通过党校学习以及各项有益的社会活动,既调动了学生的积极性,又做好了发展新党员的各项工作。

软件与微电子学院现有12个学生党支部。院党委组织开办党校培训班4期,培养入党积极分子222名,发展学生党员111名,预备党员转正140名,组织基层学生支部书记培训3次(含校级培训1次)。

院党委高度重视党的先进性、纯洁性及党风廉政建设。多次组织教职员工和学生干部专题学习党的十八大精神。同时,发挥专业优势,利用校园网络、视频等技术,传达、学习会议精神。开展党员干部警示教育,有针对性地完善相应的规章制度,做到标本兼治,使领导干部的法律意识、纪律观念、照章办事意识得到进一步增强。

【学生工作】 素质教育学苑式,是软件与微电子学院创新型办学模式的特点之一,也是学生实现自我管理的基本架构。2012年所有学生按照自愿原则分别归属于文化艺术、科技、经济3大类12个学苑,并通过团队竞选方式选举产生研究生会执委会、研究生会常代会。

在奖励、奖学金的评比过程中,学院根据学校相关规定,制定评比细则和操作规范,力求公正。奖励213人(含校级211人,市级2人),其中包括校级优秀毕业生46人、国家奖学金获得者52人、其他奖学金获得者68人(含杨芙清王阳元院士奖学金、五四奖学金、董氏东方奖学金、摩根斯坦利奖学金、华为奖学金等)。

软件与微电子学院2012年还举办元旦晚会、综合体育竞技比赛、十佳歌手大赛等各类学生活动80余项,组织学生参加北京市和学校举办的各类赛事,获得学校"挑战杯"团体第三名、创业大赛金奖、工业设计大赛最佳组织奖等多个奖项。这些活动不仅丰富了校园文化生活,也有效提高了学生求职就业能力。

【交流合作】 软件与微电子学院坚持全面开展国际化合作的发展战略。2012年度共签署合作协议36项,包括战略合作、联合研究、技术开发、技术培训等内容,涉及国家、北京市相关部门以及国内外合作企业、高校等,其中包括与美国宾夕法尼亚大学、台湾大同大学等分别签署4项合作协议。学院积极与合作企业联合举办或参加各类学术活动,包括百度课程合作研讨会、谷歌峰会等。

2012年共签署科研合同32项,承担多项国际合作、横向合作项目,包括与丹麦哥本哈根信息科技大学合作承担丹麦科技创新部重点项目"情境感知服务",与IBM中国研究院、英特尔、谷歌等单位在情境感知服务领域开展紧密合作研究。全方位、多层次的国际合作,为学院提供了优势资源,加快了学院建设与国际接轨的步伐。

【招生就业】 2012年,学院共录取各类学生1171名,其中,工程博士研究生10名,双学位学生24名。值得特别列出的是,2012年1月第一志愿报名人数达1931人,相比于十年前同期的145人,人数同比增长近13倍,这也让软件与微电子学院连续第六年成为北大报考人数最多的学院之一。同时,推免生人数也比十年前同期增长近10倍,比例增长明显,生源质量进一步提高。

2012年是软件与微电子招收电子与信息领域工程博士研究生的第一年,被录取的博士研究生从承担重大工程项目任务的企事业单位(中国联通、联想集团、IBM中国研究院、中芯国际等)向工程博士教育中心专家委员会推荐的35名候选人中严格选拔产生。10位博士研究生均有10年以上工作经验,平均年龄37.7岁。同时,软件与微电子学院工程管理硕士(金融信息工程管理方向)培养项目也已于2012年立项,将在2013年开始招生。

2012年,软件与微电子学院共向社会输送毕业生905人,其中681位双证硕士毕业生的就业分布为:政府机关29人、高等学校33人、科研单位24人、事业单位24人、国有企业129人、三资企业124人、其他企业296人、读博18人、自主创业4人。

环境科学与工程学院

【概况】 环境科学与工程学院于2007年5月成立。学院现设有环境科学系、环境工程系、环境管理系3个系,拥有环境模拟与污染控制国家重点实验室联合分室(北京大学分室)、水沙科学教育部重点实验室、北京市新型污水深度处理工程技术研究中心3个科研平台,以及中国持续发展研究中心、环境工程研究所、环境与健康研究所、环境与经济研究所4个研究机构。

学院现设有2个本科生专业:环境科学、环境工程,3个硕士研究生专业:环境科学、环境工程、大气物理学与大气环境,2个博士研究生专业:环境科学、环境工程。学院设有环境科学与工程一级学科博士后科研流动站,"环境科学与工程"为北京市重点学科。

截至2012年12月,学院有教职工70人(包括外聘长江学者讲座教授2人):教师63人,其中教授34人(含百人计划7人)、副教授25人、讲师2人;教辅及行政管理人员6人。2012年新进教师2人(百人计划研究员:刘思彤、陆克定)。此外,离退休人员32人。2012年在站博士后20人,2012年度进站11人,出站10人。经校长办公会审议批准,1人晋升为教授,1人晋升为副教授。

【人才培养】 1. 本科生教学。2012年学院招收本科生38人,其中留学生2人;学院本科生共计119人,其中留学生7人;2012年度共开设34门本科课程,2011—2012学年的课程评估结果为:第一学期学院平均分88.24分,第二学期学院平均分91.8分。2012年本科生参与科学研究非常活跃,2010级共有22名学生获得本科生科研资助,参与到19个小组的本科科研活动中,参与率为81.5%。2012年度学院进一步规范和制度化本科拔尖人才计划,拔尖项目专款专用,对本科生的课程建设、实验教学建设、学生国际交流、聘请国内外专家授课等给予重点资助;环境科学与工程学院、城市与环境学院共同成功申报国家级本科教学实验示范中心。2012年度本科生毕业21人,其中授予理学学士学位的18人,工学学士学位的3人(含1名留学生),结业2人,延期1人。

2. 研究生教学。2012年学院共计招收研究生86人,其中博士研究生29人,硕士研究生57人。经过初审、复试,共接收推荐免试研究生72人,其中直博生15人,硕士生57人。毕业全日制博士研究生17人,结业2人,肄业1人;毕业全日制硕士研究生43人(含1名外国留学生)。授予硕士学位43人,博士学位17人。

学院研究生工作一直以提升研究生整体质量为核心,工作重点是:推进制度建设,建立公正、公开、透明的管理模式;建设符合学科发展趋势,同时面向社会和国家需求的培养体系;强化研究生的专业思想、专业精神和服务社会进步的使命感;建立制度化的研究生学术交流平台。推进与国外知名大学和研究机构的研究生学术交流和联合培养工作。

【学术交流】 学院与早稻田大学、新加坡国立大学、牛津大学等的科研合作进展顺利。2012年9月12—14日举办"大气棕色云科学执行会议";9月17—21日承办第12届全球大气化学IGAC国际会议,吸引了40多个国家500余名学者和青年学生前来参加。

【科研成果】 2012年,全院发表SCI收录论文108篇,授权发明专利26项。承担"973计划"课题2项、"863计划"课题2项、科技支撑计划课题2项、国家科技重大专项课题9项、国家自然科学基金重大项目1项及其他类型项目45项、国际合作项目4项、其他项目120项,共计185项。科研经费达5419万元。

【党建工作】 1. 贯彻落实《党建和思想政治工作基本标准》。按照学校党委的要求和部署,认真学习《关于开展〈北京普通高等学校党建和思想政治工作基本标准〉集中检查的通知》等文件精神,积极部署,以高效务实的态度积极推进学院党建和思想政治工作的全面发展,紧跟北大建设世界一流大学的步伐,为学院的改革发展和稳定,为环境学科建设奠定坚实基础。

2. 北京大学第十二次党代会代表推荐选举工作组织有力,党代表认真履职,学院认真学习落实党代会精神。按照学校统一部署,学院按照规程认真组织了北京大学第十二次党代会代表推选工作,召开了学院党员大会,选举了四名教师代表参加学校党代会。四名代表认真履职,带着学院的提案积极参与党代会的各项议程。会后,学院组织全院师生认真学习党代会精神,各支部开展了内容丰富、形式多样的学习实践活动。如本科生联合党支部开展了会议精神宣讲交流活动,2012级硕士生党支部开展了建言献策研讨活动等。

3. 认真组织学习十八大精神。2012年11月,中共第十八次全国代表大会胜利召开。会议闭幕后,环境科学与工程学院党委和各基层支部,纷纷通过各种途径,紧紧围绕生态文明建设的总要求和学院学科发展的新局面,立足专业优势和学科特色,认真学习宣传和全面贯彻落实党的十八大精神。11月26日,在学院党委扩大会议上,党委书记为全体党委班子成员、各教工和学生党支部书记围绕十八大报告中有关生态文明的重要论述,结合学院环境学科的发展方向,上了一堂深入浅出的党课。

各基层支部也陆续开展了形式多样的活动学习十八大精神。2012级博士生党支部举办了"从十八大看环保发展方向"研讨会,师生代表围绕战略新兴产业、环境公众参与、贫困与可持续发展以及生态文明建设等十八大报告中提及的环境政策热点进行了热烈的讨论。退休教工支部的九位老党员以很高的热情聚在一起座谈,从不同角度,各有侧重又各有特点地就十八大报告提出的新思想新观点新论断交流学习体会,畅谈对十八大精神的理解认识。

4. 党建活动亮点频现。自2006年开始,学院开展的"同在党旗下,携手创和谐"高校、社区、企业三方党建项目继2011年、2012年两次获得北京市级奖励后,2012年6月19日,中共中央政治局常委、中央书记处书记、国家副主席习近平来到学院就加强和改进高校党建工作进行调研,了解大气污染细颗粒物研究、水污染治理研究情况和学院党建工作情况。习近平对学院的党建工作表示了肯定,他指出,党支部是高校教育和管理党员的基本单位,抓好了党支部建设就抓住了高校党建工作的基础一环。各个高校要努力构建充满活力、覆盖面广的高校基层党组织体系,积极探索有实效、受欢迎的组织活动方式,不断增强党支部的战斗力和凝聚力。陪同的北京市委书记刘淇表示北京市将全力支持该项目以"2+"方式进行拓展,有效落实创先争优成果进一步转化和巩固。

在积累了相当的共建活动经验的基础上,2012年学院党委将工作重心转移到服务学校,创新性地与燕园街道联合开启了"绿色北京,共爱燕园"共建活动,学院党委与燕园街道党工委联合成立了"燕园地区生态文明共建基地",积极探索学校街道共建的新模式。11月11日上午,共建活动启动仪式在燕东园花园隆重举行。12月13日,燕园街道聘任北大在读大学生为居委会主任助理、燕园地区生态文明共建基地成立启动仪式暨百场生态文明讲座第一讲在北京大学英杰交流中心新闻发布厅举行。

5. 党风廉政建设。按照学校党委的统一部署,学院党委继续加强惩治预防腐败体系建设工作,明确责任分工,加强政治理论教育,严格完善财务制度,坚持院务公开原则,积极完善学院防腐倡廉工作体系。此外,认真落实教育部科研经费管理的相关要求,11月20日召开了全院教师学习推进党风廉政建设暨加强科研经费管理工作会议,并根据《北京大学科研经费规范使用检查工作通知》的内容,认真落实学院16项科研项目的自查工作,进一步加强和完善科研经费管理工作。

【**学生工作**】 在学校和学院党政领导的悉心指导和帮助下,在全院师生同人的大力支持和配合下,学院学生工作紧密围绕学校和学院的中心任务,以学习贯彻中国共产党第十八次全国代表大会和北京大学第十二次党代会会议精神为契机,以全面推进实践育人工作为切入点,秉承"勤勉工作、服务为先"的工作理念,坚持以培养高素质创新人才为中心,扎实推进学生党建、思想政治工作、学风建设、学生日常教育管理等各项工作,构建学生成长成才服务体系,促进学生全面发展,各项工作取得突出进展,被评为北京大学先进学生工作单位。

中国语言文学系

【**概况**】 北京大学中国语言文学系(简称中文系)是国家文科基础学科人才培养和科学研究基地,现设有4个本科专业:中国文学、汉语语言学、古典文献学、应用语言学(中文信息处理),此外中文系还设有外国留学生的汉语言文学本科专业。全系共有9个教研室:古代文学、现代文学、当代文学、文艺理论、民间文学、古代汉语、现代汉语、语言学、古典文献;1个实验室:语言学实验室;4个研究所:北京大学古典文献研究所、北京大学比较文学与比较文化研究所、北京大学中国语言文学研究所、语文教育研究所;另有1个资料室。还有挂靠在中文系的教育部古籍整理委员会秘书处,以及20世纪中国文化研究中心、批评理论研究中心、中国诗歌研究院等若干研究机构。

目前,中文系有2个教育部人文社会科学重点研究基地:汉语语言学研究中心和中国古文献研究中心;6个全国重点学科:古代文学、现当代文学、汉语言文字学、语言学与应用语言学、比较文学与世界文学、古典文献学；7个博士点：古代文学、现当代文学、文艺学、汉语史、现代汉语、古文献、比较文学；11个硕士点；1个博士后流动站。

截至2012年12月，中文系在编教职工107人，其中教师100人。教师中有教授54人，副教授37人；另外，中文系教师中有北京大学资深教授2人，教育部"长江学者"特聘教授1人，讲座教授1人，国务院学位委员会成员1人，国务院学位委员会学科评议组成员2人，教育部跨世纪/新世纪人才9人。

中文系在读硕士255人，博士257人（均含留学生和延长学籍者）；其中2011年新招硕士81人，博士64人。在读本科生为411人，另有本科留学生174人；其中2012年新招本科生105人，本科留学生57人。国内进修教师23人，国内访问学者23人；国外高级进修生5人，国外普通进修生18人；博士后6人。

2012年，中文系注重加强信息采收报送工作，做到事事有归纳和总结，及时向学校OA系统报送。同时，中文系按月编辑系内工作简报，使系务得到及时沟通交流，收到了明显的效果。在信息化建设工作上，中文系网站进一步得到规划与完善，教师资料不断更新，并且制定了系网站新闻、公告发布审核制，有效规范网站的信息。中文系分馆网站已经开通，师生可在该网站上查阅、下载中文系教师论文、电子刊物等。

【教学工作】 2012年重点梳理了本科培养的理念，通过各教研室教师参与的座谈、总结和交流，"育人为本，教学为先"的观念已经取得共识。重点抓好本科生写作能力的训练和提高，并通过检查督促，推进具体措施的落实。为一年级本科生专门创设了"静园学术讲座"课程，邀请资深的教授授课。

重新修订博士研究生和硕士研究生培养方案，并发布施行。根据新的培养方案，稳步推进免读研、研究生答辩和研究生学术交流等工作。中文系2012年推免硕士生拟录取39名硕士研究生，9名直博生。2012年硕士生共79人参加学位论文答辩，均全票通过答辩获得学位。博士生48人通过答辩取得博士学位。在规范教学的基础上创新研究生教育，开办短期集中的学术论坛、讲习班，带领学生跟踪国内外中文学科发展的最新动态、前沿问题和核心问题，扩大学术视野，启发研究思路。

为了提高中文系的学术研究水平，活跃学术气氛，继续举办了中国作家北大行、静园学术讲座等系列特色学术论坛。"胡适人文讲座"和"鲁迅人文讲座"是中文系举办的高端讲座，旨在培养欣赏文学的品味，提升创作文学的能力，促进"文学教育"多样化和立体化。2012年，中文系邀请李欧梵、孙玉石、田仲一成等著名学者进行系列演讲。除上述系列特色论坛外，中文系在2012年邀请著名诗人余光中驻校，邀请著名文艺理论家弗雷德里克·杰姆逊、日本著名学者竹村则行等知名学者来到中文系进行系列演讲。此外，中文系接待来自日本东京大学、美国纽约大学等国外名校的师生访问团、短期汉语研修班十余次。

【科研工作】 中文系2012年科研成果共计484项，其中专著20部、编著或教材14部；古籍整理著作8部，论文400篇，研究或咨询报告32份，译文1部，译著1部。中文系获得2012年度国家社科基金后期资助项目1项，一般项目3项，青年项目2项，重大项目1项；教育部人文社会科学研究项目2项，重点研究基地重大项目3项；北京市哲学社会科学重点规划项目1项；北京市社科理论著作出版基金资助项目3项。

【学生工作】 中文系在学生工作中重视思想教育与学术培养，求知与育人相结合，坚持每学期召开班主任工作会，分析学生的思想动态，解决学生工作中存在的问题。同时，强化班主任责任意识，党委领导带头，深入学生，积极参与各项学生活动，做好个别重点学生的思想工作，营造中文系内部和谐健康向上的氛围。中文系的学生工作坚持有针对性工作和全面育人相结合。所谓有针对性，就是抓住两头，即新生和毕业班，根据不同特点有针对性地予以指导。新生年级配备的班主任和辅导员，大都年轻富有朝气，与年轻人能有效沟通。毕业班重视学生就业等问题，系党委领导专门在全系大会上介绍学生思想状况并作就业形势分析，落实全员育人。

【党建工作】 中文系党委把教师支部设立在教研室，将党支部活动与科研、教学活动联系起来，促进党支部活动的有效性。2012年8月，中文系党委组织系党委委员、部分教师党支部书记、工会负责人、系办公会成员、行政支部等十余名教师，前往延边、朝鲜等地，举行"重走革命之路"主题活动，进行党性教育。

学生支部则以年级为单位，平稳有序地开展活动。中文系历来重视新生党员的培养工作。早在开学之初，系党委召开了本科新生党员见面会，鼓励新生党员充分利用北大平台，培养健全高尚的人格操守，掌握扎实的专业技能，将自己打造成为综合素质卓越的青年楷模。10月，2012级本科、硕士和博士生三个党支部陆续成立，民主选举产生了支委，并有条不紊地开展工作。本科新生党支部由本系学生工作经验丰富的教师担任党支书，有针对性地给大一党员和团员建立立体化、系统化培养环境，从而落实"党建带团建，团建促党建"的方针。

中文系继续加强保证教学质量和保持优良学风的制度化建设，除坚持既行之有效的博士学位论文匿名评审制度，还着力在本科生教学管理中实现规范化科学化，对抵制学术腐败的影响起到明显的作用。中文系党委的制度建设首先体现在党政联席办公会议上，通过每周一次的党政联席办公会加强党政之间的沟通和配合，形成基层党建的制度化，并以此为依托发挥基层党委的作用。把坚持以德治系与思想政治教育相结合，中文系党委扎实的政治思想教育工作在稳定人才、调和系内矛盾等方面起到了重要的作用。

2012年以来，在学校党委的领导下，系党委积极组织全系师生开展学习实践科学发展观活动。5月11日至14日，2012年度工作会议暨学科发展战略研讨会顺利召开。本次会议上，中文系全体教职工通过听取系办公会工作总结，并积极参与讨论，明确了中文系下一阶段发展的目标。系党委和团委向各个年级的党支部、团支部下发了《中文系党委关于开展"学习十八大精神，牢记使命争创一流"学生党团日联合主题教育活动的通知》，要求各党团支部深刻领会通知精神，围绕主题精密策划活动，力求在活动中切实加强基层党组织和党员队伍建设，深化对中国共产党光荣历史的理解，进一步坚定共产主义理想信念。

历史学系

【概况】 2012年历史学系在册学生共572人。本科生218人，其中留学生49人；硕士研究生151人，其中留学生5人、港澳台地区学生7人、香港树仁12人；博士研究生203人，其中留学生12人、港澳台地区学生11人。

2012年历史学系共有在编教职工80人，其中在编教师71人（教授40人、副教授21人、讲师2人、新体制8人），在编教辅人员4人，在编党政管理人员5人，博士后4人；离退休人员55人，劳动合同制聘用人员3人。另有资深教授2人。新入校教工：陈侃理、陈捷、狄龙（John Dillon，美国）。

【教学科研】 历史学系2012年度新立项国家社科基金重大项目1项，重点项目2项，一般项目4项。据不完全统计，2012年历史学系教师发表学术论文235篇，出版学术专著38部。在教育部第六届高等学校科学研究优秀成果奖（人文社会科学）的评选中，4部作品获奖：何芳川《中华文化交流史》（一等奖）、朱凤瀚《中国青铜器综论》（一等奖）、钱乘旦《世界现代化历程》（6卷）（二等奖）、王奇生《革命与反革命：社会文化视野下的民国政治》（三等奖）。

在各级各类评选中，历史学系多位教师获奖：钱乘旦获"北京市教学名师奖"、邓小南获"2012年北京市三八红旗奖章"、阎步克《从爵本位到官本位：秦汉官僚品位结构研究》获"第六届吴玉章人文社会科学奖"；朱孝远获"北京哲学社会科学著作二等奖""北京市师德建设先进个人"；董正华、董经胜获"2012北京大学教学优秀奖"；王立新、臧运祜、张帆获"北京大学杰出人文青年学者奖"；颜海英"古代东方文明"被评为"北京市精品课程"；赵冬梅《文武之间：北宋武选官研究》获宋史研究会"邓广铭学术奖励基金"二等奖；陈侃理《儒学、术数与政治——中国古代灾异政治文化研究》获2012年全国优秀博士学位论文奖及北京大学优秀博士学位论文一等奖。此外，阎步克、邓小南合上的"中国古代的政治与文化"课程获评"教育部精品视频课程"，世界史通识教育课程体系建设获北京大学教学成果奖一等奖、北京市高等教育教学成果奖一等奖。

【交流合作】 2012年4月，历史学系举办了纪念邓广铭教授105周年诞辰座谈会暨《想念邓广铭》新书发布会，参加此次会议的有汤一介、宁可、吴荣曾、张传玺、白化文、马克垚、邢义田等著名学者和邓先生的同事及学生等60余人。10月，历史学系与韩国檀国大学东洋学研究院共同举办"北京地区韩国独立运动与李会荣"国际学术讨论会。

在学校海外学者讲学计划的有力支持下，历史学系教师共邀请44位学有专长的海外名师前来作学术讲座和访问研究，包括美国、英国、法国、德国、意大利、日本、韩国、马来西亚等国家，以及来自中国香港、台湾地区的学者。历史学系教师出国（境）交流访学达76人次，学术交流均取得了良好的效果。

【党建工作】 1月9—10日，历史学系举办新春团拜会暨务工作会议，系主任、党委书记高毅汇报了2011年的工作并对新的一年工作进行部署，教师们进行热烈讨论，为系的发展献计献策。会后分世界史组、中国史组两个组分别讨论学科建设发展相关问题。2012年，全系共发展党员29人，其中教师1人。预备党员转正20人。

历史学系学生党员"党员承诺制"继续开展。第四期"党员承诺制"在总结前两期承诺制的经验的基础上，做了进一步完善：1. 范围由本科生扩展到硕士研究生。2. 承诺对象由本班级群众扩展到全系师生，部分党员小组承担起为离退休教师维修电脑、打印文稿等工作。党员承诺制在以往的基础上有了新的提高。3. 推广分组承诺的机制。基于同学们的需求，采取"组团"和"分配负责人"的办法，让党员成为一项任务的负责人、参与者，而不仅仅是一个承诺事项的提出者，从由人指向事转变为由事

【历史文化节】 2012年举办第二届历史文化节。历史文化节旨在弘扬历史文化,是历史学系学生工作结合自身学科特点举行的特色活动。文化节期间,开展了研究生史学论坛、史学征文等学术活动,提交及讨论学生学术论文200余篇;组织历史学术讲座8场;同时还开展了历史知识竞赛、电影中的历史等学生喜闻乐见的活动。

考古文博学院

【概况】 考古文博学院设考古学系(主任:杨哲峰)和文化遗产学系(主任:杭侃)。其中考古学系下分5个教研室:旧石器时代考古教研室(主任:王幼平)、新石器商周考古教研室(主任:雷兴山)、历史时期考古教研室(主任:杨哲峰)、外国考古教研室(主任:李水城)、考古技术方法教研室(主任:张弛、吴小红);文化遗产系下分3个教研室:博物馆学教研室(主任:宋向光)、古代建筑教研室(主任:徐怡涛)、文物保护教研室(主任:胡东波)。

考古文博学院共有教职工94人,其中在职教师36人,技术人员11人,行政管理5人,工人4人,博士后4人,劳动合同制2人,退休人员32人。

考古文博学院中国考古学旧石器时代考古方向引进讲师曲彤丽(兼动物考古方向)。雷兴山、韦正、董珊、陈建立、单霁翔获得博士生导师资格。文物保护方向胡东波晋升教授,刘彦琪晋升工程师,新时期时代考古方向张海晋升副教授。

在资料建设方面,2012年4月,接受张政烺文库第二批赠书2000余种,哈佛大学教授Ofer bar-Yosef赠书860种,院庆捐赠书刊127种。在捐赠图书外,2012年度新增中文图书1746册、外文图书58册、中文期刊67种788册、报纸1种104期、外文期刊50种50册。累计馆藏中文图书26383册,外文图书2488册,古籍8589册。配合院庆,入藏采访老校友材料,其中录像资料225人、大小8TB;录像整理文字稿111人;扫描老校友提供笔记59种59册、讲义62种68册。其中笔记54种54册、讲义53种60册入藏本馆,其余归还提供者;入藏院史老照片电子版共42579张;扫描苏秉琦先生笔记98册,并进行了初步整理。

【教学工作】 1. 学科建设与评估。考古学列为一级学科后,2012年2月开展学科评估工作。6月启动二级学科设立工作,考古文博学院拟设四个二级学科,该设置方式已经通过了学科专家会、学校学位会审核,现处于公示阶段。

2. 实习基地建设。2012年11月,考古实验实践教学中心接受教育部专家组验收。

3. 人才培养。2012年共招收本科新生38名,其中,留学生6人;硕士研究生31名,其中港澳台地区学生3人,留学生6人;博士研究生14人,其中港澳台地区学生2人,留学生2人。留学生来源分布广,包括英国、意大利、美国、澳大利亚、新加坡、越南、韩国等国。2012年本科生毕业34人,其中考古学专业13人、博物馆学专业10人、文物建筑专业11人;硕士研究生毕业20人,另有两人结业(留学生1人、港澳台地区学生1人);博士研究生毕业14人。以上除结业两人外,其他毕业生均获得相应学位。2012年考古文博学院有1名博士研究生获得"高水平公派项目"的资助,到美国新泽西州立罗格斯大学联合培养一年,8名研究生参加中肯合作拉穆群岛地区考古项目,6组15名学生分赴匈牙利、波兰、土耳其、乌兹别克斯坦、日本等国家进行建立在考古发掘基础上的学术交流。从学生的反馈看,考古文博学院的田野考古水平已达世界一流水平,这是考古文博学院长期重视考古实验实践,在技术方法上积极钻研,在人力物力上大量投入的成果。

【科研工作】 1. 科研项目。2012年度新增课题38项,其中国家级项目11项(包括国家社科基金重大项目3项、一般项目2项、教育部基地项目1项、国家文物局项目4项),政府部门委托项目4项,企事业单位委托项目27项,所获科研经费总计11882614元。

2012年考古文博学院田野考古工地共4处,包括山东章丘东平陵城遗址、郑州市二七区老奶奶庙遗址、湖北省郧县杨溪辅遗址、江西省景德镇市湘湖万窑坞唐代窑址(含景德镇市区落马桥红光磁厂抢救性发掘工作)。

2012年在研的国际合作项目有:中英合作研究项目"稻作杂草生态研究计划"、中肯合作发掘项目"中国和肯尼亚合作实施拉穆群岛地区考古项目"、中美合作研究项目"成都平原社会复杂化进程调查"、中法合作发掘项目"法国De La Seille河谷制盐遗址考古发掘"、中意合作研究项目"意大利所藏中国文物"。

2. 学术成果。2012年考古文博学院教师出版学术专著2部、译著1部,编著书籍3部,发表论文154篇。

3. 获奖情况。周双林副教授获甘肃省科学技术进步奖二等奖,孙庆伟副教授入选2012年教育部"新世纪优秀人才支持计划",韦正教授《六朝墓葬的考古学研究》获北京市第十二届哲学社会科学优秀成果奖二等奖和台湾人类学与民族学会"石璋如先生考古学纪念奖"(2012年),张弛教授 *The emergence of agriculture in southern*

China获北京市第十二届哲学社会科学优秀成果奖二等奖,胡东波、徐怡涛《路沱历史馆的建筑史研究及其保护》获澳门地区哲学社会科学优秀成果奖三等奖。

4. 学术会议。2012年4月28日下午13:00—17:00,值北大考古九十年、考古专业成立六十年之际,"中国考古学与世界考古学学术报告会"在北京大学百周年纪念讲堂举办,邀请国际知名学者,包括英国牛津大学副校长Jessica Rawson(罗森女爵士)、美国国家科学院院士、哈佛大学教授Ofer bar-Yosef(巴翱夫)、原日本上智大学教授Hakari Hiromitsu(量博满)、英国伦敦大学学院考古学院院长Stephen Shennan(申南)、美国加州大学洛杉矶分校教授Lothar von Falkenhausen(罗泰)、北京大学教授、原考古系主任严文明先生作主题报告。

【党建工作】 2012年,在全党喜迎十八大胜利召开之际,考古文博学院党委在学校党委的领导下,坚持以邓小平理论和"三个代表"重要思想为指导,深入贯彻落实科学发展观,有计划、有步骤地落实基层党建的各项工作,继续深入推进"创先争优"活动,切实关心广大教职工和学生利益,加强院领导的党风、政风和廉政建设,建设和谐高效的领导体制。

2012年6月,中央政治局常委、中央书记处书记、国家副主席习近平到考古文博学院调研时,对"支部建在考古队上"这一创新做法以及党建带团建的效果给予充分肯定,指出党支部是高校教育和管理党员的基本单位,抓好了党支部建设就抓住了高校党建工作的基础一环。

【学生工作】 1. 推进基层党建。2012年,结合学院特点和实际情况,继续实施实习基地的党团共建,建立临时党支部,继续严格手拉手的绩效考核制度和开展"红色一加一"活动。此外,完善考核评估机制、力促推优入党取得了良好的效果。

2. 完善奖助和就业工作。2012年,考古文博学院继续推进资助工作,共覆盖全院40名贫困生,其中25名本科生、2名研究生获得了校级资助,13名研究生获得了学院资助。考古文博学院高度关注就业工作。2011届毕业生就业率高达100%。

3. 关注学生心理健康。2012年共开设"成长成才课"六次,开设"新生工作坊""新生专业思想""职业规划""礼仪讲座""榜样的力量""职场人生""就业程序讲座"等课程,取得了良好的反响。利用人人网、微博等新媒体加强与学生的沟通交流,及时了解学生的意见和要求。在做好学生心理健康教育的全面普查工作的同时,对特殊群体和问题学生还给予特别关注。

4. 开辟第二课堂。坚持学术为先,以学术培养人造就人的理念,开展研究生学术沙龙、研究生学术讲座、研究生学术实践等相关活动。

金英同志获2011—2012年度北京高校优秀辅导员称号。

【院庆活动】 4月28日上午,北京大学考古文博学院在北京大学百周年纪念讲堂举行"北京大学考古90年、考古专业设立60年"庆典活动,来自全国及世界各地的校友和文物考古工作者一千余人齐聚一堂,文化部副部长、国家文物局长励小捷,文化部党组成员、故宫博物院院长单霁翔,重庆市人大常委会副主任王洪华,国家文物局副局长童明康、副局长顾玉才等参加庆典。北京大学党委书记朱善璐、常务副校长吴志攀出席了庆典活动。

院长赵辉向出席庆典活动的领导、嘉宾和全体校友们作了工作报告。他代表全院师生表示一定要把握机遇,恪守传统,敢于创新,齐心协力,把北大考古文博学院建设成世界水平的学术中心和人才培养基地。在庆典活动中还举行了考古文博学院第一届"文伯开诚奖学金"颁奖仪式以及考古文博学院与河南博物院、新疆维吾尔自治区文物局、陕西省文物局合作协议签署仪式。

2012年4月28日,"北大考古90年"展览在赛克勒考古与艺术博物馆隆重开幕。这次展览以时间为主线,展示了北大考古90年的发展历程。展览共分为三部分:"中国考古实践的早期探索""建设中国考古学科体系""发展中的升华"。

哲学系(宗教学系)

【概况】 哲学系(宗教学系)现有哲学1个一级学科,马克思主义哲学、中国哲学、外国哲学、逻辑学、伦理学、美学、宗教学、科学技术哲学8个二级学科,马克思主义哲学、中国哲学、外国哲学、美学4个学科被评为国家重点学科。在教育部第三次学科评估中,哲学系(宗教学系)连续第三次获得哲学学科评估第一名,在世界哲学系QS排列第22位。

2012年年底,哲学系(宗教学系)在编教职员工75人。其中,教师67人;教授43人,副教授22人,讲师2人;其中博士52人,硕士12人,本科3人。徐向东教授调至浙江大学任教。行政人员7人;副研究员2人,助理研究员3人,讲师2人;其中硕士学历5人,本科学历2人。资料管理人员1人,为副研究馆员,本科学历。离退休人员58人。在站博士后18人。挂靠单位儒藏编纂与研究中心有员工9人。

外国哲学教研室吴增定、马克思主义哲学教研室杨学功晋升教授，逻辑学教研室王彦晶晋升副教授。王东教授、张祥龙教授退休，甘霖教授去世。

【教学工作】 2012年哲学系开设本科课程93门，研究生课程120门。招收本科生56人（其中6人为留学生），本科毕业42人；录取硕士生55人，博士生56人。通过硕士学位论文答辩的共有43人，通过博士学位论文答辩的共有58人。在2011年基础上，进一步推动北大人文基础学科本科人才跨院系培养计划"古典语文学"项目，进入该项目的总人数达到42人。今年7月第一批有5位同学毕业，除1位直接参加工作外，其他4位全都继续读研深造。

周北海、徐龙飞获2011—2012年度北京大学教学优秀奖，章启群获2012年度中国工商银行教师奖，张志刚、姚卫群、叶朗和赵敦华获2012年北京大学优秀博士学位论文指导教师。杨辛教授的《艺术欣赏教程》获"十二五"普通高等教育本科国家级规划教材。

为培养中学生对哲学学科的兴趣，选拔对哲学专业有浓厚兴趣并具有发展潜力的优秀中学生到北大哲学系学习，哲学系于7月9—11日举办了北京大学首届优秀中学生哲学夏令营。经选拔，来自全国各地各重点中学的72名学员参加了夏令营。本期夏令营为期3天，通过7场精彩的报告和小组讨论，使营员们了解了不同专业方向的研究内容和培养方式，充分感受到哲学的魅力。

【科研工作】 1. 科研项目。哲学系2012年度新增科研项目12项，其中国家社科基金重大项目3项、重点项目2项、一般项目3项，北京市哲学社会科学规划项目立项1项，教育部哲学社会科学研究普及读物项目1项，国家社科基金后期资助项目1项，入选《国家哲学社会科学成果文库》项目1项，所获科研经费总计超过350万元。

2. 科研成果。哲学系2012年度共出版学术专著9部，字数总计超过310万字。

3. 获奖情况。韩水法教授获聘2011年度"长江学者"，杨立华教授入选2012年教育部"新世纪优秀人才"，汤一介教授荣获第一届吴玉章人文社会社会科学终身成就奖，朱良志教授的著作《真水无香》荣获第六届吴玉章人文社会社会科学奖优秀奖。叶朗、朱良志教授的著作《中国文化读本》获教育部第六届高等学校科学研究优秀成果奖（人文社会科学）成果普及奖；韩林合的《维特根斯坦〈哲学研究〉解读》、仰海峰的《西方马克思主义的逻辑》、姚卫群的《佛教思想与文化》、李四龙的《欧美佛教学术史——西方的佛教形象与学术源流》四部作品获得教育部第六届高等学校科学研究优秀成果奖（人文社会科学）三等奖。周北海教授的《内涵语义与内涵逻辑研究》被评为"国家社科基金优秀结项成果"。汤一介教授等编纂的《中国儒学史》荣获北京市第十二届哲学社会科学优秀成果奖特等奖，王中江教授的《简帛文明》、朱良志教授的《中国文化亮点通俗读本》、叶闯教授的《语言、意义、指称——自主的意义与实在》三部作品获得二等奖。朱效民的《中国未来20年技术预见研究》获得北京市科学技术奖。杨学功的《超越哲学同质性神话——马克思哲学革命的当代解读》获得第二届马克思主义中国化研究优秀成果奖专著类二等奖。刘华杰的《天涯芳草》获得国家图书馆第七届"文津图书奖"及第六届台湾吴大猷科学普及著作奖"银签奖"。韩林合、李四龙、聂锦芳、孙尚扬、王博、王锦民、吴国盛、徐春、徐凤林、杨立华、仰海峰、郑开、周程等多位学者获"北京大学2012年奖教金—人文杰出青年学者奖"。

【党建工作】 现有党员274人，党支部18个，其中教工支部7个，学生支部11个，离退休同志与在职人员混合组建党支部。2012年共发展新党员19人，预备党员转正17人。2012年上半年，哲学系组织64人参加第19期党性教育读书班，其中4人被评为"优秀学员"，1人被评为"优秀领队"。下半年组织27人参加第25期党的知识培训班，其中1人被评为"优秀学员"。

以党建创新立项为抓手，探索党建工作新机制新办法。2012年党建创新立项呈现出百花齐放的良好态势。全年共7个创新立项获批，获得党支部活动经费支持共19500元。

经系党委推荐，马克思主义哲学党支部获得2012年北京大学先进党支部，2008级博士研究生张梧被评为2012年北京大学优秀共产党员标兵，系团委书记杨弘博、2009级硕士研究生李林被评为2012年北京大学优秀共产党员。

【交流合作】 在对外学术交流方面，教师有34人次出国出境开会、讲学和访问；学生有近49人次出国出境开会、学习和访问；其中近10余名学生与外校交换学习、联合培养。来哲学系开设讲座、交流的国外专家有25人次（其中讲课类专家3位）。2012年度，北京大学欧洲研究合作中心有外国留学生90余人次在哲学系学习。

2012年是北京大学哲学系的百年系庆，共举办了海外名家讲座4次，分别是斯坦福大学国际研究所的高级研究员日裔美籍学者弗朗西斯·福山、国际知名逻辑学家和哲学家、纽约城市大学研究生中心杰出哲学教授索尔·克里普克、美国加利福尼亚大学伯克利校区哲学系教授兼系主任乔·华莱士、美国斯坦福大学人文和社会科学讲席教授、美国哲学协会现任主席迈克尔·布拉特曼。2012年度，哲学系共举办系庆高端讲座12余

【学生工作】 2012年,哲学系学生工作办公室在校系各级领导的关心和支持下,有条不紊地开展对学生的思想政治教育、服务管理等各项工作,全面贯彻落实各级主管部门的工作部署。举办系列活动,活跃学术氛围。继续推动"社会·文化·心灵"系列讲座,2012年度共举办4场。开展"哲学沙龙"学术讨论和"哲思的剪辑"电影展活动。组织学术竞赛,营造互学风气。本届"爱智杯"征文比赛共收到哲学系各年级以及元培学院相应专业稿件102篇,共评出一等奖7人、二等奖15人、三等奖14人。开展志愿服务,倡导友爱互助。在百年系庆过程中,哲学系团委重点布置、积极筹备了一系列志愿服务工作,参与到各项系庆活动中,为百年系庆志愿服务工作做出贡献。在"一二·九"合唱比赛中,哲学系师生以《青春舞曲》和原创曲目《船》取得了合唱比赛一等奖的优异成绩。在"新生杯"和"北大杯"体育赛事中,哲学系同学们积极参与,取得了优异的成绩,充分展现了哲学系学生的精神风貌。

【百年系庆】 2012年是哲学系建系100周年,哲学系百年系庆系列活动自2011年11月22日启动以来,至2012年10月27日举行百年庆典和27—29日举办世界大学哲学系主任联席会议达到高峰。在此期间,哲学系通过举办庆典活动、大型会议、高端讲座、学术论坛等多种形式,呈现出良好的发展状况,展示出了在教学科研等方面取得的喜人成绩。通过系庆,哲学系师生空前凝聚,系友热情高涨,受到社会广泛关注,引起媒体深入报道,在国内外哲学界产生强烈反响。

1. 百年系庆重点活动与会议:(1)"品哲"学生系列活动;(2)百年系庆新书发布会(10月11日,系庆丛书共12册);(3)华人哲学家会议(10月18—19日,国内外华人哲学家48位与会);(4)百年系庆庆典(10月27日,2200位系友参加);(5)世界大学哲学系主任联席会议(10月27—29日,74位国内外嘉宾与会);(6)世界顶尖大学哲学系主任圆桌论坛(10月28日,17位国外大学哲学系主任、6位受邀国内哲学系主任与会)。

2. 讲座与论坛:(1)哲学与当代中国系列讲座(共18讲,近6000人次听众);(2)西方高端学者讲座(共20讲,包括克里普克、福山等国际一流学者,近6000人次听众)。

外国语学院

【概况】 北京大学外国语学院成立于1999年6月22日,是由原北京大学东方学系、西语系、俄语系、英语系合并而成的北京大学第一个多系、多学科的学院。现任院长程朝翔,副院长王建、刘树森、李政、赵华敏,党委书记宁琦,副书记李淑静、郑清文(兼)。

2012年,外国语学院将学习、领会、贯彻党的十八大精神和北京大学第十二次党代会精神与学院实际相结合,脚踏实地,在加快创建世界一流的外语学科的道路上稳步前进。2012年,以段晴教授作为首席专家的"新疆丝路南道所遗存非汉语文书释读与研究"课题组获国家社科基金重大项目立项,使学院在研的国家社科重大项目的数量增加到4个;唐孟生教授、周小仪教授、林丰民教授获北京市第十二届哲学社会科学优秀成果奖;张玉安教授指导的学生史阳获得北京市优秀博士学位论文。通过"北京大学季羡林东方学研究讲席"项目的设立,进一步夯实了学院跨专业研究平台的基础;韩加明教授获得"北京市师德标兵"光荣称号,体现了学院教职工爱岗敬业的优良传统。2012年全国高校一级学科整体水平评估中,北京大学外国语言文学学科继2004年、2008年后,第三次蝉联第一,表现出较大的学科优势和较强的学科竞争力。

外国语学院现下设阿拉伯语系、朝(韩)语系、东南亚语系、俄语系、法语系、南亚语系、日语系、西葡语系、西亚语系、亚非语系、英语系、外国语言学及应用语言学研究所、世界文学研究所、MTI教育中心等15个系所中心。包括英语、俄语、法语、德语、西班牙语、葡萄牙语、日语、阿拉伯语、蒙古语、朝鲜语、越南语、泰国语、缅甸语、印尼语、菲律宾语、印地语、梵巴语、乌尔都语、波斯语、希伯来语等20个招生语种,共有10个博士点,1个博士后流动站。除外国语言学及应用语言学研究所、世界文学研究所和MTI教育中心只招收研究生外,其他各系均招收本科、硕士、博士等各个层次的学生。

截至2012年12月,外国语学院共有在职教职工259人。教师227人,其中教授70人,副教授86人。教辅人员8人,工勤人员5人,行政人员19人。离退休人员237人。外国语学院共有在校学生1399人,其中本科生820人,硕士387人,博士192人。2012年度外国语学院三位教师取得博士生指导教师的资格:宁琦,俄语语言文学教授;湛如,印度语言文学教授;魏丽明,亚非语言文学副教授。

外国语学院现有31个研究机构和学术团体:北京大学欧美文学研究中心、北京大学东方学研究院、澳大利亚研究中心、阿拉伯伊斯兰文化研究所、巴西研究中心、巴基斯坦研究中心、朝鲜(韩国)文化研究所、东南亚研究所、俄罗斯文化研究所、梵文贝叶经及佛教文献研究室、法语语言文化研究中心、古代东方文明研究所、韩半岛研究中心、加拿大研究中心、蒙古学研究中心、南亚文化研究所、日本文化研究所、诗琳通科技文化研究中心、世界传记研究中心、泰国研究所、外国戏剧和电影研究所、外国语言学和应用语言学研究所、西班牙语研究中心、新西兰研究中心、希伯来与犹太文化研究所、伊朗文化研究所、印度研究中心、英语语言文学研究所、印尼—马来文化研究所、英语教育研究所、中世纪研究中心等。

另外，教育部的两个文科基地"东方文学研究中心"和"国家外语非通用语种本科人才培养基地"设立在北京大学外国语学院。

外国语学院主办的学术刊物《国外文学》为全国中文核心期刊。

外国语学院境外卫星电视节目接收系统向全院教师、学生开放，可接收16个语种的25个频道的外语节目。

【党建工作】 外国语学院党委以学习贯彻党的十八大精神和北京大学第十二次党代会精神为工作主线，紧紧围绕北京大学第十二次党代会提出的战略部署，以基层组织建设年活动为契机，进一步推进党建和思想政治工作，在制度上规范和保障学院各项工作的有效开展，加强教学科研服务体系管理，化解各种矛盾，努力营造充满人文关怀的和谐学院环境。2012年，大学英语党支部被评为"北京大学先进党支部"，东南亚系党支部被评为"外国语学院先进党支部"；7名同志荣获"北京大学优秀共产党员"称号，3名同志荣获"外国语学院优秀共产党员"称号。

3月23日，外国语学院党代表会议召开，与会122名党员代表选举产生9名出席中共北京大学第十二次党员代表大会的代表。有计划有重点地开展党员发展工作，2012年发展17名学生党员、1名教工党员。

学生党团工作继续以"精致化"理念为指引，持续推进学生工作的"精致化"发展和学生的"集团式"成长。2012年，设立"学生骨干培养基金"和"优秀学生团队奖励基金"，"海外体验奖励基金"第一期16个项目进入结题阶段，第二期进入评审阶段。英语系2008级本科生班被授予"班级五·四奖杯"，南亚系2011级硕士生田妍荣获"学生五·四奖章"。外国语学院连续第十三年荣获"北京大学学生工作先进单位"称号。

【教学工作】 1. 招生、毕业情况。2012年，本科招生216人，日语、俄语、阿拉伯语是近年来招生人数最多的一年。本科毕业191人；除2名同学暂结业外，其他学生全部圆满毕业。辅修招生200人，毕业60人。招收硕士研究生148人，博士研究生36人。研究生2012年1月毕业博士5人、硕士3人；7月毕业博士20人、硕士113人。

2. 本科生培养。国际体验是学生培养的重要一环，2012年1月至12月，约160人次本科生出国参加交流，三个月以上的占半数。另外，在教务部的大力支持下，越南语全班同学在老师的带领下，暑期去越南参加教学实践，取得了良好的效果。同时，继续抓紧学生在国外的管理工作，坚持出国前的培训和回国后的总结，取得了一定的成效。与元培学院和历史系一起开设的新专业"外国语言与外国历史专业"（2012年教育部批准）正式启动。2012年共有27名学生选择了这一方向，在阿、波斯、德、俄、日、西、越、葡语专业上课。

3. 研究生培养。学院研究生培养工作取得多项突出的成绩。英语语言文学学科博士研究生谢娟和印度语言文学学科博士研究生李灿两位同学获得教育部2012年度博士研究生学术新人奖。王秋霞获得北京大学校长奖学金，李颖同学通过评审，继续获得该项奖学金。亚非语言文学学科攻读博士学位的留学生金敏贞（2010级）和林恩爱（2012级）获北京市奖学金。亚非语言文学学科博士研究生史阳同学的博士论文"菲律宾阿拉安芒扬人的神话、巫术和仪式研究"被评选为2012年北京市优秀博士学位论文。博士研究生积极提交学术论文，共有9名同学得到学校国际学术交流基金的资助参加了国内外举行的国际学术会议，赴英国、加拿大、韩国、印度等国家和台湾地区参加学术会议。另有13名同学（14人次）得到胡壮麟教授设立的"北京大学外国语学院'百人'青年科研基金"的资助，参加了国内举行的学术会议。2012年期间，100余名研究生参加出国境交流项目、学术会议等。

4. 专业学位教育。外国语学院专业学位教育自2008年以来，不断取得新的发展，努力培养符合国家需要的专业化、应用型、高层次的专业学位人才。2012年第一届日汉翻译笔译和口译专业硕士学位项目启动，第一批30名专业学位研究生入学。2012年11月3日，学院举办了"全国MTI教育五周年纪念研讨会"。参加本次研讨会的代表来自有翻译硕士招生和培养经验的高校，以及有规模有影响的语言服务企业和出版单位。研讨会还特邀了国家翻译行业的知名专家和学者，与会代表达70余人。2012年招收双证学生59人，毕业的双证学生39人，单证学生7人。

5. 继续教育。2012年继续开办英语专业专升本（业余）成人高等学历教育，完善制度，规范管理，努力提高教学质量。2010级学生180名于2013年1月如期毕业，其中135人被授予学术学位；2011级与2012级在校生共计426人。完成了2013级新生的录取合作，新生报到357人。

【科研工作】 1. 纵向项目申报和

立项。2012年度国家社科基金重大基础理论研究招标项目申报1项,获批1项,获得经费支持80万元。2012年度国家社科基金年度项目共申报7项,获一般项目1项,为外国文学项目,获资助经费15万元。2012年度国家社科基金学术期刊资助申报1个期刊资助项目,获立1项,为《国外文学》,获资助经费40万元。2012年度教育部人文社会科学研究一般项目申报9项,获一般项目1项,获资助经费9万元。

2012年外国语学院获教育部留学回国人员科研启动基金项目1项,获得经费2万元。2012年度北京市哲学社会科学规划项目申报1项,获青年项目1项,获资助经费3万元。

2. 科研奖励及荣誉称号。2011年8月8日,南亚系姜景奎教授编著的《多维视野中的印度文学文化》荣获第十三届北方十三省市文艺图书奖一等奖。2011年11月3日,南亚系叶少勇讲师的博士论文《〈中论颂〉与〈佛护释〉——基于新发现梵文写本的文献学研究》荣获2011年全国优秀博士学位论文。2011年12月,德语系马剑副教授编著的《黑塞与中国文化》图书荣获中国大学出版社协会颁发的中国大学出版社图书奖第二届优秀学术著作奖二等奖。2012年8月16日,南亚学系姜景奎教授编著的《中国学者论泰戈尔》荣获第十四届北方十五省市文艺图书奖三等奖。

2012年10月,3项成果荣获北京市第十二届哲学社会科学优秀成果奖。

表6-3 外国语学院获北京市第十二届哲学社会科学优秀成果奖情况

成果名称	奖项等级	成果形式	获奖单位	申报者
印度中世纪宗教文学(上、下)	一等奖	著作	南亚系	唐孟生
中国文学与阿拉伯文学比较研究	二等奖	著作	阿语系	林丰民
从形式回到历史——20世纪西方文论与学科体制探讨	二等奖	著作	英语系	周小仪

据不完全统计,2012年外国语学院教师在国内外学术刊物及著作中发表论文209篇,译文8篇,研究咨询报告2篇,出版学术专著10部,编著及教材26部,工具书参考书1部,译著33部,电子出版物1部。

[外事工作] 2012年,在引进高端外籍师资、加强国际化师资队伍方面,通过分层次聘任多语种的外籍专家和教师与学院各学科的发展水平紧密结合,对学院的教学与科研工作提供了重要支持。聘任长期工作和短期工作的外国专家与教师共计63人,其中,24人任教一年、39人任教半年。其中,外籍师资中有31人由"北京大学外国语言文学文化讲席项目"聘任,包括讲席教授6名、专业教授9名、语言教师16名。外籍教师承担了全校博士生的英语课程、学院71门本科生课程、30门研究生专题课、16门面向全校的辅修外语课程。在科研方面,受聘担任讲席教授的朝鲜科学院院士金荣晃教授与朝韩语系教师合作编写《现代朝中—韩中惯用语词典》,现已完成书稿约25万字,因由中国、朝鲜、韩国三国学者共同参与而具有重要的价值与意义。

《中国日报》等国家主流媒体对讲席项目聘任的D·斯通教授(Donald Stone)和G·格雷夫斯(Joseph Graves)教授进行了长篇报道。斯通教授连续六年向北大赛克勒考古与艺术博物馆捐赠古典版画等艺术古董,为北大的人文教育建设做出了杰出贡献;格雷夫斯教授近年来指导北大学生演出了数十部促进中西方文化交流的戏剧演出,受到国内外相关各界的关注和好评。另外,还邀请各国专家短期来访举办讲座近百场,其中包括诺贝尔奖获得者索因卡、美国加州大学杰出教授J·H·米勒、澳大利亚人文科学院院士J·R·马丁教授、德里大学文学院院长诃利·辛格尔·伯勒萨德教授、法国国际哲学学院副院长G·博克曼教授、日本著名翻译家塚本庆一教授等。他们的讲座关注学科的前沿学术问题,对学术研究和研究生培养工作具有重要的促进作用。

艺术学院

[概况] 北京大学艺术学院成立于2006年1月11日,其前身是1997年4月成立的北京大学艺术学系和1986年成立的北京大学艺术教研室,除承担艺术学门类的专业课外,还面向全校开设艺术类公共选修课和大类平台课程,并担任北京大学学生艺术团的指导和管理工作。

艺术学院前身艺术学系于1999年开始招收艺术学硕士研究生,2001年开始招收广播电视编导(影视编导)本科生,增设了电影学硕士点,2003年增设了美术学硕士点,2004年开始招收艺术学博士研究生,2005年被批准设立艺术学一级学科博士点。艺术学院2006年增设艺术硕士(MFA)专业学位(广播电视艺术专业),2009

年被批准设立艺术学一级学科博士后流动站,2011年增设艺术学(艺术史论)本科。2011年艺术学升格为学科门类后,艺术学院获批了艺术学理论一级学科博士点,以及艺术学理论、戏剧与影视学、美术学等共三个一级学科硕士点。

目前,艺术学院下设四个系:艺术学理论系、影视学系、美术学系、音乐学系;同时设五个研究机构:北京大学电视研究中心、北京大学影视戏剧研究中心、北京大学书法艺术研究所、北京大学京昆古琴艺术研究所、北京大学艺术学院民族音乐与音乐剧研究中心。艺术学院还拥有一个北京大学数字媒体实验教学中心(教育部领导型媒体创新人才培养实验区),同时得到北京大学文化产业研究院(国家文化产业创新与发展研究基地)和北京大学美学与美育研究中心(教育部文科重点研究基地)的强力支持。

艺术学院现有教职员工35人,其中教授12人,副教授11人,讲师1人,行政教辅人员7人。艺术学院目前有本科生150人,艺术学双学位学生146人,硕士生22人,博士生19人,访问学者与进修教师35人。共计372人。

2012年,艺术学院党总支根据学生支部的具体实际,在认真研究的基础上,对学生支部进行拆分,将原来以年级为单位的支部建制改为以班级为单位建制。学院现有党支部8个,其中教工党支部1个,学生党支部7个。

2012年,学院顺利完成工会换届工作,由工会小组正式升级为工会委员会,选举成立新一届工会委员,建立"教工之家"。

【科研工作】 2012年,全院承担的国家各类科研项目30余项,全院的科研经费总额在我校人文社会科学院系中位居前四,人均科研经费位居第二,出版学术著作10余部,发表论文50余篇,参加国际会议20余人次。

2012年,艺术学院结合北大文史擅长的特点和学科齐全的优势,注重艺术理论和艺术史的前沿研究。学院院长、长江学者王一川教授主持了《中国艺术学发展报告(2012)》的编写。丁宁教授关注西方艺术史、艺术心理学以及媒介艺术文化的跨学科研究,先后受到法国巴黎高等研究院、德国柏林自由大学、法国泰拉基金会和美国亚洲文化协会的邀请进行讲学或演讲。李松教授先后参加香港中文大学主办的中国宗教学国际学术研讨会、德国柏林自由大学美术史系与北京大学艺术学院联合主办的国际学术研讨会并发表演讲。朱青生教授长期关注中国古代艺术的研究,主持编辑多卷《中国汉画研究》和当代艺术家年鉴,承担国家重大攻关项目"中国汉代图像数据库与《汉画总录》编撰研究"。彭锋教授承担了国家社科基金重点项目"20世纪中国美学主潮研究"。刘小龙副教授的《论贝多芬〈庄严弥撒〉》荣获北京市第十二届哲学社会科学优秀成果奖一等奖。向勇副教授承担国家社科基金艺术学项目"我国艺术产品的国际传播与国际贸易研究"。俞虹教授从事电视艺术理论研究。陈旭光教授从事艺术批评史研究,出版学术专著《艺术问题》。李道新教授坚持中国电影史研究,参加了包括北京国际电影节在内的学术论坛4项,并受聘担任《中国社会科学》杂志社外审专家。林一教授的西方艺术管理研究、翁剑青教授的公共艺术理论研究、李爱国教授的工笔画创作理论研究和侯锡瑾教授的声乐理论研究,都已成为我校艺术教育和理论研究的新亮点。

艺术学院长期关注艺术管理与文化产业的应用研究。叶朗教授担任主编的《中国文化产业年度发展报告》获得教育部哲学社会科学研究发展报告项目资助。我院院长王一川教授作为首席专家主持了国家社会科学基金重大招标项目"我国文化软实力发展战略研究"课题。彭锋教授作为54届威尼斯双年展中国馆的策展人,2012年在国内外策展了数十场重大艺术展览,成功地向国际当代艺术界展现了"中国文化"。林一教授长期担任国际著名期刊《艺术管理》编委和国家汉办学术顾问。

【艺术教育】 1. 教学方面。本科教学重点依然是全校艺术类通选课、公选课及双学位课程,本科公选课及通选课人数达到4200余人;举办校园艺术长廊和博雅艺术讲坛活动(迄今为止约五十期),继续服务于全校素质教育。

2. 学科建设。2012年,艺术学院本科专业设置新增艺术史论方向,这是自2011年艺术学升级为独立的学科门类后,艺术学院紧跟教育趋势所做的新决定,也打破了原有的单一的影视编导专业设置,目前艺术史论学科课程设置已经逐步开展。硕士研究生已招收第一届艺术理论与艺术批评方向的学生,开始尝试探索艺术学理论的硕士研究生教育。

【外请讲座】 2012年4月25日法国巴黎奥赛博物馆绘画部主任Stephane Guegan先生作了题为"从马奈到毕加索"的讲座。5月10日美国著名摄影家Wing Young Huie(胡明勇)作了题为"用镜头展现现实生活,记录美国少数族裔的生活"的讲座。9月17日下午英国约克大学人文研究中心主任、教授Judith Buchanan作了题为"美术在早期美国默片中的运用和滥用"的讲座。9月26日下午巴比斯·普拉伊塔基斯作了题为"神秘与现实——后文艺复兴大师埃尔·格列柯的生平与艺术"的讲座。12月11日晚上波士顿大学艺术与建筑史系教授、系主任,美国考古学刊前任主编,国际著名美术史家Fred S. Kleiner作了题为 How to Read the "Picture Language" of Western Art 的讲座。

此外,艺术学院非常重视文化传承与创新,尤其是中国传统艺术的现代传承与国际推广。在校长周其凤院士的支持下和北京可口可乐公司的资助下,艺术学院联手著名华人作家白先勇先生,恢复了蔡元培校长开设昆曲课的悠久传统,在北大开设了"经典昆曲欣赏"公选课,组织优秀昆曲节目展演,排演校园版《牡丹亭》,建设数字昆曲艺术档案,并在海内外巡演青春版《牡丹亭》,形成了"北大昆曲热",取得了令人瞩目的成绩。叶朗教授创办的"美学散步品味经典"邀请国内外知名的艺术展演节目在北大演出,已经成为北大"高雅艺术进校园"的经典品牌。周映辰副教授完成科研课题《中国音乐剧发展状况调查报告》,赴美国参加加利福尼亚州立大学施坦尼劳斯音乐学院举办的美国迪贝—施坦尼劳斯国际音乐艺术节,担任声乐主任评委,她还带领民族音乐与音乐剧研究中心排演了民族音乐剧《大红灯笼》,获得了国内音乐剧界的高度肯定。坚持微电影创作的陈宇老师作为微电影制作专家受邀担任大赛评委十余次,当他担任编剧的电视剧作品《国门英雄》作为央视开年大戏在 CCTV-1 黄金时段播出,受到全国关注。

与此同时,艺术学院重视全校的艺术通识教育,积极组织各类学术活动,活跃校园学术氛围,提升学院的学术影响力。2012 年 1 月,艺术学院、文化产业研究院承办了第十届中国文化产业新年论坛。2012 年 5 月,艺术学院联合北京大学歌剧研究院、中国画法研究院一起举办了"纪念毛泽东《在延安文艺座谈会上的讲话》发表 70 周年研讨会"。2012 年 6 月,电视研究中心举办"中国记者节大型公益活动:未名大讲堂——与名记者、名主持、名专家面对面"学术活动。

2012 年 10 月,学院与中国电影博物馆联合举办了"2012 中国·北京电影学术年会"。

【学生工作】 艺术学院领导高度重视学生工作,在院党总支的领导下,艺术学院学工办公室、团委结合学院专业特色,发挥自身优势,进一步引导学生"文明生活,健康成才",推动学院学生工作健康有序地发展。以党的十八大、北京大学党代会等事件为契机,加强对学生思想政治教育工作。学院 2 位专职辅导员和 4 位兼职辅导员每周按期和学生谈话,根据学生成长的不同阶段制定谈话的主题。学院还着力打造"艺术季"与"创意季"两大品牌活动,通过人文艺术类讲座,传播人文精神、艺术知识,在全校形成广泛影响。艺术学院举办了形式丰富、各种各样的校园文化活动。2012 年 4 月,北京大学艺术季启动仪式暨博雅艺术讲坛首讲隆重举行。同月,艺术学院艺术季"北大民族电影展映周"首场活动顺利举行,11 月北京大学校园艺术长廊计划正式启动,12 月成功举办 2012 北京文化创意未来领袖创业大赛颁奖礼,这些活动产生了广泛影响,深受广大师生的好评。

【学生艺术团】 2012 年,学生艺术团(即北京大学学生合唱团、学生舞蹈团、学生民乐团和学生交响乐团)在校内、校际和国际交流演出多场。

1. 校内大型活动。5 月学生艺术团全体师生参加北京大学建校 114 周年校庆晚会专场演出,11 月参加北京论坛之夜专场演出。

2. 对外交流活动。8 月 28 日,学生艺术团 43 名师生赴江苏宜兴参加"纪念周培源诞辰 110 周年文艺晚会"演出。5 月 22—27 日,学生合唱团参加"2012 北京国际青少年艺术周——国际大学生合唱周"各项演出及交流活动;学生合唱团为第三次中美人文高层会议演出,美国国务卿希拉里观看演出;8 月,学生合唱团 37 名师生赴德参加中德建交 40 周年文化交流专场演出。

3. 获奖情况。艺术团 83 名师生于 2012 年 2 月份参加"全国第三届大学生艺术展演",荣获声乐、舞蹈比赛两项一等奖,民乐比赛一项二等奖,北京大学同时获得教育部颁发的优秀组织奖和精神风貌奖。在国际赛事上,学生合唱团 7 月在美国辛辛那提举办的第七届世界合唱大赛中,获得男声组、女声组、现代组三项金奖。

对外汉语教育学院

【概况】 2012 年学院有教师 54 人,其中教授 6 人,副教授 36 人,讲师 12 人;行政教辅人员 6 人,合同制职工 3 人。另有兼职教师 50 人,离退休人员 27 人。

1. 建院十周年庆典。2012 年 6 月 29 日,"北京大学对外汉语教学 60 周年暨北京大学对外汉语教育学院建院 10 周年庆典"在英杰交流中心阳光大厅隆重举行。周其凤校长为院庆题词"燕园汉声美,华夏朋友多"。学院在校师生、离退休教师、校友、兄弟院校代表及各界人士百余人出席盛典。围绕庆典,学院举办了系列学术活动。

2. 学院新大楼建设。2012 年 1 月 10 日,学院成立大楼建设与管理委员会,委员会由学院党政领导、党委纪检委员、老中青教师代表和工会代表共 13 人组成,职责包括:讨论大楼建设规划方案、研究使用分配办法,以及落成后的大楼管理等。2012 年委员会召开 3 次会议,通报大楼建设进展情况,讨论大楼面积划分方案。学院大楼 2012 年 3 月 22 日开工,12 月 20 日已按进度完成大楼结构封顶。

【科研工作】 2012年学院有4项科研项目获得国家社科基金项目立项支持，2项研究生课程建设项目获北京大学研究生院立项支持，5项科研项目获学院科研立项支持。

【教学工作】 1.研究生招生。2012年9月，学院在校博士生38人，硕士生222人。2012年，汉语国际教育硕士专业学位研究生已招生在职生和全日制生5届共计186人，其中外国汉教硕士招生3届共计31人，分别来自埃及、澳大利亚、俄罗斯、韩国、日本、马来西亚、泰国、缅甸、印尼、挪威、美国等11个国家。

2.留学生语言教学和师资培训。春季学期长期班（包括预科班和特殊项目班）619人，短期项目190人；暑期20个项目，629人；秋季学期长期班678人，短期项目60人。

与国外著名大学合作，新增澳大利亚悉尼大学学期内短期项目，首届4周，60人。诺贝尔奖得主Barry Marshal 8月在学院接受一周强化汉语教学培训。此外，为满足国内外各类机构的语言培训和师资培训需求，学院举办了商务汉语强化班、日企班等项目，学生总数273人。

秋季学期举办中国文化周，内容包括学生演讲比赛、作文比赛、中华才艺学习与演示、书画作品展、视频短片比赛、汉语教学资源展。秋季学期预科增长幅度较大，由春季学期的133人增至178人，增幅为33.83%，学生来自18个国家和地区。

8月6—12日，28名英国中小学校长在学院接受有关汉语教学和中华文化培训，52名欧洲汉语教师在学院接受教材培训。2012年暑期，学院承担国家汉办海外来华中文教师培训任务5期，共计培训30个国家和地区来华中文教师159人。师资培训班配备学院优秀教师，注重理论学习和教学实践相结合，辅之以社会文化考察、中华才艺学习、课堂观摩等，极大满足了学员教师的学习需求，获得学员教师一致好评。此外，还承办国家汉办海外来华汉语教师教材培训两期，共培训80人。

【交流合作】 1.会议讲座。2012年学院教师参加国内外学术会议近50人次，全院在岗教师人均参会一次。

2012年7月举办第四届中青年学者汉语教学国际学术研讨会，主题为"继承·发展·多元"，吸引了国内外近百位专家学者及一线教师参加，会议报告论文80余篇。2012年11月2日，学院成功举办北京论坛分论坛"文明的构建：语言的沟通与典籍的传播"。

2012年6月，学院邀请美国圣何塞州立大学库玛教授来学院作系列学术讲座。库玛教授共作专题演讲8次，在中青会上作了大会发言，与学院教师、博士生、专业硕士和科学硕士进行了4场座谈。

2012年学院主办的"北京大学国际汉语讲坛"共邀请7位专家举行了9次学术演讲活动。汉语学院学术沙龙共举办3场，校内外6位主讲人分别报告了自己的研究成果。

2.对外合作。2012年9月19日，学院与新西兰奥克兰大学教育学院签署了两院联合培养研究生与学术交流的框架协议。双方将在合作培养汉语国际教育研究生，以及合作研究、互派教师、开设短期课程等共同感兴趣的领域开展进一步合作。

2012年，学院启动与印尼金光国际学校教材编写项目，三次派遣教师赴印尼金光国际学校，现场了解教学情况和教学需求，双方决定合作编写教材，已初步制订编写计划。

2012年公派教师8人（日本4人，美国3人，韩国1人）；校际交流学习1人（德国）；派出兼职教师2人（泰国1人，埃及1人）；短期出国讲学11人次（日本3人次，德国2人次，泰国2人次，意大利2人次，新加坡1人次，牙买加1人次）。

2012年，学院共有19名研究生经过孔子学院/课堂志愿者选拔、培训，赴埃及、日本、韩国、泰国、德国、西班牙等国的孔子学院/课堂担任汉语教师志愿者。

【党建工作】 2012年学院共发展党员11名，预备党员转正10名。学院共有147名党员，其中在岗教职工党员38名，学生党员87名，离退休党员19名，合同制职工等其他党员3名。

2012年3月，学院党委获得学校"立德树人，示范引领"教工主题党日活动优秀组织奖二等奖。2012年上半年基层党建创新立项3项，下半年基层党建创新立项2项。2012年9月，顺利完成了教师、学生支部换届选举工作。

进一步严格落实《北京大学党风廉政建设责任制实施办法》，以及"一岗双责"、院务公开和党风廉政建设责任制。加强班子作风建设，认真开好领导班子民主生活会并将民主生活会提出的整改措施落到实处。

【学生工作】 2012年学工组、团总支沿着"让学生在活动中收获，在实践中成长"的工作思路，按照学校学生工作的统一部署，结合时代契机，发挥专业特色，创意开展活动，实现实践育人的目标。通过系列党团日主题教育活动，引导学生了解时事政治，提升理论修养，同时与当前学习生活结合，增强归属感、责任感和使命感。"学习雷锋精神活动、建设和谐宿舍文化"学生党团日联合主题教育活动获得学校一等奖。通过系列学术实践活动，提升学生的学术实践能力。2012年先后举办了第五届北京地区对外汉语教学研究生学术论坛、国际汉语学生讲坛（共三期）、"展现今日风采，成就明日之师"——首届对外汉语教育学院教学技能大赛等活动。通过志愿服务活动，培养学生的责任意识和奉献精神。青年志愿者协会在院庆、中青会等学院大型活动以及开学分班、招生复试等常规工作中开展志愿服务活动，参与总人数达百余人次。

歌剧研究院

【概况】 北京大学歌剧研究院是一个年轻的教研单位，于2005年年底开始筹建，2010年1月获批准正式成立，2010年4月9日举行成立仪式。

北京大学歌剧研究院是北京大学直属的二级学院，是国内第一所专门从事歌剧研究、创作和表演的高等教学科研机构。北京大学将在这里创立独立、完整、系统的"歌剧学"学科和歌剧教学科研体系。

歌剧研究院的办学宗旨是：致力于加强歌剧研究，推动歌剧创作，强化歌剧实践，传承民族文化艺术优良传统，吸收世界艺术精华，培养杰出歌剧人才，促进中国歌剧流派的形成和推动中国歌剧学派的建立，对中国和世界文化艺术做出重要贡献。办学目标是与教育界、音乐界、文化界同仁共同创建中国现代歌剧教学科研体系，把歌剧研究院办成国内顶尖、世界著名的歌剧研究中心、歌剧专业人才培养基地、歌剧创作基地、歌剧艺术交流基地。

歌剧研究院设歌剧理论、表演、创作、导演、舞台美术与技术、指挥、艺术管理等专业方向。歌剧研究院延聘国内外一流艺术家和教育家讲学执教，吸引和广招海内外天资优越的学生进行培养。

在编教师6人，其中教授4人；行政教辅人员若干。

【教学工作】 2012年招收了首届歌剧学歌剧表演方向全日制双证艺术硕士生（MFA）共5人。9月7日，新生开学典礼在百周年纪念讲堂四季厅举行，这标志着独立的中国歌剧高等教研体系和歌剧学学科的正式诞生。

北京大学党委副书记叶静漪在开学典礼上致辞，并代表北京大学向著名词作家、剧作家乔羽先生颁发歌剧研究院名誉院长证书。原中国文联党组书记、音协名誉主席、著名作曲家吴祖强，文化部艺术司副司长陶诚，北京大学研究生院副院长刘明利，《北京日报》副总编辑初小玲，《中国文化报》副总编辑赵忱，中国歌剧研究会副主席、中国歌剧舞剧院原副院长李小祥，国家大剧院演出部部长李志祥，音乐界学者金兆钧、王平久，以及为歌剧研究院做过捐赠的企业家王立飞、陈明、朴成功等参加了开学典礼。

【科研工作】 2012年4月6日，北京大学举行"纪念毛泽东《在延安文艺座谈会上的讲话》发表70周年研讨会"，院长金曼教授作了题为《一把测量方向和路径的标尺》的发言（《中国艺术报》2012年4月11日头版以此为标题做了报道和摘选），蒋一民教授作了题为《文化强国与中国歌剧的使命》的发言（《中国艺术报》2012年5月14日设专版予以刊登）。

2012年5月3日晚，歌剧研究院原创歌剧《钱学森》在校百周年纪念讲堂上演。中共中央政治局常委李长春，中共中央政治局委员、北京市委书记刘淇，中共中央政治局委员、国务委员刘延东，教育部部长袁贵仁，文化部部长蔡武等领导同志与全校1400余名师生一起观看了演出。演出结束，李长春同志走上舞台作了热情洋溢的讲话。他称赞这部歌剧主题鲜明深刻、旋律优美动人、表演精湛细腻，希望进一步修改完善，使之成为一部具有较强思想性和艺术性的优秀作品，成为加强青少年思想道德教育、推进社会主义核心价值体系建设的生动教材。

2012年5月12日，举办原创歌剧《为你而来·王选之歌》创作研讨会，由金曼院长主持。到会人数15人。该研讨会的背景是中国科协和教育部2012年发起"共和国的脊梁——科学大师名校宣传工程"，旨在宣传中国高校中的著名科学家，弘扬他们的科学精神和报国情怀，为万千学子致力于中华民族的复兴之梦提供强大的精神动力。为此，北京大学决定创作一部以国家最高科技奖获得者、汉字激光照排系统创始人、被誉为"当代毕昇"的王选教授为原型的歌剧，交由北京大学歌剧研究院负责完成。

2012年12月5日，我院与北京大学医学部科研处联合举办了"医学与音乐"交叉学科研讨会。

国际关系学院

【概况】 2012年3月16日，国际关系学院成立了比较政治学系。比较政治学系由中共党史、科学社会主义和国际共产主义运动、中外政治制度等三个政治学的二级学科构成。国际关系学院由此形成了"四系三所"格局，即比较政治学系、国际政治系、外交学与外事管理系、国际政治经济学系，国际关系研究所、亚非研究所、世界社会主义研究所。此外，国际关系学院设有20多个研究中心，如北京大学国际战略研究中心、中国与世界研究中心、美国研究中心、日本研究中心等，还挂靠有全国高校国际政治研究会、教育部中美人文交流研究基地、北京大学台湾研究院等。2012年度新成立了国际关系学院全球治理研究中心、国际文化交流与创意产业研究中心。

国际关系学院现有3个本科专业(国际政治、外交学、国际政治经济学)、7个硕士专业(国际政治、国际关系、外交学、国际政治经济学、中外政治制度、中共党史、科学社会主义与国际共产主义运动)和5个博士专业(国际关系、国际政治、外交学、科学社会主义与国际共产主义运动、中外政治制度)。其中国际政治、科学社会主义与国际共产主义运动是全国重点学科。

2012年,国际关系学院共有专职教师54人,其中教授29人,副教授23人,讲师2人。教师队伍中1960年以后出生的有33人,占61.11%;有44人具有博士学位,占81.48%。教师队伍的年龄结构、学历结构和知识结构进一步改善。2012年,国际关系学院有学生1101人(包括本科生600人,硕士生327人,博士生174人),其中大陆学生685人,港澳台地区学生58人,留学生358人。留学生占学生总数的32.52%。

【教学工作】 2012年,国际关系学院教学质量显著提高。全院教学方案进行了调整,对本科生和硕士生的教学内容进行了更加科学合理地规划,取消了选修课的专业限制,提高了学生按照兴趣与发展规划选课的自由度。同时,学院继续加强师生教学活动的管理,教学评估成绩稳步上升。其中,学院教学督导组在提高学院教学质量方面发挥了很大的作用。2012年4月,督导组五位老教授李玉、刘金质、黄宗良、张映清和王炳元被评为"北京大学老有所为先进个人"。学院教学督导组2012年6月还荣获"北京高校离退休干部老有所为先进集体"称号。

【科研活动】 2012年,国际关系学院共出版专著21部,立项课题18项,其中纵向科研项目7项,分别是:"原苏东社会主义国家的现状和社会主义思潮研究"(孔凡君教授主持,国家社科基金重点项目,25万字);"中资企业在东南亚投资大型工程项目政治风险评估研究"(查道炯教授主持,国家社科基金一般项目,15万字);"气候变化与国家安全战略的关键技术研究"(张海滨教授主持,2012年国家科技支撑计划课题,254万字);"伊斯兰力量在巴基斯坦的政治参与研究"(钱雪梅副教授主持,国家社科基金一般项目,15万字);"中亚能源外交与中亚:我国天然气管道风险防范研究"(程春华博士主持,国家社科基金青年项目,15万字);"创造性介入理论:中国和平发展的一种前瞻性探索"(王逸舟教授主持,北京市规划办项目,8万字);"台湾社会结构演变及其对两岸关系和平发展的影响"(张植荣教授主持,北京市规划办项目,5万字)。

张海滨教授的专著《气候变化与中国国家安全》荣获北京市第十二届哲学社会科学优秀成果奖一等奖,王缉思教授的研究报告《影响美国对外政策走向的内外因素及其对中美关系的影响》荣获北京市第十二届哲学社会科学优秀成果奖二等奖,张小明的专著《国际关系英国学派:历史、理论与中国观》荣获第六届高等学校科学研究优秀成果奖(人文社会科学)三等奖。

2012年,国际关系学院刊物《国际政治研究》继续保持良好的学术影响,对引领国际政治学科的发展发挥了重要的作用,该刊还获得国家社科基金第二批学术期刊资助,资助额度为每年40万元。2012年度《国际政治研究》及时反映国际政治现实和研究趋向的变化,突出刊物的重点和特色,以"《国际安全研究的演化》与中国非传统安全""两岸关系现状及未来发展前景""变革与稳定:发展中国家的成就与挑战""外交学的复兴与外交学学科建设"和"国际安全与世界秩序的再思考:中国的角色"等为主题,刊载了一系列有较大影响的文章,引起了政府有关决策部门的重视和专家学者的热烈讨论。2012年,《国际政治研究》继续被确认为中文社会科学引文索引(CSSCI)来源期刊、中国人文社会科学核心期刊、北京大学出版社出版的《中文核心期刊要目总览(2011年版)》中政治学(含马列)类的中文核心期刊。在CSSCI来源期刊(2012—2013年度)的政治学类排名中位列第五名,在北京大学出版社出版的《中文核心期刊要目总览(2011年版)》中国际政治类的核心期刊中位列第三名。《国际政治研究》入选全国高校国际政治研究会的会刊。

【交流与合作】 2012年,国际关系学院的国际交流与合作工作坚持以"讲政治、重服务、促发展"为总原则,努力服务于学院的教学和科研工作,全力推动学院对外交流合作的发展。学院以及挂靠各研究中心主办的国际会议主要有:"中美亚太安全合作会议","亚太区域秩序的新平衡"国际研讨会,"中欧北京论坛""朝鲜半岛局势"研讨会,"中日青年安全保障对话"研讨会,"中美关系与核问题"研讨会,"中美能源关系"研讨会,"全球治理:理论与实践""中国的海洋权益与南海的和平与稳定"等。此外,还有若干规模较小的、非正式的学术研讨会和座谈会,例如,国际关系学院国际政治经济研究中心邀请北京大学访问学者、韩国前国会议员、前总统府礼宾官徐甲源先生就"国会选举后韩国政治走向与东北亚秩序的发展"问题发表演讲;5月11日,美国前首席助理国务卿李维亚先生访问国际关系学院,就中美关系、朝鲜半岛局势、南海争端等问题与国际关系学院师生举行座谈;9月13日,来自华盛顿的战略与国际问题研究中心核问题项目组成员埃尔布里奇·戈尔比(Elbridge Colby)先生等一行6人与中方学者就中美核议题和双边关系展望举行座谈;9月14日,国际关系学院学者与日本大学国际关系学部及One Asia财团举办"面向未来的东北亚"讨论会;9月21日,与日本岛根县立大学就"中国模式"举行研讨会;10月29日,韩国统一部长官柳佑益先生在国际关系学院发表了题为"东亚形势与韩中关系的未来"的主题演讲;12月5日,英国皇家国际事务研究所(Chatham House)国际经济研究部主任保拉·苏巴基(Paola Subacchi)博士到访国际政治经济研究中心,并就全球金融危机与欧债危机问题发表了演讲;12月25日,国际关系学院中东研究中心召开"埃及暨中东形势研讨会"等。国际关系学院非洲研究中心2012年邀请了非洲第一位诺贝尔奖得主索因卡、联合国前任秘书长安南的高级顾问范图·切鲁(Fantu Cheru)教授、津巴布韦教育部前部长、UNESCO教育主管、杰出华裔女性秦慧琼(Fay Chung)博士等重量级人士举办学术研讨会。

2012年,学院的外事交流和接待工作主要有:王缉思院长率领外交部第三十一批专家学者访问华盛顿和休斯敦,会晤美政府官员和智库专家学者;出访美国普林斯顿大学、康奈尔大学、南加州大学、马里兰大学,参加有关中美关系的讨论;赴希腊参加"2012雅典论坛",并就"中国外交"的议题发言;出访东保加利亚、塞尔维亚和克罗地亚;赴日参加了佳能全球战略研究所主办的"中美日二轨会议";赴法国戛纳参加"世界政策会议"。5月22—23日,接待到访的香港新界社团第十届常任理事一行49人,并就中美关系、中华体制等问题举行讲座,由王缉思教授、贾庆国教授、潘维教授和王正毅教授等授课。此外,学院今年接待12位海外学者来国际关系学院访问,其中美国学者7人,韩国学者1人,日本学者1人,欧洲学者3人。另有4位长期外国专家在学院担任语言教学任务。2012年,专程以及顺访国际关系学院的外国专家学者政要等共150余人。国际关系学院另有3位教师分别在上、下半年学术休假,访问国外学术机构。

国际化办学项目一直是学院外事与教学工作的重点之一。7月,2011级北大—LSE专业的23名学生完成第一年在北大的学业,顺利升学至LSE开始第二年的学业,2010级的19名学生毕业,2011级中的1名中国学生获得"博诚"奖学金。2010级MIR专业的12名学生中有10名毕业,2名延期毕业。2011级MIR专业的2名留学生获得了国际关系学院MIR专项奖学金。北大—巴政项目2011级的7名学生顺利完成第一年在巴黎的学习并于2012年8月进入北大学习,其中1名留学生获得国际关系学院"博诚"奖学金。2012年8月,国际关系学院国际办学项目喜迎2012级新生,其中北大—LSE项目迎来新生19人,MIR项目迎来新生14人,北大—巴政项目迎来新生13人。学院与日本东京大学和早稻田大学的联合培养项目继续顺利进行。此外,学院与日本东京大学和韩国首尔国立大学商谈申请"亚洲校园项目"(甲类)并获得成功。国际关系学院亚洲校园项目2012年共派出12名学生,其中5名学生赴日本东京大学公共政策大学院,7名学生赴韩国首尔国立大学国际关系研究生院。日本东京大学及首尔国立大学共派遣4名留学生到国际关系学院进行秋季学期的亚洲校园项目交换学习。学院还参加了由日本早稻田大学、韩国高丽大学、新加坡南洋理工大学和泰国法政大学合作的亚洲校园乙类学生交流项目。经过长期努力,国际关系学院与美国雷鸟全球管理学院签订合作协议,双方互免学费,2012年国际关系学院已派出1名学生到对方院系学习,2013年将派3名学生到雷鸟全球管理学院学习。2012年,学院的国际化办学获得了北京市教学改革二等奖。

【党建工作】 在党的十八大精神和北京大学第十二次党代会精神指导下,学院党委积极贯彻落实党建工作,在11月9日顺利召开全院党员大会,完成了换届工作。在党员大会上,院党委书记李寒梅老师汇报了上一届党委四年来的工作,介绍了学院党委贯彻落实北大第十二次党代会各项战略部署,围绕加快创建世界一流大学和世界一流国际关系学院开展的大量工作,坚定了党委要坚持正确政治方向,党政领导紧密配合,努力维护团结和谐氛围,保障和推动学院教学、科研、行政等各项工作顺利开展的决心。12月24日,新一届党委召开了第一次委员会,选举产生了书记李寒梅,副书记范士明和虎翼雄,委员还有王缉思、许振洲、关贵海、张海滨、唐士其、初晓波六位老师。2012年5月,学院成立了党委办公室,虎翼雄兼主任,曲一铭为副主任。同时,调整了学院行政办公室,闫岩担任主任,霍艳丽为副主任。2012年度还新成立了比较政治学系党支部。

【学生工作】 2012年国际关系学院共有应届毕业生184人,其中本科生107人,硕博毕业生77人。本科毕业生国内升学40人,出国深造41人,实际就业26人。硕博毕业生国内升学15人,出国深造6人,实际就业56人。就业质量和就业率保持了相对较高水平,就业地域分布多元化特征更趋显著,七成以上签约毕业生的就业去向均为我国经济建设、科技教育以及社会管理事业的重要行业和关键领域。2012年国际关系学院共有8名毕业生签约西部、基层就业。

针对国际关系学院学生的情况和专业特点，2012年院学工办在学生管理工作中，重点抓好新生入学教育、心理健康教育、贫困生资助和就业工作几个环节，在加强各环节队伍制度建设，为学生提供细致周到的服务同时，通过信息沟通、教育引导、学生广泛自主参与等方式，使学生管理工作规范有序，为学生健康成长提供良好的环境。2012年，国际关系学院共有2人获得北京市级奖励，127人（包括8名留学生）获得校级奖励，其中本科生76人，研究生51人；共有134人（包括6名留学生）获得校级奖学金，其中本科生82人，研究生52人；有47人获得7项院设奖学金，18名学生获得北京大学新生奖学金。国际关系学院本科2011级3班获得北京市优秀班集体荣誉；本科2010级3班被评为北京大学优秀班集体；本科2011级1、2班被评为北京大学先进学风班。此外，国际关系学院学生还积极参与集体活动，在2012年学校组织的23项集体活动中，国际关系学院参与学生达到521人次，占国际关系学院中国学生总数的70.1%。

经济学院

【概况】 北京大学经济学院的前身是北京大学经济学系，始建于1912年，是中国高等学校中建立最早的经济学科。著名学者、中国共产党的创始人之一李大钊曾在经济学系任教。马寅初是经济学系的早期负责人和教授。1952年全国院系调整后，著名经济学家陈岱孙教授长期担任北大经济学系主任。1985年5月北京大学经济学院正式成立，时设经济学系、世界经济系和经济管理系。历任院长为胡代光、石世奇、晏智杰、刘伟，现任院长为孙祁祥教授。

北京大学经济学院现有经济学系、国际经济与贸易系、金融学系、风险管理与保险学系、财政学系、发展经济学系等6个系，有政治经济学、西方经济学、经济思想史、经济史、世界经济、财政学、金融学（含保险学）、人口、资源与环境经济学8个硕士专业和政治经济学、西方经济学、经济思想史、经济史、世界经济、财政学、金融学（含保险学）7个博士点、13个校级科研机构、4个院级科研机构和理论经济学博士后流动站。经济学院师资力量雄厚，全职教师75人，包括教授29人，副教授36人，讲师10人。在站博士后研究人员59人。

经济学院拥有完整的学士—硕士—博士人才培养体系，是面向全国培养高级经济人才的重要基地之一。本科生培养实行四年学制，坚持"注重基础，拓宽专业，加强实践，因材施教"的原则，自20世纪80年代中期开始实行学分制。在研究生培养方面，形成了鼓励优秀人才脱颖而出的制度和方法。"勤奋、严谨、求实、创新"是经济学院一贯倡导的学风。

2012年，经济学院共有各类学生学员约11143人，其中博士研究生162人，硕士研究生315人，本科生700人，留学生99人，访问学者、进修教师24人，研究生课程进修生1443人，继续教育中心学生、学员约8400人。

2012年，经济学院博士后流动站共进站博士后25人，博士后做开题报告11人次、中期考核19人次、出站报告30人次，总在站人数为59人。有5位博士后获得博士后科学基金资助，其中特别资助1人、二等资助4人；获得国家、省部级项目3项。刘超、高连水荣获2012年度北京大学优秀博士后奖。

【百年庆典】 2012年是北京大学经济学院（系）成立100周年暨北大经济学科设立110周年。从2012年2月至5月，北京大学经济学院举行系列活动予以隆重纪念。主要活动有：庆祝大会（5月25日上午）、大型联欢晚会（5月25日晚）、招待酒会（5月24日晚）、中国经济学教育论坛（5月24日）、百年历史图片展（5月21—26日）、陈岱孙先生诞辰112周年纪念会暨陈岱孙经济学基金理事会会议（5月10日）、杰出校友论坛（5月24日）、系列出版物《先贤文集》《百年华章》《百年图史》《通向经世民之路》等）发布会（5月24日）、首都高校经济学博士论坛（5月5日）、新时代中国青年经济论坛、百场系列学术论坛（2月至5月）、书画摄影大赛（3月至5月）。第十一届全国人大常委会副委员长司马义·铁力瓦尔地、第十一届全国政协副主席阿不来提·阿不都热西提出席了5月25日的庆祝大会。

巍巍上庠，世纪弦歌不辍；经世济民，百年再续华章。百年院庆之际，韩启德、朱善璐、周其凤、厉以宁、闵维方、许智宏、吴树青、林毅夫、萧灼基、王梦奎、刘伟、晏智杰、比尔·盖茨、莫里斯（诺贝尔经济学奖获得者）等纷纷题词祝贺。特别是时任中共中央政治局常委、国务院副总理的李克强同志（经济学院校友），于2012年5月23日为百年院庆专门致信祝贺。他在信中指出："过去的百年，北大经济学院创造了瞩目的辉煌，新的百年必将有更加灿烂的未来，这是我们大家共同的期盼。希望学院继续弘扬北大优良传统，在传承中创新，在砥砺中前进，坚持宽视野、厚基础、重实践，育有志有为肯担当的人才，出经世济民居一流的成果，更紧密地融入中华民族伟大复兴的历史进程之中，不断实现新的超越。"

【科研工作】 1. 项目与成果。2012年完成各类科研成果275项,其中专著8部,编著和教材25部,译著11部,研究报告10部,论文189篇,其他成果32篇。科研项目立项55项,经费2233.8万元。2011年被CSSCI检索的论文共有139篇。2011年被SSCI收录论文有7篇。纵向项目年度检查8项、中期检查4项、结项8项。章政教授主持的"中国社会转型期的居民信用管理和公共服务体系建设研究"课题获得教育部哲学社会科学研究重大课题攻关项目。北京大学经济学院(系)100周年纪念文库《北京大学经济学院优秀论文选编(2000—2011)》和《北京大学经济学院优秀课题研究成果选编(2000—2011)》出版。

刘伟教授的成果"我国现阶段反通胀的货币政策究竟遇到了怎样的困难"和张辉等副教授的成果"京津唐城市群一体化进程研究"入选《2012北京市哲学社会科学研究基地成果选编》。

国家社科基金《成果要报》编发了张辉和冯科二位副教授研究成果《我国工业化进程中房地产调控建议》,文中提出的重要观点和对策建议受到中央领导同志的重视,中央财经领导小组办公室三组蒲淳组长特向北京大学党委朱善璐书记电话通报表扬。郑伟教授研究小组关于养老保险的研究成果(《应尽快解决养老保险中的"晚退不如早退"问题》)被国务院研究室采纳,以《重要信息快报》形式报送国务院总理、副总理和国务委员等领导。

2. 获奖情况。刘伟教授的著作《中国市场经济发展研究——市场化进程与经济增长和结构演进》和董志勇教授的论文 Do Executive Stock Options Induce Excessive Risk Taking 获得教育部第六届高等学校科学研究优秀成果奖(人文社会科学)二等奖;夏庆杰副教授的著作《劳动就业与贫困问题研究》获得北京市第十二届哲学社会科学优秀成果奖二等奖。

张亚光副教授的论文《中国古代经济周期理论及其政策启示》在中国经济思想史学会上获得第七届优秀成果论文奖;姚奕讲师的论文《新兴健康保险市场的可持续发展——以巴基斯坦小额保险为例》在美国国际保险学会、日内瓦保险协会上获得美国国际保险学会年度最佳论文奖;曹和平教授著作《中国产权市场发展报告》获得第三届优秀皮书奖·报告奖。

3. 学术论坛。经济学院经多年发展,目前已经形成院级论坛和六个系级常设论坛等模式多样、国内外具有一定影响的论坛体系。六个系级常设论坛为:经济学系论坛、国际经济与贸易系论坛、金融学系论坛、风险管理与保险学系论坛、财政学系论坛、发展经济学系论坛。2012年,各论坛开展了灵活多样的学术活动,举办国内外各类论坛和学术会议近百场。其中影响力较大的有:北大经济国富论坛、中国信用高峰论坛、北大赛瑟(CCISSR)论坛、中国经济学教育论坛等。

4. 科研机构。经济学院科研基地于2003年12月成立。科研基地目前包括13个科研机构及4个院级科研机构:外国经济学说研究中心、市场经济研究中心、经济研究所、国际经济研究所、中国金融研究中心、中国国民经济核算与增长研究中心、中国信用研究中心、中国保险与社会保障研究中心、中国都市经济研究中心、产业与文化研究所、金融与产业发展研究中心、经济与人类发展研究中心、中国公共财政研究中心、北京大学经济学院信用与法律研究所、北京大学经济学院社会经济史研究所、北京大学经济学院金融创新与发展研究中心、北京大学经济学院中国精算发展研究中心等

【教学工作】 1. 本科工作。2012年,经济学院招收本科生199名,其中:统招生173人、港澳台地区学生4人、留学生22人。学院举行了教授新生面对面、新生讲座等系列活动,取得了良好的效果。

2012年经济学院共有181位本科生和27位留学生顺利完成了学业。2009级本科生(中国大陆地区)共计175人,有"保研、推研"资格并落实接收单位的81人。

(1) 课程开设及教学评估。2012年,经济学院为本科生开课136门次,春秋学期各68门,其中为北京大学全校开设的通选课程11门,春季学期4门,秋季学期7门。经济学院本科教学评估成绩春季学期为88.6分,位列北京大学人文社会科学各院系第一名,秋季学期为87.91分。

(2) 加强留学生教学管理工作。2012年,经济学院本科在校留学生共计99人,其中2009级24人,2010级26人,2011级27人,2012级22人。留学生来自美国、俄罗斯、日本、韩国、新加坡等国家。经济学院管理留学生的措施主要包括选课指导、后进生谈话和补习辅导等。

经济学院推出了"突出重点,以点带面,积极推进双语教学"的教学措施,并且制定了《北京大学经济学院双语教学的管理规定》。2012年,经济学院开设7门全英语课程,面向全校本科生、留学生、交换生开放。

2. 研究生工作。2012年,经济学院通过多元化的选拔方式,从全国和国外招收了169名优秀学子攻读博士、硕士研究生。新的变化包括:硕士研究生招生扩大了免试推荐比例;博士研究生招生扩大了面试范围,强制50%的复试淘汰率。2012年还开设了金融学在职攻读硕士学位研究生(单独考

试班)项目,继续推进研究生课程进修班(同等学力班)项目,招生规模有所扩大。2012年经济学院共有120名研究生毕业,其中博士生33人,硕士生87人。获得博士学位30人,硕士学位215人(其中同等学力申请硕士学位130人)。

2012年共为研究生开设75门课程。2012年为50门研究生和本科生的基础课程配备了64人次的教学助教,总计金额42.4万元。

3. 积极配合合学校,圆满完成一级学科评估。第三轮学科评估工作于2011年12月29日启动。一级学科"理论经济学"评审材料的整合工作在经济学院主管院长的主持下,多次组织相关院系及部门召开协调会,对所报材料进行反复论证及核对,圆满完成了本次的评估任务。一级学科"应用经济学"评审材料由光华管理学院负责牵头整合。经济学院金融学专业、金融学专业保险方向、财政学专业也给予了积极的支持与配合。

【交流合作】 2012年度外事工作继续顺利推进,教师出访接待、高端讲座论坛、学生交换交流、国际合作等项目均有条不紊地开展推行,并取得丰硕成果:全年共接待国际团体学者和政府官员等30余次;有40余人次教师出访其他国家和地区,进行学术交流或参加国际会议,有200余人次学生出访世界多地,师生足迹遍布全球六大洲数十个国家和地区,出访事由包括交换学习、暑期学校、国际会议、考察访问、短期实践及国际文体比赛等。截至2012年年末,学院已与全球90余所高校及学院或其他研究所组织签订合作协议或意向协议,旨在推动以下各领域的国际合作与交流:本科生、研究生的长期交换学习、寒暑期学校、双学位项目;教师互访教学、科研合作;EMBA/DBA教学等。牛津—剑桥大学暑期学校、斯坦福大学暑期学校、芝加哥大学暑期学校顺利开

展;继续推进英文课程建设,经济学院已具备开设60余门全英文授课课程的能力。

【学生工作】 2012年,经济学院学生工作办公室、团委以"以德立身,全面育人"为目标,开展了一系列具有特色的工作,推进学院文化传承,加强青年思政教育,规划学生职业发展,完善学工队伍建设,精益求精地开展学生工作。同时经济学院的学生工作也得到了上级的肯定,并荣获2012年"北京大学学生工作先进单位"称号。

经济学院努力拓展奖学、助学资源,设奖、助学金资源总额已达100余万元,覆盖本硕博学生300余人次。经济学院职业发展中心,为同学们提供了就业的专业指导。学院在举办各类企业宣讲、招聘会外,还积极开拓校内资源,增强并提高学生职业发展的意识和能力。学院举办了2012届毕业生就业动员大会、职业发展系列讲座、"经海留痕"职业发展系列沙龙、毕业生赴名企考察交流等品牌活动。同时,经济学院和北京大学学生就业指导服务中心共同开设了"大学生职业生涯规划"课程,力图在新生入学伊始就帮助学生树立发展目标,设计人生发展规划。

实践为基,思想为本。经济学院的十余支实践团队走遍了祖国大江南北。开展红色"1+1"教育活动,院党委与有关方面签订了"大学生党员教育基地"三方协议,建立长效合作机制。青年志愿者协会通过多种形式开展志愿活动。学院院刊《壹评》为广大同学提供了将知识与社会时事相结合的平台。经济学院首次开设"综合素养:知与行"课程,该课程将学校、学院的精品活动纳入其中。

开展"学习党的十八大、学校第十二次党代会精神"系列党团日活动,全面落实宿舍团建模式,举办青年马克思主义学校,在学生范围内通过团建强基实现广大青年

的思想引领。院党委以学校党委组织部的党建"创新立项"项目为依托,指导学生党支部活动的策划、组织与总结。对党支部组织生活提出了具体的要求,并加大了对基层党支部的活动经费支持力度。2012年5月,以学习胡锦涛总书记"五·四"讲话精神为契机,经济学院举行了"建团90周年——九十载擎火炬续 青年志·百年约 执笔墨书经世情"主题活动,以"青年志愿,西部放歌""思想引领,实践育人""团建创新,扎根基层"为主题与全体优秀青年学子代表交流。坚持探索高效基层团建模式,以宿舍团建为基础,加强同伴教育的正面引导,全面落实学生干部辅导员制。

【继续教育】 2012年,经济学院继续教育加快转型,以部门发展目标"前沿化、高端化和国际化"为前提,进一步提高办班水平和质量并扩大高端培训的社会影响力。继续教育中心重新梳理工作范围和工作职能,进一步明确目标,优化工作程序,加强日常工作的约束和激励,完善教学环节,更加注重教学品质的提升。2012年共举办48个研修班,其中长期班29个,短期班19个,结业2188人,在读2500余人。

远程网络教育本科专业共有6个,分别是国际经济与贸易、财务管理、市场营销、金融学、风险管理与保险学和人力资源管理。2012年注册学生约3500人。另外在珠海市外经贸专修学院设有函授教育班,全年在读159人。

2012年全年经济学院有各类继续教育学生、学员8400余人。

光华管理学院

【概况】 光华管理学院依托北京大学深厚的历史底蕴和文化积淀,

以"创造管理知识,培养商界领袖,推动社会进步"为使命,历经近三十年的发展,学院在科研水平、师资建设、人才培养、国际合作等方面位居国内经济管理学院前列,成为亚太地区最为优秀的商学院之一。

光华管理学院现设有会计学系、应用经济学系、商务统计与经济计量系、金融学系、管理科学与信息系统系、市场营销系、组织管理系、战略管理系等8个系和37个研究中心,其中国民经济学是国家重点学科点。学院具有完整的人才培养体系,学位项目包括本科、研究生、金融硕士、工商管理硕士(MBA)、高级管理人员工商管理硕士(EMBA)、会计硕士项目(MPAcc)等。英国《金融时报》公布的2012年度全球百强MBA排名中,光华MBA项目位居第54位,成为中国大陆高校中唯一上榜的商学院。2012年,光华金融硕士项目在《金融时报》全球金融硕士项目排名中位列第8位,也是排名榜前35位中唯一入选的亚洲院校。为进一步满足不同类型的企业和组织中的高层管理者的知识需求,学院还设立了高层管理教育中心(ExEd),提供非学位的公开课程、定制课程和国际课程。

2012年,学院新招聘教员6名,其中1名教授,5名讲师,其中1位入选国家"千人计划"。此外,学院有1名副教授晋升为教授,4名讲师晋升为副教授。截至2012年12月底,学院8个系共有教员114名,其中,教授47名,副教授41名,讲师26名;离退休1人。

【教学工作】 2012年,光华管理学院共招收全日制本科生216人,普通研究生190人。2012年MBA项目共招收学生416人,EMBA项目共招收学生383人,MPAcc项目共招收学生48人,高层管理教育中心(ExEd)项目新增学员4800人,全年运行完成108个项目。2012年,光华管理学院实际毕业人数共有653人(含春季毕业生22人),其中包含本科毕业生148人,普通硕士研究生毕业生139人,博士毕业研究生28人。

2012年6月,学院本科研究生教学指导委员会主持修订了2012级本科生培养方案。在大一学年,增加了专业课的比重,除了学校规定的必修课,还要完成光华管理学院经济类、财会类的基础课程学习。同时,光华管理学院选修的课程设置更加多元化,加强了人文类、创业类以及英文授课的比重。2012年,光华管理学院的MBA项目推出5大变革措施,包括学制设置人性化、国际目标差异化、招生安排多样化、课程内容精品化和光华平台终身化等。2012年,EMBA项目全面落实2011年7月的教学改革方案,2012年共开设选修课13门,20门次,主要涵盖通识课、通修课及实践课三大类课程。2012年,光华管理学院的高层管理教育项目对所有的公开课项目和模块项目进行了优化,同时高层管理教育项目的国际化项目取得进一步进展,建立了全球化的合作伙伴网络(欧洲、北美、拉美),与国际一流商学院共同开设高层管理课程,学员来自32个国家。

2012年,光华管理学院首次开展本科自主招生工作,共有159位中学生参加了自主招生面试,最终30名学生获得了自主招生资格,其中有约30%来自农村和欠发达地区。

2012年,光华管理学院创新创业本科双学位项目已经正式通过了学校的批复,正在进行项目开设前的各项准备工作。博士招生首次推行以综合素质能力考核为基础的改革。这一举措吸引了众多对经济管理有着浓厚学术兴趣及研究发展潜力的人才,其中境外优质高校生源达45%。博士招生制度的进一步扩大了我院招生的影响力,获得学校和研究生院的大力肯定。此次招生最终录取20人。

【科研工作】 2012年,光华管理学院新立项国家自然科学基金面上项目和青年项目共22项,获得国家自然科学基金优秀青年项目2项,新立项项目的总批准经费达1184万元。新立项教育部人文社科研究项目1项,教育部留学回国基金项目1项。2012年,到账纵向项目总经费1446.52万元,到账横向项目总经费2713.74万元,共计到账科研经费4160.26万元。

2012年度光华管理学院教员出版专著、编著11部,教材3部。发表SCI/SSCI检索论文51篇,发表CSSCI检索论文82篇。

2012年度光华管理学院还有13项成果参与角逐教育部第六届高等学校科学研究优秀成果奖(人文社会科学),共有9项研究成果获奖(其中1项由中国经济研究中心申报,光华管理学院教师参与合著),位列北大院系之首。其中,厉以宁教授的《工业化和制度调整——西欧经济史研究》获得一等奖,周黎安教授的《转型中的地方政府:官员激励与治理》获得二等奖,张建君副教授的 Marketization and Democracy in China 获得二等奖,《中国集体林权制度改革调研报告》等6项成果获得三等奖。

2012年度光华管理学院有4项成果参评北京市第十二届哲学社会科学优秀成果奖,其中有2项成果获奖:龚六堂教授《政府政策改变的福利分析方法与应用》获一等奖;路江涌副教授的论文 Exporting Behavior of Foreign Affiliates: Theory and Evidence (Journal of International Economics, 81(3), 197—205)获二等奖。

在科研管理方面,2012年度光华管理学院为鼓励教员发表和出版高水平的教材、著作等科研成果,并积极申报省部级以上科研奖励,制定了《关于教员成果获奖、出版著作教材给予奖励的规定》。

【党建工作】 按照学校组织部开展"基层组织建设年"和迎评促建活动要求,2012年光华管理学院开展了调查研究,分析党组织工作过程中存在的薄弱环节,不断改进、调整,强化组织工作。主要工作包括表彰先进、实施党内工作制度、培训党员、入党积极分子等。

2012年,光华管理学院共有163名入党积极分子参加党课培训班的学习,发展党员67名,18个支部顺利完成换届。

2012年,光华管理学院党委紧密围绕北京大学"服务国家战略、坚持科学发展、加快推进创建世界一流大学步伐"的中心任务,以北京大学第十二次党代会和中国共产党第十八全国代表大会的召开为契机,多次组织召开党委扩大会议、学生、教师党支部会议,号召全院党员同志深入学习贯彻"两次"党代会的精神,认真研读党代会的报告,加强理论学习,统一思想,凝聚共识,在推动学院发展中积极发挥党员同志的先锋模范带头工作。

【学生工作】 2012年,光华管理学院的学生工作办公室推出了一系列旨在更好地服务学生的创新之举。通过建造学院学生课外活动中心,光华管理学院首次尝试通过向学生公开招标,让学生自主运营管理学生活动中心的模式,为学生们提供了将所学到的商科知识应用到实际中的机会。

此外,光华管理学院和广东省揭阳市联合推动针对光华管理学院本科学生的"北大光华—广东揭阳沃土计划"实践育人课程,鼓励学生们扎根基层,贴近群众,增进学生们对国情、民情、社情的了解。。2012年5月,光华管理学院举行了以"让青春年华闪光——纪念建团90周年"主题演讲比赛。

在就业指导方面,光华管理学院的职业发展工作围绕学院整体战略,精耕细作,为各项目学生提供符合项目培养目标的专业服务。2012年学院职业发展中心新推出针对MBA学生的"职业发展战略"中英文课程、"最佳雇主"评选等服务,全面升级职业发展中心网站,进一步完善职业支持系统,给学生提供更专业更精准的服务。

【交流合作】 截至2012年年底,光华管理学院的国际交换合作院校达到98所,分布在北美(34所)、欧洲(38所)、澳洲(6所)和亚洲(20所),共28个国家,比2011年新增5所合作院校。2012年,光华管理学院共派出172名学生外出交流,2012年共接收交换生185名。2012年,国际合作部负责接待来访院校代表共计近40余次,组织4名教师参加哈佛案例教学培训项目(GloColl)。2012年,光华管理学院首次启动了与美国加利福尼亚大学伯克利分校合作Berkeley Economics Semester Abroad Program(BESAP),派出6名对经济研究领域感兴趣并且表现非常出众的本科生参加一个学期的出国交换学习。双方计划未来扩大合作,拟未来将选派名额增加至10名。重要的活动包括:与Kellogg商学院继续探讨并实施合作意向,2012年光华选派2位校友、3位本科毕业生参与Kellogg—Guanghua Scholar Program,并就明年Kellogg教授团来访一事做好前期计划;与国际优秀商学院积极探讨,为MBA项目在2013年实现100%全面派出打开局面,2013MBA海外游学项目(Global Immersion Program)目标派出院校有:美国南加州大学、华盛顿大学(西雅图)、马里兰大学、英国华威大学,法国ESSEC商学院、西班牙ESADE商学院以及新加坡国立大学;与日本一桥大学、韩国首尔大学签署BEST Business School Alliance合作全面开展,确立了三个联合研究项目,组织了第一届Doing Business in Asia三校MBA两周三地游学项目,于2012年5月初在北京召开了首次BEST Alliance联合论坛暨顾问委员会成立仪式,并且开始了三校的学生交换及MBA双学位项目。

2012年2月16—18日,揭阳市人民政府与光华管理学院签署全面战略合作框架协议,决定建立全面、紧密的战略合作关系。3月20日,北京大学促进两岸交流基金设立仪式在北京大学光华管理学院举行。北京大学促进两岸交流基金由台湾台新金融控股股份有限公司捐资成立。4月12日,由北京大学光华管理学院、厦门大学经济学院与王亚南经济研究院主办的"海西2012两岸经济暨金融研讨会"在北京大学博雅国际酒店召开。各界精英齐聚一堂,针对人民币国际化与国际金融、两岸金融与市场的资本对接,以及海西的两岸经济与金融合作等三大议题,进行深入的意见交流与碰撞。5月23日,以"包孕吴越,共建共享"为主题"2012江浙工商业领袖(紫金山)峰会"在南京紫金山庄成功举行。著名经济学家厉以宁教授、光华管理学院院长蔡洪滨教授出席并作主题演讲。6月2日,2012商务统计与经济计量研讨会暨商务统计与经济计量系成立十周年庆典在光华管理学院举行。国内外36所兄弟院校和研究机构的110余位领导、著名学者出席了活动。9月24日,1997年诺贝尔经济学奖获得者、麻省理工学院斯隆商学院杰出教授、哈佛大学荣誉教授罗伯特•默顿来到光华管理学院发表演讲,解读全球养老挑战。

【年度纪事】 2012年,光华管理学院成功获得AACSB认证,认证有效期5年;并且通过EQUIS二次认证,认证有效期为5年。两项国际认证标志着光华管理学院的整体管理水平和项目质量达到国际认可的标准。

2012年，光华管理学院进行了职能部门的人事制度改革，通过述职竞聘，择优上岗，真正做到人尽其才，才尽其用，在竞争中最大限度实现了人才的优化配置，进一步提高了行政团队的工作效率。行政办公室基本完成了学院财务工作的整合，目前学院的所有财务报销工作均由行政办公室财务部完成。

2012年，光华管理学院进行了一系列的日常管理工作的提升，包括设计资源预订系统以提高资源利用率、完善1号楼和2号楼的多媒体设备服务、对学院的1号楼和2号楼进行工程改建、加强楼宇的安全保卫工作以及对退休教职工的服务工作等。

2012年，光华管理学院加强了新闻宣传工作，加大在学院官网和北大新闻网的宣传力度；继续加强媒体关系维护工作，并通过多种宣传工具的配合，使宣传立体化。同时，光华管理学院启动并推进VI/CI（企业形象识别系统）设计工作和学院标语（slogan）的征集活动。

2012年，光华管理学院的校友事务中心完成信息化二期工程，初步实现通过校友网站来连接校友的网络社区。同时，增加了校友招聘的服务，并梳理了校友服务内容，制作了《校友服务指南》，对校友的数据进行搜集和补充整理，共更新了近3000条信息，同比增加了70%以上。《光华校友通讯》顺利改版，"燕归来—校友返校日"日期已经固定下来，并且品牌化，成为一年一度的活动；同时创新地组织了校友子女夏令营，形成特色品牌。此外，"校友沙龙"系列、周年校友返校以及各项目的各地校友组织活动有声有色地开展。

5月5日，光华管理学院举行"燕归来"返校日活动。近600位光华校友重返学院，共庆北大华诞，追忆光华岁月。

8月13日至16日，"逐梦燕园·2012校友子女夏令营"举行，来自全国各地的76位光华子女、21位校友和家人欢聚一堂。

9月11日，香港会计师公会向光华管理学院颁授专业资格课程认证证书，这标志着北大MPAcc的内容、师资、教学资源，以及学生质量等方面均已达到国际水平。

11月，国际计量经济学会正式通知并祝贺光华管理学院院长蔡洪滨教授当选为该学会理事会理事。蔡洪滨教授作为来自远东地区的代表，是第一位进入该理事会的中国大陆学者。

法 学 院

【概况】 在中国国立大学法学教育的历史中，北京大学法学院最为悠久。1904年，京师大学堂在其下设政法科大学堂，设立"法律学门"，这是中国首个在近现代大学之内专事法律教育的部门，亦即现今北京大学法学院的前身。1912年，京师大学堂更名为"国立北京大学"。1919年，北京大学法律学门正式更名为北京大学法律学系。此后，经历多次更迭和易名，直至1954年重建北京大学法律学系。随着办学规模的扩大和学科互动的增进，加之对法律教育未来发展的瞻望，北京大学法律学系在撤销各教研室、重新整合各专业学科的基础上，于1999年6月26日改建为北京大学法学院。北京大学法学院的学科建制历经百年的积累与变迁，学科分类与课程设置在1949年以前即已领先国内。1949年以后，尤其在1977年恢复正常的高校招生制度之后，各法学专业皆为国内最早或较早培养硕士研究生或博士研究生的学科。

跨入21世纪后，北大法学院密切关注中国的经济、社会发展对法学学科提出的新要求，适时地创立和促进二级学科（如环境法学、知识产权法学、社会法学、商法学、财税法学等）的发展。同时，作为全国最早确立的研究型法学教育机构，学院高度重视科研对教学的促进作用，努力从各个方面为教师改善科研条件，并鼓励将最新的科研成果应用于教学。1988年，在首批国家重点学科评选中，法理学和国际法学被评为国家重点学科；2001年，在国家重点学科评选中，法理学、宪法与行政法学、经济法学、刑法学成为国家重点学科；2004年，宪法与行政法研究中心被评为教育部人文社会科学重点研究基地；2007年，北大法学院又成为全国三个首批获得法学一级学科国家重点学科的院校之一。

2012年，法学院新引进教师3人，招聘博士后2人。现有在编教师86人、在站博士后4人。现有事业编制教辅、党政管理人员18人，另有11名院聘的行政教辅人员。学院共有3位"长江学者"，分别是：陈兴良、朱苏力、陈瑞华。

截止到2012年12月，法学院已经建成一支教学科研能力突出、年龄学历结构合理的师资队伍，包括42名教授、7名院聘教授、28名副教授、9名讲师。教育部跨世纪人才计划入选者5人，教育部新世纪人才计划入选者9人，全国十大青年法学家4人。

自2010年7月学院党政班子换届以来，学院现任院长张守文，副院长潘剑锋（兼）、汪建成、王锡锌、沈岿；现任党委书记潘剑锋，党委副书记朴文丹、杨晓雷。2012年春，法学院工会例行换届，现任学院工会主席钱明星，副主席张双根、粘怡佳，工会委员王社坤、张婕、张双根、贾薇薇、钱明星、黄晨、粘怡佳。

法学院现任学术委员会主席陈兴良，副主席白桂梅，委员有：

朱苏力、刘凯湘、刘剑文、张守文、陈卫东、陈瑞华、赵旭东、姜明安、贺卫方、钱明星、龚刃韧、梁根林、潘剑锋。现任学位委员会主席：潘剑锋，副主席：周旺生；委员：沈岿、邵景春、刘燕、尹田、张平、汪劲、白建军、甘培忠、王锡锌、张骐、汪建成。现任教学委员会主席：陈瑞华，委员：刘剑文、张骐、郭自力、肖江平、葛云松、湛中乐、李启成、宋英、王慧、金锦萍、杨明、潘剑锋、汪劲、楼建波。

法学院现任院务委员会主席：汪建成，现任委员 31 人，分别是：张守文、潘剑锋、汪建成、沈岿、王锡锌、朴文丹、杨晓雷、周旺生、强世功、徐爱国、李启成、汪劲、楼建波、张平、葛云松、尹田、赵国玲、王新、郭自力、傅郁林、邵景春、白桂梅、宋英、王慧、甘培忠、彭冰、王磊、钱明星、殷铭、乔玉君、陈志红；院务秘书：张智勇。法学院现任招聘岗委员会主任：张守文；聘岗小组委员(9 人)：张守文、潘剑锋、陈兴良、汪建成、强世功、张平、傅郁林、宋英、汪劲；教师招聘小组委员(9 人)：张守文、潘剑锋、陈兴良、沈岿、强世功、张平、傅郁林、宋英、汪劲。

自 2011 年以来，学院为了奖励教师教学、科研的优秀成果，共筹资设立了"北京大学法学院洪积研究奖励基金""北京大学法学院茂元学术创新奖教基金""北京大学法学院住友化学教学、研究奖励基金""法学院俊杰教学研究奖励基金""李凯院长奖励协议"，共 5 项教学科研基金。

【科研工作】 1. 科研成果。法学院教师共发表学术论文 291 篇，其中，核心刊物论文 135 篇；发表在《中国社会科学》《中国法学》《法学研究》三大著名学术期刊论文 20 篇；外文学术论文 17 篇。出版学术著作 71 部，其中：独著中文专著 12 部，合著中文专著 5 部；独著、合著外文专著、文集 5 部；独译、合译译著 7 部；主编著作 10 部；出版教材 17 部，其中初版、再版独著教材 5 部；其他主编学术辑刊、文集 15 部。

2. 科研课题。申报国家级、省部级科研课题项目 40 项，其中 16 项课题立项，立项率达 40%。其中，国家社科基金学术期刊资助项目 1 项，国家社科基金重点项目 2 项，国家社科基金中华学术外译项目 1 项，国家社科基金一般、青年项目 3 项，国家哲学社会科学成果文库项目 1 项；教育部人文社科一般项目 1 项，教育部后期资助项目 1 项。

3. 科研获奖。荣获了多项省部级科研奖励，其中，教育部第六届高等学校科学研究优秀成果奖 6 项，北京市第十二届哲学社会科学优秀成果奖 3 项，首届吴玉章人文社会科学奖一等奖 1 项，钱端升法学研究成果奖 5 项等。陈兴良教授荣获 2012 年度"北京大学国华杰出学者奖"，罗豪才、魏振瀛、杨紫烜 3 位教授被授予"全国杰出资深法学家"荣誉称号。有 2 部教材入选"十二五"普通高等教育本科国家级规划教材。

4. 学术会议。举办学术研讨会 30 余场，其中国内研讨会 15 场，国际、港澳台地区研讨会 15 场等。2012 年秋，隆重启动"中外法学领袖论坛"。

5. 法治与发展研究院的最新进展。与英特尔(中国)、玫琳凯集团成功签署合作研究协议，与国家税务总局、壳牌(中国)顺利达成合作研究意向；举办了多次有针对性的学术研讨会。此外，还邀请到美国共和党热门候选人罗姆尼竞选团队的核心人物 Bruce Thompson 先生再次来访。

【教学工作】 2012 年度，法学院招收各类新生共计 739 人。共培养在校生 2779 人。

本科生 187 人顺利毕业并获得学位。法律硕士毕业 256 人，248 人取得学位；在职法律硕士 91 人取得学位；法学硕士毕业 109 人，107 人取得学位；博士毕业 56 人，55 人取得学位；研修班 3 人学生取得学位。

经教育部、中央政法委批准，法学院成为首批卓越法律人才教育培养基地，配合完成 4 个北京大学自主设置二级学科的重新审核工作。

"中国法"硕士项目经研究生院等有关部门批准，在培养模式上实现突破性改革，通过国家公派留学联合培养方式的人数达到 12 人次，国家公派留学共计 19 人；学业奖学金奖助的发放范围中，法学硕士覆盖面达到 90%，法学博士生达 100%。

【行政工作】 2012 年度的工作重点是办公大楼搬迁后的后续工作，包括各办公场所设备的购置、安装、调试和使用。还进行了办公楼场所周边的环境建设，通过校友和社会热心人士捐赠，建成了法柱广场，栽种了樱花树和 2008 级本科生毕业纪念林。此外，还进行了两楼一院的多项维修工作。图书馆工作建设和完善北大法学院教师科研成果文库，拟建立学术成果数据平台；设立"课程参考书"项目，严格把关法学外文图书的选购。学院专门从财政列支 50 万元预算，投入馆藏资源建设中。

1. 校友会工作。共组织 6 批校友返校，接待返校校友 700 余人。还联络了 20 余名校友接受学生志愿者的采访，邀请了 10 余次校友返校演讲。完善了学院校友信息数据库，继续编辑发行《校友电子期刊》和校友主题桌面等工作。

2. 基金设立。有：阳华特困教职工扶助基金、鲲鹏国际法基金、沈宗灵法学基金、信德嘉法律诊所教育基金、旭照法律实践教育基金、北京大学中伦吴鹏研究奖励基金、靖江青年法律领袖基金、橡果国际交流基金、浩然海外杰出学者讲学计划、吴滨学生海外交流项目奖学金、美国众达全球化与法治讲席教授基金、88级校友基金、82级校友基金。通过举办各种短训班，获得办学资金约200万元。

3. 离退休工作。通过多种形式分别为多位教师举办了90、85、80岁的寿诞；向每位离退休教师发放11000元节日慰问金；向一位去世教师的家属发放2万元慰问金，向一位因工受伤的教师发放了5千元补助金；为沈宗灵老师举行追思会；组织离退休教师进行秋游。

【交流合作】 2012年度教职工共计73人次到多个国家和香港、澳门、台湾地区等，出席学术会议、交流访问或讲授课程；2012年秋季学期，向11个合作院校送出23名交换学生，接受5所院校8名交换生。共接待来自13个国家（地区）22个法学院访问团；接待100多名来自不同地区的著名教授、学者，举办讲座、研讨会50余次，其中美国前总统卡特先生及其夫人也到访法学院。

积极拓展并深化国际交流和港澳台合作，与美国芝加哥洛约拉大学法学院、芬兰赫尔辛基大学法学院等14所知名法学院签署了交流合作协议，组织了中外法律领袖论坛，召开了第六届BESETO国际会议（北大-首尔-东大）、北大-港大学术年会、中美知识产权保护和反倾销法律实务高峰论坛等。代表着学院特色的中国法硕士项目也顺利推进。

争取社会资源，设立了1000万元"北京大学靖江青年法律领袖发展基金"等4项基金，用于支持北京大学法学院教师、学生参与国际交流，为学院国际化发展提供资金支持。

【党建工作】 法学院党委下属46个党支部，其中8个在职教职工党支部，2个离退休教职工党支部，36个学生党支部。2012年学生党支部共发展118名预备党员，其中研究生88名，本科生30名；发展女预备党员48名；有78名预备党员如期转正。全院共有129名学生参加入党积极分子培训班学习并顺利结业。

法学院党委配合学校，组织下属的46个党支部，积极参加学校党委组织的北京大学第十二次党代会，组织北京市第十一次党代会和中国共产党第十八次全国代表大会的选举推荐工作；组织全院2300余名师生参加了推举北京市第十四届人大代表的工作。

【学生工作】 1. 奖助学金工作。获得校设及院设奖学金共计49项，其中，校设奖学金13项，院设奖学金36项。奖学金总额近300万元，惠及学生近400人次。奖学金已呈现出价值多元的发展模式，在学术研究、社会实践、社会公益、海外游学等方面，进行了创造性的探索并获得了快速的发展。

学生国内外交流项目达32项，截至12月底，在学生工作办公室进行备案出访交流访学的学生人次达168人次。目前有方达游学奖学金、普衡游学奖学金等各类奖学金。

2. 就业指导工作。截至2012年7月，法学院毕业生的就业率分别为：本科生93.2%、法律硕士98.0%、法学硕士100.0%、博士98.0%，平均就业率高达97.0%。

3. 青年工作。围绕建党90周年、建团90周年等重大活动，举办了"纪念中国共产主义青年团成立90周年暨五四运动93周年系列活动""'学雷锋、树新风'团小组主题风采展演"等多种形式的主题教育活动。

信息管理系

【概况】 信息管理系是我国自己创办的最早的图书馆学情报学教育基地之一，其前身是图书馆学系，始建于1947年，1987年5月改名为图书馆学情报学系，1992年为适应国民经济信息化和社会信息化的需求，改名为信息管理系。

经过66年的建设和发展，在几代人的不懈努力下，信息管理系逐步壮大为一个多学科、多层次、全日制与继续教育相结合的新型专业教育中心，培养高层次信息管理人才的摇篮。拥有图书馆学、情报学和图书馆、情报与档案管理（编辑出版学）硕士、博士点以及一级学科授予权，其中图书馆学为国家重点学科，情报学为北京市重点学科。

2012年全系有教职员35人，其中教授16人，副教授11人，讲师3人。2012年度新入职教职工2人，另聘请百度公司总裁、信息管理系本科毕业生李彦宏为兼职教授。

系内设有2个教研室（图书馆学教研室、情报学教研室），1个研究所（信息化与人类信息行为研究所），3个实验室（数字图书馆开放实验室、计算机信息管理应用实验室和中国人搜索行为研究实验室），还设有党委和人事办公室、行政办公室、函授办公室、教务办公室、实习室、北京大学图书馆信息管理系分馆等机构。此外，还建有国家信息资源管理北京研究基地，承担国家信息化推进工作办公室委托的课题研究任务和相关的社会服务工作。

北京大学图书馆信息管理系分馆成立。6月20日，北京大学图书馆信息管理系分馆揭牌仪式暨馆系合作座谈会举行。系主任王余光、党委书记王继民、系副主任王子舟、党委副书记张久珍和北京大学图书馆馆长朱强、副馆长肖珑参加了座谈会及揭牌仪式。通过此次座谈会，双方对今后的多种合作进行了商讨，进一步加强了馆系合作，系分馆将会作为第一批分馆参与到北京大学图书馆总分馆体系下的通借通还服务，更加有效地为北京大学全体师生做好服务工作。

【党建工作】"开好党代会、加快创一流、迎接十八大"是2012年系党委工作的重点。2012年的上半年，在充分发扬党内民主的基础上，选举张久珍同志为代表出席中共北京大学第十二次代表大会。下半年以学习、领会、宣传和贯彻十八大精神，并使学习活动落到实处为重点开展工作。情报学教工支部、本科生支部、硕士生支部分别完成换届选举工作。

2012年度共发展新党员31人，预备党员转正30人。

【教学工作】2012年，信息管理系共招收信息管理与信息系统专业本科生44人（含留学生6人）；硕士研究生32人，其中图书馆专业9人，情报学专业20人，编辑出版专业3人；博士研究生16人，其中图书馆专业4人，情报学专业10人，编辑出版专业2人。2012年7月，信息管理系毕业本科学生37人（含留学生1人），其中信息管理与信息系统专业34人，图书学专业3人，正常毕业并可取得学位证书和毕业证书的有35人，1人转大专毕业，1人结业。毕业硕士研究生33人，全部获得硕士学位。毕业博士研究生14人，其中12人获得博士学位。

4月下旬，北京大学公布2012年度"研究生教育创新计划"资助项目名单。张久珍副教授、韩圣龙副教授申报的2个项目获批。

6月，信息管理系承办的北京大学"社群信息学"暑期学校正式开班，邀请了美国伊利诺伊大学图书情报研究生院的Abdul Alkalimat博士和Kate Williams博士授课，采用面授、小组研讨、案例分析、实地考察等多种学习方式，探索社群信息学相关理论与方法。

12月，情报学教研室在北京近郊举办了情报学学科发展研讨会，主要探讨信息管理系情报学学科发展、情报学专业的学生培养、相应对策，以及其他一些教学科研方面的问题。情报学教研室主任李广建教授主持了会议。

学校教务部批准信息管理系设立加拿大多伦多大学信息学院的本科交换项目。新开设了一批课程，如"多媒体技术""人机交互""信息安全""web信息产品设计"（与百度腾讯等合作的暑期课）等。结合大类课实际情况，新开设了社科大类平台课程"信息素养概论"。组织了学科评审、二级学科自主设置信息资源管理专业硕博士点和出版专业重新论证申报工作。图书馆学博士生论坛项目和暑期学校课程获得学校2012年度"研究生教育创新计划"资助。

【科研工作】2012年度信息管理系教师共主持新的纵向和横向科研项目23项，其中李国新教授获得2012年度国家社科基金重大项目立项资助，韩圣龙副教授获得2012年度国家社科基金项目立项资助。

根据建设目标要求，建设了"北京大学信息管理系情报学网络资源平台"，并进行优化与资源建设。由赵丹群等几位教师开展的情报学学科资源门户经过两年的建设，已经初步具备了相关应用及与资源平台整合的基础。同时，信息管理系还支持各种学术活动，包括论文发表的版面费以及学会会费、邀请学者讲学等，并计划组织出版《情报学理论与实践进展研究》，已经获得北京大学出版社批准立项。近年来，北京情报学学界举办了情报学读书会沙龙活动，信息管理系也给予了一定的支持。

【学生工作】在服务团队管理方面，进一步完善了由系党委副书记、团委书记、学工办主任、各年级班主任、班干部、学生助理组成的学生工作领导小组和系学生工作办公室，并有规范的管理机制和制度建设。在助学金工作中，本着公开、公平、公正的工作规范和热情、严谨的工作态度，拟定了《国家奖学金、国家励志奖学金和国家助学金的评审工作说明（2012年版）》并健全组织机构，成立了系国家奖助学金评审工作认定小组负责此专项工作，全面考虑学生的家庭经济情况，此项工作取得了良好效果。

在加强学生思想教育方面，积极推动学生党团日联合主题教育活动，如带领新生参观沙滩红楼，了解北大历史，传承北大精神；参观国家博物馆，回顾光荣历史，使同学们对身为北大学子的历史使命和时代责任有了更深刻的认识。同时，深入开展形式多样的党团日建设活动，通过征文、辩论、座谈、参观革命遗址、专题讲座、学术沙龙等方式引导青年学生深入思考改革开放三十年来理论变迁与社会变革的脉络和取得的巨大成就。中共北京大学第十二次党代会后，组织2012级全体新生讲座，召开学生党员大会、全系学生干部座谈会，深入学习领会党代会的重要精神；十八大召开时，组织学生骨干观看十八大开幕式直播，开展深入学习贯彻十八大精神的学习交流活动。

为提升学生综合素质，信息管理系团委积极配合学校开展全校性的文体活动，包括"一二·九合唱比赛""新生杯足球赛""校运动会"，等等。学工办充分发挥学科的特色，开展各项特色鲜明、有益学生身心健康和专业成才的活动，如"新老生篮球赛""北大杯篮球赛""新生羽毛球赛"等体育比赛，丰富学生的课余生活，以此促进系文化塑造。此外，结合学科特色，开展了多种学科讲座，既有如百度资深工程师的专业讲座，也有像办公自动化软件使用技巧这类的实用讲座。形式多样的文艺活动为同学们的生活添加了不少色彩，"信管2012"迎新晚会、中秋晚会、联谊舞会等为学生提供了一个尽情展示和交流沟通的平台。

【交流与合作】 由信息管理系主办的2012年图书馆学博士生学术论坛于11月下旬在广东东莞举行。顺利完成由"研究生教育创新计划"资助的暑期学校课程"社群信息学"。

邀请台湾政治大学图资研究所蔡明月教授、南开大学商学院信息资源管理系王知津教授、美国北卡罗莱纳中央大学图书馆情报学院Ismail教授来系讲学交流。并与中国科学技术信息研究所、台湾世新大学资讯传播系、北卡罗莱纳中央大学图书馆情报学院、东北师范大学信息技术与计算机学院等达成了师生实习交流的框架协议意向。马其顿共和国驻华大使夫人玛格蒂莎来访，送系图书馆英文版马其顿文学作品130余册。

信息管理系与香港城市大学交换生计划继续推进，2012年共有7名本科生前往香港进行交流，香港方面也派出了4名同学到信息管理系交流与学习。

【继续教育】 2012年3月9日，信息管理系继续教育夜大学（专升本）2013级开学典礼在二教举行，夜大学春季新入学人数为165人，相关教师对新生进行了入学教育，并开展系列班级活动。目前信息管理系夜大共有514人。

图书馆学研修班招收新生12人。三期CIO班招收182人。信息战略班2期53人。澳门班2009年共招收学员22人，2012年9月毕业20人，其中13人拿到学士学位，2人未完成学分，暂未毕业。

社会学系

【概况】 截至2012年12月，社会学系在职的教学、科研、教辅和行政人员共44人，其中专任教师36人，行政和教辅人员8人。吴少宁、于惠芳、林彬老师在2012年度内退休。36位专任教师中，教授22人，副教授10人，讲师4人。22位教授中，有"文科新世纪优秀人才"5人（张静、佟新、邱泽奇、方文、熊跃根），教育部"跨世纪人才培养计划（人文社会科学）人才"2人（马戎、郭志刚），"长江学者奖励计划"1人（郭志刚），"马工程"首席专家1人（谢立中）。此外，社会学系引进"千人计划"入选者1人（谢宇），聘请北京大学客座教授1人（周雪光）。

社会学系设有社会学理论、社会学方法、应用社会学、社会工作等教研室；设有社会学和社会工作两个本科专业；社会学、人类学、人口学和社会保障4个学科学位硕士点；1个专业学位（社会工作硕士专业学位）硕士点；社会学、人口学和人类学3个博士点。北京大学社会学一级学科（下含社会学、人口学、人类学、民俗学4个二级学科）系北京大学现有的18个国家一级重点学科之一。社会学系还是中国社会工作教育协会秘书处和全国社会工作硕士专业学位教育指导委员会秘书处所在机构。

【系庆活动】 2012年4月，社会学系迎来建系30周年。社会学系组织了一系列的系庆活动。4月8日，召开"庆祝北京大学社会学系成立30周年大会"，邀请学校领导、特邀嘉宾、社会学系全体教职工及学生、全体系友出席；在《北京大学校报》刊发社会学系三十周年系庆纪念特刊；组织编写《北京大学社会学系（1982—2012）》，整理收录系领导及系友致辞、教职员工名录、教学计划、科研成果及系友名录等；系庆期间，召开"北京大学社会学系系友会第一届理事会第二次全体会议"；特别召开"全国社会学专业博士研究生教学研讨会暨全国优秀社会学博士论文余天休奖启动仪式"，并组织开展"社会工作与社会建设论坛"等系列学术活动。

自建系以来，北京大学社会学领域的教师共承担了各级各类科研项目640余项。其中国家级科研项目110余项，教育部各类课题120余项，国际合作项目110余项，国内其他项目（含教育部以外的其他省部级项目及横向课题）300余项。自建系以来，社会学系教师共出版学术专著近700部，在海内外各类学术刊物上发表学术论文近3500篇。共获得各类教学和科研奖励200余项。

【教学工作】 2012年7月，社会学系社会学专业获得学士学位学生50人，社会工作专业获得学士学位5人，社会学专业留学生获得学士学位20人，获得社会学专业双学位学生36人；获得硕士学位学生94人，其中社会学专业61人（其中获得同等学力硕士学位3人），人类学专业6人，社会保障专业6人，女性学3人，社会工作硕士18人。获得博士学位学生27人，其中人类学8人，社会学19人。培养进修教师21名。

2012年9月，社会学系招收普通本科生46人，留学生17人；招收硕士研究生102人，其中校本部60人（MSW专业硕士21人，学术型硕士39人），深圳研究生院42人（全部为学术型）。学术型硕士研究生中，有留学生2人。招收的研究生按专业方向区分为：社会学专业63人，人类学专业7人，社会保障专业7人，女性学4人，社会工作专业硕士21人；招收博士研究生21人，其中人类学专业5人，社会学专业16人。

2012年10月顺利完成2013年保送硕士研究生工作，共有77人具备保送复试资格，其中15人为社会工作专业硕士（MSW）。社会学系还开设了"应用社会学——社会经济与发展研究方向"的在职研究生课程班,2012年招收学员16人。

2012年度,社会学系在本科教学方面的工作主要包括以下几个方面:一是做好日常教学管理;二是重视培养条件的建设,经过努力,与广东中山市团委签订了学生实习实践协议。协议期内,社会学系每年可以派送3位研究生前往中山市相关机构实习;三是继续重视本科生的实践、实习和科研创新,反映社会学系本科生创新人才培养的成果"北京大学社会学创新人才培养与实践教学30年"被评为北京大学优秀教学成果奖一等奖和北京市优秀教学成果奖一等奖;四是重视本科生毕业论文的质量和规范化管理;五是积极落实执行新教学大纲并开设大类平台课。社会学系的"通识人才培养与大类平台课建设",获得了北京大学的优秀教育成果一等奖。

研究生教学管理方面,值得提出的工作有三点:一是规范管理,将研究生的培养方案落到实处,抓好过程管理,研究生延期毕业率逐步下降;二是积极利用有限的资源,聘请和吸引了瑞典、美国、韩国的五位学者到社会学系开设因果分析高级讲座:倾向值分析及相关模型、高级社会统计;社会与遗传学方面的课程,加强量化分析能力培养;三是重视研究生毕业论文写作,特别是请有经验的教授为博士生开设了1个学分的论文写作指导课程,作为博士生必修的学分。

2012年,设立"余天休社会学优秀博士论文奖",并于5月启动首届"余天休社会学优秀博士论文奖"评选活动。"余天休社会学优秀博士论文奖"是以我国早期著名社会学家、原北京大学教授余天休先生的名字命名的,首个以全国社会学一级学科博士研究生毕业论文为评选对象的学术性大奖。该奖项由北京大学余天休社会学基金提供支持,其宗旨是鼓励我国社会学博士研究生的学术创新精神,提高我国社会学博士学位论文的质量,促进我国社会学研究的繁荣和发展。经全国19家拥有社会学学科博士学位授予权的社会学院系共同协商,并征得北京大学余天休社会学基金的设立者、余天休先生的女儿、美籍华人胡余锦明女士的同意,该奖项自2012年起每年评选一次,参评对象为前一年度在中国大陆高校获得博士学位的社会学(一级)学科博士论文,每年的获奖者不超过5名(可以空缺)。经过通讯评审和会议终审两轮的评审,评选委员会最终确定了狄金华的《被困的治理——一个华中乡镇中的复合治理(1980—2009)》、陆远的《早期中国社会学的困境——以1940—1950年代的社会学家为例》、马强的《俄罗斯心灵的历程——俄罗斯黑土区社会生活的民族志》3篇论文为2012年的首届优秀博士论文奖获奖论文。其中马强博士为北京大学社会学系博士毕业生参评并获奖。按照《余天休社会学优秀博士论文奖章程》的规定,3位优秀博士论文奖获得者除获得由"余天休社会学优秀博士论文奖评选委员会"颁发的奖励证书和奖牌外,还将各自获得3万元人民币的奖金。

2012年组织三年一次的学科评估,北京大学社会学系在教育部学科评估中排名第二。

社会对社会学和社会工作专业毕业的本科生、硕士研究生和博士生都有很高的需求,社会学系毕业的本科生中,每年约有近50%作为免试研究生或出国继续深造,持续稳定地为社会学及相关学科输送了高质量的研究生生源;还有50%左右的毕业生进入政府政策研究部门、中外社会调查和市场调查公司、文化传播机构和企事业单位工作。毕业的博士生主要进入国家重点大学的相关专业从事教学工作。

【科研工作】 2012年,社会学系在科研方面取得了比较好的成绩。全年出版专著17部、译著1部,编著文集或教材6部、研究或咨询报告3篇,发表文章105篇。全年新增科研经费774.74万元,新增各类项目45项,其中纵向课题5项,横向课题40项。2012年申报国家社科基金12项,1人中标国家社科基金重大项目,1人中标国家社科基金重点项目,2人中标国家社科基金一般项目和青年项目。1人中标教育部专项委托项目。科研人员申报积极,纵向项目中标率较高。此外,周皓获2012年上半年北京市社科理论著作出版基金资助。

2012年度中标的纵向项目详情如下:马戎教授的"近百年来影响新疆民族问题的境外因素研究"中标国家社科基金重点项目,周皓副教授的"青少年流动人口心理健康与发展研究"中标国家社科基金一般项目,在站博士后李晓非的"下岗职工集体行动的理性疏导及妥善应对研究"中标国家社科基金青年项目,于长江副教授的"藏族牧民定居的经济社会绩效调查——以四川藏区为例"中标国家社科基金重大特别委托项目,马戎教授的"新疆双语教育发展与现存问题调研报告"获2012年教育部专项委托项目。

博士后工作方面,2012年社会学系博士后流动站进站博士后12名(佟相阳、胡鸿、白中林、金易、佟春霞、谢文兵、汪琳岚、张宁、姚新华、刘青、赵万智、李逊敏),达到设站以来年度进站人数之最;中期考核5名(韩成艳、李晓非、郑志刚、娄芸鹤、杜官磊),出站博士后3名(袁年兴、高小岩、孙玉环,其中1人为中国社会调查中心博士后)。2012年度成功举办"第八届社会学博士后回站学术研讨会",首次尝试走出校门,将社会考察、学术研讨与社会服务相结合,博士后们到江西景德镇结合当地的发展畅谈社会建设与文化遗产保护。此外,文艳林获博士后特殊资助项目(15万),韩成艳、胡鸿获博士后基金面上项目资助(5万元),高小岩、李春霞分别到北京市和贵州省政府机关挂职。

【党建工作】 截至2012年12月31日,社会学系党委共有党支部14个,其中学生党支部12个,教工党支部2个;共有党员239人,其中在职教职工党员28人,离退休党员12人,学生党员199人;2012年度新发展党员14人,预备党员按期转正25人。党的建设工作从以下方面展开:

1. 组织建设。按照《中国共产党普通高等学校基层组织工作条例》等文件要求,以把支部建在班上为原则,调整党支部设置:因支部设置调整、学生毕业等原因,撤销学生党支部3个,新成立学生党支部5个。所有学生党支部按学校规定程序及时换届。2012年度,在学校党委组织部的指导下,正式启用组织工作管理系统,并进行全体党员基础数据的录入及党员发展、党员转出、党员培训等各个模块变化信息的及时维护,该系统的投入和使用有效保存了党员组织关系信息,提高了工作效率,使组织工作信息化迈入新台阶。

2. 制度建设。制定《北京大学社会学系教室使用管理办法》和《北京大学社会学系印章管理办法》,并在规章中增加"廉政责任条款"。制定《北京大学社会学系财务管理项目责任制实施办法》,探索实施财务管理项目责任制。这样,既能做到责任明确,也能做到增强透明度和公开度,更能在实际上起到相互监督的作用。

3. 思想建设。围绕创先争优活动、庆祝中国共产党成立91周年、学习胡锦涛在建团90周年纪念大会上的讲话精神、学习贯彻北京大学第十二次党代会精神、学习贯彻十八大精神等主题,组织、指导和动员党支部、党员开展多种形式的学习活动,包括专家报告会、"中国足迹记录中国"专场系列讲座、领导班子学习研讨会、各学生党支部学习培训会、教师党支部组织生活会等。

4. 开展党的基础知识培训。按照学校党委的统一安排,对学生团员和入党积极分子进行党的基础知识教育。按照党校的统一安排和组织,参加北京大学第19期党性教育读书班并结业的有30人,参加北京大学第25期党的知识培训班并结业的有26人。组织培训过程中,系党委通过党委书记讲党课,组织学员去北京市廉政教育基地、中国电影博物馆参见,参观由中共北京市纪律检查委员会、中共北京市委宣传部主办的"风清气正扬宗旨——北京市反腐倡廉教育影像展览",参观了主题平面展览并观看了电影《惊涛骇浪》。结合专业特点开展创新性培训活动等措施,强化培训效果。

5. 多种形式开展廉洁教育。党政领导班子成员通过民主生活会、党政联席会议,经常学习、强化廉政意识。党支部组织党员、入党积极分子通过参观廉政展览、观看廉政教育警示片、学习规章制度等形式,开展廉洁教育。把廉洁教育纳入就业指导服务过程,对毕业生开展廉洁教育。

6. 按照中共北京大学第十二次代表大会筹备安排,开展社会学系党员统计、社会学系参加中共北京大学第十二次代表大会代表提名和选举、北京大学第十二届两委委员候选人提名等一系列工作。

【学生工作】 2012年,社会学系大力加强学生组织建设、能力建设、制度建设和作风建设,切实改进大学生思想政治教育工作;不断完善青年成长成才服务体系、繁荣社会学系文化,引导社会学系青年学子"文明生活、健康成才"。

1. "思政"育人取得新进展。思想育人是高校学生工作的重要内涵,实践育人则是将思想理论与社会实践相结合的主要抓手。2012年,社会学系学习中国共产党十八大精神、北京大学第十二次党代会精神以及中国梦的主旨内涵,组织学生广泛开展了以思想学习、实践活动、学习总结为模式的主题党团日活动。(1)思想活动。深化系史系情和爱校荣校教育,激发当代北大青年与民族共命运、与祖国同奋进、与时代齐发展的时代使命感和社会责任感。(2)实践活动。首先,鼓励学子积极参与社会实践,组织多支队伍分赴广东、陕西、四川等地开展社会实践活动。其次,结合"一二·九"文艺汇演活动,通过《燕园情》和《未名湖是个海洋》两首曲目的合唱,深化学子校系情怀。此外,结合北京大学"挑战杯"竞赛活动,社会学系学生运用专业知识深入实地开展调查研究。2012—2013学年,社会学系有两份调研作品获"挑战杯"竞赛作品特等奖,五份作品获"挑战杯"竞赛作品一等奖,四份作品获"挑战杯"竞赛作品二等奖,四份作品获"挑战杯"竞赛作品三等奖,社会学系在北京大学第19届、第20届、第21届"挑战杯"中连续获得团体一等奖,实现三连冠,夺得"王选杯"。最后,学生军训作为国防教育的重要组成部分,也是实践育人的重要平台。2012年8月下旬,社会学系50余名学生参加了北京大学2011级学生军训,所属宿舍获得文明卫生宿舍称号,所属连队获得优秀连队称号。思想育人、实践育人活动立足于党和国家、校和院系思想基调,有效结合社会学学科特色和专业特点,引导广大青年立志图强。

2. 党团活动深入稳步推进。社会学系坚持"党建"带"团建"、"团建"促"党建",始终倡导"眼睛向下、重心下移",努力做到覆盖和影响全体青年。2012年,大胆探索和创新基层团组织建设的有效载体和途径,以开展党团日主题活动的形式,推动团建强基和工作创新。此外,探索院系党支部与班委的功能与作用,实现了两支队伍的分工与协作。配合学校党员发展政策,组织学生参加党的知识培训班和党性教育读书班,推优入党人数达21人,党建带团建呈现实效。在系党委的指导和支持下,社会学系团委积极组织学生以支部和班级为单位,开展跨专业、跨年级、师生一堂的主题党团日活动。2012年5月以来,社会学系团委组织各年级学生至少开展8次党团日主题活动,"团建"促"党建"工作深入推进。

3. 学生发展呈现崭新风貌。2012年,社会学系25名学生获得"三好学生"称号,其中3名学生被评为三好学生标兵;16名学生获得"学习优秀奖",10名学生获得"社会工作奖",2名学生获得"红楼艺术奖";1名学生获得"五四体育奖";2名学生被评为"优秀学生干部";2011级本科班获得北京大学"先进学风班"称号。此外,在2012年的奖学金评审中,社会学系共有69名学生获得额度不等的奖学金。

4. 学生资助工作顺利完成。2012年,68名困难生获得180余项助学金共计近70万元。这些助学金和临时困难改善了困难学生的生活状况。社会学系还积极开展资助辅助工作:以问卷和访谈的形式深入了解困难生的家庭动态,并实现资助、心理、就业等工作的联动格局,密切关注需要关心的学生个体。此外,社会学系积极开设勤工俭学岗位,2012年聘任的9位学生助理中有7名是家庭经济困难学生。通过学校的资助和院系的辅导性资助,保证青年学子顺利入学、顺利完成学业,并引导他们积极参加志愿服务活动,励志报国。

5. 学生就业工作成效显著。2012年,社会学系毕业本科生54人,研究生116人,其中博士生22人,全部应届毕业生均落实了就业去向。本科学生实现了100%完全就业,有22名学生升学攻读硕士,占本科毕业生总数的40.74%;17名学生出国,占本科毕业生总数的31.48%,另有13人签约派遣,2人以其他形式就业;研究生中有85名学生签约派遣,占研究生毕业生总数的73.28%,另有4人出国,8人升学,19人通过其他形式实现就业。在签约派遣的毕业生中,有1名本科生和17名研究生选择前往中西部地区或基层建功立业,充分体现了社会学系学生心系社稷、胸怀天下的报国之志。

6. 志愿服务活动蓬勃发展。2012年,在系团委的指导下,社会学系青年志愿者协会广泛开展了支教、校园服务等志愿活动;7月,以社会学系为主,20余名学生参与了为期一个月的"Top China"项目。9月初,系团委组织的"以新迎新"活动成功展开,在团委指导下,学生会以及老生志愿者率领2012级本科新生党员组成迎新志愿队伍,顺利完成了迎新工作。此外,社会学系青年志愿者协会、北京大学学生服务总队社会学系分队组织学生志愿者继续服务校园开放日、"北京论坛·2012"和国际文化节。

政府管理学院

【概况】 北京大学政府管理学院拥有政治学与行政学、公共政策学、城市管理学、行政管理学(政治学与行政学专业联合培养)4个本科专业;设有政治学理论、中外政治制度、中共党史、行政管理、区域经济、公共管理(发展管理)和公共管理(公共政策)7个硕士学位授予点;拥有政治学、行政学、区域经济学3个博士学位授予点和政治学、行政学、区域经济学3个博士后流动站。学院还设有MPA教育中心。学院与教育部人文社会科学重点研究基地——北京大学政治发展与政府管理研究所有着密切的学术协作关系。

院长为全国政协副主席、著名行政法学家罗豪才教授,常务副院长为傅军教授,副院长为徐湘林教授、李国平教授、白智立副教授、朱天飚副教授、李靖。党委书记为周志忍教授,副书记为李国平(兼)、李靖(兼)、姚静仪、姚奇,工会主席为黄璜副教授。

【教学工作】 2012年,学院共招收74名本科生,其中留学生10名,主要来自韩国,学院对外影响越来越大;随着公共管理学科逐渐受到重视以及报考公务员的同学越来越多,为学院本科教育的大发展提供了广阔空间。为顺应新形势,学院积极推动本科教育的国际化和对外发展,进一步扩大了学院的教育服务能力和影响力。

2012年,学院共有79名本科生顺利毕业,有76人顺利获得学士学位(其中留学生15人);另外,行政管理学专业辅修生6人获毕业证书。

目前已确立了10门本科主干基础课,分别为:王浦劬、高鹏程等开设的政治学原理;张国庆开设的公共行政学概论;陈庆云、李永军等开设的公共政策分析;杨凤春开设的当代中国政府与政治;关海庭开设的中国近现代政治发展史;肖鸣政、句华开设的人力资源开发与管理;沈明明、王丽萍开设的比较政治学概论;江荣海开设的中国政治思想;杨开忠、陆军开设的城市与区域经济学;李强等开设的政治学概论。

2011—2012学年,学院多项本科学生科研项目得到学校立项资助。罗豪才获得蔡元培奖,李强、朱天飚、张健荣获校级教学成果奖;严洁荣获校教学优秀奖,王丽萍获中国工商银行教师奖,梁玥获校优秀班主任一等奖,闫立佳获校优秀班主任二等奖,孙铁山、句华、梁鸿飞获校优秀班主任三等奖。

2012年度,学院免试推荐研究生工作整体推进顺利,在62名本科毕业生中有34人获得免试攻读硕士学位资格,占本科毕业生人数的54.84%。

2012年度,学院各类研究生报名人数约1450人,录取新生266人;其中主要包括硕士免试推荐、硕士统考、双证MPA、MPP项目、LSE项目和博士统考、硕博连读以及申请制港澳台地区学生、留学生等项目,招生工作进展顺利。

2012年度,学院共有139人完成学业。硕士毕业生97人,获得硕士学位97人。博士毕业生37人,博士结业3人,博士肄业2人,获博士学位42人(含补授学位)。

2012年经过全国联考和学院复试,录取MPA学生120人。申请2011年7月和12月学位论文答辩,获得公共管理硕士学位的MPA学生330人。

在国际英文授课项目方面,学院与伦敦政治经济学院合作举办的双硕士项目2012年稳步发展,第二批学生来自英国、德国、澳大利亚、希腊和哥伦比亚等国家。学院英文授课项目学生数稳步增长,2012年英文项目招生37人,分别来自全球28个国家和地区。其中发展中国家高级行政人员公共政策硕士项目20人,公共政策英文硕士项目11人,北大—伦敦政经双硕士项目5人,北大—维多利亚惠灵顿大学双硕士项目1人。与此同时,国际授课项目师资力量和课程设置进一步扩大、丰富,任课教师数和课程门数进一步增加。

【科研工作】 2012年政府管理学院科研成果共123项:专著、主编编著和教材类研究成果共8部,译著1部,研究报告及论文译文类研究成果114篇。

积极动员和组织全院教员和博士后申请国家、部委纵向项目。政府管理学院共获批立项国家和省部级纵向科研项目4项。其中国家社会科学基金重点项目1项、青年项目2项;国家自然科学基金青年项目1项。金安平教授主持的"中国现代政治学学科和学术的起源、演变与发展研究"(12AZZ002),立项为2012年国家社会科学基金重点项目;许英明博士后主持的"中国快速城市化进程中的城市水安全战略研究"(12CGL120),立项为2012年国家社会科学基金青年项目;刘霄泉博士后主持的"产业转移的空间过程及区域空间结构优化政策研究"(12CJY025),2012年立项为国家社会科学基金青年项目;封凯栋讲师主持的"企业高层决策者的认知对创新投资倾向的影响研究"(71202012),立项为2012年国家自然科学基金青年项目。

2012年政府管理学院教师承担的横向项目、国际合作项目研究经费总数1513.70万元以上。

2012年政府管理学院共获教育部第六届高等学校科学研究优秀成果奖(人文社会科学)5项,分别是:王浦劬等的《中国高校哲学社会科学发展报告(1978—2008)(政治学卷)》、徐湘林的《寻求渐进政治改革的理性——理论、路径与政策过程》、高鹏程的《政治利益分析》获政治学三等奖;周志忍的论文《政府绩效评估中的公众参与:我国的实践历程与前景》获管理学二等奖;杨开忠等的《环渤海地区2006—2015年经济社会发展环境承载力综合研究》获管理学三等奖。

【交流合作】 2012年6月30日,北京大学政治发展与政府管理研究所和北京大学宪法与行政法研究中心这两个教育部研究基地联合主办的"软法与人权保障"学术研讨会在北京大学召开。来自清华大学、中国人民大学、中国政法大学、南开大学、北京航空航天大学、中国社科院、北京市社科院等高校和科研机构的三十多位专家学者应邀参加了会议。中国人权研究会会长、北京大学法学院罗豪才教授、最高人民法院江必新副院长以及司法部、中国人权研究会、国务院侨办、致公党中央的部分领导同志也参加了会议。《法制日报》《中国法学》《人权》《学习与探索》等新闻媒体的记者和编辑应邀参会。

7月,政府管理学院与欧洲数所高校合作伙伴成立的"中欧暑期交流项目",为学院学生提供了一个国际交流互动平台。9月11—14日,美国芝加哥大学哈里斯公共政策学院硕士、博士生冯俊晨开展了关于 Regression Discontinuity Design 的系列讲座。10月19日,伦敦政治经济学院管理系教授、组织行为与人力资源系主任、雇佣关系与组织行为学研究团队带头人杰奎琳·科伊尔-夏比洛女士访问政府管理学院,并发表了主题为"21世纪雇员—组织关系的研究议程"的演讲。10月29日,美国东西方研究所(The EastWest Institute)副总裁 David Firestein(方大为)先生访问政府管理学院,并为北大公共政策国际论坛发表了主题为"2012美国总统大选及其对美国、中国与世界的启示"的演讲。11月18日—12月2日,"北大—台大校园菁英计划"交流团访问学院。12月10日下午,英国思克莱德(Strathclyde)大学副校长兼人文社会科学部部长 Anthony McGrew 教授和法学院院长 Mark Poustie 教授访问政府管理学院,并与学院常务副院长傅军教授就双方学院情况和合作发展进行了会谈。Anthony McGrew教授表示该校政府与公共政策学院与学院无论是从研究方向还是机构设置都有着极大的共同性,尤其是该院欧洲政策研究中心对欧洲的公共政策研究与我院能够形成优势互补。他同时表达了以交换学生、教员交流以及共同研究等方式与学院进行合作的意愿,并邀请傅军教授在合适的时机访问思克莱德大学开展进一步的交流与对话。12月18日,北京大学政治发展与政府管理研究所和成均馆大学成均东亚学术院联合主办第七届成均馆大学—北京大学国际学术会议,会议在韩国成均馆大学首善馆举行,主题为韩国"中国的体制改革与政治发展:争论与课题"和庆祝成均中国研究所成立纪念。

2012年在教育部、商务部的总体部署和指导下,在北京大学社科部、国际合作部等主管单位的大力支持和帮助下,北京大学政治发展与政府管理研究所严格按照学校的管理制度和要求,顺利承办了21期援外培训项目,其中多边班16期,双边班5期,共21期,时间从3月15日起截止到12月3日。21期研修班共培训来自亚洲、非洲、拉丁美洲以及欧洲的近80个国家的政府官员学员578人,历时424天,涉及的语言包括英语、法语、阿拉伯语、西班牙语,专业类别包括行政管理、公共服务、外事外交和经济等。

【党建工作】 2012年,政府管理学院继续坚持党建带队伍、党建促育人,认真学习贯彻北京大学第十二次党代会、中共北京市第十一次党代会和党的十八大重要精神,以基层党支部建设为抓手,通过政治理论学习、时事政策教育、国情校史教育等扎实推进党员教育工作,圆满完成多层次党代表选举及支部分类定级工作,引导青年学生将爱国与爱党、爱社会主义统一起来,将个人发展与国家民族进步统一起来。通过主题鲜明的党团日联合活动,使全体党员团员青年受教育、长才干。

为了更好地推进基层支部建设,学院首次将硕士年级党支部按大类专业分支部,并单独成立MPA专业学位支部。同时,扎实推进党日联合主题教育活动,形成了学院的特色。在"学习雷锋精神,弘扬北大传统""继承传统勇担青年使命,建言献策参与学校发展"和"贯彻党代会精神,真学实干创一流"主题党团日活动中,全院13个学生支部全部都精心设计并认真组织了活动,活动形式新颖,效果明显。2008级本科生党支部作为毕业班党支部,编辑《毕业季·我向北大献一策》主题电子报,向学校建言献策。2010级本科党支部创新活动方式,通过党团员分角色扮演的形式模拟召开了一次"北京大学战略发展研讨会",此外,该党支部为进一步探讨雷锋精神的时代内涵,提高学习雷锋精神的积极性,专门举办"学雷锋精神,扬北大传统,展政管新风"主题座谈会。2011级硕士党团支部为继承先烈们的遗志,发扬雷锋精神,特开展"学党史、知党情、跟党走——平西人民抗日纪念馆参观暨素质拓展活动"。2011级博士班党团支部结合自身同学浓厚的学术旨趣和昂扬的精神风貌,开展了主题为"参观沙滩红楼缅怀五四先贤,探讨当今青年的时代责任和历史使命"的党团日活动。2010级本科生党支部为塑造积极阳光的党员形象,加强党员带头作用,创新性地开展了"我是党员我最靓"党员证、党员胸牌创意设计活动。2011级博士生党支部为深入学习贯彻党的十八大精神,将中央基层组织建设年和学校党建工作年各项要求落到实处,引导博士党团员们"使命自觉、创建自信、差距自省、奋斗自强",开展了体验时代科技成果、提升学术创新动力主题党团日活动。为引导全体同学认真学习并领会十八大报告、北京大学第十二次党代会报告精神,2012级硕士生班第一支部召开党的十八大精神、北京大学第十二次党代会学习交流会,并组织评选优秀个人总结在全班范围内进行分享与学习。

结合学习党的十八大精神和北京大学第十二次党代会精神,学院开展了"高举旗帜 坚定道路 内涵提升 实践成才"主题征文活动和"党团日面对面"暨"主旋律电影观赏日"等特色活动。不断丰富党建模式和平台,继续推进校地合作,不断完善与北京市丰台区王佐镇、海淀区中关村街道、房山区城关镇等红色"1+1"支部共建活动,开展学生实践教育。

在2012年,学院在思想政治工作中发挥党员旗帜引领作用,发扬优秀学生代表鼓舞作用。学院新生辅导员党员占比达80%,党员担任班长率高达90%,有效发挥了党员的引领作用。2012年学院共发展党员42人,其中:教工2人,本科生29人,研究生11人。

学院党政班子高度重视反腐倡廉建设工作,根据校党委、校纪委关于反腐倡廉建设工作部署,认真学习《中国共产党党员领导干部廉洁从政若干准则》《北京大学关于贯彻落实〈建立健全教育、制度、监督并重的惩治和预防腐败体系实施纲要〉的具体办法》《北京大学党风廉政建设责任制实施办法》等一系列反腐倡廉建设文件精神,结合学院实际,根据不同阶位的有关制度规定,强化反腐倡廉建设工作中的一岗双责的意识,明确职责,规范决策,严格程序,注重预防,继续坚持对"小金库""乱办班""学术道德问题"等违规现象实行"零容忍",先后完成《政府管理学院2012年度推进惩治和预防腐败体系建设工作自查报告》等材料。2012年12月28日,在校纪委召开的2012年度党风廉政建设责任制检查汇报会上,学院就落实党风廉政建设责任制、推进惩治和预防腐败体系建设作了汇报。

【学生工作】 政府管理学院团委、学工办按照《北京大学"我的中国梦"主题教育活动实施方案》的要求,以中国梦为核心凝聚学院的青年力量,并结合学院团委和学生工作实际,在全院范围内开展"以爱为马,向梦想出发——我的中国梦"主题教育实践活动。此次教育实践活动分为"心系中国梦·共抒爱国情""追寻中国梦·感悟身边爱""助力中国梦·引导成长路"三大板块。

政府管理学院团委、学工办结合院系的学科优势和专业特长,为学生全面成长成才积极拓宽工作领域,举办了一系列主题活动。其中,"为未来导航"是政府管理学院品牌特色项目之一,旨在以讲座、培训、交流会、主题沙龙、理论调研分析等多种活动形式,从课业学习、学术科研、综合素质、职业规划、就业指导等多个角度,导航学生未来发展,引导学生文明生活,保障学生健康成才。2012年该项目包括公务员素质能力大赛、2013届毕业生就业指导会、研究生免试推荐模拟面试活动、"辅修、双学位"经验交流会等活动。"扬帆计划"毕业季系列活动是"为未来导航"的子项目,主要包括公务员就业成长成才平台、就业问题Q&A平台、院友分专题就业沙龙三个系列活动。

政府管理学院团委、学工办认真落实奖励奖学金评审工作,确保程序的合理与规范。政府管理学院在奖励奖学金评审工作前,召集各班主任通报本学年奖励奖学金的基本情况、评审流程等。在学生资助工作方面,为把工作落实到位,政府管理学院成立了以党委书记为组长,副书记为副组长的学院助学金评审工作小组,并针对不同资助工作制定了严格的程序。在资助常规工作上,政府管理学院认真落实困难生认定及助学金评审工作、国家助学贷款审核及贷后管理工作,同时及时了解学生状况,开展临时困难补助工作,努力为困难学生拓展勤工助学岗位。密切关注贫困学生的思想及心理状况,建立了快速准确的反馈机制,并积极开展感恩教育,引导受助学生回馈社会

【研究基地】 北京大学政治发展与政府管理研究所——政治学基地,2012年科研署名研究成果67项,其中专著、主编、编著或教材类研究成果共12部,译著1部,研究报告、论文、译文类研究成果54篇。批准立项教育部重点研究基地重大项目2项,其中重大项目之一由王丽萍教授主持,课题名称:"政治心理学:一门学科和一种资源"(12JJD810020);重大项目之二由谢庆奎、王春英教授主持,课题名称"人大制度改革和责任政府构建的理论与实践研究"(12JJD810023)。

马克思主义学院

【概况】 北京大学马克思主义学院成立于1992年4月2日,是全国第一所马克思主义学院。学院现设有5个基本教学研究机构:马克思主义基本原理研究所、马克思主义中国化研究所、科学社会主义研究所、思想政治教育研究所、政治经济学研究所;建立了9个跨学科关联研究机构:中国特色社会主义理论研究中心(教育部人文社会科学重点研究基地)、社会经济与文化研究中心、中国文化发展研究中心、环境政治研究中心、社会发展研究所、中国近现代史研究所、国外马克思主义研究所、中国民营企业研究所、公民教育研究所。

截至2012年12月,马克思主义学院在编教职员工53人,其中教师44人、党政管理人员6人、博士后3人。2012年学院新入职1人(社会招聘),退休1人,进站博士后1人,出站博士后1人。教师中有教授20人(其中博士生导师17人),副教授20人(其中博士生导师1人),讲师4人。"985"岗位聘任49人,其中A类岗19人、B类岗24人、C类岗1人、职员岗5人。

马克思主义学院现有马克思主义理论一级学科博士点,下设马克思主义基本原理、马克思主义中国化研究、思想政治教育、马克思主义发展史、国外马克思主义、中国近现代史问题研究6个二级学科;同时,学院还有国家重点学科——科学社会主义与国际共产主义运动二级学科博士点(与国际关系学院共建);另外,学院还招收马克思主义哲学专业的博士研究生和政治经济学专业的博士研究生、硕士研究生。

1月3日,马克思主义学院召开了"学科发展与研究所培养战略研讨会",院长郭建宁介绍学院工作总结与院庆总体设想,党委书记、副院长孙熙国介绍学科发展与研究生培养的发展思路,各学科的主持人介绍了学科发展的设想。4月6日,经学校批准,学院学术委员会进行调整,调整后的组成人员情况是:主任李翔海,副主任黄小寒,成员郭建宁、仝华、孙代尧、孙蚌珠、孙熙国、祖嘉合、康沛竹。

马克思主义学院有多位教师在国内外相关学术领域享有盛誉。2012年,院长郭建宁被批准为享受"政府特殊津贴"专家;党委书记、副院长孙熙国获得中共中央宣传部、教育部颁发的马克思主义理论研究和建设工程课题组首席专家荣誉证书;科学社会主义研究所

所长孙代尧参加党的十八大报告起草小组征求意见会议，提交"科学发展观的体系化及党章修改建议"并发言。

【教学工作】 马克思主义学院承担着全校本科生、硕士生、博士生思想政治理论课的教学工作。2012年，学院为本科生开设了5门"思想政治理论课"：思想道德修养与法律基础、中国近现代史纲要、马克思主义基本原理概论、毛泽东思想和中国特色社会主义理论体系概论、形势与政策；为硕士生开设了1门"思想政治理论课"：马克思主义与社会科学方法论；为博士生开设了1门"思想政治理论课"：中国马克思主义与当代。学院在全校本科生思想政治理论课的教育教学中普遍采取了8个基本做法：一是教学组式的教学方式，二是专题讲座式的授课方式，三是多种教学环节的有机结合，四是多媒体的现代教育技术手段，五是宽松灵活的考核办法，六是全年滚动的排课方式，七是学生自由选课的办法，八是"四位一体"（课程主持人、课堂主管教师、专题主讲教师和助教分工负责）的教学管理模式。以上8个基本做法被称为"北大品味"或"北大特色"。

2012年，马克思主义学院荣获了多项教学奖励，祖嘉合、宇文利、杨柳新、秦维红、张会峰组成的教学组荣获2012年度北京市教学成果二等奖；祖嘉合、宇文利组成的教学组荣获2012年度北京大学教学成果奖一等奖。另外，郇庆治获得2012年度北京大学正大奖教金，宇文利获得2012年度北京大学宝钢优秀奖教金，刘军获得黄廷芳—信和青年杰出学者奖教金，张会峰获得2012年度北京大学教学优秀奖。

【科研工作】 2012年，马克思主义学院获得立项课题15项，其中国家社科基金规划项目4项，北京市哲学社会科学规划项目2项。

2012年，马克思主义学院发表学术论文196篇。出版学术著作23部，其中，独著中文专著5部，独著外文专著1部，独译、合译译著2部，主编著作5部，出版教材10部。

2012年，马克思主义学院荣获了多项省部级科研奖励，郭建宁教授的《马克思主义哲学中国化的当代事业》荣获第六届高等学校科学研究优秀成果奖（人文社会科学）三等奖，夏文斌教授的《当代中国的发展哲学——科学发展观的哲学解读》荣获北京市第十二届哲学社会科学优秀成果二等奖。

【党建工作】 2012年，马克思主义学院党委按照上级组织和学校党委的有关精神和工作要求，认真做好学院出席北京大学第十二次党代会党代表的选举工作、北京大学出席北京市第十一次党代会代表的推荐提名和北京市十四届人大代表的推荐提名工作。3月23日下午，学院召开党员大会，选举产生马克思主义学院出席中共北京大学第十二次代表大会代表，全院114名师生党员出席大会，大会由马克思主义学院党委书记孙熙国同志主持。经投票，郭建宁、孙熙国、王强三位同志当选为中共北京大学马克思主义学院委员会出席中共北京大学第十二次代表大会代表。

1. 加强思想建设，提高党组织战斗力。组织学院全体师生党员和入党积极分子通过各种形式认真学习贯彻学校第十二次党代会和党的十八大精神。11月13日，教育部李卫红副部长就学习贯彻党的十八大精神、加强高校思想政治理论课教育教学和哲学社会科学创新来北京大学进行调研，并与马克思主义学院师生共同研讨座谈，畅谈学习十八大的体会，听取师生们的建议。陪同李卫红副部长调研的有教育部高等学校社会科学发展研究中心主任杨河教授，教育部社科司副司长张东刚、处长徐青森，教育部机关党委处长王日春。北京大学副校长刘伟教授等陪同出席调研座谈会。学院院长郭建宁教授，党委书记、副院长孙熙国教授，副院长白雪秋教授，学术委员会主任李翔海教授，教师代表祖嘉合教授等30余名师生参加调研和座谈。

2. 重视党员发展工作。坚持党员标准和严格发展程序，进一步规范加强党员的教育管理。认真组织入党积极分子的培训工作，做好培养对象的教育工作和预备党员的教育管理与转正工作。2012年，学院共有10名学生申请入党，共发展学生预备党员8名，8名学生预备党员按期转正。

【学生工作】 2012年，马克思主义学院招收硕士研究生32人，博士研究生24人。有27名硕士研究生毕业并获得硕士学位，13名博士研究生毕业并获得博士学位。2011年春季在校生149人，其中：硕士研究生56人，博士研究生68人，访问学者和进修教师25人；秋季在校生170人，其中：硕士研究生62人，博士研究生81人，访问学者和进修教师27人。

表6-4 2012年马克思主义学院毕业生就业去向统计

类别	去向							
	公务员	高校/科研单位	大型国企	读博/博士后	金融部门	新闻出版	其他事业单位	西部/基层单位
硕士	9		8	5	3	1	1	9
博士	3	9				1		2
合计	12	9	8	5	3	2	1	11

2012年，马克思主义学院在北京大学学生工作"精致化"思路指导下，围绕"建设和谐校园文化，服务青年成长成才"的目标，立足学院实际，适应学生全面发展的需要，在继承的基础上创新工作模式，提高工作效率，取得良好的育人效果。2011级硕士班团支部获得2011—2012年度首都大学、中专院校"先锋杯"优秀团支部荣誉称号、北京大学2011—2012学年优秀团支部称号；2011级硕士班党支部获得北京大学先进党支部称号。另外，学院2012级政治经济学专业的硕士生沈越应征入伍。

【交流与合作】 2012年，在学校服务国家战略，坚持科学发展，加快推进创建世界一流大学步伐的总体要求下，学院进一步推进对外学术交流活动。美国著名马克思学家诺曼·莱文（Norman Levine）教授、英国拉夫堡大学商学院院长安格斯·莱恩教授、俄罗斯新西伯利亚师范学院副院长鲍里斯教授、比利时根特大学范教授来等众多海外学者应邀来访或顺访学院。在"请进来"提高学术标准和品位的同时，马克思主义学院也"走出去"拓宽学术研究视野。1月至8月，马克思主义基本原理研究所副教授魏波在美国哈佛大学、麻省理工学院进行了为期8个月的学术交流活动。科学社会主义研究所所长孙代尧教授在澳门参加"'一国两制'与澳门特区的善治之路——纪念澳门基本法颁布19周年"学术研讨会，并作主题发言"构建澳门协商民主模式"。上述交流活动扩展了学院师生学术研究的视野，扩大了中国学者在国际学术交流中的影响。

【院庆活动】 2012年4月27日上午9点，"全国高校马克思主义学院院长论坛暨北京大学马克思主义学院成立20周年庆典"在英杰交流中心阳光大厅举行。教育部社科司司长杨光、江苏省政协副主席、原北京大学党委书记、马克思主义学院第一任院长（兼）任彦申，全国近百所高校的马克思主义学院院长，学校相关职能部门、院系负责人及马克思主义学院院友、师生齐聚一堂，共贺马克思主义学院建院20周年。北京大学党委副书记杨河教授主持庆典开幕式。

4月28日上午9点，马克思主义学院第二届院友大会在北京大学英杰交流中心召开。来自全国各地、不同岗位的400余名院友参加了此次盛会，共同庆祝学院20岁生日。北京大学党委副书记杨河教授、马克思主义学院院长郭建宁教授、马克思主义学院党委书记孙熙国教授、马克思主义学院第二任院长钟哲明教授、第三任院长陈占安教授、学院原党委书记黄南平老师以及马克思主义学院的大部分老师出席了院友大会。大会由党委书记孙熙国主持，院长郭建宁致欢迎辞，杨河、钟哲明、陈占安、黄南平、院友刘钢、史燕来、唐觐英、秦龙、夏海亮等分别致辞。

教育学院

【概况】 北京大学教育学院成立于2000年10月，是在原北京大学高等教育科学研究所、教育经济研究所和电化教学中心的基础上合并组建而成的。教育学院下设三个系、两个研究所和八个中心，即教育与人类发展系、教育经济与管理系和教育技术系；高等教育研究所和教育经济研究所；基础教育与教师教育中心、中国教育与人力资源研究中心、教育领导与政策研究中心、企业与教育研究中心、数字化学习研究中心、国际高等教育研究中心、教育信息化国际研究中心和教育发展研究中心。其中教育经济研究所为教育部人文社会科学重点研究基地，教育经济与管理专业为国家重点学科。教学科研辅助机构包括图书及信息资料中心、网络管理与计算机室、全国高等教育情报网总站（挂靠单位）、全国高等教育教育技术信息中心（挂靠单位）和中国蔡元培研究会秘书处（挂靠单位）。目前在编人员43人，其中教授16人、副教授18人、讲师1人；党政、教辅等人员8人，其中高级职称2人，中级职称5人，初级职称1人。

教育学院在研究方面从事教育学领域的基础性和应用性研究，特别关注对我国教育实践中的重大问题的研究，注重与国际同行的交流与合作。在人才培养方面以研究生的培养为主，专业涉及教育学、教育经济学、国际与比较教育、教育管理与教育政策分析、教育技术、人力资源开发、课程设计与现代教学理论等。另外还为中央、北京市等教育决策部门提供有关决策支持研究和政策咨询，为教育管理人员及教师提供在职培训。

【教学工作】 北京大学教育学院设有高等教育学专业博士点（设于1990年）、硕士点（设于1983年）；教育经济与管理学专业博士点及公共管理博士学位一级学科授予权（分别设于1997和2003年）、硕士点（设于1995年）；教育学原理博士点及教育学博士学位一级学科授予权（分别设于2003和2006年）；教育技术学硕士点（设于2000年）。2008年4月，根据京教研〔2008〕4号文件，高等教育学科被评为北京市重点学科，教育与人类发展系为北京市高等教育学重点学科单位。

2012年教育学院共毕业研究生94人，其中获硕士学位研究生58人，获博士学位研究生36人。2012年教育学院总计招收研究生85名，其中硕士研究生45名，博士研究生40名，其中专业教育博士研究生14名。到2012年年底，学院在读研究生共357人，其中硕士研究生113人、博士生244人。2012年经院学术委员会审议通过的新课程有3门。截至2012年年底,教育学院开设的硕士生、博士生课程以及学校通选课已达177门。

在北京大学海外名家讲学计划支持下,美国哥伦比亚大学教授、著名教育经济学家亨利·莱文(Henry M. Levin)教授10月25日—12月13日开设了"教育成本收益分析"课程。亨利·莱文是美国哥伦比亚大学师范学院的经济学和教育学教授、美国教育私有化研究国家中心的主任,是教育经济学方面的专家,曾获得贡纳·梅耳德尔评估贡献奖(The Gunnar Myrdal Prize for Contributions to the Field of Evaluation)。

【科研工作】 2012年新立项的项目共计43个,其中纵向项目14个,横向、委托和国际合作项目29个。

表6-5　2012年教育学院纵向项目情况

项目名称	项目来源	负责人
中国教育发展在当代世界教育发展格局中的定位与对策研究	国家自然科学基金	文东茅
世界主要国家教育财政比较与中国借鉴	教育部人文社科一般项目青年基金项目	刘强
数字、网络技术在科研诚信和学风建设中作用研究	教育部人文社科一般项目专项委托项目	汪琼
《北京大学教育评论》	国家社科基金第一批学术期刊资助	李春萍
北京市人才培养与产业结构双调整研究——基于高校毕业生调查数据	北京市哲学社会科学规划项目	蒋承
质性研究方法与社会科学研究——研究生暑期学校项目	2012年度"北京大学研究生教育创新计划"项目	陈向明
北京市高校人才培养与产业结构调整的耦合机制研究	北京市教育科学规划项目	蒋承
北京市中小学数字校园建设对教与学的影响研究	北京市教育科学规划项目	吴筱萌
虚拟教学管理团队的领导力研究	北京市教育科学规划项目	郭文革
高校创新能力国际比较研究	全国教育科学规划国家重点项目	陈晓宇
基于四维模型的"企业大学"创新体系研究	全国教育科学规划国家一般项目	吴峰
高职院校的组织转型、培养模式变革与毕业生就业力的多案例研究	教育部人文社会科学重点研究基地重大项目	郭建如
教育机会均等的实证研究	教育部人文社会科学重点研究基地重大项目	沈艳
高校毕业生就业市场运行机制研究:东中西部的比较	中国博士后基金项目	孙百才

表6-6　2012年教育学院横向、委托和国际合作项目情况

项目名称	项目来源	负责人
首都教育系统信访体系建设和研究	北京市教育委员会	林小英
视频公开课研究模式	北京大学网络教育学院	郭文革
首都教育高等教育学科群	北京市教育委员会	闵维方、岳昌君
首都高校学生发展状况监测项目研究	北京市教育委员会	李文利
数字化科普基地建设研究	中国科学技术协会	郭文革
全国高校毕业生就业状况(2011)	全国高等学校学生信息咨询与就业指导中心	岳昌君
普通高中课程方案修订专项调研工作	教育部基础教育课程教材发展中心	刘云杉
全国青少年高校科学营2012年项目评估	中国科协青少年科技中心	吴筱萌
高校科协组织建设及工作条件研究	中国科协调研宣传部	吴峰

续表

项目名称	项目来源	负责人
来华留学生年度问卷调查	教育部国际合作与交流司	林小英
中国学位与研究生教育发展年度报告	教育部学位与研究生教育发展中心	陈洪捷、沈文钦
国家重大任务的组织实施机制与模式研究	科技部	陈晓宇
中国公办与民办高校教师学术职业发展研究	福特基金会	阎凤桥
直属高校财务报告制度研究	教育部	李文利
SMILE项目活动图书馆的设计	中央电化教育馆	尚俊杰
学生资助对培养本科拔尖创新人才的影响	北京大学教育发展研究中心	杨 钋
中国职业教育市场分析	加拿大使馆北京贸易办公室	杨 钋
高中新课程实施基本情况调查	中国教育学会高中专委员会	赵国栋
高校新生入学调查	福特基金会	赵国栋
高校信息公开化国际比较研究	教育部	施晓光
全球化时代的大学治理之子课题:大学组织治理(中国个案)	越南教育部	施晓光
高等职业学校专业课程建设与教育技术服务	天津市高雷图书发行有限公司	汪 琼
英特尔免费师范毕业生教研社区	英特尔半导体有限公司	汪 琼
正当性与适用性	教育部留学服务中心	赵 康
高等学校与工程研究院所联合培养博士生的机制与模式研究	中国工程科学院	陈洪捷
学生参与与院校影响力(中、日、美三国比较)	日本住友财团	鲍 威
视频公开课调查分析研究	北京大学网络教育学院	郭文革
检验不可观测的异质性对收入预期的影响	北京大学	丁小浩
区域教育信息化与教育公平	北京大学	尚俊杰

在研项目126个,其中国家级项目19个,省部级项目45个,国际合作项目7个,其他横向及委托项目55个。根据不完全统计,2012年教育学院教师发表文章(期刊、报纸及文集收录)107篇,其中被CSSCI来源刊收录62篇,被SSCI来源刊收录5篇。出版图书(编著、译著等)16部,撰写研究报告26篇,提交会议论文34篇。2012年教育学院教师、学生发表文章共计217篇。

国家社科基金第一批学术期刊资助申报公告2011年12月发布,截至2012年2月中旬,共有347种期刊申报。根据同行专家推荐意见,参考地区(部门)推荐意见、期刊综合排名、申报论证等因素,并征求中宣部出版局、新闻出版总署新闻报刊司、教育部社会科学司等有关部门的意见,经中宣部领导批准,6月26日,国家社科基金公布第一批学术期刊资助名单,有100种期刊入选,《北京大学教育评论》榜上有名。

【获奖情况】闵维方教授专著《教育投入、资源配置与人力资本收益——中国教育与人力资源问题研究》获中国教育发展战略学会教育发展战略研究优秀科研成果奖一等奖、第六届吴玉章人文社会科学奖一等奖。

陈洪捷教授的专著《博士质量:概念、评价与趋势》获北京市第十二届哲学社会科学研究优秀成果奖一等奖、第六届高等学校科学研究优秀成果奖(人文社会科学)二等奖。

李文利教授的专著《从稀缺走向充足:高等教育的需求与供给研究》及蒋凯副教授的论文《全球化背景下的高等教育责任制》分获第六届高等学校科学研究优秀成果奖(人文社会科学)二等奖和三等奖。

鲍威副教授入选2012年度教育部"新世纪优秀人才支持计划"。

吴筱萌副教授主持的"十一五"全国教育技术研究规划2009重点课题"基于交互式电子白板的课堂教学重构研究"成果被评为全国教育信息技术优秀研究成果。

陈向明教授获闵维方奖教金,尚俊杰副教授获黄廷方/信和青年杰出学者奖,缪蓉副教授获方正奖教金教师优秀奖,林小英副教授获正大奖教金优秀奖,杨钋副教授获北京大学教学优秀奖,蒋承讲师获北京大学第十二届青年教师教学基本功比赛优秀奖。

工会主席岳昌君被评为北京大学模范工会主席,工会生活委员马世妹被评为北京大学优秀工会干部,佘俊霞被评为北京大学优秀工会积极分子。

教育学院被评为"海淀区交通安全先进单位",马世妹被评为"海淀区交通安全先进个人"。

2012年学院获评北京大学优秀毕业生有17人。其中博士生:潘昆峰、王东芳、屈潇潇;硕士生:刘广宇、陈明慧、刘萨、许锐、张魁元、曹雪莲、毕鹏、钱雅静、孙钰、刘歧山、史祎美、李璐、黄鑫、郭俊。

2012年学院获评北京市优秀毕业生有8人。其中,博士生:潘昆峰、王东芳;硕士生:刘广宇、陈明慧、刘萨、曹雪莲、孙钰、刘歧山。

教育技术系学生团队获得全国大学生物联网创新创业大赛北京赛区二等奖。

【党建工作】 截至2012年12月31日,教育学院共有189名党员,其中在岗职工党员51名,学生党员118名,离退休党员20名;学院党委下辖12个党支部,其中教工党支部5个,学生党支部6个,离退休党支部1个。

在理论学习方面,积极学习贯彻党的十八大精神及北京大学第十二次党代会精神,学院党委精心策划组织多次学习活动,先后开展了全院范围内的学习动员大会和领导班子专题座谈会等活动,在教工支部中开展"贯彻党代会,加快创一流"主题党日活动;认真学习贯彻第二十次全国高校党建工作会议精神,院党委高度重视,组织全体党员认真学习领会习近平同志、刘延东同志、李源潮同志在会议上的重要讲话精神,进一步明确了高校党建工作面临的新形势新任务;继续贯彻落实"科学发展观"和十七届七中全会精神,学院党委充分利用学院内部邮件系统平台,及时传达十七届七中全会精神及工作要求,认真学习宣传和贯彻落实全会精神;继续贯彻落实《国家中长期教育改革和发展规划纲要》,教育学院全体师生结合自身专业优势,怀着对国家教育改革发展事业的使命感和责任感,积极开拓灵活多样的《纲要》学习形式,在学院内部开展持续性的《纲要》学习讨论活动;深入开展"创先争优"活动,学院多个支部以多样化的形式开展活动,开展了"为北大建设一流大学献言献策""继承传统勇担青年使命,建言献策参与学校发展"主题党日活动以及"我身边的先锋"推选活动,教工支部开展了"迎接党代会,总结经验找差距""贯彻党代会,加快创一流"的主题党日活动。2012年,教育学院共有3名教师参加北京市干部在线学习活动。

在基层党建方面,建立党委委员联系支部制度,有效增进基层党支部与学院党委之间的工作联系和沟通。新一届党委联系支部分工为:陈晓宇对应2012普硕支部、2011普硕支部;侯华伟对应行政支部、离退休支部;文东茅对应高教支部、财政所支部;岳昌君对应博士生支部、教经支部;尚俊杰对应教技支部、2010普硕支部;徐未欣对应2011高管支部、2012高管支部。做好组织发展工作,严格按照组织发展程序,坚持标准,保证质量。2012年度,教育学院共发展党员10名(女党员6名),共有10名预备党员按时转正。顺利完成支部换届工作,2012年教育学院6个学生支部全部顺利完成换届。开展党内评优活动,进行支部测评工作和先进党支部、优秀共产党员的推荐工作。2010级高管支部被评为"北京大学先进党支部";文东茅、侯华伟被评为"北京大学优秀共产党员"。做好党代会筹备工作,规范有序开展党代表的选举工作和新一届党委委员、纪委委员候选人的酝酿提名工作,为北京大学第十二次党代会的召开打好院系基础。开展党建创新立项工作,2012年,学院共有7个学生党支部申请7项立项活动,分别是:2010高管支部的"立足专业特色,为建设世界一流大学贡献力量";2010普硕支部的"我回家乡做贡献"毕业生党员基层就业学习小组活动;2011高管支部的"发挥党建堡垒作用,搭建党员就业平台";2011普硕支部的"在实践中感受革命历史征程 用新渠道加强学习思维深度";2012高管支部的"分享、交流促思考,运动、出游提精神——喜迎十八大,争创一流党支部系列活动";博士支部的"回顾党史、缅怀先烈,用优良传统和作风加强党支部建设";2012普硕支部的"整合新媒体工具,创新信息化党建";此外,教育技术系支部开展了"发挥支部学科优势 促进地方教育信息化建设"的创新立项活动,并赴北京市大兴区教育信息中心开展调研活动。其中,"立足专业特色,为建设世界一流大学贡献力量"及"发挥支部学科优势 促进地方教育信息化建设"两个项目已经顺利结项。

在党风廉政建设方面,切实贯彻执行"三重一大"集体决策制度和院务公开制度,严格落实"一岗双责"制度。教育学院的干部任用充分体现民主集中制,整个过程对全体师生充分公开;人事决策采用在院长办公会和学术委员会范围内的集体公开决策制度;财务管理根据不同情况在不同范围内集体讨论决定,并充分向群众公开;对于大额采购,学院根据情况组织不同的小组或委员会进行讨论决策,并将有关信息向师生公开,充分征求有关师生的意见;除此之外,学院还利用每年定期的全体教职工大会,由主管领导分别汇报2012年度学院的教学、科研、人事、行政、培训、财务、党务和学生等方面的工作,切实实现院务公开。

【交流合作】 2012年教育学院接待学校访问团和学者来访共38次,教师(含研究生)出国访问、考察以及参加国际学术会议31人,举办"北大教育论坛"21期。

3月5日,加拿大不列颠哥伦比亚大学(UBC)斯蒂芬·托普校长(Prof. Stephen J. Toope)一行访问北京大学,并到教育学院访问。教育学院学生韩亚菲和张琳娜对斯蒂芬·托普校长进行了题为"如何应对高等教育国际化机遇与挑战"的专题访问。之后,斯蒂芬·托普校长应邀在教育学院112报告厅作了题为"Breaking the ice"的讲座。

3月13日,应教育学院教育技术系贾积有副教授之邀,台湾中原大学教研所暨师资培育中心张世忠教授在教育学院作了主题为"教学科技与TPACK"的讲座。

3月22日,美国圣塔克拉拉(Santa Clara)大学高等教育学位点负责人Lester F. Goodchild教授在教育学院209室作了题为"美国高等教育研究:历史、专业方向与知识基础"的讲座。

3月27日,日本东京大学(The University of Tokyo)高等教育研究与发展中心小林雅之教授一行五人到教育学院访问与调研,院党委书记陈晓宇副教授、副院长阎凤桥教授、李文利教授,以及教育经济系主任岳昌君教授和外事主任施晓光教授参加本次座谈会。双方围绕高等教育国际化的概念、排名标准,以及近期采取的一系列措施展开较为深入而细致的讨论。

4月1日,德国学术交流中心(DAAD)前秘书长Christian Bode博士在教育学院103室作了题为 *Higher Education in Germany and Europe-Trends and Perspectives* 的讲座。

4月5日,美国布朗大学教育学院副教授李瑾博士在教育学院206室作了题为"儿童学习信念的发展及社会化过程:文化、理论、研究方法"的讲座。

4月20日,受福特基金会委托和资助,教育学院举办了"中国高等教育发展的回顾与展望"学术研讨会。本次会议邀请了曾经承担过福特基金会资助的高等教育研究课题的负责人及其他专家、学者、媒体代表四十余人,交流和分享项目执行成果与经验,共同探讨中国高等教育未来发展的走向。

5月5—6日,美国杜克大学师生一行9人与北京大学教育学院师生进行了为期两天的学术交流。此次活动的主题是"21世纪中美高等教育面临的挑战及应对"。北京大学教育学院院长文东茅、美国杜克大学社会学教授高柏出席了此次活动。美国杜克大学8名学生与北京大学教育学院二十余名学生参与了此次交流活动。

5月8日,德国驻华使馆科学与技术部参赞René Haak莅临教育学院,并作题为"德国高等教育政策,兼论中德研究合作"的报告。

5月9日,美国斯坦福大学教育学院教授Susanna Loeb博士莅临教育学院,并作两场题为"美国教师制度和政策研究前沿"和"美国教育财政政策研究前沿"的讲座。

5月24日,美国匹兹堡大学教育学院副教授、国际教育研究所所长W. James Jacoby莅临教育学院,并作了题为"全球竞争语境下高等教育的可负担性、问责与入学问题"的讲座。

5月25日下午2点,台湾师范大学洪荣昭教授莅临教育学院,并作题为"创意思考"的讲座。

5月25日,香港大学教育学院教授,教育行政、政策与社会科学系系主任Garard A. Postiglione莅临教育学院,于204教室作了题为 *The Road to Academic Excellence and the Making of World Class Universities: The Case of the Hong Kong University of Science and Technology* 的讲座。

9月11日,荷兰阿姆斯特丹大学经济系教授、荷兰皇家艺术与科学院院士Joop Hartog在教育学院作了题为"风险是否降低了对教育的需求?"的讲座。

9月11日,Laureate Education公司的高级副总裁Allan Fisher博士到教育技术系作了主题为"高等教育中的'颠覆性创新'(Disruptive Innovation)"的讲座。

10月24日,加拿大阿尔伯塔大学教务长与学术副校长卡尔·G·阿姆雷恩(Carl G. Amrhein)莅临教育学院,作了题为"加拿大大学的组织结构与治理"的讲座。

12月4日,美国戴顿大学(University of Dayton)教育学院讲座教授、法学院兼职教授Charles Russo先生莅临教育学院,为师生作题为"高等教育的法律地位:世界的视角"的讲座。

新闻与传播学院

【教学工作】 1. 本科生教学与管理。学院设有新闻学、广告学、编辑出版学、广播电视学四个专业。2012年学院开设本科课程84门,其中必修课程48门,限选、非限选课程34门;主干基础课程6门。84门课程全部录入教学系统进行评估。学院还开设了2012年暑期学校课程,包括"跨文化培训系列课程""视频编辑"等。

2012年共有95名本科生毕业(含21名留学生),1名结业。审核96份本科毕业论文,共评出32份优秀论文。有36人参加2012年推荐免试攻读研究生,其中学院接收25人(含学工、支教、特长),校内其他学院接收7人,外校接收4人。学院接收物理学院、外国语学院等转系转专业学生15人。

学院完成对"本科生科研训练"资助项目的中期检查。对选修"研究课程"的14名学生进行考核,选出优秀研究小组参评优秀论文。完成10项校长基金资助项目的遴选和申报,其中6项通过教务部审批。学院"21世纪新闻与传播系列教材"由学校推荐申报"十二五"普通高等教育本科国家级规划教材。

学院通过校际交换项目、国家派出项目、联合培养、暑期学校等形式开展本科生国际交流,2012年度共有35名学生出访交流。

2. 研究生教学与管理。学院设有新闻学与传播学硕士点、博士点和新闻传播学博士后流动站。研究生专业方向涵盖国际新闻、新闻传播实务、新闻传播史论、国际传播与跨文化交流、大众传播、新媒体与网络传播、广告理论与实务、媒体经营管理、编辑出版学等九大领域。

2012年学院共招录硕士生118人,其中新闻学15人,传播学79人,专业硕士24人;招录博士生20人,其中港澳台地区学生6人。2013年研究生招生专业目录修订工作于2012年6月完成。专业型与学术型在硕士招生中的比例调整为1∶1;今后停止在深圳研究院的招生。

2012年共有130位研究生进行毕业答辩,其中博士生9名,秋季硕士生120名,春季硕士生1名。截至2012年12月,学位评定委员分会经过无记名投票,建议授予硕士学位120人,博士学位9人。分会评出优秀硕士学位论文20篇,博士生李杰琼的学位论文被评为校级优秀博士学位论文。毕业论文评阅答辩外请专家数据库也已建立并导入教务系统。107名2011级硕士完成论文开题。

2012年学院共安排67门研究生课程,其中必修课40门。我院教师王昇虹的"东亚三国跨文化传播前沿"课程立项成功并获得资助。

由学院硕士生运营的"北大媒介观察"和"北大新媒体"两大微博在学界和业界引起反响并赢得赞誉。著名记者祝华新称之为"北大新闻学院的两张名片"。其中"北大媒介观察"的运营团队获得北京大学专业学位研究生科学实践创新奖。

肖东发、杨伯溆、陈刚分别从学术论坛、学术会议和研究生教育改革探索三方面向学校申报了"研究生教育创新计划"。学院启动学术活动"飘萍论坛"。学院作为全校社科大类平台课的召集单位仍负责六大学院平台课的协调与管理,建立了"不定期碰头会"等有效的沟通机制。

研究生先后与环球时报社、人民日报社、中国国际广播电台和搜狐网开展项目合作。其中环球时报社在我院设立了奖学金项目和"环球大讲堂",《人民日报》和中国国际广播电台"走转改"先进个人来我院与学生交流。

2012年,学院7位研究生获得学校研究生学术交流基金的资助。2012级博士生王成文获得校长奖学金,博士生孙美玲获得才斋奖学金。另有4位同学获得研究生科学实践创新奖。

3. 继续教育工作。学院传播学(整合营销方向)研究生课程班(北京、上海)顺利完成招生,共计86人。学员多为媒体、媒介产业领域的骨干,有较丰富的从业经验。

【科研工作】 2012年,全院教师共发表论文115篇,其中SSCI 1篇。到账科研经费2056.25万,申请科研项目42项,获4项国家级课题,其中程曼丽获得国家社科基金重大委托项目子课题"中国发展道路中的价值观念及国际传播研究",谢新洲获2012年度国家自然科学基金项目"社会化媒体用户行为模式及管理机制研究",博士后王迪获得2012年教育部青年基金项目"国家在城市基层社会中的权力实现与话语传播——基于北京市某居委会运作的分析"及中国博士后科学基金面上资助"城市社区中的规范形成"。同时,关世杰历时四年的国家社会科学基金重大项目"我国对外传播文化软实力研究"于2012年12月14日顺利结项。2012年学院教师出版专著(含译著)11部,《创意传播管理》《正在发生的未来:手机人的族群与趋势》在学术界和行业内产生热烈反响。

2012年,学院教师参加国内学术会议95人次,参加国际学术会议46人次,外出讲学38人次,15人次赴外考察,合作研究12人次。学院举办了北京论坛(2012)分论坛"社会化媒体时代的创新与变革"、创意传播管理与数字营销发展论坛、竞争情报国际会议(2012)、2012北京大学新闻传播伦理与法制国际学术研讨会、主流文化与文化之争高层论坛、首届中国发展广告学论坛等。

2012年,学院成立"北京大学新闻与传播学院公共传播与社会发展研究中心",任命师曾志担任机构负责人。

肖东发教授主笔的九卷本《中国出版通史》(首卷)获第三届中国出版政府奖图书奖提名奖,肖东发教授《从甲骨文到E-Publications——跨越三千年的中国出版》获第六届高等学校科学研究优秀成果奖(人文社会科学)成果普及奖。陈刚教授成果《中国农村居民媒体接触与消费行为研究报告》获北京市第十二届哲学社会科学优秀成果二等奖。胡泳著作《众声喧哗:网络时代的个人表达与公共讨论》获第六届吴玉章人文社会科学奖优秀奖。

【党建工作】 中国共产党第十八次全国代表大会和中国共产党北京大学第十二次党员代表大会隆重召开后,学院党委以多种形式组织学习大会精神。学院党委组织党员和师生员工参加报告会,组织学院教工党员结合学院发展进行研讨,邀请肖东发、岳庆平等专家学者深入解读十八大精神,切实加强自身的思想、组织、作风、党风廉政和工作的能力建设,提高学院党建和思想政治工作水平。

学院党委举办了北京大学第十二次党代会精神专题学习的系列活动。邀请校政策研究室副主任任羽中细致解读了党代会的具体内容、重要意义以及长远要求;召开团学骨干专题研讨会,引领学生骨干深入领会党代会思想,贯彻落实党代会精神;与中文系联合举办党代会精神座谈会;并在党团活动官方微博——"北大新传党团课堂"发布党代会精神的核心要义与精彩摘要,促使师生开展线上热烈讨论。

学院党委设立"北大新传党建理论研究专项基金",鼓励全院师生充分发挥专业特色和科研优势,开展相关理论探索,推进学院理论研究再上新台阶。学院完成了2011年下半年4个党建立项。2012年上半年学院党委申报4个新项目获校党委组织部批准。同时,学院完成了年度党内统计工作。

【学生工作】 学院现有学生803人(含89名深研院硕士生),其中本科生476人,研究生327人(博士生100人)。学院共有团员427人,党员128人(其中预备党员40人)。

2012年,学院共向毕业生发送就业实习信息及相关活动通知邮件216封(计830条),短信4830条。学院邀请校就业指导中心和业界人士开办讲座,举办各类就业指导会、信息通报会等活动6场,组织毕业班学生赴北京人民广播电台、商务印书馆等单位参观交流。

学院建立"师生一对一心理访谈""朋辈1+1"两大帮扶项目,近200名新生成为直接受益者。

2012年,学院师生编写的《青年学生网络媒介素养培养路径研究》《互联网对大学生心理改善影响的实证研究》《关于运用新媒体开展高校基层党建带团建工作的思考》等多篇文章被《北大青年研究》《北京教育》《思想理论教育导刊》等校内外期刊采用。

人口研究所

【概况】 人口研究所现有在编教职工20人,其中专职科研与教学人员15人(教授6人、副教授7人、讲师2人,其中博导7人)。另有博士后在站研究人员8人,聘有国内外客座教授20余名。研究人员全部具有博士学位和海外学习培训背景,来自人口学、经济学、社会学、人类学、数学、计算机、医学、公共卫生、地理学、环境科学等多个学科。

【科研工作】 1. 科研成果。人口研究所近年来强调多学科交叉研究,加大国际前沿学术交流,鼓励发表高质量英文文章。2012年出版专著2部、编著5部,发表学术论文99篇,其中英文文章20篇。

2. 重要奖励。陈功教授主持的《中国残疾人退休年龄政策研究》获得中国残疾人联合会2010—2011年度残疾人事业理论与实践研究课题(部级课题)一等奖。

3. 科研项目。2012年,人口研究所新立项的国家级项目2项,教育部项目2项,省部级项目7项,国际项目1项,其他项目8项。主要项目进展情况如下:郑晓瑛教授为首席科学家的人口研究所人口健康与残疾预防研究组所承担之国家社科基金重大项目"中国残疾预防对策研究"已进入结题阶段。项目组受《中国科学报》智库版之邀,拟整版刊登题为《建立综合性社会化残疾预防机制势在必行》的研究成果综述。该项目于2009年12月立项,项目共设6个子课题,首席科学家所在单位及子课题承担单位共计发表高水平中英文文章64篇。项目通过研究探讨适宜于我国的残疾预防对策,为制定和实施国家残疾预防行动计划提供理论支持。郑晓瑛教授主持的卫生部/世界卫生组织双年项目"中国未婚流动青少年生殖健康服务改善策略研究"已完成了第一阶段的研究任务,形成文献研究报告。郑晓瑛教授主持的教育部哲学社会科学研究后期资助项目"中国健康转变和健康发展模式研究"于2012年获批立项。裴丽君副教授主持的国家自然科学基金项目"神经管畸形发生的区域人群代谢与环境暴露水平空间分析"于2012年获批立项。黄成礼副教授主持的国家社科基金项目"建立适应人口老龄化形势的社区医疗卫生服务模式研究"于2012年获批立项。任强副教授承担教育部人文社会科学研究规划基金资助项目"人口转变条件下公共卫生需求及其对策研究"于2012年获批立项。除此之外,人口研究所还承担了大量国家部委、省市地区的研究项目,对各级政府面临的许多现实问题进行了研究,研究成果也为中共中央、国务院、中国残联、国家人口计生委等部门的政策文件所采用。

【交流与合作】 1. 国内学术交流。(1) 6月24日是马寅初先生诞辰130周年的日子。为缅怀、追思和学习马寅初先生的伟大精神、崇高品德和卓越思想,国家人口计生委、中国人口学会、北京大学于6月21日上午在北京人民大会堂浙江厅举行纪念马寅初先生诞辰130周年座谈会。第十一届全国人大常委会副委员长周铁农,全国政协副主席罗富和,第九届全国人大常委会副委员长、中国人口学会名誉会长彭珮云出席座谈会。北京大学人口所所长郑晓瑛在大会上发言。来自政府、高校代表近100人参加了座谈会。

(2) 11月2日至4日,残疾人社会福利政策与服务研讨会暨第六届中国残疾人事业发展论坛在江苏南京举行,北京大学人口研究所宋新明教授参加研讨会,与专家、学者和残疾人事业工作者围绕如何加强我国残疾人社会保障体系和服务体系建设,加强残疾人公共服务、残疾人福利政策和残疾人服务提供进行了研讨和交流。

2. 国际学术交流。2012年人口研究所接待重要外宾来访20余次,邀请海外专家短期讲学和合作10余次,人口研究所教师出访美国、法国、泰国等国家和地区,主要交流活动如下:

2012年,陈功教授前往美国南加州大学戴维斯老年学院进行访学。3月14—16日,裴丽君副教授前往美国加州大学,参加第十届健康与疾病相关保健食品和活性化合物国际会议并在会上发言。5月3—5日,郑晓瑛教授受邀前往美国旧金山参加"2012年美国人口学年会"。6月9—23日,张蕾博士获桑坦德银行资助,前往美国布朗大学国际沃森研究所参加"人口与发展:解决全球问题的新方法"的学者培训。6月24—28日,郑晓瑛教授受邀参加在俄罗斯举办的亚太经合组织创新论坛领导委员会会议。7月21—28日,郑晓瑛教授出席美国华盛顿召开的联合国艾滋病大会。10月23—25日,李宁博士赴泰国曼谷,参加联合国华盛顿残疾统计小组第12届年会。10月,庞丽华副教授前往法国昂热参加学术会议,发表题为"移民中国:在华外国人的管理与统计"一文。10月17—19日,胡玉坤副教授赴法国参加"第二届国际会议:发展与转型经济中的环境与自然资源管理"并在会上发言。11月14—18日,刘岚副教授前往美国圣迭戈,参加"美国老年学会第65届年会"。

人口研究所、日本Yamane医疗及日本综合研究所开展合作交流,共同研讨中日老龄问题,签署了谅解备忘录,极大地增进了沟通和了解,为继续推进中日高端学术合作、确定下一步具体合作计划奠定了良好基础。爱尔兰国立大学高威地理与考古学院瑞恩研究所地理信息系统中心张朝生主任受邀访问人口研究所。在为期两个月的访问中,双方共同探讨了研究环境与健康问题的方式及前景,并于2012年8月23日在爱尔兰签订谅解备忘录。7月12日,美国南加州大学戴维斯老年学院Pinchas Cohen教授到访人口研究所,为北京大学国际暑期班"老龄与健康"课程授课,并向全所师生作题为"21世纪健康老龄化展望"的讲座。10月23日,人口研究所接待了丹麦奥胡斯大学经济与社会科学部主任Svend Hyllegerg教授和Frank Pedersen教授,双方商谈了开展合作的内容和领域。10月30日,朝鲜金日成大学人口所教授访问人口研究所,双方分享了北大人口研究所在教学、科研和成果应用方面取得的经验。11月1日,人口研究所所长郑晓瑛教授、所长助理胡成花,比利时自由大学(法语区)卫生学院张维宏教授、爱尔兰大学张朝升博士,比利时驻华使馆教育工作人员倪东娜等6人,就深层次的合作进行了商讨,并就健康领域研究、学生交换及培养方面进行合作达成了共识。

【社会服务】 多名教师在相关学术机构兼职或担任咨询顾问。郑晓瑛教授担任亚太经合组织生命创新论坛领导委员会(APEC/LSIF)委员、国际残疾统计华盛顿小组中国代表、联合国人口基金专家委员会(中国)委员、中国人口学会副会长、残疾人事业发展研究会副会长、中美人文交流研究基地学术委员。乔晓春教授担任国家人口和计划生育委员会综合改革专家组组长,穆光宗教授担任副组长。任强副教授兼任北京大学中国社会科学调查中心副主任。庞丽华副教授任国家计划生育协会常务理事。

组织多项社会培训活动。由北京大学人口研究所、北京大学中国残疾人事业教学和培训基地主办了"上海市残联理事长培训班"和"杭州市计生局计生干部培训班"。7月,人口研究所成功举办"老年与健康"国际暑期班。暑期班借鉴世界一流大学的经验,打破专业和学科壁垒,在最基本的知识领域为学生提供多学科交叉的研究视野,拓宽了学生的知识基础。暑期班共招收40余名国际学生,课程获得国际学生一致好评。人口研究所于暑期开办了第五期社会科学方法培训班,来自全国近200名师生参加了培训,成为国内社会科学方法培训的品牌。

【党建工作】 人口研究所党支部组织全所师生进行了十八大精神的深入学习,从十八大的报告主题、报告的核心内容、报告对三个十年的回顾及总结以及对未来的展望进行了认真的分析。号召全体教师在十八大精神鼓舞下,以饱满的工作热情,在平凡的本职工作上为党的目标实现做出贡献。2012年12月19日,邀请国家统计局科学研究所所长吕庆喆博士到人口研究所做"全面建设小康社会统计监测指标体系及监测结果"的报告,与全所师生共同学习十八大精神。人口研究所党支部积极参与并按照学校党委要求始终坚持正常的组织生活制度,不断研究人口所发展的新思路。

国家发展研究院

【概况】 北京大学国家发展研究院致力于中国社会科学的国际化、规范化、本土化,推进学科体系、学术观点和研究方法的创新,按照"小机构、大网络"的原则,组织跨学科的综合研究,培养综合性的国家发展高级人才。2012年11月26日上午,北京大学国家发展研究院在朗润园万众楼召开全体大会,正式宣布以姚洋教授为院长的新一届领导班子的任命。2012年国家发展研究院从北京大学环境科学与工程学院聘请了徐晋涛教授,聘请了赵波、张丹丹两位助理教授。

【教学工作】 国家发展研究院按国际一流大学的标准开设博士、硕士、本科生双学位、MBA及EMBA课程,每年招收各类学生近千名。

1. 研究生教学与管理。在全校大力倡导学生工作精致化、规范化、系统化的同时,研究生办公室紧紧围绕这一主题,推进自身工作的体系化建设,提高研究生教育工作内容的实用性和针对性。2012年7月,共有30名硕士和8名博士研究生顺利毕业离校。2012年9月,2012级博士、硕士研究生开始报到入学,入学的博士新生有13人(其中硕转博4人),硕士新生34人,新设立"国家发展"博士专业。校友黄志刚博士荣获2012年度"全国优秀博士学位论文"奖。

2. 双学位教学与管理。2012年经济学双学位在北京大学校内报名的911名同学中择优录取了700名新生,另有200名校外同学经由1133位清华大学、中国人民大学等高校同学参加的考试中选出。目前,国家发展研究院经济学双学位项目在读学生2700多人,已经毕业8200多人,成为北京大学规模最大、影响最深远的双学位项目。北京大学国家发展研究院设立富邦助学金,帮助更多的同学学习经济学双学位。

3. 北大国际BiMBA。开办全球金融硕士项目,对于有兴趣在金融方面强化自身专业能力的BiMBA学员和校友,在完成常规MBA学位全部课程之后,可向BiMBA申请进修该项目。2012年3月27日,知名商业杂志《福布斯》中文版,发布了2012中国最佳商学院排行榜,北大国际(BiMBA)分别在"最具价值在职MBA项目"和"最具价值全日制MBA项目"榜单中位居第一及第二。

【科研工作】 1. 科研奖项。林毅夫教授获2012年度浦山世界经济学优秀论文奖;海闻、雷晓燕教授获第六届高等学校科学研究优秀成果奖(人文社会科学)奖项,曾毅获美国公共卫生学刊2011最优论文奖,徐建国教授获首届"曹凤岐金融发展基金"金融青年科研进步奖。

2. 科研项目。(1)国家自然科学基金项目。曾毅"关于改善老龄健康保障机制和科学管理效益的研究"被立为2012年度国家自然科学基金重点项目,项目批准号71233001;李力行"地方政府竞争、企业绩效与经济增长:基于微观实证的研究"被立为青年科学基金项目,项目批准号71203004;黄卓"基于Realized GARCH框架的波动率和相关性模型理论和应用研究"被立为青年科学基金项目,项目批准号71201001;鄢萍"工资上涨背景下的企业生灭和中国经济增长源泉:基于企业动态进入和退出模型的实证研究和政策探讨"被立为面上项目,项目批准号71273001。

(2)教育部人文社会科学研究项目。赵耀辉"高中入学决策与教育回报不确定性"被立为2012年度教育部人文社会科学重点研究基地重大项目,项目批准号12JJD790045;张帆"美国政府财政和债务危机及其对我国经济的影响"被立为2012年度教育部人文社会科学重点研究基地重大项目,项目批准号12JJD790041;黄卓"金融化和投机对国际油价的影响:基于行为金融学的视角"被立为2012年度教育部人文社会科学研究青年基金项目,项目批准号12YJC790073。

(3)研究成果。卢锋教授的研究成果《关于我国就业转型的几点思考》经《成果要报》发表后,文中提出的观点与建议受到国家有关部门负责同志的重视。《经济学(季刊)》作为一本经济类专业刊物,创刊以来已经得到经济学界的广泛关注,并且已经纳入核心期刊。2012年12月26日,《经济学(季刊)》在"2012《中国学术期刊影响因子年报 & 国际引证报告》及'中国最具国际影响力学术期刊'发布会"上,荣获"中国最具国际影响力学术期刊"称号。国家发展研究院新出版英文刊物 China Economic Journal(CEJ),该杂志由英国Taylor & Francis出版集团下属的著名 Routledge Journals 面向全球发行。

"中国经济观察报告会"定期发布"朗润预测",对国际货币体系改革和当前宏观经济形势进行讨论。国家发展研究院不定期举办的经济理论与政策研讨系列讲座共70期,出版《简报》69期、中文讨论稿10期、英文讨论稿4期等,在学术界、舆论界和决策层受到好评。

【交流合作】 国内与国际学术交流方面,国家发展研究院注重与国内外其他高校的联系与学术交流,组织各种类型的活动与学术会议。同时,国家发展研究院还通过北大国际MBA系列讲座、金融论坛、严复经济学纪念讲座等不同形式,邀请世界著名学者、专家、政治领袖、企业精英等人物来北大讲学或演讲。

1. 由中国经济研究中心/国家发展研究院和美国美中关系全国委员会共同举办的"2012年中国经济论坛"于1月9日上午在纽约股票交易所举行。中美对话每年会举行两次,"中美经济对话"的定位在中美学者、商界领袖及其他相关人士之间就中美金融贸易关系及其对全球经济格局的影响等中长期问题展开年度对话。其目的是帮助两国学界、商界消化两国政府间对话的积极成果,增加两国民间的互相理解和信任,为两国政府的政策制定提供信息支持。

2. 1月15日,由国家发展研究院主办的"2012朗润思·辩圆桌——学者与媒体对话"论坛在朗润园万众楼举行。来自国家发展研究院的众多经济学和管理学的知名学者与全国众多财经媒体的资深新闻工作者齐聚一堂,共同就中国经济社会发展中遇到的各类问题,以及媒体普遍关注的热点话题展开了广泛的交流与探讨,并对中国以及全球经济走势进行了展望。

3. 3月9日下午,中国社科院世界经济与政治研究所和国家发展研究院在北京大学国发院致福轩联合举办"人民币国际化与中国金融对外开放政策"研讨会,两个机构研究人员就相关问题进行了研讨。

4. 6月15日下午,第十届严复经济学纪念讲座在朗润园万众楼举行。本次讲座邀请到著名经济学家、执教于美国威斯康星大学的斯蒂夫·杜尔劳夫(Steven N. Durlauf)教授。讲座由国家发展研究院常务副院长巫和懋教授主持,国家发展研究院名誉院长林毅夫教授出席了本次讲座。

5. 9月14日,由国家发展研究院和台湾"中央研究院"经济研究所联合主办的"第九届两岸经济发展研讨会"在朗润园万众楼举行。两岸经济学教授就贸易、就业、养老、金融、公司等议题展开探讨。

6. 9月15日,卢旺达总统保罗·卡加梅(Paul Kagame)访问国家发展研究院,并发表演讲。

7. 由国家发展研究院主办的"新结构经济学"国际学术研讨会,2012年10月13日至15日在北大朗润园万众楼二楼召开,在为期三天的议程中,来自国内外的30余位知名学者,就"新结构经济学"理论(New Structural Economics, NSE)展开对话和讨论。

8. 11月21日,国家发展研究院以"未来十年的中国"为主题举办了一场研讨会。研讨会分为四个热点话题:"回顾与展望""跨越中等收入陷阱""经济和政治体制改革""中国在世界的定位"。

体育教研部

【概况】 2012年,北京大学体育教研部(以下简称体教部)新增教师1人(花琳),离职1人(戴菲菲)。目前在职人员55人,其中教师49人,教务1人,教辅人员5人;另有外聘教师4人。体教部承担全校体育教学、群众体育活动、体育科研、运动训练和后勤体育场体育馆的管理工作。

体教部行政班子:主任郝光安,副主任李杰、刘铮、李宁,主任、支部秘书赫忠慧。

【体育活动】 1. 北京大学体育运动委员会年会及2011年度"北大杯"。2012年1月4—5日,一年一度的"北京大学体育运动委员会年会"召开,北京大学体育运动委员会主任、副校长刘伟,运动委员会全体委员,学校29个院系主管体育的负责人共40余人参加了本次会议。会上,刘伟副校长宣布获得北京大学"2011年北大杯前十名""校田径运动会甲组前十名""校运会乙组前十名""校运会十佳组织奖""五四体育特殊贡献奖"的院系名单,并为荣获"五四体育特殊贡献奖"院系颁发了奖牌。

"北大杯"为各院系参加的全校体育活动,由团委和学校学生会、体育教研部共同组织,由学校学生体育社团承办,综合了篮球、足球、拍球、羽毛球、乒乓球、网球、半程马拉松接力、游泳、棋牌、台球、棒垒球等项目的总积分(2012年开始新增体育舞蹈项目),排名第一的院系单位获得"北大杯"。

表6-7　2011年"北大杯"校田径运动会及校运会获奖情况

2011年北大杯前十名			2011年校田径运动会甲组前十名		
名次	院　系	总积分	名次	院　系	总积分
1	医学部本部(获流动杯)	572.5	1	法学院	301
2	法学院	407	2	深圳研究生院	301
3	物理学院	391	3	医学部本部	226
4	信息科学技术学院	367	4	物理学院	192
5	深圳研究生院	301	5	工学院	170
6	工学院	260	6	信息科学技术学院	145
7	数学科学学院	212.5	7	数学科学学院	128
8	政府管理学院	165	8	地球与空间科学学院	76

续表

名次	2011年北大杯前十名 院系	总积分	名次	2011年校田径运动会甲组前十名 院系	总积分
9	地球与空间科学学院	154	9	政府管理学院	56
10	化学与分子工程学院（乙组）	150	10	艺术学院	41

名次	2011年校运十佳组织奖 院系	总积分	名次	2011年校运会乙组前十名 院系	总积分
1	法学院 50	301	1	元培实验班	185
2	数学科学学院 49	128	2	历史学系	147
3	工学院 48	170	3	外国语学院	108
4	医学部本部 47	226	4	城市与环境学院	107
5	物理学院 45	192	5	国际关系学院	93
6	元培实验班 40	185	6	光华管理学院	82
7	中国语言文学系 40	71	7	信息管理系	77
8	艺术学院 32	41	8	中国语言文学系	71
9	深圳研究生院 31	301	9	社会学系	68
10	地球和空间科学学院 26	76	10	哲学系	68
评分标准：以组织报名参加田径运动会人数为标准，其中不含趣味性项目报名人数。			积分包括：田径运动会项目及团队趣味性项目。		

在2011年北大"五四体育特殊贡献奖"的有（排名不分先后，10个招收体育特长生的院系）：法学院、政府管理学院、经济学院、新闻与传播学院、元培学院、国际关系学院、光华管理学院、信息管理系、社会学系、心理系。

表6-8 2012年度"北大杯"各单项冠军名单

项　目	类　别	冠　军
足球	团体	政府管理学院
篮球	男篮团体	经济学院
	女篮团体	国际关系学院—生命科学学院
排球	男排团体	医学部
	女排团体	国际关系学院
乒乓球	团体	工学院
羽毛球	团体	法学院
台球	团体	物理学院
网球	团体	国际关系学院—生命科学学院
棋牌类	围棋个人	寿质文
	中国象棋个人	宋　艺
	国际象棋个人	巩爱博
	五子棋个人	
	桥牌南北方向	方健翔
	桥牌南北方向	孟庆蕴
	桥牌东西方向	袁浩博
	桥牌东西方向	江杰章
攀岩	男子个人赛	张钧南
	女子个人赛	王羽欣
定向	男子个人赛	张同舟
	女子个人赛	李婷婷
棒垒	慢投垒球团体赛	医学部
体育舞蹈	华尔兹单项男子	李小犁
	华尔兹单项女子	邓瑞伶
	华尔兹反串组男子	张　夕
	华尔兹反串组女子	赵洪凯

续表

项目	类别	冠军
体育舞蹈	华尔兹新人组男子	许鑫文
	华尔兹新人组女子	黄 颖
	交谊舞反串组男子	齐瑞娟
	交谊舞反串组女子	胡晓彦
	交谊舞自由组男子	马 明
	交谊舞自由组女子	张 珊
	快步单项男子	陈 昊
	快步单项女子	邓瑞伶
	拉丁C组男子	张 夕
	拉丁C组女子	邓瑞伶
	拉丁反串组男子	冯雪晗
	拉丁反串组女子	张 夕
	拉摩风交大全能男子	马 明
	拉摩风交大全能女子	胡晓彦
	伦巴单项男子	李小犁
	伦巴单项女子	邓瑞伶
	伦巴反串组男子	冯雪晗
	伦巴反串组女子	张 夕
	伦巴新人组男子	张 驰
	伦巴新人组女子	孔馨瑶
	摩登A组男子	陈 昊
	摩登A组女子	李 婧
	摩登B组男子	陈 昊
	摩登B组女子	邓瑞伶
	摩登C组男子	李小犁
	摩登C组女子	邓瑞伶
	摩登D组男子	陈 昊
	摩登D组女子	李 婧
	摩登反串组男子	邓瑞伶
	摩登反串组女子	李 婧
	摩登公开组男子	胡 斌
	摩登公开组女子	汪 萍
	恰恰单项男子	张 夕
	恰恰单项女子	邓瑞伶
	恰恰反串组男子	冯雪晗
	恰恰反串组女子	张 夕
	恰恰考试组男子	齐薪添
	恰恰考试组女子	张梦夏
	探戈单项男子	张 夕
	探戈单项女子	邓瑞伶
	探戈反串组男子	邓瑞伶
	探戈反串组女子	李 婧
	维也纳华尔兹单项男子	李小犁
	维也纳华尔兹单项女子	邓瑞伶
游泳	男子50米自由泳个人	张 瑞
	女子50米自由泳个人	赵昕毓
	男子50米蛙泳个人	马草原
	女子50米蛙泳个人	樊娅萌
	男子50米仰泳个人	李权恒
	女子50米仰泳个人	石依云

续表

项目	类别	冠军
游泳	男子50米蝶泳个人	张 瑞
	男子100米蛙泳个人	朱肇学
	女子100米蛙泳个人	张 帆
	男子100米自由泳个人	宗伟健
	男女4*50米接力团体	医学部

2. 北京大学第九届全国大学生运动会表彰会。2012年10月25日,中华人民共和国第九届全国大学生运动会暨伦敦奥运会"北京大学总结表彰大会"在百周年纪念讲堂多功能厅隆重召开。北京大学党委书记朱善璐、教育部体卫艺司司长王登峰、北京市教育委员会体美艺处处长王东江、北京市大学生体育协会主席杜松彭出席大会并发表讲话。

3. 9月18日,第九届全国大学生运动会在天津落下帷幕,作为对大学生运动竞赛水平、高校素质教育工作的一次综合性检验,来自全国各省市34个代表团、6000多名大学生和运动员参与本次比赛。北京大学共有45名运动员,21名领队、教练员,6名科研人员代表学校和北京市参赛。在为期11天的比赛中,北京大学取得9金、6银、9铜,竞赛总分272.25分,6篇论文入围获奖,科研总分3.6分,学校体育评估19.4分的好成绩,在首都全部参赛高校中总分名列第一,蝉联了代表学校体育最高荣誉的"校长杯"。

4. 2012年12月16日晚,由北京大学学生会组织的2012年度"校园体育之夜"在百周年纪念讲堂观众厅举行。北京大学校长周其凤、党委副书记叶静漪、体育教研部主任郝光安、校团委书记阮草等出席了活动。北京大学党委书记朱善璐致电本次活动,预祝活动取得圆满成功,号召同学们多多参与体育锻炼。活动还特别邀请了2004年雅典奥运会排球团体冠军成员冯坤、男子鞍马冠军滕海滨、2008年北京奥运会女子蹦床冠军何雯娜,2012年伦敦奥运会男子花剑冠军雷声、男子蹦床冠军董栋、男子体操团体冠军郭伟阳,羽毛球世界冠军鲍春来、范晔、吴敏、张成龙、李昕豫,CCTV体育解说员邵圣毅等体育界人士作为颁奖嘉宾。

晚会对2012年度"新生杯"和"北大杯"所有项目团体和个人冠军进行了表彰,并以现场计时俯卧撑的方式进行了年度运动达人总决赛。来自工学院的2009级本科生胡号朋和地球与空间科学学院2010级本科生赵月圆分别获得男女运动达人冠军,由雷声、冯坤、鲍春来等世界冠军为"新生杯""北大杯"和运动达人等赛事冠军颁发了纪念杯和荣誉证书。本次活动还设立"年度未名体育精神奖",对在体育精神方面有榜样作用的团队和个人进行了表彰,通过院系、社团、个人申报和现场短信投票,北京大学定向运动协会定向队和来自医学部基础医学院2010级本科生谢玥分别获得团体和个人的体育精神奖。

【教学工作】 1. 北京大学体育部研究生工作已经持续六年,并有两批毕业生,现在研究生数量达15人,导师有郝光安、董进霞、何仲凯、张锐、吴昊、赫忠慧、鞠传进六位教师。主管研究生工作的是何仲凯老师,唐彦老师负责教务工作。

2. 1月9日,北京大学"教学新思路"第六期项目总结暨第七期启动会在电教403北大教学网体验中心召开。来自全校各院系的50多位教师代表会聚一堂,畅谈心得体会。

会上,现代教育技术中心赵国栋副主任为体教部参与"教学新思路"第六期项目的郝光安主任、张锐书记、王东敏及唐彦老师颁发结题证书,并对体教部在该项目中的积极努力和优异表现给予了高度评价与肯定。钱俊伟、郑重两位老师也出席了本次会议,并作为体教部代表参与"教学新思路"第七期项目活动。

"教学新思路"项目是由现代教育技术中心、教务部和研究生院等部门共同组织和实施的一项教学改革项目。该项目的实施内容是,从全校各院系挑选共25名骨干教师,在参加现代教育技术中心组织的研讨与培训活动后,在接下来的一个学期开展为时一学期的课堂教学和网络辅助教学相结合的"混合型教学策略"(blended learning)试点实验与教法研究。其主要目标是希望以"北大教学网"的应用为契机,推进我校教学方法和学习方法改革。

3. 暑期课程(小学期)从7月2日开始到7月13日顺利完成。太极拳授课教师有杜军明、刘茂辉、张秀丽(外聘首都体育学院教师);健美操授课教师有袁睿超、王东宇(医学部)、韩丽娟(医学部);乒乓球授课教师有武文珠。共计10个班。暑期课程由体教部主管教学的萧文革老师和吴昊老师负责,宫燕丽老师负责教务管理。

4. 9月25日晚,国际象棋女子世界冠军、2012级国际关系学院本科生侯逸凡担任由体育教研部主持开设的全校国际象棋公共选修课助教。国际象棋课自2005年开设至今,已经有来自全校26个院系的1000多名本科生正式选修课程,获得学分,其中包括百名左右的留学生(北大学生国际象棋协会)。

【体育赛事】 1. 巩义"蓝天杯"海峡两岸篮球邀请赛。2月1—6日,北京大学男篮前往河南省参加了巩义"蓝天杯"海峡两岸篮球邀请赛,经过五天的激烈角逐,北京大学男篮相继战胜了宁波大学、郑州大学、武汉理工大学、巩义蓝天公司和中国民航大学男篮,以全胜的成绩,取得了本次比赛的冠军。"蓝天杯"海峡两岸篮球邀请赛由巩义蓝天公司主办,旨在推动河南省及全国高校间篮球运动的交流与发展,迄今已经举办了四届,北京大学是第二次参赛。本次比赛邀请了14支CUBA的传统强队,以及来自宝岛台湾的台湾义守大学男子篮球队。

2. 常鹏本获亚洲室内田径锦标赛亚军。政府管理学院2008级学生常鹏本代表中国参加了2012年2月18—19日在中国杭州举行的2012年亚洲室内田径锦标赛。在决赛中以48秒47的个人室内最好成绩获得400米亚军。

3. 王惠琴同学达到国际健将标准。新闻传播学院2007级学生王惠琴,4月29日在武汉的全国田径大奖赛中,以14.16米的优异成绩超过女子三级跳远国际级运动健将标准(国际健将标准为14.15米),成为北京大学继邢衍安之后的又一名达到国际健将水平的运动员,同时这一成绩也达到了奥运会参赛的B级标准。

4. 首都高等学校第五十届学生田径运动会在北京大学举行。2012年5月13日上午8点,首都高等学校第五十届学生田径运动会如期在北京大学五四田径场开幕。北京市市长郭金龙、教育部副部长郝平、国家体育总局局长助理晓敏、共青团中央书记处书记卢雍政、北京大学党委书记朱善璐、北京大学校长周其凤等嘉宾与领导出席了开幕式,同时到场的还有来自中国大学生体育协会、全国各地的27所百年高校的代表与来自首都的63所高校的代表等。

5. 北京大学女篮勇夺CUBS全国总冠军。2012年5月20日下午,第七届CUBS全国大学生女子篮球超级联赛全国总决赛在北京大学邱德拔体育馆举行,北京大学队以76∶64战胜北京师范大学队,第一次捧起了CUBS全国冠军奖杯。

6. 北大排协勇夺北京市"阳光体育"排球赛男女双冠。5月20日下午,由北京市大学生体育协会主办的首届阳光体育排球挑战赛在清华大学东大操场落下帷幕。本次比赛分为男子组和女子组,共有16所高校、32支代表队参赛,北京大学男女队均参加了比赛,双双将冠军奖杯捧回学校。

7. 北京大学在"2012年首都高校第33届健美操、艺术体操大赛"中获五项第一。2012年6月2日,由北京市教委、北京市大学生体育协会主办,北京市大学生体育协会"两操"分会、北京大学体育教研部承办与协办的2012年首都高校第33届健美操、艺术体操大赛在北京大学邱德拔体育馆隆重举行。此次比赛有分别来自北京大学、清华大学、中国人民大学、北京联合大学等首都28所高校的近500名运动员参加。比赛共分为三个大项,分别是竞技健美操、大众健美操以及艺术体操。北京大学健美操队在本次大赛中取得竞技健美操女子单人操精英组第一名,混合双人操大运会组第一名,男子单人操、三人操、六人操高水平组第一名的好成绩。

8. 北京大学学生雷声夺得男子花剑奥运会金牌。2012年当地时间7月31日,在2012年伦敦奥运会男子个人花剑决赛中,中国选手雷声在以11比13落后时连得4分,最终以15比13逆转取胜埃及选手阿波尔卡塞姆,帮助中国体育代表团获得伦敦奥运会第十一枚金牌。这也是中国击剑队获得的第一枚男子花剑奥运会金牌。雷声是北京大学新闻与传播学院2009级本科生,国家男子花剑队成员。他在2006年葡萄牙世界杯首夺个人冠军之后,多次在世界赛事中登顶。2010年,雷声带领男子花剑队在世锦赛和广州亚运会上夺得团体冠军。同年,雷声年度总积分排名世界第一。随后北京大学党委书记朱善璐、校长周其凤为雷声勇夺2012年伦敦奥运会花剑冠军发了贺信,北京大学发电祝贺中国体育代表团。

9. 北京大学男篮再夺CUBA北京赛区冠军。2012年11月25日星期日上午10点,北京市第十五届CUBA大学生篮球联赛北京赛区决赛在北京理工大学篮球馆举行。代表北京赛区最强实力的两支高校球队——北京大学男子篮球队与清华大学男子篮球队在此展开了激烈对决。最终,北京大学男篮以62∶59险胜清华大学男篮。北京大学男篮蝉联CUBA北京赛区冠军。

10. 北京大学夺得第二届CUBA京津冠军对抗赛冠军。"第二届CUBA京津冠军对抗赛"12月16日下午16:00在北京大学邱德拔体育馆打响。北京大学以84∶67的比分战胜天津大学。12月23日比赛移师天津客场作战,北京大学最终以77∶56战胜天津大学,从而以2∶0的总比分连续两届获得京津对抗赛的冠军。随后天津大学党委副书记李义丹、大学生篮球协会副秘书长罗永红为北京大学男篮颁发了冠军奖杯。北京大学成功竞选为中国大学生体育协会"两操"分会新一届主席单位。

11. 2012年12月20日,中国大学生体育协会健美操、艺术体操分会换届大会在广州体育学院隆重举行。北京大学、北京师范大学、上海同济大学、暨南大学、广西大学等近50所来自全国各地的会员单位会聚一堂,共同商讨"两操"分会发展大计。刘伟副校长代表北京大学带团亲临现场,随团参会的还有体教部主任郝光安、赫忠慧、黄育等老师。北京大学副校长刘伟教授代表北京大学作了精彩陈述。经现场公开投票选举,北京大学成功竞选为新一届"两操"分会主席单位。

12. 2012年首都高校乒乓球锦标赛中北京大学荣获佳绩。北京市大学生体育协会乒乓球分会主办、北方工业大学承办的2012年首都高校乒乓球锦标赛单项比赛于12月8—9日在北方工业大学体育馆举行。北京大学派出男女各6名队员组成的北京大学乒乓球代表队在比赛中顽强拼搏,取得了男子单打、男子双打和女子双打3个冠军的优异成绩。

【科研工作】 1. 4月27日下午,中国教育学会"十二五"科研规划课题"阳光校园体育美育新课程的导入对学校文化特色建设的实践研究"开题会在北京大学邱德拔体育馆多功能厅隆重举行,曲宗湖司长、刘海元教授等多位领导和来自全国各地教学第一线的教师近100人参加了此次活动。会议由课题秘书长王建主持,钱永健、郝朝阳等多位身处教学第一线的教师积极发言,介绍多年来关于阳光体育方面的教学经验和研究成果。

2. 5月14日上午,由北京大学体育科学研究所、北京大学人文体育研究基地主办的首届"百年大学·百年体育"高层论坛在北京大学邱德拔体育馆多功能厅继续举行。来自全国26所高校的体育部部长、体育学院院长和体育学者参加了本次活动。

3. 2012年7月18日—25日,应第30届伦敦奥运会体育科学论文报告会组委会的邀请,北京大学张锐、董进霞、赫忠慧、王东敏、郑重、张景瑜、李黄、陆地共8名师生赴英国参加2012年伦敦奥运会科学论文报告会,并进行学术交流。本届会议主题为"运动激发学术遗产",主要研讨领域为:运动员福利事业、运动医学与损伤预防、大型赛事运营、体育管理与政策、体育教学、优异运动员表现、国际体育发展与经营、体育活动与健康。报告会吸引了全世界各国的体育专家、学者投稿,共有70多个国家2000余名专家、学者出席了本次奥运会科学论文报告会。本次报告会北京大学体育教研部共有8篇论文入选。

4. 2012年11月24日—25日,首都高等学校第十六届体育科学论文报告会在国防部维和培训中心举行。北京大学体育教研部郝光安主任、张锐书记和董进霞教授等8名教师以及研究生涂明亮参加了本次会议。北京大学共投稿论文51篇,22篇获奖,其中一等奖2篇,二等奖2篇,三等奖18篇,首都高校获奖论文总分排名第二,并获得"首都高等学校第十六届体育科学论文报告会最佳组织奖"(本次报告会共有北京大学、清华大学和北京联合大学3所甲组院校获得最佳组织奖)。

5. 北京大学妇女体育研究中心成立十周年暨"体育与女性生活质量"研讨会胜利召开。2012年12月8日上午,庆祝北京大学妇女体育研究中心成立十周年暨"体育与女性生活质量"研讨会在北京大学邱德拔体育馆多功能厅举行。作为我国第一个妇女体育研究中心,该中心以探索与妇女体育相关的问题,促进体育领域的男女平等,鼓励和推动妇女全面参与体育训练、管理和决策过程,使女性从体育中得到满足、快乐、健康、青春和美丽为使命,先后举办了"北京奥运——女性的机会和挑战论坛""中国首届女性与体育文化国际论坛""中国第二届女性与体育文化国际论坛"三次大型的学术活动;中心主要负责人应邀先后十多次在加拿大、丹麦、德国、希腊、美国、英国、日本等国家和地区以及国内的一些学术会议上讲学、作主题报告或提交报告论文。

【交流合作】 2012年4月20日上午,为总结交流中央7号文件实施5年来全国高等学校体育工作取得的经验和做法,宣传展示高校阳光体育运动成果,促进大学生体质健康水平的提高,由教育部体育卫生与艺术教育司主办、北京大学承办的"全国高校阳光体育运动展示及经验交流会"在京隆重举行。教育部体育卫生与艺术教育司司长王登峰、北京大学副校长刘伟、北京市教育委员会体美处处长王东江,全国80多所高校体育部代表,北京市各区县教委领导和中小学校长近150位代表参加了会议。

【体育场馆工作】 1. 体育教研部办公地点的动迁。由于北京市第五十届高校运动会于2012年5月在北京大学举行,五四体育中心需要改造,体教部的办公营地从2011年11月起暂时由五四体育中心迁到邱德拔体育馆。在五四体育中心全面完工以后,2012年12月20日前,大部分教师迁回修建一新的中心三楼,从此结束了北京大学体育教师没有专门的办公室的时代。

2. 北京大学冰场开放。2011—2012学年度冬季北京大学未名湖冰场滑冰开放时间从2011年12月28日始,至2012年1月29日结束。冰场分三个区域:冰车区、冰球区和花样区。开放期间,接待约两万人次的滑冰爱好者。冰场开放期间体教部教师义务为初学者进行辅导,受到学校领导师生的好评。冰场完成冬季为全校师生开展冬季活动服务任务,保障校园的良好秩序。

3. 邱德拔体育馆的全面开放启动仪式举行。4月7日,邱德拔体育馆的全面开放启动仪式与第26届"京华杯"北京大学、清华大学棋类桥牌友谊赛一起进行,体育馆服务团队支持高校体育活动责无旁贷。2008年北京奥运会乒乓球比赛赛事后,学校投入大量资金,经过一年多的装修改造,这座奥运体育馆改造出了许多的体育功能厅房,为学校体育教学、训练及师生的业余体育活动提供了大量活动场所。

4. 北京大学山鹰社岩壁翻修落成典礼隆重举行。2012年10月12日上午8时30分,北京大学山鹰社在北京大学第一体育馆岩壁举行了岩壁翻修落成仪式。北京大学攀岩壁1997年落成,由于训练使用频繁,加之攀岩技术的需要,之后几经改建,不断完善和加固攀岩壁的使用性能和安全性能,增加了运动员和教练员的休息场所,可以保障攀岩课的教学任务在安全的环境中进行。本次改建翻修得到中坤集团80万元人民币捐资。

基础医学院

【概况】 北京大学基础医学院现设13个学系、2个研究所及1个医学实验教学中心。拥有生物学和基础医学2个博士学位授权的一级学科(涵盖12个二级学科)、拥有1个中西医结合基础二级学科、7个国家重点二级学科、1个北京市重点一级学科、2个博士后流动站、4个省(部)级重点实验室,拥有一些国际先进水平的科研基地和实验技术平台。基础医学院现有教职工413人,其中教授70人、副教授81人;具有博士学位177人,硕士学位62人。基础医学院师资力量雄厚、治学严谨,有一批国内外知名的专家、学者。其中中国科学院院士4人,中国工程院院士1人,中组部"国家千人计划入选者"3人,"长江计划特聘教授"5人,国家杰出青年科学基金获得者8人,享受国务院政府特殊津贴13人,获"国家人事部有突出贡献中青年专家"称号4人,获"卫生部有突出贡献中青年科技专家"称号5人,教育部跨世纪优秀人才2人,教育部新世纪优秀人才14人,北京市教学名师5人。基础医学院现已发展成为国内最著名的,以发展多层次基础医学教育、研究人类生命科学和防治疾病的基础理论为主要任务的教学科研中心之一,成为国家基础医学领域高级专门人才的培训基地之一。

【教学工作】 2012年,基础医学院基础医学专业毕业学生19名,招收新生68名,医学实验专业毕业学生23名,招收新生51名。现有在校本科生1126名;基础医学院毕业研究生158名,其中博士生110名,硕士生48名;招收研究生207名,其中博士生102名,硕士生105名。现有在校研究生共614名,其中博士生367名,硕士生247名;在站博士后工作人员20名。

1. 教改工作进展顺利。2009级教改专业学生顺利完成基础医学阶段的学习,已进入临床医院进行临床阶段的学习。2010级教改专业也顺利完成了基础医学阶段第一学年的学习,开始进入以"器官系统为中心"小组讨论式学习为主的第二学年的学习。在2011级教改专业第一学年的学习中,基础医学院根据2009级及2010级实施的情况对教学安排及教学各环节做出了相应的调整。

全面总结教改经验。基础医学院召开了"新途径"教育教学改革总结会,对整个"新途径"教育教学改革基础医学阶段方案的实施情况进行了全面总结,从理论教学、实验教学、PBL教学到创新人才培养项目都分别进行了总结和研讨,与学生、督导进行座谈,广泛征集反馈意见及建议。2009级教改专业近30名学生还自发编写了《教改实战手册》,与2010级学生分享学习经验和方法。

PBL教学。2009级教改专业学生在春季学期共进行10个PBL案例的学习,有15名教授、54名副教授、70名讲师,共计180人次教师承担了教学任务。PBL教学中心组织进行了13个新案例初稿的撰写,其中有6个在2012年秋季学期使用。完成基础医学院30名教师及附属医院110人的PBL上岗培训及现场考核工作,培训内容主要包括:医学部及学院教学改革理念及框架、PBL教学理念、基本流程、带教体会及评估情况等,考核合格的教师才具备PBL教学资格。

实验教学改革。基础医学院要求创新性综合实验课程负责人对2009级实验教学改革实施情况进行总结,并对学生进行座谈、访谈和调查。组织教学骨干、实验教学中心负责人、教学工作委员会成员、教学督导专家参与的讨论会,对整个实验教学改革的实施情况进行讨论,确定并完善了2009级教改专业学生秋季学期的实验教学改革方案。目前已完成实验教学导论课、3个综合性实验和自主设计性实验(设计部分)的教学。

2. 创新人才培养项目。审批立项33个创新人才设计实验,完成项目结题答辩会。组织完成2009级学生第二阶段创新人才培养项目文献报告会,共有11名同学参加了比赛。2010级学生完成第一阶段的学习,其中200人申请进入第二阶段的学习,并与导师进行双向选择完成了面试工作。根据学生和导师的情况，将227名2011级学生随机分配给导师，并进入第一阶段学习。完成参加第二届全国大学生基础医学创新论坛暨实验设计大赛的学生课题选拔工作。召开创新人才培养项目导师培训暨经验交流会，共有90名创新导师参加了培训。利用医学部卓越课程平台，建立"创新能力培养课程"和"创新性综合实验"网站，为学生的学习和交流提供平台。

2012年，基础医学院获批4项医学部教育教学改革研究课题。生理与病理生理学系吴立玲荣获2012年"北京市师德先进个人"荣誉称号。陈庆山等20名教师被评为"北京大学医学部优秀教师"，王传社等6名老师获"北京大学医学部教学管理优秀奖"，倪菊华获"北京大学优秀教师奖"，病理学系被评为"北京大学医学部优秀集体"。在第二届全国大学生基础医学创新论坛暨实验设计大赛中，基础医学院获得一等奖2项，二等奖5项，三等奖4项，优秀奖1项。王宪教授等5名教师完成的"基础医学阶段本科生创新人才培养体系的构建与实践"项目获得2012年度北京市教育教学成果一等奖；伊鸣获北京市和北京大学第十二届青年教师教学基本功比赛一等奖；杨洋获北京大学第十二届青年教师教学基本功比赛二等奖；杨洋和伊鸣获基础医学院青年教师教学演示竞赛一等奖，李亦婧、杨吉春和戴慧获二等奖。

【科研工作】 2012年基础医学院新立项课题达126项，批准或签约科研经费10943万元。

有14项北京大学"985工程"项目新批或追加经费2778万元。国家自然科学基金项目51项。

获批科技部"973计划"及科技重大专项课题12项，经费合计2692万元。其中，万有教授新任"973计划"项目首席科学家。另有7项2011年度"973计划"课题通过中期评估，获批后3年项目经费2161万元。

病原生物学系新批承担或参与"十二五"传染病科技重大专项课题及子课题10项，获批经费1800余万元。其中，鲁凤民教授为项目负责人的"2012ZX10002005乙型病毒性肝炎临床诊断及监测技术的研究"获经费4002万元。

2012年基础医学院发表SCI收录论文合计296篇。其中，以第一作者或通讯作者单位发表的SCI收录论文224篇，影响因子合计914；期刊平均影响因子约4.08。作为合作单位发表的SCI收录论文72篇。

转化医学研发取得重要突破。王凡教授实验室自主研发的国家一类新药"新型特异性肿瘤显像剂"取得明显优于国际同类产品的研究结果，得到国际核医学界高度评价，引起国际广泛报道和关注。免疫学系自主研发的国家一类新药"NY-ESO-1b多肽疫苗"签约转让，获重要成果转化成效。

【学科建设】 在教育部学位与研究生教育发展中心主持的全国第三轮学科评估中，基础医学一级学科获教育部2012年学科评估第一。

基础医学院继续实施"985工程"三期重点学科和重点实验室建设。重点投入建设基因组、蛋白质组、代谢组学、结构生物学、生物信息、转基因动物等系统生物医学前沿技术平台。购置一批先进仪器设备，引进一批中青年学术骨干。2012年全院投入985学科建设及引进人才启动经费2778万元。

基础医学院申报的"北京大学肿瘤系统生物学北京市重点实验室"2012年5月通过北京市科委评审，获得认定。

病理学"国家临床重点专科"项目建设顺利。

北京大学医学遗传中心顺利换届。

基础医学院开展了学科发展与人才战略研讨，编写了《基础医学院"十二五"学科发展规划》，进一步明晰了学院发展思路。

基础医学院开展了"重大疾病系统生物医学2011计划协同创新中心"项目筹备论证及前期培育工作。

【获奖情况】 韩济生等的"针刺治疗慢性痛的神经生物学机制研究"获北京市科学技术奖二等奖。庄辉院士和鲁凤民教授获国家科学技术进步奖二等奖（第三单位）。高子芬教授获高等学校科学技术进步奖二等奖（第二单位）。张嵘获高等学校自然科学奖一等奖（第二单位）。赵红珊和宋书娟获北京市科学技术进步奖三等奖（第二单位）。孔炜获国家杰出青年基金资助。刘昭飞和赵颖获国家自然科学基金首批优秀青年科学基金资助。郑乐民入选中组部首批青年拔尖人才。刘昭飞入选北京市科技新星计划。云彩红和丁楗森入选新世纪优秀人才支持计划。韩济生院士被授予国际疼痛学会荣誉会员。童坦君院士获北京大学国华杰出学者奖。

药学院

【概况】 2012年药学院共有在职职工183人，其中专任教师132名，中国科学院院士2名，"长江学者奖励计划"特聘教授2名，杰出青年基金获得者5名，教育部跨世纪（新世纪）人才11名；教育部创新团队4个；正高职称40人（教授33名、研究员7名），副高职称52人（副教授39名、副研究员10名、副主任技师 3 名)。

2012 年招收六年制学生 112 名,夜大学本科生 175 名,研究生 127 名(博士生 82 名、硕士生 45 名)。现有在校生 1506 人,其中研究生 506 名(博士生 347 名、硕士生 159 名),六年制学生 473 名。在职攻读学位人员 30 人。

学院配合医学部完成卫生楼(原老公卫楼)的装修改造工程,并组织相关系室进行回迁;协助分子与细胞药理学系完成动物实验室的改造;为药学楼安装门禁系统。

【教学工作】 药学实验教学中心获批"国家级实验教学示范中心建设单位"。"十二五"建设期间,实验教学中心将在师资队伍建设、教学质量、实验课程体系、管理机制、资源整合等方面进行探索和改革,全面提升学生动手能力和综合素质的培养。

作为医学部两家试点单位之一,学院首次试行博士生选拔制招收博士研究生。进一步完善和修订专业学位研究生的培养方案,设立临床药学、药事管理学和药学三个方向,增设了 2 个专业学位研究生实践基地,遴选出 30 位基地的专家为药学院专业学位硕士研究生基地导师。

教学改革取得良好成绩。《药学研究型人才创新能力培养的探索和实践》(刘俊义、徐萍、梁鸿、李中军、赵帼英)获北京市教学成果二等奖、北京大学教学成果一等奖;《"药物化学"理论与实验新课程体系建设》(徐萍、吴艳芬、李正香、许凤荣、牛彦)获北京大学教学成果一等奖。《药物化学》被评为北京市精品教材。

张礼和被评为"北京市人民教师",王夔被评为"北京市师德先进个人",刘俊义被评为"北京市教学名师"。

蔡少青获北京大学 2012 年度方正奖教金教师优秀奖,王欣获 2011—2012 年度北京大学教学优秀奖,陈欣获 2011—2012 年度北京高校优秀辅导员,张庆英获 2011—2012 年度北京大学优秀德育奖。

获得医学部级教学奖 19 项,获批"医学部大学生创新性实验项目" 22 项;获批各类教改课题 16 项。

药学院教师发表教学改革论文 3 篇;发表会议论文 2 篇;出版教学著作 11 部,主编教材 4 部,参编著作 7 部。本科生发表论文 6 篇。

【科研工作】 药学院牵头的"北京大学综合性创新药物研究开发技术大平台的建设"项目于 2012 年 6 月通过了第十一届全国人大常委会副委员长、专项技术设计总师桑国卫院士领衔的"重大新药创制"国家科技重大专项验收专家组的现场验收;10 月份又通过了科技部评估中心巴德年院士领衔的专家组的综合评估。

2012 年药学院获批各类科技项目(课题)87 项,经费 10669 万元:其中国家自然科学基金 30 项,经费 3094.9 万元;科技部项目 11 项,预算经费 2679 万元;国家人才计划项目 2 项,经费 400 万元;国家大洋计划重点项目 1 项,经费 540 万元;高等学校博士学科点专项科研基金 7 项,经费 104 万元;北京市自然科学基金 4 项,经费 107 万元;中国博士后科学基金 3 项,经费 15 万元;国家重点实验室专项费用 3 项,经费 2775 万元;方正创新药物研究基金 5 项,经费 150 万元;其他如国家药典会、985 建设等项目 21 项;技术开发技术服务项目,签订合同 27 项,签约资金 774 万元。

还有在研课题共计 221 项,其中纵向课题 152 项(包括参加项目),横向课题 69 项。

发表论文 360 篇(SCI 收录 237 篇),会议发表论文 93 篇。

出版教材及著作等 15 部,其中教材 7 部,编著 8 部。申请专利 48 项(其中国际专利 2 项),获得批准授权的专利 20 项,全部为发明专利;获得计算机软件著作权 2 项。

【学科建设】 学院组织完成第三轮国家重点学科认证评估工作,北京大学药学一级学科在教育部 2012 年学科评估中学科整体水平得分 91 分,获得第一;完成"211 工程"三期建设工作的总结验收与"985 工程"三期建设项目中期阶段总结和检查工作;完成学院自主设置的二级学科,即化学生物学专业和临床药学专业的重新论证工作。

【获奖情况】 果德安、叶敏教授主持的"中药复杂体系活性成分系统分析方法及其在质量标准中的应用研究"项目获得 2012 年度国家自然科学二等奖。张强教授主持的"基于分子靶的新型抗肿瘤分子靶向递送系统研究"项目获 2012 年度高等学校科学研究优秀成果奖(科学技术)一等奖。王夔院士主持的"稀土生物效应的细胞无机化学研究"项目获 2012 年度高等学校科学研究优秀成果奖(科学技术)二等奖。叶新山教授主持的"糖类化合物的高效制备及其在生物医药中的应用"项目获第四届中国侨界贡献奖(创新成果)。叶新山教授获第十三届吴阶平—保罗杨森医学药学奖。王坚成副教授获中国药学会—赛诺菲青年生物医药奖。叶敏教授获茅以升科学技术奖—北京青年科技奖。焦宁教授获 Thieme 出版社颁发的 Thieme Chemistry Journal Award。焦宁教授获 Asian CORE Program 颁发的 ACP Lectureship Award-Japan 和 ACP Lectureship Award-Thailand。

【交流合作】 药学院对外交流的

层次和水平不断提高。接待来自美国、英国、法国、德国、日本等国家及香港、澳门、台湾地区的专家学者约60人；教师20人次出国参加各种国际会议和访问交流。举办学术交流会约40场；成立北京大学、台湾大学、香港大学、澳门大学四校"中华创新药物联合研究中心"；举办北京大学药学院·日本金泽大学药学院学术交流会；接待药学院姊妹学院——美国康涅狄格大学药学院学生到药学院进行中医药暑期学习；与美国新泽西州立大学药学院签订学术交流与学生交换合作项目书；承办"第九届IUPAC化学生物学国际研讨会暨第八届世界华人药物化学研讨会"。

【党建工作】 以迎接党的十八大和北京大学第十二次党代会为契机，推动创先争优活动。药学院党委被评为"全国医药卫生系统创先争优活动先进集体"，刘俊义教授被评为"北京高校优秀共产党员"。

完成党建验收工作，加强党建和思想政治工作。院党委系统总结了近五年来的党建和思想政治工作，认真查找不足，提出整改措施。

开展党建研究工作，提升党建理论研究水平。6项课题获批医学部第七期基层党建创新立项课题；3项课题（医学部第六期基层党建创新立项课题）完成结题；3项课题（医学部党委宣传部研究课题）完成中期汇报。

做好风险防控试点工作，以点带面推动党风廉政建设。以天然药物及仿生药物国家重点实验室作为试点单位，开展党风廉政风险防控体系建设试点工作。

落实全员育人理念，加强学生德育和思想政治工作。开展了"学习雷锋精神，弘扬北大传统"党团日活动、"爱、感恩、责任"主题班会、"青春药学、金秋迎新——新生活动月""爱我北医·青春砥砺——学生骨干训练营"等活动；修订《北京大学药学院新生导师制实施方案》，提高新生导师活动经费，加强新生导师制工作。

以迎接北医百年庆典为重点，做好宣传工作。在北医百年庆典前夕，完成院徽的征集与设计工作。

公共卫生学院

【概况】 北京大学公共卫生学院始建于1950年，前身为北京大学医学院公共卫生科。学院现有在编教职工166人，其中教师121人，教辅29人，管理人员16人。博士后流动站有3位博士后入站，目前在站博士后共9人。2012年，生育健康研究所回归公共卫生学院。

公共卫生学院设有流行病学与卫生统计学、劳动卫生与环境卫生学、营养与食品卫生学、妇女与儿童青少年卫生学、毒理学、卫生政策与管理学、社会医学与健康教育7个系、中心实验室及北京大学儿童青少年卫生研究所、北京大学生育健康研究所。现有国家重点学科1个：流行病与卫生统计学；国家重点（培育）学科和北京市重点学科各1个：儿少卫生与妇幼保健学。省部级重点实验室3个：卫生部生育健康重点实验室、食品安全研究与评价北京市重点实验室、国家中医药管理局中药配伍解毒重点研究室。中心5个，分别是：北京大学循证医学中心、北京大学艾滋病预防研究中心、北京大学营养与保健食品评价中心、北京大学卫生应急管理中心及预防医学实验教学中心。

【教学工作】 2012年下半年对预防医学专业培养计划进行了修订，新的培养计划于2013年实施。完成2012年"公共卫生与预防医学"一级学科评估的先期资料汇总、填报、后期核实和反馈等工作。2012年同美国杜克大学继续举办"PKU-DUKE Global Health Certificate"项目。培训班共有来自全国各大高校、科研院所和疾病预防控制中心的35名正式学员参加了课程学习。7月8—12日，公共卫生学院举办了第三届全国优秀大学生暑期夏令营活动。

2012年学院毕业博士研究生23人，硕士研究生94人（其中预防七年长学制学生46人）；2012年招收博士研究生27人，硕士研究生90人（其中专业型全日制公共卫生硕士32人，长学制进入二级学科18人），非全日制公共卫生专业硕士63人。截至2012年12月在读博士生103人，硕士生208人，长学制进入二级学科44人，在职申请学位10人，公共卫生专业硕士201人。2012学年在读研究生已经达到556人。

简伟研、谢铮、史宇晖、安琳、王海俊、何丽华、王云、李勇、张宝旭、吴涛10位教师被评为北京大学医学部优秀教师。胡永华、魏雪涛、贺婧和刘宝花获医学部优秀教学管理奖。流行病与卫生统计学系获医学部教学优秀集体奖。钮文异教授获得2012年度方正教师优秀奖。许雅君、简伟研获得北京大学黄廷方/信和青年杰出学者奖。郭岩、胡永华获得医学部优秀人才一等奖，郝卫东、李勇获得医学部优秀人才二等奖，吴明获得医学部优秀人才三等奖。许雅君、简伟研、吕筠、冯星淋、赵鹏、张召锋、王海俊获得医学部青年学者奖。

2012年继续鼓励和支持教师开展教学研究和教学实践探索，承担教学研究论文发表的全部费用。由郝卫东教授和胡永华教授分别负责的两项教改课题荣获北京大学教学成果一等奖并被推荐参加北京市教学成果奖评选。邓芙蓉副教授负责的一项教改课题荣获北京大学教学成果二等奖。

【科研工作】 2012年有15人获得国家自然科学基金、社会科学基金资助,总金额为902万元。劳动卫生与环境卫生学系郭新彪教授获得科技部863项目支持,获经费3488万元;妇女与儿童青少年卫生学系马军教授获批卫生部公益行业专项资金1867万元;营养与食品卫生学系李勇教授与澳优乳业成立联合研究中心,获得资金1100万元;流行病学与卫生统计学系胡永华教授获国家自然科学基金重点项目支持270万元。2012年学院获得科研经费共计9490万元。

2012年公共卫生学院在国内核心期刊发表论文282篇,英文论文89篇,合计371篇。出版各类刊物9种,申请专利2项。主办国内学术会议14次,国外学术会议6次。营养与食品卫生学系李勇教授的"乙醇致畸机理和干预的基础研究"荣获2011年北京市科技进步二等奖。"酒精毒性机理和干预的基础研究"成果荣获2011年中华医学科技三等奖。"中国常见出生缺陷的基础研究"获华夏医学科技三等奖。林晓明教授的"叶黄素对视功能及相关疾病的预防与控制研究"获中国营养学会三等奖。许雅君副教授获得霍英东教育基金会高校青年教师奖三等奖。潘小川教授荣获"澳大利亚国际发展署奖学金杰出校友奖"。劳动卫生与环境卫生学系王生教授当选为拉马兹尼科学委员会院士。9月由北京大学公共卫生学院张宝旭教授带领的"中药配伍减毒"国家中医药管理局重点研究室通过国家中医药管理局组织的专家验收。

2012年是医学部成立一百周年,公共卫生学院组织人员编写《北医公卫纪事(1990—2010)》,10月初定稿并印刷成书。

【学科建设】 2012年6月26日,医学部组织召开了"公共卫生与预防医学学科发展规划咨询论证会"。公共卫生学院院长孟庆跃报告了公共卫生与预防医学学科发展目前的学术地位和现状分析,未来3～5年学科的发展定位、发展目标和发展策略:将瞄准国家重大卫生需求,通过承担重要研究项目和实现具有影响力的研究成果产出,奠定学院在国家公共卫生发展中的地位,实现以科学研究服务社会的目标,成为国家重大公共卫生研究和重大卫生政策研究基地。

4月12日,北京大学公共卫生学院老年健康服务研究中心成立,张拓红教授任主任。该中心目标是"建立老年健康服务研究的跨学科团队,根据已有的老年健康研究结果,预测老年健康问题的规模和范畴,探索老年健康服务的社会策略,为政府制定老年健康服务政策提供科学依据"。

10月25日,北京大学公共卫生学院全球卫生学系成立,刘培龙教授担任该系主任。全球卫生学系将建设成为全球卫生领域新的平台,通过广泛的、不同层面的合作开展全球卫生治理、全球卫生外交等领域的教学、科学研究和实践工作。

2012年公共卫生学院获批985平台建设资金300万元,其中人群研究方向150万元,毒理、营养、环境等实验室研究方向130万元,卫生管理、卫生政策、全球卫生等研究方向20万元。

11月26日,北京大学公共卫生学院与军事医学科学院解放军疾病预防控制所合作建立"教学科研基地",该基地将承担研究生培养和青年教师实践工作。

【交流合作】 2012年2月27日,美国密歇根大学公共卫生学院院长Martin Philbert教授、密歇根大学董事会顾问Mr. Bill Foreman博士、各系负责人等14人到学院进行访问并作学术报告。暑假期间,学院由孟院长带队一行5人对美国密歇根大学公共卫生学院进行回访,签署备忘录,促进中美两国在流行病学、环境与健康、卫生经济等学科的合作研究与交流。

10月18日,北京大学公共卫生学院和中国卫生发展研究中心共同承办的"国际卫生政策和体系研究杰出青年论坛—2012",来自31个国家的50余名学员参加。国际卫生政策和体系研究杰出青年论坛旨在为中低收入国家的杰出青年医疗卫生工作者提供培训,在交流与合作中,以"青年之声"推进全球卫生问题的解决,提高其能力,增进卫生领域的有关知识,促其更积极地参与全球卫生问题的研究,该项目在国际上产生了较大影响。

10月25日上午,作为百年庆典系列学术活动之一的"中国公共卫生高层论坛"开幕。公共卫生领域资深专家王陇德、李立明、沈洪兵教授分别作报告。来自香港中文大学、台湾阳明大学、北京协和医科大学、上海复旦大学及解放军疾病预防控制所、中国疾病预防控制中心、北京市疾病预防控制中心等的领导、专家,参加国际卫生政策和体系研究杰出青年论坛的30多个国家的50多名代表,以及医学部研究生200多人参加学术论坛。

【学生工作】 公共卫生学院学生党总支被评为北京高校2011—2012年创先争优先进基层党组织。党委副书记陈娟老师、学办主任张景怡老师荣获北京大学2010—2011学年优秀育才奖。

预防2008级2班团支部被评为2012年"先锋杯"北京市优秀团

支部,金音子同学被评为2012年"先锋杯"优秀团员。潘昱廷同学被评为2012年北京大学优秀团员。预防2010级2班被评为2012年北京大学优秀班集体,预防2008级2班被评为2012年北京大学先进学风班、医学部优秀班集体。

2012年公共卫生学院赴云南暑期社会实践团队获得北京大学先进团队奖,"医患关系从心沟通"团队获医学部优秀实践团队奖。李振江同学获北京大学优秀个人奖,戴明明同学获北京大学先进个人奖,蓝丰颖等3位同学获医学部优秀个人奖。

百年庆典系列活动中,公共卫生学院学生在"北医青年杯"舞台剧大赛中荣获三等奖,在医学人文英语短剧比赛中荣获第一名。在"迎北医百年·展青春风采·建班级文化"班级展板设计大赛中,学院共提交作品11幅,其中4件入围决赛,预防2010级1班获得一等奖,公共卫生学院荣获最佳组织奖。

护理学院

【概况】 2012年,护理学院在职职工总数为46人,其中教师34人,管理人员8人,教辅人员4人。教师中教授4人,副教授16人,讲师14人;博士13人,硕士19人,学士2人。管理人员中副高职称2人,中级职称4人,无职称2人。教辅人员中中级职称1人,初级职称2人,未定级1人。护理学院承担着护理学研究生、本科生、专科生三个层次的全日制教育,以及夜大专科、专升本的教学。全日制学生在校总人数为752人。

【教学工作】 1. 研究生教育。完成护理学第三轮一级学科学位授权点评估申报工作及护理学自主设置二级学科的组织和申报工作;

3月30—31日,在北京大学医学部组织召开"全国医学专业学位研究生教育指导委员会护理分委员会工作会议";组织申报并获批研究生教育教学课题6项。

6月,组织"护理学研究生教育新增专业学位的建设与实践"申报北京大学研究生教学成果奖,获北京大学医学部教育教学成果奖,并推荐申请北京市教学成果二等奖;完成2012级护理学博士、硕士研究生培养方案修订工作,新增了老年护理学博士和专业学位硕士培养方案;2012年护理学院有博士生导师2名,录取硕士研究生13人、博士研究生2人。

2. 本专科教育。护理专业教育改革小组对北京市50多所三级甲等医院进行了访谈和问卷调查,拟定了"关于护理学院本科招生改革的报告",确定2013年护理专业本科招生人数120名,停止招收护理专业专科生,培养具有较强的护理实践能力与基本的教学、管理和科研能力,以及在护理专业领域中发展潜能的,具有评判性思维能力及德智体全面发展的护理专业骨干,毕业后能够有更多的护理本科人才从事临床一线工作。2012年护理学院共有200名护理专业学生,全部通过执业护士考试,专业实务成绩为81—118分,平均104分,实践能力成绩为83—126分,平均107分。2012年"护理学研究生教育新增专业学位的建设与实践""四年制护理学本科人才培养模式和课程体系的改革与实践""以临床核心能力培养为导向的护理学基础课程改革"3个项目分别获得北京大学医学部教育教学成果奖。根据《北京大学医学部大学生创新实验项目管理办法(试行)》要求,2012年度护理专业18名本科生申请北京大学医学部创新实验项目6项,全部获批。确定302医院作为传染病护理学教学实习基地。

3. 继续教育。2012年学院共申报2013年继续教育项目4项。完成2011年国家级、北京市级项目反馈及执行汇报共3项。2012年护理学院共接收护理师资班进修学员15人,接收国内访问学者12人。

【科研工作】 2012年护理学院获得各类项目合计60项,其中国际合作项目9项,国内合作项目10项,校级项目32项,学院项目9项。2012年学院教师在医学类核心期刊上发表论文64篇,其中有4篇被SCI收录。由学院教师主编、参编各种教材和参考书共计31种,其中主编/副主编教材11种,组织午间科研论坛13次。

2012年4月5日,北京大学医学部循证护理研究中心挂牌仪式在护理学院举行。出席挂牌仪式的嘉宾有北京大学医学部副主任方伟岗教授、澳大利亚Joanna Briggs Institute(简称JBI)执行主任Alan Pearson教授,以及来自附属医院及教学医院的护理部主任。护理学院的老中青教师也参加了这个仪式并聆听了Pearson教授关于循证护理的讲座。北京大学循证护理研究中心成为澳大利亚JBI循证实践中心在中国内地第二家合作中心,全球第72家合作中心。中心的主要目的是通过系统评价整合国内外护理领域的科学证据,为临床护理实践指南的制定提供依据,进而转化研究成果,验证指南在临床应用的可行性和实效性,从而为临床护理决策提供科学、有效的最佳证据,以提高护理实践的安全性、科学性和有效性。

表 6-9 护理学院 2012 年度科研项目情况

项目类别	项目名称	合作单位	项目起止时间	科研经费(元)	经费来源	项目负责人
国际合作项目	Building Capacity and Sustain Ability for Doctoral Level Nursing Education		2011—2014	350000(美元)	China Medical Board Foundation (CMB)	郭桂芳
	Strengthen Midwifery to Save Lives and Promote Health of Women and Newborn and Promotion of Natural Delivery	卫生部 中国妇幼保健协会	2011.1—2015.12	125000(美元)	联合国人口基金 (UNFPA)	陆虹
	中国糖尿病与抑郁症研究	香港中文大学	2011—2013	200000	欧洲糖尿病学会	纪立农/李明子
	Midwifery Human Resource and Essential Competencies for Midwifery Practice in Urban and Rural Areas in China		2011.10—2013.3	10000(美元)	China Medical Board Foundation (CMB)	陆虹
	Research of Baccalaureate Midwifery Education Curriculum	卫生部 中国妇幼保健协会	2012.2—2013.1	26000	联合国儿童基金 (UNIFCC)	陆虹
	痴呆老人照顾与管理模式的探索性研究		2011.1—2012.12	51400	美国中华医学基金会(CMB)护理青年教师科研基金	王志稳
	MoCA 和 CSI—D 简化版在社区人群中筛查 MCI 和轻度 ADAD 的可行性分析		2012—2014	24800	美国中华医学基金会(CMB)护理青年教师科研基金	刘宇
	Effects of Managing Behavioral Symptoms of Elderly with Dementia: An Educational Program for Community Nurses and Family Caregivers		2012—2013	39060	American Association of University Women (AAUW) — International Project Grant	刘宇
	居家和机构养老的经济学评价		2012.4—2013.12	25000	美国中华医学基金会(CMB)护理青年教师科研基金	谢红
	北京市卫生局优质护理服务满意度调查		2012.1—2012.12	74000	北京市卫生局	尚少梅
	北京市医管局患者满意度		2012.1—2012.12	300000	北京市医管局	尚少梅
	医院护理质量评价体系研究	北京大学第三医院	2011—2012	200000	首都医学发展基金	尚少梅
国内合作项目	老年人服务体系的研究	空军总医院	2011—2013	300000	中国社会福利协会	官锐园
	心理疾患防治队伍培训和继续教育的关键技术研究之分课题: 团体咨询的理论基础	清华大学北京安定医院	2010.1—2012.12	5000	国家科技支撑计划课题	官锐园
	单病种前瞻性支付制度下护理收费体系的研究	延庆县医院	2009.12—2012.12	30000	中共北京市委组织部	谢红
	基层社区护理服务运行机制和制度建设的研究	大兴区人民医院	2009.8—2012.8	4000	首都医学发展科研基金	孙宏玉
	中外基层医院社区护理服务模式的比较研究及启示	大兴区人民医院	2009.8—2012.8	40000	首都医学发展科研基金	孙宏玉
	住院恶性肿瘤患者下肢深静脉血栓形成的早期预测及护理干预		2011—2014	183000		谷秉红 杨萍
	出院老年患者"医院—社区—家庭"连续性护理服务需求的探索性研究	方庄社区卫生服务中心	2012.5—2014.5	15000	北京市丰台区卫生局	赵静 刘宇

院系情况·护理学院

续表

项目类别	项目名称	合作单位	项目起止时间	科研经费（元）	经费来源	项目负责人
校级项目	护理学科建设		2010—2015	100000	医学部985项目	郭桂芳
	老年病人的过渡性护理与护理的延续性		2010—2012	600000	医学部	郭桂芳
	北京大学护理学院本科生招生改革调研		2011—2012	100000	医学部	孙宏玉
	2012年研究生教育研究课题		2012.7—2015.7	50000	医学部研究生院	孙宏玉
	肿瘤专科护理研究		2009.10—2012.12	25000	医学部	路潜
	结直肠癌高危人群筛查参与行为的研究		2009.10—2012.12	25000	医学部	庞冬
	单病种预付费制度下护理质量评价体系的研究		2009.10—2012.12	15000	医学部	谢红
	社区护理研究个人学术发展规划		2009.10—2012.12	15000	医学部	孙静
	客观结构化临床考试（OSCE）在《护理学基础》技能考核中的应用		2012—2013	20000	医学部	金晓燕
	PICC置管后对肿瘤患者术臂静脉血流及血管内皮影响的研究		2009.10—2012.12	15000	医学部	金晓燕
	脑卒中早期就诊意识研究		2009.10—2012.12	15000	医学部	万巧琴
	腰椎手术患者康复行为与术后疗效的相关性研究		2009.10—2012.12	15000	医学部	耿笑微
	新辅助化疗对于乳腺癌病人术前营养状况影响的研究		2009.10—2012.12	15000	医学部	杨萍
	胃肠手术患者临床营养支持的成本效果分析		2009.10—2012.12	25000	医学部	王艳
	居家运动干预对无症状下肢动脉硬化闭塞症患者的中远期效果评价		2010.9—2012.12	15000	医学部	张岩
	家庭支持对初产妇母乳喂养行为的影响		2010.10—2012.12	15000	医学部	朱秀
	北京地区养老机构老年人抑郁情绪发生状况及影响因素分析		2010.10—2012.12	15000	医学部	刘宁
	以建构主义为指导的妇产科护理学教学改革探讨		2010.6—2012.6	10000	医学部	侯睿
	共情训练对焦虑情绪的调节效果及机制研究		2010.10—2012.12	25000	医学部	官锐园
	研究生科研诚信"六位一体"多维培养模式效果		2012.1—2013.12	5000	北京大学医学部研究生教育教学研究项目	王志稳
	护理专业大学生诚信现状及宣传教育对策研究		2011.4—2012.5	1000	中共北京大学医学部委员会	张进瑜
	以综合能力培养为核心的基础护理学教学改革		2009—2012	10000	医学部	尚少梅
	北京大学护理学院男生的就业心理和规划		2011.4—2015.5	3000	医学部	侯睿
	在内科护理学教学中引入成瘾内容		2012—2013	3000	医学部	李明子
	研究生护理管理学课程模块教学实践		2012.4—2013.12	5000	研究生院	江华
	护理专业助产方向本科教育课程体系的建设与研究		2012.3—2014.2	20000	北京大学医学部教育研究所	孙宏玉（谢红负责部分子课题）陆虹

续表

项目类别	项目名称	合作单位	项目起止时间	科研经费(元)	经费来源	项目负责人
校级项目	我校女职工育儿压力及影响因素研究		2012.5—2012.12	2000	医学部工会	杨园园
	护理学专业硕士毕业生质量追踪调查		2012.1—2013.12	3000	医学部学位与研究生教育教学研究项目	侯淑肖
	"护理学院研究生教改课题"子课题:研究生层次《护理学》课程建设		2012.1—2014.1	5000	医学部研究生院	刘宇
	"护理学院研究生教改课题"子课题:研究生层次《护理研究》课程建设		2012.1—2014.1	5000	医学部研究生院	郭桂芳
	医学部教职工提案参与情况及影响因素的调查		2012.4—2013.4	2000	医学部工会	耿笑微
	北京大学医学部本科生双学位选择情况及影响因素研究		2010—2012	5000	医学部	罗洋
学院项目	运用KJ法对实习期护生护患沟通影响因素分析		2011.5—2012.5	3000	护理学院	郭记敏
	护理专业课程中融入戒烟/控烟教育的需求调查		2012—2014	3000	护理学院	李明子
	艾滋病人被歧视现状及其影响因素分析		2011—2013	5000	护理学院	林可可
	家庭支持对初产妇住院期同母乳喂养行为的影响		2010—2012	3000	护理学院	朱秀
	人文课程设置的研究		2012.1—2013.12	3000	护理学院	谢红
	肾移植受者免疫抑制治疗相关症状的调查研究		2011.5—2013.5	5000	护理学院	金三丽
	护理专业大学生诚信现状及教育对策研究		2011.5—2012.5	5000	护理学院	张进瑜
	以能力为基础的《社区护理学》课程改革与实践		2011.2—2014.1	5000	护理学院	侯淑肖
	医护人员对青少年生殖健康服务的认知状况调查		2011.5—2013.5	5000	护理学院	陈华

表6-10 护理学院2012年主编教材情况

教材名称	出版社	参与情况
基础护理学	人民卫生出版社	主编
基础护理学习指导及习题集	人民卫生出版社	主编
临床营养学	人民卫生出版社	副主编
护理教育理论与实践	人民卫生出版社	主编
外科护理学	人民卫生出版社	主编
外科护理学实践与学习指导	人民卫生出版社	主编
老年护理学双语教材	人民卫生出版社	主编
护理学研究方法(研究生教材)	人民卫生出版社	主编
健康评估	人民卫生出版社	主编
健康评估学习指导及习题	人民卫生出版社	主编
妇产科护理学	人民卫生出版社	主编

【交流合作】 2012年护理学院继续积极开展对外学术交流活动,共接待来自美国、英国、澳大利亚、挪威、泰国等国家的代表团或个人17批,共计50人;学院教师出访8批,共计9人。学院有3名教师分别获得北京大学校级访问学者项目、奥地利联邦科学与研究(AITRP)项目、香港大学郑裕彤奖助金项目的资助,以访问学者身份出访美国、奥地利和香港地区。

【学生交流】 1. 与美国宾夕法尼亚大学的学生交流活动。6月至7月,美国宾夕法尼亚大学护理学院的2名学生来护理学院进行为期一个月的"科研交流"。此次交流由护理学院指派科研导师,学生的交流任务更多集中在社区护理领域。学院除了为同学们安排社区见习及导师辅导外,还组织参加护理国际会议,进行短期医院见习。

2. 与挪威 Oslo & Akershus 大学学院的学生交流活动。9月至12月,Oslo & Akershus 大学学院的7名学生来护理学院进行课堂学习和临床见习活动。护理学院为挪威学生安排了"中国护理发展与现状""中国卫生保健体系""中国社区护理的发展与现状""中国肿瘤护理的发展与现状""中国老年护理的发展与现状"系列讲座,并组织学生参观了北大校园、医学部校园、北京大学第三医院妇产科病房、北大医院儿科病房、肿瘤医院以及中关村社区卫生服务中心。

3. 与澳大利亚 Deakin 大学的学生交流活动。11月至12月,澳大利亚 Deakin 大学护理学院的2名护理本科生来护理学院进行了为期四周的交流访问,内容包括护理学专业课程学习和中医理论及实践的学习。交流访问期间,学院为来访学生安排了"中国护理发展与现状""中国老年护理的发展与现状"系列讲座,组织学生参观了北大校园、医学部校园、北京大学第三医院,并邀请学生一起学习包饺子。

【社会服务】 1. 完成教育部高等教育护理专业教学指导委员会秘书处的工作。护理学院作为教育部高等教育护理专业教学指导委员会主任委员单位,做好学科引领的工作。2012年组织专家对3所护理院校进行了专业认证试点。

2. 社区护士岗位培训技能操作考核工作。11月25日承担北京市社区护士岗位培训技能操作考试的监考工作。护理学院对来自海淀区、房山区、昌平区、通州区的368名社区护士进行了护理专业技能操作考试。

3. 承担护士执业资格考试试题命题工作。11月北京大学护理学院护士执业资格考试试题命题小组协助卫生部人才交流服务中心完成与命题专家签署保密协议、护士执业资格考试命题及经费下拨工作。

4. 开设校级选修课及公益讲座。护理学院面向全校本科生开设了校级公共选修课"文献阅读与评论",来自临床医学、基础医学、药学、医学英语、护理学专业的本科生修读了该课程。

5. 护理学院教师参与了"康复医学"继续教育讲座和临终关怀志愿者协会义务讲座。

【百年庆典】 2012年7月4日,护理学院举办"迎北医百年庆典,护理学院校友联谊会",1985级(第一届本科生)以来的本科毕业生,以及1992级(第一届研究生)以来的硕士研究生代表30人参加了本次联谊会;在"北医杰出校友、优秀校友以及优秀校友工作者评选活动"中,经护理学院推荐,医学部审批,14名护理学院校友被授予"北京大学医学部优秀校友奖"的荣誉奖项;护理学院赵炳华教授、陶哲生副主任护师荣获北京大学医学部"护理终身成就奖";护理学院参加《厚道北医人》以及《北医人:北医百年庆典纪念特刊》的编写工作。其中撰写文章"白衣天使腾飞,推动护理事业发展""润物细无声""克己育人,孜孜不倦"以及"北医人、北医魂"入选《厚道北医人》,"北京大学护理学院——含章厚德,自强不息"入选《北医人:北医百年庆典纪念特刊》;10月25日,护理学院举办了"北医百年庆典学术论坛分论坛——护理学教育与实践论坛"活动。来自全国各地的护理院校、医院的校友,离退休老教授,以及护理学院的教师及学生到会。论坛的特邀参会嘉宾有曾经帮助学院建设本科和研究生教育的武汉大学 HOPE 护理学院院长 Marcia Petrini 教授,1986级校友北京中医药大学护理学院院长郝玉芳教授,1987级校友北京大学人民医院护理部副主任张海燕主任护师和1990级校友河北大学医学部护理系主任王彦副教授。

医学人文研究院/医学部公共教学部

【概况】 公共教学部于2002年7月在原社文部、外语部、体育部及数学、物理、计算机教研室的基础上组建而成,现设5个学系:哲学与社会科学系、医学人文学系、医用理学系、应用语言学系、体育学系。2008年4月,成立了北京大学医学人文研究院,2011年医学人文研究院成立了7个研究中心:医学史与医学哲学研究中心、医学心理学研究中心、医学伦理与法律研究中心、健康与社会发展研究中心、医学文化与健康传播研究中心、医学美学研究中心,以及数据与案例管理中心。此外,医学人文研究院/公共教学部还拥有4个校级研究中心,即北京大学医史学研究中心、北京大学临床心理中心、北京大学医学部性学研究中心、北京大学医学部中美医师职业精神研究中心。医学人文研究院/公共教学部现有在职职工133人,其中教师107人,教学辅助人员15人,管理人员10人,工勤人员1人。教师队伍中,正高级职称15人,副高级职称42人,中级职称47人,初级职称3人;具有博士学位26人,占教师总数24.30%;具有硕士学位46人,占教师总数42.99%;博士生导师6人,硕士生导师9人。离退休人员63人。2012年度退休2人,增员3人(接收毕业生2人,调入1人),减员1人(去世)。

【教学工作】 公共教学部现有在读学生187人,其中医学英语专业本科生146人,硕士研究生29人,博士研究生12人。2012年毕业学生35人,其中医学英语专业本科生29人,硕士研究生5人,博士研究生1人。招收新生47人,其中医学英语专业本科生31人,硕士研究生11人,博士研究生5人。

公共教学部承担着医学部在校本专科生及研究生的公共基础课及医学人文课程,包括医学部和临床医院的教学任务,应用语言学系还同时担任生物医学英语专业课的授课任务。2012年为全校本专科生开设31门必修课、15门通选课、28门任选课,为全校研究生开设31门公共课。同时,完成公共教学部医学英语专业本科生必修课2968学时、专业选修课432学时的教学任务。

强化集体备课环节,组织督导检查教研室集体备课情况,出台有关集体备课的规定。组织教学督导组深入教研室和教学科研办公室检查教学档案,促进教学管理的进一步规范化。

深化教学改革,启动医学预科及公共课改革的顶层设计,动员全体教师积极参与医学生通识课程设置的教改工作,召开教学改革工作前期调研情况汇报会、北京大学医学部思想政治理论课教学研讨会等教学改革会议,探讨交流教改工作,以更加适应医学生的培养。聘请基础医学院教改专家作报告,积极参加基础医学院PBL课堂及教育处组织的教学沙龙。各系组织学系教学沙龙,学习交流教改心得和今后发展的方向。2009年立项的6个公共教学部英语专业教改项目结题,对2011年立项的6个公共教学部通识课程教改项目进行了中期检查。2012年申请到医学部教改课题4项。发表教学研究论文20余篇,主编教材3部、工具书1部。王岳主编的《医事法》被评为北京市高等教育精品教材。

加强专业建设。医学英语专业委员会召开医学英语专业课程设置的新一轮研讨会,确定了本专业2012级培养方案。生物医学英语专业被推荐为北京大学申请重点建设的学科之一,申报北京市支持中央在京高校共建项目并获得批准。2012年以召开座谈会、举办十周年庆典,发行《北医人》(北京大学生物医学英语专业建立十周年特刊)等形式庆祝生物医学英语专业成立十周年。

医学英语专业2008级的22名学生参加全国英语专业八级考试,通过20人,通过率90.91%;医学英语2010级32名学生参加了全国英语专业四级考试,通过31人,通过率96.88%。2012届29名毕业生2人选择考研,12人保研,6人出国深造,8人成功求职,分布于企业、高校、政府等多个领域,就业质量良好。

举办研究生学术沙龙,促进不同专业学生之间的交流与研讨,拓宽学术思路与领域。2012年与美国印第安纳大学社会工作学院联合举办第三期"中美主要卫生保健问题的跨文化比较"暑期研究生课程,学员来自北京大学和印第安纳大学,由中美教授联合授课,并有大量的医疗实地调研活动,来自两校多个专业的30余名学生以社会工作为核心,在肿瘤、心理健康、农村的卫生保健三个分主题下进行了交流和学习。

加强学生素质教育。医用理学系组织医学部学生代表队参加由美国数学及其应用协会(COMAP)主办的"跨学科模型竞赛"(ICM,2012)及全国数学建模与计算机应用竞赛,分别有两个队获得二等奖。继续开展以"爱、责任、成长"为主题的社会实践活动,组织多支社会实践队分赴河北永清、辽宁锦州、贵州黔西南州、山东德州等地开展了义务支教、卫生国情教育、少数民族民俗调研、农村基础设施调查等为主题的社会实践活动。宋多同学被评为首都大学生社会实践先进个人。发挥专业优势,组织100多人次学生参加北医百年庆典、生物英语专业成立十周年庆典、第二届全球卫生体系研究等会议的志愿服务活动,编写了《北京大学医学部校内中英对应翻译手册》,对医学部各教学、科研行政单位的名称均作了准确规范的英文翻译。结合专业特点,指导学生通过举办英文配乐诗朗诵比赛、英文辩论赛、英语演讲比赛、医学人文英语短剧表演大赛等系列活动。王玥被评为北京市优秀辅导员。

【科研工作】 2012年获批科研项目33项,经费约273.94万元,其中,国家级3项,经费60万元;省部级6项,经费98万元;校级17项,经费约60.99万元;国际合作6项,经费约35.95万元;横向课题1项,金额19万元。设立公共教学部青年教师科研基金项目,2012年6位教师获得该基金立项支持,2010年获该项目基金支持的4位教师顺利结题。

2012年在全国核心期刊发表论文49篇,2篇论文被国外SCI收录,2篇论文被国外EI收录。出版专著1本、译著2本。王红漫获得北京市科学技术二等奖。

2012年举办两期学术沙龙活动。沙龙主要以案例为中心,邀请国内外专家学者或本院老师担任主讲人,进而启发大家进行研讨,启发新思路,整合研究团队。

【交流与合作】 2012年举办了多种形式的学术交流活动,积极主办或参加国内外会议,学术交流共计108人次。同时,接受美国哈佛大学等世界著名大学专家学者来访30余人次。

10月22—25日,与医学部党委宣传部共同举办北京大学第五届医学人文周,邀请心血管病专家胡大一教授、新西兰Otago大学Gareth Jones教授、美国印第安纳大学人文学院历史学者David Luesink、中国电视剧制作中心徐萌编剧等国内外知名专家学者围绕医学与人文、医学与艺术、北医历史等多个主题进行演讲,主办"融入文于医学教育"的医学人文圆桌会谈,国内外学者围绕解剖学与人文教育的主题进行了专题研讨。

5月25日,主办"人道主义的未来:跨国工作坊"(Humanitarian Futures: An International Workshop)。来自美国普林斯顿大学高等研究院、香港大学人文与医学中心、人文学院、香港智行基金会以及北京大学医学部的中外学者、专业人士就人道主义实践的新模型以及国际援助的新模式等方面的问题进行了研讨。

10月8—9日,中美医师职业精神研究中心主办第七届中美医师职业精神研讨会,来自美国哥伦比亚大学以及我国卫生部、中国医师协会、北京市卫生局等机构的领导专家,全国各地医学院校的青年医学人文教师骨干和各大医院的同行等共百余人参加了研讨会。会议就医师职业精神的回顾与展望、卫生体制改革和卫生服务、利益冲突(COI)政策在医院层面的实施、医学生在医师职业精神建设中的行动,以及非政府组织在医疗卫生中的角色等议题进行了研讨。

出版学术集刊《东亚医学人文通讯(英文版)》(第四期)和《中国医学人文评论》(2012)。原有的"西方医学在中国1800—1950"等国际合作项目进展顺利。2012年拓展了新的合作项目,与英国伦敦大学学院签订了暑期学校合作项目。

【党建工作】 2012年共有党员149人,其中教工党员68人,离退休党员38人,学生党员43人。2012年发展党员12名,其中教职工1人,本科生9人,研究生2人。

2012年公共教学部党委认真贯彻落实党风廉政建设会议精神,认真执行学校及医学部的有关制度和规定,做到关口前移、预防为主。完成北京市高校党建和思想政治工作基本标准检查及北京大学党委深化创先争优活动开展党建工作年的工作,完成了北京大学出席中国共产党北京市第十一次代表大会代表候选人推荐及中共北京大学第十二次代表大会党委委员、纪委委员的提名工作,选举产生了2名公共教学部的北大党代会代表。公共教学部党委指导各支部结合各自特点,发挥各自专业特长,开展各具特色的党员教育活动。制定"公共教学部学生党支部发展党员材料填写规范"和"公共教学部学生入党指南",促进学生党支部组织发展工作的规范化。2012年,为庆祝公共教学部成立十周年,举办"足迹,我们的'家'十年图片资料展",10月29日,举行了开展仪式。应用语言学系顺利通过"北京大学模范职工小家"验收。

【年度纪事】 1. 生物医学英语专业成立十周年座谈会召开。3月26日,生物医学英语专业成立十周年座谈会召开。全国人大常委会副委员长、北京大学医学部主任韩启德,北京大学常务副校长、医学部常务副主任柯杨应邀出席座谈会,公共教学部师生及生物医学英语专业毕业校友50余人参加了座谈。

2. 2012年工作研讨会召开。7月5日,2012年工作研讨会召开。医学部副主任王宪、主任助理王维民及医学部相关部处的领导应邀出席了研讨会,王维民作"全人教育背景下的医学人文教育"专题报告,会议就教学改革及人才培养等方面的工作进行了研讨。

3. 2012年度领导班子和领导干部考核工作会议暨医学人文研究院工作研讨会召开。12月14—15日,2012年度领导班子和领导干部考核工作会议暨医学人文研究院工作研讨会顺利召开,公共教学部党政领导进行了述职述廉,并传达了北京大学学习贯彻十八大精神专题研讨班等会议精神,医学人文研究院各研究中心汇报了工作及设想。医学部主任助理、党委组织部部长戴谷音出席会议并发表讲话。

北京大学第一医院(第一临床医学院)

【概况】 北京大学第一医院现有职工3133人,其中卫生技术人员2706人,包括正高级职称210人、副高级职称320人、中级职称894人、初级师872人、初级士299人、见习期111人。工程院院士1人(郭应禄)。

医疗设备总价值71511.76万元。年内购置医疗设备总价值10672.07万元,其中10万元以上设备112台、100万元以上设备15台。

医院被评为2012年度北京市卫生统计工作先进单位、2012年度北京市医疗器械不良事件专项监测工作先进单位、2012 年度北京市医疗器械不良事件日常监测工作先进单位、2012 年北京市无偿献血工作先进集体。登 2012 中国公立医院服务创新特殊贡献榜，官方微博在"首都健康微博平台"位居综合医院榜首。国际肾脏病学会（International Society of Nephrology,ISN）授予王海燕教授首届国际肾脏病学会先驱者奖（ISN Pioneer Awards）。

【医疗工作】 2012 年接待门诊 2179715 人次，日均门诊 7241.6 人次；急诊 144667 人次，日均急诊 395.27 人次；急诊危重症抢救 8230 人次，抢救成功率 95.9%。入院 62581 人次，出院 62515 人次，床位周转 41.68 次，床位使用率 105.85%，平均住院日 9.22 天。住院手术 23285 例。

完成院士专家体检 108 人，安排专人提供"一对一"服务。干部门诊接诊院士 539 人次、副部级及以上干部 2686 人次。干部三病房收治政治局委员 1 人，正部级干部 2 人次，副部级干部 60 人次，院士 49 人次。其中组织院外专家会诊 10 余人次，院内专家会诊 50 余人次，安排住院 60 余人次，陪同保健对象就诊检查 100 余人次。参加卫生部保健局组织的医疗保健任务 15 次，派出医生、护士、司机 63 人次，服务 68 天。

2012 年申报新技术 24 项，其中第一类技术申报 2 项，批准 2 项；第二类技术申报 18 项，医院伦理委员会批准 18 项，报市卫生局；第三类技术申报 4 项，医院伦理委员会批准 4 项，有 2 项技术经北京医学会现场审核。

全年检查运行、专项、终末病历 12320 份。甲级病历率 92.4%。

全年医保出院 22618 人次，总费用 42128.20 万元，次均费用 18626 元。

医院感染管理。监测 62064 人；开展各类 ICU 和外科单病种医院感染的目标性监测 2978 例；开展多重耐药菌监测，共监测病原菌 2791 株，其中多重耐药菌 910 株。接待北京市和西城区疾控督导检查 50 余次，培训 30 余次。全年报告传染病 3063 例。监测 AFP 199228 例，报告 26 例；HIV/AIDS 监测 61810 例，报告 13 例；流感样病例监测 574515 例，报告 16662 例；职业病监测 57706 例，报告 20 例。医院感染率 1.37%。

对口支援。接收内蒙古自治区乌兰浩特市人民医院进修 18 人，派驻 1 人；河南县级医院骨干医师进修 27 人。赴密云县医院、密云县妇幼保健院 36 人，开展门诊 3970 人次，急诊 650 人次，疑难病会诊 346 例，学术讲座 166 次，开展新技术 1 项，接收进修 1 人。赴什刹海和德胜门社区 84 人，开展门诊 334 人，转诊 118 人，会诊带教 117 人，健康咨询 209 人次。

医疗纠纷处理。全年处理纠纷 26 例，其中协商解决 3 例、法院民事调解和法院判决 5 例、医调委协议解决 18 例。

【护理工作】 2012 年，北京大学第一医院成立优质护理服务督导小组，修订《优质护理评价标准（2012 版）》，在所有病房确立责任包干的整体护理模式。各病房加强护理内涵建设，以"优质护理服务链"为主线，每个病房至少开展 1 个具有专科疾病特色的"一病一品"项目。在新门诊和手术室开展优质护理服务，取得较好的成效。作为卫生部延续护理服务试点医院，在部分病房探索合理有效的延续护理模式。

全年发表护理论文 54 篇，其中核心期刊 38 篇。申报并获批护理科研基金 16 项。完成教学 1248 人次，其中硕士生 3 人次、大专生 924 人次、本科生 255 人次、见习 66 人次。护理部组织各层级人员理论及操作考核 12 次 2424 人次，合格率 98.61%。8 月，护理教学组对全院有教学任务的 23 个护理单元进行教学督导；9—10 月，对全院 73 个护理单元的护士继续教育开展调研，对相关问题进行持续改进并纳入 2013 年的工作计划。此外，护理部建立师资认证和教师聘任制度及标准，采取自愿报名与科室考察综合评定的方法，从 350 名申报护士中产生 180 余名带教老师，聘期 2 年。举办具备品牌实力的国家级护理继续教育培训班 5 期，涉及护理管理、静脉治疗、造口护理等。派出 38 名护士长分两批次赴台湾荣总、长庚、新光、高雄、奇美等医院进修护理管理 1 个月。

【科研工作】 2012 年获批科研经费 7013.71 万元，其中国家自然科学基金和国家科技重大专项分别是 2027.50 万元和 1560.30 万元。获批各类项目 132 项。院级各类基金资助归国人员启动基金 4 项、引进人才 1 项、青年基金 12 项、管理基金 3 项、护理科研基金 16 项，资助经费 53.78 万元。横向课题（非政府机构发起或委托的研究课题）立项 76 项，获科研经费 743.8 万元。在研科研（不含横向课题）项目 222 项，其中国家、部委、市、校级项目 219 项，其他 3 项。国家、部委、市、校级课题结题共 91 项。申报科研成果 23 项，获奖 9 项。申报专利 3 项，获授权专利 7 项，其中发明专利 6 项、实用新型专利 1 项。

全年发表论文 1172 篇，其中 SCI 收录 248 篇。在国内期刊发表 928 篇，在国外期刊发表 244 篇。出版著作 27 部，其中专著 12 部。

【教学工作】 完成教改方案论证、教改汇报、联合备课、集体试讲、教师培训（授课技巧、Mini-CEX、团队式教学、CBL、PBL、命题等）共 59 学时 811 人次。教学专家评估（试讲、大课督教、见习督教、物诊验收、外总验收）178 学时 98 人次。

教改主要工作:"新途径"临床医学教改启动、论证、实施,新增"临床基础综合"课程;初步完成4门学科教学大纲的修订(内科学、儿科学、传染病学、核医学);探索并开展CBL教学;初步完成系统课学习素材的编写;科学命题,更新题库;加强实习管理,重新细化和量化实习教学内容;开展团队式教学活动;教师资格培训和持证上岗;每周一次教学核心组会议和教学任务落实;与加拿大RC合作,来访2次;教学网络平台建设和试运行(已培训);院教学绩效管理规定的制定与网络建设前期工作。

完成医学教学研究课题2项,获北京大学医学部、北京大学校级一等奖3项、二等奖1项。申报教学成果3项,获北京大学医学部奖3项、北京大学校级一等奖2项、二等奖1项,推荐申报北京市二等奖2项。

住院医师规范化培训及专科医师培训256人次,基层医务人员进修学习824人次,国家级、市级、院级继续教育项目482次32550人次,国家考试中心各类考试375人。

【交流合作】 接待来访37批,其中主办国际会议21次。3月21日,中国政府与欧盟正式启动中欧抗菌素耐药合作项目,项目启动仪式在本院举行。10月29日,加拿大皇家内科及外科医师协会(RCPSC)在对本院住院医师培训状况开展全面评估后,正式签署协议,成立北京大学第一医院—RCPSC毕业后医学教育合作中心。全年因公出境471人次,因私出境241人次,长期出境14人次。7月、11月,护理部派出2批共38名护士长赴台湾进行为期一个月的参观、访问、学习和培训。

【基本建设】 4月28日,门诊楼竣工并投入使用,建筑面积40266平方米,投资24492万元。10月,保健中心工程设计合同签约,设计单位为中国中元国际工程公司,建筑面积61444平方米,投资61842万元,床位170张。城南院区工程于2011年6月获市卫生局批复,床位1200张,其中儿童专科床位400张、妇产科床位200张,建筑面积20万平方米,向国家发改委申报项目建议书。

北京大学人民医院(第二临床医学院)

【概况】 2012年北京大学人民医院在编职工总数2407人,其中中国工程院院士1人。其中,医教系列人员848人,研究系列人员68人,护理系列人员769人,医技系列人员262人,药剂系列人员83人,检验系列人员41人,管理系列人员122人,工人129人,其他人员85人。医院设有40个临床科室、17个医技科室、25个职能处室,其中新增全科教研室、精神科。

【改革试点】 作为面向群众的公共服务窗口行业,医院以大学医院强烈的社会责任感,积极参与探索深化医药卫生体制改革相关工作,承担卫生部、国家审计署等25项医改试点工作。在以往优质完成卫生部等各项试点工作的基础上,2012年开展卫生部5项试点工作,包括医院社会工作、对口支援山西省吕梁山片区部分医疗机构、疼痛规范化诊疗、国家级新农合电子文档管理试点、探索现代医院院内药品物流改革等。

从2007年9月25日启动至今,"北京大学人民医院医疗卫生服务共同体"历经5年的发展壮大,已成为有273家成员单位的大家庭,其中2012年部署实施共同体成员机构共计58家(四川省阿坝地区3家、云南西双版纳州三层架构共同体32家、青海省卫生厅下属医院2家、山西省吕梁山片区6家、海淀区医疗机构4家、黑龙江省1家、河南省1家、新疆1家、机关企事业单位8家),与社区全科医生共同组成以慢性病为主的疾病管理团队,建立全科医师可持续发展终身培训体系,使广大慢性病患者在社区就可以得到全面、系统、规范的治疗和康复服务。此外还完成了骨关节科与美国HSS远程视频项目、眼科与香港中文大学远程视频项目等远程视频项目。2012年医院再次蝉联"全国最受欢迎三甲医院"和"全国改革创新医院"。

自2009年4月2日起至今,志愿者队伍已达2912名,服务总人次16573次,累积服务时间41443小时。在医院为患者提供覆盖门诊、急诊、病房等17项志愿服务项目,2012年度开展了手术室患者陪伴志愿服务项目,将"生理—心理—社会"医学模式和"全人照顾"理念真正地落在实处。其中"图书借阅志愿服务项目"荣获北京青年健康使者火炬行动优秀志愿服务项目奖。医院还结合患者需求开展监护病房患者社会—心理个案评估、透析患者、白血病患儿病友会、社区服务等一系列丰富多彩的医院社会工作服务项目;作为中国医院协会医院社会工作暨志愿服务工作委员会的牵头单位,推动了全国医院志愿服务的标准化、专业化和本土化建设。

医院作为卫生部开展护理记录电子化和移动护理信息化建设的试点医院,建立了"以病人为中心"的移动护理信息系统。2012年进一步完善护理管理信息系统,增加了护理评估、疼痛评估、压疮评估、营养评估等,开发了人员信息档案、护理排班、不良事件、护理制度、护理统计分析等八大模块的护理管理系统,并制定了护理临床路径的规划、实现方案,使医院在患者、医嘱、用药、器械和人员等各方面管理的信息准确度和实时性方面得到了提升,患者的安全得到了很好的保障,工作效率也大幅提升,实现了医疗信息的实时获取,关键医疗环节有效监控,不仅给护士带来便捷与效率,更重要的是给护士带来专业化的提升。

2012年进入临床路径人数为49140人次,完成路径人数为36353人次,路径覆盖病种为1720个。通过个体纠正的方法,以天或周为单位向科主任以短信形式反馈科室路径实施情况,经过不断改进,临床路径实施各项指标不断改进。以月为单位进行统计,自2010年8月至2012年12月,进入路径患者数/出院患者总数比例由37.2%增加到82.0%,完成路径患者数/出院患者总数比例由3.1%增加到63.3%,路径中选择的医嘱数/执行医嘱总数比例由13.2%增加到35.2%。截至2012年年底,医院在用路径达749个,字典中诊断数量6853个,手术和操作名称6279个。

根据北京市人力资源与社会保障局的统一部署,医院作为北京市首批DRGs-PPS试点单位于2011年11月18日正式启动DRGs-PPS试点工作。自启动至2013年2月6日,试点DRGs付费方式447天,按DRGs结算共3364例,涉及33个临床科室,94个DRGs组。按DRGs结算总费用7730.47万元,实际发生住院费用6857.87万元,盈余860.12万元,盈余占比12.54%。通过多部门、多科室之间做好协调工作,医院住院病人流程随付费方式改变、调整,不断强化病案首页的质量和监管,进一步完善电子病历建设,利用信息化管理优化付费流程、逐渐稳步提高入组率,将是医院DRGs试点工作的下一步重点。

【医疗工作】 2012年度医疗指标再创新高。全年门、急诊量2434025人次,较2011年同期增长10.96%;出院病人总数58074人次,较2011年同期增长11.27%。

利用现代技术对全院病例自动进行事前提醒、事中监控和事后质量监控;通过病历质控系统向临床医师实时反馈;对未按时完成病历记录的医生进行个体纠错和培训;同时做好终末病案检查,比2011年提高24.35%。

2012年进入临床路径人数为49140人次,占出院总人数84%,完成路径人数为36353人次(占总入径的73.98%),路径覆盖病种为1720个。

对临床33个科室进行督导检查,规范查房形式,建立查房基本规范,对查房质量进行360度评价。2012年组织院内联合会诊431次,院际间会诊1188次。

配合医院服务缺陷管理系统进行调整,优化门诊挂号收费等服务流程,2007年至今流程改造613项(其中2012年96项)。同时,为了满足广大患者和临床科室的需求,让流程更加人性化,医院在门诊注射室新增两个收费、挂号窗口;住院病人腕带取代饭卡;病人在办理住院手续时,可同时预存饭费,减少病人的排队次数及排队等候时间;年初,启动住院叫号系统,病人在办理出院及住院手续时不用再排队等候;急诊窗口可以办理普通就诊卡等服务。

设立以院长为第一负责人的抗菌药物临床应用管理委员会,将此项工作纳入医院工作的重要内容。建立健全相应的工作制度和监督管理机制。同时,依托现代技术,通过落实抗菌药物处方点评制度、抗菌药物分级管理制度、抗菌药物遴选和定期评估制度,加强抗菌药物购用管理,加大抗菌药物临床应用相关指标控制力度,加强临床微生物标本检测和细菌耐药监测,严格医师抗菌药物处方权限和药师抗菌药物调剂资格管理,多方位入手,建立完善抗菌药物临床应用技术全程监控体系。

做好执业人员和新技术准入、医疗规章制度和法律法规的重点培训工作,定期组织突发公共卫生事件应急演练,保障医疗安全。

在中华医学会评估基础上,经国家临床重点专科建设项目管理委员会审定,医院普通外科、泌尿外科、眼科、呼吸科、急诊科、皮科六个学科被批准成为国家临床重点专科建设项目。至此,医院共有15个国家临床重点专科建设项目。

在开展日常健康教育活动的同时,探索开展特色健康教育,利用电视、广播、网络等将健康科普知识传播到基层医院、社区、学校、幼儿园等34家企事业单位,全年组织活动328次,受众19882人,发放健康教育处方172种104304件。医院队第十次搭乘"健康快车"完成白内障手术2959例,超过96%的患者成功脱盲。完成对口支援社区的任务,派出7批医疗队分赴新疆乌鲁木齐市友谊医院、云南西双版纳州人民医院、内蒙古霍林郭勒市人民医院。10个科室18人支援西城区展览路社区,8批次27人分别到昌平区妇幼保健院、华一医院和沙河医院支持社区卫生工作。

【护理工作】 改变传统实习模式为优质护理服务的"责任制整体护理"模式,对全院护理岗位进行梳理,共有护理岗位104类,制定护理单元护理岗位设置框架,并在此基础上制定主班、白班责任护士、夜班责任护士、临床主管、教学秘书的岗位职责,统一全院护理模式。对医院护理规章与流程进行系统分类,印制《护理规章与流程(2011版)》发给各科室。修订护理规章与流程89条、专科护理操作技术198项。完成护生实习320人。与5所全国优秀高职高专院校合作,建立订单培养合作关系,全年接收订单护士226人。完成新入职护士169人的岗前培训。

继续做好低年资护士3年轮转培训,采取教学质量双向评估模式,同时做好在职护士、护士长的培训。组织北京医药卫生职业技能(护理)比赛初赛,155名护士参与理论和技能考核,5名护士参加复赛,1名选手获北京市重症监护护理技能项目三等奖,医院获优秀组织奖。接收来自24个地区的进修护士249人,专业护士培训168人,组织岗前培训4期。医院优质护理示范工作取得实效,接待国内20个省市的参观访问1648人次。全年发表论文52篇,其中1篇发表在影响因子为2.67的专科杂志 Urology,实现了医院护理收入SCI文章零的突破。

【教学工作】 2012年完成14种类学员的教学任务,培养本专科生480名,招收统招研究生108名,在读研究生316名,在职申请学位人员16名,留学生3名。拥有专科医师基地15个,亚专科医师基地10个,本着择优录取的原则,接收北京市专科医师培训人员98人,较2011年增加11.4%,总计在培人员139人。组织新申报国家级项目45项、备案项目22项;新申报市级项目17项、备案项目11项。举办国家级项目41项,市级项目17项,为北京市和全国培养了大量优秀的医学人才。

医院深入研究国内外医学教育标准,结合医院教育教学特点,经过数轮的研讨后,设计了切实可行的临床教育教学改革方案,建立了符合医学教育发展趋势的"临床专业课程体系(临床基础理论)、临床技能训练体系(包括临床思维、临床沟通能力和临床操作技能)、职业精神培养体系"三大课程体系合一的临床专业教学新模式。同时,医院以创新的理念对临床技能实践进行顶层设计,探索新形势下"预习—模拟—临床"临床循环实践新模式,建立临床技能标准化的操作流程、专业化的培训体系、客观化的评价体系、科学化的课程体系以及全程的质量监控,将临床技能实践体系融入临床专业课程体系,实现高层次医学人才的培养目标。实行以培养高尚医德为目标的职业精神课程体系改革;加强教师教学基本功训练与临床技能考核,建设可持续发展的临床教师队伍;以全科教研室为依托,拓展全科医学研究生培养工作。

从教师队伍建设抓起,加强教师的培养;加强招生复试管理长效,继续探索招收全国统考硕士研究生综合复试模式,调整推荐免试复试形式,全面提升生源质量;打造北京大学人民医院360度师生双向评估网络平台,加强研究生综合素质培养,提高研究生培养质量;医院临床医学专业学生在北京大学医学部举行的各类考试中均取得优异成绩。

5月11日,受教育部高等教育司委托,北京大学人民医院成立教育部医学教育临床教学研究中心,这是教育部成立的七个全国高等学校教学研究中心之一,将在教育部领导下,对我国临床教学工作进行全面规划、研究、指导、协调和质量控制的相关工作。随后举办的论坛围绕"高等医学教育临床教学"展开广泛深入的阐述,分享并探讨了国内外高等医学教育改革现状、临床实践教学的挑战和发展情况,并对未来卓越医者的能力培养、大学通识教育及如何将模拟科技运用于临床实践教学进行了学术沟通和交流。10月31日,为了强化医师职业精神在医院整体发展和医学人才培养中的核心作用,探索开创更为行之有效的临床医师职业精神教育模式,增进国内外同行交流,由中国医师协会临床医师职业精神研究中心、教育部医学教育临床教学研究中心和中国医院协会医院社工暨志愿服务工作委员会共同主办、人民医院承办的"2012中国临床医师职业精神论坛——中美医院职业精神培养与评价经验分享"在医院隆重举行。

2012年,医院继续承办第三届全国高等医学院校大学生临床技能竞赛,全国共有113所高等医学院校参赛,覆盖了94%的全国西医院校。此次竞赛参与人更多,影响面更广,盛况空前,取得巨大成功。教育部袁贵仁部长,卫生部张茅书记,教育部林蕙青部长助理,卫生部医政司王羽司长、医管司张宗久司长、科教司何维司长,教育部高教司石鹏建副司长,北京大学朱善璐书记以及北京大学常务副校长柯杨教授,都对大赛的成功举办给予了高度的评价。

以"北京大学申请自主增设二级学科"工作为契机,2012年医院加强了重症医学学科建设;医院再度应邀赴美国参加了国际医学科学教育者学会第16届年会,并在会议上作了关于北京大学人民医院临床技能循环培训体系、模拟教学以及大学生临床技能竞赛的专题发言;王杉院长作为唯一的临床医学院的代表在教育部、卫生部举办的全国医学教育工作会议上作主题发言;医院继续承办中华医学会《健康世界》杂志,2012年刊出12期。

【科研工作】 1. 人才培养与学科发展。医院积极推荐优秀的人员与团队申报各类人才或团队培养计划资助;北京大学血液病研究所黄晓军教授被推荐申报并入选"科技北京百名领军人才";医院青年科研人才获得国家自然科学基金青年科学基金资助18项,为历史最好成绩;2012年度医院11个国家重点学科获得"985工程"三期学科建设经费;风湿免疫科实验室获评为"风湿病机制及免疫诊断北京市重点实验室",至此,医院拥有1个教育部重点实验室、3个北京市重点实验室。

2. 科研项目管理。2012年医院负责、参加科研课题207项,获科研基金1.63亿元。其中,承担科技部重大项目17项、国家自然科学基金39项、北京市自然科学基金9项、教育部高等学校博士点专项科研基金14项、北京市科技计划项目17项、首都卫生行业发展科研专项8项。2012年人民医院研究与发展基金资助课题57项,金额153.95万元。血液病研究所黄晓军的"异基因造血干细胞移植后白血病复发的免疫机制及免疫干预研究"获资助270万元。医院作为第一完成单位获科研奖励9项,作为参加单位获国家科学技术进步二等奖2项。

3. 科研成果与专利。2012年度共有20项专利获得授权。其中发明专利7项,实用新型专利13项。

4. 科研论文与著作。医院全年在国家统计源期刊发表论文530篇;在SCI收录期刊上发表论文190篇(其中论文138篇,最高影响因子10.722)。

5. 科研平台建设。"临床医学研究三联体"的构建基本完成,临床组织标本库已正式运行。依托"转化医学战略合作平台"开展了10项转化医学课题研究,并取得了良好的成果。科研管理信息化系统在全院正式运行,为医院科研发展提供了完善的信息化支持。

【后勤工作】 1. 避免浪费资源,攻克技术难题。在不停诊的前提下,在既有医疗建筑中实现系统调整和功能变革,整体改造院区通风、空调系统;医院食堂使用多功能洗菜机,节水的同时提高了洗菜效率和质量;坚持每天早晨手术前监测静压差和尘埃粒子数量,确定达标后交付使用,保证手术病人在洁净的环境下接受手术,同时减少手术感染的机会;梳理供应科采购和库存业务流程,完善各类低值物资及非医疗设备申领方案。

2. 引入社会资源,丰富管理机制。2012年度委托招标监理公司进行招标建设工程5项、服务管理项目10项,增加管理透明度;推广使用新型节能产品,逐步将医疗公共区域的照明光源更换为T4节能型光源,共计更换T4节能型光源1625根,使用高效节能灯具6500套(盏),新增室内空调26台、室外机空调5台,更换感应排风扇42个、感应走廊节能灯40盏,从建筑照明、室内通风等多方面为医院减少电能的损耗,有效降低安全隐患。为提高医院冷热水使用效率,先后改装电热开水器10台,更换节能水泵3台,为节能降耗贡献力量。

3. 2012年安全生产的重点是把突击化管理转变到日常化、网格化管理的模式上来,加大对安全设备设施的检查和维护,加强对特种设备的监管力度,健全预案制度,做到重点区域有人管、安全责任全覆盖;组织培训和演练,定期对各区域安全检查,全年未发生安全事故。

4. 坚持推行"阳光工程"廉政建设机制,实现"多方"监督"全过程控管",有效降低投资风险,全年组织招标竞谈会47次、107项,签订合同、协议书共计74项。

2012年共签发工程设计变更与洽商131份,送审基建结算项目39项。对现有的管理制度和操作流程进行细化和完善,并不断推行区域管理责任制、日常工作网格化管理以及细化落实三级查房制度,凭借多重管理机制逐步做到监督工作全覆盖,整改落实无死角,做到后勤管理的专项化、科学化、精细化。成立低值耗材管理委员会,规范采购的审批途径,全面落实询价制度,做到货比三家,所有价格谈判及各种采购过程透明、公平。

【运营工作】 1. 人力资源管理。完成HRP系统人事模块、薪酬模块实施,实现人力资源管理的信息化提升;完善调整高级职称评审量化评估工作;继续推行订单培养政策招募人才,2012年度订单培养学生留用工作率达49.1%。除调整员工职务补贴、增加员工社会保险投入、落实同工同酬政策保障职工福利外,2012年还举办了一系列内容丰富多彩的座谈会、联欢会等,提升员工归属感。

2. 空间规划调配。尝试多元化办医合作,拓展医院服务空间,已完成北院区后期运营测算,与海淀区政府合作运营清河医院的工作已经提上日程;同时合理规划调整医院发展和使用空间。

3. 信息化。医院的信息系统建设,在由美国医疗卫生信息与管理系统协会(HIMSS)进行的现场评估中,得分4.2410(总分7分),达到了美国同类医院的高水平。2012年度根据新病案首页上报要求完成首页上报系统,实现病案首页信息的自动生成,病案首页、入院记录、病程记录、诊断等内容的电子签章(试用中),推出iPad移动医生工作站,实现移动查房,规范并实现ICD10、ICD-9-CM3的全结构化录入与存储,完成卫生部、市卫生局上报数据的快速上报,实现病历内容录入与存储的结构化和临床工作各环节的实时监控和快速形成质控报表,实现门诊病历的结构化录入存储,完成"出院计划"的调研、设计、开发、测试。完成病理报告签章上线,部分临床科室上线电子签章系统,提高了工作效率。上线膳食系统,将医嘱、膳食干预、点餐以及出院患者的门诊随访相互关联起来,提升医院营养水平。

4. 财务管理。医院基本完成资产清查工作,严格预算编制、管理和执行,全面落实卫生部和财政部新制度要求,做好新旧制度的衔接。2012年继续配合国家审计署的联网审计工作,并做好财务收支的审计以及对外合同的转签审核,对25项基建、修缮改造工程进行审计,并完成卫生部部属的"小金库"检查工作。

【合作交流】 连续五年接待美国北卡罗莱纳大学EMBA学员来访。全年接待10个国家34批次202人、国内25个省市131批次553家兄弟医院和机构团体共1096人次来访。7人获医院建立的3项培养基金资助,聘请美国匹兹堡大学重症医学科Michael R. Pinsky教授为医院访问教授,接收2名留学生进修学习。460人参加国际学术会议。承办中国临床医师职业精神论坛——中美医院职业精神培养与评价经验分享活动。完成医院英文网站的建设。

受卫生部委托,医院继续作为全国5家医院之一承担"卫生部西部地区卫生人才培养项目"。2012年度继续接收来自西部8个省、自治区、直辖市和新疆生产建设兵团46家医院的80名学员来院开展为期半年的临床专业技术培训。培训学科覆盖了血液科、心血管内科、骨科、妇产科、眼科等多个国家级重点学科及其他18个国内领先学科。

【党建工作】 现有党总支1个,党支部42个。党员总数1310人,其中离退休党员267人,学生和研究生党员228人,在职党员780人,其他35人。2012年发展新党员18人。

中国共产党北京大学人民医院第三次代表大会胜利召开。大会选举产生了中国共产党北京大学人民医院第十届委员会和中国共产党北京大学人民医院第十届纪律检查委员会。本次党代会是医院在加快推进建设世界一流的大学附属医院进程中召开的一次承前启后、继往开来的大会,是在医院进入新的发展阶段召开的一次重要会议,必将对医院医教研管理各方面工作的改革创新、科学发展和党的建设事业产生深远的影响。

深入学习贯彻十八大精神、北京大学第十二次党代会和中共北京大学医学部第十二次代表大会精神,将创先争优工作落到实处。

1. 学习型党组织长效机制。通过党委委员联系支部、支部书记定期培训以及考评述职的形式,加强基层支部间交流。全年共有7个支部进行了交流。在第七期医学部党建创新立项的评比过程中,共有17个支部参加申报。在2012年中国卫生思想政治工作促进会城市医院分会、中国医院协会文化专业委员会城市分会第22次年会征文活动中,医院有5篇论文获大会征文优秀奖。

2. 多渠道加强党风廉政工作。医院建立党委统一领导、党政齐抓共管、部门各负其责、依靠群众支持和参与的领导体制和工作机制,将"一和三同"作为当前和今后一个时期的一项重要任务抓紧抓实抓出成效。

3. 携手各类基层组织共同发展。医院充分发挥民主党派和党外人士在医院发展中的重要作用;立足岗位,贴近生活,继续充实团员青年业余文化生活;尊老敬老,搭建温暖通道连接离退休人员;以人为本、文化建院,高度重视职工利益,密切联系全院职工,2012年被评为"北京市模范职工之家"。

【获奖情况】 2012年,医院再次荣获"第四届全国医院(卫生)文化建设先进集体"和"全国医药卫生系统创先争优活动先进集体",寇伯龙医生荣获"全国医药卫生系统创先争优活动先进个人"。医院连续五年荣获"首都文明单位",三次蝉联全国公立医院改革创新奖,两次蝉联全国最受欢迎三甲医院,并再次当选卫生系统全国青年文明号。

北京大学第三医院（第三临床医学院）

【概况】 北京大学第三医院顺利完成行政领导班子换届工作。2012年5月17日下午,医学部党委书记敖英芳在北京大学第三医院五官科楼科学报告厅宣读了北京大学《关于北京大学第三医院、第三临床医学院行政班子任职的通知》,任命乔杰为北京大学第三医院、第三临床医学院院长,金昌晓、刘晓光、李树强、王健全、高炜为北京大学第三医院、第三临床医学院副院长。新一届领导班子的产生,标志着北京大学第三医院行政领导班子换届工作顺利完成。

【医疗工作】 2012年,北京大学第三医院门诊量3230104人次,增加16.98%;急诊量273796人次,增加25.90%;出院患者70400人次,增加8.19%;手术44015例次,增加17.33%;各项指标再创北京大学第三医院历史新高。平均住院日为6.62天,继续保持全国领先水平。

医院门急诊楼、外二病房楼启用。2012年1月4日,急诊从老急诊楼搬迁至新门急诊楼;2012年1月6日、7日,门诊搬迁工作全部完成;2012年1月15日,内科系统病房搬迁至外二病房楼。新门急诊楼、外二病房楼投入使用,大大改善了患者的就医环境和医务人员的工作环境。

北京大学第三医院成为首批国家级卫生监督培训基地。2012年1月9日,卫生部下发通知,指定37家单位为首批国家级卫生监督培训基地,北京大学第三医院是北京市5家国家级卫生监督培训基地之一,也是北京市担任国家级卫生监督培训基地的唯一一家医院。国家级培训基地主要负责培训国家级卫生监督专家、首席卫生监督员和卫生监督管理干部等高端、骨干人才培训任务,以及医改重大专项卫生人员培训项目中"卫生监督业务培训"包含的食品安全能力建设人员培训和职业病防治能力建设培训等相关任务。

卫生部领导春节前夕慰问北京大学第三医院医务人员。2012年1月21日下午,卫生部部长陈竺、党组书记张茅在北京市副市长丁向阳,北京大学党委书记朱善璐,卫生部办公厅主任侯岩、卫生部医政司司长王羽,北京市卫生局党组书记、局长方来英,卫生部医管司副司长周军,北京市卫生局副局长毛羽,北京大学常务副校长、医学部常务副主任柯杨,北京大学党委副书记、医学部党委书记敖英芳等领导陪同下,看望慰问了北京大学第三医院一线医务人员。陈竺、丁向阳和朱善璐分别代表卫生部、北京市政府和北京大学向大家致以节日的问候。同时,也对北京大学第三医院在医疗卫生体制改革和为患者服务方面所作的贡献给予高度的肯定和赞扬。

【学科建设】 北京大学第三医院有6个学科获得2012年卫生部国家临床重点专科建设项目:呼吸内科、神经内科、普通外科、泌尿外科、眼科、麻醉科等。至此,北京大学第三医院共有17个专科进入卫生部国家临床重点专科建设项目。

2012年5月3日,北京大学第三医院成立全科医学教研室,第二门诊部副主任刘薇薇担任教研室主任和社区基地负责人,教育处曾辉处长担任教研室副主任,急诊科郑亚安主任担任临床基地负责人,其他主要成员包括:危重医学科么改琦、肾内科韩庆烽、普通外科姚宏伟、妇产科王妍、儿科韩彤妍、第二门诊部王媛媛。

【科研工作】 心血管内科血管医学研究所获批"心血管受体研究北京市重点实验室"。2012年5月23日,经北京市科学技术委员会批准,北京大学第三医院"心血管受体研究北京市重点实验室"获得认定。

北京大学第三医院眼科发现导致先天性眼组织缺损突变基因。经过近十年对一个中国先天性眼组织缺损家系的研究及116例散发病例的调查,2012年,以北京大学第三医院小儿眼科专家王乐今主任医师联合四川省人民医院杨正林教授组成的课题组,首次发现了一个导致先天性眼组织缺损的新基因——ABCB6。该发现可以通过产前基因检测避免患有该类疾病孩子的降生,这对降低致盲眼病的发生,对减轻家庭及社会负担具有重要意义。

北京大学第三医院与北京大学中科院等单位合作揭示心力衰竭关键分子机制。2012年9月14日,心血管基础研究最高专业期刊 *Circulation Research*(《循环研究》)特别为一项来自中国的关于心力衰竭的研究成果配发述评,高度评价该发现揭示了心力衰竭病理过程的关键调控机制。这就是北京大学第三医院徐明、张幼怡、高炜、冯新恒等与北京大学生命科学学院王世强教授实验室、中科院遗传发育研究所等单位研究人员的合作研究成果:microRNA-24抑制结构蛋白junctophilin的表达导致心肌细胞兴奋收缩耦联减弱。该发现为未来探索心力衰竭的治疗对策提供了新思路。

陈仲强教授等研究成果获"首都十大疾病科技攻关创新型科技成果奖"。2012年12月1日,北京大学第三医院骨科陈仲强教授团队完成的"胸腰椎严重后凸畸形的外科治疗及相关技术研究"荣获北京市科委颁发的"首都十大疾病科技攻关(2010—2012年)创新型科技成果奖",骨科被北京市科委授予"骨科疾病领域北京临床医学研究中心"。

《中国微创外科杂志》业内影响力进一步提升。据2012年12月中国科学技术信息研究所公布的数据,《中国微创外科杂志》2011年核心影响因子和扩展影响因子分别为0.838(较2010年提高0.02)和1.211(较2010年提高了0.259),在61种外科类核心期刊和79种扩展版外科类期刊中分别排名第8位和第2位,学术影响力进一步提升。

学术地位进一步提升,多人在专业学会任职。2012年,乔杰当选中华医学会生殖医学分会第三届主任委员;赵一鸣当选中华医学会临床流行病学分会第六届主任委员;陈仲强当选海峡两岸医药卫生交流协会骨科分会首届主任委员、中国医院协会专家委员会首届副主任委员;洪天配当选中华医学会内分泌学分会第九届副主任委员;张洪君当选中华护理学会第二十六届理事会副理事长;翟所迪当选中国医学装备协会药房装备与技术专业委员会首届主任委员;张幼怡当选中国病理生理学会受体专业委员会第四届主任委员、中国病理生理学会心血管专业委员会第八届副主任委员;刘晓光当选中华预防医学会卫生应急分会首届副主任委员;高炜当选中国康复医学会心血管病专业委员会第四届副主任委员;王霄当选中华口腔医学会全科口腔医学专业委员会第二届副主任委员;沈韬当选中国医院协会信息管理专业委员会第四届副主任委员;韩鸿宾当选中国医学装备协会磁共振成像专业委员会首届副主任委员;李树强当选北京医学会职业病分会首届副主任委员,毛丽君、马力文当选首届副主任委员;马勇光当选北京医学会整形外科分会第七届副主任委员;徐明当选中国病理生理学会心血管专业委员会青年委员会第八届主任委员;樊东升当选世界卒中组织(WSO)董事会成员。

【医院文化】 全国卫生系统创建节约型医院主题宣传活动在北京大学第三医院举行。2012年6月13日上午,卫生部和国务院机关事务管理局联合主办,北京大学第三医院承办的2012年全国卫生系统创建节约型医院主题宣传活动在北京大学第三医院教学科研楼125教室举行。卫生部副部长陈啸宏、国务院机关事务管理局副局长李宝荣、卫生部规财司司长李斌、副司长刘殿奎、国务院机关事务管理局公共机构节能司副司长李兆宇等出席会议。北京大学第三医院与中医科学院肿瘤医院、北京大学人民医院分别介绍了各自节能减排的工作经验。李宝荣、陈啸宏分别对节能减排工作作了指示。

北京大学第三医院举办迎北医百年庆典系列活动。2012年10月24日下午,北京大学第三医院举办庆祝北医百年庆典系列活动"百年有我"主题活动"成长有我——北医三院的昨天、今天和明天"。2012年10月27日上午,北京大学第三医院举办大型义诊活动,免除患者当日挂号费,共有2000多名患者受益。

【交流合作】 荷兰卫生、福利及体育部部长席佩斯来北京大学第三医院参观交流。2012年9月23日上午,荷兰卫生、福利及体育部部长席佩斯(Edith Schippers)一行9人在荷兰驻京大使馆参赞Koppelaar陪同下来到北京大学第三医院参观交流。

马耳他卫生、老年和社区服务部部长来访北京大学第三医院。2012年9月23日,马耳他卫生、老年和社区服务部部长 Dr. Joe Cassar 一行3人在卫生部国际合作司工作人员陪同下来北京大学第三医院参观交流。

【党建工作】 中共北京大学第三医院第三次代表大会召开。2012年12月29日,中共北京大学第三医院第三次代表大会召开。大会选举产生了中共北京大学第三医院第十三届委员会和中共北京大学第三医院第十三届纪律检查委员会。中共北京大学第三医院第十三届党委会由11名委员组成(按姓氏笔画为序):王健全、付卫、朱红、乔杰、刘东明、刘晓光、李学民、李树强、宋纯理、金昌晓、周洪柱。中共北京大学第三医院第十三届纪律检查委员会由5名委员组成(按姓氏笔画为序):付卫、闫石、李春、杨莉、肖卫忠。

2位专家连任民主党派中央委员,3位专家当选人大代表、政协委员。陈仲强连任致公党中央委员,樊东升连任中国农工民主党中央委员。樊东升当选北京市第十四届人大代表;高炜当选政协北京市第十二届委员会委员,并被推选为常委;乔杰当选海淀区第九届政协委员。

【获奖情况】 2012年,医院荣获北京市DRGs付费试点工作单项奖、卫生信息化推进优秀奖、北京市药品不良反应监测工作和医疗器械不良事件监测工作先进单位。"手术室关键资源协同优化与高效管理"项目荣获中国医院协会医院科技创新奖三等奖,药物临床试验机构荣获北京市科委授予的"北京生物医药产业跨越发展工程最佳临床药理基地"称号。医院党委荣获"全国医药卫生系统创先争优活动先进集体"称号,"三院是我'家'文化促发展"荣获首都医药卫生文化协会颁发的"2012年首都医药卫生文化建设十大创新成果"奖,医院工会荣获北京市教育工会"2012年度先进单位奖"。乔杰入选2012年度"科技北京百名领军人才培养工程";周谋望荣获中国科协授予的"全国优秀科技工作者"称号;宋纯理荣获"全国医药卫生系统创先争优活动先进个人";曾辉荣获卫生部"对口支援工作先进人";樊东升被卫生部脑卒中筛查与防治工程委员会授予"优秀专家"称号;陈明哲、郭静萱荣获中国医师协会心血管分会特殊贡献奖;高炜荣获中国医师协会心血管分会年度心血管医师奖;马彩虹、刘晓光、姚宏伟被北京医师协会授予"北京优秀中青年医师"称号;杨渝平荣获中华医学会第二届医学(药)院校青年教师教学基本功比赛特等奖;徐智荣获北京市教育工会授予的"北京市师德先进个人"。

北京大学口腔医院(口腔医学院)

【概况】 北京大学口腔医院始建于1941年,是集北京大学口腔医学院、口腔医院和口腔医学研究所为一体的医疗机构,长期以来承担着向社会提供口腔医疗保健服务和口腔教学、医学研究的重任。北京大学口腔医院拥有诸多国内外著名的口腔医学专家,为我国口腔界培养了一批批高素质、高层次专业人才,成为我国最重要的口腔医学研究基地之一,是中国口腔医学对外交流的重要窗口。

作为卫生部部管的三级甲等口腔专科医院,北京大学口腔医院是目前国际上口腔专科医疗服务规模最大的医疗机构。医院位于海淀区中关村南大街22号,建筑面积6.6万平方米,现有诊疗椅位486台,开放病床120张;临床科室15个,医技科室8个,下属分支医疗机构5个,现有职工近两千人。2012年门诊量达110万人次,日均门诊3697人次,年收治住院病人5057人次。承担着党和国家领导人、离退休老干部、各国驻华使节、外国专家及海内外侨胞的口腔医疗保健工作。

作为我国高层次口腔医学专业人才的培养基地,北京大学口腔医院现有专业教研组(室)21个,博士生导师44人,硕士生导师48人,国家"千人计划"特聘专家1人,"长江学者"1人,聘请境外著名学者39人任院级客座教授。北京大学口腔医院是首批一级学科硕士、博士点授权单位,同时也是目前全国唯一一家由教育部批准招收口腔医学八年制本博连读生的口腔医学院校,目前在校学生总数近700人。在15部口腔医学全国统编教材中,5位主编由学院教授担任。

北京大学口腔医学研究所成立于1978年,目前设有中心实验室1个、临床和基础研究实验室13个、以口腔常见疾病防治为主导的跨学科研究中心9个、实验动物室1个和1所口腔医学专业图书馆。"卫生部口腔医学计算机应用工程技术研究中心"和作为国内十大国家级医疗器械质量监督检验中心之一的"口腔医疗器械检验中心"以及全国唯一"国家口腔医学国际科技合作基地"均设在口腔医院。口腔医院拥有医学领域第一家"口腔数字化医疗技术和材料国家工程实验室"。

作为国内口腔医学院校的"示范",北京大学口腔医学院一直是中华口腔医学会的支撑单位和会长单位,也一直是中华口腔医学杂志的总编单位。在中华口腔医学会的24个专业委员会中,8个专委会主任委员和3个专委会的候任主任委员由口腔医院教授担任。

【医疗工作】 2012年1—12月门诊总流量110万人次,日均门诊3697人次,最高日门诊4327人次,全院实有开放椅位486台;2012年1—12月急诊接诊77452人次,日均急诊212人次;2012年1—12月入院5057人次,出院5071人次,开放床位120张,床位使用率100.9%。

单病种质控工作继续稳步开展,特色病种如眼角结膜干燥症颌下腺移植术、I125放射粒子近距放射治疗口腔颌面部恶性肿瘤、肿瘤切除同期颌骨功能性重建术、牙颌面畸形正颌外科手术、口腔颌面外伤整复手术、唇腭裂整复手术等主要医疗项目仍持续开展。1—12月完成危重病人抢救11次,抢救成功率100%。年内无十日内死亡病例。住院病人手术切口甲级愈合率93.45%,1—12月住院病人院内感染发生率1.24%,较去年同期下降0.05%。开展10个病种临床路径,入径1375例,入径率59.04%。1—12月无经各级医学会鉴定的医疗事故发生。

完成2010年度临床新技术新疗法项目终期评审,共资助40个项目39.8万元经费。完成2012年度项目立项30项。成功举办第六届新技术新疗法临床应用成果病例汇报会,共有835人参会,包括京内外的二十多家医疗机构的65人。

医院继续承接北京市卫生局和民政局组织的"孤残儿童手术康复明天计划"和中华慈善总会的"微笑列车"惠民服务工作积极做好市级公费医疗向基本医疗保险制度并轨承接工作,确保并轨后的患者顺畅就诊。

医院获得"微笑列车突出贡献奖"称号、海淀区医学会2012年度医疗事故技术鉴定"组织工作成绩突出奖"。

临床护理工作方面,启动"种子计划"——口腔门诊护理人员四手操作技能培训;作为北京市海淀区护士继续教育基地,完成共授课任务108学时,培训6000余人次。先后举办了"口腔医院护理管理与感染控制学习班""口腔专科医院评审与护理管理研修班""全国口腔护理新技术与管理学习班"及6期四手操作培训班。共有来自50个地市的100余家口腔医疗机构的390余名医护人员参加了培训,其中免费为兄弟医院培训护理骨干45名。组织院内外专家对护理新技术新疗法立项进行初评,获得院新技术新疗法科研课题立项2项;2012年护理人员在核心期刊发表论文34篇,其中在中华系列杂志发表论文18篇。

2012年内,将原属医务处的院感办从医务处分离,成立正式的医院感染管理科;将医务处"医疗服务质量监控办公室"(即原"门诊接待室")正式更名为"医务工作接待办公室",并同时成立新的"医疗质量监控办公室"。

【教学工作】 2012年完成八年制学博连读学生193名的教学任务,为口腔2008级、2009级八年制开设理论课和前期实习课,为口腔2005—2008级八年制开设临床实习课,为2011级开设口腔医学导论课;今年结题教改项目10项,新申报教改项目22项。组织4个教研室申报2012年北京大学教学成果奖,最终修复教研室"整合多种模式创建一流口腔修复学教学体系"和预防教研室"城市社区口腔卫生服务教学基地建设的探索与实践"获得北京大学教学成果一等奖,并推荐北京市教学成果二等奖,儿童口腔教研室"不断探索,积极改革儿童口腔医学前期教学体系"获北京大学医学部教学成果奖;完成青年教师培训计划,培训120余人,并有30名教师参加了青年教师教学技能比赛。共安排5名教师参加人文医学培训以培养口腔医院的医患沟通课程讲师。41名八年制学生博士顺利毕业;安排教学督导132人次,检查理论教学168学时,前期实习31.5学时,生产实习133学时。

【科研工作】 2012年,医院获国家自然科学基金30项、863项目1项、科技部国际合作项目1项、科技基础性工作专项1项、科技部政策引导类计划专项1项、教育部留学回国启动基金4项、教育部博士点基金5项、北京市自然科学基金4项、北京市科技计划7项、首都卫生发展科研专项6项、985三期4项、北大医学部—工学院交叉学科研究基金1项、北京大学—清华大学生命科学联合中心临床研究人才培育平台项目1项、总后司令部项目1项。

2012年，医院获国家科技进步奖二等奖1项、北京市科技奖三等奖1项、华夏医学科技奖三等奖1项、登士柏口腔医学青年人才奖一等奖1项，IADR中国分部杰出青年学者奖1项，益达奖学金唾液组特别奖1项、博士组三等奖1项、硕士组三等奖1项，北京大学实验室工作先进集体（中心实验室）、先进个人（李翠英教授）。

医院全年发表论文共364篇，其中英文论文96篇（SCI收录79篇）；出版著作21部，其中教材6部；申请专利4项，获得专利3项（发明专利1项、实用新型2项）。

【交流合作】 2012年，医院接待国外来访58批次，230人次，派遣短期出国373人次，覆盖全院40个科室和部门，涉及30个国家和地区；美国牙科协会代表团、湄公河流域牙科协作组织等牙科团体代表团来访；举办了第二届中日泰三校学术联合会、唾液与口腔健康国际研讨会、WHO口腔公共卫生政策新进展高级研讨班、口腔修复学论坛；组团参加了在蒙古召开的第十届亚洲口腔预防医学大会；与美国太平洋大学牙学院、日本东北大学口腔医学院签订学术合作协议；为姊妹校理事长宫田侑先生申报中国政府"友谊奖"并成功获批；2012年完成对密云县医院、密云县妇幼保健院、昌平区沙河医院的对口支援工作；5月，北京大学口腔医学院与大连市口腔医院签约成立"学科发展联合体"；12月，北京大学口腔医学院与青岛市口腔医院签约成立"学科发展联合体"。

【党建工作】 2012年，口腔医学院有31个党支部，共800余名党员；医院党委工作以迎接十八大、贯彻十八大精神为主线，制定《学习宣传和贯彻落实党的十八大精神工作方案》，邀请国家行政学院教授作十八大政策解读报告，部分党支部举行了十八大精神知识竞赛活动；组织召开口腔医院党员大会，完成党代表推选工作，完成两委委员提名工作，并选派9位代表参加北京大学第十二次党代会；开展全国文明单位创建活动，成立创建工作领导小组和工作小组；筹备、迎接医学部基层党建检查，各支部以评促建；举办七一表彰会，制作口腔医院近两年党建工作短片，回顾各支部党建情况、各类先进表彰；推进"三重一大"制度，落实党风廉政建设责任制，推进惩防体系建设；加强宣传工作，发挥舆论引导作用，主动宣传，在各类媒体进行口腔健康宣教；支持民主党派自身建设与发展，召开统战工作座谈会，组织统战人员社会实践；激活基层工会工作，提高工会小组工作水平，开展"建设模范小家"工作经验交流会，申报"北京大学模范职工小家"，关心职工生活，营造和谐氛围，开展各类活动；开展"达标创优"、青年文明号手建设，组织团员干部社会实践，拓展视野；医院以多种方式关怀帮助患病、体弱老职工，春节团拜集体祝寿，继承尊师重教好传统。

【后勤工作】 2012年10月医管楼开工，该建筑面积3244.58平方米，截止到12月20日，室内隔墙、地面及外墙仍在拆除；第一门诊部门诊楼抗震加固改造工程按市建委和市规划局的要求对拆除部分补办了规划许可证和建设工程施工许可证，补办了外立面装修的规划许可证。室内装修、外立面装修基本完成，各分项工程正在做收尾工作，院区室外工程正在进行中，2013年年初进入调试阶段；临床教学基地工程施工图纸正在深化设计，施工招标已在北京市建筑发包承包市场发布招标公告；远程诊疗中心工程（原电教楼）已向卫生部申请2013—2014年项目立项。

【医院文化】 加强医德医风建设，提高服务水平，举行医德医风讲评大会、健康大讲堂等活动，在卫生部"在京十八家三甲医院检查"中，患者满意度、医生态度满意度、诊疗解释满意度均排名第一；举办七十周年院庆庆典，以院庆为契机，梳理医院历史，制作纪念册、电视片、院史展等，配合北医百年校庆，协助制作北医百年纪录片，筹备"北大口腔70年"电视片的编辑、制作工作。

【年度人物】 俞光岩教授课题组荣获国家科学技术进步二等奖，林久祥教授获得中华医学科技进步二等奖，冯海兰教授获得北京市科学技术奖三等奖、华夏医学科技奖三等奖等。

【年度纪事】 2月12日上午，北京大学口腔医院第四门诊部开业。

4月24日，由卫生部带头，"口腔疾病防治结合试点项目"在口腔医院和另外两家试点机构正式启动。

5月12日，与大连市口腔医院建立"北京大学口腔医学院—大连市口腔医院学科发展联合体"对口支援项目。

5月29日，口腔医院培养的全国首位口腔医学双博士学位论文答辩会顺利举行。

6月11日，湄公河流域牙科协作组织（International Dental Collaboration of the Mekong River Region，简称IDCMR）牙医代表团来到口腔医院参观访问。

6月22日，由中华口腔医学会牵头、北京大学口腔医院协办的第一次"中国之夜"招待会在巴西第90届国际牙科研究学会（IADR）年会期间举行。

7月27—28日，由口腔医院主办的主题为"Inspiring Innovation to Advance Clinical and Basic Oral Science"的第二届中日泰三校联合学术年会在北京友谊宾馆顺利召开。

8月20日，"北京大学口腔医院门诊电子病历项目启动会"在门诊会议室顺利召开，标志着口腔医院门诊电子病历项目正式启动。

8月24—25日，由口腔医院和中国牙病防治基金会主办，中华口腔医学会口腔生物医学专业委员会和口腔颌面外科专业委员会涎腺疾病学组协办的"唾液与口腔健康"国际学术会议在北京友谊宾馆举行。

9月14日，口腔医院徐韬院长一行与部分国内兄弟院校的专家一同前往蒙古参加第十届亚洲口腔预防医学大会。徐韬院长作为新任亚洲口腔预防医学学会主席，将于2014年在北京组织召开第11届亚洲口腔预防医学大会。

10月29日，北京大学口腔医学院"医院紧急报警监控联动系统启动仪式"在医疗楼会议室举行。

10月23日，在北医百年庆典前夕，"北京大学口腔医学院70周年庆典"在国家会议中心举行。

北京大学肿瘤医院（临床肿瘤学院）

【概况】 2012年，全院职工1689人，其中专业技术人员1496人、职员系列15人、工人178人。专业技术人员中，正高级职称86人，副高级职称139人，中级职称462人，初级师494人，初级士311人，未确定职称4人。医院医疗设备总值524470万元。新购医疗设备7572万元，其中10万元以上设备53件，100万元以上设备9件。

【医疗工作】 2012年，医院接待门诊396762人次，比上年增长19.4%；日均门诊1572.9人次，比上年增长19.8%。入院31853人次，比上年增长19.2%；出院31911人次，比上年增长19.6%。住院手术10308例，比上年增长12.4%。床位周转47次，比上年增加20.2%；床位使用率111.1%，比上年增长1.6%；平均住院日8.7天，比上年下降1.6天。全院上报不良事件254件，主要涉及给药安全、管路管理、输液反应、跌倒坠床、压疮、意外事件等。针对不良事件按季度进行归因分析，帮助科室制定改进措施，寻找可控环节，并定期在护士长会上通报。同时，借助护理教学平台对压疮、管路管理等进行全院培训。

【护理工作】 修订优质护理工作考核标准，关注患者安全，推动优质护理内涵建设，在全院进行优质护理专项检查。门诊探索医技科室"一站式"预约模式，加强术后患者疼痛管理，对手术患者术后随访等，在非临床科室探索开展优质护理服务工作。继续向患者发放"星语-心愿卡"，截至12月，共收回卡片14896张，患者满意率99.24%，提名表扬护士23829人次。护理部根据患者意见和建议与护士长为患者解决问题，改善病室环境，加强护理管理，使星语-心愿卡成为患者和护士之间良好的沟通桥梁。

【科研工作】 2012年，申报院外课题200余项，获资助78项，科研经费近5000万元。结题54项，在研院外课题150余项、院内课题83项。5月，召开"985"三期合作专项专家交流会。组织"重大新药创制"科技重大专项子课题研讨会6次。7月，召开国家"973"项目学术研讨会。8—9月，组织讨论会6次，并召开国家临床医学研究中心申报讨论会。

2012年，申报中华医学奖1项；申报高等学校科学技术奖1项，通过初评；申报北京市科学技术奖1项，通过初评；申报华夏科技奖1项，通过初评；申报茅以升北京青年科技奖1项。申报北京大学实验室先进集体和个人各1项。申报庆应医学科学奖1项。申报发明专利4项（含PCT专利申请2项），授权国家发明专利5项。2011年申请的2项PCT专利专项资金总计3万元。

全年发表论文266篇，其中作为第一作者或责任作者单位的SCI收录论文94篇，总影响因子296.304，再创历史新高；影响因子大于3的论文32篇，影响因子大于5的论文13篇。

全年组织学术交流、报告18次，其中邀请国外专家30余人次，如北京大学肿瘤医院-卡迪夫大学联合研究所揭牌仪式暨诺贝尔奖获得者Martin Evans爵士学术报告会，中日英消化道肿瘤临床及转化研究国际研讨会，北医百年庆典医学学术论坛分会场——中国常见恶性肿瘤规范化治疗及进展学术报告会。承办较有影响的国际会议有：北京淋巴瘤国际研讨会，主题为"规范、整合、转化"的第七届全国胃癌学术会议，北京黑色素瘤国际研讨会，中国胃肠肿瘤临床研究协作组（CGOG）年会，第二届燕京肿瘤临床与PET/CT应用会议等。

2012年，召开"恶性肿瘤发病机制及转化研究"教育部重点实验室学术委员会会议，由季加孚接替游伟程担任重点实验室主任。

【教学工作】 招收研究生75人，其中博士生28人、硕士生33人、八年制二级学科培养14人。专业学位硕士转博4人，科学学位硕士转博4人。研究生毕业55人，其中博士生29人、八年制6人、硕士生20人。获得学位70人，其中获博士学位45人，获硕士学位25人。在院研究生（包括在职申请学位）233人，其中研究生213人、在职申请学位20人。具备博士生指导教师资格的教师35名。1名博士后入院工作。在院博士后2人。接收进修医师167人，国内访问学者10人，学生实习24人，短期参观交流38人。开设研究生课程等共11门303学时。举办"三基"培训603学时。

13名新入院住院医师进入规范化培训一阶段，7人进入规范化培训二阶段,14名住院医师通过住院医师第二阶段培训及考核获得主治医师任职资格,通过率93.3%。

全年举办国家级继续教育项目10项171学时、市级4项69学时,参加学习1820人次。举办区县级继续教育195次585学时,参加学习17892人次。本院职工参加继续教育975人,学分达标率100%。

通过完善临床培训档案、开展出科考核等方式,使临床培训过程的管理更加精细化。调整博士后工作设计,实施规范化管理。设立教学管理科研课题,以科研促管理。学生工作更加精细化。调整研究生在学期间发表文章要求。增加中医师承管理,11月,完成本院中医学专家李萍萍教授指导的2名北京市第四批老中医药专家经验继承的年度考核。

【交流合作】 8月,由呼吸、消化、乳腺、妇科、放疗、病理等专业10余名专家组成"情系和田,直达心田"医疗队赴新疆和田地区开展大型义诊、手术查房、专业培训等,并与和田地区人民医院签订北京大学肿瘤医院肿瘤规范化诊治培训基地合作协议,为提高当地肿瘤诊治水平搭建长期合作平台。医院与西城区卫生局、丰台区卫生局续签对口支援协议。继续与顺义妇幼保健院、哈尔滨市第一人民医院合作,协助当地提高医疗水平、培养技术人才。继续支援四川地震灾区什邡市人民医院,指导该院放疗科的建立。2012年内,本院医生自带检测设备,完成调强放疗的升级,为该院节省费用近百万元。

【改革与管理】 经过公开竞聘、答辩、考察、公示等程序,完成医院中层干部换届,共聘任职能处室干部35人、临床医技科室干部75人、教研室干部17人、护士长29人。选拔一批70后青年骨干充实到科主任、职能处室中层管理岗位,优化管理层干部年龄、学历、知识结构。

细化分配方案,对部分科室奖金方案进行二次调整。根据不同管理需求,摸索分配机制的多样性,如医护奖金分开核算模式、医疗公共平台(手术室、内镜室)模式核算等。按月进行全院绩效考核汇总,根据评效结果,将持续改进信息反馈至各科室。临床科室奖金分配新方案中,增加管理系数,加大手术类、非手术类核心指标考核核算权重与绩效奖金联动方案的设定和补充。按照手术难度、风险等制定手术分级标准,使手术科室工作量的考核更加科学、公平。

加强预算管理。在对医院各科室预算编制细化的基础上,对纳入预算项目的经费进行实时核销。向市卫生局、市财政局争取追加财政专项资金5130万元,用于购置全数字化平板介入诊疗系统、核磁模拟定位机、一体化手术室等大型医疗仪器。开展项目成本核算,对医疗类55个科室3289个医疗项目数据进行采集、整理和分析,为医院加强经济管理、优化资源配置、实施成本控制提供数据分析手段。

完成常规审计项目241项,涉及资金29219万元,为医院节约资金1077万元。完成专项审计项目8项。新建及修订审计制度4项。完成对放射科GE-750HD CT机和放疗科核通HDR后装治疗机的经济效益跟踪审计,涉及金额2649万元。

后勤落实"人防、物防、技防"措施,认真执行巡检制度,开展隐患自查、整改等工作,做到设备运行平稳,通讯保持畅通,交通、消防无事故。进一步加强后勤管理信息化建设,使设备固定资产账目管理、物资供应管理、计量管理、设备维修管理、设备档案管理均纳入信息系统管理中,逐步实现全面的信息化管理。

地下车库及放射用房工程的整体及各专业分包施工基本完成,正进行工程预验收。新病房楼工程确定建设资金全自筹方式,上报市医管局并召开专家评审会。

【党建工作】 2012年,继续加强基层组织建设,配合行政完成院中层干部换届工作,并完成职代会和团委的换届工作。注重加强党风廉政建设和干部队伍建设,努力为医院持续稳定、和谐发展提供坚强的政治思想保障。

1. 注重加强领导班子建设。召开了新一届党政领导班子第一次民主生活会,广泛征求了科主任、党支部书记、民主党派负责人和老专家教授的意见建议,会上坦诚交流学习认识、上任后工作体会、面对的问题与存在的不足及努力方向,并对提出的意见建议制订了整改方案。

2. 顺利完成党支部换届工作。以"党支部建在科室"为原则,改变了以往几个科室联合组成党支部的状况,进一步密切党建和临床、医技等业务工作的配合。职能部门以职能相近原则成立党支部,以利于工作配合。研究生党支部打破临床与科研分开的格局,以专业相近的原则成立支部,加强科研型与临床型研究生的沟通与交流;在医学部就读的新生单独成立支部,便于管理与活动。换届后,全院共有党总支2个(离退休党总支和学生党总支),党支部36个(在职支部29个、离退休党支部2个、学生党支部5个)。

3. 加强党务干部的培训。根据新任党务干部多、党务知识缺乏的特点,通过专题报告、评优交流、知识竞赛等形式,加强对党务干部的培训。

4. 做好党建评估自查迎评工作。根据北京市教工委《关于开展〈北京普通高等学校党建和思想政治工作基本标准〉集中检查的通知》精神和北京大学制定的实施细则和北京大学医学部组织部做好迎评促建工作的通知精神,肿瘤医院党委把党建评估检查工作作为一个促进党建工作发展的契机,认真开展了评估自查及迎评工作,得到了上级的肯定。

5. 加强思想教育与职业道德教育。结合不同时期的形势开展思想教育活动,召开两会精神学习、"七一"、北京大学第十二次党代会精神的学习、学习魏文斌、反腐倡廉培训等,抓好警示学习教育,加强党员、干部和全院员工思想道德教育和行业作风教育,提高医德医风和职业道德素质。

6. 认真落实党风廉政建设责任制各项任务。认真做好"小金库""假发票"等的专项治理工作;开展主题为"和谐医患,同拒红包、同抵回扣、同葆健康"("一和三同")的党风廉政教育活动,围绕医院中心工作,强化监督,促进领导干部廉洁自律,积极探索和完善反腐倡廉工作的教育、监督长效机制,构建与完善教育、制度、监督并重惩治和预防腐败工作体系,为医院发展提供有力保障。

7. 医院文化建设。围绕医院文化建设,医院党委、工会、离退办、团委等部门开展了各项活动,丰富医院文化建设的内涵。2012年开展了工会的"润心杯""权益杯"精品活动、"心光大道"首届心理剧展演大赛、假期托管班、"身与心"康乐大拼盘活动、新春联欢会、游泳比赛、扑克牌比赛、"三八"女职工作文比赛、青年医师硬笔书法比赛、喜迎十八大合唱比赛、"工会工作我展示"DV大赛等多项活动;离退办坚持经常走访和重大节日慰问制度,组织疗养旅游,合唱团、钓鱼协会定期举办活动;团委开展了"学雷锋月"门诊义务导诊活动、"国旗挂身前,祖国念心间"的爱国主义宣传活动,对新一届团干部进行了素质拓展培训。

【健康促进工作】 协助各电视栏目策划和制作专题科普节目55期。利用院内OA和《院所通讯》的平台开展宣传,全年出版《院所通讯》84期、彩报16期。医院官方网站开设的"健康大讲堂""患者在线答疑""为病人提供在线服务"和"为医生提供在线服务"突出网络服务职能;不断完善"预约挂号""院长信箱"和"查询服务"等功能,为患者提供切实帮助;网站还提供在线查询药价、查询医师执业资格服务;"院长信箱"在线征集患者对医院的意见与建议,全年处理113人次患者和家属的咨询和建议。

在肿瘤防治宣传月及各肿瘤防治宣传日,组织医院专家分赴16区县,为社区居民进行了16场次防癌知识讲座及义诊活动。期间,共发放防癌知识口袋书16000册,重点肿瘤防治宣传折页5000份。

"健康大讲堂"面向社会已坚持近十年,全年举办8场,本院专家为群众进行防癌、抗癌科普讲座,同时开展咨询活动。受众2000余人次,深受市民欢迎。

北京大学第六医院（精神卫生研究所）

【概况】 北京大学第六医院（精神卫生研究所、精神卫生学院）是世界卫生组织北京精神卫生研究和培训协作中心,同时也是中国疾病预防控制中心精神卫生中心,为教育部批准的精神病与精神卫生重点学科,拥有全国唯一的卫生部精神卫生学重点实验室,承担着精神卫生领域的医疗、科研、教学、学科发展、健康教育、公共卫生等多方面的使命。2012年医院进一步完善各项制度,重点加强出诊医师的到岗时间考核和脱岗考核。

全年门诊病人平均满意率91.38%,比上年提高0.08个百分点(问卷随机发放);住院病人平均满意率97.9%,比上年提高0.6个百分点。

截至2012年12月31日,医院共有职工375人,其中在编人员274人,合同制人员101人;离退休人员116人;具有正高职称27人,副高职称30人,中级职称100人,初级职称123人。

医院连续3年获中国医院最佳专科之精神医学排行榜第一名。医院被评为首都文明单位。医院党委被评为全国医药卫生系统创先争优活动先进集体。

2012年启动重性精神病人医院社区一体化建设项目,改造面积2126.4平方米;启动空调系统及低压配电系统更新改造项目。

【医疗工作】 医院设有综合病房两个,特需医疗病房一个;设有老年、儿童、临床心理病房等亚专科病房以及酒药依赖和厌食症等特色病种病房,为相关人群提供专科的精神卫生服务。门诊设有普通门诊、专家门诊、特需门诊、多专家会诊,以满足不同层次、不同问题患者的就诊需求;医院还设有进食障碍、成瘾行为、睡眠障碍、记忆障碍、行为分析治疗、精神疾病康复咨询、心理治疗、老年儿童等相关专业门诊,以满足就诊者对专科或特殊方向的咨询和治疗需求。

2012年医院接待门诊212012人次,其中普通门诊122694人次、专家门诊64374人次、特需门诊24944人次,日均门诊848人次,比上年增加14.29%。入院2215人次,出院2220人次,平均住院日33.50天,床位使用率95.27%,床位周转10.4次。出入院诊断符合率99.62%,陪护率43.66%,治愈率21.34%,好转率72.87%。

坚持设专人定期检查运行病历和终末病历,严格执行病历分级奖罚细则,对病历中的问题每月在主任会上提出整改要求。甲级病案率100%。

1. 感染管理。加强医院感染

管理质量控制,完善三级网络管理体系,建立临床科室感染监控小组,全方位进行感染监测。完成院感专业知识、相关法律法规、不同专业人群的培训。接受海淀区卫生监督所的例行检查,接受海淀区疾控中心现场采样监测,完成上级布置的预防接种日、世界肝炎日的宣传活动。针对上述检查中发现的问题,及时制订整改方案,并加强督导。

2. 医保工作。严格执行分级管理制度。全年组织医师(含外聘)、离退休专家、挂号收费、临床科室等相关医务人员培训30余次。修订《超说明书用药管理规定》《医保结算应急预案》等相关制度15项。通过监控医保患者门诊就诊人次、次均费用及住院日费用、中药费、贵重药品费用等指标完成情况,分析医疗费用的增长原因及指标构成比,制定控制医疗费用增长的可行性措施并监督实施。全年医保出院719人次,总费用944.8万元,出院人均费用13140元。

3. 护理工作。建立长效机制,深化优质护理服务。全院病房均开展优质护理服务。持续提高护理质量,以服务好、质量好、医德好,群众满意为目标。护理人力资源配备符合要求,床护比1:0.4。根据工作量、专业技术要求等要素尝试弹性排班。实行责任护士分管患者,设责任护士组长,保证护理工作到位。接受护理质控中心的督导和检查,成绩优良。通过三级护理质量考评体系,每季、月、日按标准考评护理质量。护理风险管理关口前移,优化工作流程,规范护理行为,严格执行诊疗护理常规,重视日常工作中微小隐患的管理,培养护士不良事件主动上报的意识,达到规避和减少护理不良事件发生的目标。加强护理业务技能训练,提供全程、连续的护理服务。

【教学工作】 完成5个临床教学医院187名学生的大课及见习的教辅工作(不含护理教学部分),包含189学时的大课和177学时的见习。承担北京大学医学部临床医学八年制、六年制医学导论课程精神病学相关内容,医学生临床技能大赛多站考核中的精神病学站考核及参赛选手考前心理辅导。

招收研究生31人,其中硕士生19人、博士生12人。在培北京市专科医师19人。招收各种专项研修55人,结业34人。接收北京大学医学部学科骨干2人、西部之光2人。

申报国家级继续医学教育23项,举办21项,培训1574人次;举办区县级项目(原北京大学医学部校级项目)82项,培训4007人次;举办单位自管项目51项,培训1292人次。培训主治医师约300人。

完成北京大学医学部护理本科生授课20学时,护理大专生授课36学时;护理本科实习40人,大专生实习127人,研究生实习2人。培训进修护士23人次。举办国家级继续护理学教育培训约120人次,区级约300人次。继续对护士进行分层培训,鼓励护士通过不同形式参加培训,提高学历,大专及以上学历达90%。外出学习进修27人次,全院护士继续教育合格率100%。

【科研工作】 2012年,获批国家自然科学基金7项,其中重大研究计划重点项目1项、优秀青年科学基金1项、面上项目1项、青年科学基金3项、国家自然科学基金委员会与中国工程院共同开展的中国工程科技长期发展战略研究项目1项,共资助566万元。获支撑计划子课题1项、"863计划"军口部分子课题1项、"973计划"子课题1项,总资助473万元。获部委级科研项目5项,其中卫生部临床学科重点项目1项、卫生公益行业子课题1项、工程院院士基金1项、教育部博士点基金博导类2项,总资助664万元。于欣教授获市科委首都十大疾病科技攻关项目1项,获资助165.56万元。岳伟华教授入选教育部"新世纪优秀人才支持计划"。黄悦勤教授负责的中国精神障碍流行病学调查和疾病负担研究项目全面启动。

医院伦理委员会通过了世界卫生组织亚太区的伦理认证。

全年发表学术论文131篇,其中英文27篇;SCI收录22篇,其中最高影响因子的文章发表在 *Biological Psychiatry* 上,影响因子8.283,累计影响因子62.717。主编、主译或参加编写著作12部,其中主编《精神分裂症的社区防治》《心晴指引(焦虑障碍防治指南大众本)》《应用行为分析与儿童行为管理》《家庭心理学》《临床心理治疗学》《认识领悟疗法》《心脏病人精神卫生培训教程》,主译了《老年精神药物速查手册》。

【交流合作】 医院与美国的哈佛大学、密歇根大学、加州大学,英国的伦敦国王学院,澳大利亚的悉尼大学、墨尔本大学,中国香港地区的香港大学、香港中文大学,日本的东京大学等合作,并与世界卫生组织总部和西太平洋办公室、美国精神病协会、世界精神病协会、美国国立卫生研究院等保持密切联系,开展多领域的合作研究和学术活动。以项目承担单位新建国际合作项目3项,经费合人民币171.6万元。

医院专家参加第三届世界文化精神病学大会,并作专题报告;参加第27届国际阿尔茨海默病协会国际会议,并作专题报告和壁报交流;参加世界精神医学协会流行病与公共卫生分会学术会议,作专题报告和壁报交流;参加BESETO国际精神科会议,作大会发言和壁报交流;参加第59届美国儿童青少年精神病学年会;参加ADHD

网络大会;参加世界精神卫生调查联盟年会,并在大会发言;参加国际阿尔茨海默病协会第十五届亚太区域会议,并作专题报告和壁报交流。受北京市自然科学基金国际交流项目资助,医院与北京大学生命科学学院共同承办阿尔茨海默病神经生物学机制研究进展国际专题研讨会,200余名中外代表参加。

在国内学术交流方面,参加第四届全国焦虑障碍学术会议、中国神经科学学会精神疾病基础与临床第九届学术年会、中华医学会精神病学分会(CSP)第十次全国精神医学学术会议等。为迎接北京大学医学部百年华诞,医院举办百年庆典学术专题讲座——精神病与精神卫生学专题讲座。

在对口支援方面,对口支援新疆第四人民医院1人、朝阳区第三医院3人、海淀区精神卫生防治院6人、华一医院2人、北京大学人民医院1人。接收支援单位进修10余人。

【公共卫生服务】 继续担任中央补助地方重性精神疾病管理治疗项目("686")国家项目办工作,负责管理全国189个市州的1242个区县的项目执行、培训、技术指导及相关工作。全年承担全国培训1次,参加行政督导2次,组织总结会1次,并协助卫生部开展人力资源培训和精神卫生法培训。

受卫生部疾控局委托,继续承担国家重性精神疾病信息管理系统I期日常管理工作,同时开展系统II期需求调研。

医院十几年来坚持定期举办老年痴呆医患家属联谊会,帮助老年痴呆患者及家庭勇敢面对疾病、战胜疾病。在2012年首个"世界阿尔茨海默月",医院专家助力央视新闻公益行动——"我的父亲母亲——关爱失智老人",通过为"痴呆"正名、赠送黄手环等公益行动,唤起社会对老年痴呆症患者和家属的关切。

【信息化建设】 HIS系统完成门诊医生工作站的升级,完成移动护士工作站,基本完成心理测查系统的测试和部署。改造医院的网络结构,通过配置防火墙板卡,实现内外网的融合。实名接入Internet网络,内网终端同时配备接入认证系统,保障网络安全。改版医院网站主页,实现与114的无缝对接。开展信息系统的定级测评等工作。

北京大学首钢医院

【概况】 北京大学首钢医院位于北京市石景山区晋元庄路9号,是一所集医疗、教学、科研、预防保健为一体的三级综合医院,建于1949年10月。1958年至1968年名为石景山钢铁公司医院,1968年至1989年更名为首都钢铁公司医院,1989年至1992年更名为首都钢铁公司总医院,1992年至2002年更名为首钢总医院,2002年9月首钢总公司和北京大学合作办院后更名为北京大学首钢医院。1995年被联合国儿童基金会授予"爱婴医院"称号;1997年7月通过卫生部三级医院评审;2000年12月成为北京大学教学医院;2001年4月成为北京市基本医疗保险定点医院;2004年10月成为奥运定点医院,7月被评为全国百姓放心示范医院;2005年7月成为北京大学临床医学院;通过北京地区三级医院复审;2006年8月成为北京市基本医疗保险A类定点医院。2010年8月,集医疗、教学、科研、预防保健、国内外学术交流于一体的世界上规模最大的吴阶平泌尿外科医学中心正式开诊。

医院编制床位1006张,实际开放839张。职工总数1767人(其中在编职工数1206人、合同制人数561人),其中卫生技术人员数1512人(含正高级职称36人、副高级职称106人、中级职称519人、初级师388人、初级士165人、无职称298人)(职称与岗位有交叉)。

2012年度,改造完成住院大楼12间手术室以及附属配套设施,其中,百级手术室3间、万级手术室9间;圆满完成3个社区卫生站的改扩建工程;完成了住院大楼十二层西侧、八层东西侧的装修工程以及门诊大厅电子显示屏的安装及使用。

【医疗工作】 全年门急诊量842593人次,急诊抢救2199人次,成功率94.54%。住院患者23301人次,出院23286人次;住院病人手术5943人;病床使用率93.05%,病床周转次数29次/年;出院患者平均住院日11.79天/人。

根据《卫生部办公厅关于继续做好全国抗菌药物临床应用专项整治活动的通知》(卫办医政发〔2012〕32号)、《北京市卫生局关于印发〈2012年北京市抗菌药物临床应用专项整治活动方案〉的通知》(京卫医字〔2012〕99号)和全国抗菌药物临床应用专项整治活动视频会议精神,按照2012年"三好一满意"和"医疗质量万里行"活动要求,为做好北京市抗菌药物临床应用专项整治工作,加强抗菌药物临床应用管理,促进抗菌药物合理使用,有效控制细菌耐药,保证医疗质量和医疗安全,医院通过制订方案、签订责任状、组织培训考核、加强分级管理和处方权管理以及开展自查自纠、落实奖惩等有效措施,取得了阶段性成果。医院严格按照卫生部和市卫生局要求,继续深入开展专项整治活动,全院上下进一步努力,完善抗菌药物临床应用管理工作长效机制,着力提高抗菌药物临床合理应用水平。

1. 医院感染管理。医院感染发生率为2.76%。健全医院规章制度约 10 万字；建立《北京大学首钢医院医院感染管理手册》；培训医务人员约 1100 人次；落实重症监护室及呼吸内科重症监护室支气管内窥镜清洗消毒设施；在检验科细菌室、药剂科的配合下，对医院耐药菌进行统计、筛选后，反馈给临床（由统计资料改为统计分析，由每年 2 期，改为每年 4 期）；加强Ⅰ类切口手术预防使用抗菌药物比例、选择药品合格率、给药时机合格率、疗程合格率、联合用药率管理，以上数据均较 2011 年明显好转并达标（卫生部要求），并每月向全院通报结果；加强环境卫生学、消毒灭菌效果及手卫生监测情况，手卫生合格率提高 1%；开展目标（手术切口、ICU 血管导管相关性血流感染、ICU 呼吸机相关肺炎、ICU 留置导尿管相关泌尿系感染）监测。

2. 医保工作。全年医保出院人次 15501 人，出院医保病人总费用 259469019.9 元，出院医保病人次均费用 16739 元。

3. 健康管理工作。全年为首钢公司领导干部健康体检 315 人，为首钢职工健康体检 31405 人。2012 年共组织医务人员开展各类宣传义诊活动 11 次，组织健康管理教育工作，发放健康教育处方 6344 张，自制宣传材料 8490 余份，参加患者 21516 人次。为医务人员举办健康教育讲座 19 次。

4. 社区医疗。社区卫生服务管理人口 209695 人，共计 63782 户。提供家庭病床服务床日 14602 个，上门医疗健康服务 1011 次。发放宣传材料 18286 份，家庭医生总数 51 人，签约户数为 45280 户。管理高血压病患者 49342 人次，糖尿病患者 14719 人次，冠心病患者 4068 人次，精神病 14044 人次，恶性肿瘤患者 38 人次，建立健康档案 57392 份。预防接种 54334 人次，接种率 100%，新生儿管理覆盖率 100%。

按照石景山区卫生局的要求，2012 年内，四个社区卫生服务中心全部开展中医药诊疗服务并完成社区的多数低保人员、残疾人及适龄妇女的免费体检；按照首钢医院科研的要求，完成 20000 例慢病人员大调查。按照北京市卫生局的要求，对所属 5 个社区站全部进行了重新装修。按照北京市卫生局的要求对社区全部医务人员进行了公共必修课和岗位必修课的培训。

5. 获奖情况。医院获 2011 年度"北京市药品不良反应监测工作先进单位"，2011 年度北京市医疗保险管理一等奖，2011 年度北京市卫生局"临床安全用药工作组"先进集体，并被评为 2011 年度全国百姓放心示范医院。医院成为卫生部内镜与微创医学培训基地。

6. 护理工作。修订完善护理流程和护理制度共 70 项，补充 6 项。学习和开展优质护理服务示范病区工作，不断探索和创新以病人为中心的护理模式、绩效考核及护士分层管理。护理文件书写合格率为 99%，基础护理合格率 94%，特级护理合格率 100%，一级护理合格率 93.84%，技术操作合格率 98.83%，安全护理合格率（压疮）99.64%，急救物品完好率 96.6%。医院护理人员在统计源期刊发表论文 1 篇。护理专案立项 13 项，在研首发基金科研项目 2 项。2012 年内，专项培训 6 项：举办市级继续教育项目培训班 4 期，区级项目 1 期、院级项目 1 期。成功举办市级继续教育项目 19 次，院级继续教育讲座 13 次。全院护理人员继续教育学习达标率 100%，顺利通过北京市的抽查。

护理带教本科生 38 名，护理教学大专生 35 名。北京市专科护士取证 8 名，专科进修 1 名。

【教学工作】 1. 本科教育。顺利完成北医 2008 级生物医学英语专业临床教学任务和 2009 级口腔专业教学任务，共 41 人、956 学时；完成 2008、2009 级辽宁医学院临床教学任务，共 127 人、2090 学时。在加强本科教学的同时，医院培养硕士研究生 5 人、博士生 1 人。

2. 继续教育。2012 年医院参加北京市卫生局专科医师规范化培训的住院医师共 118 人，其中一阶段 96 人，二阶段 22 人。参加继续医学教育的医疗、医技人员 532 人，护理人员 745 人；接收来院进修生共 26 人。首钢医院举办短期学习班 7 次，参加人数 575 人。为本院职工举办学习班 40 次，分别为：新职工岗前培训班，参加人数为 42 人；机关新入职人员培训班，参加人数为 15 人；中层干部培训班，参加人数为 55 人；医疗质量及临床路径的实施培训班，参加人数为 60 人；其他专业技术培训班 46 次，参加人数 150 人次。

【科研工作】 医院在研项目共 17 项。2012 年度共发表论文 82 篇，其中 SCI 收录 2 篇，核心期刊 63 篇。

北京大学首钢医院吴阶平泌尿外科医学中心名誉主任那彦群教授参与完成的"尿石病因诊断技术和防治体系的创建与应用"课题荣获 2011 年中华医学科技奖二等奖。

北京大学首钢医院血管医学科主任王宏宇教授负责的"中国血管病变早期检测技术应用指南"通过北京市科学技术委员会主持的首都十大危险疾病科技成果推广项目评审，获市财政拨款科研资金 17 万元，并作为推广项目负责单位。

中华中医药学会举办中华中医药学会肺系病专业委员会成立大会暨第十五次全国中医肺系病学术交流会，北京大学首钢医院中医科主任卢世秀当选中华中医药学会肺系病专业委员会常务委员，中医科医师李步满当选青年委员。

北京大学首钢医院血管医学科主任王宏宇凭借在血管早期病变和血管健康维护方面取得的成绩,被中国社工协会康复医学工作委员会评为 2011 年度中国社会工作协会先进个人。

北京大学首钢医院在石景山区卫生局组织的"病历质量评比"活动中,共有 3 份参选病历获奖。心血管内科谢荣爱荣获区三级医院病历评比活动一等奖,免疫风湿科关欣、骨科姚洪春分获二、三等奖。

北京市卫生局继续医学教育委员会分批公布了 2012 年国家级及市级继续医学教育项目,北京大学首钢医院共获批 34 项,其中 2 项为国家级继续教育项目,32 项为市级继续教育项目。

经北京市海外学人工作联席会批准及中共北京市委组织部、北京市人力资源和社会保障局认定,北京大学首钢医院于 2011 年 3 月引进的海归人才苑学礼博士被评为"北京市海外高层次人才",同时被聘为"北京市特聘专家",他也因此获得市政府奖励资金 100 万。

首钢总公司召开"首钢科技大会暨践行首钢精神表彰会",表彰第五批"首钢优秀青年人才"。北京大学首钢医院医学影像中心尚存海、吴阶平泌尿外科医学中心周哲获二等奖,护理部刘维维获三等奖。

北京大学首钢医院血管医学科主任王宏宇申报的项目 Early Vascular Disease Detection in Chinese Population 喜获 2012 年度北京市优秀人才培养 C 类项目经费资助。

【交流合作】 出国进修 1 人,2012 年医院外出参加各种国际学术交流 33 人。2 月,来自法国的 Sandrine Millasseall 博士一行二人来北京大学首钢医院血管医学科开展学术访问。血管医学科主任王宏宇教授就血管病变早期检测技术现状及未来发展趋势与法国专家进行了交流。

医疗支援工作。从 2012 年 1 月至 2012 年 12 月,医院前后组织了五支医疗队共 12 名队员前赴内蒙古自治区丰镇市医院、凉城县医院进行为期三个月的对口活动,主要开展临床诊疗、教学培训、重点学科建设等。同时随行的还有部分学科专家,开展学术讲座和对相应科室查房、会诊等活动。其中开展专题讲座 35 余次,开展临床手术 75 例,参与疑难病例会诊 40 余次,为当地群众义诊约 420 人次,目前仍有支援内蒙古的医务人员在继续支援工作。1 月 5 日,北京大学首钢医院吴阶平泌尿外科医学中心青年主治医师周哲圆满完成援疆任务凯旋回京。

医院每月安排各科室医务人员对口支援社区卫生服务工作,保证古城、苹果园、老山、金顶街四个社区卫生服务中心每天都有首钢医院主治医师以上人员出诊。医院定期安排医务人员前往河北省曲阳县第二医院开展医疗支援工作。4 月 25、26 日,北京大学首钢医院党委书记刘慧琴、院长雷福明带领健康管理专家团队赴首钢京唐公司和迁钢公司为一线干部职工进行健康讲座和健康咨询。6 月 7—8 日,北京大学首钢医院党委书记刘慧琴、副院长向平超带领健康专家团到首秦公司为一线干部职工进行健康讲座及义诊咨询。

【党建工作】 3 月 30 日,北京大学首钢医院召开第十七届二次职工代表大会。3 月 30 日,北京大学首钢医院召开全院党员代表大会,选举产生出席首钢总公司党代会代表。7 月 17 日,在对外科临床部党支部所有科室党员群众进行调查分析的基础上,新成立泌尿外科党支部,并选举产生了泌尿外科支部委员会。11 月 16 日,北京大学首钢医院结合医院实际,并征求和听取党群部门与各党支部意见和建议,建立新的党支部绩效考核标准,作为党支部等级评定的依据。2012 年首钢医院共收到表扬信 121 封、锦旗 61 面。

【医院文化】 医院制定了《医疗安全(不良)事件报告制度》《住院时间超过 30 天患者管理与评价制度》《医疗质量管理与持续改进方案》《非计划再次手术监测制度》《门诊疑难病症多学科会诊制度》等多项制度措施及流程,并推动临床科室严格按照制度落实执行。医院新增规章制度 176 个,如《消防安全检查管理规定》《院领导行政查房制度》《医院多部门质量安全管理协调制度》等,修改制度 110 个,新增岗位职责 48 个,修改 77 个。对 2005 年版《北京大学首钢医院应急预案汇编》也进行了全面梳理及更新,所有预案全部进行了修改,并新增预案 47 个,重新进行了分类。

组织全院医务人员观看治理医药购销领域商业贿赂法制宣传片"防患未然";开展"纯洁队伍讲作风,弘扬精神树形象"主题教育活动;开展"一和三同"活动;开展廉洁文化"五进"活动;开展卫生系统领导干部防止利益冲突的活动。2012 年北京大学首钢医院医务人员拒收红包 59 人次,共计 52000 余元。

为大力弘扬"爱国、创新、包容、厚德"的北京精神,传承发展"首钢服务、首钢品牌、首钢创造"的首钢精神,构建和谐的医患关系,北京大学首钢医院在吴阶平泌尿外科医学中心报告厅召开了"践行'北京精神'主题教育暨人文医学实践活动"启动大会。结合医疗工作实际,北京大学首钢医院党委明确首钢医院 2012 年责任文化建设的主题为"践行'北京精神'提升人文执业素养",倡导在医疗服务中体现人文关怀和职业责任。同时,北京大学首钢医院开展了"践行'北京精神'提升人文执业素养"

主题系列活动,其中将北京精神中的"包容、厚德"与人文医学的实质相契合,要求首钢医院医护人员要急病人之所急,想患者之所想,从患者角度出发重新构建我们的服务理念,推进医院责任文化建设,构建和谐的医患关系。

【年度纪事】 1月16日,北京大学首钢医院血管医学科主任王宏宇教授受聘担任中国动脉粥样硬化防治研究学会学术助理,任期5年。

1月,北京大学首钢医院获2011年度北京市卫生局"临床安全用药工作组"先进集体。

2月11日,由北京大学首钢医院血管医学科负责的首都十大危险疾病科技成果推广项目,即"中国血管病变早期检测技术应用指南"推广仪式在首钢医院正式启动。

3月9日,第一届美国前列腺癌基金会(PCF)——中国青年学术交流会在北京大学首钢医院吴阶平泌尿外科医学中心举行。

3月10日,吴阶平塑像揭幕和纪念馆开馆仪式在北京大学首钢医院吴阶平泌尿外科医学中心举行。

4月11日,由北京大学首钢医院、石景山区医学会联合举办的"2012北京西部医学论坛"研讨会在首钢医院吴阶平泌尿外科医学中心报告厅举行。

5月9日,北京大学首钢医院举行了"护理创新工作室"揭牌仪式。

5月9日,首钢医院在吴阶平泌尿外科医学中心报告厅召开"5·12"护士节表彰大会。其中,干部保健科张瑞楼老师获得护理特别荣誉奖,此项荣誉是从2012年开始设置,授予长期工作在临床一线的优秀护理人员。

6月,"2012年北京西部前列腺疾患研讨会"在北京大学首钢医院吴阶平泌尿外科医学中心八层会议厅举行。

7月13日,第二届"挑战自我追求卓越"全国青年泌尿外科医师技能大赛总决赛在北京大学首钢医院吴阶平泌尿外科医学中心举行。

8月8日,北京大学首钢医院举办了"铺就从生物医学研究到发表国际科研论文的成功之路:如何撰写高水平的学术论文(SCI)"讲座。

8月16日,"卫生部泌尿外科专科医师准入专家组工作会议"在北京大学首钢医院吴阶平泌尿外科医学中心召开。会议由首钢医院前任院长、中心名誉主任、专家组组长那彦群教授和副组长孙则禹教授主持。

8月,北京大学首钢医院获得北京市"医疗保险管理服务奖"一等奖。

9月25日,北京大学首钢医院组织开展了"践行'北京精神'提升人文执业素养"演讲比赛。

10月11—14日,北京大学首钢医院血管医学科主任王宏宇、慢性病研究所副主任郭来敬应邀参加第二十三届长城国际心脏病学会议暨亚太心脏大会,并分别担任会议分论坛主持。

11月16日,在北京大学首钢医院吴阶平泌尿外科中心报告厅举行石景山区优质护理服务论坛。

12月5日,北京大学首钢医院2012年青年医务人员英文演讲比赛决赛在吴阶平泌尿外科医学中心举行。

12月22日,由北京大学首钢医院心血管内科承办的北京市继续教育项目——急性冠脉综合征(Acute Coronary Syndrome,简称ACS)新进展研讨会在京召开。

12月24日,北京大学首钢医院新改版网站正式上线,这是首钢医院网站正式开通后首次大规模改版。

北京大学深圳医院

【概况】 2012年,医院共完成门急诊诊疗261.03万人次,同比增长4.19%;病床扩展到1005张,同比增长4.7%;出院病人数4.44万人次,同比增长4.45%;住院手术量近2.76万台,同比增长7.39%;平均住院日8.4天,同比下降4.55%。在2012年全市医疗服务整体管理与质量控制的检查中,深圳医院医疗服务和质量评级达A级,位列全市三级综合医院第一名,社会满意度蝉联全市第一。

【医疗工作】 全院27个临床科室开展临床路径工作,占开放病房临床科室的80%。2012年全院入径病种130余个,入径病例达13000例。在收治的C、D型病例和三、四级手术量均有明显上升的情况下,通过实施临床路径,入径病人的平均住院日下降了0.4天,且每出院病人费用和每床日药费均有所降低。在2012年12月召开的全市公立医院临床路径现场会上,深圳医院作为试点示范单位将临床路径工作取得的成绩和经验进行了汇报和推广。

2012年成立急诊重症医学部,将急诊科(急诊外科、急诊内科、急诊留观区、EICU)和综合ICU进行统一管理,形成急诊—留观—住院—ICU联动机制,提高了急危重症患者的收治能力和治疗水平,较大地缓解了危重患者因床位紧张造成的住院难现象,改善了治疗衔接等问题。

2012年预约放号44.6万人次,预约量28.2万人次,预约率63.35%,与2011年同比分别增长198.49%和401.54%。预约量排名居全市医院之首,其中妇科预约量排名居全市科室预约量第一名。

2012年10月,深圳医院肿瘤消融、肿瘤深部热疗和放射性粒子植入三项技术顺利通过广东省医学会第三类医疗技术临床应用能力审核。

在事前不通知受检科室和受检项目的情况下,北京大学医学部医院管理处赴深圳医院进行医疗质量"飞行检查"。整个检查涵盖流程病历、急救会诊、医务人员手卫生、器械清洗消毒质量等内容。检查结果全部达标,运行病历质量有较大程度的提高。特别是麻醉科气管插管采用消毒包装导丝的做法还受到检查组专家的高度肯定。

临床药师专科查房数量、会诊次数均大幅增加,会诊意见正式记入了病历中,提高了临床药学服务对象的覆盖率和临床药师对药物治疗的参与度。结合药品异动情况,不定期专科或专项点评,开展药物经济学的评价与干预,有效提高了临床用药合理性和经济性。合理用药监测工作也受到了专业学会的表彰,荣获中国药学会"2012年全国医药信息工作先进单位"。

建立抗菌药物临床应用管理系统和抗菌药物医嘱监管系统,2012年深圳医院抗菌药物使用金额比例(13.97%)、门诊病人抗菌药物使用率(13.29%)、住院病人抗菌药物使用率(53.25%)、急诊病人抗菌药物使用率(35.10%)、住院介入诊断抗菌药物预防使用率(0.00%)均已达到广东省抗菌药物临床使用专项治理的要求。2012年6月,国家食品药品监督管理局药物临床试验机构发布资格认定公告,认定深圳医院妇产科、泌尿外科、医学影像科(诊断、治疗)、心血管内科、肿瘤内科、神经内科、消化内科、感染性疾病科和内分泌科等在内的9个专业顺利通过国家药物临床试验机构资格认定。药物临床试验机构资格通过认证,大大提升了医院的档次,扩大了医院的影响力。

为确保"取消药品加成"专项工作顺利实施,医院领导高度重视,多个部门紧密配合,多次召开协调会及全院中层干部会议,对"取消药品加成"工作进行部署安排。各部门协作完成药品价格校对、收费计价系统升级,于7月1日零时完成系统切换,平稳推进"取消药品加成"工作顺利进行。"取消药品加成"后,我院医疗费用有一定程度降低,相比2012年上半年,"取消药品加成"门急诊人均药费由120元下降至113元,下降幅度达到5.83%。住院人均药费由4558元下降至4032元,下降幅度达到11.54%。用药更趋合理,尤其是抗菌药物用量明显减少。

【护理工作】 在门诊、急诊、手术室、ICU陆续开展创优工作。继续推行床边工作制、床边记录制,充实了责任制整体护理的内涵。坚持进行出院病人电话回访工作,多渠道了解病人的需求及病人对护理工作的不满意项,及时改善护理服务。出院病人电话回访满意度由2011年的91.4%提高到2012年的95.28%,门诊病人满意度达95%以上。

在ICU、急诊科和手术室实施护理组长带班制,根据表现竞聘实施动态管理。通过制度试行,护理人员工作积极性普遍提高,护士的人力、人才资源得以充分利用,护理服务质量和水平有了进一步的提升。

开展了伤口造口专科、糖尿病专科、输液专科、助产士专科等10余个专科门诊服务,为近万名患者提供了优质、方便、有效的后续专科护理服务,获得了广大患者的好评。

【科研工作】 2012年医院又取得3个省级临床重点专科(内分泌科、泌尿外科和检验科),4个市级实验室(骨科生物材料开发与应用工程实验室、女性重大疾病早期诊断技术重点实验室、颌面部骨再生材料重点实验室、眼科检测技术工程实验室)和1个平台(医院影像临床应用公共服务平台)。至此,医院共取得5个省级临床重点专科,8个市卫人委重点专科。医院市级实验室数量达到6个、平台2个。全年获得的实验室、平台和重点学科建设经费达2200万元。获国家自然科学基金7项,资助399万元;获省级以上科研基金10项,资助24万元;获市级以上科研基金79项,资助467万元。科研资助总额达890万元以上,是近几年的历史最好成绩。学科建设和科研资助资金合计3090万元,为前几年获得经费的总和。2012年医院获省科技进步奖1项、市科技进步奖2项。

医院着力打造有特色、有潜力的医学专科,从而推动医疗质量、医疗水平提高。皮肤科全科11人,日门诊量达500人次,仅2012年就获得国家自然科学基金2项,省级科研项目1项,市级科研项目5项,市级实验室1个(市皮肤疾病转化医学重点实验室),公共服务平台1个(市皮肤疾病分子诊断公共服务平台)。皮肤科全年共发表SCI收录论文4篇,各级各类论文10余篇。所取得的关于系统性红斑狼疮、特异性皮炎的遗传学检测以及针对晚期恶性肿瘤、性传播疾病进行的靶向性基因治疗等研究成果令人鼓舞。

【教学工作】 2012年医院共有14人参加深圳市临床住院医师规范化培训临床技能考试,通过率100%。14名住院医师获得广东省住院医师规范化培训合格证。医院自行招收岗位培训生8人(北医8年制博士),代培市岗位培训生40人。接受来自新疆喀什、广西巴马、贵州黔南以及广东河源等地区对口支援单位的进修人员54人。全年接纳北医8年制口腔医学专业学生37人,广东医学院、汕头大学医学院、安徽医科大学、郧阳医学院等学校实习生130余人。

【人才培养】 1. 科主任轮训。为促进学科建设良性发展,深圳医院53个临床、医技科室的78名主任、副主任已全部完成交流轮训。本次轮训共分19批次,每批次为期2周,历时8个多月。轮训医院包括北大第一医院、北大人民医院、北医三院、北大肿瘤医院、北大口腔医院和积水潭医院等。

2. 护理团队轮训。医院对全体护士长进行了非人力资源经理的人力资源管理培训,接受了省级护理管理培训、ISO9001质量管理体系内审员培训等一系列培训,同时选送了16名护理骨干赴北医各附属医院进行为期3个月的轮训,人员涉及急诊、ICU、手术室、呼吸内科、运动医学等多个科室。

3. 业务骨干培训。医院全年共派出14名医师出国培训。其中7位医师通过市卫人委的外语考试,经选拔参加赴德国进修学习3个月。组织赴日本癌研有明病院进修学习6人,赴美国麻省总医院进修学习1人。

4. 院士论坛。医院邀请中国工程院邱贵兴院士、北大医学部姜保国副主任等专家来院,为广大中层干部、学科带头人、科研骨干作学科建设、临床科研等方面的讲座,拓宽骨干们的科研知识面,提高临床科研技术水平,带动学科建设长足发展。

【信息化建设】 医院完成了临床路径电子系统、PACS系统、门诊收费系统、住院电子病历等一系列的信息系统升级换代工作,优化了科室的电子化工作流程,很大程度上提高了工作效率。同时,医院完成了手麻系统的升级,提高了麻醉科的工作效率,并对全院的硬件进行升级改造,进一步完善了全院运行的系统安全,实现医院电子化全覆盖。

【基建工作】 经过两年多的基础建设,外科住院大楼于2012年11月28日正式封顶,力争在2014年7月交付使用,2014年10月前完成整体搬迁工作。届时医院实际床位可扩张至1600~1800张。外科住院大楼的建设对于医院的发展具有重大的现实意义和深远的影响,可大大缓解医院当前业务用房不足、基础设施陈旧等一系列现实问题。

【党建工作】 2012年,肿瘤内科获市级"巾帼文明岗"称号,肾内科获省级"巾帼文明岗"称号,生殖医学科获卫人委"创建构建和谐医患关系示范岗"称号。急诊科在全省卫生系统争创"全国青年文明号"评比中获第6名。急诊团支部被团省委评为"'争先创优'先进基层团组织",院团委被评为"深圳市红旗团委",医技一支部被评为"市委卫生工团委先进基层团支部"。

先后在全院HIS系统上增加了"阳光用药软件监控系统"及"防统方软件实时监控系统"等功能,建立并试运行阳光用药电子监管平台,利用现代信息化技术手段实现对临床用药的实时监控,有效遏制医药购销领域商业贿赂行为的出现。同时,多次开展医药代表违规行为巡查活动,规范医药代表的推销行为,切实维护医院良好的行医环境。

深圳医院医务志愿者队伍以热情、真诚和奉献的精神积极参加医院组织的专家义诊、健康宣教、送医送药等一系列的社会公益活动。医院积极参加"与平安同行"义务献血活动,献血总人数和献血量居全市直属医疗机构之首。

医院以"维护职工权益、活跃职工文化生活、增强团队凝聚力"为宗旨,大力支持各文化、体育团体活动的开展。院篮球队、羽毛球队、足球队、瑜伽班、摄影协会等职工群体活动丰富多彩。2012年年初,医院还成功举办了开院以来规模最大的一次医院职工运动会。

元培学院

【概况】 2012年是元培学院成立11周年。全院上下积极学习十八大精神,深入贯彻科学发展观,为建设世界一流大学不懈努力创新。在校领导、全校各院系、机关的支持下,元培学院坚持以学生为本,积极开展各项工作,在人才培养、教学改革方面都取得了新的进展。

【教学工作】 1. 培养第一届飞行国防生。2012年4月,教育部和解放军总政治部联合下发通知,北京大学自2012年起开始招收空军飞行员。元培学院作为跨学科培养的先进试点院系,在学校各方的大力支持下,承担起这项光荣任务。2012年,招收了首届飞行国防生共25人,元培学院联合教务部针对飞行员的自身特点和发展前景单独制定了教学计划。

在日常管理上,按照北京大学国防生现有编制体制,确定了飞行国防生班排体制。学院制定了北京大学飞行国防生日常管理规定,对学生日常活动进行了细致的规范。通过制度约束学生,实现学生的自觉与自主管理。军事训练方面,按照北京大学国防生军事训练的安排,各项训练任务有序开展。学院单独制定了《关于明确元培学院双学籍飞行学员生活与训练管理职责的决定》。

首批飞行国防生入校半年来,学习认真,训练刻苦,自身要求严格,军体素质、日常养成等方面都走到了普通国防生前列,成为了燕园中一道亮丽的风景线。

2. 建立新的跨学科专业。元培学院与历史学系、外国语学院经过多年筹备,2012年2月,经教育部批准,"外国语言与外国历史"专业正式开始从在校生中招生。该专业的建立,对于外国语学院语言文学专业和历史系世界历史专业的学生更好地学习他们的专业具有重要的意义。2012年5月,三个院系共25名学生选择了这个专业,分布于9个语种。

至此,元培学院已经建设了3个跨学科本科专业,分别是:"古生物学""政治学、经济学与哲学""外国语言与外国历史"。

3. 导师工作顺利开展。导师办公室落实了2012级新生与元培导师的分组配对工作。先后完成以下重要工作:安排并为2012级新生组织了入学后首次选课指导活动。2012年全年全院组织落实了包括空飞班在内的19次专业方向的导师座谈会,首次在导师组织下参观了物理学院实验室并组织了8场导师专题讲座。组织了导师对创新基金的评审,并举行了"创新基金"科研论文答辩活动,组织了元培新专业"外国语言及外国历史"的讨论会、宣讲会和系列专题讲座。组织落实了2次国学网奖学金的导师评审工作。元培学院何善衡图书室的各项工作有序运转,为同学们提供了优质服务。

4. 完成教学管理工作。元培学院根据学校各专业的教学大纲要求,积极协调各开课院系完成学期的课程安排;召开飞行学员座谈会,充分听取学习情况,帮助协调解决飞行学员学习中所遇到的各种问题。

2012年,元培学院学生积极申请北京大学"本科生科研基金"资助项目,经学校审核,学生获得"本科生科研基金"资助的有"君政基金"2项4人,"校长基金"18项27人,"国家创新计划"8项11人,跨院系申报校长基金1人。

2012届毕业生审查工作顺利完成。元培学院2012届毕业生共207人,获取本科毕业证和学士学位证的学生有204人,3人暂结业。2011届结业换双证1人。

2013届毕业生的保研工作如期开展。元培2013届211名拟毕业生中有73人保研成功:校内59人,校外14人。

元培学院现有留学生27人,还有多位境外交流生。

【学生工作】 1. 开展学习贯彻十八大精神系列活动。2012年11月5日,由北京大学元培学院和中国书画院共同主办的迎十八大"翰逸心象"首都名家书法作品邀请展在邱德拔体育馆隆重开幕。展览作品紧紧围绕党的十八大隆重召开这一主题,从不同角度讴歌了党的战斗历程和辉煌成就。

十八大召开后,元培学院学子们一直积极地关注。11月8日9点,许多元培学子聚集在寝室楼大厅收看电子显示屏转播的十八大开幕盛况,聆听和学习胡锦涛总书记的重要讲话。元培学院为进一步学习十八大精神,举行了学习贯彻党的十八大精神座谈会。座谈会在同学们中反响强烈。

2. 多场学术与文体活动。学生学术科创领域取得新的突破。10月26日,元培学院第二十一届"挑战杯"系列赛事宣讲会拉开帷幕。学科委继续举办"创新基金"的学术活动,举办多场学术讲座,激励元培学生从科研开始,致力于将自己的所思所想形成学术成果。

文化体育活动精彩纷呈,硕果累累。元培学生会组织了女生节活动,与光华管理学院联合主办了K歌大赛。"一二·九"合唱系列活动、元培生日活动、男生节活动等,使了元培学院同学之间加强了交流与沟通,营造出元培大家庭的氛围,展现了元培人的风采。元培学院体育赛事捷报连传,男足取得了新生杯冠军,在体育盛典上领取冠军杯。学院团委和学生会共同举办了第五届"元培文化节"。

3. 社会实践取得新突破。元培学院团委紧跟时代步伐,充分发挥元培学院跨学科、跨领域的优势,举办了多项暑期社会实践活动。元培学院学生真正践行了"知行合一"的理念,并从实践中不断发现真知,提升了解决实际问题的能力,为日后步入社会奠定了坚实基础。实践活动在锻炼元培学生能力的同时,也为基层团组织建设和学院文化建设做出了贡献。

4. 志愿服务事业呈现新气象。3月10日上午,元培学院青年志愿者协会组织19名学生志愿者参加了北京市海淀区文明办主办的学雷锋活动。该活动让元培学子参与到街道扫除的工作中来,投入社会实践,弘扬雷锋精神。今后,院团委将继续深化学雷锋活动,大力弘扬志愿服务精神,努力使学雷锋活动常态化、机制化。

蓝天丰苑支教项目是在学院团委指导下,由院青年志愿者协会主办的品牌活动之一。学院每周派出支教团,在该校开设自然科学课和小提琴课。支教活动有利于学生志愿者丰富阅历、磨砺意志、增长才干,也激发了学生向实践学习、向人民群众学习的动力。

5. 住宿学院管理模式建设。2012年9月,元培学院4个年级的学生全部集中住宿于36楼,这在北京大学是第一次。目前,36楼约900个床位中,元培学院学生有800余个床位。

元培学院为此专门成立了学生自治的"楼委会"。楼委会成立后,从细节着手为元培学院36楼谋福利、增色彩。4月25日,楼委会协助学生在36楼进行了消防演习。

【交流合作】 2012年,元培学院国际合作与交流工作取得了较大发展,一方面原有外事活动稳步推进,另一方面积极开拓新的外事项目和合作机会。国外高校慕名来访增多,院级交流打开了新局面,接收留学生工作有了很大发展。

2012年国外来访学校数量显著增多,包括新加坡国立大学、美国瓦萨学院、迈阿密大学、印第安纳大学、法国巴黎高科、日本早稻田大学、韩国全州大学等多个国外大学来访。组织了两次出访,一次为前往韩国参加中日韩通识教育论坛,一次前往香港、新加坡等地参加李韶计划。交流项目和留学生数量显著提升,院级交流项目有了新进展。留学生工作大幅推进,2012年成功接收18名留学生,元培学院留学生数目实现了翻番。

2012年学院参与外事活动的学生逾200人次,在此过程中,学生在外语能力、科研能力、视野眼界、接人待物等方面都得到了较好的锻炼,个人素养和国际化视野得到了提升,推动了学院国际化人才培养工作的发展。

中国社会科学调查中心

【概况】 北京大学中国社会科学调查中心(Institute of Social Science Survey, ISSS)成立于2006年9月,是北京大学社会科学的数据调查平台,也是北京大学开展中国社会问题实证研究的跨学科平台。2007年,完成了"中国家庭追踪调查"(China Family Panel Studies, CFPS)的问卷设计工作,并在北京、河北、上海等地开展了测试调查。2008年,完成了北京、上海、广东三地测试调查。2009年,完成对北京、上海、广东三地的计算机辅助追踪调查测试。2010年,完成了CFPS第一次全国样本的调查。2011年完成青少年问卷的追踪调查。2011年中心换届,北京大学校长助理、社会科学部部长李强教授出任中心第二任主任。美国科学院院士、美国密歇根大学谢宇教授担任中心学术委员会主任。任强副教授、赵耀辉教授和王磊教授担任中心副主任。2012年,中国家庭追踪调查首次在全国开展大规模全样本追踪调查访问。

【科研工作】 1. "中国家庭追踪调查"完成全样本追踪调查。2012年,中国家庭追踪调查首次在全国开展大规模全样本追踪调查访问。为提高样本代表性和访问完成率,根据项目的要求,除对接受2010年基线调查、未离开原住址的家庭进行本地追踪访问外,还对离开原住址的个人和家庭、另组家庭进行异地追踪访问。考虑到家庭衍生、消亡和家庭成员组成的复杂性,此次追访针对不同家庭(基线家庭、另组家庭)、不同个人(基因成员、非基因成员、外出需追访成员)、接受访问的不同方式(自答或代答)设计的各种问卷共有8套,分别是住户过滤问卷、家庭成员问卷、家庭经济问卷、个人确认问卷、成人自答长问卷、成人代答短问卷、少儿长问卷和少儿代答短问卷。在此次全样本追踪调查中,调查对象覆盖人群的全面性、调查问卷设计的复杂性和全国范围追访的难度都远超国际和国内的同类调查。

2012年CFPS第一次全样本追踪调查经过近7个月的本地追访、异地追访和春节补访工作,完成问卷情况如下:共发放家庭样本14846户,完成12725户;各类问卷完成总数为85618份;个人样本共完成44571份,其中成人35957份,少儿8614份。从家庭层面看,2012年追访应答率为85.7%,追访完成率仍旧保持在较高的水平,为以后继续开展CFPS全样本跟踪调查打下了坚实的基础。

2. 中国健康与养老追踪调查完成追访工作。在完成2011年全国基线调查收尾工作的同时,由北京大学国家发展研究院中国经济研究中心和北京大学社会科学调查中心主持的中国健康与养老追踪调查(简称CHARLS)项目组自2012年2月初开始在甘肃和浙江两省对2008年预调查1582户样本进行追访工作。2012年追访工作主要目的是开发、摸索出一套行之有效的追访设计和操作流程,为2013年将要展开的对2011年全国基线样本的追访做好准备。

2012年3月,项目组完成了对追访流程和相关问卷的初步设计,并开发匹配的CAPI系统。为了对系统设计进行测试,并对追访的难度进一步了解,CHARLS项目组于4月以组队的方式完成了对杭州萧山区大园村和慈溪市海晏庙村的追访试调查。此次试调查的顺利完成肯定了追踪系统设计的合理性,并基本确认了2012年追访以先遣队员和访员组队形式进行的方案。此后的几周内,CHARLS修改、完善了整套的培训方案和实施流程。

在人员组织方面,CHALRS立足本校并与北京大学团委紧密合作,于5月26日在全校范围内举行了CHARLS暑期实践全校宣讲会,并在之后的三周内招募、面试了近百余名北大学子参与CHARLS2012追访工作。在经过6月27日至7月3日集中培训后,79名访员和18名先遣队员,根据地理位置和样本分配合理性组成11队(浙江5个队、甘肃6个队)赴浙江和甘肃进行追访工作。为充分利用团队的优势来保证数据质量和工作进度,每支队伍中都选拔出队长、财务员、团支书等角色。每个角色都落实了任务分工并明确激励机制。

此后的7月初到8月初的一个月里,CHARLS组织的11支调查队伍在浙江和甘肃两省32个县区的94个村居,对2008年所有样本进行了追访工作。最终成功追访1539户,仅43户未成功追访。在所有住址变化的家户中,CHARLS2012年追访率也达到了92.2%。在所有成功追访的样本中,仅17户拒访。在个人层面上,2008年有效样本2721人中完成对2380人访问,另有168位被访者在过去四年中过世,个人应答率达到93.4%。

3. 完成第二期"居民对医疗卫生服务的满意度"调查。为了更好地反应医改成效,了解居民对医改满意度的变化情况,原卫生部统计信息中心委托我中心继续开展第二期"居民对医疗卫生服务的满意度"调查。2012满意度调查的村居抽样是2011年居民对医改满意度调查的村居样本基础上的二重抽样。调查对象仍为样本家户中一名年满16岁及以上的个人。2012年设计接触样本量为3743人,分布在25个省、自治区和直辖市的66个区(县)的252个居(村),最终调查共获得了3063份有效问卷,调查应答率为81.83%。

4. 召开"2012年社会学与人口学"研讨会。北京大学中国社会科学调查中心与北京大学社会学系于3月2—3日召开"2012年社会学与人口学研讨会",研讨社会学与人口学的定量研究和分析技术在国际上的发展前沿与应用,进一步推动社会学与人口学研究方法的发展。

5. 发布《中国民生发展报告·2012》。8月5日,北京大学中国社会科学调查中心召开"中国家庭追踪调查"成果《中国民生发展报告·2012》新书发布会。教育部和国家计划生育委员会相关部门负责人,来自中国人民大学、中国社会科学院等兄弟院校和其他科研机构的专家学者,北京大学部分职能部门的负责人、社会科学相关院系的负责人和专家,出席了会议。新华社、《人民日报》《光明日报》《中国青年报》《中国教育报》《北京青年报》《北京日报》的记者也参加了本次会议。

6. 召开"首届计算机辅助调查技术用户经验交流会"研讨会。Blaise中国服务中心(China Blaise Service Center,简称CBSC)于5月26日在北京大学举办首届计算机辅助调查技术用户经验交流会。CBSC由荷兰国家统计局Blaise研发中心、美国密歇根大学调查研究中心及北京大学中国社会科学调查中心共同组建而成,旨在普及、推广计算机辅助技术在中国社会调查项目中的运用。26日早上8时30分,会议正式开始。来自荷兰国家统计局的Lon Hofman、美国密歇根大学的Gina-Qian Cheung、挪威国家统计局的Hilde Degerdal、英国Natcen调查中心的Peyman Damestani以及前来参加会议的各机构代表出席。

7. 召开"社会调查年会·2012"。由北京大学中国社会科学调查中心主办,中国人民大学中国调查与数据中心、清华大学中国经济社会数据中心、中国社会科学院社会学研究所协办的"社会调查年会·2012"于2012年5月27日在北京大学召开。2012年社会调查年会的主题是:入户调查的调查管理和数据质量,重点探讨入户调查中的调查管理方法和数据质量督导方法。国内外高校、研究机构相关领域专家及调查管理人员参会,与会者就社会调查领域的学术问题进行了广泛的交流和深入的探讨。

8. 召开"2012年跟踪调查管理方法及研究成果国际研讨会"。5月28—29日,"跟踪调查管理方法及研究成果国际研讨会"在北京召开。本次国际研讨会由北京大学、中国人民大学、美国密歇根大学和美国芝加哥大学四所高校共同组织筹办,本次会议主题发言33个,国内外参会人数达150人。四个高校分别介绍了各自承担的大型追踪调查:北京大学的"中国家庭追踪调查"及"中国养老与健康追踪调查";中国人民大学的"中国综合社会调查"及"中国雇主—雇员匹配数据追踪调查";美国密歇根大学的"健康和退休研究"及"美国家庭收入和支出调查";芝加哥大学的"全国青年纵向调查"。来自四个高校的调查管理人员分别在调查项目管理的样本设计、调查执行、访员管理以及数据清理等各个环节进行了交流和沟通。

9. 召开"CFPS学术委员会会议"。8月3日上午,中国社会科学调查中心在北京大学博雅国际会议中心召开了CFPS学术委员会会议。会议由中心学术委员会主任谢宇主持,章政、姚洋、刘爱玉、朱天飚、周晓林等学术委员会成员以及中心部分员工参加了此次会议。会议讨论了2010年的数据开发和使用方案,并就现阶段调查所遇到的一些困难进行了研究与分析,各位委员会成员提供了大量有价值的参考意见和解决方案。同时,会议也就CFPS2013年的调查方案以及CFPS更长远的发展规划做了初步的探讨。

10. 召开"CFPS国际顾问委员会会议"。8月4日至5日,中国社会科学调查中心CFPS项目国际顾问委员会会议在北京大学博雅国际会议中心成功举办。美国密歇根大学经济学教授Bob Willis、加州大学洛杉矶分校社会学教授Donald Treiman、美国爱荷华州立大学统计学教授陈松蹊、美国爱荷华大学政治学教授唐文方等来自各个专业领域的国际顾问委员会成员参加了此次会议。CFPS2013年以及更长远的发展规划也是此次会议的重要议题之一。针对CFPS的调查主题与框架、追踪方案、基因收集、CFPS数据的使用与合作等议题,与会人员进行了具体而深入的探讨。

11. 召开"CHARLS项目第四届国际顾问委员会议、第三届用户会议"。由北京大学国家发展研究院中国经济研究中心和北京大学社会科学调查中心主持的中国健康与养老追踪调查(CHARLS)不仅一直致力于研究中国的健康与老龄化问题,而且已经成为全球研究老龄化问题的一个重要数据。8月4日至6日,在北京大学国家发展研究院,中国健康与养老追踪调查(CHARLS)项目组召开了第四届国际顾问委员会议,以及第三届用户会议。

参加本次会议的国际专家有美国国家老年问题研究院(NIA)社会与行为研究项目主任 Richard Suzman 博士,美国健康养老调查(HRS)主持人、密歇根大学教授 David Weir 和美国著名智库兰德公司的高级经济学家 James Smith 博士。参会的 CHARLS 研究团队成员包括来自美国南加州大学的 John Strauss 教授、来自世界银行的 John Giles 博士,以及北京大学的沈艳教授、雷晓燕教授和来自清华大学的施新政教授。中心主任李强教授出席会议,并代表北京大学向大会致辞。

【交流合作】 1. "中国健康与疾病负担调查"合作协议。2012年6月,中国社会科学调查中心与北京大学第六医院(简称北大六院)签订了"中国健康与疾病负担调查"的合作协议,经过积极筹备,项目自2012年11月12日开始启动。该调查的研究总体为居住在大陆的18岁及以上的常住人口。调查采用分层、多阶段、概率与规模成比例的方法抽取样本。样本分布在全国161个区县1288个村居内,预抽样本量为45000人。调查采用计算机辅助的入户面对面访问的方式采集数据,将在2013年7月至12月开始实地入户访问工作。

2. 访问密歇根大学。中国社会科学调查中心主任李强教授、副主任任强副教授于2012年7月29日至8月2日应密歇根大学调查研究中心主任 William Axinn 教授邀请,参观、访问了密歇根大学。在此期间,与密歇根大学社会科学研究院(ISR)主任 James Jackson 教授、数据中心(ICPSR)主任 Marry Vardigan 教授、调查研究中心工作人员进行了深入座谈,并拜访了密歇根大学主持的几项大型社会调查项目的负责人。

3. 与北京大学团委的合作。CHARLS 项目组自2012年2月初开始筹备在甘肃和浙江两省对2008年试调查1570户样本进行追访工作,此次调查与北京大学团委合作,在北京大学招聘和培训学生访员,以"实证求真知,深处看中国"为主题,通过北京大学第一期深入社会实证调研,让北京大学学生更好地增长社会调查知识,深入社会、了解民生。

分子医学研究所

【概况】 北京大学分子医学研究所(Institute of Molecular Medicine, Peking University, IMM PKU)(后文简称 IMM)创建于2005年,以心血管病和代谢综合征等重大疾病为主题,集基础、转化、前临床研究为一体,秉持从分子到疾病模型到人"一条龙"的研究战略,进行分子机理和转化医学的研究。

至2012年年底,研究所已建成了具有国际水准的12个研究室、研究中心及3个大型公共科研平台,其中包括"非人灵长类动物研究中心"。在 II 期发展规划中,研究所强调深层次合作、协同创新与集成创新,以"兼容并包、追求卓越"为己任,开展代谢与心血管转化医学研究。核心宗旨是解决事关中国国计民生的重大生物医学课题,培养"创新型、复合型及学科交叉型"领军人才。

2012年,1人入选第七批"千人计划(溯及既往项目)",1人入选第七批"千人计划(创业人才项目)"。青年学术负责人(PI)汪阳明入选北京大学—清华大学联合生命科学中心。青年学术负责人(PI)陈良怡获得国家自然科学基金委员会优秀青年基金的资助。

2012年12月14日上午,中国科协常务副主席、书记处第一书记陈希到研究所调研转化医学学科建设。时任北京大学常务副校长王恩哥,中国科协组织人事部部长李森、办公厅副主任李志刚等陪同视察。肖瑞平所长向陈希等汇报了近年来 IMM 建设情况。在听取情况介绍后,陈希充分肯定了北京大学分子医学研究所在基础研究、临床转化探索和人才培养等方面取得的成绩,鼓励 IMM 师生继续脚踏实地、加强合作努力攻关,以10年乃至更长的时间为尺度不懈奋斗,将研究所建设成为转化医学前沿新兴领域世界一流的研究中心。

2012年10月8日,北京大学分子医学研究所与博雅干细胞集团(Boyalife Group co.)签署全面合作协议,签约仪式在北京大学英杰交流中心举行。此次全面合作的启动,旨在共同推动中国 GPCR 新药创制联盟发展进程,共同打造世界一流的灵长类模式动物国家工程中心和转化医学中心,共同培养新型领军人才。同时,在躬行实践中探索生物经济时代的大背景下,高校转化医学(Translational Medicine)研究与生物技术产业协同创新及服务国家战略需求的新模式。

【科研工作】 2012年 IMM 发表、接收论文38篇,总影响因子257.8,平均影响因子6.8。其中 IMM 为第一作者或责任单位第一单位署名文章26篇。从建所至今累计发表、接收论文174篇,总影响因子1382.6,平均影响因子7.9。其中 IMM 为第一作者或责任单位第一单位署名文章104篇。

2012年,IMM 获批3个国家科技项目:程和平教授973项目"线粒体功能障碍致早期心衰机制及干预策略研究"、田小利教授领衔973项目"血管衰老及相关疾病的生物学基础"以及肖瑞平教授领衔的重大新药创制课题"以GPCRβ1/β2AR为靶标的中药活性筛选及创新中药发现"。同时，获得国家自然科学基金创新群体项目支持。

1. 恒河猴"一站式"基因组知识库RhesusBase。IMM研究组对恒河猴全身组织进行了基于链特异性RNA-SEQ技术的转录组深度测序，总测序片段数达到12亿条，对全转录组的覆盖度达到97%，在全基因组尺度上实现了对两万多个恒河猴基因的精细结构修正。通过对数以亿计的恒河猴表达片段进行拼接和进一步的实验验证，发现现有恒河猴数据库中近三分之一的基因结构注释存在错误。研究组采用纠错修正后的精细基因组框架图，对近百个数据来源的基因功能信息进行整合，在国际上首次构建了一个集基因结构、表达、调控、遗传变异、疾病、功能及药物开发等信息于一体的、拥有56亿条独立注释信息的恒河猴"一站式"基因组知识库RhesusBase (http://www.rhesusbase.org)，力争打造成为整合恒河猴研究的"一家店"。相关工作在 Nucleic Acids Research 杂志发表，并被作为亮点评述；数据库发布两个月内，访问达到3万人次，并被BioMart等国际组织建立远程检索链接。

2. 揭示长非编码RNA与基因起源奥秘。人类基因组计划揭示，占基因组95%以上的区域并不编码蛋白质，长期以来被认为是没有功能的垃圾序列(Junk DNA)。然而，最新研究表明，某些非编码区域可以转录形成长非编码RNA，解读其生物学功能迅速成为该领域的前沿热点问题，而从比较基因组学角度，系统追溯基因及长非编码RNA起源过程，可为解开长非编码RNA之谜提供启迪。恒河猴与人类分歧时间大约为2500万年，从进化距离上是研究这一问题的最佳模型。研究捕捉到了从长非编码RNA转变为蛋白编码基因的精彩过程：研究首次发现24个类人猿物种特有的蛋白编码基因(Hominoid-specific，包括人类和黑猩猩)，而在与人类近缘的恒河猴基因组中，这些基因绝大多数(83%)以长非编码RNA形式存在。更有意思的是，它们已具有与人类同源基因相似的转录结构和基因表达模式。研究者提出，部分长非编码RNA是蛋白编码基因的前体，处于向蛋白编码基因转化的过渡阶段。简言之，非编码RNA是新基因诞生的温床。这一工作于2012年9月在 PLOS Genetics 杂志发表，并被"FACULTY of 1000"收录和推荐。这一发现对于完善基因起源理论和从整体上理解长非编码RNA的生物学功能具有重要意义。

3. 在血管功能和衰老方面的研究进展(Aging Cell)。血管新生因子(AGGF1)是研究所前期发现的新的血管新生因子。该基因上引起功能增强的突变(gain-of-function)可以导致血管发育畸形，但其作用机制仍不清楚。研究所发现AGGF1参与mTOR1和mTOR2的平衡的调节。mTOR1和mTOR2是体内重要的调节系统，参与细胞周期调控、凋亡、能量摄取和衰老等。研究所发现，AGGF1可以直接调节Rictor而加强mTOR2的功能，而其下游分子为AKT和Bim。这是一条新的与内皮细胞生存(endothelial cell survival)密切相关的信号通路。除此，研究所还发现与血管功能调节密切相关的肾上腺素系统与人的寿命相关，肾上腺素系统与性激素系统共同参与了性别所致的人类寿命的差异。

【学术交流】 1. 由学术委员会主席主抓"IMM Seminar"系列学术讲座，邀请的报告人都是国内外拥有自己独立课题组并开展独立研究的教授或PI级专家，听众包括研究所的师生和对报告内容感兴趣的兄弟院系及科研单位的研究人员。该系列学术讲座不仅成为学生了解学术最新进展、研究人员与同行进行学术切磋的平台，而且在国际同行内形成了良好的口碑，已成为IMM的品牌、名片。自建所以来共举办438场，2012年共举办67场。

2. 7月22日，由IMM肖瑞平所长与复旦大学金力校长共同担任主席的"中国心血管基础研究会议"(Chinese Basic Cardiovascular Research Conference，CBCRC)在美国新奥尔良与美国心脏学会"基础心血管科学2012科学会议"(BCVS 2012)协同召开。会议邀请了国内心血管领域科研、临床和企业的领军科学家，以集体形式全面地向国际同行展示了中国的心血管研究进展和水平，获得了较高的国际声誉。会议期间，肖瑞平所长陪同中国医学科学院刘德培院士一起会见了美国心脏协会的主席Donna Arnett博士，就如何进一步加强中美心血管研究领域的交流进入了深入的交谈。

3. 10月31日，"北京大学—拜耳医药保健新药研发及转化研究论坛(心血管和血液疾病)"在北京大学成功举办。Hanno Wild教授、肖瑞平教授、Martin Bechem博士、田小利教授，以及数名中国转化医学界领军学者就心血管和血液疾病领域发表了精彩演讲。近百名北大师生及医药行业代表参加了论坛。与会期间，北京大学等学术机构的医药学术界专家还与拜耳国际药物研发专家，就合作项目进行了深入探讨。

4. 首届"分子医学成像研讨会"于5月18日至22日在北京大学成功举行。研讨会由北京大学分子医学研究所、北京大学生物动态光学成像中心、生物膜与膜生物工程国家重点实验室、"973计划"心脑血管研究项目网络和中国生物物理学会联合主办,以"共建国内分子医学成像平台、培养生物成像领域中坚力量"为宗旨,期望大力推动我国分子医学成像创新技术的研究和应用。来自北京大学、清华大学、中国科学院、复旦大学、浙江大学、华中科技大学、阜外心血管病医院、第三军医大学、第四军医大学等国内著名高校、医院与科研机构的63名学员,与在分子医学成像领域卓有建树的22位知名专家共聚一堂。研讨会中互动与交流精彩纷呈,大家表示此次研讨会是一次高水平的分子医学成像技术展示与学习的盛会。

【教学工作】 研究所现有北京大学学籍学生104人(含硕博连读37人),客座学生46人。2012年有19名博士研究生毕业。

1. 8月和10月,IMM"分子医学"二级学科顺利通过校外专家评审组和学校专家评审组的北京大学自主设置二级学科评审。

2. 2012年,IMM开设了2门新课程,分别是顾雨春研究员开设的"电生理与分子药理学"和李川昀副研究员开设的"基因组医学基础",广受学生好评。

3. 为感谢顾孝诚和吴才宏两位教授对分子医学研究所的创立和发展所做出的巨大贡献,激励学生以老一辈科学家为榜样,加强道德修养,追求高尚品格,在学习和科研上不断进取、追求卓越,自2012年起设立"顾—吴奖学金",用于奖励分子医学研究所在读的品学兼优的研究生。首届"顾—吴奖学金"颁奖仪式暨学术报告会于2012年5月14日举行,熊健华、熊彦、黄渊余、侯婷婷四位同学获奖。

4. 为使学生们能够更多地交流科研进展,分享工作经验和体会,IMM组织了"PIZZA SEMINAR"活动。PIZZA SEMINAR由同学们做主角,自己组织、自己讲,共同分享科研工作中的成绩和研究进展,旨在为学生们提供一个增强学术交流、锻炼演讲能力的平台。

【党建工作】 研究所现有教工党员12人,学生党员36人,预备党员1人,入党积极分子7名。IMM职工党支部被评为2012年度北京大学先进党支部,这是继2008年之后研究所支部第二次获此殊荣。2012年度IMM职工支部在创先争优活动中评选了5名优秀共产党员。

科维理天文与天体物理研究所

【概况】 2006年6月16日,北京大学许智宏校长与美国加州科维理基金会(The Kavli Foundation)正式签署协议,建立"北京大学科维理天文与天体物理研究所"(Kavli Institute for Astronomy and Astrophysics,KIAA-PKU),并于2007年开始运行。研究所开展有关从行星—恒星系统乃至整个宇宙不同尺度天体结构的起源和演化的基础研究,致力于成为中国和亚太地区一个国际一流的天文和天体物理研究中心和人才培养基地,以国际最高水准推动基础科学研究在中国的发展,并成为连接正在迅速崛起的中国与发达国家科学界的一座桥梁。研究所主要从事以下几个领域的研究:(1)宇宙学和星系的形成;(2)引力物理和高能现象;(3)星际介质、恒星和行星系统。研究所实行与国际接轨的管理运行机制,工作语言为英语,聘请国际著名学者组成顾问委员会,指导并评估研究所的运行。研究所在全球公开招聘研究人员和博士后。

从2007年开始,研究所每年一次在美国天文学会(American Astronomical Society,AAS)网站发布招聘公告,面向全球公开招聘各类研究人员。在学校的大力支持下,研究所人才队伍建设成效显著,从无到有,一支国际化的研究队伍已初步建立起来。截至2012年年底,研究所共有访问讲席教授1人(国家"千人计划"短期项目)、教授级研究员3人、国家"青年千人计划"研究员1人、"百人计划"研究员3人。以上研究人员半数为非华裔,其他中国籍研究员均为留学回国人员。

2012年8月17日—18日,学校聘请的国际评估委员会对研究所成立五年(2007—2011年)的运行情况进行了评估,并向学校提交了评估报告。

【教学工作】 2012年研究所共指导研究生19名、本科生20多名(其中包含多名未名学子班学生)。研究所研究员讲授的课程有:天体物理前沿(研究生)、天文学中的距离测量(研究生和高年级本科生)、现代天文学(本科生)等。2012年研究所有在站博士后9人,其中进站1人、出站4人。

2012年7月19—22日,研究所与天文学系共同举办了第四届天文夏令营,来自全国的113名高中学生参加了为期4天的夏令营。通过学科导航、名师讲座、师生互动及到北京天文馆、国家天文台兴隆站参观,并通过精心设计的笔试和面试,天文学系向学校推荐了50名优秀中学生作为2013年自主招生的候选人。

【科研工作】 1. 科研项目、基金。2012年度研究所获得国家自然科学基金面上项目1项、外国青年学者基金2项;中国博士后科学基金特别资助1项;Templeton天文研究基金3项,总经费275万元。

2. 科研论文及专著。2012年度研究所共发表专业学术期刊论文 31 篇，会议论文 2 篇。"百人计划"研究员闫慧荣与美国威斯康星大学麦迪逊分校 Alex Lazarian 教授合作撰写了 MHD Turbulence: Consequences and Techniques to Study，由兰伯特学术出版社（Lambert Academic Publishing）出版（ISBN-10：3846545465；ISBN-13：9783846545461）。

3. 学术研讨会。(1)"大型巡天的类星体研究"学术研讨会：2012 年 6 月 25—28 日。

(2)"实验室、空间和天体物理等离子体的磁流力学和高能粒子"学术研讨会：2012 年 7 月 4—6 日。

(3)"费尔米数据分析"学术研讨会：2012 年 8 月 16—17 日。

(4)"北京大学 2012 年天体物理学术研讨会——用 FAST 进行脉冲星的搜寻和测时"：2012 年 10 月 19—21 日。

4. 日常学术活动。2012 年研究所和天文学系一起共同举办了 26 个午餐报告、32 个学术报告、20 次博士后午餐讨论、24 次研究生午餐讨论。

【交流与合作】2012 年共有 33 人次海内外访问学者来研究所交流和合作。研究所的研究员和博士后有 66 人次出国（境）交流。

北京国际数学研究中心

【概况】2012 年，北京国际数学研究中心（以下简称"数学中心"）继续以"建设世界级的数学研究机构，为中国培养新一代的世界级数学家，加强数学在科技领域当中的应用，推进北京大学乃至全国的数学研究、教育水平"为目标，全体教师、学生及工作人员锐意创新，努力进取，不断改革和创新工作机制，在人才队伍建设、后备人才培养、学科建设、对外交流与合作等方面都取得一系列新的重要进展。

【队伍建设】1. 人才引进走向国际化。数学中心面向世界招聘教师及博士后科研人才。2012 年，数学中心学术委员会对人才引进工作做了整体规划，并根据学科建设重点招募人才，着重引进、邀请活跃在国内外学术前沿的著名数学家。截至目前，北京国际数学研究中心有 7 人入选中组部"千人计划"，4 人入选中组部"青年千人计划"。引进北京大学"百人计划"学者 3 人，讲座教授 3 人。他们均有在海外著名高校、科研院所学习、科研或任教的经验。

2. 重视打造高素质博士后人才队伍。数学中心特别重视对青年博士后研究人才的培养，积极在世界范围内物色、发掘并推荐颇具潜力的青年数学才俊，经过认真筛选，严格把关，选举出已有突出表现并具备学术发展潜力的博士到数学中心开展研究工作。2012 年，数学中心新进站博士后 10 名（其中包括 1 名西蒙斯博士后和 1 名外籍博士后）。

2012 年度，数学中心博士后培养工作硕果累累，在促进数学领域专业人才的流动以及数学领域专门人才的培养方面都取得了突出的成就。截止目前，数学中心已有 6 名博士后获得中国博士后基金面上资助，1 名博士后获得中国博士后基金特别资助，2 名博士后获得国家自然科学基金青年基金项目。加拿大、印度等国著名大学的博士毕业生进站工作，使数学中心的博士后站点更具国际影响力。2012 年 3 月提前出站的博士后周斌在站期间，不仅获得三项基金项目，还在高水平期刊如 Advances in Mathematics 等发表文章多篇。由于做出很好的科研工作，周斌得到国际同行的高度认可，获得澳洲政府的 Discovery Early Career Research Award 项目资助，获邀赴澳大利亚国立大学开展合作研究。博士后陈学长、郭帅、关启安、陈凌、熊金钢、葛化彬等人也在相关领域取得突破性的进展，逐渐获得同行的认可。

【科研成果】1. 解决 Yau-Tian-Donaldson 猜想。2012 年，数学中心主任田刚教授取得重大突破，率先解决了 Yau-Tian-Donaldson 猜想。田刚教授先后受邀在法国巴黎 IHP、美国纽约州立大学石溪分校、北京国际数学研究中心等地报告自己的学术成果，引起了强烈关注和极大反响。他的证明综合应用了众多理论，涉及很多数学分支，比如微分几何、代数几何、偏微分方程、多复分析、度量几何等。特别是他的证明将这些领域联系在一起，完善并推动了这些学科的发展。Yau-Tian-Donaldson 猜想的解决建立了连接代数几何和微分几何的桥梁，并将推动这两个学科的发展，在几何领域的发展史上留下光辉灿烂的一页。

2012 年 7 月，国际数学界邀请田刚教授担任阿贝尔奖评选委员会的评委，这也是中国籍数学家第一次出任该奖评委。

2. 科研论文发表。2012 年，数学中心教授和博士后发表论文综述超过 80 篇（含已被接受的文章和预印本），其中有 3 篇发表在世界最权威、最顶尖的四大综合性数学期刊（Invention、Annals、Acta、JAMS）上。2012 年夏，数学中心长期支持的北京大学数学科学学院范辉军教授以及数学中心许晨阳副教授各自与人合作的文章被世界顶级数学期刊 Annals of Mathematics 接受。另外，郭岩教授在周期边界条件下构造出 Vlasov-Landau-Poisson 方程组的整体唯一解码，他的文章发表在顶尖期刊 JAMS 上。

3. 交叉领域研究。周晓华教授与中国中医研究院合作的"电针治疗"项目，在数学与医学等交叉领域的研究中取得新进展。葛颢副教授与哈佛大学谢晓亮教授组以及北京大学生物动态光学成像中心合作,历时四年,对DNA变构合作效应深入研究的一篇文章被《科学》(Science)杂志接收。

【人才培养】 数学中心积极探索培养新一代一流数学人才的新途径,推动北大数学研究生培养模式的改革与创新。

进行研究生招生宣讲。2012年9月7日,数学中心和数学科学学院紧密合作,一起举办"研究生招生宣讲活动",吸引了近100人参加。数学中心2012年新招收博士研究生10名。他们均来自国内著名高校或科研院所,专业成绩名列前茅,思维活跃,具有从事学术方面工作需要的独立思考和积极创新的优秀潜质。

2012年,数学中心继续实施"北大数学研究生奖学金"计划,奖励10名北京大学在读的数学学科优秀研究生。为了保证奖学金计划实施效果,数学中心与数学科学学院联合成立的评审委员会在获奖一学期后,对获奖者进行中期检查。该举措进一步鼓励了北大数学学科研究生的科研积极性,激发了研究生特别是博士生在数学理论和应用方面的创造热情。

建立四位一体人才培养模式。数学中心是一流的人才培养基地。2012年,数学中心继续开展、筹办第四期研究生数学基础强化班、第15期特别数学讲座——共形几何和偏微分方程、2012年数学暑期学校、"拔尖人才计划"——邀请法国巴黎第七大学教授 Michel Broue 来数学中心开设新课程"大学生代数教程"。通过以上四位一体的人才培养模式,数学中心积极为数学的发展和国家建设做贡献。

【学术交流】 数学中心秉承"研究性、国际化"导向,成功举办数十项学术活动,在国内外数学界产生了广泛的学术影响。

2012年,数学中心共组织召开8项国际研讨会,其中包括 Mathematical Theory and Simulation of Phase Transitions 系列活动、表示论及其范畴化第二次研讨会、辛几何与数学物理研讨会、第二届生物统计国际研讨会、代数与算术几何研讨会、偏微分方程的快速算法博士生研讨会、快速求解器在大规模科学计算中的需求与面临的挑战研讨会、中法丢番图几何研讨会。

2012年,数学中心共举行了112场学术报告,邀请了来自世界各地顶尖科研院校的著名学者,如美国麻省理工学院的 George Lusztig 教授,英国剑桥大学的 John Coate 教授,日本京都大学的 Kenji Fukaya 等前来作学术报告。

数学中心常设讨论班在2012年继续如火如荼地开展,这其中包括丁伟岳、田刚院士主持的"几何分析讨论班",张继平教授主持的"有限群表示讨论班",刘小博、范辉军教授主持的"辛几何与数学物理讨论班",陈华一、徐晨阳副教授主持的"算术与几何长期讨论班"等。

2012年,数学中心共接待来自世界各地的数学家逾百名。数学中心十分重视与数学科学学院的合作,注重优化北大数学学科内部结构。2012年,共有10名来自北大数学科学学院教师到数学中心做长期访问,组织和参与数学中心的学术活动。郭紫华副教授、章志飞副教授、王崑副教授来访期间,科研均取得突破进展。

另外,数学中心还积极通过TRAM计划、"中法数学研究合作项目"(SFRPM)、澳大利亚布里斯班冬季学校等开展丰富而活跃的学术交流和访问。数学中心常年汇聚众多国内外著名专家和优秀科研人员,为青年学者和学生带来最新、最前沿的学术研究成果,形成了数学中心开放的、国际化的学术研究和交流平台。

深圳研究生院

【概况】 2012年是深圳研究生院走向新十年的开局之年,也是国际化校区建设攻坚并取得长足进展的一年。2012年,北京大学深圳研究生院(以下简称深研院)在北京大学党委、校行政和深圳市委、市政府领导下,按照"前沿领域、交叉学科、应用学术、国际标准"的方针,加速推进"世界一流国际化校区"建设,办学水平显著提高,校区建设进展迅速。

1. 积极学习贯彻党的十八大精神和学校第十二次党代会精神,推进校区创新发展。深研院按照学校党委的部署,进行了深入的学习和贯彻落实,开展了包括院党委委员集体学习以及各支部的学习实践等活动,并形成了发展报告向学校进行了报送。学校党代会是北京大学发展历史上一次继往开来的大会,大会报告充分肯定了"深圳研究生院作为学校的重要改革试验区,在开展交叉学科和国际化办学上取得明显成效";报告强调要"努力办好北京大学深圳研究生院,使之成为深圳市进一步改革开放、建设国际化城市的重要力量和为华南地区培养高素质人才的重要基地"。在深圳研究生院创新发展、建院十周年之际,统领北京大学下一步发展的党代会报告的充分肯定与清晰定位,极大地激励了广大深圳研究生院的师生员工,进一步形成了共识、凝聚了人心、振奋了精神、推动了发展。

2. 校区发展赢得省、市、校的大力支持,办学关系进一步理顺。2012年度,省、市、校对深圳研究生院办学模式与特色给予了高度认可与大力支持,对未来发展给予了更为清晰的定位。2012年度学校组织赴深圳研究生院调研组对校区发展进行专题调研，深圳市领导王荣、许勤、王穗明、唐杰、吴以环2012年度也多次就深圳研究生院建设、发展问题或亲临指导，或专门批示。北京大学党委书记朱善璐、校长周其凤等校领导专门就深圳研究生院发展给予了专门批示和指示。市校双方主要领导的亲切关怀与支持进一步理顺了深圳研究生院的办学关系，为校区发展提供了多项政策支持。

3. 学科整合与提升进一步加强，创造出各自的学术"高峰"。2012年度，深圳研究生院各学院整体学科实力进一步提升，学科团队进一步凝聚，不断创造出各自的学术"高峰"。化学生物学与生物技术学院生物学、化学基因组学、临床实验和转化医学组成的系统构架逐步完善，被科技部评为"优秀重点实验室培育基地"。信息工程学院迎来建院十周年，学科平台进一步整合，师资团队实力明显提升。城市规划与设计学院着手城乡规划一级学科的申报，以此为契机全面推动学院发展。环境与能源学院在现有的环境科学和环境工程两个专业下，增设了能源管理与能效审计、固废处理与资源化两个新的研究方向，进一步完善了学科方向设置。国际法学院新增法律本科起点法律硕士招生，校本部同意设立国际法学院学位评议小组，与本部法学院的交流合作进一步加强。汇丰商学院获新增MBA等方向和专业。2012年度，新材料学院初步搭建起学科框架，引进部分师资，成功组织申报三部委（财政部、工信部、科技部）联合"2012年度国家新能源汽车（动力电池）技术创新工程项目"。2012年7月，各学院对未来发展方向进行了集中深入讨论，并形成了未来五年的发展规划，为下一阶段学科发展描绘了清晰蓝图。

4. 国际化高水平人才队伍建设取得新进展。2012年，深研院引进教师27人，其中教授3人，副教授4人，助教授20人，以上教师中有14人为外籍教师。师资团队中有1人入选"国家千人计划"，1人入选"外专千人计划"，1人入选国家外专局2012年度高端外专项目，1人入选"北京大学百人计划"，1人入选"鹏城学者"计划。化学生物学与生物技术学院以吴云东院士为团队带头人的"重大疾病化学基因组学团队"成功入选深圳市首批孔雀计划"创新创业团队"。在深圳市人才认定中，新增海外高层次人才B类4人，C类3人，新增高层次专业人才国家级1人，地方级9人，后备级4人。

5. 总体科研实力进一步提升。2012年，深研院科研工作取得了多项重要的突破性进展。新增科研项目216项（同比增长37.6%），科研合同经费首次超过两亿元大关（同比增长111.5%）；纵向经费与横向经费比例超过3:1，承担高水平基础研究项目的能力明显提高；深研院师生共发表学术论文345篇（同比增长31.2%），其中SCI、EI、SSCI收录227篇（同比增长42.8%）；10个市级重点实验室、工程实验室、公共技术平台同时启动，在深圳市各教学科研机构中遥遥领先。2012年新增合同经费总计20934.3万元（同比增长111.5%），其中纵向课题113项，合同经费14828.1万元（同比增长140.4%），横向课题103项，合同经费6594.5万元（同比增长76.8%）。2012年，科研经费收入为19837万元（同比增长94.2%），其中纵向课题经费收入15180万元，横向课题经费收入4657万元，分别同比增长121.3%、38.7%。

【信息工程学院】 2002年，信息工程学院在深圳市政府、北京大学校本部以及深圳研究生院的支持下正式成立，首任院长为我国著名的计算机科学家杨芙清院士。

信息工程学院成立以来，以培养理学硕士和博士研究生为主。学院立足深圳，依托北京大学多学科优势，利用粤港乃至全国的丰富资源，面向社会和经济发展的需要，建设以应用为特色的人才培养基地。学院现开设三个专业：微电子学与固体电子学、集成电路与系统、计算机应用技术。研究方向包括：微纳电子器件与集成技术、集成系统芯片（SOC）、微电子机械系统（MEMS）技术、系统芯片设计验证与测试、网络通信与信息安全、多媒体技术、网络信息工程、人机交互与机器人系统等。

历经十年的成长，信息工程学院已经由创院之初的10名硕士研究生、3名教职员工发展成为在校硕士、博士研究生500多人，全职教职员工近50人的学院，专任教师20人，包括外国专家2人，港澳台地区专家3人，留学归国教师10人。专任教师中，正高职称6人，占30%；副高职称11人，占55%；中级职称3人，占15%。培养毕业生近千人，为高校和研究机构尤其是高新科技企业输送了一大批高素质人才。多数毕业生在北京、上海、深圳、广州、香港等地高新技术企业任职。

如今的信息工程学院在"前沿领域、交叉学科、应用学术、国际标准"方针的指引下，在教学和科研工作上取得了丰硕的成果，并建立了深圳市集成微系统科学工程与应用重点实验室（待建国家级）、深圳市云计算关键技术与应用重点实验室、深圳市薄膜晶体管与先进显示技术重点实验室、深圳市三维数字媒体技术工程实验室、深圳市物联网智能感知技术工程实验室、深圳市氧化物半导体TFT与集成技术工程实验室、深圳市三网融合播控平台工程实验室以及深圳市网络化智能监控系统公共技术平台等。

信息工程学院成立以来,学院充分结合北京大学的学科优势和深圳的信息产业优势,探索产学研一体化的办学新模式。在国际信息产业重心向中国加速转移、中国信息技术能力快速提升的大环境下,学院大力开展产学研合作,自2002年成立以来,先后与珠三角地区多家知名企业和科研院校在科研项目合作、人才培养等方面建立了广泛的合作关系,也得到了政府部门的大力支持,融入了深港粤产学研创新体系。

2012年3月,王文敏被任命为信息工程学院常务副院长。信息工程学院领导班子其他成员如下:副院长张盛东,副院长王新安,学院教工党支部书记兼院长助理雷凯。

2012年12月,信息工程学院举行了十周年院庆系列活动,包括庆典大会、实验室揭牌仪式、"信息技术与科技创新"论坛等。

开设微电子学与固体电子学、电子科学与技术(集成电路与系统)、计算机应用技术3个专业。共招收165名研究生,其中博士生6人,硕士生159人;毕业生分为微电子学与固体电子学、电子科学与技术(集成电路与系统)、计算机软件理论、计算机系统结构4个专业,共141人,其中博士生8人,硕士生133人;全年共计在校生544人,其中博士生49人,硕士生495人。

共开设专业课程50门,143学分。在学校组织的网评中,信息工程学院课程两个学期分别为:95.47分,略低于深研院平均分和全校平均分;97.12分,高于深研院平均分和全校平均分。

电子科学与技术(集成电路与系统)专业新开课不拘泥于课堂教学方式,增加了外出参观著名IT企业的内容,让学生充分了解集成电路与系统的历程、现状及发展趋势,受到学生的一致好评。

邀请校本部信息科学技术学院教学督导小组组长甘学温教授对年轻教师的课程进行听课,并帮助他们分析了各自改进、提高的方向,分享了教学经验,给年轻教师以极大的帮助和鼓励,受到教务处领导的肯定。

2012年度信息工程学院科研经费收入5414万元,其中纵向课题经费收入达到4516万元,横向科研经费898万元。

2012年度,共获得国家自然科学基金等国家级重要科研项目3项,深圳市薄膜晶体管与先进显示技术重点实验室、深圳市网络环境下的智能监控系统服务平台、深圳市三维数字媒体技术工程实验室、深圳市融合网络集成播控技术工程实验室、深圳市氧化物TFT器件与集成技术工程实验室、深圳市物联网智能技术感知工程实验室等市级科研平台陆续启动建设。2012年信息工程学院师生共发表学术论文139篇,其中SCI、EI、ISTP和SSCI收录128篇,新增国家发明专利申请22项。

与创维集团合作共建深圳市三维数字媒体技术工程实验室;与深圳市广信网络传媒有限公司合作共建深圳市融合网络集成播控技术工程实验室。

学院共邀请包括2位IEEE会士、1位科学院院士、2位工程院院士在内的著名专家学者来校作学术讲座15次,学院教师参加国际会议30余人次。

2012年度毕业生共计141人,其中博士毕业生8人,硕士毕业生133人,就业率99%,在广东省(含深圳市)就业24人,占毕业生总体的17.02%;在深圳就业21人,占毕业生总体的14.89%。

举办各具特色的品牌活动,如体育活动月、新生春游、秋游活动等。

信息工程学院学生在2012 Altera中国大学生电子设计文章竞赛中获年度一等奖;在第八届中国研究生电子设计竞赛决赛中获团体二等奖;在2011—2012年度德州仪器(TI)DSP及嵌入式大奖赛中获得软件算法组三等奖、系统设计组三等奖和最佳创意奖等。

【化学生物学与生物技术学院】化学生物学与生物技术学院创建于2003年,学院的定位是重大疾病化学基因组学研究,旨在融合现代合成化学、计算化学、化学生物学、生物学、转化医学等五大前沿领域,建设一个现代化的创新药物研究平台,培养交叉复合型高层次生物医药研发人才,为深圳市和国家生物医药产业的快速发展提供高端人才支撑服务。

学院是第一个由教育部批准备案的"化学基因组学"专业二级学科博士授予点。化学基因组学是化学、生物学和医学高度交叉结合的新兴学科,从化学的视角为生命科学的研究提供全新的思路和理念。作为后基因组学时代药物发现的新模式,化学基因组学极大地加快了生物医药工业的发展,是未来新药创制的"研发心脏"。早在2003年,学院就筹建成立了我国第一家化学基因组学实验室,该实验室于2010年获批成为"深圳市化学基因组学省部共建国家重点实验室培育基地",并成为当年的"深圳市十大创新工程"之一;2012年该实验室被科技部评为优秀省部共建国家重点实验室培育基地。

学院以国际化的组织形式和科研运作机制,吸引并聚集了一批优秀的科技人才,组建了卓越的国际化师资队伍。2012年学院在团队建设及创新载体建设方面取得了突破性进展,由吴云东院士带头的"重大疾病化学基因组学研究团队"获得了深圳市海外高层次人才创新创业专项基金3000万元(孔雀团队);学院申请组建的"深圳药物筛选和临床前药效评价公共服务平台"和"深圳市功能化微尺度材料工程实验室"均已获得立项。

2012年学院在科研成果上有所斩获,申请中国专利2项、PCT专利1项,获得中国专利授权1项、美国专利授权1项,李志成老师获得"Asian Core Program Lectureship Award"1项;共发表论文52篇,均被SCI收录,平均影响因子5.38,其中我院为第一通讯作者单位的论文共有3篇发表在国际著名杂志 Angew. Chem. Int. Ed.(分别由黄湧、李子刚、王智刚、全军民、杨震课题组完成),成为新的亮点。

2012年学院共开展学术讲座35次;主办及承办国内会议及学术论坛3次,参会人员均超过100人。截至2012年年底,学院在读研究生203人,其中博士生107人,硕士生96人;已毕业博士生48人,硕士生8人。2012年度共有11名博士研究生、1名硕士研究生完成论文答辩,顺利毕业。

【环境与能源学院】 2012年,全院学生总人数181人,全职教师16人(其中教授7人、副教授8人、助理教授1人),研究员3人,博士后8人。现有环境科学和环境工程两个专业,新增能源管理与能效审计、固废处理与资源化两个新的研究方向。2011—2012学年共开设26门专业课。

学院全年实际到账经费2217万元,其中实到纵向科研经费1373万元,实到横向科研经费844万元。学院全年共发表学术论文80篇,其中SCI收录论文27篇,EI收录论文6篇,中文核心期刊47篇。在专著方面,栾胜基老师出版了20万字的《农村环境管理模拟:农户行为的仿真分析》,陶虎春老师协同其他研究人员共同出版44万字的《生物电化学系统:从胞外电子传递到生物技术应用》。学院全年申请专利7项,其中发明专利4项,新型实用专利3项,有1项发明专利得到授权。学院在2012年度还首次成功实现了3项在审专利的转让。学院首次以牵头单位身份成功申请2013年度国家海洋局公益项目。深圳市发改委资助的深圳市藻类新能源技术开发和应用工程实验室已经按计划完成基础建设,大型仪器设备的采购也已完成政府招标,进入良好的运作状态。城市人居环境科学与技术重点实验室在6月20日完成市创新平台的数据录入,顺利通过9月份的评估考核。

全年学院共举办了两次大型学术会议:"第二届学术年会"、第三届"低碳城市与区域发展科技论坛"。国际交流方面,2012级SPO招生工作顺利完成,共招收30名学生;3名环境科学专业硕士生赴美国德雷塞尔大学进行短期交流;学院与美国华盛顿州立大学签订了综合合作协议。

【城市规划与设计学院】 城市规划与设计学院组建于2009年,其前身为北京大学深圳研究生院环境与城市学院。2012年,学院领导班子成员如下:院长李贵才,常务副院长曾辉,副院长陈可石,院长助理阴劼、仝德。

学院设有地理学(城市与区域规划)、地理学(景观设计学)两个全日制硕士研究生招生专业,依托校本部城市与环境学院招收自然地理学、人文地理学博士研究生。自2009年独立招生以来,累计招生391人。目前全日制在校硕士研究生264人、博士研究生28人。

学院现有实体科研平台包括:深圳市循环经济重点实验室以及创建中的城市人居环境与技术国家级重点实验室(地学基础分室、应用生态学分室、数字城市分室)。此外,学院设有虚体研究中心:景观生态学与数字城市研究中心、中国城市设计研究中心、土地经济与住房政策研究中心、生态修复与废物资源化技术研究中心,以及合作机构:北京大学—香港大学深港发展与创新研究中心、北京大学—北卡罗来纳大学(PKU—UNC)城市与区域规划管理联合研究中心。

截至2012年年底,学院教学科研人员38人,其中全日制教师12人(教授4人、副教授6人、助理教授2人),海外归国教员14人。新聘杨家文、刘珩、张军、李莉四位海外优秀青年学者,聘用孔丝纺博士为专职科研人员,新增校本部刘世定、陆杰华两位双基地教师。

2012年学院组建城市规划与资源管理在职培训中心。学院成立了以蔡运龙为主任,11名国内知名教授组成的教授指导委员会,对学院教学、科研和团队建设工作进行全面指导。新修订地理学(城市与区域规划)专业培养方案。

2012年,学院新增各类科研项目47项,合同总经费4931.24万元。其中纵向课题15项,合同总经费1275万元,横向课题32项,合同总经费3656.24万元。全年实际到账科研经费1658.27万元。发表学术论文67篇,其中SCI收录论文16篇;申请国家发明专利1项,主编或参编科研专著2部。"大珠江三角洲城镇群协调发展规划研究"项目获得2011年度全国和广东省优秀城乡规划设计成果一等奖,李贵才等3人获得深圳市城市规划协会优秀城市规划设计工作者表彰。

学院2012年度毕业生共66人,其中,博士毕业生3人,硕士毕业生63人,就业率99%。

2012年学院学生获得深研院首届院长基金创意创新竞赛总决赛一等奖、北京大学学术类创新奖等重要校级奖项;7人次获得国家资助,出访美国、日本、荷兰等国家。

2012年学院举办具有专业特色的"深圳研究生院校门设计大赛""深圳城市意象摄影大赛""北

京大学第二届南燕城市规划设计大赛"。

【汇丰商学院】 汇丰商学院（原北京大学深圳商学院）创办于2004年。2008年8月30日，汇丰银行捐赠1.5亿人民币支持北京大学建设世界一流商学院，"北京大学深圳商学院"正式冠名为"北京大学汇丰商学院"，并于同年的10月22日举行揭牌仪式。

学院自2005年开始招收全日制经济学硕士，目前开设了北京大学经济学（管理学）—香港大学金融学双硕士、北京大学金融学—香港中文大学经济学双硕士、北京大学金融学硕士（数量金融）、北京大学金融学硕士、北京大学工商管理硕士（MBA）等全日制硕士项目，同时招收全日制西方经济学博士研究生，另有自2010年起开设的北京大学高级工商管理硕士（EMBA）在职硕士项目。2012年开始招收北京大学工商管理在职硕士（MBA），同时"北京大学金融学—香港中文大学经济学双硕士"项目正式获得教育部批复。

2012年学院有全职教师40名，其中21位为外籍教师，新入职教师5人。在校全日制硕士生770人，全日制博士6人。其中，在校留学生60人，国籍遍布24个国家。2012年高级管理人员工商管理硕士（EMBA）60人入学。第一届全日制MBA学生入学，共19人。2012年获得西方经济学硕士学位毕业生96人，企业管理硕士学位毕业生51人，金融学硕士毕业生2人。另有首批22名学生获得高级管理人员工商管理硕士学位（EMBA）。

在职培训部门（EDP）自2007年起设立，2012年北京、深圳两地办公室新增班级共27个，新增学员1225人，2012年共结业28个班级，毕业学员1937人。

2012年1月，北京大学汇丰商学院中小企业研究中心启动仪式举行，北京大学汇丰商学院聚成实践家商业模式研究中心正式揭牌。

2012年3月，我国著名经济学家茅于轼先生来学院参观，并作主题为"漫谈人文经济学"的讲座。

2012级新生在某集团军教导大队训练营地进行了为期六天的军训。学院自2009年起实行新生军训制度，并设立"学生素质拓展中心"，聘请预备役军官，定期于每周三进行硕士生军训素质扩展训练。

2012年2月，汇丰商学院学生代表队夺得由香港大学经济金融学院研究生暨校友会主办的硕士辩论赛冠军。

商学院设有学生职业发展办公室，与招商银行、国泰君安证券等多家企业签订了实习基地协议，协助汇丰银行、中信证券、韬睿惠悦咨询、Hay Group、上海申银万国证券、招商基金、鼎辉投资、中信建投证券等企业来我院举办8场校园招聘宣讲会。

拥有两个与境外高校联合培养项目：北京大学经济学（管理学）——香港大学金融学双硕士联合培养项目、北京大学金融学—香港中文大学经济学双硕士联合培养项目。

截至2012年年底，汇丰商学院共与世界上12所大学签署正式合作协议。合作院校分布于9个不同的国家。

2011年9月，欧洲管理发展基金会（EFMDC）在其官方网站上发布正式公告，宣布汇丰商学院经济学硕士项目顺利通过EPAS认证，并于2012年5月在法国的年会上颁发了EPAS认证证书。

【国际法学院】 国际法学院（STL）创立于2007年，是目前中国大陆唯一一所完全按照美国法律教育模式（J. D.模式）培养法律人才的法学院。学院致力于在全球化时代为中国培养具有国际视野和全球竞争力的跨国法律人才。

学院创院院长为世界著名的法律教育界领军人物、美国康奈尔大学原校长、美国法学院院长联合会原主席雷蒙（Jeffrey Lehman）教授。美国耶鲁大学法学院院副院长Stephen Yandle教授担任常务副院长。

1月12日，国务院总理温家宝在北京人民大会堂会见外国老专家和在华工作的优秀外国专家代表。雷蒙院长应邀出席座谈会，并作为四位代表之一发言。另获悉，在深圳市"孔雀计划"首批认定的海外高层次人才名单里，雷蒙院长排在第一位。

8月，创院院长雷蒙教授任职期满，受聘为上海纽约大学常务副校长、首席执行官。原副院长Stephen Yandle教授担任代理院长。

学院常驻教师共14人，其中教授及副教授7人，讲师7人。

2012年，学院首次招收法律硕士（法学）。共录取新生89人，包括法律硕士（非法学）85人，法律硕士（法学）4人。学院学生总人数287人。

共有46名访问教授前来授课，包括15位来自北京大学、清华大学、中国政法大学等国内一流高校的国内访问教授和31名来自美国耶鲁大学、斯坦福大学、哥伦比亚大学等国际一流大学及顶尖律所和法律机构的国际访问教授。其中33名教授属于多次受聘访问（其中2名教授分别各教2门课程），17名教授属于首次受聘访问并教学。

在校研究生院学位办的监督支持下，学院组建了学位评定小组，完成了对首届毕业生的毕业审核和学位授予工作。

2012年11月30日—12月1日，学院主办了第九届国际青年法律学者研讨会。会上，来自世界各地的知名学者围绕"跨国法的未来：欧洲、美国、中国，以及金砖四国"主题共同探讨、研究这一领域的前沿性法律问题。本次研讨会是自2002年创办以来首次在中国深圳举办。

学院常驻教授在2012年各自代表学院参加国际性学术研讨会,并多次作主题发言,共在国际知名学术期刊上发表学术论文29篇,对提高学院的国际学术声誉有深远的意义。其中,施奈德(Francis Snyder)教授耗时半年之久主编的《〈欧洲法研究〉视野下的中国与欧盟》特刊顺利出版。学院2009级研究生黄诗瑜和孙岚作为团队主创成员参与编辑工作。另施奈德主编的新书《欧洲和全球视野下的金融市场管控和经济治理》正式出版。

由国际法学院常驻教授Mark Feldman参与修订的美国双边投资协定模板于4月20日由奥巴马政府正式公布。此版双边投资协定模板是对2004年模板的修订更新。

《北京大学跨国法律评论》(Peking University Transnational Law Review)正式创刊。它是由国际法学院学生自主管理和编辑的学术型法律期刊。作为一份在中国创立的英语法律期刊,《北京大学跨国法律评论》将会出版具有国际、国内及区域性视野的法律专业文章以及学生的相关评论。

学院目前已经在运作的交换项目有12个,在项目国际化方面成绩显著。2012年学院交换出去的学生共31名,交换进来的学生共3名。

2012年6月23日,学院举办了第一届研究生毕业典礼,中国首批在国内接受法律硕士和J.D.双学位教育的54名同学顺利毕业。学院第一届也是中国大陆首届J.D.毕业生在2012年毕业后两个月内就业率达100%,平均起薪132340元人民币/年。就职的律所中有72%位列2012钱伯斯中国区律所排行榜,就职的企业中有60%来自2012世界五百强企业。

【人文社会科学学院】 北京大学深圳研究生院所属人文社会科学学院(简称"人文学院")是北京大学在深圳的一个文科基地,为人文和社会科学各专业进行科研、教学、跨学科和对外交流合作等提供一个开放的平台。

人文学院秉承北大人文传统,彰显深圳活力,按照深圳校区办学方针,在跨学科、跨专业方面发挥特色,努力实现"综合素质、专业知识、国际视野、社会责任"的培养目标。

人文学院共设置传播学、社会学和心理学三个专业,招收2012级新生87人,2013级新生42人,2013届毕业生共108人,延期毕业2人,硕转博4人。

2012年度人文学院的亮点工作包括:一是文化育人。强化"文化育人"理念,传承活动品牌,创新活动载体,力争实现助力校园文化和深圳文化建设的统一。二是探索改革。围绕助力国际化一流校区建设,探索改革,服务到位,开展行政管理上的创新尝试。三是落实计划。根据2012—2013学年工作计划,勤想办法,狠抓落实,取得了比较满意的工作成果。

在科研上,人文学院共举办大型学术讲座4场,主办或参加了多次学术会议和研讨活动,不断提升科研能力,促进学术交流和成果共享。人文学院教师先后参与了国际化城市建设研讨会、第四届深圳学术年会主题学术研讨会、第六届中国城市化国际峰会、"创新型城市:战略与路径"高峰论坛以及新生代农民工服务管理政策建议研讨会等多项学术会议。人文学院教师还主讲了"酷茶会"之"城市人文"主题演讲"城市的知、情、意",参加了香港卫视"东边西边"对话栏目节目"中国人的待客之道"等学术研讨活动。

为给学生提供社会实践机会,使其更好地认识深圳,体味深圳文化,人文学院先后开展了带领2012级新生参观深圳博物馆,走访深圳监狱,赴深圳国学院座谈和沙龙活动,以及参观考察中山市青年社会创新园等大型实践活动。为增进学生之间的交流和沟通,人文学院举办了"知无涯"百科知识竞赛、"人文style"2013新年晚会、中荷学生交流会等活动。此外,人文学院还带领学生赴广州黄埔军校和东莞虎门海战纪念馆进行爱国主义教育。

教育教学与学科建设

本科生教育

【概况】 2012年是北京大学继续深化推进本科教育教学工作改革的一年。学校协调组织各学院（系）教学管理部门通力配合，继续开展多样化人才培养体系的探索和实践，在保障教学运行顺利开展的同时，积极开展基础学科创新人才培养计划、小班课教学改革、医学部"新途径"教学改革等一系列教学改革和建设活动，保障并进一步提升本科教学质量。

【基础学科创新人才培养计划】 2012年，北京大学基础学科创新人才培养计划实施进展顺利，数学、物理、化学、生物、计算机科学、环境科学等6个项目组完成了第4届学生遴选工作，学生人数达480人。各项目组建高水平的教学团队承担拔尖计划的课程建设。一批国际知名的专家学者为项目组学生开设课程和讨论班，让学生接受大师的熏陶和培养。例如，计算机科学项目遴选一批优秀的中青年教师加入教学队伍，集中力量建设小班教学的十门专业核心课程。

通过导师与学生之间的双向选择模式和建立导师小组等举措确保导师对学生的个性化指导。例如，物理学院成立了以老校长陈佳洱院士为首席教授、王恩哥院士和刘玉鑫教授为首席助理的领导和指导委员会，聘请一批"千人计划"教授、"长江学者"特聘教授、国家杰出青年基金获得者等富有高等教育和人才培养经验的教授组成导师团队，对学生进行培养。学生在导师的指导下制定适合自己的个性化培养方案，还可以根据自己的兴趣确定科研题目，在导师的指导下开展科研实践，在此过程中深入理解相关学科知识，培养学生的科研学术能力和创新思维能力。

此外，通过推动国际交流访学和科研训练、国际会议、学科竞赛等多种形式，加强对学生的国际化培养。各个项目都邀请了一批国际一流师资来校开设课程，收到很好的成效。诺贝尔奖得主 Alan J. Heeger 等一批国际大师也都来校与项目学生展开深入交流。同时，项目也积极推动学生"走出去"，在国家留学基金委 2011 年启动的优秀本科生国际交流项目中，有 6 个拔尖计划项目成为首批立项项目。全校共有 11 个项目，派出了 25 位学生，其中有一半是物理、化学、生物和信息科学等基础学科拔尖人才计划的学生。

在基础学科创新人才培养计划的带动下，学校支持了工学、地质学和古典语文学的拔尖人才培养计划。这些项目在课程建设、师资队伍建设和人才培养方面也取得了突出的成绩。结合国家战略需求，在借鉴拔尖计划经验的基础上，学校开展水基础科学专业人才培养的探索与实践，北京大学被列为教育部水基础科学人才培养模式改革试点单位。

【"小班课教学"改革】 北京大学自2012年秋季学期正式启动"小班课教学"的试点工作，推进大班授课与小班研讨相结合的教学模式，以充分调动教师—学生的双主体作用，激发学生的学习主动性和学习潜力，进一步提高教学质量和培养创新人才。

自2012年4月起，北京大学多次召开"研讨型小班教学工作组"讨论会议、"小班课教学"试点工作启动暨研讨会、"小班课教学"期中研讨交流会等，在课程遴选、师资配备、授课内容、教学组织、答疑安排、考核方式等环节进行了反复协商和精心设计，及时发现问题，总结经验。此外，相继出台了《北京大学关于开展"小班课教学"试点工作的若干意见（草案）》《关于进一步保证"小班课教学"课程质量的若干意见（草案）》等文件和《"小班课教学"期中研讨交流会文件汇编》等材料，保证"小班课教学"的质量和平稳开展。

2012年秋季学期，数学科学学院、物理学院、化学与分子工程学院、生命科学学院、信息科学与技术学院5个院系在"抽象代数""数学分析（Ⅲ）""量子力学（A）""无机化学""生物化学""计算机系统导论"6门本科生必修基础课上开展了"小班课教学"的试点工作，共开设 8 个大班、46 个研讨型小班，张继平、马伯强、朱世琳、高松、严纯华、梅宏等共计 60 余名院士、长江学者、杰青基金获得者等知名教授和骨干教师担任课程的主讲教师和小班研讨课的指导教师。"小班课教学"开展以来,受到学生的欢迎和好评,认为"小班课教学"锻炼了他们检索信息的能力、表达思想的能力、总结归纳的能力和创新求知的能力,教会了他们如何向他人求助、如何与人交流和合作,让他们感到学习压力的同时也让他们受益匪浅。

【本科生实践创新能力培养】 北京大学"本科生科研训练"项目包括"莙政基金""校长基金""毛玉刚基金""教育基金会基金",以及新设立的"钟夏校际科研资助基金"和教育部在"国家大学生创新性实验计划"基础上延续设立的"国家级大学生创新创业训练计划"创新训练项目等6项。2012年,"本科生科研训练"项目共资助2010级学生726人,项目458项。截至2012年年底,教务部已组织院系完成了2011年度立项"本科生科研训练"项目的中期检查、拨款、结题验收、证书发放以及学分认定等工作。2012年7月,教务部选取本科生科研作品申报教育部和科技部主办的第五届大学生创新创业论坛,其中两项科研作品入围,于11月在中国农业大学参加论坛。

医学部2012年度大学生创新实验项目于4月17日启动,截至2012年5月16日,各学院共有65个项目197名学生参加了2012年度大学生创新实验项目申报工作,经过初审,59个项目在6月8日进行申报答辩。2012年10月,北京大学医学部首次尝试开展临床专业学生"自选学习项目",该课程为必修课程,为期8周,学生在正式进入二级学科轮转前在选科实习、科研训练或境外交流中自主选择一至两个项目进行学习。

2012年,本科教学科研成果荣获多项大奖。4月28日,艺术学院2009级影视编导专业本科生周圣崴斩获香港浸会大学电影学院主办的第九届全球华语大学生最佳实验片奖。7月,化学与分子工程学院学生在第八届全国大学生化学实验邀请赛上均获得一等奖。在2012年(第5届)中国大学生计算机设计大赛决赛中,北京大学参赛队喜获1项一等奖、1项二等奖、2项三等奖、1项入围奖。在2012年英特尔杯全国大学生电子设计竞赛——嵌入式系统专题邀请赛上,信息科学与技术学院4支代表队获得了1项全国一等奖和3项全国三等奖。8月,物理学院代表队在第三届中国大学生物理学术竞赛上以对抗赛第一的成绩进入决赛并取得冠军,获得竞赛特等奖。在第三届丘成桐大学生数学竞赛上,北京大学学生斩获全部8个金奖中的7个。北京大学在第四届全国大学生数学竞赛分区预赛(北京市第二十三届大学生数学竞赛)数学类组别荣获8个一等奖、11个二等奖、14个三等奖。由本、硕、博学生组成的北京大学工学院机器人竞赛代表队在2012年"昆山杯"中国水中机器人大赛暨首届国际水中机器人公开赛上荣获1项冠军和1项亚军,并于11月16日至18日在"2012中国机器人大赛暨RoboCup公开赛"上一举斩获3项冠军。

【国际化能力培养】 北京大学继续加强本科生国际化能力的培养。学校大力促进国际交流,加强与境外高水平大学的交流合作,根据学科特点,采取学期交流或暑期研修的方式,长期与短期相结合,为学生营造国际化培养环境。我校选拔本科生前往欧洲、美洲、大洋洲等学校的学期交流项目达70余个,暑期学校项目20余个,全年参加各类出国出境项目的本科生已接近1700人次,其中交流时间达一个学期以上的学生达456人。在继续推进原有项目的同时,学校积极组织学生参加留学基金委优秀本科生公派项目的申请、立项、学生派出工作,共申请到11个本科生公派项目,39个本科生公派名额。

学校整合吸收校内外优质教学资源,完善教师团队和管理服务机制,四届国际暑期学校先后开设38门次英文课程,招收了来自世界20多个国家和地区的464名国际学生,以及包括200余名北大学生在内的349名国内学生参与,形成了国内国际学生共课堂的良好氛围。2012年度国际暑期学校共开设英文课程13门,选课的国际学生达到262人次。

北京大学于2012年秋季学期起设立北京大学本科生外文授课的平台课(即非语言类的外语授课课程,简称"外文平台课"),以建立国内培养与国际交流相衔接的开放式人才培养体系,提高学生的跨文化交流能力,加强与世界优秀大学的交流与合作,提升学校的国际化水平。2012年3月,学校在全面调研和了解各院系英文课程开设情况的基础上,起草了《关于设置本科生外文平台课的意见(草案)》,并在本科战略研讨会后成立了英文课程建设工作小组。外文平台课建设工作启动以来,学校积极组织动员,鼓励院系通过聘请国内外优秀学者、开设并行英文班等多种方式,分类型、分模块地逐步推进外文平台课建设。2011—2012学年,学校共计开设外文平台课(以英文授课为主)128门,其中理工类26门、人文类65门、社科类14门、经管类23门。

【医学部"新途径"教学改革】 按照学校教学改革的总体策略,医学部"新途径"教学改革以临床医学专业为试点,具体实施分为医学预科阶段、基础阶段、临床阶段、二级学科阶段等几个阶段进行。

1. 临床阶段教学改革进入攻坚阶段。2011年12月29日,医学部召开临床阶段教学改革工作会议,正式启动临床阶段教学改革工作,明确了医学部教学改革的整体框架和思路,要求各教学医院在医学部整体教改框架下根据自身情况制定教改具体方案;2012年1月,医学部讨论制定教改工作进程表,将方案论证、师资培训、备课准备等具体工作逐一落实时段并下发至各教学医院。

2012年1月至4月,医学部组织专家随时跟踪各教学医院教改方案制定进度,分别到各教学医院听取教改草案稿介绍并提出修改意见。4月,医学部组织召开临床阶段教学改革方案第一次专家论证会,临床专业教学委员会成员、医学部教学督导专家、基础及临床教师等共同听取各临床学院教改方案汇报,提出进一步细化的要求。7月,医学部组织召开第二次临床阶段教学改革方案专家论证会,各学院均在已有方案基础上进行了深化调整,并初步完成了师资培训等相关工作,为学生进院临床学习做好了准备。

2012年8月,2009级临床专业八年制学生正式进入第一、二、三、四、五临床医学院进行临床阶段的学习,临床教改全面施行。为保障教学质量,加强对教改各环节的监督管理,同期医学部成立"临床阶段教学改革工作督导专家组",聘请上述五所临床医学院的12名知名临床教学、教学管理专家,参与临床教改质量监控环节。

根据临床教改进程,自10月开始,医学部完善制定了临床教学改革案例讨论教学听课要求,安排督导专家针对2009级临床桥梁课、系统课的教学工作开展专项督导。在督导中,专家通过听课、与教师及学生交流等方式,了解教学运行过程,发现问题,及时反馈并提出建议,为保障教学质量起到了重要的作用。

2. 基础阶段教学改革不断总结、完善。经过为期2年的实践与探索,基础阶段教学改革已经初步形成体系,2009级临床、基础专业八年制学生已完成基础阶段的PBL学习。2010级学生已经完成基础课阶段的学习。在此基础上,2012年6月,医学部组织基础阶段教学工作总结暨研讨会,从整体情况、理论课程设置、实验实践教学改革、创新人才培养等角度总结了教改实施过程中的探索历程,与临床教师分享、交流了相关经验,为开展临床阶段教学改革工作提供支持。

3. 其他专业教学改革情况。药学、预防医学、生物医学英语、护理学专业等,围绕学校整体教学改革部署,在教学改革专项经费的支持下,分层次、分阶段地进行教学改革探索。其中,医学英语专业召开研讨会总结生物医学英语专业创办10周年的经验与不足,利用医学人文的平台加强与各个专业的沟通与合作;护理学已经被本科专业目录列为一级学科,护理学院在加强专业建设的同时,开展教学研讨,将本科生的实践、科研列为改革重点,加强护理专业学生综合素养的提升。

【开放课程建设】 北京大学积极加强国家精品开放课程的建设。2012年4月底,历史学系阎步克教授和邓小南教授主讲的通选课"中国古代政治与文化"作为教育部首批20门"中国大学视频公开课"正式通过公共网络向社会公众免费开放,并被教育部确定为首批"精品视频公开课"。2012年9—10月,数学科学学院邱维声教授、物理学院马伯强教授和化学与分子工程学院陈尔强教授主讲的通选课"科学是什么"和历史学系朱孝远教授主讲的"文化兴国:欧洲由衰及兴的转折点"作为"中国大学视频公开课"正式上线,通过公共网络向社会公众免费开放。

2012年11月中下旬,按照教育部及北京市教委的通知要求,积极组织北京大学原国家级精品课的教师参加北京市教委组织的"精品资源共享课程培训会",组织动员原国家级精品课的教师申报"国家级精品资源共享课程"。截至11月23日,校本部有8门原国家级精品课程向北京市教委申报"精品资源共享课程",这8门课程是:物理学院吴崇试教授的"数学物理方法"、钟锡华教授的"光学"、程檀生教授的"量子力学"、田光善教授的"力学"、中文系陈保亚教授的"理论语言学"、历史学系邓小南教授的"中国古代的政治与文化"、政府管理学院张庆国教授的"公共行政学概论"、马克思主义学院祖嘉合教授的"思想道德修养与法律基础"。

结合教育部开展的国家精品开放课程建设工作要求,自2012年3月底起,学校重点梳理了现有的可向社会公开的课程、讲座和相关的教学资源,对北大课程向社会开放时将面临的课程内容与质量、法律与校规、技术保障、经费等一系列问题进行讨论,动员院系组织教师将优质课程资源在北京大学网站免费向社会公开。2012年,北京大学组织完成第一批北大优秀课程27门向社会开放。

【本科教学管理和运行】 1. 招生工作。2012年,学校紧紧围绕国家发展战略和学校关于加快推进建设世界一流大学的战略部署,紧扣"追求卓越"和"维护公平"两个主题,深化招生考试制度改革,积极探索人才选拔的综合评价模式,取得了显著成效。

2012年学校实际招收录取4102人,其中校本部3192人(国内普通本科生2831人,第二学士学位24人,留学生337人),医学部910人(一本555人,二本87人,专科200人,留学生68人)。

2. 学籍管理工作。

学校对2012年录取的3192名新生进行资格审查,有3108人(普通本科生2796人,第二学士学位18人,留学生294人)取得学籍,其中,因身心不合格而保留入学资格1人,因未报到或不符合招生规定取消入学资格78人(普通本科生39人,留学生39人),退学3人。

学校组织转系转专业工作，协调各院系汇总发布2012年度转系转专业通知，为143人办理转系转专业手续及换发学生证（其中有3人由医学部转入校本部）。

全年学校办理异动1448人次，其中，休学80人，休学复学72人，停学394人，停学复学338人，退学61人，保留学籍104人，恢复学籍88人，提前毕业1人，延期毕业66人，转学3人。

3. 毕业与免试推荐研究生。

2012年度共发放本科毕业证书2896个（含留学生246人），结业证书69个（含留学生17人），大专毕业证11个，肄业1人。2012年度共发放学士学位证书2870个（含留学生244人），第二学士学位证17个；为去年结业学生换发毕业证书46个，授学位46人；双学位证书1163个，辅修专业证书125个。

在2012年免试推荐研究生政策突变情况下，学校多次协调，最终初审具备免试资格推荐研究生1265人，成功推荐1167人（含直博）。

【教学质量保障】 1. 本科学生课程评估工作。

2012年，北京大学针对不同课程的特点制定了包括理论课、实验课、体育课、实习课等多种类型的评估问卷，对全校3698门本科生课程进行了评估，其中理论课2763门次，实验课102门次，体育课147门次，助教评估679门次，实习课程5门次。学校分别于2012年3月和10月结合两个学期的特点撰写评估报告，编制课程评估结果汇编，反馈给全校各个院系。2012年度针对学校开展的实习课程进行试点评估，对地球与空间科学学院五门实习课程设计了有针对性的问卷，并在暑期对地空野外地质实习进行评估。评估反馈结果发现，学生对于实习整体满意度较高，但也针对实习时间、实习设计、师生交流、后勤保障等方面提出问题和建议。

2. 教师教学发展示范中心。

北京大学教育发展研究中心2012年10月31日获批为全国首批30个教师教学发展中心之一。2012年3月，北京大学医学部成立教学发展中心，并结合医学部教师教育教学理念更新、教学能力提升、教学方法手段改进、教学质量提高的要求，加强教师教学发展，引导教师自我发展与能力提升，开发设计了"教师教学能力培训课程"框架。

3. 老教授教学调研组工作。

2012年9月10日，根据《北京大学老教授教学调研组简则》规定，校本部本科老教授教学调研组换届。原调研组13人，有5位因年龄和身体等原因退出，新加入6位老教授，新一届调研组为14人。结合学校教学改革和建设，明确了每位组员的任务和分工，把"研讨性小班教学"教学改革和建设通识教育选修课作为2012年度老教授教学调研组工作重点。为表彰医学部本专科教学督导组的特殊贡献，经2012年9月3日医学部第21次部务办公会讨论，决定对医学部本专科教学督导组予以表彰。

4. 本科教学质量报告工作。

2012年10月，根据教育部高等教育司《关于继续试点部分高等学校编制发布〈本科教学质量报告〉的通知》，学校通过各院系和部门提供的材料和数据汇总分析，形成北京大学本科教学质量报告上报教育部，并在学校网站上进行公示。

【教学奖励】 2012年，开展北京大学2011—2012年度教学优秀奖评选工作。经院系申报，教务部审核，教务长会讨论审议，最后评选出2011—2012学年度北京大学教学优秀奖获奖者51人，通过校内公示最终确定2012年度教学优秀奖校本部45人，医学部6人，于教师节期间公布表彰。

2012年6月，启动北京大学教学成果奖申报和评审工作，并于2012年10月评选出北京大学教学成果奖113项，其中校级一等奖96项，校级二等奖17项，并推荐北京大学教学成果73项参加北京市教学成果奖评审，其中推荐一等奖30项，二等奖43项。在2012年年底公示的北京市教学成果奖获奖结果中，北京大学获得市级特等奖1项，一等奖18项，二等奖19项。另有北京大学作为第二完成单位的成果获得一等奖3项，二等奖2项。

2012年，学校组织开展了国家高层次特殊人才支持计划教学名师和北京市教学名师候选人推荐评审工作，北京大学柳彬、钱乘旦、钱志熙、刘俊义4位教师被评为北京市教学名师。

【市属高校教师发展基地项目】
北京市教委于2011年5月正式启动"北京市属高校教师发展基地"研修项目，学校至今已接收来自北京工业大学、首都医科大学、首都师范大学等市属高校的44名教师来校进修。2012年上半年，学校按照北京市教委的要求，认真组织落实了第一批19名学员的导师安排、中期考核和结业考核等工作；2012年6月起，基地第二期项目启动，学校组织落实了25名新学员的导师安排、师生见面、听课安排等工作，长江学者王一川等优秀的北京大学教授担任学员的指导教师。学校还按照市教委的要求，举办了"北京大学本科教育基本情况"讲座、"北大老教授传帮带"主题培训活动、通识教育系列课程选修等多种形式的集中培训，分享北大的优质资源，带动市属高校教学和科研水平的推升。

【教材建设工作】 2011年11月，教育部启动了"十二五"普通高等教育本科国家级规划教材第一次遴选工作。各院系申报踊跃，北京大学通过校内评审后向上推荐一批使用面广、效果好、影响大的优秀教材。教育部组织各学科专家进行了严格的评审,2012年11月公布了评审结果。最终,北京大学有80本教材入选第一批"十二五"普通高等教育本科国家级规划教材,入选规划教材单本数量在全国高校中居首位。

按照教材建设规划,2012年继续开展每年一次的教材建设立项工作。各院系积极申报,教务部组织各学科专家进行了分组评审。2012年立项的重点是主干基础课教材、通选课教材、精品课教材、基础大类平台课教材、在教学实践中反映良好的出版三年以上的修订教材。专家们对申报项目逐项进行了严格评审,最终经学校教材建设委员会工作会议审议,共确定20个项目为2012年北京大学教材建设立项项目。

表 7-1 北京大学本科专业分布表

编号	院系编码	院系名称	教育部专业代码	专业名称	修业年限	学位授予门类	备注
1	1	数学科学学院	070101	数学与应用数学	四年	理学	
2	1	数学科学学院	070102	信息与计算科学	四年	理学	
3	1	数学科学学院	071201	统计学	四年	理学	
4	1	数学科学学院	071202	应用统计学	四年	理学	
5	4	物理学院	070201	物理学	四年	理学	
6	4	物理学院	070202	应用物理学	四年	理学	
7	4	物理学院	070203	核物理	四年	理学	
8	4	物理学院	070401	天文学	四年	理学	
9	4	物理学院	070601	大气科学	四年	理学	
10	4	物理学院	082201	核工程与核技术	四年	工学	
11	10	化学与分子工程学院	070301	化学	四年	理学	
12	10	化学与分子工程学院	070302	应用化学	四年	理学	
13	10	化学与分子工程学院	070303T	化学生物学	四年	理学	
14	10	化学与分子工程学院	080403	材料化学	四年	理学	
15	10	化学与分子工程学院	082204	核化工与核燃料工程	四年	工学	
16	11	生命科学学院	071001	生物科学	四年	理学	
17	11	生命科学学院	071002	生物技术	四年	理学	
18	48	信息科学技术学院	080704	微电子科学与工程	四年	理学	
19	48	信息科学技术学院	080714T	电子信息科学与技术	四年	理学	
20	48	信息科学技术学院	080901	计算机科学与技术	四年	理学	
21	48	信息科学技术学院	080907T	智能科学与技术	四年	工学	
22	48	信息科学技术学院	080902	软件工程	四年	工学	
23	17	软件与微电子学院	080710T	集成电路设计与集成系统	四年	工学	
24	17	软件与微电子学院	080902	软件工程	两年	工学	第二学士学位专业
25	86	工学院	080101	理论与应用力学	四年	理学	
26	86	工学院	080102	工程力学	四年	工学	
27	86	工学院	080401	材料科学与工程	四年	工学	
28	86	工学院	080501	能源与动力工程	四年	工学	
29	86	工学院	081402	勘查技术与工程	四年	工学	
30	86	工学院	082001	航空航天工程	四年	工学	
31	86	工学院	082601	生物医学工程	四年	工学	
32	12	地球与空间科学学院	070801	地球物理学	四年	理学	
33	12	地球与空间科学学院	070802	空间科学与技术	四年	理学	
34	12	地球与空间科学学院	070901	地质学	四年	理学	
35	12	地球与空间科学学院	070902	地球化学	四年	理学	

续表

编号	院系编码	院系名称	教育部专业代码	专业名称	修业年限	学位授予门类	备注
36	13	城市与环境学院	070501	地理科学	四年	理学	
37	13	城市与环境学院	070502	自然地理与资源环境	四年	理学	
38	13	城市与环境学院	070503	人文地理与城乡规划	四年	理学	
39	13	城市与环境学院	070504	地理信息科学	四年	理学	
40	13	城市与环境学院	071004	生态学	四年	理学	
41	13	城市与环境学院	082802	城乡规划	五年	工学	
42	13	城市与环境学院	082503	环境科学	四年	理学	
43	13	环境科学与工程学院	082503	环境科学	四年	理学	
44	13	环境科学与工程学院	082502	环境工程	四年	工学	
45	16	心理系	071101	心理学	四年	理学	
46	16	心理系	071102	应用心理学	四年	理学	
47	16	心理系	071102	应用心理学	两年或三年	理学	第二学士学位专业
48	20	中国语言文学系	050101	汉语言文学	四年	文学	
49	20	中国语言文学系	050102	汉语言	四年	文学	
50	20	中国语言文学系	050105	古典文献学	四年	文学	
51	20	中国语言文学系	050106T	应用语言学	四年	文学	
52	21	历史学系	060101	历史学	四年	历史学	
53	21	历史学系	060102	世界史	四年	历史学	
54	21	历史学系	060106T	外国语言与外国历史	四年	历史学或文学	
55	23	哲学系	010101	哲学	四年	哲学	
56	23	哲学系	010102	逻辑学	四年	哲学	
57	23	哲学系	010103K	宗教学	四年	哲学	
58	22	考古文博学院	060103	考古学	四年	历史学	
59	22	考古文博学院	060104	文物与博物馆学	四年	历史学	
60	18	新闻与传播学院	050301	新闻学	四年	文学	
61	18	新闻与传播学院	050302	广播电视学	四年	文学	
62	18	新闻与传播学院	050303	广告学	四年	文学	
63	18	新闻与传播学院	050305	编辑出版学	四年	文学	
64	24	国际关系学院	030202	国际政治	四年	法学	
65	24	国际关系学院	030203	外交学	四年	法学	
66	24	国际关系学院	030501	科学社会主义	四年	法学	
67	24	国际关系学院	030204T	国际事务与国际关系	两年	法学	第二学士学位专业
68	25	经济学院	020101	经济学	四年	经济学	
69	25	经济学院	020104T	资源与环境经济学	四年	经济学	
70	25	经济学院	020201K	财政学	四年	经济学	
71	25	经济学院	020303	保险学	四年	经济学	
72	25	经济学院	020401	国际经济与贸易	四年	经济学	
73	25	经济学院	020301K	金融学	四年	经济学	
74	28	光华管理学院	020301K	金融学	四年	经济学	
75	28	光华管理学院	120201K	工商管理	四年	管理学	
76	28	光华管理学院	120202	市场营销	四年	管理学	
77	28	光华管理学院	120203K	会计学	四年	管理学	
78	28	光华管理学院	120204	财务管理	四年	管理学	
79	28	光华管理学院	120206	人力资源管理	四年	管理学	
80	29	法学院	030101K	法学	四年	法学	
81	29	法学院	030101K	法学	两年	法学	第二学士学位专业

续表

编号	院系编码	院系名称	教育部专业代码	专业名称	修业年限	学位授予门类	备注
82	29	法学院	030102T	知识产权	两年	法学	第二学士学位专业
83	30	信息管理系	120102	信息管理与信息系统	四年	管理学	
84	30	信息管理系	120501	图书馆学	四年	管理学	
85	32	政府管理学院	030201	政治学与行政学	四年	法学	
86	32	政府管理学院	120402	行政管理	四年	管理学	
87	32	政府管理学院	120405	城市管理	四年	管理学	
88	31	社会学系	030301	社会学	四年	法学	
89	31	社会学系	030302	社会工作	四年	法学	
90	39	外国语学院	050201	英语	四年或五年	文学	
91	39	外国语学院	050202	俄语	四年	文学	
92	39	外国语学院	050203	德语	四年	文学	
93	39	外国语学院	050204	法语	四年	文学	
94	39	外国语学院	050205	西班牙语	四年	文学	
95	39	外国语学院	050206	阿拉伯语	四年	文学	
96	39	外国语学院	050207	日语	四年	文学	
97	39	外国语学院	050208	波斯语	四年	文学	
98	39	外国语学院	050209	朝鲜语	四年	文学	
99	39	外国语学院	050210	菲律宾语	四年	文学	
100	39	外国语学院	050211	梵语巴利语	四年	文学	
101	39	外国语学院	050212	印度尼西亚语	四年	文学	
102	39	外国语学院	050213	印地语	四年	文学	
103	39	外国语学院	050216	缅甸语	四年	文学	
104	39	外国语学院	050218	蒙古语	四年	文学	
105	39	外国语学院	050220	泰语	四年	文学	
106	39	外国语学院	050221	乌尔都语	四年	文学	
107	39	外国语学院	50222	希伯来语	四年	文学	
108	39	外国语学院	050223	越南语	四年	文学	
109	39	外国语学院	050232	葡萄牙语	四年	文学	
110	39	外国语学院	060106T	外国语言与外国历史	四年	文学或历史学	
111	43	艺术学院	120401	公共事业管理	四年	管理学	
112	43	艺术学院	130101	艺术史论	四年	艺术学	
113	43	艺术学院	130305	广播电视编导	四年	艺术学	
114	46	元培学院	030205T	政治学、经济学与哲学	四年	法学	
115	46	元培学院	070904T	古生物学	四年	理学	
116	46	元培学院	060106T	外国语言与外国历史	四年	历史学或文学	
117	180	医学部	100101K	基础医学	八年	医学	长学制专业
118	180	医学部	100101K	基础医学	五年	医学	
119	180	医学部	100201K	临床医学	八年	医学	长学制专业
120	180	医学部	100201K	临床医学	五年	医学	
121	180	医学部	100301K	口腔医学	八年	医学	长学制专业
122	180	医学部	100301K	口腔医学	五年	医学	
123	180	医学部	100401K	预防医学	七年	医学	长学制专业
124	180	医学部	100401K	预防医学	五年	医学	
125	180	医学部	100701	药学	四年	理学	
126	180	医学部	100701	药学	六年	理学	长学制专业
127	180	医学部	101001	医学检验技术	四年	理学	
128	180	医学部	101002	医学实验技术	四年	理学	
129	180	医学部	101006	口腔医学技术	四年	理学	
130	180	医学部	101101	护理学	四年	理学	
131	180	医学部	50201	英语	四年或五年	文学	
132			020102	经济统计学	四年	经济学	

表7-2 北京大学本科课程目录

学　年	学　期	院系代码	院　系	课程号	课程名称
2011—2012	2	001	数学科学学院	00110040	微分拓扑
2011—2012	2	001	数学科学学院	00110170	代数数论
2011—2012	2	001	数学科学学院	00110190	动力系统
2011—2012	2	001	数学科学学院	00110820	计算流体力学
2011—2012	2	001	数学科学学院	00110940	复分析
2011—2012	2	001	数学科学学院	00110950	人工智能
2011—2012	2	001	数学科学学院	00111080	程序设计语言原理
2011—2012	2	001	数学科学学院	00111140	近代偏微分方程
2011—2012	2	001	数学科学学院	00112040	现代信息处理选讲
2011—2012	2	001	数学科学学院	00112230	高等统计选讲 I
2011—2012	2	001	数学科学学院	00112530	数学物理中的反问题
2011—2012	2	001	数学科学学院	00112610	同调代数
2011—2012	2	001	数学科学学院	00112650	随机过程论
2011—2012	2	001	数学科学学院	00112730	线性代数群
2011—2012	2	001	数学科学学院	00112780	应用偏微分方程
2011—2012	2	001	数学科学学院	00112850	低维流形 II
2011—2012	2	001	数学科学学院	00113030	偏微分方程选讲
2011—2012	2	001	数学科学学院	00113070	差分方法 II
2011—2012	2	001	数学科学学院	00113390	软件理论与方法选讲
2011—2012	2	001	数学科学学院	00113670	近代数学物理方法
2011—2012	2	001	数学科学学院	00130030	信息科学基础
2011—2012	2	001	数学科学学院	00130070	初等数论
2011—2012	2	001	数学科学学院	00130190	微分流形
2011—2012	2	001	数学科学学院	00130200	数学模型
2011—2012	2	001	数学科学学院	00130410	常微分方程定性理论
2011—2012	2	001	数学科学学院	00130560	数值分析
2011—2012	2	001	数学科学学院	00130630	最优化方法
2011—2012	2	001	数学科学学院	00130640	流体力学引论
2011—2012	2	001	数学科学学院	00131140	期权期货与其他衍生证券
2011—2012	2	001	数学科学学院	00131280	证券投资学
2011—2012	2	001	数学科学学院	00131300	概率论
2011—2012	2	001	数学科学学院	00131410	计算概论
2011—2012	2	001	数学科学学院	00131610	高等代数
2011—2012	2	001	数学科学学院	00131640	几何讨论班
2011—2012	2	001	数学科学学院	00131650	代数讨论班
2011—2012	2	001	数学科学学院	00131660	分析讨论班
2011—2012	2	001	数学科学学院	00131670	应用数学导论
2011—2012	2	001	数学科学学院	00131680	毕业论文(1)
2011—2012	2	001	数学科学学院	00131690	毕业论文(2)
2011—2012	2	001	数学科学学院	00132230	大学生代数教程
2011—2012	2	001	数学科学学院	00132270	微分方程定性理论与动力系统
2011—2012	2	001	数学科学学院	00132302	数学分析(II)
2011—2012	2	001	数学科学学院	00132312	数学分析(II)习题
2011—2012	2	001	数学科学学院	00132320	复变函数
2011—2012	2	001	数学科学学院	00132323	高等代数(II)
2011—2012	2	001	数学科学学院	00132332	高等代数(II)习题
2011—2012	2	001	数学科学学院	00132340	常微分方程

续表

学　年	学期	院系代码	院　系	课程号	课程名称
2011—2012	2	001	数学科学学院	00132350	泛函分析
2011—2012	2	001	数学科学学院	00132520	模形式
2011—2012	2	001	数学科学学院	00132630	解析数论
2011—2012	2	001	数学科学学院	00132750	毕业论文(证券)讨论班
2011—2012	2	001	数学科学学院	00132770	毕业论文(资产定价)讨论班
2011—2012	2	001	数学科学学院	00132860	研究型学习
2011—2012	2	001	数学科学学院	00132870	几何研讨班
2011—2012	2	001	数学科学学院	00132930	生物数学物理
2011—2012	2	001	数学科学学院	00133010	测度论
2011—2012	2	001	数学科学学院	00133020	抽样调查
2011—2012	2	001	数学科学学院	00133050	应用多元统计分析
2011—2012	2	001	数学科学学院	00134280	代数几何初步
2011—2012	2	001	数学科学学院	00135290	集合论与图论
2011—2012	2	001	数学科学学院	00135590	计算机图象处理
2011—2012	2	001	数学科学学院	00135810	寿险精算
2011—2012	2	001	数学科学学院	00135920	实分析
2011—2012	2	001	数学科学学院	00136020	组合数学
2011—2012	2	001	数学科学学院	00136220	运筹学
2011—2012	2	001	数学科学学院	00136280	应用时间序列分析
2011—2012	2	001	数学科学学院	00136320	应用多元统计分析
2011—2012	2	001	数学科学学院	00136590	复变函数
2011—2012	2	001	数学科学学院	00136700	普通统计学
2011—2012	2	001	数学科学学院	00136800	数学的思维方式与创新
2011—2012	2	001	数学科学学院	00136820	近世代数
2011—2012	2	001	数学科学学院	00136840	统计学
2011—2012	2	001	数学科学学院	00431132	普通物理(I)
2011—2012	2	004	物理学院	00130202	高等数学(B)(二)
2011—2012	2	004	物理学院	00130212	高等数学(B)(二)习题课
2011—2012	2	004	物理学院	00130280	计算方法(B)
2011—2012	2	004	物理学院	00405589	强场光物理
2011—2012	2	004	物理学院	00405595	多体系统的量子理论
2011—2012	2	004	物理学院	00405596	量子材料前沿讲座
2011—2012	2	004	物理学院	00410542	固体理论
2011—2012	2	004	物理学院	00410612	Java编程
2011—2012	2	004	物理学院	00410644	非线性物理专题
2011—2012	2	004	物理学院	00410740	光学理论
2011—2012	2	004	物理学院	00411040	非线性光学
2011—2012	2	004	物理学院	00411851	光电功能材料
2011—2012	2	004	物理学院	00412250	量子规范场论
2011—2012	2	004	物理学院	00412350	李群和李代数
2011—2012	2	004	物理学院	00414860	激光实验
2011—2012	2	004	物理学院	00415692	广义相对论
2011—2012	2	004	物理学院	00415702	介观光学导论
2011—2012	2	004	物理学院	00418800	辐射物理
2011—2012	2	004	物理学院	00430010	量子场论专题讨论班
2011—2012	2	004	物理学院	00430109	演示物理学
2011—2012	2	004	物理学院	00430133	现代电子电路基础及实验(二)

续表

学　年	学期	院系代码	院　系	课程号	课程名称
2011—2012	2	004	物理学院	00430170	天文测距导论
2011—2012	2	004	物理学院	00430171	人类生存发展与核科学
2011—2012	2	004	物理学院	00430183	天体物理
2011—2012	2	004	物理学院	00430191	大气科学导论
2011—2012	2	004	物理学院	00431154	热学
2011—2012	2	004	物理学院	00431155	电磁学
2011—2012	2	004	物理学院	00431157	原子物理
2011—2012	2	004	物理学院	00431212	普通物理实验(A)(二)
2011—2012	2	004	物理学院	00431254	热学习题课
2011—2012	2	004	物理学院	00431255	电磁学习题课
2011—2012	2	004	物理学院	00431547	天体物理前沿
2011—2012	2	004	物理学院	00431550	基础天文
2011—2012	2	004	物理学院	00431557	恒星大气与天体光谱
2011—2012	2	004	物理学院	00431559	天文技术与方法Ⅱ(高能与射电)
2011—2012	2	004	物理学院	00432108	数学物理方法(上)
2011—2012	2	004	物理学院	00432109	数学物理方法(下)
2011—2012	2	004	物理学院	00432110	数学物理方法
2011—2012	2	004	物理学院	00432113	数学物理方法习题
2011—2012	2	004	物理学院	00432115	数学物理方法专题
2011—2012	2	004	物理学院	00432132	热力学与统计物理(B)
2011—2012	2	004	物理学院	00432133	平衡态统计物理
2011—2012	2	004	物理学院	00432140	电动力学(A)
2011—2012	2	004	物理学院	00432149	量子力学(B)
2011—2012	2	004	物理学院	00432150	量子力学(A)
2011—2012	2	004	物理学院	00432151	量子力学习题
2011—2012	2	004	物理学院	00432160	电动力学习题
2011—2012	2	004	物理学院	00432166	几何光学及光学仪器
2011—2012	2	004	物理学院	00432190	凝聚态物理理论讨论班
2011—2012	2	004	物理学院	00432211	理论力学
2011—2012	2	004	物理学院	00432224	现代物理前沿讲座(Ⅱ)
2011—2012	2	004	物理学院	00432238	核物理与粒子物理导论
2011—2012	2	004	物理学院	00432242	加速器物理基础
2011—2012	2	004	物理学院	00432251	天气学
2011—2012	2	004	物理学院	00432252	大气动力学基础
2011—2012	2	004	物理学院	00432253	大气物理实验
2011—2012	2	004	物理学院	00432265	现代天文学
2011—2012	2	004	物理学院	00432267	工程图学及其应用
2011—2012	2	004	物理学院	00432268	自然科学中的混沌和分形
2011—2012	2	004	物理学院	00432272	微机原理及上机
2011—2012	2	004	物理学院	00432275	云物理学导论
2011—2012	2	004	物理学院	00432280	遥感大气探测
2011—2012	2	004	物理学院	00432282	近海海洋学
2011—2012	2	004	物理学院	00432300	气候变化:全球变暖的科学基础
2011—2012	2	004	物理学院	00432322	大气化学导论
2011—2012	2	004	物理学院	00432510	固体物理学
2011—2012	2	004	物理学院	00432520	固体物理习题
2011—2012	2	004	物理学院	00432530	理论物理导论

续表

学　年	学　期	院系代码	院　系	课程号	课程名称
2011—2012	2	004	物理学院	00433327	近代物理实验(I)
2011—2012	2	004	物理学院	00433328	近代物理实验(II)
2011—2012	2	004	物理学院	00433640	材料物理
2011—2012	2	004	物理学院	00434070	物理宇宙学基础
2011—2012	2	004	物理学院	00434322	光学前沿
2011—2012	2	004	物理学院	00434441	今日物理
2011—2012	2	004	物理学院	04830494	数据结构与算法上机
2011—2012	2	004	物理学院	04831420	数据结构与算法(B)
2011—2012	2	008	计算机科学技术系	00831250	数据库概论
2011—2012	2	008	计算机科学技术系	00831270	软件工程
2011—2012	2	008	计算机科学技术系	00831280	计算机图形学
2011—2012	2	008	计算机科学技术系	00831611	文科计算机基础(下)
2011—2012	2	008	计算机科学技术系	00833111	离散数学(II)
2011—2012	2	008	计算机科学技术系	00833150	Java语言程序设计
2011—2012	2	008	计算机科学技术系	00833170	网络实用技术
2011—2012	2	010	化学与分子工程学院	00130202	高等数学(B)(二)
2011—2012	2	010	化学与分子工程学院	00130212	高等数学(B)(二)习题课
2011—2012	2	010	化学与分子工程学院	00431141	力学
2011—2012	2	010	化学与分子工程学院	00431142	热学
2011—2012	2	010	化学与分子工程学院	00431146	热学习题课
2011—2012	2	010	化学与分子工程学院	01030120	结构化学
2011—2012	2	010	化学与分子工程学院	01032530	高分子物理
2011—2012	2	010	化学与分子工程学院	01032860	无机化学实验
2011—2012	2	010	化学与分子工程学院	01034350	定量分析
2011—2012	2	010	化学与分子工程学院	01034360	定量分析实验
2011—2012	2	010	化学与分子工程学院	01034371	有机化学(一)
2011—2012	2	010	化学与分子工程学院	01034390	仪器分析
2011—2012	2	010	化学与分子工程学院	01034400	仪器分析实验
2011—2012	2	010	化学与分子工程学院	01034460	高分子化学
2011—2012	2	010	化学与分子工程学院	01034480	化工实验
2011—2012	2	010	化学与分子工程学院	01034490	材料化学
2011—2012	2	010	化学与分子工程学院	01034520	中级分析化学实验
2011—2012	2	010	化学与分子工程学院	01034551	中级物理化学
2011—2012	2	010	化学与分子工程学院	01034640	应用化学基础
2011—2012	2	010	化学与分子工程学院	01034650	生化分析
2011—2012	2	010	化学与分子工程学院	01034660	化工制图
2011—2012	2	010	化学与分子工程学院	01034710	界面化学
2011—2012	2	010	化学与分子工程学院	01034960	理论与计算化学
2011—2012	2	010	化学与分子工程学院	01034980	生物物理化学
2011—2012	2	010	化学与分子工程学院	01034990	化学开发基础
2011—2012	2	010	化学与分子工程学院	01035001	有机化学实验(Ⅰ)
2011—2012	2	010	化学与分子工程学院	01035030	中级物理化学实验
2011—2012	2	010	化学与分子工程学院	01035090	大学化学
2011—2012	2	010	化学与分子工程学院	01035110	高等电化学
2011—2012	2	010	化学与分子工程学院	01130210	遗传学实验
2011—2012	2	010	化学与分子工程学院	01131170	发育生物学实验
2011—2012	2	010	化学与分子工程学院	01139360	基础分子生物学实验

续表

学 年	学 期	院系代码	院 系	课程号	课程名称
2011—2012	2	010	化学与分子工程学院	04830494	数据结构与算法上机
2011—2012	2	010	化学与分子工程学院	04831420	数据结构与算法(B)
2011—2012	2	011	生命科学学院	00130202	高等数学(B)(二)
2011—2012	2	011	生命科学学院	00130212	高等数学(B)(二)习题课
2011—2012	2	011	生命科学学院	00430001	物理学(B)(1)
2011—2012	2	011	生命科学学院	00431180	力学习题
2011—2012	2	011	生命科学学院	00431421	普通物理实验(B)(一)
2011—2012	2	011	生命科学学院	01032630	物理化学(B)
2011—2012	2	011	生命科学学院	01032720	物理化学实验(B)
2011—2012	2	011	生命科学学院	01035070	基础化学实验(分析)
2011—2012	2	011	生命科学学院	01130070	微生物学实验
2011—2012	2	011	生命科学学院	01130130	免疫学
2011—2012	2	011	生命科学学院	01130200	遗传学
2011—2012	2	011	生命科学学院	01130210	遗传学实验
2011—2012	2	011	生命科学学院	01130370	生理学
2011—2012	2	011	生命科学学院	01130380	生理学实验
2011—2012	2	011	生命科学学院	01130850	算法与数据结构及上机
2011—2012	2	011	生命科学学院	01130871	人类的性、生育与健康
2011—2012	2	011	生命科学学院	01130889	生物摄影及实践
2011—2012	2	011	生命科学学院	01131040	植物生物学
2011—2012	2	011	生命科学学院	01131060	植物生物学实验
2011—2012	2	011	生命科学学院	01131170	发育生物学实验
2011—2012	2	011	生命科学学院	01131210	系统生物学选讲
2011—2012	2	011	生命科学学院	01139001	药理学基础
2011—2012	2	011	生命科学学院	01139360	基础分子生物学实验
2011—2012	2	011	生命科学学院	01139380	普通生物学(A)
2011—2012	2	011	生命科学学院	01139390	普通生物学实验(A)
2011—2012	2	011	生命科学学院	01139441	脊椎动物比较解剖学及实验
2011—2012	2	011	生命科学学院	01139490	文献强化阅读与学术报告(1)
2011—2012	2	011	生命科学学院	01139580	发育生物学
2011—2012	2	011	生命科学学院	01139600	微生物学
2011—2012	2	011	生命科学学院	01139731	生物数学建模
2011—2012	2	011	生命科学学院	01139760	事业与人生
2011—2012	2	011	生命科学学院	01139910	细胞骨架、细胞运动及人类疾病
2011—2012	2	011	生命科学学院	01139912	计算神经科学(2)
2011—2012	2	011	生命科学学院	01139920	免疫学
2011—2012	2	011	生命科学学院	01139930	系统与计算神经科学
2011—2012	2	011	生命科学学院	01139940	科学研究基本技能
2011—2012	2	011	生命科学学院	01139950	分子医学高级教程
2011—2012	2	012	地球与空间科学学院	00130202	高等数学(B)(二)
2011—2012	2	012	地球与空间科学学院	00130212	高等数学(B)(二)习题课
2011—2012	2	012	地球与空间科学学院	00431212	普通物理实验(A)(二)
2011—2012	2	012	地球与空间科学学院	00436011	普通物理学(B)(一)
2011—2012	2	012	地球与空间科学学院	00539410	太空探索
2011—2012	2	012	地球与空间科学学院	01230030	C程序设计
2011—2012	2	012	地球与空间科学学院	01230052	地球科学概论(二)
2011—2012	2	012	地球与空间科学学院	01230070	遥感概论

续表

学　年	学　期	院系代码	院　系	课程号	课程名称
2011—2012	2	012	地球与空间科学学院	01230150	地球科学前沿
2011—2012	2	012	地球与空间科学学院	01231040	矿床学
2011—2012	2	012	地球与空间科学学院	01231050	X射线粉末衍射分析
2011—2012	2	012	地球与空间科学学院	01231090	中国区域地质学
2011—2012	2	012	地球与空间科学学院	01231140	海洋地质学
2011—2012	2	012	地球与空间科学学院	01231170	遥感地质学
2011—2012	2	012	地球与空间科学学院	01231252	普通岩石学（下）
2011—2012	2	012	地球与空间科学学院	01231300	宝石学
2011—2012	2	012	地球与空间科学学院	01231310	构造地质学
2011—2012	2	012	地球与空间科学学院	01231320	地史学
2011—2012	2	012	地球与空间科学学院	01231350	脊椎动物进化史
2011—2012	2	012	地球与空间科学学院	01231370	古海洋学与全球变化
2011—2012	2	012	地球与空间科学学院	01231410	结晶学与矿物学
2011—2012	2	012	地球与空间科学学院	01231450	灾害地质学
2011—2012	2	012	地球与空间科学学院	01231480	构造地质学前缘
2011—2012	2	012	地球与空间科学学院	01231530	地层学原理与应用
2011—2012	2	012	地球与空间科学学院	01231570	矿物材料学
2011—2012	2	012	地球与空间科学学院	01231600	地球化学科学前沿
2011—2012	2	012	地球与空间科学学院	01231610	高温高压物质科学
2011—2012	2	012	地球与空间科学学院	01231620	地质样品化学分析
2011—2012	2	012	地球与空间科学学院	01233150	地球灾害
2011—2012	2	012	地球与空间科学学院	01233170	地震概论
2011—2012	2	012	地球与空间科学学院	01233230	地球物理数值计算方法
2011—2012	2	012	地球与空间科学学院	01233320	地震学
2011—2012	2	012	地球与空间科学学院	01233330	地球物理在工程中的应用
2011—2012	2	012	地球与空间科学学院	01233360	地震学实验
2011—2012	2	012	地球与空间科学学院	01233410	宇航技术基础
2011—2012	2	012	地球与空间科学学院	01233430	太阳大气层与日球层物理学
2011—2012	2	012	地球与空间科学学院	01233470	中高层大气物理学
2011—2012	2	012	地球与空间科学学院	01235010	软件工程原理
2011—2012	2	012	地球与空间科学学院	01235080	地学数学模型
2011—2012	2	012	地球与空间科学学院	01235100	数据库概论
2011—2012	2	012	地球与空间科学学院	01235170	导航与通讯导论
2011—2012	2	012	地球与空间科学学院	01235180	GIS设计和应用
2011—2012	2	012	地球与空间科学学院	01235240	地理信息系统原理
2011—2012	2	012	地球与空间科学学院	01235300	城市与区域科学
2011—2012	2	012	地球与空间科学学院	01235370	物联网技术导论
2011—2012	2	012	地球与空间科学学院	01430020	地史中的生命
2011—2012	2	012	地球与空间科学学院	01430960	自然资源概论
2011—2012	2	012	地球与空间科学学院	01430970	固体力学基础
2011—2012	2	012	地球与空间科学学院	01431170	地震地质学
2011—2012	2	012	地球与空间科学学院	01431270	同位素地球化学基础
2011—2012	2	012	地球与空间科学学院	04831420	数据结构与算法（B）
2011—2012	2	016	心理学系	01139510	生理学
2011—2012	2	016	心理学系	01603011	心理测量
2011—2012	2	016	心理学系	01630020	CNS解剖
2011—2012	2	016	心理学系	01630022	实验儿童心理学

续表

学　年	学期	院系代码	院　　系	课程号	课程名称
2011—2012	2	016	心理学系	01630034	实验心理学
2011—2012	2	016	心理学系	01630040	社会心理学
2011—2012	2	016	心理学系	01630044	社会心理学
2011—2012	2	016	心理学系	01630046	社会冲突与管理
2011—2012	2	016	心理学系	01630051	心理统计(1)
2011—2012	2	016	心理学系	01630060	发展心理学
2011—2012	2	016	心理学系	01630070	SPSS统计软件包
2011—2012	2	016	心理学系	01630080	人格心理学
2011—2012	2	016	心理学系	01630090	变态心理学
2011—2012	2	016	心理学系	01630101	生理心理学
2011—2012	2	016	心理学系	01630121	认知心理学
2011—2012	2	016	心理学系	01630140	认知神经科学
2011—2012	2	016	心理学系	01630220	生理心理实验
2011—2012	2	016	心理学系	01630243	心理咨询与治疗引论
2011—2012	2	016	心理学系	01630350	教育心理学
2011—2012	2	016	心理学系	01630540	职业心理学
2011—2012	2	016	心理学系	01630560	婴儿心理学
2011—2012	2	016	心理学系	01630570	感觉与知觉
2011—2012	2	016	心理学系	01630600	组织管理心理学
2011—2012	2	016	心理学系	01630610	心理学研究方法—Matlab
2011—2012	2	016	心理学系	01635010	大学生健康教育
2011—2012	2	016	心理学系	01635020	生活中的心理学
2011—2012	2	016	心理学系	01635042	大学生心理素质拓展
2011—2012	2	016	心理学系	01636060	高级统计SPSS上机
2011—2012	2	016	心理学系	01639020	心理学概论
2011—2012	2	016	心理学系	04830494	数据结构与算法上机
2011—2012	2	016	心理学系	04831420	数据结构与算法(B)
2011—2012	2	016	心理学系	61030030	朋辈心理辅导
2011—2012	2	018	新闻与传播学院	01830100	中国新闻传播史
2011—2012	2	018	新闻与传播学院	01830330	国际传播
2011—2012	2	018	新闻与传播学院	01830380	媒体与社会
2011—2012	2	018	新闻与传播学院	01830430	CI研究
2011—2012	2	018	新闻与传播学院	01830490	广告媒体研究
2011—2012	2	018	新闻与传播学院	01830500	广告综合研究
2011—2012	2	018	新闻与传播学院	01830510	广告类型研究
2011—2012	2	018	新闻与传播学院	01830540	市场调查
2011—2012	2	018	新闻与传播学院	01830580	广告心理学
2011—2012	2	018	新闻与传播学院	01830620	广告策划
2011—2012	2	018	新闻与传播学院	01830630	广告管理
2011—2012	2	018	新闻与传播学院	01830710	新闻摄影
2011—2012	2	018	新闻与传播学院	01831030	传播学概论
2011—2012	2	018	新闻与传播学院	01831280	出版经营管理
2011—2012	2	018	新闻与传播学院	01831330	中国图书出版史
2011—2012	2	018	新闻与传播学院	01831380	中国文化史
2011—2012	2	018	新闻与传播学院	01831610	汉语修辞学
2011—2012	2	018	新闻与传播学院	01831670	期刊编辑实务
2011—2012	2	018	新闻与传播学院	01831740	视听语言

续表

学　年	学　期	院系代码	院　系	课程号	课程名称
2011—2012	2	018	新闻与传播学院	01831760	世界电影史
2011—2012	2	018	新闻与传播学院	01831990	跨文化交流学
2011—2012	2	018	新闻与传播学院	01832150	媒体与国际关系
2011—2012	2	018	新闻与传播学院	01832250	纪录片简史
2011—2012	2	018	新闻与传播学院	01832260	媒介经济学
2011—2012	2	018	新闻与传播学院	01832350	名记者专题
2011—2012	2	018	新闻与传播学院	01832530	媒介经营管理
2011—2012	2	018	新闻与传播学院	01832550	电视节目制作与策划
2011—2012	2	018	新闻与传播学院	01832760	英语新闻阅读
2011—2012	2	018	新闻与传播学院	01832910	视频编辑
2011—2012	2	018	新闻与传播学院	01832950	传媒发展史
2011—2012	2	018	新闻与传播学院	01832960	基础采访写作
2011—2012	2	018	新闻与传播学院	01833000	中国文化与社会
2011—2012	2	018	新闻与传播学院	01833010	世界广播电视事业
2011—2012	2	018	新闻与传播学院	01833020	广播电视新闻
2011—2012	2	018	新闻与传播学院	01833040	广播电视研究
2011—2012	2	018	新闻与传播学院	01833050	广告视觉传达
2011—2012	2	018	新闻与传播学院	01833060	市场营销原理
2011—2012	2	018	新闻与传播学院	01833130	出版案例研讨
2011—2012	2	018	新闻与传播学院	01833270	新闻编辑
2011—2012	2	018	新闻与传播学院	01833280	新闻评论
2011—2012	2	018	新闻与传播学院	01833330	影像与社会
2011—2012	2	018	新闻与传播学院	01833400	公关策划与危机管理
2011—2012	2	018	新闻与传播学院	01833490	跨文化新闻传播案例分析
2011—2012	2	020	中国语言文学系	02030012	现代汉语(下)
2011—2012	2	020	中国语言文学系	02030022	古代汉语(下)
2011—2012	2	020	中国语言文学系	02030032	中国古代文学史(二)
2011—2012	2	020	中国语言文学系	02030034	中国古代文学史(四)
2011—2012	2	020	中国语言文学系	02030040	中国现代文学史
2011—2012	2	020	中国语言文学系	02030101	实习
2011—2012	2	020	中国语言文学系	02030130	汉语音韵学
2011—2012	2	020	中国语言文学系	02030160	文字学
2011—2012	2	020	中国语言文学系	02030240	校勘学
2011—2012	2	020	中国语言文学系	02030251	古文献学史(上)
2011—2012	2	020	中国语言文学系	02030253	古典文献实习
2011—2012	2	020	中国语言文学系	02030260	训诂学
2011—2012	2	020	中国语言文学系	02030790	比较文学原理
2011—2012	2	020	中国语言文学系	02030920	现代汉语虚词研究
2011—2012	2	020	中国语言文学系	02030950	汉语修辞学
2011—2012	2	020	中国语言文学系	02031060	《庄子》选读
2011—2012	2	020	中国语言文学系	02031080	《论语》选读
2011—2012	2	020	中国语言文学系	02031140	美国结构语言学
2011—2012	2	020	中国语言文学系	02031240	诗经
2011—2012	2	020	中国语言文学系	02031522	汉语史(下)
2011—2012	2	020	中国语言文学系	02031550	小说的艺术
2011—2012	2	020	中国语言文学系	02031601	方言调查
2011—2012	2	020	中国语言文学系	02031670	敦煌文献概要

续表

学　年	学　期	院系代码	院　　系	课程号	课程名称
2011—2012	2	020	中国语言文学系	02031980	元明杂剧研究
2011—2012	2	020	中国语言文学系	02032020	民间文学概论
2011—2012	2	020	中国语言文学系	02032150	汉语方言语料分析
2011—2012	2	020	中国语言文学系	02032270	中国现代文学名著研究
2011—2012	2	020	中国语言文学系	02032340	中文工具书及古代典籍概要
2011—2012	2	020	中国语言文学系	02032590	胡风研究
2011—2012	2	020	中国语言文学系	02032730	编译原理
2011—2012	2	020	中国语言文学系	02033000	台湾文学
2011—2012	2	020	中国语言文学系	02033030	西方文学史
2011—2012	2	020	中国语言文学系	02033050	学年论文
2011—2012	2	020	中国语言文学系	02033090	中文工具书
2011—2012	2	020	中国语言文学系	02033130	鲁迅研究
2011—2012	2	020	中国语言文学系	02033290	先秦诸子讲说
2011—2012	2	020	中国语言文学系	02033470	50—70年代作家与文学问题
2011—2012	2	020	中国语言文学系	02033620	古典文献学基础
2011—2012	2	020	中国语言文学系	02033862	中国古代文学经典（二）
2011—2012	2	020	中国语言文学系	02033870	人类沟通的起源与发展
2011—2012	2	020	中国语言文学系	02033880	唐宋以来重要文献选读
2011—2012	2	020	中国语言文学系	02033890	美国华裔小说与戏剧
2011—2012	2	020	中国语言文学系	02033900	中国古典诗歌鉴赏
2011—2012	2	020	中国语言文学系	02033910	当代中外文学批评方法
2011—2012	2	020	中国语言文学系	02033920	新世纪网络文学研究
2011—2012	2	020	中国语言文学系	02033930	古代诗词艺术鉴赏与诗学研究
2011—2012	2	020	中国语言文学系	02033931	经典精读课程（一）
2011—2012	2	020	中国语言文学系	02033932	经典精读课程（二）
2011—2012	2	020	中国语言文学系	02033940	中国古代文学
2011—2012	2	020	中国语言文学系	02039130	民俗研究
2011—2012	2	020	中国语言文学系	02039200	文学原理
2011—2012	2	020	中国语言文学系	02039310	大学语文
2011—2012	2	020	中国语言文学系	02080041	现代汉语（上）
2011—2012	2	020	中国语言文学系	02080053	古代汉语（下）
2011—2012	2	020	中国语言文学系	02080130	中文工具书使用
2011—2012	2	020	中国语言文学系	02080200	现代汉语词汇
2011—2012	2	020	中国语言文学系	02080262	中国现代文学（下）
2011—2012	2	020	中国语言文学系	02080320	中国民间文学
2011—2012	2	020	中国语言文学系	02080332	中国当代文学作品（下）
2011—2012	2	020	中国语言文学系	02080342	中国古代文学（二）
2011—2012	2	020	中国语言文学系	02080344	中国古代文学（四）
2011—2012	2	020	中国语言文学系	02080382	汉语听说（下）
2011—2012	2	020	中国语言文学系	02080390	古文选读
2011—2012	2	020	中国语言文学系	02080400	中国人文地理
2011—2012	2	020	中国语言文学系	02080422	阅读与写作（中级上）
2011—2012	2	020	中国语言文学系	02080424	阅读与写作（高级）
2011—2012	2	020	中国语言文学系	02130012	中国古代史（下）
2011—2012	2	021	历史学系	02104770	社会史田野方法
2011—2012	2	021	历史学系	02104790	唐宋元中国与中世纪欧洲
2011—2012	2	021	历史学系	02113122	研究生拉丁语3

续表

学　年	学　期	院系代码	院　系	课程号	课程名称
2011—2012	2	021	历史学系	02113272	古希腊语阅读(2)
2011—2012	2	021	历史学系	02130012	中国古代史(下)
2011—2012	2	021	历史学系	02130102	中国历史文选(下)
2011—2012	2	021	历史学系	02130110	史学概论
2011—2012	2	021	历史学系	02130430	中华民国史专题
2011—2012	2	021	历史学系	02130490	世界现代化进程
2011—2012	2	021	历史学系	02130610	英国史专题
2011—2012	2	021	历史学系	02130670	印度史专题
2011—2012	2	021	历史学系	02131102	拉丁文基础(2)
2011—2012	2	021	历史学系	02131110	中国古代政治与文化
2011—2012	2	021	历史学系	02131220	欧洲文艺复兴
2011—2012	2	021	历史学系	02131270	欧洲启蒙运动
2011—2012	2	021	历史学系	02131330	敦煌学导论
2011—2012	2	021	历史学系	02131410	中世纪西欧社会史
2011—2012	2	021	历史学系	02131460	拉美国家现代化进程研究
2011—2012	2	021	历史学系	02131772	现代希腊语(2)
2011—2012	2	021	历史学系	02131800	东北亚史
2011—2012	2	021	历史学系	02131810	伊斯兰教与现代世界
2011—2012	2	021	历史学系	02131822	现代希腊语入门和辅导(2)
2011—2012	2	021	历史学系	02131991	基础意大利语(1)
2011—2012	2	021	历史学系	02131992	基础意大利语(2)
2011—2012	2	021	历史学系	02132030	中国现代史
2011—2012	2	021	历史学系	02132110	社会调查与史学研究
2011—2012	2	021	历史学系	02132120	中外史学比较
2011—2012	2	021	历史学系	02132170	中国古代官阶制度
2011—2012	2	021	历史学系	02132220	中国古代民族史
2011—2012	2	021	历史学系	02132250	中国近代政治与外交
2011—2012	2	021	历史学系	02132301	中国经学史(一)
2011—2012	2	021	历史学系	02132320	先秦史专题
2011—2012	2	021	历史学系	02132340	魏晋南北朝史专题
2011—2012	2	021	历史学系	02132350	隋唐史专题
2011—2012	2	021	历史学系	02132520	现代国际政治史
2011—2012	2	021	历史学系	02132570	民族主义与世界历史
2011—2012	2	021	历史学系	02132700	近现代中韩关系史
2011—2012	2	021	历史学系	02132750	中国通史(古代部分)
2011—2012	2	021	历史学系	02132940	20世纪欧洲史
2011—2012	2	021	历史学系	02133070	希罗多德研读
2011—2012	2	021	历史学系	02133090	古代罗马城市研究
2011—2012	2	021	历史学系	02133112	基础拉丁语(2)
2011—2012	2	021	历史学系	02133440	美国对外关系史
2011—2012	2	021	历史学系	02133601	外文历史文选阅读指导
2011—2012	2	021	历史学系	02133610	古代东方文明
2011—2012	2	021	历史学系	02133640	欧洲史
2011—2012	2	021	历史学系	02133660	亚洲史
2011—2012	2	021	历史学系	02133681	外文历史史料选读(上)
2011—2012	2	021	历史学系	02135010	中国古代史
2011—2012	2	021	历史学系	02138840	中国近代思想史

续表

学　年	学　期	院系代码	院　系	课程号	课程名称
2011—2012	2	021	历史学系	02138900	简牍学概论
2011—2012	2	021	历史学系	02138970	中国古代妇女史专题
2011—2012	2	021	历史学系	02139390	日本史专题
2011—2012	2	022	考古文博学院	02230120	田野考古学概论
2011—2012	2	022	考古文博学院	02230250	人体骨骼学
2011—2012	2	022	考古文博学院	02230260	动物考古学
2011—2012	2	022	考古文博学院	02230310	定量考古学
2011—2012	2	022	考古文博学院	02230440	丝绸之路考古
2011—2012	2	022	考古文博学院	02230470	科技考古
2011—2012	2	022	考古文博学院	02230730	文物法规与行政管理
2011—2012	2	022	考古文博学院	02230820	有机质文物保护与实验
2011—2012	2	022	考古文博学院	02230980	考古测量与GIS
2011—2012	2	022	考古文博学院	02231070	博物馆陈列形式设计
2011—2012	2	022	考古文博学院	02231080	考古学导论
2011—2012	2	022	考古文博学院	02231120	建筑设计(三)
2011—2012	2	022	考古文博学院	02231150	中国传统建筑构造
2011—2012	2	022	考古文博学院	02231240	文物研究与鉴定
2011—2012	2	022	考古文博学院	02231310	世界遗产概论
2011—2012	2	022	考古文博学院	02232103	中国考古学(中一)
2011—2012	2	022	考古文博学院	02232104	中国考古学(中二)
2011—2012	2	022	考古文博学院	02232105	中国考古学(下一)
2011—2012	2	022	考古文博学院	02232106	中国考古学(下二)
2011—2012	2	022	考古文博学院	02232210	考古学通论
2011—2012	2	022	考古文博学院	02232220	文化遗产学概论
2011—2012	2	022	考古文博学院	02240260	博物馆藏品管理
2011—2012	2	022	考古文博学院	02240310	毕业论文
2011—2012	2	022	考古文博学院	02240350	殷周金文通论
2011—2012	2	022	考古文博学院	02240360	佛教考古导论
2011—2012	2	023	哲学系	02312350	出土简帛与古代哲学新视野
2011—2012	2	023	哲学系	02313030	古希腊哲学原著
2011—2012	2	023	哲学系	02313111	中世纪思想中的自由与责任
2011—2012	2	023	哲学系	02313840	休谟哲学
2011—2012	2	023	哲学系	02315051	高级模态逻辑
2011—2012	2	023	哲学系	02316270	伦理学原著选读
2011—2012	2	023	哲学系	02318211	宗教学专题
2011—2012	2	023	哲学系	02330000	哲学导论
2011—2012	2	023	哲学系	02330025	马克思主义哲学导论(上)
2011—2012	2	023	哲学系	02330030	逻辑导论
2011—2012	2	023	哲学系	02330050	西方哲学导论
2011—2012	2	023	哲学系	02330070	现代西方哲学
2011—2012	2	023	哲学系	02330101	马克思主义哲学史
2011—2012	2	023	哲学系	02330132	科学哲学导论
2011—2012	2	023	哲学系	02330142	伦理学导论
2011—2012	2	023	哲学系	02330302	人学概论
2011—2012	2	023	哲学系	02330341	后形而上学与后现代主义
2011—2012	2	023	哲学系	02330360	马克思主义宗教学
2011—2012	2	023	哲学系	02330450	经典著作研究专题

续表

学　年	学　期	院系代码	院　系	课程号	课程名称
2011—2012	2	023	哲学系	02330460	全球化问题研究
2011—2012	2	023	哲学系	02330620	科学社会学导论
2011—2012	2	023	哲学系	02330840	中国美学史
2011—2012	2	023	哲学系	02331100	逻辑哲学
2011—2012	2	023	哲学系	02331240	公理集合论
2011—2012	2	023	哲学系	02331310	逻辑与批判性思维
2011—2012	2	023	哲学系	02332017	中国佛教经典选读
2011—2012	2	023	哲学系	02332020	伊斯兰教史
2011—2012	2	023	哲学系	02332039	回儒世界观
2011—2012	2	023	哲学系	02332080	古兰经导读
2011—2012	2	023	哲学系	02332160	道教史
2011—2012	2	023	哲学系	02332190	宗教哲学
2011—2012	2	023	哲学系	02332210	基督教史
2011—2012	2	023	哲学系	02332230	中国基督教史
2011—2012	2	023	哲学系	02332336	中国佛教史
2011—2012	2	023	哲学系	02332615	拉丁语Ⅱ
2011—2012	2	023	哲学系	02333097	德国哲学研究
2011—2012	2	023	哲学系	02333170	后现代主义哲学
2011—2012	2	023	哲学系	02333283	儒家的心学
2011—2012	2	023	哲学系	02333320	近现代中国哲学
2011—2012	2	023	哲学系	02333371	政治哲学
2011—2012	2	023	哲学系	02333830	文化哲学与文化产业
2011—2012	2	023	哲学系	02333840	国家论：政治哲学导论
2011—2012	2	023	哲学系	02335000	学年论文
2011—2012	2	023	哲学系	02335061	西方哲学史（上）
2011—2012	2	023	哲学系	02335071	中国哲学史（上）
2011—2012	2	023	哲学系	02335100	知识论
2011—2012	2	023	哲学系	02335110	科学与宗教
2011—2012	2	023	哲学系	02335122	复杂性科学与哲学
2011—2012	2	023	哲学系	02335200	庄子哲学
2011—2012	2	023	哲学系	02335220	《四书》精读
2011—2012	2	023	哲学系	02336161	西方思想经典（二）
2011—2012	2	023	哲学系	02336400	现代逻辑基础
2011—2012	2	024	国际关系学院	02430020	国际政治经济学
2011—2012	2	024	国际关系学院	02430061	国际组织
2011—2012	2	024	国际关系学院	02430092	国际关系史（下）
2011—2012	2	024	国际关系学院	02430111	发展学
2011—2012	2	024	国际关系学院	02430140	中华人民共和国对外关系
2011—2012	2	024	国际关系学院	02430152	英语听说（二）
2011—2012	2	024	国际关系学院	02430154	英语听说（四）
2011—2012	2	024	国际关系学院	02430172	毕业实习
2011—2012	2	024	国际关系学院	02430211	中国对外关系史
2011—2012	2	024	国际关系学院	02430360	军备控制与裁军
2011—2012	2	024	国际关系学院	02430380	世界政治中的民族问题
2011—2012	2	024	国际关系学院	02430421	西方政治思想史
2011—2012	2	024	国际关系学院	02430500	世界宗教与国际社会
2011—2012	2	024	国际关系学院	02430570	台湾概论

续表

学　年	学　期	院系代码	院　系	课程号	课程名称
2011—2012	2	024	国际关系学院	02430851	海外华侨华人概论
2011—2012	2	024	国际关系学院	02430920	中亚各国政治与外交
2011—2012	2	024	国际关系学院	02430930	国际法
2011—2012	2	024	国际关系学院	02430962	中文报刊选读（二）
2011—2012	2	024	国际关系学院	02430964	中文报刊选读（四）
2011—2012	2	024	国际关系学院	02431070	经济外交
2011—2012	2	024	国际关系学院	02431092	专业汉语（二）
2011—2012	2	024	国际关系学院	02431112	留学生英语（二）
2011—2012	2	024	国际关系学院	02431171	东亚政治经济
2011—2012	2	024	国际关系学院	02431230	非政府外交
2011—2012	2	024	国际关系学院	02431270	冲突学概论
2011—2012	2	024	国际关系学院	02431310	南亚各国政治与外交
2011—2012	2	024	国际关系学院	02431311	南亚政治经济
2011—2012	2	024	国际关系学院	02431360	英国政治与外交
2011—2012	2	024	国际关系学院	02431361	英国政治经济
2011—2012	2	024	国际关系学院	02431450	非洲政治与外交
2011—2012	2	024	国际关系学院	02431560	美国文化与社会
2011—2012	2	024	国际关系学院	02431580	中国政治概论
2011—2012	2	024	国际关系学院	02431600	中美经贸关系
2011—2012	2	024	国际关系学院	02431610	中国边疆问题概论
2011—2012	2	024	国际关系学院	02431641	比较政治学
2011—2012	2	024	国际关系学院	02431761	国际政治思想史
2011—2012	2	024	国际关系学院	02431770	当代西方政治思潮
2011—2012	2	024	国际关系学院	02431780	美国与东亚
2011—2012	2	024	国际关系学院	02431840	社会科学方法论
2011—2012	2	024	国际关系学院	02431880	中东地区的国家关系
2011—2012	2	024	国际关系学院	02431890	晚清对外关系的历史与人物
2011—2012	2	024	国际关系学院	02431910	国际关系与东亚安全
2011—2012	2	024	国际关系学院	02431962	日语（二）
2011—2012	2	024	国际关系学院	02432060	东亚共同体：政治、经济与文化
2011—2012	2	024	国际关系学院	02433091	社会主义由西方到东方的演变
2011—2012	2	024	国际关系学院	02433120	非洲政治经济
2011—2012	2	024	国际关系学院	02433220	香港澳门概论
2011—2012	2	024	国际关系学院	02433240	对外政策分析
2011—2012	2	024	国际关系学院	02433260	中国与朝鲜半岛
2011—2012	2	024	国际关系学院	02433310	当代国际关系专题
2011—2012	2	025	经济学院	00130202	高等数学(B)(二)
2011—2012	2	025	经济学院	00130212	高等数学(B)(二)习题课
2011—2012	2	025	经济学院	00132380	概率统计(B)
2011—2012	2	025	经济学院	02530070	宏观经济学
2011—2012	2	025	经济学院	02530071	宏观经济学"习题课"
2011—2012	2	025	经济学院	02530100	国际金融
2011—2012	2	025	经济学院	02530140	计量经济学
2011—2012	2	025	经济学院	02530220	房地产经济学
2011—2012	2	025	经济学院	02530400	保险法
2011—2012	2	025	经济学院	02530500	世界经济专题
2011—2012	2	025	经济学院	02530620	国际投资学

续表

学　年	学　期	院系代码	院　系	课程号	课程名称
2011—2012	2	025	经济学院	02530700	中央银行概论
2011—2012	2	025	经济学院	02531080	社会保险
2011—2012	2	025	经济学院	02532180	投资银行学
2011—2012	2	025	经济学院	02532210	欧盟经济
2011—2012	2	025	经济学院	02532220	金融市场学
2011—2012	2	025	经济学院	02532250	数理经济学
2011—2012	2	025	经济学院	02532370	保险精算学原理
2011—2012	2	025	经济学院	02532420	金融工程概论
2011—2012	2	025	经济学院	02532590	中华人民共和国经济史
2011—2012	2	025	经济学院	02533170	经济学原理(Ⅱ)
2011—2012	2	025	经济学院	02533190	政治经济学(下)
2011—2012	2	025	经济学院	02533320	固定收益证券
2011—2012	2	025	经济学院	02533340	中国经济思想史
2011—2012	2	025	经济学院	02533350	外国经济思想史
2011—2012	2	025	经济学院	02533390	福利经济学
2011—2012	2	025	经济学院	02533420	中国环境概论
2011—2012	2	025	经济学院	02533440	营销学
2011—2012	2	025	经济学院	02533460	中国金融体制改革
2011—2012	2	025	经济学院	02533490	世界经济史
2011—2012	2	025	经济学院	02533530	预算经济学
2011—2012	2	025	经济学院	02533570	公司金融
2011—2012	2	025	经济学院	02533600	产业组织理论
2011—2012	2	025	经济学院	02533750	金融风险管理
2011—2012	2	025	经济学院	02533790	投资基金概论
2011—2012	2	025	经济学院	02533840	国际税收
2011—2012	2	025	经济学院	02533850	农业经济学
2011—2012	2	025	经济学院	02533930	国际贸易实务
2011—2012	2	025	经济学院	02534060	货币银行学
2011—2012	2	025	经济学院	02534090	专业英语
2011—2012	2	025	经济学院	02534100	国际宏观经济学
2011—2012	2	025	经济学院	02534270	经济地理学
2011—2012	2	025	经济学院	02534330	金融伦理学
2011—2012	2	025	经济学院	02534410	个人理财
2011—2012	2	025	经济学院	02534420	个人财务管理
2011—2012	2	025	经济学院	02534430	经济增长理论
2011—2012	2	025	经济学院	02534440	国际金融实证研究
2011—2012	2	025	经济学院	02534490	中国商业管理思想
2011—2012	2	025	经济学院	02534500	公共经济学
2011—2012	2	025	经济学院	02534520	财政学
2011—2012	2	025	经济学院	02534620	金融监管学
2011—2012	2	025	经济学院	02534700	合作经济理论
2011—2012	2	025	经济学院	02534740	中级财务会计
2011—2012	2	025	经济学院	02534820	保险学原理
2011—2012	2	025	经济学院	02534870	金融工程软件编程
2011—2012	2	025	经济学院	02534880	社会实践
2011—2012	2	025	经济学院	02534940	投资理财
2011—2012	2	025	经济学院	02534960	保险经济学导论

续表

学　年	学　期	院系代码	院　系	课程号	课程名称
2011—2012	2	025	经济学院	02535020	证券投资学
2011—2012	2	025	经济学院	02535030	企业全面风险管理
2011—2012	2	028	光华管理学院	00130202	高等数学(B)(二)
2011—2012	2	028	光华管理学院	00130212	高等数学(B)(二)习题课
2011—2012	2	028	光华管理学院	00131460	线性代数(B)
2011—2012	2	028	光华管理学院	00131470	线性代数(B)习题
2011—2012	2	028	光华管理学院	02830110	人力资源管理
2011—2012	2	028	光华管理学院	02830140	社会心理学
2011—2012	2	028	光华管理学院	02830170	电子商务
2011—2012	2	028	光华管理学院	02830210	决策模拟
2011—2012	2	028	光华管理学院	02830260	影子中央银行
2011—2012	2	028	光华管理学院	02831112	专业英语(2)
2011—2012	2	028	光华管理学院	02831310	管理学原理
2011—2012	2	028	光华管理学院	02831560	计量经济学应用
2011—2012	2	028	光华管理学院	02831580	金融经济学
2011—2012	2	028	光华管理学院	02831610	产业分析的理论与政策
2011—2012	2	028	光华管理学院	02831650	城市与区域经济学
2011—2012	2	028	光华管理学院	02832120	宏观经济学
2011—2012	2	028	光华管理学院	02832150	宏观经济与健康投资
2011—2012	2	028	光华管理学院	02832220	民商法
2011—2012	2	028	光华管理学院	02832500	中国经济改革与发展
2011—2012	2	028	光华管理学院	02832540	高级管理会计
2011—2012	2	028	光华管理学院	02832600	营销学原理
2011—2012	2	028	光华管理学院	02832780	市场营销专题
2011—2012	2	028	光华管理学院	02833100	跨文化管理
2011—2012	2	028	光华管理学院	02833160	货币金融学
2011—2012	2	028	光华管理学院	02833490	国际市场营销
2011—2012	2	028	光华管理学院	02833540	中级财务会计
2011—2012	2	028	光华管理学院	02833650	市场研究
2011—2012	2	028	光华管理学院	02833680	生产作业管理
2011—2012	2	028	光华管理学院	02833700	产品管理
2011—2012	2	028	光华管理学院	02833720	计量经济学
2011—2012	2	028	光华管理学院	02833850	会计信息系统
2011—2012	2	028	光华管理学院	02834370	企业伦理
2011—2012	2	028	光华管理学院	02834420	证券投资学
2011—2012	2	028	光华管理学院	02834510	审计学
2011—2012	2	028	光华管理学院	02834530	内部控制与内部审计
2011—2012	2	028	光华管理学院	02834590	国际财务管理
2011—2012	2	028	光华管理学院	02834730	创业管理
2011—2012	2	028	光华管理学院	02834780	公共财政理论与政策
2011—2012	2	028	光华管理学院	02834840	金融衍生工具
2011—2012	2	028	光华管理学院	02836020	金融计量经济学
2011—2012	2	028	光华管理学院	02836600	广告学
2011—2012	2	028	光华管理学院	02837020	投资银行
2011—2012	2	028	光华管理学院	02837120	消费者行为
2011—2012	2	028	光华管理学院	02837140	中国商务
2011—2012	2	028	光华管理学院	02837170	策略与博弈

续表

学　年	学　期	院系代码	院　系	课程号	课程名称
2011—2012	2	028	光华管理学院	02837180	财务案例分析
2011—2012	2	028	光华管理学院	02838020	实证金融
2011—2012	2	028	光华管理学院	02838060	管理案例综合分析：视角与技巧
2011—2012	2	028	光华管理学院	02838130	中国社会与商业文化
2011—2012	2	029	法学院	02930010	法理学
2011—2012	2	029	法学院	02930030	中国法制史
2011—2012	2	029	法学院	0293005a	外国法制史
2011—2012	2	029	法学院	0293007a	行政法与行政诉讼法
2011—2012	2	029	法学院	02930084	侵权法
2011—2012	2	029	法学院	02930087	民法案例研习一
2011—2012	2	029	法学院	02930091	合同法实务
2011—2012	2	029	法学院	02930104	刑法总论（刑法一）
2011—2012	2	029	法学院	02930105	外国刑法
2011—2012	2	029	法学院	02930106	国际刑法学
2011—2012	2	029	法学院	02930107	刑法案例研习（总论）
2011—2012	2	029	法学院	02930171	法律实务——诊所式法律教育
2011—2012	2	029	法学院	02930173	北大评案 法律思维
2011—2012	2	029	法学院	02930180	知识产权法学
2011—2012	2	029	法学院	02930190	亲属法与继承法
2011—2012	2	029	法学院	02930200	企业法/公司法
2011—2012	2	029	法学院	02930220	犯罪学
2011—2012	2	029	法学院	02930249	竞争法
2011—2012	2	029	法学院	02930262	破产法
2011—2012	2	029	法学院	0293028a	金融法/银行法
2011—2012	2	029	法学院	02930340	国际经济法
2011—2012	2	029	法学院	02930440	海商法
2011—2012	2	029	法学院	02930450	国际技术转让法
2011—2012	2	029	法学院	02930470	商法总论
2011—2012	2	029	法学院	02930501	法律经济学
2011—2012	2	029	法学院	02930591	著作权法
2011—2012	2	029	法学院	0293074a	专业英语
2011—2012	2	029	法学院	02930831	商标法
2011—2012	2	029	法学院	02930841	专利法
2011—2012	2	029	法学院	02930843	知识产权管理
2011—2012	2	029	法学院	02930844	知识产权国际保护
2011—2012	2	029	法学院	02930845	知识产权法律实务
2011—2012	2	029	法学院	02930847	国际知识产权
2011—2012	2	029	法学院	02930860	法学流派与思潮
2011—2012	2	029	法学院	02930901	实习
2011—2012	2	029	法学院	02930920	刑事诉讼法
2011—2012	2	029	法学院	02930980	债权法
2011—2012	2	029	法学院	02930986	法律实务
2011—2012	2	029	法学院	02930987	国际组织法
2011—2012	2	029	法学院	02939982	法律信息概论
2011—2012	2	029	法学院	02939984	法治和天命科学观框架下的天命人
2011—2012	2	029	法学院	02939991	英美侵权法
2011—2012	2	029	法学院	02939999	法律导论

续表

学　年	学　期	院系代码	院　系	课程号	课程名称
2011—2012	2	030	信息管理系	03030010	图书馆学概论
2011—2012	2	030	信息管理系	03030220	著作权法
2011—2012	2	030	信息管理系	03030370	传播学原理
2011—2012	2	030	信息管理系	03030740	管理信息系统
2011—2012	2	030	信息管理系	03030780	办公自动化
2011—2012	2	030	信息管理系	03031040	数据库系统上机
2011—2012	2	030	信息管理系	03031100	办公自动化上机
2011—2012	2	030	信息管理系	03032360	中国文化史
2011—2012	2	030	信息管理系	03033020	数据库系统
2011—2012	2	030	信息管理系	03033030	信息分析与决策
2011—2012	2	030	信息管理系	03033040	信息服务
2011—2012	2	030	信息管理系	03033060	数字图书馆
2011—2012	2	030	信息管理系	03033130	市场营销学
2011—2012	2	030	信息管理系	03033140	企业与政府信息化
2011—2012	2	030	信息管理系	03033160	图书馆自动化
2011—2012	2	030	信息管理系	03033190	社科文献资源与检索利用
2011—2012	2	030	信息管理系	03033230	网络信息传播
2011—2012	2	030	信息管理系	03033240	网络信息资源组织
2011—2012	2	030	信息管理系	03033246	电子资源的检索与利用
2011—2012	2	030	信息管理系	03033270	视觉圣经——西方艺术中的基督教
2011—2012	2	030	信息管理系	03033370	数字媒体信息传播
2011—2012	2	030	信息管理系	03033380	中国禁书史
2011—2012	2	030	信息管理系	03033460	调查与统计方法
2011—2012	2	030	信息管理系	03033490	中国图书史
2011—2012	2	030	信息管理系	03033520	商务信息
2011—2012	2	030	信息管理系	03033530	咨询理论与方法
2011—2012	2	031	社会学系	03100130	国外社会学学说(上)
2011—2012	2	031	社会学系	03130010	社会学概论
2011—2012	2	031	社会学系	03130020	国外社会学学说(下)
2011—2012	2	031	社会学系	03130050	中国社会思想史
2011—2012	2	031	社会学系	03130150	社会人类学
2011—2012	2	031	社会学系	03130190	城市社会学
2011—2012	2	031	社会学系	03130210	社会心理学
2011—2012	2	031	社会学系	03130250	农村社会学
2011—2012	2	031	社会学系	03130260	家庭社会学
2011—2012	2	031	社会学系	03130280	社会性别研究
2011—2012	2	031	社会学系	03130340	宗教社会学
2011—2012	2	031	社会学系	03130350	教育社会学
2011—2012	2	031	社会学系	03130400	教育社会学思考
2011—2012	2	031	社会学系	03130430	群体工作
2011—2012	2	031	社会学系	03130460	社会保障
2011—2012	2	031	社会学系	03130480	社会行政
2011—2012	2	031	社会学系	03130590	中国社会
2011—2012	2	031	社会学系	03130640	经济社会学
2011—2012	2	031	社会学系	03130790	贫困与发展
2011—2012	2	031	社会学系	03130840	劳动社会学
2011—2012	2	031	社会学系	03130880	西方社会思想史

续表

学　年	学　期	院系代码	院　　系	课程号	课程名称
2011—2012	2	031	社会学系	03131160	社会学导论
2011—2012	2	031	社会学系	03131190	社会工作概论
2011—2012	2	031	社会学系	03131230	社会工作实习
2011—2012	2	031	社会学系	03131410	自杀社会问题研究
2011—2012	2	031	社会学系	03131500	社会调查与研究方法
2011—2012	2	031	社会学系	03131530	人口社会学
2011—2012	2	031	社会学系	03131540	实习
2011—2012	2	031	社会学系	03131640	生物学对社会科学的启示
2011—2012	2	031	社会学系	03131650	人口统计学
2011—2012	2	032	政府管理学院	03230100	当代西方国家政治制度
2011—2012	2	032	政府管理学院	03230160	社会调查的理论与方法
2011—2012	2	032	政府管理学院	03230780	中国政治思想史
2011—2012	2	032	政府管理学院	03230790	西方政治思想史
2011—2012	2	032	政府管理学院	03230870	中国政治与政府过程
2011—2012	2	032	政府管理学院	03230900	政治学原理
2011—2012	2	032	政府管理学院	03231080	政治经济导论
2011—2012	2	032	政府管理学院	03231110	新公共管理
2011—2012	2	032	政府管理学院	03231120	比较公共管理
2011—2012	2	032	政府管理学院	03231130	地方政府管理
2011—2012	2	032	政府管理学院	03231140	公共财政与税收
2011—2012	2	032	政府管理学院	03231160	人力资源开发与管理
2011—2012	2	032	政府管理学院	03231170	电子政务与计算机技术
2011—2012	2	032	政府管理学院	03231200	宏观经济政策
2011—2012	2	032	政府管理学院	03231250	城市管理
2011—2012	2	032	政府管理学院	03231280	现代不动产
2011—2012	2	032	政府管理学院	03231300	中国现代政治思想
2011—2012	2	032	政府管理学院	03231530	财政预算与行政财务管理
2011—2012	2	032	政府管理学院	03231620	公共政策分析
2011—2012	2	032	政府管理学院	03231660	政治哲学
2011—2012	2	032	政府管理学院	03231670	民族政治学
2011—2012	2	032	政府管理学院	03231700	政党学概论
2011—2012	2	032	政府管理学院	03231740	美国政府与政治
2011—2012	2	032	政府管理学院	03231870	公民社会与非政府组织
2011—2012	2	032	政府管理学院	03231910	当代世界经济与政治
2011—2012	2	032	政府管理学院	03232080	日本经济
2011—2012	2	032	政府管理学院	03232240	地方政府经济学
2011—2012	2	032	政府管理学院	03232290	经济学原理
2011—2012	2	032	政府管理学院	03232300	应用统计学
2011—2012	2	032	政府管理学院	03232320	行政学研究方法
2011—2012	2	032	政府管理学院	03232360	地理信息系统基础与应用
2011—2012	2	032	政府管理学院	03232390	宪法与行政法学
2011—2012	2	039	外国语学院	03530010	东方文学史
2011—2012	2	039	外国语学院	03530190	日本文化艺术专题
2011—2012	2	039	外国语学院	03530242	公共阿拉伯语（二）
2011—2012	2	039	外国语学院	03530370	东南亚文化
2011—2012	2	039	外国语学院	03530442	公共韩国语（二）
2011—2012	2	039	外国语学院	03530450	东方文学

续表

学　年	学期	院系代码	院　系	课程号	课程名称
2011—2012	2	039	外国语学院	03530460	赫梯语语法
2011—2012	2	039	外国语学院	03531120	蒙古戏剧
2011—2012	2	039	外国语学院	03531132	蒙古语翻译教程(下)
2011—2012	2	039	外国语学院	03531220	中蒙关系史
2011—2012	2	039	外国语学院	03531402	基础韩国(朝鲜)语(二)
2011—2012	2	039	外国语学院	03531404	基础韩国(朝鲜)语(四)
2011—2012	2	039	外国语学院	03531569	韩中翻译
2011—2012	2	039	外国语学院	03531612	韩国(朝鲜)文学简史(下)
2011—2012	2	039	外国语学院	03531682	韩国(朝鲜)名篇选读(下)
2011—2012	2	039	外国语学院	03531802	韩国(朝鲜)语视听说(二)
2011—2012	2	039	外国语学院	03531804	韩国(朝鲜)语视听说(四)
2011—2012	2	039	外国语学院	03531812	高级韩国(朝鲜)语(二)
2011—2012	2	039	外国语学院	03531832	韩国(朝鲜)语报刊选读(下)
2011—2012	2	039	外国语学院	03531842	高级韩国(朝鲜)语口语(二)
2011—2012	2	039	外国语学院	03531860	韩国(朝鲜)民俗
2011—2012	2	039	外国语学院	03531960	日语口译
2011—2012	2	039	外国语学院	03531970	日语阅读
2011—2012	2	039	外国语学院	03531980	日译汉
2011—2012	2	039	外国语学院	03532022	基础日语(二)
2011—2012	2	039	外国语学院	03532024	基础日语(四)
2011—2012	2	039	外国语学院	03532030	日本历史
2011—2012	2	039	外国语学院	03532042	日语视听说(二)
2011—2012	2	039	外国语学院	03532090	日本文化概论
2011—2012	2	039	外国语学院	03532110	日译汉
2011—2012	2	039	外国语学院	03532120	日本文学史
2011—2012	2	039	外国语学院	03532160	日语概论
2011—2012	2	039	外国语学院	03532220	日语会话
2011—2012	2	039	外国语学院	03532252	公共日语(二)
2011—2012	2	039	外国语学院	03532322	高年级日语(二)
2011—2012	2	039	外国语学院	03532334	高年级日语(四)
2011—2012	2	039	外国语学院	03532370	日汉语言对比
2011—2012	2	039	外国语学院	03532402	基础日语(二)
2011—2012	2	039	外国语学院	03532411	日语视听说(一)
2011—2012	2	039	外国语学院	03532413	日语视听说(三)
2011—2012	2	039	外国语学院	03532422	日语阅读(二)
2011—2012	2	039	外国语学院	03533080	越译汉教程
2011—2012	2	039	外国语学院	03533102	越南语视听说(二)
2011—2012	2	039	外国语学院	03533141	越南报刊选读(一)
2011—2012	2	039	外国语学院	03533162	汉越语口译(下)
2011—2012	2	039	外国语学院	03533179	越南文学作品选读
2011—2012	2	039	外国语学院	03533552	泰语翻译教程(下)
2011—2012	2	039	外国语学院	03534016	缅甸语(六)
2011—2012	2	039	外国语学院	03534051	缅甸语翻译(一)
2011—2012	2	039	外国语学院	03534212	缅甸报刊选读(二)
2011—2012	2	039	外国语学院	03534253	缅甸语视听说(三)
2011—2012	2	039	外国语学院	03534552	印度尼西亚历史(二)
2011—2012	2	039	外国语学院	03534731	马来语(上)

续表

学　年	学　期	院系代码	院　系	课程号	课程名称
2011—2012	2	039	外国语学院	03534732	马来语(下)
2011—2012	2	039	外国语学院	03534814	印尼语(四)
2011—2012	2	039	外国语学院	03535022	希伯莱语视听说(二)
2011—2012	2	039	外国语学院	03535162	希伯莱语(二)
2011—2012	2	039	外国语学院	03535530	菲律宾历史
2011—2012	2	039	外国语学院	03535580	菲律宾文化
2011—2012	2	039	外国语学院	03535674	菲律宾语(四)
2011—2012	2	039	外国语学院	03536023	印地语视听说(三)
2011—2012	2	039	外国语学院	03536132	梵语文学作品选读(下)
2011—2012	2	039	外国语学院	03536142	梵语佛教文献选读(下)
2011—2012	2	039	外国语学院	03536262	印度佛教史(下)
2011—2012	2	039	外国语学院	03536302	印地语报刊阅读(二)
2011—2012	2	039	外国语学院	03536322	西方印度学专题(下)
2011—2012	2	039	外国语学院	03536330	敦煌与敦煌文献
2011—2012	2	039	外国语学院	03536403	德语(三)
2011—2012	2	039	外国语学院	03536502	印地语(二)
2011—2012	2	039	外国语学院	03536916	印地语(六)
2011—2012	2	039	外国语学院	03537021	乌尔都语视听说(一)
2011—2012	2	039	外国语学院	03537050	乌尔都语语法
2011—2012	2	039	外国语学院	03537092	乌尔都语写作教程(下)
2011—2012	2	039	外国语学院	03537110	巴基斯坦文化
2011—2012	2	039	外国语学院	03537282	乌尔都语泛读(下)
2011—2012	2	039	外国语学院	03537354	基础乌尔都语(四)
2011—2012	2	039	外国语学院	03537362	乌尔都语听力(下)
2011—2012	2	039	外国语学院	03537532	波斯语散文(下)
2011—2012	2	039	外国语学院	03537552	波斯语写作(下)
2011—2012	2	039	外国语学院	03537650	波斯古今散文研读
2011—2012	2	039	外国语学院	03537662	伊朗文化(下)
2011—2012	2	039	外国语学院	03538012	基础阿拉伯语(二)
2011—2012	2	039	外国语学院	03538014	基础阿拉伯语(四)
2011—2012	2	039	外国语学院	03538021	阿拉伯语视听(一)
2011—2012	2	039	外国语学院	03538023	阿拉伯语视听(三)
2011—2012	2	039	外国语学院	03538025	阿拉伯语视听(五)
2011—2012	2	039	外国语学院	03538031	阿拉伯语口语(一)
2011—2012	2	039	外国语学院	03538033	阿拉伯语口语(三)
2011—2012	2	039	外国语学院	03538042	阿拉伯语阅读(二)
2011—2012	2	039	外国语学院	03538044	阿拉伯语阅读(四)
2011—2012	2	039	外国语学院	03538050	阿拉伯语语法
2011—2012	2	039	外国语学院	03538071	阿拉伯语口译(一)
2011—2012	2	039	外国语学院	03538081	阿拉伯语翻译教程(一)
2011—2012	2	039	外国语学院	03538222	阿拉伯报刊文选(二)
2011—2012	2	039	外国语学院	03538230	开罗方言
2011—2012	2	039	外国语学院	03538240	阿拉伯语应用文
2011—2012	2	039	外国语学院	03538272	高年级阿拉伯语(二)
2011—2012	2	039	外国语学院	03538274	高年级阿拉伯语(四)
2011—2012	2	039	外国语学院	03631002	法语精读(二)
2011—2012	2	039	外国语学院	03631004	法语精读(四)

续表

学　年	学　期	院系代码	院　系	课程号	课程名称
2011—2012	2	039	外国语学院	03631006	法语精读（六）
2011—2012	2	039	外国语学院	03631018	法语精读（八）
2011—2012	2	039	外国语学院	03631022	法语视听说（二）
2011—2012	2	039	外国语学院	03631024	法语视听说（四）
2011—2012	2	039	外国语学院	03631026	法语视听说（六）
2011—2012	2	039	外国语学院	03631028	法语视听说（八）
2011—2012	2	039	外国语学院	03631032	法语写作（二）
2011—2012	2	039	外国语学院	03631034	法语写作（四）
2011—2012	2	039	外国语学院	03631043	法语笔译（上）
2011—2012	2	039	外国语学院	03631052	法语口译（下）
2011—2012	2	039	外国语学院	03631053	法语口译（上）
2011—2012	2	039	外国语学院	03631063	法国文学史和文学选读（上）
2011—2012	2	039	外国语学院	03631091	法语泛读（一）
2011—2012	2	039	外国语学院	03631093	法语泛读（三）
2011—2012	2	039	外国语学院	03631230	法语国家及地区概况
2011—2012	2	039	外国语学院	03631252	法国报刊选读（二）
2011—2012	2	039	外国语学院	03631254	法国报刊选读（四）
2011—2012	2	039	外国语学院	03631512	法语精读（二）
2011—2012	2	039	外国语学院	03631514	法语精读（四）
2011—2012	2	039	外国语学院	03631522	法语视听（二）
2011—2012	2	039	外国语学院	03631524	法语视听（四）
2011—2012	2	039	外国语学院	03631532	法语泛读（二）
2011—2012	2	039	外国语学院	03631534	法语泛读（四）
2011—2012	2	039	外国语学院	03631611	公共法语（一）
2011—2012	2	039	外国语学院	03631612	公共法语（二）
2011—2012	2	039	外国语学院	03632002	德语精读（二）
2011—2012	2	039	外国语学院	03632004	德语精读（四）
2011—2012	2	039	外国语学院	03632022	德语视听说（二）
2011—2012	2	039	外国语学院	03632024	德语视听说（四）
2011—2012	2	039	外国语学院	03632042	德语笔译（二）
2011—2012	2	039	外国语学院	03632048	德语笔译（四）
2011—2012	2	039	外国语学院	03632052	德语口译（下）
2011—2012	2	039	外国语学院	03632099	德语国家青少年文学
2011—2012	2	039	外国语学院	03632102	德语长篇小说（下）
2011—2012	2	039	外国语学院	03632110	德国文化史
2011—2012	2	039	外国语学院	03632122	德语文学名著（下）
2011—2012	2	039	外国语学院	03632130	奥地利、瑞士文学
2011—2012	2	039	外国语学院	03632160	德语中篇小说选读
2011—2012	2	039	外国语学院	03632210	德国历史
2011—2012	2	039	外国语学院	03632220	德语国家国情课
2011—2012	2	039	外国语学院	03632512	德语精读（二）
2011—2012	2	039	外国语学院	03632514	德语精读（四）
2011—2012	2	039	外国语学院	03632522	德语视听（二）
2011—2012	2	039	外国语学院	03632524	德语视听（四）
2011—2012	2	039	外国语学院	03632532	德语泛读（二）
2011—2012	2	039	外国语学院	03632534	德语泛读（四）
2011—2012	2	039	外国语学院	03632612	公共德语（二）

续表

学　年	学　期	院系代码	院　　系	课程号	课程名称
2011—2012	2	039	外国语学院	03632622	德语国家文学史与选读(二)
2011—2012	2	039	外国语学院	03632624	德语国家文学史与选读(四)
2011—2012	2	039	外国语学院	03633012	西班牙语精读(二)
2011—2012	2	039	外国语学院	03633022	西班牙语视听(二)
2011—2012	2	039	外国语学院	03633042	西班牙语口语(二)
2011—2012	2	039	外国语学院	03633082	西汉笔译(下)
2011—2012	2	039	外国语学院	03633092	西汉口译(下)
2011—2012	2	039	外国语学院	03633220	拉丁美洲历史和文化概论
2011—2012	2	039	外国语学院	03633252	西班牙报刊选读(下)
2011—2012	2	039	外国语学院	03633512	西班牙语精读(二)
2011—2012	2	039	外国语学院	03633522	西班牙语视听(二)
2011—2012	2	039	外国语学院	03633532	西班牙语阅读(二)
2011—2012	2	039	外国语学院	03633611	公共西班牙语(一)
2011—2012	2	039	外国语学院	03634030	传记文学：经典人物研究
2011—2012	2	039	外国语学院	03634060	西方文学名著导读
2011—2012	2	039	外国语学院	03639000	电影
2011—2012	2	039	外国语学院	03730032	俄语语法(二)
2011—2012	2	039	外国语学院	03730102	俄语报刊阅读(二)
2011—2012	2	039	外国语学院	03730111	俄语阅读——文化背景知识(一)
2011—2012	2	039	外国语学院	03730113	俄语阅读——文化背景知识(三)
2011—2012	2	039	外国语学院	03730192	俄语口语会话(下)
2011—2012	2	039	外国语学院	03730392	俄罗斯文学史(二)
2011—2012	2	039	外国语学院	03730394	俄罗斯文学史(四)
2011—2012	2	039	外国语学院	03730422	俄语口译(下)
2011—2012	2	039	外国语学院	03730502	基础俄语(二)
2011—2012	2	039	外国语学院	03730504	基础俄语(四)
2011—2012	2	039	外国语学院	03730512	高级俄语(二)
2011—2012	2	039	外国语学院	03730514	高级俄语(四)
2011—2012	2	039	外国语学院	03730542	俄语写作(下)
2011—2012	2	039	外国语学院	03730552	俄译汉教程(下)
2011—2012	2	039	外国语学院	03730582	俄罗斯国情(下)
2011—2012	2	039	外国语学院	03730592	俄罗斯民俗民情(下)
2011—2012	2	039	外国语学院	03730630	俄语实践修辞
2011—2012	2	039	外国语学院	03730699	俄罗斯文学与音乐
2011—2012	2	039	外国语学院	03730739	文学理论基础
2011—2012	2	039	外国语学院	03730752	俄语视听说(二)
2011—2012	2	039	外国语学院	03730754	俄语视听说(四)
2011—2012	2	039	外国语学院	03730769	俄语新闻听力(下)
2011—2012	2	039	外国语学院	03730780	俄罗斯社会与文化系列讲座
2011—2012	2	039	外国语学院	03730801	中级乌克兰语
2011—2012	2	039	外国语学院	03730811	汉译俄教程(上)
2011—2012	2	039	外国语学院	03830016	英语精读(四)
2011—2012	2	039	外国语学院	03830018	英语精读(二)
2011—2012	2	039	外国语学院	03830022	英语视听(二)
2011—2012	2	039	外国语学院	03830028	英语视听(四)
2011—2012	2	039	外国语学院	03830042	口语(二)
2011—2012	2	039	外国语学院	03830044	口语(四)

续表

学　年	学期	院系代码	院　系	课程号	课程名称
2011—2012	2	039	外国语学院	03830060	应用文写作
2011—2012	2	039	外国语学院	03830072	写作(二)
2011—2012	2	039	外国语学院	03830080	测试(A)
2011—2012	2	039	外国语学院	03830091	英国文学史(一)
2011—2012	2	039	外国语学院	03830120	汉译英
2011—2012	2	039	外国语学院	03830131	美国文学史与选读(一)
2011—2012	2	039	外国语学院	03832080	美国短篇小说
2011—2012	2	039	外国语学院	03832120	英语词汇学
2011—2012	2	039	外国语学院	03832160	消费文化与生存美学
2011—2012	2	039	外国语学院	03833030	报刊选读
2011—2012	2	039	外国语学院	03833160	英美戏剧
2011—2012	2	039	外国语学院	03833270	文学与社会
2011—2012	2	039	外国语学院	03833322	拉丁语(二)
2011—2012	2	039	外国语学院	03834060	莎士比亚与马洛戏剧选读
2011—2012	2	039	外国语学院	03834080	同声传译
2011—2012	2	039	外国语学院	03834100	中西文化比较
2011—2012	2	039	外国语学院	03834130	英语诗歌鉴赏
2011—2012	2	039	外国语学院	03834210	西方宗教思想
2011—2012	2	039	外国语学院	03834290	戏剧实践
2011—2012	2	039	外国语学院	03834350	美国当代文学思想
2011—2012	2	039	外国语学院	03834360	英国文学的基石
2011—2012	2	039	外国语学院	03834370	文学、自然与地方
2011—2012	2	039	外国语学院	03835200	西方学术精华概论
2011—2012	2	039	外国语学院	03835340	莎士比亚名篇赏析
2011—2012	2	039	外国语学院	03835440	美国政治演说中的历史文化评析
2011—2012	2	039	外国语学院	03930010	西方戏剧文学
2011—2012	2	040	马克思主义学院	04031700	周易精读
2011—2012	2	040	马克思主义学院	04031701	中国传统道德教育导论
2011—2012	2	041	体育教研部	04130020	游泳
2011—2012	2	041	体育教研部	04130021	游泳提高班
2011—2012	2	041	体育教研部	04130030	太极拳
2011—2012	2	041	体育教研部	04130031	太极拳提高班
2011—2012	2	041	体育教研部	04130040	健美操
2011—2012	2	041	体育教研部	04130041	健美操提高班
2011—2012	2	041	体育教研部	04130050	乒乓球
2011—2012	2	041	体育教研部	04130053	乒乓球提高班
2011—2012	2	041	体育教研部	04130060	羽毛球
2011—2012	2	041	体育教研部	04130063	羽毛球提高班
2011—2012	2	041	体育教研部	04130070	网球
2011—2012	2	041	体育教研部	04130080	足球
2011—2012	2	041	体育教研部	04130090	篮球
2011—2012	2	041	体育教研部	04130093	篮球提高班
2011—2012	2	041	体育教研部	04130100	排球
2011—2012	2	041	体育教研部	04130103	排球提高班
2011—2012	2	041	体育教研部	04130110	形体(女生)
2011—2012	2	041	体育教研部	04130120	体育舞蹈
2011—2012	2	041	体育教研部	04130130	健美

续表

学　年	学　期	院系代码	院　系	课程号	课程名称
2011—2012	2	041	体育教研部	04130132	健美
2011—2012	2	041	体育教研部	04130160	体适能
2011—2012	2	041	体育教研部	04130174	保健5
2011—2012	2	041	体育教研部	04130210	棒、垒球
2011—2012	2	041	体育教研部	04130231	安全教育与自卫防身
2011—2012	2	041	体育教研部	04130240	攀岩
2011—2012	2	041	体育教研部	04130260	少林棍术
2011—2012	2	041	体育教研部	04130280	跆拳道
2011—2012	2	041	体育教研部	04130290	击剑
2011—2012	2	041	体育教研部	04130370	围棋(初级班)
2011—2012	2	041	体育教研部	04130420	散打
2011—2012	2	041	体育教研部	04130430	中华健
2011—2012	2	041	体育教研部	04130440	瑜伽
2011—2012	2	041	体育教研部	04130450	地板球
2011—2012	2	041	体育教研部	04130480	高尔夫
2011—2012	2	041	体育教研部	04130490	桥牌
2011—2012	2	041	体育教研部	04130500	国际象棋(初级班)
2011—2012	2	041	体育教研部	04130570	剑道
2011—2012	2	041	体育教研部	04130620	定向与徒步运动
2011—2012	2	041	体育教研部	04130630	汉字太极与养生课
2011—2012	2	041	体育教研部	04130640	拓展训练
2011—2012	2	043	艺术学院	04330030	中国音乐概论
2011—2012	2	043	艺术学院	04330043	西方音乐史
2011—2012	2	043	艺术学院	04330051	中国美术史
2011—2012	2	043	艺术学院	04330091	世界电影史(2)
2011—2012	2	043	艺术学院	04330094	中国电影史
2011—2012	2	043	艺术学院	04330102	电视概论
2011—2012	2	043	艺术学院	04330111	经典昆曲欣赏
2011—2012	2	043	艺术学院	04330160	合唱基础
2011—2012	2	043	艺术学院	04330185	钢琴音乐理论与实践
2011—2012	2	043	艺术学院	04330421	浪漫主义时代的欧洲音乐
2011—2012	2	043	艺术学院	04330440	舞蹈创作排练
2011—2012	2	043	艺术学院	04330550	影视鉴赏
2011—2012	2	043	艺术学院	04330642	交响乐(初)
2011—2012	2	043	艺术学院	04330644	交响乐(中)
2011—2012	2	043	艺术学院	04330645	交响乐(高)
2011—2012	2	043	艺术学院	04330923	合唱(中)
2011—2012	2	043	艺术学院	04330926	合唱(高)
2011—2012	2	043	艺术学院	04330942	民族管弦乐(初)
2011—2012	2	043	艺术学院	04330946	民族管弦乐(高)
2011—2012	2	043	艺术学院	04331020	中外名曲赏析
2011—2012	2	043	艺术学院	04331100	交响乐名曲赏析
2011—2012	2	043	艺术学院	04331541	美学原理
2011—2012	2	043	艺术学院	04331620	毕业论文
2011—2012	2	043	艺术学院	04331782	影片分析
2011—2012	2	043	艺术学院	04331792	视听语言(电影语言)(2)
2011—2012	2	043	艺术学院	04331813	影视导演(二)

续表

学　年	学　期	院系代码	院　系	课程号	课程名称
2011—2012	2	043	艺术学院	04331821	影视节目策划
2011—2012	2	043	艺术学院	04331831	摄影、摄像
2011—2012	2	043	艺术学院	04331880	中国画艺术美学
2011—2012	2	043	艺术学院	04332120	影视音乐
2011—2012	2	043	艺术学院	04332210	中国电影史
2011—2012	2	043	艺术学院	04332251	影片导读（二）
2011—2012	2	043	艺术学院	04332281	学年作品（一）
2011—2012	2	043	艺术学院	04332283	毕业作品拍片实践
2011—2012	2	043	艺术学院	04332300	舞蹈原理与鉴赏
2011—2012	2	043	艺术学院	04332301	西方舞蹈文化史
2011—2012	2	043	艺术学院	04332350	中国流行音乐流变
2011—2012	2	043	艺术学院	04332490	西方歌剧简史与名作赏析
2011—2012	2	043	艺术学院	04332510	艺术史
2011—2012	2	043	艺术学院	04332520	毕业论文
2011—2012	2	043	艺术学院	04332551	艺术训练（一）
2011—2012	2	043	艺术学院	04332553	艺术训练（三）
2011—2012	2	043	艺术学院	04332555	艺术训练（五）
2011—2012	2	043	艺术学院	04332557	艺术训练（七）
2011—2012	2	043	艺术学院	04332590	中国传统装饰艺术与审美文化
2011—2012	2	043	艺术学院	04332661	中国画理论与技法
2011—2012	2	043	艺术学院	04332710	西方美术史
2011—2012	2	043	艺术学院	04332791	制片管理与营销
2011—2012	2	043	艺术学院	04332870	音乐剧概论
2011—2012	2	043	艺术学院	04332881	中外美术创作比较
2011—2012	2	043	艺术学院	04332952	水墨画
2011—2012	2	043	艺术学院	04332960	20世纪西方音乐
2011—2012	2	043	艺术学院	04333021	美术概论
2011—2012	2	046	元培学院	01034360	定量分析实验
2011—2012	2	046	元培学院	01034520	中级分析化学实验
2011—2012	2	046	元培学院	01035001	有机化学实验（Ⅰ）
2011—2012	2	046	元培学院	04630030	学术规范与论文写作
2011—2012	2	046	元培学院	04630390	中国考古大发现（至1275年）
2011—2012	2	046	元培学院	04630580	家：房屋类型学探究
2011—2012	2	046	元培学院	04630650	中国经济转轨与增长
2011—2012	2	046	元培学院	04630660	中国当代社会变迁
2011—2012	2	046	元培学院	04831420	数据结构与算法（B）
2011—2012	2	048	信息科学技术学院	00130022	数学分析习题课（二）
2011—2012	2	048	信息科学技术学院	00130202	高等数学（B）(二)
2011—2012	2	048	信息科学技术学院	00130212	高等数学（B）（二）习题课
2011—2012	2	048	信息科学技术学院	00131480	概率统计（A）
2011—2012	2	048	信息科学技术学院	00132302	数学分析（II）
2011—2012	2	048	信息科学技术学院	00132323	高等代数（II）
2011—2012	2	048	信息科学技术学院	00132332	高等代数（II）习题
2011—2012	2	048	信息科学技术学院	00132380	概率统计（B）
2011—2012	2	048	信息科学技术学院	00431143	电磁学
2011—2012	2	048	信息科学技术学院	04830030	科技交流与写作
2011—2012	2	048	信息科学技术学院	04830080	代数结构与组合数学

续表

学　年	学　期	院系代码	院　系	课程号	课程名称
2011—2012	2	048	信息科学技术学院	04830120	微机原理 A
2011—2012	2	048	信息科学技术学院	04830130	微机实验
2011—2012	2	048	信息科学技术学院	04830141	计算机系统结构实验班
2011—2012	2	048	信息科学技术学院	04830150	编译技术
2011—2012	2	048	信息科学技术学院	04830190	操作系统实习
2011—2012	2	048	信息科学技术学院	04830191	操作系统实习(实验班)
2011—2012	2	048	信息科学技术学院	04830211	软件工程(实验班)
2011—2012	2	048	信息科学技术学院	04830220	数据库概论
2011—2012	2	048	信息科学技术学院	04830221	数据库概论(实验班)
2011—2012	2	048	信息科学技术学院	04830230	计算机图形学
2011—2012	2	048	信息科学技术学院	04830240	计算机网络概论
2011—2012	2	048	信息科学技术学院	04830270	程序设计语言概论
2011—2012	2	048	信息科学技术学院	04830281	算法设计与分析
2011—2012	2	048	信息科学技术学院	04830282	算法分析与设计(实验班)
2011—2012	2	048	信息科学技术学院	04830290	面向对象技术引论
2011—2012	2	048	信息科学技术学院	04830320	数字图像处理
2011—2012	2	048	信息科学技术学院	04830330	Linux 程序设计
2011—2012	2	048	信息科学技术学院	04830340	JAVA 程序设计
2011—2012	2	048	信息科学技术学院	04830450	网络实用技术
2011—2012	2	048	信息科学技术学院	04830460	计算机组织与体系结构 B
2011—2012	2	048	信息科学技术学院	04830495	趣味算法实习
2011—2012	2	048	信息科学技术学院	04830630	电子线路(A)
2011—2012	2	048	信息科学技术学院	04830640	电子线路实验(A)
2011—2012	2	048	信息科学技术学院	04830650	数字逻辑电路
2011—2012	2	048	信息科学技术学院	04830710	通信电路实验
2011—2012	2	048	信息科学技术学院	04830730	微波技术与电路
2011—2012	2	048	信息科学技术学院	04830760	数字信号处理(含上机)
2011—2012	2	048	信息科学技术学院	04830780	微机与接口技术实验
2011—2012	2	048	信息科学技术学院	04830800	光电子学
2011—2012	2	048	信息科学技术学院	04830840	热学
2011—2012	2	048	信息科学技术学院	04830850	近代物理
2011—2012	2	048	信息科学技术学院	04830880	纳米科技与纳米电子学
2011—2012	2	048	信息科学技术学院	04830890	量子力学(I)
2011—2012	2	048	信息科学技术学院	04830970	通信电路
2011—2012	2	048	信息科学技术学院	04831010	半导体物理
2011—2012	2	048	信息科学技术学院	04831030	数字集成电路原理
2011—2012	2	048	信息科学技术学院	04831070	集成电路计算机辅助设计
2011—2012	2	048	信息科学技术学院	04831090	模拟集成电路原理
2011—2012	2	048	信息科学技术学院	04831200	随机过程引论
2011—2012	2	048	信息科学技术学院	04831210	信息论
2011—2012	2	048	信息科学技术学院	04831230	自动控制理论
2011—2012	2	048	信息科学技术学院	04831260	机器感知实验
2011—2012	2	048	信息科学技术学院	04831370	数据仓库与数据挖掘方法
2011—2012	2	048	信息科学技术学院	04831400	生物信息处理
2011—2012	2	048	信息科学技术学院	04831520	电子线路计算机辅助设计
2011—2012	2	048	信息科学技术学院	04831750	程序设计实习
2011—2012	2	048	信息科学技术学院	04831760	程序设计实习(实验班)

续表

学　年	学　期	院系代码	院　系	课程号	课程名称
2011—2012	2	048	信息科学技术学院	04831770	微电子与电路基础
2011—2012	2	048	信息科学技术学院	04831780	自然语言处理导论
2011—2012	2	048	信息科学技术学院	04831800	数字媒体技术基础
2011—2012	2	048	信息科学技术学院	04831811	微纳尺度流体科学与应用
2011—2012	2	048	信息科学技术学院	04831870	基础电路实验
2011—2012	2	048	信息科学技术学院	04832030	量子力学(I)
2011—2012	2	048	信息科学技术学院	04832040	现代无线通信中的新兴技术
2011—2012	2	048	信息科学技术学院	04832050	微米纳米技术概论
2011—2012	2	048	信息科学技术学院	04832140	现代电子与通信导论
2011—2012	2	048	信息科学技术学院	04832150	微纳器件及其创新应用
2011—2012	2	048	信息科学技术学院	04832230	基于安卓平台的程序设计
2011—2012	2	048	信息科学技术学院	04832240	并行与分布式计算导论
2011—2012	2	048	信息科学技术学院	04832250	计算机网络(实验班)
2011—2012	2	048	信息科学技术学院	04832260	微纳集成系统实验班
2011—2012	2	048	信息科学技术学院	04832270	科学研究方法、实践与文化
2011—2012	2	048	信息科学技术学院	04832271	科学研究方法、实践与文化(实习课)
2011—2012	2	062	国家发展研究院	06210880	高级卫生经济学
2011—2012	2	062	国家发展研究院	06216580	老年人口与经济分析
2011—2012	2	062	国家发展研究院	06216790	实证策略
2011—2012	2	062	国家发展研究院	06232010	农业经济学
2011—2012	2	062	国家发展研究院	06232150	概率统计
2011—2012	2	062	国家发展研究院	06232200	中级微观经济学
2011—2012	2	062	国家发展研究院	06232300	中级宏观经济学
2011—2012	2	062	国家发展研究院	06232400	计量经济学
2011—2012	2	062	国家发展研究院	06233300	国际贸易
2011—2012	2	062	国家发展研究院	06233310	国际金融
2011—2012	2	062	国家发展研究院	06233400	货币银行学
2011—2012	2	062	国家发展研究院	06233550	公共财政学
2011—2012	2	062	国家发展研究院	06233630	市场营销
2011—2012	2	062	国家发展研究院	06234840	信息经济学
2011—2012	2	062	国家发展研究院	06234880	法律经济学
2011—2012	2	062	国家发展研究院	06234900	中国经济专题
2011—2012	2	062	国家发展研究院	06235060	财务会计
2011—2012	2	062	国家发展研究院	06235080	经济学研究训练
2011—2012	2	062	国家发展研究院	06236020	网络营销与经济信息战略
2011—2012	2	062	国家发展研究院	06236030	人文社会跨学科讲座
2011—2012	2	062	国家发展研究院	06236050	城市经济学
2011—2012	2	062	国家发展研究院	06236060	大国国家发展战略
2011—2012	2	062	国家发展研究院	06237010	金融计量
2011—2012	2	067	教育学院	06730070	生活教育——成功人生的基础
2011—2012	2	086	工学院	00330050	计算方法
2011—2012	2	086	工学院	00330140	计算流体力学
2011—2012	2	086	工学院	00330190	塑性力学
2011—2012	2	086	工学院	00330220	自动控制原理
2011—2012	2	086	工学院	00330630	工程制图
2011—2012	2	086	工学院	00330760	工程数学
2011—2012	2	086	工学院	00331350	工程流体力学

续表

学　年	学　期	院系代码	院　系	课程号	课程名称
2011—2012	2	086	工学院	00331752	微积分(二)
2011—2012	2	086	工学院	00331760	微积分习题
2011—2012	2	086	工学院	00331782	现代工学通论(下)
2011—2012	2	086	工学院	00331800	高等动力学
2011—2012	2	086	工学院	00331960	工程热力学
2011—2012	2	086	工学院	00332010	水文学与水资源
2011—2012	2	086	工学院	00332030	应用分析
2011—2012	2	086	工学院	00332130	机器人竞赛实践
2011—2012	2	086	工学院	00332171	能源与资源工程实验(上)
2011—2012	2	086	工学院	00332220	清洁生产过程原理
2011—2012	2	086	工学院	00332241	数学物理方法(上)
2011—2012	2	086	工学院	00332260	材料力学
2011—2012	2	086	工学院	00332270	弹性力学
2011—2012	2	086	工学院	00332282	流体力学(下)
2011—2012	2	086	工学院	00332290	工程弹性力学
2011—2012	2	086	工学院	00332320	工程设计初步
2011—2012	2	086	工学院	00332382	工程毕业设计(下)
2011—2012	2	086	工学院	00332400	废水资源化工程
2011—2012	2	086	工学院	00332510	电路与电子学
2011—2012	2	086	工学院	00332520	地球科学基础
2011—2012	2	086	工学院	00332530	核酸生物技术
2011—2012	2	086	工学院	00332540	全球创新产品设计和团队实践
2011—2012	2	086	工学院	00332660	燃烧学导论
2011—2012	2	086	工学院	00332680	飞行器结构力学
2011—2012	2	086	工学院	00332702	空气动力学Ⅱ
2011—2012	2	086	工学院	00332740	计算方法上机
2011—2012	2	086	工学院	00332750	飞行器设计原理
2011—2012	2	086	工学院	00332760	飞行力学与控制
2011—2012	2	086	工学院	00332791	生物医学工程设计(Ⅰ)
2011—2012	2	086	工学院	00332820	解剖生理学
2011—2012	2	086	工学院	00332830	解剖生理学实验
2011—2012	2	086	工学院	00332960	发育与再生生物学
2011—2012	2	086	工学院	00332970	生物力学基础
2011—2012	2	086	工学院	00332980	物理流体力学
2011—2012	2	086	工学院	00332990	材料科学与工程专业英语
2011—2012	2	086	工学院	00333000	材料性能分析与测试
2011—2012	2	086	工学院	00333010	材料计算科学与工程
2011—2012	2	086	工学院	00333020	纳米材料科学与技术
2011—2012	2	086	工学院	00333030	生物医学传感测量
2011—2012	2	086	工学院	00333040	岩土力学
2011—2012	2	086	工学院	00333060	对流与传热
2011—2012	2	086	工学院	00333070	微纳米尺度测试原理与方法
2011—2012	2	086	工学院	00431141	力学
2011—2012	2	086	工学院	00431144	光学
2011—2012	2	086	工学院	00431145	近代物理
2011—2012	2	086	工学院	00431170	光学习题
2011—2012	2	086	工学院	00431421	普通物理实验(B)(一)

续表

学　年	学　期	院系代码	院　系	课程号	课程名称
2011—2012	2	086	工学院	04830494	数据结构与算法上机
2011—2012	2	086	工学院	04831420	数据结构与算法(B)
2011—2012	2	126	城市与环境学院	00131422	高等数学C(二)
2011—2012	2	126	城市与环境学院	00132380	概率统计(B)
2011—2012	2	126	城市与环境学院	01032720	物理化学实验(B)
2011—2012	2	126	城市与环境学院	01034350	定量分析
2011—2012	2	126	城市与环境学院	01034360	定量分析实验
2011—2012	2	126	城市与环境学院	01339320	中国历史地理
2011—2012	2	126	城市与环境学院	01339330	中国古典园林赏析
2011—2012	2	126	城市与环境学院	01531010	经济地理学
2011—2012	2	126	城市与环境学院	01531130	中国自然地理
2011—2012	2	126	城市与环境学院	01531180	地貌学
2011—2012	2	126	城市与环境学院	01531250	气象气候学
2011—2012	2	126	城市与环境学院	01531610	现代自然地理学实验方法
2011—2012	2	126	城市与环境学院	01531730	文化地理学
2011—2012	2	126	城市与环境学院	01532230	城市规划管理与法规
2011—2012	2	126	城市与环境学院	01532270	详细规划(课程设计)
2011—2012	2	126	城市与环境学院	01532440	城市经济学
2011—2012	2	126	城市与环境学院	01532450	城市规划原理
2011—2012	2	126	城市与环境学院	01532460	城市园林绿地系统规划设计
2011—2012	2	126	城市与环境学院	01532470	城市社会学
2011—2012	2	126	城市与环境学院	01532480	城市生态学
2011—2012	2	126	城市与环境学院	01532490	美术与制图
2011—2012	2	126	城市与环境学院	01533170	城市规划概论
2011—2012	2	126	城市与环境学院	01533220	社会综合实践调查
2011—2012	2	126	城市与环境学院	01533320	人文地理学研究方法
2011—2012	2	126	城市与环境学院	01534030	自然资源学原理
2011—2012	2	126	城市与环境学院	01534060	综合自然地理学
2011—2012	2	126	城市与环境学院	01534230	自然保护学
2011—2012	2	126	城市与环境学院	01535122	植物学(下)
2011—2012	2	126	城市与环境学院	01535150	生态学实验技术
2011—2012	2	126	城市与环境学院	01536011	普通生态学1
2011—2012	2	126	城市与环境学院	01536012	普通生态学2
2011—2012	2	126	城市与环境学院	01536013	普通生态学3
2011—2012	2	126	城市与环境学院	01536090	环境监测与实验
2011—2012	2	126	城市与环境学院	01538040	经济和城市地理的关键理论
2011—2012	2	126	城市与环境学院	01539230	中国传统建筑
2011—2012	2	126	城市与环境学院	04831420	数据结构与算法(B)
2011—2012	2	126	城市与环境学院	12631010	污染环境修复
2011—2012	2	126	城市与环境学院	12631020	环境毒理学
2011—2012	2	126	城市与环境学院	12631030	环境科学前沿
2011—2012	2	126	城市与环境学院	12635010	区域规划
2011—2012	2	126	城市与环境学院	12635020	社区空间规划与设计
2011—2012	2	126	城市与环境学院	12638010	海洋科学导论
2011—2012	2	127	环境科学与工程学院	00431121	普通物理
2011—2012	2	127	环境科学与工程学院	01032720	物理化学实验(B)
2011—2012	2	127	环境科学与工程学院	01034360	定量分析实验

续表

学 年	学 期	院系代码	院 系	课程号	课程名称
2011—2012	2	127	环境科学与工程学院	01034400	仪器分析实验
2011—2012	2	127	环境科学与工程学院	01034520	中级分析化学实验
2011—2012	2	127	环境科学与工程学院	12730010	环境问题
2011—2012	2	127	环境科学与工程学院	12730020	变化中的地球
2011—2012	2	127	环境科学与工程学院	12731010	人类生存发展与环境保护
2011—2012	2	127	环境科学与工程学院	12731020	全球环境问题
2011—2012	2	127	环境科学与工程学院	12731060	环境伦理概论
2011—2012	2	127	环境科学与工程学院	12732020	环境管理学
2011—2012	2	127	环境科学与工程学院	12732060	环境规划学
2011—2012	2	127	环境科学与工程学院	12732080	环境工程学二
2011—2012	2	127	环境科学与工程学院	12732150	环境工程学一
2011—2012	2	127	环境科学与工程学院	12733010	环境化学
2011—2012	2	127	环境科学与工程学院	12733020	环境化学实验
2011—2012	2	127	环境科学与工程学院	12733080	环境科学与工程文献选读
2011—2012	2	127	环境科学与工程学院	12733120	水环境学基础
2011—2012	2	127	环境科学与工程学院	12733140	企业环境管理
2011—2012	2	127	环境科学与工程学院	12734010	工程制图
2011—2012	2	127	环境科学与工程学院	12734030	水处理工程(下)
2011—2012	2	127	环境科学与工程学院	12734050	环境工程实验(一)
2011—2012	2	127	环境科学与工程学院	12735090	物理性污染控制
2011—2012	2	127	环境科学与工程学院	12735120	工业微生物学
2011—2012	2	127	环境科学与工程学院	12735130	环境质量评价
2011—2012	2	127	环境科学与工程学院	12735180	环境信息系统
2011—2012	2	127	环境科学与工程学院	18050210	物理学习题
2011—2012	2	180	医学部教学办	00131422	高等数学C(二)
2011—2012	2	180	医学部教学办	00431121	普通物理
2011—2012	2	180	医学部教学办	01030810	有机化学(B)
2011—2012	2	180	医学部教学办	01032711	有机化学实验(B)
2011—2012	2	180	医学部教学办	01034900	分析化学(B)
2011—2012	2	180	医学部教学办	01034910	分析化学实验(B)
2011—2012	2	180	医学部教学办	18050210	物理学习题
2011—2012	2	192	歌剧研究院	19230030	歌剧的魅力(作品篇)
2011—2012	2	192	歌剧研究院	19230040	歌剧和音乐剧表演
2011—2012	2	607	武装部	60730020	军事理论
2011—2012	2	610	学生工作部	61030020	大学生职业生涯规划
2012—2013	1	001	数学科学学院	00110000	黎曼几何引论
2012—2013	1	001	数学科学学院	00110010	同调论
2012—2013	1	001	数学科学学院	00110050	模式识别
2012—2013	1	001	数学科学学院	00110060	算法设计与分析
2012—2013	1	001	数学科学学院	00110070	经典力学的数学方法
2012—2013	1	001	数学科学学院	00110130	泛函分析(二)
2012—2013	1	001	数学科学学院	00110150	交换代数
2012—2013	1	001	数学科学学院	00110330	几何分析
2012—2013	1	001	数学科学学院	00110390	纤维丛上的微分几何
2012—2013	1	001	数学科学学院	00110830	数值代数 II
2012—2013	1	001	数学科学学院	00110860	并行计算 II
2012—2013	1	001	数学科学学院	00111850	有限元方法 II

续表

学　年	学　期	院系代码	院　系	课程号	课程名称
2012—2013	1	001	数学科学学院	00111940	遍历论
2012—2013	1	001	数学科学学院	00112630	高等概率论
2012—2013	1	001	数学科学学院	00112640	高等统计学
2012—2013	1	001	数学科学学院	00112711	抽象代数Ⅱ
2012—2013	1	001	数学科学学院	00112780	应用偏微分方程
2012—2013	1	001	数学科学学院	00112878	数据中的数学
2012—2013	1	001	数学科学学院	00112950	辛几何
2012—2013	1	001	数学科学学院	00113180	模形式与数论
2012—2013	1	001	数学科学学院	00113510	几何拓扑选讲
2012—2013	1	001	数学科学学院	00113690	随机模拟方法
2012—2013	1	001	数学科学学院	00113730	现代统计计算
2012—2013	1	001	数学科学学院	00113780	符号计算
2012—2013	1	001	数学科学学院	00114250	机器学习
2012—2013	1	001	数学科学学院	00130161	拓扑学
2012—2013	1	001	数学科学学院	00130210	计算机图形学
2012—2013	1	001	数学科学学院	00130490	运筹学
2012—2013	1	001	数学科学学院	00130550	数值代数
2012—2013	1	001	数学科学学院	00130640	流体力学引论
2012—2013	1	001	数学科学学院	00130712	基础物理(下)
2012—2013	1	001	数学科学学院	00130730	数理逻辑
2012—2013	1	001	数学科学学院	00130830	数字信号处理
2012—2013	1	001	数学科学学院	00131420	数据结构
2012—2013	1	001	数学科学学院	00131560	古今数学思想
2012—2013	1	001	数学科学学院	00131600	数学分析
2012—2013	1	001	数学科学学院	00131641	几何讨论班Ⅱ
2012—2013	1	001	数学科学学院	00131651	代数讨论班Ⅱ
2012—2013	1	001	数学科学学院	00131661	分析讨论班Ⅱ
2012—2013	1	001	数学科学学院	00132100	应用生存分析
2012—2013	1	001	数学科学学院	00132250	抽象代数选讲
2012—2013	1	001	数学科学学院	00132260	数学分析选讲Ⅲ
2012—2013	1	001	数学科学学院	00132301	数学分析(Ⅰ)
2012—2013	1	001	数学科学学院	00132304	数学分析(Ⅲ)
2012—2013	1	001	数学科学学院	00132310	微分几何
2012—2013	1	001	数学科学学院	00132311	数学分析(Ⅰ)习题
2012—2013	1	001	数学科学学院	00132313	数学分析(Ⅲ)习题
2012—2013	1	001	数学科学学院	00132321	高等代数(Ⅰ)
2012—2013	1	001	数学科学学院	00132330	偏微分方程
2012—2013	1	001	数学科学学院	00132331	高等代数(Ⅰ)习题
2012—2013	1	001	数学科学学院	00132341	几何学
2012—2013	1	001	数学科学学院	00132351	几何学习题
2012—2013	1	001	数学科学学院	00132370	实变函数
2012—2013	1	001	数学科学学院	00132510	李群及其表示
2012—2013	1	001	数学科学学院	00132610	密码学
2012—2013	1	001	数学科学学院	00132750	毕业论文(证券)讨论班
2012—2013	1	001	数学科学学院	00132780	毕业论文(精算)讨论班
2012—2013	1	001	数学科学学院	00132810	毕业论文(衍生工具)讨论班
2012—2013	1	001	数学科学学院	00132830	金融数学引论

续表

学　年	学　期	院系代码	院　系	课程号	课程名称
2012—2013	1	001	数学科学学院	00133070	应用时间序列分析
2012—2013	1	001	数学科学学院	00133090	应用随机过程
2012—2013	1	001	数学科学学院	00133110	应用回归分析
2012—2013	1	001	数学科学学院	00134210	人工神经网络
2012—2013	1	001	数学科学学院	00135040	程序设计技术与方法
2012—2013	1	001	数学科学学院	00135220	非参数统计
2012—2013	1	001	数学科学学院	00135450	抽象代数
2012—2013	1	001	数学科学学院	00135460	数理统计
2012—2013	1	001	数学科学学院	00135480	风险理论
2012—2013	1	001	数学科学学院	00135520	偏微分方程数值解
2012—2013	1	001	数学科学学院	00136260	常微分方程
2012—2013	1	001	数学科学学院	00136350	概率论
2012—2013	1	001	数学科学学院	00136540	数值方法：原理，算法及应用
2012—2013	1	001	数学科学学院	00136630	统计计算
2012—2013	1	001	数学科学学院	00136700	普通统计学
2012—2013	1	001	数学科学学院	00136810	实变函数
2012—2013	1	001	数学科学学院	00136830	数学应用软件
2012—2013	1	001	数学科学学院	00136850	实变函数与泛函分析
2012—2013	1	001	数学科学学院	00137110	应用随机分析
2012—2013	1	004	物理学院	00130201	高等数学(B)(一)
2012—2013	1	004	物理学院	00130211	高等数学(B)(一)习题课
2012—2013	1	004	物理学院	00131460	线性代数(B)
2012—2013	1	004	物理学院	00131470	线性代数(B)习题
2012—2013	1	004	物理学院	00132380	概率统计(B)
2012—2013	1	004	物理学院	00405596	量子材料前沿讲座
2012—2013	1	004	物理学院	00410140	群论
2012—2013	1	004	物理学院	00410340	高等量子力学
2012—2013	1	004	物理学院	00410440	量子统计物理
2012—2013	1	004	物理学院	00410640	量子场论
2012—2013	1	004	物理学院	00411950	表面物理
2012—2013	1	004	物理学院	00412150	粒子物理
2012—2013	1	004	物理学院	00413250	等离子体物理
2012—2013	1	004	物理学院	00414860	激光实验
2012—2013	1	004	物理学院	00415450	量子光学
2012—2013	1	004	物理学院	00415510	现代光学与光电子学
2012—2013	1	004	物理学院	00415532	原子、分子光谱
2012—2013	1	004	物理学院	00415588	凝聚态物理中的几何与拓扑
2012—2013	1	004	物理学院	00430098	描述性物理海洋学
2012—2013	1	004	物理学院	00430132	现代电子电路基础及实验(一)
2012—2013	1	004	物理学院	00430151	现代物理前沿讲座Ⅰ
2012—2013	1	004	物理学院	00430191	大气科学导论
2012—2013	1	004	物理学院	00431110	力学
2012—2013	1	004	物理学院	00431148	光学习题课
2012—2013	1	004	物理学院	00431151	原子物理学
2012—2013	1	004	物理学院	00431156	光学
2012—2013	1	004	物理学院	00431159	原子物理习题
2012—2013	1	004	物理学院	00431165	近代物理

续表

学　年	学　期	院系代码	院　系	课程号	课程名称
2012—2013	1	004	物理学院	00431180	力学习题
2012—2013	1	004	物理学院	00431211	普通物理实验（A）（一）
2012—2013	1	004	物理学院	00431214	综合物理实验（一）
2012—2013	1	004	物理学院	00431443	计算物理学
2012—2013	1	004	物理学院	00431537	现代电子测量与实验
2012—2013	1	004	物理学院	00431543	天体物理专题
2012—2013	1	004	物理学院	00431545	天文文献阅读
2012—2013	1	004	物理学院	00431558	天文技术与方法Ⅰ（光学与红外）
2012—2013	1	004	物理学院	00431570	核物理与粒子物理实验方法（一）
2012—2013	1	004	物理学院	00431610	数量级物理学
2012—2013	1	004	物理学院	00431620	计算物理学导论
2012—2013	1	004	物理学院	00431640	量子力学讨论班
2012—2013	1	004	物理学院	00431650	平衡态统计物理
2012—2013	1	004	物理学院	00431660	宇宙探测新技术引论
2012—2013	1	004	物理学院	00431670	量子力学（A）
2012—2013	1	004	物理学院	00432108	数学物理方法（上）
2012—2013	1	004	物理学院	00432109	数学物理方法（下）
2012—2013	1	004	物理学院	00432113	数学物理方法习题
2012—2013	1	004	物理学院	00432140	电动力学（A）
2012—2013	1	004	物理学院	00432141	电动力学（B）
2012—2013	1	004	物理学院	00432151	量子力学习题
2012—2013	1	004	物理学院	00432160	电动力学习题
2012—2013	1	004	物理学院	00432162	固体物理导论
2012—2013	1	004	物理学院	00432164	生物物理导论
2012—2013	1	004	物理学院	00432190	凝聚态物理理论讨论班
2012—2013	1	004	物理学院	00432207	卫星气象学
2012—2013	1	004	物理学院	00432211	理论力学
2012—2013	1	004	物理学院	00432223	核物理与粒子物理专题实验
2012—2013	1	004	物理学院	00432227	科研实用软件
2012—2013	1	004	物理学院	00432236	激光物理学
2012—2013	1	004	物理学院	00432247	大气物理学基础
2012—2013	1	004	物理学院	00432249	流体力学
2012—2013	1	004	物理学院	00432255	天气分析与预报
2012—2013	1	004	物理学院	00432267	工程图学及其应用
2012—2013	1	004	物理学院	00432270	大气概论
2012—2013	1	004	物理学院	00432274	大气探测原理
2012—2013	1	004	物理学院	00432290	气候模拟
2012—2013	1	004	物理学院	00432310	全球环境与气候变迁
2012—2013	1	004	物理学院	00433328	近代物理实验（Ⅱ）
2012—2013	1	004	物理学院	00433410	半导体物理学
2012—2013	1	004	物理学院	00433520	超导物理学
2012—2013	1	004	物理学院	00433641	材料物理
2012—2013	1	004	物理学院	00434091	纳米科学前沿
2012—2013	1	004	物理学院	00434092	纳米科技进展
2012—2013	1	004	物理学院	04831410	计算概论（B）
2012—2013	1	004	物理学院	04831650	计算概论（B）上机
2012—2013	1	008	计算机科学技术系	00831240	计算机网络概论

续表

学　年	学　期	院系代码	院　系	课程号	课程名称
2012—2013	1	008	计算机科学技术系	00831360	汇编语言程序设计
2012—2013	1	008	计算机科学技术系	00831610	文科计算机基础(上)
2012—2013	1	008	计算机科学技术系	00833110	离散数学(I)
2012—2013	1	008	计算机科学技术系	00833120	C++语言程序设计
2012—2013	1	008	计算机科学技术系	00833130	操作系统
2012—2013	1	008	计算机科学技术系	00833140	微机原理
2012—2013	1	010	化学与分子工程学院	00130201	高等数学(B)(一)
2012—2013	1	010	化学与分子工程学院	00130211	高等数学(B)(一)习题课
2012—2013	1	010	化学与分子工程学院	00131460	线性代数(B)
2012—2013	1	010	化学与分子工程学院	00131470	线性代数(B)习题
2012—2013	1	010	化学与分子工程学院	00431143	电磁学
2012—2013	1	010	化学与分子工程学院	00431144	光学
2012—2013	1	010	化学与分子工程学院	00431148	光学习题课
2012—2013	1	010	化学与分子工程学院	00431215	普通物理实验
2012—2013	1	010	化学与分子工程学院	01030200	化学实验室安全技术
2012—2013	1	010	化学与分子工程学院	01030440	化学动力学选读
2012—2013	1	010	化学与分子工程学院	01031100	今日化学
2012—2013	1	010	化学与分子工程学院	01032390	材料物理
2012—2013	1	010	化学与分子工程学院	01032580	催化化学
2012—2013	1	010	化学与分子工程学院	01033090	今日新材料
2012—2013	1	010	化学与分子工程学院	01033100	功能化学
2012—2013	1	010	化学与分子工程学院	01034030	魅力化学
2012—2013	1	010	化学与分子工程学院	01034040	化学与社会
2012—2013	1	010	化学与分子工程学院	01034310	普通化学
2012—2013	1	010	化学与分子工程学院	01034321	普通化学实验
2012—2013	1	010	化学与分子工程学院	01034330	普通化学习题课
2012—2013	1	010	化学与分子工程学院	01034373	有机化学(二)
2012—2013	1	010	化学与分子工程学院	01034450	化工基础
2012—2013	1	010	化学与分子工程学院	01034530	中级有机化学
2012—2013	1	010	化学与分子工程学院	01034580	色谱分析
2012—2013	1	010	化学与分子工程学院	01034600	立体化学
2012—2013	1	010	化学与分子工程学院	01034610	中级分析化学
2012—2013	1	010	化学与分子工程学院	01034630	环境化学
2012—2013	1	010	化学与分子工程学院	01034670	放射化学
2012—2013	1	010	化学与分子工程学院	01034680	波谱分析
2012—2013	1	010	化学与分子工程学院	01034720	辐射化学与工艺
2012—2013	1	010	化学与分子工程学院	01034780	胶体化学
2012—2013	1	010	化学与分子工程学院	01034800	多晶X射线衍射
2012—2013	1	010	化学与分子工程学院	01034930	物理化学
2012—2013	1	010	化学与分子工程学院	01034940	物理化学习题
2012—2013	1	010	化学与分子工程学院	01034970	计算机在化学化工中的应用
2012—2013	1	010	化学与分子工程学院	01035002	有机化学实验(Ⅰ+Ⅱ)
2012—2013	1	010	化学与分子工程学院	01035010	中级有机化学实验
2012—2013	1	010	化学与分子工程学院	01035020	物理化学实验
2012—2013	1	010	化学与分子工程学院	01035040	综合化学实验
2012—2013	1	010	化学与分子工程学院	01035080	化学信息检索
2012—2013	1	010	化学与分子工程学院	01035090	大学化学

续表

学　年	学　期	院系代码	院　系	课程号	课程名称
2012—2013	1	010	化学与分子工程学院	01035100	表面物理化学
2012—2013	1	010	化学与分子工程学院	01035140	无机化学
2012—2013	1	010	化学与分子工程学院	01130160	细胞生物学实验
2012—2013	1	010	化学与分子工程学院	04831410	计算概论(B)
2012—2013	1	010	化学与分子工程学院	04831650	计算概论(B)上机
2012—2013	1	011	生命科学学院	00130201	高等数学(B)(一)
2012—2013	1	011	生命科学学院	00130211	高等数学(B)(一)习题课
2012—2013	1	011	生命科学学院	00131460	线性代数(B)
2012—2013	1	011	生命科学学院	00131470	线性代数(B)习题
2012—2013	1	011	生命科学学院	00430002	物理学(B)(2)
2012—2013	1	011	生命科学学院	00432151	量子力学习题
2012—2013	1	011	生命科学学院	01032690	有机化学(B)
2012—2013	1	011	生命科学学院	01032711	有机化学实验(B)
2012—2013	1	011	生命科学学院	01034330	普通化学习题课
2012—2013	1	011	生命科学学院	01034880	普通化学(B)
2012—2013	1	011	生命科学学院	01034920	普通化学实验(B)
2012—2013	1	011	生命科学学院	01130030	基础分子生物学
2012—2013	1	011	生命科学学院	01130050	生物化学实验
2012—2013	1	011	生命科学学院	01130110	蛋白质化学
2012—2013	1	011	生命科学学院	01130150	细胞生物学
2012—2013	1	011	生命科学学院	01130160	细胞生物学实验
2012—2013	1	011	生命科学学院	01130320	普通生物学实验(B)
2012—2013	1	011	生命科学学院	01130760	生物统计学
2012—2013	1	011	生命科学学院	01130780	生物进化论
2012—2013	1	011	生命科学学院	01130871	人类的性、生育与健康
2012—2013	1	011	生命科学学院	01130930	普通生态学
2012—2013	1	011	生命科学学院	01130960	保护生物学
2012—2013	1	011	生命科学学院	01131050	动物生物学实验
2012—2013	1	011	生命科学学院	01131080	动物生物学
2012—2013	1	011	生命科学学院	01131110	生物技术制药基础
2012—2013	1	011	生命科学学院	01131160	生物学思想与概念
2012—2013	1	011	生命科学学院	01132630	生物化学
2012—2013	1	011	生命科学学院	01132631	生物化学讨论课
2012—2013	1	011	生命科学学院	01137010	分子细胞神经生物学
2012—2013	1	011	生命科学学院	01138450	病毒与蛋白质结构
2012—2013	1	011	生命科学学院	01138460	微生物学(英文)
2012—2013	1	011	生命科学学院	01138470	蛋白质与生命
2012—2013	1	011	生命科学学院	01138480	生命科学的逻辑与思维
2012—2013	1	011	生命科学学院	01138490	生命科学前沿
2012—2013	1	011	生命科学学院	01138500	药物药理学导论
2012—2013	1	011	生命科学学院	01138510	应用蛋白质晶体学
2012—2013	1	011	生命科学学院	01138520	重大疾病的分子机制
2012—2013	1	011	生命科学学院	01139000	神经生物学
2012—2013	1	011	生命科学学院	01139330	现代生物技术导论
2012—2013	1	011	生命科学学院	01139340	生物学综合实验
2012—2013	1	011	生命科学学院	01139350	普通生物学(B)
2012—2013	1	011	生命科学学院	01139470	生物信息学方法

续表

学　年	学　期	院系代码	院　系	课程号	课程名称
2012—2013	1	011	生命科学学院	01139491	文献强化阅读与学术报告(2)
2012—2013	1	011	生命科学学院	01139550	植物特有生命现象导论(1)
2012—2013	1	011	生命科学学院	01139570	植物特有生命现象导论实验
2012—2013	1	011	生命科学学院	01139640	生物医药工程及管理
2012—2013	1	011	生命科学学院	01139720	感染与人类疾病专题讨论
2012—2013	1	011	生命科学学院	01139750	真核细胞DNA复制和checkpoint控制
2012—2013	1	011	生命科学学院	01139940	科学研究基本技能
2012—2013	1	011	生命科学学院	01139960	生物学困惑与展望
2012—2013	1	011	生命科学学院	04831410	计算概论(B)
2012—2013	1	012	地球与空间科学学院	00130201	高等数学(B)(一)
2012—2013	1	012	地球与空间科学学院	00130211	高等数学(B)(一)习题课
2012—2013	1	012	地球与空间科学学院	00131460	线性代数(B)
2012—2013	1	012	地球与空间科学学院	00131470	线性代数(B)习题
2012—2013	1	012	地球与空间科学学院	00132380	概率统计(B)
2012—2013	1	012	地球与空间科学学院	00431110	力学
2012—2013	1	012	地球与空间科学学院	00431144	光学
2012—2013	1	012	地球与空间科学学院	00431148	光学习题课
2012—2013	1	012	地球与空间科学学院	00431180	力学习题
2012—2013	1	012	地球与空间科学学院	00431200	基础物理实验
2012—2013	1	012	地球与空间科学学院	00431211	普通物理实验(A)(一)
2012—2013	1	012	地球与空间科学学院	00432110	数学物理方法
2012—2013	1	012	地球与空间科学学院	00432113	数学物理方法习题
2012—2013	1	012	地球与空间科学学院	00436012	普通物理学(B)(二)
2012—2013	1	012	地球与空间科学学院	01034920	普通化学实验(B)
2012—2013	1	012	地球与空间科学学院	01230051	地球科学概论(一)
2012—2013	1	012	地球与空间科学学院	01230100	离散数学
2012—2013	1	012	地球与空间科学学院	01230110	操作系统原理
2012—2013	1	012	地球与空间科学学院	01231030	古生物学
2012—2013	1	012	地球与空间科学学院	01231080	大地构造学
2012—2013	1	012	地球与空间科学学院	01231150	石油地质学
2012—2013	1	012	地球与空间科学学院	01231200	自然资源与社会发展
2012—2013	1	012	地球与空间科学学院	01231210	地球历史概要
2012—2013	1	012	地球与空间科学学院	01231251	普通岩石学(上)
2012—2013	1	012	地球与空间科学学院	01231330	岩石学前缘理论与方法
2012—2013	1	012	地球与空间科学学院	01231390	构造地质学研究方法
2012—2013	1	012	地球与空间科学学院	01231400	地球物理学基础
2012—2013	1	012	地球与空间科学学院	01231430	地球化学
2012—2013	1	012	地球与空间科学学院	01231460	水文地质与工程地质学
2012—2013	1	012	地球与空间科学学院	01231470	地貌学与第四纪地质学
2012—2013	1	012	地球与空间科学学院	01231500	古生态学与古环境分析
2012—2013	1	012	地球与空间科学学院	01231510	古生物学前沿
2012—2013	1	012	地球与空间科学学院	01231520	古植物学及孢粉学
2012—2013	1	012	地球与空间科学学院	01231540	沉积学概论
2012—2013	1	012	地球与空间科学学院	01231560	岩浆作用理论概述
2012—2013	1	012	地球与空间科学学院	01233020	电离层物理学与电波传播
2012—2013	1	012	地球与空间科学学院	01233140	行星科学概论
2012—2013	1	012	地球与空间科学学院	01233170	地震概论

续表

学 年	学 期	院系代码	院 系	课程号	课程名称
2012—2013	1	012	地球与空间科学学院	01233190	地磁学与地电学
2012—2013	1	012	地球与空间科学学院	01233270	岩石力学
2012—2013	1	012	地球与空间科学学院	01233310	弹性力学B
2012—2013	1	012	地球与空间科学学院	01233340	黏性流体力学
2012—2013	1	012	地球与空间科学学院	01233420	空间等离子体物理基础
2012—2013	1	012	地球与空间科学学院	01233440	磁层物理学
2012—2013	1	012	地球与空间科学学院	01233450	空间探测与实验基础
2012—2013	1	012	地球与空间科学学院	01233460	空间天气学及与预报入门
2012—2013	1	012	地球与空间科学学院	01235030	计算数学
2012—2013	1	012	地球与空间科学学院	01235040	计算机图形学基础
2012—2013	1	012	地球与空间科学学院	01235060	数字地形模型
2012—2013	1	012	地球与空间科学学院	01235090	网络基础与WebGIS
2012—2013	1	012	地球与空间科学学院	01235120	遥感数字图象处理原理
2012—2013	1	012	地球与空间科学学院	01235140	数字地球导论
2012—2013	1	012	地球与空间科学学院	01235210	智能交通系统概论
2012—2013	1	012	地球与空间科学学院	01235230	地图学
2012—2013	1	012	地球与空间科学学院	01235250	GIS实验
2012—2013	1	012	地球与空间科学学院	01235270	程序设计语言
2012—2013	1	012	地球与空间科学学院	01235280	地貌与自然地理学基础
2012—2013	1	012	地球与空间科学学院	01235290	环境与生态科学
2012—2013	1	012	地球与空间科学学院	01235310	测量学概论
2012—2013	1	012	地球与空间科学学院	01235320	地理科学进展
2012—2013	1	012	地球与空间科学学院	01235330	遥感应用
2012—2013	1	012	地球与空间科学学院	01235340	遥感图像处理实验
2012—2013	1	012	地球与空间科学学院	01235360	遥感应用原理与方法
2012—2013	1	012	地球与空间科学学院	01235380	城市发展与交通管理
2012—2013	1	012	地球与空间科学学院	01431250	微量元素地球化学
2012—2013	1	012	地球与空间科学学院	04831410	计算概论(B)
2012—2013	1	016	心理学系	01603011	心理测量
2012—2013	1	016	心理学系	01603333	实验心理学实验
2012—2013	1	016	心理学系	01610200	神经心理学
2012—2013	1	016	心理学系	01630020	CNS解剖
2012—2013	1	016	心理学系	01630024	人力资源开发与管理
2012—2013	1	016	心理学系	01630033	异常儿童心理学
2012—2013	1	016	心理学系	01630034	实验心理学
2012—2013	1	016	心理学系	01630041	社会心理学
2012—2013	1	016	心理学系	01630042	社会性与个性发展
2012—2013	1	016	心理学系	01630044	社会心理学
2012—2013	1	016	心理学系	01630045	社会认知心理学
2012—2013	1	016	心理学系	01630046	社会冲突与管理
2012—2013	1	016	心理学系	01630051	心理统计(1)
2012—2013	1	016	心理学系	01630060	发展心理学
2012—2013	1	016	心理学系	01630090	变态心理学
2012—2013	1	016	心理学系	01630101	生理心理学
2012—2013	1	016	心理学系	01630121	认知心理学
2012—2013	1	016	心理学系	01630140	认知神经科学
2012—2013	1	016	心理学系	01630220	生理心理实验
2012—2013	1	016	心理学系	01630600	组织管理心理学
2012—2013	1	016	心理学系	01630620	计算视觉
2012—2013	1	016	心理学系	01630630	老年心理学

续表

学　年	学期	院系代码	院　系	课程号	课程名称
2012—2013	1	016	心理学系	01630740	爱的心理学
2012—2013	1	016	心理学系	01630900	普通心理学
2012—2013	1	016	心理学系	01635042	大学生心理素质拓展
2012—2013	1	016	心理学系	01635060	大学生心理健康
2012—2013	1	016	心理学系	01639020	心理学概论
2012—2013	1	016	心理学系	04831410	计算概论(B)
2012—2013	1	016	心理学系	04831650	计算概论(B)上机
2012—2013	1	018	新闻与传播学院	01830110	外国新闻传播史
2012—2013	1	018	新闻与传播学院	01830260	广播电视概论
2012—2013	1	018	新闻与传播学院	01830400	舆论学
2012—2013	1	018	新闻与传播学院	01830480	广告学概论
2012—2013	1	018	新闻与传播学院	01830640	广告文案
2012—2013	1	018	新闻与传播学院	01831030	传播学概论
2012—2013	1	018	新闻与传播学院	01831190	编辑出版概论
2012—2013	1	018	新闻与传播学院	01831240	电子出版技术
2012—2013	1	018	新闻与传播学院	01831300	中国古籍资源与整理
2012—2013	1	018	新闻与传播学院	01831470	信息检索与利用
2012—2013	1	018	新闻与传播学院	01831490	社会调查研究方法
2012—2013	1	018	新闻与传播学院	01831610	汉语修辞学
2012—2013	1	018	新闻与传播学院	01831750	专题片及纪录片创作
2012—2013	1	018	新闻与传播学院	01831760	世界电影史
2012—2013	1	018	新闻与传播学院	01831800	汉语语言修养
2012—2013	1	018	新闻与传播学院	01831990	跨文化交流学
2012—2013	1	018	新闻与传播学院	01832220	毕业实习
2012—2013	1	018	新闻与传播学院	01832360	传播伦理学
2012—2013	1	018	新闻与传播学院	01832400	广播电视专题研究
2012—2013	1	018	新闻与传播学院	01832420	品牌研究
2012—2013	1	018	新闻与传播学院	01832490	北京风物与传统文化
2012—2013	1	018	新闻与传播学院	01832650	公共关系
2012—2013	1	018	新闻与传播学院	01832730	传媒法律法规
2012—2013	1	018	新闻与传播学院	01832910	视频编辑
2012—2013	1	018	新闻与传播学院	01832940	新闻学概论
2012—2013	1	018	新闻与传播学院	01832970	高级采访写作
2012—2013	1	018	新闻与传播学院	01832980	播音与主持
2012—2013	1	018	新闻与传播学院	01832990	新闻与中国当代改革
2012—2013	1	018	新闻与传播学院	01833030	广播电视节目制作
2012—2013	1	018	新闻与传播学院	01833090	电脑辅助设计
2012—2013	1	018	新闻与传播学院	01833110	编辑实用语文写作
2012—2013	1	018	新闻与传播学院	01833120	选题策划与书刊编辑实务
2012—2013	1	018	新闻与传播学院	01833170	英语新闻采写
2012—2013	1	018	新闻与传播学院	01833180	传播学英语经典阅读
2012—2013	1	018	新闻与传播学院	01833350	社会学基础与新媒体传播
2012—2013	1	018	新闻与传播学院	01833370	新媒体与社会
2012—2013	1	018	新闻与传播学院	01833500	公民社会与非营利组织概论
2012—2013	1	020	中国语言文学系	02030011	现代汉语(上)
2012—2013	1	020	中国语言文学系	02030021	古代汉语(上)
2012—2013	1	020	中国语言文学系	02030031	中国古代文学史(一)
2012—2013	1	020	中国语言文学系	02030033	中国古代文学史(三)
2012—2013	1	020	中国语言文学系	02030070	语言学概论
2012—2013	1	020	中国语言文学系	02030120	汉语方言学

续表

学　年	学　期	院系代码	院　系	课程号	课程名称
2012—2013	1	020	中国语言文学系	02030150	理论语言学
2012—2013	1	020	中国语言文学系	02030220	目录学
2012—2013	1	020	中国语言文学系	02030230	版本学
2012—2013	1	020	中国语言文学系	02030252	古文献学史（下）
2012—2013	1	020	中国语言文学系	02030330	民俗学
2012—2013	1	020	中国语言文学系	02030350	中国神话研究
2012—2013	1	020	中国语言文学系	02030470	散曲研究
2012—2013	1	020	中国语言文学系	02030930	现代汉语语法研究
2012—2013	1	020	中国语言文学系	02030950	汉语修辞学
2012—2013	1	020	中国语言文学系	02030980	实验语音学基础
2012—2013	1	020	中国语言文学系	02031090	《孟子》选读
2012—2013	1	020	中国语言文学系	02031130	索绪尔语言学理论
2012—2013	1	020	中国语言文学系	02031170	语义学
2012—2013	1	020	中国语言文学系	02031200	日本中国学
2012—2013	1	020	中国语言文学系	02031521	汉语史（上）
2012—2013	1	020	中国语言文学系	02031540	中国古代文化
2012—2013	1	020	中国语言文学系	02031750	诗歌写作
2012—2013	1	020	中国语言文学系	02032780	西方文学理论史
2012—2013	1	020	中国语言文学系	02033100	语言工程与中文信息处理
2012—2013	1	020	中国语言文学系	02033170	影片精读
2012—2013	1	020	中国语言文学系	02033260	汉语语音学基础
2012—2013	1	020	中国语言文学系	02033270	中国文学理论批评史
2012—2013	1	020	中国语言文学系	02033340	台湾小说十家
2012—2013	1	020	中国语言文学系	02033360	中国当代文学
2012—2013	1	020	中国语言文学系	02033380	普通话和方言
2012—2013	1	020	中国语言文学系	02033450	古代典籍概要
2012—2013	1	020	中国语言文学系	02033470	50—70年代作家与文学问题
2012—2013	1	020	中国语言文学系	02033560	《红楼梦》研究
2012—2013	1	020	中国语言文学系	02033570	静园学术讲座
2012—2013	1	020	中国语言文学系	02033580	古代汉语
2012—2013	1	020	中国语言文学系	02033600	文学与文化
2012—2013	1	020	中国语言文学系	02033690	美国小说：1900—1930
2012—2013	1	020	中国语言文学系	02033780	诗词格律与写作
2012—2013	1	020	中国语言文学系	02033830	经典讲读
2012—2013	1	020	中国语言文学系	02033850	中国古籍入门
2012—2013	1	020	中国语言文学系	02033861	中国古代文学经典（一）
2012—2013	1	020	中国语言文学系	02033933	经典精读课程（三）
2012—2013	1	020	中国语言文学系	02033950	中国电影研究
2012—2013	1	020	中国语言文学系	02033960	网络文学类型研究
2012—2013	1	020	中国语言文学系	02033970	《庄子内篇》解读
2012—2013	1	020	中国语言文学系	02033980	唐代小说研究
2012—2013	1	020	中国语言文学系	02033990	国文举要
2012—2013	1	020	中国语言文学系	02034000	现代汉语
2012—2013	1	020	中国语言文学系	02034010	五四新文化研究
2012—2013	1	020	中国语言文学系	02034020	中国有声语言和口传文化
2012—2013	1	020	中国语言文学系	02034030	中国现当代文学
2012—2013	1	020	中国语言文学系	02039290	现代诗学经典导读
2012—2013	1	020	中国语言文学系	02039310	大学语文
2012—2013	1	020	中国语言文学系	02039340	中国现代戏剧
2012—2013	1	020	中国语言文学系	02080042	现代汉语（下）

续表

学　年	学期	院系代码	院　系	课程号	课程名称
2012—2013	1	020	中国语言文学系	02080051	古代汉语(上)
2012—2013	1	020	中国语言文学系	02080261	中国现代文学(上)
2012—2013	1	020	中国语言文学系	02080331	中国当代文学作品(上)
2012—2013	1	020	中国语言文学系	02080341	中国古代文学(一)
2012—2013	1	020	中国语言文学系	02080343	中国古代文学(三)
2012—2013	1	020	中国语言文学系	02080381	汉语听说(上)
2012—2013	1	020	中国语言文学系	02080410	中国民俗与社会生活
2012—2013	1	020	中国语言文学系	02080420	中国古代文化基础
2012—2013	1	020	中国语言文学系	02080421	阅读与写作(初级)
2012—2013	1	020	中国语言文学系	02080423	阅读与写作(中级下)
2012—2013	1	020	中国语言文学系	02030011	中国古代史(上)
2012—2013	1	021	历史学系	02111600	简帛文献与学术史
2012—2013	1	021	历史学系	02113120	拉丁语阅读(1)
2012—2013	1	021	历史学系	02130011	中国古代史(上)
2012—2013	1	021	历史学系	02130020	中国近代史
2012—2013	1	021	历史学系	02130101	中国历史文选(上)
2012—2013	1	021	历史学系	02130120	中国史学史
2012—2013	1	021	历史学系	02130130	外国史学史
2012—2013	1	021	历史学系	02130310	中国妇女历史与传统文化
2012—2013	1	021	历史学系	02130730	华侨华人史
2012—2013	1	021	历史学系	02130761	世界通史(上)
2012—2013	1	021	历史学系	02131103	拉丁文基础(3)
2012—2013	1	021	历史学系	02131160	二十世纪中外关系史
2012—2013	1	021	历史学系	02131230	二十世纪世界史
2012—2013	1	021	历史学系	02131250	西方文明史导论
2012—2013	1	021	历史学系	02131260	人类发展与环境变迁
2012—2013	1	021	历史学系	02131310	中国传统官僚政治制度
2012—2013	1	021	历史学系	02131730	世界古代史文献导读
2012—2013	1	021	历史学系	02131760	非洲历史与文化
2012—2013	1	021	历史学系	02131821	现代希腊语入门和辅导(1)
2012—2013	1	021	历史学系	02131851	古希腊语(1)
2012—2013	1	021	历史学系	02131991	基础意大利语(1)
2012—2013	1	021	历史学系	02131992	基础意大利语(2)
2012—2013	1	021	历史学系	02132040	中国历史文化导论
2012—2013	1	021	历史学系	02132050	大国崛起
2012—2013	1	021	历史学系	02132080	世界史通论
2012—2013	1	021	历史学系	02132090	外文原版教材阅读指导
2012—2013	1	021	历史学系	02132140	中国古代北方民族文化史专题
2012—2013	1	021	历史学系	02132302	中国经学史(二)
2012—2013	1	021	历史学系	02132330	秦汉史专题
2012—2013	1	021	历史学系	02132510	近现代中俄关系史
2012—2013	1	021	历史学系	02132630	法国史
2012—2013	1	021	历史学系	02132660	日本文化史
2012—2013	1	021	历史学系	02132680	韩国史通论
2012—2013	1	021	历史学系	02132750	中国通史(古代部分)
2012—2013	1	021	历史学系	02133000	中国边疆地区史
2012—2013	1	021	历史学系	02133030	学年论文
2012—2013	1	021	历史学系	02133101	基督教拉丁语(1)
2012—2013	1	021	历史学系	02133620	古希腊罗马史
2012—2013	1	021	历史学系	02133630	中世纪欧洲史

续表

学 年	学 期	院系代码	院 系	课程号	课程名称
2012—2013	1	021	历史学系	02133650	美洲史
2012—2013	1	021	历史学系	02133670	外文历史文献选读
2012—2013	1	021	历史学系	02133682	外文历史史料选读(下)
2012—2013	1	021	历史学系	02138360	宋史专题
2012—2013	1	021	历史学系	02138870	明清经济与社会
2012—2013	1	021	历史学系	02139160	欧洲一体化研究
2012—2013	1	021	历史学系	02139190	非洲史
2012—2013	1	021	历史学系	02139410	意大利历史专题
2012—2013	1	022	考古文博学院	02230410	中国佛教考古
2012—2013	1	022	考古文博学院	02230490	战国文字
2012—2013	1	022	考古文博学院	02230590	博物馆教育
2012—2013	1	022	考古文博学院	02230840	不可移动文物保护
2012—2013	1	022	考古文博学院	02230890	外国建筑史
2012—2013	1	022	考古文博学院	02231040	博物馆学概论
2012—2013	1	022	考古文博学院	02231050	设计初步
2012—2013	1	022	考古文博学院	02231060	博物馆陈列内容设计
2012—2013	1	022	考古文博学院	02231090	建筑初步
2012—2013	1	022	考古文博学院	02231130	建筑设计(四)
2012—2013	1	022	考古文博学院	02231170	中国古代物质文化史
2012—2013	1	022	考古文博学院	02231190	文物保护专业实习
2012—2013	1	022	考古文博学院	02232101	中国考古学(上一)
2012—2013	1	022	考古文博学院	02232102	中国考古学(上二)
2012—2013	1	022	考古文博学院	02233010	美术素描基础
2012—2013	1	022	考古文博学院	02240250	文化遗产管理
2012—2013	1	022	考古文博学院	02240290	田野考古实习
2012—2013	1	022	考古文博学院	02240340	中国考古发现与探索
2012—2013	1	023	哲学系	02313900	中世纪哲学拉丁语
2012—2013	1	023	哲学系	02315280	动态逻辑
2012—2013	1	023	哲学系	02330000	哲学导论
2012—2013	1	023	哲学系	02330001	哲学导论
2012—2013	1	023	哲学系	02330026	马克思主义哲学导论(下)
2012—2013	1	023	哲学系	02330030	逻辑导论
2012—2013	1	023	哲学系	02330091	中国现代哲学史
2012—2013	1	023	哲学系	02330142	伦理学导论
2012—2013	1	023	哲学系	02330152	美学原理
2012—2013	1	023	哲学系	02330161	宗教学导论
2012—2013	1	023	哲学系	02330340	形而上学
2012—2013	1	023	哲学系	02330590	波普的历史哲学
2012—2013	1	023	哲学系	02331031	一阶逻辑
2012—2013	1	023	哲学系	02331050	模态逻辑
2012—2013	1	023	哲学系	02331190	集合论
2012—2013	1	023	哲学系	02331371	数学结构
2012—2013	1	023	哲学系	02332013	印度佛教史
2012—2013	1	023	哲学系	02332024	中国伊斯兰教史
2012—2013	1	023	哲学系	02332030	阿拉伯哲学
2012—2013	1	023	哲学系	02332042	基督教和中国文化
2012—2013	1	023	哲学系	02332050	宗教学名著选读
2012—2013	1	023	哲学系	02332131	圣经导读
2012—2013	1	023	哲学系	02332136	《约翰福音》原文、翻译与诠释
2012—2013	1	023	哲学系	02332180	宗教社会学

续表

学　年	学　期	院系代码	院　系	课程号	课程名称
2012—2013	1	023	哲学系	02332250	中国宗教史
2012—2013	1	023	哲学系	02332338	印度佛教经典选读
2012—2013	1	023	哲学系	02332450	本体论证
2012—2013	1	023	哲学系	02332480	全球化时代的宗教关系
2012—2013	1	023	哲学系	02332614	拉丁语Ⅰ
2012—2013	1	023	哲学系	02333170	后现代主义哲学
2012—2013	1	023	哲学系	02333180	东西方哲学比较
2012—2013	1	023	哲学系	02333210	先秦哲学
2012—2013	1	023	哲学系	02333840	国家论：政治哲学导论
2012—2013	1	023	哲学系	02335062	西方哲学史（下）
2012—2013	1	023	哲学系	02335072	中国哲学史（下）
2012—2013	1	023	哲学系	02335122	复杂性科学与哲学
2012—2013	1	023	哲学系	02335131	科学革命
2012—2013	1	023	哲学系	02335140	科学传播导论
2012—2013	1	023	哲学系	02335330	世界文明中的科学技术
2012—2013	1	023	哲学系	02336160	西方思想经典（一）
2012—2013	1	023	哲学系	02336170	哲学与人生
2012—2013	1	024	国际关系学院	02430010	国际政治概论
2012—2013	1	024	国际关系学院	02430020	国际政治经济学
2012—2013	1	024	国际关系学院	02430032	世界社会主义概论
2012—2013	1	024	国际关系学院	02430041	政治学原理
2012—2013	1	024	国际关系学院	02430050	外交学
2012—2013	1	024	国际关系学院	02430091	国际关系史（上）
2012—2013	1	024	国际关系学院	02430140	中华人民共和国对外关系
2012—2013	1	024	国际关系学院	02430150	中国政治概论
2012—2013	1	024	国际关系学院	02430151	英语听说（一）
2012—2013	1	024	国际关系学院	02430153	英语听说（三）
2012—2013	1	024	国际关系学院	02430159	英语写作
2012—2013	1	024	国际关系学院	02430411	西方国际关系理论
2012—2013	1	024	国际关系学院	02430620	两岸关系与一国两制
2012—2013	1	024	国际关系学院	02430961	中文报刊选读（一）
2012—2013	1	024	国际关系学院	02430963	中文报刊选读（三）
2012—2013	1	024	国际关系学院	02431091	专业汉语（一）
2012—2013	1	024	国际关系学院	02431240	西方外交思想概论
2012—2013	1	024	国际关系学院	02431300	东欧各国政治与外交
2012—2013	1	024	国际关系学院	02431301	东欧政治经济
2012—2013	1	024	国际关系学院	02431320	东南亚各国政治与外交
2012—2013	1	024	国际关系学院	02431330	日本政治与外交
2012—2013	1	024	国际关系学院	02431350	美国政治与外交
2012—2013	1	024	国际关系学院	02431390	中东政治与外交
2012—2013	1	024	国际关系学院	02431400	拉丁美洲政治与外交
2012—2013	1	024	国际关系学院	02431672	英汉翻译
2012—2013	1	024	国际关系学院	02431682	专业英语原著选读
2012—2013	1	024	国际关系学院	02431690	心理、行为与文化
2012—2013	1	024	国际关系学院	02431730	世界政治中的民族问题
2012—2013	1	024	国际关系学院	02431850	中东：政治、社会与文化
2012—2013	1	024	国际关系学院	02431920	欧洲联盟概论
2012—2013	1	024	国际关系学院	02431930	中苏关系及其对中国社会发展的影响
2012—2013	1	024	国际关系学院	02431940	台湾政治概论
2012—2013	1	024	国际关系学院	02431963	日语（一）

续表

学　年	学　期	院系代码	院　系	课程号	课程名称
2012—2013	1	024	国际关系学院	02432050	经济学原理
2012—2013	1	024	国际关系学院	02433050	国际贸易政治学
2012—2013	1	024	国际关系学院	02433130	美国政治经济
2012—2013	1	024	国际关系学院	02433140	日本政治经济
2012—2013	1	024	国际关系学院	02433160	欧盟政治经济
2012—2013	1	024	国际关系学院	02433170	公共外交
2012—2013	1	024	国际关系学院	02433210	中东政治经济
2012—2013	1	024	国际关系学院	02433221	香港澳门概论
2012—2013	1	024	国际关系学院	02433260	中国与朝鲜半岛
2012—2013	1	025	经济学院	00130201	高等数学(B)(一)
2012—2013	1	025	经济学院	00130211	高等数学(B)(一)习题课
2012—2013	1	025	经济学院	00131460	线性代数(B)
2012—2013	1	025	经济学院	00131470	线性代数(B)习题
2012—2013	1	025	经济学院	02530051	统计学
2012—2013	1	025	经济学院	02530060	微观经济学
2012—2013	1	025	经济学院	02530061	微观经济学"习题课"
2012—2013	1	025	经济学院	02530150	发展经济学
2012—2013	1	025	经济学院	02530160	外国经济史
2012—2013	1	025	经济学院	02530170	《资本论》选读
2012—2013	1	025	经济学院	02530340	投资学
2012—2013	1	025	经济学院	02530460	财产与责任保险
2012—2013	1	025	经济学院	02530480	国际经济学
2012—2013	1	025	经济学院	02531080	社会保险
2012—2013	1	025	经济学院	02532220	金融市场学
2012—2013	1	025	经济学院	02532240	金融经济学导论
2012—2013	1	025	经济学院	02532250	数理经济学
2012—2013	1	025	经济学院	02532260	信息经济学
2012—2013	1	025	经济学院	02532340	中国经济史
2012—2013	1	025	经济学院	02532390	保险会计
2012—2013	1	025	经济学院	02532410	商业银行管理
2012—2013	1	025	经济学院	02532440	国际金融组织
2012—2013	1	025	经济学院	02532500	公共选择理论
2012—2013	1	025	经济学院	02532510	公债管理
2012—2013	1	025	经济学院	02532630	美国经济
2012—2013	1	025	经济学院	02533080	随机过程
2012—2013	1	025	经济学院	02533160	经济学原理(Ⅰ)
2012—2013	1	025	经济学院	02533180	政治经济学(上)
2012—2013	1	025	经济学院	02533250	公共经济学
2012—2013	1	025	经济学院	02533370	环境资源经济学
2012—2013	1	025	经济学院	02533380	西方经济学主要流派
2012—2013	1	025	经济学院	02533430	俄罗斯经济
2012—2013	1	025	经济学院	02533520	国际金融
2012—2013	1	025	经济学院	02533670	农村金融学
2012—2013	1	025	经济学院	02533690	应用时间序列分析
2012—2013	1	025	经济学院	02533700	动态优化理论
2012—2013	1	025	经济学院	02533710	会计学原理
2012—2013	1	025	经济学院	02533730	中国经济导论
2012—2013	1	025	经济学院	02533940	社会企业家精神培养实验
2012—2013	1	025	经济学院	02533950	信托与租赁
2012—2013	1	025	经济学院	02533980	美国经济

续表

学　年	学　期	院系代码	院　系	课程号	课程名称
2012—2013	1	025	经济学院	02534080	国际贸易
2012—2013	1	025	经济学院	02534130	跨国公司管理
2012—2013	1	025	经济学院	02534200	风险管理学
2012—2013	1	025	经济学院	02534240	人寿与健康保险
2012—2013	1	025	经济学院	02534280	卫生经济学
2012—2013	1	025	经济学院	02534290	保险投资管理
2012—2013	1	025	经济学院	02534300	现代金融理论简史
2012—2013	1	025	经济学院	02534310	财政学研究方法
2012—2013	1	025	经济学院	02534410	个人理财
2012—2013	1	025	经济学院	02534420	个人财务管理
2012—2013	1	025	经济学院	02534490	中国商业管理思想
2012—2013	1	025	经济学院	02534540	微观计量方法
2012—2013	1	025	经济学院	02534550	东亚经济
2012—2013	1	025	经济学院	02534560	世界经济与中国
2012—2013	1	025	经济学院	02534650	金融衍生品
2012—2013	1	025	经济学院	02534710	激励理论与经济发展
2012—2013	1	025	经济学院	02534780	区域经济学
2012—2013	1	025	经济学院	02534880	社会实践
2012—2013	1	025	经济学院	02535000	中国公共财政前沿
2012—2013	1	025	经济学院	02535040	亚洲经济发展的理论与实践
2012—2013	1	025	经济学院	02535060	经济发展专题
2012—2013	1	025	经济学院	02535100	财务管理
2012—2013	1	025	经济学院	02535110	经济学前沿问题研究
2012—2013	1	025	经济学院	02535130	经济学原理
2012—2013	1	028	光华管理学院	00130201	高等数学(B)(一)
2012—2013	1	028	光华管理学院	00130211	高等数学(B)(一)习题课
2012—2013	1	028	光华管理学院	02830230	商业活动在中国：管理视角
2012—2013	1	028	光华管理学院	02830240	运营管理
2012—2013	1	028	光华管理学院	02830260	影子中央银行
2012—2013	1	028	光华管理学院	02830270	资产评估
2012—2013	1	028	光华管理学院	02831100	组织与管理
2012—2013	1	028	光华管理学院	02831111	专业英语(1)
2012—2013	1	028	光华管理学院	02831220	经济学
2012—2013	1	028	光华管理学院	02831550	风险管理与保险
2012—2013	1	028	光华管理学院	02831560	计量经济学应用
2012—2013	1	028	光华管理学院	02831580	金融经济学
2012—2013	1	028	光华管理学院	02831620	劳动经济学
2012—2013	1	028	光华管理学院	02831680	金融风险与管理
2012—2013	1	028	光华管理学院	02831690	国际金融与资本市场专题
2012—2013	1	028	光华管理学院	02832050	转型发展经济学
2012—2013	1	028	光华管理学院	02832110	微观经济学
2012—2013	1	028	光华管理学院	02832230	商战模拟
2012—2013	1	028	光华管理学院	02832420	金融学中的数学方法
2012—2013	1	028	光华管理学院	02832480	成本与管理会计
2012—2013	1	028	光华管理学院	02832510	财务会计
2012—2013	1	028	光华管理学院	02832640	营销学
2012—2013	1	028	光华管理学院	02832690	物流与供应链管理
2012—2013	1	028	光华管理学院	02833100	跨文化管理
2012—2013	1	028	光华管理学院	02833230	金融市场与金融机构
2012—2013	1	028	光华管理学院	02833430	公司财务管理

续表

学　年	学　期	院系代码	院　系	课程号	课程名称
2012—2013	1	028	光华管理学院	02833440	营销渠道
2012—2013	1	028	光华管理学院	02833460	品牌管理
2012—2013	1	028	光华管理学院	02833600	税法与税务会计
2012—2013	1	028	光华管理学院	02833670	高级财务会计
2012—2013	1	028	光华管理学院	02833700	产品管理
2012—2013	1	028	光华管理学院	02834020	金融学概论
2012—2013	1	028	光华管理学院	02834390	战略管理
2012—2013	1	028	光华管理学院	02834430	财务报表分析
2012—2013	1	028	光华管理学院	02834720	概率统计
2012—2013	1	028	光华管理学院	02834740	运作与信息管理
2012—2013	1	028	光华管理学院	02835620	会计审计与财务管理专题
2012—2013	1	029	法学院	02930020	中国法律思想史
2012—2013	1	029	法学院	02930040	西方法律思想史
2012—2013	1	029	法学院	02930050	民事诉讼法
2012—2013	1	029	法学院	02930060	宪法学
2012—2013	1	029	法学院	0293007a	行政法与行政诉讼法
2012—2013	1	029	法学院	02930085	民法分论
2012—2013	1	029	法学院	02930086	侵权法
2012—2013	1	029	法学院	02930088	民法案例研习二
2012—2013	1	029	法学院	0293008a	民法总论
2012—2013	1	029	法学院	02930102	刑法分论(刑法二)
2012—2013	1	029	法学院	02930109	刑法案例研习(分论)
2012—2013	1	029	法学院	02930171	法律实务——诊所式法律教育
2012—2013	1	029	法学院	02930172	非营利组织法
2012—2013	1	029	法学院	02930180	知识产权法学
2012—2013	1	029	法学院	02930249	竞争法
2012—2013	1	029	法学院	02930261	信托法
2012—2013	1	029	法学院	02930270	财政税收法
2012—2013	1	029	法学院	02930300	劳动法与社会保障法
2012—2013	1	029	法学院	02930480	国际公法
2012—2013	1	029	法学院	02930502	中国法律与中国社会
2012—2013	1	029	法学院	02930520	司法精神病学
2012—2013	1	029	法学院	02930560	比较司法制度
2012—2013	1	029	法学院	0293063a	刑事侦查学
2012—2013	1	029	法学院	02930680	罗马法
2012—2013	1	029	法学院	0293074a	专业英语
2012—2013	1	029	法学院	02930760	心理卫生学概论
2012—2013	1	029	法学院	02930770	保险法
2012—2013	1	029	法学院	02930780	刑事执行法
2012—2013	1	029	法学院	02930842	传媒法
2012—2013	1	029	法学院	02930890	经济法学
2012—2013	1	029	法学院	02930901	实习
2012—2013	1	029	法学院	02930905	犯罪通论
2012—2013	1	029	法学院	02930940	环境法
2012—2013	1	029	法学院	02930970	物权法
2012—2013	1	029	法学院	02930983	国际投资法
2012—2013	1	029	法学院	02930985	国际人权法
2012—2013	1	029	法学院	02930989	刑法学
2012—2013	1	029	法学院	02930995	会计法与审计法
2012—2013	1	029	法学院	02930998	网络法

续表

学　年	学　期	院系代码	院　系	课程号	课程名称
2012—2013	1	029	法学院	02939983	法治与礼治：中国政法传统研究
2012—2013	1	029	法学院	02939995	国际私法
2012—2013	1	029	法学院	02939999	法律导论
2012—2013	1	030	信息管理系	03030630	信息存储与检索
2012—2013	1	030	信息管理系	03030700	计算机网络
2012—2013	1	030	信息管理系	03030720	信息经济学
2012—2013	1	030	信息管理系	03030740	管理信息系统
2012—2013	1	030	信息管理系	03030910	多媒体技术
2012—2013	1	030	信息管理系	03031170	信息存储与检索上机
2012—2013	1	030	信息管理系	03032000	管理学原理
2012—2013	1	030	信息管理系	03032110	信息政策与法规
2012—2013	1	030	信息管理系	03032130	信息组织
2012—2013	1	030	信息管理系	03032170	媒体与社会
2012—2013	1	030	信息管理系	03032230	电子商务
2012—2013	1	030	信息管理系	03032270	图书馆管理
2012—2013	1	030	信息管理系	03032380	专业英语
2012—2013	1	030	信息管理系	03033180	信息资源建设
2012—2013	1	030	信息管理系	03033220	广告学概论
2012—2013	1	030	信息管理系	03033243	中国名著导读
2012—2013	1	030	信息管理系	03033350	面向对象程序设计JAVA
2012—2013	1	030	信息管理系	03033360	面向对象程序设计JAVA上机
2012—2013	1	030	信息管理系	03033400	信息资源管理基础
2012—2013	1	030	信息管理系	03033420	信息资源编目
2012—2013	1	030	信息管理系	03033430	Web信息构建理论与实践
2012—2013	1	030	信息管理系	03033440	数据挖掘导论
2012—2013	1	030	信息管理系	03033450	信息系统分析与设计
2012—2013	1	030	信息管理系	03033470	图书馆参考咨询
2012—2013	1	030	信息管理系	03033500	运筹学基础
2012—2013	1	030	信息管理系	03033550	人机交互与用户体验
2012—2013	1	030	信息管理系	03033560	信息素养概论
2012—2013	1	031	社会学系	03100130	国外社会学学说（上）
2012—2013	1	031	社会学系	03130010	社会学概论
2012—2013	1	031	社会学系	03130020	国外社会学学说（下）
2012—2013	1	031	社会学系	03130120	社会统计学
2012—2013	1	031	社会学系	03130130	社会统计与数据分析
2012—2013	1	031	社会学系	03130210	社会心理学
2012—2013	1	031	社会学系	03130270	社会老年学
2012—2013	1	031	社会学系	03130420	个案工作
2012—2013	1	031	社会学系	03130470	社会政策
2012—2013	1	031	社会学系	03130560	组织社会学
2012—2013	1	031	社会学系	03130660	发展社会学
2012—2013	1	031	社会学系	03130710	越轨与犯罪社会学
2012—2013	1	031	社会学系	03130820	民族志研究方法
2012—2013	1	031	社会学系	03131010	社会学专题讲座
2012—2013	1	031	社会学系	03131160	社会学导论
2012—2013	1	031	社会学系	03131220	社区工作
2012—2013	1	031	社会学系	03131260	数据分析技术
2012—2013	1	031	社会学系	03131290	医学社会学
2012—2013	1	031	社会学系	03131390	中国社会福利
2012—2013	1	031	社会学系	03131500	社会调查与研究方法

续表

学　年	学　期	院系代码	院　系	课程号	课程名称
2012—2013	1	031	社会学系	03131520	马列经典著作选读
2012—2013	1	031	社会学系	03131530	人口社会学
2012—2013	1	031	社会学系	03131750	批判的教育社会学
2012—2013	1	031	社会学系	03131840	人群与网络
2012—2013	1	032	政府管理学院	03230020	政治学原理
2012—2013	1	032	政府管理学院	03230040	比较政治学概论
2012—2013	1	032	政府管理学院	03230050	当代中国政府与政治
2012—2013	1	032	政府管理学院	03230120	组织与管理
2012—2013	1	032	政府管理学院	03230430	国家公务员制度
2012—2013	1	032	政府管理学院	03230450	行政领导学
2012—2013	1	032	政府管理学院	03230670	秘书学与秘书工作
2012—2013	1	032	政府管理学院	03230700	中国近现代政治发展史
2012—2013	1	032	政府管理学院	03231050	公共经济学原理
2012—2013	1	032	政府管理学院	03231090	战略管理
2012—2013	1	032	政府管理学院	03231180	博弈论与政策科学
2012—2013	1	032	政府管理学院	03231210	公共政策案例分析
2012—2013	1	032	政府管理学院	03231230	城市与区域经济
2012—2013	1	032	政府管理学院	03231240	经济地理学
2012—2013	1	032	政府管理学院	03231260	城市规划
2012—2013	1	032	政府管理学院	03231430	公共福利与社会保障政策
2012—2013	1	032	政府管理学院	03231470	货币与金融政策
2012—2013	1	032	政府管理学院	03231610	管理运筹学
2012—2013	1	032	政府管理学院	03231620	公共政策分析
2012—2013	1	032	政府管理学院	03231720	监察与监督
2012—2013	1	032	政府管理学院	03232140	公共经济学与政府行为分析
2012—2013	1	032	政府管理学院	03232200	区域分析方法
2012—2013	1	032	政府管理学院	03232270	政治学概论
2012—2013	1	032	政府管理学院	03232280	公共行政学概论
2012—2013	1	032	政府管理学院	03232310	政治学科的理论与方法
2012—2013	1	032	政府管理学院	03232340	国家与市场
2012—2013	1	032	政府管理学院	03232350	危机学
2012—2013	1	032	政府管理学院	03232380	公共组织行为学
2012—2013	1	032	政府管理学院	03232410	工业革命与市场经济
2012—2013	1	039	外国语学院	03530170	东方文学名著导读
2012—2013	1	039	外国语学院	03530180	古代东方文明
2012—2013	1	039	外国语学院	03530241	公共阿拉伯语(一)
2012—2013	1	039	外国语学院	03530430	印度佛教思想史专题
2012—2013	1	039	外国语学院	03530441	公共韩国语(一)
2012—2013	1	039	外国语学院	03530490	韩国大众媒体和流行文化
2012—2013	1	039	外国语学院	03531011	基础蒙古语(一)
2012—2013	1	039	外国语学院	03531401	基础韩国(朝鲜)语(一)
2012—2013	1	039	外国语学院	03531403	基础韩国(朝鲜)语(三)
2012—2013	1	039	外国语学院	03531520	韩(朝鲜)半岛概况
2012—2013	1	039	外国语学院	03531589	中韩翻译
2012—2013	1	039	外国语学院	03531670	韩国(朝鲜)文化
2012—2013	1	039	外国语学院	03531801	韩国(朝鲜)语视听说(一)
2012—2013	1	039	外国语学院	03531803	韩国(朝鲜)语视听说(三)
2012—2013	1	039	外国语学院	03531811	高级韩国(朝鲜)语(一)
2012—2013	1	039	外国语学院	03531814	高级韩国(朝鲜)语(四)
2012—2013	1	039	外国语学院	03531831	韩国(朝鲜)语报刊选读(上)

续表

学　年	学　期	院系代码	院　系	课程号	课程名称
2012—2013	1	039	外国语学院	03531841	高级韩国(朝鲜)语口语(一)
2012—2013	1	039	外国语学院	03531851	韩国(朝鲜)文学作品选读(上)
2012—2013	1	039	外国语学院	03531959	日语文言语法
2012—2013	1	039	外国语学院	03532021	基础日语(一)
2012—2013	1	039	外国语学院	03532023	基础日语(三)
2012—2013	1	039	外国语学院	03532041	日语视听说(一)
2012—2013	1	039	外国语学院	03532060	日语写作
2012—2013	1	039	外国语学院	03532079	日语口译指导
2012—2013	1	039	外国语学院	03532170	日语敬语概论
2012—2013	1	039	外国语学院	03532200	日本现代文学作品选读
2012—2013	1	039	外国语学院	03532251	公共日语(一)
2012—2013	1	039	外国语学院	03532260	中日文化交流史
2012—2013	1	039	外国语学院	03532321	高年级日语(一)
2012—2013	1	039	外国语学院	03532333	高年级日语(三)
2012—2013	1	039	外国语学院	03532401	基础日语(一)
2012—2013	1	039	外国语学院	03532412	日语视听说(二)
2012—2013	1	039	外国语学院	03532421	日语阅读(一)
2012—2013	1	039	外国语学院	03532430	日本文化概论
2012—2013	1	039	外国语学院	03532450	汉译日
2012—2013	1	039	外国语学院	03532460	日本概况
2012—2013	1	039	外国语学院	03532470	论文写作指导
2012—2013	1	039	外国语学院	03533103	越南语视听说(三)
2012—2013	1	039	外国语学院	03533142	越南报刊选读(二)
2012—2013	1	039	外国语学院	03533271	基础越南语(一)
2012—2013	1	039	外国语学院	03533280	越南国情
2012—2013	1	039	外国语学院	03533861	泰语教程(一)
2012—2013	1	039	外国语学院	03533870	泰国文化和社会
2012—2013	1	039	外国语学院	03534017	缅甸语(七)
2012—2013	1	039	外国语学院	03534052	缅甸语翻译(二)
2012—2013	1	039	外国语学院	03534254	缅甸语视听说(四)
2012—2013	1	039	外国语学院	03534815	印尼语(五)
2012—2013	1	039	外国语学院	03534831	印尼语旅游口语(一)
2012—2013	1	039	外国语学院	03535023	希伯莱语视听说(三)
2012—2013	1	039	外国语学院	03535080	犹太简史
2012—2013	1	039	外国语学院	03535163	希伯莱语(三)
2012—2013	1	039	外国语学院	03535430	菲律宾语写作
2012—2013	1	039	外国语学院	03535590	菲律宾政治与经济
2012—2013	1	039	外国语学院	03535675	菲律宾语(五)
2012—2013	1	039	外国语学院	03535680	菲律宾文学作品选读
2012—2013	1	039	外国语学院	03535700	菲律宾民间文学
2012—2013	1	039	外国语学院	03535740	汉语译菲律宾语
2012—2013	1	039	外国语学院	03535752	菲律宾语视听说(二)
2012—2013	1	039	外国语学院	03536080	印地语译汉语教程
2012—2013	1	039	外国语学院	03536151	梵语宗教哲学文献选读(一)
2012—2013	1	039	外国语学院	03536211	印度英语报刊文章选读(一)
2012—2013	1	039	外国语学院	03536231	印度哲学史(上)
2012—2013	1	039	外国语学院	03536303	印地语报刊阅读(三)
2012—2013	1	039	外国语学院	03536608	印地语文章选读(上)
2012—2013	1	039	外国语学院	03536710	印度教入门
2012—2013	1	039	外国语学院	03536913	印地语(三)

续表

学　年	学期	院系代码	院　系	课程号	课程名称
2012—2013	1	039	外国语学院	03536920	高级印地语听力
2012—2013	1	039	外国语学院	03536930	高级印地语口语
2012—2013	1	039	外国语学院	03536940	印度文学
2012—2013	1	039	外国语学院	03537022	乌尔都语视听说(二)
2012—2013	1	039	外国语学院	03537061	乌尔都语翻译教程(一)
2012—2013	1	039	外国语学院	03537290	乌尔都语文学史
2012—2013	1	039	外国语学院	03537320	巴基斯坦民族与民族文化
2012—2013	1	039	外国语学院	03537355	基础乌尔都语(五)
2012—2013	1	039	外国语学院	03537370	乌尔都语文章选读
2012—2013	1	039	外国语学院	03537671	基础波斯语(一)
2012—2013	1	039	外国语学院	03538011	基础阿拉伯语(一)
2012—2013	1	039	外国语学院	03538013	基础阿拉伯语(三)
2012—2013	1	039	外国语学院	03538022	阿拉伯语视听(二)
2012—2013	1	039	外国语学院	03538024	阿拉伯语视听(四)
2012—2013	1	039	外国语学院	03538026	阿拉伯语视听(六)
2012—2013	1	039	外国语学院	03538032	阿拉伯语口语(二)
2012—2013	1	039	外国语学院	03538034	阿拉伯语口语(四)
2012—2013	1	039	外国语学院	03538041	阿拉伯语阅读(一)
2012—2013	1	039	外国语学院	03538043	阿拉伯语阅读(三)
2012—2013	1	039	外国语学院	03538045	阿拉伯语阅读(五)
2012—2013	1	039	外国语学院	03538060	阿拉伯语写作
2012—2013	1	039	外国语学院	03538072	阿拉伯语口译(二)
2012—2013	1	039	外国语学院	03538082	阿拉伯语翻译教程(二)
2012—2013	1	039	外国语学院	03538170	阿拉伯简史
2012—2013	1	039	外国语学院	03538190	阿拉伯文学史
2012—2013	1	039	外国语学院	03538221	阿拉伯报刊文选(一)
2012—2013	1	039	外国语学院	03538223	阿拉伯报刊文选(三)
2012—2013	1	039	外国语学院	03538271	高年级阿拉伯语(一)
2012—2013	1	039	外国语学院	03538273	高年级阿拉伯语(三)
2012—2013	1	039	外国语学院	03631001	法语精读(一)
2012—2013	1	039	外国语学院	03631003	法语精读(三)
2012—2013	1	039	外国语学院	03631005	法语精读(五)
2012—2013	1	039	外国语学院	03631017	法语精读(七)
2012—2013	1	039	外国语学院	03631021	法语视听说(一)
2012—2013	1	039	外国语学院	03631023	法语视听说(三)
2012—2013	1	039	外国语学院	03631025	法语视听说(五)
2012—2013	1	039	外国语学院	03631027	法语视听说(七)
2012—2013	1	039	外国语学院	03631031	法语写作(一)
2012—2013	1	039	外国语学院	03631033	法语写作(三)
2012—2013	1	039	外国语学院	03631044	法语笔译(下)
2012—2013	1	039	外国语学院	03631054	法语口译(下)
2012—2013	1	039	外国语学院	03631066	法国文学史和文学选读(下)
2012—2013	1	039	外国语学院	03631092	法语泛读(二)
2012—2013	1	039	外国语学院	03631220	法国历史
2012—2013	1	039	外国语学院	03631251	法国报刊选读(一)
2012—2013	1	039	外国语学院	03631253	法国报刊选读(三)
2012—2013	1	039	外国语学院	03631511	法语精读(一)
2012—2013	1	039	外国语学院	03631513	法语精读(三)
2012—2013	1	039	外国语学院	03631521	法语视听(一)
2012—2013	1	039	外国语学院	03631523	法语视听(三)

续表

学 年	学 期	院系代码	院 系	课程号	课程名称
2012—2013	1	039	外国语学院	03631531	法语泛读(一)
2012—2013	1	039	外国语学院	03631533	法语泛读(三)
2012—2013	1	039	外国语学院	03631611	公共法语(一)
2012—2013	1	039	外国语学院	03631612	公共法语(二)
2012—2013	1	039	外国语学院	03632001	德语精读(一)
2012—2013	1	039	外国语学院	03632003	德语精读(三)
2012—2013	1	039	外国语学院	03632021	德语视听说(一)
2012—2013	1	039	外国语学院	03632023	德语视听说(三)
2012—2013	1	039	外国语学院	03632029	德语高级听力
2012—2013	1	039	外国语学院	03632041	德语笔译(一)
2012—2013	1	039	外国语学院	03632043	德语笔译(三)
2012—2013	1	039	外国语学院	03632051	德语口译(上)
2012—2013	1	039	外国语学院	03632103	德语长篇小说(上)
2012—2013	1	039	外国语学院	03632110	德国文化史
2012—2013	1	039	外国语学院	03632150	德语短篇小说
2012—2013	1	039	外国语学院	03632170	阅读、理解与分析
2012—2013	1	039	外国语学院	03632190	德语文学批评选读
2012—2013	1	039	外国语学院	03632210	德国历史
2012—2013	1	039	外国语学院	03632331	圣经与德语文学
2012—2013	1	039	外国语学院	03632350	奥地利传媒
2012—2013	1	039	外国语学院	03632511	德语精读(一)
2012—2013	1	039	外国语学院	03632513	德语精读(三)
2012—2013	1	039	外国语学院	03632521	德语视听(一)
2012—2013	1	039	外国语学院	03632523	德语视听(三)
2012—2013	1	039	外国语学院	03632531	德语泛读(一)
2012—2013	1	039	外国语学院	03632533	德语泛读(三)
2012—2013	1	039	外国语学院	03632611	公共德语(一)
2012—2013	1	039	外国语学院	03632621	德语国家文学史与选读(一)
2012—2013	1	039	外国语学院	03632623	德语国家文学史与选读(三)
2012—2013	1	039	外国语学院	03633011	西班牙语精读(一)
2012—2013	1	039	外国语学院	03633013	西班牙语精读(三)
2012—2013	1	039	外国语学院	03633017	西班牙语精读(七)
2012—2013	1	039	外国语学院	03633021	西班牙语视听(一)
2012—2013	1	039	外国语学院	03633027	西班牙语视听(三)
2012—2013	1	039	外国语学院	03633031	西班牙语阅读(一)
2012—2013	1	039	外国语学院	03633041	西班牙语口语(一)
2012—2013	1	039	外国语学院	03633043	西班牙语口语(三)
2012—2013	1	039	外国语学院	03633072	拉丁美洲文学史和文学选读(下)
2012—2013	1	039	外国语学院	03633081	西汉笔译(上)
2012—2013	1	039	外国语学院	03633091	西汉口译(上)
2012—2013	1	039	外国语学院	03633210	西班牙历史和文化概论
2012—2013	1	039	外国语学院	03633251	西班牙报刊选读(上)
2012—2013	1	039	外国语学院	03633511	西班牙语精读(一)
2012—2013	1	039	外国语学院	03633513	西班牙语精读(三)
2012—2013	1	039	外国语学院	03633521	西班牙语视听(一)
2012—2013	1	039	外国语学院	03633523	西班牙语视听(三)
2012—2013	1	039	外国语学院	03633531	西班牙语阅读(一)
2012—2013	1	039	外国语学院	03633533	西班牙语阅读(三)
2012—2013	1	039	外国语学院	03633611	公共西班牙语(一)
2012—2013	1	039	外国语学院	03633612	公共西班牙语(二)

续表

学　年	学　期	院系代码	院　系	课程号	课程名称
2012—2013	1	039	外国语学院	03633710	禅与园林艺术
2012—2013	1	039	外国语学院	03635021	葡萄牙语视听（一）
2012—2013	1	039	外国语学院	03635041	葡萄牙语（一）
2012—2013	1	039	外国语学院	03730031	俄语语法（一）
2012—2013	1	039	外国语学院	03730112	俄语阅读—文化背景知识（二）
2012—2013	1	039	外国语学院	03730120	俄语功能语法学
2012—2013	1	039	外国语学院	03730191	俄语口语会话（上）
2012—2013	1	039	外国语学院	03730281	俄语二外（上）
2012—2013	1	039	外国语学院	03730311	俄罗斯文学选读（上）
2012—2013	1	039	外国语学院	03730381	俄语报刊阅读（一）
2012—2013	1	039	外国语学院	03730391	俄罗斯文学史（一）
2012—2013	1	039	外国语学院	03730393	俄罗斯文学史（三）
2012—2013	1	039	外国语学院	03730421	俄语口译（上）
2012—2013	1	039	外国语学院	03730501	基础俄语（一）
2012—2013	1	039	外国语学院	03730503	基础俄语（三）
2012—2013	1	039	外国语学院	03730511	高级俄语（一）
2012—2013	1	039	外国语学院	03730513	高级俄语（三）
2012—2013	1	039	外国语学院	03730541	俄语写作（上）
2012—2013	1	039	外国语学院	03730551	俄译汉教程（上）
2012—2013	1	039	外国语学院	03730581	俄罗斯国情（上）
2012—2013	1	039	外国语学院	03730591	俄罗斯民俗民情（上）
2012—2013	1	039	外国语学院	03730650	俄语语音
2012—2013	1	039	外国语学院	03730729	普通语言学概论
2012—2013	1	039	外国语学院	03730740	中俄文化交流史
2012—2013	1	039	外国语学院	03730751	俄语视听说（一）
2012—2013	1	039	外国语学院	03730753	俄语视听说（三）
2012—2013	1	039	外国语学院	03730761	俄语新闻听力（上）
2012—2013	1	039	外国语学院	03730800	初级乌克兰语
2012—2013	1	039	外国语学院	03730812	汉译俄教程（下）
2012—2013	1	039	外国语学院	03830015	英语精读（三）
2012—2013	1	039	外国语学院	03830017	英语精读（一）
2012—2013	1	039	外国语学院	03830021	英语视听（一）
2012—2013	1	039	外国语学院	03830027	英语视听（三）
2012—2013	1	039	外国语学院	03830041	口语（一）
2012—2013	1	039	外国语学院	03830043	口语（三）
2012—2013	1	039	外国语学院	03830071	写作（一）
2012—2013	1	039	外国语学院	03830092	英国文学史（二）
2012—2013	1	039	外国语学院	03830100	普通语言学
2012—2013	1	039	外国语学院	03830110	英译汉
2012—2013	1	039	外国语学院	03830132	美国文学史与选读（二）
2012—2013	1	039	外国语学院	03831020	希腊罗马神话
2012—2013	1	039	外国语学院	03831080	英语结构
2012—2013	1	039	外国语学院	03832040	欧洲文学选读
2012—2013	1	039	外国语学院	03832150	英语史
2012—2013	1	039	外国语学院	03832170	十九世纪美国小说
2012—2013	1	039	外国语学院	03832190	英语辞典和词源学研究
2012—2013	1	039	外国语学院	03833021	汉英口译
2012—2013	1	039	外国语学院	03833030	报刊选读
2012—2013	1	039	外国语学院	03833130	英国小说选读
2012—2013	1	039	外国语学院	03833140	英诗选读

续表

学 年	学 期	院系代码	院 系	课程号	课程名称
2012—2013	1	039	外国语学院	03833309	英语文学文体赏析
2012—2013	1	039	外国语学院	03834010	测试(B)
2012—2013	1	039	外国语学院	03834070	加拿大小说选读
2012—2013	1	039	外国语学院	03834100	中西文化比较
2012—2013	1	039	外国语学院	03834180	20世纪西方文论
2012—2013	1	039	外国语学院	03834200	大众文化简介与批评
2012—2013	1	039	外国语学院	03834290	戏剧实践
2012—2013	1	039	外国语学院	03834380	西方文化
2012—2013	1	039	外国语学院	03835340	莎士比亚名篇赏析
2012—2013	1	039	外国语学院	03835440	美国政治演说中的历史文化评析
2012—2013	1	039	外国语学院	03930010	西方戏剧文学
2012—2013	1	040	马克思主义学院	04031702	中国传统道德教育导论
2012—2013	1	041	体育教研部	04130020	游泳
2012—2013	1	041	体育教研部	04130021	游泳提高班
2012—2013	1	041	体育教研部	04130030	太极拳
2012—2013	1	041	体育教研部	04130040	健美操
2012—2013	1	041	体育教研部	04130050	乒乓球
2012—2013	1	041	体育教研部	04130053	乒乓球提高班
2012—2013	1	041	体育教研部	04130060	羽毛球
2012—2013	1	041	体育教研部	04130063	羽毛球提高班
2012—2013	1	041	体育教研部	04130070	网球
2012—2013	1	041	体育教研部	04130080	足球
2012—2013	1	041	体育教研部	04130090	篮球
2012—2013	1	041	体育教研部	04130093	篮球提高班
2012—2013	1	041	体育教研部	04130100	排球
2012—2013	1	041	体育教研部	04130103	排球提高班
2012—2013	1	041	体育教研部	04130110	形体(女生)
2012—2013	1	041	体育教研部	04130120	体育舞蹈
2012—2013	1	041	体育教研部	04130130	健美
2012—2013	1	041	体育教研部	04130160	体适能
2012—2013	1	041	体育教研部	04130170	保健1
2012—2013	1	041	体育教研部	04130210	棒、垒球
2012—2013	1	041	体育教研部	04130231	安全教育与自卫防身
2012—2013	1	041	体育教研部	04130240	攀岩
2012—2013	1	041	体育教研部	04130260	少林棍术
2012—2013	1	041	体育教研部	04130280	跆拳道
2012—2013	1	041	体育教研部	04130290	击剑
2012—2013	1	041	体育教研部	04130300	奥林匹克文化
2012—2013	1	041	体育教研部	04130350	运动、营养与减肥
2012—2013	1	041	体育教研部	04130370	围棋(初级班)
2012—2013	1	041	体育教研部	04130420	散打
2012—2013	1	041	体育教研部	04130430	中华健
2012—2013	1	041	体育教研部	04130440	瑜伽
2012—2013	1	041	体育教研部	04130450	地板球
2012—2013	1	041	体育教研部	04130480	高尔夫
2012—2013	1	041	体育教研部	04130490	桥牌
2012—2013	1	041	体育教研部	04130500	国际象棋(初级班)
2012—2013	1	041	体育教研部	04130570	剑道
2012—2013	1	041	体育教研部	04130620	定向与徒步运动
2012—2013	1	041	体育教研部	04130630	汉字太极与养生课

续表

学　　年	学　期	院系代码	院　　系	课程号	课程名称
2012—2013	1	041	体育教研部	04130640	拓展训练
2012—2013	1	043	艺术学院	04330013	艺术学原理
2012—2013	1	043	艺术学院	04330031	中国音乐理论与实践(一)
2012—2013	1	043	艺术学院	04330040	西方音乐史及名曲欣赏
2012—2013	1	043	艺术学院	04330042	西方古典音乐
2012—2013	1	043	艺术学院	04330051	中国美术史
2012—2013	1	043	艺术学院	04330101	电影概论
2012—2013	1	043	艺术学院	04330160	合唱基础
2012—2013	1	043	艺术学院	04330176	钢琴音乐理论与实践(一)
2012—2013	1	043	艺术学院	04330401	中国书法理论与技法
2012—2013	1	043	艺术学院	04330421	浪漫主义时代的欧洲音乐
2012—2013	1	043	艺术学院	04330440	舞蹈创作排练
2012—2013	1	043	艺术学院	04330641	交响乐(初)
2012—2013	1	043	艺术学院	04330643	交响乐(中)
2012—2013	1	043	艺术学院	04330646	交响乐(高)
2012—2013	1	043	艺术学院	04330924	合唱(中)
2012—2013	1	043	艺术学院	04330925	合唱(高)
2012—2013	1	043	艺术学院	04330941	民族管弦乐(初)
2012—2013	1	043	艺术学院	04330945	民族管弦乐(高)
2012—2013	1	043	艺术学院	04331020	中外名曲赏析
2012—2013	1	043	艺术学院	04331570	戏剧艺术概论
2012—2013	1	043	艺术学院	04331791	视听语言(电影语言)
2012—2013	1	043	艺术学院	04331802	影视编剧(一)
2012—2013	1	043	艺术学院	04331803	影视编剧(二)
2012—2013	1	043	艺术学院	04331812	影视导演(一)
2012—2013	1	043	艺术学院	04331881	中国书法艺术美学
2012—2013	1	043	艺术学院	04332120	影视音乐
2012—2013	1	043	艺术学院	04332210	中国电影史
2012—2013	1	043	艺术学院	04332250	影片导读(一)
2012—2013	1	043	艺术学院	04332281	学年作品(一)
2012—2013	1	043	艺术学院	04332282	学年作品(二)
2012—2013	1	043	艺术学院	04332283	毕业作品拍片实践
2012—2013	1	043	艺术学院	04332284	毕业实习
2012—2013	1	043	艺术学院	04332290	影视技术(非线性编辑)
2012—2013	1	043	艺术学院	04332300	舞蹈原理与鉴赏
2012—2013	1	043	艺术学院	04332301	西方舞蹈文化史
2012—2013	1	043	艺术学院	04332350	中国流行音乐流变
2012—2013	1	043	艺术学院	04332490	西方歌剧简史与名作赏析
2012—2013	1	043	艺术学院	04332530	文化产业导论
2012—2013	1	043	艺术学院	04332541	优秀电视节目评析
2012—2013	1	043	艺术学院	04332551	艺术训练(一)
2012—2013	1	043	艺术学院	04332552	艺术训练(二)
2012—2013	1	043	艺术学院	04332553	艺术训练(三)
2012—2013	1	043	艺术学院	04332554	艺术训练(四)
2012—2013	1	043	艺术学院	04332555	艺术训练(五)
2012—2013	1	043	艺术学院	04332556	艺术训练(六)
2012—2013	1	043	艺术学院	04332557	艺术训练(七)
2012—2013	1	043	艺术学院	04332590	中国传统装饰艺术与审美文化
2012—2013	1	043	艺术学院	04332850	世界音乐精华
2012—2013	1	043	艺术学院	04332870	音乐剧概论

续表

学　年	学期	院系代码	院　系	课程号	课程名称
2012—2013	1	043	艺术学院	04332881	中外美术创作比较
2012—2013	1	043	艺术学院	04332960	20世纪西方音乐
2012—2013	1	043	艺术学院	04333020	美术造型
2012—2013	1	043	艺术学院	04333021	美术概论
2012—2013	1	046	元培学院	00131470	线性代数(B)习题
2012—2013	1	046	元培学院	00132240	几何与代数
2012—2013	1	046	元培学院	01033020	普通化学
2012—2013	1	046	元培学院	01034321	普通化学实验
2012—2013	1	046	元培学院	04831410	计算概论(B)
2012—2013	1	048	信息科学技术学院	00130023	数学分析习题课（三）
2012—2013	1	048	信息科学技术学院	00130201	高等数学(B)（一）
2012—2013	1	048	信息科学技术学院	00130211	高等数学(B)（一）习题课
2012—2013	1	048	信息科学技术学院	00130280	计算方法(B)
2012—2013	1	048	信息科学技术学院	00131460	线性代数(B)
2012—2013	1	048	信息科学技术学院	00131470	线性代数(B)习题
2012—2013	1	048	信息科学技术学院	00131480	概率统计（A）
2012—2013	1	048	信息科学技术学院	00132301	数学分析(I)
2012—2013	1	048	信息科学技术学院	00132304	数学分析(III)
2012—2013	1	048	信息科学技术学院	00132311	数学分析(I)习题
2012—2013	1	048	信息科学技术学院	00132321	高等代数(I)
2012—2013	1	048	信息科学技术学院	00132331	高等代数(I)习题
2012—2013	1	048	信息科学技术学院	00431141	力学
2012—2013	1	048	信息科学技术学院	00431166	基础物理实验（一）
2012—2013	1	048	信息科学技术学院	00432110	数学物理方法
2012—2013	1	048	信息科学技术学院	00432113	数学物理方法习题
2012—2013	1	048	信息科学技术学院	04031650	思想道德修养与法律基础
2012—2013	1	048	信息科学技术学院	04830010	信息科学技术概论
2012—2013	1	048	信息科学技术学院	04830041	计算概论A
2012—2013	1	048	信息科学技术学院	04830050	数据结构与算法（A）
2012—2013	1	048	信息科学技术学院	04830070	集合论与图论
2012—2013	1	048	信息科学技术学院	04830090	数理逻辑
2012—2013	1	048	信息科学技术学院	04830120	微机原理A
2012—2013	1	048	信息科学技术学院	04830140	计算机组织与体系结构
2012—2013	1	048	信息科学技术学院	04830141	计算机系统结构实验班
2012—2013	1	048	信息科学技术学院	04830161	操作系统A
2012—2013	1	048	信息科学技术学院	04830162	操作系统及实习(实验班)
2012—2013	1	048	信息科学技术学院	04830163	操作系统A(实验班)
2012—2013	1	048	信息科学技术学院	04830170	数据结构与算法实习
2012—2013	1	048	信息科学技术学院	04830180	编译实习
2012—2013	1	048	信息科学技术学院	04830181	编译实习(实验班)
2012—2013	1	048	信息科学技术学院	04830200	汇编语言程序设计
2012—2013	1	048	信息科学技术学院	04830210	软件工程
2012—2013	1	048	信息科学技术学院	04830220	数据库概论
2012—2013	1	048	信息科学技术学院	04830241	计算机网络实习
2012—2013	1	048	信息科学技术学院	04830250	人工智能概论
2012—2013	1	048	信息科学技术学院	04830260	理论计算机科学基础
2012—2013	1	048	信息科学技术学院	04830270	程序设计语言概论
2012—2013	1	048	信息科学技术学院	04830300	Web技术概论
2012—2013	1	048	信息科学技术学院	04830310	人机交互
2012—2013	1	048	信息科学技术学院	04830410	信息安全引论

续表

学　年	学　期	院系代码	院　系	课程号	课程名称
2012—2013	1	048	信息科学技术学院	04830470	操作系统B(含实习)
2012—2013	1	048	信息科学技术学院	04830480	微机原理B
2012—2013	1	048	信息科学技术学院	04830510	语言统计分析
2012—2013	1	048	信息科学技术学院	04830530	计算概论A(实验班)
2012—2013	1	048	信息科学技术学院	04830540	数据结构与算法(A)(实验班)
2012—2013	1	048	信息科学技术学院	04830560	先进应用集成方法——面向服务的软件体系架构(SOA)
2012—2013	1	048	信息科学技术学院	04830610	电动力学
2012—2013	1	048	信息科学技术学院	04830620	电路分析原理
2012—2013	1	048	信息科学技术学院	04830630	电子线路(A)
2012—2013	1	048	信息科学技术学院	04830660	数字逻辑电路实验
2012—2013	1	048	信息科学技术学院	04830670	信号与系统
2012—2013	1	048	信息科学技术学院	04830680	电子系统设计
2012—2013	1	048	信息科学技术学院	04830720	通信原理
2012—2013	1	048	信息科学技术学院	04830740	微波技术实验
2012—2013	1	048	信息科学技术学院	04830790	嵌入式系统
2012—2013	1	048	信息科学技术学院	04830830	数字信号处理实验
2012—2013	1	048	信息科学技术学院	04830840	热学
2012—2013	1	048	信息科学技术学院	04830870	热力学与统计物理(B)
2012—2013	1	048	信息科学技术学院	04830910	固体物理
2012—2013	1	048	信息科学技术学院	04831040	半导体器件物理
2012—2013	1	048	信息科学技术学院	04831050	集成电路工艺原理
2012—2013	1	048	信息科学技术学院	04831060	集成电路设计实习
2012—2013	1	048	信息科学技术学院	04831180	PSoC应用开发基础实验
2012—2013	1	048	信息科学技术学院	04831190	射频集成电路
2012—2013	1	048	信息科学技术学院	04831220	智能科学技术导论
2012—2013	1	048	信息科学技术学院	04831250	机器智能实验
2012—2013	1	048	信息科学技术学院	04831270	智能信息系统
2012—2013	1	048	信息科学技术学院	04831280	可视化与可视计算概论
2012—2013	1	048	信息科学技术学院	04831290	模式识别导论
2012—2013	1	048	信息科学技术学院	04831300	图像处理
2012—2013	1	048	信息科学技术学院	04831320	脑与认知科学
2012—2013	1	048	信息科学技术学院	04831420	数据结构与算法(B)
2012—2013	1	048	信息科学技术学院	04831510	微电子学概论
2012—2013	1	048	信息科学技术学院	04831670	计算机网络与WEB技术
2012—2013	1	048	信息科学技术学院	04831730	机器学习概论
2012—2013	1	048	信息科学技术学院	04831860	光纤通信系统
2012—2013	1	048	信息科学技术学院	04831890	现代信息检索导论
2012—2013	1	048	信息科学技术学院	04831900	通信网概论与宽带信号技术
2012—2013	1	048	信息科学技术学院	04831970	卫星导航定位系统概论
2012—2013	1	048	信息科学技术学院	04831990	C♯程序设计及其应用
2012—2013	1	048	信息科学技术学院	04832010	基于HDL的数字系统设计
2012—2013	1	048	信息科学技术学院	04832090	力学B类习题补充

续表

学　年	学　期	院系代码	院　系	课程号	课程名称
2012—2013	1	048	信息科学技术学院	04832110	高等模拟集成电路原理
2012—2013	1	048	信息科学技术学院	04832120	微电子器件测试实验
2012—2013	1	048	信息科学技术学院	04832130	微电子学物理基础
2012—2013	1	048	信息科学技术学院	04832191	软件工程实习
2012—2013	1	048	信息科学技术学院	04832192	互联网数据挖掘
2012—2013	1	048	信息科学技术学院	04832200	纳电子器件导论
2012—2013	1	048	信息科学技术学院	04832220	智能机器人概论
2012—2013	1	048	信息科学技术学院	04832350	统计分析与商务智能
2012—2013	1	048	信息科学技术学院	04832362	计算机系统导论
2012—2013	1	048	信息科学技术学院	04832363	计算机系统导论讨论班
2012—2013	1	048	信息科学技术学院	04832400	高级光电子技术实验
2012—2013	1	048	信息科学技术学院	04832410	原子物理导论
2012—2013	1	048	信息科学技术学院	04832420	固体物理导论
2012—2013	1	048	信息科学技术学院	04832430	电子线路A（实验班）
2012—2013	1	048	信息科学技术学院	04832440	光学
2012—2013	1	062	国家发展研究院	06216460	法律经济学2
2012—2013	1	062	国家发展研究院	06216800	劳动经济学1
2012—2013	1	062	国家发展研究院	06232000	经济学原理
2012—2013	1	062	国家发展研究院	06232140	线性代数
2012—2013	1	062	国家发展研究院	06232200	中级微观经济学
2012—2013	1	062	国家发展研究院	06232300	中级宏观经济学
2012—2013	1	062	国家发展研究院	06232400	计量经济学
2012—2013	1	062	国家发展研究院	06233300	国际贸易
2012—2013	1	062	国家发展研究院	06233310	国际金融
2012—2013	1	062	国家发展研究院	06233330	微积分
2012—2013	1	062	国家发展研究院	06233420	金融经济学
2012—2013	1	062	国家发展研究院	06233500	发展经济学
2012—2013	1	062	国家发展研究院	06234700	产业组织
2012—2013	1	062	国家发展研究院	06234870	卫生经济学
2012—2013	1	062	国家发展研究院	06234880	法律经济学
2012—2013	1	062	国家发展研究院	06234900	中国经济专题
2012—2013	1	062	国家发展研究院	06234950	新制度经济学
2012—2013	1	062	国家发展研究院	06235010	行为经济学
2012—2013	1	062	国家发展研究院	06235060	财务会计
2012—2013	1	062	国家发展研究院	06236010	财务报表分析
2012—2013	1	062	国家发展研究院	06236020	网络营销与经济信息战略
2012—2013	1	062	国家发展研究院	06236090	低碳经济与碳金融
2012—2013	1	062	国家发展研究院	06237000	中华人民共和国经济史
2012—2013	1	067	教育学院	06730070	生活教育——成功人生的基础
2012—2013	1	067	教育学院	06730090	数字化学习与生存
2012—2013	1	086	工学院	00330270	专业英语
2012—2013	1	086	工学院	00330280	振动理论

续表

学　年	学　期	院系代码	院　系	课程号	课程名称
2012—2013	1	086	工学院	00330700	常微分方程
2012—2013	1	086	工学院	00331311	工程CAD(1)
2012—2013	1	086	工学院	00331313	工程CAD上机
2012—2013	1	086	工学院	00331751	微积分(一)
2012—2013	1	086	工学院	00331760	微积分习题
2012—2013	1	086	工学院	00331770	线性代数与几何
2012—2013	1	086	工学院	00331781	现代工学通论(上)
2012—2013	1	086	工学院	00331860	高等微积分
2012—2013	1	086	工学院	00331880	高等代数
2012—2013	1	086	工学院	00331900	概率与数理统计
2012—2013	1	086	工学院	00331970	新能源技术
2012—2013	1	086	工学院	00332020	传热传质学
2012—2013	1	086	工学院	00332150	渗流物理
2012—2013	1	086	工学院	00332172	能源与资源工程实验(下)
2012—2013	1	086	工学院	00332242	数学物理方法(下)
2012—2013	1	086	工学院	00332250	理论力学
2012—2013	1	086	工学院	00332281	流体力学(上)
2012—2013	1	086	工学院	00332300	工程流体力学
2012—2013	1	086	工学院	00332310	结构力学及其矩阵方法
2012—2013	1	086	工学院	00332330	固体力学实验
2012—2013	1	086	工学院	00332340	流体力学实验
2012—2013	1	086	工学院	00332381	工程毕业设计(上)
2012—2013	1	086	工学院	00332390	数值模拟
2012—2013	1	086	工学院	00332410	复合材料与结构力学
2012—2013	1	086	工学院	00332430	燃烧学基础
2012—2013	1	086	工学院	00332440	现代电子器件基础
2012—2013	1	086	工学院	00332460	连续介质力学基础
2012—2013	1	086	工学院	00332470	航空航天概论
2012—2013	1	086	工学院	00332500	空气动力学
2012—2013	1	086	工学院	00332580	高等数学(D类)
2012—2013	1	086	工学院	00332590	高等数学(D类基础)
2012—2013	1	086	工学院	00332600	分子细胞生物学
2012—2013	1	086	工学院	00332610	能源与资源工程原理
2012—2013	1	086	工学院	00332620	生物医学工程原理
2012—2013	1	086	工学院	00332630	地下水水文学
2012—2013	1	086	工学院	00332640	材料科学基础(上)
2012—2013	1	086	工学院	00332650	创新与创业
2012—2013	1	086	工学院	00332690	机械设计基础
2012—2013	1	086	工学院	00332792	生物医学工程设计(II)
2012—2013	1	086	工学院	00332800	生物医学信号与影像
2012—2013	1	086	工学院	00332810	生物医学信号与影像实验
2012—2013	1	086	工学院	00332920	航空发动机原理

续表

学　年	学　期	院系代码	院　系	课程号	课程名称
2012—2013	1	086	工学院	00333200	材料热力学
2012—2013	1	086	工学院	00333210	材料科学与工程实验
2012—2013	1	086	工学院	00333230	高分子材料科学与工程
2012—2013	1	086	工学院	00333240	无机非金属材料科学与工程
2012—2013	1	086	工学院	00333250	金属材料科学与工程
2012—2013	1	086	工学院	00333260	分子与细胞生物学实验
2012—2013	1	086	工学院	00333270	生物材料分析方法
2012—2013	1	086	工学院	00333280	计算生物学导论
2012—2013	1	086	工学院	00333290	纳米医学
2012—2013	1	086	工学院	00333300	发动机燃烧
2012—2013	1	086	工学院	00333310	工程统计学
2012—2013	1	086	工学院	00333320	高等运筹学
2012—2013	1	086	工学院	00333330	建模与仿真
2012—2013	1	086	工学院	00333340	应用随机模型
2012—2013	1	086	工学院	00333350	环境微生物学
2012—2013	1	086	工学院	00333360	魅力机器人
2012—2013	1	086	工学院	00333370	多尺度算法选讲
2012—2013	1	086	工学院	00431142	热学
2012—2013	1	086	工学院	00431158	热学习题
2012—2013	1	086	工学院	01034330	普通化学习题课
2012—2013	1	086	工学院	01034880	普通化学(B)
2012—2013	1	086	工学院	01034920	普通化学实验(B)
2012—2013	1	086	工学院	04831410	计算概论(B)
2012—2013	1	086	工学院	04831650	计算概论(B)上机
2012—2013	1	126	城市与环境学院	00130310	线性代数(C)
2012—2013	1	126	城市与环境学院	00131421	高等数学C(一)
2012—2013	1	126	城市与环境学院	01030810	有机化学(B)
2012—2013	1	126	城市与环境学院	01030840	物理化学(B)
2012—2013	1	126	城市与环境学院	01032711	有机化学实验(B)
2012—2013	1	126	城市与环境学院	01034310	普通化学
2012—2013	1	126	城市与环境学院	01034321	普通化学实验
2012—2013	1	126	城市与环境学院	01339180	世界文化地理
2012—2013	1	126	城市与环境学院	01339220	现当代建筑赏析
2012—2013	1	126	城市与环境学院	01531120	中国地理
2012—2013	1	126	城市与环境学院	01531130	中国自然地理
2012—2013	1	126	城市与环境学院	01531230	遥感基础与图像解译原理
2012—2013	1	126	城市与环境学院	01531240	地球概论
2012—2013	1	126	城市与环境学院	01531290	生物地理学
2012—2013	1	126	城市与环境学院	01531390	乡村地理
2012—2013	1	126	城市与环境学院	01531520	中国历史地理
2012—2013	1	126	城市与环境学院	01531690	计量地理
2012—2013	1	126	城市与环境学院	01531710	文化地理学

续表

学　年	学　期	院系代码	院　系	课程号	课程名称
2012—2013	1	126	城市与环境学院	01531720	区域分析与区域地理
2012—2013	1	126	城市与环境学院	01531810	环境演变与全球变化
2012—2013	1	126	城市与环境学院	01531900	人文地理
2012—2013	1	126	城市与环境学院	01532130	人口地理
2012—2013	1	126	城市与环境学院	01532190	中外城市建设史
2012—2013	1	126	城市与环境学院	01532240	城市总体规划(课程设计)
2012—2013	1	126	城市与环境学院	01532350	城市基础设施规划
2012—2013	1	126	城市与环境学院	01532370	城市设计
2012—2013	1	126	城市与环境学院	01532400	城市道路交通规划
2012—2013	1	126	城市与环境学院	01532420	城市地理学
2012—2013	1	126	城市与环境学院	01532430	建筑概论
2012—2013	1	126	城市与环境学院	01532500	城市与公共经济
2012—2013	1	126	城市与环境学院	01533050	房地产估价
2012—2013	1	126	城市与环境学院	01533140	规划设计实习
2012—2013	1	126	城市与环境学院	01533190	城市规划系统工程学
2012—2013	1	126	城市与环境学院	01533230	城市社会地理学
2012—2013	1	126	城市与环境学院	01533260	自然地理概论
2012—2013	1	126	城市与环境学院	01533310	城市旅游与游憩规划
2012—2013	1	126	城市与环境学院	01534070	土地评价与管理
2012—2013	1	126	城市与环境学院	01534120	土壤地理实验
2012—2013	1	126	城市与环境学院	01534200	水文学与水资源
2012—2013	1	126	城市与环境学院	01535100	旅游地理学
2012—2013	1	126	城市与环境学院	01535120	流域综合规划与管理
2012—2013	1	126	城市与环境学院	01535121	植物学(上)
2012—2013	1	126	城市与环境学院	01536020	环境经济学
2012—2013	1	126	城市与环境学院	01536040	应用数理统计方法
2012—2013	1	126	城市与环境学院	01536200	微量有毒物风险分析
2012—2013	1	126	城市与环境学院	01536810	动物生态学
2012—2013	1	126	城市与环境学院	01536820	生态学导论
2012—2013	1	126	城市与环境学院	01536850	环境地学
2012—2013	1	126	城市与环境学院	01539020	北京历史地理
2012—2013	1	126	城市与环境学院	01539350	中国自然地理
2012—2013	1	126	城市与环境学院	04831410	计算概论(B)
2012—2013	1	126	城市与环境学院	12631040	微机应用与文献检索
2012—2013	1	126	城市与环境学院	12631050	环境科学前沿秋季讲座
2012—2013	1	126	城市与环境学院	12633010	湖泊环境概论
2012—2013	1	126	城市与环境学院	12634010	产业地理学
2012—2013	1	126	城市与环境学院	12634020	交通地理学
2012—2013	1	126	城市与环境学院	12635030	城市遗产保护与规划
2012—2013	1	126	城市与环境学院	12635040	土地利用规划与房地产开发管理
2012—2013	1	126	城市与环境学院	12635050	建设项目可行性研究
2012—2013	1	127	环境科学与工程学院	00431122	近代物理

续表

学　年	学　期	院系代码	院　系	课程号	课程名称
2012—2013	1	127	环境科学与工程学院	00431215	普通物理实验
2012—2013	1	127	环境科学与工程学院	01032710	有机化学实验(B)
2012—2013	1	127	环境科学与工程学院	01034321	普通化学实验
2012—2013	1	127	环境科学与工程学院	12730030	环境问题
2012—2013	1	127	环境科学与工程学院	12731030	环境科学导论
2012—2013	1	127	环境科学与工程学院	12731050	环境材料导论
2012—2013	1	127	环境科学与工程学院	12732010	环境科学
2012—2013	1	127	环境科学与工程学院	12732040	环境监测
2012—2013	1	127	环境科学与工程学院	12732050	环境经济学
2012—2013	1	127	环境科学与工程学院	12733030	环境法
2012—2013	1	127	环境科学与工程学院	12733040	环境微生物学
2012—2013	1	127	环境科学与工程学院	12733050	环境与发展
2012—2013	1	127	环境科学与工程学院	12733060	气象学基础
2012—2013	1	127	环境科学与工程学院	12734020	水处理工程(上)
2012—2013	1	127	环境科学与工程学院	12734060	环境工程实验(二)
2012—2013	1	127	环境科学与工程学院	12735030	土壤与地下水
2012—2013	1	180	医学部教学办	00131421	高等数学C(一)
2012—2013	1	180	医学部教学办	01034880	普通化学(B)
2012—2013	1	180	医学部教学办	01034920	普通化学实验(B)
2012—2013	1	180	医学部教学办	01139380	普通生物学(A)
2012—2013	1	180	医学部教学办	04831410	计算概论(B)
2012—2013	1	180	医学部教学办	04831650	计算概论(B)上机
2012—2013	1	180	医学部教学办	18050200	中医养生学
2012—2013	1	180	医学部教学办	89139790	医学发展概论
2012—2013	1	180	医学部教学办	89339770	健康的生活方式与健康传播
2012—2013	1	192	歌剧研究院	19230030	歌剧的魅力(作品篇)
2012—2013	1	192	歌剧研究院	19230040	歌剧和音乐剧表演
2012—2013	1	192	歌剧研究院	19230060	声乐演唱及表演
2012—2013	1	607	武装部	60730020	军事理论
2012—2013	1	607	武装部	60730320	当代国防
2012—2013	1	607	武装部	60730330	孙子兵法导读
2012—2013	1	610	学生工作部	61030020	大学生职业生涯规划

研究生教育

【概况】 2012年北京大学研究生教育继续优化结构,探索研究生分类指导、分类培养途径;不断增强研究生教育的国际影响;稳步推进研究生培养机制改革;全方位采取措施提高研究生培养质量;积极促进并提高研究生创新能力;积极探索学科建设与研究生教育发展的新思路,取得了预期工作成果。2012年北京大学招收研究生6936人,其中,博士生1989人、硕士生4947人。在校研究生22468人:校本部18926人,其中,博士生6377人、硕士生12549人;医学部3542人,其中,博士生1378人、硕士生2164人。2012年度,北京大学共授予学位17010名,其中博士学位1788名、硕士学位6301名、学士学位8921名。2012年北京大学入选全国优秀博士学位论文5篇,自1999年至2012年,北京大学获全国优秀博士学位论文总数为90篇。

【招生工作】 1.报名与录取。

2012年报考北京大学硕士生的人数为21178人,录取4947人。其中,录取推荐免试生2288人、应试考生2659人。2012年报考北京大学博士生的人数共计5073人,录取1989人。其中,录取推荐免试的直博生769人、本校硕转博505人、应试考生715人。

2.接收2012年推荐免试研究生。

申请北京大学推荐免试生人数为6885人,其中4006人进入复试,共有2976名优秀应届本科毕业生被初步录取。其中,录取为硕士研究生(含硕博连读)2306人、直接攻读博士学位研究生670人;来自本校的应届毕业生1011人,来自外校的应届毕业生1965人。

3.不断完善招生选拔机制。

2012年在研究生招生选拔机制上采取了一系列措施:继续对港澳台、留学生的选拔实行申请—审核制;继续开展"优秀大学生夏令营"活动,抢先吸引和选拔优秀生源;继续设立博士研究生校长奖学金,以高额奖学金吸引优秀生源,至今已有300多位博士生获得资助。

(1)继续完善留学生、港澳台生选拔办法。从2007年起,将招收外国留学硕士、博士研究生的选拔录取办法,由原来的以考生应试考试成绩为主的选拔录取方式,转变为申请报名与考核申请人的素质能力为基础的(申请—审核制)选拔录取方式。2008年开始对港澳台地区人士采用申请—审核制选拔。

(2)与国内外著名大学合作或联合培养的方式进行招生。北京大学—伦敦政治经济学院联合培养双硕士学位项目,北京大学国际关系学院国际关系硕士学位(MIR项目),招收外国来华留学生攻读汉语国际教育硕士专业学位,招收外国来华留学生攻读法律硕士专业学位,北京大学"中国法"硕士项目,北京大学与新加坡国立大学汉语语言学双学位硕士项目等。

2012年度,北京大学与中国科学院联合招收了化学、纳米等领域的博士生,与中国工程物理研究院九院(绵阳)和中国石油勘探开发研究院招收了物理和石油领域的博士生,与清华大学、北京生命科学研究所招收了生命科学领域的博士生。联合培养采用"联合招生、合作培养、双重管理、资源共享"模式。

(3)推进交叉学科的招生工作。2012年招生工作中除继续鼓励和推进原有交叉学科的招生外,也积极推进和鼓励其他学科的交叉,如分子医学、计算科学、传统文化、儒家思想与儒家经典、欧洲学、医学伦理学等。此外,为招收不同学科背景的学生,促进交叉、新兴学科的发展,北京大学若干院系、学科、专业还可选择本校其他学科、专业的一组考试科目应试。

(4)推进和开展"优秀大学生夏令营"活动。通过夏令营等形式将招生环节提前至免试推荐之前,以吸引优秀生源。2012年有十多个院系开展了夏令营活动,起到了抢先吸引和选拔优秀生源的作用。

(5)首次采用"申请—审核制"招收博士生。2012年,心理学系、信息科学技术学院、环境科学与工程学院、分子医学所与光华管理学院改革了博士研究生的选拔办法,由原来的以应试成绩为主的选拔录取方式,转变为申请—考核制选拔录取方式。2013年哲学系、国家发展研究院、基础医学院和药学院也将采用这种选拔方式。同时,在物理学院光学专业、化学与分子工程学院、工学院、城市与环境学院、环境科学与工程学院实行了以科研经费资助方式招生。

【培养工作】

1.推进研究生教育国际化。

(1)2012年度研究生国际交流概况。2012年共派出研究生1896人(次)前往54个国家和地区进行学习、科研或其他学术活动,其中博士生1100余人(次)、硕士生700余人(次)。

(2)"北京大学研究生国际学术交流基金"。截至2012年12月20日,该基金2012年度分四批支出230万,资助451名学生出国(境)参加学术交流活动,占学生年度出访的24%,共资助32个院系的451名研究生(330名博士生、121名硕士生)赴43个国家和地区参加了300多项国际高水平学术会议和暑期学校,通过口头报告、张贴论文、短期学习等形式展现了北京大学研究生的风采。

(3)"北京大学博士生短期出国(境)研究"项目。2012年该项目支出近130万,资助43名博士研究生到国外高水平的大学和研究机构从事1至3个月的短期研究,人均资助3万元人民币。参加项目的学生来自21个院系,最多的有4名学生。短期访学目的地集中在美国、德国与英国。

(4)"北京大学博士生国际学术研讨会"资助项目。2012年,该项目分别资助了社会学系、教育学院、城市与环境学院3个国际学术研讨会,资助了6万元用于举办会议。

(5)"国家建设高水平大学公派研究生项目"。2012年度北京大学被该项目录取总人数为234名,其中联合培养博士生157人、攻读博士学位77人。在2012年度该项目下的"博士生导师交流项目"中,北京大学有8位博士生导师获得资助资格。2007—2012总计6个年度中,北京大学共被录取1472人,其中联合培养博士生

1073人、攻读博士学位研究生399人。

2. 实施研究生创新计划。

(1) 研究生教育创新计划。2012年资助了创新计划项目46个,包括研究生暑期学校21个、博士生学术会议9个、博士生学术论坛8个、研究生教育研究与改革创新8个,总计拨付经费362万元。另有物理学院、环境科学与工程学院研究生暑期学校等2个项目获国家自然科学基金委"青少年科技活动基金"资助,每项20万。

(2) 博士研究生学术新人奖。2012年有40名博士生获得全国博士研究生学术新人奖。博士研究生学术新人奖奖金共计120万元,其中校本部32位研究生共拨付96万元,医学部8位研究生共拨付24万元。从2010年起至今,教育部以"985"高校为主开展学术新人奖评选工作,北京大学累计已有120位博士研究生获此殊荣。

(3) 接收外单位博士研究生申请"研究生访学项目"。2012年共受理来自17个国内高校的博士生访学申请,录取13名博士研究生为北京大学访学博士研究生。

3. 创新研究生培养模式。

(1) 硕博连读选拔培养机制。2012年度共受理数学科学学院等23个院系347人次的硕博连读研究生的申请工作。

(2) 推进联合培养研究生工作。与北京大学联合培养的国内合作单位有:中国科学院化学研究所、国家纳米中心、中国工程物理研究院、中国石油勘探开发研究院、清华大学、北京生命科学研究所以及北京舞蹈学院等;与北京大学联合招生培养的国际知名院校有:莫斯科大学、巴黎政治学院、新加坡国立大学、伦敦政治经济学院、早稻田大学、佐治亚理工学院、巴黎大学、东京大学等。2012年的北大、清华—北京生命科学研究所联合培养博士研究生(PTN)项目、北大与中国石油勘探开发研究院联合培养博士生项目入选教育部联合培养典型案例集,在高校中起到了示范作用。

(3) 学校继续推进交叉学科培养,体现北京大学多学科的综合优势,如分子医学、计算科学、传统文化、儒家思想与儒家经典、欧洲学等。

(4) 试点专业学位综合改革。组织光华管理学院、法学院、医学部公共卫生学院3家全国专业学位研究生教育综合改革试点单位报送改革试点工作阶段性总结,在此基础上完成了《北京大学专业学位研究生教育综合改革试点工作阶段性成果汇报》的成果汇编工作,并提交给2012全国专业学位研究生教育综合改革试点工作交流会。

(5) 推进校外实习基地建设。2012年4月27日,在天津市天津港建立了"北京大学研究生院研究与实习基地",这是北京大学在学校层面建立的第一个研究生校外实习基地;5月10日,在广西壮族自治区广西国际博览事务局建立"北京大学研究生实践教育基地",以课题合作为初步合作方式,组织历史学系、经济学院、国际关系学院等院系的专家老师与对方展开课题研究合作;8月29日,同北京大学台湾高雄校友会在北京大学举行"北京大学研究生台湾实践教育基地"签约仪式。

4. 探索分类培养目标及途径。(1) 优化研究生教育结构。北京大学把学术型人才的培养重点放在博士生层次,在逐步缩减学术型硕士、扩大专业学位规模的同时,适当增加了博士生招生名额;根据学校的学科发展规划,对国家重点学科、传统优势学科、交叉学科、新兴学科和重大科研项目给予重点支持,通过调整招生指标不断优化研究生教育结构。

(2) 探索分类培养途径。基于不同的培养目标,为不同层次、不同类型的研究生制定不同的培养方案,努力营造适宜其发展的培养环境。对于学术型研究生,学校加大对其学术研究能力的培养,增强学术规范、研究方法的训练,为其搭建广阔的研究平台,积极为其创造参加国内外学术交流的机会。对于应用型研究生,学校在课程设置上更注重实践,在师资队伍建设上吸纳相关行业的专家参与教学活动和学生论文的指导工作,增加了案例分析、工程设计等应用型课程,注重研究生职业能力的培养。

(3) 专业学位研究生教育。北京大学有29个专业学位种类,并结合社会需求积极探索专业学位研究生的选拔机制、培养方案、师资结构。光华管理学院、法学院和医学部公共卫生学院还参加了国家专业学位教育综合改革试点并取得了阶段性成果。

5. 过程管理与质量监督体系建设。

(1) 日常管理。

2012年在校研究生22468人,其中校本部18926人。各类学籍异动2747人次,涉及学生个人信息、学业信息等多方面的变动有22种,其中学籍延长1568人次,硕转博347人,新生未注册203人,提前毕业156人,转专业93人。

(2) 课程建设与评估。2012年,在研究生课程重点建设与教材出版方面,完成120门课程的立项、中后期检查结项等工作。

2012年度研究生课程3681门,其中新开设课程357门,有27个院系的1874门课程参加课程评估,43300人次参与评估,平均得分分别为96.19(第一学期)和96.60(第二学期)。

(3) 开设"才斋讲堂"系列课程。2011—2012学年度"才斋讲堂"系列课程共开课20讲,并出版第一辑的图书和影像制品。截至2012年年底,学校共组织了50讲"才斋讲堂"课程。

(4) 学术道德(规范)建设。北京大学在课程建设中特别重视研究生学术规范教育课程建设,部分课程建设的成果以"北京大学研究生学术规范与创新能力建设"丛书的形式正式出版。

(5) 院系绩效评估。2012年学校共评估33个院系,其中A、B、C三等级教职工数分别为1038、1161、812,与2011年绩效评估结果相比较,更趋合理。

【学位工作】 1. 学位授予。

2012年,北京大学授予学位合计17010名。其中,博士学位1788名、硕士学位6301名、学士学位8921名。

2012年4月11日,北京大学授予美国剑桥大学校长莱谢克·博里塞维奇爵士(Vice-Chancellor Sir Leszek Borysiewicz)名誉博士学位;5月29日,授予美国普林斯顿大学崔琦教授(Daniel Chee Tsui)名誉博士学位。

2. 同等学力在职申请学位。

2012年,学校受理1949人次以研究生毕业同等学力在职申请学位审批(包括科学学位404人次和专业学位1545人次)。同期,完成了2012年度国家统考2000多名同学报名资格的审核工作。2012年,国务院学位办启用了全国同等学力申请学位的管理系统,北京大学对部分学员进行了数据收集和指纹采集。

2012年,北京大学有5篇论文获得全国优秀博士学位论文,有12篇论文获得北京市优秀博士学位论文。自2008年北京市教委开展北京市优秀博士学位论文评选以来,北京大学已经有28篇论文获奖。

为了培育更多的优秀博士学位论文,2011年北京大学开始评选北京大学百篇优秀博士论文,从当年度获博士学位作者的论文中评选出校级优秀博士论文,经过一年的培育和跟踪,选送参加第二年全国、北京市优秀博士论文评选,为培育优秀博士论文营造了良好的制度环境。

2012年经各学位分会推荐,100篇论文获得北京大学优秀博士学位论文。2012年北京大学还与斯普林格出版集团签署了协议,资助北京大学优秀博士学位论文的出版。

3. 学科建设。

(1) 学科概况。截至2012年4月,北京大学共有哲学、经济学、法学、教育学、文学、历史学、理学、工学、医学、管理学、艺术学等11个学科门类,共计48个一级学科博士学位授权点、50个一级学科硕士学位授权点和29个专业学位授权种类。

(2) 新增18个一级学科硕博学位授权点。根据国务院学位委员会下发《关于下达〈学位授予和人才培养学科目录〉进行学位授权点对应调整结果的通知》(学位〔2011〕51号)。北京大学新增8个一级学科博士学位授权点,包括考古学、中国史、世界史、生态学、统计学、软件工程、护理学、艺术学理论;新增10个一级学科硕士学位授权点,包括考古学、中国史、世界史、生态学、统计学、软件工程、护理学、艺术学理论、戏剧与影视学、美术学。音乐与舞蹈、设计学两个一级学科硕士学位授权点未获通过。按照新旧学科目录对应调整要求,北京大学原有艺术学和历史学两个一级学科同时予以撤销。

(3) 自主设置二级学科工作。2012年5月,北京大学启动了二级学科学位点调整及增设工作,经审议同意设置或启动57个二级学科学位点。

(4) 第三轮全国学科评估。北京大学一级学科博士学位授权点由2003年的32个增至现在的48个,一级学科硕士学位授权点由34个增至50个,专业学位授权种类由6个增至29个。2004年、2008年,北京大学分别有33个和37个一级学科参加全国第一轮和第二轮一级学科评估,前两轮评估中排名全国第一的学科数分别为11个和9个,排名前5名的学科数分别为29个和31个。全国第三轮评估于2011年12月启动,北京大学共有48个一级学科参评,其中包括46个一级博士授权点和2个一级硕士授权点,是参评学科数最多的一次。

4. 博士研究生指导教师的管理和服务。

(1) 遴选博士生指导教师。2012年组织遴选了90名博士生导师,审核备案第三类博导信息102人。

(2) 2012年新上岗博士生导师交流研讨会。11月30日—12月1日,研究生院组织召开了2012年新上岗博士生导师交流研讨会。研究生院院长陈十一,研究生院常务副院长王仰麟,研究生院副院长高岱、刘明利、姜国华,资深博士生导师代表,以及2011、2012年新上岗博士生导师共120余人参加会议。会议通过大会报告、与资深导师座谈和拓展活动等多种形式,为新上岗导师提供了一个深入了解北大研究生教育发展状况、熟悉博士生培养相关制度政策和进行相互交流学习的平台。

(3) 导师信息管理系统正式上线。该系统是北京大学学生综合信息管理服务系统的子系统之一,于2011年10月开始建设,2012年3月15日正式上线,主要包含新增导师、导师信息维护、审核、查询等多个模块和功能。

5. 北京大学与北京市共建项目管理工作。自2008年11月北京大学成立"北京大学与北京市共建项目领导小组"至今已4年。

2012年度完成工作包括：

（1）学科增补。学校完成了2012年北京市重点学科增补工作，北京大学应用经济学和心理学两个一级学科成功申报，并获得北京市教委批准。

（2）共建项目的财务预算。2012年5—6月，完成项目预算，包括5个重点实验室、1个人文社科基地、4个独立科研项目、15个重点学科、1个学科群、9个优博导师项目，本科教育教学（基地建设）、专业建设项目（精品教材）、教育教学项目（教学名师、教学改革）、大学生创业就业示范项目（大学生科研计划、就业示范项目）、专业建设项目等多个/类项目，涉及预算资金1728万。

（3）共建经费的日常管理。北京大学共有100多项与北京市共建项目，涉及金额1700余万元。其中：与研究生教育直接相关的有15个北京市重点学科项目，9名北京市优秀博士学位论文指导教师项目和1个学科群项目。

【奖助工作】1. 完善奖助体系。

（1）提高学术型硕士生学业奖学金资助标准。2012年秋季学期开始，对学术型硕士生（有资格）学业奖学金的平均标准、等级标准、各学部分配比例做出调整，调整后的生活补助部分提高到平均800元/人/月，同时免学费。

（2）奖学金覆盖专业学位硕士生。2012年开始，在全日制专业学位硕士研究生和单列项目研究生中设立奖优优质的奖学金"科学实践创新奖"，设立标准为10000元/人/学年。

（3）提高助学金资助标准。提高助学金闳材奖学金资助标准，扩大资助名额和对象。资助标准由3000元/人/年提高至5000元/人/年，资助名额由每年30人增加到每年200人。

（4）加大对人文社会科学学部研究生课程助教经费支持力度。从现在的选课人数每60人设置一个助教岗位，调整为每40人设置一个助教岗位。

2. 继承与创新并重。

（1）调控招生计划经费的收取与改革。调控招生计划从2007年的不到50个发展到目前的每年超过150个，资金量也从2007年的300万发展到现在的1500万以上。

（2）以科研经费资助模式招收研究生。2012年度，首次在部分院系试点以科研经费资助模式招收研究生。科研经费资助模式是指按照院系招生总数，由院系或导师从科研经费中拨付部分培养费：每招收一名博士生缴纳4万元，其中2万元返还院系；每招收一名硕士生缴纳2万元，其中1万元返还院系。缴纳的经费用于学校进行的培养机制改革，返还的经费用于各院系内部的研究生培养费用开支。2012年度，共有物理学院（光学所）、化学与分子工程学院、城市与环境学院、环境科学与工程学院和工学院5个院系采用科研经费资助模式缴纳调控招生计划经费，城市与环境学院采用科研经费资助模式招收硕士生57人次，涉及资金量1140000元。其他四个院系采用科研经费资助模式招收博士生合计262人次，涉及资金量6920000元。2012年度，采用科研经费资助模式缴纳的调控经费共计8060000元，占全部调控招生计划经费的47.8%。

（3）学业奖学金的改革与完善。从2012年秋季学期开始，对北京大学硕士研究生奖学金的平均标准、等级标准、各学部分配比例做出调整，并正式付诸实施。博士生的学业奖学金体系维持原有方案不变。

按照新的实施方案，硕士研究生学业奖学金划分为三个等级。

其中，两年制硕士研究生奖学金金额为（其中含学费13500元/年）：一等奖学金27900元/年，二等奖学金23100元/年，三等奖学金13500元/年。

三年制硕士研究生奖学金金额为（其中含学费10000元/年）：一等奖学金24400元/年，二等奖学金19600元/年，三等奖学金10000元/年。

据统计，2008—2012级研究生中，共有8867人获得奖学金，冲抵学费115632000元，应发放生活补贴121169677.4元，其中2012年度已发放生活补贴57597134.7元。

获奖学生中享受博士待遇的研究生共4739人，平均每人每月的生活补助为1470元，享受硕士待遇的研究生共4128人，平均每人每月生活补助为758元。

3. 助教、助研津贴的发放。

（1）助教津贴。2012年9月，学校修订了《关于研究生课程设立助教岗位的实施细则》，加大了对文科研究生课程设立助教岗位工作的支持力度。2012年（包括2011—2012学年度第二学期、2012—2013学年度第一学期），共设立2082个助教岗位，助教津贴共计833.15万元，共计资助研究生2731人次，分别比2011年增加92个岗位、37.15万元和217人次。

（2）社会科学学部助研津贴。2012年度，共发放社会科学学部和部分人文学部博士生助研津贴约464万元，其中博士生导师或其所在院系补贴约228万元，学校配套补贴236万元，共有约1000位博士生从中受益。

4. 专项奖学金的评定工作。

（1）博士生校长奖学金。2012年9月，学校启动了2013级博士生校长奖学金的评审工作。本次共分配给理科院系80个自主名额和23个推荐名额，在第一批次的初评中，各院系共上报了47个自主名额和12个推荐名额。剩余的33个自主名额和11个推荐名额将在2013年4月份启动的第二批次评审中使用。文科院系的名额分配方式跟以往相同。名额均为推荐名额,共分配26个推荐名额,将在2013年4月份启动的第二批次评审中统一使用。

2012年5月中旬,校长奖学金管理纳入专项奖学金管理系统并正式上线,实现了管理电子信息化,进一步优化了管理流程,提高了管理效率。

校长奖学金的评选工作自2009年启动至今,共有340名优秀博士生获得此项殊荣,年资助金额达1734万。

(2)才斋奖学金。2012年10月启动了2012年度才斋奖学金的评审工作。最终从39位博士生候选人中,评出15位获奖人,资助金额达55.2万元。

(3)王文忠—王天成奖学金和闳材奖学金。2012年2月,经学校党政联席会批准,于2012年度开始提高闳材奖学金的资助标准,并扩大资助名额和对象。2012年9月,启动了王文忠—王天成奖学金和闳材奖学金两项助困性质的奖学金的评审工作。共有199位申请人获得闳材奖学金的资助,20位申请人获得"王文忠—王天成奖学金"的资助,资助总金额分别为99.5万元和10万元。

(4)对延期博士生的资助与管理。2012年,继续针对2007、2008级延期博士生施行延长期博士生资助政策的过渡方案。2012年度共向308位延长期博士生提供82.25万元的资助。

从2012年开始,北京大学正式施行《北京大学延长期博士生资助管理办法》(校发〔2010〕92号),2012年2月首次启动了2011—2012学年度第二学期2009级及以后延长期博士生经费缴纳工作。2011—2012学年度第二学期,共有99名延期博士生办理了延长期助研经费缴纳手续,缴纳经费共计143.7万元。每学期分三次进行博士生延长期助研经费的发放工作,发放对象为已办理延长期经费缴纳手续且按时注册的学生,每次发放3000元/人。

5.科学实践创新奖的设立与评审。从2012年开始,北京大学开始为全日制专业学位研究生和单列项目研究生设立奖优性质的奖学金"研究生科学实践创新奖"。2012年5月,启动了2011—2012学年第二学期专业学位研究生科学实践创新奖的补评工作。有164人获奖,共发放奖学金35万元。2012年9月,启动了2012—2013学年专业学位研究生科学实践创新奖的评选工作。有126人获奖,资助金额合计80万元。

6.奖助管理系统建设。奖助管理系统于2010年5月投入使用,2012年度对管理系统进行了改进与完善,厘清常规工作并将其纳入系统中。

【专业学位研究生教育】 北京大学在研究生专业学位教育方面发展很快,现有法律硕士、工商管理等29个专业学位领域;受国务院学位委员会委托承担临床医学专业学位、社会工作专业学位、新闻与传播专业学位以及应用心理学专业学位教育指导委员会等4个教指委的组织工作;牵头论证了应用心理学和新闻传播专业硕士学位的设置;首批尝试工程博士、教育博士(EDD)专业博士的培养工作和高级工商管理硕士专业学位的培养,在全国专业学位的学位类型和体系建立方面发挥了北京大学的引领作用。

【2012年研究生教育专家研讨会】 2012年5月17—18日,北京大学召开2012年研究生教育专家研讨会。校党委书记朱善璐、副校长王恩哥、研究生院院长陈十一以及来自全校不同学科的20余名专家学者出席研讨会。与会者就研究生招生改革、研究生培养模式创新、培养质量的评价标准、学科发展与队伍建设等研究生教育领域的主要问题开展研讨和交流。

校党委书记朱善璐对北京大学研究生教育的发展成就和育人成果给予高度评价。副校长王恩哥回顾和总结了过去十年北京大学研究生教育改革发展取得的成就,并提出了新形势下研究生教育改革发展的基本目标和主要任务。研究生院常务副院长王仰麟在研讨会上作专题报告,系统梳理了北大研究生教育90余年的发展历史和当前改革探索的相关举措。

与会专家围绕北京大学研究生教育面临的问题和未来的发展思路,在招生机制改革和优秀生源吸引、国际化发展战略与交流合作、人才培养理念与科学研究发展、创新能力培养与实践育人、质量考核和评价标准、交叉学科的培育及其特色、专业学位的发展与结构优化、淘汰分流机制与管理制度改革等诸多方面均达成了共识。

【研究生院促进交流计划】 促进交流计划旨在发扬研究生院的核心价值观,形成积极向上的精神风貌,同时提高管理人员的业务素质及能力,加强沟通交流,促进团队精神,形成融洽的工作氛围,建立学习型研究生院。自2009年12月25日开始首次促进交流计划讲座开讲,截至2012年12月,通过不定期的讲座和各种活动,共举办了24次促进交流计划活动。2012年的促进交流计划由王仰麟常务副院长的"管理就是生产力"讲座拉开了活动的序幕。研究生招生、培养、学位、奖助、综合办公室分别介绍了各办公室业务工作内容及流程,中国研究生院院长联席会秘书处为大家介绍了国内外研究生教育未来发展趋势。在开展业务培训的同时,还举办了中国古典诗词、英国历史等讲座。

【医学部研究生教育】 1. 招生工作。2012年医学部共招收研究生1121人,其中博士生409人、硕士生712人。博士生中329人攻读博士科学学位,80人攻读临床医学/口腔医学博士专业学位。硕士生中373人攻读硕士科学学位,339人攻读硕士专业学位。2012年医学部招收了首批临床医学(全科医学领域)和临床医学(病理学领域)专业学位研究生。

2. 就业工作。医学部2012届毕业研究生为921人,其中博士研究生376人(留学生2人),硕士研究生545人(港澳台生及留学生14人)。毕业生人数与2011届相比增长约7%,主要是因为硕士毕业生增多。截至2012年9月底,毕业研究生就业率为97.01%,保持了较高的就业水平。

3. 培养工作。(1)加强专业学位建设和应用型人才培养。医学部为首批招收的全科医学、临床病理专业学位研究生建立规范的培养模式及培养方案,并组织全科医学研究生导师赴英国进行全科医学教育教学的培训。

为提高临床带教教师的教学水平,医学部积极开展临床教师带教技能系列培训,邀请英国临床医学教育专家对来自11所附属/教学医院的临床带教老师进行培训。

医学部积极探索临床医学专业学位博士研究生的培养模式与考核体系,为国务院学位办、教育部推进专业学位研究生教育建言献策。

(2)医学部完成"医学研究生课程体系现状调研"和"发达国家及地区医学研究生培养的经验研究"教育研究课题工作,同时推进"课程评价相关指标体系建设"以及"临床/口腔医学专业学位博士研究生临床能力毕业考核改革与实践"教育研究工作。

4. 学位工作。(1)授予学位情况。2012年,医学部共向817名研究生授予学位,其中授予博士学位374人,授予硕士学位443人;共向150名在职人员授予了学位,其中,授予在职人员博士学位61人,授予在职人员硕士学位89人;授予公共卫生七年制医学硕士学位47人,授予六年制药学理学硕士学位60人,授予八年制临床医学专业学位178人,授予八年制口腔医学专业学位41人,授予八年制基础医学科学学位33人;授予学士学位1351人。

(2)在职人员申请学位工作。2012年3月,医学部组织了在职人员申请博士学位英语全国统考报名和考务工作,参考人员111人;组织了2012年拟在职申请硕士学位人员30人的英语听力考试。2012年4月至7月,医学部接受申请硕士学位的在职人员28人,接受申请博士学位的在职人员70人。

(3)全国首位口腔医学双博士学位获得者。2012年5月29日上午,全国首位口腔医学双博士学位论文答辩会在北京大学口腔医学院成功举行,王雪东同学顺利通过了博士学位答辩,成为我国第一位口腔医学双博士学位获得者。王雪东是我国首批招收的口腔医学八年制学生,于2009年6月在北京大学口腔医学院完成八年制口腔本博连读生培养后,获得口腔医学博士专业学位。随后,2009年9月,再次攻读第二个博士学位——口腔医学科学博士学位,导师为口腔医院周彦恒教授、甘业华教授。"双博士培养模式"是在八年制"本博连读"基础上的一种有益补充。

5. 研究生工作部。(1)深入推进"爱、责任、成长"主题教育活动。公共卫生学院的"你好营养"团队作为唯一团队代表北京大学参加首都文明委组织的"身边雷锋"团队评选。

(2)推进创先争优活动,加强学生党支部和班集体建设。有1名学生党支部书记荣获"2012年北京大学十佳学生党支部书记"荣誉称号。公共卫生学院的营养与食品卫生学研究生班参加北京市"我的班级我的家"优秀班集体创建活动,取得北京市"优秀示范班集体"荣誉称号。

(3)开展社会实践项目化管理,宣传社会实践成果。

2012年暑假,共有16个研究生社会实践团,260多名研究生参加暑期社会实践,多人及多个团队分获首都大学生暑期社会实践先进个人、优秀团队奖,北京大学暑期社会实践优秀/先进团队奖等奖项。

(4)继续开展良师益友评选活动。医学部共有20名导师获得"良师益友"称号;编辑《良师益友》(第二册)。

(5)做好研究生班集体及个人的奖励、表彰。医学部共有多个研究生班级及个人分别获得北京市先进班集体、北京市三好学生、优秀学生干部等荣誉称号,41名同学获"北京大学学术创新奖"。公共卫生学院营养与食品卫生学系"你好营养"健康宣教公益团队获北京大学社会工作创新团队奖。

(6)改进和完善研究生奖学金工作,新增研究生国家奖学金、企业奖学金项目,多名研究生获奖。不断改进和完善保险信息工作,2012年研究生中购买研究生团体保险人数达1925人,参保率54.3%,共协助二十余名研究生完成保险理赔。

(7)深化学生工作"科学化",加强德育工作队伍建设。医学部申请"2013年度首都大学生思想政治教育课题"1项。1项研究成果参评2011—2012年度首都大学生思想政治教育优秀科研成果评选表彰活动。有2人获得北京大学优秀德育工作者荣誉称号,15人获得北京大学优秀班主任奖。

6. 综合工作。医学部配合北医百年庆典工作,为学校校史编委会编写、提供最近十余年学位与研究生教育的文字材料、图片及各项数据统计表。

医学部主编《世纪医魂 教泽永铭——北医研究生教育70年》画册,主编《我们一同经历 我们不曾忘记——献给北医研究生教育70年》、北医2012年《学位与研究生教育简报》特刊。

作为百年庆典系列活动,医学部组织举办了"北医研究生教育70年专题研讨会"。

7. 医学教指委、医药科秘书处工作。(1)加强医学教指委和医药科秘书处机构和服务体系建设。2012年3月12日,北京大学医学部批准成立全国医学专业学位研究生教育指导委员会秘书处办公室和中国学位与研究生教育学会医药科工作委员会秘书处办公室,设立专职人员负责秘书处日常工作。

(2)完善临床医学专业学位学科体系建设,发挥指导评估职能。秘书处组织专家参与临床医学专业学位下增设全科医学领域和临床病理学领域评审工作,北京大学等100所学位授予单位在临床医学硕士专业学位授权点下增列全科医学领域。

(3)推动医学教育改革工作,积极参与政策咨询工作。2012年,教指委积极参加卫生部、国务院学位办主办的各类全科医学研讨会,协助有关全科医学教育的文件制定工作。

(4)加强分委员会工作,召开研讨会。2012年3月31日,全国医学专业学位研究生教育指导委员会护理分委员会工作会议在北京大学医学部召开。

2012年8月4日,全国医学专业学位研究生教育指导委员会口腔医学分委员会等相关单位在北京联合主办全国口腔医学研究生教育工作研讨会。

(5)做好在职攻读公共卫生硕士招生录取工作,推进MPH联考考试改革。2012年,教指委组织专家就在职攻读考试改革征求意见,公共卫生硕士考试科目调整为外国语、公共卫生综合两门。

8. 教学成果。段丽萍、崔爽、侯卉、魏文杰、蒋涛的"建设系统、科学、可持续发展的医学研究生课程体系"获北京市教学成果一等奖、北京大学教学成果一等奖。

孙宏玉、段丽萍、郭桂芳、路潜、孙玉梅的"护理学研究生教育新增专业学位的建设与实践"获北京市教学成果二等奖、北京大学教学成果一等奖。

2012年在中共北京市委教育工作委员会、北京市教育委员会、中国教育工会北京市委员会组织的评选中,段丽萍常务副院长被评为"北京市师德先进个人"。

课题研究与发表论文情况。"2012年度首都大学生思想政治教育课题""新时期研究生与本科生思想政治教育的差异化研究"等课题。2012年度医学部发表《八年制基础医学专业学生普通外科学全程以问题为基础学习教学的调查与分析》《北京大学医学部研究生导师培训制度的构建》等论文。

表7-3　2012年北京大学获全国优秀博士学位论文情况统计

序号	专　业	论文作者	论文题目	导　师
1	西方经济学	黄志刚	资本流动视角下外部不平衡的原因和治理研究	易　纲
2	中国古代史	陈侃理	儒学、数术与政治——中国古代灾异政治文化研究	陈苏镇
3	有机化学	焦　雷	一价铑催化的乙烯基环丙烷衍生物的环加成反应及其在全合成中的应用	余志祥
4	地理学(环境地理学)	张彦旭	中国多环芳烃的排放、大气迁移及肺癌风险	陶　澍
5	力学(力学系统与控制)	李忠奎	多智能体系统的一致性区域与一致性控制	黄　琳

表7-4　北京大学有权授予博士、硕士学位的学科专业目录

学科门类代码	学科门类名称	一级学科代码	一级学科名称	学科专业代码	学科专业名称	专业类别
01	哲学	0101	哲学	010101	马克思主义哲学	
				010102	中国哲学	
				010103	外国哲学	
				010104	逻辑学	
				010105	伦理学	
				010106	美学	
				010107	宗教学	
				010108	科学技术哲学	

续表

学科门类代码	学科门类名称	一级学科代码	一级学科名称	学科专业代码	学科专业名称	专业类别
02	经济学	0201	理论经济学	020101	政治经济学	
				020102	经济思想史	
				020103	经济史	
				020104	西方经济学	
				020105	世界经济	
				020106	人口、资源与环境经济学	*
				020121	理论经济学（国家发展）	
		0202	应用经济学	020201	国民经济学	
				020202	区域经济学	
				020203	财政学	
				020204	金融学	
				020205	产业经济学	
				020208	统计学	
				020220	应用经济学（风险管理与保险学）	
03	法学	0301	法学	030101	法学理论	
				030102	法律史	
				030103	宪法学与行政法学	
				030104	刑法学	
				030105	民商法学	
				030106	诉讼法学	
				030107	经济法学	
				030108	环境与资源保护法学	
				030109	国际法学	
				030120	法学（知识产权法）	
				030121	法学（商法）	*
				030122	法学（国际经济法）	*
				030123	法学（财税法学）	*
		0302	政治学	030201	政治学理论	
				030202	中外政治制度	
				030203	科学社会主义与国际共产主义运动	
				030204	中共党史	*
				030206	国际政治	
				030207	国际关系	
				030208	外交学	
				030221	政治学（国际政治经济学）	
		0303	社会学	030301	社会学	
				030302	人口学	
				030303	人类学	
				030320	社会学（老年学）	*
		0305	马克思主义理论	030501	马克思主义基本原理	
				030503	马克思主义中国化研究	
				030504	国外马克思主义	
				030505	思想政治教育	
				030506	中国近现代史基本问题研究	
04	教育学	0401	教育学	040101	教育学原理	
				040106	高等教育学	
				040110	教育技术学	*

续表

学科门类代码	学科门类名称	一级学科代码	一级学科名称	学科专业代码	学科专业名称	专业类别
04	教育学	0402	心理学	040201	基础心理学	
				040202	发展与教育心理学	*
				040203	应用心理学	
				040220	心理学(临床心理学)	*
		0403	体育学	040301	体育人文社会学	*
05	文学	0501	中国语言文学	050101	文艺学	
				050102	语言学及应用语言学	
				050103	汉语言文字学	
				050104	中国古典文献学	
				050105	中国古代文学	
				050106	中国现当代文学	
				050108	比较文学与世界文学	
				050120	中国语言文学(中国民间文学)	
		0502	外国语言文学	050201	英语语言文学	
				050202	俄语语言文学	
				050203	法语语言文学	
				050204	德语语言文学	
				050205	日语语言文学	
				050206	印度语言文学	
				050207	西班牙语语言文学	
				050208	阿拉伯语语言文学	
				050210	亚非语言文学	
				050211	外国语言学及应用语言学	
		0503	新闻传播学	050301	新闻学	
				050302	传播学	
		0504	艺术学			
06	历史学	0601	历史学	060101	史学理论及史学史	
				060103	历史地理学	
				060104	历史文献学	*
				060105	专门史	
				060106	中国古代史	
				060107	中国近现代史	
				060108	世界史	
				060121	考古学(考古学理论与方法)	
				060122	考古学(中国考古学)	
				060123	考古学(专门考古)	
				060124	考古学(博物馆学与文化遗产)	
07	理学	0701	数学	070101	基础数学	
				070102	计算数学	
				070103	概率论与数理统计	
				070104	应用数学	
		0702	物理学	070201	理论物理	
				070202	粒子物理与原子核物理	
				070204	等离子体物理	
				070205	凝聚态物理	
				070206	声学	*
				070207	光学	

续表

学科门类代码	学科门类名称	一级学科代码	一级学科名称	学科专业代码	学科专业名称	专业类别
07	理学	0703	化学	070301	无机化学	
				070302	分析化学	
				070303	有机化学	
				070304	物理化学	
				070305	高分子化学与物理	
				070320	化学(化学生物学)	
				070321	化学(应用化学)	
				070322	化学(化学基因组学)	
		0704	天文学	070401	天体物理	
		0705	地理学	070501	自然地理学	
				070502	人文地理学	
				070503	地图学与地理信息系统	
				070520	地理学(环境地理学)	
				070521	地理学(历史地理学)	
				070523	地理学(城市与区域规划)	*
				070524	地理学(景观设计学)	*
		0706	大气科学	070601	气象学	
				070602	大气物理学与大气环境	
				070620	大气科学(气候学)	
		0708	地球物理学	070801	固体地球物理学	
				070802	空间物理学	
		0709	地质学	070901	矿物学、岩石学、矿床学	
				070902	地球化学	
				070903	古生物学与地层学	
				070904	构造地质学	
				070905	第四纪地质学	
				070920	地质学(材料及环境矿物学)	
		0710	生物学	071001	植物学	
				071002	动物学	
				071003	生理学	
				071005	微生物学	*
				071006	神经生物学	
				071007	遗传学	
				071009	细胞生物学	
				071010	生物化学与分子生物学	
				071011	生物物理学	
				071020	生物学(生物信息学)	
				071021	生物学(生物技术)	
				071022	生物学(分子医学)	
		0712	科学技术史	071200	科学技术史	
		0713	生态学	071300	生态学	
		0714	统计学	071400	统计学	
08	工学	0801	力学	080101	一般力学与力学基础	
				080102	固体力学	
				080103	流体力学	
				080104	工程力学	
				080120	力学(生物力学与医学工程)	
				080121	力学(力学系统与控制)	
				080123	力学(先进材料与力学)	
				080124	力学(能源与资源工程)	

续表

学科门类代码	学科门类名称	一级学科代码	一级学科名称	学科专业代码	学科专业名称	专业类别
08	工学	0809	电子科学与技术	080901	物理电子学	
				080902	电路与系统	
				080903	微电子学与固体电子学	
				080904	电磁场与微波技术	
				080921	电子科学与技术(量子电子学)	
		0810	信息与通信工程	081001	通信与信息系统	
				081002	信号与信息处理	
		0811	控制科学与工程	081101	控制理论与控制工程	*
		0812	计算机科学与技术	081201	计算机系统结构	
				081202	计算机软件与理论	
				081203	计算机应用技术	
				081220	计算机科学与技术(智能科学与技术)	
		0813	建筑学	081302	建筑设计及其理论	*
		0816	测绘科学与技术	081602	摄影测量与遥感	
		0817	化学工程与技术			
		0827	核科学与技术	082703	核技术及应用	
		0830	环境科学与工程	083001	环境科学	
				083002	环境工程	
		0831	生物医学工程	083100	生物医学工程	
		0835	软件工程	083500	软件工程	
10	医学	1001	基础医学	100101	人体解剖与组织胚胎学	
				100102	免疫学	
				100103	病原生物学	
				100106	放射医学	
				100120	病理学	
				100121	病理生理学	
				100122	人体生理学	
				100123	医学生物化学与分子生物学	
				100124	医学神经生物学	
				100125	医学细胞生物学	
		1002	临床医学	100201	内科学(心血管病)	
				100201	内科学(血液病)	
				100201	内科学(呼吸系病)	
				100201	内科学(消化系病)	
				100201	内科学(内分泌与代谢病)	
				100201	内科学(肾病)	
				100201	内科学(风湿病)	
				100201	内科学(传染病)	
				100202	儿科学	
				100204	神经病学	
				100205	精神病与精神卫生学	
				100206	皮肤学与性病学	
				100207	影像医学与核医学	
				100208	临床检验诊断学	
				100210	外科学(普外)	
				100210	外科学(骨外)	
				100210	外科学(泌尿外)	
				100210	外科学(胸心外)	
				100210	外科学(整形)	

续表

学科门类代码	学科门类名称	一级学科代码	一级学科名称	学科专业代码	学科专业名称	专业类别
10	医学	1002	临床医学	100210	外科学(神外)	
				100211	妇产科学	
				100212	眼科学	
				100213	耳鼻咽喉科学	
				100214	肿瘤学	
				100215	康复医学与理疗学	
				100216	运动医学	
				100217	麻醉学	
				100218	急诊医学	*
				100231	全科医学	*
				100232	重症医学	
				100233	临床病理学	*
				100234	医学信息学	*
		1003	口腔医学	100301	口腔基础医学	
				100320	牙体牙髓病学	
				100321	牙周病学	
				100322	儿童口腔医学	
				100323	口腔黏膜病学	
				100324	口腔预防医学	
				100325	口腔颌面外科学	
				100326	口腔颌面医学影像学	
				100327	口腔修复学	
				100329	口腔正畸学	
		1004	公共卫生与预防医学	100401	流行病与卫生统计学	
				100402	劳动卫生与环境卫生学	
				100403	营养与食品卫生学	
				100404	少儿卫生与妇幼保健学	
				100405	卫生毒理学	
		1006	中西医结合	100601	中西医结合基础	*
				100602	中西医结合临床	
		1007	药学	100701	药物化学	
				100702	药剂学	
				100703	生药学	
				100704	药物分析学	
				100706	药理学	
				100720	[药学]化学生物学	
				100721	[药学]临床药学	
		1011	护理学	101120	临床护理学	
12	管理学	1201	管理科学与工程	120100	管理科学与工程	
		1202	工商管理	120201	会计学	
				120202	企业管理	
		1204	公共管理	120401	行政管理	
				120402	社会医学与卫生事业管理	
				120403	教育经济与管理	
				120404	社会保障	*
				120421	公共管理(公共政策)	*
				120422	公共管理(发展管理)	*
		1205	图书情报与档案管理	120501	图书馆学	
				120502	情报学	
				120520	图书情报与档案管理(编辑出版学)	

续表

学科门类代码	学科门类名称	一级学科代码	一级学科名称	学科专业代码	学科专业名称	专业类别
13	艺术学	1301	艺术学理论	130100	艺术学理论	
		1303	戏剧与影视学	130300	戏剧与影视学	*
		1304	美术学	130400	美术学	*
20	专业学位	025100	金融硕士			*
		025200	应用统计硕士			*
		025300	税务硕士			*
		025400	国际商务硕士			*
		025500	保险硕士			*
		025600	资产评估硕士			*
		025700	审计硕士			*
		035102	法律硕士(法学)			*
		045400	应用心理硕士			*
		055200	新闻与传播硕士			*
		055300	出版硕士			*
		065100	文物与博物馆硕士			*
		085201	电子与信息			
		085202	生物与医药			
		125500	图书情报硕士			*
		125600	工程管理硕士			*
		200101	法律硕士(非法学)			
		200309	电子与通信工程			
		200312	计算机技术			*
		200313	软件工程			*
		200340	项目管理			*
		200601	工商管理硕士			*
		200602	高级管理人员工商管理硕士			*
		200901	公共管理硕士			*
		201301	会计硕士			*
		420201	教育管理			
		430110	集成电路工程			*
		550102	戏剧(歌剧表演)			*
		550105	广播电视			
		560100	风景园林硕士			*
		570100	汉语国际教育硕士			*
		580101	英汉笔译			*
		580105	日语笔译			*
		580205	日语口译			*
		590100	社会工作硕士			*

备注：* 硕士学位授权点

表7-5　2012年在校研究生统计(含双证)

院系代码	院系所名称	博士	硕士	总计
00001	数学科学学院	227	227	454
00004	物理学院	553	189	742
00010	化学与分子工程学院	407	126	533
00011	生命科学学院	437	87	524
00012	地球与空间科学学院	300	271	571
00016	心理学系	73	214	287
00017	软件与微电子学院	10	1974	1984

续表

院系代码	院系所名称	博 士	硕 士	总 计
00018	新闻与传播学院	101	229	330
00020	中国语言文学系	295	249	544
00021	历史学系	201	134	335
00022	考古文博学院	68	87	155
00023	哲学系	235	156	391
00024	国际关系学院	184	298	482
00025	经济学院	109	216	325
00028	光华管理学院	182	1471	1653
00029	法学院	239	1064	1303
00030	信息管理系	85	71	156
00031	社会学系	104	255	359
00032	政府管理学院	189	230	419
00039	外国语学院	195	382	577
00040	马克思主义学院	84	62	146
00041	体育教研部	0	15	15
00043	艺术学院	78	67	145
00044	对外汉语教育学院	37	184	221
00047	深圳研究生院	63	1743	1806
00048	信息科学技术学院	570	1049	1619
00062	国家发展研究院	60	104	164
00067	教育学院	249	113	362
00068	人口研究所	37	31	68
00084	前沿交叉学科研究院	159	19	178
00086	工学院	351	185	536
00126	城市与环境学院	218	313	531
00127	环境科学与工程学院	127	151	278
00182	分子医学研究所	67	36	103
00192	歌剧研究院	0	5	5
00099	医学部	2164	1378	3542
合计		8458	13385	21843

继 续 教 育

【概况】 2012年,作为北京大学创建世界一流大学战略部署的重要组成部分,在学校领导高度重视和大力支持下,为了进一步发挥北京大学综合优势,落实"管办分离"的原则,继续教育部与学校各职能部门密切合作,起草了继续教育"一部一院"综合改革方案。9月13日,学校第15次党政联席会审议并通过了该方案。继续教育管理体制改革工作进入实质性实施阶段。

【学历教育】 2012年,北京大学成人高等学历教育继续保持平稳发展态势。

1. 招生情况。

(1)成人高考。2012年,教育部下达招生计划总计3500人,招生层次均为专科起点本科。其中校本部招生计划总计2640人,录取人数总计2631人;医学部招生计划总计860人,录取人数总计803人。

(2)网络教育。2012年,全年招生总计4830人,其中春季招生1112人,秋季招生3718人。

2. 在校生情况。2012年上半年度,校本部在校生总数24396人,其中成人高等教育学生7691人,网络教育学生16705人;下半年度,校本部在校生总数24917人,其中成人高等教育学生7164人,网络教育学生17753人。2013年,医学部夜大学在校生2123人。

3. 毕业生情况。2012年,成人高等教育毕业生总计2389人,其中高中起点本科6人,专科起点本科2347人,高中起点专科36人。网络教育毕业生总计4126

人,其中高中起点本科213人,专科起点本科3510人,高中起点专科403人。医学部夜大学毕业生892人,其中专科226人、专升本650人。

4. 授予学位情况。2012年1月、7月,校本部共授予成人高等学历教育学士学位2126人;医学部夜大学授予成人高等学历教育学士学位212人。

5. 学位英语考试。2012年5月及2012年11月,校本部共组织两次学士学位英语水平考试。参加人数分别为6671人、7972人,共计14643人。

6. 违纪处分。2012年,校本部共有25名各类成人高等学历教育学生因考试违纪等原因受到校纪处分。

【非学历教育】 2012年,非学历继续教育快速健康发展,办学规模和质量再上新台阶。截至2012年12月31日,北京大学全校共有33个办学单位举办各类非学历继续教育。全年共审批立项培训项目1011个,培训学员57805人。① 其中合作办班项目477个,院系独立办班项目534个;面向社会招生项目361个,系统委托招生项目388个,定向招生项目262个。当期已结业项目611个,结业学员35563人。2012年,非学历继续教育培训学费总收入为56274万元。其中,2012年审批立项的项目,培训学费总收入为49563万元。

【进修教师与访问学者】 接收规模保持稳定,继续承担多个国家级、省部级委托项目。2012年,北京大学全年共接收分别来自全国的近百所高等院校的访问学者及进修教师490人,其中校本部接收访问学者252人,医学部接收访问学者163人,校本部接收进修教师75人。在北京大学接收的全部进修教师中,由中共中央组织部等部门联合实施,选送西部地区的高校教师到国内重点大学研修访问的

"西部之光"项目访问学者7人;西藏少数民族访问学者3人;新疆少数民族访问学者13人;来自全国各高校的骨干访问学者65人;第二炮兵政治部委培的教员12人。

学术成果方面,经过导师的认真推荐和编辑部同志对选送文章的审核、筛选,最终汇总30篇有一定学术水平的论文,编辑出版了《北京大学学报——北京大学国内访问学者、进修教师论文专刊》。

2012年5月29日,北京大学召开"访问学者及进修教师表彰会暨经验交流会",表彰37名取得丰硕科研成果的访问学者、2名学习成绩突出的进修教师,以及9名指导访问学者的优秀导师。

【自学考试】 自学考试常规工作保持稳定开展。2012年,北京大学作为主考院校完成北京市高等教育自学考试计算机及应用、心理学、法律、日语、人力资源管理、护理学等6个专业以及政治公共课考试的命题、网上阅卷、非笔试课程组考、本科阶段学生的毕业论文指导与答辩等主考任务,还完成自考日常咨询、毕业生材料审核、毕业证书副署公章、本科毕业生学位证制作与发放等工作。2012年,共完成107门课程75376科次的网上阅卷任务,共毕业专科生943人,本科生1128人,1221人获得北京大学(成人高等教育系列)学士学位(包括护理学)。北京大学在广东省承办了高等教育自学考试法律、计算机、工商企业管理、行政管理4个专业主考工作。2012年毕业专科生46人,本科生151人,获得北京大学(成人高等教育系列)相关学科学士学位本科毕业生103人。

【网络教育学院】
1. 概况。2012年,网络教育学院开设的专业为财务管理、法学、国际经济与贸易、计算机科学与技术、金融学、市场营销、行政管理、汉语言文学、人力资源管理、广

告学、信息管理与信息系统和风险管理与保险学,共计12个专业。新设立了4个校外学习中心,分别是:上海裕德进修学院学习中心、重庆职业教育学习中心、安徽黄山市商业干部学校学习中心、北京大学软件与微电子学院无锡基地学习中心。其中,上海裕德进修学院学习中心在2012年秋季进行了招生,其余中心拟在2013年进行招生。

2. 招生工作。网络教育学院于2011年12月1日开始启动2012年招生工作,分为春、秋两季,共在全国45个学习中心开展了招生工作。举行了全国范围的入学考试6次,考试形式以机考为主。2012年全国报名人数为5137人,其中考试生4895人,免试生242人。在整个2012年的录取工作中,共验证4951人,录取人数为4830人,其中免试生239人,考试生4591人。招生层次有高升专、高升本和专升本。

在2012年的招生工作中,广东省"圆梦计划"项目和如皋市"圆梦工程"都面向新生代产业工人进行网络学历教育招生,2012秋报名人数为广州1596人,深圳694人,如皋326人,共计2616人。经过笔试与面试,共录取2413人。

3. 师资情况。2012年网络教育学院全年共聘请139名教师。其中,春季学期网络教育学院和各相关教学院系共聘请70名助理教师,承担130门课程的教学辅导工作;秋季学期共聘请69名助理教师,承担126门课程的教学辅导工作。

4. 毕业生情况。网络教育学院2012年春季实际毕业生人数为

————
① 项目数量只含2012年审批的项目。学员人数包括已结业、在读和计划就读,已结业的按结业人数计,已开班的按在读人数计,未开班或已开班但未及时填报在读学员信息的按计划人数计。不含网络培训。

2087人，涵盖了57个学习中心，其中奥鹏教育、知金北京和校本部是毕业生人数最多的三个中心；法学院毕业生人数为62人，本届毕业生人数共计2149人。取得学位的人数为444人，学位授予率为20.66%。

网络教育学院2012年秋季毕业生人数为1939人，涵盖了56个学习中心，其中奥鹏教育、知金北京和校本部是毕业生人数最多的三个中心；法学院毕业生人数为38人，本届毕业生人数共计1977人。取得学位的人数为362人，学位授予率为18.31%。

2012年度共评选出优秀毕业生242人。

5. 课程互选工作。2012年，网络教育学院积极响应全国教师教育网络联盟（简称"全国教师网联"）号召，以按照确保资源共享、学分互认的工作机制为目标，以全国教师网联公共服务平台为基础，以资源建设为核心，按计划分阶段地进行了课程互选工作。2012年秋季学期，网络教育学院提供给全国教师网联的互选课程是"影视批评"，全国共有4所高校（北京师范大学、华南师范大学、西南大学、陕西师范大学）的215名学生选课。同时网络教育学院2012年秋季入学的汉语言文学专业共141名同学选择了3所高校的全国教师网联互选课程，包括北京师范大学"民俗学"、华南师范大学"文学批评学"、福建师范大学"20世纪中国文学研究专题"。

6. 2012年教学工作会议。2012年5月11—16日，网络教育学院在江苏省南京市召开"北京大学现代远程教育2012年教学工作会议"，来自41个校外学习中心的66位代表参加了会议。会上表彰了11个优秀校外学习中心和14位优秀教育工作者。其中，广东北达经贸学院学习中心荣获"圆梦计划"特别奖。

7. 组织"圆梦计划"返校活动。网络教育学院积极开拓创新，与广东团省委合作，开展了面向新生代农民工的学历教育——"圆梦计划、北大100"。该项目得到了广东省委的大力支持，广东省委书记给予了高度重视，并指示要把"好事做好"。学校领导高度重视，周其凤校长于2011年5月专程赴广东参加了圆梦计划学院的开班典礼。2012年7月专门邀请了150名圆梦计划学员参加为期四天的返校活动，吴志攀常务副校长到车站迎送，周其凤校长亲自为学员讲课，受到了学员的热烈欢迎。网络教育学院全体人员在返校期间做了全程服务工作。

8. 申报国家级精品资源共享课。2012年12月初，网络教育学院按照教育部《关于2012年国家级网络教育精品资源共享课建设和申报工作的通知》（教高司函〔2012〕162号）要求，共申报了3门国家级网络教育精品资源共享课，即"中国现代文学名著导读""财政学""行政管理学"。这3门课程依据《国家级网络教育精品资源共享课建设技术要求（2012年版）》建设，并在升级改造原有课程的基础上，建设了基于苹果iphone和ipad设备的移动版本课程。在随后的评审过程中，3门课程均顺利通过初审和终审，顺利获评"国家级网络教育精品资源共享课"。

【成人教育学院】 在继续教育体制调整的大背景下，成人教育学院坚持"守土有责、守土尽责、守土负责"的责任意识，积极调整办学方向，继续推进夜大学办学工作。2012年夜大学国际经济与贸易、金融学、法学、汉语言文学、市场营销、社会工作6个专业共招收专升本夜大学学生942名。

同时，认真做好了749名2012级业余专升本新生入学的资格审查及入学迎新工作，完成了731名2010级业余专升本学生的毕业教育、图像信息采集、学籍清理、学生成绩核对、毕业生鉴定、毕业生电子注册、毕业证书验印、领取、发放等工作，并做好了毕业生学位申报工作。

1. 充分发挥圆明园校区的资源优势，加快发展对在职人员的继续教育和岗位培训。2012年，与美中教育服务机构（ESEC）继续合作举办的全封闭英语口语培训班（T.I.P.）实现了新的发展。该项目旨在培训中小学英语教师，全年共开办12期，培训学员3893名。其中为老少边穷地区中小学教师提供公益性T.I.P资助和奖学金的培训学员3800人。T.I.P培训项目的开展，既打造了北京大学非学历继续教育的新品牌，又有力地配合了《基础教育课程改革纲要（试行）》的贯彻实施，促进了中小学英语教学改革。与ESEC合作开展的继续教育国际合作项目成果也得到多地教育行政主管部门和社会各界的高度肯定和赞誉。

2. 发展多种合作办学。2012年，成人教育学院贯彻科学发展的思想，继续探讨多种形式的继续教育合作办学模式和途径，扎实稳健地推进了与北京鼎创德复教育咨询有限公司、北京语言大学、北京昌平龙门育才文化培训学校的合作办学。

3. 推进校区基础设施建设。成人教育学院从全校大局和长远发展考虑，积极配合学校对校区的调整规划工作。在资金极端困难的情况下，坚持了"精打细算、开源节流、厉行节约、艰苦奋斗"的财政工作方针，积极筹集资金支付了2012年租用海淀职业学校校舍、场地使用费145万元，保证了进修教师、合作办学学生住宿学习用房需要。同时，学院投入建设维修资金600多万元完成了对校区食堂的全面改建，同时对配套下水、暖气管道、电力管线、燃气管线等进行了更新维护，重新安装了"一卡通"系统及终端设备,进行了9～10号楼墙壁粉刷,对锅炉房、茶炉室、浴室等进行了设备维修维护,保证了圆明园校区基础设施完好并正常运行。2012年,圆明园校区为深圳研究生院、对外汉语教育学院、景观设计学研究院、外国语学院、社会学系、教育学院、信息科学技术学院的研究生、研修班学员200多人解决了住宿问题,既为学校排忧解难,又支持了学校及兄弟院系的事业发展。

【培训中心】 2012年,培训中心按照学校"召开党代会,创世界一流,迎接十八大"的要求,不断探索新的运行机制,充分发挥员工的工作积极性和主动性;对内尝试项目制运行模式、优化人员结构、加强质量管理,对外注重品牌建设、创新市场开拓模式、加强合作伙伴监管,提高学校与中心效益。培训中心充分利用中央和国家机关司局干部选学项目的影响力,发挥在党政干部培训市场的引领示范作用,不断提高办学质量,成效显著。

2012年,培训中心共有员工47人,完成培训总收入6379万元,较2011年增长了33.73%,创下历史新高。人均培训收入从2011年的95万元增加到135万元。全年开办培训班274个,培训学员17181人。

培训中心积极探索新的运营模式,在党政培训部内部成立项目组,同时根据项目制的特点制定独立的绩效考核管理办法。目前,项目组试点运行卓有成效,沟通效率和工作效率大幅提高,市场开拓能力加强,全年共计完成1095万的销售收入和46个培训班的教学管理工作。

培训中心在确定按照业绩增长阶梯式计提年终奖的分享式激励机制的基础上,增设超额奖励机制,鼓励员工超额完成任务,实现了学校、中心及员工三方共赢。该举措为进一步推动薪酬体系的改革打下了良好基础。

4月23日到28日,培训中心设立的项目组率先提出"走出去"方案,拜访了山西省委组织部、省人大等13家单位,反响良好,山西省干部培训由2011年3期班增加到2012年的12期班,培训人数由165人增加到708人。10月15日到11月2日,培训中心安排4人一组,分别前往黑龙江省、山东省、云南省、四川省、贵州省、广东省、内蒙古自治区、湖南省、安徽省和重庆市等地方开展客户回访及市场开拓工作,既宣传了北京大学培训中心,又扩大了培训中心的影响力。

2012年,培训中心专门成立了教学研究室,强化培训质量管理。教学研究室就教学内容、师资开发及学员课程评估表反映的相关问题专门召开了17次教学研究会,并约谈8位授课教师交换意见,调整了部分课程设置和授课内容,提高了课程的针对性和实效性,取得了显著效果。

同时,教学研究室支持授课教师在中央和国家机关司局级干部选学项目中探索"研究式教学"方法。"区域经济与生态文明"专题班、"管理心理与战略思维"专题班引入"研究式教学",集体讨论汇报反响热烈。

2012年,北京大学培训中心承办教育部机关与直属单位干部选学项目3个专题班,共有243名领导干部参加了专题班的学习。

另外,培训中心仍坚持做好中央和国家机关司局级干部选学工作,加大与地方政府干部培训合作力度。

2012年,北京大学培训中心共承办中央和国家机关司局级干部选学专题班10个、讲座9场,共培训司局级干部2384人次,累计培训司局级干部达6633人次。北京大学高水平、高质量的教学得到了广大学员、选学单位和中共中央组织部的高度评价,同时高质量的教学管理服务也得到了中组部干教局及选学单位的肯定。同年,该项目申报并获得北京大学教学成果一等奖和北京市教学成果二等奖。

2012年,培训中心在与中共北京市委组织部、中共江苏省委组织部、国家质检总局、国家统计局等单位合作的基础上,加大了与中共山西省委组织部的"干部选学"合作,并与江苏省发展改革委员会签署协议,挂牌为江苏省服务业人才培训基地。

【医学部继续教育】 1. 基本情况。北京大学医学部成人高等学历教育——夜大学,现设有专升本层次,业余学习形式。设有药学、护理、临床医学、医学检验、预防医学5个专业。2009年取消专科层次招生。专科升本科学制三年,业余学习,招生对象主要是北京地区的医药卫生单位在职人员。医学部夜大学在办学过程中坚持依法办学,以培养高质量、高素质的各类医药卫生人才为目标,能主动适应社会发展,充分利用医学部优势和医药卫生教学资源,调整专业结构,拓宽办学思想,使办学规模在保证教学质量前提下稳步发展,办学水平和质量不断提高。2012年夜大学招生803人。2013年1月毕业892人,其中专科226人、专科升本科650人,专升本毕业生中212人获得学士学位。2013年在校生2123人。

2. 住院医师规范化培训。2012年,医学部继续教育处根据国务院、卫生部和北京市卫生局有关文件精神,积极参与国家和地方的政策制定和制度创新,认真做好住院医师规范化培训工作,规范管理,严格考核,注重质量,不断改进和完善住院医师规范化培训体系。

(1) 积极参与住院医师规范化培训制度、全科医师培养及有关配套文件的修订。根据《中共中央国务院关于深化医药卫生体制改革的意见》和《国务院关于建立全科医生制度的指导意见》，国家致力于建设符合中国国情的住院医师规范化培训制度。北京大学医学部的有关专家、领导根据多年来住院医师规范化培训的实践经验，充分发挥自身优势，积极参与相关文件的修订和意见征集。例如，参加国家发改委组织的全科医师培训讲座，对卫生部《住院医师规范化培训管理办法》等文件提出修改意见和建议。

（2）调整住院医师培训工作。2012年8月，北京市卫生局联合北京市教育委员会等多家单位印发了《关于推进北京市住院医师规范化培训制度建设的意见》（京卫科教字〔2012〕10号），标志着北京市开始推进新的住院医师规范化培训制度。根据文件精神，北京大学医学部将中医、中西医结合专业培训纳入北京市中医管理局统一管理，2012年及以后工作的医师必须按照北京市统一要求进行轮转和考核，调整了重症医学专业培训和考核，积极探讨肿瘤学专业培训和考核办法的改进和提高。

（3）组织第一阶段考核报名与审查，组织部分学科第一阶段考试。2012年大部分学科的住院医师完成第一阶段培训后，参加了北京市专科医师/住院医师培训普通专科考试，部分学科由医学部自行组织第一阶段考试。275名住院医师报名参加第一阶段理论考试，合格人数267，合格率97.09%。18名考生参加医学部自行组织的第一阶段考试。

（4）组织医学部住院医师规范化培训第二阶段审查与考核。2012年住院医师规范化培训第二阶段考试工作于9月2日进行笔试，9月12日至27日进行面试。考试科目涉及27个学科、44个专业。此次考试共有来自医学部8所附属医院和6所教学医院的282名考生参加，总体合格率为84.4%。

（5）承担北京市住院医师公共课程任务。2012年，医学部继续承担800名北京市住院医师公共课程任务，课程安排包括卫生法律法规、医患沟通和全科医学等必修课，以及临床思维与住院医师培训、危重病情判断及急诊工作方法、心理卫生与健康、临床研究过程和论文阅读以及循证医学等选修课。

3. 学科骨干及进修生培养工作。2012年北京大学医学部继续教育处认真贯彻落实中共中央、国务院指示精神，按照教育部人事司进一步加大力度、实施高等学校"高层次创造性人才计划"的总体要求，认真开展学科骨干及进修生的培养工作。

（1）国内访问学者培训工作。国内访问学者培训工作主要包括招生计划申报、录取接收、住宿安排、经费分配、监督研修计划的执行情况、审核学习成果、办理证书、结业登记等日常管理工作。根据委托单位的来源又分为4个方面：高等学校青年教师骨干访问学者培训工作，有关省卫生厅、医院委托培养的学科骨干培训工作，人力资源和社会保障部委托少数民族科技骨干特殊培养工作，中组部委托培养的"西部之光"访问学者工作。

北京大学医学部2012学年度共接收访问学者163名。其中，2012年春季，接收春季访问学者112名，于2012年2月28日报到，并将于2013年1月结业；2012年秋季，接收秋季访问学者51人，访问学者的培养计划已上报至教育部师资培训武汉中心并按计划实施培养方案。

（2）新疆汉语骨干教师培养项目。北京大学医学部各二级单位负责新疆汉语骨干教师培养工作的管理人员，对少数民族学员格外关注，在课程学习、工作环境、生活起居、交通通勤等方面都提供了周到细致的服务。2011—2012学年度，接收教育部民族教育司和新疆教育厅联合委托北京大学培养新疆汉语骨干教师2名，培养期限一年。2012—2013学年度，接收新疆汉语骨干教师1名。

（3）北京大学对口支援西藏大学教师培养项目。医学部继续教育处深入贯彻落实学校支援西部建设的精神，在医学部各二级单位的主动配合下，在生活和工作上都给予了来校培训的西藏大学教师照顾。2012年秋季，接收培养了西藏大学药学院的1名教师，按照培养计划参与教育、教学及相关实验的进修内容。

（4）组织安排北京市卫生局委托公共课程讲课。为贯彻落实国家发展改革委等六部委联合下发的《以全科医生为重点的基层医疗卫生队伍建设规划》文件精神，北京市卫生局决定开展2012—2013年度区县级医院专业骨干的培训工作，其中北京大学医学部承担公共课培训任务，具体工作由继续教育处负责落实。自2012年12月5日至14日，继续教育处为北京市区、县级131名基层骨干及石家庄市29名中青年学科骨干安排了为期10天的理论课程培训讲座，并邀请相关学科的知名专家学者讲授医学各领域的最新进展。

为贯彻落实北京市对口支援办《关于对口支援地区干部人才来京培训工作若干问题的意见》文件精神，北京市卫生局分别于2012年6月和12月，在京举办了"对口支援和田地区和内蒙古地区的卫生管理干部及医疗卫生人才培训班"，医学部继续教育处承担了理论课程的培训任务。

（5）单科进修班管理工作。2012年医学部各学院举办各类单科进修班共242个,接收单科进修生人数为2073人次。

(6) 零散进修管理工作。2012年医学部各学院接收零散进修生983人次。

4. 国家级和省(市)级继续医学教育项目。医学部开展国家级和北京市继续医学教育项目,具有规模大、水平高的特点,获得北京市卫生局好评。2012年举办各类培训班共844项,共培训655751人。其中,举办826项国家级继续医学教育项目,培训654742人;举办17项北京市继续医学教育项目,培训959人;举办1个培训班,培训50人。

2013年北京大学医学部共申报国家级继续医学教育项目414项;新申报国家级继续医学教育项目399项,其中远程新申报继续医学教育项目268项;申报国家级备案项目15项。申报2013年北京市继续医学教育项目56项,其中新申报北京市继续医学教育项目55项,申报北京市备案项目1项。

5. 对内继续医学教育。2012年,医学部对内开展的继续医学教育项目(包括北京市区县级项目及校级继续教育项目)注重教学内容的先进性、针对性和实效性。2012年,医学部共申报对内继续教育项目1541个,实际举办项目数为2139个。其中,对内继续教育项目的内容以医学新进展、专业知识及临床技能为主的共780项,占总数的92.3%;管理学方面的内容共26项,占总数的3%;人文、社会科学等内容共13项,占总数的1.5%;计算机等其他方面的内容共7项,占总数的1%。2012年,医学部人员参加对内继续医学教育项目总人次达到52301人次,完成继续教育学分的总达标率为100%。

6. 继续医学教育课题研究。作为牵头单位,北京大学医学部与浙江大学、上海交通大学、哈尔滨医科大学共同申请的中华医学会医学教育分会的医学教育科研课题"高等学校继续医学教育现状与发展战略研究"顺利结题。课题组召开多次会议,有计划、按步骤地不断推进课题研究进程,采用文献回顾、问卷调查、专家咨询等方法,完成了课题研究确定的各项内容。课题组提出了政策建议,提交了结题报告,发表了两篇论文,其他研究论文将陆续发表。该课题被评为中华医学会医学教育分会医学教育研究课题二等奖。

2012年北京大学医学部申请了两项2013年中华医学会医学教育分会的医学教育科研课题:"美国继续医学教育的起源和发展"和"中外继续医学教育制度比较研究"。前一个是独立申请的,旨在弄清楚美国的继续医学教育的发展历程,为同行研究提供可靠的基本材料。后一个是由北京大学、浙江大学、上海交通大学、哈尔滨医科大学4所高校联合申请,通过中外继续医学教育制度比较研究,旨在比较系统研究国外现行的继续医学教育制度及其发展演变过程,并与我国的继续医学教育制度相比较,结合国情合理借鉴,进一步完善我国继续医学教育制度,提高继续医学教育整体质量。

7. 信息化管理系统优化。继续医学教育信息化管理系统在项目管理上的优势凸显。自2010年4月软件升级改版后,在各二级单位使用的基础上,2012年完成了系统升级工作。优化管理系统菜单,在每个工作模块中增加了年度和项目名称查询功能,以解决项目逐年增加带来的不便,增加了报名提示功能,强化了信息查询和统计功能。该系统的应用不但提高了各级管理人员的工作效率,还解决了管理过程中留存数据难的问题,提高了管理的科研水平。

【医学网络教育学院】 1. 基本情况。2000年10月10日,经北京大学批准成立医学网络教育学院,翌年9月正式开学。

学院涵盖远程医学本专科学历教育、远程继续医学教育与培训、技术开发服务三大业务板块。同时,学院亦是中国高等教育学会医学教育专业委员会医学远程教育研究会的日常办事机构,以及北京医师定期考核指定机构。

学院实行"学院办学、企业化运作"的管理模式,北京医大时代科技发展有限公司是学院拓展业务的运营实体,公司与学院是"两块牌子、一套组织机构"。

学院一贯坚持"管理规范,资源优秀,服务满意,技术可靠,提供一流的医学远程教育"的质量方针,2003年,学院成为全国首家通过ISO9001:2000质量管理体系认证的远程教育机构,同年被教育部纳入远程教育质量管理试点学校,于2008年通过英国皇家认可委员会(UKAS)的现场监督审核,并于2010年4月获得ISO9001:2008质量管理体系认证证书。

学院现有员工131人,具有本科以上学历的占67.18%;其中博士学位2人,硕士学位17人,本科学历69人。现任院长/总经理高崤苹,副院长刘虹、孔繁菁,副总经理夏阳。

学院实行企业化运作,在保证教学工作正常投入和运转的前提下,2011年回报医学部资金1100.9万。

2. 本、专科学历教育。学院开设有护理学、药学、卫生事业管理、医学信息管理和心理学五个专业;办学层次有专科、专升本。2012年,学院教育培训工作在全国33个学习中心、45个考点、342个考场顺利举行。两季报名9773人,其中,符合专科免试入学条件188人,符合专升本免试入学条件257人。实际参加入学考试人数9256人。经审查24人不符合入学资格的,没有允许参加考试。网络教育学院严格按规定要求,组织教师对全部试卷统一进行了认真阅卷。最终,报到学生8627人,达到历史最高人数。

学院在京建立了首家校外学习中心——中国航天科工集团公司培训中心校外学习中心(简称北京航天校外学习中心)。经专家进行现场评估和考察,北京市教育委员会7月3日正式发文同意我院设立北京大学现代远程教育中国航天科工集团公司培训中心校外学习中心。

2012年共组织三次专业考试和两次学位英语考试,约考159031人次,阅批试卷297460份,均无差错。为了提高试卷准备的效率和安全性,2012年的试卷外包给保定监狱印刷厂印制,这是国家考试试卷印刷的指定单位,保密性好。同时,试卷的准备时间由2011年的45天降低至2012年的6天,大大提高了效率。

3. 教育与培训。2012年,申报备案项目236项,新申报2013年项目269项。截至目前,学员遍布全国,累积达到90万人次;以卫星和局域网相结合学习模式的医学讲坛项目:每周通过卫星更新课程,同时可通过医院局域网在线学习。2012年新建课程200课时,截至目前,参加学习的医院有200余家,分布在全国24个省市。

4. 技术保障。为满足教学不断提升的需要,经半年的需求调研和开发,学院第三代教学平台TossII代于2012年9月正式上线。2012年秋季入学的2000余名新生登录新平台进行学习。新平台预计在2013年3月全面启动,面向全院各年级学生开放。新平台特别加强了对学员学习过程的指导和监控,更符合成人学习的特点,满足新的教学模式要求。

2012年配合学历教育改革,新开发课程10门。满足客户非学历培训需求,新开发课程5门。同时,完成了15门次学历课程的修改,163门课程的平台移植,2门非学历课程的修改。

2012年,学院还与医学部相关学院和部处合作,制作完成4门课程。配合解决大学校内教育学生多而教学资源有限的矛盾,在学院moodle学习平台上为研究生院开设1门课程,为英语教研室开设6门课程,有力支持了大学的主系列教学活动,并为学生提供了新的学习方式。

2012年,完成网络教育学院、医学部教学片、专题片50余部(含百年北医论坛);配合演播室录课600余课时,采集北医新闻110余条;编辑电视新闻50条;完成医学部开学典礼、毕业典礼庆、七一大会等大型活动7场;成功进行医部百年庆典晚会家属区电视直播和论坛的网络直播视频部分;协助凤凰电视台制作校庆电视片;协助宣传部制作校庆大会播放的主题电视片。医学摄影室完成内容拍摄31GB,出成片5400余张。

5. 内部建设。(1)积极探索考核方法,充分调动员工积极性。为了充分调动员工的积极性,强化责任意识,根据各业务板块的特点,探索以项目为导向、以指标为导向、以任务为导向和以绩效为导向等多种形式的考核模式与奖励机制。(2)健全和保持质量管理体系的监控机制。学院在发展的过程中持续推进质量管理体系的自身建设。2012年根据组织架构和部门职责的变换,对质量目标进行了全面调整;重新梳理了教学和服务的关键环节,对ISO管理手册进行了升级,制定了5.0版。(3)充分利用自主学习平台,提高团队整体素质。为了强化核心团队的职业素养,学院搜集职业化相关材料,放到自主学习平台上,供员工自主学习。学院分别在上、下半年就"当好新经理""提升职业化素养"两个专题进行学习交流。另外,还在学习平台上提供1000多个GB的视频资料、4个GB的音频资料,内容包括人际关系、职业素质、团队管理、销售管理和执行力等方面,供员工学习。

留学生与港澳台学生教育

【概况】 截至2012年10月,北京大学在校长期留学生3735人,其中,本科生1613人,硕士生585人,博士生281人,预科196人,普通进修生996人,高级进修生32人,研究学者32人。此外,2012年度还有来自140个国家和地区的各类短期留学生近6000人次在北京大学学习。

【留学生招生工作】 2012年北京大学共录取学位留学生862人,其中医学部79人。校本部录取的学位留学生中,包括本科生334人,硕士374人,博士75人。全年招收各类短期留学生近6000人次,较2011年增长近400人次,增幅接近17%。

自2009年启动在东南亚的招生工作后,海外招生逐步成为选拔优秀留学生的重要渠道。2012年在东南亚面试招生中,针对泰国部分语言能力稍弱的学生,将其招收至预科先行补习一年汉语,为其本科阶段的学习打下基础。同时,为进一步拓展招生渠道,优化生源结构,留学生办公室协同招生办公室、研究生院,组织有关教授、专家于2012年11月赴美国、墨西哥及牙买加三国开展招生宣讲。代表团共拜访了三国四地的1所高中和6所高校,开展7场招生宣讲,参加学生逾500人次。

【北京大学留学生新生奖学金】 2012年起,学校增设北京大学留学生新生奖学金,首年拨款100万元(第四年将达到400万元),为优秀的留学新生提供资助,奖学金涵盖全额学费、生活费、医疗保险。北京大学留学生新生奖学金是学校设立的首个资助性质的奖学金,拥有较高的奖学金额度,旨在吸引更多优秀外国留学生到北京大学攻读学位。2012年共有36名留学生新生获得该项奖学金的资助。

【留学生文体活动】 2012年5月,第三轮中美人文交流高层磋商在北京举行,十余名美国同学与北京大学合唱团的同学一起为刘延东、希拉里、克林顿等嘉宾演唱中美两国歌曲。2012年,留学生在多项体育赛事中屡创佳绩。在北京市"来华杯"游泳比赛中共取得六个项目中的3个冠军、3个亚军和1个季军,冠军和奖牌数均位列第一;在北京市马拉松比赛中,来自英国剑桥大学的交换生马格利特·吉尔(Margaret Jill)获得半程马拉松的第六名。

【北京大学第九届国际文化节】 2012年10月28日,北京大学第九届国际文化节主题活动在校举行。来自69个国家和地区的北大在校留学生和中国学生,以及来自19个国家的30余位驻华使节参加。本届文化节以"公益前行:世界梦想传递"为主题,分享世界各国开展公益活动的经验,弘扬公益服务的精神。文化节将公益理念融入留学生演讲、歌手大赛、网球比赛、摄影大赛等常设活动,并特设"公益大讲坛",邀请公益名人走进校园,弘扬具有国际视野的人文关怀精神。作为文化节系列活动组成部分,北京大学还与丹麦大使馆合作举办了"丹麦文化日"主题活动、与澳大利亚网球公开赛联合举办澳网公益行活动,与北京周报社举办"非洲文化周"等活动。

【港澳台学生工作】 2012年,共有683名全日制港澳台侨学生在北京大学学习。其中,香港学生221人,澳门学生70人,台湾学生390人,华侨学生2人。从学生类别看,本科生213人,硕士生272人,博士生195人,医学进修生3人。与2011年相比,软件与微电子学院(无锡校区)及对外汉语教育学院的台湾学生人数有较大幅度的增长。此外,还有88名港澳台学生到北京大学交换学习。

【港澳台学生活动】 2012年,港澳台办公室推出的品牌活动继续受到港澳台学生的好评。6月,组织"天府行——北京大学港澳台学生川蜀文化之旅",61名港澳台学生参与活动;9月,结合迎新和中秋佳节,举办"中秋暨迎新晚会",约120名港澳台学生参加晚会;12月27日,举办"2013年北京大学港澳台学生新年联欢会",约200名港澳台学生参加。

科学研究与社会服务

理工科与医科科研

【概况】 建设世界一流大学就是要在科学主流方向取得高显示度的原始创新性成果，为国家安全和经济发展做出重大突出贡献。2012年北京大学的科研工作继续围绕这一宗旨稳步推进，从实际情况出发，发挥已有优势，在基础研究和应用基础研究方面继续保持竞争力，承担了大量国家科研任务，取得了丰富的科研成果。

2012年度北京大学理工科在研项目2806项，医科1629项；理工医科到校科研经费24.07亿元，其中理工科到校经费19.81亿元（含深圳研究生院2.02亿元），医科到校科研经费4.26亿元。2012年度理工医科到校科研经费中，由国家财政部拨款的自然科学基金委项目和科技部主管项目到校经费分别达4.64亿和5.29亿，2项合计占理工医科到校经费总数的41.13%，是北京大学科研经费的主要来源。

2012年度北京大学理工医科在中国政府主导的重大基础研究和应用基础研究领域继续保持竞争优势。新获批"973计划"项目8项（含青年科学家专题1项）、课题26个；重大科学研究计划项目5项（含青年科学家专题2项）、课题22个；"863计划"课题5个，国家科技支撑计划项目课题11个，国家重大科学仪器设备开发专项1项，获批准总经费3亿多元。

2012年北京大学获批国家自然科学基金委各类项目710项，获批准总经费6.2亿元，分别比上一年增长4%和15%。其中国家杰出青年基金获得者16人，优秀青年科学基金获得者28人，创新研究群体2个；面上项目363项，青年科学基金项目155项，重点项目30项，重大项目1项、课题4项，国家重大科研仪器设备研制专项2项，重大研究计划20项，国际合作37项，海外及港澳台学者合作研究基金10项。

2012年度北京大学理工医科获得教育部创新团队2项，新世纪优秀人才支持计划22项；获批教育部重大项目4项；获批教育部高校博士学科点专项科研基金资助项目121项，其中博导类61项，新教师类54项，优先发展领域类4项，与香港研资局研究用途补助金合作项目2项；获得北京市自然科学基金56项（理工科12项，医科44项），其中重点项目4项、面上项目47项和预探索项目5项；入选北京市科技新星计划3人；获批各行业部门（公益性）科研专项4项；与各企事业单位合作项目94项。

2012年度北京大学理工医科获得国际科技合作项目88项，其中来自国内政府的项目有6项，另有82项来自海外基金会、海外企业以及海外政府。

2012年度北京大学共有11个项目获得国家科学技术奖。其中有5项是北京大学作为第一完成人所在单位或第一完成单位获奖，包括国家自然科学奖2项，国家科技进步奖3项。

2012年度北京大学共申请专利587项（本部412项，医学部96项，深圳研究生院79项）。其中申请国际专利24项，外国专利2项。2012年度北京大学获授权专利479项（本部374项，医学部82项，深圳研究生院23项），较2011年的337项增长42.14%，其中发明专利440项，实用新型专利35项，外国专利3项，国际专利1项。

2012年度北京大学发表SCI收录论文5556篇（比2011年增长了838篇），其中被SCI收录的北京大学为第一作者单位或责任作者单位的论文3242篇（比2011年增长了178篇），平均影响因子3.10。

2012年北京大学与上海交通大学联合建设的区域光纤通信网与新型光通信系统国家重点实验室参加2012年国家重点实验室评估，评估结果良好；2个教育部重点实验室参加2012年度工程和材料科学领域教育部重点实验室评估，纳米器件物理与化学教育部重点实验室评估结果为优秀，水沙科学教育部重点实验室评估结果为良好；2012年北京大学2个国家工程研究中心获得国家发改委的表彰，其中电子出版新技术国家工程研究中心荣获

"国家工程研究中心重大成就奖",软件工程国家工程研究中心荣获"国家工程研究中心优秀业绩奖"。

2012年12月7日,中国科学技术信息研究所召开"2011年度中国科技论文统计结果发布会",《北京大学学报(自然科学版)》连续第八年入选年度"中国百种杰出学术期刊"。此外,2012年《北京大学学报(自然科学版)》还获得教育部科学技术司颁发的"第四届中国高校精品科技期刊奖"和教育部科技发展中心颁发的2011年度"中国科技论文在线优秀期刊"一等奖。

【科研基地建设】 北京大学理工医科重点科研基地主要由国家实验室、国家重点实验室、教育部重点实验室、卫生部重点实验室和北京市重点实验室等组成,是北京大学组织重大科学研究活动、产生重大科研成果的重要科研平台,是北京大学高水平创新团队、拔尖研究人才的聚集地。

2012年,科研部积极组织申报各级重点科研基地,推荐申报北京市重点实验室3个、北京市工程技术中心3个;组织新建北京市重点实验室1个,北京市工程技术研究中心1个。主动组织、积极配合信息科学领域国家重点实验室以及工程和材料科学领域教育部重点实验室的评估工作,并认真组织落实评估后国家和教育部重点实验室的换届工作。

在理工科虚体研究机构管理方面,2012年度工作重点是加强对现有机构的管理;组织理工科虚体研究机构第三次评估工作,76个理工科虚体研究机构参加评估,评估中有4个虚体机构主动提出撤销申请;完成理工科虚体研究中心印章清查工作。进一步修改完善目前试行的北京大学理工科虚体研究机构管理办法。

1. 国家实验室。北京分子科学国家实验室(筹)到校运行经费1683.5万元。

2. 国家重点实验室。2012年依托北京大学建设的8个国家重点实验室专项经费到校经费共计11246.5万元。

3. 国家工程实验室。数字视频编解码技术国家工程实验室,向国家发改委作年度汇报,准备建设验收。

4. 国家工程研究中心。2012年北京大学2个国家工程研究中心获得国家发改委表彰,其中电子出版新技术国家工程研究中心荣获"国家工程研究中心重大成就奖",肖建国教授被授予"国家工程研究中心先进工作者"称号;软件工程国家工程研究中心荣获"国家工程研究中心优秀业绩奖",张世琨、王亚沙教授被授予"国家工程研究中心先进工作者"称号。

5. 国家重大基础设施建设项目。蛋白质科学研究设施(北京)到校经费7300万元,北京核磁共振中心到校经费220万元。

6. 教育部重点实验室。数量经济与数理金融教育部重点实验室进行了可行性论证,进入建设期。

2个教育部重点实验室参加2012年度工程和材料科学领域教育部重点实验室评估,纳米器件物理与化学教育部重点实验室获得优秀,水沙科学教育部重点实验室获得良好;高可信软件教育部重点实验室、机器感知与智能教育部重点实验室完成实验室主任和学术委员会主任换届推荐工作;视觉损伤与修复教育部重点实验室、计算语言学教育部重点实验室完成建设验收。

7. 北京市重点实验室。肿瘤系统生物学北京市重点实验室和北京市新型污水深度处理工程技术研究中心通过了北京市科委论证。推荐参加2012年度北京市重点实验室、北京市工程技术研究中心申报的,分别为药物滥用与成瘾北京市重点实验室、应用磁学北京市重点实验室、代谢及心血管分子医学北京市重点实验室、北京市虚拟仿真与可视化工程技术研究中心、北京市低维碳材料工程技术研究中心、北京市分子医学影像及精确放疗工程技术研究中心。

【科研项目与科研经费】 2012年度北京大学理工科在研项目2806项,医科1629项;理工医科到校科研经费24.07亿元,比2011度增长28%,其中理工科到校经费19.81亿元(含深圳研究生院2.02亿元),医科到校科研经费4.26亿元。

1. 国家自然科学基金委员会资助的各类项目。2012年度北京大学在研的国家自然科学基金各类项目1752项,到校经费4.64亿元;新批项目710项,经费总额6.22亿元。

(1) 面上青年项目。2012年度北京大学共申请面上青年基金项目1451项,获批准518项,获资助经费3.09亿元。

(2) 重点项目。2012年度北京大学共申请重点项目87项,获批准30项,获资助经费8664万元。

(3) 重大项目。2012年度北京大学获批重大项目1项、课题4项。

(4) 重大研究计划。2012年度北京大学获批重大研究计划20项。

(5) 国家杰出青年科学基金。2012年度北京大学共有95人申请国家杰出青年科学基金,16人荣膺资助,他们是工学院戴志飞、郑玉峰、段志生、段慧玲、吴晓磊、陶建军,化学与分子工程学院李子臣、郭雪峰、陈鹏,物理学院徐仁新、胡小永、王新强,信息科学技术学院张路、郭弘,基础医学院孔炜,中国药物依赖性研究所时杰。2012年度全国共计200名青年学

(6) 优秀青年科学基金项目。2012年度北京大学共有28人获得优秀青年科学基金项目资助,他们是物理学院傅宗玫、吴孝松、肖云峰、王健,化学与分子工程学院彭海琳、马丁、赵达慧,信息科学技术学院宋令阳、王立威、黄罡,数学科学学院王嵬、李铁军,地球与空间科学学院何建森、许成,城市与环境学院刘峻峰、王娓,工学院黄岩谊、张艳锋,光华管理学院岳衡、徐菁,药学院姜勇、叶敏,基础医学院赵颖、刘昭飞,生命科学学院张晨,环境科学与工程学院刘永,分子医学研究所陈良怡,第六医院岳伟华。

(7) 创新研究群体科学基金。2012年度北京大学以程和平(分子医学研究所)和陆林(中国药物依赖性研究所)为学术带头人的2个研究群体,获得了基金委创新研究群体科学基金的资助。

(8) 国家重大科研仪器设备研制专项(自由申请)。2012年度北京大学工学院方岱宁教授、化学与分子工程学院王远教授获得此项基金资助,获资助经费1800万元。

(9) 海外(及港澳)学者合作研究基金。2012年度共有10位以北京大学作为国内研究基地、目前尚在海外(或港澳)从事自然科学基础研究的优秀青年学者,获得了此项基金资助,他们的合作者都是北京大学相应学科的学术带头人。

(10) 国际交流与合作项目。2012年度北京大学在基金委资助下开展各类国际交流与合作共37项,包括国际合作重大项目、国际合作研究项目、在华召开国际会议。广泛开展国际交流与合作,很好地促进了科研人员所承担国家自然科学基金项目的高水平完成。

2. 科技部主管的各类项目。2012年度科技部主管的各类国家科技计划项目到校经费5.29亿元,占理工科与医科到校经费的22%。其中,国家重点基础研究发展规划项目("973计划")和重大科学研究计划项目2.28亿元,高技术研究发展计划项目("863计划")1.08亿元,科技支撑计划项目5920万元,国家重点实验室专项1.33亿元。

(1) 国家重点基础研究发展规划项目("973计划")。2012年全国共批准105项,其中北京大学作为第一依托单位获批8项(包含青年科学家专题1项),项目首席科学家分别是物理学院龚旗煌、叶沿林和林志宏教授,地球与空间科学学院徐备教授,分子医学研究所程和平、田小利教授,医学部万有教授,青年科学家专题负责人是信息科学技术学院宋令阳研究员。截至2012年,北京大学主持的"973计划"项目共计46项,其中已完成21项,在研25项。北京大学2012年新获批"973计划"课题26个,其中理工科20个,医科6个,获批专项经费共7723万元。

(2) 重大科学研究计划。2012年全国共批准77项,其中北京大学作为项目第一承担单位的项目有5项(包含青年科学家专题2项),项目首席科学家是化学与分子工程学院高松教授、生命科学学院孔道春教授、物理学院吴飚教授,青年科学家专题负责人是物理学院王健研究员、深圳研究生院汪涛研究员。北京大学目前主持的重大科学研究计划依托项目共24项,其中已完成5项,在研19项。2012年北京大学在重大科学研究计划中新立课题22个,其中理工科20个,医科2个,获批专项经费共6264万元。

(3) 国家高技术发展计划("863计划")。2012年北京大学新立"863计划"课题5项(理工科4项、医科1项),获批经费1903万元。

(4) 国家科技支撑计划。2012年,北京大学共获准国家支撑计划课题11项(理工科6项、医科5项),获批专项经费共4114万元。

(5) 科技部国家重大科学仪器设备开发专项。2012年北京大学物理学院颜学庆教授作为首席科学家获批1项,获批专项经费6600万元。

3. 国际科技合作项目。2012年度北京大学新签国际科技合作项目88项,其中来自国内政府的项目有6项,另有82项来自海外基金会、海外企业以及海外政府。总资助经费达5173万元,2012年到校经费3383万元。

4. 教育部资助项目。

(1) 创新团队发展计划。教育部"创新团队发展计划"是教育部"高层次创造性人才计划"中的第一层次计划,资助经费纳入学校"985工程"规划。2012年度北京大学有2个团队入选该计划。

(2) 新世纪优秀人才支持计划。教育部"新世纪优秀人才支持计划"是教育部"高层次创造性人才计划"中的第二层次计划,资助经费纳入学校"985工程"规划。2012年北京大学理工医科共有15人入选该计划,其中理工科7人,医科8人。

(3) 高等学校博士点学科专项科研基金。2012年北京大学获得教育部高等学校理科博士学科点专项科研基金共123项,获批经费1208万元。其中博导类课题61项(含医学部29项)、新教师类课题54项(含医学部37项),优先发展领域课题4项(含医学部2项),与香港研资局研究用途补助金合作项目2项,其他专项2项。

(4) 教育部资助的其他项目。2012年北京大学理工医科获批教育部科学技术重大项目4项,高等学校全国优秀博士学位论文作者专项资金资助1项(信息科学技术学院魏贤龙),获得教育部留学回国科研启动基金资助30人（理工科16人、医科14人）。

5. 北京市科研项目。

(1) 北京市自然科学基金项目。2012年北京大学获批北京市自然科学基金56项（理工科12项、医科44项），总经费943万元，其中重点项目4项、面上项目47项、预探索项目5项。

(2) 北京市科技项目与北京市科技新星计划。2012年度北京大学获批北京市科技计划课题7项。2012年度北京大学有3名青年教师入选北京市科技新星计划。

6. 其他部门科研专项。

2012年北京大学获批其他各部委公益性行业专项4项。

【科研成果】 1. 科技奖项。2012年度以北京大学为第一完成单位获得的科技奖项包括：

(1) 国家自然科学奖二等奖2项，国家科技进步奖二等奖3项。

(2) 教育部"高等学校科学技术奖"15项（一等奖5项，二等奖6项）。

(3) 2012年度北京大学作为第一完成单位获得北京市科学技术奖8项，其中一等奖1项，二等奖4项，三等奖3项。

(4) 生命科学学院朱玉贤院士和信息科学技术学院梅宏院士荣获2012年度何梁何利科学与技术进步奖。至此，北京大学共有44人获得何梁何利基金的奖励。

2. 论文专著。根据2012年12月7日中国科学技术信息研究所召开的"2012年中国科技论文统计结果发布会"上公布的统计结果，北京大学2011年度国际论文被引用次数为17654次，在高等院校中排名第3位；国际论文被引用篇数为4817篇，在高等院校中排名第2位。北京大学2011年度SCI收录论文2736篇（按第一作者统计，论文指Article、Review、Letter、Editorial四类文献），在高等院校中排名第4位。在2002—2011年十年间，北京大学SCI收录论文累计被引用次数达185736次，在高等院校中排名第3位；累计被引用篇数为14945篇，在高等院校中排名第4位。北京大学2011年国内收录论文（CSTPCD）4439篇，在高等院校中排名第3位；国内论文被引用次数30992次，在高等院校中排名第2位。

2012年北京大学发表SCI收录论文5556篇，其中被SCI收录的北京大学为第一作者单位或责任作者单位的论文3242篇，平均影响因子3.10。2012年出版理工类著作138部，通过鉴定的科技成果共9项（校本部2项，医学部7项）。

3. 专利。2012年度北京大学共申请专利587项（本部412项，医学部96项，深圳研究生院79项）。其中申请国际专利24项，外国专利2项。2012年度北京大学获授权专利479项（本部374项，医学部82项，深圳研究生院23项），较2011年的337项增长42.14%，其中发明专利440项，实用新型35项，外国专利3项，国际专利1项。

表8-1A 国家实验室

编号	实验室名称	负责人
1	北京分子科学国家实验室（筹）	吴 凯

表8-1B 国家重点实验室

编号	实验室名称	负责人
1	人工微结构和介观物理国家重点实验室	龚旗煌
2	湍流与复杂系统研究国家重点实验室	陈十一
3	核物理与核技术国家重点实验室	叶沿林
4	蛋白质与植物基因研究国家重点实验室	朱玉贤
5	天然药物及仿生药物国家重点实验室	周德敏
6	生物膜与膜生物工程国家重点实验室（北大分室）	王世强
7	环境模拟与污染控制国家重点实验室（北大分室）	胡 敏
8	区域光纤通信网与新型光纤通信系统国家重点实验室（北大实验区）	李红滨
9	稀土材料化学及应用国家重点实验室	严纯华
10	分子动态与稳态结构国家重点实验室（联合）	来鲁华

表8-1C 国家级重点实验室

编号	实验室名称	负责人
1	微米/纳米加工技术国家级重点实验室（北大分室）	金玉丰

表 8-1D 国家工程研究中心

编号	中心名称	负责人
1	电子出版新技术国家工程研究中心	肖建国
2	软件工程国家工程研究中心	梅 宏

表 8-1E 国家工程实验室

编号	实验室名称	负责人
1	数字视频编解码技术国家工程实验室	高 文
2	口腔数字化医疗技术和材料国家工程实验室	徐 韬

表 8-1F 省部共建国家重点实验室培育基地

编号	基地名称	负责人
1	化学基因组学省部共建国家重点实验室培育基地	杨 震

表 8-2A 教育部重点实验室

编号	实验室名称	负责人
1	数学及其应用教育部重点实验室	张平文
2	北京现代物理研究中心	李政道
3	生物有机与分子工程教育部重点实验室	王剑波
4	纳米器件物理与化学教育部重点实验室	彭练矛
5	地表过程分析与模拟教育部重点实验室	方精云
6	水沙科学教育部重点实验室（联合）	倪晋仁
7	造山带与地壳演化教育部重点实验室	张立飞
8	分子心血管学教育部重点实验室	王 宪
9	神经科学教育部重点实验室	万 有
10	高分子化学与物理教育部重点实验室	陈尔强
11	机器感知与智能教育部重点实验室	查红彬
12	统计与信息技术教育部—微软重点实验室	郁彬、姜明
13	高可信软件技术教育部重点实验室	梅 宏
14	细胞增殖分化调控机理研究教育部重点实验室	张传茂
15	恶性肿瘤发病机制及转化研究教育部重点实验室	游伟程
16	计算语言学教育部重点实验室	穗志方
17	视觉损伤与修复教育部重点实验室	黎晓新
18	慢性肾脏病防治教育部重点实验室	建设中
19	辅助生殖教育部重点实验室	建设中
20	数理经济与数理金融教育部重点实验室	建设中

表 8-2B 教育部工程研究中心

编号	中心名称	负责人
1	微处理器及系统教育部工程研究中心	程 旭
2	再生医学教育部工程研究中心	李凌松
3	体内局部诊疗教育部工程研究中心	谢天宇
4	地球观测与导航教育部工程研究中心	陈秀万
5	灵长类及大动物临床前研究教育部工程研究中心	程和平

表 8-3A 卫生部重点实验室

编号	实验室名称	负责人
1	卫生部心血管分子生物学与调节肽重点实验室	高 炜
2	卫生部肾脏疾病重点实验室	赵明辉
3	卫生部精神卫生学重点实验室	张 岱
4	卫生部神经科学重点实验室	万 有

续表

编号	实验室名称	负责人
5	卫生部医学免疫学重点实验室	张毓
6	卫生部生育健康重点实验室	任爱国

表 8-3B　卫生部工程技术研究中心

编号	中心名称	负责人
1	卫生部口腔医学计算机应用工程技术研究中心	张震康

表 8-4A　北京市重点实验室/工程技术研究中心

编号	实验室名称	负责人
1	医学物理和工程北京市重点实验室	高家红
2	空间信息集成与3S工程应用北京市重点实验室	晏磊
3	城市固体废弃物资源化技术与管理北京市重点实验室	王习东
4	先进电池材料理论与技术北京市重点实验室	夏定国
5	网络与信息安全北京市重点实验室	邹维
6	食品安全毒理学研究与评价北京市重点实验室	郝卫东
7	造血干细胞移植治疗血液病研究北京市重点实验室	黄晓军
8	脊柱疾病研究北京市重点实验室	刘忠军
9	磁共振成像设备与技术北京市重点实验室	韩鸿宾
10	皮肤病分子诊断北京市重点实验室	李若瑜
11	生殖内分泌与辅助生殖技术北京市重点实验室	乔杰
12	丙型肝炎和肝病免疫治疗北京市重点实验室	魏来
13	恶性肿瘤转化研究北京市重点实验室	季加孚
14	肿瘤系统生物学北京市重点实验室	尹玉新
15	泌尿生殖系疾病(男)分子诊治北京市重点实验室	金杰
16	风湿病机制及免疫诊断北京市重点实验室	栗占国
17	心血管受体研究北京市重点实验室	张幼怡
18	北京市智能康复工程技术研究中心	王启宁
19	北京市有源显示工程技术研究中心	刘晓彦
20	北京市新型污水深度处理工程技术研究中心	倪晋仁

表 8-4B　中关村开放式实验室

编号	实验室名称	负责人
1	微处理器及系统芯片开放实验室	程旭
2	细胞分化与细胞工程实验室	邓宏魁
3	空间信息集成与3S工程应用北京市重点实验室	晏磊
4	网络与信息安全实验室	邹维
5	医药卫生分析中心	王京宇
6	软件工程国家工程研究中心	张世昆
7	微米/纳米加工技术国家级重点实验室	张兴
8	数字视频编解码技术国家工程实验室	高文
9	实验动物中心	朱德生

表 8-5　广东省、深圳市重点实验室

编号	实验室名称	负责人
1	化学基因组学广东省重点实验室	杨震
2	集成微系统科学工程与应用深圳市重点实验室	张兴
3	城市人居环境科学与技术深圳市重点实验室	栾胜基

表 8-6 其他省部级研究基地

编号	机构名称	负责人
1	国家中医药管理局中药配伍减毒重点研究室	张宝旭
2	国家中医药管理局痰瘀重点研究室	韩晶岩
3	国家中医药管理局微循环实验室（三级）	韩晶岩
4	国家中医药管理局中药药理（肿瘤）实验室（三级）	李萍萍
5	国家统计局统计科学研究所	耿 直
6	国家湿地保护与修复技术中心	吴晓磊

表 8-7 2012 年北京大学申请撤销的理工科虚体研究中心

编号	挂靠单位	机构名称（撤销原因）
1	化学与分子工程学院	北京大学药物化学研究所（主要负责人退休）
2	化学与分子工程学院	北京大学表面活性剂与胶体研究开发中心（人员基本退休）
3	数学科学学院	北京大学TCL信息技术研究中心（未续签合作协议）
4	生命科学学院	北京大学生态文明研究中心（申请撤销，学校计划重组）

表 8-8 北京大学 2012 年度理工医科在研科研项目数分类统计

	单位	科技部项目				重大专项	国家自然科学基金委项目	教育部项目	北京市项目	海外合作项目	其他部门专项	企事业单位委托项目	行业专项	科技开发	合计
		973计划	863计划	支撑计划	国际合作										
校本部	数学科学学院	7					61	25		1	6	1	8	7	116
	物理学院	37	6	2	2	2	171	42	2	6	12	17	6	39	344
	化学与分子工程学院	36	4		4	4	145	29	9	13	3	6	5	31	289
	生命科学学院	35	1		2	4	58	8	5	12	4	5		21	155
	地球与空间科学学院	8	7	3	2	7	97	10	2	1	21	20	28	62	267
	城市与环境学院	4	2	5	3	1	79	6	2	5	19	43		49	218
	环境科学与工程学院	3		2	2		29	7	1	1	15	8	3	56	127
	信息科学技术学院	35	12	6	4	9	162	39	19	10	19	6	108	124	553
	工学院	15	5	4	2	2	115	22	10	4	5	8	48	89	329
	心理学系	5		1			30	2	2	4	1	3		8	56
	计算机科学技术研究所	1					12		4	1	11	8	1	5	48
	分子医学研究所	6		1			23		2	3		3		4	46
	科维理天文与天体物理研究所						12			4					16
	其他		1	9		3	138	14	2	7	8	5	10	45	242
	小计	192	38	34	20	32	1132	212	60	72	124	133	217	540	2806
医学部		35	8	12	10	40	620	263	155	78	16	383		9	1629
总计		227	46	46	30	72	1752	475	215	150	140	516	217	549	4435

表 8-9 北京大学 2012 年度理工科新批科研项目

(经费单位：万元)

单位	科技部项目									国家自然科学基金委项目		教育部项目		北京市项目		其他部委省市专项		企事业单位委托项目		海外合作项目		合计	
	973 计划		重大计划		863 计划		支撑计划		国际合作及其他															
	项目	经费	项目	经费	项目	经费	项目	经费	项目	经费	项目	经费	项目	经费	项目	经费	项目	经费	项目	经费	项目	经费
数学科学学院	1	233									27	1732	7	106			3	25	1	4	1	47	40	2147
物理学院	6	1846	6	1590							54	5507	13	843	5	163	5	147	8	232	2	39	99	10367
化学与分子工程学院			5	1582							51	8243	14	537	2	113	2	142	11	148	4	363	89	11128
生命科学学院	1	282	2	681					1	500	34	3333	6	866	1	270			2	33	5	247	52	6212
地球与空间科学学院	2	785									44	4029	6	351	3	521	12	457	7	119	1	222	75	6262
城市与环境学院			1	290			3	1545			18	2216	2	7	3	73	6	897	24	518	5	222	62	5768
环境科学与工程学院	1	268									14	798	4	32	3	554	9	702	12	261	1	20	44	2635
信息科学技术学院	3	892	3	711	1	388	1	400	1	100	56	4750	16	542	7	655	11	681	3	68	6	157	108	9344
工学院	2	370	2	638	2	1035			1	600	62	7786	11	546	4	248	6	584	6	185	2	1	98	11993
心理学系											13	1477	4	219	1	50			3	8	2	12	23	1766
计算机科学技术研究所	4	1384			1	100					6	253	2	16	2	28	1	25	11	309	1	13	24	744
分子医学研究所											7	1030	1	12					5	359		207	13	2633
前沿交叉学科研究院											2	43				14			1	24			4	81
其他			1	238			2	729			57	3345	11	602	2	120	2		5		7	317	85	5710
合计	20	6060	20	5730	4	1523	6	2874	3	1200	445	44542	97	4679	32	2689	57	3780	94	2268	38	1645	816	76790

表 8-10　北京大学 2012 年理工医科科研项目到校经费　　　　　　　　（单位：万元）

单位		科技部项目			重大专项	国家自然科学基金委项目	教育部项目	北京市项目	其他部委省市专项	企事业委托项目	海外合作项目	科技开发	行业专项	到校经费合计
		973计划	863计划	支撑计划	实验室专项										
校本部	数学科学学院	56				14	1885	848	40	28	47	47	151	81	3197
	物理学院	3591	937	78	3406	118	6456	1447	131	2505	395	106	510	408	20088
	化学与分子工程学院	3665	911		2004	263	4394	736	154	274	106	361	852	225	13945
	生命科学学院	4074	253	98	3484	2117	2222	1440	544	449	32	409	323		15445
	地球与空间科学学院	1046	357	629		614	3192	700	298	803	407	54	2632	958	11690
	城市与环境学院	462	367	765		146	1754	444	87	1433	405	286	1230		7379
	环境科学与工程学院	116	32		782	290	1148	172	31	673	155	96	1436	488	5419
	信息科学技术学院	4370	4851	408	400	5184	3986	1434	1036	940	84	255	2938	8477	34363
	工学院	1505	1254	703	400	406	4142	1105	677	1220	103	322	6387	2165	20389
	心理学系	379	70				1015	129	151	70	44	15	46		1919
	计算机科学技术研究所	122	50	69		425	212	51	148	1098	150		39	837	3201
	分子医学研究所	1221		155		75	1020	424	29	200	-17	210	40		3357
	软件与微电子学院		27	25		157	145	601			506	94		97	1652
	其他*	116	95	195		80	1643	3997	106	24132	110	107	1101	190	31872
	暂存	-4888	271	80		-331	-763	844	-136	-558	2786	28		2274	-393
	小计	15835	9475	3205	10476	9558	32451	14372	3296	33267	5313	2390	17685	16200	173523
深圳研究生院		505		338	14		100	1094	24	13174	4831	100			20180
深港产学研基地		71	56	132			77	5		2554	1501				4396
医学部		6437	1304	2245	2775	4383	12802	626	387	4956		893	5835		42643
总计		22848	10835	5920	13265	14041	46424	15027	3683	53951	11645	3383	23520	16200	240742

*含生命科学联合中心 23500 万元、国际数学中心 558 万元、软件工程中心 563 万元、前沿交叉学科研究院 445 万元、计算中心 401 万元，还包括建筑与景观学院、动物中心、设备部等单位的科研经费以及文科院系承担的自然科学基金、"863 计划""973 计划"、支撑计划等科研部主管项目的经费。

表 8-11　北京大学 2003—2012 年北京大学到校科研经费分类统计　　　　　　　（单位：万元）

年度	理工科	文科	医学部	科研编制费	合计
2003	30748	2650	9587	1153	44138
2004	33243	3129	10562	1240	48174
2005	42205+1671*	5529	14277	1239	64921
2006	48881+2832*	6677	14096	1140	73626
2007	56636+3500*	7200	18793	1140	87269
2008	73864+3784*	9514	26160	1140	114462
2009	86736+5172*	13313	21760		126981
2010	127495+5683*	17000	46356		196534
2011	144154+10277*+1763**	17000	31990		205184
2012	173523+20180*+4396**	19000	42643		259742

*为深圳研究生院到院科研经费。
**为深港产学研基地到账科研经费。

表 8-12 北京大学 2012 年医科新增科研项目　　　　　　　　　　　　（经费单位：万元）

单位	科技部项目								国家自然科学基金委项目		教育部项目		北京市项目		卫生部项目		合计	
	973计划与重大计划		863计划		支撑计划		科技部其他课题											
	项目	经费	项目	经费	项目	经费	项目	经费	项目	经费	项目	经费	项目	经费	项目	经费	项目	经费
基础医学院	9	2868					5	829	58	4849	9	105	9	131	1	1901	91	10683
药学院	2	599			1	1500	5	700	28	2784	8	109	4	107			48	5799
公共卫生学院									14	887	9	77	5	55			28	1019
第一医院							3	1681	42	2006	14	79					59	3766
人民医院	3	1328	1	250	5	1520	4	2118	39	1932	17	106					69	7254
第三医院	2	546			1	160	1	100	33	1703	13	103			4	23	54	2635
口腔医院			2	874					30	1228	8	62					40	2164
第六医院	1	284							7	566	2	24					10	874
肿瘤医院	2	689			1	350			16	937	2	16					21	1992
深圳医院									7	399	2	8					9	407
中国药物依赖性研究所							1	150	6	1301	1	4					8	1455
公共教学部																		
首钢医院																		
总计	19	6314	3	1124	8	3530	19	5578	280	18592	85	693	18	293	5	1924	437	38048

表 8-13 北京大学 2012 年获批国家自然科学基金项目　　　　　　　　　　　　（经费单位：万元）

单位	面上项目		青年基金		重点项目		杰出青年科学基金		优秀青年科学基金		创新研究群体		重大科研仪器研制专项		重大项目		重大研究计划		国际、地区合作交流		其他类项目		总计	
	项目	经费	项目	经费	项目	经费	项目	经费	项目	经费	项目	经费	项目	经费	项目	经费	项目	经费	项目	经费	项目	经费	项目	经费
数学科学学院	16	936	1	23	1	240			2	200							1	60	1	9.6	5	263	27	1731.6
物理学院	28	2250	4	107	2	620	3	600	4	400			1	168	2	560	4	328			6	474	54	5507
化学与分子工程学院	22	1809	4	100	3	910	3	600	3	300			1	900	3	2720	2	180	4	50.4	6	674	51	8243.4
生命科学学院	20	1597	5	116	3	965			1	100							4	540	1	15			34	3333
城市与环境学院	10	770	1	26	2	640			2	200							1	360	1	200	1	20	18	2216
地球与空间科学学院	27	2360	7	175	3	800			2	200									3	14.3	2	480	44	4029.3
环境科学与工程学院	8	607	1	25					1	100							2	26	2	40			14	798
信息科学技术学院	32	2583	9	230	1	280	2	400	3	300							2	560	3	287	4	110	56	4750
工学院	23	1786	14	347	2	600	6	1200	2	200	1	600	1	900	1	376	3	1430	7	56.5	2	290	62	7785.5
光华管理学院	17	917	3	67					2	200													22	1184
软件与微电子学院					1	270																	1	270
心理学系	6	425	2	42	2	540											2	270			1	200	13	1477
分子医学研究所	4	310							1	100	1	600							1	20			7	1030
计算机科学技术研究所	2	160	4	93																	6	253		

续表（经费单位：万元）

单位	面上项目		青年基金		重点项目		杰出青年科学基金		优秀青年科学基金		创新研究群体		重大科研仪器研制专项		重大项目		重大研究计划		国际、地区合作交流		其他类项目		总计	
	项目	经费	项目	经费	项目	经费	项目	经费	项目	经费	项目	经费	项目	经费	项目	经费	项目	经费	项目	经费	项目	经费	项目	经费
科维理天文与天体物理研究所	1	100																	2	40			3	140
其他	6	350	6	130	1	240															2	20	15	740
深港产学研基地			2	60																			2	60
深圳研究生院	11	879	4	95															1	20			16	994
医学部	130	9437	88	2028	9	2559	2	400	5	500	1	600					3	926	9	534.3	18	641	265	17625.3
总计	363	27276	155	3664	30	8664	16	3200	28	2800	3	1800	2	1800	5	3264	20	4886	37	1561.1	51	3252	710	62167.1

* 未含肿瘤医院。

表 8-14　2011 年北京大学医学部获批国家自然科学基金项目数和经费数　　（经费单位：万元）

单位	面上项目		青年基金		重点项目		杰出青年基金		重大研究计划课题		海外学者		基础科学人才		国际、地区合作交流		主任基金		专项		合计	
	项目	经费	项目	经费	项目	经费	项目	经费	项目	经费	项目	经费	项目	经费	项目	经费	项目	经费	项目	经费	项目	经费
基础医学院	34	2054	17	363	2	560	1	200	2	141			1	200	2	305					59	3823
药学院	19	1169	3	75	1	280			1	200					2	60			1	20	27	1804
公共卫生学院	8	369	4	87																	12	456
第一医院	18	1027	10	223	2	550									5	50					35	1850
人民医院	23	1301	11	243					1	20			1	260	5	55					41	1879
第三医院	15	812	12	251					1	20					9	95					37	1178
口腔医院	8	405	9	204											5	50					22	659
精神卫生研究所	2	113	3	65																	5	178
肿瘤医院	8	466	9	199											2	60	1	10			20	735
深圳医院	2	113	7	152																	9	265
中国药物依赖性研究所	1	60	2	44							2	160									5	264
公共教学部	1	33																			1	33
首钢医院	1	55																			1	55
总计	140	7977	87	1906	5	1390	1	200	5	501	2	40	1	200	7	685	25	260	1	20	274	13179

表 8-15　2012 年北京大学各单位获国家自然科学基金面上和青年基金项目数和经费数

单位	面上项目				青年基金			
	申请量	资助量	批准率	批准经费（万元）	申请量	资助量	批准率	批准经费（万元）
数学科学学院	22	17	77%	936	2	1	50%	23
物理学院	60	28	47%	2250	7	4	57%	107
化学与分子工程学院	36	22	61%	1809	4	4	100%	100
生命科学学院	35	20	57%	1597	10	5	50%	116
城市与环境学院	22	10	45%	770	1	1	100%	26
地球与空间科学学院	51	27	53%	2360	14	7	50%	175
环境科学与工程学院	18	8	44%	607	5	1	20%	25
信息科学技术学院	92	33	36%	2583	15	9	60%	230

续表

单位	面上项目				青年基金			
	申请量	资助量	批准率	批准经费（万元）	申请量	资助量	批准率	批准经费（万元）
工学院	43	23	53%	1786	26	14	54%	347
光华管理学院	34	16	47%	917	10	3	30%	67
分子医学研究所	12	4	33%	310	1			
心理学系	12	6	50%	425	3	2	67%	42
计算机科学技术研究所	9	2	22%	160	6	4	67%	93
科维理天文与天体物理研究所	4	1	25%	100				
深圳研究生院和深港产学研基地	47	10	21%	879	20	6	30%	155
医学部	495	130	26%	9437	280	88	31%	2028
其他	39	6	15%	350	16	6	38%	130
总计	1031	363	35%	27276	420	155	37%	3664

表8-16 北京大学2012年获批的国家自然科学基金重点项目(30项)

批准号	项目名称	负责人	所在单位
41230634	基于《水经注》的华北地区自然景观演变过程重建及其人类影响机理研究	邓 辉	城市与环境学院
41230743	青藏高原第四纪冰期旋回与构造隆升耦合机制及过程研究	崔之久	城市与环境学院
41230103	土壤铁锰氧化物矿物日光催化效应促进微生物固碳作用机制研究	鲁安怀	地球与空间科学学院
41230747	农田遥感监测机理与生态过程关键参数反演	秦其明	地球与空间科学学院
41231069	太阳风源区磁重联激发波动和加速粒子的研究	涂传诒	地球与空间科学学院
31230047	人卵泡体内及体外生长发育的基因表达谱及调控机制的研究	乔 杰	第三医院
11232001	纤维增强复合材料损伤识别与损伤演化研究	苏先樾	工学院
81230036	硅质体纳米药物载体的应用基础研究	戴志飞	工学院
81230066	北方农村地区居民常见慢性非传染性疾病的家系队列研究	胡永华	公共卫生学院
71233001	关于改善老龄健康保障机制和科学管理效益的研究	曾 毅	国家发展研究院
21232001	几类重要有机化学反应的机理研究	余志祥	化学与分子工程学院
21233001	平整基底上的拉曼信号增强技术及其应用	张 锦	化学与分子工程学院
21233002	酶对核酸进行化学修饰的动力学机理	赵新生	化学与分子工程学院
31230035	高同型半胱氨酸血症引起脂肪组织内质网应激损伤与CGRP家族活性多肽的保护机制研究	王 宪	基础医学院
81230008	NSun2介导的mRNA甲基化对关键衰老相关基因的调控及其对衰老与衰老性疾病的影响	王文恭	基础医学院
81230023	慢性痛发生发展的大脑痛矩阵动态脑功能网络及其特征研究	万 有	基础医学院
81230051	重编程产生Claudin-low/三阴乳腺癌干细胞：乳腺癌可塑性的分子机制及转化医学意义	张宏权	基础医学院
81230013	异基因造血干细胞移植后白血病复发的免疫机制及免疫干预研究	黄晓军	人民医院
61232005	云存储的隐私保护和安全保障机制	吴中海	软件与微电子学院
31230006	拟南芥IAA甲基化修饰对向光性反应的调控机理研究	瞿礼嘉	生命科学学院
31230021	细胞周期检验点维持DNA复制叉和基因组稳定性的机理	孔道春	生命科学学院
31230023	DNA病毒感染引发天然免疫应答的分子机制研究	蒋争凡	生命科学学院
11231001	微分动力系统	文 兰	数学科学学院
11234001	弯曲应变对低维人工微结构(纳米线/石墨烯)的电子结构、光学和电学性质的调制作用	俞大鹏	物理学院
11235001	通过衰变研究弱束缚核的结构	许甫荣	物理学院
31230029	人类视觉信息加工的可塑性研究	方 方	心理学系
31230030	知觉学习的认知与脑机制	余 聪	心理学系
61232015	互联网环境下基于知件的需求驱动知识服务理论和技术研究	金 芝	信息科学技术学院
31230033	病理性情感记忆的唤起和消退的神经生物学机制	陆 林	中国药物依赖性研究所
21232002	具有重要生物活性的寡糖及其缀合物的合成研究	叶新山	药学院

表 8-17　北京大学 2012 年获批的国家自然科学基金重大项目

批准号	项目名称	负责人	所在单位
21290170	分子固体中的极化效应与调控(项目)	高 松	化学与分子工程学院
21290171	分子固体中电有序—自旋有序的共存与耦合(课题)	高 松	化学与分子工程学院
21290192	低标度含时密度泛函方法的发展(课题)	刘文剑	化学与分子工程学院
11290162	表面水的结构和动力学研究(课题)	任泽峰	物理学院
51290272	二维原子晶体新材料探索及其新特性、新效应研究(课题)	张艳锋	工学院

表 8-18　北京大学 2012 年获批的国家自然科学基金国家重大科研仪器设备研制专项(自由申请)

批准号	项目名称	负责人	所在单位
21227803	时间分辨双光子激发活体荧光成像系统	王 远	化学与分子工程学院
11227801	超高温极端环境下材料性能测试设备研制	方岱宁	工学院

表 8-19　北京大学 2012 年获批的国家自然科学基金重大研究计划(共 20 项)

批准号	项目名称	负责人	所在单位
91228209	南海深部过程的海水 14C 示踪研究	周力平	城市与环境学院
91232305	精神分裂症工作记忆障碍相关易感基因的功能研究	张 岱	第六医院
91216124	近空间高超声速飞行器自主协调控制研究	黄 琳	工学院
91225301	黑河流域中下游生态水文过程的系统行为与调控研究	郑春苗	工学院
91231119	极端微生物宏基因组微进化的计算生物学研究	朱怀球	工学院
91222107	新型多铁性氧化物材料的设计合成及其机理研究	孙俊良	化学与分子工程学院
91226112	关键锕系核素和裂变产物的离子液体分离技术研究	沈兴海	化学与分子工程学院
91229102	Ig 游离轻链作为潜在的细胞外基质蛋白在非可控性炎症恶性转化调控网络中的重要作用及分子机制	邱晓彦	基础医学院
91217305	多种植物激素和光信号调控顶端弯钩形成的分子机制	郭红卫	生命科学学院
91219101	DNA 甲基化调控核糖体基因转录延长的功能机制研究	陶 伟	生命科学学院
91231105	蕨类植物类种子性状产生及其演化的分子机制	饶广远	生命科学学院
91232715	神经环路功能网络的分析技术	陶乐天	生命科学学院
91230107	具有非紧间断势的 Wigner 输运方程的数值模拟	卢 朓	数学科学学院
91226102	Th-U 循环相关裂变产额的系统学研究和建库	樊铁栓	物理学院
91226202	熔盐堆环境下结构材料辐照损伤机制及其高温熔盐腐蚀特性研究	薛建明	物理学院
91224002	危机情境中个体与群体的身心互动效能模型	谢晓非	心理学系
91232708	感激(感恩)的神经生物学基础	周晓林	心理学系
91212000	以网络为基础的科学活动环境研究—指导专家组结题调研项目	何新贵	信息科学技术学院
91221202	纳米线复合量子结构中的电子纠缠及其器件研究	徐洪起	信息科学技术学院
91213301	细胞中若干糖链介导的识别过程的调控	叶新山	药学院

表 8-20　北京大学 2012 年获批的国家自然科学基金重大国际合作项目

批准号	项目名称	负责人	所在单位
61210005	融合 3D 视频与移动终端的增强现实系统	高 文	信息科学技术学院
81220108004	软骨寡聚基质蛋白 COMP 在调控血管平滑肌细胞分化及血管损伤修复中的作用	孔 炜	基础医学院

表 8-21　北京大学 2012 年获批的国家重点基础研究发展计划("973 计划")项目(共 8 项)

项目编号	首席科学家	所在单位	项目名称
2013CB328700	龚旗煌	物理学院	介观尺度下光子行为及新型信息光子器件研究
2013CB834400	叶沿林	物理学院	原子核稳定性极限的新物理与新技术
2013CB429800	徐 备	地球与空间科学学院	兴蒙造山带构造叠合与大规模成矿作用

续表

项目编号	首席科学家	所在单位	项目名称
2013CB531200	程和平	分子医学研究所	线粒体功能障碍致早期心衰机制及干预策略研究
2013CB530700	田小利	分子医学研究所	血管衰老及相关疾病的生物学基础
2013CB531900	万 有	基础医学院	基于临床的针麻镇痛与机体保护机制研究
2013CB336700	宋令阳	信息科学技术学院	协同异构蜂窝层叠网络基础理论与关键技术
2013GB111001	林志宏	物理学院	托卡马克大规模数值模拟

表 8-22 北京大学 2012 年获批的国家重点基础研究发展计划("973 计划")课题（共 26 项）

课题编号	课题名称	负责人	所在单位
2013CB126905	作物育性调控的新策略与新技术研究	苏都莫日根	生命科学学院
2013CB228503	源排放细颗粒物与气态污染物在大气中的化学转化机制	胡 敏	环境科学与工程学院
2013CB228602	地层滤波效应与弱反射地震信号井控处理	胡天跃	地球与空间科学学院
2013CB328704	介观光子学逻辑新器件研究	龚旗煌	物理学院
2013CB328705	纳/微结构新型 LED 光源研究	张国义	物理学院
2013CB329205	宽光谱通信系统性能评估与演示验证	党安红	信息科学技术学院
2013CB329304	中文言语语义结构体系构建及言语深度理解	吴玺红	信息科学技术学院
2013CB336701	协同异构蜂窝层叠网络基础理论与关键技术	宋令阳	信息科学技术学院
2013CB429806	构造叠合过程与成矿化学动力学	徐 备	地球与空间科学学院
2013CB430104	突发性强对流天气系统的触发机制和可预报性	张庆红	物理学院
2013CB430402	围填海对湿地水生态过程影响机理和模拟	陈国谦	工学院
2013CB530701	遗传及其与环境相互作用对个体衰老及衰老相关疾病的影响机制	田小利	分子医学研究所
2013CB530801	重要器官衰老过程中细胞衰老的分子网络	童坦君	基础医学院
2013CB531201	线粒体超氧炫及膜通透性调控与心衰致病机制	程和平	分子医学研究所
2013CB531203	线粒体质量调控在心肌肥厚和心衰中的作用	郑 铭	分子医学研究所
2013CB531206	线粒体离子通道及功能检测新技术与新方法	顾雨春	分子医学研究所
2013CB531302	MDD 神经元兴奋性异常及离子通道机制	王克威	基础医学院
2013CB531305	MDD 客观诊断指标的建立与药物个体化干预	于 欣	药学院
2013CB531903	针药复合麻醉在腹部手术的应用及机体保护效应	冯 艺	人民医院
2013CB531905	针药复合麻醉镇痛机制研究	万 有	基础医学院
2013CB632105	硅/化合物半导体混合激光器及片上集成	秦国刚	物理学院
2013CB733701	肿瘤特异的血清标志物筛选和分析	刘开彦	人民医院
2013CB834201	格理论核心问题研究	宗传明	数学科学学院
2013CB834402	轻丰中子核的奇特结构和有效相互作用研究	叶沿林	物理学院
2013CB834702	AIE 聚合物的制备	占肖卫	工学院
2013GB111001	托卡马克大规模数值模拟	林志宏	物理学院

表 8-23 北京大学 2012 年获批的重大科学研究计划项目（共 5 项）

项目类别	项目编号	首席科学家	所在单位	项目名称
蛋白质研究	2013CB911000	孔道春	生命科学学院	DNA 损伤修复相关蛋白在基因组稳定性维持和肿瘤发生发展中的机制研究
蛋白质研究	2013CB911500	汪 涛	深圳研究生院	重要病原微生物感染与耐药性相关的膜蛋白结构功能研究
量子调控	2013CB921900	吴 飙	物理学院	新型量子材料中电子内禀自由度的调控
纳米研究	2013CB933400	高 松	化学与分子工程学院	分子纳米磁体的设计合成、可控组装与器件基础
纳米研究	2013CB934600	王 健	物理学院	超导—拓扑绝缘体低维异质结构的制备和物性

表 8-24 北京大学 2012 年获批的重大科学研究计划课题（共 22 项）

项目类别	项目编号	负责人	项目名称	所在单位
蛋白质	2013CB910104	方 敏	细胞代谢与凋亡失调在肿瘤发生中的作用机制	生命科学学院
蛋白质	2013CB911001	孔道春	DNA 复制应激相关蛋白维持基因组稳定性的机制	生命科学学院
蛋白质	2013CB911004	郭 军	DNA 代谢和损伤应答相关蛋白在肿瘤个体化诊治中的应用研究	肿瘤医院
蛋白质	2013CB911501	汪 涛	重要病原微生物感染与耐药性相关的膜蛋白结构功能研究	深圳研究生院
量子调控	2013CB921901	戴 伦	新型量子材料的设计与制备	物理学院
量子调控	2013CB921903	吴 飙	新型量子材料中自旋的磁探测与操控	物理学院
量子调控	2013CB921904	李 焱	新型量子材料中自旋、谷的光学调控	物理学院
量子调控	2013CB922401	张志刚	相干控制超快光场的新原理与新技术研究	信息科学技术学院
量子调控	2013CB922403	刘运全	超快光场调控原子分子体系的量子态演化研究	物理学院
纳米研究	2013CB932501	吕万良	脑部肿瘤系统靶向性纳米药物的构建与表征	肿瘤医院
纳米研究	2013CB932601	徐东升	一维半导体材料的高效光电转换与器件	化学与分子工程学院
纳米研究	2013CB932603	刘忠范	狄拉克材料的光热电转换与新概念器件	化学与分子工程学院
纳米研究	2013CB933401	高 松	分子纳米磁体的设计合成与构效关系研究	化学与分子工程学院
纳米研究	2013CB933402	施祖进	分子纳米磁体的可控组装与性能调控	化学与分子工程学院
纳米研究	2013CB933404	王永峰	单个分子纳米磁体的自旋态检测与输运性质调控	信息科学技术学院
纳米研究	2013CB933501	裴 坚	高性能有机微纳晶态材料分子骨架结构的设计与合成	化学与分子工程学院
纳米研究	2013CB933604	张耿民	新型场发射纳米材料及物理机制研究	信息科学技术学院
纳米研究	2013CB933702	熊春阳	高分辨、高通量、三维细胞微纳米力学表征技术及其应用	工学院
纳米研究	2013CB934004	于平荣	纳米结构电极的原位表征与储能电池失效机理研究	工学院
纳米研究	2013CB934601	王 健	超导-拓扑绝缘体低维异质结构的制备和物性	物理学院
全球变化	2013CB955803	薛惠文	气溶胶—云—降水过程的模拟及其参数化研究	物理学院
全球变化	2013CB956303	朴世龙	中国典型草地关键生态环境要素的时空格局	城市与环境学院

表 8-25 北京大学 2012 年获批的"863 计划"课题（共 5 项）

申报领域	课题编号	课题名称	负责人	所在单位
信息技术领域	2013AA013602	可见光无线传输技术体制与测试技术	刘 璐	信息科学技术学院
信息技术领域	2013AA013504	内容寻址关键技术	张行功	信息科学技术学院
先进能源技术领域	2013AA064901	煤层气和页岩气藏数值模拟新技术与软件	龚 斌	计算机科学技术研究所
资源环境技术领域	2013AA050904	硅基新型化学储能电池的关键技术研究	王 东	工学院
先进制造领域	2013AA040802	口内三维扫描核心技术装备研发	孙玉春	口腔医院

表 8-26 北京大学 2012 年获批的支撑计划课题（共 11 项）

课题编号	负责人	所在单位	课题名称
2013BAK08B01	吴小红	考古文博学院	公元前 3500 年至前 1500 年考古学文化谱系的年代研究
2013BAK08B02	莫多闻	城市与环境学院	中华文明形成过程中的人地关系研究
2013BAK08B05	张 弛	考古文博学院	中华文明起源过程中区域聚落与居民研究
2013BAJ13B03	贺灿飞	城市与环境学院	产业升级与结构调整的土地配置与调控技术研究
2013BAJ10B01	曹广忠	城市与环境学院	宜居社区规划关键技术研究
2013BAI17B02	崔立刚	第三医院	基层彩超应用评价研究
2013BAI17B06	张 萍	人民医院	基层心电监护产品应用评价研究
2013BAI05B02	孙宁玲	人民医院	基层医疗机构高血压管理适宜技术研发与应用
2013BAI05B07	焦秉立	信息科学技术学院	服务于群众健康的移动数字医疗系统集成示范工程
2013BAI17B08	李 澍	人民医院	基层高频手术设备应用评价研究
2013BAI17B07	朱广迎	肿瘤医院	基层放疗设备应用评价研究

表 8-27 北京大学 2012 年获批的科技部国家重大科学仪器设备开发专项

任务编号	项目名称	负责人	所在单位
2012YQ030142	超小型激光离子加速器及关键技术研究	颜学庆	物理学院

表 8-28　北京大学 2012 年理工医科获批"创新团队发展计划"名单

学术带头人	所在单位	研究方向
蒋争凡	生命科学学院	天然免疫的分子机理研究
姜保国	人民医院	创伤的基础与临床研究

表 8-29　北京大学 2012 年理工医科获批的"新世纪优秀人才支持计划"名单

姓名	所在单位	姓名	所在单位
赵达慧	化学与分子工程学院	吕继成	第一医院
安金鹏	数学科学学院	管娜	第一医院
李晟	心理学系	冯星淋	公共卫生学院
王立威	信息科学技术学院	汤小东	人民医院
王胜	信息科学技术学院	陶勇	人民医院
彭良友	物理学院	云彩红	基础医学院
廖志敏	物理学院	丁榀森	基础医学院
岳伟华	第六医院		

表 8-30　北京大学 2012 年理工医科获批的教育部重大项目

项目名称	负责人	所在单位
网构软件操作系统关键技术研究	梅宏	信息科学技术学院
机器感知理论与应用研究	查红彬	信息科学技术学院
显示用蓝相液晶复合材料的结构控制与电场损伤机理研究	杨槐	工学院
Integrin αvβ3 受体分子成像的转化医学研究	王凡	基础医学院

表 8-31　2012 年北京大学青年教师入选北京市科技新星计划名单

序号	姓名	所在单位
1	宋令阳	信息科学技术学院
2	邹如强	工学院
3	刘昭飞	基础医学院

表 8-32　北京大学 2012 年获批的公益性行业专项

主管部门	项目名称	负责人	所在单位
环境保护部	环境空气中 POPs 被动采样监测技术开发与示范研究	陶澍	城市与环境学院
环境保护部	上海市大气有机气溶胶化学组分来源及控制对策研究	郑玫	环境科学与工程学院
国土资源部	适用"两型"社会建设的土地规划技术	冯长春	城市与环境学院
国家气象局	数值模式变量物理分解法在中期—延伸期区域暴雨预报中的天气学释用	钱维宏	物理学院

表 8-33　北京大学获 2012 年度国家科学技术奖项目

奖励类别	获奖等级	单位排序[1]	项目名称	获奖人[2]	所在单位
国家自然科学奖	2	1	全生命周期软件体系结构建模理论与方法	梅宏,黄罡,张路,张伟	信息科学技术学院
	2	1/2	中药复杂体系活性成分系统分析方法及其在质量标准中的应用研究	果德安(1/5),叶敏(2/5)	药学院
	2	2/5	过去 2000 年中国气候变化研究	王绍武(2/5)	物理学院
	2	3/5	纳米材料的安全性研究	王海芳(3/5)	化学与分子工程学院

续表

奖励类别	获奖等级	单位排序[1]	项目名称	获奖人[2]	所在单位
国家科技进步奖	2	1	数字视频编解码技术国家标准 AVS 与产业化应用	高文,黄铁军,虞露,何芸,马思伟,陈熙霖,王国中,张爱东,张恩阳,梁凡	信息科学技术学院
	2	1/4	中国肺癌微创综合诊疗体系的建立、临床基础研究和应用推广	王俊(1/10),刘军(3/10),李剑锋(4/10),姜冠潮(5/10),刘桐林(6/10),卜梁(8/10),杨帆(10/10)	人民医院 第一医院
	2	1/2	涎腺肿瘤治疗新技术的研究及应用	俞光岩(1/10),马大权(2/10),高岩(5/10),彭歆(6/10),郭传瑸(7/10),黄敏娴(8/10),李盛林(10/10)	口腔医院
	1	3/9	肿瘤血管生成机制及其在抗血管生成治疗中的应用	寿成超(3/15),方伟岗(8/15)	肿瘤医院 基础医学院
	2	2/4	城市及区域生态过程模拟与安全调控技术体系创建和应用	陈国谦(2/10)	工学院
	2	4/6	煤矿通风瓦斯超限预控与监管技术及系统	毛善君(4/9)	地球与空间科学学院
	2	3/3	中国人群肝病谱构建与 HBV 相关肝病集成防治策略的建立及应用	庄辉(6/10),鲁凤民(10/10)	基础医学院

注：1. "单位排序"列中，分母为获奖单位总数，分子为北京大学作为获奖单位所处的序次。
2. "获奖人"列中，分母为获奖人总数，分子为该获奖人在所有获奖人中的序次。

表 8-34 北京大学获 2012 年度高等学校科学技术奖项目

奖励类别	获奖等级	单位排序[1]	项目名称	获奖人[2]	所在单位
自然科学奖	1	1	软界面电分析化学的若干问题研究	邵元华,朱志伟	化学与分子工程学院
	1	1	基于分子靶的新型抗肿瘤分子靶向递送系统研究	张强,吕万良,贾欣茹,王凡,齐宪荣,张烜,王坚成,王学清,张华,代文兵	药学院
	2	1/2	稀土生物效应的细胞无机化学研究	王夔(1/12),杨晓改(2/12),杨晓达(3/12),黄健(6/12),刘会雪(7/12),荀宝迪(8/12),夏青(9/12),张天蓝(10/12)	药学院
	2	1	糖基化异常的 IgA1 分子在 IgA 肾病发病中的机制研究	张宏,赵明辉,朱厉,吕继成,师素芳,刘立军	第一医院
科技进步奖	1	1/6	关节周围骨折治疗规范的研究与应用	姜保国(1/27),付中国(7/27),张殿英(8/27),王天兵(13/27),徐海林(14/27),薛峰(15/27),陈建海(16/27),张培训(17/27),党育(18/27),杨明(19/27),韩娜(20/27),殷晓峰(23/27),芦浩(24/27),寇玉辉(25/27),周靖(26/27),王艳华(27/27)	人民医院
	1	1	视网膜血管性疾病的基础研究及临床应用	姜燕荣,黎晓新,陶勇,侯婧,马燕,赵通,钱晶,路强,王凯,袁梦克	人民医院
	1	1	可信软件资源生产与共享环境(Trustie-TSE)	谢冰,刘旭东,毛晓光,王亚沙,孙海龙,赵俊峰,郎波,麻志毅,邓婷,邹艳珍	信息科学技术学院
	2	1/2	VHL 基因相关肾细胞癌的基础研究及临床应用	龚侃(1/7),吴鹏杰(3/7),周利群(4/7),张争(5/7),刘宁(6/7),那彦群(7/7)	第一医院

续表

奖励类别	获奖等级	单位排序[1]	项目名称	获奖人[2]	所在单位
科技进步奖	2	1	肾外科疾病微创治疗的临床研究与应用	马潞林,黄毅,卢剑,肖春雷,侯小飞,赵磊,王国良,张树栋,庄申榕,刘余庆,刘磊,毕海	第三医院
科技进步奖	2	1	影像引导放射性碘-125粒子治疗肿瘤基础研究和临床应用推广	王俊杰,袁慧书,黄毅,修典荣,刘晓光,冉维强,朱丽红,姜玉良,田素青,柳晨,李金娜,姜伟娟,江萍,孟娜,王皓,杨瑞杰	第三医院
科技进步奖	2	1	乳腺癌内分泌治疗不良反应的中药干预效果与机理研究	李萍萍,孙红,薛冬,王薇,陈衍智,李占东,许轶琛,李元青,韩淑燕,李燕,党卫民,张莹	肿瘤医院

注:1. "单位排序"列中,分母为获奖单位总数,分子为北京大学作为获奖单位所处的序次。
2. "获奖人"列中,分母为获奖人总数,分子为该获奖人在所有获奖人中的序次。

表8-35 北京大学获2012年度北京市科学技术奖项目

获奖等级	单位排序[1]	项目名称	获奖人[2]	所在单位
1	1/5	偏振遥感的系统化理论、方法及几个发现	晏磊(1/15)	地球与空间科学学院
2	1	氧化钛(锌、铈)一维纳米复合材料制备及其应用研究	王习东,张梅,郭敏,刘丽丽,张作泰,冯英杰,李玉祥,王亚丽,马腾,邱健航,高敏江,李静,烟征,张艳君,杨传玉	工学院
2	1	针刺治疗慢性痛的神经生物学机制研究	韩济生,万有,邢国刚,黄诚,刘风雨,蔡捷,王韵,姜玉秋,孙钱,骆昊,方明,童志前,涂会引,王静,陆悦	基础医学院
2	1/3	骨性Ⅲ类牙颌畸形非手术矫治的突破及主动矫正器、技术的研发	林久祥(1/10),周彦恒(2/10),许天民(3/10),谷岩(6/10),李巍然(7/10),聂琼(8/10),丁鹏(9/10),江久汇(10/10)	口腔医院
2	1	胸椎管狭窄症关键诊疗技术的建立与应用	陈仲强,刘晓光,刘忠军,孙垂国,党耕町,郭昭庆,齐强,李危石,曾岩,范东伟	第三医院
3	1	基于非级联迭代加密相息图的盲水印鲁棒方案	杨光临,邓柯	信息科学技术学院
3	1	走进清明上河图	王亦洲,徐迎庆,马伟,胡锤,李琼,查红彬,宋铃平,马歆,宋罗兰,高文	信息科学技术学院
3	1	gC1qR细胞抗病毒机制研究	顾军	生命科学学院
3	1	进展期胃癌围手术期综合治疗的基础与临床研究	季加孚,李子禹,步召德,武爱文,张连海,吴晓江	肿瘤医院

注:1. "单位排序"列中,分母为获奖单位总数,分子为北京大学作为获奖单位所处的序次。
2. "获奖人"列中,分母为获奖人总数,分子为该获奖人在所有获奖人中的序次。

表8-36 北京大学获2011年度中华医学科技奖项目

获奖等级	单位排序[1]	项目名称[1]	获奖人[2]	所在单位
2	1/3	骨性Ⅲ类牙颌畸形非手术矫治的突破及主动矫正器、技术的研发	林久祥(1/10),周彦恒(2/10),许天民(3/10),谷岩(6/10),李巍然(7/10),聂琼(8/10),丁鹏(9/10),江久汇(10/10)	口腔医院
2	1/8	首都急性心血管病救治系统模式探索与应用	胡大一(1/10),孙艺红(4/10)	人民医院
3	1	遗传性肾脏疾病的临床及分子发病机制研究	丁洁,王芳,张宏文,管娜,刘晓宇,肖慧捷,姚勇,俞礼霞	第一医院

注:1. "单位排序"列中,分母为获奖单位总数,分子为北京大学作为获奖单位所处的序次。
2. "获奖人"列中,分母为获奖人总数,分子为该获奖人在所有获奖人中的序次。

表 8-37　2012 年度 SCI 数据库收录的北京大学为第一作者单位的论文及分布总体情况

单位	国内刊物			国外刊物	SCI论文数	所占百分比	平均影响因子	最高影响因子
	中文	英文	小计	英文				
数学科学学院	0	11	11	110	121	3.73%	1.14	4.09
工学院	0	21	21	262	283	8.73%	2.75	19.49
物理学院	19	42	61	354	415	12.80%	3.11	29.28
化学与分子工程学院	38	12	50	347	397	12.25%	4.71	28.76
生命科学学院	2	16	18	81	99	3.05%	5.01	35.53
地球与空间科学学院	33	14	47	126	173	5.34%	1.76	9.68
城市与环境学院	0	5	5	112	117	3.61%	3.03	9.68
环境与工程学院	3	7	10	99	109	3.36%	3.48	30.03
心理学系	0	0	0	68	68	2.10%	3.20	14.74
信息科学技术学院	3	20	23	222	245	7.56%	2.03	13.88
计算机科学技术研究所	0	1	1	11	12	0.37%	1.80	4.91
分子医学研究所	0	2	2	21	23	0.71%	4.75	12.90
人口研究所	0	2	2	2	4	0.12%	1.94	2.72
前沿交叉学科研究院	1	0	1	14	15	0.46%	3.16	5.97
北京国际数学研究中心	0	0	0	8	8	0.25%	1.36	3.33
科维理天文与天体物理研究所	0	0	0	15	15	0.46%	4.92	6.02
其他	0	1	1	10	11	0.33%	1.55	3.03
医学部	13	134	147	915	1062	32.76%	3.05	38.28
深圳研究生院	1	0	1	64	65	2.00%	3.07	13.46
总计	113	288	401	2841	3242	100.00%	3.10	38.28

表 8-38　北京大学 2012 年度出版的理工医科类著作目录（共 138 部）

院系	作译者	著作名称	出版社	小计/部
城市与环境学院	蔡运龙	地理学：科学地位与社会功能	科学出版社	10
	柴彦威	城市地理学思想与方法	科学出版社	
	陈彦光	基于 Matlab 的地理数据分析	高等教育出版社	
	邓　辉	世界文化地理（第二版）	北京大学出版社	
	韩茂莉	中国历史农业地理（上、中、下）	北京大学出版社	
	贺灿飞	经济转型与服务业跨国公司区位战略	科学出版社	
	杨景春	地貌学原理（第 3 版）	北京大学出版社	
	唐晓峰	文化地理学释义：大学讲课录	学苑出版社	
	冯　健	乡村重构：模式与创新	商务印书馆	
	冯　健	城乡划分与监测	科学出版社	
环境科学与工程学院	刘　永	智能流域管理研究	科学出版社	4
	籍国东	污水多介质生态处理技术原理	科学出版社	
	王明煌	"A Historical Review of Peat Related Research," In Peat: Formation, Uses and Biological Effects	Nova Science Pub Inc.	
	付慧真	Bibliometric Analysis of Thermodynamic Research: A Science Citation Index Expand	InTech	
物理学院	陈佳洱	加速器物理基础	北京大学出版社	8
	陆元荣	Ion Implantation	InTech	
	刘式适	物理学中的非线性方程（第二版）	北京大学出版社	
	钱维宏	中期-延伸天气预报原理	科学出版社	
	吴鑫基	太空历险奇景	北京师范大学出版社	
	吴鑫基	太空探测奇景	北京师范大学出版社	
	吴鑫基	太空明星契机	北京师范大学出版社	
	吴鑫基	太空动物奇景	北京师范大学出版社	

续表

院系	作译者	著作名称	出版社	小计/部
工学院	黄筑平	连续介质力学基础	高等教育出版社	1
化学与分子工程学院	李星国等	氢与氢能	机械工业出版社	5
	李国宝	氧基簇合物化学	科学出版社	
	张 艳	现代有机合成反应第七卷：碳碳键的生成反应 II	化学工业出版社	
	张 艳	In Topics in Current Chemistry: Stereoselective Alkene Synthesis.	Springer	
	吴云东	Computational Organometallic Chemistry	Springer	
数学科学学院	Dong Yuxin, et. al	Recent Development in Geometry and Analysis, Advanced Lecture in Mathematics	Higher Education Press (Beijing) and International Press (Somerville)	5
	吴 岚	风险理论	北京大学出版社	
	裘宗燕	编程原本	机械工业出版社	
	裘宗燕	C++语言的设计和演化	科学出版社	
	张乃孝等	合著算法与数据结构——C语言描述(第3版)	高等教育出版社	
信息科学技术学院	北京大学电子信息科学基础实验中心	北京大学电子信息实验教学内容体系	北京大学出版社	13
	杨冬青	数据库系统概念	机械工业出版社	
	罗英伟	北京大学计算机科学技术实验教学内容体系	清华大学出版社	
	李晓明	搜索引擎：原理、技术与系统(第二版)	科学出版社	
	何 靖	搜索引擎效果评测：基于用户点击日志分析的方法与技术	高等教育出版社	
	薛增泉	纳米科技基础	化学工业出版社	
	胡薇薇	北京大学信息科学技术学院本科生课程体系	清华大学出版社	
	王克义	微机原理与接口技术	清华大学出版社	
	薛增泉	碳电子学基础	科学出版社	
	周治平	硅基光电子学	北京大学出版社	
	李文新	北京大学计算机学科核心课程系列实验班教学实施方案	高等教育出版社	
	陈向群	操作系统：精髓与设计原理(第7版)	电子工业出版社	
	金玉丰	微米纳米器件封装技术	国防工业出版社	
基础医学院	邢国刚	神经生物学	北京大学出版社	5
	韩济生	疼痛学	北京大学医学出版社	
	李学军	临床药理学	清华大学出版社	
	于常海	破解生命的秘密	北京出版社	
	庄 辉	2010—2011公共卫生与预防医学学科发展报告	中国科学技术出版社	
药学院	齐宪荣	药剂学与药物化学冲刺宝典	北京大学医学出版社	13
	谢 英	肽临床营养学	北京大学医学出版社	
	刘 艳	Martin 物理药剂学与药学	人民卫生出版社	
	赵玉英	天然药物化学	北京大学医学出版社	
	杨秀伟、林文翰	天然有机化合物核磁共振碳谱集(上、下册)	化学工业出版社	
	陈世忠	中药材高效液相色谱鉴定	化学工业出版社	
	刘俊义	有机化学(第八版)	人民卫生出版社	
	何希辉	实验动物与实验动物模型	中国医药科技出版社	
	富 戈	药物分析	清华大学出版社	
	李长龄、韩南银	药理学和药物分析	北京大学医学出版社	
	蒲小平	神经生物学	北京大学医学出版社	
	贾彦兴	海洋药物导论	上海科学技术出版社	
	谢晓慧	国家执业药师资格考试丛书——药学综合知识与技能冲刺宝典	北京大学医学出版社	

续表

院系	作译者	著作名称	出版社	小计/部
公共卫生学院	马 军	儿童口腔疾病防治学校健康教育指导手册	人民卫生出版社	9
	季成叶	儿童少年卫生学（第7版）	人民卫生出版社	
	张敬旭	生殖与发育毒理学	北京大学医学出版社	
	李 勇	肽临床营养学	北京大学医学出版社	
	王培玉	健康管理学	北京大学医学出版社	
	许雅君	家庭营养技术指导工作手册	北京大学医学出版社	
	郭新彪	化学物质泄漏所致突发大气污染事件健康影响调查	北京大学医学出版社	
	胡永华	预防医学	高等教育出版社	
	李 勇	外科疾病的营养支持	北京大学医学出版社	
护理学院	尚少梅	基础护理学	人民卫生出版社	10
	尚少梅	基础护理学学习指导及习题集	人民卫生出版社	
	郭桂芳	老年护理学（双语）	人民卫生出版社	
	陆 虹	妇产科护理学	人民卫生出版社	
	孙玉梅	健康评估	人民卫生出版社	
	孙玉梅	健康评估学习指导及习题集	人民卫生出版社	
	孙宏玉	护理教育理论与实践	人民卫生出版社	
	路 潜	外科护理学	人民卫生出版社	
	路 潜	外科护理学实践与学习指导	人民卫生出版社	
	郑修霞	妇产科护理学实践与学习指导	人民卫生出版社	
第一医院	刘梅林	全科医学老年心血管病学进展	人民军医出版社	14
	刘梅林	药物不良反应与合理用药系列丛书心血管疾病专辑	人民卫生出版社	
	王贵强	感染性疾病临床诊疗常规	中国医药科技出版社	
	徐小元	丙型肝炎临床诊断与治疗手册	科学出版社	
	廖秦平	子宫颈细胞与组织病理（第二版）	北京大学医学出版社	
	杨慧霞	妇产科常见疾病的临床用药	人民卫生出版社	
	杨慧霞	妊娠合并糖尿病实用手册	人民卫生出版社	
	李克敏	子宫颈病变掌中宝	北京大学医学出版社	
	李 航	皮肤外科学	人民卫生出版社	
	王霄英	中华影像医学泌尿生殖系统卷	人民卫生出版社	
	王建中	临床检验诊断学图谱	人民卫生出版社	
	刘梅林	老年医学高级教程	人民军医出版社	
	崔一民	时辰与合理用药	人民卫生出版社	
	梁 雁	国家执业药师资格考试丛书——药学综合知识与技能冲刺宝典	北京大学医学出版社	
人民医院	徐 涛	男性肿瘤与性	北京大学医学出版社	6
	王建六	临床病例会诊与点评——妇产科分册	人民军医出版社	
	回允中	外科病理鉴别诊断学（第2版）	北京大学医学出版社	
	杨 月	GAP-CCBC精彩病例荟萃	人民军医出版社	
	刘梅颜	心脏病人精神卫生	人民军医出版社	
	刘广志	多发性硬化	北京大学医学出版社	
第三医院	廖秦平、耿 力	子宫颈细胞与组织病理	北京大学医学出版社	11
	王俊杰等	肿瘤放射治疗决策	科学出版社	
	李健宁、谷廷敏	整形外科手术精要与并发症	北京大学医学出版社	
	段京莉	药剂师与患者沟通指南	人民军医出版社	
	张惠蓉	眼底病激光治疗	人民卫生出版社	
	张幼怡	纳米医学	北京大学医学出版社	
	李健宁、代金荣、仇侃敏	美容整形外科学	北京大学医学出版社	
	王振宇	脊髓肿瘤外科学	北京大学医学出版社	

续表

院系	作译者	著作名称	出版社	小计/部
第三医院	陈仲强、周谋望、刘楠	脊髓损伤康复速查	人民军医出版社	11
	龚熹、李筱雯	关节软组织注射抽吸指南	人民军医出版社	
	修典荣等	肝移植病例荟萃	北京大学医学出版社	
口腔医院	谢秋菲	临床合学：成功修复指导	科学出版社	7
	韩科	口腔治疗计划与决策	人民军医出版社	
	刘峰	纤维桩修复技术	人民卫生出版社	
	于世凤	口腔组织病理学	人民卫生出版社	
	马绪臣	口腔颌面医学影像诊断学（第六版）	人民卫生出版社	
	葛立宏	儿童口腔医学	人民卫生出版社	
	傅民魁	腔正畸学	人民卫生出版社	
肿瘤医院	唐丽丽	心理社会肿瘤学	北京大学医学出版社	1
精神卫生研究所	林红	家庭心理学	开明出版社	8
	于欣	心脏病人精神卫生培训教程（第2版）	人民军医出版社	
	胜利	核生化突发事件心理效应及其应对	科学出版社	
	于欣	精神分裂症的社区防治	中华医学电子音像出版社	
	司天梅	心晴指引（焦虑障碍防治指南大众本）	人民卫生出版社	
	郭延庆	应用行为分析与儿童行为管理	华夏出版社	
	丛中	认识领悟疗法	人民卫生出版社	
	丛中	临床心理治疗学	人民军医出版社	
首钢医院	王宏宇	脑血管病知识问答	北京大学医学出版社	5
	王宏宇	关注糖尿病及糖尿病血管变	北京大学医学出版社	
	王宏宇	静脉系统疾病的防治	北京大学医学出版社	
	王宏宇	血管性疾病预防知识问答	北京大学医学出版社	
	王宏宇	血管性疾病的康复	北京大学医学出版社	
深圳医院	杨尚琪	现代实用医学理论与实践	科学技术文献出版社	3
	葛秋生	实用当代医学儿科分册	中国科学技术出版社	
	叶郁辉	医院公共卫生服务管理	军事医学科学出版社	

表8-39 北京大学2012年通过鉴定的科研成果统计表

项目名称	第一完成单位	第一完成人	组织、批准鉴定单位
视网膜血管性疾病的基础研究及临床应用	人民医院	姜燕荣	教育部
可信软件资源生产与共享环境 Trustie-TSE	信息科学技术学院	谢冰	教育部
肾外科疾病微创治疗的临床研究与应用	第三医院	马潞林	教育部
影像引导放射性碘-125粒子治疗肿瘤基础研究和临床应用推广	第三医院	王俊杰	教育部
关节周围骨折治疗规范的研究与推广	人民医院	姜保国	教育部
小脑扁桃体下疝（Chiari）畸形合并脊髓空洞发病机制及手术方式研究	第三医院	王振宇	教育部
综合解决城市水问题的生态学途径	城市与环境学院	俞孔坚	教育部
降低血浆同型半胱氨酸—中国高血压患者卒中预防的新思路	第一医院	霍勇	教育部
腹腔镜技术在泌尿外科中的应用与推广	第一医院	周利群	教育部

表8-40 北京大学2012年专利申请受理、授权情况统计表

单位	申请专利受理（项）			授权专利（项）		
	国内专利	国际专利	外国专利	国内专利	国际专利	外国专利
信息科学技术学院	231	7		193		1
计算机科学技术研究所	44			47	1	
化学与分子工程学院	31	1		22		

续表

单位	申请专利受理(项)			授权专利(项)		
	国内专利	国际专利	外国专利	国内专利	国际专利	外国专利
物理学院	23			22		
生命科学学院	7			21		
工学院	46			20		
环境科学与工程学院	3			30		
城市与环境学院	7	1		5		
地球与空间科学学院	10			5		
分子医学研究所				3		
数学科学学院				1		
计算中心				1		
光华管理学院				1		
考古文博学院				1		
前沿交叉学科研究院	1					
深圳研究生院	68	10	1	23		
医学部	90	5	1	80		2
总计	561	24	2	475	1	3

表 8-41 北京大学校本部 2012 年主办的理工类国际学术会议和研讨班情况统计(共 17 项)

会议时间	主办单位	会议名称
4月19—22日	生命科学学院	北京大学—清华大学生命科学联合中心与日本京都大学细胞与材料研究所国际合作交流研讨会
5月14—16日	信息科学技术学院	算法前沿及信息和管理中的算法国际会议
5月26—27日	信息科学技术学院	互联网搜索和挖掘国际研讨会
5月27—30日	物理学院	2012年国际纳米光子学会议
6月11—16日	信息科学技术学院	26th European Conference on Object Oriented Programming
7月6—9日	信息科学技术学院	国际大学生物联网创新创业大赛
8月13—17日	物理学院	20th International Conference on Supersymmetry and Unification of Fundamental Interactions (SUSY2012)
8月25日	工学院	虚拟材料国际研讨会
9月4—7日	地球与空间科学学院	碳酸岩—碱性岩成岩成矿研讨会
9月16—18日	化学与分子工程学院	2012年北京大学"能源材料与化学研讨会"
9月21—23日	化学与分子工程学院	2012第七届北京动力锂离子电池技术及产业发展国际论坛
9月22—27日	物理学院	第二届海峡两岸纳米光子学研讨会
10月16日	工学院	水资源管理及全球挑战
10月17—20日	化学与分子工程学院	金属有机化学与催化国际学术研讨会
10月18—21日	工学院	北京高能量密度物理国际会议
10月19—21日	生命科学学院	北京大学—多伦多大学系统生物学联合学术研讨会
12月8日	城市与环境学院	时空行为与智慧出行国际研讨会

表 8-42 北京大学医学部 2012 年主办的医学类国际学术会议和研讨班情况统计(共 40 项)

会议时间	会议名称	主办单位
6月21日	国际病毒性肝炎与肝癌学术研讨会	基础医学院
4月	第九届海内外疑难病例病理研讨会	基础医学院
6月	2012年中美乳腺癌高峰论坛	基础医学院
9月7—9日	世界中医药学会联合会中药药理专业委员会会议	基础医学院

续表

会议时间	会议名称	主办单位
10月25日	北京大学神经科学国际前沿论坛	基础医学院
11月13日	2012北京系统生物学与转化医学国际研讨会	基础医学院
12月7—9日	第二届动脉硬化、血栓与血管生物学国际研讨会	基础医学院
10月25日	医学遗传学研讨会	基础医学院
9月26—27日	中澳卫生与艾滋病项目(CAHHF)政策成果转化培训研讨会	公共卫生学院
9月19—20日	北京—斯德哥尔摩儿童青少年健康研讨会	公共卫生学院
10月19—30日	2012国际卫生政策和体系研究杰出青年论坛	公共卫生学院
10月29日	北京大学—英国伯明翰大学卫生政策与医院管理研讨会	公共卫生学院
11月10—11日	中—美医务与精神健康社会工作研讨会	公共卫生学院
3月16日	北京大学药学院·日本金泽大学药学院2012年学术交流会	药学院
6月28—29日	癌症化学预防论坛——北京2012	药学院
10月27—28日	2012北京大学外来药学与健康研讨会	药学院
8月25—29日	2012年第八届世界华人药物化学研讨会暨第九届IUPAC化学生物学国际研讨会	药学院
11月18—20日	Plasticity in the Basal Ganglia Symposium: Dopamine and Beyond	中国药物依赖性研究所
3月9—10日	房颤消融关键技术国际论坛2012	第一医院
3月23—24日	提高腹膜透析治疗质量高峰论坛	第一医院
3月8—12日	第五届长城国际泌尿男科转化医学论坛	第一医院
11月27—28日	第11届亚太颅底外科会议(11th AOSBS)	第一医院
10月13—14日	眼科疾病和研究的前沿论坛——第二届北京大学第一医院与哈佛医学院联合会议	第一医院
6月9日	2012年中美乳腺癌高峰论坛	第一医院
5月11—14日	紫禁城国际药师论坛	第一医院
6月30日	老年黄斑变性国际研讨会	人民医院
8月19—19日	第四届类风湿国际论坛	人民医院
10月31日	2012中国临床医师职业精神论坛——中美医院职业精神培养与评价经验分享	人民医院
3月8日	国际微创心脏外科发展研讨会	第三医院
4月9日	北京大学国际心力衰竭外科治疗论坛	第三医院
5月19日	第三届国际慢性盆腔痛大会及微创手术论坛	第三医院
9月28日	国际护理学术大会暨临床护理重点专科实践与发展论坛	第三医院
8月24—25日	"唾液与口腔健康"国际学术会议	口腔医院
9月17—19日	北大正畸国际论坛	口腔医院
9月20—23日	第十四次国际颅面生长发育与功能研讨会暨第十一次全国口腔正畸学术会议	口腔医院
9月24—26日	国际牙周病学新技术研讨会	口腔医院
12月4—7日	国际口腔修复青年教师讲习班	口腔医院
10月26日	国际阿尔茨海默病协会第15届亚太区会议——阿尔茨海默病神经生物学机制研究进展国际专题研讨会	第六医院
3月23—25日	北京淋巴瘤国际研讨会	肿瘤医院
9月6日	消化道肿瘤临床及转化研究国际研讨会	医学部

表 8-43　北京大学理工医科 2012 年获得科技部政府间国际合作项目(共 6 项)

负责人	项目名称	所在单位	合作期限	合作国家
张志刚	超短脉冲激光器及其在超薄钢箔微加工中应用关键技术	信息科学技术学院	20130101—20151231	日本
杨　槐	光透过率自调节薄膜的大面积制备技术的合作研究	工学院	20130101—20151231	美国
时　艳	建立临床级别的人多能干细胞及其临床转化的应用研究	生命科学学院	20130101—20151231	加拿大
刘梅林	评估阿司匹林疗效的基因诊断系统研发	第一医院	20130101—20151231	美国
郝纯毅	基于乙肝病毒 X 蛋白开展肝细胞癌免疫治疗的合作研究	肿瘤医院	20130101—20151231	新加坡
甘业华	血管周干细胞结合成骨基因调控颌骨再生研究	口腔医院	20130101—20151231	美国

表 8-44　北京大学理工科 2012 年获得其他国际(地区)合作项目(共 40 项)

负责人	所在单位	合作国别	合作单位	项目名称	合作期限
李志文	公共卫生学院	法国	雅诗兰黛全球研发中心	The Effect of Pollution on Human Skin Application Cover Sheet	20120—2013
张海霞	信息科学技术学院	韩国	三星	Design, Simulation and Fabrication of A Spiral-shaped Multi-mass Pvdf Cantilever	2012—2013
赵卉菁	信息科学技术学院	法国	标致雪铁龙	Driving Behavior Modeling and Reasoning Based on Multimodal Perception	2012—2015
刘虎威	化学与分子工程学院	美国	辉瑞投资有限公司	Rapid Analytics Based on Ambient Ionization Mass Spectrometry to Support Reaction Optimization, Analytical Testing to Drug Product Release	2012—2013
查道炯	国际关系学院	泰国	D Foundation for Doing Good Job	The Improving Hydropower Decision-making Processes in the Mekong Basin Project	2012—2013
杨小柳	城市与环境学院	中国	中国国际经济技术交流中心	分包合同1：海河流域蓄滞洪区雨洪资源化及生态系统管理示范	2011—2013
杨小柳	城市与环境学院	尼泊尔	ICIMOD(International Centre of Integrated Mountain Development)	Climate Change Adaptation Through Water Resource Management：Comparative Study Between Yellow and Koshi River Basins	2012—2013
欧阳颀 汤　超	物理学院	美国	NIH subaward	Quantitative Studies of Cell Cucle Checkpoints and Switches	2011—2012
白树林	工学院	美国	PPG Industries	Understanding the Degradation of the Sizing-Matrix Interface	2011—2012
施章杰	化学与分子工程学院	比利时	Solvay SA	A More Enviromental Friendly Synthetic Route of Ethylanthraquinone Starting from Ethylbenzene and Phthalic Anhydride	2012—2014
金玉丰	信息科学技术学院	韩国	三星	Understanding of Electrical/Mechanical Characteristics of Ultra Fine Pitch TSV	2012—2013
罗述金	生命科学学院	美国	U.S. Fish & Wildlife Service from Division International Conservation	Using DNA to Track the Origin of Tiger Parts from Illegal Trade in Asia	2011—2013

续表

负责人	所在单位	合作国别	合作单位	项目名称	合作期限
卢晓霞	城市与环境学院	美国	杜邦	Explore the Feasibility of the Use of Mulch as a Low Cost Treatment Material for the Reactive Barrier in Solving Some of the Problems with NAPL and Heavy Metals in Groundwater	2012—2013
周 辉	科研部	美国	盖茨基金会	盖茨基金会GCE宣讲会协办协议	2012
赵东岩	计算机科学技术研究所	美国	微软	A Group-aware Personalized Recommender Assistant for Mobile Social Network Applications	2012—2013
李晓明	信息科学技术学院	美国	Google等5家公司	全国搜索引擎与网上信息挖掘学术研讨会赞助协议	2012
沈泽昊	城市与环境学院	中国	环境保护部对外合作中心	生物多样性与气候变化相互影响系列评价指标开发研究	2012—2013
黄 艺	环境科学与工程学院	中国	环境保护部对外合作中心	全球环境展望(中国)进程技术支持	2011—2012
王大军	生命科学学院	中国香港	香港海洋公园保育基金	Assessment of Giant Panda Corridors: Road Effect, Cooridor Effectiveness and Corridor Restoration	2012—2013
柯文采	科维里天文与天体物理研究所	美国	John Templeton Foundation	Panspermia-The Galactic	2012—2014
闫慧荣	科维里天文与天体物理研究所	美国	John Templeton Foundation	Toward Quantitative Understanding of Magnetism in Diffuse Media with Atomic Alignment	2012—2014
于清娟	科维里天文与天体物理研究所	美国	John Templeton Foundation	Does the Kerr Metric Predicted from General Relativity Exist in Reality?	2012—2014
李笑宇	化学与分子工程学院	德国	Bayer Pharma AG	Synthesis and Selection of DNA-Programmed Libraries for Drug Discovery	2012—2014
肖瑞平	分子医学研究所	美国	Merck Sharp & Dohme Corp.	Evaluation of the Blood Pressure Status of Rhesus Monkeys with a Metabolic Syndrome Phenotype	2012—2014
孟祥芝	心理学系	美国	The Regents of the university of Michigan	Eunice Kennedy Shriver National Institute of Child Health & Human Development Grant NO. 5-R03-HD060139-02	2012—2012
施章杰	化学与分子工程学院	美国	Lilly USA, LLC	Eli Lilly Scientific Excellence Award in Chemistry ID #100219880	2012—2012
王大军	生命科学学院	中国	四川西部自然保护基金会	四川摩天岭社会公益型保护地建立起长期和全面的生态学监测体系	2012—2012
王大军	生命科学学院	中国	四川西部自然保护基金会	四川摩天岭社会公益型保护地建立起长期和全面的生态学监测体系(实施FY13年度的生态监测和部分科学研究工作)	2012—2013
周 辉	科学研究部	美国	IV	合作赞助费	2012—2012
崔 斌	信息科学技术学院	美国	IV	CN—814181	2012—2012
霍继延	物理学院	美国	IV	CN—812400	2012—2012
崔 斌	信息科学技术学院	美国	IV	CN—813851	2012—2012

续表

负责人	所在单位	合作国别	合作单位	项目名称	合作期限
张平文	数学科学学院	美国	ExxonMobil Upstream Research Company	Developing an Efficient Solver for Long Time Simulation of the River Topography Erosion (3rd Amendement)	2012—2013
王健平	工学院	欧盟	欧盟第七框架	Manipulation of Reynolds Stress for Separation Control and Drag Reduction(MARS)	2012—2015
王莉	心理学系	加拿大	University of Western Ontario	Social Functioning and Adjustment in Chinese and Canadian Children：a Program of Research from a Contextual-developmental Perspective	2012—2013
何涛	地球与空间科学学院	美国	IHS Global, Inc.	Educational Grant Program for Kingdom Software	2012—2015
任爱国	基础医学院	美国	University of Texas at Austin (NIH Grant)	Subaward of NIH Grant (Study of Neural Tube Defects Etiology：Genome and Exposome) with the University of Texas at Austin	2012—2013
赵鹏军	城市与环境学院	欧盟	欧盟第七框架	PUMAH, EU-Marie Curie	2012—2015
赵耀辉	国家发展研究院	美国	Regents of the Unviersity of California, Los Angeles(NIH Grant)	The China Health and Retirement Longitudinal Study	2012—2015

表 8-45　北京大学医学部 2012 年获得的其他国际(地区)合作项目(43 项)

负责人	所在单位	合作国别	合作单位	项目名称	合作期限
赖立里	公共教学部	美国	美国学术团体协会（ACLS）	民族医药发掘整理的人类学研究	2012
李海燕	临床研究所	美国	辉瑞投资有限公司	CCDRS 课程合作协议	2012
魏雪涛	公共卫生学院	瑞典	华瑞制药有限公司	Fresubin Energy Fibre Drink 功效评价研究合作协议	2012
孟庆跃	中国卫生发展研究中心	美国	联合国儿童基金会	南疆地区免疫规划工作影响因素分析	2012
鲁新	全球卫生研究中心	瑞士	世界卫生组织	中国抗艾滋病药物生产创新能力评估及对国际市场贡献项目资助协议	2012
张拓红	公共卫生学院	澳大利亚	澳大利亚国际发展署	政策评价及成果转换及意见总结	2012
陈晶琦	公共卫生学院	比利时	欧洲基金会网络（NEF）	普及养育儿童教育预防家庭内对儿童的暴力：一项在中国阜新市的研究	2012
刘国庆	基础医学院	日本	日本大冢制药	LPC 在高脂血症的 LDL 受体敲出小鼠中对 I 型糖尿病肾病的保护作用	2012
安琳	公共卫生学院	瑞士	世界卫生组织（WHO）	WHO 新增年报指标研究	2012
郝卫东	公共卫生学院	英国	英国联合利华中心资源有限公司	联合利华—北京大学人才培养协议	2012
杨莉	公共卫生学院	德国	拜耳医药保健有限公司	利伐沙班房颤后卒中预防和深静脉血栓治疗药物经济学	2012—2013
罗光湘	基础医学院	瑞士	罗氏	感染性 RSV 的基因构建	2012
丛亚丽	公共教学部	美国	美国哥伦比亚大学医学职业研究所	美国哥伦比亚大学医学职业研究所 IMPA 捐赠基金	2012
靳蕾	生育健康研究所	美国	美国社会科学研究协会	美国社会科学研究协会中国环境与健康项目协议	2012—2012

续表

负责人	所在单位	合作国别	合作单位	项目名称	合作期限
詹思延	公共卫生学院	美国	辉瑞投资有限公司	适利达(0.005%拉坦前列素)治疗中国闭角型青光眼患者有效性和安全性的荟萃分析	2012—2012
姚晨	临床研究所	美国	Medidata Solutions, Inc.	PUCRI与Medidata主技术和服务协议修订案第一号	2012—2014
姚晨	临床研究所	美国	Medidata Solutions, Inc.	PUCRI与Medidata主技术和服务协议工作说明书第一号	2011
许雅君	公共卫生学院	瑞士	雀巢	健骨型中老年奶粉增加骨密度功能评价研究	2012
郝卫东	公共卫生学院	瑞士	雀巢	健骨型中老年奶粉安全性毒理学评价	2012—2013
郝卫东	公共卫生学院	瑞士	雀巢	蛋白质粉安全性毒理学评价研究合作协议	2012
郝卫东	公共卫生学院	瑞士	雀巢	蛋白质粉增强免疫力功能评价研究合作协议	2012
朱广荣	公共卫生学院	瑞士	全球基金(The Global Fund to Fight AIDS, Tuberculosis and Malaria)	2012年中国全球基金艾滋病项目支持开展艾滋病防治重点问题研究项目	2012
刘志民	中国药物依赖性研究所	瑞士	全球基金(The Global Fund to Fight AIDS, Tuberculosis and Malaria)	我国新型合成毒品滥用人群基数估计	2012
张拓红	公共卫生学院	澳大利亚	澳大利亚国际发展署(AUSAID)	政策评价及成果转换及意见总结的补充合同	2012
王培玉	公共卫生学院	美国	密歇根大学	密歇根大学公共卫生学院与北京大学公共卫生学院合作谅解备忘录及交换协议	
常春	公共卫生学院	瑞士	世界卫生组织(WHO)	流动人口健康知识、态度、行为基线调查	2012
李智文	基础医学院	美国	雅诗兰黛全球研发中心	室内燃煤空气污染对中国北方农村家庭主妇皮肤老化的影响	2012—2013
安琳	公共卫生学院	美国	联合国儿童基金会(UNICEF)	住院分娩政策研究	2012
星一	公共卫生学院	美国	联合国儿童基金会	学校卫生制度征集及整理汇编	2012
濮鸣亮	基础医学院	美国	美国乔治亚理工大学	深度感觉在视皮层的适应性强化作用	2010—2020
郭岩	公共卫生学院	瑞士	世界卫生组织	关于全球卫生外交培训班的合同	2012
马迎华	公共卫生学院	美国	联合国儿童基金会(UNICEF)	学校水、环境卫生与个人卫生教育优质教学活动征集与评选	2012
简伟研	公共卫生学院	英国	牛津大学	通过整合卫生系统激励因素以促进结核病控制项目二次转包协议	2012
郝卫东	公共卫生学院	美国	Gnosis	(6s)-5-甲基四氢叶酸、葡糖糖铵盐安全性评价研究	2012
孟庆跃	中国卫生发展研究中心	美国	辉瑞投资有限公司	医院支付制度改革与药品利用评价研究项目支持协议	2012
孟庆跃	中国卫生发展研究中心	美国	辉瑞投资有限公司	我国疫苗市场分析和经济政策研究项目支持协议	2012
史录文	药学院	美国	辉瑞投资有限公司	教育项目支持协议	2012—2013
常春	公共卫生学院	瑞士	世界卫生组织(WHO)	陕西两城市流动人口健康知识、态度、行为基线调查	2012
史录文	药学院	德国	拜耳医药保健有限公司	中国药品政策研究	2012
杨莉	公共卫生学院	美国	辉瑞投资有限公司	中国老年人群血压血脂异常筛查干预的经济学评价	2012
张拓红	公共卫生学院	澳大利亚	麦克法兰研究所	关于中澳卫生与艾滋病项目政策转化及完工总结的第二次补充合同	2012
马德福	公共卫生学院	瑞士	雀巢	母婴营养领域的荟萃分析	2012
姚晨	临床研究所	美国	西门子磁共振有限公司	西门子合作服务协议型号1	2012—2013

表 8-46 《北京大学学报(自然科学版)》文献计量指标

年份	总被引频次	影响因子	即年指标	他引率	引用刊数	扩散因子	权威因子	被引半衰期	学科扩散指标	学科影响指标	综合评价总分
2010	1027	0.497	0.034	0.96	443	43.14	529.77	6.9	7.26	0.34	73.5
2011	1063	0.537	0.044	0.96	451	42.43	535.81	7.3	7.52	0.33	74.6

文 科 科 研

【概况】 北京大学文科现有21个院系,在院系之外,设有社会科学部作为校级综合性职能部门,在文科主管校长领导下负责全校人文社会科学科研管理工作。社会科学部前身可追溯到1956年9月成立的科学工作处,1960年4月,学校撤销科学工作处,设立社会科学处和自然科学处,分管文理科科研。后又经几次调整,2000年8月,正式更名为"社会科学部"。目前社会科学部下设综合、项目管理、成果管理、基地管理四个办公室,现任社会科学部部长为校长助理、政府管理学院教授李强。

【科研项目】 2012年,北京大学文科纵向项目立项总数继续稳健增长。其中国家社科基金重大项目是现阶段我国哲学社会科学领域层次最高、资助力度最大、权威性最强的国家级基金资助项目。2012年度北京大学共新获国家社科基金重大项目12项,其中8项为基础理论类项目,立项率为30.8%,立项数比2011年翻了一番。在进行的国家社科基金重大项目年检工作中,北京大学在研的14个重大项目全部顺利通过了年检,并且其中中文系安平秋教授担任首席专家的"国外所藏汉籍善本丛刊"、中文系孔江平教授担任首席专家的"中国有声语言口传文化保护与传承的数字化方法研究和基础理论研究"和历史学系朱凤瀚教授担任首席专家的"北京大学藏秦简牍整理与研究"三个基础理论类重大项目由于研究任务重、研究水平高,经过专家评估获得滚动资助。其他各类纵向项目立项总数也稳健增长,继续保持了领先的位置。

表 8-47 2012年北京大学文科主要纵向项目申报和立项情况

项目名称	申报数	立项数
2012年度国家社科基金重大项目	39	17(包括12项重大、5项重点)
2012年度国家社科基金年度项目	158	41
2012年度教育部重大攻关项目	5	1
2012年度教育部基地重大项目	22	22
2012年度教育部年度项目	168	18
总计	392	99

表 8-48 2012年北京大学文科其他纵向项目立项情况

项目名称	立项数
国家社科基金后期资助项目	3
国家社科基金中华学术外译项目	2
国家社科基金艺术科学规划项目	1
国家哲学社会科学成果文库项目	2
国家社科基金重点资助学术期刊项目	7
2012度教育部后期资助项目	2
教育部专项项目	3

续表

项目名称	立项数
教育部留学回国人员科研启动基金项目	3
北京市一般项目	16
北京市教育科学规划课题	5
国家体育总局项目	2
国家文物局项目	4
总计	50

继2008年北京大学文科科研经费一举突破亿元大关后，2012年经费继续保持稳定增长态势，总金额超过1.9亿元。近五年科研经费情况如下：

表8-49　2008—2012年北京大学文科科研经费到账情况　　（单位：万元）

年度	2008年	2009年	2010年	2011年	2012年
到账经费	10689	13313	17055	17387	19068

【科研成果】 2011年文科各单位共发表各类科研成果3686项，其中专著231部、论文3009篇、编著和教材249部、工具书和参考书9部、古籍整理作品17部、译著76部、研究咨询报告71篇、译文21篇、电子出版物3部。人文社科教师发表SSCI、A&HCI、SCI收录论文共计192篇。

1. 北京市第十二届哲学社会科学优秀成果奖。北京市哲学社会科学优秀成果奖每两年评选一次，旨在进一步繁荣发展首都哲学社会科学事业，鼓励哲学社会科学工作以马列主义、毛泽东思想、邓小平理论和"三个代表"重要思想为指导，全面落实科学发展观，为首都经济建设、政治建设、文化建设和社会建设服务。2012年度第十二届哲学社会科学优秀成果奖受理的参评成果是2009年7月至2011年6月期间在国内外公开出版、发表的研究成果，或在此期间向实际工作部门提交的研究咨询报告。2012年10月，由北京市组织评选的北京市第十二届哲学社会科学优秀成果奖获奖成果名单正式公布。前后半年时间，历经学校初评、教育系统复评和北京市评奖委员会终评，北京大学28项成果最终获奖，其中特等奖1项、一等奖7项、二等奖20项。获奖总数和获特等奖数在全市各单位中均居首位。喜获特等奖的是九卷本《中国儒学史》（哲学系汤一介、李中华主编），该书是教育部哲学社会科学研究重大课题攻关项目"《儒藏》编纂与研究"的阶段性成果，其中包括项目首席专家汤一介先生的长篇总序，下分为：《先秦卷》（王博）、《两汉卷》（许抗生等）、《魏晋南北朝卷》（李中华）、《隋唐卷》（陈启智）、《宋元卷》（陈来、杨立华等）、《明代卷》（张学智）、《清代卷》（汪学群）、《近代卷》（张耀南）、《现代卷》（胡军），全书共450万字，历经八年完成。喜获一等奖的7项成果是《政府政策改变的福利分析方法与应用》（光华管理学院龚六堂）、《气候变化与中国国家安全》（国际关系学院张海滨）、《博士质量：概念、评价与趋势》（教育学院陈洪捷）、《公法变迁与合法性》（法学院沈岿）、《汉魏乐府艺术研究》（中国语言文学系钱志熙）、《印度中世纪宗教文学（上、下）》（外国语学院唐孟生）和《论贝多芬〈庄严弥撒〉》（艺术学院刘小龙）。

2. 第六届吴玉章人文社会科学奖。2012年10月3日，第六届吴玉章人文社会科学奖暨终身成就奖颁奖典礼在中国人民大学世纪馆举行，我校汤一介教授荣获2012年首次设立的"人文社会科学终身成就奖"。厉以宁教授《罗马——拜占庭经济史》一书获得特等奖；获得一等奖的是闵维方等《教育投入、资源配置与人力资本收益——中国教育与人力资源问题研究》、陈兴良《刑法哲学》；获得优秀奖的是朱良志《真水无香》、阎步克《从爵本位到官本位：秦汉官僚品位结构研究》、王洪君《汉语非线性音系学——汉语的音系格局与单字音（增订版）》、胡泳《众声喧哗：网络时代的个人表达与公共讨论》。

3. 成果要报。社会科学部组织专家学者服务党和国家工作大局、服务国家战略，许多学者及其研究成果受到中央领导同志和有关部门重视并得到表彰，其中2011—2012年度得到全国哲学社会科学规划办公室通报表彰的有：

人口研究所郑晓瑛教授担任首席专家的国家社科基金重大项目阶段性研究成果《建立综合性社会化残疾预防机制势在必行》、经济学院施建淮教授研究成果《我国参与欧债危机救援的原则和策略》、国家发展研究院卢锋教授研究成果《关于我国就业转型的几点思考》、光华管理学院朱善利教授研究成果《推动我国村镇银行健康发展的对策建议》等。

【科研机构】 科研机构（Centers、Programs、Institutes）与院系（Department）有着不同的使命：院系以学科为导向，在学科的基础上构建院系，院系具有相对稳定的特征；科研机构以问题为导向，应现实需要，组建各种机制灵活的"机构"弥补学科（院系）之不足。目前北京大学的文科科研机构主要包括三类：第一类，校级虚体机构；第二类，各类省部级重点研究基地；第三类，新体制的创新机构。

1. 虚体机构。2012年，在《北京大学人文社会科学研究机构管理办法》的指导下，全校虚体研究机构的科学研究、制度建设、队伍建设有序进行、良性运转。截至2012年12月31日，全校共有校级虚体机构246个，其中2012年度新成立的校级机构3个，分别是：北京大学英国研究中心、北京大学马克思主义文献研究中心、北京大学中国政府创新研究中心；撤销机构3个，分别是：北京大学历史人物研究中心、北京大学现代中国研究中心、北京大学和谐社会研究中心。

2. 重点研究基地。北京大学现有教育部哲学社会科学重点研究基地13个，另有北京市哲学社会科学、文化部、国家体育总局、国家汉办、全国妇联、国家版权局基地各1个。在这些基地中，13个教育部重点研究基地尤为重要，2012年，在重点研究基地主任换届、项目申报创新、基地自设项目、主任交流机制、落实"十二五"规划等方面，开展了系列工作。

表8-50 2012年北京大学教育部哲学社会科学重点研究基地情况

基地名称	基地主任	基地批准时间	批次
中国古文献研究中心	廖可斌	1999年12月15日	1
中国特色社会主义理论研究中心	杨 河	2000年9月25日	2
中国语言学研究中心	陈保亚	2000年9月25日	2
教育经济研究所	闵维方	2000年9月25日	2
外国哲学研究所	尚新建	2000年9月25日	2
中国考古学研究中心	徐天进	2000年9月25日	2
中国社会与发展研究中心	邱泽奇	2000年9月25日	2
东方文学研究中心	王邦维	2000年12月26日	3
政治发展与政府管理研究所	谢庆奎	2000年12月26日	3
中国古代史研究中心	荣新江	2000年12月26日	3
美学与美育研究中心	朱良志	2004年11月26日	5
宪法与行政法研究中心	姜明安	2004年11月26日	5
中国经济研究中心	姚 洋	2004年11月26日	5

（1）基地主任换届工作顺利开展。根据教育部规定，基地主任由依托高校校长聘任，每届任期四年，期满需要进行主任换届。基地主任在基地建设中起着协调各方、综合统筹的作用，所以换届成为基地工作的重点。由于各基地历史沿革、学科差异各不相同，每个基地的主任换届工作都有不同的要求和特点，因此这项工作复杂艰巨。2012年3月，社会科学部组织召开基地主任研讨会，拉开了主任换届工作的帷幕，各基地主任围绕社会主义文化大发展大繁荣进行了热烈讨论，就基地建设进行了深入研讨，提出了若干有针对性的意见和建议。2012年下半年，校长助理李强、社会科学部常务副部长萧群等出席基地各类会议会谈50余场（次）。通过对各基地进行深入摸底、差异比较、客观分析和科学决策，创新了组织考核、民意测评、换届会议等环节，保证了整个工作的有序平稳进行。至2012年年底已基本完成主体工作，整个换届工作圆满结束。

（2）基地科研工作稳步推进。2012年新获立22个教育部基地重大项目，中期检查和结项工作也有序开展。新立的项目和预结的项目分别由各课题组组织召开开题和结项学术研讨会,课题组和与会专家就课题研究展开了自由讨论,对促进课题组内外的学术沟通、完善项目研究、建成开放式平台起到了积极作用。除了基地重大项目以外,各基地还积极申报其他各类国家级纵向项目,并为基地学术未来发展设立了基地自主研究项目,放宽了项目负责人职务职级限制,放宽了项目研究的时限,以项目带研究、促合作、聚人才,充分发挥项目的灵活性和项目之间的相互关联与深化扩展,构造项目群,进一步明确了基地的学术发展规划,保持可持续发展。

(3) 基地自身积极为北大文科创一流做出贡献。2012年,除基地自身的常规建设和发展外,各基地在承担国家课题任务、举办高水平学术会议、搭建中青年学者交流平台方面做了较多工作,并取得了显著成效,荣获了众多国家各类奖项。① 基地专职研究人员积极申报国家级重大课题,为北京大学的人文社科水平的提升做出了积极贡献。东方文学研究中心的王一丹、张玉安、段晴教授分获得2010、2011、2012年度国家社科基金重大项目(五族谱、东方文化史、和阗出土文献研究)。② 各基地积极组织高水平的学术会议,向国内外同行展现了自身的学术水平和基地风采。教育经济研究所主办了以"世界经济变化中的教育发展:质量、公平与效率"为主题的教育经济学高层国际论坛暨2012年中国教育经济学年会;中国经济研究中心结合党的十八大精神,主办了"未来十年的中国"跨学科研讨会。③ 基地积极提供条件,搭建国内外中青年学者的交流平台。外国哲学研究所作为学术研究和国内中青年哲学学者的培养基地,发展出一个重要交流平台——"周五哲坛"。先后有十几位中青年哲学专业学者在这一舞台上展示自己的成果,该平台成为基地最受老师和同学欢迎的特色项目。它的开创,不仅促进了外国哲学学科人才的培养,还为外国哲学研究的中文学界提供了新的研究规范。④ 基地研究人员荣获各项国际国内奖项,为北京大学人文社科的地位提升贡献了力量。教育经济研究所闵维方教授的《教育投入、资源配置与人力资本收益——中国教育与人力资源问题研究》一书,是教育部哲学社会科学研究重大课题攻关项目第二阶段成果,近年来获得一系列奖项:第四届全国教育科学研究优秀成果奖一等奖、中国教育发展战略学会"教育发展战略研究优秀科研成果奖"一等奖、第六届吴玉章人文社会科学一等奖等。中国古代史研究中心荣新江等主编的《新获吐鲁番出土文献》、朱凤瀚的《中国青铜器综论》同时获第二届中国出版政府奖图书奖。荣新江主编的《向达先生敦煌遗墨》获第26届全国优秀古籍图书奖一等奖。东方文学研究中心唐孟生教授的《印度宗教文学》获得2012年北京市哲学社会科学优秀成果奖一等奖,林丰民教授的《阿拉伯文学》获得2012年北京市哲学社会科学优秀成果奖二等奖,段晴教授的博士生叶少勇的论文获得2011年全国优秀博士学位论文奖,张玉安教授的博士生史阳的论文获得2012年北京市优秀博士学位论文奖等。

3. 新体制机构。北京大学先后于2006年、2008年和2011年,分别成立了中国社会科学调查中心、北京大学高等人文研究院和北京大学西方古典学中心等机构,开始进行新体制机构方面的探索。2012年新体制机构的建设重点主要围绕"2011计划"协同创新中心的建设。2012年3月,教育部、财政部联合出台了《关于实施高等学校创新能力提升计划的意见》,简称"2011计划"。这是继211、985工程之后,国家层面为进一步深化高等教育体制改革,提升高等学校创新能力,全面提高高等教育质量采取的又一项重要战略举措。为了贯彻落实"2011计划",北京大学人文社会科学领域启动了若干协同创新体的培育组建工作。2012年9月3日,北京大学、南开大学、中国社会科学院欧洲研究所(简称"两校一所")在北京大学中关新园联合举行"世界文明与区域研究协同创新中心"培育启动仪式。会议详细介绍了中心组建的情况,宣读了中心理事会、咨询委员会、学术和招聘委员会、管理委员会及平台主任名单,签署了《关于组织机构与管理运行机制的协议》等四项组建协议。教育部、中央外事办公室、外交部、相关研究机构的领导,中心各委员会主要成员,两校一所的教师和学生代表以及媒体记者百余人出席了会议。教育部副部长李卫红在讲话中高度肯定了以人才培养为核心、贯彻三位一体的中心建设思路,希望两校一所通过强强联合、协作攻关,切实打破体制壁垒,实现综合创新。"世界文明与区域研究协同创新中心"按照"2011计划"中"以人才、学科、科研三位一体的创新能力提升为核心"的要求,致力于将语言训练与人文社会科学学科知识紧密结合,将历史研究、理论研究与现状研究紧密结合,探索建立以语言为基础、多学科交叉的"区域研究"学科体系;创建涵盖本科、硕士、博士以及博士后、留学生、研修学员的一整套新型人才培养模式;以国家急需的重大现实问题引领科研方向,构建若干重要的区域研究平台,成为国家对外政策决策的重要智库、引领国内世界文明与区域研究领域学术研究的重要基地以及与国际学术界和智库交流的重要机构。除此之外，结合学校985三期规划，北京大学人文社会科学方面正在牵头培育传统文化与人文中国协同创新中心、马克思主义与中国文化协同创新中心，并正在酝酿建设经济领域和实证社会科学领域的协同创新中心。按照先行先试的原则，各中心将成熟一个、建立一个。同时北京大学也参与组建了若干个由其他高校牵头的协同创新中心。

【人才工作】 1. 新世纪人才工作。2012年5—7月，根据教育部有关通知精神，北京大学举行了2008年度新世纪优秀人才结项鉴定工作。北京大学2008年度共有12位文科教师入选教育部"新世纪优秀人才支持计划"，分别是徐凤林、董强、李杨、陈贻绎、罗新、张博、雷明、唐方方、方文、王锡锌、王勇、蒋凯，各位教师根据通知要求，认真填写结项报告、总结工作收获，并都顺利通过验收。12月，2012年度教育部"新世纪优秀人才支持计划"入选者名单公布，北京大学文科院系共有6名学者入选，分别是：中文系詹卫东、哲学系杨立华、考古文博学院孙庆伟、教育学院鲍威、光华管理学院岳衡、政府管理学院陆军。

2. 哲学社会科学骨干研修班。1月中旬，北京大学共报送6个期次14位正高级教师参加由中央五部委联合举办的"全国高校哲学社会科学教学科研骨干研修班"的学习；3月，按中共北京市委组织部、宣传部、教育工作委员会、党校、教委、财政局联合发布的《北京市哲学社会科学教学科研骨干研修工作规划（2010—2014）》通知要求和2012年的具体工作意见，社会科学部联合学校党委宣传部组织了我校55岁以下、副教授以上教学科研骨干共35人，分期分批参加北京市委党校和海淀区委党校的脱产学习。

【科研管理活动】 1. 人文社会科学工作会议。2012年11月16日至18日，北京大学举行人文社会科学发展工作会议。本次会议是北京大学学习传达党的十八大精神暨推进文化建设与人文社会科学发展工作会议的重要组成部分。会议就贯彻落实中国共产党第十八次全国代表大会、北京大学第十二次党代会精神，加强人文社会科学学科建设和科学研究的政策与措施进行了深入交流和研讨。会议总结了2011年至2012年北京大学人文社会科学领域取得的成绩，深入分析了全校人文社会科学发展面临的各种问题与挑战。专题研讨了人文社会科学人才队伍建设、构建跨学科研究平台、常规科研工作等问题，还专门表彰了在2011—2012年度科研工作中工作成绩突出的教师。党委书记朱善璐、校长周其凤、常务副校长王恩哥、副校长刘伟、秘书长杨开忠、总会计师闫敏、研究生院院长陈十一、校长助理李强、黄桂田等学校领导，人文社科各院系、教育部重点研究基地和职能部门负责人、科研骨干、科研秘书等百余人参加会议。刘伟副校长和李强校长助理分别主持了会议。李强校长助理在会上作了《勇担使命、攻坚克难、全面开创人文社会科学发展新局面》的主题报告。报告在明确人文社会科学使命和定位的基础上，深度剖析了北京大学人文社会科学发展的现状和面临的各种挑战，提出了进一步促进人文社会科学发展的六大重要举措——重视基础研究，加强基础学科建设；鼓励交叉研究，构建跨学科研究平台；加强政策研究，构建高水平智库；加强人文社会科学人才队伍建设；体制机制创新；加大投入力度。

2. 李长春参观北京大学人文社会科学成果展。2012年5月3日，中共中央政治局常委李长春，中共中央政治局委员、北京市委书记刘淇，中共中央政治局委员、国务委员刘延东来到北京大学参观了北京大学人文社会科学成果展，与吴树青、袁行霈、沙健孙、叶朗等老教授和青年教师、学生代表亲切交流，并与1400余名师生一起观看原创歌剧《钱学森》。访问期间，李长春同志做出重要指示，他希望北京大学以深入贯彻落实党的十七届六中全会精神为强大动力，紧密结合中国特色社会主义生动实践，不断增强理论自觉和理论自信，大力推动哲学社会科学创新工程，多出优秀成果，多出高素质人才，更好地服务经济社会发展。他勉励北京大学广大师生把继承北大优良传统与学习钱学森同志紧密结合起来，深入学习钱学森同志爱党爱国的政治品格、严谨求实的科学态度、开拓进取的创新精神、无私奉献的高尚情操，不断赋予新的时代内涵，努力形成崇尚科学、追求创新的浓厚氛围，为提高自主创新能力、推动经济社会又好又快发展做出新的更大贡献。党委书记朱善璐等校领导陪同参观及观看演出，刘伟副校长简要汇报了人文社会科学成果展的具体内容，李强校长助理、郭建宁院长等参与汇报。本次人文社会科学成果展共分为人文社会科学概况，加强马克思主义研究，构建社会主义核心价值体系，构建跨学科交叉研究平台、探索文化传承创新新模式，服务文化产业发展战略、担当国家文化建设智库，关注重大现实问题、促进社会科学发展，推动中国文化走出去、增强国际学术影响力六个部分，以图片和实物的形式集中展示了近年来北京大学人文社会科学所取得的各项成就。

3. 社会科学部获 2011 年度高校信息工作先进单位。2012 年年初,教育部社科司通知表彰高校哲学社会科学信息工作先进单位,北京大学社会科学部以总分 41.7 分的成绩,继 2010 年度被评为全国高校信息工作第一名后,蝉联 2011 年度全国高校信息工作冠军。教育部同时还公布了"2011 年度高校哲学社会科学研究优秀咨询报告"评选入选者名单,该评选从 2011 年度各高校报送的 670 篇《专家建议》稿件中,评出优秀咨询报告 88 篇(含 30 篇被采用的)。在评选时间内,我校共报送《专家建议》11 篇,其中 5 篇入选优秀咨询报告(含 4 篇被采用的),优秀报告入选率和被采用篇数均居全国高校首位。

表 8-51　2012 年度北京大学文科纵向科研课题立项名单

项目名称	负责人	所在部门	项目类别	预期成果形式	预计完成时间
当今时代文化发展的新特点新趋势研究	丰子义	哲学系	全国哲学社会科学规划办公室(重大)	专著	2016.12
加快公共文化立法,提高文化建设法制化水平研究	李国新	信息管理系	全国哲学社会科学规划办公室(重大)	专著	2015.05
中国解释学史	王　博	哲学系	全国哲学社会科学规划办公室(重大)	专著	2015.12
基于多学科视域的认知研究	周北海	哲学系	全国哲学社会科学规划办公室(重大)	专著	2017.12
《元典章》校释与研究	张　帆	历史学系	全国哲学社会科学规划办公室(重大)	专著	2017.12
周原地区商周时期的聚落与社会研究	雷兴山	考古文博学院	全国哲学社会科学规划办公室(重大)	专著	2015.08
史前时期中西文化交流研究	李水城	考古文博学院	全国哲学社会科学规划办公室(重大)	专著	2017.12
汉语国际教育背景下的汉语意合特征研究与大型知识库和语料库建设	袁毓林	中国语言文学系	全国哲学社会科学规划办公室(重大)	专著、数据库	2017.12
新疆丝路南道所遗存非汉语文书释读与研究	段　晴	外国语学院	全国哲学社会科学规划办公室(重大)	专著	2016.12
邓州八里岗仰韶聚落研究与报告编写	张　弛	考古文博学院	全国哲学社会科学规划办公室(重大)	专著	2017.12
面向网络文本的多视角语义分析方法、语言知识库及平台建设研究	王厚峰	计算语言学研究所	全国哲学社会科学规划办公室(重大)	论文集、数据库	2017.12
中国汉代图像数据库与《汉画总录》编撰研究	朱青生	艺术学院	全国哲学社会科学规划办公室(重大)	专著、数据库	2020.12
欧美留学生汉语语块的认知加工实验研究	鹿士义	对外汉语教育学院	全国哲学社会科学规划办公室(一般)	研究报告	2015.10
国际汉语教师专业发展模式研究	王添淼	对外汉语教育学院	全国哲学社会科学规划办公室(一般)	专著、研究报告	2014.12
网络纠纷解决机制研究	高　薇	法学院	全国哲学社会科学规划办公室(青年)	专著	2015.03
我国死刑政策的反思与调整	梁根林	法学院	全国哲学社会科学规划办公室(一般)	研究报告	2015.12
公共财政监督法律制度研究	刘剑文	法学院	全国哲学社会科学规划办公室(重点)	专著	2015.09

续表

项目名称	负责人	所在部门	项目类别	预期成果形式	预计完成时间
物权法中登记对抗制度实施问题研究	龙 俊	法学院	全国哲学社会科学规划办公室(青年)	专著	2015.02
中资企业在东南亚投资大型工程项目政治风险评估研究	查道炯	国际关系学院	全国哲学社会科学规划办公室(一般)	研究报告、专题论文集	2014.12
中亚能源外交与中亚——我国天然气管道风险防范研究	程春华	国际关系学院	全国哲学社会科学规划办公室(青年)	专著	2015.01
原苏东社会主义国家的现状和社会主义思潮研究	孔凡君	国际关系学院	全国哲学社会科学规划办公室(重点)	专著	2015.06
伊斯兰力量在巴基斯坦的政治参与研究	钱雪梅	国际关系学院	全国哲学社会科学规划办公室(一般)	专著	2014.09
贸易差额数据鸿沟与中美贸易利益分配评估研究	段世德	经济学院	全国哲学社会科学规划办公室(青年)	专题论文集、研究报告	2014.12
我国专利制度、企业专利战略与经济技术发展研究	叶静怡	经济学院	全国哲学社会科学规划办公室(一般)	专题论文集、研究报告	2015.12
新石器时代墓葬和祭祀坑集中埋藏猪下颌现象的研究——以河南邓州八里岗遗址为个案	王 华	考古文博学院	全国哲学社会科学规划办公室(青年)	研究报告	2013.12
秦汉墓葬的结构类型与区域变迁研究	杨哲峰	考古文博学院	全国哲学社会科学规划办公室(一般)	专著	2015.03
美国早期政治文化的演变研究	李剑鸣	历史学系	全国哲学社会科学规划办公室(重点)	专著	2015.06
蛮族王国的兴起与中世纪早期基督教史学	李隆国	历史学系	全国哲学社会科学规划办公室(一般)	专题论文集	2015.12
历史学视野中的正统论——以华夷观念为中心	刘浦江	历史学系	全国哲学社会科学规划办公室(一般)	专著	2015.06
鸦片战争以前北京与西方文明研究	欧阳哲生	历史学系	全国哲学社会科学规划办公室(一般)	专著	2014.07
中国科举制度通史及其专题研究	张希清	历史学系	全国哲学社会科学规划办公室(重点)	专著、专题论文集	2015.12
德国宗教改革时期国家与教会关系变迁研究	朱孝远	历史学系	全国哲学社会科学规划办公室(一般)	专著	2015.12
建立适应人口老龄化形势的社区医疗卫生服务模式研究	黄成礼	人口研究所	全国哲学社会科学规划办公室(一般)	研究报告	2014.06
下岗职工集体行动的理性疏导及妥善应对研究	李晓非	社会学系	全国哲学社会科学规划办公室(青年)	研究报告	2015.02
青少年流动人口心理健康与发展研究	周 皓	社会学系	全国哲学社会科学规划办公室(一般)	研究报告	2014.12
基于用户视角的数字资源质量管理实务研究	刘素清	图书馆	全国哲学社会科学规划办公室(一般)	研究报告	2015.12
数字图书馆动态知识管理研究	周义刚	图书馆	全国哲学社会科学规划办公室(青年)	专题论文集、电脑软件	2015.12
弥尔顿在中国的跨文化之旅研究	郝田虎	外国语学院	全国哲学社会科学规划办公室(一般)	专著	2015.12
中国城乡数字鸿沟及其对城市化进程的影响研究	韩圣龙	信息管理系	全国哲学社会科学规划办公室(一般)	研究报告	2015.02
医务社工的角色定位与功能整合研究	冯 文	医学部	全国哲学社会科学规划办公室(一般)	专著、研究报告	2015.12
青蒿素研发中的管理模式与科研评价研究	张大庆	医学部	全国哲学社会科学规划办公室(一般)	研究报告	2014.09

续表

项目名称	负责人	所在部门	项目类别	预期成果形式	预计完成时间
描述论和直接指称论之争——回顾、批判与建构	陈波	哲学系	全国哲学社会科学规划办公室(重点)	专题论文集	2015.12
《资本论》及其手稿哲学思想再研究	聂锦芳	哲学系	全国哲学社会科学规划办公室(一般)	专著	2015.05
古印度主要哲学经典研究	姚卫群	哲学系	全国哲学社会科学规划办公室(一般)	专著	2015.12
道教心性学研究	郑开	哲学系	全国哲学社会科学规划办公室(一般)	专著	2015.06
中国现代政治学学科和学术发展的起源、演变与发展研究	金安平	政府管理学院	全国哲学社会科学规划办公室(重点)	专著	2015.12
产业转移的空间过程及区域空间结构优化政策研究	刘霄泉	政府管理学院	全国哲学社会科学规划办公室(青年)	研究报告	2015.12
中国快速城市化进程中的城市水安全战略研究	许英明	政府管理学院	全国哲学社会科学规划办公室(青年)	专题论文集、研究报告	2015.12
清初京城诗坛研究	白一瑾	中国语言文学系	全国哲学社会科学规划办公室(青年)	专著	2014.09
"中国问题"与"中国经验"——新时期文艺理论研究	金永兵	中国语言文学系	全国哲学社会科学规划办公室(一般)	专著	2015.07
呈现语言真实面貌：嘉戎语参考语法	林幼菁	中国语言文学系	全国哲学社会科学规划办公室(青年)	专著	2015.11
宋代经学佚著辑考汇释	吴国武	中国语言文学系	全国哲学社会科学规划办公室(一般)	专著	2015.12
语言知识资源的可视化技术研究	詹卫东	中国语言文学系	全国哲学社会科学规划办公室(一般)	专题论文集	2014.12
中国住房保障法律制度：路径依赖与创新	楼建波	法学院	教育部人文社科项目	论文、咨询报告	2015.12
股权结构、定向增发与投资者保护	张然	光华管理学院	教育部人文社科项目	著作、论文	2015.12
金融化和投机对国际油价的影响：基于行为金融学的视角	黄卓	国家发展研究院	教育部人文社科项目	论文、咨询报告	2015.01
世界主要国家教育财政比较与中国借鉴	刘强	教育学院	教育部人文社科项目	论文、咨询报告	2013.09
可再生能源产业融资风险管理与政策支持体系构建——基于生命周期理论的研究	李虹	经济学院	教育部人文社科项目	论文、咨询报告	2013.12
基于死亡率风险的寿险证券化理论与实证研究	谢世清	经济学院	教育部人文社科项目	著作、论文	2014.12
我国消费金融体系构建研究	杨鹏艳	经济学院	教育部人文社科项目	论文、咨询报告	2013.12
人口转变条件下公共卫生需求及其对策研究	任强	人口研究所	教育部人文社科项目	论文、咨询报告	2014.12
弹性规划的实践演进与理论建构——基于深圳市城市规划实践(1979—2011)	刘堃	深圳研究生院	教育部人文社科项目	论文	2014.12
大学体育中生命安全教育培训方案的研究	王东敏	体育教研部	教育部人文社科项目	著作、论文	2013.09
中国周边国家文献的国家保障研究	关志英	图书馆	教育部人文社科项目	论文、咨询报告	2014.12
俄罗斯语篇语言学研究综论	王辛夷	外国语学院	教育部人文社科项目	著作、论文	2014.12

续表

项目名称	负责人	所在部门	项目类别	预期成果形式	预计完成时间
国家在城市基层社会中的权力实现与话语传播——基于北京市某居委会运作的分析	王迪	新闻与传播学院	教育部人文社科项目	论文、咨询报告	2014.12
大学生HIV咨询检测行为意向及需求研究	朱广荣	医学部	教育部人文社科项目	论文、咨询报告	2014.08
我国大学生性观念现状研究——高校思想政治工作面临的新挑战	刘新芝	医学部	教育部人文社科项目	论文	2014.08
叶圣陶与中国现代语文教育	商金林	中国语言文学系	教育部人文社科项目	著作、论文	2014.09
现代汉语述补结构网络数据库的构建与应用	詹卫东	中国语言文学系	教育部人文社科项目	论文、电子出版物、专利	2013.12
产业升级背景下我国特大城市经济空间组织演化与优化对策研究——以北京为例	刘霄泉	政府管理学院	教育部人文社科项目	论文	2014.12
数字、网络技术在科研诚信和学风建设中作用研究	汪琼	教育学院	教育部专项项目	论文、咨询报告、电子出版物	2013.12
高校学生文明上网研究——以大学生媒介素养教育为抓手的探索	蒋广学	学生工作部	教育部专项项目	论文	2012.12
思政工作专项任务项目	安国江	保卫部	教育部专项项目	研究报告	2012.12
新疆双语教育发展与现存问题调研报告	马戎	社会学系	教育部专项项目	研究报告	2012.12
中东北非问题研究	王逸舟	国际关系学院	教育部专项项目	研究报告	2012.12
新疆稳定问题研究	钱雪梅	国际关系学院	教育部专项项目	研究报告	2012.12
中国健康转变和健康发展模式研究	郑晓瑛	人口研究所	教育部后期资助项目	著作	2013.12
日本劳动法研究	叶静漪	法学院	教育部后期资助项目	著作	2013.12
中国社会转型期的居民信用管理和公共服务体系建设研究	章政	经济学院	教育部重大攻关项目	著作	2015.12
生态文明与中国特色社会主义	夏文斌	中国特色社会主义理论研究中心	教育部研究基地重大项目	著作	2015.12
日本近代文论在中国的译介与接受研究	李强	东方文学研究中心	教育部研究基地重大项目	著作	2015.12
阿拉伯现当代文学与社会文化变迁	林丰民	东方文学研究中心	教育部研究基地重大项目	著作	2015.12
龟兹石窟寺院调查与研究	林梅村、魏正中	中国考古学研究中心	教育部研究基地重大项目	著作	2015.12
魏晋南北朝士人活动与审美范畴建构	袁济喜	美学与美育研究中心	教育部研究基地重大项目	著作	2015.12
中国低生育率研究	郭志刚	中国社会与发展研究中心	教育部研究基地重大项目	著作	2015.12
居住空间的更新与治理：城镇扩张中的社会管理	朱晓阳	中国社会与发展研究中心	教育部研究基地重大项目	著作	2015.12
非存在对象的名字与新梅农主义研究	叶闯	外国哲学研究所	教育部研究基地重大项目	著作	2015.12

续表

项目名称	负责人	所在部门	项目类别	预期成果形式	预计完成时间
基于心灵与认知观的逻辑与数学哲学研究	叶 峰	外国哲学研究所	教育部研究基地重大项目	著作	2015.12
《政府信息公开条例》的实施与改进	余凌云	宪法与行政法研究中心	教育部研究基地重大项目	著作	2015.12
公益征收研究	张树义	宪法与行政法研究中心	教育部研究基地重大项目	著作	2015.12
汉语名词短语(DP)的内部构造	沈 阳	中国语言学研究中心	教育部研究基地重大项目	著作	2015.12
近代汉语虚词系统研究	杨荣祥	中国语言学研究中心	教育部研究基地重大项目	著作	2015.12
人大制度改革与责任政府构建的理论与实践研究	谢庆奎	政治发展与政府管理研究所	教育部研究基地重大项目	著作	2015.12
政治心理学:一门学科和一种资源	王丽萍	政治发展与政府管理研究所	教育部研究基地重大项目	著作	2015.12
北平图书馆旧藏宋元版研究——近代版本学发展史研究之一	桥本秀美	中国古代史研究中心	教育部研究基地重大项目	著作	2015.12
晚唐五代社会文化的转型	陆 扬	中国古代史研究中心	教育部研究基地重大项目	著作	2015.12
教育机会均等的实证研究	沈 艳	教育经济研究所	教育部研究基地重大项目	著作	2015.12
高职院校的组织转型、培养模式变革与毕业生就业力的多案例研究	郭建如	教育经济研究所	教育部研究基地重大项目	著作	2015.12
从观礼朝圣到行蛮貊之邦——朝鲜燕行使与《燕行录》研究	漆永祥	中国古文献研究中心	教育部研究基地重大项目	著作	2015.12
美国政府财政和债务危机及其对我国经济的影响	张 帆	中国经济研究中心	教育部研究基地重大项目	著作	2015.12
高中入学决策与教育回报不确定性	赵耀辉	中国经济研究中心	教育部研究基地重大项目	著作	2015.12
北京市人口家庭老龄化对储蓄、消费和社会保障的影响研究	姚 洋	国家发展研究院	北京市哲学社会科学规划办公室(重点)	研究报告、论文集	2013.09
创造性介入理论:中国和平发展的一种前瞻性探索	王逸舟	国际关系学院	北京市哲学社会科学规划办公室(重点)	研究报告、其他	2014.09
北京精神传播创新研究	夏文斌	马克思主义学院	北京市哲学社会科学规划办公室(重点)	研究报告	2013.06
北京城市公用事业价格规制及政府补贴管理研究	张鹏飞	经济学院	北京市哲学社会科学规划办公室(一般)	论文集	2015.12
北京农产品价格形成机制研究	董志勇	经济学院	北京市哲学社会科学规划办公室(一般)	研究报告	2014.05
马克思主义中国化时代化大众化的路径与方法	郭建宁	马克思主义学院	北京市哲学社会科学规划办公室(一般)	专著	2015.04
台湾社会结构演变及其对两岸关系和平发展的影响	张植荣	国际关系学院	北京市哲学社会科学规划办公室(一般)	专著	2014.12

续表

项目名称	负责人	所在部门	项目类别	预期成果形式	预计完成时间
西文古籍中清代北京老照片及图片的整理及研究	张红扬	图书馆	北京市哲学社会科学规划办公室（一般）	专著	2014.06
北京市农家书屋创新与长效机制研究	许欢	信息管理系	北京市哲学社会科学规划办公室（一般）	研究报告	2014.12
清代宫廷戏曲研究	黄卉	中国语言文学系	北京市哲学社会科学规划办公室（一般）	专著	2014.12
《资本论》与历史唯物主义的新探索	仰海峰	哲学系	北京市哲学社会科学规划办公室（一般）	论文集	2015.12
当代条件下艺术公赏力研究	王一川	艺术学院	北京市哲学社会科学规划办公室（一般）	专著	2014.06
北京市金融产业竞争力发展研究	张亚光	经济学院	北京市哲学社会科学规划办公室（青年）	研究报告	2014.05
北京市人才培养与产业结构双调整研究——基于高校毕业生调查数据	蒋承	教育学院	北京市哲学社会科学规划办公室（青年）	论文集	2013.12
北京市统筹城乡医疗保障制度对财政体系的影响研究	蒋云赟	经济学院	北京市哲学社会科学规划办公室（青年）	论文集	2014.12
机器翻译理论框架下的汉俄篇章语义对比研究	胡连影	外国语学院	北京市哲学社会科学规划办公室（青年）	研究报告	2014.04
北京市高校人才培养与产业结构调整的耦合机制研究	蒋承	教育学院	北京市教育科学规划项目（青年）	研究报告	2014.12
对中小学生健康素养的评价研究	余小鸣	医学部	北京市教育科学规划项目（重点）	研究报告	2014.12
北京市中小学数字校园建设对教与学的影响研究	吴筱萌	教育学院	北京市教育科学规划项目（重点）	研究报告	2014.12
学生身体活动影响因素与综合干预策略、措施研究	李榴柏	医学部	北京市教育科学规划项目（重点）	研究报告	2014.12
虚拟教学管理团队的领导力研究	郭文革	教育学院	北京市教育科学规划项目（重点）	研究报告	2014.12

表8-52 2012年北京大学获北京市第十二届哲学社会科学优秀成果奖名单

成果名称	奖项等级	成果形式	所在单位	负责人
中国儒学史（九卷本）	特等奖	著作	哲学系	汤一介
政府政策改变的福利分析方法与应用	一等奖	著作	光华管理学院	龚六堂
气候变化与中国国家安全	一等奖	著作	国际关系学院	张海滨
博士质量：概念、评价与趋势	一等奖	著作	教育学院	陈洪捷
公法变迁与合法性	一等奖	著作	法学院	沈岿
汉魏乐府艺术研究	一等奖	著作	中国语言文学系	钱志熙
印度中世纪宗教文学（上、下）	一等奖	著作	外国语学院	唐孟生
论贝多芬《庄严弥撒》	一等奖	著作	艺术学院	刘小龙
简帛文明与古代思想世界	二等奖	著作	哲学系	王中江

续表

成果名称	奖项等级	成果形式	所在单位	负责人
语言·意义·指称：自主的意义与实在	二等奖	著作	哲学系	叶 闯
新时期首都外国人口服务管理面临的问题及对策	二等奖	调研报告	社会学系	陆杰华
Exporting Behavior of Foreign Affiliates：Theory and Evidence	二等奖	论文	光华管理学院	路江涌
劳动就业与反贫困问题研究	二等奖	著作	经济学院	夏庆杰
世界城市研究	二等奖	著作	政府管理学院	陆 军
当代中国的发展哲学——科学发展观的哲学解读	二等奖	著作	马克思主义学院	夏文斌
后危机时期影响美国对外政策走向的内外因素及其对中美关系的影响	二等奖	调研报告	国际关系学院	王缉思
中国奥运经济波动与各届奥运经济周期性的特点比较分析	二等奖	论文	体育教研部	张 锐
《侵权责任法》保护的民事权益	二等奖	论文	法学院	葛云松
中国刑事司法鉴定制度实证调研报告	二等奖	论文	法学院	汪建成
宗教改革与德国近代化道路	二等奖	著作	历史学系	朱孝远
The Emergence of Agriculture in Southern China	二等奖	论文	考古文博学院	张 弛
六朝墓葬的考古学研究	二等奖	著作	考古文博学院	韦 正
A Pictorial Record of the Qing Dynasty：Qing Dynasty Architecture	二等奖	著作	图书馆	张红扬
作为学科的文学史	二等奖	著作	中国语言文学系	陈平原
从形式回到历史——20世纪西方文论与学科体制探讨	二等奖	著作	外国语学院	周小仪
中国文学与阿拉伯文学比较研究	二等奖	著作	外国语学院	林丰民
中国农村居民媒体接触与消费行为研究报告	二等奖	调研报告	新闻与传播学院	陈 刚
从幽燕都会到中华国都——北京城市嬗变	二等奖	著作	城市与环境学院	韩光辉

表 8-53　北京大学获第六届吴玉章人文社会科学优秀成果奖名单

成果名称	奖项等级	学科	所在单位	获奖者
罗马——拜占庭经济史	特等奖	经济学	光华管理学院	厉以宁
教育投入、资源配置与人力资本收益——中国教育与人力资源问题研究	一等奖	教育学	教育学院	闵维方
刑法哲学	一等奖	法学	法学院	陈兴良
真水无香	优秀奖	哲学	哲学系	朱良志
从爵本位到官本位：秦汉官僚品位结构研究	优秀奖	历史学	历史学系	阎步克
汉语非线性音系学——汉语的音系格局与单字音（增订版）	优秀奖	中国语言文学	中国语言文学系	王洪君
众声喧哗：网络时代的个人表达与公共讨论	优秀奖	新闻学	新闻与传播学院	胡 泳

表 8-54　北京大学获 2011 年下半年北京市社会科学理论著作出版基金资助著作名单（总第 39 批）

著作名称	申请人	出版社
表达与存在：梅洛·庞蒂现象学研究	宁晓萌	北京大学出版社
全球化背景下金融监管的博弈研究	韩忠亮	北京大学出版社
魏晋南北朝考古研究	韦 正	北京大学出版社
马家塬墓地金银制品技术研究——兼论先秦两汉金银工艺	吴小红 黄 维	北京大学出版社
环境考古学——理论与实践	夏正楷	北京大学出版社
东南亚古代史	梁志明 等 4 人	北京大学出版社
印度近二十年的发展历程	林承节	北京大学出版社
改良与革命：晚清民初史事新探	王晓秋	北京大学出版社
宋代经书注疏刊刻研究	张丽娟	北京大学出版社

表 8-55 北京大学获 2012 年上半年北京市社会科学理论著作出版基金资助著作名单（总第 40 批）

著作名称	申请人	出版社
南画十六观	朱良志	北京大学出版社
现代思想政治教育课程论	宇文利	北京大学出版社
行政监督与制约研究	侯志山 侯志光	北京大学出版社
话本小说叙论——文本诠释与历史构建	刘勇强	北京大学出版社
美国图书馆藏宋元版汉籍研究	卢 伟	北京大学出版社
汉语作格动词的历史演变及相关问题研究	宋亚云	北京大学出版社
德语修养小说研究	谷 裕	北京大学出版社
印度宗教文学	姜景奎 等四人	北京大学出版社
留还是流——我国大学生区域流动行为研究	马莉萍	北京大学出版社
财政赤字的法律控制研究	叶 姗	北京大学出版社
人口迁移与儿童发展的跟踪研究	周 皓	北京大学出版社

表 8-56 北京大学获 2012 年下半年北京市社会科学理论著作出版基金资助著作名单（总第 41 批）

著作名称	申请人	出版社
真实的空间——英国近现代主要诗人所看到的精神境域	丁宏为	北京大学出版社
构成要件论	蔡桂生	中国人民大学出版社

表 8-57 2012 年教育部"新世纪优秀人才支持计划"文科入选者名单

编号	姓名	所属单位	研究方向
NCET-12-0005	岳 衡	光华管理学院	会计学
NCET-12-0017	杨立华	哲学系	中国哲学
NCET-12-0018	陆 军	政府管理学院	区域经济
NCET-12-0020	鲍 威	教育学院	高等教育管理、教育社会学、教育财政
NCET-12-0021	詹卫东	中国语言文学系	语言学
NCET-12-0022	孙庆伟	考古文博学院	中国考古学

表 8-58 2011 年度北京大学人文社科 SSCI、AHCI、SCI 论文奖励院系统计表

单位	成果形式						篇数总计
	Article	Book Review	Editorial Material	News Item	Proceedings Paper	Review	
光华管理学院	52	0	0	0	0	1	53
人口研究所	27	0	0	0	0	0	27
中国语言文学系	2	0	0	0	0	0	2
考古文博学院	5	0	0	0	0	0	5
国家发展研究院	14	0	0	2	0	0	16
教育学院	1	2	0	0	0	0	3
哲学系	5	0	0	0	0	0	5
经济学院	6	0	0	0	0	0	6
历史学系	1	0	0	0	0	0	1
外国语学院	3	0	0	0	0	0	3
社会学系	4	1	0	0	1	0	6
马克思主义学院	0	3	0	0	0	0	3
法学院	1	0	0	0	0	0	1
国际关系学院	4	1	0	0	0	0	5
对外汉语教育学院	1	0	0	0	0	1	2
新闻与传播学院	3	0	0	0	1	0	4
图书馆	1	0	0	0	0	0	1
总计	130	7	2	0	2	2	143

表8-59 2011年度北京大学人文社科SSCI,AHCI,SCI论文奖励名单

院系	作者	文章题目	期刊名称	文章类型
对外汉语教育学院	赵杨	Asymmetric Syntactic and Thematic Reconfigurations in English Speakers' L2 Chinese Resultative Compound Constructions	International Journal of Bilingualism	Article
对外汉语教育学院	赵杨	Review Article: A Tree in the Wood: A Review of Research on L2 Chinese Acquisition	Second Language Research	Review
法学院	刘银良	Patenting Business Methods in the United States and Beyond Globalization of Intellectual Property Protection is Not Always an Easy Game to Play	Iic-International Review of Intellectual Property and Competition Law	Article
光华管理学院	蔡洪滨	Eat, Drink, Firms, Government: An Investigation of Corruption from the Entertainment and Travel Costs of Chinese Firms	Journal of Law & Economics	Article
光华管理学院	陈松蹊	Nonparametric Regression with Discrete Covariate and Missing Values	Statistics and Its Interface	Article
光华管理学院	陈松蹊	On the Approximate Maximum Likelihood Estimation for Diffusion Processes	Annals of Statistics	Article
光华管理学院	陈松蹊	Overconfidence on Public Information	Economics Letters	Article
光华管理学院	陈松蹊	Properties of Census Dual System Population Size Estimators	International Statistical Review	Article
光华管理学院	陈松蹊	Simultaneous Specification Testing of Mean and Variance Structures in Nonlinear time Series Regression	Econometric Theory	Article
光华管理学院	陈松蹊	Simultaneous Specification Testing of Mean and Variance Structures in Nonlinear Time Series Regression	Econometric Theory	Article
光华管理学院	陈松蹊	Tests for High Dimensional Regression Coefficients with Factorial Designs	Journal of the American Statistical Association	Article
光华管理学院	陈玉宇	Circular Migration, or Permanent Stay? Evidence from China's Rural-urban Migration	China Economic Review	Article
光华管理学院	陈玉宇	Quantity, Quality, and Regional Price Variation of Cigarettes: Demand analysis Based on a Household Survey in China	China Economic Review	Article
光华管理学院	龚六堂	Inflation Aversion	Annals of Economics and Finance	Article
光华管理学院	龚六堂	Public Expenditures, Taxes, Federal Transfers, and Endogenous Growth	Journal of Public Economic Theory	Article
光华管理学院	黄涛	Optimal Design of a Pharmaceutical Price-Volume Agreement Under Asymmetric Information About Expected Market Size	Production and Operations Management	Article
光华管理学院	贾春新	Reactivity and Passivity after Enforcement Actions: Better Late Than Never	Journal of Business Ethics	Article
光华管理学院	姜国华	Buy, Lie, or Die: An Investigation of Chinese ST Firms' Voluntary Interim Audit Motive and Auditor Independence	Journal of Business Ethics	Article
光华管理学院	蓝颖杰	Regret in Overbooking and Fare-Class Allocation for Single Leg	M&Som-Manufacturing & Service Operations Management	Article
光华管理学院	蓝颖杰	Some Special Minimum k-geodetically Connected Graphs	Discrete Applied Mathematics	Article
光华管理学院	李晓蓓	Strategic HRM as Process: how HR System and Organizational Climate Strength Influence Chinese Employee Attitudes	International Journal of Human Resource Management	Article

续表

院 系	作 者	文章题目	期刊名称	文章类型
光华管理学院	林莞娟	Patient Knowledge and Antibiotic Abuse: Evidence from an Audit Study in China	Journal of Health Economics	Article
光华管理学院	刘 力	Variable Selection Using Penalized Empirical Likelihood	Science China-Mathematics	Article
光华管理学院	刘 俏	Institutions and Corporate Investment: Evidence from Investment-implied Return on Capital in China	Journal of Financial and Quantitative Analysis	Article
光华管理学院	刘 俏	Intellectual Capital and Financing Decisions: Evidence from the US Patent Data	Management Science	Article
光华管理学院	路江涌	Knowledge Spillovers through Human Mobility Across National Borders: Evidence from Zhongguancun Science Park in China	Research Policy	Article
光华管理学院	路江涌	Motives for Outward FDI of Chinese Private Firms: Firm Resources, Industry Dynamics, and Government Policies	Management and Organization Review	Article
光华管理学院	罗炜,张翼	Bank Ownership and Executive perquisites: New Evidence from an Emerging Market	Journal of Corporate Finance	Article
光华管理学院	孟涓涓	New York City Cab Drivers' Labor Supply Revisited: Reference-Dependent Preferences with Rational-Expectations Targets for Hours and Income	American Economic Review	Article
光华管理学院	任 菲	Information Technology and Firm Boundaries: Impact on Firm Risk and Return Performance	Information Systems Research	Article
光华管理学院	苏 萌	Timing Decisions of New Product Preannouncement and Launch with Competition	International Journal of Production Economics	Article
光华管理学院	涂荣庭	Managing Passenger Behavioral Intention: an Integrated Framework for Service Quality, Satisfaction, Perceived Value, and Switching Barriers	Transportation	Article
光华管理学院	涂荣庭	The Role of Service Value and Switching Barriers in an Integrated Model of Behavioural Intentions	Total Quality Management & Business Excellence	Article
光华管理学院	王汉生	On BIC's Selection Consistency for Discriminant Analysis	Statistica Sinica	Article
光华管理学院	王汉生	Regression Analysis of Asymmetric Pairs in Large Scale Network Data	Communications in Statistics-Simulation and Computation	Article
光华管理学院	王 辉	CEO Leadership Behaviors, Organizational Performance, and Employees' Attitudes	Leadership Quarterly	Article
光华管理学院	王其文	The Use of Switching Point and Protection Levels to Improve Revenue Performance in Order-Driven Production Systems	Decision Sciences	Article
光华管理学院	王 锐	Business Marketing in China: Review and Prospects	Journal of Business-to-Business Marketing	Article
光华管理学院	王亚平,吴联生	The Effect of Guanxi on Audit Quality in China	Journal of Business Ethics	Article
光华管理学院	吴联生	Punishment, Justice, and Compliance in Mandatory IT Settings	Information Systems Research	Article
光华管理学院	徐 菁	Been There, Done That: The Impact of Effort Investment on Goal Value and Consumer Motivation	Journal of Consumer Research	Article
光华管理学院	徐 菁	Why Don't We learn from poor Choices? The Consistency of Expectation, Choice, and Memory Clouds the Lessons of Experience	Journal of Consumer Psychology	Article

续表

院 系	作 者	文章题目	期刊名称	文章类型
光华管理学院	徐信忠	Corporate Finance and Governance in Emerging Markets: A Selective Review and an Agenda for Future Research	Journal of Corporate Finance	Review
光华管理学院	岳衡	Firm Structure and Corporate Cash Holdings	Journal of Corporate Finance	Article
光华管理学院	岳衡,赵龙凯	National Culture and Capital Structure Decisions: Evidence from Foreign Joint ventures in China	Journal of International Business Studies	Article
光华管理学院	翟昕	Coordinating a One-warehouse N-retailer Distribution System Under Retailer-reporting	International Journal of Production Economics	Article
光华管理学院	翟昕	Sharing Quality Information in a Dual-supplier Network: A Game Theoretic Perspective	International Journal of Production Research	Article
光华管理学院	张建君	A New Agenda for Research on the Trajectory of Chinese Capitalism	Management and Organization Review	Article
光华管理学院	张建君	Regulatory Uncertainty and Corporate Responses to Environmental Protection in China	California Management Review	Article
光华管理学院	张然	Do Lenders Value Corporate Social Responsibility? Evidence from China	Journal of Business Ethics	Article
光华管理学院	张然	Earnings Management and the Accrual Anomaly: Evidence from China	Journal of International Financial Management & Accounting	Article
光华管理学院	张维迎,周黎安	Intra-industry Knowledge Spillovers from Foreign Direct Investment in Research and Development: Evidence from China's "Silicon Valley"	Review of Development Economics	Article
光华管理学院	张一驰	When Collaborative HR Practices May Not Work Well: The Moderating Role of Social Capital in the Chinese Life Insurance Industry	International Journal of Human Resource Management	Article
光华管理学院	张志学	Harmony and Conflict: A Cross-cultural Investigation in China and Australia.	Journal of Cross-Cultural Psychology	Article
光华管理学院	郑晓娜	Decision Making in the Newsvendor Problem: A Cross-national Laboratory Study	Omega-International Journal of Management Science	Article
光华管理学院	朱善利	An Econometric Analysis of Private Sector Participation in China's Urban Water Supply	Utilities Policy	Article
国家发展研究院	黄益平	Chinese Outward Direct Investment: Is There a China Model?	China & World Economy	Article
国家发展研究院	黄益平	Does Financial Repression Inhibit or Facilitate Economic Growth? A Case Study of Chinese Reform Experience	Oxford Bulletin of Economics and Statistics	Article
国家发展研究院	李力行	Gender of Children, Bargaining Power, and Intrahousehold Resource Allocation in China	Journal of Human Resources	Article
国家发展研究院	李力行	The Incentive Role of Creating "Cities" in China	China Economic Review	Article
国家发展研究院	李玲	The Challenges of Healthcare Reforms in China	Public Health	Article
国家发展研究院	林毅夫	Beyond Keynes: A Conversation with Justin Yifu Lin	World Policy Journal	Editorial Material
国家发展研究院	唐方方	On Thoughtfulness and Generosity in Sequential Decisions	Social Choice and Welfare	Article

续表

院系	作者	文章题目	期刊名称	文章类型
国家发展研究院	唐方方	Online Pricing Dynamics in Internet Retailing: The Case of the DVD Market	Electronic Commerce Research and Applications	Article
国家发展研究院	巫和懋	Financial Leverage and Market Volatility with Diverse Beliefs	Economic Theory	Article; Proceedings Paper
国家发展研究院	鄢萍	Optimal Unemployment Insurance with Endogenous Search Effort	Annals of Economics and Finance	Article
国家发展研究院	姚洋	Economic Growth in China: Productivity and Policy Introduction	Oxford Bulletin of Economics and Statistics	Editorial Material
国家发展研究院	姚洋	The Cursed Virtue: Government Infrastructural Investment and Household Consumption in Chinese Provinces	Oxford Bulletin of Economics and Statistics	Article
国家发展研究院	姚洋	The Relationship between China's Export-led Growth and Its Double Transition of Demographic Change and Industrialization	Asian Economic Papers	Article
国家发展研究院	曾毅	Association of Religious Participation With Mortality Among Chinese Old Adults	Research on Aging	Article
国家发展研究院	曾毅	Effects of Demographic and Retirement-Age Policies on Future Pension Deficits, with an Application to China	Population and Development Review	Article
国家发展研究院	曾毅	Interactions Between Life Stress Factors and Carrying the APOE4 Allele Adversely Impact Self-reported Health in Old Adults	Journals of Gerontology Series a-Biological Sciences and Medical Sciences	Article
国际关系学院	陈绍锋	Has China's Foreign Energy Quest Enhanced Its Energy Security?	China Quarterly	Article
国际关系学院	牛军	Strait Talk: United States-Taiwan Relations and the Crisis with China	Cold War History	Book Review
国际关系学院	王勇	The New Resource Politics: Can Australia and South Africa Accommodate China?	International Affairs	Book Review
国际关系学院	张清敏	Patriotism, Nationalism and China's US Policy: Structures and Consequences of Chinese National Identity	China Quarterly	Article
国际关系学院	张小明	China in the Conception of International Society: The English School's Engagements with China	Review of International Studies	Article
教育学院	刘明兴	Grain Procurement, Tax Instrument and Peasant Burdens during China's Rural Transition	Journal of Contemporary China	Article
教育学院	马万华	Gender and the Changing Face of Higher Education: A Feminized Future?	Higher Education	Book Review
教育学院	马万华	The Great Brain Race: How Global Universities are Reshaping the World	Higher Education	Book Review
经济学院	黄桂田	Energy Security, Efficiency and Carbon Emission of Chinese Industry	Energy Policy	Article
经济学院	季曦	Ecological Accounting and Evaluation of Urban economy: Taking Beijing City as the Case	Communications in Nonlinear Science and Numerical Simulation	Article
经济学院	林双林	Is There Any Gain From Social Security Privatization?	China Economic Review	Article
经济学院	林双林	The Size and Structure of China's Government Debt	Social Science Journal	Article

续表

院系	作者	文章题目	期刊名称	文章类型
经济学院	刘伟	Improving Energy Consumption Structure: A Comprehensive Assessment of Fossil Energy Subsidies Reform in China	Energy Policy	Article
经济学院	张亚光	Development Trajectories in the Biotechnology Industry: China versus Leading Countries	China & World Economy	Article
考古文博学院	崔剑锋	An Experimental Investigation on Lead Isotopic Fractionation During Metallurgical Processes	Archaeometry	Article
考古文博学院	崔剑锋	Chemical and Lead Isotope Analysis of Some Lead-barium Glass Wares from the Warring States Period, Unearthed from Chu tombs in Changde City, Hunan Province, China	Journal of Archaeological Science	Article
考古文博学院	秦岭	The Contribution of Rice Agriculture and Livestock Pastoralism to Prehistoric Methane Levels: An Archaeological Assessment	Holocene	Article
考古文博学院	张晓梅	Heat and Moisture Promoted Deterioration of Raw Silk Estimated by Amino Acid Analysis	Journal of Cultural Heritage	Article
考古文博学院	张晓梅	Performance Measurement of Sericin-coated Silks During Aging	Science China-Chemistry	Article
历史学系	金东吉	Stalin's Korean U-Turn: The USSR's Evolving Security Strategy and the Origins of the Korean War	Seoul Journal of Korean Studies	Article
马克思主义学院	郇庆治	Climate Capitalism: Global Warming and the Transformation of the Global Economy	Environmental Politics	Book Review
马克思主义学院	郇庆治	Democracy and Economic Openness in an Interconnected System: Complex Transformations	Environmental Politics	Book Review
马克思主义学院	郇庆治	Foreign Firms, Investment, and Environmental Regulation in the People's Republic of China	Environmental Politics	Book Review
人口研究所	杜伟	Restraint Use and Seating Position among Child Car Passengers: An Observational Study in Shanghai	Accident Analysis and Prevention	Article
人口研究所	李宁	Risk Factors for Rural Young Suicide in China: A Case-control Study	Journal of Affective Disorders	Article
人口研究所	李宁 郑晓瑛	Prevalence of Autism-caused Disability among Chinese Children: A National Population-based Survey	Epilepsy & Behavior	Article
人口研究所	李宁 郑晓瑛	Risk Factors for Depression in Older Adults in Beijing(vol 56, pg 466, 2011)	Canadian Journal of Psychiatry-Revue Canadienne De Psychiatrie	Article, Correction
人口研究所	李宁 郑晓瑛	Population-level Prevalence Estimate and Characteristics of Psychiatric Disability among Chinese Adults	Journal of Psychiatric Research	Article
人口研究所	裴丽君 郑晓瑛	Low Birth Weight and Lung Function in Adulthood: Retrospective Cohort Study in China, 1948-1996	Pediatrics	Article
人口研究所	任强	Socio-economic Differentials in Birth Masculinity in China	Development and Change	Article

续表

院系	作者	文章题目	期刊名称	文章类型
人口研究所	郑晓瑛	A Comparison of Methods for Spatial Relative Risk Mapping of Human Neural Tube Defects	Stochastic Environmental Research and Risk Assessment	Article
人口研究所	郑晓瑛	Cesarean Delivery on Maternal Request and Childhood Intelligence: A Cohort Study	Chin Med J	Article
人口研究所	郑晓瑛	Regional Variations in and Correlates of Disability-free Life Expectancy among Older Adults in China	BMC Public Health	Article
人口研究所	郑晓瑛	Association Between a 45-bp 3′ Untranslated Insertion/Deletion Polymorphism in Exon 8 of UCP2 Gene and Neural Tube Defects in a High-Risk Area of China.	Reproductive Sciences	Article
人口研究所	郑晓瑛	Birth Weight, Maternal Body Mass Index, and Early Childhood Growth: A Prospective Birth Cohort Study in China.	J Epidemio	Article
人口研究所	郑晓瑛	Caesarean Delivery on Maternal Request and Childhood Psychopathology: A Retrospective Cohort Study in China.	BJOG: An International Journal of Obstetrics & Gynaecology.	Article
人口研究所	郑晓瑛	Effect of Exposure to Trace Elements in the Soil on the Prevalence of Neural Tube Defects in a High-Risk Area of China.	Biomedical and Environmental Sciences	Article
人口研究所	郑晓瑛	Health Inequalities during 20 Years of Rapid Economic Development in China (1980-2000): A Mortality Analysis.	Biomedical and Environmental Sciences	Article
人口研究所	郑晓瑛	Maternal Passive Smoking and Risk of Cleft Lip With or Without Cleft Palate	Epidemiology	Article
人口研究所	郑晓瑛	Maternal Periconceptional Consumption of Pickled Vegetables and risk of Neural Tube Defects in Offspring	Chinese Medical Journal	Article
人口研究所	郑晓瑛	Maternal Prepregnancy Body Mass Index and Risk of Neural Tube Defects: A Population-Based Case-Control Study in Shanxi Province, China	Birth Defects Research(Part A)	Article
人口研究所	郑晓瑛	Maternal Smoking during Pregnancy and Anger Temperament among Adult Offspring	Journal of Psychiatric Research	Article
人口研究所	郑晓瑛	Metabolic Signature of Pregnant Women with Neural Tube Defects in offspring	Journal of Proteome Research	Article
人口研究所	郑晓瑛	Metabonomic Study on Women of Reproductive Age Treated with Nutritional Intervention: Screening Potential Biomarkers Related to Neural Tube Defects Occurrence	Biomedical Chromatography	Article
人口研究所	郑晓瑛	MicroRNAs: Potential Regulators Involved in Human Anencephaly	The International Journal of Biochemistry & Cell Biology	Article
人口研究所	郑晓瑛	Stigma of People with Epilepsy in China: Views of Health Professionals, Teachers, Employers and Community Leaders	Epilepsy & Behavior	Article
人口研究所	郑晓瑛	Tea Drinking as a Risk Factor for Neural Tube Defects in Northern China.	Epidemiology	Article
人口研究所	郑晓瑛	Tissue-specific Distribution of Aberrant DNA Methylation Associated with Maternal Low-folate Status in Human Neural Tube Defects	The Journal of Nutritional Biochemistry	Article

续表

院 系	作 者	文章题目	期刊名称	文章类型
人口研究所	郑晓瑛	Twenty-years Trends in the Prevalence of Disability in China	Bulletin of the World Health Organization	Article
人口研究所	郑晓瑛	Arsenic Levels in the Soil and Risk of Birth Defects: A Population-Based Case-Control Study Using GIS Technology.	Journal of Environmental Health	Article
社会学系	卢云峰	China: A Religious State (Book Review)	China Journal	Book Review
社会学系	马戎	A New Perspective in Guiding Ethnic Relations in the 21st Century: 'De-politicization' of Ethnicity in China	HARMONY OF CIVILIZATION AND PROSPERITY FOR ALL(丛书: Procedia Social and Behavioral Sciences)	Proceedings Paper
社会学系	马戎	The "Politicization" and "Culturalization" of Ethnic Groups	CHINESE SOCIOLOGY AND ANTHROPOLOGY	Article
社会学系	钱民辉	Effect of socioeconomic status on secondary prevention of stroke	International Journal for Quality in Health Care	Article
社会学系	邱泽奇	Living Conditions and Palliative Care Needs among End-of-Life Former Commercial Plasma Donors Affected with HIV/AIDS in Rural Henan of China	BIOMEDICAL AND ENVIRONMENTAL SCIENCES	Article
社会学系	王铭铭	The Intermediate Circle Anthropological Research of Minzu and the History of Civilization	Chinese Sociology and Anthropology	Article
图书馆	肖珑	Three-dimensional Extension of a Digital Library Service System	PROGRAM-ELECTRONIC LIBRARY AND INFORMATION SYSTEMS	Article
外国语学院	李昌珂	The Integration of "Two" Goethes: On Thomas Mann's Lotte in Weimar	Foreign Literature Studies	Article
外国语学院	申丹	Neo-Aristotelian Rhetorical Narrative Theory: Need for Integrating Style, Context, and Intertext	Style	Article
外国语学院	申丹	What is the Implied Author?	Style	Article
新闻与传播学院	胡泳	Crowd Control	Index on Censorship	Article
新闻与传播学院	刘德寰	Online Shopping among Chinese Consumers: An Exploratory Investigation of Demographics and Value Orientation	International Journal of Consumer Studies	Article
新闻与传播学院	王秀丽	What Shapes Americans' Opinion of China? Country Characteristics, Public Relations and Mass Media	Chinese Journal of Communication	Article
新闻与传播学院	杨伯溆	Social Spaces and New Media: Some Reflections on the Modernization Process in China	HARMONY OF CIVILIZATION AND PROSPERITY FOR ALL	Proceedings Paper
哲学系	陈波	An Interview with Timothy Williamson	Theoria-a Swedish Journal of Philosophy	Article
哲学系	陈波	Proper Names, Contingency A Priori and Necessity A Posteriori	History and Philosophy of Logic	Article
哲学系	王博	The Discovery and Establishment of Wu Daoist Metaphysics and Political Philosophy	Contemporary Chinese Thought	Article
哲学系	王中江	How to Treat "Nature" Well-the Concern of the "Relationship between Heaven and Man" and the "Unity of Heaven and Man" in Yue-lin Jin's Philosophy	Universitas-Monthly Review of Philosophy and Culture	Article
哲学系	叶峰	Naturalized truth and Plantinga's evolutionary argument against naturalism	International Journal for Philosophy of Religion	Article
中国语言文学系	陈保亚	On Several Principles in Reconstructing a Proto-language-With the Reconstruction of tones and Pre-initials * h-and * ?-of Proto-Yi	Journal of Chinese Linguistics	Article
中国语言文学系	张颐武	Zizek's China, China's Zizek	Positions-East Asia Cultures Critique	Article

医 院 管 理

【概况】 北京大学的医院管理工作主要由北京大学医学部医院管理处承担。医院管理处是北京大学医学部对所属医院实行管理、组织、协调的医疗行政管理部门,是北京大学医院管理专家委员会、北京大学医院管理研究中心、北京大学医学部医院医疗质量管理委员会、中国医院协会大学附属医院分会、PUHSC-JCI 的日常办事机构及北京市外国医师在京短期行医资格考试中心,在学校党政和医学部主管主任的领导下开展工作。2012 年,共有在职职工 8 人,工作内容包括医疗护理管理、医疗信访、医疗保健、外国医师在京行医资格考试中心工作、国际交流与合作、中国医院协会大学附属医院分会工作等。

2012 年医学部附属医院门诊量、入院人数、手术人数均继续增加,平均住院日进一步缩短。医学部持续推动卫生部国家临床重点学科建设,并邀请卫生部副部长马晓伟作专题指导。

【医疗质量管理】 继续进行年度医院内应急能力检查及洁净手术部感染控制检查,及时发现医疗隐患,促进医疗安全。本次抽查结合了《三级综合医院评审标准实施细则(2011 年版)》48 项核心条款的部分内容。核心条款是最基本、最常用、必须做好的标准条款,若未达到"合格(C)"以上要求,会对评审结果产生严重不良影响。2012 年度抽查结果总体良好。对抽查中发现的问题及时向各医院反馈、督促整改。

为深入贯彻新的医院评审标准实施,医院管理处承接卫生部医管司相关培训、带教及现场检查任务。医院管理处副处长李岩作为医院评审标准的主讲专家,受卫生部医管司派遣先后参加了北京、天津、河北、山东、云南、贵州、广西、新疆、黑龙江、宁夏等省、自治区、直辖市举办的全省评审启动及现场带教培训工作。接受培训者达到数千人次以上,此项工作受到卫生部好评。

【护理管理】 2012 年,既是北京大学医学部成立一百周年,也是 5·12 国际护士节确立的第一百个年头。在这个具有特殊意义的日子里,医学部不仅一如既往地表彰优秀的临床一线护士和护士长,而且还首次设立了北京大学医学部"护理终身成就奖",共有 13 名年逾古稀的护理工作者获此殊荣。同时大会表彰了 23 名优秀护士长、65 名优秀护士,并对护理学院 227 名应届毕业生举行了授帽仪式。

2012 年 4 月 18 日,召开北医系统各学科护理专业组成立大会,设立护理各学科 11 个专业组,建立护理学术交流平台。

中国心理卫生协会护理心理专业委员会分别于 2012 年 3 月、8 月在北京大学医学部和内蒙呼和浩特市举办了三期培训班,即"护士职业心理健康培训班""灾害救援人员护理心理培训班""老年心理健康管理培训班",共有来自全国十五个省市的 125 名学员参加了培训。

【医疗信访】 2012 年 1—12 月共接待、处理群众医疗投诉类来信、来访、来电及传真共计 75 件次,除重访外,计 41 件,比去年同期增加 6 件。

【社会服务】 医学部主动承担社会责任,组织优质医疗资源投入社会服务与合作,不断提升学校服务国家战略、服务经济社会发展的能力。医学部按照国家医药卫生体制改革指导精神,立足区域医疗卫生事业发展需求,与地方政府、兄弟院校和大型国有企业等开展了有效的战略合作,顺利完成了对口支援任务。2012 年,医学部与深圳市、哈尔滨市、普洱市以及首钢总公司、方正集团的合作取得新进展,对口支援西藏大学、石河子大学的工作稳步推进,进一步增强了医学部的社会影响力,拓展了事业发展空间。同时,医学部出色地完成了党的十八大会议医疗服务与保健,以及上级部门委托给医学部的各项保健任务,获得了卫生部保健局的高度好评。

天津市塘沽区人民政府—北京大学医学部共建医院进入第四年,医院经过四年的精心建设取得了长足的进步,为滨海新区及周边地区的人民群众提供了良好的医疗保障和服务,推动了滨海新区的经济社会发展,获得了广大市民的肯定和赞誉。共建医院始终严格遵照理事会章程,认真贯彻"理事会领导下的院长负责制"模式,扎实推进各方面工作。按照大学医院的规律和标准,以重点学科建设为主线,不断促进医院的整体建设发展。滨海新区政府将继续在科研、人才培养、学科建设等方面给予配套支持,医学部和塘沽管委会进一步统一认识,深化合作,努力将医院建设成为滨海新区顶级区域医疗中心,为天津地区乃至整个华北地区卫生事业的发展做出表率。

【建立评估模型】 受卫生部医政司、医管司和中国医院协会委托,在医院管理处直接领导下,北京大学医学信息学中心、北京大学医院管理研究中心专家组成项目攻关团队,承接了对三级医院及各学科医疗服务能力和质量首次实行综合评估的任务,建立有关国家重点学科评价模型及医院综合评价模型。经过半年左右时间,团队查阅大量文献,结合目前国内外有关医院评估理念和方法,探索出以卫生部《三级综合医院评审标准(2011版)》为研究依据、以病案首页数据为信息来源、运用国际疾病分类(ICD-9-CM3、ICD-10)进行诊断标准化的方法,并参阅有关疾病难度级差关系,运用数学方法,建立了医院综合评估的统计模型和方法。

【外国医师在京行医资格考试中心】 北京地区外国医师在京短期行医资格考试中心已经在医院管理处落户3年,在过去的3年里,已建立一支相对稳定的专家队伍。随着医疗服务行业外资进入,外国医师在我国行医不仅人数增加,而且专业科目也更加多样化。2012年增加了心理咨询、病理科、泌尿外科、皮科和眼科。为了保证质量,从协调考官到完成考试结果判定,医院管理处能够保证全程跟进,提供好每一项考官们所需要的服务。有些科目仅有一位考生,但考前考官培训、考题审核及考官现场协助等方面工作,我们都做到与常规考试科目的服务无差异。2012年完成了58位考生报名审核工作,85人次考官协调工作,26人次考务人员管理工作。

【中国医院协会大学附属医院分会】 充分利用大学附属医院分会平台,扩大医学部在高校中的影响,大学附属医院分会也与中国医院协会共同完成东北、华北、内蒙古、华东、华南、西部等六大片区的内审员培训工作。组织各大学及附属医院有关人员共同参与《医院评审工作手册》的编写工作。

【会议论坛】 10月24日,在医学部会议中心举办了迎北医百年庆典系列活动之"北京大学医学部国家临床重点专科建设会议"。邀请卫生部副部长马晓伟、卫生部医疗服务监管司司长张宗久作专题指导。截至2012年年底,所属医院共有51个学科进入国家临床重点专科建设行列,这些学科充分发挥了示范辐射作用,促进了医学学术整体水平的提高,推动了公立医院的改革进程。

10月26日,在医学部逸夫楼报告厅举办了北医百年庆典院校长论坛分论坛三"大学和大学附属医院的发展战略与实践"。国内外各大医学院校校长参加了会议,大家就医学院与教学医院之间的关系、大学间的合作伙伴关系、大学医院所面临的困难与发展、医学全球化战略、学术性医学体系、大学与其附属医疗系统之间的战略伙伴关系等议题进行了阐述和讨论。

科 技 开 发

【概况】 2012年是科技开发部和产业技术研究院合署办公的第一年。在保证原有科技开发业务平稳推进的情况下,科技开发部积极拓展新业务,加强创新创业教育与研究平台、创新创业孵化平台、高端专利运营平台、国际化协同创新平台的建设,取得良好成效。2012年,科技开发部继续服务校内教师,规范管理横向科研项目,共签署各类技术合同577项,合同总金额3.52亿元,到款1.77亿元;医学部签订科技合同434项,合同总金额9397万元,到款4426万元。开拓与全国各地政府和企业交流的多种渠道,设立地方技术转移中心,加强与地方企业的合作;开设"创业基础"系列讲座,受到本校学生的欢迎与好评。

【成果收集】 2012年科技开发部通过各种渠道收集北京大学可应用科技成果,并印制《北京大学重点科技成果推广项目汇编》。汇编中共计收集科技成果60多项,涉及物理、化学、石油、信息、能源、规划、环保、生物医药、物联管理等领域。汇编中收录北京大学2011年获授权专利摘要230项、北京大学2011年申请专利目录400余项。

同时,科技开发部将北京大学近年来近300项项目按类别进行整理,将成果介绍全文刻制成光盘,包括:材料化工类、电子与信息技术类、工业制造与机电类、能源与环保技术类、生物医药与医疗器械类等。

为了进一步宣传、介绍北京大学的科技情况,科技开发部采集各院系信息、各国家重点实验室和国家工程研究中心信息,编制了《北京大学科技成果》彩色宣传页,重点宣传北京大学科技开发部、重点院系、重点实验室和工程研究中心、重点推广项目、科技成果和专利目录等。

以上的宣传资料通过各种途径提供给各地科技厅局、相关企业、科技园、网上技术市场等,积极进行宣传推广,为加强学校与地方企业的技术信息交流打好基础。

【成果推广】 2012年科技开发部和医学部技术转移办公室参加全国各地技术成果推广会、交流会、洽谈会近30场。作为首都高校协作网的副理事长单位组织首都9所大学(清华大学、北京科技大学、北京化工大学、中国农业大学、北京理工大学等)在苏州、厦门、包头等地与地方政府和企业进行对接,寻求合作,并配合教育部科技发展中心的蓝火计划,将北京大学的生物医药、高端装备制造、稀土领域的原始创新成果带到泰州、徐州铜山区、福建龙岩等地,服务地方经济建设。

【地方合作】 2012年,科技开发部和产业技术研究院接待了广西省科技厅及多家地级市科技局代表团,包括:贵阳市科技局代表团、石家庄市市政府及招商局代表团、金华市政府和科技局代表团、张家港市科技局代表团、苏州市科技局代表团、东莞市科技局代表团等,就北京大学在人才和科技成果方面支持地方经济建设,地方政府支持北京大学在地方建立实习基金、技术转移中心、创新中心等方面,进行了深入的交流。北京大学科技开发部在部分地区不仅有科技成果落地,还建立了各种中心和联合实验室等。

5月,科技开发部与张家港市人民政府签署了"张家港市人民政府、张家港经济技术开发区与北京大学科技开发部合作协议"。双方约定共建技术转移中心,共同促进北京大学技术项目在当地的产业化。"炼钢连铸冷却水复合陶瓷膜过滤方法与装置"成为第一个落户张家港市的产业化项目,张家港市政府为此提供不少于100亩地的场地支持、税收优惠支持和人才引进政策支持。这是继北京大学东莞光电研究院之后的第二个地方产学研合作平台。

【交流与合作】 2012年,科技开发部积极与境外大学和机构互动,拓展国际技术转移业务。2012年7月,北京大学技术转移中心入住中关村西区的"国际技术转移中心",通过申请北京市"科技服务业促进(2012年追加)专项"并获得资金支持,整体承租"国际技术转移中心"1995平方米空间,用于"国际知名大学技术转移合作区"的建设。该合作区集科技中介服务、创业训练营和企业孵化平台于一体,积极促进海外高校的科技项目服务北京。目前已与世界知名的美国斯坦福大学、哈佛大学、加利福尼亚大学洛杉矶分校(UCLA)、印第安纳大学、布拉德福德大学、瑞典乌萨普拉大学、香港理工大学、香港科技大学等学校的技术转移部门建立联系。2012年5月,科技开发部还参加了"中国科技创新产品及技术(印尼)展览会",将北京大学的科技成果介绍到海外。医学部技术转移办公室与法国原子能与可替代能源委员会(CEA)举办项目合作洽谈会,与美国Ladas & Parry LLP就国际专利等议题进行深入交流,就医药方面的项目合作进行了深入交流和讨论。

【合同管理】 2012年,科技开发部和医学部技术转移办公室继续为校内科研人员提供各类法律事务咨询,严格审定、管理各类合同。科技开发部自2002年以来签署的技术合同无任何法律纠纷,医学部已连续9年无一例科研合同知识产权纠纷。据统计,截至2012年12月31日,共审核签署577个技术合同,合同金额35248万元。其中,进款合同455项,合同金额31721万元;外协技术合同122项,合同金额约3527万元;此外,签订其他非技术合同约300项。

2012年,科技开发部签署的技术合同仍然以技术开发与技术服务为主,占到合同总金额的80%以上;技术转让较2011年有所减少,基本没有金额较大的转让或许可项目。主要分布在华北与华东地区,其中与北京市企事业单位签订技术合作项目约314项,合同金额1.83亿元;合同金额在100万元以上的合同共有73项,合同金额23908.9万元,占到合同总额65%;与海外企业签订技术合同30个,合同金额1830万元。2012年科技开发部办理技术合同登记105个,其中办理免税合同约45个,涉及免税的合同金额10573万元,涉及免税额约592万元。医学部100万元以上合同18项,合同金额4164万元。

【经费管理】 2012年科技开发部和医学部技术转移办公室在科研经费管理方面进一步规范,根据国家有关规定和学校的相关要求,为教师提供优质、方便的服务,保证科技开发活动正常有效进行。根据财务部账目统计,2012年科技开发部现金到款17685万元,比上年增长14.4%;医学部到款4426万元,与上年持平。2012年科技开发部通过合资联营成立公司,共占股权4115万元,比上年增长54%。因此,2012年科技开发部现金与股权到款额总计为21800万元,全校科技开发到款26226万元。

科技开发部现金到款从合同类型看,技术开发合同到款7359万元,占41.61%;技术转让合同到款519万元,占2.93%;技术服务与咨询合同到款9807万元,占55.46%。按院系分,工学院以6387万元居首;1000万元以上到款的院系还有:信息科学技术学院到款2938万元,地球与空间科学学院到款2632万元,环境科学与工程学院到款1436万元,城市与环境学院到款1230万元。其中增幅明显的院系有:工学院到款比上年增加3005万元,增长比例88.85%;地球与空间科学学院到款比上年增加866万元,增长比例49.04%;化学与分子工程学院到款比上年增加594万元,增长比例230%等。其中来自美国、日本、瑞典、加拿大、英国、德国等国的外汇到款近580万元。

【校企创新】 2012年,产业技术研究院在国内首次推出自己的协同创新模式,其核心是选择有创新能力和动力、有经济实力的企业合作,建立长期稳定的合作关系,双方共同提出、选择、决策一些对企业未来发展有影响的关键技术或行业共性技术,在学校和企业间合理调用创新资源。产业技术研究院根据需要可专门引进关键人才配合,各展所长,协同创新,选择创新性强的前瞻性项目,这样既能充分调动学校教师和研究生的积极性,又能充分发挥学校基础研究实力强、原创性强的优势。经过近一年的探索和努力,已分别与海信、灵图、方正签署了关于协同创新实验室的相关协议,合同额分别为600、500、500万元。同时,和IBM、Sanofi、SABIC、华为、中华蓝天、苏州海陆重工等企业的洽谈正在进行中。12月专门组织了分子医学研究所、生命科学学院、化学与分子工程学院、医学部的相关教师与Sanofi中国进行了学术成果交流,部分成果已得到对方的重视并开始了新一轮洽谈。

【创新创业研究及培训】 为进一步提升北京大学服务国家战略能力，完善创新人才培养体系，打造北京大学素质教育与创新创业教育优质品牌，2012年秋季开始，产业技术研究院正式为在校本科生和研究生开设创业基础课程。该学期"创业基础"系列讲座设置15讲，每讲2学时，聘请了一批有创业经验的成功人士和著名校友讲课，采用课堂讲授与案例教学相结合的模式，系统地讲授创业的基本概念、基本原理、基本方法和相关理论，内容包括创业者、创业团队、创业机会、创业资源、创业计划、政策法规、新企业开办与管理，以及社会创业的理论和方法等。

根据课程调查问卷显示，接近20%的听众为来自科技园区与相关机构的校友或校外人士，充分发挥了大学服务社会的作用；超过80%的讲座听众为北大在校学生，本科生与研究生基本各占一半，其中理科院系和工科院系的听课者相对较多，分别占到听课北大学子的40%和20%。通过这个课堂，产业技术研究院也选拔了优秀团队，代表我校参加香港理工大学"全球学生创新创业挑战赛"。

【产业技术研究院理事会】 为保证产业技术研究院的顺利运行，建立健全管理体制，经过学校批准，产业技术研究院理事会于2012年12月正式成立，12月19召开了第一届理事会。理事会成员包括主要相关职能部门和院系的领导，理事会将充分发挥指导和支持作用，协调相关部门、院系的产学研工作，给产业技术研究院创造良好的校内环境。

【知识产权培训】 2012年6月，医学部技术转移办公室为帮助发明人了解和掌握国外专利申请的流程，提高运用专利制度的能力，举办"生物医药专利申请的策略和问题专题研讨会"，特别邀请国外专利代理专家以及国内知名专利法律事务专家，分别就国外专利申请程序、如何取得高性价比的国际专利，以及申请国内专利的策略、专利保护中的相关法律事务等专题进行演讲并现场答疑。医学部技术转移办公室还邀请相关专家对北医项目申请国际专利资助的评估条件、当今国内外医药市场的发展及国内企业的需求情况、项目的预期经济效益、成果转让的潜在可能性等进行评估论证。

【交流与合作】 1. 院系走访。2012年科技开发部主要成员先后走访了化学与分子工程学院、生命科学学院、地球与空间科学学院、物理学院等校内单位，一方面介绍了科技开发部和产业技术研究院的工作设想，另一方面听取院系的意见和建议，为科技开发部和产业技术研究院开展工作打下良好的基础。

2. 举办会议。产业技术研究院2012年度还成功举办了"国际技术转移与合作论坛"，美国斯坦福大学技术转移办公室中国区负责人David Ai博士及产业技术研究院院长陈东敏教授作了主题报告，北京地区技术转移机构及行业组织代表、北京技术合同登记机构代表、北京大学部分学者及学生百余人参加了此次论坛。以此为开端，产业技术研究院积极参与了北京地区高端国际技术转移人才培训方案设计工作。

3. 工学院太阳能大赛。科技开发部协助工学院举办中国国际太阳能峰会暨中国国际太阳能十项全能竞赛，国际太阳能十项全能竞赛是以全球高校为参赛单位的太阳能建筑科技竞赛，由美国能源部于2002年发起。作为中美能源合作项目之一，该竞赛将于2013年首次在中国举行，正式定名为"SD2013国际太阳能十项全能竞赛"，由中国国家能源局和美国能源部主办，比赛地点为山西省大同市。这项大赛将会为北京大学创造良好的社会效益。

【医学部专利工作】 2012年医学部（含附属医院）申报专利96项，获授权专利83项，均创历史新高。

表8-60　2012年科技开发部签订技术合同统计

学　院	合同数量（个）	金额（万元）
工学院	118	8786
信息科学技术学院	111	7431
科技开发部	24	5904
地球与空间科学学院	79	3808
环境科学与工程学院	69	2651
化学与分子工程学院	32	1665
城市与环境学院	52	1105
软件工程国家工程研究中心	7	717
物理学院	29	576
综合技术研究所	2	350
考古文博学院	9	299
数学科学学院	11	261

续表

学院	合同数量(个)	金额(万元)
生命科学学院	5	252
分子医学研究所	2	70
心理学系	3	67
经济学院	1	57
光华管理学院	1	45
计算机科学技术研究所	1	1
其他	21	1203
小计	577	35248
医学部	434	9397
总计	1011	44645

(赵淑茹 郑宗方)

表8-61 2012年科技开发部签署技术合同分布区域统计

区域	合同数量(个)	合同金额(万元)
华北	402	24033
华东	80	6806
其他	14	1316
华中	12	809
东北	17	728
西北	22	603
西南	14	498
华南	16	455
合计	577	35248

表8-62 2012年医学部专利申请及授权情况统计

单位名称	申请				授权			
	发明专利	实用新型	外观设计	合计	发明专利	实用新型	外观设计	合计
基础医学院	15(国外2项)	0	0	15	9	0	0	9
药学院	46(国外2项)	0	0	46	20(国外2项)	0	0	20
公共卫生学院	0	0	0	0	2	0	0	2
中国药物依赖性研究所	2	0	0	2	4	0	0	4
第一医院	1	1	0	2	5	1	0	6
人民医院	11	4	0	15	7(国外2项)	6	0	13
第三医院	3	6	0	9	7	10	0	17
肿瘤医院	4(国外2项)	0	0	4	5	0	0	5
精神卫生研究所	0	0	0	0	0	0	0	0
口腔医院	0	3	0	3	1	2	0	3
深圳医院	0	0	0	0	1	2	0	3
首钢医院	0	0	0	0	0	0	0	0
合计	82(国外6项)	14	0	96	61(国外4项)	21	0	82

国 内 合 作

【交流合作】 2012年1月9日，北京大学党委书记朱善璐、校长周其凤率领北大代表团访问江苏省，就深化校省合作进行交流磋商。

2月24日至25日，北京大学党委书记朱善璐率团访问江苏省昆山市、太仓市，就开展校地合作进行沟通交流。

3月4日，中共中央政治局委员、广东省委书记汪洋，广东省委副书记、省长朱小丹率团访问北大，与北京大学党委书记朱善璐、校长周其凤等校领导座谈，双方签署广东省人民政府与北京大学战略合作框架协议。北京大学常务副校长吴志攀主持签约仪式。

3月8日，江苏省委书记、省人大常委会主任罗志军，江苏省委副书记、省长李学勇率团访问北大，双方签署了江苏省人民政府与北京大学新一轮战略合作协议。北京大学党委书记朱善璐、校长周其凤等校领导出席签约仪式。常务副校长吴志攀主持签约仪式。

4月11日，山西省委副书记、省长王君，副省长张平率山西省党政代表团访问北京大学，双方签署了全面合作框架协议。北京大学党委书记朱善璐、校长周其凤等校领导出席签字仪式。常务副校长吴志攀主持仪式。

4月12日，江苏省常州市委书记阎立率领常州市党政代表团访问北京大学，就校市合作议题与我校领导进行座谈交流。北京大学党委书记朱善璐、常务副校长吴志攀，党委副书记、医学部党委书记敖英芳，校长助理程旭、马化祥及相关职能部门负责人参加了座谈会。

4月27日，北京大学研究生实习基地揭牌及签约仪式在天津港(集团)有限公司博览馆举行。揭牌仪式上，北京大学研究生院与天津港(集团)有限公司就研究生实践实习及产学研合作达成共识，双方正式签署《共建北京大学研究生实习基地协议书》。

5月11日，北京大学研究生院与广西国际博览事务局合作签约仪式暨北京大学研究生实践教育基地挂牌揭牌仪式在南宁举行。

6月4日，广州市委副书记、市长陈建华率领广州市党政代表团访问北大，与校党委书记朱善璐、校长周其凤在英杰交流中心进行座谈，双方签署了广州市人民政府与北京大学全面合作框架协议。常务副校长吴志攀主持签约仪式。

7月5日，东莞市委副书记、市长袁宝成，广东省科技厅副厅长余健率代表团访问北京大学，双方在英杰交流中心签署合作协议，共同建立北京大学东莞光电研究院。

7月5日，北京大学党委书记朱善璐与井冈山干部学院常务副院长梅黎明、副院长周金堂在井冈山干部学院会面，双方就促进院校在干部培训方面深入合作、实现资源共享进行了充分的交流。

7月6日，北京大学党委书记朱善璐率北大代表团访问赣州市，调研稀土产业发展，并与赣州市人民政府召开合作座谈会，就进一步深化稀土合作、推进协同创新进行交流磋商。

7月12日，陕西省委常委、延安市委书记姚引良在延安会见了北京大学党委书记朱善璐及北大新一届党委班子成员，增进了市校双方的了解。

7月13日，北京大学党委书记朱善璐赴甘肃会晤省委主要领导，并亲切看望2012年北京大学赴甘肃工作的选调生。

7月20日，北京大学与江苏省签署了北京大学江苏省服务业人才培养合作协议。北京大学党委书记朱善璐，北京大学常务副书记、副校长张彦等校领导会见了江苏省政府常务副省长李云峰一行并出席签约仪式。关海庭副教务长主持签约仪式。

8月2日，校党委书记朱善璐赴广西会晤自治区党委书记、自治区人大常委会主任郭声琨和自治区人民政府主席马飚，并亲切看望2012年北京大学赴广西工作的选调生。

8月11日至13日，北京大学校长周其凤率团赴广西梧州考察并访问中恒集团，与中恒集团签署战略合作框架协议。

8月28日，北京大学信息科学技术学院院长、中科院院士梅宏与遵义市委副书记、市长王秉清在遵义宾馆签订《贵州省遵义市人民政府、北京大学信息科学技术学院全面合作框架协议》，推动信息技术支持西部省市经济发展。

9月19日上午，深圳大学李清泉校长率团访问北京大学，北京大学校长周其凤、常务副校长吴志攀会见李清泉校长一行，双方就高校管理工作进行了交流座谈。

12月10日，江苏省淮安市陈涛副市长来访，商讨签约事宜。

12月15日，中国工程物理研究院院长赵宪庚，副院长刘仓理、杭义洪一行访问北京大学，与北京大学领导会晤，并举办院校战略合作协议签约仪式。

12月17日，中共中央委员、中国航天科工集团公司总经理许达哲率代表团访问北京大学，并与北京大学签署校企战略合作协议。

12月21日，广东省委常委、深圳市委书记王荣，深圳市委副书记、市长许勤率党政代表团访问北京大学，并举行市校合作工作座谈会。

12月24日上午,北京大学与国家开发银行开发性金融合作协议签约仪式在国开行举行。国开行董事长陈元,北京大学校长周其凤,常务副校长吴志攀,秘书长、发展规划部部长杨开忠,校长助理、校办产业管理委员会办公室主任黄桂田出席了仪式。

【对口支援】 2012年1月6日,西藏大学党委书记房灵敏、副校长陈建龙、鲍志东一行访问北京大学,双方就北大对口支援西藏大学工作进行交流座谈。北京大学党委书记朱善璐会前会见了西藏大学代表团一行,常务副校长吴志攀陪同会见并主持座谈会,部分院系教授代表及相关职能部门负责人参加座谈。

3月7日,新疆生产建设兵团副司令宋建业一行访问北京大学,与北大就如何进一步开展对口支援石河子大学工作进行了商讨。

4月14日,北京大学中文系时胜勋老师赴西藏大学支教,挂职西藏大学文学院副院长。

8月9日上午,2012年高校团队对口支援西藏大学年度例会在拉萨隆重召开,北京大学校长周其凤率团出席例会,常务副校长吴志攀,以及党办校办、研究生院、国内合作办等职能部门代表陪同前往。

9月27日,高校团队对口支援石河子大学2012年工作例会在北京大学中关新园科学报告厅召开,北京大学校长周其凤、常务副校长吴志攀以及各高校相关职能部门的负责人出席会议,部分高校专家学者与会,并就石河子大学发展规划进行商讨。

【服务首都】 2012年4月10日,中共中央政治局委员、北京市委书记刘淇、市长郭金龙视察北京大学,参观北京大学自主创新科技成果展,市校双方拟在中关村建设、文化创新、提升首都环境质量、加强党组织建设等领域全面加强市校合作,努力实现稳中求进的发展要求,争取率先实现创新发展格局。

5月3日,北京市科委到北京大学调研科技项目,常务副校长吴志攀、王恩哥,校长助理程旭参加会见,就重点推动碳材料、纳米材料研究举行座谈,并部署项目研究计划。

主要区域发展服务机构

首都发展研究院

【发展概况】 为落实《首都中长期人才发展规划纲要(2010—2020年)》提出"在北京大学、清华大学等著名大学中建立市立学院或研究院所"的任务要求,为全面实施"人文北京、科技北京、绿色北京"发展战略提供人才支持,首都发展研究院(简称首发院)与市委组织部共同起草了《首都人才学院建设方案(讨论稿)》,并配合市委组织部进行了前期调研等工作。

2012年,首发院经学校继续教育部批准获得非学历教育培训资格。首发院秉承"思想自由、兼容并包"的北大精神,在主管领导的沟通协调和首发院工作人员的努力下,为中央政府部门、北京市及其他地方政府举办了42期短训班,培训工作质量不断提高,培训规模不断扩大,赢得了文化部和相关省市地方政府的广泛认可和一致好评,初步树立了干部教育培训的品牌。2012年共培训厅局级、处级和科级领导干部2100余名,上交学校财务共170.57万元。

4月23日上午,北京市委书记刘淇、市长郭金龙在有关部门负责同志陪同下到北京大学进行考察调研。首发院在简要介绍首发院概况的基础上,突出展示了首发院近年来取得的重要成果,并着重介绍了北京大学国子监大讲堂5年来运行的情况。

2012年,根据北京市和北京大学有关加强首发院建设的指示精神,为更好地服务于首都经济和社会的可持续发展,院主管领导和行政办公室根据首发院的实际工作规范了首发院各项规章制度,制定首发院各项管理程序和操作规范,内容涵盖人事、行政、财务、信息、学术和项目管理、办公用品、仪器设备等有关制度和操作规范,成为首发院日常管理操作指南,使行政管理工作更加规范、有效。

首发院网站经改版后于2012年年初上线。新网站着重依据首发院功能需求,设定相关栏目,从版式到内容更加丰满和充实。为加强对北京大学国子监大讲堂公益讲座的宣传,2012年10月,北京大学国子监大讲堂专题网站上线试运行。

【服务首都】 继续承办北京大学国子监大讲堂,加强北京大学国子监大讲堂的建设。2012年是北京大学国子监大讲堂品质提升、影响进一步扩大的一年。2012年,北京大学国子监大讲堂共授课十八讲,授课老师分别来自北京大学城市与环境科学学院以及有关单位的专家学者,内容涉及北京文化、地理、民俗、旅游等方面。《北京大学国子监大讲堂市民读本(1)》已于2012年年底由北京大学出版社出版。

继续与北京市经济与社会发展研究所合作主办《决策要参》。该刊紧扣首都发展中的重大问题，力求为市委、市政府相关政策制定提供针对性很强的海内外重要政策研究成果。自2006年2月创刊至2012年年底，已出版95期，在北京市政机关起到了良好的咨询作用，成为北京市各级政府的主要理论阅读材料。

2012年度，首发院继续推出《首都发展研究报告》，该报告着重关注国家及首都发展的重大问题，并对解决这些问题展开有启发的思考与探讨。《首都发展研究报告》作为首发院向市发改委等北京市政府机构提供研究咨询和支撑的途径之一，是体现首发院科研成果的重要媒介。2012年度《首都发展研究报告》已经推出第三期和第四期，该报告每年以不定期连续发布的形式推出。

为大力宣传北京市第十一次党代会精神及中国共产党第十八次全国代表大会的精神，首发院的专家学者作为北京市"十八大"精神专家讲师团成员赴大兴区礼贤镇、北京市监狱管理局、西城区卫生局、北京市妇联、东城区职工大学、北京市经济技术开发区、大兴区建设委员会、北京市丰台区团委，举办了八场"十八大"精神宣讲。

2012年11月2—4日，北京论坛在北京举行，首发院承办了北京论坛城市分论坛，其主题是"世界城市精神传承——经验与创新"。来自美国、意大利、西班牙、土耳其、罗马尼亚、澳大利亚、韩国、俄罗斯、印度、墨西哥、中国等国家和地区的36位专家学者和政界人士从经济、文化、社会、历史、制度、就业和城市规划等角度对世界城市精神传承的经验与创新进行了广泛而深入的研讨与交流，结合北京世界城市建设，分享了各自的研究成果与经验总结。

【科研工作】 2012年是首发院坚持服务首都研究与决策咨询工作的一年，在多个领域与首都不同部门开展了全面的决策咨询与合作。主要合作单位包括北京市发改委、科委、规委、建委、国土资源委、人口计生委、21世纪办等，领域涉及首都水资源战略研究、北京世界城市建设研究、首都圈研究、北京土地资源集约利用评价研究、土地城镇化研究、首都人口发展研究、北京行政管理与改革研究、北京生态文明研究等方面，为首都发展提供了全面的决策支持。完成了"区域功能定位对人口总量及分布的影响""首都区域协同创新的理论与测度模型开发""大都市内土地城镇化的时空差异及其动力机制研究——以北京为例"等课题研究工作。这些研究成果受到委托研究单位的一致认可。出版《面向世界城市的北京发展趋势研究》《协调发展与区域治理：京津冀地区的实践》等著作，它们成为该领域研究的重要成果。此外，在首都经济社会发展的重要决策中，首发院也起到了重要的思想库作用。

表8-63　2012年首都发展研究院承担科研项目的情况

序号	负责人	项目名称
1	杨开忠	北京建设世界城市中长期战略研究（北京市发改委）
2	杨开忠	昌平西部地区规划研究——战略定位研究（北京市昌平区规划委员会）
3	杨开忠	新区域协调发展理论与政策研究（中国社会科学基金重大项目）
4	李国平	产业转移与我国区域空间结构优化研究（国家社会科学基金重大项目）
5	李国平、孙铁山	区域功能定位对人口总量及分布的影响（北京市第六次全国人口普查招标课题）
6	李国平	深度开展区域合作加快首都经济圈发展建设研究（北京市科委北京市科技计划项目）
7	李国平、崔洪涛	京津冀区域发展报告（教育部哲学社会科学发展报告资助项目）
8	李国平	首都经济圈产业合作发展研究（北京市对口支援和经济合作工作领导小组办公室）
9	李国平、孙铁山	首都功能外溢对武清第二新城发展影响研究（天津市城市规划设计研究院）
10	李国平、蔡满堂、何明（北京市委研究室城市处）	面向2030年的首都水资源战略研究（北京市科委北京市科技计划课题）
11	李国平、刘翀	北京市可持续发展指标体系研究与应用（北京市21世纪议程办公室）
12	蔡满堂	央地人才一体化发展问题研究（北京市委组织部）

续表

序号	负责人	项目名称
13	蔡满堂	国家水体污染控制与治理科技重大专项
14	蔡满堂	中国和联合国环境署合作建设经验(环境保护部)
15	万鹏飞	北京市政务服务中心功能平台方案研究(北京市政务服务中心筹备办)
16	万鹏飞	北京中长期发展战略——北京2020(北京市发改委)
17	万鹏飞	北京城市化转型发展战略研究(北京市发改委)
18	万鹏飞	北京城市管理若干重大战略问题研究(北京市发改委)
19	万鹏飞	城市核心区脏乱死角环境政治研究(北京市政管委)
20	万鹏飞	加快海淀世界高端旅游目的地建设的调研(北京市海淀区旅游发展委员会)
21	冯长春	村镇区域空间规划与集约发展关键技术研究(国家"十二五"科技支撑计划重点项目)
22	林　坚	北京市建设用地节约集约利用评价(国土资源部、中国土地勘测规划院)
23	林　坚	2012年度北京市开发区土地集约利用评价更新(北京市国土资源局)
24	林　坚	2012年度北京市市级开发区土地集约利用评价更新结果汇总(国土资源部、中国土地勘测规划院)
25	林　坚	大都市内土地城镇化的时空差异及其动力机制研究——以北京为例(国家自然科学基金项目)
26	陆　军	首都红十字会在中国特色世界城市建设中的任务与实践研究(北京市红十字会)
27	陆　军	世界城市发展动态系列研究(北京市规划委员会)
28	孙铁山	中国特大城市人口-就业空间演化与互动机制研究(国家自然科学基金项目)
29	李平原	北京市勘察设计测绘综合服务窗口建设创新研究(北京市规划委员会)
30	李平原	完善北京市住房城乡建设行政审批管理制度研究(北京市建设委员会合作课题)
31	李平原	日本行政审批制度改革对中国的启示(2012—2013年度北京大学桐山教育基金研究)
32	沈体雁	城市排水行业管理绩效体系研究与示范(北京城市排水集团有限责任公司)
33	沈体雁	房山区金融产业发展规划(房山区发展改革委员会)

表8-64　2012年首都发展研究院提交科研报告的情况

序号	主持人	名称
1	李国平	区域功能定位对人口总量及分布的影响
2	李国平	首都区域协同创新的理论与测度模型开发
3	李国平	首都区域发展与科技创新数据收集及其加工
4	李国平	北京世界城市发展进程评估系统建设
5	李国平	深度开展区域合作加快首都经济圈发展建设研究
6	万鹏飞	北京市政务服务中心研究参考资料汇编
7	万鹏飞	加快海淀世界高端旅游目的地建设的调研报告

续表

序号	主持人	名称
8	万鹏飞	国际化社区管理研究——以望京街道辖区为例
9	万鹏飞	德胜街道网格化管理研究
10	万鹏飞	北京核心区脏乱死角环境政治研究——以中科院球场及周边地块个案研究
11	万鹏飞	北京 2020 战略研究
12	万鹏飞	北京城市化转型发展战略研究
13	冯长春	北京经济技术开发区土地集约利用评价
14	冯长春	中关村电子城科技园土地集约利用评价基础数据及100家企业抽样调查
15	林 坚	大都市内土地城镇化的时空差异及其动力机制研究——以北京为例
16	陆 军	北京世界城市建设方略及空间对策研究
17	陆 军	首都红十字会在中国特色世界城市建设中的任务与实践研究
18	李平原	北京市勘察设计测绘综合服务窗口建设创新研究
19	李平原	完善北京市住房城乡建设行政审批管理制度研究

2012 年,首都发展研究院发表学术论文 10 篇:张丹、韩茂莉、李国平,《首都圈区域空间就业结构分析》,《城市问题》,2012 年第 4 期;张丹、孙铁山、李国平,《中国首都圈区域空间结构特征——基于分行业就业人口分布的实证研究》,《地理研究》,2012 年第 5 期;刘霄泉、孙铁山、李国平,《基于局部空间统计的产业集群空间分析——以北京市制造业集群为例》,《地理科学》,2012 年第 5 期;孙铁山、王兰兰、李国平,北京都市区人口-就业分布与空间结构演化,地理学报,2012 年第 6 期;SUN Tieshan, HAN Zhenhai, WANG Lanlan, LI Guoping. Suburbanization and Subcentering of Population in Beijing Metropolitan Area: A Nonparametric Analysis. Chinese Geographical Science, 2012, Vol22, No. 4 pp. 472—482;万鹏飞,《大伦敦应急管理体系建设及启示》,《北京规划建设》,2012 年第 1 期。

2012 年,首都发展研究院出版学术著作 2 部:李国平、陈红霞(2012),《协调发展与区域治理:京津冀地区的实践》,北京大学出版社(232 页/23 万字);李国平、王立、孙铁山、刘霄泉、曹红阳(2012),《面向世界城市的北京发展趋势研究》,科学出版社(338 页/40 万字)。

2012 年,首都发展研究院与北京市国土资源局联合建设国土规划与开发国土资源部重点实验室。

2012 年,首都发展研究院杨开忠获第六届高等学校科学研究优秀成果奖(人文社会科学)三等奖。

【党建工作】 首发院重视领导干部的党风廉政建设,积极配合学校党建工作,提高领导干部廉洁从政意识,自觉接受监督,坚决杜绝违反廉政准则行为发生。首发院大力推进院务公开,坚持"三重一大"的重要原则,充分发扬民主,坚持两周召开一次首发院办公例会,重大问题办公会集体讨论决定,首发院人事、财务、科研、培训等工作都严格按制度办事。

深港产学研基地

【概况】 2012 年,深港产学研基地大力推进产学研合作各项工作,为实现高校科技成果转化、参与深港合作、加快深圳市战略性新兴产业发展和国家创新型城市建设等方面发挥了关键作用,取得良好业绩。

围绕深圳市新兴产业发展规划,2012 年,基地发起成立生物医用材料创新战略联盟,推动深港科技服务协会建设,并先后获批建立深圳市环境技术平台、深圳市语音搜索及应用工程实验室,为深圳市新兴产业发展发挥积极领头作用。基地对外实施走出去战略,南京产业孵化基地、哈尔滨产业孵化基地等全面启动,基地产业发展进入新的发展阶段。

【产业孵化】 为了探索事业单位体制、机制的改革创新,基地产业发展中心在企业孵化、技术转移、创业投资三个领域实现了突破,投资孵化的迪威视讯在创业板成功上市,经过长时间的积累,在团队建设、项目储备等各方面奠定了坚实的基础,预计未来三年内还将有3~5家孵化企业冲击资本市场。

1. 孵化服务紧抓增值服务,根据孵化企业实际需要,为其解决资金问题。2012年,尤其在间接融资服务取得较大进展,在连续3年与宁波银行成功开展孵化企业联保联贷工作基础上,与光大银行、招商银行、浦东发展银行等的相关合作正在积极推进;市场拓展服务工作正在有序筹备,并在智能终端和移动互联网、智能电网等领域取得初步进展。

2. 技术研发促进孵化器建设,实现研发与产业的紧密结合。基地承担的"中文多媒体数据处理与支撑软件平台建设"获得2010年度深圳市科学技术奖和2012年度广东省科学技术奖,与孵化企业众鸿科技联合承担的"车载智能多媒体信息娱乐系统"获得2011年度深圳市科学技术奖,深港产学研基地被新成立的深圳市科技服务业协会推选为会长单位。

3. 通过与企业孵化和技术转移工作结合,低成本运作,经过5年的探索,创业投资终于开始初现成效。迪威视讯成功在创业板上市后获得预期回报;南京华设完成股份制改造,拟择机冲击创业板;完成南京诚迈的投资流程,拟推动其尽快股改;深港产学研环保工程股份有限公司顺利完成两轮增资,券商、律师、会计师均已进场,拟择机冲击创业板。

新投资了深泰明科技,基地投资的北科瑞声、普顺科技、联信通、广州高清等企业发展势头较好。

由深港产学研创业投资有限公司于2007年发起设立的深圳市松禾资本管理有限公司目前受托管理资产超过50亿元人民币,投资超过15亿元人民币,受托管企业超过100家,其中有12家企业境内上市、2家企业境外上市。

【高层次人才培养】 2012年在继续开展政府培训、企业培训、远程及专业培训等业务的基础上,举办深圳市紧缺人才计划——高级财务管理精品班、深圳市民营及中小企业高级工商管理研修班、各类高级公务员专业培训班46期,为深圳市培训产业人才及高级管理人才、政府干部6000人次。

基地博士后工作站培养博士后近30人,其中2012年新入站博士后7人,为深圳市人才建设发挥了重要作用。

2012年,基地还与龙岗区科技创新局合作建立龙岗微软IT学院。

【公共研发平台】 2012年,基地共承担科研项目近40项,包括国家自然科学基金3项、国家科技支撑计划项目4项、国家博士后基金项目3项、广东省自然科学基金1项、深圳市发改委项目2项、科创委项目18项等;新发表论文70篇,其中SCI、EI收录40篇、会议论文21篇、专著2本;获授权发明专利17项、实用新型10项;获得软件著作权25项;主办国内学术会议2场,参加国际国内学术会议14场。基地首次得到深圳市发改委支持,扶持建立环境技术平台及语音实验室,同时得到文产办大力支持,资助运动控制实验室开展研发5D影院系统,实现自动控制技术与文化产业结合,希望能为振兴我国文化产业发展做出贡献。2012年,SoC等四个实验室顺利提升,并首次承担广东省自然科学基金及中国博士后科学基金项目。

1. 为推动研发与产业的紧密结合,基地通过设立产学研合作基金来引导实验室开展应用研究并给予大力扶持,每年设立数百万元的专项经费,经过几年时间的摸索和坚持,产学研合作基金效用逐渐显现。同时,为稳定和建设一支研发骨干队伍,通过发放岗位津贴的形式,积极鼓励和扶持专职博士后在基地开展科研工作,对各研发部门的骨干人员予以专项支持,帮助实验室建立稳定的核心技术团队。

2. 基地积极参与广东省、深圳市和各区的建设,为各级政府提供项目建议合计95项,并配合深圳市新兴产业发展规划,积极在新材料、文化创意和新一代信息技术等战略性新兴产业开展项目研究。2012年还发起成立生物医用材料创新联盟,实现生物医用新材料的协同创新。

3. 2012年,基地参加和举办深港青年创业大赛、深港合作交流营、深港科技金融合作高峰会、深港科技创新大奖等各类会议30余场,为深港创新圈建设发挥了先锋作用。基地举办了产学研论坛8场,邀请北京大学及国内知名高校教授面向深圳市民及领导干部就群众所关心的创新城市建设、新兴产业发展、社会管理等方面举办讲座,为深圳市民提供精神大餐,受到听众的热烈欢迎,为基地品牌建设发挥作用。

校办产业管理

校本部产业管理

【概况】 2012年在学校的正确领导下,北京大学校办企业悉心经营,克难攻坚,在国内外经济形势波动的条件下仍取得了良好的经济效益和社会效益。据统计,2012年校办产业的资产总额突破900亿元,总收入突破700亿元,仍在全国高校产业中保持领先地位。截至2012年12月31日,2012年校办企业共上缴学校16158万元,其中北大方正集团上缴1.2亿元、北大青鸟集团上缴1000万元、北京大学出版社上缴1800万元、北大先锋上缴分红款1032.864万元。此外,2012年北大资产经营有限公司还上缴财政部国有资本经营收益3207.84万元。经初步统计,各校办企业2012年向学校及社会捐款、捐物总额超过3000万元,向国家纳税15亿元之多。

【制度建设】 北大资产经营有限公司继续巩固产业规范化建设成果,企业风险控制取得良好效果。资产公司进一步加强制度建设,制定和完善了《北大资产经营有限公司董事会议事规则》《北大资产经营有限公司总裁办公会议事规则》《北大资产经营有限公司下属企业经济行为审批工作指引》等规章制度,进一步加强了北大资产经营有限公司的内部控制管理,规范了下属企业的国有资产报批程序。11月,北大资产经营有限公司举办了"北大校办企业规范国有资产管理工作座谈会",邀请了教育部财务司国有资产与企业处处长迟玉收作报告。迟处长从国有资产管理的政策与制度、国有资产规范管理与企业发展等六个方面介绍了高校校办企业国有资产管理工作的情况。120余名北大校办企业的高管和相关部门负责人参加了座谈会,进一步逐级规范制度建设。

【产业管理】 北大资产经营有限公司进一步规范了自身贷款、担保、借款等行为,贷款担保的总额保持在教育部规定的额度内,降低了学校的风险。

【业务发展】 2012年教育部等有关部门调整了高校校办企业经济行为审批、备案的工作流程,北大校产办和北大资产经营有限公司及时跟进,调整了服务方式,本着确保国有资产保值增值的原则,加强对下属企业对外投资、股权转让等经济行为的监管和服务,为企业发展提供有力支持。2012年,北大校产办及北大资产经营有限公司承担的监管和服务工作主要包括:协调完成了方正集团所属北大方正物产集团有限公司增资的审批工作;协调完成了方正集团转让所持北京方正世嘉中医药技术发展有限公司股权的审批工作;协调完成了珠海越亚封装基板技术有限公司整体变更为股份有限公司的审批工作;协调完成了未名集团股权变更的审批工作;协调有关部门完成了北京北大创业园有限公司第二次增资的审批工作;协调完成了北医健康产业园科技有限公司设立并增资的审批工作;协调完成了北京培文教育文化有限公司的资产划转的审批工作;积极推动"北大药业"改制等。同时,北大校产办和北大资产经营有限公司还协助医学部完成了北京北医科泰药物载体技术有限责任公司股权处置等工作。

【合作交流】 2012年4月6日,一年一度的北京大学产业·海淀工商共促发展座谈会在博雅国际会议中心召开。海淀工商局副局长刘春梅、海淀区工商学会副调研员王京、海淀工商学会秘书长刘为民等15位海淀工商局的有关负责人参加了座谈会。北京大学校长助理黄桂田,北大资产经营有限公司高级副总裁廖陶琴、韦俊民以及北大校办企业的十余名代表出席了座谈会。黄桂田校长助理指出,北大校办产业现已进入转型期,以方正集团、青鸟集团等为代表的校办企业正在进行产业结构调整,其间得到了海淀工商局的大力支持。黄桂田校长助理对此表示衷心的感谢。国家"十二五"规划提出要增强企业自主创新能力、促进高校产学研结合。北大校办企业在新的形势下面临更多的机遇和挑战,希望海淀工商局能够一如既往地支持北大校办产业的发展,为北大的企业排忧解难。刘春梅副局长指出,北大校办产业与海淀工商友谊源远流长,多年来建立了良好的关系。海淀工商局非常荣幸能与北大合作并看到北大企业近年来得到长足的进步。希望海淀工商局能通过座谈会等形式为北大企业解决当前的棘手问题。海淀工商局企业监督科、注册科、广告科等相关科室负责人专门向大家介绍了海淀工商局近期在服务程序、内容上的一些变化,并就各公司在工作中遇到的各种问题作了现场咨询。通过面对面的讨论和沟通,企业的很多问题得到了有效的解决。

【回报社会】 2012年12月3日,北京大学"2012年度奖教金"颁奖大会在北大英杰交流中心举行。北京大学党委书记朱善璐,校长周其凤,常务副校长吴志攀,党委副书记、医学部党委书记敖英芳,校长助理、教育基金会秘书长邓娅及各方捐赠代表共同出席了颁奖大会。自2007年起,方正集团在北京大学设立了"方正奖学金"和"方正奖教金",捐赠期为3年。2010年方正再次续签3年捐赠计划,每年向北京大学捐赠150万元,用于奖励优秀学生和教学科研人员。方正集团总裁张兆东作为"方正奖教金"捐赠方代表出席了本次大会,并与北大领导一同为获得"方正奖教金"的优秀青年教师颁奖。

医学部产业管理

【概况】 根据教育部对高校产业"积极发展、规范管理"的政策,北京大学医学部产业坚持以科学发展观为指导,以建立"产权明晰,权责分明,政企分开,管理科学"的现代企业制度为目标,以服务学校中心工作为宗旨,积极研读政策、拓展思路、整合资源,依托医学部优势资源开发调研国内合作项目,打造具有北医特色的现代产业平台。2012年医学部产业党政领导班子围绕产业科学发展和可持续发展继续开展学习实践科学发展观活动,明确产业进一步发展的主要思路,进一步完善了产业工作廉政风险防范管理体系,部分工作取得了实质性进展。

截至2012年12月,医学部产业已经关停并转和正在履行手续的企业有28个,包括已退出或关闭的企业10个、即将关闭的企业6个、停业关闭中的企业4个、谈判中的企业7个、改制过程中的企业1个。北京医大时代科技发展有限公司(简称医大时代,是北京北医投资管理有限公司控股公司)和北京大学医学部在职教育培训中心等主要企业,以及塘沽共建医院项目稳步发展,共计上交医学部资金4973万元,比上年增加5%。

【传统企业关停并转情况】 认真贯彻落实国家关于规范高校产业工作的相关政策精神,以及医学部对传统企业"关停并转"的工作方针,继续推进历史遗留问题的解决,2012年在一些难度较大的工作方面,取得了实质性进展。

表8-65 2012年医学部产业关停并转进展情况

企业名称	关停并转进度
北京时缘琚餐厅	2012年8月完成改制工作,更名为北京北医咨询有限公司。
北京北医科泰药物载体技术有限责任公司	改组方案经医学部部务会及北京大学产管会讨论通过,目前正在推进方案的实施。
北京北医投资管理有限公司亿康分公司	2012年年底完成企业关闭的全部工作,历时三年。
北京北医投资管理有限公司印刷厂	2012年年底完成企业关闭的全部工作,历时三年。
北京北医投资管理有限公司学知苑读者服务部	已完成资产清查、处理和审计,进入税务注销阶段。
北京北医投资管理有限公司健康研究中心	已完成资产清查、处理和审计,进入税务注销阶段。

【回报社会】 1. 上交医学部情况。2012年度产业系统上交医学部资金4973万元,比上年增加5%,其中教育培训板块1538万元,产业其他1235万元,共建医院合作项目2200万元。

2. 设立"瑞年国际北京大学医学部奖助学金"。医学部产业管理团队在与瑞年国际有限公司洽谈改制重组北京北医科泰载体技术有限公司的过程中,双方签署了多项协议,包括合作成立北京大学瑞年联合实验室以及瑞年国际集团在北大医学部设立"瑞年国际北京大学医学部奖助学金"项目。北京大学医学部瑞年国际奖助学金为期3年,自2012年起,瑞年国际每年向北京大学教育基金会捐赠28万元整,用于在医学部设立奖学金和助学金,奖励品学兼优的优秀生,帮助贫困学生完成学业,捐赠总额84万元。每年将有40人获得奖学金,其中基础医学院20人,药学院20人,每人每年的奖金额度为2000元。助学金方面,每年受助学生为40人,受助学生每人每年将获得5000元的助学金。

【推进共建医院工作】 医学部国产办会同相关职能部处,认真落实医学部领导指示精神,组织和动员医学部及各附属医院力量,支持塘沽共建医院的全面建设。2012年医院新增10万平方米的住院面积,继续加强建设创伤骨科、妇产科、儿科等重点学科和大外科,并且重点完成手术室平台建设和医院各种规范化制度的落实,完善总住院医师体系,建立科学的医疗管理和监督机制,确保医疗安全。在北京大学医学部专家的帮助和指导下,医院有六个学科申请并获得天津市滨海新区医学重点学科资质,为争取学科建设达到国内一流水平的规划创造了有力条件,成功申请并获得多项国家级和天津市、滨海新区的科研基金和项目支持,扩大了共建医院在专业领域内的影响力。目前,共建医院申请"天津市三级甲等医院"的准备工作基本完成,医学部与天津塘沽管委会准备签署二期合作意向书。

【构建教育培训体系】 教育培训领域在保持良好发展态势的同时,进一步开拓工作思路,优化整合资源,改进教育培训课程,努力构建与北医品牌相适应、满足社会发展需求、具有国际视野和核心竞争力

1. 医学网络教育情况。2012年,围绕"开放、实用、灵活"的专业改革目标,医大时代公司从培养目标、课程体系、运行模式和评价体系等几方面全面进行了改革。目前药学专业培养方案、护理学专业改革方案、应用心理学专业方案已经设计完成。2012年招生工作再创新高,共招生9256人,同比增长45.8%,超额完成上交学校的年度任务。

2. 在职教育培训中心工作。在北医医院管理EMBA高级研修班项目开展十周年之际,在职教育培训中心举办各项活动搭建国内外、卫生部门及相关部门各层次的管理者之间沟通、交流的平台。为增强培训中心的独立招生能力,2012年由教育咨询公司承担招生、中介管理等业务,收入稳步增长,并完成上交学校的年度任务。2012年度开展护理管理EMBA、医院财务管理、医院内训等新项目;考察澳大利亚项目管理师培训业务,为开展海外培训模块奠定基础。

【新项目的开展】 医学部国产办通过充分调研、论证,2012年新项目开展顺利。北京北医投资管理有限公司与永泰红磡养老产业投资集团有限公司就合作开展养老产业的相关专业培训一事,已经完成项目调研、商业计划书、国际先进经验总结、国内市场供需调查和分析、双方资源分析、产品定位、公司发展战略及发展步骤,启动资源需求以及项目论证,并签署合作协议,即将注册合资公司。

【党建工作】 1. 加强思想建设和作风建设。在全面完成北京大学和医学部党委组织的各项工作基础上,产业党总支在年初制订了工作计划,结合北大第十二次党代会、医学部百年庆典和党的十八大精神,组织5次专题培训学习活动,并力求在实际工作中贯彻落实,通过学习把提高理论素养与增强实践能力结合起来,不断研究新情况、解决新问题,推动产业工作更好地科学发展。

切实落实《北京普通高等学校党建和思想政治工作基本标准》,积极配合学校的党建调研工作,促进医学部、产业和职工之间的有效沟通,既梳理了几年来的主要工作和相关资料,同时也是在梳理总结中凝炼提升。

2. 加强廉洁从政教育和廉政风险防范管理工作。产业党总支注重廉政宣传教育,组织干部学习《关于实行党风廉政建设责任制的规定》和《中国共产党党员领导干部廉洁从政若干准则》等文件,加强对企业员工的法制、财经纪律和职业道德等方面的教育,提高职业道德修养和遵纪守法的自觉性。各单位根据实际情况,通过制度建设和工作流程的完善,不断完善防治"小金库"的长效机制。贯彻落实"三重一大"决策制度,健全校办产业科学民主管理和民主决策。产业党政企联席会讨论决定发展方向、大额资金使用、新项目确定与实施、企业的关停并转等重要事项,其中涉及产业重大决策事项还需经产业专家咨询委员会论证,并上报医学部部务会和北京大学校产管理委员会审批,保证了产业工作的科学稳定发展。

主要企业名录:(36家)

(1) 北大资产经营有限公司
(2) 北京大学出版社有限公司
(3) 北京大学音像出版社有限公司
(4) 北京培文教育文化有限公司
(5) 北京大学医学出版社有限公司
(6) 北大方正集团有限公司
(7) 北大资源集团有限公司
(8) 北京北大青鸟软件系统有限公司
(9) 北京北大未名生物工程集团有限公司
(10) 北京北大科技园有限公司
(11) 北大科技园建设开发有限公司
(12) 北京北大临湖科技发展有限公司
(13) 北京开元数图科技有限公司
(14) 北大英华科技有限公司
(15) 北京北大宇环微电子系统有限公司
(16) 北京北大明德科技发展有限公司
(17) 北京燕园天地科技有限公司
(18) 北京北大学园教育投资有限公司
(19) 厦门北大泰普科技有限公司
(20) 北京北大先锋科技有限公司
(21) 北京北大金秋新技术有限公司
(22) 北京北大软件工程发展有限公司
(23) 北京北大维信生物科技有限公司
(24) 北大软件教育发展有限公司
(25) 北京北大先行科技产业有限公司
(26) 北京北大众志微系统科技有限责任公司
(27) 北大星光集团有限公司
(28) 北京燕园隶德科技发展有限公司
(29) 北京北大创业园有限公司
(30) 江西北大科技园区发展有限公司
(31) 北京博雅方略管理咨询有限公司
(32) 北京燕园科玛技术发展有限公司
(33) 北京北大教育投资有限

公司

(34) 北大国际医院集团有限公司

(35) 北京北医投资管理有限公司

(36) 北京医大时代科技发展有限公司

主要高科技企业

北大方正集团有限公司

【概况】 方正集团由北京大学于1986年投资创办，北大资产经营有限公司持股70%、管理层持股30%。王选院士为方正集团技术决策者、奠基人，其发明的汉字激光照排技术奠定了方正集团起家之业。现今，方正集团已成功转型为多元投资控股集团，业务领域涵盖IT、医疗医药、房地产、金融、大宗商品贸易等产业。方正集团是诠释中国政府"创新"理念即"企业为主体、市场为导向、产学研结合"的典范企业之一。依托北京大学，方正集团拥有并创造了对中国IT和医疗医药产业发展至关重要的核心技术。作为国家首批6家技术创新试点企业之一，方正集团多次荣膺"国家技术创新示范企业"等荣誉称号。方正集团与国内知名企业、政府拥有良好的合作关系，其开放、规范的资本平台更是吸引了诸如英特尔、欧姆龙、瑞士信贷、东亚银行、台湾富邦在内的国际资本注入。方正已快速成长为综合实力与华为、海尔同列中国信息产业前三强的大型控股集团公司。方正集团拥有五大产业集团，3.5万名员工遍布国内重要城市，并在海外市场开拓方面成绩显著。同时，方正集团拥有6家在上海、深圳、香港交易所上市的公众公司。2012年，方正集团总收入612亿元，总资产748亿元，净资产307亿元。

【研究开发】 1.推出数字出版全产业链布局。2012年5月18日，第八届中国（深圳）国际文化产业博览交易会在深圳会展中心拉开帷幕，方正信息产业集团携旗下数字出版业务全线亮相，时尚亮丽的展台设计、丰富便捷的应用体验以及行业领先的成果展示，吸引了大批观众的驻足参观，同时也受到了业界及媒体的广泛关注。会展期间，新闻出版总署副署长蒋建国一行莅临方正信息产业集团展台参观，方正集团高级副总裁、方正信息产业集团CEO方中华就展出的重点业务进行了深入讲解，并在参观结束后向蒋署长赠送了现场印刷的个性贺卡作为纪念。

2.发布云计算平台。2012年6月8日，由方正国际主办的"立足产学研用，共建智慧城市"论坛在苏州隆重召开。会上，方正国际携手日立集团发布了综合性云计算平台——方正飞云。同时，方正国际院士专家工作站揭牌并落户苏州，这标志着方正国际全面开启"产学研用"智慧城市特色发展之路，进一步凸显方正国际对长三角智慧城市建设的辐射力。

【业务发展】 1.举行25周年庆典。2012年1月12日，"25年方正路——方正集团25周年庆典"在北京大学百周年纪念讲堂隆重举行。来自教育部等政府相关部门领导、北京大学领导、合作伙伴代表和方正集团干部员工代表等一千多人参加了庆典活动，共同回顾、分享了25年方正路的艰辛与荣耀，也把方正集团25周年系列活动推向了高潮。

2.举行战略规划签约仪式。2012年1月13日，方正集团顺利举行2012—2016年战略规划签约仪式。方正集团董事会领导、总办会扩大会领导、集团各职能部门负责人，以及五大产业集团总办会成员、各职能部门负责人共150余人出席了仪式。面对新目标、新任务、新要求，五大产业集团董事会代表和经营负责人郑重地签署了《2012—2016年战略规划目标任务书》《2012—2016年战略规划》与《2012—2016年战略规划实施方案》三份文件。

3.举行经营目标签约仪式。2012年3月7日，方正集团举行了2012年度经营目标签约仪式，此次签约旨在确保五大产业集团落实战略规划，实现2012年经营目标，干好新五年战略开局之年。方正集团董事会领导、监事会成员、总办会及总办扩大会成员、集团职能部门总监级以上人员，以及五大产业集团总办会成员、职能部门负责人共140余人出席了签约仪式。在新的战略目标指引下，方正集团董事会代表与方正集团经营团队代表签订了《方正集团2012年度经营管理责任书》，同时方正集团总办会代表与五大产业集团经营团队代表分别签订了《2012年度经营管理责任书》。

4.方正物联网基地签约。2012年3月12日，重庆南岸区、经开区与方正信息产业集团旗下方正移动传媒，就方正物联网产业基地项目投资在北大博雅国际酒店举行签约仪式，签约投资金额6.1亿元，预计达产后将实现年销售收入100亿元以上。重庆市委副书记、重庆市市长黄奇帆，重庆市发改委主任杨庆育，重庆市政府副秘书长、国资委主任崔坚,重庆市政府副秘书长严晓光,方正集团董事长魏新,方正集团高级副总裁、方正信息产业集团首席执行官方中华等领导和嘉宾出席了本次签约仪式。方正信息产业集团旗下方正移动传媒本次与南岸区、经开区合作建设集研发、制造、销售、应用为一体的物联网产业基地,主要业务包含二维码的市场推广应用、税控机等物联网产品的生产销售。

5. 中华数字书苑再成国礼。2012年4月16日、27日,中共中央政治局常委李长春分别访问英国、印度尼西亚。方正阿帕比电子书及数字图书馆系统"中华数字书苑"再成国礼,由李长春亲自赠送给英国牛津大学和印度尼西亚大学。"中华数字书苑"既是中华文化、中国信息聚合的结晶,又是现代出版技术的成果。此次"中华数字书苑"所精选的电子图书,涵盖中国哲学、宗教、经济、政治、法律、文化、教育、文学、艺术、历史、地理等各个领域。

6. 入主海尔人寿。2012年5月4日,根据中国保监会的要求,北大方正集团有限公司、明治安田生命保险相互会社和青岛海尔投资发展有限公司联合宣布,海尔向方正集团出售其拥有海尔人寿保险有限公司51%的股权,公司更名为"北大方正人寿保险有限公司"。通过方正金融企业间的业务协同,保险业务可以与方正金融各企业共享销售网点、渠道资源、客户资源、资金资源,以及客户服务平台、信息管理平台等资源,提供具有金融超市特色的一站式综合金融服务。

7. 确立产业集团商业模式。2012年10月,方正集团2012年第一次董事会扩大会议在重庆召开。方正集团董事会成员出席了本次会议,方正集团总办扩大会成员以及方正集团所属关键企业核心干部列席了本次会议。与会人员共同探讨了五大产业集团的商业模式,并最终达成一致观点。各产业集团领导班子均表示,在当前经济形势平稳发展的前提下,将按照确立的基本思路坚定不移地贯彻执行。

8. 助力"十八大"胜利召开。2012年11月,中共中央办公厅秘书局致信感谢方正集团在"十八大"期间提供的软件研发和技术保障服务。感谢信中,中共中央办公厅秘书局对方正集团所属企业项目组出色地完成任务,并表现出的专业和敬业精神表示高度认可。方正集团在上半年受中共中央办公厅秘书局的委托,负责加快"交互式公文制作排版软件研发"以及提供"数码喷墨设备技术支持"服务。具体负责项目任务的方正国际和方正电子,通过对项目的深入研发与创新以及优质的服务,以具有自主知识产权的技术、优异的研发成果和丰富的项目经验,保证了"十八大"期间印文工作的顺利开展。

【合作交流】 1. 与日立集团建立战略合作关系。2012年3月20日,日立集团与方正集团战略合作高层会谈在京举行。日立制作所执行役社长中西宏明,日立制作所执行役常务、中国总代表兼日立(中国)有限公司董事长大野信行,日立制作所执行役常务北山隆一,方正集团董事长魏新,方正集团董事张旋龙,方正集团高级副总裁、方正信息产业集团CEO方中华等领导出席会谈。魏新董事长充分肯定了双方自签署合作协议以来在云平台、智能城市、数据中心方面取得的成绩,高度赞扬了大野信行先生在推动双方合作上所做的工作。他表示,方正集团将继续加大与日立集团的合作力度,共同推进双方在公共系统、智能城市、物联网等领域的各项工作。中西宏明先生在讲话中表达了对方正集团发展成就的赞赏,并表示对双方的合作充满信心,希望能将合作深入推进下去。

2. 接待德克萨斯太平洋集团(TPG)来访。2012年5月,全球知名的私募股权投资机构德克萨斯太平洋集团高管一行到访方正集团。TPG全球创始合伙人David Bonderman先生、TPG全球合伙人Peter McMillan先生、德太沪华(上海)合伙人黄晶生先生、德太沪华(上海)投资者关系总经理刘宏瑜女士等一行受到方正集团领导的热情接待,期间双方进行了愉快的交流。David Bonderman先生介绍了TPG在全球的业务发展现状和未来在全球以及亚太地区的发展规划。双方都对对方公司近年来取得的成绩表示了高度认可,并就未来重点行业在发展中面临的机遇与挑战交换了意见。

3. 与山东推进政企合作。2012年5月8日,济南市市长杨鲁豫、市委秘书长杨峰一行访问方正集团。方正集团董事长魏新,方正集团总裁张兆东,方正集团高级副总裁兼首席财务官、北大资源集团总裁余丽等热情参与接待。双方就今后山东省与方正集团、北大资源集团的进一步合作进行了深入交流。方正集团董事长魏新对山东省政府领导的来访表示热烈欢迎,并对方正集团近年来的发展情况进行了介绍。

4. 亮相中部投资贸易博览会。2012年5月18日至20日,以"开放崛起,绿色发展"为主题的第七届中国中部投资贸易博览会在长沙开幕。作为我国中西部最大的证券公司、湖南省首家IPO上市金融类企业,方正证券在中博会上精彩亮相,展示了在财富管理方面的综合业务实力,受到社会各界的广泛关注和好评。此次参展是方正证券成立十周年系列活动之一。方正证券精心布展,通过宣传展板、业务咨询、微博互动、积分兑奖、交互式体验等多种形式展示了十年来方正证券的奋斗历程和成绩收获。

5. 与中国新闻出版研究院合作。2012年6月8日下午，方正阿帕比与中国新闻出版研究院举行了战略合作启动仪式，中国新闻出版研究院将借助阿帕比的技术力量，共同在数字内容投送平台、跨平台阅读、跨媒体交互式阅读等数字出版的新技术领域开展更加深入的合作。新闻出版总署副署长孙寿山及总署相关司局领导出席启动仪式并开启触摸屏。中国新闻出版研究院院长郝振省在启动仪式上表示，中国新闻出版研究院跟方正阿帕比在数字出版领域一直有着广泛的合作与交流，双方成功合作开启了新闻出版业顶级研究机构与数字出版龙头企业的全新合作模式。

【获奖情况】 2012年3月，方正世纪荣获"2011年最成功IT渠道供应商"奖；3月，方正国际软件荣膺2011年度中国软件与信息服务外包产业"优秀项目实施奖"；7月，方正集团入围第26届电子信息百强企业榜单，连续多年稳居前十位；8月，方正电子凭借中国唯一自主知识产权的方正数字喷墨印刷技术获"电子包装行业荣格技术创新奖"；10月，"方正金融系列广告"获第十九届中国国际广告节全场大奖"长城奖"；11月，方正集团获"2012年国家技术创新示范企业"称号。

【回报社会】 1. IET—方正大学校长奖颁奖。6月2日，第五届"IET—方正大学校长奖"颁奖大会在北京科技大学召开。全国人大常委会副委员长、民革中央主席周铁农，IET教育基金会名誉理事长兼执行理事王逢旦，方正集团董事长魏新出席了当天的颁奖典礼，并为获奖者颁奖。魏新在致辞中表示，方正集团秉承"源于教育、回馈教育"的理念，通过支持IET—方正大学校长奖这种方式，为中国的高等教育事业尽一份绵薄之力。

2. 献爱心救助两癌。为进一步了解中国妇女发展基金会"方正健康发展基金"2010年度乳腺癌、宫颈癌救助资金实施情况，督促做好2011年度救助资金的发放执行工作，2012年6月18日至21日，中国妇女发展基金会副秘书长朱锡生、方正集团副总裁兼首席品牌官魏亚欧一行赴青海考察，相继举行了"方正健康发展基金"青海省"两癌"防治基层医务人员培训、"方正健康发展基金"青海省"两癌"救助金发放和2010年度救助资金青海省首批受助人入户回访等活动。

3. 支持北京人艺舞台艺术。2012年11月7日，北京人民艺术剧院和方正文化艺术发展基金联合发起的"2011—2012年度颁奖典礼"在京隆重举行，时值北京人艺成立60周年，朱琳、蓝天野、濮存昕、冯远征等人艺老中青三代演员齐聚一堂。本次年度颁奖典礼是继2011年以来的第二届，本着鼓励原创剧目、奖励主创人员、不重复获奖的原则，通过观众投票、评委会评选等多种方式，揭晓了包括"年度原创剧目优秀编剧""年度原创剧目优秀导演""年度观众喜爱演员"等在内的共13个奖项。

【年度纪事】 1. 2012年1月12日，方正集团设立"方正科学技术发展基金"。该基金的首个项目将在未来五年继续全资赞助中国计算机学会王选奖，用于发现和激励创新型科技人才。

2. 7月2日，方正信息产业集团旗下企业方正国际与欧姆龙社会解决方案事业株式会社联手竞得澳门轨道交通项目。本次合作采用方正国际独立运营项目、欧姆龙专注负责质量检查的深度合作模式。通过该项目的建设，方正国际将在地铁自动售检票系统（AFC）领域获得多项前瞻性技术突破。

3. 7月10日，王选院士雕像揭幕仪式在北京大学计算机科学技术研究所揭幕。王选院士夫人、北京大学计算机科学技术研究所教授陈堃銶，全国政协文史和学习委员会副主任、原北京大学党委书记闵维方，北京大学校长周其凤，方正集团董事长魏新，方正集团总裁张兆东，方正集团董事张旋龙以及北京大学计算机科学技术研究所所长、方正集团董事肖建国等出席仪式，并一起为王选院士雕像揭幕。

4. 7月26日，由方正信息产业集团携手上海张江国家数字出版基地共同设计建造的"张江国家数字出版基地成果展示暨数字出版体验中心"举行落成典礼。数字出版体验中心面积为2000多平方米，是国内第一家系统展示数字出版技术的展厅。

5. 8月28日，方正物产集团旗下的福建方通港口石化仓储库区项目开工剪彩，地基强夯及旧工程拆除等基础工程正式启动，预示着福建方通港口储运有限公司业已蓄势待发，即将扬帆起航。

6. 9月5日，方正集团"方正舞起来"舞蹈大赛决赛火热上演。五大产业集团高管组成的"明星舞拍档"、方正集团总部及五大产业集团代表队带来的集体舞表演和斗舞都舞出了方正人的精诚合作和活力四射。

7. 9月11日，方正集团与北京产权交易所签署了《中央企业全要素综合服务战略合作框架协议》。方正集团将借助专业平台，获得在资本经营过程中涉及的各种要素全流程服务，利用产权市场等市场化机制优化配置资源，更好地推进各产业的健康发展。

8. 9月20日，方正物产集团完成在香港和新加坡的四家境外子公司的注册工作，标志着方正物产集团大宗商品业务板块实现国

9. 10月20日，2012年中国计算机大会颁奖晚会举行，晚会期间颁发了2012年度"中国计算机学会王选奖"，该奖项为"方正科学技术发展基金"首个资助项目。

10. 10月24日，方正集团与海淀区检察院签署了《检企共建协议》。本次签约有利于方正集团与海淀区检察院加深合作，进一步推动方正集团建立、健全合法合规的集团管控体系和法务事前、事中、事后防控型模式。

11. 12月18日，由全国妇联中国妇女发展基金会主办的"中国妇女慈善奖"表彰大会在人民大会堂召开。全国人大常委会副委员长、全国妇联主席陈至立，全国妇联党组书记、副主席宋秀岩，中国妇女发展基金会理事长黄晴宜等领导出席大会并颁奖。方正集团荣获分量最重的"中国妇女慈善奖"典范奖，并成为中国妇女发展基金会战略合作伙伴。

12. 自12月23日起，中国海军舰艇陆续更换上由国内最大字库厂商方正字库设计的新式舷号。从字型设计、精细修字到立体效果的制作，方正字库历时2年完成这款字体的设计工作。在我国第一艘航空母舰——辽宁舰航母的两侧，近40平方米的巨型舷号"16"即采用了这款新式舷号字体。

13. 12月24日，国家开发银行与北京大学、方正集团分别签署了《北京大学、国家开发银行开发性金融合作协议》《北大方正集团有限公司、国家开发银行股份有限公司北京市分行开发性金融合作协议》。根据协议约定，国家开发银行将为北京大学提供全面的融资、融智支持，并将在5年内为方正集团提供400亿元人民币的融资授信，以支持方正集团各产业发展。

北大资源集团有限公司

【概况】 北大资源集团是方正集团旗下专业从事房地产开发、教育投资、商业地产运营、物业经营管理等业务的综合性房地产控股集团。集团依托北京大学和方正集团，定位于资源整合型城市运营商，通过有效配置和整合教育、IT、医疗、金融等领域的内外部优质资源，提升自建项目的社区生活品质和城市价值。同时，通过战略合作，服务于外部开发商的地产项目，致力成为中国特色城市运营模式的开拓者和领跑者。在商业开发的同时，北大资源集团深入挖掘北大深厚的人文底蕴，致力构筑新文化社区与新文化城市，以文化设施营建、文化活动发起、文化氛围塑造等，为中国城市及城市居民创造更有文化品质、更宜居、更具幸福感的生活。北大资源开发项目涵盖城市运营、住宅、写字楼、酒店、商业、科技园、工业园区等多种类型。目前项目主要分布于长三角、珠三角、环渤海区、华中、西南等国家重点发展地区。2012年，北大资源集团有限公司实现销售收入60亿元，实现利润3.8亿元，实现利税7.1亿元，资产总额141亿元，所有者权益47亿元。

【研究开发】 1. 创新创意研究院。2012年2月25日，北京大学党委书记朱善璐一行来到昆山进行考察，并考察了资源集团昆山项目。苏州市委书记蒋宏坤，苏州市委常委、市委秘书长王少东，副市长王鸿声，昆山市委书记管爱国，代市长路军等领导陪同考察，北京大学校长助理程旭，方正集团总裁张兆东，方正集团副总裁、北大资源集团常务副总裁方灏等参加了考察。朱善璐书记详细询问了项目的产业特点、发展规划和交通区位，对昆山创意城的开发理念表示高度认同，对项目的规划和立意表示赞赏，同时也对项目的建设提出了更高的要求，希望该项目能充分体现出"创意"和"创新"，成为北大校企发挥"产学研用""校地合作"的成功载体和体现。朱书记表示，将推动"北京大学创新创意研究院"落户昆山项目，以进一步巩固、提升、深化北大与江苏、苏州和昆山的重点合作。

2. 北大资源大讲堂。2012年7月29日，重庆资源与重庆电视台科教频道联合主办的"北大资源大讲堂"在重庆正式开讲。到10月底为止，北大资源大讲堂连续在重庆举办7期。北京大学副校长刘伟教授、经济学院宋敏教授、经济学院冯科教授、中文系张颐武教授、中文系程郁缀教授、医学部钮文异教授、医学部李可基教授等名师做客大讲堂，分别就中国宏观经济态势及宏观调控、人民币国际化及离岸中心建设、百姓投资新机遇、国学传统与当下人生、古代交友之道与现代人际交往、健康自己做主、饮食养生和食品安全误区等主题发表了精彩演讲。"北大资源大讲堂"的成功开讲是北大资源集团践行"资源整合型城市运营商"理念，将北大的教育资源有效植入到地产项目中的有力实践，也是"北大资源·江山名门"项目充分依托北大深厚文化底蕴，发挥集团优势，以文化营销为切入点，通过将文化植入地产的方式，取得1+1大于2的营销效果的成功尝试。

3. 中国城市管理高峰论坛。2012年12月8日，由中共中央党校报刊社等单位主办，北大资源集团承办，主题为"十八大精神与中国新型城镇化道路"的第二届中国城市管理高峰论坛在河南省开封市隆重举办。全国人大财经委员会副主任尹中卿，北京大学校长周其凤，海峡两岸关系协会会长王富卿，中国侨联副主席王永乐，中央党校校委委员、进修部主任黄宪起,国土资源部规划司司长董祚继,河南省国土资源厅厅长张启生,河南省住房和城乡建设厅厅长刘洪涛,国家民政部基层政权和社会建设司副司长刘勇,北京大学校长助理黄桂田,开封市市委书记祁金立,市长吉炳伟等出席;国内研究、关注城镇化发展、城市建设的知名专家学者、相关部委领导、河南省、开封市领导,知名企业和非政府组织代表,北京大学、方正集团、北大资源集团领导等300余名嘉宾参与了本次论坛。在此次论坛上,与会嘉宾以开封新区的发展实践为蓝本,将北大资源集团开封运粮河项目的城市创新作为具体课题进行了研讨。本届城市管理高峰论坛是十八大胜利召开之后首个以城镇化为核心议题的高端交流平台。与会专家表示,此次论坛将转变发展思路、推进新型城镇化建设、加快郑汴一体化进程,对打造生态、宜居、和谐城市具有重要的示范意义。

【业务发展】 1. 北大幼教落户东莞、重庆。2012年11月14日,北大资源集团东莞御湾项目、重庆江山名门项目分别与北京大学幼教中心隆重签约。北京大学总务部部长张西峰,北京大学总务部副部长徐晓辉,北京大学幼教中心主任王燕华,方正集团总裁张兆东,方正集团高级副总裁兼首席财务官、北大资源集团总裁余丽等资源总办会领导、嘉宾共同见证了这一重要时刻。此次签约是继达成在山东省济南"尚品·清河"项目的首次合作后,北大资源集团与北京大学幼教中心的第二次牵手。通过合作开办幼儿园,北京大学幼教中心将先进的教学理念、教学体系和特色教材植入北大资源地产项目中,凭借其丰富、专业的运营管理经验,为社区居民提供优质的儿童素质教育资源。今后,北大资源集团将继续携手北京大学幼教中心,积极探索和创新合作模式,打造教育地产的典范。

2. 新文化城市战略联盟。在2012年12月8日举办的"第二届中国城市管理高峰论坛"上,北大资源集团跨界携手来自医疗、教育、文化、商业、规划设计、金融、投资等30余家在各自领域处于领先地位的机构和企业,宣布成立中国首家"新文化城市战略联盟",并发表了《战略联盟宣言》。新文化城市战略联盟成员服务领域包括医疗、教育、文化、商业、规划设计、金融、投资等。联盟各成员达成了关于建设中国城镇化的全新共识:"建设商业繁荣的现代城市,树立民生为本的城市发展理念,构筑亲睦友善的幸福生活家园,坚持自然共生的城市发展方向,促进均衡协调的城乡关系,培育开放共享的多元文化。"此次联盟合作突破了以往行业传统合作模式,跨界整合了各行业资源优势,能够集各界的智慧和力量于一体,对未来城市建设进行综合性、创新性研究,是地产界的一次创新,也将对中国新型城镇化建设产生积极的影响。

【合作交流】 1. 与中央党校合作开展城镇化研究。2012年2月28日,中央党校课题组"中国城镇化发展与城市运营"研究成果发布会在京隆重召开。本次发布会由中共中央党校报刊社主办,北大资源集团协办。中央党校报刊社社长兼总编辑肖勤福,中央党校报刊社常务副总编辑钟国兴,中央党校报刊社社长助理余昌淼,中央党校研究室巡视员、三农问题研究中心秘书长曾业松研究员,中央党校国际战略研究所副所长、著名经济学家周天勇教授,中央党校科学社会主义教研部向春玲教授,北京大学校长助理、校产办主任、经济学教授黄桂田,方正集团董事兼总裁张兆东,方正集团董事、方正集团高级副总裁兼首席财务官、北大资源集团总裁余丽等专家学者和企业代表以及40余家在京媒体,近百人参加此次发布会。

2. 签约北京小城镇发展基金。2012年4月21日,"北京小城镇发展基金项目开工暨银团合作签约仪式"在北京市平谷区隆重举行,北京市委副书记、市长郭金龙,国家开发银行董事长陈元等众多领导出席仪式。小城镇发展基金是由北京市政府、国家开发银行联合设立的全国首支专注于小城镇建设的股权投资基金,总规模100亿元,可以撬动超过1200亿元的社会总投资。基金以北京周边特色小城镇建设为投资方向,现已完成一批优质项目储备,部分项目已进入实际投资阶段。签约仪式上,小城镇发展基金出资人代表分别与合作伙伴、金融机构签约。8家银行给予了小城镇发展基金800亿元预授信的鼎力支持,12家业内知名机构加盟小城镇发展基金。作为国家开发银行城镇发展战略联盟的一员,北大资源集团受邀出席仪式,并与小城镇发展基金签订了《关于共同建设教育医疗设施的战略合作协议》。

3. 与青岛市战略合作。2012年8月5日,北京大学副校长刘伟,方正集团总裁张兆东,方正集团高级副总裁兼首席财务官、北大资源集团总裁余丽,方正集团副总裁、北大资源集团常务副总裁方灏等一行前往山东省青岛市考察,拜访了山东省委常委、青岛市委书记李群等领导,并分别与青岛市崂山区和四方区就崂山区汽车东站项目及小水清沟项目,正式签署了《青岛金融中心项目合作协议》《青岛小水清沟村项目合作协议》。此次合作协议的正式签署,拉开了方正集团、北大资源集团与青岛市战略合作的序幕,同时也标志着北大资源集团正式入驻青岛市场。

4. 与北大工学院签署战略合作协议。2012年11月14日,北大资源集团与北京大学工学院在京隆重签署战略合作协议,在工程技术研究、产学研投资基金、高新技术企业股权投资、工程教育、设立合作平台公司五个层面展开深度合作。北京大学研究生院院长、北京大学工学院院长陈十一,北京大学校长助理、校产办主任、北大资产经营有限公司董事长兼总裁黄桂田,北京大学产业党工委副书记、北大资产经营有限公司高级副总裁韦俊民等北大领导与方正集团总裁张兆东,方正集团高级副总裁兼首席财务官、北大资源集团总裁余丽等资源总办会领导出席了此次签约仪式。北京大学工学院历史悠久,自2005年重建以来发展极其迅猛,目前,该院是北京大学"国家千人计划"获得者人数最多的学院,也是北京大学高端人才比例最高的学院之一。该院现设的6个系和近20个研究机构中,多数已经达到国内一流水平,有的已经进入世界先进学科的行列。产学研结合是该院办学的重要战略举措,该院已与多个地方或企业建立了产学研基地或联合研究机构,一批具有国际领先水平的项目顺利完成开发并成功实现了产业化,取得了较好的经济社会效益。对于该院与北大资源集团的合作,北京大学研究生院院长、北京大学工学院院长陈十一表示,这是技术与资源的联姻,是强强联手。双方应以打造世界一流的科技园为奋斗目标,成为产学研合作的典范,成为北大人产业报国的典范。

【获奖情况】 4月,北大资源物业集团正式当选为中国物业管理协会第三届理事会理事单位。7月,在博鳌·21世纪房地产论坛第12届年会上,北大资源集团一举夺得"2012年度创新大奖",这也是北大资源继2011年获得"年度社会贡献企业大奖"后二度折桂地产金砖奖。"中国地产金砖奖"是国内房地产领域规格最高,影响最大,最权威的评选奖项之一。10月,由中国建筑协会主办的"2012年全国人居经典建筑规划设计方案竞赛"举行,山东资源"尚品·清河"项目凭借其创新理念和出色的设计再获殊荣,包揽全国人居经典"规划、建筑"双项金奖。12月,第九届中国写字楼发展论坛年会在北京隆重举行,作为本次论坛的首席合作伙伴,北大资源集团博雅C—Center项目带来了创新的商务地产模式——"全资源链"的企业发展解决方案。北大资源C—Club通过"全资源链智慧型企业运营平台"为客户企业提供有效资源,助力客户企业的发展,更全面地为客户服务。博雅CC凭借"商务地产"这一创新模式,在名盘奖评选中一举斩获2012年度创新地产商业模式大奖——"2012年度中国地产金厦奖"。

【年度纪事】 8月31日,北京大学常务副校长王恩哥在方正集团总裁张兆东、方正集团副总裁兼北大资源集团常务副总裁方瀛等领导的陪同下莅临新华南MALL视察指导。王恩哥副校长一行视察了新华南MALL旗下的欢笑天地主题游乐园、天线宝宝乐园以及正在开发建设的"北大资源·御湾"地产项目,对新华南MALL近年来的经营发展,特别是在团队建设和地产开发等方面的工作给予了充分肯定,并希望运营班子更加贴近北大资源集团"城市运营商"的理念,有效地整合北京大学及方正集团的各种优势资源,走出一条区别其他开发商的发展之路。王恩哥副校长表示,很高兴看到方正集团及旗下各个产业集团和子公司正逐步发展壮大,今后北大仍将一如既往地支持和关注校办企业的发展。8月16日、17日,为加快推进江西北大科技园项目向前发展、加深同江西省、地政府的合作和联系,北京大学校长助理黄桂田教授、北京大学产业党工委副书记韦俊民等一行6人赴南昌,分别同江西省副省长谢茹、江西省发改委副主任熊毅、南昌市经开区党工委书记罗蜀强、管委会主任黄俊等领导会谈,并就江西北大科技园规划定位做了深入交流。会谈中,谢茹副省长提出要加强省校间的沟通交流,双方共同面对问题、解决问题,列出年度工作计划逐项落实,并希望在2013年两会期间访问北大。罗蜀强书记表示,南昌市经开区将从政策扶持、土地变性、招商服务等各个方面为江西北大科技园提供支持和帮助,全面支持、配合江西北大科技园建设过程中的各项工作。

北大青鸟集团

【概况】 青鸟集团2012年的主要工作呈现两大特色:一是加大经营运作服务力度,多产业进一步做实做强。其中,IT产业的电子消防与安全系统继续保持上升态势,年创收向10亿元挺进;IT职业培训全线教育产品获人力资源和社会保障部职业技能鉴定中心(OSTA)认证,继续遥居国内IT职业培训行业领军地位,基础教育扩张建校势头强劲;以成功拓展长白山综合旅游投资管理项目和新疆特色旅游项目的旅游产业上了新台阶;传统与清洁能源开发有了重大突破;整体产业布局、市值规模和员工团队实力比上一年有新的增长。二是回报社会力度进一步加大。青鸟资助贵州老区贫困家庭品学兼优孩子在京读6年中学的"春晖行动——致公学生培养计划"2012年度再捐2300万元,使该公益项目总捐助额达到5250万元;并独家捐赠国家大剧院2012年五月音乐节,丰富民众文化生活;通过"杨芙清一王阳元奖励基金"和"北大才斋奖学金"等多种方式反哺，助力北京大学教学科研发展。

【研究开发】 1. 全线IT教育产品获OSTA认证。6月17日，经人力资源和社会保障部职业技能鉴定中心严格审核，北大青鸟APTECH全线教育产品，包括ACCP（软件工程师）、BENET（网络工程师）、BTE-ST（软件测试工程师）、BEWEB（网页设计工程师）、BECSR（信息服务专家）、BECOM（互联网软件工程师）以及学士后JAVA、NET、Android、网络营销师等培训课程的职业培训和职业资格获得了联合认证。这标志着北大青鸟APTECH所有教育产品均获得OSTA认证。人力资源和社会保障部推行的职业资格认证制度是在职业教育中贯彻落实中共中央国务院深化教育改革的重要形式之一。通过计算机国家职业资格认证（OSTA）考试，促进技术的推广应用，以适应社会主义经济建设的需要，形成使用人才重素质、重实际能力的良好风气。OSTA认证既是计算机操作技能水平的职业资格证书，同时也是要求计算机操作能力并实行岗位准入控制的相应职位的上岗证。该证书通用于国内与国际，并可以在晋升、评职称时作为专业技能水平的重要依据。

2. 入册建筑电气设计选型。9月19日，中国建筑学会建筑电气分会2012年会决定，北大青鸟环宇消防公司入选《2012—2014年建筑电气设计选型手册》。本次年会由中国建筑东北设计研究院有限公司主办，全国各地权威设计院的总工、高工及较高级别设计师和主要领导150余人参会。北大青鸟环宇消防公司作为唯一受邀专业消防报警产品厂家，会议期间展示了品牌形象、产品技术实力，不仅吸引了参会代表参观，得到深入关注，还通过了中国建筑学会的专业评测，入选《2012—2014年建筑电气设计选型手册》。

【业务发展】 1. 打造长白山文化创意园。1月16日，北大青鸟集团旗下传奇旅游投资公司正式签约投资长白山文化创意产业园项目。吉林省副省长陈伟根、北京大学副校长鞠传进在仪式上致辞；北大青鸟集团总裁初育国，长白山党工委书记、管委会主任徐晗，以及吉林省政府有关部门和长白山管委会有关单位领导出席签约仪式；北大青鸟集团副总裁、传奇旅游投资有限公司董事长陈宗洙与长白山管委会副主任霍建军签约，吉林省政府副秘书长丛红霞主持签约仪式。长白山文化创意产业园项目将长白山作为战略发展重要着力点，投巨资打造长白山创意产业园和森林温泉养生中心，力争将长白山建设成为文化与旅游产业融合发展典范、温泉养生产品开发新标杆，使之成为世界游客青睐的一个集旅游、休闲、度假为一体的旅游地。

2. 环宇消防稳居全国第二。北大青鸟集团旗下北大青鸟环宇消防公司2012年度坚持创业、创新、实干，坚持渠道化和公司化经营，连续多年实现经营效益递增3成，实现规模化持续稳定发展，2012年实现销售收入近5亿元，扩建生产基地总面积近万平方米，注册资本猛增3倍，市场占有率稳居全国同行业第二位，为后续发展扩张储备了较强的能量。

3. 投资新疆旅游资源开发。6月16日，青鸟集团与新疆尼勒克县人民政府签署"旅游文化产业战略合作框架协议书"。全国政协常委刘凡、伊犁州副州长木合亚提、北大青鸟集团董事长许振东、尼勒克县委书记周立新等出席签约仪式。尼勒克县地处中天山西部、伊犁河谷东部地区，旅游资源十分丰富，有亚洲面积最大、西北五省最完好的河谷与次生林，有高山草原、雪岭云松和密布的湖泊、温泉等特殊旅游资源，但多年来缺乏资源投入和科学规划，优质资源尚未得到科学有效开发利用。青鸟集团与尼勒克县联姻，将为尼勒克的旅游文化产业发展添上重彩浓墨。按照协议，青鸟集团将注资20亿元对尼勒克县旅游资源进行开发和文化包装，使该县旅游资源得到科学有效的开发利用。

4. 德爱北大附属实验学校揭牌。8月30日，北大附属实验学校德爱学校举行揭牌仪式，河源市政府副秘书长邝伟毅、北大青鸟总裁兼青鸟教育集团董事长初育国等有关领导为该校揭牌。北大附属实验学校德爱学校的成立是青鸟教育集团输出优质教育资源的又一重大举措，该校将秉承北大精神，结合新时期广东精神，充分利用北大现有的教育教学资源，打造成广东省乃至华南地区一流名校。

5. 与哈密合作热解利用原煤。9月1日，在第二届中国—亚欧博览会哈密地区专场签约仪式上，北大青鸟集团投资建设哈密地区年耗350万吨原煤——"寰宇"热解炉煤热解利用合作项目正式签订。新疆维吾尔自治区政协常务副主席黄昌元及自治区有关部门领导出席仪式，北大青鸟集团董事长许振东与哈密行署副专员张红光代表合作双方签约。该项目是北大青鸟集团投资新疆能源开发利用的重大项目之一，一期投资30亿元，也是哈密地区煤化工开发的重大项目。青鸟集团针对新疆地域交通、资源优势、煤质特点，以彻底实现当地煤炭资源的综合高效利用、就地转化、产品附加值提升为目标，投资合作兴建年消耗原煤350万吨的热解合成油项目，总投资70亿元。该项目所用热解炉煤热解技术工艺是青鸟集团在引进世界领先煤热解技术基础上，吸收研究、创新转化为自主知识产权的"寰宇"热解炉煤热解技术。该技术工艺同国内外其他煤制油企业直接或间接转化技术相比,整体投资仅为传统工艺的三分之一。生产过程为常压,对原料、煤质、设备以及自然资源要求较低,热解70%的能源由自身提供,耗能显著低于传统工艺,大大降低生产成本。所产煤热解合成油、洁净煤均属当前我国化工行业不可或缺的原料,用途广泛,副产品洁净水还可作为工业循环用水。

6. 北京青麒航服公司运营。10月8日,北大青鸟集团全额投资创立的北京青麒航空服务有限公司正式运营,为北大青鸟商旅业务增添了强有力的技术与服务支持平台。该公司的成立是北大青鸟多年雄厚IT技术沉淀的结果,更是新一代IT技术的升级和延续。北京青麒航空服务有限公司基于北大青鸟集团成熟的管理模式和优秀的研发团队,充分发挥电子商务的核心作用,开发了为政府和大中型企事业单位提供先进的全球化、一站式差旅管理服务的商旅服务系统,业务范围包括差旅管理系统及办理机票、酒店、租车、签证等,并帮助客户建立差旅管理制度和成本控制体系,满足客户全方位差旅需求。

【合作交流】 1. 承办北京大学招生改革论坛。7月2日,由北京大学招生办主办、北大青鸟教育集团承办的"北京大学综合评价机制与自主招生改革"高峰论坛在北京大学开幕,北京大学校长周其凤、校党委常务副书记张彦、常务副校长王恩哥亲切看望与会的全国重点中学百名校领导。北京大学副教务长吴宝科、招生办公室主任秦春华、青鸟集团总裁初育国、南开大学教育学院刘清华等嘉宾出席论坛并发表演讲。

2. 与世茂旅游联合办学。9月14日,北大青鸟集团旗下青鸟教育集团与世茂旅游集团签约战略合作,北大附属实验学校即将分枝落户美丽的海滨名城大连,配套提升世茂集团旗下世贸旅游集团开发的旅居地产品质,为大连孩子创造在家门口接受精英教育的机会。北大青鸟集团总裁、青鸟教育集团董事长初育国,世茂集团执行董事、世茂旅游集团总裁刘赛飞代表合作双方签约。

【获奖情况】 2月28日,在北京市丰台区社会组织工作会议上,北大青岛集团旗下北大附属实验学校荣获"中国社会组织"评估"五A级"最高级别奖牌与证书,全丰台区只有4家机构获此荣誉;3月1日,北大青鸟环宇消防设备公司因产品和技术支持服务优质,被中国质量评价协会评为2011—2012年度"全国质量AAA单位";3月31日,在2012第十五届北京国际连锁加盟展会上,北大青鸟国际教育公司荣获"最具投资潜力奖";10月16日,由慧聪消防网主办的"2012年度消防产业高峰论坛——消防产业发展与科技创新"在北京举行,北大青鸟环宇消防设备公司以强大的企业实力、不断攀升的市场占有率和良好的产品质量服务口碑,获"2012年十大知名报警企业"称号;12月10日,2012"回响中国"腾讯网教育盛典在北京隆重举行,全国教育界泰斗、专家、学者、官员、媒体人及最知名教育机构领军人物600余人齐聚一堂,回顾2012年中国教育发展历程,见证教育改革成果,共议教育热点话题,北大青鸟APTECH获"2012最具影响力IT教育品牌"和"中国最具竞争力教育品牌"两项荣誉;12月18日,北大青鸟APTECH荣获"2012最具公信力教育集团"称号;在中国加盟网主办的"教育连锁·正能量2012年度中国教育连锁品牌总评榜"上,北大青鸟教育科技有限公司因良好的企业信誉及加盟业绩,荣获"2012年度中国教育连锁品牌十大人气品牌""中国加盟连锁百强企业"和"2012年度中国加盟网企业顾问"三大奖项;12月28日,由《北京晚报》主办的"影响教育六十年"总评榜颁奖活动揭晓大众心目中最能扛起"影响教育六十年"大旗的优秀教育机构和教育家,IT职业培训领导品牌北大青鸟APTECH荣获"影响教育六十年优秀品牌·教育集团"奖。

8月,"2012中国行业信息化奖项评选活动暨第四届中国行业信息化颁奖盛典"授予北大青鸟集团总裁、北大青鸟APTECH CEO初育国"2012年度中国IT职业教育领军人物奖";9月24日,中国致公党中央隆重召开社会服务工作总结暨表彰大会,北大青鸟集团董事长许振东因带领企业成功实施"春晖行动——致公学生培养计划"等公益助学项目,被中国致公党中央授予"社会服务先进个人"荣誉称号;12月29日,北大青鸟APTECH CEO初育国获得《北京青年报》授予的"教育榜样人物"奖。近3年来,初育国带领北大青鸟ATEPCH不断提升教育产品研发能力,保持教育产品与IT行业技术发展同步,为中国教育发展做出了新贡献。

【回报社会】 1. 北大青鸟再捐助国家大剧院。5月9日,由北大青鸟集团独家赞助的国家大剧院2012年五月音乐节隆重开幕。除了15场精彩的室内乐演出,本届音乐节还突出了公益性和亲民性,参演的著名音乐家还将21场免费公益性演出带入学校、企业、机关、博物馆、社区,让音乐与市民文化充分结合,为更多听众带去美好享受。

2. 北大青鸟再向贵州贫困生捐助2300万元。8月22日,北大青鸟集团再捐2300万元,资助2012年度100名贵州老区贫困家庭优秀学生到北京北大附属实验学校读6年中学,北大青岛为社会公益助学品牌项目"春晖行动——致公学生培养计划"总捐资达5250万元。中国致公党中央副主席严以新、贵州省副省长谢庆生、中国宋庆龄基金会党组书记兼常务副主席常荣军、共青团贵州省委书记马宁宇、北大青鸟集团董事长许振东在贵阳送孩子们赴京。

3. 颁发杨芙清—王阳元院士奖教金。12月3日,在北京大学2012年度奖教金颁奖大会上,北京大学党委书记朱善璐、北京大学校长周其凤、常务副校长吴志攀、党委副书记敖英芳和青鸟集团总裁初育国一起,颁发了2012年度北京大学"杨芙清—王阳元院士奖教金",中科院院士、北京大学生命科学学院朱玉贤教授获该奖项特等奖。初育国代表杨芙清院士、王阳元院士和青鸟集团讲话,并对获奖老师表示最热烈祝贺。"杨芙清—王阳元院士奖教金"是杨芙清—王阳元院士奖励基金的一部分,该奖项年度奖金额为40万元,每年颁发一次,后几经增额,现每年奖励总额已上升到60万元。

4. 颁发"北大才斋奖学金"。12月13日,北京大学2012年度才斋奖学金颁奖,北京大学副校长刘伟、青鸟集团总裁初育国到会致辞并为北京大学中国语言文学系2011级博士生黄政、经济学院2011级博士生孙露等15位获奖的优秀博士生颁奖。该奖学金从2011年始,将连续颁发3年,每年在全校资助15个项目,每个项目奖励3万~5万元。

5. 颁发杨芙清—王阳元院士奖学金。12月14日,在北京大学2011—2012学年度奖学金颁奖典礼上,北京大学校长周其凤、党委常务副书记兼副校长张彦同青鸟集团总裁初育国一起颁发"杨芙清—王阳元院士奖学金",32名优秀的北大在读本科生和博士、硕士研究生每人获奖6000元。杨芙清—王阳元院士奖学金是杨芙清—王阳元院士奖励基金的一部分,每年度奖励总额为19.2万元。

【年度纪事】 1. 闫小培看望贵州贫困生。4月25日,中国致公党中央副主席闫小培在北大青鸟集团董事长许振东陪同下,亲切看望在北大附属实验学校就读的120多名贵州老区学生,给他们每人赠送了一本《现代汉语词典》和《朗文多功能英汉双解词典》,勉励他们勤奋学习,以更加优异的成绩回报父母的养育之恩,回报社会各界的关爱之情,并将爱心接力棒传递下去,让更多人感受到社会大家庭的温暖。这些家境贫困、品学兼优的学生,受到"春晖行动——致公学生培养计划"公益助学项目资助,在北大青鸟集团旗下北大附属实验学校全额获助就读6年中学。该项目已实施3年,学生们德智体美劳提高很快,全面发展,获得丰台区、北京市乃至全国荣誉100多项。

2. 北京大学南宁附属实验学校十周年庆。9月8日,北京大学南宁附属实验学校隆重庆祝建校十周年,全国政协民族和宗教委员会副主任马庆生、广西自治区人民政府副主席陈章良、北京大学副校长鞠传进、广西壮族自治区科技厅副厅长李国忠、南宁市政协副主席卫自光、北大青鸟集团总裁兼青鸟教育集团董事长初育国、南宁市教育局局长潘永钟、北京大学外国语学院副院长李建新、北京大学光华管理学院副院长张佳利等领导与嘉宾出席庆祝活动。会上宣读了北京大学与广西壮族自治区教育厅厅长高枫的贺信,北大青鸟集团副总裁、该校校长徐二会作了讲话,该校2005届校友、"青鸟生"代表,北京大学团委学术科创部部长黄冠发表感言。

3. 青鸟集团庆祝成立20周年。12月24日,千余名来自国内外的北大青鸟员工,代表着北大青鸟体系7000多名员工,与各界领导和嘉宾欢聚北京,热烈庆祝北大青鸟集团成立20周年。北京大学副校长刘伟到场祝贺,他充分肯定青鸟集团作为北京大学骨干产业之一,在我国改革开放的大潮中崛起并取得了有目共睹的成绩。青鸟集团创始人杨芙清院士、王阳元院士发表视频讲话,青鸟集团董事长许振东发表重要讲话,青鸟集团总裁初育国主持会议并宣读了青鸟集团表彰先进个人的决定。

北大未名生物工程集团有限公司

【概况】 北大未名集团致力于"构建生物经济体系,打造生物经济旗舰",重点投资生物医药、生物农业、生物能源、生物环保、生物服务和生物制造六大领域,未名集团已发展成为中国现代生物产业的旗舰企业和最具国际竞争潜力的集团企业之一。未名集团成立二十年来,为中国生物产业的发展做了大量开创性工作,取得了令人瞩目的突出成绩,并形成了坚实的产业基础、创新的经济模式、独特的发展思路三大核心优势。北大未名集团现拥有三大示范基地:北京北大生物城、厦门北大生物园、广州流溪湾生物港,并在北京市、吉林省、辽宁省、江苏省、浙江省、福建省、广东省、湖南省等地有生产基地。旗下控股子公司达十余家:北京科兴生物制品有限公司、厦门北大之路生物工程有限公司、北京未名凯拓农业生物技术有限公司、湖南未名创林生物能源有限公司、北京博雅未名联合干细胞科技有限公司等在业内有较大影响力。主要经营的生物医药产品有:注射用鼠神经生长因子(恩经复®

Nobex®)、甲肝灭活疫苗(孩儿来福® Healive®)、甲乙肝联合疫苗(倍尔来福® Bilive®)、流感裂解疫苗(安尔来福™ Anflu®)、人用禽流感疫苗(盼尔来福® Panflu®)、甲型H1N1流感疫苗(盼尔来福.1® Panflu.1®)。未名集团拥有完善的研发体系：生物药物研究中心、疫苗研究中心、国家作物分子设计中心、生物智能研究中心、生物经济研究中心、博士后科研工作站、未名研究院等。2012年是北大未名集团发展驶入快车道的关键之年，在北京大学校领导及北大资产经营公司领导的关心和支持下，公司全体员工在董事长潘爱华博士的带领下，围绕"市场优先、兼并重组、扶持重点"指导原则，贯彻"规范、有序、严格、高效"管理方针，认真执行董事会战略决议，较好地完成了各项任务，2012年未名集团科研、生产、市场、金融等工作全面跃上新台阶。

【研究开发】 1. 生物经济得到世界广泛认同。"生物经济"(bio-economy)概念是潘爱华博士于1995年在世界上首次提出的，在深入阐述生物经济的定义和内涵后形成了世界上最早的生物经济理论体系。2012年美国总统奥巴马发布了《美国国家生物经济蓝图》，欧盟也发布了《生物经济：欧洲可持续发展的创新模式》，不断验证了潘爱华博士的前瞻性理论，生物经济浪潮正席卷全球，而北大生物城也被外界誉为"世界生物经济策源地"。

2. 北大之路年创利税首次超亿元，公司上市筹备工作进展顺利。厦门北大之路生物工程有限公司成功研制并生产的世界上第一个神经创伤治疗性药物——"神经生长因子"(恩经复®)产品上市10周年，经过十载精心培育，已奠定了恩经复在神经创伤治疗领域第一品牌的地位；为实现"打造生物医疗旗舰"的战略目标，厦门同安生物药物产业基地也随即动工建设。2012年厦门北大之路成为火炬高新区年度纳税大户和福建省生物制药业龙头企业。

3. 博雅干细胞科技有限公司与北大未名集团强强联手、共同组建了北京博雅未名联合干细胞科技有限公司，博雅干细胞进驻北大生物城以便专业从事干细胞研究、储存、开发和应用。

【业务发展】 1. 北京科兴生物制品有限公司研发的手足口病疫苗Ⅲ期临床试验顺利进行。作为国内第一家在北美纳斯达克全球精选市场上市的疫苗企业，北京科兴成功研发了世界上首个手足口病疫苗，2012年Ⅲ期临床进展顺利并在北京昌平疫苗基地建设EV71疫苗GMP厂房。

2. 北大未名集团金融工作取得进展。2012年以全面支持厦门北大之路上市、实现金融工作突破为目标，未名集团整合优势资源，使北大之路上市筹备工作顺利进行，在北大生物城搭建"金融中心"平台，使金融投资管理层面工作获得较大突破。

3. 江苏未名天人生物医药公司胰岛素项目正式启动并开工建设。江苏未名天人生物医药公司在2012年由未名集团控股成立，在胰岛素工业化生产方面拥有完全自主知识产权的核心技术，并在常州市新北区生物医药产业园投资10亿元建设占地137亩、7.3万平方米厂房及研发中心，形成了年产胰岛素活性药用成分2000公斤及其制剂的生产能力。

【合作交流】 1. 1月11日，未名集团下属未名兴旺系统作物设计前沿实验室(北京)有限公司与磁县人民政府和河北漳河经济开发区就建设国家现代农业科技城良种创制中心河北基地签订了合作协议。

2. 未名天人中药有限公司完成再次重组。未名天人中药有限公司创新中药材资源整合模式，与吉林抚松露水河野山参种植基地签署战略合作协议打造"露水河野山参"产品，另外在顺义建立药物生产基地生产天芪降糖胶囊、乌杞乙肝颗粒等中药产品。8月20日，江苏未名天人生物医药有限公司在常州高新区生物医药产业园成立，项目总投资12.8亿元，首期注册资本5000万人民币，主要从事胰岛素生产及新药的研发，在常州分三期工程建设世界最大胰岛素工厂。

3. 2012年5月30日，厦门北大之路生物工程有限公司与厦门市火炬高新区管委会签署战略合作框架协议。双方就"北大生物园"建立全球首个生物经济孵化器达成共识，火炬高新区全力支持北大之路发展成为中国生物医药的龙头企业并授予厦门北大之路公司"海峡西岸经济区国家海洋与生命科学产业集群生物医药基地"的铭牌。

4. "国家林油一体化示范基地"挂牌湖南未名创林生物能源有限公司。6月25日，国家林业局发出《国家林业局关于确认湖南未名创林生物能源有限公司生物柴油基地为"林油一体化示范基地"的函》，湖南未名创林公司又朝着"建立清洁能源产业平台，打造生物能源旗舰企业"迈出坚实一步。

5. 11月23日下午，北大未名集团与四川大学华西医院战略合作协议签约仪式在厦门北大生物园隆重举行。未名集团成为四川大学华西医院西部医药技术转移中心会员单位，双方将在新药研发、临床前实验以及临床运用等多方面开展深度合作。

【获奖情况】 1. 2012年2月14日，北京科兴的"大流行流感疫苗、诊断试剂评价关键技术的创新和应用"成果在国家科学技术奖励大会上荣获"国家科技进步奖二等奖"。2. "博雅干细胞"荣获

"2012CCTV中国年度品牌"。北京博雅未名联合干细胞科技有限公司依托北大未名集团生物医药的一贯优势和干细胞领域的研发实力成为中国第一家荣获中国年度品牌的干细胞集团企业,与其他行业的佼佼者共同见证了代表中国经济腾飞的品牌崛起。

【年度纪事】 1. 国务院总理温家宝视察未名凯拓。12月13日,国务院总理温家宝来到中关村北大生物城视察未名凯拓农业生物技术有限公司,参观了"国家作物分子设计中心"和"良种创制中心",未名凯拓农业公司总经理、北京大学生命科学院教授邓兴旺博士陪同。2. 未名集团成功举办二十周年司庆活动。北京大学党委书记朱善璐发来贺信,勉励未名集团积极与学校共同大力推进产学研结合,为北京大学加快创建世界一流大学的伟大事业做出贡献。

北京北大科技园有限公司

【概况】 北大科技园是北京大学为响应国家"科教兴国"战略,促进北京大学科研成果产业化而建立的,是我国最早的国家级大学科技园之一,是北京大学建设世界一流大学的重要组成部分。北大科技园注册资本5亿元人民币,主要业务涵盖项目开发、科技成果转化服务、孵化投资、园区建设管理、酒店旅游等多种领域。北大科技园作为北京大学科技园区开发建设与经营管理的主体,截至2012年已在北京、苏州、南昌、开封等地设立分园,拥有控股企业10家,参股企业19家。

【业务发展】 战略新兴产业服务。北大科技园拥有国家级科技企业孵化器,全面均衡建设科研成果转化、人才培养和企业孵化三大服务功能。2012年开始建设科技部火炬中心重点关注项目——"北京大学科技园研发试验服务平台",该项目着重于平台管理系统建设与平台专业能力建设相结合,落实专用分析仪器"X射线能谱岩芯扫描分析仪"的研发及产业化示范,通过这一面一点两项工作促进共性服务平台的专业化建设,进一步完善和促进在商业化运营条件下的大学科技园创新条件服务平台的自身造血机能建设与组织机构的可持续发展。同年10月,北大科技园作为孵化高新技术企业成长的温床,作为以促进科技成果转化、培养高新技术企业和企业家为宗旨的科技创业服务载体,被北京市科学技术委员会认定为"北京市高新技术产业专业孵化基地"。为满足园区企业和精英人才的高端发展需要,北大科技园酒店旅游业务板块充分依托北京大学教育科研资源,围绕高科技产业和尖端行业领域,为行业精英的聚集与培养开展教育培训和论坛研讨等高端培训业务。作为唯一拥有五星级酒店的国家级大学科技园,北大科技园为园区企业和精英人才提供会议接待、住宿餐饮和休闲娱乐等高品质商务服务。

【合作交流】 1. 地方产业特色分园。北大科技园紧紧围绕北京大学建设精品主园区,同时也注重结合地方产业特色建设地方分园,为地方产业升级提供助力。1月,北大科技园与江西省南昌市经济技术开发区管委会签署协议,北大科技园江西分园土地性质由工业用地变更为商业、办公用地,作为总部基地及孵化基地。2012年8月17日,江西省副省长谢茹、江西省发改委副主任熊毅在南昌会见北京大学校长助理黄桂田、北京大学产业党工委副书记韦俊民等一行,就江西北大科技园规划定位、产业发展做了深入交流。北大科技园与地方政府共同将分园建设成为主园的科研成果转化和技术溢出的加速器,让主园分园良性互动,为地方经济的发展做出贡献。

2. 走进北美,扎根硅谷。2012年10月20日,北京大学硅谷科技园、北京大学北美校友创业基地正式在美国硅谷挂牌成立。由北大科技园总经理陈庚和北大校友会、北大留创园等相关人员组成的中关村政策宣讲团赴美参加了揭牌仪式。中国驻旧金山总领馆副总领事毕刚、美国圣何塞市议员Sam Liccado、北京大学名誉校董方李邦琴、中关村驻硅谷联络处主任张群以及当地10余家华人媒体等200余人光临现场。作为全国首家走向国际的国家级大学科技园,落户美国硅谷对北大科技园具有里程碑式的战略意义。在国家"十二五"规划以及中关村国家自主创新示范区的战略指引下,北大科技园不断探索,积极推动科研成果转化及企业创新服务,北京大学硅谷科技园和北京大学北美校友创业基地的设立,将进一步在创业对接、人才对接、技术对接及政策对接方面服务于海外高层次创新创业人才,成为海外优秀人才的创新创业服务平台、优秀企业的创新发展平台以及尖端科技的交流进步平台。

【获奖情况】 2012年3月14日,北大科技园旗下北大博雅国际酒店荣获"2010—2011年度酒店餐饮业最具吸引力雇主"称号,同年4月26日,北大博雅国际酒店连续第三年荣获"北京餐饮门店100强"称号。北大科技园旅游业务于2012年6月6日取得国家旅游局出境游业务资质,正式成为全资质旅行社,可以为园区企业和精英人才提供全年的商务差旅、观光游览、考察体验等高端旅游服务。酒店旅游业务板块整合酒店与旅行社优势基础业务,以北大人文特色为核心,打造高品质综合商务环境,成为创新要素资源的聚集平台和高端商务服务平台。

北京开元数图科技有限公司

【概况】 北京开元数图科技有限公司主要从事教育部"211工程"之一的高等教育文献保障系统(简称CALIS)项目的系统规划、软件开发、系统运行、技术支持、数据加工及数据库维护、全国高校图书馆服务等业务,确保CALIS项目各项工作的顺利完成,以高质量、低成本更好地为CALIS成员馆服务。公司研发、掌握对CALIS事业发展十分关键的技术与产品,以保证事业平稳健康发展。同时,公司在数字图书馆方面努力积累核心技术,在数字图书馆领域谋求发展机会。公司还承担了中国高校人文社会科学文献中心(CASHL项目)、北京大学图书馆等单位的文献数据加工及数据库建设与维护任务。公司与北京大学数字图书馆研究所进行产学研合作,每年接纳该所研究生实习及毕业设计。

【研究开发】 公司主要产品为数字图书馆领域的应用系统软件,2012年研发了学习型企业在线学习管理系统开发项目、开放式存储服务系统、数据处理与管理系统共享版、CALIS统一交换系统(本地版)等。公司开发的数字图书馆应用软件不仅在"211工程"CALIS项目中发挥了关键作用,为该项目顺利验收通过立下功劳,而且能够有效地满足传统图书馆构建出新型数字图书馆平台的需求,能够改变以往各个图书馆系统信息处理相对封闭、服务对象有局限性等弊端,使不同图书馆的资源信息能得到充分的利用和共享,有助于扩大图书馆的服务范围、建立新的服务模式,提高服务水平。

【业务发展】 2012年,公司获得国家版权局颁发的全国高校图书馆资源导航信息管理与服务系统、资源调度系统、全国高校联合目录OPAC系统、馆际互借调度与结算中心系统、全国高校古文献著录管理系统、日志统计与监控系统、统一计费系统、参考咨询共享版系统、参考咨询中心系统、资源联合订购系统、全国高校古文献数据库中心系统、数据处理与管理系统、电子书数字对象服务系统、全国高校规范控制管理系统等14项计算机软件著作权证书。

【年度纪事】 为了增强公司的市场竞争力,开元数图董事会经讨论一致决议:以北京开元数图科技有限公司的2011年12月31日基准日时点的未分配利润当中的290万元转增资本,将公司的注册资本由10万元增加到300万元。增资后,北大资产经营有限公司及北京方正阿帕比技术有限公司两家股东持股比例不变。5月22日上述增资已完成工商变更登记。

北京北大英华科技有限公司

【概况】 北京北大英华科技有限公司依托北京大学的资源优势,在北大产业办、北大资产经营有限公司的引导和支持下,致力于法律信息、网络教育和高端培训产业,为社会各界提供法律信息内容和应用平台,以及源源不断的更新服务,已成为中国最大的法律信息与知识内容供应商。北大英华不断探索最新信息技术与法学信息的结合方式,为用户和社会公众打造汇集、传播、交流法律知识和信息的综合法律信息平台,积极搭建有效法律社交网络,主动梳理展现基本法律知识体系,以不断促进法治文化社会传播,履行法律信息主导企业应尽到的社会责任。

【研究开发】 1.编制《质量手册》。为规范公司的质量管理,建立能与国际接轨的质量体系,增强公司参与市场竞争的能力,根据GB/T 19001—2008(idt ISO 9001:2008)《质量管理体系要求》,结合公司设计、开发、服务等实际情况,组织编制了北大英华公司《质量手册》,从2012年2月1日起实施。

2.获得7个软件著作权。7月,北大英华公司自主研发的北大法宝——法宝视频检索系统、北大法宝——英文译本检索系统、北大法宝——专题参考检索系统、北大法宝——法学期刊检索系统、北大法宝——司法案例检索系统、北大法宝——法律法规检索系统、北大法宝—人民法院裁判文书上网公开系统7个产品投入市场,获得市场的认可,并分别获得国家计算机软件著作权。

【业务发展】 1.通过ISO9001认证。7月,北大英华科技有限公司顺利通过了ISO9001质量管理体系认证,并于7月5日获得ISO9001质量管理体系认证证书,同时获得IQNet认证证书。北大英华自1999年成立以来,坚持以"博大精深"为理念,通过法律信息传播和法律培训服务促进社会主义民主法治建设,一直本着"规范、协同、高效"的原则,执行标准化管理。通过ISO9001质量管理体系认证,是北大英华创新化、国际化经营战略的一个重要步骤,为北大英华经营管理的持续改进、完善和提高打下了坚实的基础。

2.法宝云平台项目启动。北大法宝云平台新一代信息技术项目是一种基于云计算的专业法律服务平台服务。关键技术有基于Shingling算法的语义相似匹配技术、基于数据挖掘理论的双向超文本链接智能定位技术和北大法宝微型云服务平台安全控制技术。该项目的有效实施将使北大法宝处于业界技术领先水平,尤其在数据关联方面,不仅首创了法律领域关联体系算法,还使数据的立体关联准确率达到80%以上,为法律人提供了更为实用的功能。

3. 裁判文书上网系统完成。该系统拥有强大的统计功能,将裁判文书进行有效的分类筛选和统计,不仅方便使用者统计相关信息,更有利于使用者全面了解和分析裁判文书分布以及目前社会问题关键点动态;该系统能够自动提取裁判文书信息点,并进行有效的分类展示,大大节省了使用者的数据整理和上传时间,并且在一定程度上提高了裁判文书信息点的准确性;该系统提供了与裁判文书相关信息点之间的关联信息,通过法条本身将不同的裁判文书相关联,并可方便进行同类裁判文书的比对和审校。同时,通过法条联想,还可查找与本裁判文书相关的法规、司法解释、条文释义、法学论文和学术期刊章,有效扩充了系统的知识体系。系统采用先进的云计算方式,系统检索速度提高了2.3倍以上,信息传输速度提高了1.5倍,有效提高了系统的运行速度和使用者上传以及检索的速度。

4. 商业银行法律服务平台建成。商业银行法律服务系统的内容主要包括:法律法规、司法案例、法学文献、法律文书、法律动态、格式合同、示范合同、信息公告。商业银行法律服务系统的建立,不仅可以帮助商业银行在诉讼管理、法律审查、合同管理、授权管理、行业风险控制等方面提供强而有力的法律资源支撑,还能高效地与银行的工作流程及业务流程实现衔接。该系统将会成为商业银行法律信息化建设不可绕过的一个环节,将对商业银行的信息化法治建设起到推动性的影响。

【回报社会】 为了奖励法律专业学习出色、实践能力较强的学生,培养并发掘优秀人才,北大英华公司每年出资45000元人民币,在北京大学法学院建立"英华奖学金"。"英华奖学金"分为"北大法宝学术奖""北大英华实践奖"两个类别。

北京北大明德科技发展有限公司

【概况】 北京北大明德和科技发展有限公司是北大资产经营有限公司控股的校办企业,成立二十多年来一直得到学校各院系及社会力量的支持。2012年,北大明德重新定位公司业务,依托北京大学化学与分子工程学院雄厚的科研力量、丰富的创新成果和强大技术支持,构建产学研合作开发平台,专注于新能源、新材料、环保节能领域的项目孵化开发工作。北大明德旗下设立北大明德科技创新转化平台、北京明德天成科技有限公司、北京大学现代食品科学研究中心,以新材料新能源技术项目孵化、天然药食同源植物开发、环保节能产品开发、精细化工产品开发等为核心业务。

【研究开发】 北大明德公司集中力量,利用公司传统的水质分析测试技术,结合新型LED光谱分析仪,开发在线自动水质检测仪,用于工矿企业排水监测、饮用水源、自然水体的水质自动监控;基于发明专利"气相/固相反应合成聚维酮碘的新工艺方法"开发研制消毒护理产品。碘类消毒剂是以碘为主要杀菌成分制成的各种制剂,是通过游离碘元素本身使蛋白质沉淀而起杀菌作用的,对细菌、真菌和病毒具有快速杀灭作用;具有杀菌力强、稳定性好、缓释效果、安全性高、无刺激等诸多优点,可广泛用于禽畜养殖、水产养殖、饮水、环境消毒、个人护理等,具有广阔的市场应用前景。

【合作交流】 北大明德与中国民族卫生协会展开密切合作,在药食同源产品开发、原料种植等方面进行研究和实践。与中国饮料工业协会就水质分析检测方面进行合作交流,公司专家出席国内包装饮用水峰会并发表以水质快速分析检测为主题的演讲。

【年度纪事】 3月,整理产品销售模式,对公司传统水质分析盒系列产品重新核算成本并制定新的价格体系;4月,开展水质分析在线分析研发,针对具体应用需求和测试指标展开水质在线分析技术的研发;5月,承接技术咨询合作项目,承接并完成饮料包装塑化剂测试、健康饮料配方设计开发等技术咨询与服务项目;6—9月,公司注册地址从昌平区迁移到海淀区,已完成行政变更手续。

厦门北大泰普科技有限公司

【概况】 厦门北大泰普科技有限公司是厦门市高新技术企业,是厦门市生物化工公共技术平台承担单位,是福建省复合蛋白饮料工程技术研究中心的依托单位。公司成立于1997年,注册资金人民币850万元,员工70人。公司以北京大学的教育、科技、人才优势为依托,从事微生物工程、原料药、添加剂、精细化工等战略业务领域的科学研究、技术开发及产业化。截至2012年12月30日,公司资产总额5694万元,销售收入5413万元,净利润141万元,纳税326万元。

【研究开发】 北大泰普致力于食品添加剂的研发,截至2012年年底,公司获得专利6项,其中国家发明专利4项,实用新型专利2项。2012年,公司获得国家发明专利1项,一种液态深层发酵制备木霉分生孢子的方法和装置(专利号ZL200910112607.8);已获受理的国家发明专利2项,分别为一种热反应型虾、蟹香精的制备方法和一种天然发酵型肉味香精的制备方法。

【业务发展】 北大泰普主营复配食品添加剂，目前已涉及蛋白饮料、谷物饮料、乳品、果蔬汁等饮料领域。特别是在蛋白饮料市场上，处于市场领导地位，其他几类饮料领域也处于平稳增长期。目前已有银鹭食品集团、达利食品集团、娃哈哈食品集团等几十家客户，拥有稳定的市场份额。

【合作交流】 北大泰普积极与各大高校院所的优秀科研团队结成高效的技术创新联盟，一方面承接高校院所的优秀科研成果，进行转化、孵化及产业化；另一方面根据市场及产业发展需求，委托其开发相关技术或产品，形成了以产学研紧密结合为支撑的自主创新体系。目前，公司已与北京工商大学达成合作协议，联合研究开发咸味香精等系列项目；与中国农科院达成协议，建立北大泰普北京实验室，专业从事食品添加剂乳品系列项目研究开发；与厦门市科技局、火炬高新区管委会达成协议，共建北京大学工学院创新创业中心。

【获奖情况】 北大泰普是厦门市高新技术企业，连续多年被评为"火炬开发区优秀纳税企业"，并被授予火炬创业园"优秀毕业企业"。

【回报社会】 北大泰普在发展高科技的同时，积极参与各项社会公益活动，认真履行一个公司的社会责任，代表的事件包括向北京大学捐赠500万元设立泰普工学讲席教授，捐资设立北京大学研究生院发展基金，捐资南京大学设立北大泰普奖学金，捐资厦门大学设立陈国珍奖学金，等等。

【年度纪事】 6月，公司顺利通过厦门市高新技术企业复审；申请ISO9001/ISO14001认证复审，通过质量管理体系/环境管理体系认证复审；申报福建省创新型企业试点，材料已获得受理，待审批。

北京北大先锋科技有限公司

【概况】 北京北大先锋科技有限公司是北大资产经营有限公司所属的高新技术企业，成立于1999年，注册资金5000万元，总部位于海淀区中关村北大街151号资源大厦401—415，在密云工业开发区以及固安工业区分别拥有研发基地和生产基地，拥有8家下属企业。公司现有职工240人，近20%拥有硕士及以上学历，已形成完善的技术梯队。北大先锋专业从事变压吸附气体分离技术研发和成套设备设计制造，以及高效吸附剂和催化剂的生产。2012年，公司销售收入2.61亿元，实现利润4648万元，实现利税7000万元，资产总额超过6亿元，所有者权益1.81亿元。

【研究开发】 北大先锋变压吸附分离一氧化碳技术获国家发明二等奖，变压吸附空分制氧技术获教育部科技进步一等奖，技术处于国际先进水平。2012年度公司获得3项实用新型发明专利，分别是：(1) 专利名称(ZL 2010 1 0211500.1)；(2) 专利名称(ZL 2011 1 0169421.3)；(3) 专利名称(ZL 2009 1 0237867.8)。

【业务发展】 北大先锋自成立以来，产品远销美国、英国、西班牙、韩国、泰国、菲律宾、印度尼西亚、赞比亚、刚果等国，已为化工、钢铁、有色冶金、玻璃、造纸、污水处理等行业的近百家企业提供了成套变压吸附装置，包括目前世界最大的变压吸附分离一氧化碳装置和变压吸附空分制氧装置，给用户带来了巨大的经济效益，赢得了广大用户的信任和尊重，为建设资源节约型、环境友好型社会做出了重要贡献。公司的发展战略是立足于工业气体领域，面向节能环保领域发展，通过持续的技术、观念、管理和业务模式的创新和进步，不断强化企业核心竞争力，持续打造公司"专业、诚信、优质、高效"的品牌形象，成为气体分离领域、节能环保领域的科技先锋，整体解决方案的提供者，推动行业进步的领导者。

【合作交流】 1. 2012年2月8日，国内首个低燃值高炉煤气综合利用工程正式开工建设，标志着中国钢铁行业高效利用低燃值的高炉煤气成为现实。湖南衡钢资产经营有限公司和北京北大先锋科技有限公司牵手合作，合资组建湖南衡钢百达先锋能源科技有限公司，承建该工程项目。2. 3月8日，耿云峰副总经理代表公司应邀出席了在上海举行的第三届煤制乙二醇技术经济研讨会并发表精彩演讲，提出的钢厂尾气分离回收CO合成乙二醇的技术分享获得了在场嘉宾的高度认可，以节能减排、降耗增效为前提的先进气体分离技术受到越来越多企业的关注。3. 4月24日，法国液化空气集团的技术、市场人员来北京北大先锋科技有限公司访问，对北京北大先锋科技有限公司在变压吸附分离领域的领先技术表示钦佩。4. 7月31日，北大先锋签署中石化湖北化肥分公司变压吸附提纯CO/H_2装置合同，合同金额约1.4亿元。该项目合同装置不仅是北京北大先锋科技有限公司为国内煤制乙二醇领域设计承建的第十套PSA分离装置，更是中石化集团300万吨/年乙二醇项目配套的首套提纯装置，这对中石化集团后续煤制乙二醇项目的工艺优化起着巨大的示范作用。5. 10月18日，由中国金属学会主办、北京北大先锋科技有限公司协办的"全国钢铁行业2012年变压吸附制氧和煤气提纯技术现场交流会"在山西侯马顺利召开。此次会议主题为"变压吸附制氧技术在钢铁工业中的应用以及高炉煤气提纯CO技术的新进展及其经济性分析"。

【回报社会】 1. 捐赠出书。1月，为支持北京大学关于高校建设的理论研究以及北京大学出版事业的发展，北京北大先锋科技有限公司捐赠给北京大学基金会人民币14万元，用于资助北京大学出版社出版《大学章程》一书。2. 设立奖学金。3月，为支持北京大学化学与分子工程学院培养从事化学学科基础研究的专业人才，特别是鼓励物理化学等相关专业品学兼优的在校研究生积极投身学术科研工作，经董事会研究决定，北京北大先锋科技有限公司在北京大学化学与分子工程学院设立"北大先锋奖学金"，奖金总额为160万元。

【年度纪事】 1. 完成第一年股权激励。4月，北大先锋第一年股权激励计划实施完毕，43位激励对象的股权已完成工商变更登记手续。2. 获评重点瞪羚企业。7月，北大先锋入选中关村国家自主创新示范区"瞪羚计划"重点培育企业。3. 入选商标示范及试点单位。10月，北大先锋入选中关村首批商标示范及试点单位，并应邀赴中关村国家商标战略实施示范区商标推进大会参与授牌仪式。4. 获批北京市工程实验室。12月，北大先锋关于北京市工程实验室的申请正式获得审批通过，有望获得近千万元的实验室建设经费。这既是对公司整体研发能力的认可，也将有利于进一步提升公司的科研实力。5. 第二年股权激励获批复。12月21日，北大先锋第二年股权激励方案获得教育部审批通过，公司2.3%的股权将被奖励给经批复的21位股权奖励对象（核心技术骨干）。该方案的实施将进一步调动公司技术人员的积极性和创造性，推动公司的科研创新和科技成果转化，促进公司更好地发展。6. 向股东分红。12月，本着回馈股东、回馈学校的精神，北大先锋向全体股东分红3000万元。

北京北大维信生物科技有限公司

【概况】 1994年9月1日，北京北大维信生物科技有限公司创建于北京中关村高科技园区，注册资金8000万元，是由山东绿叶制药有限公司与北大资产经营有限公司合作投资的公司。公司自成立以来一直致力于天然药物和现代中药的研究、开发、生产和销售。2012年，北大维信总计实现销售收入2.6亿元，实现工业总产值3亿元，利润3542万元，实现利税7825万元，公司现有员工约1000人。

【研究开发】 北大维信拥有一支高素质的研发队伍，坚持以自主创新为主，积极进行新药研发。北大维信现拥有多个在研产品，形成了支撑公司未来稳步增长的强劲后续产品序列。公司优秀的研发团队力量和能力使公司赢得了众多荣誉，2003年至今，北大维信先后成为人事部博士后流动工作站、北京市专利示范单位、中关村科技园区首批百家"创新型试点企业"、中关村国家知识产权制度示范园区知识产权重点企业、北京市市级企业技术中心。在此期间，公司也先后承担了科技部、卫生部以及北京市科委、经信委以及中关村园区的众多科研课题项目，先后获得近亿元的政府资金资助和奖励，进一步促进和激发了公司的创新能力。为鼓励技术创新，公司还积极健全相关知识产权管理制度，初步建立起对研发人员的有效激励机制和绩效考评机制，大大提高研发部门的技术创新动力；与此同时，逐步建立和健全企业知识产权预警机制，优化资源，提高技术创新效率。此外，公司尝试将知识产权管理与技术创新、企业营销相融合，期望逐步实现企业知识产权战略服务于企业竞争战略目标的目的。作为一家高新技术企业，截至2012年年底，公司累计拥有182件专利申请，其中已授权发明专利达72件。北大维信的持续创新药物开发能力为公司的稳步经营带来了强有力的支持。

【业务发展】 北大维信拥有覆盖全国的强大营销网络。主要产品自1996年上市以来已经进入国内数千家大医院和药店。同时，血脂康还进入了全国20多个省、自治区和直辖市的公费药物或医疗保险用药目录。公司主导产品血脂康胶囊销售额逐年上升，市场份额名列前茅，已成为国产降血脂药物第一品牌。2006年，"北大维信"入选北京市著名商标。目前，血脂康胶囊在全国降脂药市场中排名第4。北大维信生产厂区位于中关村永丰高新技术产业开发基地。厂区占地面积2.7万平方米，建筑面积3万余平方米，拥有10万级超净生产车间，设备先进。厂区于2012年11月通过了新版GMP认证，预计年产胶囊10亿粒，片剂5亿粒。

【合作交流】 1. 10月25日，北京市经济和信息化委员会副主任王颖光和生物与医药产业处副处长邵明红莅临公司考察指导。北大维信总经理段震文向王主任和邵处长介绍了公司2012年的生产经营情况、二期科研生产厂房建设情况、血脂康胶囊美国Ⅱ临床研究进展情况以及公司未来红曲产业发展设想。王主任通报了北京市经信委拟对北大维信二期科研生产厂房建设工程项目给予资金支持的决定，对北大维信的发展给予了充分的肯定，并希望北大维信再接再厉，扩大产能，为北京的工业发展做出贡献。2. 2月3日，香港特区政府代表团一行8人在科技部、中联办人员陪同下参访北大维信。段震文总经理对公司发展历史及产品创新情况进行了简要介绍。香港商务及经济发展局常任秘书长何淑儿女士、香港创新科技署署长、中药发展委员会主席王荣珍女士等来宾重点就中药现代化及北大科技成果产业化问题与公司领导进行了深入探讨。代表团一行还参观了北大维信生产车间，对北大维信生产环境及自行研制的机器设备给予了高度评价。3. 12月18日，北京大学医学部举行"北京大学药学专业学位研究生实践基地"授牌仪式。北京北大维信生物科技有限公司成为"北京大学药学专业学位研究生实践基地"。北大维信副总经理郭树仁博士受聘为导师。经过药学院学位分会的严格审议，北京大学医学部已在全国遴选药学专业学位研究生培养基地13家，药学专业学位研究生基地导师30人。4. 12月20日，北京市科学技术委员会委员刘晖、北京生物技术和新医药产业促进中心副主任李琼等一行莅临北大维信考察指导。北大维信段震文总经理向刘委员等领导介绍了公司的发展历程，并提出了公司生产经营过程中存在的困难。会后，刘委员一行还参观了北大维信新建的生产厂房。刘委员肯定了公司的发展成就，并对公司的发展提出了具有建设性的建议。同时，刘委员表示，北大维信作为G20企业，政府将积极解决企业面临的各种困难，为企业的发展壮大提供良好的支持和服务。

【获奖情况】 2月21日，"第四批北京市专利示范单位"的颁牌仪式在京举行，北京北大维信生物科技有限公司被认定为"北京市专利示范单位"。2011年北京市知识产权局开展了第四批北京市专利示范单位申报及评审工作，在各委办局、各区（县）知识产权局推荐的基础上，共有110家单位递交了申报材料。公司知识产权建设工作得到了政府的认可，获此殊荣。至此，北京市共有120家专利示范单位，其中40家是第四批专利示范单位，北大维信将享受到作为北京市专利示范单位的各项优惠政策。

【回报社会】 1. 普兴镇铜铃村北大维信希望小学是"5·12"地震后由北京北大维信生物科技有限公司出资捐建而成的一所村小学。5月31日，公司为孩子和老师们采购了丰富的学习文具及图书，并送到了学校。2. 12月4日，北京大学医学部"2011—2012学年度学生先进集体、优秀个人表彰大会"在医学部会议中心礼堂隆重举行。北京北大维信生物科技有限公司总经理段震文先生作为颁奖嘉宾出席了颁奖会，向获奖学生颁发了获奖证书并接受了学生的献花。"维信医学教育奖学金"设立于2006年，旨在鼓励医学部优秀本科生和长学制学生，已连续七年在医学部颁奖，该奖项受到了医学部学生的热烈欢迎。此次"维信医学教育奖学金"获奖学生共计40名，覆盖了医学部临床、基础、口腔、护理、预防、药学等大部分专业。此外，2012年还有4名学生获得了"爱心维信助学金"的资助。"爱心维信助学金"旨在支持医学教育事业，对经济困难学生进行无偿资助，主要用于奖励品学兼优、勤奋进取的经济困难学生。

【年度纪事】 1. 北大维信二期科研生产厂房竣工。3月19日，北大维信二期工程3#科研管理楼、4#制剂厂房、5#提取厂房竣工验收。2010年5月，公司投资1.15亿元，计划建成一个占地27671平方米，建筑面积19723平方米，包括口服固体制剂车间、科研管理楼、化学药品库、锅炉房、污水处理站等的生产科研厂房设施。其中新增设备4000万元，拟建设国家基本药物、医保甲类药物血脂康胶囊专用生产线一条，年生产能力7亿粒；其他品种生产线一条，年产胶囊3亿粒；片剂生产线一条，年产片剂5亿片。2. 取得新版GMP证书。12月4日，北大维信取得新版GMP证书。公司新建成的二期科研生产厂房于3月竣工。10月30日至11月1日，北京市药品监督管理局药品认证管理中心认证检查组对北大维信公司二期新厂房及一期发酵车间胶囊剂、片剂生产进行了GMP认证现场检查，确认符合《药品生产质量管理规范（2010年修订）》要求，顺利通过胶囊剂、片剂GMP认证。二期生产厂房将正式投入使用，标志着血脂康胶囊作为国内中药降脂第一品牌，质量管理将迈上一个新台阶。3. 血脂康国际多中心临床研究项目结题。12月31日，国家"十二五"重大新药创制专项"血脂康国际多中心临床研究"结题，结论表明血脂康对中美高脂血症人群均具有显著的调脂疗效和良好的安全性，推荐进行扩大的临床研究以进一步评价其疗效和安全性。作为现代调脂中药，在化学他汀类药物主导市场的现实情况下，血脂康胶囊以其独特的优势，已具备走向国际的能力，若能以药品形式成功登陆美国，可大大拓宽其海外市场，从而扩大中药在欧美市场的影响力。2006年，公司正式向FDA启动了血脂康新药注册申报程序。经过两年多的努力，2008年8月初正式上报材料后，一次性获得通过，获准开展Ⅱ期临床研究。2010年，公司正式启动美国Ⅱ期临床研究工作。Ⅱ期临床研究的成果为未来Ⅲ期临床研究开展打下了坚实基础。目前，Ⅲ期临床研究正在准备当中。这将对我国中药现代化和国际化战略规划产生巨大的鼓舞作用。北大维信致力于为全人类的健康做出贡献的同时，努力将优秀的中医药传统文化推向国际化。

北京北大软件工程发展有限公司

【概况】 依托北京大学软件工程国家工程研究中心,北京北大软件工程发展有限公司拥有并研发对电子政/党务、软件工程信息化、智慧城市、能源节约的领域的核心技术,在国家项目研发、领域产品研发、领域信息化支撑三个方面都形成了突出优势,是海淀区高新技术企业。北大软件在沈阳下设分公司,辐射东北三省市场。现有员工150多人,2012年总资产9996万元,总收入4302万元。

【研究开发】 北大软件承担高质量软件研发保障框架、智慧节能、智慧社区等领域研究,成功应用在国防工业部门和重大型号工程领域、建筑节能领域以及智慧城市建设领域,2012年共获得政府资金1364万元,申请8项专利(含申报中的)、4个著作权,制定8个国家行业标准,发表文章170多篇。公司在主要技术性能、自动化程度、结构优化、环境保护、操作条件、现代新技术的应用等方面具有技术上的先进性,并在时效性方面能满足技术发展要求。

【业务发展】 2012年,北大软件开发新产品、新项目5项;引进科技人员21人,申请软件著作权8项,完成科技市场合同登记25项。通过科研成果的市场化转化,将技术专利体现到不同的产品中,通过高技术含量产品的推广和销售,无形中增加了产品的硬实力,扩大了产品销量,为企业带来了盈利空间。转化成果应用在政府、军工、军队、教育、企业等领域,累计总数达到23000多家,无论在覆盖面上还是市场占有率上均有小幅提高,整体收入明显提升,尤其在IT服务方面实现了增长50%的新突破。

【合作交流】 公司与北京大学信息科学技术学院和软件与微电子学院一起积极参与并组织软件工程国内和国际学术会议,开展学术访问与交流。

【获奖情况】 2012年度公司获得"北京市工程实验室"、海淀区"创新实验室"称号。

北大国际医院集团有限公司

【概况】 2003年,北京大学和方正集团共同成立北大国际医院集团,并着手筹建北京大学国际医院项目,同年收购西南合成,并以此为基础,成为一家集医疗、医药于一身的产业集团。在国家鼓励和引导社会资本发展医药卫生产业的政策引导下,北大医疗产业集团依托北京大学丰富的科研资源、人才优势以及医院管理经验,积极参与公立医院改革,探索多元化办医的有效途径,以破解医疗卫生资源不足等难题。通过专家支持、团队培养、管理提升和资本投入,提高当地医疗服务水平,更好地满足人民群众日益增长的医疗卫生服务需求。

【业务发展】 1.重庆医药制造基地试产。9月,北大国际医院集团重庆医药制造基地110千伏变电站正式通电,这标志着这一位于两江新区水土高新技术产业园区的医药百亿级产业项目正式启动引擎,进入试产阶段。北大国际医院集团重庆医药制造基地是两江新区百亿级重点建设项目之一,是中国西部向国际输送药品的最大基地,计划5年投入50亿元,年产值将超过100亿元。它的建成不仅能够促进西南合成和大新药业产品升级换代,还将不断推出具有全球竞争力的新医药产品。2.入选海外高层次人才项目。10月,北京市第七批海外高层次人才项目入选人员名单正式公布,方正医药研究院副院长许恒博士成功入选。这标志着方正医药研究院在引进海外高层次人才方面取得了重大进展,同时也是对方正医药研究院引进海外人才机制的认可。在未来三年的时间里,方正医药研究院将充分利用人才资源,快速建立与推进创新药研发产品线,源源不断地为北大国际医院集团医药产业链提供产品原动力,为北医集团发展成具有核心竞争力和市场话语权的医药企业集团提供强劲驱动力。

【合作交流】 1.获得德国促进贷款。6月,"中德财政合作·北大国际医院集团利用5800万欧元德国促进贷款合作备忘录"签字仪式在京举行,这为北大国际医院集团5800万欧元优惠贷款配额指标的取得奠定了基础。此次北大国际医院集团获得德国促进贷款,将主要用于北大国际医院引进国外先进医疗设备。德方对北大国际医院集团产业链和创新的商业模式表示赞许,对北大国际医院的建设和未来十分看好,愿意支持北大国际医院集团的发展。这也标志着北大国际医院集团德促贷款项目申请顺利实施,且贷款配额突破常规,足以证明国家主管部门大力支持通过外国政府贷款引进国外先进医疗设备,对促进我国社会资本办医发展和改善医院装备技术水平具有重要意义。2.国家开发银行提供100亿元合作资金。6月,在江苏泰州第六届中国生物产业大会上,国家开发银行北京分行与北大国际医院集团签署战略合作协议。国家开发银行将在未来五年内,为北大国际医院集团提供100亿元合作资金,以支持北大国际医院集团参与公立医院改革,发展医疗卫生产业。国家开发银行与北大国际医院集团此次合作,实现了金融资本与实体经济的紧密对接,此举不仅将为医药卫生产业发展提供强大资金保障,亦能实现金融资源的合理有效配置。优势产业资源与雄厚政策资本的强强联合,将为社会资本推动公立医院改革做出更加积极有效的贡献。

3. 成为北交所会员单位。9月,方正集团与北京产权交易所在京签署了《中央企业全要素综合服务战略合作框架协议》。此前,北医健康产业园获得方正集团《产权交易业务授权委托书》,已成为方正集团唯一授权委托全权代理执行全集团范围内,包括集团公司、五大产业集团及所属企业在北交所专业平台内进行产权交易业务方面工作的单位。

北京医大时代科技发展有限公司

【概况】 北京医大时代科技发展有限公司是北京大学医学部医学远程教育业务即北京大学医学网络教育学院的业务支撑平台和运营载体,以提供医学远程教育资源和学习支持服务为核心业务。截至2012年年底,公司资产近5000万元,年营业收入2300余万元,现有员工140余人,下属企业2家,在全国开展招生或学习支持合作点50多家。

【研究开发】 2012年医大时代在以下研究开发领域取得了阶段性成果:1. 实施资源开发战略,推进课程体系改革,完成了药学和护理学等课程体系改革的论证工作与药学新课程体系的设计和构建。2. 为适应学生规模的扩大和进一步做精做细学习支持服务,公司全面启动了更强大的新一代TOSS(教学业务运行)平台的开发。3. 进一步创新管理。为适应不同任务和业务运行特点,2012年公司首次在内部不同业务板块之间试行了差异化的目标和绩效管理,包括分别以任务为导向、以目标为导向和以项目为导向等多种分配形式并行的管理方式。4. 创新招生模式,打破了业务上的条块分割,将招生与学习支持合并,融招生于服务,以服务促招生,提升服务和品牌形象。5. ISO质量管理体系扩延到校外合作中心,系统性地启动了体系导入前的制度准备和理念培训等先期工作。6. 员工学习培训又上台阶。致力员工成长和业务提升,通过大量艰苦的搜集整理,公司人力资源部在公司内部学习平台上建成了一个内容十分丰富的员工学习培训资源库,为提升员工的业务素质和管理水平奠定了良好的物质基础。

【业务发展】 2012年招生工作再次刷新历史,年招生突破8600人。在这一年,医大时代无论在资源开发、教学质量还是在学习服务上继续在同行业引领前行。

【合作交流】 7月7日,为进一步推进红磡—北医养老护理培训合作项目的实施,召开了专题专家研讨会。医学部副主任、北京北医投资管理有限公司董事长李鹰,正大医疗(控股)有限公司执行董事、原中日友好医院院长何惠宇,中国老龄产业协会副会长兼秘书长曾琦,医护行业的顶尖专家学者、永泰红磡养老产业集团管理团队,红磡—北医养老护理培训合作项目筹备组成员以及医学部产业管理团队参加了会议。专家们结合国家相关政策、国内外实践经验及行业发展对本项目进行了多方位、多角度的研讨,并对如何推动项目的实施提出具体建议。李鹰副主任在讲话中对各位专家的莅临表示感谢,并对项目筹备组下一步工作给出指导性意见。

【获奖情况】 医大时代暨网络学院入选中国互联网新闻中心(中国网)2012年中国教育家年会暨"中国好教育"十大2012最具社会满意度网络教育学院;医大时代暨网络学院工会小组通过"北京大学模范职工小家"评审验收,成为产业首获殊荣的企业;医大时代荣获海淀园区工会的"优秀企业"和"先进工会"。参加医学部工会"迎百年庆典,展女性风采"服装服饰大赛,荣获三等奖。5月12日,产业代表队参加医学部第四十九届田径运动会,荣获本届运动会的"运动风采奖"。

【回报社会】 2012年度,公司上交北京大学1200多万元,创历史新高。5月16日,产业党总支、产业工会组织"学雷锋,献爱心"——向日东小学捐赠活动。为了帮助西部落后地区的孩子们走出大山,帮助日东小学改善教学和学习条件,建立一个适合小学生阅读的小图书阅览室,产业党总支、产业工会发出"学雷锋,献爱心"——向日东小学捐款、捐物、捐书的倡议,各支部、工会小组积极行动起来,产业党政企领导带头,在职职工以及退休人员都参与到献爱心活动之中。截至6月17日,共捐款5580元,书籍274册,衣服100余件,还有部分文体用品等。

【年度纪事】 1. 1月9日,北京大学医学部与天津市塘沽区人民政府共建医院(简称共建医院)2011年项目总结会召开。医学部副主任李鹰、姜保国,共建医院党政领导班子、医学部派驻的专家顾问、共建医院学科建设专项经费工作小组,以及共建医院项目执行工作组成员等参加了会议。张俊院长对2011年共建医院的各项工作作了汇报。与会的专家顾问围绕医院学科建设、人才培养以及迎接三甲医院评审等问题进行了深入的研讨。姜保国副主任和李鹰副主任对共建医院的各项工作给予了充分肯定,并对共建医院的发展指出了方向。

2. 1月13日,医学部产业系统

召开 2012 年新春团拜会暨优秀表彰会。北京大学校长助理黄桂田,北京大学医学部副主任李鹰,医学部党委副书记、纪委书记孔凡红,北京大学产业党工委副书记韦俊民,北京大学医学部主任助理王维民,各学院、职能部处有关领导,北医百年校史编写组老专家们,产业系统全体职工参加了会议。赢家酒店、会议中心被授予优秀服务奖,塘沽项目执行组被授予优异合作奖,在职教育培训中心被授予努力奋进奖,医大爱思唯尔被授予创业奋斗奖,医大时代暨网络学院被授予卓越成就奖。

3. 4月27日,医学部副主任李鹰,医学部党委副书记、纪委书记孔凡红来到产业进行党建调研并召开座谈会。

4. 10月17日,网院支部组织召开支部大会集中学习北京大学第十二次代表大会精神,邀请产业党代表吕廷煜书记对党代会报告进行宣讲。

5. 10月14日,"永泰红磡—北医养老服务专业培训"专家论证会在北大医学部召开。医学部副主任、北京北医投资管理有限公司董事长李鹰,医学部主任助理吴明,永泰红磡控股集团董事长李德福以及国内外养老行业、投资行业的多名专家,医学部产业管理团队、合作项目筹备组成员参加了会议。项目筹备组介绍了对国内养老市场的调研情况及实施计划。专家们认为此项目立项准确、调研严谨,并在政策研究、风险评估、人力资源、产品设计、质量管理等方面提出了客观中肯的建议。李鹰副主任鼓励项目团队坚持信念、保持热情,充分利用专家团队的智慧和北医广泛优质的资源,认真做好风险评估和市场分析,努力打造北医高水平的产业平台。会后,李鹰副主任邀请专家们参观了"北医百年历程展"。

6. 10月26日,在北医百年庆典之际,"携手北医百年,共绘产业华章"——医学部产业系统与北医校友联谊会隆重举行。医学部副主任、北京北医投资管理有限公司董事长李鹰,北京大学校产办党工委副书记、北大资产经营有限公司高级副总裁韦俊民,教育部科技发展中心高校产业管理处处长贾一伟,开物资本创始合伙人周树华,从事教育、科研、医疗、金融、投资等领域的优秀校友,产业及其下属企业的管理团队参加了会议。医学部副主任、北京北医投资管理有限公司董事长李鹰在致辞中指出,产业的发展离不开各行业专家无私的帮助、指导和支持,希望各位校友以感情为纽带,秉承北医的优良传统和社会责任,积极为产业的发展建言献策。她勉励产业团队从多元化思想认知、文化理念和价值观的碰撞和交融中吸纳经济、管理等各个领域的经验和智慧,为打造具有北医特色的现代产业平台做出应有的贡献。主持人向大家介绍了产业的管理团队以及产业的发展情况,与会领导、专家及北医校友们同贺北医百年华诞,在交流中增进了彼此间深厚的情谊。

7. 10月30日,产业党总支、工会组织离退休党员干部、工会小组长到国家大剧院参观。此次活动使大家相聚在一起彼此沟通增进交流,充分感受沿途北京城的变化,领略时代风尚,丰富文化生活,激发大家时刻牢记党员宗旨,发挥模范带头作用,以健康的体魄、昂扬的精神迎接祖国新时代的篇章。活动中,大家充分感受到了产业党总支对大家的关心,退休二支部书记徐桂珍还在返回后组织党员召开了支部生活会。

主要教学科研服务机构

图书馆

【概况】 2012年,图书馆继续深化读者服务,两次延长开馆时间,使每周服务开放时长达98小时,自习区开放达112小时;增加借书数量,使研究生和教师借书数量均增至25册;进一步开放校友进馆查阅文献权限,晚上和周末也接待校友;举办读书推广活动、"搜索达人"大赛和多项展览;开通了资源发现系统,基本实现了各类资源的"一站式"检索和获取;开放了新技术应用体验区,特别在移动终端应用上加强了相关的服务;顺利完成CALIS三期全国中心、CADAL二期加工中心的多个子项目,接受国家对CALIS三期的整体验收,CASHL项目和DRAA联盟稳步发展;成功举办了110年馆庆系列活动,包括更新图书馆门户、开发专门的馆庆主页,编辑建馆110周年纪事、读者和馆员征文,召开以"变革与走向:重新定义大学图书馆的未来"为主题的大型国际会议以及PRDLA年会;实现了党委书记的新老交替,选举产生了校教代会代表,与工会委员分别开展了卓有成效的工作。

【文献资源建设】 纸本书刊的采访量略有下降,数字资源在保持既有品种的基础上略有增长,继续加强数字资源和古旧文献的采集,争取更多的捐赠,努力增加对新建学科的资源保障,加快资源加工和整理的进度,加强电子资源编目,继续推进全校文献信息资源保障体系建设。

1. 印本文献采访工作。按照《北京大学文献资源供应商选择管理办法(试行)》文件要求,新增2家补充供应商。2012年图书购置总经费比2011年减少约45万元,总购书量比2011年减少近1万种、2万册。报刊经费支出比2011年减少191万元,中外文报刊减订90种/138份,期刊和学位论文的装订量比2011年增加一倍。新收学位论文6381种,从各院系接收学位论文12722种。在古籍方面,新入藏拓片844份、1175张/册,费用近17万元。

表8-66 2012年度图书馆书刊采访工作统计

项目类别		文科		理科		总计	
		品种数	册数	品种数	册数	品种数	册数
图书	中文	25316	56356	5591	9898	30907	66254
	外文	11504	12590	1756	2051	13260	14641
	图书总计	36820	68946	7347	11949	44167	80895
期刊	中文	2113	8020	1446	5898	3559	13918
	外文	1218	1649	444	1075	1662	2724
	期刊总计	3331	9669	1890	6973	5221	16642
报纸	中文	154	420	21	0	175	420
	外文	39	0	0	0	39	0
	报刊总计	193	420	21	0	214	420

医学图书馆印本文献资源采购量比2011年小幅减少,全年共采访中文图书3808种/8334册,外文图书483种/497册,中文期刊589种,中文报纸63种,外文期刊160种,新收学位论文1285种。

2. 电子文献和多媒体资源。在续订的基础上,新订4个数据库:AIAA美国航天学会全文数据库、PLOS俄罗斯在线科学图书馆、LLBA语言学与语言行为文摘数据库、ASP学术视频在线(多媒体数据库);电子图书、期刊和数据库的经费支出比2011年增加约81万元,增幅为8.3%;中外文电子报刊总数与2011年基本持平,中外文电子图书总数比2011年增加2万余册。零采多媒体实体资源1.82万元。继续丰富自建内容及形式多样的数字化资源,包括学位论文、教学参考书、民国期刊、满铁资料、外文刊元数据等,并在一定范围内发布利用。

表8-67 2012年度图书馆电子资源订阅情况统计

项目类别	年采访量(种/个)	累积量(种/个)
数据库(含多媒体)	337/347	480/504
电子期刊	50601	51002
电子报纸	1124	1124
电子图书	2384140	2780571
多媒体实体资源	1193/1850	22637/50761

医学图书馆年度订购电子图书、电子期刊数据库89个(其中与总馆合订53个),中外文电子期刊、电子图书品种与2011年保持一致。继续参加CADAL项目,全年完成8304种英文书、101册古籍的数字化加工与数据提交。

3. 文献捐赠。2012年共接受中文赠书4684种,外文赠书3699种,计13629册。中文赠书少于2011年,外文赠书有所增加。重要捐赠有:《碛砂大藏经》、李国庆校友捐赠、魏英敏教授捐赠、姜新立捐赠等。继续接受亚洲之桥和亚洲基金会的外文赠书。在国际交换出版工作方面,调整工作流程,完成赠书交换量翻倍。医学图书馆接受中外文赠书640种、698册,中外文期刊约3000册。

【馆藏数字化】 与学校人事部、档案馆、中文系、考古文博学院、国际关系学院等单位合作,数字化加工了大量档案、工程图、地方方言调查手稿、校友考古笔记、60年代录音等资料。2012年加工量接近60TB,其中为教学科研服务加工量占年度总量的89%,累计加工量超过150TB(含发布服务量),在全国高校图书馆中产生一定的示范效应。

【文献资源组织与揭示】 书刊编目方面,进一步完善中文编目外包工作质量控制体系。除完成日常中文新书的编目外，还完成3.8万种赠书、121种赠刊的编目。完成16373种西、日、俄文图书的编目，及永久收藏的78种中文报、9种外文报的编目。总结制定了《北京大学图书馆期刊索刊号给号规则》《日文期刊原始编目著录要点》《北京大学图书馆日文刊号方案》及俄文相关文件。2012年共完成普通书刊及学位论文（含分馆）文献编目159914种、287759册，完成编目种数比上年增长26.1%。古籍回溯编目7759条，入库古籍17109册，新编拓片版本级记录884条，扫描新拓片8000拍。2012年共向CALIS提交中外文书刊编目记录合计29160条，比上年下降25.3%。电子资源与传统资源的整合方面，完成学术类电子书刊SAGE、ACS及皮书等数据库1434条电子书刊数据与Unicorn系统书目数据库的整合。完成270个标准数据库在Summon平台中的配置工作。电子教参书平台进一步加强，按照开课情况将电子教参书归入36个院系，并根据课程性质进行了课程类型划分，实现了从读秀、方正电子书全文库到电子教参平台的链接跳转，更加方便读者查找和利用。特色库建设方面，与清华大学、南开大学和云南师范大学三校图书馆共同申报的CALIS三期特色库"西南联大史料库"子项目完成全部建设。"北京大学民国旧报刊数据库"一期在校园网正式发布，内容包括晚清及民国时期的旧报刊1018种，传统的民国旧报刊服务向数字化全文浏览与纸本阅览相结合的方式转变。"段宝林赠书室"和"仁之玮瑛藏书"特色数据库正式发布，图书馆"个人赠书"数字特藏初具规模。

【古籍与特藏整理】 完成未装"文革"资料的整理，以卷期为单位，整理"文革"期刊3739条记录（累计完成7422条）。对"文革"资料元数据著录中的问题进行了初步总结。古籍修复工作引进考古文博学院下属的正规文物保护修复单位，借助其专业力量对馆藏破损古籍进行了系统的病害调查和分类分级，经过科学分析与论证，形成保护修复方案，全年修复古籍102种、668册、28133叶。编制完成《1996—2012北京大学图书馆新藏金石拓本菁华》图录，是十多年来此方面的一次总结。向国家古籍保护中心申报第五批"国家珍贵古籍"共计50种。参与二期"善本再造"的选书、整理工作，入选善本49种495册。

【读者到馆服务】 2012年入馆人次与上年基本持平，但总借、还书量有下降的趋势，2012年纸本图书借书总数为606543册次，比上年减少13.1%。续借、预约、发送流通通知、异地还书等传统服务项目的统计量均比上年有所下降。

表8-68 2008—2012年图书馆相关读者服务工作进展情况

统计项目		2008年	2009年	2010年	2011年	2012年
入馆人次		2234675	2122408	2290881	2284612	2149345
外借册次		832682	839620	777349	697781	606543
续借册次		458640	468892	437773	395769	386369
预约册次		50410	50361	45494	36728	27923
借出预约册次		23910	23256	21753	16433	13392
馆际互借/文献传递（次数）		35078	42461	28679	32125	33521
网上咨询（次数）		5450	2007[①]	2437	2536	5868
课题咨询（次数）		527	525	644	1099	1397
用户培训（一小时讲座）	场次	116	113	116	125	138
	人次	3057	4789[②]	3828	3902	3598
电子资源检索人次		14987614	21733782	29222743	31366310	68281297
电子资源全文下载篇次		10641990	12812536	18615432	16829590	17902510
多媒体资源在线检索与点播频次		343369	397284	542664[④]	1031842	1269767
主页登录次数		6694728	5361281	5499041	3824300	4192563[⑤]
储存馆外借册次		—	198[③]	1390	1470	1996

注：[①][②]2009年重新调整统计指标。[③]仅2012年12月份的统计数字。[④]2010年重新调整统计指标。[⑤]含新门户主页发布后的访问量。

【电子资源检索服务】 电子资源检索服务每周开放98小时。据不完全统计，2012年共接待到馆读者220812人次，网上电子资源检索量较上年有大幅增长，全文下载量比2011年略有增加。

【馆际互借与文献传递】 继续借助CASHL全国中心和CALIS文理中心的建设，重点提高外文文献保障率。2012年共借入（获取）文献7933册/件，借出（提供）文献25588册/件，分别比上年增长8%和3%。医学部完成文献传递5233篇。

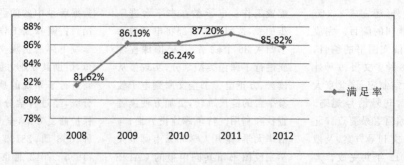

图 8-1　2008—2012 年图书馆馆际互借与文献传递满足率比较

【读者服务深化创新】　读者服务工作呈现如下特点：网上电子资源检索量、全文下载量和多媒体资源点播量继续大幅攀升，印本书刊馆内借阅量持续走低，馆际互借与文献传递服务量有所增加。在夯实读者基础服务工作的同时，加强与读者互动，围绕"以用户为中心"的服务理念，主要完成了以下几项工作。

1. 延长服务时间。为满足读者需求，从 10 月 8 日起，图书馆主要阅览室全面实行全周早 8:00 至晚 10:00 的 7 天×14 小时服务，周末还新增了闭架借书处等服务点的开放。自此，图书馆借阅服务时间达到 98 小时/周，自习区开放时间为 112 小时/周，服务时间创图书馆历史最长，在北京市和全国高校图书馆中位居前列。为解决因延长服务时间而人力资源严重不足的问题，图书馆争取学校人事部、财务部和学生资助中心的大力支持，扩大了学生助理团队的规模。同时，延长对校友服务时间，增加晚上和周末服务。

2. 创建"北大读书讲座"。以阅读推广为重点，系列活动贯穿全年。首次推出"北大读书讲座"系列活动，邀请蒙曼、萨苏、韩毓海、范晔等诸多学者，举办 6 场读书讲座；根据图书馆的借书记录，评选图书馆"2011 年未名读者之星"；与北京电视台《书香北京》栏目组合作，组织图书馆图书漂流活动；与《大学生》杂志社合作，刊登北京大学年度、季度借量排行，展示北京大学学生的阅读取向；与首都图书馆合作推出"阅读的力量"大型图文展览等。秋季学期策划和举办了"第一届北京大学图书馆搜索达人大赛"，近千名师生参赛，通过比赛宣传图书馆资源与服务，加强与读者的互动。

3. 迎新及毕业季系列人文活动。在 2010—2011 年两年面向毕业生和新生系列活动的基础上，内容不断丰富。除毕业墙、学子推荐、漂流图书、《图书馆视界》毕业生专版等保留活动外，还精心设计、制作了毕业纪念书签，并与北京大学青年摄影学会合作举办"光影流年"影展。为帮助新生尽快适应新的学习环境，新增"秋季迎新推荐书目"，营造良好的读书气氛。

4. 移动图书馆服务日渐完善。继 2011 年移动图书馆正式发布以来，2012 年将短信平台与移动平台整合，提供统一的移动应用服务，改善了用户体验。通过 RSS 功能，同步门户最新消息。通过 WebService 接口，发送最新消息短信服务。开展移动图书馆注册使用有奖系列活动，宣传、推广移动图书馆服务。至 2012 年年底，已有 1.7 万名注册读者受益于移动图书馆服务。

表 8-69　2012 年移动图书馆服务情况统计

统计项目		数量	备注
访问量	首页访问次数	456827	
	页面访问总次数	1142519	
用户使用情况	用户搜索总次数	138162	
	用户订阅总次数	37280	
	用户收藏次数	89	
	文献传递次数	64	
	查看全文总次数	23073	
	注册用户数	17458	年度新增：2743 人
短信使用情况	已发短信条数	216058	

【课题咨询与学科服务】 科技项目查新、论文收录及引用检索的业务量较2011年有所增长。其中科技查新完成203件,较2011年增长26%,论文收录和引用检索完成616笔,12197条。学科馆员走入院系,融入师生的教学科研,组织电子资源检索与利用现场咨询活动,尝试融入师生的工作与学习。在用户培训方面,小型的体验式培训及嵌入专业课程的学科专场讲座渐受欢迎。学科馆员面向服务院系,在文献资源保障、信息分析服务、科研支撑等方面积极探索;受社科司委托,对北京大学人文社科基地科研成果进行试验性评估;为分子医学研究所提供线粒体研究发展趋势态势分析,为环境学院老师提供近三年环境大气研究态势分析等。参与学校的博士后进站系列专题培训之"图书馆资源与服务工作专题"部分,帮助博士后提高文献检索效率,及时把握研究领域的最新动向。

【数字图书馆门户】 调研与应用国际先进内容管理开发软件,完成并发布图书馆新主页及建馆110周年馆庆主页。同时完成新版数据库导航系统及期刊导航系统的建设。在梳理旧导航系统功能的基础上,完成了新数据库导航系统的数据迁移、功能与界面设计,并基于Drupal和Solr开发完成,提供更为人性化的浏览、全文检索服务以及后台管理功能。在360 Core知识库的数据基础上,开发完成新版期刊导航系统,通过知识库自动更新数据信息,提供更符合用户需求的检索功能和更为友好的用户界面。

表8-70　2008—2012年图书馆总馆主页访问情况

	统计项目	2008年	2009年	2010年	2011年	2012年
点击率	点击总数	247995327	234208153	215393280	194874493	161628329
	平均每天点击率	679439	653141	623478	532443	440404
浏览页面数	浏览页面总数	30598501	19611685	27370055	18632896	16465625
	平均每天浏览页数	46335	27326	39590	50909	44865
	平均每位访问者浏览页面数	23	16	22	23	20
访问量	访问总量	6694728	5361281	5499041	3824300	3726074
	平均每天访问量	11684	7469	7949	10448	10152
	平均每次访问停留的时间	0:07:09	0:06:55	0:06:55	00:07:45	0:06:54
访问者	不同访问者的数量	1804965	1214178	1211072	789535	788560
	只一次访问主页的访问者	1369460	902897	895605	590102	579229
	多次访问主页的访问者	435505	311281	315467	199433	209331

注:2012年的数据均来自旧版主页,不含新版主页发布后的数据量。

【多媒体服务】 读者在线预约使用多媒体研讨室486场,7245人次,并新增博硕士论文答辩、小型国际研讨会等学术活动用途。在实行延长服务时间、更换微机、开放网关代理等措施以后,多媒体服务读者接待量迅猛增加,机位利用率超过80%。图书馆主动迎接数字环境和云环境的挑战,为平板电脑设计开发Android应用服务,将相关的资源和服务内容嵌入数字设备中,3月正式推出数字应用体验服务,提供电纸书、平板电脑等最新阅读设备体验服务。图书馆既满足读者需求,又引导他们主动适应学习方式的变化,领全国高校图书馆风气之先。SPSS软件升级后,专场培训及个性化的技术咨询受到读者欢迎。配合图书馆阅读推广和经典阅读服务,汉王电纸书的借阅量有所增长。

表8-71　2008—2012年图书馆总馆多媒体服务情况

统计项目	2008年	2009年	2010年	2011年	2012年	说明
多媒体学习中心(人次)	40182	24714	23393	16937	24513	
视听欣赏区服务(人次)	15000	33000	33000	34300	33000	试听、试看机、电视机(含讲座、新闻、电影)、KUKE多媒体机、牛津电子词典等
空间和设施服务(场次/人次)	404 / 75480	560 / 58300	662 / 69080	678 / 67320	935 / 71727	含南配殿和多媒体研讨室音乐课、培训讲座、影视欣赏、文艺活动等
多媒体平台浏览和检索(频次)	63239	64817	60777	54204	59839	多媒体服务平台上自建资源的访问频次
外购多媒体库点播(频次)	268109	227802	487773	974286	1209928	包括新东方多媒体学习库、爱迪森网上报告厅、知识视界视频教育库、KUKE数字音乐图书馆、维普考试资源系统、外研社外语资源库和JoVE等,未含试用资源
随书盘在线服务(频次)	—	3996[①]	80409	877086[②]	272050	

注:[①]2009年9月24日至11月30日统计数据。[②]2011年重新调整统计指标。

【文献信息资源体系】 2012年召开了"北京大学文献信息资源战略发展委员会"和"北京大学图书馆工作委员会"两个委员会第三次工作会议，全面汇报了近年来本馆服务工作方面的创新举措。会上讨论了资源建设工作组牵头起草的《北京大学图书馆资源发展政策》以及读者服务工作组起草的《总分馆之间通借通还服务规则与方案》。这两项政策性文件的讨论与制定，对于实现全校的通阅、通借、通还，加快北京大学文献信息资源体系建设将起到重要的推动作用。

1. 分馆建设进展。2012年发展了三家分馆：国际数学研究基地、城市与环境学院、工学院。至此，共建成30家分馆。

2. 分馆服务与建设工作。多次举办培训与交流工作，效果良好。组织信息管理系分馆座谈会与挂牌仪式。在教育学院分馆举办主题为校本部分馆的通借通还工作的第一次分馆沙龙活动。多渠道、多方位加强与院系老师的联系，深入了解读者需求，提高分馆人员业务水平，积极推进全校文献信息资源体系建设。

3. 推进医学部及其附属医院文献资源的共建共享进程。向6家附属医院的教工和医护人员免费开放图书馆的全部服务。组织完成对中文系分馆的评估工作。

表8-72　2008—2012年图书馆分馆读者服务情况统计

统计项目	2008年	2009年	2010年	2011年	2012年
外借册次	209368	179717	146437	122585	134402
归还册次	206823	172543	155449	122859	128588
续借册次	14448	17246	13301	3788	5873
协助总馆完成馆际互借/文献传递	3909	3495	—	1468	1421

注：借还册次中2008年的数据包括系统和手工借还两部分，2009年以后的数据仅为系统部分。

【信息基础设施建设】 通过服务器、微机、网络等设备更新、数字存贮设备的引进与使用、管理软件的引进与开发，保障了图书馆各项业务工作的顺利进行，提升了图书馆服务的能力。

在硬件方面，更换多媒体学习中心微机62台。对联创自助服务系统进行升级，提高读者自助服务的使用量。尝试多种技术手段，对阳光大厅读者用机进行操作系统优化，提高开机及运行速度，提升读者用户体验。进行存储扩容并合理规划、分配存储空间，为数字资源的保存与发布提供可靠保障，存储能力已达170TB。部署备份平台，针对不同类型的数据采用相应的备份模式及备份策略，对现有资源数据进行保护，提供长期保存的安全保障。升级图书馆核心交换机，为IPv6服务提供支撑平台。配合学校网络中心对图书馆无线网络进行全面升级。分三批向学校设备部申请报废微机等设备共计104台(件)。

在应用系统开发与维护方面，"未名学术搜索"平台正式发布。通过调研最新中文检索技术，改进系统的中文分词与检索功能；增强资源揭示，整合更多资源；解决多语种记录揭示、多层次主题揭示等资源、功能方面的问题；对Summon的使用情况进行数据统计和分析。

改进Symphony系统服务，解决了OPAC中文关键词的检索问题；改进认证机制与流程，实现读者单点登录和统一认证；推出脱机工作服务，保证不间断的借阅服务；配置系统参数与调整数据处理流程，满足附属医院读者进馆需求；系统索引分库处理；解决001字段数据问题。

与北京大学计算中心合作建设的电子资源管理与统计系统建设投入试运行。

医学部中文主页首页访问量达到57万次，电子资源远程访问系统页面点击量达到166万余次，共有1053位医学部合法用户享受到远程访问服务带来的便利。

【基础设施保障】 在内部管理上完成以下几项工作：

高质、高效完成图书馆日常行政办公业务和来访接待工作，保证图书馆工作的正常运作。协助馆长处理"馆长信箱"读者来信105封；配合学校审计室，协助馆务会完成本届行政班子2011—2012年的审计工作；继续加强图书馆的对外宣传工作。全年编制《图书馆通讯》5期(含馆庆特刊)，刊登稿件133篇。全年被"北大新闻网"采纳稿件16篇。《年度报告》实现网上虚拟展示。借助"馆员空间"平台加强内部交流，重点推进"学术交流""外界新闻"和"馆长推荐"几个功能模块，继续推进馆务信息化。

医学图书馆被医学部网站首页、医学部新闻网、中国图书馆学会网站等采用稿件30余篇次，大大超过了往年的数量。医学图书馆全年接待来自校内外的参访人员共计6批次，组织安排各种会议10余次，接受赠书4次，并协助组织了北医百年教材展。

馆舍空间建设方面，古籍图书馆的建设稳步推进，前期拆迁工作得到学校相关部门支持。与沙特方就古籍图书馆的设计进行了深入的讨论，达成一定共识。与学校发展规划部、基建工程部等部门多次沟通与讨论，基本确定了图书馆东楼改造规划方案,并与清华大学建筑设计院多次讨论东楼改造的设计。第二储存馆在理科楼群改建后,迁至二教地下室,年内已建成。尽力为读者营造美好祥和的阅读环境,更换多年不变的闭馆音乐为每月轮换,改造西区卫生间的门,延长卫生间保洁时间,倡导自助服务缩短人工复印服务时间等。

医学图书馆为迎接医学部一百周年庆典,进行了一系列馆舍及设备的改造与建设,更换了空调,并进行了整体保洁,竭力为读者创造更加文明祥和的阅读环境。

【党建工作】 图书馆党委认真学习、贯彻、落实党的"十八大"精神,执行学校第十二次党代会各项决议,带领馆领导集体和全馆党员齐心合力,在政治思想领域和党的组织建设中努力工作,为全面推进图书馆各项业务、保证作为学校教学科研辅助单位的图书馆事业的全面发展,坚持发挥监督保证作用。

通过每个学期一次的图书馆中层干部民主生活会和每两周一次的党政联席"馆务会"达成思想共识,馆党委工作重点在党风廉政建设、推进廉政风险防范管理方面,结合图书馆现实特点制定了有关管理规定并检查落实。图书馆党委对全馆的思想组织建设做了全面的统筹安排,围绕巩固深入学习实践科学发展观、党风廉政建设和深化"创先争优"活动开展党建工作年,作为当年的工作重点,通过党政联席的"馆务会"和各党支部活动,贯彻学习。在思想上提升"抓党建、促创建(世界一流大学)"的认识,形成党政业务齐奋努力的和谐氛围。以图书馆建馆110周年为契机推进现代图书馆建设,保持在国内大型图书馆工作中处于前列、在世界大型图书馆中处于先进的位置,为建设世界一流大学图书馆而努力奋斗。各支部积极组织学习、开展活动,积极倡导党员爱心捐款。4月,在北京大学第十二次党代会召开前夕,各支部组织"迎接党代会,总结经验找差距"主题党日活动。5月,医学馆党支部组织党员到山西大同开展爱国主义主题党日活动。柳和、张燕蕾被评为医学部"身边好党员"。

【人力资源建设】 力求突破传统人事工作的观念,通过业务培训、派出学习、交换馆员、参观访问、开展合作项目等多种方式,为馆员创造学习和进修的机会和条件,加强人力资源建设,提高人员的整体业务素质,力求在人员逐年减少、业务不断扩展的形势下,保证图书馆的工作效率和服务质量。各部门也组织了丰富的专题培训或同行考察活动,努力提高业务水平,加强与同行间的交流,启发工作思路。召开图书馆暑期发展研讨会,议题为"馆藏发展政策与趋势",主要讨论了"北京大学图书馆馆藏发展政策"初稿及图书馆东楼改造后的服务布局方案。各部门在充分调研的基础上进行了分主题的汇报,与会的馆务会成员、部门主任等进行了充分的讨论,议题将作为图书馆近年的重点工作,融入图书馆日常工作和研究中。研讨会的召开旨在为北京大学文献信息资源发展政策的制定打好基础,为北京大学文献信息资源建设提供方向性的依据,具有重要的意义。在新馆员招聘工作中,与学校人事部配合,继续代为招聘院系分馆的馆员,并统一安排馆员轮训。

表 8-73　2012 年图书馆人员流动情况

人员状态	人员
退休	徐爱娣　展京芬　吴政民
进馆	王力朋　徐清白　吴　越　邵亚雄
	管　同　李　静　郑　洁(医学馆)
调动(离馆)	潘　笃(调往国际关系学院分馆)

表 8-74　2012 年图书馆专业技术职务评定工作情况

专业技术职务	人员
研究馆员	刘大军　关志英
	王金玲(医学馆)
副研究馆员	梁南燕　周义刚　王　静
	刘春艳(医学馆)
馆员	庄　昕　张乃帅　刘雅琼
	徐　锐　张巍巍　刘　颖　佟红霞(医学馆)
助理馆员	无

表 8-75　2012 年图书馆领导职务变动情况

职　务	就任人员
党委书记	萧　群

【工会工作】 在学校工会和图书馆党政班子的领导下,工会工作不断探索、创新,工会委员和工会小组长在完成本职业务工作的前提下,共同努力承担工会工作。1. 以图书馆二级教代会工作为中心,促进教职工参与民主管理。10月,图书馆二级教代会选举产生出席北京大学第六届教职工代表大会和第十八次工会会员代表大会的代表(聂华、巩梅、刘丽静、杜晓峰、高桂英、张健)。12月,召开图书馆教代会全体代表会议,审议图书馆工作现状与未来发展前景,汇报工会一年工作,征集提案和建议。2. 关心职工利益,努力排忧解难。慰问劳模,热情关心新员工,慰问患病住院职工,对合同制人员与事业编制人员一视同仁,促进人员融合。3. 积极参加学校工会和北京高校图工委举办的各类活动,取得优秀成绩。4. 组织参加学校教工运动会、集体腰鼓表演。参加首都高校图书馆运动会及羽毛球、乒乓球比赛、图工委文艺汇演等。5. 注重自身建设,积极做好宣传和组织工作。提交新闻稿23篇,居全校前列;发展30名新会员;10名工会组长发挥了重要的作用。6. 配合党政班子,助力离退休职工工作。组织新年慰问演出,尊重、关心返聘的退休职工。

医学图书馆踊跃参加各级工会组织的活动,并在服饰大赛、红歌会、摄影比赛、庆典寄语征集等活动中获得一等奖、二等奖、纪念奖或参与奖。

【学术与交流】 科研项目方面,全年图书馆(总馆)的科研项目共28项,其中新立项13项,完成5项,全年拨入图书馆(总馆)的科研经费共195万元,较上年大幅增长。科研成果方面,图书馆职工以第一作者发表学术成果107项(含医学馆),其中包括:第一作者著作12部,第一作者学术论文95篇(核心期刊论文49篇)。科研成果总量较上年有大幅增长。

表8-76 2012年图书馆科研项目一览表

序号	项目名称	负责人	项目来源	项目状态
1	我国战略性新兴产业的信息资源配置特征研究——《我国战略性新兴产业的信息资源保障体系与服务模式研究》子课题	朱强	国家社科基金项目	新增/进行中
2	数字图书馆动态知识管理研究	周义刚	国家社科基金项目	新增/进行中
3	中国周边国家文献的国家保障研究	关志英	教育部人文社科研究项目	新增/进行中
4	西文古籍中清代北京老照片及图片的整理及研究	张红扬	北京市哲学社会科学规划项目	新增/进行中
5	中文核心期刊要目总览(2014年版)	蔡蓉华 何峻	其他项目	新增/进行中
6	CALIS馆员素养	关志英	其他项目	新增/进行中
7	古籍整理研究	李云	其他项目	新增/进行中
8	馆际互借与文献传递	梁南燕	其他项目	新增/进行中
9	中华人民共和国文化行业标准——音频数据加工规范	聂华	其他项目	新增/进行中
10	中华人民共和国国家标准——音频数据加工规范	聂华	其他项目	新增/进行中
11	CALIS全国高校教参信息管理与服务平台	肖珑	其他项目	新增/进行中
12	CALIS高校图书馆课题咨询服务	肖珑	其他项目	新增/进行中
13	文化遗产保护领域国家科技支撑计划项目咨询评估课题	朱强	其他项目	新增/进行中
14	图书馆的阅读推广活动调查研究	王波	国家社科基金项目	进行中
15	面向泛在信息社会的国家战略及图书馆对策研究	朱强	国家社科基金项目	进行中
16	中文图书评价体系研究	何峻	教育部人文社科研究项目	进行中
17	内地和香港高校图书馆统计规范比较研究	朱强	教育部人文社科研究项目	进行中
18	信息与文献馆藏信息格式	冯英	其他项目	进行中
19	中文图书评价研究	戴龙基	其他项目	进行中
20	新闻出版重大科技工程项目国家数字复合出版系统工程——业务应用标准包子课题:图书评价规范	朱强 何峻	其他项目	进行中
21	基于ORE标准的数字资源管理系统	陈凌	其他项目	进行中
22	数字资源描述标准规范的完善与扩展建设("我国数字图书馆标准规范研究"之子项目)	肖珑	其他项目	进行中
23	中华人民共和国国家标准——图书馆馆藏图像资源数据加工标准	肖珑	其他项目	进行中
24	民国时期图书馆学著作研究	范凡	教育部人文社科研究项目	完成
25	高校人文社科外文文献资源的布局与保障研究	肖珑	教育部人文社科研究项目	完成
26	高等教育文献资源建设与共享研究	朱强	教育部博士点基金项目	完成
27	国家图书馆专门元数据标准与著录规则:古籍、拓片、舆图	肖珑	企事业单位委托项目	完成
28	非专利数据资源统一接入平台	陈凌	其他项目	完成

表 8-77　2012 年图书馆(总馆)学术成果获奖情况统计

成果名称	著者/负责人	成果形式	所获奖项
A Pictorial Record of the Qing Dynasty: Qing Dynasty Architecture	张红扬 邹新明	专著	北京市第十二届哲学社会科学优秀成果奖二等奖
秦汉石刻题跋辑录	胡海帆	专著	第六届高等学校科学研究优秀成果奖三等奖
图书馆讲故事活动的理论探索	张慧丽	论文	中国图书馆学会 2012 年会征文一等奖
外包环境下高校图书馆采编关系的协调与创新发展	刘丽静	论文	第四届全国文献采访工作研讨会论文一等奖
图书馆馆藏与服务变革及下一代趋势研究	朱本军	论文	2012 年中国图书馆学会高等学校图书馆分会"数字图书馆前沿问题高级研讨班"学术论文三等奖
高校图书馆民国文献馆藏现状与建议——基于 6 地区 12 所高校的实证调查	张丽静	论文	中国图书馆学会 2012 年会征文二等奖
图书馆目录需求:用户与编目员的不同视角	付蔚	论文	中国图书馆学会 2012 年会征文二等奖
泛在信息社会条件下的图书馆信息资源建设	张美萍	论文	第四届全国文献采访工作研讨会论文三等奖
西南联大史料数据库	肖珑	项目	CALIS 三期全国高校专题特色数据库二等奖
北大博文	邹新明	项目	CALIS 三期全国高校专题特色数据库三等奖
开源软件 drupal 在北京大学图书馆信息服务中的应用与创新实践	周义刚	参赛海报	2012 年北京高校图书馆"开放、关联、智能、泛在:数字图书馆大趋势"学术研讨会二等奖
机构知识库系统多馆协作开发的应用实践	韦成府	参赛海报	2012 年北京高校图书馆"开放、关联、智能、泛在:数字图书馆大趋势"学术研讨会三等奖
北京大学图书馆民国旧报刊系统的开发与服务	周义刚	参赛海报	2012 年北京高校图书馆"开放、关联、智能、泛在:数字图书馆大趋势"学术研讨会三等奖

重要的学术活动方面。1. 参加重要的国际学术会议。朱强参加 2012 中国—东盟文化论坛,朱强参加 Academic Libraries Today: Our Future is Now,崔海媛、韦成府参加 Explore Ex Libris' Alma-a next generation library resource management service,王燕参加东亚研究和东亚图书馆年会(AAS/CEAL Annual Conference),朱强参加国际出版商与图书馆长论坛,朱强参加国际图联"乡土知识:本地特色,全球内涵"主席会议,朱强、姚晓霞参加国际图联 2012 年年会,朱强参加清华—康奈尔未来图书馆国际研讨会,朱强参加首届全球东亚图书馆国际论坛,肖珑参加图书馆区域合作与资源共享,朱强参加研究型大学国际联盟(IARU)馆长会议,杨芬参加中国古籍与文献:写作、流传与保护,姚伯岳参加中文古籍整理与版本目录学国际学术研讨会,肖珑、聂华参加中文资源共建共享合作会议第九次会议。

2. 举办"庆祝北京大学建校 114 周年北大著名学者手稿展"。5 月,图书馆与团中央、光华科技基金会、北京同心出版社联合举办,涉及 40 位北京大学著名学者,浓缩北京大学百余年的学术成就,体现出北京大学对中国学术发展的贡献。

3. 举办馆长研修班。7 月 9—13 日,经教育部高教司批准,高校图工委秘书处与北京大学图书馆联合举办,南开大学图书馆承办"高等学校新任图书馆长高级研修班"。本次研修班新聘了南开大学信息资源管理系的于良芝教授,增加了图书馆职业专业化方面的培训内容,在小组案例汇报阶段增加了专家点评环节。为支持西部和经济困难地区的高校,减免了部分学员的研修费用。此次共有 64 位来自全国 21 个省、自治区、直辖市的高校图书馆馆长顺利完成学业,获得了由教育部高教司和人事司共同签发的"高等学校青年骨干教师高级研修班培训证书"。

国际交流方面,来访 30 余人次(馆庆来访人次未计入),出访 40 余人次,合作项目/课题 5 个。除 11 月图书馆建馆 110 周年的国际学术交流外,影响较大、交流比较深入的还有:6 月 4 日,美国约翰斯·霍普金斯大学图书馆张甲和张东明分别作了题为"渐行渐远的电子图书与电子借阅:挑战图书馆传统工作""图书馆创新服务中的技术支持:开源软件应用案例"的报告。

【建馆 110 周年系列活动】 1. 出版物。借图书馆庆祝建馆 110 周年之机,举办读者征文活动,并编辑出版了《图书馆的瞬间与永恒——北京大学图书馆建馆 110 周年纪念文集》,收录学生读者征文 38 篇,教师特约征文 11 篇,馆员征文 14 篇。《北京大学校报》出版图书馆建馆 110 周年专刊。图书馆同仁整理编写了一部史料性的《书城春秋——北京大学图书馆 110 年纪事》,采用编年纪事体例,图文并茂,提纲挈领地记录了北京大学图书馆 110 年发展过程中的重要史实。《北京大学图书馆通讯》出版了"馆庆特刊"。《1996—2012北京大学图书馆新藏金石拓本菁华》也在馆庆期间由北京大学出版社出版。

2. 微电影。利用网络新媒体宣传图书馆，策划并与北京大学学生合作完成馆庆微电影"天堂图书馆"的拍摄与制作，于馆庆庆典当天首发。11月，微电影在图书馆主页和视频网站上线后，累计点播量迅即突破20万次，受到广泛关注与好评，成功地宣推了北京大学图书馆厚积、博识、创新和温暖的形象。

3. 展览。馆庆期间举办了三场展览，分别是：书城春秋——北京大学图书馆110周年纪事、1996—2012北京大学图书馆新藏金石拓片菁华展、国内外数据库联展。

4. 馆庆主页。专门开发、制作了馆庆主页，开辟了馆庆动态、岁月感怀、八方来贺、书城春秋、图说往事、同人文章、馆藏撷珍、馆员风采、受赠编年、大馆小事、馆庆视频等栏目。网址：http://pku110.lib.pku.edu.cn/。

5. 国际会议。11月4—6日，为庆祝北京大学图书馆建馆110周年，举办"变革与走向：重新定义大学图书馆的未来"国际研讨会暨环太平洋数字图书馆联盟2012年年会。北京大学党委书记朱善璐教授、副校长刘伟教授、教育部有关部门领导、哈佛大学副校长玛丽·李·肯尼迪教授、国际图书馆协会联合会主席英格里德·帕伦特教授，美国加州大学伯克利分校、康奈尔大学、芝加哥大学、新加坡国立大学、香港大学、台湾大学、澳门大学、清华大学等海内外一百多所高校图书馆的馆长、国家图书馆、国家科学图书馆、国家科技图书文献中心、中国社科院图书馆的馆长等同行代表，以及北京大学知名学者教授、各院系及职能部门负责人、北京大学图书馆馆员等近400人参加了大会。与会代表分别就"战略规划、管理创新与知识产权保护""数据管理与数据服务""知识发现与学科服务""社会媒体与共享空间""用户研究与服务推广""联盟、合作与共享"六个主题进行了发言和讨论。发言内容前瞻深刻，讨论热烈，取得了很好的效果。此次研讨会共收到论文55篇，主要来自中国、美国、德国、波兰、澳大利亚、印度、沙特阿拉伯等国家和地区，经过专家评审，共评选出参会论文42篇。"环太平洋数字图书馆联盟2012年年会"共收到论文14篇。专门建设了"国际会议"主页：http://conference.lib.pku.edu.cn/2012/。

【科研机构】 1. 数字图书馆研究所。国家数字图书馆工程子项目《专门元数据规范——古文献》（古籍、拓片、舆图部分）。11月8日，古籍和舆图元数据规范通过验收。12月20日，拓片元数据规范通过验收。继续修订推荐性国家标准项目《信息与文献馆藏信息格式》。

在研究生培养方面，2012年毕业研究生4人，招收研究生5人，联合培养研究生新增2人。研究所已培养和正在培养的研究生达到13届，共59人。2012年进入研究所的研究生：宋鼎、李姣姣、杜岚、孙栋衡、卢晓枫。与四川大学联合培养的研究生：刘娟娟、周伽姝。

2. 亚洲史地文献研究中心。3月，岳升阳、黄宗汉、魏泉著《宣南——清代京师士人聚居区研究》由北京燕山出版社出版。机构成员还发表了3篇学术论文。协助北京史学会举办讲座"寻找高粱河"；完成北京市规划委员会西城分局课题：宣南地名分级保护名录；建设完成"仁之玮瑛藏书"特色数据库并在线发布，旨在从藏书的角度揭示侯仁之先生夫妇的学术人生及其与图书馆的不解之缘。

【中国高等教育文献保障系统（CALIS）】 2012年系统通过教育部的验收。教育部验收组认为CALIS三期项目：（1）实现了以元数据为基础的分布式资源整合和以全文保障为目的的数据库建设预期目标。完善了国内高校文献保障结构，丰富了数字资源，显著提高了文献保障率。（2）提出并实现了"普遍服务"理念，服务覆盖了全国各级各类高等学校近2000所，注册读者近1500万，提供了资源查找、全文获取、馆际互借、联合咨询等服务，为高等学校的教学科研提供了有力的支撑。（3）先后开发了"e读""e得""统一认证"等近50套应用软件，构建了分布式"云服务"高等教育文献保障系统。（4）举办了1000多馆次，累计32000多人次参加的馆员培训，有效提升了高校图书馆队伍整体水平。（5）注重与CADAL项目的资源整合。将CADAL项目中的学位论文、古籍文献、民国出版物等约135万条文献信息数据集成到了CALIS服务系统。

建设和服务多方面取得重要进展。（1）9月启动"CALIS服务之旅"的调研活动，深入各省了解CALIS各项服务的落地情况，以及成员馆的真实需要，为成员馆提供更有针对性的优质服务。（2）联合目录共建共享成效日益突出，截至11月底，联合目录用户已达1010家，在"十五"的基础上增长了74%；数据建设队伍扩充了135家，增长131%，76%的成员单位可以共享高质量的书目数据，已形成较为高效良性的共享机制。（3）推出面向读者的"e得"原文文献获取门户，为读者提供"一个账号、全国获取""可查可得、一查即得"一站式服务。（4）馆际互借调度中心的业务量突破15万笔，提供文献服务的图书馆增至303家，平均满足率达到86.15%。（5）数据整合工作取得突破，批量收取520家成员馆的馆藏数据，CALIS

馆藏数据量达到1.2亿条,为揭示馆藏、共建共享提供了数据支撑。(6)服务应用系统的开发、升级、改造和部署稳步实施。(7)取得国际图联2013年馆际互借与文献提供分会(ILDS)第十三届会议的主办权,完成会议网站的开发与发布工作。(8)CALIS访欧、访美工作成功进行。

【CALIS全国文理中心】 CALIS文理中心在引进数据库、咨询服务、用户培训等方面深入开展工作,继续为高校资源建设服务做出贡献。

1. 引进数据库。组织35个数据库的集团采购工作,包括英文数据库集团32个,中文数据库集团3个,参加集团的馆次累计达到2630个。

2. 建设与服务。配合CALIS三期建设,承担文理中心、引进数据库评估与服务、高校古文献资源库、共享式全文资源建设、馆际互借与文献传递、咨询服务、西南联大特色数据库等多个子项目的建设任务,取得一系列标志性成果,顺利通过专家验收。主要建设成果有:(1)承担CALIS三期共享式资源建设工作,完成两个项目:PQDT学位论文全文项目经过十余年的建设,已累计订购国外学位论文40.5万篇;MyiLibrary电子书项目累计订购外文电子图书约2.9万种,6.5万册。(2)高校古文献资源库:24个参建馆共提交书影21万余幅,结算金额90万元;并尝试开通了古籍文献传递服务。(3)设计开发完成新的文理中心门户主页,集成了CALIS的e读、CCC、联合目录和虚拟参考咨询,为用户带来更便利的检索与"一站式"文献获取服务。(4)承担CALIS三期引进数据库评估子项目,共完成41个数据库的评估,并在高校图书馆数字资源采购联盟(DRAA)主页上建立了相应的资源百科。(5)牵头完成全国首个西南联大特藏库,且资料齐全、内容丰富、规模最大。(6)完成国内高校第一个基于博客的学术数据库"北大博文"数据库的建设。(7)积极参与形式多样的馆员培训工作,为高校图书馆打造专业化骨干人才。

【CALIS全国医学中心】 作为CALIS与全国医学信息网的连接点,在CALIS管理中心的支持下,积极开展各项工作。

1. 高质量医药电子资源。组团购买的数据库有:电子期刊LWW+NEJM、Thiemee Journals、BMJ Journals、Kargere Journals、PML/PHMC,电子书Karger eBooks、Thieme eBooks、牛津医学在线资源,事实型MICROMEDEX、Best Practice、Clinical Evidenc,其他MD Consult & First Consult。

2. 馆际互借与文献传递。全面提高医药文献保障率和受益面。全年共处理文献传递和馆际互借申请总量为52334287篇,比上年增长22.1%,累积CALIS用户154个。

3. 学术交流。5月,召开CALIS全国高校医学图书馆创新服务研讨会暨2012两岸三地医学图书馆馆长论坛。来自44所高校医学图书馆的74位馆长和部门负责人以及23家数据商代表出席。

4. 培训工作和对外交流。8月,组织大陆医学图书馆馆长赴台参加第34届医学图书馆工作人员年会、台湾实证医学学会2012学术年会暨2012海峡两岸医学图书馆馆长会会议。10月,与Elsevier医学部联合举办ClinicalKey医学数字资源研讨会,对DRAA多个成员馆开展了Elsevier医学资源的培训。

5. 中期检查报告。"CALIS三期全国医学文献信息服务中心"项目建设进展顺利。4月,完成《CALIS三期建设子项目验收总结报告》,顺利通过项目验收。

【中国高校人文社会科学文献中心(CASHL)】 继续科学统筹和有效组织协调,保持了资源的持续订购和服务质量的稳步提升。具体包括:

1. 资源持续稳步增长。全国70所高校图书馆全年通过"高校文科引进专款图书订购信息平台"共发出协调采购订单18851笔,自主采购订单40135笔,有效弥补了高校外文图书的普遍缺藏。纸本期刊达到17343种,比2011年增加了68.5%。大型特藏文献新增12种,累计达到70种。数字资源大幅增长:高校人文社科外文期刊目次库数据量有所增长,目次数据达到2846万,比2011年增长了9.4%,有目次期刊覆盖期刊馆藏55.16%。其中外文期刊分散加工312种(包括小语种期刊25种),增加目次近12万条,结算金额18万余元。高校人文社科外文图书联合目录达到111.9余万种,比上年增长了59.55%。完成58种大型特藏文献中55种的目次揭示,比2011年提高了44.7%。电子资源目次增加显著。JSTOR电子刊从1390种增加到1926种,目次数据量增加了38.56%。完成556种PAO电子刊共计1048575条目次数据更新。MyiLibrary电子书从4425种陡增到15315种,增长了246.1%。

2. 向西部院校捐助图书。与中国教育图书进出口有限公司共同组织策划,从9家海外知名出版社获赠图书3262种,计3482册,约折合人民币250万元,全部无偿捐助西部文科专款项目受益高校,有力补充外文文科文献。

3. 西部馆员培训。继续开展"CASHL/Emerald西部馆员培养与交流合作项目",培训西部馆员。开展面向新疆、西藏高校的免费文献服务活动。5月,组织实施"CASHL/Wiley新疆馆员赴京交流团",新疆地区高校图书馆馆长和馆员一行12人来京交流。

4. 文献服务。全年文献传递服务达到131421篇,累计服务量突破70万篇。跨区域借书服务在全国全面铺开,已有84家高校开通服务。完成图书借阅请求1810笔。服务质量仍保持了高水平,文献满足率达到95.02%;服务完成时间为1.64天。电子资源使用保持稳定,全年全文下载量超过275万。其中电子期刊全文下载240万篇,电子书下载35万页。5月,与上海图书馆签署战略合作协议,实现与上海图书馆OPAC、馆际互借系统的无缝对接。

5. 宣传推广。推出"您身边的CASHL"主题推广活动:5月走入浙江,为开展了五年的CASHL走基层活动画上圆满句号。5月,华中区域中心深入江西开展"CASHL文献传递服务就在你身边,服务直到你满意"主题宣传推广活动。启动CASHL学科服务试点,组织"教育篇"活动,探索"嵌入式"学科深度支持服务。组织"CALIS/CASHL杯"甘肃省高校图书馆DV大赛,7部作品获大赛一等奖。在宣传推广活动带动下,2012年新增成员馆44家,成员馆总量达到685家(含高校及人文社科科研机构)。新增注册用户11669个,累计用户总数达到了76479个(含3000多个机构用户)。个人用户中90%为人文社科教师、研究人员和研究生。

6. 运行管理。按照教育部社科司批复的经费预算方案采购资源,组织服务,科学管理,保证了当年下拨经费的有效使用。在CALIS管理中心配合下,完成了"开世览文"门户主页和"文专图书订购信息平台"的日常维护与升级。圆满完成与18家服务馆、32家成员馆的结算工作,结算金额61632元。成功举办一系列专业会议和大型工作会议。

【高校图书馆数字资源采购联盟(DRAA)】 经过两年的建设,DRAA影响力日趋扩大。2012年度完成:1. DRAA新门户上线运行。新门户以采购方案为索引,用资源百科做支撑,管理监督集团采购全过程,尝试建立一个"多方协作·共建共享"的综合多元在线平台。已经开发完成"资源百科""集团采购""使用统计""培训中心"等多个模块。数据库商能及时发布数据资源信息,组织和开展培训;成员馆能在线采购并对服务进行评价;代理商能参与管理成员馆采购行为;牵头馆能便捷发布管理其牵头资源;联盟和成员馆能有效准确地进行评估。2. 组织与召开一系列会议,包括:电子资源访问流量控制系统测评会,"DRAA牵头馆、数据库商、代理商"培训会,DRAA理事会第三次会议等。3. 成员馆发展顺利。年度总计新增60家成员馆,累计共有成员馆443家。新门户上线后用户改用个人账号登录DRAA新门户,至年底,注册用户总计达到459人。4. 高校集团采购进展顺利,总计完成了56次集团采购。随着DRAA新门户的上线及对牵头馆数据库商进行的系统培训,引进资源集团采购的管理和组织工作也日趋规范。

【高校图工委与中国图书馆学会高校分会】 1. 高校图工委。3月3日,发布"关于填报2011年高校图书馆统计数据的通知",启动高校事实数据库的填报工作。6月6—9日,由教育部高等学校图书情报工作指导委员会主办、长沙商贸旅游职业技术学院承办的"2012年全国高职院校图书馆信息素养标准研讨会"召开。7月9—13日,经教育部高教司批准,教育部高等学校图书情报工作指导委员会秘书处与北京大学图书馆联合举办、南开大学图书馆承办的"高等学校新任图书馆馆长高级研修班"举行。7月23—25日,第三届教育部高等学校图书情报工作指导委员会第四次会议召开。10月17—21日,由教育部高校图工委主办,河北省高校图工委协办,石家庄职业技术学院承办的"教育部高校图工委高职高专工作组第五次会议暨2012年全国高职院校图书情报工作年会"召开。11月19—21日,由教育部高等学校图书情报工作指导委员会主办、中国科技大学承办的"2012年教育部高校图工委信息技术应用年会"召开。11月28—30日,由教育部高等学校图书情报工作指导委员会和中国图书馆学会图书馆管理专业委员会主办、上海交通大学图书馆和重庆大学图书馆承办的"第五届图书馆管理与服务创新论坛"(含馆长论坛),暨CADAL二期建设项目"技术支撑图书馆的智慧服务专题论坛"召开。汇总"教育部高校图书馆事实数据库"中2011年数据,发布各项排行榜,向中国图书馆学会提交《2011年高校图书馆发展报告》。《大学图书馆学报》取得了可喜的成绩:6月,收到"国家社会科学基金第一批学术期刊资助通知书",获得年度资助40万元;10月,入选中国人民大学人文社会科学学术成果评价研究中心和中国人民大学书报资料中心2012年版"复印报刊资料"重要转载来源期刊;11月,在中国图书馆学会年会上,荣获优秀图书馆学期刊称号。

2. 中国图书馆学会高等学校图书馆分会。(1)"2012中国图书馆榜样人物"推选工作。(2)围绕"全民阅读"活动,提升高校图书馆在学校书香文化建设中的作用。① 继续配合全国学会组织各高校认真开展"2012年全民阅读活动",并推选高校分会系统内的全民阅读活动"先进单位奖"和"全民阅读示范基地"。1所高校获"全民阅读基地"称号。② 在主页上增加"全民阅读"栏目,推广各高校在推动和指导大学生阅读中的积极做法,积极拓展网站的教育指导功能。③ 积极参与并鼎力支持高校开展全民阅读活动,将优秀案例发送给相关高校进行学习交流,推动各高校书香文化的建设和阅读活动的开展。(3) 成功举办年会。6月10—13日,举行"2012年高校图书馆发展论坛暨数字图书馆前沿问题高级研讨班"。期间,还举行了高校分会"优秀网站特约通讯员"的颁奖仪式。(4) 积极拓展与外界的合作,扩大业界影响。① 与全国高校图工委、中国图书馆学会统计与评价专业委员会合作,加强高校"图书馆事实数据库"的建设和研究工作,完成数据库的改版,并在高校推广使用。② 4月11—14日,与专业图书馆分会、医学图书馆委员会合作,举办以"学科馆员服务:战略、模式和最佳实践"为主题的学科馆员服务学术研讨会。③ 8月29日,与专业图书馆分会、中国图书进出口集团总公司合作,举办"数字出版与科学数据交流"学术会议,促进了图书馆界与出版界就共同关心的科学数据的规范化管理和使用等问题的探讨。④ 积极开展与CALIS全国农学文献信息中心的学术研究合作,研究项目共立项58项,覆盖全国20个农业院校图书馆,其中获奖17项,通过53项,5项延期,提升了农林院校图书馆员的业务水平和学术研究能力,扩大了高校分会在业界的影响。(5) 与外界合作,推广新技术在图书馆中的应用。搭建图书馆与信息技术公司之间沟通的桥梁,推广新技术在图书馆中的应用。如,与书生公司合办"移动图书馆2.0新产品发布会",推动移动技术在图书馆中的应用;与北京图书发行集团、北京市网络图书馆共同举办"2012年全国图书采购订货会暨健康发展,互利三赢,共建馆配市场生态环境发展论坛",会上通报了北京高校图书馆起草的"高校图书馆中文图书馆配工作指南(征求意见稿)",指导高校图书馆的文献资源建设工作。(6) 加强对外合作与交流。协助全国学会组织高校图书馆的代表出席第78届国际图联大会,连续第八年主办"中国图书馆馆员暑期培训班",为高校图书馆提供参与国际交流的平台与机会,探讨中美图书馆行业的经验和技术,促进图书馆行业与国际接轨。

【PRDLA 工作回顾】 环太平洋数字图书馆联盟(The Pacific Rim Digital Library Alliance,简称PRDLA)成立于1997年,是环太平洋地区的一个学术图书馆联盟,由来自中国、美国、加拿大、澳大利亚、新西兰、韩国、新加坡等国家的28家大学图书馆组成。联盟的宗旨是为实现全球信息资源共享进行有意义的多角度的尝试、探索与创新。联盟通过合作项目对有限的人力和财力资源集中使用;通过数据共享合作发展馆藏;通过举办年会和人员交换等支持创新的图书馆功能的实现,最终目标是在联盟成员馆的积极互动和努力下,形成一个大型的、分布式的、多语种的全球数字图书馆网络。北京大学图书馆自2010年起接任环太平洋数字图书馆联盟秘书处轮值馆,朱强馆长任联盟第五届轮值主席。到2012年年底,北京大学图书馆顺利完成了历时三年的轮值馆工作。北京大学图书馆作为轮值馆,负责联盟日常事务的管理和运行,联盟网站的维护和技术支持,联盟合作项目的管理和推进,联盟年会的策划和组织,联盟成员之间的交流和沟通,以及联盟宣传与成员招募等工作。三年中,联盟吸收了澳大利亚墨尔本大学、中国人民大学、中山大学、香港理工大学等四所大学的图书馆加入,联盟成员由28家增到32家,是历任轮值馆轮值期间成员增加最多的一届。2010年,协助复旦大学图书馆举办主题为 Enabling Knowledge through Mass and Boutique Digitization: New Perspectives and Outlooks on 21st Library Services 的联盟年会。2012年11月4—6日,承办了联盟2012年年会,年会与北京大学图书馆建馆110周年国际研讨会合办,共享主题 Change and Challenge: Redefine the Future of Academic Libraries。轮值期间还参与了联盟的可视化主页设计制作项目,对联盟主页进行了改版并负责轮值期间的维护和技术支持工作。

医学图书馆

【概况】 北京大学医学图书馆历史悠久,专业藏书丰富。始建于1922年,现馆于1989年建成并投入使用,馆舍面积为10200平方米,提供阅览座位600余个。医学图书馆藏书以生物及医药卫生类为主,截止到2012年年底,共有各类藏书近58.8万余册;中外文纸本期刊约5960种,其中中外文现刊1188种、报纸60种。医学图书馆注重数字化信息资源的建设,已引进或自建医药卫生数据库104个,中外文电子期刊48349种(其中外文刊17144种),是目前国内医学专业文献资源充实、网络环境优良、软硬件设施较为先进的医学图书馆。

医学图书馆文献资源与北京大学各附属医院图书馆文献资源协调配套,共同形成全校医、教、研工作所需的医药卫生文献保障系统。图书馆特藏有珍、善本古代图书,其中有中国大陆唯一珍善本——手抄本《太平圣惠方》一部十函共100卷100册。

1985年,教育部在医学图书

馆建立了全国唯一的医学外国教材中心,中心积极引进国外优秀医学教材和教学参考书,为全国医学教材的研究与发展提供文献信息保障;1991年被卫生部确定为文献资源共享网络系统华北地区中心馆;1993年通过卫生部医学情报工作管理委员会首批考核审定为科研成果查新定点单位(北京大学医学信息咨询中心);1998年教育部在医学图书馆设立中国高等教育文献保障系统(CALIS)全国医学文献信息中心,作为"211工程"医药重点学科所需文献的保障基地。2003年被教育部审核确认为教育部综合类科技成果查新及项目咨询中心工作站(与北京大学图书馆查新部分合称为综合查新站),具备为国家级或部级以上科研项目提供查新咨询服务、出具具有法律效力查新报告的资格。

医学图书馆提供的主要服务内容有书刊阅览、图书外借、信息咨询、科研立项及成果鉴定查新、定题服务、计算机光盘与网络数据库检索、计算机操作与Internet浏览、多媒体光盘阅览、馆际互借、文献传递、文献缩微与幻灯片制作、文献复印等。同时,承担各专业本科生、研究生和部分进修生的医学文献检索与利用教学任务,并不定期地举办各类计算机检索培训班。医学图书馆还根据读者的要求不断扩大业务范围,改进服务手段,提高服务质量。

【读者服务】 医学图书馆流通阅览部圆满完成了日常的读者服务工作,努力为读者提供优质的流通借阅服务、导读服务、咨询服务和电子阅览服务,提高自身服务水平,改善服务环境,创新服务措施,并从细节入手,开展了多项人性化服务。

在人员缺编的情况下,2012年图书馆的开馆时间仍坚持从早8点到晚10点,每天开馆时间为14个小时,开馆时间与学生学习与作息的时间基本保持一致,最大程度地方便了师生们的学习和研究。

2012年继续加强对自助借还书机的宣传,做好相关宣传和读者使用培训工作。2012年读者总借还书量为129479册,其中使用自助借还书机借书40569册,还书36842册,2012年度自助借还书机的使用率达到全部流通借还书业务的59.8%,比2011年度的47.2%提高了12.6个百分点,大大提高了借还书的工作效率,缩短了读者借还书的等待时间。

2012年,医学图书馆流通部继续开展读者满意度调查,调查面向全校师生,调查内容涉及图书馆传统服务项目、创新服务项目的满意度调查,图书馆资源满意度调查等。通过调查,初步了解读者的阅读行为和阅读习惯,了解读者对图书馆服务的需求,根据调查结果有针对性地改进各项工作,为大家提供更专业和更人性化的服务,尽可能地提高文献资源利用率,提升医学图书馆文献资源建设与服务的质量和水平,更好地为教学科研服务。

及时更新图书借阅排行榜,宣传推广图书,更好地为读者服务。2012年,医学图书馆继续推出借阅排行榜服务,对图书的借阅量按类别、读者借书量多少进行统计,汇总成排行榜的形式,挂在图书馆主页上,达到了图书的宣传推广的目的。

电子阅览室开拓思路,开展活动,降低读者上网费用。电子阅览室共有机位105个,其中读者可用的机位有81个。每天接待大量读者上网浏览、查找资料或从事其他网络活动。在无线上网免费使用等环境的冲击下,电子阅览室计算机使用人数出现了大幅度下降,针对这种情况,电子阅览室为全校师生提供多种免费服务:文献检索、学生选课、学位论文提交,等等。为了提高电子阅览室利用率,吸引广大读者,医学图书馆连续推出电子阅览室优惠活动,如大幅降低上网费、限时免费上网(每周一至周六上午10点之前对师生上网免费的优惠政策)等,全年共累计接待读者4827人次,累计使用机时达10335.48小时。

中西文老号书回溯整理收尾。自1989年5月图书馆由老馆搬迁到新馆后,绝大部分老号书因采用波士顿分类法分类,与现用中图法不一致而一直没有进行计算机管理,随着医学图书馆馆藏数字化、回溯工作的进行,也为了更完整地揭示馆藏,医学图书馆对老号书进行了整理、加工、清点、剔旧和回溯工作。此外,还开展了对俄文书、日文书等小语种图书的回溯工作。2012年校庆前,所有图书全部实现了计算机统一管理。

参与大学数字图书馆国际合作计划(CADAL),对图书进行数字化。图书馆为CADAL项目的参加单位,主要对8304本英文图书和101本古籍进行数字化加工,并提交给CADAL项目管理中心。

2012年,医学图书馆继续加强对订购的电子资源的宣传、推广和读者培训,本年度组织12个数据库的试用和宣传工作,并组织了MICROMEDEX和SciFinder数据库的用户培训,培训100多人次。2012年,电子资源利用率继续提高。

表 8-78 2010—2012 年医学图书馆电子资源使用统计表

资源类型	访问人次数（人次）		
	2010 年	2011 年	2012 年
文摘索引数据库	78813	76457	83875
循证医学数据库	3060	3334	4401
引文分析数据库	27776	26128	26241
自建数据库	476	468	1143
电子图书	70511	67087	43043
学位论文	13512	14395	13625
综合数据库	2715	2660	3842
电子期刊全文库	492567	501553	406511

馆际互借与文献传递服务方面，作为 CALIS 文献传递网的全国医学中心和 BALIS 文献传递网的学科服务馆，医学图书馆承担着重要的文献传递工作。2012 年，医学图书馆积极参与各大文献网的建设，一方面尽可能扩大在本校读者中的影响，最大限度为本校读者服务；另一方面，加强馆藏，为全国高校、北京市高校和全国医学领域的读者提供高效、全面的文献服务。2012 年，图书馆完成馆际互借 35 本，文献传递 5233 篇（包括纸本、电子），同时图书馆面向全国医药院校积极开展馆际互借与文献传递的宣传工作。目前 CALIS 用户已累计达 181 个（包括机构和个人），BALIS 用户累计达 468 个（个人）。2012 年，CALIS 全国医学文献资源共建共知共享网（三共网）吸纳成员 45 家，其中包括 4 家附属医院（北京大学医院、第六医院、第三医院、肿瘤医院）。

2012 年图书馆信息用户教育持续发展，除继续承担医学部硕士生、本科生、夜大及成人继续教育等文献检索课教学外，并作为 Ovid 全国培训中心，承担了面向国内各医学院校的数据库使用经验介绍讲座，并开设了新生入馆教育课程。2012 年，图书馆还积极与公共卫生学院研究生会联系，开展了针对研究生的新生文献检索讲座，并组织实施了对滨州医学院医学信息管理专业来馆实习生的毕业实习带教与指导。2012 年，图书馆用户信息素质教育培训累计达 188 学时，5000 多人次。

表 8-79 2012 年医学图书馆完成信息用户培训教育项目情况

培训对象	授课学时数（学时）	授课人次数（人次）
本科生	36	1000
专升本	81	2000
研究生	34	1000
数据库厂商讲座	2	100
继续教育	24	650
Ovid 全国培训中心	2	50
新生入馆教育	6	700
其他	3	50
合计	188	5550

【电子资源服务】 长期以来，根据与电子资源和数据库厂商的协议，医学图书馆电子资源只能被校园网内用户访问，家住校外或医院外的师生和临床医生，因其计算机使用校园网外的 IP 地址，无法使用图书馆电子资源，给广大读者带来诸多不便。针对这一问题，图书馆自 2006 年起，开通了电子资源远程访问系统，解决了校园网外的学校读者访问图书馆电子资源的问题。电子资源远程访问服务系统面向医学部全部合法用户即正式教职工、医护人员开放，截止到 2012 年，医学部系统共计 1053 人使用该系统。2012 年当年远程页面点击量达 1664592 次，2006—2012 年远程页面点击量累计达 6518468 次。

表 8-80　2012 年北医系统各用户使用图书馆远程访问系统情况

单　位	总　计
第一医院	207
人民医院	260
第三医院	122
口腔医院	32
肿瘤医院	23
深圳医院	30
首钢医院	30
积水潭医院	50
基础医学院	42
药学院	17
公共卫生学院	16
护理学院	1
图书馆	56
直属单位	33
精神卫生研究所	12
其他	122
合计	1053

【学科化信息服务】 在学科馆员服务方面,医学图书馆学科服务模式基本建立,学科馆员定期走访学科联系人,以相对固定的时间去了解和发掘学科服务的方向。2012年6月,医学图书馆学科馆员受邀参与科研处组织的百年庆典学术活动——神经科学及其交叉学科研讨会,并作了应用图书情报分析神经科学近年来热点的转换与原因的报告;还通过学科服务的方式促进卫生管理学系的郭岩教授将自己编著的《用一代人的时间弥合差距》等 10 余本专著捐赠给医学图书馆,坚持为多个课题进行前期调研、文献检索与资料收集。

【学科评价】 全国大部分医学院校经历了综合性大学的重组合并,经过近 10 年的发展,各院校的每个学科在师资队伍、人才培养、科学研究、平台基地建设、学术交流等各方面都取得了长足的发展。为此,医学图书馆基于对基础医学各专业学科的专业结构和发展态势的研究、学校发展特色和学科发展优势优化资源配置、医学科学基金管理方法的研究、优先学科领域的选择和科技规划等,参考国内外各项评价指标体系,建立了一套基础医学二级学科竞争力评价指标体系,分别从人才队伍、科学研究和教学成果三方面共 30 项指标,对全国 33 家医学院校的基础医学二级学科 2010 年的数据进行了评价,并建立了指标体系平台。现该评价指标体系已被著名生物医学网站生物通网站收录并登载。

【北医百年教材展】 2012 年 10 月 24 日下午,由医学图书馆主办的"北医百年教材展"揭幕仪式在图书馆二层大厅举行,医学部副主任方伟岗教授、王宪教授,北京大学医学出版社社长王凤廷教授、医学图书馆馆长张大庆教授等出席了本次揭幕仪式。医学图书馆常务副馆长谢志耘教授主持了此项活动。方伟岗主任指出,北医百年教材展与其他庆典活动相比,尽管规模不大,但是却有很重要的意义。从一本本教科书中,看到了北医的发展历史,看到了北医的厚重、精髓和品质。这些都值得每一位北医人用心去体味。方主任对在场的各位同学提出希望,希望他们将这种精神传承下去,开创下一个百年的辉煌。

【资源保障】 2012 年,图书馆印刷型资源平稳发展,具体采购情况如下:

(1) 中文图书:采购 3808 种 8334 册;赠书 590 种 648 册。

(2) 外文图书:采购 483 种 497 册,其中我馆购买的外教中心外文图书 347 种 347 册。赠书 50 种 50 册。

(3) 中文期刊:订购 589 种, 672 份。

(4) 中文报纸:订购 63 种, 71 份。

(5) 外文期刊:160 种,停订 8 种。

(6) 接收赠刊:中外文期刊约 3000 册。

近年来,图书馆更注重数字化信息资源的建设,通过引进或自建电子资源的方式,电子资源大幅度增长,已逐步形成完整体系,成为目前国内医学专业文献资源充实、网络环境优良、软硬件设施较为先进的医学图书馆。2012 年引进电子资源情况如下:

1. 电子数据库资源共计 89 种(其中与北大合订数据库 53 个);电子期刊数据库:37 个;电子图书数据库:11 个;文摘数据库:10 个;事实型数据库:9 个;引文数据库:8 个;学位论文数据库:

5个;会议文献数据库:4个;多媒体数据库:4个;其他:1个。

2. 外文电子期刊 16362 种,其中我馆单独订购的电子期刊 3321 种;中文电子期刊 34127 种。

3. 中文电子图书 123 种 246 册(方正 Apabi 公司);外文电子图书 106 种 106 册。

4. 医学部学位论文:收到 2012 年毕业的纸本论文共计 1285 本,其中博士生论文 612 本,硕士生论文 673 本;博士后出站报告 8 本。审核 2012 年提交电子版学位论文 1429 篇。

【自建数据库】 2012 年,医学图书馆开展了自建数据库建设工作,其中 E 大夫:中国居民常见慢性病防治知识教育数据库、医学三维动画网络原生资源数据库、心血管疾病专题知识库服务平台还成功申请到了 CALIS 三期特色库项目的资助,2012 年顺利结题。

"北医人·文库"是医学图书馆自建的电子图书数据库,目的是充分展示北京大学医学部及附属医院教学、科研、临床成果,对弘扬北医文化具有深远意义。2012 年,"北医人·文库"新增 29 种 45 册北京大学医学部及各附属医院专家、教授所撰写的纸本著作,并向文库网站添加了 112 条数据。

【基础设施】 近几年来,在学校领导的支持下,图书馆硬件环境不断改善,个人电脑、服务器等都有增加。具体情况如下:

(1)个人电脑:近 185 台,其中读者用机 112 台。

(2)服务器:共计 26 台,具体品牌、型号和数量如表 8-82。

(3)其他设备:日立磁盘阵列一套,机柜 8 个,海洛斯机房专用空调和艾默生空调各 1 台,UPS 1 台,配电柜 1 台,主交换机 1 台,KVM2 台。2012 年新增了 1 台惠普刀片服务器(含 8 台刀片),新增畅想之星托管服务器 1 台和磁盘阵列 1 台,用于畅想之星云服务中心用。目前机房的监控设备可以对机房温湿度、漏水、烟雾、空调、UPS 断电进行 24 小时监控,一旦出现故障或问题,会及时打电话报警。

表 8-81 2012 年医学图书馆服务器品牌、型号和数量一览表

品　牌	型　号	数　量
DELL	2850	4
DELL	2650	3
DELL	2950	2
DELL	R200	1
HP ProLiant	DL380 G5	1
HP ProLiant	DL380 G6	1
HP ProLiant	DL380	1
HP ProLiant	DL580 G5	1
IBM	X336	3
IBM	8665-61Y	1
IBM	X3400	2
SUN	V240	1
浪潮	NF5120	1(CADAL 专用)
其他		4
共计		26

医学部骨干网为千兆网络,并以百兆光纤连接至北大。图书馆现有网络是千兆网,支持 IPv6。图书馆现有交换机 1 台,共有可使用的端口 226 个左右,接入为百兆。全馆共有信息点 700 多个。学生阅览区和自习室都有无线网覆盖,最高速率达到 54MB/S。

【网站建设】 为配合北医百年校庆,2012 年,图书馆启动英文版网页改版,根据学校信息中心给的美工整体模板,进行细化设计,配合其他老师完成英文版网页内容的检查更新,独立完成制作英文版网站,在英文版网页增加了一站式搜索、e 读等功能模块,让习惯英语的读者能通过网站了解图书馆的基本情况,体验检索的便捷性,使用图书馆数字资源。2012 年图书馆网站首页访问量达到 569544 人次。

【人力资源】 2012 年,医学图书馆接待深圳北京大学香港科技大学医学中心、第二军医大学图书馆、台北医大图书馆、内蒙古医大图书馆等共计 6 批次馆员及学生交流,组织安排各种会议 10 余次。

【交流往来】 2012 年年底,医学图书馆职工共计 50 人(不含张大庆馆长),新馆员招聘、馆员职称评定、离退休工作、非在编人员管理、相关的统计与档案管理等工作,有序而规范进行。

【继续教育】 2012 年医学图书馆为馆员创造了各种学习机会和条件,积极开展馆内外的业务培训,

组织参观访问等,提高了人员的整体业务素质。2012年派馆员参加了CALIS馆际互借与文献传递服务推广暨馆际互借员交流会(四川)、CALIS学位论文系统及文献传递培训会议(清华大学)、2012高校图书馆发展论坛暨数字图书馆前沿问题高级研讨班(苏州)、CALIS原文传递系统利用培训(中国人民大学)、全国医学人文社会科学实证研究研讨会、BALIS联合信息咨询科技查新交流会、北京高校图书馆"开放、关联、智能、泛在:数字图书馆大趋势"学术研讨会、CADAL项目二期服务体系应用系统使用培训会议(杭州)、移动图书馆技术创新与服务研讨会(清华大学)等。

【CALIS 医学中心】 2012年5月7日—10日,在福建医科大学举办了"CALIS全国高校医学图书馆创新服务研讨会暨2012两岸三地医学图书馆馆长论坛",来自44所高校医学图书馆的74位馆长和部门负责人以及23家数据商代表出席了本次会议。福建医科大学副校长吴小南,福建省高校图书馆工作委员会秘书长郭毅,CALIS管理中心副主任、北京大学图书馆馆长朱强,台北医学图书馆委员会主任委员、台北医学大学图书馆副馆长邱子恒,CALIS医学中心主任、北京大学医学图书馆馆长张大庆等领导与嘉宾在开幕式上分别致辞。本次会议围绕"医学图书馆创新服务"专题,以专题报告和交流讨论的方式,进行了4个场次的交流,共有16位专家在会上作了精彩报告。会议就美国知名大学图书馆管理与服务的变化、国内外医学图书馆知识服务的发展、军队医学图书馆服务创新的实践与探索、新技术在医学图书馆服务的应用以及国内高校医学图书馆在创新服务方面的实践经验等几个专题方面进行了广泛的学术交流。

【党建工作】 医学图书馆党支部由王金玲任支部书记,沈霞任宣传统战委员,殷蜀梅任组织委员。近年图书馆支部吸收了多名新党员,支部队伍进一步扩大,目前已有正式党员19名。在组织发展方面,目前过通过征询党内外意见以及支部大会讨论,确定张建静、杨莉为2013年重点发展对象。两位同志在2012年上半年顺利完成党课培训。在组织活动方面,医学图书馆党支部坚持定期组织支部活动,根据机关党委的工作安排并结合图书馆实际工作情况,有计划、有组织地开展组织生活。

【工会工作】 2012年,工会小组与职工群众关系紧密,注重馆员的成长和职业发展,开展丰富多彩的文体活动,关心馆员生活,促进教职工身心健康发展。馆员之间团结友爱,和睦相处,处处体现出图书馆大家庭的温馨和谐。

【科研成果】 2012年,图书馆科研工作稳步加强,正式发表期刊论文8篇,正在进行的各级科研项目10余项,并获得多个奖项。

论文:

(1)黄应申的《网络环境下图书馆流通阅览服务的读者调查与分析》,发表在《图书馆建设》,2012增刊上。

(2)刘颖的《自助借还背景下高校图书馆图书污损问题探讨》,发表在《内蒙古科技与经济》,2012年7月上。

(3)张巍巍的《北京大学医学图书馆药学资源使用情况的问卷调查》,发表在《内蒙古经济与科技》上。

(4)杨莉的《高校虚拟文库的发展趋势研究及对我馆的启示》,发表在《图书馆杂志》上。

(5)张远的《Web2.0环境下医院图书馆网站建设研究》,发表在《内蒙古科技与经济》2012年第24期上。

(6)周志超、张士靖的《国外信息素养领域研究热点分析——从信息素养到健康素养》,发表在《情报杂志》上。

(7)周志超的《基于国内知识图谱领域高被引作者的社会网络分析》,发表在《现代情报》上。

(8)王金玲的《2009—2010年医学电子资源集团采购及其发展趋势》,发表在《中华医学图书情报杂志》上。

科研项目:

(1)CADAL(大学数字图书馆国际合作计划)项目2期。

(2)基于页面分析的资源整合研究——统一检索平台接入功能缺陷分析、解决和概括,北京市高校图书馆科研基金2011年自筹资金项目。

(3)CALIS三期特色库子项目"E大夫:中国居民常见慢性病防治知识教育数据库"。

(4)CALIS三期特色库子项目"心血管疾病专题知识库服务平台"。

(5)CALIS三期特色库子项目"医学三维动画网络原生资源数据库"。

(6)CALIS三期特色库子项目"电子资源评估"。

(7)基础医学二级学科竞争力评价。

(8)国家科技支撑计划子课题:科研用核心试剂信息调研。

(9)护理学信息服务平台。

(10)《中国分类主题词表》第2版修订。

科研项目获奖:

(1)周志超获2012高校图书馆发展论坛暨数字图书馆前沿问题高级研讨班优秀论文三等奖。

(2)CALIS三期特色库子项目"E大夫:中国居民常见慢性病防治知识教育数据库"荣获项目结题评审一等奖。

(3)CALIS三期特色库子项目"医学三维动画网络原生资源数据库"荣获项目结题评审鼓励奖。

(4)2012年10月,殷蜀梅参

加2012年度的北京高校图书馆"开放、关联、智能、泛在：数字图书馆大趋势"学术研讨会，获信息新技术应用案例评比二等奖。

北京大学出版社

【概况】 2012年，出版社出版图书4712种，实现生产码洋7.54亿元，净发货码洋4.676亿元，净发货实洋3.016亿元，退货率14.53%。财务状况、经营成果良好。资产总额达66111万元，同比增加5331万元，增长8.77%，全年实现回款3.00亿元，首次突破3亿元大关。主营业务收入3.22亿元，净利润为6637万元，销售净利率为20.61%，资本保值增值率为108.3%，资产负债率为11.4%，流动比例8.11，速动比例4.65。上缴国家各种税费3392万元（含音像社65万元），上缴国有资本收益363万元（含音像社1万元），上缴学校利润1800万元，支持学校教材建设专项基金100万元。

出版的4712种图书中，新版2185种、重印2527种。新版图书中，教材新书874种，学术新书665种，大众新书646种。教材、教学参考书和学术著作出版占比为70.43%，略有下降。

截至2012年年底，出版社职工有362人，其中事业编制69人，其他人员293人；正高职称16人，副高职称28人，中级职称107人；博士学历16人，硕士学历152人，本科学历96人，大专学历29人。硕士及以上学历占全社职工人数比例达到46.4%，连续五年不断提高。

【重点项目】 出版社有27项共53种教材被评为"十二五"普通高等教育本科国家级规划教材，入选数量在全国出版社中排名第九。

基金项目情况：1.《自然生态保护》《西方古典学研究》《孩子必读的中华历史文化故事》《科学与中国——十年辉煌 光耀神州（10集）》《信仰力》获得2012年度国家出版基金立项，其中后3种入选迎接党的十八大重点图书、社会主义核心价值体系"双百"出版工程，资助金额总计596.9万元。

2.《国家图书馆藏清人诗文集稿本丛书（第一辑）》《清代宫廷大戏丛刊（初编）》《日本五山版汉籍丛刊（一）》《重归文献——影印经学要籍善本丛刊之〈周易正义〉、〈尚书正义〉》4个项目获得国家古籍整理出版基金资助。

3. 承担了《法学流派的人学之维》等8个"国家哲学社会科学成果文库"项目的出版工作。

4. 承担"国家社科基金后期资助项目"17种，其中本社申报入选11种，全国哲学社会科学规划办公室划拨出版6种。

5.《千古文人侠客梦》《中国现代通俗文学史》及《中国现代文学发展史》组成的"剑桥文学系列"英文版入选"中国文化著作翻译出版工程"，资助金额180万元，由《中国企业的多元解读》《在集聚中走向平衡》《超前引领》《政企纽带》4本书组成的"斯普林格中国经济研究系列"英文版入选"中国文化著作翻译出版工程"资助金额50万元。

6.《中国史纲要》韩文版、《明清之际士大夫研究》韩文版、《中国历史十五讲》俄文版入选"经典中国国际出版工程"。

7.《中国当代文学史》日文版获批"对外推广计划"一般项目，获得12万元翻译资助。

8.《中国生态移民》英文版、《创造性介入》韩文版、《启蒙如何起死回生》韩文版入选国家社科基金中华学术外译项目。

【版权工作】 2012年度完成签约的版权引进新项目共计159种，其中教材21种，学术著作103种，一般图书35种。输出版权以及完成签约的项目共计106种，其中教材68种，学术著作20种，一般图书18种。2012年中国是伦敦书展"市场焦点"主宾国，书展期间，出版社圆满完成新闻出版总署委托承办的"文化与出版"高端对话活动。《百年中国美学史略》《北京大学创办史实考源》获得2012年度输出版优秀图书奖。

【年度特色】 1. 4月，新闻出版总署批准同意北京大学出版社获得出版语文、数学、英语等9个学科教辅图书的资质。

2. 为适应形势的发展变化，出版社撤销海淀图书城书店，新成立公共英语教材发展中心、教学服务中心等部门，加快推进大兴二期工程建设，上马印刷厂装订生产线，积极筹建保密印刷项目，并致力于探索新型业态的建设。

3. 投资2100余万元、建筑面积8000平方米的大兴基地二期工程按计划于2012年3月正式开工，项目组狠抓"安全、质量、成本、进度"管理，确保没有发生火灾和人员伤亡事件。满足使用性功能的工程项目年底已基本完成，预计2013年4月正式投入使用。

4. 投资约500万元的印刷厂装订生产线，经过近一年时间的筹备，完成了设备安装及调试，进入试生产阶段。装订生产线的建立，完善了整个生产工序，为印刷厂下一步扭亏为盈奠定了基础。

5. 规范化管理及风险控制效果显著。根据全国的图书市场形势，结合近几年出版社任务指标完成情况，实事求是地调整了全社工作任务指标，并重新评估了客户等级和账期管理风险。严格执行《社长办公会议事规则》《出版社关于党政班子落实"三重一大"制度的实施办法》，重新梳理、修订或制定了各业务板块的管理制度，使管理走向科学、规范。

【获奖情况】 1. 集体荣誉。（1）5

月,北京大学出版社被新闻出版总署评为伦敦书展中国主宾国活动"优秀创意类"先进单位、"优秀输出类"先进单位。

(2) 9月,北京大学出版社被中宣部、文化部、国家广电总局与新闻出版总署评为"全国文化体制改革工作先进单位",是其中唯一一家大学出版社。

(3) 9月,北京大学出版社被评为2011—2012年度国家重点文化出口企业。

(4) 12月,北京大学出版社被北京市新闻出版局评为"2010—2012年度北京市新闻出版和版权工作先进集体"。

2. 2012年出版社图书获奖共99种,其中国家级1种,省部级46种。

(1)学术专著获奖。《中国儒学史(九卷本)》获得第四届中华优秀出版物奖(图书);《天涯芳草》获得第七届国家图书馆文津图书奖,《从"东欧"到"新欧洲":20年转轨再回首》入选第七届国家图书馆文津图书奖推荐图书;《葡萄牙民法典》获得第三届澳门人文社会科学研究优秀成果著作类一等奖;《中国儒学史(九卷本)》获得第十二届北京市哲学社会科学优秀成果奖特等奖,《博士质量:概念、评价与趋势》《政府政策改变的福利分析方法与应用》《20世纪美国女性小说研究》《论贝多芬〈庄严弥撒〉》《现代刑法问题新思考(一、二、三、四卷)》5种图书获得第十二届北京市哲学社会科学优秀成果奖一等奖,《"习以为常"之蔽——一个马来村庄日常生活的民族志》《从形式回到历史:20世纪西方文论与学科体制探讨》《北平的大学教育与文学生产:1928—1937》《大众媒介与文化变迁——中国当代媒介文化的散点透视》《读不懂的西方哲学》《简帛文明与古代思想世界》《六朝墓葬的考古学研究》《现代诗的再出发——中国40年

代现代主义诗潮新探》《新乐府辞研究》《语言·意义·指称:自主的意义与实在》《作为学科的文学史》11种图书获得第十二届北京市哲学社会科学优秀成果奖二等奖;《知识产权制度变革与发展研究》《汉语非线性音系学:汉语的音系格局与单字音(增订版)》《汉语空间短语研究》《博士质量:概念、评价与趋势》《永远的家:汉族社会的传统惯性与社会结合》《叙事、文体与潜文本——重读英美经典短篇小说》《日本体验与中国现代文学的发生》7种图书获得第六届高等学校科学研究优秀成果奖(人文社会科学)二等奖,《中国民族区域自治的宪政分析》《管理者职业化胜任素质研究》《开放进程中的中国货币政策研究:基于"入世"背景》《德里达的底线——解构的要义与新人文学的到来》《佛教思想与文化》《欧美佛教学术史:西方的佛教形象与学术源流》《齐梁诗歌向盛唐诗歌的嬗变》《文学讲稿:"八十年代"作为方法》《西方马克思主义的逻辑》9种图书获得三等奖,《寻找楼兰王国(插图本)》《陈惠雄解读快乐学》《图书馆学是什么》3种图书获得普及成果奖;《法理讲义——关于法律的道理与学问》《论争中的渔业权》《汉语非线性音系学:汉语的音系格局与单字音(增订版)》《真水无香》4种图书获得第六届吴玉章人文社会科学优秀成果奖优秀奖;《品鉴与经营:明末清初徽商艺术赞助研究》获得上海市第十一届哲学社会科学优秀成果奖著作类三等奖。

(2)一般图书获奖。《植物学通信》入选2012年新闻出版总署向全国青少年推荐百种优秀图书;《金岳霖回忆录》入选2011年大众读者喜爱的50本图书;《物理学之美》和《科学的旅程》获得2012年全国优秀科普作品奖;《天涯芳草》获得第六届吴大猷科学普及著作奖银签奖,《科学的旅程(插图版)》

《物理学之美》获得第六届吴大猷科学普及著作奖佳作奖。

3. 个人荣誉。3月,社长王明舟荣获第十一届韬奋出版奖,韬奋出版奖是中国出版界的个人最高奖项,该奖旨在弘扬韬奋精神,表彰和奖励为出版改革和出版繁荣做出重大贡献的杰出人才。3月25日,在中国出版协会六届二次常务理事会议上,社长王明舟当选为中国出版协会副理事长。5月,总编辑张黎明入选第二届北京市新闻出版行业领军人才。6月,总编辑张黎明荣获中国大学出版社协会第二届高校出版人物奖。11月,出版社党委书记金娟萍荣获北京市新闻出版(版权)工作先进个人荣誉称号。

【党建工作】 围绕出版社中心任务,抓住党建工作年"围绕创建抓党建,抓好党建促创建"的主题,积极推进创先争优活动。3人成为中共预备党员,2个党支部申请并获批了上半年基层党建创新立项,行政一支部荣获校级先进党支部称号,2人荣获校级优秀共产党员称号。

按时启动党支部换届工作,进一步优化党支部设置,选好配强党支部书记,强化支部书记职责。换届后的9位支部书记中,有2位具有副高以上职称,1位是博士研究生学历,5位是硕士研究生学历。

积极为罹患肺癌、生活不能自理的生活困难党员申请帮扶补助和特困专项补助,共计4万余元,为罹患癌症的在岗职工申请爱心基金资助2万余元。

认真开展党建和思想政治工作自评,按照测评指标、实施要点,逐项对照检查,认真总结2007年以来的党建工作情况,总结经验,展现成效,找出差距,及时整改,为出版社的稳健和顺利发展提供了强有力的思想保证和组织保证。

认真贯彻廉洁自律的各项规定,切实落实党风廉政建设责任

制。反腐败和廉政建设工作与本单位业务工作一起部署、落实、检查、考核。公务招待不搞铺张浪费，费用支出严格控制，2012年出版社各部门的管理费支出均较上年有较大幅度的下降。

【社会公益】 77名党员和群众积极参与"共产党员献爱心"活动，共捐款9765元。在为北京大学工会爱心基金的捐款活动中，职工捐款22000元，出版社捐款20000元。

出版社2012年累计捐赠图书3966册，码洋12.34万元：(1) 3月，向北京大学附属中学捐赠图书1599册，码洋62534.4元；(2) 4月，向首都图书馆世界读书日捐赠图书90册，码洋3100元；(3) 4月，向内蒙古捐赠图书1077册，码洋19113.9元；(4) 7月，向广西融水苗族自治县教育局捐赠图书300册，码洋9448元；(5) 7月，向甘肃白银市教育局捐赠图书300册，码洋9878元；(6) 7月，向云南丽江师范高等专科学校捐赠图书300册，码洋9818元；(7) 7月，向新疆洛浦县委办公室捐赠图书300册，码洋9530元。

北京大学医学出版社

【概况】 2012年，医学出版社发货码洋12635万元，实际销售码洋10981万元；销售收入5462万元；造货码洋12168万元；利润1624万元。净资产增值537万元。

【获奖及基金申请】 《泌尿外科学》《矿山医疗》项目获得2013年度国家出版基金资助。《医学科普进农家》入选北京市出版工程项目。3个项目增补入选"十二五"国家重点图书出版规划。

《输尿管外科学》获第四届中华优秀出版物奖(图书)。

医学出版社获第二届中国大学出版社图书奖的有：(1)《腹部外科手术学》《神经科学》(第3版)《肾脏病临床概览》获得优秀学术著作一等奖。(2)《肺动脉高压》《输尿管外科学》《子宫内膜癌》获得二等奖。(3)《皮肤性病学》获得优秀教材一等奖。(4)《健康评估》《病理学》获得优秀教材二等奖。(5)《妇科内分泌掌中宝》(第2版)《当代肿瘤内科治疗方案评价》(第3版)获得优秀畅销书一等奖。

2012年度北京大学医学科学出版基金评审工作完成，43个项目获得基金资助。

【管理机制改革】 2012年，医学出版社完成了领导班子的换届，王凤廷任社长，赵莳任总编辑，白玲任副总编辑，冯智勇任社长助理，聘任陆银道担任出版社顾问。医学出版社完善并修订了原有的规章制度，以适应新的变化，强调管理的科学性、系统性和实用性。理顺中型出版社的组织机构和运行机制，在完成事业部建制后，制定出一套适应事业部的运行模式，充分发挥事业部的主导作用。

【发展思路】 医学出版社继续加强北医社教材的品牌建设。(1) 2012年完成了"十二五"普通高等教育本科国家级规划教材的申报工作，32种教材入选。(2) 启动了全国高等医学院校临床本科教材的三版编写工作。(3) 启动了北京大学医学教材(口腔专业)二版编写工作。(4) 启动了区域护理高职系列教材。(5) 策划了成人教育系列教材的选题。(6) 在新疆举办"北京大学医学出版社教材建设研讨会"，全国二十多所医学院校的校领导参加会议。

继续加强专著和译著的策划出版，打造更多的医药学术精品。在做好国家重大出版工程和"十二五"重点图书出版规划的基础上，做好现有产品中畅销书和长销书的修订再版工作，加大了新选题的策划出版力度。不断提高专著、译著的重印率、再版率和获奖率，多出精品，把精品战略与品牌建设结合起来。通过权威译著的引进与原创学术著作的积淀，拓展医学出版社的优势出版学科。

【对外合作】 进一步加强与国外出版公司的图书版权贸易，通过国外优秀学术著作和教材的引进与出版，丰富与完善出版社的选题结构，并探索从国外出版公司引进网络出版物。加强培养外向型人才，坚持让优秀员工参加国际书展，拓宽员工的视野。选派了3名员工参加国际书展。

【数字出版】 做好医学出版社的网络出版规划，加大资金的投入力度，加强电子书的制作与发布。推进出版社的信息化建设。2012年完成了出版社ERP的招标工作，选定用友公司成为医学出版社信息化建设的合作商。

【支部建设】 医学出版社党支部举行的"贯彻党代会，加快创一流"主题党日活动获得了"医学部优秀主题党日活动"奖金。

支部申报的第七期基层党建创新立项活动——"开展多元化党建活动，加强党员在改制后企业经营中的战斗堡垒作用"获得党委批准和经费资助。

赵莳总编辑被评为北京大学优秀共产党员，陈奋、王颇、吕晓凤同志获得机关党委授予的"身边的好党员"荣誉称号。

配合北医百年校庆出版了校庆图书和画册，共计9本。

档 案 馆

【概况】 北京大学档案馆建于1993年4月，前身为北京大学综合档案室，建于1982年12月，处级建制。1999年北京大学进行管理体制改革，档案馆为学校领导下独立的直属机构，既是学校档案工作的职能部门，又是永久保存和提供利用本校档案的科学文化事业机构，下设收集指导、管理利用和技术编研三个办公室，编制13人。2012年全馆在编工作人员11人，其中高级职称1人，中级职称9人，初级职称1人。另有兼职1人，返聘人员5人。现任馆长马建钧，副馆长周爽（兼，2012年9月退休）、刘晋伟。档案馆党支部隶属北京大学直属单位党委，现有党员22人。

档案馆馆藏包括北京大学、西南联合大学、日伪占领区北京大学、北平大学和燕京大学5个全宗，涉及党政、学籍、科研、基建、人物、出版、会计、声像、设备、实物等10个档案门类。截至2012年12月，馆藏档案排架长度1900米。

【档案收集与整理】 档案收集注重从文件形成规律和归档单位的特征入手，在总结近五年归档情况的基础上，对职能部门和院系文书档案归档内容进行分析，考量相互之间归档内容的交叉点，找准归档工作的节点，并对文书档案产生量较大的部门进行了访谈沟通。继续坚持"简化立卷，指导在先"的原则，加强自身业务学习的同时，深入各归档单位对部门档案员进行业务指导和培训服务，切实从源头上为提高档案归档质量打好基础。同时，根据学校机构设置的变化，为新成立和机构设置发生变化的归档单位，明确新的归档范围，确保归档工作的完整性和准确性。

1. 档案常规收集。2012年接收进馆并进行馆内移交的常规业务档案合计9555件/卷。

表8-82 2012年档案馆档案收集数量构成表

类　别	数　量	类　别	数　量	类　别	数　量
文书	2943件/卷	学籍	5711卷	科研	27卷
会计	41卷	声像	610件/卷	出版	14件
基建	128件/卷	人物	477件	已故人员	54卷

2. 学校重大活动照片整理。整理核对宣传部移交的1998—2000年学校重大活动的照片，共计7000多张。本次整理共精选其中414张，已完成核对著录工作。

3. 馆藏历史档案整理。2012年继续开展档案规范化整理工作，全年整理历史档案1708卷，并为9999卷燕京大学学籍档案改换了装具。

【档案管理与利用服务】 1. 档案入库。依据档案入库"三审制"的要求，2012年度接收入库档案5897件/卷，其中文书1271件/卷，学籍3897件/卷，其他729件/卷。

2. 档案利用。2012年度共接待利用者1270人次，提供档案6498件/卷（其中1949年前1896卷，1949年后4602卷）。为利用者提供档案复制件5891张。

【信息化建设】 1. 保障系统安全运行。档案馆现有服务器6台，每日进行数据备份，每周进行一次全库备份，确保数据的安全和完整。

2. 数据库建设稳步推进，数字资源日益丰富。（1）开展照片档案原文数据库的补充著录工作，2012年度修改、增加、核对记录共计1267条；（2）在完成京师大学堂学生名录著录的基础上，继续著录1949年前学生名录，2012年度完成26000条著录目录，1949年前学生名录著录条目达到42326条；（3）继续开展档案目录数据库著录工作，目前档案目录数据库共有数据462422条；（4）对馆藏基建图纸进行数字化加工，共完成1924—1986年间8869张图纸的整理和扫描。

【档案业务与学术交流】 1. 参与各种学术活动。2012年，档案馆参加了北京市高校档案研究会课题评审会（5、8月），教育部直属高校档案工作协会馆长论坛（11月，东南大学），全国高校档案工作专题研讨会（11月，厦门大学），北京高校档案研究会年会（12月，北京）。

2. 开展档案知识竞赛。2012年，为纪念《中华人民共和国档案法》颁布25周年，进一步深入普及档案法制知识，提高档案员队伍的档案业务水平，档案馆在全校开展了档案法制知识有奖竞赛活动。

3. 兄弟高校同行之间相互学习。2012年7月，档案馆内四位工作人员赴上海，走访了复旦大学、同济大学和上海交通大学档案馆，与档案同行进行了业务交流。2012年档案馆接待了同济大学、上海电力大学、台湾"中研院"副院长王汎森、台湾清华大学图书馆特藏组等来馆参观或业务交流。

4. 主办学术座谈会。为纪念北京大学清代内阁大库档案整理委员会成立90周年，2012年9月16日，档案馆与中国老教授协会档案与文秘专业委员会联合主办了"北京大学与清代内阁大库档案整理座谈会"。

5. 承担相关研究项目。2012年，档案馆陈香的《"三个体系"思想指导下的高校数字档案馆定位及建设模式研究》、邹儒楠的《基于信息化服务的中美高校档案馆网站比较研究》和魏卓的《高校重要照片档案的收集工作研究》通过北京市高校档案研究会课题评审立项申请。

【档案安全与保密】 档案馆是全校重点防火单位和保密要害部门。

始终牢固树立"安全第一"的思想,重视组织建设和规章制度建设,加强安全责任制的落实工作,注重发挥安保小组的作用,强调全员安全意识和参与负责精神,将安全、保密工作纳入日常管理工作之中。2012年顺利通过质量体系外审专家组审查。

医学部档案馆

【概况】 2012年医学部档案馆有专职档案人员5人,董惠华为副馆长,王兆怡为党支部书记。

【档案收集】 2012年,医学部档案馆共收集档案2303卷,其中教学档案2062卷,含教学综合12卷;科研档案34卷;党政档案184卷;财会档案3卷;出版档案20卷。

围绕筹办"北医百年历程展"的工作,医学部档案馆到海淀区国土资源管理局、卫生部档案室、中央档案馆、西安交大医学院、中国人民大学等单位翻拍图片资料400多张,收集纸质资料几十份,进一步丰富了档案馆馆藏资源。

医学部档案馆以筹办"北医百年历程展"为契机,开展馆藏老照片的数字化整理工作,并通过各种渠道多方收集办展所需的照片。收集、翻拍、整理完成900余张老照片,为档案馆建立起电子"照片档案"数据库,为今后照片档案实现数字化管理打下了基础。按时完成全年的剪报工作。

【档案利用】 2012年,医学部档案馆对外提供查阅、借阅纸质档案809卷次,提供电子档案借阅1491张次。配合校庆筹备工作,为研究生院和基础医学院编写史志和画册,为宣传部制作北医百年宣传片以及为校史展览提供专门的档案查询服务,并提供了大量珍贵的图片资料,得到相关部门的好评。

【档案编研】 2012年,医学部档案馆查找翻阅了3000多卷原始档案资料,汇编了北医1912—1999年近88年的档案史料共24万余字,并全部录入计算机,为"北医百年历程展"提供了最基础、最重要的档案编研成果。

医学部档案馆参与编写"北医合校后的十二年"。档案馆共有三位同志参与,负责教育教学、师资队伍建设两个专题,共编撰15万余字,并承担了书后所有附表的收集、校对工作。

医学部档案馆完成《北京医科大学的八十年》《走向新世纪的北医》的再版校对,制作了其中所有表格及附表的电子版,共117张表格和4个图表。

医学部档案馆申报了2012年北京市高校档案研究会科研课题,组织工作人员开展档案课题研究。

【党建工作】 2012年4月,医学部档案馆党支部换届,选举王兆怡为党支部书记。开展党建和思想政治工作基本标准自查工作。7月,医学部档案馆董惠华被评为"北京大学优秀共产党员"。开展了"迎接党代会,总结经验找差距""贯彻党代会,加快创一流,续百年辉煌,谱兰台新篇"等系列主题党日活动。

校史馆

【概况】 校史馆成立于2001年3月,日常工作主要为校史展览、校史研究以及校史文物的征集、保管和展出。

校史馆馆舍于1998年北京大学百年校庆时奠基,2001年9月竣工,建筑面积为3100平方米,分为上下三层,时任国家主席江泽民亲笔为校史馆题写了馆名。2002年5月4日,校史展览正式对外开放。展览主要分为北京大学校史陈列展、北京大学杰出人物展和专题展览三个部分。首层为北京大学杰出人物展,首批展出的革命先烈、学术先辈和各方面的杰出人物共217位。地下一层不定期举办各类校史专题展览。地下二层为北京大学校史陈列展,根据北京大学自身发展的脉络和特点,将北京大学历史分为九个阶段进行展示,展线长400余米,展板273块,展出图片图表800余幅、实物440余件。地下二层设有影视厅,定期播放校史专题影视作品。

【队伍建设】 校史馆内设研究室、资料室、藏品室及馆办公室,编制7人,现有在职人员6人,返聘人员4人,其中馆长1人,副馆长2人(其中1人为兼职副馆长)。2012年9月,1名副馆长退休。2012年7月,新入职办公室工作人员1人。文清河获2012年度北京大学安全保卫工作先进个人。

校史馆党支部包括在职及退休党员9人,党支部书记林齐模(2012年12月起任直属机关党委委员),党支部副书记邸玉红。

【参观接待】 2012年,校史馆共接待校内外参观人员18533名,其中本校师生员工、校友及校方客人5056名,参观团队181个。

2012年重要参观团队及人员有:教育部北京大学巡视组、国家审计署教育审计司北京大学审计组、国防科工局北京大学科研生产许可证评审组、教育系统纪委书记研讨班、教育部第23期驻外后备干部岗前培训班、四川省教工委高校考察团、上海市普教系统名师通识培训班、省委书记罗志军和省长李学勇率领的江苏省党政代表团、北京大学平民学校学员班、北京住房公积金管理中心中关村管理部党日活动、张明为基金代表团、台湾十大杰出青年基金会高级访问团、台湾刑事侦防协会代表团、台北建国中学师生代表团、台北市立第一女子高级中学代表团、首届东盟与中日韩大学校长会议代表、韩国首尔国立大学人文教授协会代表团、重庆大学党委书记欧可平、深圳大学校长李清泉、北京市教育工会主席史利国、中国航天科工集团公司总经理、党组书记许达哲、昆山市副市长覃建兵、全国政协教科文卫体委员会副主任、香港太平绅士、香港新恒基国际（集团）有限公司董事局主席高敬德、中恒集团股份有限公司董事长许淑清、台湾"中央研究院"副院长王汎森院士等。

积极探索提高参观接待与对外服务水平的方式与途径。2012年10月，申请建立校史馆公用信箱（pkuxsg@pku.edu.cn），专门用于校史馆与校内外的外部联络。2012年11月，更新了团体参观预约形式，在校史馆主页建立"团体参观预约"专区，增加了网络预约途径。

【展览筹办】 2012年8月，校史馆筹办了"严复在北京大学——严复任北京大学校长100周年纪念图片展"以及"我的北京大学岁月——经济学院张友仁先生珍藏图片展"。

2012年11月，为纪念中华人民共和国成立后北京大学首任校长马寅初先生诞辰130周年，校史馆与杭州马寅初纪念馆等单位联合举办了"民族瑰宝马寅初——马寅初先生诞辰130周年纪念巡展"。这是校史馆开展馆际交流合作办展的一次尝试。

校史馆还参与了学校迎接中央政治局常委李长春视察北京大学而准备的"北京大学发展概况展"，协助校纪委举办北京大学廉政建设教育展，协助深圳研究生院举办北京大学校史展览；为杭州陈大齐故居纪念馆、余姚蒋梦麟故居纪念馆、桃源翦伯赞故居纪念馆、北京大学生命科学学院广西崇左基地校史陈列提供展览支持。

【校史研究】 王学珍主持的《北京大学校志》及《李大钊年谱长编》等均在编写中；"1952全国高等学校院系调整中的北京大学""北京大学校史上的第一·人物编"项目均在进行中。2012年4月，校史馆专题展览集萃《书生本色 学者风范》由北京大学出版社出版。

协助西南联大北京校友会、云南教育出版社出版《联大的名师》系列（2012年5月），为西南联大校友家属出版湘黔滇旅行团日记提供图片支持；郭建荣撰写的《徐光宪——引发稀土世界的中国冲击》已完成待出版，其论文集《涵容博大 守正日新》在筹备出版中。

校史馆工作人员参加的学术研讨会有："刘仁静与中共创建"（3月，上海）；"中国高教学会校史研究分会第十二届学术年会"（5月，北京）；"纪念赵萝蕤先生诞辰100周年学术研讨会"（5月，北京）；"马寅初诞辰130周年纪念会"（5月，杭州、嵊州）；"雷海宗诞辰120周年纪念会"（6月，天津）；"《清实录经济史资料》出版学术研讨会"（12月，北京）；第二届"北京大学与中国现代科学"学术研讨会（12月，北京）。

校史馆研究人员发表的校史研究文章有：《章士钊与中国近代报刊"通信"栏的创设》（《安徽大学学报》2012年第4期）、《她用生命译著——纪念文学翻译家赵萝蕤诞辰100周年》（《北京大学校报》第1274期）。

2013年11月，设计制作完成了校史系列（九）2013年校史台历，校史系列台历已成为联系北京大学朋友、宣传北京大学校史的一个有效媒介。

【文物征集与管理】 校史馆现收藏校史文物339种582件、北京大学礼品676种746件，其中2012年度征集校史文物2件，接收校内各单位移交校史相关资料15件、礼品3件。积极配合2012年度专题展览对展柜中陈列文物进行调换，使来到校史馆参观的校内外师生看到更新的内容，更好地了解北京大学。继续整理以往征集到的历史照片。

【业务交流】 校史馆积极开展与国内外校史研究同行的业务交流学习工作，在校史展览主题及内容的设定、展览手段的运用、展览环境的营造、校史与学校发展的关系等各方面均得到了有益启示。2012年，来馆参访交流的单位有北京航天航空大学校史馆、中国人民大学博物馆、浙江大学档案馆、中国地质大学校史馆、暨南大学校友与社会合作办公室、台湾清华大学图书馆以及解放军军事交通学院、解放军装备学院、渤海大学等学校的校史研究同行。

【党建工作】 校史馆党政领导班子重视党风廉政建设工作，贯彻学校关于党风廉政建设的要求，通过日常工作的制度化和规范化建设来保证党风廉政建设，使党风廉政建设与具体工作相结合，落在实处。领导班子坚持周馆务会制度，坚持《档案馆校史馆馆务会议工作规则》《档案馆校史馆领导班子落实"三重一大"制度的实施办法》《档案馆校史馆财务工作规则》《档案馆校史馆馆务公开制度及实施办法》，研究决定各项工作，工作中一贯坚持集体领导、集体决策，实行民主集中制，坚持馆务公开，建立共识，增强向心力、主人翁责任感和集体荣誉感。

【内部管理】 在安保工作方面，始终将防火、防盗、防水的"三防"等安全保卫工作作为全馆建设的一项重要内容常抓不懈，在坚持思想落实、制度落实、组织落实、工作细节落实的基础上，努力做到人防与技防有机结合，以保证校史馆及参观人员的安全，保证校史馆的正常运转。校史馆2012年已连续第十一年做到"十无"达标。坚持馆会、全馆例会、安保小组例会、保安员保洁员例会四个层次的会议制度,通过传达学校安全管理工作业务会议的精神,以及沟通分析本单位安保工作的实际状况、重点和问题,提出解决的办法,并将责任落实到人,同时及时进行督促检查。对新入职的员工进行安全工作培训。继续访客接待细则、值班人员定时巡视展区、每天清馆制度、每周检查监控系统回放录像等安保规章制度。2012年度绘制"消防设施布置平面图""消防设施报警地址对照表""疏散通道示意图",并在每层显著位置安放了疏散示意图,购置安放了9块"图像采集区"示图。

在设备维护方面,坚持对消防、监控、空调系统、电梯、展馆照明灯具的正常维修养护。2012年12月,在保卫部的直接关怀和安排下,请有专业资质的公司进行了正规的电检和消检,有效地排查了安全隐患。2012年度对空调通风管道进行了清洗,对发生沙眼漏水的消防管道进行了局部更换。2012年10月,对首层大厅入口处库房顶部的防水进行了检查和维修。

在志愿讲解员管理方面,继续做好志愿讲解员队伍的培训和服务实践活动。校史馆现有志愿讲解员24人,其中学生22人、离退休教职工2人。在工作中探索良性运转的工作机制,规范日常开馆值班、节假日临时接待讲解补助等,开辟沟通交流渠道,建立志愿讲解员交流信箱作为交流、咨询、答疑之用,充分调动志愿讲解员队伍的积极性,较好地完成了校友返校、新生教育及学校重要来访客人的接待任务,锻炼了队伍,宣传了北京大学。

【图书资料】 校史馆图书资料室注重对校史相关资料的收集及保存,为展览和内部工作人员服务,每周四对外开放。资料室现有图书3556册,中文图书3364种3444册,中文刊131种142册,工具书107种113册,报刊56册。2012年度,接待校内外读者阅览643人次,借阅图书1025册次,归还534册次,室内阅览587人次,咨询93人次。资料室工作人员对所购买和赠送的新书做到及时编目、上架、出借,并做好新书发布工作。资料室文献信息资源实现共享后,校内外很多读者从网络上搜索到校史馆非常有特色的馆藏,前来查询与阅览。

博 物 馆

【赛克勒考古与艺术博物馆】 1. 馆内展览。(1)"北大考古90年",2012年4—9月,是建馆以来规模最大的一次专题展览。配合考古文博学院60年院庆,举办"北大考古90年"回顾展。总结北大考古的历史,汲取经验,温故知新,规划未来。以图片和实物的形式,全面介绍了考古文博学院60年来的教学、科研、人才培养等的发展,以及考古90年来的历程和重要成果。

(2)"吉金成瑞,宝像庄严——瑞宝阁收藏佛像展",2012年9月22日—11月29日,展出了瑞宝阁收藏佛像,是北京大学公众考古中心积极引导民间收藏,使收藏促进研究,研究带入收藏的一次尝试。

(3)"浮华与市井——斯通教授捐赠版画展",2012年11月—2013年9月,展出18世纪许多著名西方艺术家的作品,集中反映了西方近代史的开端——1789年法国大革命之前,欧洲上流社会和下层民众形态各异的生活。此次展品包括18世纪最著名的两幅蚀刻版画——第伯柯尔特的《公众散布在皇宫花园里》和托马斯·罗兰森的《沃克斯霍尔花园》,以及华托、霍加斯、蒂耶波洛、戈雅等18世纪西方其他主要艺术家的作品66幅作品。

(4)"心画——王方宇先生书法暨收藏作品展",2012年12月—2013年2月,展出了美国王方宇先生的书法作品及部分收藏,王先生以研究和收藏八大山人闻名海内外,也是著名的书法家,对中国现代书法产生了重要影响。

2. 馆外展览。(1)新疆博物馆"大师印记——赛克勒博物馆藏西洋版画展",2012年11月—2013年2月,展出赛克勒博物馆收藏的108件组版画。目前成为新疆2012年参观人数跃居第二的展览,仅次于故宫在新疆博物馆的展览。

(2)波兰华沙大学"中国考古——北京大学考古与研究"图片展,是应华沙大学的邀请举办的,也是波兰的大学第一次举办中国考古的展览。图片展分为旧石器时代考古、新石器时代考古和商周时期考古三个部分,全面介绍了北京大学考古文博学院60年来在这三个领域的重要考古工作及相关的科研情况。

(3)2012年11月,参加上海大学主办"世界著名大学博物馆概念展"图片展。

3. 博物馆志愿者管理与培训。2012年继续保持博物馆志愿者队伍稳定发展,9月招收了20名新的志愿者,对他们进行了常展新石器和商周部分及临时展览的相关培训。目前有志愿者47位同学,主要来自考古文博学院,以及元培学院、艺术学院、经济学院、历史学系等院系的同学。

4. 设备维护。在学校支持下,购买了500个欧克轨道射灯,用于改善展厅陈列的灯光。

5. 回报社会。(1)4月,接待考古文博学院校友返校参观"北大考古90年"。

(2)6月19日,接待习近平同志考察北京大学党建工作。

（3）6月29日，接待全国政协文史和学习委员会领导一行考察北京大学的工作。

（4）7月6日，接待全国台联台胞青年千人夏令营。

（5）8月25日，接待莫斯科大学学生研修团。

（6）8月，接待北京大学新生党员培训活动。

（7）9月，接待台湾太平洋文化基金会、台湾政治大学等。

（8）11月，接待中澳青年论坛与会者。

（9）12月，接待中央美术学院研究生参观交流。

6. 年度要闻。2012年4月10日，北京大学赛克勒考古与艺术博物馆成为北京市高校博物馆联盟（北京市教委）首批成员，宋向光教授当选副理事长。

2012年5月，北京大学赛克勒考古与艺术博物馆成为全国高校博物馆育人联盟成员（教育部），北京大学杨河副书记当选副会长，宋向光教授当选为副秘书长。

【地质博物馆】 1. 概述。北京大学地质博物馆于1909年与地质学系同时建立，是中国最早的地学专业研究型博物馆，在北京大学地学教育、科研和人才培养、地学知识科普等方面发挥着重要作用。北京大学地质博物馆已被学校确认为理工科虚体研究机构，是国家理科基础科学研究和教学人才培养基地，是北京市科普基地，是北京高校博物馆联盟发起单位之一，承担着地学教育和社会科普的任务。

北京大学博物馆地质博物馆在2012年度有在职馆员1名，临聘馆员1名，兼职馆员6名（教授4人，副教授1人，讲师1人），特聘专家4名。

2. 教育教学。（1）高等教育辅助。2012年新生入学期间，地球与空间科学学院组织新生参观地质博物馆，激发同学们对地质学及相关学科学习的兴趣。从2012年度起博物馆承担了两门全校公选课"地球历史中的生命"和"地球历史概论"，三门本科生主干基础课"古生物学""地史学"和"矿物学和结晶学"，三门专业课"古动物专题""生物地层学"和"博物馆学"等本科生和研究生课程的实践课程部分的教学任务。2012年暑期，博物馆为本科各年级学生提供野外实习准备课程教学展区，概述野外实习的主要内容和注意事项。

（2）中小学教育辅助。承担了北京大学周边多所中小学自然类学科课堂实习课，辅助了中小学教育。特别是2012年暑假期间，博物馆接待了来自全国各地的各个旅游参观团体及散客共计4000多人次，其中不乏中小学生暑期夏令营参观团体，很好地完成了面向中小学生的地学科普教育。

3. 社会科普。（1）世界地球日。2012年4月22日，第43个世界地球日期间，博物馆联合地球与空间科学学院文化节在三角地布设展台，展览了一批珍贵标本。同时配以展板宣传，弘扬"保护地球—绿色行动"主题，面向全校师生及工作人员宣传普及地学知识。

（2）校园开放日。2012年每逢校园开放日，博物馆免费向社会公众开放，并依附地球与空间科学学院展台，面向社会人士大力宣传地学知识。

（3）全年免费对外开放。2012年期间，博物馆除每周日闭馆整理外，其余时间全天免费对外开放，接受参观团体预约并且提供专业讲解，极大程度满足了学校师生、来校游客及社会各界人士的参观需求。

（4）科普共建项目。北京市教委：教育教学—北京高校博物馆联盟建设—北京大学地质博物馆（改革试点）。北京市科委：高校博物馆科普共建。

4. 科研工作。北京大学地质博物馆自建立之初，即定位为科研型博物馆，承担了重要的科研任务。近年，在学校"985工程"及国家自然科学基金等资助下，北京大学地质博物馆与地方政府及国土资源部门合作，开展了"中国南方重要三叠纪海生脊椎动物群综合研究"科研课题，为北京大学地质学古生物学科新增了"古脊椎动物"研究方向，为博物馆积累了一大批具有很高展示度和科研价值的珍稀、海生脊椎动物标本，大大提升了博物馆馆藏实力，推动北京大学相关科学研究的进展。2012年，与安徽古生物化石博物馆合作的"安徽巢湖早三叠世巢湖龙动物群化石遗迹科学发掘和保护"工作获得重大进展。

2012年4—5月间，由北京大学江大勇教授、孙元林教授、孙作玉副教授组织，意大利米兰大学Andrea Tintori教授、美国加州大学戴维斯分校Ryosuke Motani教授参加的国际科研团队与安徽古生物化石博物馆合作，对巢湖龙动物群进行了系统发掘，获得以下重要认识：巢湖龙动物群化石储集层是多层产出的，分别存在于南陵湖组的下部、中部和上部，时代最老为早三叠世奥伦尼克期Spathian早期；巢湖龙动物群化石数量丰富，生物多样性较高，目前已采集脊椎动物类化石达100条，包含鱼龙2～3个物种及原始的鳍龙类，被 Science News 评价为寻找"最早下水的龙最有潜力的地方"。

与贵州兴义市国土局合作，对兴义中三叠世兴义动物群及其赋存地层进行了系统地剖面清理、化石发掘和保护，其规模在古生物学科学发掘中是罕见的，在相关化石发掘、研究、保护等相关工作中具有示范性，其蕴含的科学意义、科普宣传和教育意义、自然遗产保护和示范意义也备受国际学术界、社会和大众所认识。

5. 交流合作。2012年4—5月，孙作玉、江大勇等接待意大利米兰大学 Andrea Tintori 教授来访 26 天，合作研究并前往安徽野外。

2012 年 4—5 月，江大勇等接待美国加利福尼亚大学 Ryosuke Motani 教授来访 21 天，合作研究并前往安徽野外。

2012 年 5 月，江大勇等接待美国加利福尼亚大学 Isabel Montanez 教授来访 8 天，合作研究并前往安徽野外。

2012 年 9 月 3—16 日，江大勇等接待美国加利福尼亚大学 Ryosuke Motani 教授来访 14 天，合作研究并前往贵州、云南野外进行系统发掘。

2012 年 9 月 8 日—11 月 5 日，孙作玉、江大勇等接待意大利米兰大学 Andrea Tintori 教授来访两个月，并前往贵州进行系统发掘。

2012 年 10 月 16—21 日，江大勇及博士研究生季承、硕士研究生林浑钦、杨鹏飞、元培学院古生物专业本科生薛逸凡等出访美国，并参加第 72 届国际古脊椎动物学会学术年会。

体 育 馆

【概况】 2012 年 1 月，体育馆面向校内师生正式全面开放，实现了奥运场馆赛后功能的转变，成为国内拥有健身项目最多、设施设备最先进、场地使用率最高、服务系统智能化的一流高校体育场馆，国内媒体如《人民日报》、北京卫视都对体育馆进行了详细报道并给予赞誉。

2012 年，全体工作人员在刘伟副校长、体育教研部相关领导及场馆临时管理小组的带领下，紧紧围绕"坚持服务于学校的总体发展方向"为根本目标，始终遵行"三重一大"和党风廉政制度，有步骤地落实各项具体工作内容，顺利实现了体育馆管理体制的转型。体育馆实际服务情况符合"服务于人才培养工作，服务于师生员工、离退休人员、校友的康体健身活动，服务于文化传承创新和科学研究工作"的要求，北京大学体育馆在 2012 年度的工作体现了高校体育馆所应具备的根本价值与功能。

2012 年体育馆坚持"安全第一"的原则，全年无重大事故出现；人、财、物等方面管理制度更加规范细致；组织机构日趋完善，全馆工作人员共 72 人，与专业公司所预计的 120 人，减少约 40%，节约了人员成本。体育馆运用更换高效照明灯具、采用节能灯具开启模式、改造太阳能热水系统、综合使用分体空调和 VRV 空调、改造废弃的地下一层南北地源热泵系统等方法最大限度降低水电等成本，全年水电成本低于国内同等规模体育馆平均水平。

体育馆组队参加学校教职工羽毛球赛、乒乓球赛，组织体育馆全体员工的毽球比赛、台球比赛，组织全馆员工到山东参观学习和旅游，组织体育馆 2012 年年底联欢会，丰富的文体活动使团队凝聚力得到进一步提高，同时，员工各项福利待遇逐步提高。

体育馆在 2012 年年底推出了智能化管理系统，编制了配套的服务手册，使校内师生享受到了更加人性化及便捷式的服务，该系统的使用也为体育馆财务管理的科学性提供了保障。2012 年，体育馆各类健身卡总数为 12820 张，其中校内师生比例达到 95% 以上。

【校系服务】 1. 体育教学。2012 年，健美操、形体、体育舞蹈、瑜伽、健美、跆拳道、散打、安全自卫防身术、台球、拓展、攀岩、击剑、剑道、游泳、篮球、毽球、地板球、游泳等课程在馆内进行了教学，全年上课总课时数达 5964 课时；学校男女篮球队、羽毛球队的训练和比赛主要放在体育馆内进行，使用场地总时数达 6832 小时。

2. 课余锻炼。体育馆为学生和教工团体进行体育锻炼提供场地，包括：学校工会组织的教工体育舞蹈、瑜伽练习；21 个学生社团的日常锻炼活动，如乒乓球协会、羽毛球协会、体育舞蹈社团、排球协会、风雷社、精武会、太极拳协会等。

3. 校内活动。承接 2010 年学校毕业典礼，典礼的顺利圆满结束再次得到校内领导及广大师生的广泛好评，体育馆运行团队的服务水平再次得到了认可。2012 年，体育馆还承接了校园十佳歌手比赛、学校招聘会、北大开放日、校友返校活动、CUBA 联赛总决赛、国际研究生奖学金信息说明会、北大教工羽毛球团体赛和乒乓球比赛决赛等活动。

4. 体育培训。体育馆开设了羽毛球、壁球、跆拳道、乒乓球等项目的培训。各类培训项目有效带动了来馆健身人群的健身热情，尤其是新兴体育项目，如壁球，带动作用更为明显。

5. 满意度调查。2012 年年底体育馆进行了为期两周的问卷调查，发放 800 份关于对邱德拔体育馆整体评价的问卷，回收 696 份，有效问卷 693 份，统计结果显示："非常满意"占 67%，"基本满意"占 31%，"一般"占 2%，"不太满意"和"很不满意"都为零。

北京大学学报（自然科学版）

【概况】《北京大学学报（自然科学版）》2012 年出版 6 期共 1038 页，刊载学术论文 133 篇。其中数学 1 篇，力学 3 篇，物理学 8 篇，化学 1 篇，生命科学 4 篇，电子学与信息科学 18 篇，地球与空间科学 35 篇，地理学与环境科学 56 篇，心理学 7 篇。每篇论文都在"中国知

【数据库收录情况】 《北京大学学报(自然科学版)》2011年刊载的论文在2012年被多个国内外文献检索机构收录。重要国内文献数据库有：中国科学引文数据库、万方数据和中国知网。重要国际文献数据库有：Elsevier科学期刊数据库(Scopus)、美国《化学文摘》(CA)、美国《地质参考》(GR)、美国《数学评论》(MR)、俄罗斯《文摘杂志》(AJ)、日本科学技术振兴机构文献数据库(JST)、德国《数学文摘》(ZM)、英国《科学文摘》(SA)、英国皇家化学学会《质谱学通报(增补)》(RSC)和英国《动物学记录》(ZR)。作为中国科学引文数据库(CSCD)的核心期刊,《北京大学学报(自然科学版)》可在 ISI Web of Knowledge 数据库跨库检索。

【文献计量指标】 据中国科技信息研究所出版的《2012年版中国科技期刊引证报告(核心版)》对2011年1998种中国科技论文统计源期刊的统计,《北京大学学报(自然科学版)》2011年主要文献计量指标较2010年有所增长。

【出版质量与获奖情况】 据教育部2012年科技期刊出版质量抽查结果,《北京大学学报(自然科学版)》错误率小于万分之一(仅有7个刊错误率小于万分之一)。据中国科学技术信息研究所2012年12月7日召开的"2011年度中国科技论文统计结果发布会"公布,《北京大学学报(自然科学版)》连续第八次入选年度"中国百种杰出学术期刊"。此外,2012年《北京大学学报(自然科学版)》还获得教育部科学技术司颁发的"第四届中国高校精品科技期刊奖"和教育部科技发展中心2011年度"中国科技论文在线优秀期刊"一等奖。

北京大学学报
(哲学社会科学版)

【概况】 《北京大学学报(哲学社会科学版)》自1955年创刊以来,已连续出版了58年,是国内学术界创刊最早,办刊时间最长,具有学术传播力和广泛社会影响力的刊物,在学报界一直处于示范、引领的地位。进入数字化、信息化时代以来,各期刊的纸质发行量不断减少,但《北京大学学报(哲学社会科学版)》发行量一直保持在4500册左右,稳居人文社会科学期刊的前列。2012年6月,《北京大学学报(哲学社会科学版)》入选国家第一批社科基金资助期刊。

【第九届北京大学学报优秀论文奖】 从1990年起,《北京大学学报(哲学社会科学版)》即设立"北京大学学报优秀论文奖",旨在吸引高水平的学术论文,推动刊物学术质量不断提高。二十余年来,该奖项得到校内外作者的支持和关注,在学术界产生了良好的影响。2012年6月,举办了第九届北京大学学报优秀论文奖评选活动,评选范围是2009—2011年在本刊发表的学术论文,共有9位作者的优秀论文入选。2012年6月15日召开了第九届北京大学学报优秀论文颁奖大会,向获奖作者颁发了证书和奖金。颁奖会后还召开了获奖作者座谈会,商讨如何进一步提高学报的学术水平,组织更多优秀稿件发表。

获奖作者和论文篇名如下(以发表先后为序):王思斌《我国适度普惠型社会福利制度的建构》(2009年第3期)、祝总斌《唐初宰相制度变化原因试探》(2009年第5期)、朱良志《中国艺术观念中的"幻"学说》(2009年第6期)、汤一介《儒学与经典诠释》(2010年第4期)、乐黛云《当代中国比较文学发展中的几个问题》(2009年第4期)、张世英《中华精神现象学大纲》(2010年第5期)、姜明安《建设服务型政府应正确处理的若干关系》(2010年第6期)、黄枏森《也谈哲学就是哲学史的含义和意义》(2011年第5期)、葛晓音《论杜甫七律"变格"的原理和意义——从明诗论的七言律取向之争说起》(2011年第6期)。

【数字化背景下的网络建设】 数字化、网络化、信息化是期刊出版的未来发展趋势。抓住数字化发展的契机,在加入中国知网、国家哲学社会科学学术期刊数据库的同时,着力建设自己的数字传播平台,逐步实现电子化、规范化管理,实现从传统媒体向全媒体的逐渐转变,在高校学报的未来发展战略中起着举足轻重的作用。从2012年年底开始,《北京大学学报(哲学社会科学版)》决定启用新的投稿、编辑、审稿系统,并聘请专业的技术人员对网站进行更新、维护,相关网址更新为 http://journal.pku.edu.cn。新的编审系统启用后,《北京大学学报(哲学社会科学版)》在网络方面的影响力进一步扩大,回复稿件、组织审稿的流程变得更为明晰、迅速,在此基础上实现了由传统编辑方式向编、校、审电子化、一体化的过渡。

【加强编辑队伍建设,组织编辑培训】 根据国家有关规定,学术期刊编辑必须定期参加培训,做到持证上岗。为了进一步提高编辑素质和办刊水平,《北京大学学报(哲学社会科学版)》组织全体编辑参加了全国高等学校文科学报研究会于2012年8月在哈尔滨举办的"2012年全国高校人文社科期刊编辑业务培训暨学术发展前展报告会"。会上,编辑们深入了解哲学社会科学的前沿和热点问题,以及国家文化体制改革和期刊体制改革的基本形势,学习最新编辑出版政策法规与出版规范,进一步提高编校素养,并与来自全国各地的学报界专家与同行作了深入的交流。

【结合学科建设设置栏目】 在栏目设置方面,《北京大学学报(哲学社会科学版)》发挥北大文史哲的传统优势,主要为文史哲各学科提供发表科研成果的平台,为人文院系学科建设服务,并把这些北京大学的优势学科、传统学科作为自己刊物的特色和个性,以此选择学术热点、学术前沿以及重大社会问题,确定自己的主打栏目和品牌栏目。学科编辑在积极面向校外、面向国际组约稿件的同时,深入各院、系、所、中心,积极主动地向有深厚学术造诣的著名学者和中青年骨干教师组稿、约稿,了解他们的研究专长和研究动态,在和学者充分沟通和交流的基础上,根据学术热点问题、前沿问题来策划选题、组织稿件和遴选稿件。同时,学报还发动一些著名学者为学报组稿、约稿,聘请他们担任学报相关栏目的特约主持人。近年来,《北京大学学报(哲学社会科学版)》坚持推出"本刊特稿",将那些有着较大影响力的学科前沿问题或反映现实热点问题的文章着重推出,如张世英先生《"东方睡狮"自我觉醒的历程——中华精神现象学大纲》、厉以宁先生的《牧区城镇化的新思路》等。学报还坚持结合学科建设设置栏目,连续推出"古代小说前沿问题丛谈""宋史研究"等特色栏目,在培育相关学科建设成果的同时,在学术界也产生了良好的持续的影响。

【学术影响力不断提升】 近年来,《北京大学学报(哲学社会科学版)》被中国人民大学书报资料中心、《新华文摘》《高等学校文科学术文摘》等检索途径转载的文章,在全国综合性大学学报中位居前列。根据中国学术期刊(光盘版)电子杂志社、中国科学文献计量评价研究中心和清华大学图书馆编写的《中国学术期刊综合引证报告》,学报在高校学报综合类中的总被引频次、基金比、影响因子、5年影响因子和下载率均名列前茅。根据人大书报资料中心全文数据库检索情况和南大CSSCI统计,近些年来,学报的转载量、转载率、平均影响因子等,均居全国高校社科学报前列。北京大学图书馆的《中文核心期刊要目总览》、中国社会科学院的《中国人文社会科学核心期刊要览》各版均收录本刊为核心期刊。

【在全国高校学报研究会中发挥积极作用】 2012年11月11日,在第七届全国高等学校文科学报研究会会员代表大会上,基于《北京大学学报(哲学社会科学版)》在全国期刊界的地位以及学报主编在全国学报界的影响和作用,主编程郁缀继续当选为全国高等文科学报研究会副理事长,主要负责研究会学术委员会工作;常务副主编刘曙光也当选为全国高等学校学报研究会执行秘书长以及北京高教学会社科学报研究会副理事长,负责全国高校文科学报研究会的宣传工作和北京市高校文科学报学术委员会工作。在全国高等学校文科学报工作中,《北京大学学报(哲学社会科学版)》越来越多地起到引领、示范、带动和导向作用。

在期刊市场化的大潮中,《北京大学学报(哲学社会科学版)》仍然坚持着正面的学术取向,在传承学术、积累文化、服务教学、扩大交流等方面发挥了重大作用,在国际国内学术期刊界享有良好的声誉。

北京大学学报(医学版)

【获奖情况】 《北京大学学报(医学版)》荣获第4届中国高校精品科技期刊奖。由教育部科技司、中国高校科技期刊研究会主办的"第4届中国高校精品·优秀·特色科技期刊"颁奖大会于2012年11月21日在山东省济南市召开。《北京大学学报(医学版)》再次荣登奖榜。中国高校科技期刊奖,是教育部科技司对高校期刊进行的评优活动,分精品、优秀、特色三个档次,每两年评比一次,此奖项从2006年开始设立,旨在推动高校科技期刊出精品、创特色,促进高校科技期刊提高学术影响力和竞争力。本届共评选出精品期刊60种,优秀期刊120种,特色期刊30种。《北京大学学报(医学版)》已连续4届荣获"精品期刊"这一奖项。

【出版北京大学医学部百年华诞特辑】 2012年10月26日是北京大学医学部成立100年的喜庆日子,编辑部在执行主编方伟岗教授的组织领导下,2012年第5期(10月18日出刊)出版"北京大学医学部百年华诞特辑"作为北医百岁生日的献礼。编辑部经过数月准备,在北医校友会和国合处的大力支持下,经过同行专家推荐,联系了数十位在自己专业领域做出突出成绩的北医校友,最后有15篇论文发表在该期特辑"校友论坛栏目"。

【编委会换届】 在医学部有关领导指示下,编辑部经过数月的酝酿,在第8届编辑委员会成员基础上,请示主编、副主编,广泛征求专家意见,经医学部批准,产生了新一届编辑委员会。第9届编辑委员会是人员数量最多的一届,包括8位两院院士、长江学者、国家级重大科研项目首席专家、各科研单位的学科带头人、博士生导师等。

【组稿与出版情况】 2012年学报准时、准期、保质保量地完成了全年6期978页的编辑出版工作。同时,学报始终坚持编委会定稿制度,共召开了8次编委定稿会议,保证了所有论文评审的公正和公平,也保证了所发表论文的学术质量。

编委参与组稿和办刊是国际优秀期刊办刊的共同模式。《北京大学学报(医学版)》的编委和医学部的专家多年来一直坚持国际化办刊的先进理念——编委、专家参与办刊。

2012年学报共完成了5个重点(专题)号的组稿工作。由俞光岩副主编、李铁军编委负责组织第1期"口腔医学"重点号;由栗占国教授组织第2期的"风湿免疫学"重点号;由胡永华、郭岩和郭新彪编委组织第3期"公共卫生"重点号;由郭应禄编委、马璐琳教授组织第4期"泌尿外科"重点号;由姜保国教授组织第6期"骨科"重点号。

计算中心

【概况】 2012年,计算中心共有职工82人,其中,正式在岗职工63人,返聘12人;正高级职称5人,副高级职称22人,中级职称31人,初级职称4人,无职称1人。具有硕士及以上学历的人数44人,占中心总人数69%以上,其中具有博士学位的7人,在读博士2人,学历结构逐年改善。2012年中心退休3人,招聘2人,调离1人。

2012年,计算中心获得北京大学教学成果奖一等奖、二等奖和国家版权局计算机软件著作权各一项,并先后获得2012年度北京大学学生资助工作先进集体等多项奖项。其中,范雪松、李丽、宋维佳三人获得"2012年度学生资助工作先进个人"荣誉称号,宋雅琴、杨旭、宋维佳三人获得"2012年度北京大学实验室先进工作者"荣誉称号,丁万东获得北京大学方正奖教金。

2012年计算中心员工共发表论文15篇,其中核心期刊13篇,被SCI收录1篇。目前在研科研项目6项。

2012年,计算中心的成人教育工作仍旧稳步进行,有夜大学和远程教育两种办学类型,均为专科起点本科业余学习形式。2012年,共完成了1800余名学生的注册、上课、考试及372位毕业生论文写作、学籍整理等工作。

【微机教学实验环境】
1. 圆满完成全校计算机、英语教学实习机时。2012年完成全校计算机、英语教学实习机时约70万小时,圆满完成提供教学实习机时的任务。另外,完成了人事部培训、设备部培训、应聘考试和提职考试各类用机机时1400小时;完成平民学校计算机教学任务1700小时机时以及计算中心各类成人教育班共1400人的教学实习机时。2012年11月27日,计算中心顺利通过国家级计算机实验教学示范中心的专家验收。

2. 顺利完成高考语文阅卷的环境支撑任务。2012年6月8日至17日,北京市高考语文网上阅卷工作在计算中心圆满完成。计算中心提供6个机房共计400台机器,在二楼全封闭的前提下先后完成了二楼6个机房无线网和有线网的物理隔断、近400台机器的压力测试,应急预案采用了IO设备备份以及隔离交换机、服务器,网线采用了冗余方案,顺利完成阅卷的支撑和保障工作。

3. 提供优质的赛事支撑环境。完成构建北京大学第十一届计算机编程设计ACM大赛和第十届数学建模大赛的环境和服务工作,共为两项大赛提供700台机器,继续保持了零故障的良好记录。

4. 对机房系统进行优化。2012年6月完成了一台英语视频点播VOD服务器的更新升级,先后完成系统软件、数据库、新版本英语应用软件的安装,同时支持外国语学院的经费申请、服务器软硬件配置;系统进一步优化后,已在下半年面向全校本科生正式投入使用。

5. 完成8号机房的更新改造。目前已完成103台旧机器的上交和新机器的安装准备工作,2013年1月上旬100多台新机器的双系统将安装完毕。

6. 开发新版北大运动会信息管理系统和校工会网站。成功开发新版运动会信息管理系统,并首次应用于2012年北大春季运动会,使报名、成绩统计等工作更加便捷高效。开发的校工会网站已于2012年10月上线使用,性能良好,运行稳定。

7. 提供良好的人文上机平台。为进一步遏制客户端不健康的文件内容存在和使用,值班人员进一步加强巡查,以引导、思想教育为主,疏、堵结合;每天清理一次硬盘,使不健康的文件内容得到明显的遏制。

【校园网基础建设】 校园网是学校重要的基础设施,为全校的教学、科研、管理和生活提供支撑和保障。2012年,计算中心根据学校发展的需要,对于校园网的规划、设计、建设和运行维护给予了高度重视,通过不断完善服务体系,加强网络建设管理,积极采取技术措施改善网络环境,较好地保障了学校网络的平稳运行,整体上提高了网络的性能和网络接入服务能力。

1. 新建及改造楼宇的网络建设。2012年完成勺园1、2、3、6、8号楼共639个房间以及保卫部、五四体育中心楼、理科2号楼、老化学楼、生物技术楼等10处楼宇的网络设备安装、更换和升级改造工程,共涉及信息点2841个,交换机88个,无线AP 106个,其中,新增交换机56台、信息点1434个、无线AP 106台。截至2012年12月,学校已有信息点总数为84186个,交换机总数为2730台,无线

AP 总数为 1875 台。另外还完成部分校内楼宇的上联改造,将汇聚层设备替换为独立的支持百兆光口交换机,共增加 3 台交换机,改造 22 个百兆上联端口。完成工学院昌平校区风洞实验室建设工程、五四体育活动中心改造工程、临湖轩改造工程、经济学院综合楼加层等 7 处新改建楼宇的综合布线设计与修订、施工审图及预算编写。

2. 改善校园网主干网及楼宇汇聚网络的支撑环境。1 月 10 日,完成升级校园网汇聚交换机 34B 引擎 2 块,优化调整配置,升级后支持虚拟化技术、高可用和动态业务扩展;3 月 29—30 日,完成调整昌平园区校园网拓扑结构,配置 1 台核心设备及 12 台接入设备,升级后昌平园区校园网实现全网组播和 IPv6 覆盖;进行万兆流控设备及出口 Cache 设备选型调研及设备性能测试;完成校园网核心机房 1136 网络设备改造的前期工作,升级所有机柜内接入交换机,实现双电源供电,进一步提高校园网机房核心服务器的接入稳定性,计划寒假期间完成改造;继续完善多运营商的互联网宽带接入,增加校园网出口的国内互联带宽。

3. 进一步完善校园无线网络建设。完成办公教学区无线网络建设和改造,包括图书馆、新法学凯原楼和新生物楼三处共计 106 个 AP 的替换安装;采用独立 DHCPv4 服务器实现无线网络地址分配,提高 DHCPv4 服务的稳定性,实现了 IP 地址分配的实时监控。截至 12 月 26 日,提供 DHCP 服务的范围包括:教室、全部公共区域、理科 1 号楼和教育学院,共 84 个 C 地址空间,占无线网络地址范围的 76.3%;计划在学期末之前实现所有无线区域的 DHCPv4 双机服务。

4. 推进 IPv6 校园网建设和 CERNET、CNGI-CERNET2 北大主节点的建设。完成昌平校区 IPv6 接入建设;建设 IPv6 DHCPv6 服务,为日益发展的 IPv6 应用提供专用的地址分配服务;完成 CNGI 下一代互联网业务试商用项目的实施;完成 CERNET 主节点 1340 机房改造工程,涉及环境装修、UPS 系统、空调系统、消防系统等;继续推进"211 工程"三期 CERNET 建设项目的实施,已完成北大主节点的 1 台核心路由器和 2 台接入路由器的安装和加电,各设备已交由国家网络中心统一进行配置和调试;北京大学主节点至国家网络中心的 100Gbps 链路已于 12 月 20 日开通,目前已有部分流量从原链路迁移到新的链路。

【完善信息服务质量,提高安全服务能力】 1. 提升服务质量,加强信息化在教学管理中的应用。

(1) 邮件系统功能完善及服务范围扩展,主要包括:2012 年 2 月邮件系统 WAP 版可支持通过智能手机直接收发北京大学邮件系统邮件。完成邮件网关选型及测试,听取了 4 家厂商的介绍,选择其中一家测试运行。完成反垃圾邮件网关选型测试,对垃圾邮件的过滤、发信频率等策略进行调整。

(2) 万兆网关系统上线试运行,不断完善在线认证系统和计费系统的调试。

(3) 完成校园网运行管理云图的开发,增加了对网关、邮件用户的监控数据,改进了界面,并对程序结构进行了较大的调整。已在线运行,目前通过该云图可直接查看 16 个校园网运行系统的运行数据。

(4) 继续为校园网用户提供高质量的视频会议服务,并做好校园重大活动的视频 IPv4 和 IPv6 的现场直播;共实现 H.323 视频会议服务 17 次,共 34 小时,桌面视频会议 281 次,共 306 小时。

(5) 推出 ipgwclient 的 MAC 版本和 IOS 版。IPGW 客户端为 Windows 中英文版、Linux 命令行版、Android 版、iOS 版、Mac OS X 6 个版本增加了弱口令提示和包月类型显示,推出了 MacOSX 正式版。

(6) 完成应用负载均衡设备续保,继续为校园网关键服务提供可靠性保障。

(7) 完成桌面防病毒系统升级,继续面向全校提供两种桌面防病毒系统 Node32 和卡巴斯基。

2. 加强网络信息安全监管,全面提高安全服务能力。

(1) 利用漏洞扫描和安全风险评估系统扫描全校的计算机超过 15 万次,发出整改建议 624 条,避免了漏洞被利用。

(2) 继续面向全校关键部门提供网络安全事件应急响应服务,对特殊部门、用户提供上门服务,全年处理安全事件 18 起,如社会科学部、光华管理学院、物理学院、图书馆等。

(3) 研究部署校园网无线准入认证机制,目前已经完成程序编写,计划下学期实际部署。

(4) WEB 应用防火墙应用效果明显,目前保护北京大学重要 WEB 服务器 106 台,网站域名约 6000 个,平均每个月 WEB 防火墙要阻断攻击 600 万次以上,避免从应用层入侵系统。

(5) 系统防火墙保护关键服务器 370 台,设置了 330 个防护规则。

(6) 入侵检测系统平均每月发现安全事件超过 1500 万次,为校园网的安全规则的制定、调整提供了有力的数据支持。

(7) 9 月份对中心各重要系统进行了安全整顿,采取的措施包括:对各重要系统进行漏洞扫描;对开启远程桌面服务的托管主机进行安全防护;托管服务器网段建立 VPN 登录机制;对堡垒主机进行选型测试,已经详细测试了齐治、圣博润、极地三种堡垒主机;对

web应用安全评估系统进行产品调研。

（8）由学校信息化建设与管理办公室、计算中心共同组成成立的"信息系统安全等级保护检查工作小组"在本学期对北京大学安全等级保护定级的信息系统展开了全面的自查自纠工作，积极响应等级保护和安全建设整改工作，对2个三级系统、10个二级系统展开自查，完成系统自查表、北京大学信息系统安全等级保护检查工作总结报告，加速了等级保护测评工作的开展。

【电子校务建设】 2012年，根据学校信息化建设规划和学校的实际工作需求，MIS室完成多个应用系统的需求分析、设计开发、部署实施等工作。具体内容有：

1. 受党办校办及党委组织部委托，成功开发会议签到系统，为学校第十二次党代会召开提供了便捷、准确的信息化技术支持。系统支持校园卡刷卡和条码扫描两种签到方式，可提供入场签到、离场登记、人员请假、在场人数实时统计等多项功能，可即时查看大会的应到人数、实到人数、未到人数、场内人数、离场人数、请假人数等各项变化信息。

2. 综合学生系统在2012年先后开发完成了本科生的执行计划管理、本科生无学籍学生信息管理、研究生调控计划管理、研究生导师管理、研究生院学科管理、排教室、教务部邮件定制群发等功能，另外还对就业指导中心系统进行了修改与完善，增加了院系中期填报与信息采集的功能。

3. 北京大学人事综合信息管理系统全面建成使用。系统包括薪酬管理、规划调配、人员招聘、劳动合同、社会保险、博士后管理、人才开发、档案流转、人员信息九个方面，共300余个功能模块。系统的建成使用进一步提高了学校人事人才工作信息化水平，为建设世界一流的师资队伍奠定了准确、完整、高效、及时的信息服务基础，同时也进一步提升了学校人事人才管理服务的能力。

4. 组工系统陆续开发完成党员统计、党员发展与培训、党组织机构管理、组织关系转接等功能并在全校范围推广使用。

5. 财务信息服务系统在原有数据的基础上逐步增加整合了捐赠项目、发改委项目、助研经费、结题项目、单位经费等经费数据；在功能上，为校领导提供各类有关经费运行状况的数据报表，为领导进行科学决策带来便利。

6. 教师公寓申请与选房系统投入使用，系统包括网上申请、审核、公示、选房排队、网上选房、办理手续等一系列处理功能，2012年7月应届毕业生已通过该系统完成了万柳宿舍的分配和入住手续，取得良好效果。

7. 车辆预约管理与服务系统开发完成并投入使用，系统提供网上约车、约车信息实时控制与管理、移动终端查询等功能，满足了保卫部约车管理的实际需求。

8. 根据北京大学中国社会科学调查中心的实际需求，开发完成了"社会调查中心数据发布平台系统"（一期），系统主要用于"中国家庭动态跟踪调查"数据的发布管理，包括用户认证、调查数据资源管理、数据集选取与下载等功能。

【高性能并行计算】 做好校级Beowulf机群的维护管理：2012年Beowulf机群开放时间总计518400CPU小时，其中为物理学院、力学系、信息科学技术学院的6位老师的科研项目（例如信息科学技术学院的国家自然科学基金青年项目"基于神经元与突触可塑性的复杂网络自组织现象研究"）提供使用机时106912CPU小时，占整个开放机时的21%。另外，2012年12月25日在Beowulf机群完成了"2008年下一代互联网业务试商用及设备产业化专项教育科研基础设施IPv6技术升级和应用示范项目"中子项目"中国教育科研网格IPv6升级"的课题验收，课题名称为"北京大学网格结点IPv6升级"。

完成工学院机群的维护工作：工学院机群2012年2月份正式出保，出保后机群问题频繁出现，内存和磁盘问题严重，和代理商协商后未能全部解决。在多次维修效果不佳的情况下，应工学院要求机群于12月6日暂时停止使用。

顺利完成对托管的物理学院机群的存储的重新整合扩容。

为争取更多校外资源，协助校内教师们进行天津天河1号机群的协调和联络，还联系到了清华大学机群的使用，并将其介绍给学校有需求的教师们。

参加物理学院刘征宇、杨海军老师的课题——"973计划"项目"北太平洋副热带环流变异及其对我国近海动力环境的影响"，协助购买机群。上半年完成了机群的测试验收，下半年机群稳定运行。

【党建与工会工作】 1. 党风廉政建设。认真学习胡锦涛同志在中国共产党第十八次全国代表大会上的报告和北京大学第十二次党代会的相关会议精神，学习《党员领导干部廉洁从政若干准则》，积极加强党风廉政教育，树立廉洁形象，并且按照学校要求顺利完成了"小金库"情况复查、召开民主生活会、党风廉政建设自查等工作。2012年下半年，计算中心对十八大报告进行深入的学习领会和贯彻落实，并继续贯彻落实北大第十二次党代会的精神。

2. 发挥好工会的纽带、桥梁作用。计算中心工会开展文体活动，坚持第一时间到家或医院慰问病号；为60岁以上的老同志过生日，把计算中心全体同志的祝福和礼物及时送到家。

积极参加学校工会组织的活

动,2012年,毽球连续第五年荣获冠军,并荣获北京大学春季运动会总成绩季军、北京大学春季运动会精神文明奖、北京大学工会特色活动奖、北京大学先进工作委员会奖、乒乓球比赛男子第六名和女子第六名等多项奖项。有两名教职工还分别获得了"首都教育系统运动会"羽毛球团体第三名、"首都教育系统运动会"游泳第四名的好成绩。

积极做好宣传工作,向工会投稿,完成工会专题论文,质量数量均处领先地位,定期及时更换计算中心的宣传橱窗。

做好爱心捐款工作,每年中心工会都积极参加校工会组织的献爱心基金捐款和学校党委组织部组织的党员献爱心捐款活动。

现代教育技术中心

【优质资源建设情况】 2012年,现代教育技术中心与教务部配合,在北大主页教育教学栏目下增加"北大公开课"网站,基于之前的国家精品课程,提供包括网络国家精品课程在内的39门课程的录像和课程简介资料,其中22门为全套课程录像。

2012年现代教育技术中心共录制9门课程全程教学录像。

2012年现代教育技术中心成功申报国家精品视频公开课3门共18讲:城市与环境学院邓辉"世界文化地理"(8讲)、历史学系朱孝远老师主讲的"文化兴国:欧洲由衰及兴的转折点"(5讲)及中文系戴锦华老师的"影片赏析"(5讲)。

2012年11月,现代教育技术中心协助申报国家精品资源共享课8门,医学部10门。

2012年"北大讲座网"共发布讲座信息2262条,录制讲座资源930个,不包括录制的晚会论坛。

"北大讲座网"2011年年底在教育部科技发展中心主办的"2011高等教育信息化先进评选"中获"高等教育信息化应用创新奖",并于2012年加入教育部科技发展中心"高校学术讲座交流平台"建设。

2012年重新整理并完成了北大人物网的工作流程,启动了信息科学技术学院梅宏和高文两位院士的网站制作工作。

配合生命科学学院吴瑞奖制作专题片2部。

【教学促进相关工作】 北大教学网自2009年秋季学期正式运营以来,经过三年多的努力,正逐渐成为北大教学不可或缺的平台。2012年11月8日,教学网数据库出现故障,修理恢复系统超过3天,便引发了法学院两位老师向校长、书记投诉,其不可或缺程度可略见一斑。

2012年教学网春季学期完成新版首页和后台改造,秋季学期完成软硬件升级的招标、采购、调试和安装。目前正处于软件安装状态。

2012年教学新思路项目第七期和第八期共有来自外国语学院、经济学院、教育学院、体育教研部等多个院系、研究中心的32位教师参加,收集教师教学研究论文32篇,制作视频4个。与化学与分子工程学院合作单列的教学新思路项目侧重教法研讨,受到欢迎。

2012年春季学期为化学与分子工程学院化学分析和仪器分析实验中心的助教提供两次关于基本教学方法的培训讲座,培训内容包括:了解学生、做好第一次上课的准备、有序地组织课堂教学、认真地批改学生报告、形成自己的教学风格;改进自己的讲课方法、关于评价的讨论、面对特别的学生以及提高学生的思维能力。共有30位左右的助教和实验课教师参加了培训活动。

第六届助教学校自2012年9月底正式开始,至2012年11月9日正式结束,本届助教学校共举办了6次公开课,从助教的工作职责、教学资源制作技巧以及课堂教学技巧多个角度为北大助教提供了系列培训课程。共培训了232人次,有11位助教因全勤参加所有课程最终获得助教学校结业证书。

《北大教学促进通讯》电子季刊上线4期,刊发59篇文章,36万多字,其中原创文章43篇,30多万字。2012年采访了32位知名教授,录音、录像资料80多个小时。2012年6月,与北大中文系合作进行中文系名师教学专辑编辑工作,正在进行中。目前已完成采访30人,编辑完成22篇,约计20万字。

2012年秋季配合小班课教学项目,编制了《小班课教学通讯》5期。

教育技术一级培训共有33人获得证书,13人参加培训。

"大学新生学习指导课程"新开发了"学术诚信与学术道德"模块(先让学生进行自测,然后呈现了剽窃的类型、引用的规范等内容及学校的相关政策文件),并对"准备考试"模块进行了进一步完善。自愿学习人数达到162人。

【多媒体教室环境建设情况】 2012年北大多媒体教学楼新建工作基本结束,开始进入设备的稳定更新换代阶段。

2012年按照需要对二教、三教投影机、扩音设备及三教电脑进行了更换,同时对二教、三教、文史楼的近百间教室进行了投影机的梯次更新,共计更换投影机40台,移机近100台,投影机深度保养400余台次,外部除尘2000余台次,更换投影机灯泡100余只。升级三教的中控设备、控制面板及主控软件。完成理教中控系统调试、教室LED时钟的调试以及教室桌椅、黑板、窗帘等的验收及建档工作，共建档桌椅近1000件。

完成研究生入学考试标准化考场建设。这项工作周期长，涉及近140万元经费，工程涉及150余间教室共计253个监控点以及二教、理教两个主控点，与教务部、研究生院、计算中心、设备部等多部门协调工作，在中间进行了多次的方案修订与效果检查，同时还要解决与教室原有设备的复用等问题。

完成了课堂实录系统在理教20个教室的安装和"按按按"系统在理教一个教室的测试安装。

启动对多媒体教室的基础物理环境、计算机、声音系统、投影系统等的基本配置参数以及更新维护标准研究。根据研究需要调整了教室值班员的工作内容，注重基础数据收集。

【天线/闭路电视建设情况】

与4名工作人员签订天线工作人员安全工作协议，整理了天线业务工作流程图，包括天线维修流程图、天线收费流程图、天线考勤流程图、头端机房监控工作流程图等。

2012年完成用户报修1400余次。

党办校办等学校职能部门安排的校园开放日、国际文化节、经济学院百年院庆等直播任务20余次，收到了国际合作部对我们的国际文化节直播工作的感谢信。

完成了理科楼群楼、文科大楼、外国语学院大楼、斯坦福中心等有线电视网络的改造和建设工作。

制订了在五道口小区有线电视网中增加学校自办自收节目的实施方案，蔚秀园小区在北京市老旧小区综合整治工程中有线电视网络改造方案。撰写了南门25、26楼拆迁造成的有线电视干线改造、肖家河家属区建立有线电视机房等报告给基建工程部。

按常规协助外国语学院接受北京市安全局境外卫星电视接收情况检查。完成境外卫星电视管理改变方案，并已经得到校领导认可，从2013年开始，中心接管境外电视平台节目接收。

新增中央电视台纪录片频道（艺术学院引荐）、教育电视台空中课堂节目（教育部要求）。

考察清华大学有线电视管理和改造情况。多次与歌华公司和海淀区有线广播信息中心以及AVS高清实验室沟通学校有线电视网高清交互改造相关事宜。

完成境外台收看协议的续签和缴费、歌华有线电视收视费的缴纳和维护管理费的收取工作，更新了自缴费名单，组织实施2012年有线电视收视费自缴费用户年终集中上门收取工作。对单位用户的终端数进行核实，督促其按时缴纳收视费，本年增加了校医院和体育馆的收费。

【奖励与荣誉】 2012年，中心获北京市高等教育教学成果奖二等奖1项：创建全方位立体化教学信息化推进体系，促进教学方法与教学组织模式改革（关海庭、汪琼、赵国栋、冯菲、陈飞）；北京大学教学成果一等奖2项：北大教学网：全面推进北大教学信息化发展进程（关海庭、汪琼、赵国栋、冯菲、陈飞），优化工作流设计，提高资源建设效益——"北大讲座网"建设经验（张亦工、冯雪松、孙中楠、李久安、王春玲）；北京大学教学成果奖二等奖2项：从无到有，建立多媒体教室服务体系（何山、刘志勇、刘永安、杨全南、尚俊杰）；北京大学虚拟教室体系的构建促进大学教学手段创新（王胜清、刘志勇、何山）。

现代教育技术中心获北京大学学生资助工作先进单位；中心支部被评为总支先进党支部，高立洲老师被评为总支优秀共产党员；王凯老师获得北京大学实验室工作先进个人。

【国际国内影响】 2012年4月24—27日，由中心以"全国高校教育技术协作委员会"名义操办的"第七届亚洲数字化学习论坛"在北大博雅国际酒店举行。来自12个国家和地区113所大学的308名代表参加了本次会议。整个会议共有61位报告人作了报告。

2012年中心接待兄弟院校及相关机构参观来访与交流十余场，国际交流4位。

2012年现代教育技术中心员工共发表文章24篇，出版或参编书籍7部，完成书稿2部。

现代教育技术中心员工在国内外会议上应邀作专题报告十余场。

医学部信息通讯中心

【制度建设】 2012年，学校通过《北京大学医学部信息网络建设与管理规定》，结束了医学部信息网络无管理制度的历史。通过《信息通讯中心落实"三重一大"制度实施办法》，加大防腐倡廉的力度。通过《信息通讯中心办公会议事规则》，强化例会制度，发挥民主集中制的力量。

【网络环境】 更新校园网核心机房主交换机、校园网出口路由器、办公区汇聚交换机，提高网络核心的处理能力。更新楼宇交换机56台，提高楼宇网络的抗攻击和稳定能力，提升用户上网体验。校园网出口新增电信网络出口，网络出口带宽提高到850Mbps，改善用户访问体验。

【信息服务】 开发并部署统一信息门户系统，统一用户认证，整合各类信息数据，提供整体的、友好的用户服务。视频服务平台上线，集中提供网络电视、视频点播、视频直播服务，提供30余套标清数字电视服务。

【百年庆典】 配合医学部两办建设百年庆典网站，支持百年庆典宣传。搭建校庆无线网络环境，租借移动公司基站，方便校庆期间校友对网络及电话的需求。配合校庆安排，集中提供多场次的视频直播服务，校庆晚会直播上千人在线观看。

【基础设施】 更新核心机房、两个汇聚机房的制冷系统，提供更可靠的保障。核心机房供电模块更新，机房供电可管理、可视化，方便统计用量。

【信息安全】 加强网络信息安全，部署网页防火墙及网站监控系统，对医学部核心网站进行保护。提供 VPN 加密隧道的校外访问通道，方便师生在外访问校内资源，支持教学科研工作。

【信息网络电话】 建立周末值班制度，延续晚上值班的时间，方便用户报修服务。开通 BBS 官方账号，加强与学生用户的沟通，宣传中心业务。

医药卫生分析中心

【概况】 2012 年，北京大学医药卫生分析中心引进大型仪器设备（大于 10 万元）15 台，价值 2738 余万元，使现代化仪器设备（大于 10 万元）达到 63 台，仪器设备总价值达到 8226 余万元人民币（另有通过中心引进但使用权在其他院系的设备价值 2650 余万元）；招聘了具有博士和硕士学位的新员工各 1 名，人事关系在中心的科技人员达到 25 人；发表了学术论文 18 篇，其中 SCI 收录论文 12 篇；申请了专利 2 项，均已获授权；申请并获批科研经费 300 余万元。

【新仪器设备采购】 蛋白质组学实验室新添 3 台价值 1050 万元的仪器设备，分别是高端二维纳升级高效液相色谱仪—线性离子阱—静电场轨道阱蛋白质分析系统（NanoLC-LTQ-Orbitrap Velos Pro）、高端高效液相色谱—基质辅助解析串联飞行时间质谱分析系统（LC-MALDI-TOF-TOF）5800 和三重四级杆质谱分析系统 4000Q。细胞分析实验室新添 1 台价值 500 余万元的双光子荧光寿命成像 Confocal 系列（TCS SP8 MP FLIM）。生命元素组学实验室新添 3 台仪器，分别是测汞仪（莱伯泰科）、氨基酸分析（日立）和微波消解系统（Milstone），并修建了氨基酸实验室和细菌实验室。另外，中心还购置了测试服务仪器 6 台，分别是荧光细胞动态分析系统 TAXIScan-FL、细胞活力图像分析系统 Vi-CELL XR、显微成像分析系统 Leica DM5000B、超速离心机 Optima L-100XP、傅立叶变换红外光谱仪 Nicolet 6700 和全自动氨基酸分析仪 L-8900，进一步加强了分析中心的科研和分析测试能力。

【设备新功能开发研发】 细胞分析实验室利用高端细胞分选仪（型号 Aria SORP）建立了"染色体分选技术方法"，于 2012 年 12 月获得了小鼠染色体的流式分析图，并实现了大部分单条染色体的分选过程，在流式分析图上每一条染色体分辨率已经超越了国际水平，使医学部流式技术整体水平跃居国内首位。前来应用该技术的单位有中国医学科学院基础所医学遗传学系（小鼠染色体分选服务）和生物学系（人类染色体分选服务）、内蒙古农业大学（山羊染色体分选服务），已预约用户有中国医学科学院病原所（血吸虫染色体分选）、中科院的植物细胞与染色体工程国家重点实验室（小麦染色体分选）、北京大学医学部免疫学系（人胎肝细胞染色体分选）等。

【科研成果】 蛋白质组学实验室的邹霞娟研究员等人分别在 Carbohydr Polym 等杂志发表论文 3 篇，获授权了专利"一种纳米壳聚糖衍生物，其制备方法和用途"和"一种纳米壳聚糖衍生物亲和介质，其制备方法和用途"两项；医学同位素研究中心（放射性药物实验室）的王凡教授等人在 Nucl Med Biol、Mol Imaging Biol、Bioorg Med Chem Lett 等杂志发表 SCI 收录论文 8 篇，申请获准了优秀青年科学基金、教育部科学技术研究重大项目、"973 计划"等 6 项，获得科研经费 200 余万；生命元素组学实验室的王京宇教授等人在 Biol Trace Elem Res 等杂志发表论文 6 篇，申请了一项北京市自然科学基金："无机指纹与常见致病菌快速检定"。

【科研协作和交流】 生命元素组学实验室与北京航空航天大学、国家地质实验测试中心和中国极地研究中心开展了"地震流体及生物与生态地球化学实验测试技术研究"等 6 项科研课题的协作，提供了技术服务。电子显微镜实验室与天士力微循环研究中心开展深入合作，同时开展了横向协作，基于血管内皮细胞质膜微囊的调控，探讨了人参皂甙 Rb1 对 LPS 诱导大鼠血浆白蛋白深处的固摄作用，承担了全部科研课题中的电镜研究工作。蛋白质组学实验室与国家地质实验测试中心联合开展了"现代分析技术在矿物、矿石样品中的应用方法研究"。医学同位素研究中心（放射性药物实验室）的王凡教授等参加了在美国举办的 2012 年核医学年会和在爱尔兰举办的 2012 世界分子影像大会，与美国斯坦福大学的陈小元教授和普渡大学刘爽教授实验室开展科研合作与交流。其他各科室也参加了各种技术交流会议或接受了技术培训。

【教学工作】 医学同位素研究中心（放射性药物实验室）承担基础医学院本科生"实验核医学"和研究生"放射性同位素技术与安全"的理论课和实验课的教学工作，目前实验室在读博士生和硕士生 14 名。生命元素组学实验室承担了

"高级医药卫生仪器分析"理论与实验课程的教学工作,在读博士生和硕士生共9名。分子影像学实验室、蛋白质组学实验室、生命元素组学实验室、细胞分析实验室、电镜实验室分别参与了"高级医学技术学"课程不同章节的撰写、授课以及相关实验教学工作。电子显微镜实验室配合生物物理学系完成了研究生课程"生物医学中的电镜方法"的实验教学工作。细胞分析实验室也开展了本科生和研究生的教学工作。

【对外服务】 医药卫生分析中心各个实验室均承担了校内外高校和科研院所的大量分析测试工作。分子影像学实验室完成了生物发光成像样本测试1112个,荧光成像测试有效机时268小时。蛋白质组学实验室做样Waters Q-TOF-MS样品约71个,MALDI-TOF-MS样品约903个,二维凝胶电泳样品约36个,收到测试费约8万元。电子显微镜实验室的扫描电镜和透射电镜对外分别测试了样本450例和572例,收到测试费约18万元,同时对外开展了电镜技术培训工作。医学同位素研究中心(放射性药物实验室)承担了全医学部的同位素分析测试,为其他课题组提供了同位素技术支持,收到测试费约40万元。

【研发基金】 医药卫生分析中心设立研发基金,第一期研发基金为袁兰等16位教工提供了前期科研资助,资助总金额20万元,已于2012年结题,并将于2013年年初启动第2期。医药卫生分析中心已经启动2013年的国家计量认证复查换证准备工作。

实验动物科学部

【概况】 实验动物科学部拥有实验动物设施约5000平方米,包括2400平方米的动物实验楼、1719平方米的实验动物楼、320平方米的科研及动物质量监测楼及约300平方米的其他附属设施。具有北京市科学技术委员会颁发的屏障环境大、小鼠生产许可证,屏障环境大、小鼠和普通环境犬、猴、家兔、地鼠、豚鼠使用许可证。下设SPF动物繁育室、清洁级动物实验室、普通级动物实验室(含大动物手术室)、实验动物研究室及办公后勤室。2012年退休1人,现有人员76人,3人具有副高级技术职称,2人具有博士学位。

实验动物科学部以"一个中心、两个确保"为工作宗旨,即以为医学部教学和科研服务为中心,确保提供优质、足量的实验动物,确保提供全方位的动物实验服务。实验动物科学部定位为学校教学和科研工作的重要支撑条件;运行机制为自负盈亏;主要工作内容为提供实验动物、动物实验服务、教学和培训等。

2012年实验动物科学部继续做好质量控制工作,着力提高实验动物质量和动物实验服务水平,进一步完善实验动物科学部各项管理制度及操作规程,加强硬件设备的更新和维护,整体上提高了实验动物科学部的工作保障能力。

【实验动物生产供应】 向北京大学医学部校内及校外供应SPF/VAF级实验动物24.16万只。

【动物实验服务】 1.协助北京大学医学部各教研室及附属医院等42家单位进行动物实验968项。

2.受校内、外18个兄弟单位委托,以CRO(合同研究组织)形式完成毒理学、一般药理学、免疫学、肿瘤学等方面的动物实验46项,其中羊、犬、猪等大动物委托实验呈上升趋势。

【教学与培训】 1.承担北京大学医学部研究生分院"医学实验动物学"教学工作,每班32学时,共计4个班,900余人。

2.承担北京大学药学院本硕连读生"实验动物学基础"教学工作,32学时,40余人。

3.举办11期实验动物从业人员岗位证书培训班,培训1300余人,其中以北京市继续教育项目形式举办2期。

4.参与北京大学医学部医学遗传学系本科生"实验动物学"教学,承担8个学时的教学任务。

5.承担北京大学基础医学院本科生"实验动物学导论"教学任务。

6.指导北京农学院和北京农业职业技术学院12名本、专科生的毕业实习。

【设施改造与设备更新】 对动物实验楼二层进行装修改造,并添置独立送风笼具(IVC)等动物饲养设备,增加大、小鼠饲养笼位8000余只。更换两台旧高压灭菌器。

【伦理审查】 承担北京大学医学部及相关单位动物实验伦理审查工作,完成审查100余项。

【医用废弃物清运】 承担北京大学医学部尸体等医用废弃物清运处理工作,处理废弃物约28000公斤。

【发表文章】 2012年在本专业核心期刊上发表论文4篇。

【党建工作】 党支部组织党员和积极分子认真学习十八大精神,并且不定期组织座谈会,结合当前形势,交流学习体会和工作中遇到的问题。康爱君和田枫被批准成为中共预备党员。

组织实验动物科学部各室负责人学习党中央、国务院、北京大学及医学部有关党风廉政建设、纠正不正之风方面的政策文件,不断提高对党风廉政建设重要性和必要性的认识,转变思想观念和工作作风,树立为科研和教学中心工作做贡献的思想。

按照医学部党风廉政建设领导小组的部署和要求,各项工作力争做到透明、公开,置于群众的监督之下,发动群众参与党风廉政建设工作。

根据实际情况,对照党风廉政建设的要求,主动查找自身存在的问题,以及群众反映突出的"热点"和"难点"问题,找准阻碍党风廉政建设的问题,提出整改措施,进行纠正,加强管理,不断增强服务意识。

工会小组积极参加医学部工会和机关工会组织的活动,及时把两级工会组织的会议精神传达到各个科室,维护职工权益,通过工会工作与单位工作的结合,让工会发挥最大的作用,进一步增加员工间的沟通和了解,增强集体凝聚力。2012年度实验动物科学部工会小组被评为医学部"优秀工会小组"。

【年度纪事】 2012年11月23日,实验动物科学部通过"北京大学模范职工小家"验收,荣获"北京大学模范职工小家"称号。

2012年12月,实验动物科学部荣获北京市实验动物管理办公室颁发的北京实验动物行业"先进集体奖"。

中国药物依赖性研究所

【概况】 2012年北京大学中国药物依赖性研究所在卫生部、国家食品药品监督管理局、公安部禁毒局以及北京大学各级领导的支持和关怀下,事业有了进一步的发展,承担了更多的科研项目。2012年,新申请获准科研基金项目8项;在研项目共30项,其中科技部和国家自然科学基金项目21项。

在社会服务方面,针对药物滥用防治和禁毒工作中的问题,受卫生部、国家食品药品监督管理局和公安部禁毒局的委托,研究所开展了大量的流行病学研究。设立在研究所的国家药物滥用监测中心,建立了覆盖全国的药物依赖性监测网络。承担国家食品药品监督管理局和卫生部下达的任务。作为国家药物依赖性研究中心,开展了新药的临床前药理毒理学评价研究,并从整体、细胞和分子水平开展了与药物依赖性有关的基础研究。

【学科建设】 研究所研究目的是建立一套完整的国家级综合性药物依赖研究的科研体系,成为我国各种依赖性药物的临床前和临床药理评价中心,为国家的禁毒和药物滥用防治工作服务。研究所各研究室建设上既有分工又有联系。神经药理研究室主要为戒毒药和镇痛药进行临床前的药理研究;临床药理研究室在神经药理研究室工作的基础上,进行临床评价;药物流行病学研究室在全国范围内,对毒品种类、吸毒人群状况等进行调查、监测和分析,从而为我国政府部门制定禁毒、戒毒政策提供科学依据;药物信息研究室负责提供国内外药物滥用的状况和动态,出版《中国药物依赖性杂志》,编辑、出版各种科普读物,建立禁毒科普网站,开展预防教育等宣传工作。目前研究所正在积极筹备教育部重点实验室及GLP实验室的建设,并筹建药物依赖新药开发研究室。

【科研工作】 2012年,研究所新申请到基金项目8项,其中,国家自然科学基金创新研究群体科学基金1项,国家自然科学基金杰出青年基金1项,国家自然科学基金重点项目1项,国家自然科学基金面上项目2项,国家自然科学基金青年项目1项,国家重大新药创制专项课题1项,科技部"十二五"科技支撑项目1项。在研的科研项目有30项,包括科技部国家重点基础研究发展计划(973)项目子课题和分课题5项,"艾滋病和病毒性肝炎等重大传染病防治"科技重大专项1项,国家重大科技专项"重大新药创制"药效学评价技术平台1项,科技部新药创新大平台建设项目1项,科技部"十二五"科技支撑项目2项,国家基金委重大研究计划培育项目2项,国家自然科学基金面上项目及青年项目7项,北京市自然科学基金重点项目1项,高等学校博士学科新教师基金1项,承担部委课题4项,横向课题5项。

【科研成果】 2012年,研究所在国际刊物上发表论文25篇,在国内刊物上发表论文15篇,参加会议交流的论文或摘要38篇,提交研究报告4篇。完成《2011年药物滥用监测报告书》。主编书籍《中小学毒品预防专题教育读本》3册。获准专利3项,新申请专利2项。获准的3项专利为三叶因子3在制备预防和/或治疗抑郁症药物中的用途(专利号:ZL 201010217952.0),一种三叶因子3的新用途(专利号:ZL 201010217968.1),一种抗原及其制备方法与应用(专利号:ZL 201010512377.7)。

【学术活动】 2012年,研究所共举办学术讲座11次。组织学术交流活动3次。2012年5月17日,台湾中正大学吴志扬校长一行来访,就两岸学术交流及第十二届全国药物依赖性学术会议的举办进行商讨;2012年10月24日,台湾中正大学杨世隆教授来访,并作题为"青少年药物滥用现状、成因与防治对策:以港澳台为例"的学术报告;2012年11月23日,美国国立卫生研究院BruceHope教授来访,就中美各自的研究进展进行了广泛交流和深入探讨。

2012年9月19—22日,第十二届全国药物依赖性学术会议在山东省青岛市隆重召开。会议由中国毒理学会、北京大学中国药物依赖性研究所主办,中国毒理学会药物依赖性毒理专业委员会、《中国药物依赖性杂志》编辑部承办。

来自美国贝勒医学院Thomas Kosten教授、美国加利福尼亚大学洛杉矶分校的Walter Ling教授、台湾中正大学杨士隆教授以及来自台湾卫生署、成瘾学会及台湾师范大学等各界代表、大陆多所大学、研究机构、戒毒中心等单位共200余位药物依赖领域的专家学者参加了会议。2012年11月18日至20日，由芝加哥大学和北京大学联合主办的"Plasticity in the Basal Ganglia Symposium：Dopamine and Beyond"国际学术研讨会在芝加哥大学北京中心举行。会议主席是芝加哥大学Xiaoxi Zhuang教授和北京大学医学部陆林教授。Xiaoxi Zhuang教授、陆林教授和芝加哥大学北京中心的主任Beth Bader女士在开幕式上致辞。来自世界知名大学和研究机构的近40名神经科学及精神疾病相关领域的专家和北京大学百余名师生参加了会议。

【教学工作】 研究所为北京大学医学部研究生讲授"药物滥用与成瘾"课程，同时讲授"神经药理学""神经生物""药理学研究进展""神经精神药理学""药理学研究方法导论""实验药理学"等课程。2012年，研究所有在读博士研究生29名、硕士研究生8名，博士后1名，8年制学生4名，进修生1名，联合培养研究生5名。

【社会服务】 参加北京人民广播电台举办的合理用药宣传节目"城市零距离"（2012年8月30日）；考查、评估贵州省禁毒委员会开展"阳光工程"建设情况（由国家禁毒办推荐）（2012年8—9月）；受北京市公安局新闻办公室、北京电视台、中央电视台等政府部门或媒体邀请进行毒品防制宣传教育；受公安部禁毒局邀请，为全国两禁系统干警培训班讲授毒品流行现状及药物滥用监测（2012年8月22日，呼和浩特）；受卫生部邀请作为督导组成员，赴浙江、广东、江苏督导检查落实国务院《戒毒条例》执行情况（2012年8月上旬）；应中国刑警学院邀请赴该学院讲学（2012年10月24—25日）；定期参加国务院艾防办社区药物维持治疗国家工作组会议；为司法部主办的"全国监狱劳教戒毒系统心理咨询师高级研修班"授课；为东城区精神卫生保健院进行临床与科研指导；为河北省荣军医院进行科研指导；参加科普周"健康生活 远离成瘾"宣传活动（2012年5月23日）；两期"美沙酮治疗药物成瘾培训班"分别在厦门和昆明举办（2012年3—4月）。

【实验室建设】 正在建设神经电生理实验室及时间生物学实验室。

医学教育研究所

【医学教育研究】 2012年完成了中华医学会医学教育分会、中国高等教育学会医学教育专业委员会1项医学教育研究立项课题："我国八年制医学教育现存问题及其成因研究"。

2012年医学教育研究所人员共发表1篇医学教育研究论文，即《约翰·霍普金斯大学医学院医学博士培养模式特点及其启示》。

【《中华医学教育杂志》】 医学教育研究所承办的《中华医学教育杂志》2012年度出刊六期，发表论文360余篇，共计270余万字。

医学教育研究所从2008年起每年统计我国医药院校年度医学教育论文发表数量排名情况，并在《中华医学教育杂志》上予以公布。根据对我国十余种正式出版的医药教育类学术期刊所刊载论文进行统计，预计近年来我国作者每年在国内外各种期刊上发表的医学教育论文超过6000篇。为了集中反映我国医学教育研究成果，不断提高医学教育研究水平，中华医学会医学教育分会于2010年起对我国医学教育论文进行评审，评选出年度百篇医学教育优秀论文。

2012年中华医学会医学教育分会举行了2011年医学教育优秀论文评选活动，向全国各所医学院校、医疗机构等单位广泛征集医学教育论文。为了保证论文质量，学会要求各单位对参评论文进行严格筛选，论文数量限制在10篇以内。评选共收到来自22个省、自治区、直辖市的58所医药院校和24所医院提交的557篇论文，出自国内外正式出版的143种期刊（论文集、电子期刊）。在参评的557篇论文中，有71篇论文出自《中华医学教育杂志》，占比12.75%。在获奖的100篇论文中，有30篇论文出自《中华医学教育杂志》，占比30%。在被评为一等奖的10篇论文中，出自《中华医学教育杂志》的有6篇，占比60%；在30篇二等奖论文中，出自《中华医学教育杂志》的有10篇，占比33.33%；在60篇三等奖论文中，出自《中华医学教育杂志》的有14篇，占比23.33%。出自《中华医学教育杂志》的论文数量在各项评选中均排在首位，并且远高于其他期刊。

【学会工作】 医学教育研究所是中国高等教育学会医学教育专业委员会和中华医学会医学教育分会两会秘书处常设单位。

2012年，研究所组织召开了中国高等教育学会医学教育专业委员会在京会长会议。教育部部长助理林蕙青，王德炳会长，王镭名誉会长，吕兆丰、李玉林、石鹏建、柯杨、李立明副会长出席了会议。会议决定适时召开中国高等教育学会医学教育专业委员会第五次会员代表大会，选举产生第五届理事会，推选柯杨副会长为学会第五届理事会会长。

研究所组织各会员单位及有关高等院校推荐本单位中国高等教育学会医学教育专业委员会第

五届理事会理事和常务理事候选人。

研究所组织召开了中华医学会医学教育分会第六届委员会第三次、第四次常委会会议。

研究所组织召开2次中华医学会医学教育分会第六届委员会在京会长、秘书长工作会议。

研究所组织中华医学会医学教育分会第二届医学（医药）院校青年教师教学基本功比赛。

研究所组织召开中华医学会医学教育分会第六届委员会青年委员会成立会议。

研究所完成中华医学会医学教育分会、中国高等教育学会医学教育专业委员会2010年度医学教育研究立项课题结题验收，评选出获奖课题。

研究所完成中华医学会医学教育分会2011年医学教育优秀论文评选活动。

研究所组织召开了中华医学会医学教育分会第六届三次全委会暨2012年全国医学教育学术会议，举行医学教育终身成就奖、青年教师教学基本功比赛、医学教育研究获奖课题、医学教育优秀论文评选颁奖活动，开展医学教育学术交流活动。

医学信息学中心

【概况】 北京大学医学信息学中心未来总体的发展总体目标为集医学信息学教学、科研、服务为一体，充分发挥交叉学科的优势，多学科真正融合；以医学信息学作为纽带和平台，促进北京大学本部和医学部的学科交叉融合；加快医学信息技术人才队伍建设；推动基础和临床、临床和人群、临床和临床、防病和治病之间的研究，推动医学知识和技术的自主创新，促进医疗卫生事业的发展。同时，不断加强医疗数据资源整合构架和共享标准的研究，促进我国医学信息学学科建设与发展，在疾病致病原因、发展机理和疗效评价等方面满足公共卫生、临床医疗、科研、教学需求，形成医学信息科技成果产业化的工程化验证环境和对相关产品的认证评估能力，促进建成具有产业化环境和自身特色的国际一流医学信息学基地，扩大和加深医学信息技术国际合作与学术交流，推动医学信息技术行业技术进步，创造良好的社会效益和经济效益。

医学信息学中心现已经建立起了相对完整的医学信息学学科体系和机制，并正在逐步完善中。目前中心建立了医学信息技术与管理决策、医学信息、卫生信息、生物统计、电子病历与医学信息标准等科研教学专业组。同时，成立咨询与对外服务项目组，更好地了解业界的动态和需求，使科研项目与行业需求紧密结合，使科研结果真正成为医疗临床、管理和决策的真正支撑。

【学科建设与团队建设】 通过百人计划引进计算机背景信息安全专家萧志春博士为特聘研究员，并从北京大学引进计算机背景数据库专家包小源博士，使医学信息学中心多学科交叉人才队伍初步形成。目前中心共有教授2人，特聘教授3人，副教授8人，博士后研究人员1人，博士及博士后实习人员2人，其中3名青年教师入选北京大学"百人计划"。

【科研工作】 2012年医学信息学中心所开展的科研项目主要包括：全国医院评审项目（卫生部医管司项目）、全国医院病案首页上传系统项目、病案首页数据分析评价及其临床研究应用项目（卫生部医政司项目）、北京大学临床数据仓库建设项目，以及"985工程"三期项目（总额309万元）。

其中，全国医院评审项目被列为中心工作的重点项目。目前，医院评审的项目的方法学建立已经完成，相关参与医院的综合评估报告初稿已经完成，后续工作正在不断完善当中。

与全国医院评审项目并行的全国医院病案首页上传系统的建设已经基本完成，目前可以实现医院病案首页数据的上传、清洗和标准化。医学信息学中心老师正带领研究生研究探讨建立医院评审数据分析过程的自动化，并进一步研究建立类似美国医疗质量评估的门户网站。目前，医学信息学中心正在对美国医院安全指标的状况进行研究，并探讨研究如何应用临床数据仓库（CDW）数据建立医院评审和医疗质量评审指标。

同时，医学信息学中心正在对病案首页和临床数据的统计分析方法进行完善，使之进一步合理化。特别需要关注的问题包括：疾病诊断相关分组（DRGs）的应用、相关因素的调整以及权重的合理设定，其中前者最为重要。

在临床数据仓库（CDW）数据方面，目前已初步完成了医院数据集成和有关临床事件时间树的建立，后者为今后开展面向事件树的时间序列分析、基于时间序列的临床路径分析与评价、临床研究以及数据的标准化等奠定了基础。

【论文发表】 2012年医学信息学中心发表论文十余篇。

【教学工作】 2012年中心招收博士研究生1名、硕士研究生6名，目前中心共有在读博士研究生1名，硕士研究生12名。医学信息学中心开设研究生课程"医学信息学概论"。

2012年，医学信息学中心多次聘请国内外领域专家介绍医学信息学进展和研究现状，两次聘请北京市卫生局前副局长邓小红进行全校讲座，介绍北京市卫生信息化建设进展。同时，医学信息学中心定期组织医学信息相关学科的系列讲座，并请中心内部人员介绍各自的研究进展,以加强各学科专业之间的融合与合作。

【对外合作与服务】 医学信息学中心继续委派人员参与卫生部和医学信息学学会的工作。同时与工信部、民政部、中国老年协会、北京大学本部、医学部内部以及浪潮、用友、联合健康公司等建立起了合作关系,取得了阶段性的成果。

中国卫生发展研究中心

【概况】 北京大学中国卫生发展研究中心是北京大学医学部和美国中华医学基金会共同建立的实体性研究机构,于2010年4月成立,主要目标是通过建立高水平多学科学术梯队和有效机制,满足卫生政策与体制研究中高质量教学、科研和政策咨询的需要;建设成为与国内外学术机构具有紧密联系并在国内具有领先地位的卫生政策与体制研究机构;建设成为以发展中国家为主要对象的全球性卫生政策研究平台。中心实行理事会领导下的主任负责制,现任理事会主席为柯杨教授,执行主任为孟庆跃教授。有全职研究人员7人,其中教授2人,副教授1人,讲师和助教4人。行政管理人员1人,博士后4人。此外,还聘请了4位兼职教授。2012年,在招生教学、科研、交流合作、政策服务等方面都取得了很大进展。

【招生教学】 2012年中心招收9名博士和硕士研究生,共有硕、博研究生11名。来自美国、加拿大、泰国的3位博士生和硕士生在中心进行了为期2~10个月的访问研究。2012年9月,中心为本科生开设了"卫生系统和政策"课程(全英语授课),旨在培养参与者用英语交流卫生系统和政策问题的能力。通过开设该课,使学生们了解卫生系统的基本概念和理论、全球不同卫生系统及其主要特征、卫生政策制定和实施的过程以及中国卫生系统改革的主要组成部分和过程。

【科研工作】 科研工作集中体现在重点研究领域、研究产出、组织和参加学术会议情况。

1. 重点研究领域。在征求理事会成员、学者和政策制定者意见的基础上,分析并制定了重点研究领域。两大重点领域分别为健康转型和决定因素;卫生政策和体系研究。主要围绕以下两个主题展开研究:卫生人员行为和激励机制研究;卫生体系改革评价研究。通过明确研究问题、提高研究质量、加强政策影响,确立了在国内相应领域的地位。

2. 研究产出。2012年中心有36篇论文发表在中文期刊上,7篇文章已在国际学术期刊上发表或被接受;4篇修回稿再次投出。出版了2本著作和1篇章节。发布了3期《卫生发展瞭望》简报;撰写了4份政策和技术报告,其中3份报告用中英文正式印刷,完成了19次会议报告。

3. 学术会议。组织了7次对外开放的学术讨论会和9次内部学术会议。2012年11月初,参与组织在北京举办的第二届全球卫生系统大会。

【交流合作】 加强与国内外大学、研究机构的联系与交流,联合申请研究项目并与国际知名院校开展交流合作。

由泰国、孟加拉国、日本、韩国和中国联合申请的亚太卫生观察研究项目获得成功,由泰国IHPP主持。在中国,由北京大学公共卫生学院及光华管理学院、山东大学和复旦大学的研究机构作为联合体参与申请,北京大学中国卫生发展研究中心是中方联络和协调机构。研究伙伴单位按照世界卫生组织安排,提供卫生政策简报、国家卫生改革进展报告、政策研讨会等服务。被亚太卫生观察和中国卫生部指定为起草《转型中的中国卫生体系》的合作伙伴,与国际合作者和国内同行一起工作。第一期《转型中的中国卫生体系》预期将在两年内发行。

在卫生政策和系统研究联盟、世界卫生组织的支持下,中心建立了卫生筹资系统综述的主题中心,将从国际组织获得技术援助并建立合作关系。

2012年5月10日,Anne Mills教授率领伦敦卫生与热带病学院代表团来访。双方就深化合作展开了全方位、立体式的深入会谈。

2012年3月13日,加拿大卫生研究院代表来访,与中心研究人员就第二届全球卫生体系研究大会的筹备情况、中国医改进展与评估、跨国卫生体系比较研究、促进健康的公共政策、中国卫生体系研究能力建设及双方的潜在合作机会等方面展开了深入的交流和讨论。

2012年3月12日,比利时热带病研究院代表来访。双方商讨共同举办"新兴的声音"系列活动。"新兴的声音"系列活动旨在为青年卫生研究人才参与全球卫生体系大会并表达意见提供鼓励和培训。

2012年2月27日,参与会见美国密歇根大学访问团成员并就合作展开了讨论。

2012年2月28日,世界银行南亚人类发展部首席卫生专家来访。双方就公立医院改革及卫生发展等问题展开了广泛的讨论,并就加强合作形成了共识。

【政策服务】 1. 政策简报。根据对卫生人员行为和激励机制研究,撰写并发布了三期政策简报《卫生发展瞭望》。第一期关注如何通过加强基层卫生服务体系管理医疗卫生需求;第二期关注基层卫生人员的激励机制;第三期介绍了河南支付机制改革的经验与实践。在医改评估研究领域,完成和发布了两个政策简报,分别是《新医改环境下免疫规划工作评估:以新疆南部地区为例》和《基本药物政策改革再思考》。

2. 政策咨询。孟庆跃教授受国务院医改办邀请两次参与讨论基层卫生体系改革和基层卫生人员的激励结构设计,研究发现经过整合和推介,获得了高层决策者的重点关注;刘晓云博士受卫生部医管司邀请,对公立医院改革现状予以评价;孟庆跃教授接受卫生部邀请,就如何改善扩大免疫规划的绩效和国家应资助的基本公共卫生发表意见。

【年度纪事】 参与组织第二届全球卫生体系研究大会。由世界卫生组织、北京大学医学部、中国卫生部和孟加拉国BRAC大学联合主办的第二届全球卫生体系研究大会于2012年10月31日—11月3日在北京国际会议中心举行。此次大会吸引了来自112个国家的1800名代表参会,其中国际代表1500余名。大会以实现全民健康覆盖为主题,举办了5场全体大会、135场平行会议、10场午餐会和30场卫星会议,是一次全球卫生政策和体系研究领域的盛会。大会得到了美国中华医学基金会和洛克菲勒基金会等组织的支持。北京大学中国卫生发展研究中心是此次会议学术内容的主要组织者;主办了中国青年学者学术专场。来自国内40多所大学的200名师生以及中央和省市100余名政府官员参加了会议。大会期间,宣布成立了"全球卫生体系研究学会(Health Systems Global)",并进行了首届理事会选举,理事会由11人组成。北京大学中国卫生发展研究中心执行主任、北京大学公共卫生学院院长孟庆跃教授作为西太平洋地区唯一代表当选学会理事。

中标世界卫生组织系统综述课题。世界卫生组织卫生政策与体系研究联盟(Alliance for Health Policy and Systems Research, World Health Organization)通知,北京大学中国卫生发展研究中心所申请的卫生筹资研究系统综述课题中标。课题期限两年,资助额度18万美元。该项目是在前期项目基础上的竞争性申请项目,主要目标是进一步加强发展中国家卫生政策系统综述的能力,促进循证政策发展。该项目由孟庆跃教授负责,由北京大学中国卫生发展研究中心与山东大学卫生管理与政策研究中心共同开展。

承担新医改环境下免疫规划工作评估研究。受卫生部疾控司委托,开展对新疆地区脊髓灰质炎以及其他与扩大免疫规划相关的传染病研究项目,以了解卫生体制改革对这一地区扩大免疫规划的影响。该研究的目的在于提供改革对传统公共卫生项目影响的可靠证据,以完善现行的改革政策。基于上述课题的研究,北京大学中国卫生发展研究中心在国内期刊发表了多篇文章,并形成了中英文报告工作报告《新医改环境下免疫规划工作评估:以新疆南部地区为例》。2012年6月,卫生部部长陈竺对研究报告的主要成果作了批示;卫生部副部长马晓伟和刘谦对报告也作了批示,并指示组织全国性调查,明确新医改过程中扩大免疫规划面临的挑战和难题。卫生部据此调整了基本公共卫生服务资金对计划免疫工作的支持强度。

承担河南省支付制度改革创新项目。河南省支付制度改革创新项目研究的是河南省供方支付制度改革创新的影响,由世界银行和英国国际发展署(DFID)中国农村卫生发展项目支持。孟庆跃教授和孙杨博士领导该项目,并应邀对该项改革进行了评价。研究报告《河南医疗服务支付制度改革评估报告》撰写发布后,得到了卫生部有关领导的高度重视,卫生部三个司局组织了河南支付制度改革考察团。在此基础上,河南省政府组织了现场推广会。

主编卫生部"十二五"国家级规划教材《卫生经济学》。为了加强全国卫生管理专业教材建设,提高卫生管理教育水平,人民卫生出版社组织新一轮规划教材编写工作,孟庆跃教授被遴选为《卫生经济学》主编,刘晓云博士被遴选为《卫生人力资源》副主编。《卫生经济学》第一次编委会于2012年8月27日在北京大学中国卫生发展研究中心举办,来自全国16所大学的卫生经济学编委以及人民卫生出版社同志参加会议,就如何落实本轮教材编写的任务进行了讨论和交流。

管理与后勤保障

"985 工程"与"211 工程"建设

【"985 工程"建设】 着力建设多个高水平科技创新平台。通过平台的建设,积极探索队伍建设和经费管理机制的改革,为北京大学现代大学制度的形成积累重要的认识和经验。在新体制创新平台建设方面,生物动态光学成像中心、量子材料科学中心、高能效计算与应用中心、国际数学研究中心、统计科学中心、北京大学崔琦实验室等新体制实体科研机构的建设都逐渐取得很好的成绩。此外,2012年6月5日,北京大学正式宣布以量子材料科学中心为依托,成立北京大学崔琦实验室,实验室设10个固定职位;聘请崔琦教授为北京大学终身教授,崔琦实验室名誉主任,杜瑞瑞教授为崔琦实验室主任。崔琦教授决定未来以北京大学为主要工作基地,具体指导和参与量子材料科学中心和崔琦实验室的学术工作。

2012年6月,"985 工程"办公室负责组织召开了北京大学新体制科研机构(理工医)工作交流会,会议针对学校一批新体制科研机构发展、目标和面临的问题展开讨论和沟通,为北京大学在新形势下探索教育科研改革打下了坚实的基础。为了有效整合、组织学校生命科学领域建设,还召开了北京大学生命领域学科建设研讨会。学校未来在推进生命科学相关学科领域发展的同时,将进一步加强整体统筹与协调,做好规划布局,同时努力促进各新体制科研机构之间的交流、合作与共同发展。

2012年,"985 工程"办公室提供给9位"百人计划"特聘研究员近500万元科研启动经费支持。截至2012年年底,北大百人计划引进人才已达101人,引进时平均年龄33岁,90%的人具有海外学术工作经历。目前已有4人获得长江学者特聘教授称号,7人获国家杰出青年科学基金,10人获得首批国家优秀青年科学基金,7人入选国家青年千人计划。2012年年底,与人事部共同完成对我校百人计划实施八年来的回顾和评估工作,总结这个作为北大首个面向全校的青年人才引进计划,通过招聘素质考察、中期状态评审、届满国际评估等一系列工作,不断完善人才评价体系和评估方法。"985 工程"重点支持的"北京大学海外学者讲学计划"和"北京大学海外学者研究计划"继续得到实施。已经有33位著名学者来校进行访问研究。

【"211 工程"建设】 根据"211 工程"部际协调小组办公室《关于开展"211 工程"三期验收工作的通知》文件精神,2012年,北京大学在校内全面启动北京大学"211 工程"三期建设项目校内总结验收和迎接国家验收相关工作。

2012年1月,召开"211 工程"三期验收工作布置会,全校相关职能部门和院系负责人参加。3月底,按照理科(含创新人才培养和队伍建设项目,包括数学、物理学、化学、力学、生命科学及生物技术、核能相关技术与材料、信息科学与技术、地球科学与空间技术、环境保护与可持续发展、前沿交叉学科、创新人才培养项目、队伍建设项目等12个项目)、人文社科(包括哲学与中国当代文化、中国语言文学、外国语言文学与文化、历史学、经济学、法学、政治学与社会学、管理科学等7个项目)和医学(包括现代医学与药学项目)划分,分别组织召开了北京大学"211 工程"三期建设项目校内验收会。

北京大学组织专家对列入《高等教育"211 工程"三期建设规划》的重点学科建设项目、创新人才培养和队伍建设项目逐一进行验收,各项目负责人分别进行了项目建设汇报,专家组成员由学科专家和职能部门负责人组成,验收专家组成立由5~7位专家组成的验收专家委员会对本组内的项目进行逐一答辩评审,经过综合评议后按项目分别形成验收专家组意见。根据"211"部协办有关文件要求完成了《"211 工程"三期总结报告》,并组织协调全校18个重点学科建设项目、队伍建设项目以及创新人才培养项目完成了20个子项目建设总结报告,配合学校审计室在完成对学校"211 工程"三期建设的审计后,形成了《北京大学"211 工程"三期建设项目审计报告》。

"211 工程"三期国家验收专家通过查阅文件、审阅材料、听取汇报、审查询问、讨论评议等方式，对各建设项目或高校"211工程"三期目标任务完成情况、资金使用管理情况、建设成效和标志性成果、项目管理情况、总体评价等进行了客观公正的评价，并形成验收专家评价意见、抽查验收专家组意见以及专项资金使用和管理验收汇总报告等。北京大学"211工程"三期20个建设项目，经专家验收，项目平均得分为90.9分，20个项目中，得分90—100分（含90分）的项目有13个，其中得分大于等于95分的项目有7个；得分80—90分（含80分）的项目有7个，其中大于等于85分的项目有3个。

专家组结论认为北京大学能够按《"211工程"三期建设方案》细化学校具体实施方案，预算编制较细化，项目建设资金预算及主要用途明确，预期成效较明确，便于项目实施控制和管理，专项资金管理制度较齐全，除了执行国家"211工程"三期建设管理办法外，还制定了《北京大学"211工程"建设项目经费管理实施细则》等一系列校内相关制度，管理制度健全，资金和项目管理水平较高。经综合评定，北京大学"211工程"三期重点学科建设项目化学排名基础学科领域第1名，前沿交叉学科排名新兴交叉学科领域第1名，历史学（含考古）排名人文社会科学领域第1名，法学、政治学与社会学排名政法领域第1名，信息科学与技术排名信息领域第2名，其他各项目也取得了不俗的成绩，全校"211工程"三期重点学科建设项目综合排名率为8.08%。

【学科建设】 北京大学"211工程""985工程"通过不断改革和机制创新，进一步增强了对海外优秀人才的吸引力，建立和完善了启动基金制度，增强了北京大学对优秀人才的吸引力，为引进人才创造了条件。2012年新增国家创新研究群体2个，目前北京大学共有23个。新增国家杰出青年科学基金获得者16人，共184人。新增优秀青年科学基金获得者28人。

在2012年10月的《美国新闻与世界报道》世界大学排名中，亚洲有11所大学进入50强，北京大学排第44位。在其2012年公布的艺术人文、工程技术、生命科学、自然科学和社会科学等5个领域的25个学科排名中，北京大学有20个学科（英语语言和文学，地理和区域研究，历史学，语言学，现代语言，哲学，计算机工程，电子工程，机械、航空和制造工程，心理学，化学，环境科学，数学，冶金及材料，物理学和天文学，会计学和金融学，经济学和计量经济学，社会学，统计学和运筹学，传播学）进入全球50强。

根据汤森路透"基本科学指标数据库"（ESI）显示，截止到2012年12月，北京大学共有数学、物理、化学、生物与生物化学、工程科学、材料科学、植物和动物科学、地球科学、环境科学与生态学、临床医学、药学与毒理学、计算机科学、神经与行为科学、分子生物学与遗传学、精神病学/心理学、一般社会科学、经济学与商学、农业科学等18个研究领域进入全球大学和科研机构的前1‰。

发展规划工作

【概况】 发展规划部内设学科规划办公室、事业规划办公室、绿色校园与可持续发展办公室、文物保护与管理办公室、综合办公室。2012年4月，学校成立党委政策研究室，挂靠发展规划部。

【学科规划】 1．完成我校"十二五"规划审议上报与提升完善工作。2012年1月，《北京大学"十二五"改革和发展规划纲要》经校长签发上报教育部。之后，发展规划部展开对"十二五"规划的解读工作。2月校学术委员会召开会议专题审议了我校"十二五"规划，并提出修改意见。6月，按照学校第十二次党代会提出的"坚持质量立校、人才强校、特色兴校、开放办校、依法治校的方针"，发展规划部对规划内容进行提升完善，形成《北京大学"十二五"改革和发展规划纲要》发布稿，并与校刊联合推出《北京大学"十二五"改革和发展规划纲要专刊》，在全校范围内宣传"十二五"规划。9月，发展规划部根据教育部直属高校工作司反馈意见函的要求，对内容进行再次修改完善，再次上报党政联席会讨论通过后，提交教育部。

2．为学校第十二次党代会提供支撑与配合。发展规划部积极参与第十二次党代会的准备工作，深入研究，为学校做出战略决策、起草党代会报告提供有力支撑。从"研究和完善学校的学术治理结构""加强院校研究和学科发展的跟踪与评估""跨学科研究模式相对优势分析"三个方面，对学校学科发展进行总结与思考。党代会召开前夕，发展规划部承担了"世界一流大学发展规律和趋势""创建世界一流大学的必要性"等专项研究。

3．学科分析工作。通过ESI数据，发展规划部对学校进入全球前1‰的学科进行了深入统计与分析，梳理了各学科在全球所处位置及与世界顶尖水平的差距，比较了学校与世界一流大学在高被引论文、热点论文等反应高水平研究指标上的差距,理清学校高被引论文、热点论文的学科、院系归属等相关信息,为学校优化学科结构与布局提供数据支撑工作,并与爱思唯尔公司合作完成生命科学发展情况的第一期分析报告。

4. 大学排名分析。发展规划部密切关注大学排名的相关更新和变动,第一时间在校内报告了2012—2013年度泰晤士大学排名相关情况,制作规划动态并报送校领导,为校领导全面了解情况提供参考。针对最新泰晤士大学排名,发展规划部进行情景分析,为学校建设世界一流大学提供政策参考,并从世界大学排名、世界学科排名、从ESI看学科发展、交叉学科发展态势、学科专题报告(生命科学、全球智库)五个方面对北大学科的发展状况进行分析。

5. 编纂《北京大学建国以来发展规划选编》。为了保持规划的延续性,并为今后学校的发展提供借鉴依据,发展规划部从历史脉络角度梳理学校新中国成立以来的规划资料,在《北京大学发展规划资料选编》的基础上进一步充实和完善,编纂《北京大学建国以来发展规划选编》(三卷本)。目前,已完成图书选题申请、档案馆资料查找与核对、丛书的编排、校对、丛书序言撰写等前期工作。

【事业规划】 1. 事业规划工作会议。2012年,发展规划部收到学校领导批转及各单位提交的关于事业规划等方面的报告30余份,事业规划办公室对报告事项进行了认真研究论证,并对重大专项事宜展开多部门协调论证研究,共筹备召开由吴志攀常务副校长主持的北京大学事业规划工作会议四次,审议学校议题近10项,经学校党政联席会核准,共发放北京大学事业规划项目审批意见10份。经由事业规划工作会议审议,并提请学校党政联席会议批准,新组建的机构包括:党委政策研究室、麦戈文脑科学研究所、崔琦实验室、高等人文研究院、社会研究中心、软物质科学与工程中心;对机构编制进行调整或明确的机构包括:统战部、研究生院奖助办、体育馆、继续教育部系统、后勤中心系统。

2. 完善机构编制管理制度。学校在机构编制管理方面,一直坚持精简高效、统筹规划、总量控制、管办分离的原则,特别是严格控制机关机构编制,不断加强和规范机构编制的管理。新设立的实体研究机构或跨院系研究机构实行院系内设但对外可独立使用"中心"牌子的"内设外用"机制,并应用于新成立的研究机构,在机制设计上促进了实体科研机构和院系的交叉融合和资源共享,在资源配置上盘活了院系编制资源存量、夯实了校级公共资源。发展规划部在深入研究相关单位管理经验及我校实际情况的基础上,初步起草了《北京大学机构编制管理办法》,并正进一步广泛征求意见,修改完善,以便进一步完善学校机构编制的规划管理工作及其制度建设。

3. 成立北京大学崔琦实验室。根据学校主要领导的指示,及杨开忠秘书长主持召开的成立崔琦实验室工作职能部门协调会的会议精神,发展规划部与物理学院、人事部等相关单位沟通协调,2012年6月向党政联席会提交了《关于成立北京大学崔琦实验室和聘请崔琦教授为北京大学终身教授的请示》,并根据党政联席会意见报签为正式校发文件。

4. 继续教育部系统改革。根据学校领导指示和部署,按照"管办分离"的原则,依照继续教育系统多次提交的报告及方案,发展规划部与相关部门一同对继续教育部系统改革事宜进行了研究论证,并经事业规划委员会审议,学校党政联席会核准,就继续教育部系统改革的相关机构编制进行了批复。

5. 后勤系统中心设置调整。根据学校党政联席会的决议和学校统一部署,发展规划部与组织部、人事部及后勤系统等相关单位协同调研论证,并经事业规划委员会多次审议,学校党政联席会核准,对后勤系统中心设置调整方案及机构编制进行批复。

6. 北京大学东莞光电研究院。根据校领导指示,发展规划部对北京大学东莞光电研究院的成立进行了调研并组织了论证,协助校领导与东莞多次沟通,配合产研院完成北京大学东莞光电研究院的成立论证工作。

【校园规划】 1. 校园规划工作会议。2012年,发展规划部组织召开校园规划委员会会议3次,研究、审议事项计22项,出具项目审批意见书10份,建设项目确认函3份。包括:餐饮综合楼设计修改方案、北京核磁共振中心新选址方案、勺园1—5号楼改造方案、经济学院综合楼局部改造方案、东校门设计修改方案、人事部后小楼改造设计方案;启动实验设备2号楼规划建设相关程序的请示;审议并印发"北京大学校园内设立建筑小品相关审批规定"请示;将技物楼西侧平房改建为超强激光实验室的申请;在北大实验动物中心B楼南侧空地建设9.4T小动物磁共振实验室的申请;关于提请审议新太阳学生中心商用功能的请示;关于申请维修第一和第二体育馆的报告等。

2. 校园空间拓展调研。根据学校领导指示,结合北京大学未来科学城建设构想,发展规划部会同相关部门对学校在海淀山后区域空间拓展的可行性进行多次实地调研,汇总相关资料,积极与政府部门联系推动,编制《北京大学未来科学城项目方案报告》《海淀北部新区北京大学未来科学城项目可行性报告》,并为北京市领导来校调研视察准备相关汇报文件、展板等材料。

3. 启动新一轮校园总体规划修编工作。随着学校创建世界一流大学工作进程的不断加快,对校园空间的要求也不断提升。目前使用的2004版校园总体规划的执行年限只剩两年,在推动实施过程中存在一些问题。经过校园规划委员会、学校党政联席会议批准,发展规划部正式启动新一轮校园总体规划修编工作,希望通过总规修编,进一步优化空间布局,推动落实燕西新区、中央公共文化区等重点区域的建设构想,提升校园文化环境。结合党的十八大会议精神,并落实北京大学党代会报告要求和党代会代表议案,组织开展对校内相关职能部门、专家学者的调研和座谈工作,共商提升校园环境,建设美丽校园。

4. 推动校园交通环境改善。结合学校党代会提案,会同保卫部、总务部、房地产管理部、基建工程部等部门,并邀请关心学校交通问题的教授参与,对校园交通解决方案进行多次座谈研究,在此基础上汇总之前的交通方案,归纳有价值的问题,形成校园交通优化方案调查和意见征集稿,计划近期征集广大师生意见,以作为学校制定下一步校园交通优化方案的依据。会同保卫部、基建工程部多次现场踏勘,并与相关单位沟通,提出成府园区校园区域、太平洋大厦区域校园围墙和校门规划方案,方案同时统筹考虑了综合体育馆、第二教学楼、五四运动场周边的交通组织和停车场地,该方案已获校园规划委员会会议、成府园区协调会议审议通过。

5. 积极推动中央公共文化区规划建设和学生生活条件改善。发展规划部、总务部、房地产管理部、基建工程部、学生工作部等部门经多次沟通论证,建议以新太阳学生活动中心大楼和后勤综合楼的建设为契机,开展中央公共文化区一期——三角地到浴室区域改造建设,改造建设方案已获校园规划委员会审议通过。为改善学生生活条件,发展规划部会同总务部、房地产管理部、基建工程部等部门积极推动28—32号楼,35号楼学生宿舍的改造、餐饮综合楼改造以及后勤多功能服务楼建设工作,研究推动用于学生宿舍、食堂周转过渡的勺园1—5号楼改造方案。

【文物保护与管理】 1. 完善规章制度建设。2012年年初发展规划部开始启动《北京大学文物保护管理条例》编制工作。依据国家和北京市相关法律法规,并参考兄弟高校文物保护规章制度,经过多次调整修改,形成《北京大学文物保护管理条例(征求意见稿)》。2012年11月21日,发展规划部组织责任单位对条例进行研讨,并在其后征求所有委员意见,修改完善后计划提请北京大学文物保护管理委员会审议。

2. 文物普查建档与散置遗存修复工作。结合《燕园建筑》编写工作,逐步对校园文物进行普查建档,建立校园文物数据库。目前已完成单体建筑和重要散置文物的建档工作,并将继续完善更新,作为校内文物保护工作的基础和依据。发展规划部和基建工程部通过广泛查阅资料,并在考古文博学院专家帮助下,经校园规划委员会会议多次研究审议,确定华表围栏修复方案和朗润园石牌楼修复方案。结合校园文物保护工作,发展规划部于2012年7月至10月期间,开展对沙滩老北大一、二、三院的三次调研,并组织召开两次专题会议,整理老北大校园历史沿革过程,调查现在使用权属状况,探寻北京大学校园发展变迁的历史轨迹。

3. 文物保护日常工作。2012年,发展规划部积极落实国家文物局、北京市文物局政策文件要求,处理上级单位各类文件24件。撰写和上报《北京大学消防平安三号行动工作总结》《文物建筑消防检查情况调查表》《北京大学十八大期间火灾防控和社会面维稳工作总结》等各类报表、总结等。会同保卫部等部门,接待北京市文物局、海淀区文委等上级单位校内文物保护工作检查2次,答复北京市文物局关于校园文保区和建控地带开工建设项目情况调查询问多次。对文物进行定期巡查,十八大前后每日对校园文物进行巡查。

【现代大学制度】 1.《北京大学章程》研究和制定工作。2012年1月1日,教育部31号令《高等学校章程制定暂行办法》开始实施,学校领导高度重视,寒假战略研讨会明确了章程建设为学校2012年重要工作之一。随后,发展规划部根据寒假战略研讨会精神及书记、校长指示,遵照"改革导向、循序渐进、上下互动"三个原则,全方位积极推进章程建设研究的相关工作。调整了章程起草委员会,并增设"北京大学现代大学制度建设暨《北京大学章程》起草咨询委员会",开展章程相关专题研究。围绕章程建设问题进行广泛调查研究,对20余个院系进行调研,以专题研讨、问卷调查、网站论坛等形式广泛征求意见,汇总成稿;积极承办或参与各类章程相关会议培训10余次。

2.《北京大学学术委员会章程》修订工作。根据学校第十二次党代会提出的"在尊重学术权力的前提下建立科学有效的管理体制机制,提升管理水平"的要求,同时为做好国家教育体制改革现代大学制度改革试点工作,发展规划部深入研究了美国斯坦福大学、密歇根大学、加州大学伯克利分校、哥伦比亚大学、英国剑桥大学、牛津大学等世界一流高校的学术治理结构和国内清华大学等兄弟院校的经验,在走访调研了校内30多个院系所中心并与学校现任学术委员会部分委员进行了深入访谈的基础上,发展规划部加紧加快推进《北京大学学术委员会章程》的修订工作。经四场专家学者座谈会讨论后,《北京大学学术委员会章程》现已形成征求意见稿。

3. 教育法一揽子修订计划专题研究。根据教育部教育法修订一揽子工程的部署及教育部领导的指示精神,及杨开忠秘书长主持召开的学校职能部门研讨会精神。事业办根据领导指示,积极推进高等教育法及相关法律修订研究建议工作,并根据各部门的建议,从北京大学工作实践出发,对高等教育法及相关法律条款进行了修订及形成了说明报告,经书记、校长批准后,报教育部参阅。

对 外 交 流

【概况】 2012年,北京大学共接待来访的代表团399批次,新签或续签交流协议39项(其中医学部7项),接待人数近七千人次。接待到访的外国元首及政要13人,其中元首6人,包括伊朗总统内贾德(Mahmoud Ahmadi-Nejad)、南非总统祖马(Jacob Zuma)、卢旺达总统卡加梅(Paul Kagame)、哥伦比亚总统胡安·曼努埃尔·桑托斯(Juan Manuel Santos)、南苏丹总统萨尔瓦·基尔·马亚尔迪特(Salva Kiir Mayardit)、立陶宛总理安德留斯·库比留斯(Andrius Kubilius);政要7人,包括泰国公主诗琳通(Maha Chakri Sirindhorn)、澳大利亚前总理陆克文、美国前总统吉米·卡特(Jimmy Carter)、希腊前总理康斯坦丁·西米蒂斯(Constantine Simitis)、法国前总统吉斯卡尔·德斯坦(Giscard d'Estaing)、英国前首相托尼·布莱尔(Tony Blair)、芬兰前总理、诺基亚集团常务副总裁埃斯科·阿霍(Esko Aho)。

为加强北京大学与海外相关机构和高校的深入合作,2012年北京大学(含医学部)共派出校领导出访团组19个,对美国、英国、德国、澳大利亚、日本、俄罗斯等高等教育强国的重点合作院校进行友好访问。出访在深化北京大学与友好院校合作关系的同时,促成了多项合作协议的签署,并达成了部分合作意向。

【重要出访】 1. 欧洲地区。2012年4月、10月,周其凤校长分别出访西欧、北欧和俄罗斯,先后访问西欧的荷兰莱顿大学、荷兰乌特勒支大学、德国图宾根大学、法国巴黎政治学院、法国巴黎高科技工程师学校集团,北欧的丹麦哥本哈根大学、丹麦奥胡斯大学、冰岛大学、瑞典隆德大学,以及俄罗斯国立莫斯科大学、俄罗斯国立圣彼得堡大学。4月,李岩松副校长出访英国、比利时,访问英国贝尔法斯特女王大学,签署两校合作备忘录;参加中英人文交流机制会议,与英国爱丁堡大学签署国别研究中心合作协议;访问比利时鲁汶大学,签署中欧科研平台谅解备忘录。12月,朱善璐书记出访英国和德国,先后访问英国爱丁堡大学、伦敦政治经济学院、剑桥大学、牛津大学、布莱尔信仰基金会,德国洪堡大学、柏林自由大学、戴姆勒股份有限公司,与德国洪堡大学协商推进中德高等研究院,并与柏林自由大学签署两校战略合作备忘录补充协议。

2. 北美地区。2012年10月,王恩哥常务副校长率团出访美国,先后访问芝加哥大学、康奈尔大学、哥伦比亚大学和普林斯顿大学四所美国一流学府,拜会校领导,深入了解美国高校的本科生教育情况。代表团此行还特别关注美国公共研究平台的建设与运行,先后参观了康奈尔大学纳米科技设备平台、哥伦比亚大学计算生物及生物信息中心以及普林斯顿高等研究院。11月,柯杨常务副校长率领医学部代表团访问美国密歇根大学医学院,参加第二届北京大学医学部—密歇根大学医学院临床与转化医学联合研究所学术研讨会,出席联合研究所董事会议,并探讨未来合作规划。

3. 大洋洲地区。2012年4月,前校长许智宏率团访问澳大利亚拉筹伯大学、新南威尔士大学、阿德莱德大学、格里菲斯大学,并出席"澳中未来对话"活动。11月底至12月初,周其凤校长访问澳大利亚和新西兰两国,先后到访澳大利亚墨尔本大学、澳大利亚国立大学、澳大利亚拉筹伯大学以及新西兰奥克兰大学、新西兰惠林顿维多利亚大学,在澳大利亚国立大学举办了"北京大学日"活动,并在"澳中大学校长论坛"上发表了演讲。

4. 亚洲地区。除常规的出访重点日韩外,北京大学高度重视对西亚、南亚地区高校的访问,密切了与该地区高校的合作。2012年1月,李岩松副校长访问沙特阿拉伯,代表学校与沙特国王图书馆总监费萨尔共同签署了《在北大建立、运行、管理沙特国王图书馆分馆的协议》,这将是沙特在非阿拉伯地区建立的第一个国王图书馆分馆。4月,柯杨常务副校长率领医学代表团赴印度新德里参加医学人才教育五国区域研讨会。研讨会由印度公共卫生基金会

(Public Health Foundation of India，PHFI)主办，参会代表分别来自中国、印度、孟加拉国、泰国和越南。6月，吴志攀常务副校长赴以色列出席第四届以色列总统论坛，并访问以色列高教部、希伯来大学、特拉维夫大学。

【重点项目】 1. 北京大学斯坦福中心。2012年3月21日，"北京大学斯坦福中心"举行揭牌仪式。中心由美国斯坦福大学投资建立，是斯坦福大学师生在中国执行研究、教育项目的基地，旨在促进北京大学与斯坦福大学两校合作及中美两国间的人文交流。作为两校协同创新的新平台，中心将整合两校合作资源，继续开展学生实习、学者访问、学生交换等合作项目，并进一步为斯坦福大学与北京大学及中国其他高校提供资源共享、深度交流合作的机会。

2. 北京大学世界伦理中心。2012年10月29日，"北京大学世界伦理中心"正式成立。该中心以扎根中华传统文化，汲取轴心文明、非轴心文明及各原住民的智慧伦理为宗旨，力求建立一个研究与教学相辅相成、国内与国际结盟的学术团队，开展对世界伦理和全球经济伦理等问题的研究。中心由德国企业家习理德(Karl Schlecht)、中国三一重工董事长梁稳根先生联合资助成立，隶属于北京大学高等人文研究院，并与德国图宾根大学世界伦理中心保持学术合作关系。

3. 学生海外学习。2012年，北京大学从自身学科发展需要、地区平衡性发展等多方面考虑，努力探索EAP地区发展战略：在美大地区，北京大学与包括美国芝加哥大学、加拿大不列颠哥伦比亚大学在内的多所一流高校签署校际交流协议；在亚非地区，创设"北京大学—京都大学暑期项目"；在欧洲地区，将英国高校作为拓展重点。同时，北京大学也积极利用国家平台，拓宽师生派出渠道。在"国家建设高水平大学研究生项目"的推动下，2012年赴外攻读学位或参加联合培养项目的博士生达234人次。国家留学基金委自2011年起设立了"优秀本科生项目"，为本科生赴海外学习提供专项基金资助。2012年，北京大学作为第一批高校获得选派机会，共有11个项目获批，39名本科生获得资助。2012年，校本部共派出学生赴外交流学习逾600人次。通过与海外伙伴学校缔结的80个常规校级交换项目派出226人，通过35个假期项目派出349人，通过中外政府、海外机构等渠道派出50余人。医学部通过校际短期交流派出学生71人。

4. 北京论坛(2012)。2012年11月2日至4日，由北京大学、北京市教育委员会和韩国高等教育财团联合主办的第九届北京论坛在北京举行。本届论坛的主题是"文明的和谐与共同繁荣——新格局·新挑战·新思维·新机遇"。来自世界44个国家和地区的437位知名学者出席论坛。

论坛下设8个分论坛、1个学生论坛、1个学术专场和1场对话。8个分论坛的主题分别为"反思资本主义：后危机时代世界面临的挑战""信仰与社会——全球化时代的精神反思""世界经济变化中的教育发展：质量、公平与效率""世界城市精神传承——经验与创新""文明的构建：语言的沟通与典籍的传播""社会化媒体时代的创新与变革""全球经济新格局下的社会企业与企业家责任""共同的世界，不同的视角：德国、欧洲、中国"。其中，以"全球经济新格局下的社会企业与企业家责任"为主题的企业家分论坛系首次设立。此外，本届北京论坛再次与哈佛燕京学社携手合作，设立以"信仰、社会与新媒体"为题的"哈佛—燕京学社专场"。

5. 生态文明贵阳会议。2012年7月26日至28日，由北京大学参与举办的2012生态文明贵阳会议在贵州省贵阳市举行。北京大学主办贵阳会议下设的教育论坛，周其凤校长、李岩松副校长及环境科学与教育领域的北大师生代表参加了会议。本届教育论坛的主题为"生态教育与大众参与"，由研讨会和工作坊两部分组成，包括联合国教科文组织助理总干事汉斯·道维勒在内的30多位教育学家、生态专家和生态行动者在论坛上展开了深入探讨。

6. 外国专家工作及国际会议。2012年，北京大学共聘请外籍专家和教师487人次，他们来自40多个国家和地区，在校从事教学和合作研究、联合培养研究生、协助建设实验室、文科基地建设等工作。2012年，经教育部批准，北京大学主办、承办、协办了70场双边和多边国际学术会议，4385名中方学者、1768名外方学者参会。

7. 北京大学大学堂顶尖学者讲学计划。2012年，北京大学推出了"北京大学大学堂顶尖学者讲学计划"，重点支持高水平外籍教授来校讲学。计划在未来5年中，每年邀请至少10位世界级顶尖学者来校讲学、交流。受邀学者须为国际著名教授或学科领域内公认的顶尖学者，且具有前瞻性、战略性的眼光，能够引领本学科保持或赶超国际领先水平。2012年5月至12月，先后邀请了诺贝尔物理学奖得主崔琦教授、美国科学院院士庄小威教授、斯坦福大学著名学者弗朗西斯·福山(Francis Fukuyama)教授、后现代文化理论代表人物弗雷德里克·杰姆逊(Fredric Jameson)教授来校讲学。

8. 汉语国际推广。截至2012年年底，北京大学共举办了9所孔子学院：德国柏林自由大学孔子学院、西班牙格拉纳达大学孔子学院、俄罗斯莫斯科大学孔子学院、英国伦敦大学教育学院孔子学院、日本立命馆孔子学院、日本早稻田大学孔子学院、泰国朱拉隆功大学孔子学院、埃及开罗大学孔子学院和美国斯坦福大学孔子学院。北京大学孔子学院在学人数稳步增加，文化推介活动丰富多彩，在当地大学和社区的影响力不断攀升。2012年度，泰国朱拉隆功大学孔子学院、西班牙格拉纳达大学孔子学院获国家汉办"先进孔子学院"称号，英国伦敦大学教育学院孔子学院下属金斯福德孔子课堂被评为先进孔子课堂；莫斯科大学孔子学院中方院长任光宣教授被国家汉办评为"孔子学院先进个人"。

9. 派出工作。据统计，2012年北京大学出访人数共计6285人次，其中校本部5684人次，较2011年增长18.8%。出访人员构成上，学生出访为2777人次，较2011年增长27.3%；教师出访为2907人次，较2011年增长11.6%。出访类型上，参加学术会议所占比例接近50%，此外，合作研究、交换学习等比例也相对比较高，体现出北京大学国际交流的学术性特征。医学部出访601人次。

10. 港澳台交流。2012年，北京大学继续深化与台湾大学战略合作伙伴关系。人才培养方面，两校签署了关于合办双学位项目的协议。科研合作方面，2012年年初，签署了《北京大学与台湾大学战略合作研究协议书》。此外，由北京大学和台湾大学联合发起的首届海峡两岸高校科研管理研讨会于2012年5月18日至20日在湖南举行，来自21所高校的科技管理部门的近40名科研处长/研发长代表参加了研讨会。在管理人员交流方面，为落实《北京大学与台湾大学策略联盟备忘录》的有关内容，两校行政管理人员分别在2012年3月和6月进行驻校交流，在双方互设办事机构的同时，也建立了两校行政管理人员交流的新机制。学生交流方面，"北大—台大学生社会服务计划"第二期、第三期活动2012年分别在台湾和云南腾冲举行，两校还联合云南大学在云南腾冲设立了"北大—台大—云大学生社会服务基地"。此外，北京大学联合台湾大学在北京音乐厅举办了"北大中乐学社—台大薰风国乐团联合音乐会"，北京大学、台湾大学与香港中文大学联合举办了在台大举行的第六届两岸三校学生运动友谊赛。

港澳交流方面，在中央政府"港大千人计划"支持下，北京大学全面加强与香港大学的合作。北京大学医学部、法学院、新闻与传播学院、中文系等院系共申请14个香港大学千人计划项目，最终有7个项目获教育部批准，是获批项目最多的内地高校。此外，2012年2月13日，由北京大学、台湾大学、香港大学、澳门大学联合成立的中华创新药物联合研究中心在北京成立，中心将推动四校在新药研究领域的强强合作。

2012年，北京大学在港澳台交流工作中重点突出了协同创新与文化传承创新两大战略。在协同创新方面，北京大学努力推动与港澳台地区高校行政管理人员的交流互动。除与台湾大学正式建立人员互换机制外，2012年6月，台湾新竹清华大学叶铭泉副校长率行政人员交流团一行21人来校访问并开展行政人员交流活动；同月，北京大学派出财务部和学生资助中心的4名工作人员赴香港中文大学，参加"2012年度内地行政人员驻校访问计划"。在文化传承创新方面，4月，北京大学举办了"余光中、朱炳仁诗会系列活动"，著名诗人余光中先生正式受聘为北京大学"驻校诗人"。在2012年7月举办的第八届海峡两岸暨港澳地区大学校长联谊活动上，北京大学与其他与会高校共同签署了《海峡两岸暨港澳地区高校关于合作推动中华文化传承、弘扬与发展的备忘录》，共同承诺以传承、弘扬、发展中华文化为己任，努力建设中华民族共有精神家园。2012年12月，北京大学举办了"2012两岸人文对话"活动，来自两岸的知名专家学者围绕"弘扬中华文化、促进世界和平"展开了对话。

人员交流方面，2012年，北京大学因公赴港澳台地区交流的师生共计1641人次，其中校本部1501人次，赴台863人次，赴港569人次，赴澳69人次；医学部赴港澳台地区人员140人次。

人 事 管 理

【概况】 2012年，北京大学人事部认真贯彻落实教育部、人力资源与社会保障部等上级领导机关的指示精神，面向人力资源强国和创新型国家建设的宏伟目标，深入学习践行科学发展观，紧密围绕北京大学创建世界一流大学的中心工作，重点抓好高层次人才队伍建设、专业技术职务评聘、工资、福利待遇以及考核和岗位设置与岗位聘任等工作，为北京大学的教学、科研、管理等各项工作提供可靠并有效的人力资源保障。

【教职工队伍状况】 1. 校本部。2012年北京大学教职员工队伍的建设继续朝着规模适度、结构优化的方向发展，加大力度引进高层次创造性人才，为学校学科建设服务。截至2012年12月，北京大学校本部全职在职人员5756人，具有博士学位2365人，占41.09%。教学科研人员2533人，其中具有博士学位2125人，占83.89%。另有非全职聘用53人。

表 9-1　2012年校本部现有全职人员分布情况

总计	教学科研	党政管理	选留学工	实验工程	图书出版	财会审计	医护	中小幼教	企业编制	工勤
5756	2533	909	57	576	272	161	123	334	81	710

表 9-2　2012年校本部全职人员职称分布

专业技术职务	人数	百分比
正高级职务	1111	19.3%
（其中：教授）	981	17.04%
副高级职务	1725	29.97%
（其中：副教授）	913	15.86%
中级职务	1431	24.86%
初级职务	384	6.67%
无	794	13.79%
小计	5445	94.6%
新体制	311	5.4%
合计	5756	100%

表 9-3　2012年校本部教师国籍/地区构成表

国籍/地区	中国大陆	中国港澳台	美国	加拿大	英国	澳大利亚	荷兰	意大利	日本	德国	其他
人数	2432	21	45	9	4	4	3	3	3	2	7

表 9-4　2012年校本部教师队伍年龄分布表

年龄	30岁及以下	31—35岁	36—40岁	41—45岁	46—50岁	51—55岁	56—60岁	61—65岁	66岁以上
人数	63	328	430	493	639	236	238	67	39

表 9-5　2012年校本部教师队伍学历分布表

学历	博士	硕士	本科	合计
人数	2125	298	110	2533
比例	83.89%	11.76%	4.34%	100%

表 9-6　2012年校本部教师学缘结构表

| 毕业类别 | 本校毕业 | 其他国内高校毕业 | | | 境外高校毕业 |
		985	其他	小计	
人数	1163	279	422	701	669
所占比例	45.91%	11.01%	16.66%	27.67%	26.41%

2. 医学部。2012年医学部教职工队伍建设继续朝着规模适度控制、结构基本合理的方向发展。截止到2012年12月31日，医学部在职职工总数10583人，比2011年增加58人，增幅0.55%。其中医学部本部1674人，比2011年减少4人，增幅-0.24%。附属医院8909人，比2011年增加62人，增幅0.70%。

表 9-7　2012年医学部教职工基本情况一览表

人员及分布	医学部本部人数(比例)	医学部人数(比例)
教学人员	696(41.58%)	3884(36.70%)
教学辅助人员	430(25.69%)	5206(49.19%)
管理人员	392(23.42%)	857(8.1%)
工勤技能人员	156(9.31%)	636(6.01%)
在职总人数	1674(100%)	10583(100%)

【增员情况】 1. 校本部。2012年全年学校增员209人,其中,教学科研占38.3%,党政管理(含选留学工)占32.1%,此两类人员占2012年增员的70.4%。另新增非全职聘用8人。

全校增员中博士学位100人,占47.85%;硕士学位73人,占34.93%。选留应届毕业生为88人,占全校增员的42.11%,其中博士10人,占11.36%;硕士51人,占57.95%。除去选留两年的学生工作干部27人,实际选留毕业生61人,全部具有研究生学历。留学回国55人,占全校增员的26.32%,选留博士后21人,占全校增员的10.05%,地方调入45人,占全校增员的21.53%。留学回国、选留博士后以及地方调入共121人,占全年总增员的57.89%,其中博士学位90人,占74.38%。

表9-8 2012年校本部增员分布表

类别	教学科研	党政管理	选留学工	实验工程	图书出版	财会	医护	中小幼教	小计
人数	80	40	27	25	10	8	3	16	209

表9-9 2012年校本部增员类别及学历分布表

	合计	选留毕业生	留学回国(含外籍)	地方调入	选留博后
博士	10	52	17	21	100
硕士	51	3	19		73
本科及以下	27		9		36
合计	88	55	45	21	209

表9-10 2012年校本部选留应届毕业生分布表

	教学科研	党政管理	选留学工	实验工程	图书出版	财会	医护	中小幼教	总计
博士	3	2		3				2	10
硕士	1	27		7	7	4		5	51
本科			27						27
总计	4	29	27	10	7	4	0	7	88

表9-11 2012年校本部引进人员分布表(非毕业生)

	教学科研	党政管理	实验工程	财会审计	图书出版	医护	中小幼教	总计
博士	76		13			1		90
硕士		8	1	4	3	2	4	22
本科及以下		3	1				5	9
总计	76	11	15	4	3	3	9	121

新体制人员新增50人,其中教学科研43人,实验技术等其他人员7人。包括:新机制33人(工学院、分子医学研究所、生命科学学院、北京国际数学研究中心等,含全职千人3人,青年千人14人),百人17人。

2012年引进正高人员42人,其中,教授6人(包括千人计划3人、长江1人、杰青1人),研究员36人(包括青年千人计划13人,百人计划17人)。

表9-12 2012年校本部引进高层次人才名单

姓名	单位	专业技术职务	人员编制
黄宝春	地球与空间科学学院	教授	事业编制
李影	软件工程国家工程研究中心	研究员	事业编制
余聪	心理学系	教授	事业编制
林宙辰	信息科学技术学院	教授	事业编制
张晓波	国家发展研究院	教授	新体制
王玲华	地球与空间科学学院	研究员	新体制
于海峰	工学院	研究员	新体制
戴志飞	工学院	研究员	新体制
陆祖宏	工学院	研究员	新体制
占肖卫	工学院	研究员	新体制

续表

姓　名	单　位	专业技术职务	人员编制
金　李	光华管理学院	教授	新体制
孙俊良	化学与分子工程学院	研究员	新体制
刘小云	化学与分子工程学院	研究员	新体制
刘思彤	环境科学与工程学院	研究员	新体制
陆克定	环境科学与工程学院	研究员	新体制
陈侃理	历史学系	研究员	新体制
John Dillon	历史学系	研究员	新体制
李沉简	生命科学学院	教授	新体制
李　晴	生命科学学院	研究员	新体制
伊成器	生命科学学院	研究员	新体制
李毓龙	生命科学学院	研究员	新体制
宋　艳	生命科学学院	研究员	新体制
蔡云峰	数学科学学院	研究员	新体制
席瑞斌	数学科学学院	研究员	新体制
刘若川	北京国际数学研究中心	研究员	新体制
何琼毅	物理学院	研究员	新体制
王大勇	物理学院	研究员	新体制
李新征	物理学院	研究员	新体制
裴俊琛	物理学院	研究员	新体制
杨李林	物理学院	研究员	新体制
李　博	物理学院	研究员	新体制
方哲宇	物理学院	研究员	新体制
李　源	物理学院	研究员	新体制
宋慧超	物理学院	研究员	新体制
贾　爽	物理学院	研究员	新体制
张　霖	物理学院	研究员	新体制
李　健	心理学系	研究员	新体制
李廉林	信息科学技术学院	研究员	新体制
熊英飞	信息科学技术学院	研究员	新体制
孙　栩	信息科学技术学院	研究员	新体制
魏贤龙	信息科学技术学院	研究员	新体制
王永锋	信息科学技术学院	研究员	新体制

2. 医学部。2012年度调配工作仍以调整结构，优化队伍，吸引优秀人才，提高医教研队伍整体实力为工作重点，在实行总量控制的前提下，加大吸引人才力度，同时有计划地补充新生力量。

2012年度调入41人，比2011年减少1人。调入人员的专业技术职务分布情况为：正高8人，占19.51%；副高10人，占24.39%；中级及以下23人，占56.1%。与2011年相比，副高及以上人员增加了7人。学历分布情况为：博士23人，占56.1%；硕士10人，占24.39%；本科及以下8人，占19.51%。

2012年共接收毕业生527人，其中博士196人，占37.19%；硕士140人，占26.5%；本科及以下191人，占36.24%。

表9-13　2012年医学部调入人员岗位及来源分布情况

项　目		小计	岗　位							来　源				
			教学科研	医药护技	实验技术	工程技术	党政管理	图书资料	出版印刷	留学回国	京外调干	京内调入	军队转业	其他
专业技术职务	正高	8	4	3			1			3		5		
	副高	10	5	4		1				3	1	6		
	中级	10	6	1			3			1		6		3
	初级	13		7	1		5			1		11		1

续表

项目		小计	岗位							来源				
			教学科研	医药护技	实验技术	工程技术	党政管理	图书资料	出版印刷	留学回国	京外调干	京内调入	军队转业	其他
学历	博士	23	15	7			1			7	1	12		3
	硕士	10		3		1	6			1		9		
	本科	6		3	1							5		1
	大专	2		2								2		
	合计	41	15	15	1	1	9	0	0	8	1	28	0	4

表 9-14 2012 年医学部接收毕业生情况统计表

学历	小计	岗位							来源	
		教学科研	医药护技	实验技术	工程技术	党政管理	图书资料	出版印刷	本校	外校
博士后	6	6	0	0	0	0	0	0	6	0
博士	190	183	3	0	0	4	0	0	178	12
硕士	140	70	25	6	0	38	1	0	76	64
本科	41	0	31	1	0	7	2	0	3	38
大专	150	0	149	0	1	0	0	0	74	76
合计	527	259	208	7	1	49	3	0	337	190

【减员情况】 1. 校本部。2012年全校减员221人，其中离退休160人，调出、辞职、自动离职、在职死亡、选留结束共减员61人。全校2012年实际净减员12人。

离退休160人，包括教学科研人员32人（正高22人），非教学科研人员128人；其他形式减员61人，包括教学科研人员17人（含教授3人，Keh Hean Tat、赵宏凯、周界文），其他人员44人（含选留结束29人）。

表 9-15 2012 年校本部减员分布表

减员分类	小计	教学科研			其他人员							
		正高	副高及以下	新体制	党政管理	工程实验	图书出版	财会	医护	中小幼教	工勤	选留学工
离退休	160	22	10		30	21	12	6	1	9	49	
其他减员	61		9	8	7	4	2	0	0	1	1	29
合计	221	22	19	8	37	25	14	6	1	10	50	29

2. 医学部。2012年度调出86人，与2011年相比减少了26人。调出副高以上人员13人，与2011年相比增加了2人。

从人员增减情况看，医教研队伍趋于稳定，需要深层次地调整结构，加大吸引领军人才的力度仍是今后工作的重点。

表 9-16 2012 年医学部调出人员岗位及流向分布情况

项目		小计	岗位							流向				
			教学科研	医药护技	实验技术	工程技术	党政管理	图书资料	出版印刷	考研	出国	调到本市其他单位	调到京外其他单位	校内调动	其他
专业技术职务	正高	4	2	2								3	1		
	副高	8	2	6								7	1		
	中级	35	2	27	1		4			3		30	1		1
	初级	39	1	37			1			1		32	3		3
	未定	0													
学历	博士	23	5	17			1			1		16	5		1
	硕士	20	2	12	1		4			2		17	1		
	本科	15		15								15			
	大专	23		23								23			
	中专	5		5						1		1			3
	合计	86	7	72	1		5	0	0	4		72	6	0	4

【奖教金评审工作】 1.校本部。2012年奖教金共有14项，奖励名额由2011年的185人增加到205人，奖励额度由2011年度的863万元增加到976万元。2012年度增设"黄廷方/信和青年杰出学者奖"，每年100万元，用于奖励在教学、科研领域卓有建树、发展潜力巨大的20名青年杰出教师，奖励额度为每名5万元。中国工商银行奖教金新增"经济学杰出学者奖"，用于奖励经济学院、光华管理学院和国家发展研究院的杰出学者，奖励名额1名，奖金额度10万元。东宝生命科学教师奖名额由5人调整至3人，奖励额度相应由5万元调整至3万元。王选杰出青年学者奖奖励名额由2名调整至3名，奖金总额由10万元调整至15万元。

根据捐赠方的奖励要求和原则，同时兼顾各单位和学科领域，学校合理分配奖教金的名额，以确保评选出师德高尚、能力卓越、业绩突出的教师。7月，学校奖教金评审委员会召开会议，分别对各个奖项进行评审。9月，学校召开国华杰出学者奖评审会，王阳元等6位教授获奖。12月，学校召开了2012年度奖教金颁奖典礼，以表彰获奖教师。

2012年学校在校外评审的奖项中成绩不俗，其中化学与分子工程学院刘忠范院士获得宝钢优秀教师奖特等奖。

2.医学部。自2012年1月起，北京大学医学部执行新的《北京大学医学部优秀人才奖励计划》。本次评选共有36人获得一等奖，其中医学部本部18人，临床医院18人；18人获得二等奖，医学部本部12人，临床医院6人；15人获得三等奖，医学部本部11人，临床医院4人；52人获得优秀人才青年学者奖，医学部本部39人，临床医院13人。

医学部积极鼓励教师潜心教学。对坚持在教学第一线教书育人，做出突出贡献的先进个人进行表彰和奖励。2012年医学部有2人获北京大学国华杰出学者奖，1人获得宝钢教育基金优秀奖，5人获得北京大学杨芙清—王阳元优秀教师奖，4人获得北京大学奖教金方正优秀教师奖，2人获方正优秀管理奖，6人获绿叶生物医药杰出青年学者奖，3人获黄廷方/信和青年杰出学者奖。

【人才开发工作】 1.校本部。2012年办理公派出国(境)人数共计38人。

表9-17　2012年校本部公派出国(境)人员的派出类别

派出类别	人　数	派出类别	人　数
单位公派进修	6	国家公派进修	12
校际交流	13	随任	0
单位公派任教	5	国家公派工作	0
国家公派讲学	2	单位公派读博	0
总计38人			

表9-18　2012年校本部公派出国(境)人员学历、职称、年龄分布状况

职　称	人　数	学　历	人　数	年龄段	人　数
				50岁以上	2
正高	6	博士	26	45—49岁	8
副高	17	硕士	12	40—44岁	7
中级	15	学士	0	35—39岁	12
初级	0	无学位	0	30—34岁	6
				30岁以下	3
总计38人					

表9-19　2012年校本部派出国别(地区)

国　别	人　数	国　别	人　数	国　别	人　数	国别/地区	人　数
美国	17	英国	1	荷兰	1	泰国	1
加拿大	0	法国	1	澳大利亚	2	中国香港	1
日本	6	西班牙	1	俄罗斯	0	中国台湾	0
韩国	2	瑞士	0	蒙古	0	比利时	1
德国	3	瑞典	0	挪威	0	缅甸	1
总计38人							

2012年共有公派留学人员45人回校：

表9-20 2012年校本部公派留学人员回校工作类别分布

派出类别	回国人数	批准延期人数
国家公派讲学	5	0
国家公派进修	15	0
国家公派读博士	1	0
单位公派进修	6	0
校际交流	8	2
单位公派出国任教	8	0
单位公派读博	0	0
其他	2	0
总　计	45	2

主要出国项目推荐选拔情况：哈佛燕京项目推荐1人，未入选；富布赖特项目推荐4人，3人进入面试，等待结果；青年骨干教师项目两批共推荐16人，入选15人；国际区域问题研究及外语高层次人才项目推荐并录取2人；国家留学基金全额资助项目推荐27人，录取12人；推荐中法蔡元培项目2个团队；推荐中加学者项目1人，已录取；推荐中英教育科研合作项目1个团队。

人文基金日常申请及管理工作稳步进行，截至2012年12月，已经接收4个院系人文基金高级访问学者项目申请59人次，批准57人次。

表9-21 2012年校本部人文基金人员分布及资助情况

院系	出访		来访		资助总额（元）	其中：海峡两岸交流		
	人数	月数	人数	月数		人数	月数	资助金额（元）
中文系	5	51	3	3	1168800	2	2	56600
哲学系	10	84	4	7	798635	3	3	76000
历史学系	11	56	13	36	1457600	5	9	218000
考古文博学院	6	30	5	12	578755	2	4	103000
共　计	32	221	25	58	4003790	12	18	453600

2. 医学部。2012年医学部选派75名骨干教师出国留学，其中国家公派留学13人，单位公派留学62人。在派出人员中，副高级以上职称人员41人，中初级职称人员34人；派往美国38人，加拿大7人，英国6人，日本、德国、奥地利等其他国家和地区24人；出国进行合作研究的10人，进修学习50人，访问学者12人，短期讲学等3人。2012年批准在外留学人员的延期申请18人次。

【专项培训工作】 1. 校本部。（1）北京大学优秀青年人才交流培训会。2012年4月组织为期三天的优秀青年人才交流培训会，来自全校不同院系以及医学部的优秀青年人才（"百人计划"入选者）和近两年的国家杰出青年基金获得者、近期入选青年千人计划的优秀青年学者共30余人参加了此次培训活动。（2）新任教职工岗前培训。2012年8月27日至31日，在平谷区和校本部组织了2012年校本部新任教职工岗前培训系列活动。2012年度校本部新聘任的教学科研人员、实验技术人员、行政管理人员以及学工选留学生干部共110人参加了培训。校党委书记朱善璐，常务副校长吴志攀，地球与空间科学学院教授、中科院院士涂传诒，化学与分子工程学院教授、中科院院士刘忠范，政府管理学院教授张国庆，党委组织部部长郭海，人事部部长刘波，教务部部长方新贵，科研部部长周辉，社科部常务副部长萧群，财务部副部长邵莉，工会副主席迟春霞出席培训活动并分别作专题报告，内容涉及北大历史传统与人文精神、学校的人事政策、财务工作、学生事务、学术道德建设等。（3）上级部门培训工作。根据中组部《高层次专家国情研修计划（2012—2020年）》，中组部、人社部于2012年分层次、分批次举办了高层次专家国情研修班，学校按要求选派院士、千人、百千万人才国家级人选、青年千人共6批12人赴中央党校、延安干部学院、井冈山干部学院参加研修。根据教育部安排，组织师生代表50余人赴人民大会堂、清华大学参加侯伯宇同志先进事迹报告会、科学精神与学风道德建设宣讲会。

2. 医学部。组织774名新教师进行岗前教育理论培训，其中本部45人、附属医院333人、教学医院396人。此外,对医学部从1996年到2012年组织的新教师岗前教育理论培训情况进行了全面统计和总结工作,17年来共培训8799人。

【高端人才及团队】 1. 校本部。(1) 千人计划。2012年3月、7月先后申报第八批和第九批"千人计划"各类项目人才共66人,其中创新长期项目8人,创新短期项目18人,青年千人项目40人。

按照《北京大学实施"青年千人计划"暂行办法》(校发〔2011〕133号)要求,学校"青年千人计划"聘任小组于2012年3月、9月先后对校本部第二批、第三批"青年千人计划"入选者共27人的聘任事宜进行了审议,确定了入选者的职位及薪酬待遇。

截至第八批(第三批"青年千人计划"),北京大学有"千人计划"入选者105人(含引进2人,谢心澄、陈峰)。包括创新长期项目39人(含1人放弃)、创新短期项目21人(含1人去世)、外国专家千人2人(含1人放弃)、"青年千人计划"43人(含4人放弃)。国家千人计划(创新人才长期项目、创新人才短期项目、外专千人计划)已有44人完成了合同签署并到岗开展工作,到岗率73%。青年千人已有32人签署合同并到岗工作,到岗率82%。前三批青年千人国家专项科研经费补助获批共计1.07亿元。

2012年6月底、8月底,按照中央组织部"千人计划"专项办要求,先后在大连海创周、无锡太湖峰会期间策划组织了"千人计划"专家创新创业成果展,总结并回顾学校"千人计划"实施以来所取得的成绩。

(2) 万人计划("国家高层次人才特殊支持计划")。

① 国家百千万工程领军人才。

根据《国家高层次人才特殊支持计划》(中组发〔2012〕12号)和人力资源和社会保障部《关于做好2012年"国家特支计划"百千万工程领军人才推荐工作的通知》(人社厅函〔2012〕467号)要求,北京大学推荐化学与分子工程学院高松等4人申报国家百千万工程领军人才,目前正在评审中。

② 青年拔尖人才支持计划。

根据教育部《关于做好青年拔尖人才支持计划首批申报工作的通知》(教人司〔2011〕303号)要求,2011年12月,经学校人文社会科学、理工科、医学部专家组会议审议,同意推荐章志飞等68人申报首批"青年拔尖人才支持计划"(自然科学类42人,人文社科类26人)。经中组部的初审、通讯评审、面试评审,2012年8月,北京大学共有12人进入入选公示名单,包括自然科学类10人、人文社科类2人,入选人数居全国首位。

(3) 长江学者奖励计划。2012年上半年教育部重启"长江学者奖励计划",根据教育部《关于做好2011年度"长江学者奖励计划"人选申报工作的通知》(教人司〔2011〕352号),学校全力做好2011年度长江学者组织申报工作,共推荐长江学者候选人83人(含医学部12人),申报人数创历史新高,其中申报特聘教授64人、讲座教授19人。最后入选长江学者17人,其中特聘教授14人、讲座教授3人,入选人数居高校前列。

2012年3月、10月,学校启动了对聘期届满长江学者的考核评估和续聘工作。2012年上半年聘期届满的长江学者共22人,包括教育部第十批长江学者15人(特聘6人,讲座9人)、学校续聘的第七批长江学者讲座教授合同到期7人。经院系学术委员会评估和学校长江学者评估专家组会议审议,续聘特聘教授岗位6人,续聘讲座教授岗位8人,数学科学学院赵宏凯等8人不再续聘讲座教授岗位。

2012年下半年聘期届满的长江学者共11人,包括教育部第十一批长江学者11人(特聘7人,讲座4人)。经院系学术委员会评估和学校长江学者评估专家组会议审议,续聘特聘教授岗位7人,续聘讲座教授岗位3人(信息科学技术学院蔡进一待定)。

截至2012年12月20日,学校共入选长江学者159人(约占全国入选人数的8%),目前在校工作长江学者146人,其中特聘教授105人,讲座教授41人。其中有18名长江学者特聘教授未被续聘长江学者特聘岗位但仍在校工作(主要是入选千人或者新体制年薪制人员)。

(4) 人文特聘教授。根据《北京大学人文特聘教授管理办法》(校发〔2010〕84号)的要求,中国语言文学系、历史学系、哲学系、考古文博学院四个院系于2012年6月中旬完成了第一批"人文特聘教授"(2010—2012)30人的届满考核以及第二批"人文特聘教授"30位候选人的遴选推荐工作。经各院系考核、评审和北京大学人文特聘教授评价专家小组审议,第一批"人文特聘教授"30人均考核合格,第二批"人文特聘教授"30位候选人均获通过(含推荐续聘11人)。

(5) 百人计划("北京大学优秀青年人才引进计划")。"百人计划"是北京大学以优秀青年人才引进为核心的重要人才计划。自2006年正式启动以来,学校共批准引进优秀青年人才128人。现到校工作104人,其中理科89人,人文社科15人,引进时平均年龄33岁,90%的人具有海外学术工作经历。"百人计划"人员已完成中期评估53人。"百人计划"人员已有4人获得"长江学者特聘教授"称号,7人获"国家杰出青年科学基金",10人获得首批国家基金委优秀青年基金，7人入选国家"青年千人计划"。"百人计划"人员获得杰青时平均年龄36岁，获长江学者时平均年龄38岁，比北京大学近五年获得杰青、长江的教师平均年龄均小5岁左右。"百人计划"的实施不仅使北京大学抓住机遇吸纳了一批优秀青年人才，也为面向未来的学术队伍建设探索了一条道路。

2. 医学部。医学部有两院院士11人，"千人计划"入选者4人，"青年千人计划"入选者3人，长江学者特聘教授13人，讲座教授2人，国家级有突出贡献专家14人，"新世纪百千万人才工程"国家级人选6人。

在教育部实施新长江学者奖励计划之后，人民医院黄晓军被批准为长江学者特聘教授。此外，第一医院李若瑜、人民医院王俊、口腔医院李铁军被批准为2012年度卫生部有突出贡献中青年专家。第一医院黄一宁、人民医院陈红、第三医院乔杰、张幼怡、公共卫生学院李勇、药学院卢炜、中国药物依赖性研究所陆林被批准为2012年享受国务院政府特殊津贴人员。

2012年医学部围绕创建世界一流大学的目标，实施人才强校的战略，以高层次创造性人才队伍建设为龙头，完善人才引进机制，优化队伍结构，努力建设一支高素质、可持续发展的人才队伍。

继续执行《北京大学医学部人才引进和支持计划的实施方案（试行）》，2012年医学部有4位"百人计划"教师到岗工作，医学部给予260万元的科研启动经费支持。

【考核与岗位聘任】 1. 校本部。(1) 年度考核。全校参加年度考核人员共5716人（不含在站博士后人员），考核合格者5591人，考核不合格者125人。因新入职、借调等原因不参加考核的71人。考核不合格的主要原因是不在学校工作。2012年度校本部参加专项岗位年度考核的人员共3888人，根据人事管理信息系统的安排，参加专项岗位考核的人员在网上提交了业绩成果。考核合格者3885人，考核不合格者3人。

(2) 通用岗位聘任。2012年度全校新聘专业技术岗位共388人，其中新聘二级岗位27人，三级岗位25人，四级及以下336人。2012年度的通用岗位聘任工作完成后，全校专业技术二级岗位268人（占总数的23.3％），三级岗位253人（占总数的22％），四级岗位629人（占总数的54.7％）。

2012年共新聘管理职员58人，其中五级管理职员10人，六级管理职员9人，七级管理职员37人，八级管理职员2人。本次聘岗完成后，校本部管理职员共聘任963人。

(3) 专项岗位聘任。2011—2012学年校本部共有3824人被聘任到各985专项岗位。A类岗881人，其中：A1岗117人，A2岗264人，A3岗500人。BC类岗1923人。正高职称在B岗的83人（B1岗73人，B2岗8人，B3岗2人），副高职称在A岗的79人（均为A3岗）。

职员制人员共1020人。其中：院系职员制257人，教辅单位职员制6人，机关职员制757人（含选留学工57人）。

校本部各单位拟新聘A类岗位及A类岗位晋级人员91人，包括四个学部90人，教辅单位1人。其中A1岗19人，A2岗28人，A3岗43人。学部审议通过89人，包括理学部25人，信息与工程科学学部13人，人文学部35人，社会科学学部16人；未通过1人。教辅单位1人（A3岗）。新聘A类岗位人员占A类岗位总数的10.2％。

全校各教学科研单位共聘岗2684人，其中：A类岗位858人，BC类岗位1569人。A类岗中A1岗位116人，A2岗位262人，A3岗位479人。教学科研单位职员制人员考核合格共聘任257人。

图书馆、计算中心、教育技术中心、校医院等教学辅助单位共聘岗378人，其中：A类岗位22人，BC类岗位350人，职员制6人。A类岗位中，A1岗1人（朱强），A2岗2人（张宏印、张蓓），A3岗19人。

校机关及直属单位共聘岗762人（含选留学工57人），其中：A类岗位1人，BC类岗4人，职员制757人。附中、附小的考核聘任工作单独进行。

青年津贴申报情况。2012年度青年津贴共申报435人。其中教学科研单位申报343人，教学辅助单位申报92人。

其他岗位聘任情况。① 杰青聘岗情况。校本部共有在职杰青152人，其中A类岗73人（A1岗30人，A2岗35人，A3岗8人，共占48％），教育部长江特聘和校特聘岗52人，院士6人，百人和年薪制21人。② 其他岗位情况。校本部共有院士岗39人（含人文资深在职4人，不含双聘院士）；教育部长江特聘岗21人；校特聘岗64人（含国家教学名师等特聘待遇8人）。另有新体制年薪制301人。

全校降级聘任共13人（含A类岗9人，BC类岗4人，A类人员降级主要是部分人文院系的人文特聘岗聘任调整需要）。总体上，"985"专项岗位在总量稳定的情况下，进行了适度调整，顺利完成2012年度全校聘岗工作。

(4) 专业技术职务聘任。

① 教师系列。

2012年校本部共下达教师系列正高级岗位晋升指标47个、副高级岗位晋升指标53个。经评审，最终通过晋升教授46人（含引进确认5人）；通过晋升副教授54人（含引进确认2人、转系列3人）；晋升讲师职务5人（含转系列3人）。2012年度共28人申请晋升不成功并记次,其中第二次申请的 3 人。

教师系列晋升通过人员年龄、学历结构及教学科研情况如下:

a. 教授(研究员)。

2012 年度晋升教授人员的平均年龄 43.7 岁,与往年基本持平(2006、2007 年均为 43.0 岁,2008 年 43.6 岁,2009 年 43.5 岁,2010 年 44.4 岁,2011 年 43.8)。人文学部晋升教授的人员年龄偏高。

晋升教授人员获博士学位的比例为 94.9%,与前两年基本持平(2003—2004 年 81.4%,2005 年 84.8%,2006 年 95.2%,2007 年 94.2%,2008 年 87.8%,2009 年 92.0%,2010 年 94.7%,2011 年 95.7%)。

晋升教授人员的平均任职年限为 9.4 年,比往年略上升(2005 年 7.7,2006 年 8.6、2007 年 8.6,2008 年 8.8,2009 年 8.6,2010 年 9.2,2011 年 8.6),其中,人文、社会科学部晋升教授的人员任副教授的时间较长,平均分别为 10.5、10.2 年。

晋升教授人员平均教学任务为 126.9 学时/年(3.7 学时/周),与往年相比有所下降(2009 年 153.3,2010 年 157.9,2011 年 151.9)。晋升教授人员平均发表科研文章 27.1 篇,近几年持续上升(2005 年 15.8,2006 年 19.5,2007 年 20.7,2008 年 22.8,2009 年 21.8,2010 年 24.6,2011 年 23.7)。自然科学类平均发表被 SCI 等收录的论文 19.3 篇,比往年有所增加(2007 年 14.8,2008 年 14.4,2009 年 16.8,2010 年 21.0,2011 年 16.7)。

b. 副教授(副研究员)。

2012 年教学科研系列晋升副教授人员的平均年龄为 34.7 岁,与往年基本持平(2009 年 35.3 岁;2010 年 34.9 岁;2011 年 35.7 岁)。获博士学位的比例为 91.8%。

晋升副教授人员的平均任职年限为 5.3 年,承担教学任务平均为 137.0 学时/年(4.0 学时/周),平均发表科研论文 8.9 篇(2009 年平均任职年限为 5.5 年,平均教学任务 140.6 学时/年,发表论文 8.9 篇;2010 年平均任职年限为 5.2 年,平均教学任务 144.6 学时/年,发表论文 8.9 篇;2011 年平均任职年限为 5.7 年,平均教学任务 151.4 学时/年,发表论文 11.3 篇)。

表 9-22　2012 年校本部各学部教授(研究员)审议结果

学部	指标	本年度晋升(占指标)			确认		未通过人数
		总数	正常	破格	引进	其他	
人文学部	15	10	10	0	1	2	0
社会科学部	14	12	12	0	1		1
理学部	10	9	8	1	2		0
信息与工程科学部	8	8	8	0	1		0
合计	47	39	38	1	5	2	1

注:地球与空间科学学院孙元林,硕士,学历破格。

表 9-23　2012 年校本部各学部副教授(副研究员)审议结果

学部	指标	本年度晋升(占指标)			确认		未通过人数
		总数	正常	破格	引进	转系列	
人文学部	13	13	10	3			
社会科学部	16	14	12	2	1		
理学部	12	11	11		1	3	
信息与工程科学部	12	11	11				
合计	53	49	44	5	2	3	0

注:哲学系王彦晶,2010—2019 任讲师,年限破格;外国语学院田剪秋、对外汉语教育学院蔡云凌,硕士,学历破格。
体育教研部吴尚辉、唐彦,学士,学历破格。
物理学院罗春雄、地球与空间科学学院张飞舟、杜世宏,由专职科研转入教学科研系列。

② 非教师系列。

2012 年校本部共下达非教师系列正高级岗位指标 9 个、副高级岗位指标 37 个(含出版系列非事业编制,不含财会)。经评审,通过晋升正高职务 9 人;晋升副高职务

37人；晋升中级职务81人。2012年度共36人申请晋升不成功并记次，其中第二次申请的2人。

表9-24　2012年校本部各分会正高职务评议结果

分会	占年度指标		第一次申请晋升不成功人数	第二次申请晋升不成功人数
	总人数	备注		
实验/财会/工程分会	3	教授级高级工程师3人	3	
图书出版分会	4	研究馆员2人、编审2人	2	
医疗卫生分会	0			
高等教育管理与德育分会	2	研究员2人		2
合计	9		5	2

表9-25　2012年校本部各分会副高职务评议结果

分会	占年度指标		第一次申请晋升不成功人数	第二次申请晋升不成功人数
	总数	备注		
实验/财会/工程分会	11	高级工程师11人	13	
财会审计系列评聘小组	9	高级会计师9人		
图书出版分会	4	副研究馆员3人、副编审1人（另有非事业编制副编审4人）	4	
医疗卫生分会	1	副主任医师1人		
高等教育管理与德育分会	10	副研究员8人，副教授2人	12	
中小学幼教系列	7	中学高级教师6人，引进确认中学高级教师1人		
合计	42		29	

注：财会审计系列未下达指标。

表9-26　2012年校本部教师系列晋升正高人员年龄与学历情况

学部	人数	年龄结构			学位情况			
		最小	最大	平均	博士	博士比例	硕士	学士
人文学部	10	41	58	46.7	9	90.0%	1	0
社会科学部	12	38	56	44.1	12	100.0%	0	0
理学部	9	38	51	44.3	8	88.9%	1	0
信息与工程科学部	8	37	43	38.8	8	100.0%	0	0
合计	39	37	58	43.7	37	94.9%	2	0

表9-27　2012年校本部教师系列晋升正高人员任职时间与教学任务、科研文章统计

学部	任职时间（年）			教学任务（学时/年）			科研文章			
	最短	最长	平均	最多	最少	平均	最多(最多/年)	最少	平均(平均/年)	SCI,EI 平均(平均/年)
人文学部	6	18	10.5	221.0	98.6	167.6	53(6.7)	9	28.6(3.0)	
社会科学部	5	17	10.2	234.6	68.0	144.2	67(7.5)	6	30.0(3.2)	
理学部	5	16	9.0	160.8	34.0	105.5	35(5.0)	6	21.9(2.6)	17.8(2.3)
信息与工程科学部	6	8	7.0	125.8	36.7	74.2	46(7.7)	10	26.5(3.9)	21.0(3.0)
合计	5	18	9.4	234.6	34.0	126.9	67(7.7)	6	27.1(3.1)	19.3(2.6)

表9-28 2012年校本部晋升副高人员年龄与学历情况统计

学 部	人数	年龄结构			学位情况				获博士学位后平均任职时间
		最小	最大	平均	博士	博士比例	硕士	学士	
人文学部	13	30	41	35.5	11	84.6%	2	0	3.1
社会科学部	14	31	47	35.9	12	85.7%	0	2	4.1
理学部	11	30	42	33.3	11	100.0%	0	0	5.3
信息与工程科学部	11	29	41	33.8	11	100.0%	0	0	4.1
合 计	49	29	47	34.7	45	91.8%	2	0	4.1

表9-29 2012年校本部晋升副高人员任职时间与教学任务、科研文章统计

学 部	任职时间（年）			教学任务（学时/年）			科研文章				
	最短	最长	平均	最多	最少	平均	最多（最多/年）	最少	平均（平均/年）	SCI、EI平均（平均/年）	
人文学部	1	13	6.3	367.2	78.2	202.0	16(6.0)	4	6.8(1.7)		
社会科学部	3	19	5.7	306.0	51.0	166.0	13(4.3)	2	8.1(1.9)		
理学部	2	13	4.3	234.6	47.6	114.8	27(3.9)	2	9.9(2.0)	7.3(2.3)	
信息与工程科学部	2	13	4.6	102.0	0	45.5	20(6.7)	6	11.2(3.4)	8.7(2.8)	
合计	1	19	5.3	367.2	0	137.0	27(6.7)	2	8.9(2.2)	8.0(2.5)	

2. 医学部。

(1)（学）年度考核与岗位聘任。

根据《北京大学医学部教职工考核聘任实施办法》（北医〔2009〕部人字149号）的规定，同时按照北京大学人事部北人发〔2012〕006号和医学部《关于学年度考核及985专项岗位聘任的通知》（北医〔2012〕部人字161号）、《关于2012年度临床医学院教职工考核聘任工作安排的通知》（北医〔2012〕部人字217号）文件的要求，2011—2012学年度医学部本部ABC类岗位及职员岗人员考核聘任工作和其他未设ABC类岗位及职员岗位的单位及临床医院的年度考核，经过各单位的共同努力已如期完成。

2012年，医学部本部应参加学年度考核人数1426人，实际参加考核人数1403人。其中优秀137人，占参加考核人数的9.76%；合格人数1233人，占参加考核人数的87.88%；参加考核不确定等次33人，占参加考核人数的2.35%。不参加考核23人，占应参加考核人数的1.61%。

医学部本部未设ABC类岗位及职员岗位的单位应参加考核的人员265人，实际参加考核人员262人，优秀13人，占实际参加考核人数的4.96%；合格248人，占实际参加考核人数的94.66%；不合格1人，占实际参加考核人数的0.38%。不参加考核人员3人，占应参加考核人数的1.13%。

各临床医学院应参加考核的人员10216人，实际参加考核人员10127人。其中优秀873人，占实际参加考核人数的8.62%；合格8771人，占实际参加考核人数的86.61%；不合格116人，占实际参加考核人数的1.15%；参加考核不确定等次367人，占实际参加考核人数的3.62%；未考核人员89人，占应参加考核人数的0.87%。

(2) 完成岗位聘任及985专项岗位聘任。在学年度考核的基础上，医学部进行了2012—2013学年度的专项岗位聘任工作。

① 聘任情况：含出国占编人员在内，本次聘任ABC类岗1030人，其中A类岗101人、院士6人、长江特聘教授类6人，BC类岗917人（B类岗373人、C类岗544人）；职员岗352人（含双肩挑16人）；合计上岗总人数为1382人。ABC类岗的比例为：A类岗（含院士和长江特聘教授）占10.97%，B类岗占36.21%，C类岗52.82%。A类岗中，正高为98%，副高为2%；教师为97%，非教师3%。医学部在岗职工1679人，其中工人167人和经费自理单位109人不享受岗位津贴，普通岗21人，上岗率为98.5%。

② 岗位调整情况：本次ABC类岗位调整共17人，其中上调10人，下调7人；新增聘28人。模拟职员制人员共有172人正常晋升，新增聘9人。

③ 青年人才支持计划。2012年度青年人才支持计划符合申报条件166人，实际申报166人。

(3) 专业技术岗位。医学院下发了北医〔2012〕人字第002号《医学部关于2012年度国家通用岗位聘任工作的通知》，2012年度

专业技术岗位聘任工作与高级专业技术职务评聘工作同期进行,四级及以下的专业技术岗位按照文件规定的条件由各单位直接聘任;二、三级岗位由各单位根据条件并结合工作需要和实际贡献推荐人选,经医学部学术委员会审议,由学校聘任。按2012年8月岗位数聘任,9月兑现岗位工资。

表9-30　2012年医学部专业技术二级、三级、四级岗位比例表

单　位	二至四级总人数	二　级		三　级		四　级	二、三、四级比例
		总数	其中新聘	总数	其中新聘	总数	
第一医院	214	42	3	86	15	86	2:4:4
人民医院	222	44	5	89	13	89	2:4:4
第三医院	195	39	5	78	11	78	2:4:4
口腔医院	104	20	0	40	4	44	2:4:4
第六医院	27	5	2	7	0	15	2:3:5
医学部本部	211	41	3	64	5	106	2:3:5
合　计	973	191	17	364	48	418	

(4) 管理岗位聘任。2012年管理岗位聘用是在2011年考核的基础上进行的,聘用范围为2012年3月31日在职的专职管理人员。职务任命、学历记录的截止时间为2012年3月31日,工龄记录的截止时间为2011年12月31日。聘用时间为2012年8月,兑现时间为2012年9月。

表9-31　2012年医学部管理岗位聘用统计表

单　位	五　级			六　级				七级	八级	九级	十级	合计
	小计	正处	副处	小计	副处	正科	其他					
医学部本部	29	15	14	70	31	39	0	204	33	5	0	341
第一医院	5	3	2	26	5	12	9	95	9	1	0	136
人民医院	5	4	1	20	7	13	0	118	26	0	0	169
第三医院	5	0	5	16	6	10	0	115	21	3	1	161
口腔医院	3	1	2	3	1	1	0	45	10	4	0	65
第六医院	1	1	0	8	4	4	0	17	5	2	0	33
合　计	48	24	24	143	53	81	9	594	104	15	1	905

表9-32　2012年医学部管理岗位聘用新增情况统计表

单　位	新增五级	新增六级	新增七级	新增八级	新增九级	合　计
医学部本部	3	6	25	17	2	53
第一医院	0	0	14	6	1	21
人民医院	0	0	11	14	0	25
第三医院	1	2	8	9	1	21
口腔医院	0	0	8	4	0	12
第六医院	0	2	0	3	2	7
合　计	4	10	66	53	6	139

【劳动合同制职工的管理】 1.校本部。截至2012年12月31日,校本部签订劳动合同并在人事部备案的劳动合同制职工达到2939人(不含餐饮中心劳务派遣、出版社、印刷厂、附中、附小及附属公司),年入职980人,年离职722人,职工年净增加258人,合同续订755人次。全校劳动合同中固定期限合同2569份,无固定期限合同137份,以完成一定任务为期限的合同233份。

劳动合同制职工中,按照文化程度划分,拥有博士学历的职工63人,占职工总数的2.14%;拥有硕士学历的职工359人,占职工总数的12.22%;拥有本科学历的职工642人,占职工总数的21.84%。劳动合同制职工按年龄统计,20岁以下的职工83人;20岁到29岁的职工1249人;30岁到39岁的职工934人,40岁到49岁的职工581人,50岁以上的92人。职工整体平均年龄约为32.38岁,以

21～39岁青年职工为主。劳动合同制职工教学科研类岗位168人，占5.72%；行政管理类岗位810人，占27.56%；专业技术类岗位654人，占22.25%；工勤类岗位1307人，占44.47%。劳动合同制职工分布于全校76个二级单位，其中理学部、信息与工程科学部、人文学部、社会科学部所有院系均聘有劳动合同制职工。

2012年校经费补助支出239万元，单位经费支出22396万元，总成本支出22635万元，平均每月成本支出1886.25万元，人均年成本支出7.70万元。

以"构建和谐劳动关系，营造温馨工作环境"为中心，积极推动学校劳动合同制职工管理各项工作全面有效开展。结合劳动合同制职工管理信息系统的建设，统一全校劳动合同制职工薪酬发放方式，完成职工信息收集整理，通过备案流程严格约束二级单位用工过程，同时做好日常咨询工作，加强劳动争议调解力度，有效遏制劳动争议案件的急剧增长。2012年1月至11月，共发生劳动争议案件10起，争议主要涉及补缴社会保险、加班费、经济补偿金。4件案件已经仲裁结案，3件进入法院一审审理阶段，3件正在协商解决。加强劳动合同制管理人员培训，3月组织举办"北京大学人事干部培训会"，邀请大唐电信、西门子、FESCO等知名企业资深人力资源总监和法律顾问，介绍其在现代人力资源管理方面的理念及经验。10月，在京郊组织召开2012年北京大学劳动合同制职工管理培训交流会。会议邀请北京劳动保障职业学院副教授孙立如、海淀区仲裁院仲裁员杨小强、校工会副主席迟春霞、人事部副部长戴长亮等作了专题报告。

2. 医学部。截至2012年12月31日，医学部本部有合同制聘用人员337人（含劳务派遣94人），其中128人办理了社会保险；平均每月完成130人的工资审核工作。截至2012年12月31日，医学部与新进的临时聘用人员签订了劳动合同9份、劳务合同18份，续签劳动合同51份（含50份无固定期限劳动合同）、劳务合同43份；新增劳务派遣人员54人，续签劳务派遣合同12人。

随着《中华人民共和国劳动合同法》的实施和社会保险有关政策的调整，劳动争议案件逐年增多，主要集中在跨年度补缴养老保险、社会保险及住房公积金补差、补发加班费、解除劳动合同的经济补偿和经济赔偿、老工伤要求工伤待遇等方面，人事处按照有关法律法规积极应对，予以解决。

【工资与福利】 1. 校本部。根据《北京大学专项岗位绩效奖励实施办法（试行）》，1月顺利完成2011年度专项岗位绩效奖励的发放工作。本次专项岗位绩效奖励总额约为5082万元，获奖人数为4225人，人均奖励12029元。

由于通货膨胀，北京市消费价格指数上涨，根据当前的实际情况，学校决定发放年度一次性生活补贴，本次共发放5128人次。

根据《关于调整在京部长级干部宿舍自雇服务人员费用补贴有关问题的通知》（教人司〔2012〕123号）的规定，在京高校应发放部长级干部宿舍自雇服务人员费用补贴。5月，经学校批准，共调整8名部长级干部的宿舍自雇服务人员费用补贴，标准为每月2300元。

由于物价水平的提高，考虑到离退休教职工的生活压力，学校参照北京市事业单位离退休人员的待遇调整水平，结合学校的实际情况，10月调整了离退休教职工生活补贴的预发标准，本次共发放5192人次。同样，对于在职教职工，学校调整了生活类补贴，其中在职人员发放5273人次。

为支持学校博士后的培养，提高博士后的薪酬水平，将博士后纳入在职教职工的薪酬管理范围，享受讲师的工资待遇。9月，为全职博士后发放生活类补贴，总计发放438人次。根据统计，调整生活补贴后，全职博士后的工资幅度提高约42%。

根据中组部通知，结合学校相关政策，为保障院士、资深教授的身体健康，9月学校顺利组织完成我校院士、资深教授的年度体检工作。院士统一安排在北京医院体检中心进行体检，资深教授安排在北医三院上地体检中心进行体检。2012年，40名院士和资深教授分批参加了体检。

10月，经批准，按照国家最新的标准调整我校因公致残人员的残疾抚恤金。因公致残人员属于国家优抚对象，依据伤残等级应享受残疾抚恤金。截至目前，校本部享有工伤补贴的因公致残人员有24人，其中在职5人，离退休19人。

为保障高端人才的健康，学校继续为1993年前晋升正高专家和千人专家办理医疗照顾手续。截至2012年12月，通过与教育部、卫计委、北医三院、校医院协调，共为18位教授办理或补办医疗照顾手续。

根据《关于在事业单位试行人员聘用制度的意见》（国办发〔2002〕35号），处理擅自出国及逾期不归人员，6月份解除与生命科学学院任波的聘用合同，12月解除了与物理学院叶瑾琳的聘用合同。10月，根据《人事部关于国家机关、事业单位工作人员受行政刑事处罚工资处理意见的复函》，给予化学与分子工程学院谢昌昊降低岗位等级聘用的处理决定。11月，由于环境科学与工程学院郭怀成教授违反规定使用国家重大专项课题经费，根据《民口科技重大专项资金管理暂行办法》和《事业单位工作人员处分暂行办法》，给予郭怀成降低岗位等级的处分。12月,学校批准解除北京大学与国家发展研究院孟庆轩的聘用关系。

表9-33　2012年校本部工资福利相关其他重要工作

项　目	说　明
薪级工资	根据晋升薪级的规定,为5282名教职工晋升一级薪级工资。
一次性年终奖	根据发放一次性年终奖的规定,为5423名教职工发放一次性年终奖。
增加工龄	根据增加工龄的规定,为5588名教职工增加一年工龄。
干警津贴	根据干警津贴的相关规定,及时调整55名教职工的干警津贴。
拔尖人才培养计划	为促进本科生教学,发放拔尖人才培养计划经费826人次。
本科选留定级	完成30名本科选留教职工的岗位工资和薪级工资的转正定级工作。
防暑降温费	根据防暑降温费的相关规定,为261名离休干部发放防暑降温费,人均240元,共62640元。
岗位津贴	根据当年的岗位津贴的规定,对于岗位津贴有变动的情况,及时调整。
边疆补助	对支援西藏、新疆的高校建设的教职工给予边疆补助。
青年津贴	为提高青年教职工的收入水平,调整了435名教职工的青年津贴。
返聘费	调整78名教职工的离退聘费,让离退休教职工发挥余热,以更好地继续为学校做贡献。
审阅档案	审阅新入职教职工档案252次。
教职工起薪	给新入职教职工起薪575次。
教职工停薪	将调出、去世等教职工停薪400次。
暂停薪及恢复	因各种原因暂停薪及恢复40次。
职称、职务、岗位	因职务、职称、岗位等调整薪酬4083次。
考勤	考勤备案1171次。
抚恤金	发放一次性抚恤金87次。
离退休手续办理	为160名教师办理离退休手续。
子女互助医疗	发放子女互助医疗2060次。

2. 医学部。2011年9月至2012年8月第十二轮岗位奖励津贴共发放7625万元。2012年1月至12月岗位奖励津贴共发放7716万元。2012年1月发放2011年度专项岗位绩效奖励1600万元,2011年在职职工年终一次性奖金265万元;离退休人员一次性生活补贴421.2万元。2012年有1587人晋升一级薪级工资,人均月增资30元。

提高职工待遇。2012年9月,博士后工资构成中增设职务补贴,人均月增资290元。2012年10月,在职人员兑现新的职务补贴标准,每人每月增加400元;离退休人员每人每月预发500元,从2012年1月1日起执行。

2012年12月根据北医〔2012〕部人字10号和226号文件,给80位获得2011年度优秀人才奖励的教职工发放2012年奖金277.08万元。

"特岗特贴"的审核与发放工作。为保卫处干部及校卫队16名在编工作人员发放特殊津贴5520元;为基础医学院解剖教研室28位在职人员发放特殊岗位津贴10万元。

丧葬费、抚恤金及遗属生活困难补助的审核与发放工作。2012年有32位职工去世,发放丧葬费、抚恤金123万元。为24位遗属发放遗属生活困难补助6.6万元。

提高了原"五七连"人员生活补助费标准。为33位原"五七连"人员发放生活补助37.4万元。提高了邹小平同志生活护理费和伤残津贴标准,2012年共发放5.9万元。

【社会保险】 1. 校本部。2012年年底全校社会保险缴费人数为8235人,其中事业编制5322人,合同制2912人,企业编制1人。全年缴费总额6256万元,其中单位缴纳4851万元,个人缴纳1405万元。共办理增员1353人次,减员1084人次。

缴纳生育保险,申领生育津贴。根据北京市规定,2012年1月1日起社会保险关系转入学校以及新加入社会保险的劳动合同制职工开始缴纳生育保险。2012年3月学校为2012年1月1日前入职的劳动合同制职工统一缴纳生育保险。生育保险单位缴费比例为0.8%,职工个人不用缴纳,目前生育保险的最低缴费基数为2803元。截至年底,共为2931名职工办理了生育保险(含21名外籍职工)。2012年5月,首次为劳动合同制女职工申领生育津贴,截至年底共办理申报生育津贴65人,申领金额1094771.40元。办理生育医疗费用报销39人,报销金额48905.72元。

统一农村户口职工医疗保险待遇。根据《关于本市职工基本医疗保险有关问题的通知》(京人社医发〔2012〕48号)和《关于农民工参加医疗保险有关问题的通知》(京社保发〔2012〕17号)的规定,学校农村户口职工自2012年4月起统一按照城镇职工缴费标准缴纳基本医疗保险,即用人单位按缴费基数的10%缴纳基本医疗保险,按1%缴纳补充医疗保险,职工本人按缴费基数的2%和每月3元缴纳。

根据《在中国境内就业的外国人参加社会保险暂行办法》(人社部16号令)和《关于在本市就业的外国人参加社会保险有关业务操作问题的通知》(京社保发〔2011〕55号),学校自2012年4月开始为外籍教职工办理社会保险事务。外籍教职工参加社会保险需要提供护照、外国人居留证、外国人就业证等证件,目前外籍教工可以参加养老、失业、工伤、医疗、生育全部五个险种。截至2012年12月初,学校共为24名外籍和港澳台教工办理了社会保险。外籍教职工通过参加社会保险,可以享受更多的社会保险福利,对其在北京大学的工作、生活也起到了更好的保障作用。

2005年4月,学校根据北京市有关规定制定了《北京大学不享受公费医疗人员补充医疗保险暂行办法》。调整后的《北京大学不享受公费医疗人员补充医疗保险暂行办法》自2012年4月1日起施行。暂行办法修订后,降低了学校的用人成本,进一步提高了劳动合同制职工的补充医疗保险的保障水平,使患大病、重病职工有了更多的资金保障。2012年共为职工报销补充医疗保险25837.49元。

2012年4月,根据北京市人力资源和社会保障局《关于统一2012年度各项社会保险缴费工资基数和缴费金额的通知》,顺利完成了2012年度基本养老保险、失业保险、工伤保险、生育保险、基本医疗保险缴费基数的调整工作。2012年度的调整工作,是人事部第一次借助人事管理系统统计功能计算2011年度职工月平均工资,提高了数据的准确性。2012年度的调整工作涉及劳动合同制职工2736人,事业编制职工5250人。目前,各项保险的缴费基数上限为14016元,养老保险、失业保险缴费基数下限为1869元,工伤保险、医疗保险、生育保险缴费基数下限为2803元。

2. 医学部。北京市人力资源和社会保障局要求各单位从2012年1月1日开始缴纳生育保险,由用人单位按职工缴费工资基数之和的0.8%缴纳;从2012年4月1日起,参加医疗保险的农业户口人员统一按照城镇职工缴费标准缴费,医疗保险费由用人单位和个人共同缴纳,其中用人单位按职工缴费工资基数之和的10%缴纳,农业户口人员个人按本人上一年月平均工资的2%和每人每月3元缴纳。

表9-34 2012年医学部本部(含临时聘用人员)社会保险缴费情况

社会保险种类	月均参保人数(人)	月均单位缴费(元)	月均个人缴费(元)	年度缴费总额(元)
养老	189	124060.80	49624.31	2084221.32
失业	1724	126483.20	24930.57	1816965.24
工伤	1727	50925.05		611100.60
生育	282	3755.48		45065.76
医疗	150	42149.56	8709.10	610303.92
合计		347374.09	83263.98	5167656.84

【博士后管理工作】 1. 校本部。2012年,校本部共招收博士后研究人员423人(其中外籍博士后14人)。其中,国拨76人,学校配套35人,自筹经费153人,"985工程"经费21人,留学回国21人,北京市政府奖学金10人,校企联合75人,深圳研究生院32人。2012年,共办理博士后出站264人,其中留校工作22人。截至2012年12月24日,校本部累计招收博士后3985人,出站2985人,其中出站留校人员553人,目前在站1000人。

2012年1月至8月,组织学校14个博士后科研流动站参加国家第八批博士后科研流动站评审工作。北京大学11个博士后科研流动站通过国家确认或增设,使学校博士后科研流动站总数由39个增加到44个。

多次协调计算中心、中国博士后基金会和解放军信息中心召开会议,推进学校人事系统博士后子系统建设,并于2012年7月试运行。

办理博士后科学基金申报工作三次:131名博士后获得中国博士后科学基金第51批、第52批面上资助,资助金额总计为611万元。28名博士后获得中国博士后科学基金第五批特别资助,总资助金额420万元。

2012年评选出校本部2012年优秀博士后20人,12月,启动北京大学2012年优秀博士后、优秀科研成果表彰暨迎新年活动。

在对国内外重点大学博士后工作进行调研的基础上,经过办公室及人事部多次内部讨论并多次邀请校内专家、各院系博士后工作负责人及管理人员征求意见,起草并完成了《北京大学博士后研究人员管理办法》文件及七个附件;完成由许智宏校长布置、刘波部长直接负责的课题论证报告《世界研究型大学博士后制度特点与中国博士后制度的完善》;撰写《世界研究型大学博士后制度特点与中国博士后制度的完善》的研究报告;撰写《关于中国博士后事业定位的思考》,拟提交第十五届全国高校博士后管理工作年会。

2. 医学部。截至2012年年底,医学部在站博士后91人,滞留在站人员16人。医学部累计招收博士后590人,累计出站483人(含退站33人)。2012年度进站34人,出站23人。

根据医学部实际情况,制定了《北京大学医学部博士后研究人员工资发放办法》,并于2012年6月1日起执行。《办法》中明确规定了博士后工资组成、扣发办法以及考勤制度。自2012年9月1日起,参照北京大学本部在站博士后待遇水平调整医学部在站博士后工资。

按照《北京大学优秀博士后条例》和《北京大学医学部博士后研究人员激励计划》(北医〔2010〕部人字164号)文件精神,组织医学部博士后工作专家小组进行了医学部优秀博士后的评选工作。评审结果:伊鸣、刘燕、姜平3人为北京大学优秀博士后人选;王雪艳、代文兵、伊鸣、刘燕、吴丽、张宇、赵传科、胡晓青、姜平为医学部优秀博士后。

2012年是医学部实施博士后激励计划以来第一次博士后中期考核,医学部博士后工作专家小组专家们审核了15位2011年进站、在站时间满一年的博士后中期考核材料。经过讨论,决定成刚、刘燕2人中期考核结果为优秀,其他13位博士后考核结果为合格。考核优秀者获得1000元奖励。

在做好博士后进出站及日常管理与服务的基础上,完成了更新中国博士后科学基金评审专家库的工作,新增推荐专家54人;完成第51批和52批博士后科学基金面上资助和第五批特别资助的申报。其中,第51批面上资助已经公布,医学部有8人获得面上二等资助,有3人获得第五批特别资助。组织完成中西医结合一级学科的流动站申报工作。协调计财处、后勤处等部门落实经费,完成7套博士后公寓地漏的改造。

【人事档案管理工作】 1. 校本部。截至12月26日,人事部档案管理办公室接收毕业材料13946份(不含零散材料),档案转递6023卷(含部分往届生)。接收新生档案7116卷,其中本科新生档案2826卷,研究生新生档案4290卷。档案的归集、整理、查阅和利用是人事工作的重要组成部分。确保人事档案的完整、准确和及时,是档案管理的基本要求。

2. 医学部。截至2012年12月31日,医学部人事处管理档案4995份。含在职职工、博士后、离退休、出国人员、去世人员等。

2012年完成医学部本部接收毕业生、博士后及调入、调出人员的档案的接收、审核、转入、转出工作累计348份。

截至2012年12月31日,共完成904份档案装订,同时完成新进材料的补装订、历史材料清理及提供查询、解决遗留问题、出国人员档案的规范建库、分类规范管理、数据维护、归档材料登记及完善各类归档材料严格审核再归档工作。办理查、借阅436份、材料归档865份。

【人才服务与培训中心工作】
1. 校本部。按照2010年制定的《事业编制人员二级人事代理管理流程》,稳步推进二级人事代理制度。目前已有五批1052人纳入二级人事代理。2012年10月,第一个解除聘用的二级人事代理教职工的人事、档案关系在本人不配合办理离职手续的情况下,由中心顺利转往北京市人才,标志着二级人事代理制度所发挥的人员退出机制起到真正的作用。

主持人事部主页信息建设,负责"北大人物"栏目组稿工作,每月一篇,介绍北京大学的优秀学人。负责《人事简报》的组稿、发行工作,制定简报发稿任务计划,已组稿7期,按期发行。

共办理集体存档人员调入66人,调出手续19人,目前集体存档人员320人。调入人员类别包括调入、博士后出站、应届毕业生等,正式启用集体存档人员档案收费、年度考核管理信息系统子模块,完成了2012年涉及46家单位320名集体存档职工的档案管理费收取及年度考核信息提交工作,大大方便了各用人单位。

2012年聘用应届高校毕业生参与科研项目研究工作3人,对1位2010年聘用、4位2011年聘用人员进行年度考核,办理完毕1位2010年科研项目聘用期满毕业生的落户工作。

目前转岗富余人员总计58人,离退休人员(含退职)33人,在职人员25人,其中10人有工作岗位。

2. 医学部。2012年新增各类人事代理人员602人,各类人员解除合同91人。截至2012年12月31日,共接收各类代理人员7472人,终止或解除合同1581人,现有各类代理人员5891人(卫生部代理5724人;北京市代理167人)。

2012年完成3764人次专业技术职务及行政职务晋升考试的考务工作。

组织774名新教师进行岗前教育理论培训,其中本部45人、附属医院333人、教学医院396人。此外,对医学部从1996年到2012年组织的新教师岗前教育理论培训情况进行了全面统计和总结工作,17年来共培训了8799人。

完成23名技术工人升级考工工作,考试通过18人,有5人需参加2013年补考。

目前代管事业编制人员5人,企业编制人员1人,负责他们日常管理和协调工作,这些人分别在不同的临时工作岗位。

为医学部本部单位和附属医院在医学部网站上发布30多次招聘信息,为用人单位及时提供应聘人员情况和相关信息、回答咨询者问题等。

离退休工作

【概况】 2012年离退休人员总数继续保持增长态势,截至2012年12月31日,北京大学离退休人员共计5208人,其中离休252人,退休4891人,退职65人。新增退休人员159人,去世离退休人员89人。

【工作队伍】 离退休工作部设有离退休事务管理办公室、综合办公室、老干部活动中心三个科室,其中综合办公室与人事部综合办公室合署办公,共有7个人员编制。2012年10月23日,因工作需要,学校任命马春英为离退休工作部部长。北京大学(本部)87个二级单位有离退休人员,均设有负责离退休事务的工作人员,其中物理学院、工学院、生命科学学院、化学与分子工程学院4个单位设专人负责离退休工作,其余均为兼职工作人员。

【落实政治待遇】 1. 坚持司局级离休干部学习制度。司局级离休干部每两周一次集中学习重要文件,及时了解党和国家的大政方针,专人负责活动组织,保证学习材料的送达。6月22日、6月29日,司局级离休干部学习班两次组织学习会,学习讨论北京大学第十二次党代会有关精神。12月,组织司局级离休干部学习党的十八大有关文件。

2. 坚持向离退休干部通报情况制度。为每位离退休干部订阅《北京老干部》杂志,为老同志们了解有关政策提供帮助。针对老同志普遍关心的问题,及时向老同志通报信息,保持信息渠道畅通。4月12日上午,校级离退休老领导座谈会在帕卡德公寓二层会议室召开,就学校第十二次党代会报告的起草工作和北大未来发展征求意见建议。校党委书记朱善璐、党委副书记杨河及相关职能部门负责同志出席座谈会。

3. 坚持走访慰问制度。在重要节日,离退休工作部通过发放慰问金、召开茶话会、座谈会以及走访看望等形式慰问老同志。重阳节期间,在燕园街道和有关二级单位的协助下,为200位离退休人员发放节日慰问礼品。在生日祝寿方面,2012年累计为140位70岁生日的退休人员发放贺信及礼品,为10位80岁、29位85岁生日离休干部举行集体生日会,到家为17位90岁以上的离休干部祝寿。此外,对离休干部病亡慰问20余人次。

【落实生活待遇】 为应对物价上涨对离退休人员生活质量的影响,学校通过自筹资金,提高离退休人员生活补贴,保证老同志共享改革发展成果。为方便老同志看病就医,保障及时医治和取药,离退休工作部与校医院密切配合,坚持请医生每两周为司局级离休干部开药一次,每两周为25名80岁以上多病、行动不便的离休干部上门巡诊一次。积极推动有关单位的为老服务工作,确保离退休人员每年体检一次。2012年在燕南园的老干部活动中心开设了书法、国画、合唱课程,并为老同志提供舞蹈、摄影、布艺、贴花等交流场地,吸引近2000人次老同志参加活动。此外,2012年,根据《离退休人员特困专项经费使用办法》,坚持对因瘫痪长期卧床或因癌症、心血管疾病等大手术造成特殊困难的老同志雪中送炭,及时给予补助,并根据老同志情况适当调整补助额度,年底还对生活不能自理的老同志发放一次性补助。

【老有所为】 2012年组织开展离退休人员老有所为先进个人评选表彰活动,评出47位老有所为先进个人。4月24日上午,北京大学老有所为先进个人表彰大会在中关新园科学报告厅举行,哲学系杨辛教授、教育学院林建祥教授、法学院杨紫烜教授作为获奖代表在会上发言。北京市委教育工作委员会离退休干部处处长张健到会表示祝贺,北京大学常务副校长吴志攀出席并讲话,感谢老同志们为北大的建设发展做出的贡献。12月14日下午,离退休工作部协调学校相关部门就落实党代会提案"为离退休党员、群众提供发挥余热的更广阔平台"召开老有所为专题座谈会,就进一步拓宽老有所为渠道等工作听取老同志具体意见

【工作调研】 5月，四川大学老干部党总支、离退休工作处同仁来离退休工作部调研。12月，接待天津大学离退休工作处来访，分别与两校就离退休工作情况进行了交流。下半年，赴南京大学、浙江大学进行工作调研，形成调研报告，为学校研究制定政策提供参考。12月，举行退休教职工养老专题座谈会，听取工作人员、离退休人员代表意见与建议，同时通过各单位统计离退休人员空巢情况，为进一步开展具体工作提供参考。

【特色活动】 离退休工作部将活动经费中的三分之二下拨各单位，鼓励各单位开展符合老同志需求的活动。同时，也因时因地组织一些适合大多数老同志参与的活动。10月中旬，离退休工作部联合人事部、学生工作部共同发布《重阳节敬老活动倡议书》，倡议全校师生员工为家乡的长辈送去一声美好的祝福，给关爱自己的师长送上一份真诚的关爱。6月7—12日，"喜迎北京大学第十二次党代会胜利召开——北京大学老年书画摄影作品展"在百周年纪念讲堂二层展厅展出。北京大学常务副校长吴志攀出席开幕式并讲话。活动由北京大学党委组织部、离退休工作部主办，老年书画研究会承办，燕园街道办事处、燕园社区服务中心、百周年纪念讲堂协办。参展作者达100余人（含医学部），共展出书法、绘画、摄影作品130余件。上半年，为迎接党的十八大的胜利召开，选送书画摄影作品参加教工委比赛；并积极组织离退休人员文艺团体参加市教委举办的"北京精神我践行 喜迎党的十八大"北京老教育工作者西北片文艺演出。重阳节，组织离退休人员开展健康环湖走的活动，倡导健康生活方式，共计600余位老同志参加。

【关工委秘书处工作】 关工委秘书处是北京大学关心下一代工作委员会的日常办事机构，挂靠离退休工作部。以纪念建团90周年为契机，积极组织青年学生收看纪念中国共产主义青年团成立90周年大会，并举行"青春的征程——北京大学纪念建团90周年暨五四运动93周年座谈会"。与校内其他部门合作召开"雷锋班班长与北大青年面对面"座谈会和"雷锋精神与全球化视野下中国当代青年的精神构建"座谈会，配合党委组织部、学生工作部、校团委联合组织了"学雷锋精神、树校园新风"学生党团日主题活动和"春燕行动"等丰富多彩的社会实践活动，深入挖掘新时期雷锋精神的丰富内涵，推进学雷锋活动的常态化发展。积极组织离退休员工参加第十九届体育文化节系列活动等校园文体活动，为北京大学2012年社团盛典、北京大学第二届历史文化节等学术和文化盛事做专家顾问，营造师生互动的良好氛围，构建和谐校园文化。着力发挥老同志的政治、专长和威望优势，鼓励老同志担任"挑战杯"竞赛的评委（或专家顾问）、"京华杯"棋类桥牌友谊赛的专家顾问、学生社团的指导教师、学生课外活动导师团成员等。

【退休典礼】 2012年，北京大学（本部）新增退休159人。12月27日下午，北京大学2012年退休典礼在英杰交流中心举行，100余名新退休教职工参加典礼。典礼上，北京大学常务副校长吴志攀等为新退休教职工代表颁发感谢状，感谢大家为北京大学做出的贡献。自2011年起，北京大学每年举行退休典礼，表达学校对他们的感谢，积极引导新退休人员顺利度过退休适应期。

【上级表彰与奖励】 北京大学外国语学院东语系离退休党支部、北京大学肿瘤医院离退休党总支荣获"北京高校创先争优离退休干部先进党支部"；北京大学田昭舆、郑春开、张质三位老师荣获"北京高校创先争优离退休干部优秀共产党员"；北京大学国际关系学院教学督导组荣获"北京高校离退休干部老有所为先进集体"；北京大学杨紫烜、韩明谟两位老师荣获"北京高校离退休干部老有所为先进个人"。离退休工作部李海燕撰写的论文《高校离退休人员社会参与管理机制研究》在"纪念离退休制度建立三十周年征文"活动中，荣获中组部老干部局三等奖。离退休工作部张慧君撰写的论文《新形势下的高校离退休服务模式发展研究》在"纪念离退休制度建立三十周年征文"活动中，荣获中组部老干部局三等奖、北京市老干部局特别奖。离退休工作部在北京教育系统"美丽新北京，喜迎十八大"老同志摄影作品展活动中荣获组织奖，生命科学学院退休教师胡适宜、韦建恒的参展作品均荣获一等奖。

财 务 工 作

【财务收支概况】 2012年，学校收入总额799948万元，比2011年的753030万元增加46918万元，增长6.23%。其中，专项经费170047万元，比2011年的196587万元，减少26540万元；非专项经费629901万元，比2011年的556443万元增加73458万元。此外，科研经费拨款和教育事业收入分别比上年增加19436万元和19080万元。

2012年，学校支出总额为741674万元，比2011年的728159万元增加13515万元，增长1.86%。年末固定资产总额为880745万元，增长6.93%。

总体看来，2012年，学校收支总量和固定资产总量都保持了稳健增长趋势，这表明学校教学科研事业发展活跃、办学实力进一步增强。

【财务专题分析】 1.办学经费。2012年，学校收入具体构成情况如下：教育经费拨款298449万元，科研经费拨款188112万元，其他经费拨款39207万元，上级补助收入36万元，教育事业收入144309万元，科研事业收入35130万元，附属单位缴款990万元，经营收入1231万元，其他收入92484万元。国家拨款（包括教育经费拨款、科研经费拨款、其他经费拨款和上级补助收入）占总收入的65.73%，是学校办学财力的主要来源；学校自筹资金（包括教育事业收入、科研事业收入、附属单位缴款、经营收入和其他收入）占总收入的34.27%，是弥补办学经费不足的重要来源。学校的事业发展不再单纯依靠国家拨款，而是逐步形成了以国家拨款为主、多渠道筹措办学经费的格局。

（1）财政拨款。国家拨款3年来呈增长趋势，归因于2010年开始国家进一步加大了对高校教育经费的投入力度，通过实施"985工程"三期、"211工程"、纵向科研基金、重点实验室、基本科研业务费等多个渠道，对学校给予了大力的支持，为学校加快教学科研事业发展，创建世界一流大学提供了资金保障。

（2）自筹经费。为弥补办学经费的不足，促进学校的可持续发展，在保证正常教学、科研工作的前提下，学校充分利用自身条件，积极开展各种社会服务，努力发展校办产业，广泛争取海内外捐赠和社会资助。2012年，学校自筹经费收入达274144万元，比上年的241218万元增加32926万元，增长13.65%。学校自筹经费保持逐年增长趋势，大大缓解了学校事业发展和办学经费不足之间的矛盾，为增强办学实力、提高办学效益提供了资金保障。

2.支出结构。2012年，学校总支出为741674万元，教学支出和科研支出分别占总支出的38.54%和27.66%。这表明学校在支出预算安排上始终以教学、科研为核心，资金投向明确，支出结构合理。

通过与2011年支出的各项对比可以看出，学校支出情况与上年相比更为活跃，尤其是教学、科研支出继续维持较高水平，教学、科研工作稳步推进。

3.财务指标。2012年，学校现实支付能力9.50个月，潜在支付能力9.46个月，非自有资金余额占年末货币资金的比重为30.21%，资产负债率为8.68%，总支出占总收入的比重为92.72%，自有资金动用程度为49.42%。从整体上看，学校2012年各项发展潜力指标与2011年相比普遍有所好转，维持在合理的范围之内，学校财务状况处于良性循环状态。

【财务管理工作】 1.实施"985工程""211工程"等重大专项工程。2012年，学校获得"985工程"拨款9.9亿元、"211工程"奖励经费1360万元、改善基本办学条件专项1.93亿元（含附中附小）、捐赠财政配比23522万元、基本科研业务费8900万元。2012年，学校"985工程"工作采取了一些符合学校实际的做法，在改革试点新体制机构的建设上投入了比较大的比例，例如学科部分的经费有25%都安排在13个新体制机构的建设上，给予这些机构的负责人较大的经费管理自主权。为了规范管理，在前期改革探索的基础上，学校还专门出台了《北京大学新体制科研机构建设与管理办法》，规定了机构的形成流程、运行机制、评估办法等。同时我们坚持学校在"985工程"二期形成的"以队伍建设为核心"的指导思想，除了积极响应国家千人计划等人才计划外，继续执行"北京大学优秀青年人才引进计划"（百人计划）。作为国际交流与合作方面的基本机制之一的"北京大学海外学者讲学和研究计划"，采用年初定额、年终结算的方式，委托国际合作部具体执行。"211工程"经费管理严格按照财政部、国家发展和改革委员会与教育部制定公布的《"211工程"专项资金管理办法》的有关规定执行，严格遵循专项资金的管理制度，"211工程"中央专项资金全部用于重点学科建设、创新人才培养和队伍建设项目。

2012年，学校继续采取多项措施，努力确保修购专项工作顺利进行：一是建立了由校内财务部门牵头，总务、基建、保卫、设备管理、审计、医学部等校内部门参加的修购专项工作议事长效机制，定期商讨，针对学校实际发展需求，提出新的修购项目，通过校内评审后纳入修购项目库，按项目轻重缓急排出优先次序，依照上级主管部门要求进行申报；二是不断完善了一系列与修购项目相配套的基建管理、招投标、设备采购等制度，对修购项目实施的主要环节作了明确要求，为项目实施提供了全面的制度保障；三是加强项目管理，严格执行项目预算，按项目独立核算、专款专用，并将项目资金支付纳入审计范围，实行用款计划月度批复制度。项目验收前，组织专家对重点项目进行抽查，及时发现问题并提出解决建议，为顺利通过验收创造了有利条件。

2.预算管理。北京大学成立了以相关职能部门负责人为成员的预算工作小组，在2012年学校预算编制和审议过程中，多次召开全体会议，研究统筹学校资源，拓宽财源渠道，提高经费使用效益，审核重大收支预算编制情况，经过反复讨论最终形成了向党政联席会汇报的校级预算草案。预算办公室和财务部门收集、汇总校内各单位报送的预算基础报表和预算文本，其间专门与总务部、保卫部、会议中心、房地产管理部、国际合作部、体育教研部、体育馆等单位就重大专项预算安排进行了当面沟通与交流，综合考虑项目的紧迫性、可行性、必要性、经济性等因素，将有限资金优先配置给学校重点项目、民生项目和安全稳定项目。对收入上交常年未增长的附属单位，按一定比例适当增加其收入上交预算，逐步形成对占用校内资源单位的有效激励。在预算执行过程中，严格维护预算的严肃性，凡重大预算外资金支出事项，均按照"三重一大"要求上党政联席会审议。同时，通过会议、面谈、电话、邮件等多种形式，提醒和督促相关院系和课题负责人按预算计划进度及时使用资金，努力帮助院长和老师们协调预算执行过程中面临的问题。

3. 科研经费管理。2012年，学校采取了多项措施加强科研经费管理：一是召开了北京大学推进党风廉政建设暨加强科研经费管理工作会，朱善璐书记、周其凤校长以及各相关校领导出席了会议，学校党委委员、纪委委员，各单位党政负责人、各单位纪检委员以及在研重要科研项目课题负责人共400余人参加了会议。会议一是分别从项目管理与经费管理的角度对下一步科研经费管理工作提出了明确要求。二是严格对科研经费的财务监管，严格科研经费支出的管理，对购买办公用品、耗材等项目，在财务报销时要求提供购物明细清单；加强对外拨科研经费真实性和关联性的审核，避免通过以转拨经费的方式将科研经费套取给个人；严格审核发放人员的资格和标准，一律通过个人银行卡发放，以零现金方式支付；逐步建立公务卡使用和报销制度，今后凡强制结算目录规定的报销项目，应按规定使用公务卡结算，不再使用现金结算。三是继续提高科研财务服务能力。一方面通过印发制度汇编、编写业务指南、案例讲解、邮件、电话等多种形式加强政策宣传，及时为科研人员解读新的科研经费管理政策，使国家加强科研经费管理的精神深入人心。另一方面把科研课题经费全过程服务纳入重要工作内容，开展技术支持、协调沟通、审核监督，参与科研课题的预算编制和调整、收支控制和审批、结题审计全过程。医学部计财处针对国家出台的一系列科研经费管理新政策及科技部条财司组织的新政解读，组织召开了医学部与附属医院财务部门相关负责人座谈会，形成了会议纪要，作为今后医学部与附属医院科研经费管理、科研经费往来的参考依据；同时与科研管理部门进行沟通，制订了医学部"十二五"期间科研经费间接管理办法。

4. 建立完善资源有偿使用机制。2012年，学校继续全面推行公用房有偿使用改革，目的在于改变现行公用房无偿分配和使用机制，实行分类定额管理、有偿使用、基础定额（教学、办公）免费、超定额加大收费的原则，建立公用房管理的调控与约束机制。体制上实行学校与院系两级管理，学校主要负责总量分配与管理，保障基础教学、重点科研以及公共平台用房；切实发挥院系对公用房调控与管理的积极性，提高调控力度。进一步优化学校房屋资源配置，充分发挥学校现有房屋资源的使用效益，并为今后学校公用房的建设和科学管理打下良好的基础。从实施的效果来看，通过公用房有偿使用，学校有限的房屋资源得到了有效的利用，公用房资源逐步得到科学合理的管理。

5. 国有资产管理。2012年，教育部出台了《教育部直属高等学校国有资产管理暂行办法》，并酝酿出台具体的细则与流程规范。学校在按时完成2011年度国有资产决算报表工作的基础上，认真学习教育部文件，召集财务、设备管理、房产等多部门共同梳理国有资产管理过程中的薄弱环节，加强对设备招投标、设备处置与房屋出租出借的管理，避免国有资产流失。同时，组织相关人员赴兄弟高校学习交流国有资产管理经验。

6. 公务卡制度改革。10月份，教育部转发了《财政部、中国人民银行关于加快推进公务卡制度改革的通知》，要求部属高校按照规定办理公务卡，加强公务卡支持系统的建设和信息安全管理，全面推行公务卡结算目录，加强宣传培训，及时报送公务卡制度改革进展情况。北京大学立即组织相关部门，对中央党校和社科院进行了实地调研，并协调筹备召开了教育部财务司和8所高校参加的座谈会，在此基础上，提出了推行公务卡工作方案，具体措施是认真贯彻、稳步推进。2012年年底前学校已选定银行，签署协议，试点办理了公务卡。

7. 财务制度建设。一是按照教育部经费监管中心要求，2012年对学校内部控制制度进行了一次全面梳理，共整理包括内部授权控制制度、不相容岗位分离控制制度、预决算控制制度、业务流程控制制度、财会系统控制制度、信息技术控制制度、内部监督控制制度等7类88项内控制度，由于规章制度较为健全、整理工作及时到位，得到了教育部经费监管中心的肯定。二是针对工作中存在的问题我们进一步梳理了工作流程，编写了住院费支取和报销指南、仪器设备财务指南、凭单排放管理办法、发票审核要点等。三是针对不同的工作岗位需求，汇总整理了《北京大学财务规章制度（校内部分）》《北京大学财务规章制度（校外部分）》《中央高校基本科研业务费管理办法与实施细则选编》《教育收费收入收缴管理改革文件汇编》和《国库集中支付管理相关文件汇编》等，普及新的财务政策。

8. 会计委派制度建设。北京大学派驻会计共有84人，其中事业编制55人。2012年，对法学院、社会学系、工学院等单位人员进行了岗位轮换，着力加强了派驻会计基础工作培训和风险教育。为进一步降低派驻会计现金量风险，方便教师刷卡报账，增加了9台POS刷卡机，基本上保证了所有设有派驻会计的院系均可以刷卡。同时，在做好日常会计核算业务的前提下，主动和教师、课题负责人对接，深入了解他们的需求和困难，积极提供专业的个性化业务指导。

9. 接待各类审计检查。随着经费投入的增长，接待审计、检查、调研等工作逐渐增多，主要包括：一是审计署教育审计局从2012年11—12月对学校预算执行、资产管理、科研经费管理、合作办学、国库资金管理等一系列的审计，审计内容广，审计人数多，持续时间长。二是各类科研结题与中期审计200余次。三是教育部资金监管中心开展的信息化调研、内部控制制度调研、资金监控系统建设调研、会计人员培训调研、新会计制度科目调研等一系列调研工作。四是国家税务总局对学校2008—2011年上交企业所得税情况进行稽核。五是财政部、教育部对我校捐赠配比资金进行的检查。六是"211工程"三期网络验收和抽查验收。七是审计署、教育部对北京大学开展的"985工程"经费专项调查工作。这些审计和检查要求学校在做好教学科研服务的同时，严格执行上级部门的各项政策法规。而且近年来审计体现的一个重要特点就是，不仅审查学校财务管理工作，而且不通过财务部门，直接审查学校的决策、资产、办学、招生、人事等各方面工作，对学校综合管理提出了更高的要求。

10. 财务信息化建设。2012年，学校进一步优化和改进了系统，为财务工作的顺利开展提供了有力的技术支撑和运行保障：一是完成了学校各级各类人员网上查询系统建设工作，用户反映良好。二是完成了决策支持系统的基础建设工作，部分功能已经上线运行。三是完成了信息公开主页的建设工作，做好了上线运行的各项准备。四是与计算中心一起优化了教育部财务司会计室的财务核算系统，协助教育部直属事业单位中国教育科学研究院完成了财务系统的初始化和运行工作。五是完成了教育部资金监管中心信息化调研工作，并初步完成了该中心的会计核算系统的设计工作。

11. 会计队伍建设。2012年，北京大学继续坚持每个月举办一次全员讲座培训，内容包括有关国家财政经济的新情况、新规定和新知识；加强会计队伍内部尤其是派驻会计队伍的换岗和流动，以此为监督与激励手段，提高综合业务能力；全员参加中国教育会计协会统一组织的会计年度继续教育活动；主动到中央党校、社科院调研学习公务卡推广和财务管理工作，研究制订学校公务卡工作推进步骤与办法；到南开大学调研国有资产管理经验。通过学习、调研和培训，着力打造一支政治可靠、业务精通、作风优良、清正廉洁的队伍。

12. 财务信息公开。2012年，学校继续在全校范围内，通过党政联席会、教职工代表大会、财务信息查询系统、未名BBS等多种途径，使学校领导、院系财务负责人、课题负责人、教职工和学生等各级各方面人员能够及时方便了解息息相关的财务信息。同时，按照教育部财务信息公开指导意见，做好了在校园网站公开财务数据的各项准备工作。

审 计 工 作

【审计工作数量与绩效】 2012年，共完成审计审签项目（出具审计报告、意见）908项，包括综合管理审计、经济责任审计、建设工程管理审计、建设投资评审、参与"三重大"经济事项等五个方面工作。通过加强内部审计的管理控制作用，促进学校资源利用效益不断提高：通过造价、招标审计，减少工程费用962万元；通过月度拨款审计，减少月度拨款1911万元；通过综合管理审计，增收节支780万元；建设工程投资控制在合理规模以内。促进管理控制机制建设，防范风险。提出促进内部管理控制机制建设的意见和建议数十条，促进了管理控制机制建设和管理活动的规范运行，防范资金资产安全风险；纠正和调整违法违规事项，防范学校违规风险。

【综合管理审计】 不断深化和创新综合管理审计工作，在"面向资源、着眼绩效、立足控制"的基础上，关注"财务、业务、法务"相关控制机制，优化审计业务模式，探索完善过程审计监管；发现问题、揭示风险隐患的同时，促进问题有效解决、机制有效建立、风险有效预防；将项目成果转化为宏观决策的支持，确保审计为宏观决策和促进长效机制建设服务。

1. 预算执行审计。2012年，组织开展了预算执行审计，重点开展了"211工程"三期专项资金预算执行审计、高等教育文献保障系统（CALIS项目）三期专项资金预算执行审计。通过审计，针对部门内部、部门衔接中存在的问题，提出针对性的审计建议，进一步规范专项资金管理，提高专项资金的使用效益。

2. 内部控制审计与调查。2012年，配合继续教育管理体制的调整，对继续教育系统（包括继续教育部、成人教育学院、网络教育学院、培训中心等）进行了管理控制审计。对学校科研管理控制进行审计调查。将人文社科、理工科、国防口的纵向、横向项目等全部纳入审计调查范围。对22个单位（校本级以及在结算中心开户的二级单位）12个月的大额资金管理控制进行了审计，大额资金支出中存在的问题显著下降，相关管理规定得到较好执行，风险进一步降低。共完成二级单位综合管理审计23项，提出审计建议数十条。

【经济责任审计】 2012年，共完成经济责任审计18项，全面促进了学校经济责任制的贯彻落实。认真贯彻《党政主要领导干部和国有企业领导人员经济责任审计规定》（中办发〔2010〕32号）和教育部有关文件精神，会同纪检监察室、组织部、财务部等有关部门对《北京大学中层领导干部经济责任审计规定》进行修订。坚持把握经济责任的实质为资源管理责任。坚持以综合管理审计为业务基础，深化经济责任审计。审计过程中，主要对经济责任人依法依规、规范管理、取得绩效三方面的情况进行审计，其中规范管理方面与管理审计结合起来，对管理中的决策、计划、控制等方面进行审计，重点关注"三重一大"决策情况、预算管理情况、内部控制情况等。

【建设工程投资评审】 根据《北京大学建设工程投资管理办法》，学校成立了建设投资评审小组和投资评审办公室，对建设标准、投资计划进行审议，加强了对建设工程投资的监管，规范了立项批准程序，促进工程管理部门进行限额设计，在确保满足使用功能和工程质量的前提下，合理安排建设投资，提高建设经费使用效益。投资评审办公室由审计部门兼管，根据新建工程和修缮改造工程的不同特点，采用切实可行的方法和程序，及时有效地为建设工程投资评审小组审定投资计划提供决策支持。学校各个部门管理的50万元以上工程全部纳入学校建设投资评审管理范围。2012年，共完成投资评审（含初评）22项，包括：肖家河住宅工程、学生公寓工程等新建项目7项；勺园改造工程、太平洋大厦改造工程等大型改造项目3项；化学北楼修缮改造工程、经济学院加层改造工程等一般修缮改造项目7项。

【建设工程管理审计】 1. 造价管理审计。进一步加强开工前造价管理审计，加强设计概算以及招标控制价的审计复核。督促工程管理部门加强设计概算及招标控制价编制的内部管理控制，并落实管理责任。对重要工程招标控制价等进行审计复核。2012年完成13个项目，审减520万元，进一步提高了建设资金效益。进一步加强竣工后造价管理审计。分析送审工程造价变动原因及责任，促进工程管理部门和使用单位明确造价变动责任，进而规范造价管理内部控制；复核工程量及材料价格。2012年完成10万元以上项目审计100项，送审金额1.83亿元，复核审减292万元，复核审减率1.6%。在审项目46项，在审金额5.95亿元。

2. 招标管理审计。2012年，完成50万元以上项目招标管理审计63项。促进工程管理部门完善招标管理制度，防范招标风险。促进招标程序的规范化，敦促有关部门严格执行规定，要求工程管理部门进一步落实校内评标打分办法，促进工程管理部门完善造价管理的内部控制，明确询价要求，落实询价责任。加强审计复核，维护学校利益。进一步完善50万以上建设工程招标文件、招标控制价（市场询价）、工程合同审计复核机制，防范学校利益受损风险。关注招标内容的细化完善，要求工程管理部门对施工业务内容做出明确细化规定，使投标方在统一的技术标准下充分竞价。2012年，直接核减建设经费150万元。

3. 建设财务拨款审计。对基建工程部、总务部、会议中心、实验室与设备管理部等的工程月度拨款进行审计，促进财务请款工作规范化的同时加强对财务请款的审计复核。2012年，送审金额3.65亿元，审定金额3.46亿元，审减金额1911万元，审减率5.23%。

4. 肖家河项目拆迁管理审计。2012年，参加肖家河项目拆迁资金联审组会议24次，参与审议拆迁协议735份，支付补偿款14.6亿元，安置房屋16万平方米。

【参与学校"三重一大"经济事项】 2012年，努力探索促进问题解决与机制建设的途径，参与学校"三重一大"经济事项，参与财务管理、资产管理、采购招标管理、建设管理等十多个专门委员会的专项工作。

【持续加强审计专业化建设】 1. 专业人才建设。努力建立一支专业化、职业化、适应国际内部审计发展与世界一流大学建设的内部审计队伍。

（1）审计人员拥有多种专业资格。80%的审计人员具有国际注册内部审计师资格和研究生学历，50%的审计人员具备注册会计师资格,还有注册造价工程师、注册资产评估师等专业资格。

(2)通过多种途径提高审计人员综合素质。① 坚持集体学习,提升现代内部审计理念。2012年,组织集体学习10次,学习国家经济发展前沿、招标管理、数据审计技术、国外大学审计前沿等内容。② 坚持案例研讨,提升审计实战能力。开展了审计案例研讨活动,分时段对10个案例进行了讲解、分析、讨论、点评。案例涉及综合管理审计、工程管理审计、经济责任审计等多方面内容。③ 选派审计人员到业务管理部门挂职锻炼。2012年选派1人到业务管理部门挂职锻炼。

2. 专业规范建设。审计部门坚持修订完善审计手册,确保审计品质。

通过多年的发展,建立了完整的以《北京大学内部审计规定》为核心的内部审计制度体系。包括各类审计工作规定和审计业务规范,并坚持根据业务变化不断修订完善。

2012年对审计业务规范进行了部分修订。修订后的《内部审计手册》包括《行政管理规则》《业务管理规范》《业务操作规程》等三个部分十几类规范化的文件。

3. 专业技术建设。(1)深入运用"问题导向、业务入手"审计方法。从业务入手,深入分析被审计单位业务,将业务进行分类,对每类业务深入剖析其可能存在的风险及控制措施,以问题为导向开展审计。

(2)深入运用数据审计技术。2012年,进一步加大了数据审计技术在实务中的运用,运用通用软件(Excel、Access)对各类数据进行对比分析、多维分析、统计分析、透视处理等,促进审计品质和效率不断提升。

房地产管理

【概况】 2012年,房地产管理部围绕创建世界一流大学的目标和要求,进一步加强了对学校土地、房屋、家具资产的科学管理与合理调配,重点做好公用房定额管理和有偿使用、五道口教师住宅置换售房等重点专项工作,以及公用房的调配与管理、教职工住房与教师公寓的分配与管理、房改售房、房地产产权管理、房屋维修管理、家具资产管理、人防工程维护与管理等常规工作。

截至2012年年底,北京大学占地面积2741118平方米;各类房屋建筑面积2205386平方米,其中教学、科研及辅助用房749621平方米,行政办公用房42511平方米,学生宿舍399596平方米,教职工住宅(含集体宿舍)226938平方米。

【房地产管理】 2012年,房地产管理部顺利完成公用房调配与管理、教职工住房和教师公寓的管理与服务、房改售房等方面的工作。

1. 公用房调配与管理。(1)公用房分配与调整:在电教大楼、方正大厦、资源西楼、校医院门诊楼等处为城市与环境学院、环境科学与工程学院、地球与空间科学学院、工学院等单位安排办公用房约1800平方米。

(2)公用房竣工验收工作:新建竣工工程有实验设备1号楼、外国语学院大楼、斯坦福中心。改造工程有保卫部理科楼东连廊改造工程、附中教学东楼加固改造工程等。新建工程的总建筑面积约31600平方米。

(3)公用房数据的采集、录入和整理等基础工作:完成了新法学楼、微电子大厦、北京国际数学研究中心、人文大楼、工学院1号楼、物理楼加层及物理东楼、理科楼公共教室改造、实验设备1号楼、外国语学院大楼等9栋大楼的电子工程图房间面积测量、房号编制、面积现场核对、使用单位公房信息数据库录入等工作,共完成1820个房间、14000多个数据的整理。

(4)公房普查:启动对全校商业用房的普查摸底工作。

(5)经营用房管理。

2. 公寓及住房日常管理。校本部:(1)房屋资源管理:2012年,学校回购已售公有住房1套;收回历史遗留住房42套(间);收回借房7套。与特殊用房管理中心沟通,争取万柳房源49间;安排2+2选留教工27人入住校内筒子楼;清理整顿教师公寓不合理用房,共计腾退住房16套,完成扣缴房屋占用费63人。

(2)供暖费、物业费、房租支付:2012年,支付无房教职工自购房及住外单位福利房职工456人供暖费约58万元;西二旗778户供暖费约190.6万元;西三旗育新花园小区、六道口静淑苑小区415户供暖费94.7万元和物业费41万元;整体租用方正集团畅春园60楼,用作教师公寓房源,支付租金约89万元;支付校园管理中心,校内筒子楼保洁委托费5万多元。

(3)办理住房相关手续:各项累计1860人次。办理住房调查表、开具住房证明285人次;办理退休、病故、调出转单132人次;房租调整675人次;发放与回收(初审)新进人员住房调查表84人次;教师公寓申请公示75人次;回收退房41人次;办理博士后进站94人次;出站退房72人次;教师公寓分配及调整103人次,办理高级访问学者入住手续12人次、退房手续7人次，为学校11家单位解决了共20人次来访专家学者的短期住宿问题。办理专家公寓入住及退房10人次，办理校内集体宿舍入住、调整及退房手续250余次。

医学部：教职工公寓收回46套；供暖费、物业费支付141.15万元；办理住房调查表、开具住房证明128人次；开具公积金支取证明92人次。

3. 土地与房屋产权管理。校本部：（1）房屋产权管理：取得邱德拔体育馆房屋产权证。对图书馆、光华楼、百周年纪念讲堂和农园餐厅进行坐标点测绘和房屋建筑面积测绘。为使用学校房屋的企业和公司办理工商、税务登记，出具房屋产权证明20多份。继续推进万柳公寓和资源西楼的房产证和土地证的变更工作。

（2）土地管理：参加中央国家机关举办的土地登记信息培训班。完成中央单位用地数据库信息系统的建设及数据完善工作，并填报2012年学校土地利用计划表。

医学部：在完成医学部《国有土地使用证》变更工作后，开始进行医学部《房屋所有权证》变更工作，目前已进行到准备资料、提交海淀区建委审批这一阶段。

4. 地下空间与人防工程管理。对有人员居住和经营性使用的地下空间不定期进行全面检查，确保安全；完成肖家河项目、北京大学附属小学体育馆、餐饮综合楼、总务楼、校内28楼、29楼、30楼、31楼、32楼、35楼、北京大学附属中学教学北楼和北达资源中学综合楼的人防工程前期规划设计申请；完成人文大楼1—6号楼的人防工程验收。

5. 房屋维修管理。日常专项维修项目50个，各类房屋报修466起。完成中关园1—3公寓，501—506楼，50甲、乙、丙楼道粉刷的验收工作。完成校内44楼的门窗检修工作，校内19、20、24楼共38间

空房的粉刷检修工作。9—12月，完成燕北园区公共楼道粉刷工作。10月，启动中关园、燕东园高访公寓3期6套房屋精装修工程。更换朗润园8—13公寓、畅春园55楼公共楼道塑钢窗。

【房改工作】 1. 房改售房。校本部：发放产权证23本。起草《北京大学已售公有住房上市交易管理暂行办法》。

医学部：2002价房改售房120户《房屋所有权证》事宜的办理已接近尾声，等待上报批示、发放。

2. 住房改革资金测算和住房调查及审核工作。与人事部配合继续对北京大学现有教职工住房档案进行整理完善。编制上报北京大学住房制度改革支出预决算报表，涉及发放住房补贴职工4242人，申请住房补贴资金约9251万元（含医学部）。

3. 教职工住房补贴发放。校本部：全年共为3270名无房及未达标教职工发放住房补贴8396.45万元，其中为431名新进职工及时核定和发放住房补贴及临时生活津贴，为购五道口教师住宅的职工及时发放了相应的住房补贴，为38名2012年新提职职工核定职称晋升后的级差补贴190万元。

医学部：2012年住房补贴发放1124人共计1762.9万元，其中发放1069无房户住房补贴共计1328.67万元，未达标教职工20人共计235.61万元，极差补贴35人共计198.62万元。2013年住房补贴预算上报1026人共计1867.52万元。

【家具资产管理】 审核、建账新购置家具13051件，价值10197051元。报废处置家具1944件，价值716152元。调拨家具32件。采用招标方式采购家具4912件，价值6413763万元。

【重点专项工作】 1. 公用房定额管理和有偿使用。2012年1月，新修订的《北京大学公用房管理条例》（校发〔2012〕9号）开始实施。与43家教学科研单位签署公房使用协议，收取房产资源使用费共约3154.75万元。虚体科研机构公房管理收费工作进展顺利，已有44家虚体科研机构缴纳了房产资源使用费，共约321.56万元。

2. 顺利完成五道口教师住宅置换售房工作。五道口教师住宅共计528套，其中，已售488套（校本部427套，医学部61套），未售40套（丁类预留房源）。可收回公有住房429套。2012年1月完成选房工作，7月进行了网上签约及贷款办理工作。7月13—15日，集中办理入住手续。目前，488户住户全部入住。腾退原住房教职工的住房补贴发放及原购房款退还工作：截至2012年年底，为435名购房职工核定住房补贴7109万元。其中，为136户（201人）置换区域内购房职工办理住房补贴冲抵购房款3734万元；为48名非置换区内已退房教职工发放住房补贴693万元；为39户退房教职工退还原购房款194.2万元。原公有住房腾退工作：经学校批准，将原公有住房腾退期限延长至5个月。制定了便捷、合理的退房办理流程，核实购房教职工入住装修的具体状况，明确退房具体日期。截至2012年12月31日，已收回公有住房186套，逐步履行学校与法政公司签订的"一系列协议"。

3. 妥善解决成府园区土地征地历史遗留问题。2012年12月，海淀区龚宗元副区长召集区国土分局、海淀镇、西苑村、北京大学专门商讨，最终决定由北京大学给予海淀镇、西苑村适当补偿，妥善解决成府校区土地征地历史遗留问题。海淀镇、西苑村尽快与北京大学签订协议，组织召开村民代表大会履行后续程序，区国土分局加快办理相关手续。

表 9-35　2012 年北京大学土地基本情况汇总表　　　　　　（单位：平方米）

序号	土地坐落	面积
1	海淀区海淀路 5 号	1016971.00
2	海淀区颐和园路 102 号（蔚秀园）	84851.11
3	海淀区北京大学畅春园	60644.06
4	海淀区成府路燕东园	185073.10
5	海淀区北京大学中关园	160200.70
6	海淀区北京大学承泽园	58748.41
7	海淀区清华南路 4—7 公寓	15732.44
8	海淀区骚子营北京大学燕北园	94472.54
9	海淀区中关村 19 号楼	663.66
10	海淀区中关村 23 号楼	651.55
11	海淀区中关村 25 号楼	1017.84
12	海淀区中关村 26 号楼	1045.24
13	海淀区中关村北二条街 3 号	13182.95
14	海淀区中关村北二条街 7 号	1527.07
15	海淀区大泥湾北大附中	55485.32
16	海淀区北河沿 3 号楼	581.68
17	海淀区上地朱房	7529.80
18	海淀区教养局 10 号	353.80
19	海淀区苏家坨镇金仙庵	16779.40
20	海淀区苏家坨镇金仙庵朝阳院	6667.00
21	海淀区苏家坨镇寨口村 44 号	1681.83
22	东城区黄米胡同 7 号	837.00
23	东城区黄米胡同 9 号	400.00
24	东城区礼士胡同 141 号	375.20
25	东城区东高房胡同 21 号	3093.00
26	昌平区十三陵镇北京大学昌平园区	346296.00
27	昌平区十三陵镇西山口村南	3935.00
28	昌平区十三陵镇西山口村南苗圃	11260.00
29	昌平区十三陵镇太陵园村东南侧	1938.00
30	昌平区南口镇太平庄村	6667.00
31	昌平区十三陵镇北京大学昌平园区污水处理池	120.00
32	海淀区海淀路 36 号	589.44
33	海淀区海淀路 38 号	777.79
34	海淀区海淀路 44 号	132.61
35	海淀区海淀路 46 号	1548.05
36	海淀区海淀路 50 号	2150.52
37	海淀区蓝旗营教师住宅小区	25323.84
38	海淀区蓝旗营教师住宅小区商建	5964.45
39	海淀区北京大学畅春新园学生宿舍	19999.94
40	海淀区北京大学簸斗桥学生宿舍	7775.00
41	海淀区北京大学成府园	102212.30
42	海淀区万柳大学生公寓	23557.61
43	海淀区学院路 38 号（医学部）	387906.68
44	西城区草岚子胡同 8 号（医学部）	4398.60
合计		2741118.53

表9-36 2012年北京大学校舍基本情况汇总表 （单位：平方米）

类别	学校产权校舍建筑面积 合计	其中 危房	其中 当年新增	其中 被外单位借用	正在施工校舍建筑面积	非学校产权校舍建筑面积 合计	独立使用	共同使用
总计	2248848							
一、教学科研及辅助用房	796684							
教室	87797							
图书馆	67466							
实验室、实习场所	247825							
专用科研用房	339501							
体育馆	38184							
会堂	15911							
二、行政办公用房	42511							
三、生活用房	712118							
学生宿舍（公寓）	394120							
学生食堂	42774							
教工宿舍（公寓）	109325							
教工食堂								
生活福利及附属用房	165899							
四、教工住宅	226937					＊	＊	＊
五、其他用房	470598							

肖家河项目建设

【调整拆迁指挥部架构】 2012年2月27日，由海淀区副区长龚宗元、北京大学鞠传进副校长主持召开会议，完善调整指挥部机构及工作机制。成立现场指挥部，下设五个工作组，分别专职负责腾退推进、环境治理、维稳法务、工程建设、资金管理、协调保障等工作。会议同时明确，海淀镇、马连洼街道办事处为肖家河地区腾退拆迁工作责任主体，海淀镇为总牵头单位。北京大学负责肖家河地区腾退建设资金筹集、发放及审核等工作以及全部服务保障等工作。

【主动入户测量评估】 2012年3月底，建设办配合指挥部组织拆迁公司、评估公司和审计公司及地区维稳机构，针对未测量面积的院落上门服务，进行主动量房，并委托北京市公证处全程公证并确认。此次共对39户居（村）民的院落房屋进行了测量，累计643个院落完成入户测量工作，占总院落的98.3%。

【组建安置房销控团队】 从建设办和学校抽调力量，组建了安置房销控团队，设立选房大厅。

【开展帮助腾退工作】 2012年4月，肖家河腾退工作进入帮助腾退工作阶段。建设办邀请法学院副院长王锡锌教授、校长法律顾问办公室陆忠行律师召开座谈会，研究帮助腾退的法律依据。

由海淀镇牵头，组织安保力量及相关机械设备进行维稳和帮助腾退工作，区维稳办、一体化办、公安分局（马连洼派出所）、法制办、综治办、流管办、教委、司法局、城管大队、消防支队、交通支队等单位配合行动。从2012年6月份到8月份，肖家河地区腾退工作现场指挥部组织了多次对肖家河地区未腾退村（居）民帮助腾退的大规模行动。

【拆迁工作阶段性成果】 截止到2012年12月26日，肖家河教工住宅项目腾退拆迁工作已签定腾退协议856份，616个院落，占总院落的93.3%。其中，经资金联审会审核通过的协议850份（606个院落），安置人口2801人，安置面积19.49万平方米，补偿拆迁金额16.62亿元，院均补偿款274.22万元，院均安置面积321.69平方米，人均安置面积69.6平方米，人均拆迁补偿59.33万元。另，5家非住宅单位已经完成海淀置业集团所属的超市发资产和西郊机场导航台的搬迁谈判工作并签订了拆迁协议。

【取得方案复函】 2012年1月19日，北京市规划委员会批复了《关于北京大学住宅及配套公共服务设施项目设计方案审查意见的复函》(2012规复函字0016号),但要求"建筑高度以国家文物局最终意见为准"。

在此基础上,项目陆续获得人防、园林绿化、交通、环保评价等职能部门方案审查意见;同时,E'、E"、F等项目不受高度影响的地块,可以启动初步设计工作。

【取得国家文物局意见】 建设办多次与北京市文物局就本项目建筑高度事宜进行沟通,组织设计院编制《北京大学肖家河教工住宅项目方案设计图册》,针对G地块编制甲、乙两个方案,并上报北京市文物局。2012年9月,国家文物局批复了项目的高度调整方案,原则同意圆明园西路两侧三个地块高度从18米调增到30米,离圆明园最近地块的高度方案采取由南向北渐次升高的方案。

【重新获得方案复函】 建设办组织设计单位对项目设计方案重新修改并再次上报北京市规划委员会。2012年11月29日,项目获得了规划委最终方案审查意见《关于北京大学住宅及配套公共服务设施项目设计方案审查意见的复函》(2012规复函字0178号)。

【项目规划指标】 肖家河教工住宅项目总建筑规模为888474平方米。规划地上总建筑控制规模为619678平方米,其中住宅总建筑面积526591平方米,教工住宅为325588平方米,回迁住宅201003平方米;配套公建25179平方米;还建商业金融建筑规模60894平方米。其中教工自有住宅共计2674套,包含90平方米、90平方米阁楼、120平方米、120平方米阁楼、140平方米、140平方米复式、180平方米等多种户型。

【获得教育部的立项批复】 2012年9月,国务院机关事务管理局向教育部发出《关于同意北京大学肖家河教工住宅项目立项的函》(国管房地〔2012〕261号)。2012年10月15日,教育部下发《关于转发国务院机关事务管理局〈关于同意北京大学肖家河教工住宅项目立项的函〉的通知》(教发函〔2012〕181号),项目正式获得了立项批复。按照教育部立项批复意见,建设办委托有资质的单位编制了《北京大学肖家河教工住宅项目可行性研究报告》,2012年10月30日上报教育部审批。

【获得建设用地规划许可证】 2012年建设办推进用地手续办理。项目于2012年9月20日取得了《关于北京大学肖家河教工住宅建设项目用地预审的函》(京国土市预〔2008〕252号)继续有效的证明文件。并于2012年11月9日取得《关于北京大学肖家河教工住宅项目供地方式有关意见的函》(京国土用函〔2012〕1209号),此函中北京市国土资源局明确了本项目用地方式为划拨。同时北京市住建委于2012年9月21日为项目下发《建设项目征地计划通知书》(京建计(地)密字〔2012〕009号)。2012年12月4日项目终于取得了《建设用地规划许可证》(2012规地字0058号)及《建设项目选址意见书》(正本)。

实验室与设备管理

【概况】 2012年,实验室与设备管理部(以下简称设备部)的工作重点是:积极推进学校大型科学仪器公共平台建设,构建国内领先、国际先进的科研公共服务体系,支撑各学科建设和发展;深化实验教学改革,总结和凝练实验教学示范中心评建经验,以培养复合型、创新型人才为核心目的,将实验教学的作用贯穿人才培养的全过程;继续加强实验技术队伍建设,组织完成2012年度实验技术系列职称评审与实验室工作先进集体和先进个人评审工作;继续完善大型设备论证和效益管理,促进资源整合与开放;继续管理和执行学校"985/211工程"项目设备经费;进一步规范设备采购的各个环节,加大招标采购、集中采购的执行力度,为学校争取更大的利益;进一步加强免税科教用品的宣传和管理;建立健全实验室安全教育体系,加强环境保护和辐射防护管理及实验室危险废物排放和实验动物安全管理;承担北京市科委相关研究项目的建设工作;继续以管理机制创新和信息化建设为手段,进一步落实各项规章制度的执行。此外,协助先进技术研究院完成相关认证工作。

【实验室建设与实验教学改革】 截至2012年年底,北京大学共有实验室157个,其中校本部84个,医学部73个。2012年实验室建设和实验教学改革的主要工作如下:

1. 实验教学示范中心评建。根据教育部《关于开展"十二五"高等学校实验教学示范中心建设工作的通知》(教高司函〔2012〕33号)安排,组织落实北京大学"十二五"期间国家级实验教学示范中心评建工作。2012年,北京大学参评的环境与生态实验教学中心和药学实验中心双双被教育部评为国家级实验教学示范中心建设单位,分别获得教育部建设经费200万元。截至2012年年底,北京大学共有国家级示范中心(含建设单位)10个,分别为物理、化学、生物、计算机、经济管理、地球科学、医学基础、考古、环境与生态和药学实验教学中心;北京市级示范中心12个,除上述10个国家级示范中心同时也是北京市级示范中心外,另外2个分别为电子和临床技能实验教学中心。

2. 实验教学示范中心验收。根据教育部《关于开展"十一五"国家级实验教学示范中心(建设单位)验收工作的通知》(教高司函〔2012〕114号)安排,北京大学物理、化学、生物、医学基础、经济、考古、地学和计算机等8个国家级实验教学示范中心参加教育部验收并全部通过验收。

3. 实验教学改革和教学实验室建设经费的评审和执行。2012年北京大学实验教学改革经费共支持实验教学改革项目15项,金额37.1万元;2012年度北京大学实验教学设备补充经费共支持本科教学实验室建设项目11项,金额59.77万元。

4. 实验技术队伍建设。截至2012年年底,校本部共有实验技术人员395人(指在院系工作的实验技术人员),其中,教授级高工21人,高级工程师/高级实验师136人,工程师/实验师212人。

(1) 组织完成2012年实验技术系列职务评审工作。2012年,北京大学新评聘教授级高工4人(其中医学部1人),高级工程师/高级实验师11人,工程师/实验师14人。

(2) 组织完成2012年度北京大学实验室工作先进集体和先进个人评选。根据《北京大学实验室工作评审奖励办法》的相关规定,实验室与设备管理部在全校范围内组织开展"2012年度北京大学实验室工作先进集体和先进个人评选",全校共评出实验室工作先进集体10个,其中校本部5个,医学部及附属医院5个;实验室工作先进个人28名,其中校本部20名,医学部及附属医院8名。

5. 北京大学大型科学仪器公共平台建设。截至2012年,北京大学共有校级公共平台5个,分别为:实验动物中心、分析测试中心、电子显微镜实验室、微/纳米加工超净公共实验室和北京核磁中心,仪器设备总价值1.81亿元。2012年,大型科学仪器公共平台建设工作主要包括:

(1) 组织编制校级公共平台绩效考评指标体系。实验室与设备管理部在广泛调研的基础上组织制定了公共平台绩效考评指标体系。

(2) 组织筹建氦气液化回收系统校级公共平台。2012年,实验室与设备管理部与物理学院组织筹建了"北京大学氦气液化回收系统校级公共平台"。平台建设方案经多次专家讨论,先后通过校级论证和学校党政办公会审议。平台主体设备将于2013年5月到货,场地改造及主任工程师招聘也将陆续完成。

(3) 实验动物中心管理架构的完善及AAALAC认证筹备。2012年,由实验室与设备管理部组织完成了动物中心的换届选举,产生了新的领导集体和专家委员会。在此基础上,以AAALAC认证筹备为契机,实验室与设备管理部组织对中心核心工作进行了梳理并明确了新领导集体的职责分工。

(4) 北京核磁中心改扩建为北京大学核磁中心。2012年,经多次协调与讨论,最终确定了中心的建设地址。新核磁中心预计2013年投入使用。拟购的4台新仪器共计5900万元,已完成招标采购,预计2013年年底到货。

(5) 原校医院区域改造和实验设备楼建设。2012年,实验室与设备管理部作为用户代表继续全程参与楼宇的建设过程,继续与基建部、建筑设计院和施工方协调施工中的各种技术问题,明确和落实具体使用需求,监督工程质量等。截至2012年年底,楼宇主体工程、内部初装已基本完成,预计2013年年初投入使用。

【"985工程/211工程"设备经费管理与执行】 截至2012年年底,由实验室与设备部负责管理和执行的"985/211工程"设备经费的情况为:校本部"985工程"三期设备经费总拨款5.52亿元,截至2012年年底已执行4.76亿元。其中2012年执行1.03亿元。校本部"211工程"三期设备经费总拨款2.68亿元,截至2012年年底已全部执行完毕。其中2012年执行0.2亿元。

【仪器设备管理】 截至2012年年底,北京大学在用仪器设备总量增至207467台,价值人民币39.68亿元(校本部151385台,价值人民币30.18亿元;医学部56082台,价值人民币9.50亿元),其中,40万元以上大型仪器设备972台,价值人民币12.78亿元(校本部790台,价值人民币10.55亿元;医学部182台,价值人民币2.23亿元)。

2012年,北京大学新增800元以上仪器设备23910台,价值人民币5.95亿元。其中,校本部新增17467台,价值人民币4.23亿元;医学部新增6443台,价值人民币1.72亿元。

2012年,北京大学新增40万元以上大型仪器设备182台,价值人民币2.47亿元。其中,校本部新增40万元以上大型仪器设备124台,价值人民币1.82亿元;医学部新增40万元以上大型仪器设备58台,价值人民币0.65亿元。

2012年仪器设备管理方面的主要工作如下:

北京大学第二十期大型仪器

设备开放测试基金的执行。第二十期大型仪器设备开放测试基金共完成测试项目991个,使用测试费753.65万元,测试机时182281小时,测试样品198850个。受益单位包括化学与分子工程学院、生命科学学院、物理学院、地球与空间科学学院、城市与环境学院、环境科学与工程学院、信息科学技术学院、考古文博学院、工学院、分子医学研究所、心理学系、医学部、深圳研究生院、元培学院、图书馆等。

北京大学第二十一期大型仪器设备开放测试基金的申报和评审。第二十一期大型仪器设备开放测试基金共收到课题申请1205个,测试费申请总额达1753.3万元,申请机时20.53万小时,申请样品测试26.09万个。通过评审,最终获得批准的课题共1198个,测试基金总额达799.4万元。其中学校出资399.7万元,申请人配套经费399.7万元。共155台(套)仪器设备和实验动物中心平台参加了第二十一期仪器设备开放。

大型仪器设备测试服务。2012年,北京大学大型仪器设备测试服务总收入达3675万元(不含大型仪器设备开放测试基金部分)。

组织40万元以上大型仪器设备购置可行性论证136台/套(校本部)。

大型教学科研仪器设备使用情况调查及分析。根据教育部和北京市教委文件要求,完成全校680台40万元以上仪器仪表类教学科研仪器设备的年度使用情况调查及分析。其中,校本部548台,价值7.24亿元,年使用机时800小时以上的仪器占64.42%,年使用机时2000小时以上的仪器占25.36%。

首都科技条件平台北京大学研发实验服务基地建设。2012年,北京大学继续参与首都科技条件平台建设。由实验室与设备管理部牵头组织的北京大学研发实验服务基地建设在科技资源开放共享、科研成果转化、专利技术转移等方面取得了优异的成绩,并顺利通过四期项目建设验收。

北京大学科普基地建设。2012年,北京大学继续开展科普基地建设。由实验室与设备管理部牵头组织化学与分子工程学院、生命科学学院、地球与空间科学学院、校史馆等单位整合优质教学科研资源,面向社会开放。在组织开展丰富多彩的科普活动的基础上,北京大学5个国家级重点实验室代表学校参与了北京科技周主会场的展示活动。

北京大学仪器创制与关键技术研发中心建设。2012年6月,实验室与设备管理部组织完成了第四期"仪器创制与关键技术研发"项目申请和评审工作。截至2012年,基金已接受全校共计110个项目提交的申请,其中33个项目经过评审获得742.5万元经费支持,范围涵盖工学院、信息科学技术学院、物理学院、分子医学研究所、生命科学学院、化学与分子工程学院、环境科学与工程学院、前沿交叉学科研究院和城市与环境学院等九个理科院系。基金支持的部分项目已获得国家基金委和科技部相关项目的更大支持,部分项目产出多项技术专利,部分项目成功试制仪器样机,进入成果转化阶段。

国家科技基础条件资源调查。根据科技部、财政部《关于开展科技基础条件资源调查数据更新工作的通知》要求,实验室与设备管理部完成了向科技部、财政部上报北京大学2011年度科技基础资源信息数据工作,上报数据主要包括研究实验基地基本信息、科研仪器设备概况、大型科学仪器设备(50万元以上)基本信息、人员概况、高层次科技人员基本信息、财务概况等。

旧仪器设备的报废、调剂与回收。规范旧仪器设备的报废程序,充分发挥仪器设备的使用效益,及时发布拟报废仪器设备信息,供全校教学、科研单位调剂使用。对确实没有利用价值的旧仪器设备进行分类集中、招标出售,2012年北京大学旧仪器设备变价收入为260.56万元。

【仪器设备采购】 2012年,实验室与设备管理部进一步完善采购制度,规范仪器设备采购申报、审批程序以及招标采购流程。每月定期公布学校通用设备实际采购价格及采购工作相关信息。2012年,北京大学共采购仪器设备5.95亿元,其中校本部采购仪器设备4.22亿元,医学部采购仪器设备1.73亿元,主要工作如下:

招标采购工作。2012年,实验室与设备管理部共组织仪器设备招标采购136次,中标金额共计2.68亿元。其中校本部仪器设备招标77次,中标金额1.91亿元;医学部仪器设备招标59次,招标金额0.77亿元。

国内仪器设备采购。2012年,北京大学共采购国内仪器设备1.64亿元,审核通用设备采购0.81亿元,审核并签订5万元以上合同473份,合同金额共计1.46亿元。其中校本部采购国内仪器设备0.96亿元,审核通用设备采购0.65亿元,审核并签订5万元以上合同364份,合同金额共计1.11亿元(部分在执行过程中的合同未计入采购数量中);医学部采购国内仪器设备0.68亿元,审核通用设备采购0.16亿元,审核并签订5万元以上合同109份,合同金额共计0.35亿元。

国外仪器设备采购。2012年,北京大学采购国外仪器设备4.31亿元人民币。其中校本部采购国外仪器设备3.26亿元人民币,通过竞争性谈判或招标采购等方式签订及执行合同593项,共计3554台(件、套、批);医学部采购国外仪器设备1.05亿元人民币,通过竞争性谈判或招标采购等方式签订及执行合同217项。

接受境外赠送。2012年,北京大学共接受境外友好赠送的仪器设备2批,折合人民币17.52万元。实验室与设备管理部为境外友好赠送仪器设备办理了申请接受赠送的行文、报审、进口审批等手续。

办理科教用品免税情况。2012年,北京大学共办理免税713项,免税合同金额折合人民币约2.92亿元,按平均税率20%计算,共免除税款约5840万元。其中校本部办理免税505项,免税合同金额折合人民币约2.46亿元,按平均税率20%计算,免除税款约4920万元;医学部办理免税208项,免税合同金额折合人民币约0.46亿元,按平均税率20%计算,免除税款约920万元。

【实验室安全与环境保护】 危险化学废物管理与处理。2012年,实验室与设备管理部在化学与分子工程学院的积极配合下,共组织处理化学废弃物63.21吨,支付处理费用101.13万元;组织处理实验动物废弃物共计4352公斤,支付处理费用1.47万元。同时,完成了北京市环保局、北京市安全生产监督管理局、北京市教委下发的各项实验室危险化学品、危险废弃物情况的调查和统计工作。

实验室技术安全管理。1. 建立健全"北京大学实验室安全教育体系和管理模式"。内容主要包括:确立以培养学生全面安全素质为主要内容的安全教育理念,构建符合人才培养目标,涵盖课堂教学、安全实践演习、安全教育信息系统、网络在线考试认证、安全教育教材建设、专题讲座等内容的大学实验室安全教育体系;通过制度化建设、经费支撑体系建设和实验室安全政策联动机制等形成政策合力。

2. 编写实验室安全教材。编写并出版《大学实验室安全基础》。

3. 规范实验室安全管理。统一制作"北京大学实验室安全标识",加强实验室技术安全管理。

4. 隐患排查、责任落实。(1)采取定期检查与不定期抽查相结合的方式,对物理学院、信息科学技术学院、化学与分子工程学院、生命科学学院等实验室比较集中的院系进行了多次安全检查,并对检查中发现的问题及时提出整改要求;(2)签订实验室安全责任书,将实验室安全责任层层落实到人;(3)负责北京大学特殊工种人员保健费发放工作。

辐射安全与防护。1. 换领辐射安全许可证。历时半年完成北京大学辐射安全许可证换领工作。实验室与设备管理部经过前期准备、递交材料、补充材料和接受审核四个阶段工作,历经半年完成换证工作。

2. 放射性物品库地方标准检测。开展放射性物品库技防设施的维护、维修及升级改造工作,并通过了放射性物品库的北京市地方标准的验收工作。

3. 辐射工作人员管理。统一对放射工作人员进行一年四次个人剂量监测,共计640人次;组织全校辐射工作人员共129人参加辐射安全职业病体检;根据北京市治安总队文件要求,对北京大学所有涉源单位的值守人员进行了培训和考核,确保持证上岗。

环境保护。1. 环保审批申报。向环保局申报办理污染物审批。根据相关规定,向环保部等上级主管部门报送各类统计报表。

2. 水质、室内空气质量监测和环境剂量检测。环境保护办公室组织对北京大学校内水质、室内空气质量和环境剂量等进行检测,监督校园内的环境安全。

3. 环保宣教活动。实验室与设备管理部开展主题为"青春北大、绿色校园"的环保系列活动。

【地铁振动影响评估专项工作】
2012年,设备部在前期工作基础上,继续对距地铁4号线不同距离点进行监测。

2012年6月,经过5次上报市政府后,北京市政府批复《北京市规划委员会关于加快实施海淀山后线对北京大学精密仪器实验楼振动影响综合解决方案的通知》(市规发〔2012〕852号),批准项目经费2260万元,成立了包括北京大学在内的多部门项目联合攻关组。项目实施目标是结合国内外相关解决方案,开展振动监测和避振试验。

2012年7月至8月,项目组完成振动监测点的选址和施工,9月开始数据监测工作。项目整体进度分为3个阶段,第一阶段为数据监测,第二阶段为数据分析,第三阶段为避振试验。截至2012年年底,第一阶段数据监测已顺利完成,第二阶段数据分析的结果显示,2—10Hz的低频振动监测数据超过了精密仪器正常运行所需标准。中国电子工程设计院和北京大学将分别对同一时间、同一测点的数据进行分析,对比结果后,确定数据处理方法及避振试验实施方案。

表 9-37　2012 年北京大学(校本部)实验室基本情况一览表

序号	单位	实验室个数	实验室使用面积(m²)	教学实验(11—12 学年)			仪器设备			
				实验个数	实验时数	实验人时数(万)	数量	金额(万元)	其中20万元以上大型设备	
									数量	金额(万元)
1	数学科学学院	2	2100	10	30	0.17	3090	1917.2	1	44.5
2	工学院	5	7222	39	3747	1.01	7798	17756.6	93	8117.1
3	物理学院	10	17623	164	1582	11.79	13261	46615.4	292	29748.9
4	化学与分子工程学院	13	21529	158	1350	21.72	12658	33774.1	312	21588.8
5	生命科学学院	8	8970	221	862	8.16	11270	31044.5	234	16200.8
6	地球与空间科学学院	5	5085	175	948	3.36	6035	10794.4	74	4499.9
7	心理学系	4	600	88	894	2.09	1224	1565.2	10	584.8
8	中国语言文学系	1	80	5	710	0.9	1270	1148.1	0	0
9	考古文博学院	1	1200	1	4	0.002	1523	2968.1	22	1235.0
10	光华管理学院	1	450	33	603	2.93	4253	4174.6	11	391.5
11	法学院	1	530	3	116	0.29	1463	1089.4	0	0
12	北京核磁共振中心	1	2000	0	0	0	451	3793.0	11	3281.3
13	现代教育技术中心	1	80	0	0	0	3029	3090.8	10	292.6
14	体育教研部	1	1128	0	0	0	937	793.0	1	29.1
15	信息科学技术学院	17	20898	240	5286	93.38	14549	38438.0	266	20159.7
16	计算机科学技术研究所	1	1100	0	0	0	951	2000.9	10	461.8
17	计算中心	1	2000	0	0	0	6449	12393.3	74	5981.6
18	图书馆自动化实验室	1	400	0	0	0	3058	10200.4	48	3004.1
19	城市与环境学院	3	2742	94	747	3.06	4661	7087.9	75	2988.3
20	环境科学与工程学院	3	2840	1	108	0.11	4150	10143.6	96	5001.1
21	分子医学研究所	1	1506	0	0	0	2012	5240.7	43	2396.2
22	实验动物中心	1	4136	1	36	0.06	383	2909.6	6	2443.3
23	电子光学与电子显微镜实验室	1	500	1	36	900	225	4812.4	17	4549.3
24	北京现代物理研究中心教育部重点实验室	1	600	0	0	0	31	45.6	0	0
	合计	84	105319	1234	17059	1049.032	104731	253797	1706	132999.5

表 9-38　2012 年北京大学新增 40 万元以上大型仪器设备一览表

序号	设备名称	单价(万元)	经费来源	单位
1	紫外—可见显微共焦拉曼光谱仪	78.55	"211 工程"经费	物理学院
2	薄膜沉积系统	193.18	"985 工程"经费	物理学院
3	纳米压印机	150.88	"211 工程"经费	物理学院
4	自适应变形镜	40.21	科研专款或基金	物理学院
5	双光子激光共聚焦显微镜	118.50	科研专款或基金	物理学院
6	钛宝石超窄线宽可调谐激光器	97.27	科研专款或基金	物理学院
7	皮秒激光器/参量振荡器	122.98	"985 工程"经费	物理学院
8	精密震动隔离平台	42.28	"985 工程"经费	物理学院
9	高性能计算机集群	93.60	科研专款或基金	物理学院
10	聚焦离子束/电子束系统	672.38	科研专款或基金	物理学院
11	计算机集群	148.90	科研专款或基金	物理学院
12	高性能服务器系统	230.00	科研专款或基金	物理学院
13	核电子信号处理和数据采集系统	179.94	科研专款或基金	物理学院
14	四端口矢量网络分析仪	51.84	科研专款或基金	物理学院

续表

序号	设备名称	单价(万元)	经费来源	单位
15	X射线平板探测器	56.20	科研专款或基金	物理学院
16	三角波扫描高压电源及控制单元	203.24	科研专款或基金	物理学院
17	多功能荧光分析仪	70.26	科研专款或基金	物理学院
18	核脉冲信号成型放大系统	46.37	教学事业费	物理学院
19	极低温原子力扫描系统	171.21	"985工程"经费	物理学院
20	高分辨率光谱仪	75.14	"985工程"经费	物理学院
21	超快激光系统	298.24	"985工程"经费	物理学院
22	双腔高真空热蒸发镀膜系统	58.76	"985工程"经费	物理学院
23	极低温强磁场系统	351.10	"985工程"经费	物理学院
24	数字化CCD	69.46	科研专款或基金	物理学院
25	数字化CCD	58.99	科研专款或基金	物理学院
26	透射电子显微镜	224.40	"985工程"经费	物理学院
27	场发射透射电子显微镜	362.52	"985工程"经费	物理学院
28	高压气体吸附分析仪	82.40	"211工程"经费	化学与分子工程学院
29	安捷伦液相色谱/四级杆飞行时间质谱联用仪	159.13	自筹经费	化学与分子工程学院
30	场发射扫描电子显微镜	205.75	科研专款或基金	化学与分子工程学院
31	超高真空低温扫描隧道显微镜	341.28	"985工程"经费	化学与分子工程学院
32	活体影像系统	94.60	科研专款或基金	化学与分子工程学院
33	激光共聚焦显微镜	148.74	"985工程"经费	化学与分子工程学院
34	X—射线衍射仪	309.23	科研专款或基金	化学与分子工程学院
35	拉曼光谱仪	78.65	科研专款或基金	化学与分子工程学院
36	400MHz宽腔固体核磁共振谱仪	243.20	"985工程"经费	化学与分子工程学院
37	400M全数字化核磁共振仪	154.07	"985工程"经费	化学与分子工程学院
38	500M全数字化超导核磁共振仪	262.92	"985工程"经费	化学与分子工程学院
39	液体闪烁计数器	48.53	教学事业费	化学与分子工程学院
40	元素分析仪	46.15	科研专款或基金	化学与分子工程学院
41	生物用原子力显微镜	133.57	"985工程"经费	化学与分子工程学院
42	高压细胞破碎仪	40.93	"211工程"经费	生命科学学院
43	荧光差异蛋白表达分析系统(多功能成像)	68.41	"985工程"经费	生命科学学院
44	超速离心机	58.32	科研专款或基金	生命科学学院
45	大动物在体多光子显微镜	221.41	"985工程"经费	生命科学学院
46	飞秒激光器	101.67	"985工程"经费	生命科学学院
47	实验室自动化工作站	96.06	科研专款或基金	生命科学学院
48	高通量测序仪	246.01	"211工程"经费	生命科学学院
49	光纤激光器	49.66	"985工程"经费	生命科学学院
50	冷冻超薄切片机	64.85	"985工程"经费	生命科学学院
51	激光显微切割机	95.43	"985工程"经费	生命科学学院
52	多光子激光共聚焦显微镜	202.48	"985工程"经费	生命科学学院
53	皮秒激光器	167.94	"985工程"经费	生命科学学院
54	高分辨率共聚焦拉曼显微镜	127.44	"985工程"经费	生命科学学院
55	多焦点多光子显微镜	189.29	"985工程"经费	生命科学学院
56	高通量测序仪	70.05	"211工程"经费	生命科学学院
57	新一代快速测序仪	128.25	"985工程"经费	生命科学学院
58	液体闪烁计数仪	53.51	"985工程"经费	生命科学学院
59	高通量DNA自动测序仪	274.20	"985工程"经费	生命科学学院
60	活细胞成像显微镜	223.43	"985工程"经费	生命科学学院
61	透射电子显微镜	463.15	"985工程"经费	生命科学学院

续表

序号	设备名称	单价(万元)	经费来源	单位
62	扫描电镜冷冻传输系统	47.40	科研专款或基金	生命科学学院
63	正置荧光显微镜	41.45	"985工程"经费	生命科学学院
64	超低温智能样品管理系统	134.63	"211工程"经费	生命科学学院
65	扫描电子显微镜	97.02	科研专款或基金	生命科学学院
66	Mai Tai 飞秒激光器	91.16	"985工程"经费	生命科学学院
67	多光子扫描显微镜	108.49	"985工程"经费	生命科学学院
68	宽带地震仪系统	122.24	科研专款或基金	地球与空间科学学院
69	大地电磁测深仪	50.97	科研专款或基金	地球与空间科学学院
70	大地电磁测深仪	50.97	科研专款或基金	地球与空间科学学院
71	大地电磁测深仪	50.97	科研专款或基金	地球与空间科学学院
72	微波网络分析仪	70.11	教学事业费	地球与空间科学学院
73	电法仪(物探数据采集系统)	74.68	"211工程"经费	地球与空间科学学院
74	稳定同位素比质谱仪	274.15	"211工程"经费	考古文博学院
75	被动氢钟	71.11	"211工程"经费	信息科学技术学院
76	可调谐激光器	46.32	"211工程"经费	信息科学技术学院
77	低温稀释制冷机	320.90	"211工程"经费	信息科学技术学院
78	低温稀释制冷机	462.22	"211工程"经费	信息科学技术学院
79	激光划片机	45.00	科研专款或基金	信息科学技术学院
80	冷冻站机电设备	231.85	"985工程"经费	信息科学技术学院
81	混合信号示波器	57.21	科研专款或基金	信息科学技术学院
82	任意波形发生器	57.55	科研专款或基金	信息科学技术学院
83	三维电磁发声图像仪	64.61	"211工程"经费	信息科学技术学院
84	Egenera(捷易)容错计算机系统	128.49	"985工程"经费	计算中心
85	富士通磁盘阵列	135.58	"985工程"经费	计算中心
86	UPS	57.80	"985工程"经费	计算中心
87	全自动物理/化学吸附分析仪	64.66	"985工程"经费	工学院
88	Φ120mm 高超声速静风洞	430.00	科研专款或基金	工学院
89	力—磁—热耦合加载与测量系统	79.00	"985工程"经费	工学院
90	高超声速静风洞	1,631.12	科研专款或基金	工学院
91	磁盘阵列	59.67	教学事业费	图书馆
92	UNIX 服务器	98.21	教学事业费	图书馆
93	UNIX 服务器	98.21	教学事业费	图书馆
94	UNIX 服务器	197.70	教学事业费	图书馆
95	磁盘阵列	177.66	教学事业费	图书馆
96	甲基汞分析系统	40.24	"211工程"经费	城市与环境学院
97	高速液相色谱—四级飞行时间串列质谱仪	216.90	"985工程"经费	城市与环境学院
98	24通道土壤呼吸全自动测定系统	50.08	"985工程"经费	城市与环境学院
99	GPR 探地雷达	48.63	"211工程"经费	城市与环境学院
100	流式细胞仪	73.63	"211工程"经费	环境科学与工程学院
101	云凝结核计数器	101.07	科研专款或基金	环境科学与工程学院
102	光声消光测定仪	114.85	科研专款或基金	环境科学与工程学院
103	单颗粒黑碳光度计	115.95	"211工程"经费	环境科学与工程学院
104	车载式风廓线雷达	86.10	科研专款或基金	环境科学与工程学院
105	单光子偏振荧光探测器	41.69	"985工程"经费	分子医学研究所
106	单光子偏振荧光探测器	41.69	"985工程"经费	分子医学研究所
107	爱生斑马鱼养殖与繁育系统设备	80.00	"985工程"经费	分子医学研究所
108	全内反射荧光显微镜	40.27	教学事业费	分子医学研究所

续表

序号	设备名称	单价(万元)	经费来源	单位
109	全内反射荧光显微镜	40.27	教学事业费	分子医学研究所
110	多通道神经信号记录系统	63.09	科研专款或基金	生命科学中心
111	多通道神经信号记录系统	63.09	科研专款或基金	生命科学中心
112	活细胞实时跟踪荧光显微镜系统	89.69	科研专款或基金	生命科学中心
113	高性能计算集群	54.76	科研专款或基金	生命科学中心
114	活细胞实时跟踪荧光显微镜	68.61	科研专款或基金	生命科学中心
115	影像导航经颅磁刺激仪	161.23	科研专款或基金	生命科学中心
116	串联四级杆线性离子阱质谱仪	243.93	科研专款或基金	生命科学中心
117	快速蛋白纯化液相色谱系统	42.73	科研专款或基金	生命科学中心
118	气相色谱质谱联用仪	42.82	科研专款或基金	生命科学中心
119	小鼠独立通气动物笼	137.10	科研专款或基金	生命科学中心
120	双光子荧光寿命成像激光共聚焦扫描显微镜	402.82	科研专款或基金	生命科学中心
121	X射线微焦斑单晶衍射仪	196.00	科研专款或基金	生命科学中心
122	超低温冷冻箱	144.33	科研专款或基金	生命科学中心
123	快速蛋白纯化液相系统	55.30	科研专款或基金	生命科学中心
124	蛋白液相系统	43.11	科研专款或基金	生命科学中心
125	心脏电生理多导记录系统	122.60	修购经费	第一医院
126	液质联用仪	124.43	"985工程"经费	第六医院
127	眼动仪	46.15	"985工程"经费	第六医院
128	经颅磁刺激器	106.60	"985工程"经费	第六医院
129	激光眼科诊断仪	73.00	"985工程"经费	第三医院
130	3D活细胞激光共聚焦成像分析系统	290.77	修购经费	第三医院
131	微阵列扫描仪	87.39	其他"211工程"经费	第三医院
132	腔内碎石清石机	90.00	"985工程"经费	第三医院
133	无创主动脉脉波分析仪	59.80	其他"211工程"经费	第三医院
134	电生理刺激仪	43.00	其他"211工程"经费	第一医院
135	无创主动脉脉波分析仪	49.99	"985工程"经费	第一医院
136	血液透析监护系统	43.00	"985工程"经费	第一医院
137	重复经颅磁刺激器	49.90	"985工程"经费	第一医院
138	全自动内窥镜清洗消毒机	47.27	"985工程"经费	第一医院
139	非接触广角手术系统	42.00	"985工程"经费	第一医院
140	眼电生理诊断系统	72.00	其他"211工程"经费	第一医院
141	内窥镜摄像装置	66.00	科研	第一医院
142	容灾备份设备	69.36	修购经费	第一医院
143	医学生集成信息管理系统(软件部分)	168.57	修购经费	第一医院
144	人工肝分子吸附循环系统	49.50	科研	第一医院
145	核磁共振波谱仪	150.17	科研	创新药物实验平台
146	全自动生化分析仪	44.90	"985工程"经费	公共卫生学院
147	定量遗传分析系统	100.02	"985工程"经费	公共卫生学院
148	基因质谱分析系统	331.77	"985工程"经费	公共卫生学院
149	活体激光共聚焦成像系统	170.91	"985工程"经费	公共卫生学院
150	超速离心机	54.14	"985工程"经费	基础医学院
151	活细胞激光共聚焦成像分析系统	274.86	"985工程"经费	基础医学院
152	流式细胞仪	143.43	其他"211工程"经费	基础医学院
153	流式细胞仪	57.51	"985工程"经费	基础医学院
154	细胞收缩微血管张力与离子浓度同步测量系统	178.31	"985工程"经费	基础医学院
155	呼吸代谢分析系统	50.84	"985工程"经费	基础医学院

续表

序号	设备名称	单价(万元)	经费来源	单位
156	代谢分析软件	48.64	"985工程"经费	基础医学院
157	面部三维测量仪	85.00	科研专款或基金	口腔医院
158	口腔专用CAD/CAM系统	197.00	修购经费	口腔医院
159	全功能肌电/诱发电位仪	45.00	其他"211工程"经费	口腔医院
160	甲骨文数据库一体机	47.70	其他"211工程"经费	临床研究所
161	手术显微镜	141.00	"985工程"经费	人民医院
162	染色体自动扫描和分析系统	114.54	其他"211工程"经费	人民医院
163	流式细胞仪	44.74	其他"211工程"经费	人民医院
164	超声波诊断仪	40.00	"985工程"经费	人民医院
165	医疗影像信息管理系统软件	175.00	修购经费	首钢医院
166	高效液相色谱四极杆—飞行时间质谱联用仪	277.41	科研	天然药物与仿生药物国家重点室
167	核磁共振波谱仪	163.82	科研	天然药物与仿生药物国家重点室
168	高通量基因测序仪	442.08	"985工程"经费	系统生物医学研究所
169	多功能读板机	50.72	"985工程"经费	系统生物医学研究所
170	高性能集群系统	103.96	"985工程"经费	系统生物医学研究所
171	网络附加存储NAS	42.65	其他"211工程"经费	信息中心
172	中高端网络交换机	60.58	"211工程"经费	信息中心
173	液质联用仪	184.07	科研	药学院
174	小型喷雾干燥仪	46.14	科研	药学院
175	箱式冷冻干燥机	53.01	科研	药学院
176	电感耦合等离子体质谱仪	141.92	其他"211工程"经费	医药卫生分析中心
177	微波消解系统	68.50	其他"211工程"经费	医药卫生分析中心
178	流式细胞仪	144.19	其他""211工程""经费	医药卫生分析中心
179	流式细胞分选仪	388.13	其他211工程经费	医药卫生分析中心
180	分子成像系统	57.12	科研	医药卫生分析中心
181	高速分选型流式细胞仪液流系统升级套件	60.00	"985工程"经费	肿瘤医院
182	荧光定量PCR仪	44.16	"985工程"经费	肿瘤医院
	合计		24671.47万元	

表9-39 北京大学大型仪器设备开放测试基金使用情况表

序 号	年 份	校拨测试费(万元)	经费来源	资助课题(个)	测试费总额(万元)
十一期	2002—2003	70.00	"985工程"一期	374	91.00
十二期	2003—2004	152.00	"十五""211"	443	198.00
十三期	2004—2005	204.00	"十五""211"	564	306.00
十四期	2005—2006	249.14	"十五""211"	628	373.70
十五期	2006—2007	299.75	"985工程"二期	690	449.63
十六期	2007—2008	350.00	"985工程"二期	792	571.00
十七期	2008—2009	300.00	"985工程"二期	808	600.00
十八期	2009—2010	370.00	"985工程"三期	892	740.00
十九期	2010—2011	414.08	基本科研业务费	960	828.16
二十期	2011—2012	400.00	基本科研业务费	1055	800.00
二十一期	2012—2013	399.70	基本科研业务费	1198	799.40

表 9-40　北京大学第二十一期大型仪器设备开放测试基金开放仪器一览表

序号	仪器名称	型　号	所属单位	仪器负责人
1	串列静电加速器	5SDH-2	物理学院	马宏骥
2	精密阻抗分析仪	Agilent 4294A	物理学院	沈 波
3	材料研究衍射仪	X'PERT-MRD	物理学院	王永忠
4	准分子激光器	LPX PRO 210F	物理学院	马 平
5	交变梯度磁强计	2900-04C	物理学院	刘顺荃
6	物理性质测量系统	PPMS 9Tesla	物理学院	张 焱
7	薄膜沉积系统	DE-12	物理学院	林 芳
8	半导体参数分析仪	Agilent 4155C	物理学院	沈 波
9	脉冲激光溅射沉积系统	PLD-IV	物理学院	聂瑞娟
10	离子刻蚀机	LKJ-1C	物理学院	马 平
11	碳14测量加速器质谱仪	1.5SDH-1	物理学院	刘克新
12	磁学性质测量系统	MPMS XL-7Tesla	物理学院	张 焱
13	高温高阻霍尔测量系统	Accent	物理学院	沈 波
14	诱导耦合等离子刻蚀机	KYICP-T888036	物理学院	康香宁
15	核磁共振仪	Varian 200MHzMercury	化学与分子工程学院	林崇熙
16	X 射线衍射仪	D8 Discover	化学与分子工程学院	杨 爽
17	毛细管电泳仪	P/ACE 5500	化学与分子工程学院	张新祥
18	圆二色光谱仪	J-810	化学与分子工程学院	宛新华
19	稳态/瞬态荧光光谱仪	FLS920	化学与分子工程学院	陈明星
20	多针尖纳米刻蚀系统	830-ABC/SP/N	化学与分子工程学院	刘忠范
21	高压液相色谱	AGILENT 1100	化学与分子工程学院	王银川
22	紫外/可见光谱仪	Lambda 950	化学与分子工程学院	王银川
23	红外光谱分析仪	SYSTEM 2000	化学与分子工程学院	王银川
24	比表面和孔径分布测定	ASAP 2010	化学与分子工程学院	章 斐
25	透射电子显微镜	JEM-100CX	化学与分子工程学院	黄建滨
26	红外荧光测试系统	Nanolog FL3-2iHR	化学与分子工程学院	关 妍
27	调制式扫描量热仪	Q100	化学与分子工程学院	章 斐
28	色谱质谱联用仪	ZAB-HS	化学与分子工程学院	贺晓然
29	液相色谱-质谱联用仪	SURVEYOR-LCQDECA	化学与分子工程学院	袁 谷
30	核磁共振谱仪	300MHz Mercury Plus	化学与分子工程学院	林崇熙
31	MBE/SPM 电学测量系统	Multiprobe	化学与分子工程学院	王银川
32	核磁共振波谱仪	AM-300	化学与分子工程学院	林崇熙
33	影像板 X 射线衍射仪	RAPID-S	化学与分子工程学院	张文雄
34	接触角测定仪	OCA2O	化学与分子工程学院	刘忠范
35	超高真空镀膜机	ULS-400	化学与分子工程学院	王银川
36	高效液相色谱仪	HP1100	化学与分子工程学院	孙 玲
37	紫外可见近红外光度计	UV-3700	化学与分子工程学院	周永芬
38	凝胶渗透色谱	515＋2401＋2487	化学与分子工程学院	孙 玲
39	场发射高分辨透射电子显微镜	JEM-2100F	化学与分子工程学院	鞠 晶
40	全自动旋光仪	P-1030	化学与分子工程学院	宛新华
41	色-质联用仪	GCQ GC/MS	化学与分子工程学院	张新祥
42	热台偏光显微镜	DMLP	化学与分子工程学院	潘 伟
43	等离子体发射光谱仪	Prodigy	化学与分子工程学院	李泽军
44	等离子发射光谱仪	PROFILE SPEC	化学与分子工程学院	张 莉
45	高分辨透射电子显微镜	JEM-2100	化学与分子工程学院	鞠 晶
46	激光扫描共聚焦显微镜	A1R-si	化学与分子工程学院	关 研
47	多功能成像电子能谱	Axis Ultra	化学与分子工程学院	谢景林
48	X 射线粉末衍射仪	X'PertPro	化学与分子工程学院	杨 爽
49	400M 核磁共振谱仪	BRUKER AVANCE III 400	化学与分子工程学院	张 秀
50	激光光散射仪	ALV/DLS/SLS-5022F	化学与分子工程学院	阎 云
51	傅立叶变换高分辨质谱	APEX IV	化学与分子工程学院	周 江
52	小角 X 射线衍射仪	SAXsess	化学与分子工程学院	杨 爽
53	元素分析仪	VARIO EL	化学与分子工程学院	王智贤
54	热分析系统	TA3100	化学与分子工程学院	章 斐
55	冷场发射扫描电镜	S-4800	化学与分子工程学院	王银川
56	X 射线荧光光谱仪	S4-Explorer	化学与分子工程学院	张 莉

续表

序号	仪器名称	型号	所属院系	仪器负责人
57	元素分析仪	Vario MICRO CUBE	化学与分子工程学院	王智贤
58	500M 核磁共振谱仪	BRUKER AVANCE III 500	化学与分子工程学院	扶 晖
59	扫描探针显微镜	SPI3800N,SPA-400	化学与分子工程学院	潘 伟
60	核磁共振谱仪	JEOL-300MHZ	化学与分子工程学院	林崇熙
61	热重分析仪	Q600SDT	化学与分子工程学院	章 斐
62	气相色谱仪	HP6890	化学与分子工程学院	刘虎威
63	拉曼光谱及成像系统	L2BRAM ARAMIS	化学与分子工程学院	李 彦
64	光电子发射谱仪	AC-2	化学与分子工程学院	关 妍
65	气相色谱质谱联用仪	7890A/5975C	化学与分子工程学院	陈明星
66	傅氏变换拉曼红外谱仪	Raman950/Magna-IR750	化学与分子工程学院	潘 伟
67	流变仪	MCR301	化学与分子工程学院	梁德海
68	多功能电泳仪	MultiphorⅡ	化学与分子工程学院	袁 谷
69	高压液相色谱仪	HP1100	化学与分子工程学院	刘虎威
70	电位分析仪	ZeTaPALS	化学与分子工程学院	梁德海
71	400MHz 宽腔固体核磁共振谱仪	AVANCE III 400M HZ	化学与分子工程学院	张 秀
72	荧光光谱仪	FL4500	化学与分子工程学院	陈明星
73	X 射线衍射仪	DMAX-2400	化学与分子工程学院	廖复辉
74	激光共聚焦显微镜	Tcs-sp	生命科学学院	桑华春
75	蛋白质序列分析仪	Procise 491	生命科学学院	沈为群
76	等温滴定微量热仪	ITC-200	生命科学学院	李兰芬
77	制备超速离心机	L-80XP	生命科学学院	潘 卫
78	串联飞行时间质谱仪	Ultraflex	生命科学学院	纪建国
79	流式细胞分选仪	MOFLO	生命科学学院	杜立颖
80	高通量基因组测序仪	Hiseq 2000	生命科学学院	谢晓亮
81	高分辨等离子质谱仪	VG Axiom	地球与空间科学学院	黄宝玲
82	电子探针	JXA-8100	地球与空间科学学院	舒桂明
83	激光显微定年系统	MS5400	地球与空间科学学院	季建清
84	激光拉曼光谱仪	RM-1000	地球与空间科学学院	任景秋
85	顺序式 X 射线荧光光谱	ADVANTXP+	地球与空间科学学院	杨 斌
86	六面顶大腔体静高压装置	6*14MN 铰链式	地球与空间科学学院	刘 曦
87	高温高压材料合成系统	Quick Press	地球与空间科学学院	刘 曦
88	热场发射扫描电镜	QUANTA-650FEG	地球与空间科学学院	刘建波
89	多功能 X 射线粉末衍射仪	X'pert Pro MPD	地球与空间科学学院	王河锦
90	电感耦合等离子质谱仪	Agilent 7500 Ce	地球与空间科学学院	马 芳
91	激光显微探针定年系统	VSS	地球与空间科学学院	季建清
92	128 导脑电采集分析仪	ESI-128system	心理学系	韩世辉
93	64 导脑电系统	BrainAmp DC Standard 64-channel	心理学系	周晓林
94	眼动追踪系统	CL Version 4.31	心理学系	周晓林
95	500 兆核磁共振谱仪	AV 500	核磁中心	金长文
96	600M 核磁共振谱仪	AVANCE DRX 600MHz	核磁中心	夏 斌
97	400M 核磁共振谱仪	AV400	核磁中心	夏 斌
98	600 兆核磁共振谱仪	AV 600	核磁中心	金长文
99	800 兆核磁共振谱仪	AV 800	核磁中心	金长文
100	脉冲测试仪	Keithley 4200-PIV-A	信息科学技术学院	王 胜
101	扫描探针显微镜	MultiMode V	信息科学技术学院	彭练矛
102	反应离子刻蚀机	Minilock	信息科学技术学院	潘华勇
103	场发射扫描电镜	XL30SFEG	信息科学技术学院	陈 清
104	电子显微镜	TECNAI20	信息科学技术学院	王晶云
105	原子力显微镜	liDimension ICON	信息科学技术学院	李 力
106	扫描探针显微镜	Innova	信息科学技术学院	彭练矛
107	单双面紫外光刻机	2000S/A	信息科学技术学院	岳双林
108	椭偏谱仪	UVISEL FUV	信息科学技术学院	岳双林
109	单面紫外光刻机	MJB4	信息科学技术学院	岳双林
110	紫外近红外成像光谱仪	JYIHR320	信息科学技术学院	高 旻
111	原子层沉积系统	Savannah	信息科学技术学院	陈 清
112	透射电子显微镜	H-9000NAR	电镜实验室	陈 晶

续表

序号	仪器名称	型号	所属院系	仪器负责人
113	聚焦离子束系统	STARTA DB235	电镜实验室	徐 军
114	透射电子显微镜	Tecnai G2 T20	电镜实验室	李雪梅
115	场发射透射电子显微镜	Tecnai F20 S-Twin	电镜实验室	张敬民
116	场发射扫描电镜	Nova Nano SEM 430	电镜实验室	张会珍
117	场发射透射电子显微镜	Tecnai F30	电镜实验室	尤力平
118	环境扫描电子显微镜	Quanta 200FEG	电镜实验室	陈 莉
119	高性能计算服务器	9076-550	计算中心	孙爱东
120	粒子成像流场测量系统	Y120-15E	工学院	强 明
121	日立高分辨扫描电子显微镜	S-4800	工学院	张杨飞
122	数字化扫描电子显微镜	KYKY-2800	工学院	强 明
123	原位纳米力学测试系统	Tribo Indenter	工学院	强 明
124	热像仪	SC7300M	工学院	强 明
125	激光测振仪	OFV-3001/353	工学院	强 明
126	大幅面扫描仪	Atlas Plus P-93	城市与环境学院	刘雪萍
127	高效液相色谱仪	Agilent 1100	城市与环境学院	刘 煜
128	快速溶剂提取仪	ASE-300	城市与环境学院	蒙冰君
129	激光粒度分析仪	MS2000	城市与环境学院	周力平
130	纳米粒度仪	Nano-ES90	城市与环境学院	蒙冰君
131	气相色谱仪	Agilent 6890N	城市与环境学院	刘 煜
132	激光粒度仪	FRITSCH A22	城市与环境学院	蒙冰君
133	气相色谱-质谱联用仪	5973 I	城市与环境学院	刘 煜
134	极谱仪	757VA	城市与环境学院	蒙冰君
135	总有机碳分析仪	TOC-5000A	城市与环境学院	蒙冰君
136	气相色谱仪	HP-6890	城市与环境学院	刘 煜
137	离子色谱仪	792IC	城市与环境学院	蒙冰君
138	气相色谱-质谱联用仪	HP6890/5973N	城市与环境学院	刘 煜
139	元素分析仪	PE2400	城市与环境学院	贺金生
140	原子吸收分光光度计	Z-5000	城市与环境学院	蒙冰君
141	气相色谱仪	Agilent 6890	城市与环境学院	刘 煜
142	气质色谱/质谱联用仪	5975C/7890A	城市与环境学院	刘 煜
143	三级四极杆串联质谱仪	320 MS	城市与环境学院	刘 煜
144	气相色谱质谱联用仪	GC-MS-QP2010plus	城市与环境学院	胡建英
145	液相色谱-质谱仪	Alliance2690-ZMD	城市与环境学院	胡建英
146	气相色谱仪	7890A	城市与环境学院	刘 煜
147	微波消解/萃取系统	MARSXPRESS	城市与环境学院	蒙冰君
148	气相色谱-质谱联用仪	5973 I	环境科学与工程学院	陈 倩
149	石墨炉原子吸收分析仪	AAS Zeenit 60	环境科学与工程学院	陈 倩
150	液相色谱质谱联用仪	1100LC/MS Trap SL	环境科学与工程学院	陈 倩
151	离子色谱	ICS-2500	环境科学与工程学院	陈 倩
152	总有机碳/总氮分析仪	Multi TOC/TN 3000	环境科学与工程学院	陈 倩
153	电感耦合等离子体发射光谱仪	Prodigy	环境科学与工程学院	陈 倩
154	高分辨气谱气质谱联用仪	MSTATION 700-D	环境科学与工程学院	胡建信
155	病理组织形态学检测系统	RM2235/CM1900/VIP-5-JR-J2/TEC-5/ST5020/BX51/IX71	分子医学研究所	张秀琴
156	实验动物开放平台	*	实验动物中心	陈建国

表 9-41　2008—2012 年北京大学校本部大型仪器设备测试服务收入统计表　　（单位：万元）

年度	金额
2008	693.3
2009	1159.0
2010	1864.0
2011	1960.4
2012	3675.0

备注：不含开放测试基金。

表 9-42 2012 年北京大学校本部大型仪器设备购置论证统计表

序号	设备名称	拟购型号	论证预算(万元)	资金来源	所属单位	申请人	论证日期
1	氦液化回收系统	Linde Kryotechnik AG L70/瑞士	1766	"985工程"	物理学院	江颖	2012-01-17
2	低电扫描隧道显微镜	USM-1200 S	348	科研项目经费	化学与分子工程学院	吴凯	2012-02-15
3	新一代高通量测序仪	Illumina HiSeq 2000	1230	生命科学联合中心经费	生命科学学院	汤超·谢晓亮	2012-03-06
4	新一代高通量测序仪	Illumina HiSeq 2000	1230	生命科学联合中心经费	生命科学学院	汤超·谢晓亮	2012-03-06
5	新一代高通量测序仪	Illumina HiSeq 2000	1230	生命科学联合中心经费	生命科学学院	汤超·谢晓亮	2012-03-06
6	高温金属有机物化学气相沉积系统	AIXTRON 公司/德国	870	国家重点实验室仪器设备专项经费	物理学院	沈波	2012-03-22
7	低压化学气相沉积系统	卧式 LPCVD 扩散系统	130	"863"项目	信息科学技术学院	王兴军	2012-03-22
8	高性能计算机群	曙光,HP,IBM	150	国家重点实验室仪器设备更新改造专款	物理学院	彭良友	2012-03-28
9	高性能科学计算集群	IBM,惠普,戴尔	176	科技部	物理学院	雷奕安	2012-03-28
10	光刻机	惠普,IBM/美国,曙光/中国	100	北京分子科学国家实验室	化学与分子工程学院	高毅勤	2012-03-28
11	电子束蒸发镀膜系统	SUSS MicroTec	106	"985 工程"三期	物理学院	危健	2012-03-28
12	热蒸发台	DE400,德仪科技有限公司/中国	166.74	"985 工程"三期	物理学院	危健	2012-03-28
13	快速纯化液相色谱系统	TH3-2KW	80.3	"985 工程"三期	物理学院	危健	2012-03-28
14	万片服务器	KTA Purifier 10,GE 公司/瑞典	51.92	生命科学联合中心经费	生命科学学院	伊成器	2012-03-29
15	高可靠性负载均衡服务器集群	HP,DELL,IBM,曙光	45	科研项目经费	计算机科学技术研究所	韩心慧	2012-03-30
16	原子层沉积仪	Dell(戴尔中国)	79	"985 工程"	现代教育技术中心	陈飞	2012-03-30
17	Mai Tai 飞秒激光器	Picosun/芬兰,Cambridge Nanotech/美国	100	国家重点实验室设备更新经费	信息科学技术学院	吴孝松	2012-04-13
18	专用型多光子激光扫描显微镜	MaiTai HP DS-OL,光谱物理/美国	105	生命科学联合中心经费	生命科学学院	饶毅	2012-04-13
19	独立通气鼠笼	FV1000-MPE-M,Olympus Cooperation	133	生命科学联合中心经费	生命科学学院	饶毅	2012-04-13
20	动态 MEMS 器件光学测量仪	TECNIPLAST(依科曼公司)/意大利	130	生命科学联合中心经费	生命科学学院	朱德生·饶毅	2012-04-20
21	p 型优化高纯锗伽马谱仪	Bruker Nano Inc./美国	145	973 项目经费	信息科学技术学院	张大成	2012-04-25
22	感应耦合等离子体刻蚀机	Ortec 公司/美国	164	高能物理研究中心科研经费	物理学院	冒亚军	2012-04-25
23	锂腾电子设计自动化软件	北京创世威纳科技有限公司	60	863 项目	信息科学技术学院	周治平	2012-05-02
24	低温低波数高分辨拉曼光谱仪	Cadence 公司/美国	60	科研项目经费	信息科学技术学院	盖伟新	2012-05-09
25	光学浮区炉	Horiba Jobin Yvon/法国	210	"985 工程"三期	物理学院	李源	2012-05-10
26	激光扫描共聚焦显微镜	Quantum Design、日本(分公司)	171	"985 工程"三期	物理学院	李源	2012-05-10
27	UNIX 服务器	Andor/英国	200	"211 工程"	前沿交叉学科研究院	熊春阳	2012-05-10
28	UNIX 服务器	IBM,Oracle/美国;Fujitsu/日本	505	CALIS 经费(211)	图书馆	陈凌	2012-05-15
29	UNIX 服务器	IBM,Oracle/美国;Fujitsu/日本	170	CALIS 经费(211)	图书馆	陈凌	2012-05-15
30	UNIX 服务器	IBM,Oracle/美国;Fujitsu/日本	170	CALIS 经费(211)	图书馆	陈凌	2012-05-15
31	DLS-83D 深能级瞬态谱仪	SEMILAB Rt. 公司/匈牙利	52	973 项目·863 项目	物理学院	沈波	2012-05-16

续表

序号	设备名称	拟购型号	论证预算（万元）	资金来源	所属单位	申请人	论证日期
32	台式扫描电子显微镜	JCM-5000	47	生命科学联合中心科研经费	生命科学联合中心	罗春雄	2012-05-21
33	活细胞实时跟踪荧光显微镜	尼康 Ti-E	76	生命科学联合中心科研经费	生命科学联合中心	罗春雄	2012-05-21
34	快速纯化液相色谱仪	GE公司 AKTA Purifier 10	50	生命科学联合中心经费	生命科学联合中心	李晴	2012-06-19
35	活细胞实时跟踪荧光显微镜	尼康 Ti-E	90	生命科学联合中心经费	生命科学联合中心	汤超	2012-06-21
36	双转盘激光共聚焦扫描显微镜	德国＋日本 Zeiss ＋ Photometrics	297	生命科学联合中心经费＋自筹	生命科学联合中心	罗礼嘉	2012-06-21
37	多功能读板机	Molecular Devices/美国	55	生命科学联合中心经费	生命科学联合中心	蒋争凡	2012-06-25
38	研究级正置荧光微分干涉显微镜	Zeiss（蔡司）/德国	68	蛋白质及植物基因工程国家重点实验室	生命科学学院	白书农	2012-06-26
39	植物分子影像仪	Berthold/德国	140	国家重点实验室	生命科学学院	邓兴旺	2012-07-03
40	高密度综合数据网络测试平台	思博伦通信/美国	141	863课题	信息科学技术学院	赵玉萍	2012-07-03
41	INNOSLAB激光器	EdgeWave GmbH/德国	65	国家重点实验室	生命科学学院	张晨	2012-07-03
42	扫描离子电导显微镜	IonScope公司/英国	200	国家重点实验室	生命科学学院	张晨	2012-07-03
43	细胞呼吸代谢动态分析仪	Seahorse Bioscience/美国	150	国家重点实验室	分子医学研究所	程和平	2012-07-04
44	力敏激光光镊系统	JPK公司/德国	200	国家重点实验室	生命科学学院	王世强	2012-07-04
45	动态激光散射仪	Wyatt Technology Corp/美国	60	国家重点实验室	生命科学学院	谢灿	2012-07-04
46	任研研究级正置全自动电生理显微镜	奥林巴斯/日本	160	国家重点实验室	分子医学研究所	周专	2012-07-04
47	任体飞秒激光成像系统	Sutter & Spectra-Physics/美国	170	国家重点实验室	生命科学学院	周专	2012-07-04
48	凝胶色谱-气相色谱质谱联用仪	岛津/日本	108	"985工程"	生命科学学院	安成才	2012-07-04
49	特斯拉无液氦强磁场低温系统	Cryogenic Control Systems/美国	85	"985工程"三期经费＋其他经费	物理学院	孙栋	2012-07-05
50	岩石和混凝土力学测试系统	MTS公司/美国	250	"985工程"三期经费＋其他经费	工学院	张东晓	2012-07-05
51	900 MHz液体核磁共振谱仪系统	布鲁克公司/瑞士	3000	国家蛋白质科学研究设施项目	生命科学联合中心	饶毅、金长文	2012-07-16
52	800 MHz液体核磁共振谱仪系统	布鲁克公司/瑞士、安捷伦公司/美国	1330	国家蛋白质科学研究设施项目	生命科学联合中心	饶毅、金长文	2012-07-16
53	800 MHz固体核磁共振谱仪系统	布鲁克公司/瑞士、安捷伦公司/美国	1330	国家蛋白质科学研究设施项目	生命科学联合中心	饶毅、金长文	2012-07-16
54	600 MHz液体核磁共振谱仪系统	布鲁克公司/瑞士、安捷伦公司/美国	700	国家蛋白质科学研究设施项目	生命科学联合中心	饶毅、金长文	2012-07-16
55	600 MHz固体核磁共振谱仪系统	布鲁克公司/瑞士、安捷伦公司/美国	1000	国家蛋白质科学研究设施项目	生命科学联合中心	饶毅、金长文	2012-07-16
56	400 MHz液体核磁共振谱仪系统	布鲁克公司/瑞士、安捷伦公司/美国	189	国家蛋白质科学研究设施项目	生命科学联合中心	饶毅、金长文	2012-07-16
57	任意波形发生器	Agilent/美国	61	973项目	信息科学技术学院	李巨浩	2012-08-24
58	实时荧光定量PCR仪	美国应用生物系统中国公司，ABI	62	"985工程"三期	化学与分子工程学院	陈鹏	2012-09-04
59	高次谐波脉冲发生器	Ultrafast Innovations GmbH/德国	152	重点实验室设备费	物理学院	刘运全	2012-09-11
60	超高真空超低温扫描隧道显微镜	Unisoku scientific instruments公司/日本	675	"985工程"	物理学院	杜瑞端	2012-09-12
61	蛋白质低相色谱仪	ThermoFisher Scientific/美国	55	国家重点实验室仪器经费	生命科学学院	纪建国	2012-09-14
62	个人基因组测序仪	Illumina/美国	113	生命科学联合中心经费	生命科学联合中心	魏丽萍	2012-09-18

续表

序号	设备名称	拟购型号	论证预算（万元）	资金来源	所属单位	申请人	论证日期
63	X射线劳厄晶体定向仪	Photonic Science	112	"985工程"	物理学院	李源	2012-09-18
64	无液氦综合物性测量系统	Quantum Design公司/美国	395	"985工程"	物理学院	贾爽	2012-09-18
65	X射线粉末衍射仪	Bruker公司/德国	60	"985工程"	物理学院	贾爽	2012-09-18
66	多功能荧光分析仪	通用电气(GE)公司/美国	94	国家重点实验室经费	生命科学学院	朱玉贤	2012-09-25
67	服务器及存储阵列	HP、Oracle、IBM/美国	190	国家重点实验室	生命科学联合中心	魏丽萍	2012-09-27
68	毛细管微流控蛋白结晶筛选及图像采集仪	Emerald Bio/美国	79.4	生命科学联合中心经费	生命科学联合中心	苏晓东	2012-10-09
69	X射线微焦斑单晶衍射仪	安捷伦科技/美国	198.5	国家重点实验室经费	生命科学联合中心	苏晓东	2012-10-09
70	气相色谱-质谱联用仪	PerkinElmer/美国	100	凤凰工程	生命科学联合中心	赵进东	2012-10-09
71	高通量活细胞工作站	尼康/日本	51	凤凰工程	生命科学联合中心	罗春雄、朱捷	2012-10-15
72	多点长时间单细胞成像显微镜	尼康/日本	105	凤凰工程	生命科学联合中心	罗春雄、朱捷	2012-10-15
73	小型激光直写仪	海德堡/德国	245		生命科学联合中心	罗春雄、朱捷	2012-10-15
74	基质辅助激光解析串联飞行时间质谱	美国应用生物系统公司(AB Sciex)	590	凤凰工程	生命科学联合中心	陈兴、刘小云	2012-10-18
75	线性离子阱-静电场轨道阱组合式质谱仪	赛默飞世尔科技/美国	400	凤凰工程	生命科学联合中心	陈兴、刘小云	2012-10-18
76	线性离子阱-静电场轨道阱组合式质谱仪	赛默飞世尔科技/美国	51	凤凰工程	生命科学联合中心	陈兴、刘小云	2012-10-18
77	一体式飞秒宽纳秒光参量振荡器	EKSPLA UAB/立陶宛	160	国家重点项目经费	物理学院	吴成印	2012-10-23
78	扫描近场拉曼光谱仪	WItec公司/德国	120	科研项目经费(自筹)	化学与分子工程学院	张锦	2012-10-23
79	大尺寸样品台原子力显微镜	Bruker Nano Inc. 布鲁克/德国	200	"985工程"三期，国家科技支撑计划	物理学院	沈波	2012-10-23
80	转盘式共聚焦活细胞显微镜	Andor/冷泉公司	208	863项目	分子医学研究所	陈良怡	2012-10-24
81	气相色谱/高分辨质谱联用仪	JEOL有限公司/日本	240	国家重点实验室	城市与环境学院	胡建英	2012-10-24
82	高分辨粉末X射线衍射仪	Bruker/德国、PANAlytical/荷兰	75	国家重点实验室仪器经费	化学与分子工程学院	孙俊良	2012-10-24
83	全自动免疫组化和原位杂交染色机	LEICA公司/德国	210	"985工程"	生命科学联合中心	顾红雅	2012-10-30
84	多激光流式细胞仪	碧迪医疗器械(上海)有限公司/美国	267	凤凰工程	化学与分子工程学院	陈鹏	2012-10-31
85	流式细胞分选仪	碧迪医疗器械(上海)有限公司/美国	243	凤凰工程	生命科学联合中心	罗春雄、纪丽丽	2012-10-31
86	高速流式细胞分选仪	贝克曼库尔特商贸(中国)有限公司/美国	202	凤凰工程	生命科学联合中心	罗春雄、纪丽丽	2012-10-31
87	流式细胞分选仪	碧迪医疗器械(上海)有限公司/美国	163	凤凰工程	生命科学联合中心	罗春雄、纪丽丽	2012-10-31
88	多色流式细胞分析仪	碧迪医疗器械(上海)有限公司/美国		凤凰工程	生命科学联合中心	罗春雄、纪丽丽	2012-10-31

续表

序号	设备名称	拟购型号	论证预算（万元）	资金来源	所属院系	申请人	论证日期
89	自动化液体处理工作站	Beckman Coulter/美国	160	凤凰工程	生命科学联合中心	罗春雄、朱捷	2012-11-02
90	9.4T磁共振成像仪	Bruker/德国；Varian/美国	1940	凤凰工程	前沿交叉学科研究院	韩世辉、高家红	2012-11-09
91	3.0T磁共振成像仪	GE/美国、SIEMANS/德国、PHILIPS/荷兰	2800	凤凰工程	前沿交叉学科研究院	韩世辉、高家红	2012-11-09
92	3.0T磁共振成像仪	GE/美国、SIEMANS/德国、PHILIPS/荷兰	2800	凤凰工程	前沿交叉学科研究院	韩世辉、高家红	2012-11-09
93	TCAD sentaurus 三维仿真软件	Synopsys International Ltd.	85	科研项目经费	信息科学技术学院	刘晓彦	2012-11-15
94	扫描电子显微镜	JEOL 日本电子株式会社	78	"985工程"项目	信息科学技术学院	韩德栋	2012-11-15
95	脉冲激光沉积-分子束外延生长仪	TSST/瑞典	340	"985工程"启动经费	物理学院	施靖	2012-11-16
96	静电场轨道阱高分辨液质联用仪	Thermo Fisher Scientific/美国	228	国家重点实验室设备费	环境科学与工程学院	胡敏	2012-11-16
97	生物分子相互作用分析仪	通用电气(GE)公司/美国	260	生命科学联合中心和科研经费	化学与分子工程学院	来鲁华	2012-11-16
98	低能电子衍射-俄歇电子枪	SPECS/德国	50	国家重点实验室设备专项经费	物理学院	胡宗海	2012-11-19
99	分子束外延蒸发源及控制器	SPECS/德国、CREATEC/德国	60	国家重点实验室设备专项经费	物理学院	胡宗海	2012-11-19
100	扫描近场光学显微镜	NT-MDT公司/俄罗斯	142	国家重点实验室经费	化学与分子工程学院	施可彬	2012-11-19
101	高温遥控胶色谱	Agilent Technologies	80	"985工程"项目	化学与分子工程学院	裴坚	2012-11-20
102	模块化荧光光谱仪	Photon Technology International/美国	90	北京大学化学基地人才培养支撑条件项目	化学与分子工程学院	裴坚	2012-11-20
103	超快飞秒激光器	北京物科光电技术有限公司/中国	60	杰出青年基金	物理学院	颜学庆	2012-11-22
104	倒置研究型荧光显微镜	尼康/日本	90	"985工程"临床医院合作专项	生命科学联合中心	白凡	2012-11-23
105	活细胞长时间培养显微成像仪	尼康/日本	45	生命科学联合中心经费	生命科学联合中心	白凡	2012-11-23
106	液相色谱-质谱联用仪	Bruker/德国	83.3	生命科学联合中心经费	化学与分子工程学院	杨震	2012-11-30
107	离子色谱仪	赛默飞世尔科技/美国	60	"985工程"	化学与分子工程学院	陈兴、伊乐器	2012-12-04
108	低温磁场扫描探针显微镜	Createc公司/德国	355.5	2013年973项目（需学校"985"预垫付）	信息科学技术学院	王永锋	2012-12-05
109	在体短脉冲激光损伤显微镜	奥林巴斯/日本	105	生命科学联合中心经费	生命科学联合中心	杨震	2012-12-05
110	四级杆液相色谱质谱联用仪	安捷伦(Agilent)公司/美国	97.5	生命科学联合中心经费	生命科学联合中心	杨震	2012-12-05
111	双光子扫描显微镜	奥林巴斯/日本	128	生命科学联合中心经费	生命科学联合中心	杨震	2012-12-05
112	气相色谱质谱联用仪	Shimadzu 岛津/日本	52.48	生命科学联合中心经费	生命科学联合中心	杨震	2012-12-05
113	膜片钳	HEKA/德国	103	生命科学联合中心经费	生命科学联合中心	杨震	2012-12-05
114	离子淌度-高分辨质谱仪	Waters/美国	387	生命科学联合中心经费	生命科学联合中心	杨震	2012-12-05
115	快速制备色谱仪（含蒸发光散射检测器）	Biotage/瑞典	52.48	生命科学联合中心经费	生命科学联合中心	杨震	2012-12-05

续表

序号	设备名称	拟购型号	论证预算（万元）	资金来源	所属院系	申请人	论证日期
89	自动化液体处理工作站	Beckman Coulter/美国	160	凤凰工程	生命科学联合中心	罗春雄，朱捷	2012-11-02
90	9.4T磁共振成像仪	Bruker；Varian/美国	1940	凤凰工程	前沿交叉学科研究院	韩世辉，高家红	2012-11-09
91	3.0T磁共振成像仪	GE/美国、SIEMANS/德国、PHILIPS/荷兰	2800	凤凰工程	前沿交叉学科研究院	韩世辉，高家红	2012-11-09
92	3.0T磁共振成像仪	GE/美国、SIEMANS/德国、PHILIPS/荷兰	2800	凤凰工程	前沿交叉学科研究院	韩世辉，高家红	2012-11-09
93	TCAD sentaurus 三维仿真软件	Synopsys International Ltd.	85	科研项目经费	信息科学技术学院	刘晓彦	2012-11-15
94	扫描电子显微镜	JEOL日本电子株式会社	78	"985工程"项目	信息科学技术学院	韩德栋	2012-11-15
95	脉冲激光沉积分子束外延生长仪	TSST/瑞典	340	"985工程"启动经费	物理学院	施靖	2012-11-16
96	静电场轨道阱高分辨液质联用仪	Thermo Fisher Scientific/美国	228	国家重点实验室设备经费	环境科学与工程学院	胡敏	2012-11-16
97	生物分子相互作用分析仪	通用电气（GE）公司/美国	260	生命科学联合中心科研经费	化学与分子工程学院	来鲁华	2012-11-16
98	低能电子衍射/俄歇电子枪	SPECS/德国	50	国家重点实验室设备专项经费	物理学院	胡宗海	2012-11-19
99	分子束外延蒸发源及控制器	SPECS，CREATEC/德国	60	国家重点实验室设备专项经费	物理学院	胡宗海	2012-11-19
100	扫描近场光学显微镜	NT-MDT公司/俄罗斯	142	国家重点实验室经费	物理学院	施可彬	2012-11-19
101	高温凝胶色谱	Agilent Technologies	80	"985工程"项目	化学与分子工程学院	裴坚	2012-11-20
102	模块化荧光光谱仪	Photon Technology International/美国	90	北京大学化学基地人才培养支撑条件项目	化学与分子工程学院	裴坚	2012-11-20
103	超快飞秒激光器	北京物科光电技术有限公司/中国	60	杰出青年基金	物理学院	颜学庆	2012-11-22
104	倒置研究型荧光显微镜	尼康/日本	90	"985工程"临床医院合作专项	生命科学联合中心	白凡	2012-11-23
105	活细胞长时间培养显微成像仪	尼康/日本	45	生命科学联合中心经费	生命科学联合中心	白凡	2012-11-23
106	液相色谱质谱联用仪	Bruker/德国	83.3	生命科学联合中心经费	化学与分子工程学院	杨震	2012-11-30
107	离子色谱仪	赛默飞世尔科技/美国	60	"985工程"	化学与分子工程学院	陈兴，伊成器	2012-12-04
108	低温磁场扫描探针显微镜	Createc公司/德国	355.5	2013年973项目（需学校"985"预垫付）	信息科学技术学院	王永锋	2012-12-05
109	在体短脉冲激光损伤显微镜	奥林巴斯/日本	105	生命科学联合中心经费	生命科学联合中心	杨震	2012-12-05
110	四级杆液相色谱质谱联用仪	安捷伦（Agilent）公司/美国	97.5	生命科学联合中心经费	生命科学联合中心	杨震	2012-12-05
111	双光子扫描显微镜	奥林巴斯/日本	128	生命科学联合中心经费	生命科学联合中心	杨震	2012-12-05
112	气相色谱质谱联用仪	Shimadzu岛津/日本	52.48	生命科学联合中心经费	生命科学联合中心	杨震	2012-12-05
113	膜片钳	HEKA/德国	103	生命科学联合中心经费	生命科学联合中心	杨震	2012-12-05
114	离子淌度-高分辨质谱仪	Waters/美国	387	生命科学联合中心经费	生命科学联合中心	杨震	2012-12-05
115	快速制备色谱仪（含蒸发光散射检测器）	Biotage/瑞典	52.48	生命科学联合中心经费	生命科学联合中心	杨震	2012-12-05

昌平校区管理

【概况】 至2012年12月,昌平校区有职工53人,其中在编职工12人,劳动合同制职工28人,劳务协议职工13人。2012年昌平校区将工作重点由基础设施改造转向校园环境治理,主要为绿化、修路等工程。

【日常行政工作】 1.完善规章制度。对《北京大学昌平校区院务公开制度》《昌平校区管理办公室关于落实"三重一大"制度的实施办法》《北京大学昌平校区车辆管理办法》《北京大学昌平校区管理办公室公章管理细则》《北京大学昌平校区劳动合同制职工管理办法》《北京大学昌平校区劳动合同制职工考核实施细则》《北京大学昌平校区劳动合同制职工考勤实施细则》《北京大学劳动合同制职工酬金发放实施细则》等规章制度进行了修订和完善。

2.行政管理工作。昌平校区解聘3名劳动合同制职工、1名劳务协议职工,向社会招聘了2名劳动合同制职工,同时对6名季节工办理入职和离职。将800元以上的7台设备和500元至800元之间的低值设备1台录入学校的设备管理系统。加强对昌平校区财务、公章、车辆、电话、信息以及网站维护等的管理,并及时将昌平校区办公会形成通报,及时对外公布。

【入驻实验室工作】 截至2012年12月,入驻昌平校区的实验室共计17个,工学院"大风洞实验室"、系统工程研究中心实验室正在校区自建和改扩建实验室。图书储存馆的图书编目工作自2012年3月开始启动。累计收取各院系入驻实验室房屋资源费约245.2万元、住宿费约11.2万元、水费约1.16万元、电费约43.5万元,合计约301.06万元。

对公寓服务人员进行专业培训,如观看宾馆客房服务录像,组织人员学习宾馆客房服务指南,开座谈会等。制定公寓卫生检查表,每天做好卫生清洁,每周进行卫生检查,确保公寓干净、整洁、美观。2012年累计收取公寓费用约13.6万元。

【对外联络工作】 1.租赁办学单位情况。2012年先后与河北北大青鸟环宇消防设备有限公司、北京北大青鸟安全系统工程技术有限公司、北京大学心理健康教育与咨询中心等单位签订学习培训协议。累计收取办学单位场地费约52.6万元、宿舍费66.3万元、公寓费约10.5万元、一卡通费约1.34万元、电费约1万元,合计约131.74万元。

2.对外联络工作。在开展对内交流的同时,积极拓展对外联络的渠道。暑期组织职工赴新疆石河子经济技术开发区考察学习;除与北京大学各部门院系的联络工作外,还拓展对外联络的渠道,比如昌平区政府、区教委、区科委、区水务局、区技术监督局、十三陵镇政府、西山口村等。

【运行保障工作】 1.基础设施的改造工程。(1)昌平校区道路修缮工程。沥青路面翻建1100平方米;C座前广场铺石材1000平方米,力学风洞院内铺方砖道路400平方米。

(2)主楼A、B、C座后院绿化改造工程。对昌平校区主要道路绿化进行改造和建设,共移栽泡桐树33棵、白皮松油松10棵、柏树19棵、银杏树28棵、龙爪槐6棵、花灌木45棵、绿篱60多米,种植花草、草坪绿地500平方米。维修破损路面160平方米,更换维修井盖20个。

2.日常运行保障工作。完成了敷设中水回用管线200余米、雨水回用管线50米工程,收集雨水引流至蓄水池内,用于绿化浇水,每次节约净水300吨。更换了进口井用水泵及配电柜。维修照明设备,更换路灯170个,楼道照明灯190个,宿舍教室灯管90支,应急照明及安全出口指示灯30余个。人工清挖疏通化粪池8个,新砌1个。锅炉房做好夏季锅炉、管道检修工作,配合质监部门对锅炉及其他特种设备年度安全检验。目前启用两个宿舍楼,每楼150个房间,对全楼进行了整理维修,并在开放的宿舍楼内安装了门禁系统。电话、网络全年接报故障400余起,排除率100%。对昌平校区14个网络机柜日常维护管理,为实验室和办学单位建户156个,为图书馆、食堂布线200米。

【安全保卫工作】 1.建立应急机制。组建昌平校区主管领导挂帅、各室主任参加的应急工作小组,负责应对突发与应急事件;建立了由保安员、楼长、电工、管工、清洁工等组成的志愿者应急分队。

2.安全消防工作。2012年3月,昌平校区与北京大学签订了《推进平安校园建设维护学校安全稳定任务书》并贯彻落实5项任务。2012年3月2日,北京大学召开了"北京大学安全管理业务会暨迎接'平安校园'建设检查动员会"。3月6日,召开昌平校区安保工作会议,总结2011年安保工作,并对2012年安保工作提出新要求。4月5日,按时上报了"平安校园"创建工作自查自评报告及特色报告。开展定期与不定期消防安全检查8次。

3.开展安全宣传教育活动,提高安全防范知识。元旦前夕,下发"2012年度北京市消防安全重点单位烟花爆竹安全管理责任状"给昌平校区各部门、单位、入驻实验室、办学单位及常驻单位认真执行。6月28日,请北京市防火中心宣教处刘文涛老师来昌平校区给教职员工和各单位、入驻实验室、办学单位、常驻单位安全负责人开展高校火灾预防与消除的专题讲座。

【党组织建设】 1. 理论与实践的学习。昌平校区党支部坚持两周一次的政治学习,坚持对党员和入党积极分子的思想教育。9月21日,组织昌平校区职工去红色根据地西柏坡以及华北烈士陵园参观学习。第一次参加学习的党员和入党积极分子在活动后上交了心得体会,向党组织汇报了此次学习认识。

2. 扩大党员队伍。2012年2月,接收郭美慧同志的党组织关系。2012年10月,徐树学同志预备党员转正。王永同志、宋登强同志、刘辉同志先后申请入党,经讨论成为入党积极分子。

基 建 工 作

【概况】 学校批准北京大学基建工程部岗位编制为32人。截至2012年年底,在编人员27人,其中,部长1人,副部长3人,综合办公室5人,计划办公室6人,维修管理办公室8人,工程建设办公室4人。在编人员中,教授级正高职称1人,副高级职称7人,中级职称16人,其他工作人员3人。截止到2012年12月底,基建工程部分总支共有党员46人,其中,在职一支部党员为25人(含北京大学建筑设计院4人、肖家河建设办3人),占在职人员的66%。退休二支部党员为21人。2012年在校内共完成9项总包、监理招标,分别是:附中教学东楼拆除及加固改造工程(9717.87平方米、1018万元),光华企业家研修院局部装修工程(360平方米、185万元),核磁中心迁建工程(1734平方米、1106万元),化学北楼修缮工程(3190平方米、880万元),经济学院综合楼加层工程(1650平方米、890万元),临湖轩修缮工程(683平方米、303万元),勺园1、2、3及5号楼改造与翻建餐厅及行政办公楼工程(27721平方米、9801万元),太平洋科技大厦改造工程(32307平方米、9909万元),圆明园校区学生食堂改造工程(1383平方米、326万元)。共完成结算80项,其中送学校审计工程结算43项。

【制度建设】 2012年在基建工程部领导班子的带领下,理顺工作关系,继续加强制度建设。(1)加强管理,发挥集体领导作用。定期召开部务会和全体职工大会,及时沟通工作进展情况,发挥集体智慧作用,重大事项坚持集体决策,使各项工作得以顺利进行。(2)强调投资控制,加强内外监督,完善工作制度。按照学校对投资控制的要求,基建工程部在投资控制上狠下功夫,不定期召开部门及专业办公室的专题会,明确工程建设各阶段部领导、办公室主任及专业人员的职责,严格工地现场变更洽商签订的权限和程序,以利于从总体上把握工程造价和投资控制。(3)加强施工管理,提升建筑品质。加强施工管理,进一步落实项目负责人制,充分发挥专业办公室的力量;统一材料设备的建设标准,强化工地安全管理,加强对总包单位的管理,发挥监理单位的监督作用,定期查处安全隐患,及时消除隐患。(4)加强沟通,服务大局,示范引领争创一流。作为从事校园建设的职能部门,基建工程部在遵守工程建设领域的相关规章程序的前提下,考虑学校教学科研实际需求,从大局出发,注重提高工作效能。按照校领导"服务群众树形象、示范引领创一流"的指示,树立服务理念,顾全大局。注意协调与使用单位、学校各职能部门以及与各政府主管部门之间的工作关系,创造更加和谐、良好的工作环境。(5)另外,协助教育部直属规划司完成北京大学"十二五"基建规划实地调研表,编写北京大学"十一五"基本建设工作总结,协助反馈教育部直属高校中央预算内投资分配模型;协助财务部完成2013年修购计划的排序和报建工作,整理"985工程"二期及三期的工程款并协调解决相关问题等。

【基建投资计划与完成】 (1)投资计划情况。截至2012年年底,北京大学当年新建、代管、改造项目共有20项,建设总规模191631平方米,计划总投资100845万元。其中新建项目4项,建筑面积79790平方米,计划总投资51437万元;改造项目16项,建筑面积111841平方米,计划总投资49408万元。(2)投资完成情况。新建项目完成情况:截止到2012年年底,教育部下达当年计划项目的2012年度累计到位资金有12930万元,全部为自筹资金。2012年度累计完成投资11730万元,全部为自筹资金,且全部为校本部完成投资。另外,基建工程部还完成由会议中心自筹资金项目中关园留学生公寓投资67万元(该项目由北京市立项,不在教育部计划内)。(3)改造项目完成情况。2012年完成维修改造工程投资6456万元。其中,电话室搬迁工程77万元,镜春园75号(教育基金会)修缮157万元,光华旧楼修缮工程316万元,老物理楼加建改造工程104万元,朗润园158号(国学中心)修缮工程429万元,朗润园160号(斯坦福中心)修缮工程995万元,校友泉雕塑工程10万元,住院部改造工程914万元,理科教学楼公共教室改造工程197万元,临湖轩修缮工程175万元,赛克勒考古与艺术博物馆屋面挑顶工程63万元,五四体育中心改造工程622万元,保卫部改造工程249万元,昌平风洞实验室改造工程220万元,太平洋大厦改造工程87万元,圆明园校区食堂改造工程198万元,化学北楼改造工程22万元,核磁中心改造工程31万元,光华企业家研修院修缮工程151万元,经济学院加层工程401万元,附中东楼加固改造工程829万元,体育馆赛后改造工程111万元。

【工程项目管理】 2012年校本部新建和改造工程开复工主要项目为20项,建筑规模约为191631平方米。其中,竣工项目10项,竣工面积为54324平方米,在施项目10项,建筑规模约137307平方米。

1. 竣工工程。(1)科技成果转化中心建筑面积14200平方米,2008年1月开工,由于学校对规划进行了调整,该项目的用途由原来的酒店公寓转变成外国语学院的办公楼,基建工程部于2010年6月接手此项工程,并积极进行二次设计及改造工作,该工程于2012年11月竣工。(2)朗润园160号(斯坦福中心)修缮:建筑面积3552平方米,为美国斯坦福大学捐资建设,2010年9月开工,2012年3月底完工,并成功举办了斯坦福大学在京会议,获得各方的一致好评。(3)校医院住院部改造(实验设备1号楼):建筑面积13565平方米,原为校医院住院部,后经学校调整规划,改为实验设备部安放各种大型试验设备,2010年12月底开工,2012年11月竣工。(4)保卫部改造:建筑面积2056平方米,因校保卫部办公楼经过10多年使用并未进行过系统的装修改造,因此学校决定对该楼进行整体改造。该项目2011年12月底开工,2012年9月完工。(5)五四体育中心改造:建筑面积8010平方米,因游泳馆迁至邱德拔体育馆,加上该体育中心年久失修,需要对其进行整体改造:对游泳馆进行拆除,为扩大使用空间铺设楼板加层;对羽毛球馆和室内跑廊进行修缮;更换看台座椅及基层,对体育中心的外立面进行粉刷等,该项目2011年12月底开工,2012年12月底完工。(6)圆明园校区食堂维修改造:建筑面积1383平方米,因校成人教育学院按市政府要求,需要对食堂进行整体修缮以符合卫生及安全需求。该项目2012年6月开工,2012年12月完工。(7)工学院昌平风洞改造:建筑面积651平方米,为工学院在昌平校区建设风洞实验室,该项目2012年2月开工,2012年11月完工。(8)附中教学东楼改造:建筑面积9718平方米,为附中本部教学楼项目的一部分,对原附中的教学东楼部分进行加固改造,2012年7月开工,2012年9月完工。(9)临湖轩修缮工程:建筑面积829平方米,按照学校规划对临湖轩进行挑顶修缮,该工程2012年6月开工,2012年11月竣工。(10)光华企业家研修院局部装修:建筑面积360平方米,由光华管理学院提出对原企业家研修院的钢连廊及部分房屋进行装修以扩大使用面积,并经过学校同意。该工程2012年8月开工,2012年12月竣工。

2. 在施工程。(1)物理西楼:建筑面积25165平方米,因其建设地点位于地铁四号线北京大学东门站上方,地铁建设方需要进行各项安全性的评估,2012年7月进入正式施工阶段;目前挖土方及护坡已经完成,底板钢筋、底板防水及导墙完成50%,预计2013年10月竣工。(2)南门区域6号楼(新太阳学生活动中心):建筑面积19266平方米,2011年9月开工,由新太阳集团投资兴建。目前结构施工已完成,计划于2013年5月竣工。(3)南门区域2、3号楼(对外汉语教育学院大楼、新闻传播学院大楼):建筑面积21159平方米,2012年2月开工,目前2号楼已完成到五层顶板,地下室外墙防水及保温也已完成;3号楼完成到四层钢筋捆扎及电气配管等,该项目计划于2013年8月竣工。(4)镜春园75号(教育基金会)修缮:建筑面积1598平方米,2010年12月开工,目前已完成结构作业,因精装修方案尚未最终确定,计划于2013年6月竣工。(5)朗润园158号(中国画法研究院)修缮:建筑面积3626平方米,2010年9月开工,目前已完成结构作业,精装修方案刚刚获得审批,计划于2013年6月竣工。(6)经济学院综合楼加层:建筑面积1650平方米,经济学院因科研用房紧张,需要对经济学院综合楼进行加层,该工程2012年7月开工,目前已基本完工进行最后调试,预计于2013年6月初竣工。(7)电话室改造工程:建筑面积2961平方米,学校规划将沙特国王古籍图书馆建于目前电话室所处场址,因此需要将电话室迁至老生物系以北小楼所在位置,重新建设。该工程于2012年9月开工,目前正在进行地下室外墙建设,预计于2013年7月竣工。(8)核磁中心迁建:建筑面积1854平方米,将原核磁中心迁建至原校医院口腔门诊处,2012年11月开工,预计2013年9月竣工。(9)太平洋大厦改造:建筑面积32307平方米,其中地下2~17层约31927平方米,该工程目前正在施工招标阶段,计划于本月底开工。(10)勺园1、2、3及5号楼改造翻建餐厅与行政办公楼:建筑面积27721平方米,为解决学生宿舍28—32楼及35楼滚动改造期间的用房周转问题及餐饮综合楼建设期间食堂周转问题,学校规划对勺园1—3号楼及5号楼砖混结构仅进行改造,建筑面积约13599平方米;勺园2号楼西侧新建的餐厅及行政办公楼为钢筋混凝土框架结构,建筑面积约14122平方米。该工程目前正在施工招标阶段,计划于2012年12月底开工。

3. 工程前期报批。2013年上半年度主要项目的前期报批情况进展如下:(1)生命科学科研大楼(约20500平方米):因设计方案调整,上半年重新申报并取得文物及人防审批,目前正在申办建设工程规划许可证,预计8月份可取得规证批复。待完成招标,下半年即可开工建设。(2)环境科学大楼(约26900平方米)及景观设计学大楼(约22300平方米):环境科学大楼去年已取得文物及人防施工图批复。因成府园用地批准书过期,无法申办规划许可证。5月底取得重新申办的建设项目用地批准书,目前正在办理这两个项目的建设工程规划许可证,预计8月份可取得规证批复,环境科学大楼下半年可开工建设。(3)软件工程大厦(14000平方米):已取得项目建议书。在取得成府园用地批准书后,目前已申报建设项目规划条件待批。下半年可取得人防规划、文物及方案复函批复。

(4)实验设备2号楼(约21837平方米):继2011年年底取得建设项目规划条件,上半年已取得项目建议书批复,目前正在编制可行性研究报告及环境影响评价,使用单位正在落实使用功能。目前已上报文物方案及人防规划待批复。预计2012年底可取得建设工程规划许可证。(5)沙特国王图书馆分馆(12960平方米):上半年取得项目建议书批复。因项目地处未名湖文保区核心地带,原则上不予建设,基建工程部先后与北京市文物局及国家文物局沟通并取得文物局及市政府批复,目前已上报该项目规划条件。预计下半年可取得人防规划及方案复函批复。(6)餐饮综合楼(约32365平方米):目前正在编制可行性研究报告。上半年完成文物核准方案修改,待申报文物核准,预计下半年可取得人防初设、方案复函及园林绿化批复。(7)学生公寓(约71200平方米):继去年取得项目建议书批复后,于2013年上半年向教育部申报本项目的可行性研究报告,教育部已将本项目I期的可研报告委托评估单位进行评估,目前评估工作正在进行中。本项目已取得人防规划、文物、方案复函及园林绿化审批,待申报人防初步设计及人防施工图审图。(8)北京大学附属小学体育馆(约11647平方米)、北京大学附属中学体育馆I期及教学北楼(约39700平方米)和北京大学附属中学北校区综合教学楼(约25620平方米):此三项工程为基建工程部为附小及附中代管的三项工程,附小及附中均希望可以及早投入使用,尤其是附中面临国家拨款消耗时间的巨大压力,因此,基建工程部于2013年上半年仍在积极推进前期报批工作,其中,附小体育馆于上半年完成了人防的初步设计及施工图设计的审查及批复,取得施工任务,预计2013年8月可取得工程规划许可证,预计2013年下半年即可开工建设。附中体育馆I期及教学北楼于上半年完成了人防的初步设计审查待批复,取得园林绿化批复,由于该项目申请了国拨资金,目前教育部已将本项目初步设计送评估单位开展评估工作。北校区综合教学楼,上半年取得了市政府用地容积率等规划指标问题的批复,7月份即可上报建设项目规划条件。上半年度处于设计阶段的改造项目主要有7项,分别是朗润园158号(诗歌中心)修缮、镜春园75号(教育基金会)修缮、临湖轩挑顶及室内精装修工程、电话室改造、太平洋大厦改造、勺园1、2、3及5号楼改造翻建餐厅与行政办公楼、核磁中心改造。

总 务 工 作

【概况】 总务部是学校的行政职能机构,是学校教学科研中心工作和各项日常工作正常运转的后勤保障部门。其主要职责是:坚持"为教学科研和师生员工提供优质服务"的宗旨,以"做好保障服务和实现安全稳定"为根本目标任务,根据学校建设和发展的需要,制定后勤保障服务规划和总务系统工作计划;按照"小机关、多实体、大服务"的管理运行模式,协助学校管理监督协调服务总务系统各中心做好各项后勤保障服务工作;做好和政府有关部门及校外业务单位的对口衔接工作。北京大学总务部下设综合办公室、计划管理办公室、运行管理办公室、人事办公室四个办公室。同时,北京大学爱国卫生运动委员会办公室、北京大学绿化委员会办公室常设于总务部。截至2012年12月,总务部现有事业编制职工19人,总务系统各单位职工事业编制359人(其中总务部19人)、原流动编制36人、合同制1500人、短期工和施工队等95人、退休返聘30人,共计

2020人。

【运行管理工作】 1. 水电暖运行安全系数、保障能力大幅提高,为学校提供安全优质的水电暖保障。(1) 供电设施。紧密围绕校园供电系统运行维护任务,实施了变配电系统运行维修,如110KV电站保护试验和10KV变配电室保护试验、校园直击雷和感应雷防护、勺园开闭站设备采购及施工、光华配电室改造、理科楼电梯大修、燕北园电缆及派接柜工程、对用电负荷不断增加的家属区输配电线路及设备调整维修、家属区阶梯电表更换、学生宿舍楼安装空调电力增容等工程。(2) 供水设施。紧密围绕校园给排水系统运行维护任务,实施了8—13公寓进户给水管改造等水网运行维修工程、北京大学深水井变频柜、深水井泵(含电缆)、深水井设备(含水泵、消毒器、阀门及电气)采购、检修更换等水井运行维修工程。(3) 煤改气工程。完成了原有燃煤锅炉拆除、原有锅炉房土建改造、安装燃气锅炉及附属设备、天然气施工及调试等工作,新的燃气锅炉于11月1日正式启动,为学校今冬正常稳定供暖提供了有力保障。改造后的四台燃气锅炉容量为116MW,比原来燃煤锅炉增加39MW,加上原有三台燃气锅炉,锅炉房总容量达到158MW,可为学校规划中的150万平方米建筑提供充足的热源保障。"煤改气"后摒弃煤场,可为学校教学科研节约6142平方米的土地资源。但因热源方式改变,天然气成本较高,保守估计每年运行费用将增加1700万元左右。

2. 加强食堂设施改造,创造安全、宽敞、良好的就餐环境。(1) 进行农园食堂二期消防系统改造。投入专项资金500万元,对食堂的烟感系统、喷淋系统进行改造,对一、二、三层大厅的墙面维修粉刷、餐饮包间装修及吧台更新,新换木门134扇、更换防火门21扇,对大厅内的电气照明、空调设备、闭路电视系统和上下水管线进行修缮、改装和更新。(2) 整合现有资源,增加就餐面积缓解拥挤压力。将原教工加卡室改造为快餐厅;将原燕南地下宴会厅改造为快餐厅;在校内新建2个主食售卖点。

3. 加强学生宿舍设施改造,创造安全优质的住宿环境。(1) 进行例行粉刷检修改造。投入200余万元,完成1150间宿舍的粉刷维修、574间宿舍的综合检修;进行公寓改造,增加住宿床位数。(2) 进行关系民生重点改造。自筹资金150万元,对学生关注的问题进行改造:学生宿舍晾衣杆、地面修补、家具检修、自行车棚维护、厕所下水除臭清碱及安装空调、建淋浴间、扩建40、42楼自行车停车区域、加装饮水机等。

4. 美化环境,建设人文、和谐校园。根据校园环境整体状况,因地制宜地实施了考古文博学院周围绿化恢复、大讲堂绿地改造、办公楼草坪恢复、生物东西馆绿化改造、图书馆周边景观灯改造、南门景观改造、哲学楼绿地改造、更新路椅、维修新铺路面等工程。

5. 有效推动爱卫会的工作。(1) 为确保学校正常的教学、科研秩序,保障学校的环境,先后完成了两次较大规模的灭蚊蝇、灭鼠和灭蟑螂工作,还根据学生宿舍的实际情况重点进行了灭臭虫的工作,购置了各种药品18万元,圆满地完成了消灭害虫的工作任务。(2) 切实推动校园冬季扫雪铲冰的工作,积极构建校园扫雪铲冰的工作制度,让全体师生参与到这项工作中来,展现北大师生良好的精神面貌。(3) 2012年度,北京大学积极响应教育部、卫生部和北京市的号召,积极创建无烟校园,并制订了《北京大学建设无烟校园的计划和实施方案(试行)》和相关的规章制度。

表9-43 2012年总务部主要实施的项目情况 (单位:万元)

一、学生区、公教、家属区维修项目		
序号	项目名称	经费
1	北京大学学生宿舍晾衣杆更新工程	30
2	卧具采购	110
3	学生宿舍暑期粉刷机检修工程	170
4	农园食堂二期改造工程	300
5	学生宿舍家具检修	20
6	二、三、四教厕所隔板更换工程	14
7	学生宿舍36楼采购饮水机	15
8	学五食堂更换运水烟罩	45
9	道路修补工程	57

续表(单位:万元)

序号	项目名称	经费
10	井房水泵采购	86
11	水井变频柜采购项目	32
12	北京大学蔚秀园燕北园燃气锅炉燃烧机维修保养更新工程	18.6
13	理科一号楼南侧厕所改造工程	17.5
14	8—13公寓进户给水管改造	67
15	水井设备(含水泵、消毒器、阀门及电气)检修更换工程	42.6
16	承泽园家属楼给水管更换工程	22
17	学生宿舍楼家具采购	27
18	学生宿舍下水管清碱工程	9.8

二、电气系统维修改造项目

序号	项目名称	经费
1	图书馆等周边景观灯	12
2	燕北园改造电缆	98
3	光华配电室改造	138
4	节能型无极灯	50.5
5	光华配电室改造外线	38.4
6	学生宿舍楼电力增容二期	192
7	感应雷防护工程一期	175
8	勺园开闭站施工	184
9	110KV电站保护试验	44
10	10KV变配电室保护试验	19.5
11	蔚秀园幼儿园增容改造	25.5
12	学生宿舍楼暑期电力增容	151
13	学生宿舍空调采购	897.8
14	勺园开闭站高压柜	208
15	勺园开闭站电缆	123.5
16	燕北园改造施工	49.4
17	科学院家属楼电气改造	73.8

三、校园绿化及环境整治项目

序号	项目名称	经费
1	生物东西馆绿化改造工程	25
2	哲学楼绿地改造	19
3	校园路椅采购	21
4	理教内庭绿化改造工程	8.1
5	40楼自行车停车场改造工程	8.6
6	考古文博学院周围绿化恢复工程	9.8
7	校园园林设施设备更新工程	9.1
8	高大树木修剪	9.1

【计划管理工作】 进一步完善后勤基础设施的建设与改造,消除安全隐患问题,与运行管理办公室协作,先后完成学校拨款的专项工程13项,分别为农园食堂改造二期、家属区阶梯电价表改造、校园水井泵房设备更新、未名湖北岸区域水平衡、燕北园部分楼电气改造、校园环境景观综合整治、校园东部家属区水电改造、供暖煤改气工程、校园感应雷防护工程一期、光华管理学院1号楼配电室改造、勺园开闭站恢复供电工程、学生宿舍楼空调安装和校园建筑节能监管平台,已使用资金7068万元,剩余1611万元下一年度将继续实施;完成上年度专项工程40万元;年初总务部计划工程31大项,涉及全校水、电、暖、空调、土建、园林绿化、校园环境等各个方面,自筹资金770余万元。

【节能工作】 根据"北京大学十二五节能规划",2012年度学校节能指标计划为5.8万吨标准煤,截至2012年年底,实际能源消耗总量为53812.7吨标准煤,完成了本年度设定的节能指标量。全年水电费总支出为6597万元,总收费为7918万元,收支基本平衡,略有节余。2012年完成以下节能减排项目:

1. 实施节能监管平台建设。利用财政部和学校自筹资金,进行全校节能监管平台的搭建工作。

2. 校园煤改气工程。经过测算,"煤改气"后,每个采暖季将减少二氧化硫排放16619千克,减少烟尘排放10884千克,减少二氧化碳排放23032吨。

3. 完成未名湖北岸区域水平衡测试工作。按照《北京市节约用水办法》和北京市水务局的要求,高等院校应当采取定期进行水平衡测试等措施加强节约用水管理。由于学校地下管网情况较为复杂,根据学校现有实际情况,于2012年先进行校内部分区域即未名湖北岸区域的水量平衡测试工作。项目内容包括原有阀门、水表的更新,增加新的阀门以使未名湖北岸区域供水形成闭环系统,更换部分老旧管线避免跑冒滴漏等。

4. 绿色照明推广工程。2012年完成校园路灯、景观灯节能型光源改造工程,将校园内所有高杆路灯和一部分景观灯的光源更换为节能型无极灯,节电率预计可达30%以上。南门轮廓灯节能亮化工程,将学校南门原有轮廓灯(白炽灯泡)全部更换为LED灯带,南门及保卫部值班室顶灯更换为无极灯。2012年总务部使用人体感应LED节能灯具取代原有白炽灯,节电效果较为明显。

5. 在学生宿舍实行远程集中抄表系统。结合学生宿舍安装空调电力增容改造,2012年完成28、29、30、31、32、33、34A、34B、35、45、46、47、48、45甲、45乙等15栋学生宿舍楼远程集中抄表系统的改造,该系统具备电度计量与信息采集、信息远传、后台软件处理和分析等功能,能够更好地对学生宿舍的用电情况进行管理,达到节约用电、安全用电的目的。

6. 家属区阶梯电价表改造。为了确保学校能够及时落实北京市关于实施居民阶梯电价的政策,对学校家属区约7000块电表进行更换。

表9-44 2012年总务部主要实施的节能改造项目情况　　　　　　　　　　　　　　　　（单位:万元）

序号	项目名称	经费
1	图书馆等周边景观灯	12.00
2	节能型无极灯	50.50
3	人体感应LED节能灯具	39.90
4	南门照明系统节能亮化	32.70
5	家属区阶梯电价表采购	180.00
6	校园北区绿化水井及喷灌	24.30
7	未名湖北岸水平衡测试工程	130.00
8	家属区阶梯电价表安装	136.00

【财务管理工作】 2012年,总务系统校级预算经费为8671.11万元,预算支出为8671.11万元,年度校级预算收、支平衡。

1. 预算支出情况:供暖费支出为5368万元。修缮及零星维修维护费支出750万元。公用水电费等支出1060万元。校园管理服务环境卫生保洁支出680万元。学生宿舍管理服务运行支出400万元。全校水电运行费用支出220万元。公共教室维护保洁支出100万元。职工班车费支出30万元。办公费支出为17万元。其他支出46.11万元。

2. 专项经费支出:专项资金7814.41万元,包括集中供暖煤改气、学生宿舍安装空调、家属区更换阶梯电价表、校园环境景观综合整治、勺园开闭站供电改造、校园水井泵房设备更新、校园东部家属区水电改造、光华学院配电室改造、农园食堂改造二期、校园建筑节能监管平台一期、燕北园楼宇电气改造、未名湖北岸水平衡、校园感应雷改造一期、餐饮中心学生伙食补贴等17项专项支出,总务部全部完成。

3. 自有资金使用情况:总务部利用自有资金继续在学生宿舍、浴室、食堂、教室、校园绿化、道路维修、校园房屋修缮、公共基础设施的更新改造等方面支出711.76万元,弥补中心运行经费不足206.27万元,制作学生家具34.42万元,购置起重机、高压清洗机支出54.53万元。

4. 工资返还及上交学校款项情况:2012年总务中心返还工资共计6020160元,其中水电中心返还666189元,校园中心返还335762元,供暖中心返还1783496元,运输中心返还980752元,餐饮中心返还2253961元。2012年总务中心上缴总务部共计963472.65元,其中学生宿舍管理服务中心上缴778199.04元,供暖中心上缴26360.96元,校园中心上缴21859.59元,运输中心上缴19215.94元,水电中心上缴99379.52元,幼教中心上缴18457.60元。2012年总务部上缴学校水电费差价为1044.66万元,上缴学校供暖费687.53万元。

【队伍建设】1. 持续深入推进后勤队伍建设"十二五"规划纲要的实施,完成中心调整组建和中心主任聘任。(1)2012年9月,北京大学发布《关于调整北京大学后勤系统中心设置的通知》(校发〔2012〕156号),正式批复了后勤5个中心的调整组建。北京大学规划委员会《关于〈北京大学后勤队伍建设"十二五"规划纲要〉相关机构编制的批复》(规划〔2012〕08号),批复了新建各中心的机构管理、人员编制等事宜。(2)10月,"贯彻党代会精神后勤改革暨队伍建设动员工作会议"召开,后勤职能部门正科(含)以上干部、后勤中心中层副职(含)以上干部、党工团主要负责人、学校党代表、教代会、工会代表等240余人参加会议。(3)11月,发展规划部提交《关于后勤中心内设机构及科室干部职数审核意见的函》,批复了中心内设机构和干部设置方案。(4)11—12月底,学校完成了21名中心主任、副主任的选聘。中心的调整整合开始进行。

2. 做好总务部在职人员人事管理服务。(1)完成通用岗位包括管理、专业技术岗位的聘任。(2)完成年度考核和985岗位聘任。2012年,部机关职员年度考核测评合格率为100%。(3)完成部机关内设机构1名运行办公室主任、1名人事办公室主任、1名运行办公室副主任等共3名负责人的招聘。(4)完成年度招聘计划和招聘、续聘工作,2名人事代理人员完成聘期考核和续聘合同。(5)总务部1人晋升助理研究员。(6)做好月考勤考核、年底岗位绩效奖励发放、年终节余奖发放、三十年教龄申报、独生子女互助医疗等薪酬福利工作。(7)做好对职工关心待遇、困难帮扶、丰富文化生活等服务。

3. 协调服务各中心做好在职人员人事管理服务。(1)完成通用岗位包括管理、专业技术岗位的聘任。(2)完成年度考核。总务系统各中心职工358人,年度考核合格353人,不参加考核或不合格5人。(3)完成各中心内设机构负责人聘任的备案整理。(4)各中心申报2013年招聘计划12个。(5)做好职工教育培训。(6)做好三十年教龄申报、独生子女互助医疗等薪酬福利工作。(7)做好返还工资。(8)做好对合同制职工管理服务。(9)做好对职工关心待遇、困难帮扶、丰富文化生活等服务。在做好上述工作的同时,特别注意加强好干部、管理、技术骨干和一线职工队伍建设,构建精干高效可靠的后勤队伍。

4. 加强后勤干部队伍建设。(1)在后勤改革和队伍建设中,协助学校和党委组织部选聘好新调整成立的5个中心21名主任、副主任。配齐配好总务部1名副部长。(2)对于总务部和中心干部的管理、考核、培训、薪酬等,配合学校相关部门做好规划和实施。(3)做好总务部领导干部年度考核、民主生活会和收入、兼职、重要事项报告工作。(4)按照学校有关政策,积极为后勤中心主任争取破格晋升管理6级岗,1人获得晋升。(5)马红梅获得2012年方正优秀管理奖。

5. 做好工程技术(后勤/产业)学科组职称评审。人事办公室承担本学科组职称评审的组织工作。2012年,学科组共评审晋升副高1人、中级1人。

6. 组织后勤职工参加北京市第三届职业技能大赛,通过多种方式做好技能人才培养。(1)在2012年北京市第三届职业技能大赛中,后勤11个单位共160人参加,会议中心和餐饮中心组织了客房服务和中式烹调2个初赛组委会。北京大学有30余名选手以优异的成绩进入复赛和决赛,北京大学是海淀区唯一一所参加技能大赛的高校,获得"北京市旅游行业技能大赛优秀组织奖"。(2)各中心开展了丰富多彩的全员岗位技能培训,涵盖专业技术、安全生产、服务技能等多方面,全年培训近3000人次。

7. 加强对职工教育培训,提高业务能力和服务水平,为师生员工提供更好的保障服务。(1)餐饮中心举办"学习贯彻《食品安全法》全员卫生知识培训"。(2)水电中心加强对服务人员的岗位技能和职业操守培训。(3)供暖中心加强对浴室服务人员规章制度、礼仪规范、服务规范方面的培训。

(4)校园管理服务中心加强对不同岗位、不同层级职工的培训，提高职工知识水平，增强职工专业技能；加强对年轻职工的培训；加强职工执业上岗资格培训，通过多种渠道多种形式培养人才。(5)2012年度是楼长队伍更替较大的一年，学生宿舍管理服务中心面对大量新上岗的楼长，制订了详细的培训方案，使新楼长能够快速树立"全心全意为同学服务"的意识，掌握服务技能更好地为同学服务；对保洁员每半个月召开一次全体会，集中学习各种规章制度，并进行安全教育。(6)运输中心对职工开展操作规范教育、安全生产教育、服务规范教育等。(7)幼教中心力争将每一位教师安排在恰当的岗位，促其发挥最大作用，在队伍培养方面，更加注重提高教师教和研的综合能力。(8)电话室对职工加强业务知识、标准化服务和安全操作教育培训。

8.进一步规范对合同制职工的管理，推进同工同酬，加大教育培训力度，注重关爱和凝聚，加强合同制职工队伍建设。(1)各中心加强合同制职工用工规范管理，订立合同、用工管理、发放工资、缴纳保险等方面都纳入学校统一的规范化管理，执行好国家、北京市和学校的相关政策。(2)积极贯彻落实国家、北京市和学校职工"同工同酬"的精神要求，加强职工收入分配制度调整工作，打破身份界限，制定相关措施稳步推进"同工同酬"收入分配制度落实，使每一位职工都享受到平等待遇，充分调动职工的积极性。(3)组织好后勤职工参加平民学校。目前，总务系统已经有350余人获得结业证书。在组织后勤职工参加平民学校的工作中，2012年校工会联系校内多个单位，对平民学校的课程设置进行了调整，请基础学科教授作讲座，内容更加科学实用，培训收到了更好的效果。通过参加平民学校，大量从事一线保障服务工作的合同制职工更加热爱学习、热爱生活，各方面能力得到提升，有的感受到学校和用人单位的关心和培养，愿意在北大更好地工作，有的通过自身努力转岗、创业，实现为北大培养人、为社会输送人的目标。(4)细心为合同制职工解决住宿、医疗等生活问题。帮助患大病、生活困难的员工争取爱心基金。为职工组织丰富多彩的文体活动。

9.做好总务部和中心离退休人员管理服务。(1)学校组织的离退休人员政治学习、工资调整政策、活动经费、电影票、慰问品、困难职工慰问券、"北京大学'老有所为'先进个人"评选表彰等，都及时向离退休人员传达和发放。(2)结合后勤特点，在做好对当年离退休人员的安排和服务、加强离退休人员思想政治学习、加强生活福利方面的关心、加强离退休党支部工作、对生活困难和遇有难事的离退休人员的关心和帮助、组织好年底慰问和团拜等方面加大工作力度。

【综合事务管理】 1.协调保障工作。与校相关部门密切配合，协调北京大学开放日、全国优秀高中生夏令营、高考阅卷、迎接新生、新生党员培训、军训、毕业生就业招聘会、毕业生离校、校庆活动、北京论坛、国际文化节等大型活动和其他学校重大活动的后勤保障服务工作，保证各项活动圆满完成。

2.安全检查工作。(1)总务部牵头，会同保卫部、学工部等七个单位配合学校开展了以"排查安全隐患，构建和谐校园"为主题的安全教育和联合检查活动。对校本部、畅春新园学生宿舍的消防设施和违章用电现象进行安全检查，排查安全隐患。(2)迎接"平安校园"检查组，做好安全工作自查和检查工作，完成应急安全预案。

3.完成开放校园暑期参观、冬季冰场管理等的相关组织协调工作，维护校园秩序，保护校园环境。

4.其他综合性事务。(1)成功举办校本部同医学部的联谊活动、后勤系统工作总结会、老干部新春团拜会。(2)完成"物美超市"的续约工作与店铺的扩张和装修的监管工作。(3)完成统计上报总务系统教育收费的标准和项目的审核与小金库的自查工作。(4)组织工会爱心基金捐款1750元，共产党员献爱心捐款1850元。(5)办理新生公交卡5460张，补办学生公交卡601张。

【年度纪事】 2012年9月23日，学校下发了《关于调整北京大学后勤系统中心设置的通知》，调整北京大学后勤系统中心设置：1.在原会议中心的基础上组建北京大学会议中心；2.在原餐饮中心的基础上组建北京大学餐饮中心；3.将原水电中心和供暖中心合并组建为北京大学动力中心；4.将原学生宿舍管理服务中心和房地产管理部教师公寓管理服务中心合并组建为北京大学公寓服务中心，原特殊用房管理中心运行机制暂不变，由北京大学公寓服务中心统筹管理；5.将原校园管理服务中心、运输中心和电话室合并组建为北京大学校园服务中心，原幼教中心更名为北京大学附属幼儿园，由北京大学校园服务中心统筹管理。

新建各中心的机构管理、人员编制等相关事宜按照北京大学规划委员会《关于〈北京大学后勤队伍建设"十二五"规划纲要〉相关机构编制的批复》（规划〔2012〕08号）执行。

北京大学已连续两年完成了既定的节能目标，并在2012年度重点用能单位节能目标责任评价考核中经北京市发改委考评为"优秀"等级,成为全市18家"优秀"等级重点用能单位中唯一一所学校。

后勤党委

【概况】 2012年,后勤党委按照学校党委和行政的工作要求和部署,以深入学习贯彻党的十八大和学校第十二次党代会精神为重要抓手和切入点,重点做好加强领导班子和干部队伍建设、加强党员学习教育、后勤队伍建设、评选表彰树典型、基层党组织建设、思想政治工作和党风廉政建设等,履行好党委政治核心、战斗堡垒、配合行政保障监督、思想政治与精神文明建设的职责,同时,创新工作思路与方式,特色工作取得进展。

后勤党委所属党总支4个,党支部29个(在职14个、退休8个、混编7个)。党员522名(正式党员505名,预备党员17名;在职党员300名,离退休党员222名),分布在后勤10个单位:总务部、房地产管理部、基建工程部、燕园社区服务中心、会议中心、餐饮中心、动力中心、公寓服务中心、特殊用房管理中心、校园服务中心。

学习贯彻党的十八大精神和学校第十二次党代会精神。1.党支部书记参加北京大学党支部书记十八大精神学习班。2.召开了党支部书记集体学习研讨、后勤团干部集体学习主题团日活动。3. 29个党支部组织各种座谈会、讲座、主题党日、特色活动近40项,参加人数达到850人次。

做好北京市党建和思想政治工作验收相关工作。组织各基层党支部开展自建、自查、自评、整改,总结经验,查找不足,促进党建和创建工作共同发展。

发挥政治核心作用,配合行政保障监督确保后勤改革平稳推进。1.后勤党委在后勤队伍建设"十二五"规划纲要及实施细则的制定和推动实施过程中,同行政一起做了大量的制定方案、征求意见和组织协调工作。2.配合党委组织部,完成了与中心主任、副主任选聘有关的民主推荐、面试考核和组织考察等工作,确保了干部聘任的顺利进行。3.配合行政,做了大量干部职工宣传动员和思想政治工作,确保人心稳定、改革平稳进行。4.规划后勤改革后中心党组织设置和后勤党委组织建设的相关工作。

【队伍建设】加强领导班子思想政治建设、组织建设、干部队伍建设和党风廉政建设,努力建成坚强有力的领导班子,发挥好后勤党委、后勤干部"带头人"的作用。

1.领导班子认真贯彻执行党的路线方针政策,落实学校党政工作精神,坚持正确的政治方向,不断提高思想认识水平。在党、国家、北京市教委和学校党委部署的历次思想政治和理论学习中,认真贯彻落实学习内容,学习党的十八大报告和学校第十二次党代会精神,开展创先争优活动,带头学习、主动学习,学习有计划、有检查、有总结,在学习的过程中撰写理论体会文章和本单位的发展规划纲要。带领后勤党委、基层党组织和广大干部职工深入领会把握党、国家和学校的政策方针,坚持正确的政治方向和舆论导向。

2.在组织建设方面,坚持民主集中制,集体议大事。一方面,遇有重要的事项都要召开党委会,一个月召开1～2次党委会;另一方面,指导监督后勤各单位执行好集体议大事的制度。后勤党委和各单位都坚持党政联席会议制度,党政配合,团结协作,科学决策,民主、规范管理。

3.干部工作,配合党委组织部,做好后勤干部的选拔聘任、管理、考核、培训和后备干部的推荐工作。

4.坚持群众路线,深入基层,建立为民务实的清廉作风,为群众办实事和解决问题困难。

5.召开好以"学习贯彻党的十八大和学校第十二次党代会精神,进一步改进工作作风,紧密联系群众,为民务实清廉"为主题的民主生活会,进行群众满意度测评,开展批评,制定整改措施。

6.在党风廉政建设方面,突出对领导干部加强教育、完善制度、重点防控。2012年度,重点学习关于改进工作作风密切联系群众的八项规定,召开好加强作风建设处级领导班子民主生活会,开展党风廉政建设责任制贯彻执行情况的专项检查,做好收入申报和个人事项报告等,党风廉政建设成效好,无违法违纪问题。领导班子坚强有力,群众威信高,发挥模范带头作用。

【学校党代会相关工作】 1.严格遵照"三下三上"的工作程序,做好后勤党代表推荐,按照代表的条件和在后勤党员中的先进性,充分考虑领导干部、一线、离退休、女性和年龄等方面的结构,并且在后勤系统第一次推选产生了合同制党代表,推选出的代表得到了党员和群众的广泛认可。做好两委委员推荐,为学校开好党代会打下良好基础。2.认真总结九年来的工作,重点围绕"北京大学加快创建世界一流大学自身的优势与特色是什么,与世界一流大学的差距在哪里"这一核心问题,组织好各党支部开展好主题党日活动,支部参与率达到100%,在职党员参与率达到100%。通过召开主题党日活动,将党员和群众的思想更加统一到创建世界一流大学的中心任务上,从后勤发展资源、服务工作、党建工作三个方面提出了问题不足和努力方向,对未来工作有较好的指导意义。3. 各党支部认真研读党代会报告,按照任务分解的要求,结合工作实际,将贯彻党代会精神落到实处。4. 开展"贯彻党代会加快创一流"组织生活会,推荐房地产管理部党支部和会议中心党总支参加学校优秀主题党日活动评选。

【管理服务党员和基层党建工作】后勤党委依托基层党支部开展丰富多彩的活动,同时,协调指导各党支部开展好相关工作。1. 22人参加学校第4届教职工党的知识培训班并取得结业证。2. 基层党支部换届7个,进行33名党支部书记的信息采集和新任党支部书记培训。3. 发展党员14人,入党申请人145人,入党积极分子132人,列为2013年发展计划30人。4. 总务部党支部、会议中心党总支被评为北京大学先进党支部,张宝岭、殷雪松、段利久、王炳文、杨雪扬、李少庄被评为北京大学优秀共产党员。评选后勤级先进党支部6个、优秀共产党员29人。5. 推荐会议中心1名员工作为北京大学的优秀代表,参加北京市评选"身边雷锋——最美北京人"活动。推荐后勤系统17名一线职工参加北京大学"贯彻党代会精神,展后勤员工风采"系列节目拍摄计划,相关内容已经在学校电视台播放,收到较好反响。6. 完成522名党员基本信息采集和组工新系统的调试运行。7. 共产党员献爱心活动捐款471人23802元。8. 11人获得"生活困难党员帮扶补助"。9. 后勤党委被评为北京大学优秀党务和思想政治工作先进集体。北京大学获得"全国高校后勤信息宣传先进单位"荣誉称号。

【党风廉政建设】 1. 后勤党委推进廉政风险防范管理。2. 坚持"三重一大"和部务公开制度。3. 开展《2012年度推进惩治和预防腐败体系建设检查工作》和《北京大学党风廉政建设责任制实施办法》贯彻执行情况专项检查,后勤党委系统各单位专项检查情况良好。建立健全党风廉政建设领导体制和工作机制;贯彻上级工作精神,研究部署本单位反腐倡廉工作;针对本单位在党风廉政建设方面的薄弱环节,加强从源头上预防腐败,进一步规范完善相关管理制度;加强对党风廉政建设责任制贯彻执行情况的检查考核;加强党员领导干部履行抓党风廉政建设职责。4. 召开好处级领导班子专题民主生活会,查找在创建世界一流大学过程中单位和个人的差距,促进行政工作和党风廉政建设的双赢。5. 进一步加强制度建设和干部廉洁教育。后勤廉政情况较好。

【老干部工作】 加强对离退休党组织和党员的管理服务,主动向离退休老同志介绍学校和后勤工作的近期动态与发展变化,组织好年底慰问和团拜,向党委组织部申请困难帮扶补助,关心他们的思想状况和现实困难并帮助解决问题。

【工团工作】 做好学校第六届教代会、工会选举后勤分工会代表和委员会委员的推荐、代表提案工作,以及运动会、乒羽、游泳比赛、摄影比赛、爱心基金捐款、非在编人员入会、后勤职工参加平民学校、平民学校的日常组织管理、参加学校2012年"一二·九"合唱比赛、暑期干部考察团、教师节表彰大会座谈会、新闻宣传等。2012年,后勤分工会5个部门工会被评为北京大学工会工作先进集体。指导后勤团委工作,加强对后勤团员青年教育、引导、服务,率先在后勤青年职工群体中开展学习十八大、学校党代会精神党团日活动,引导后勤青年加强思想政治学习和爱岗敬业、争创一流。规范基层团组织建设,做好团支部换届改选和团员工作。重视评选树表彰活动,评选优秀团支部1个、优秀团干部、团员3人。引导青年职工参加平民学校班主任等志愿服务工作,搭建青年服务学校、服务社会的平台。建设有朝气、有热情、能力强、团结上进的后勤青年职工群体。

医学部后勤与基建管理处

【概况】 2012年2月14日,医学部后勤与基建管理处(简称医学部后勤处)召开干部工作会议,对2012年工作进行了全面部署。会议明确2012年工作目标是加强为一线科研教学、师生员工服务的工作力度,完善内部管理,制定、实施后勤目标管理和绩效考核管理办法,改善服务保障条件,提高工作效率和效益,努力实现满意服务;确定工作原则为深入贯彻科学发展观、实事求是、服务一线、大胆创新、务求实效、团结奋进,努力开创后勤服务保障工作新局面;明晰工作任务是紧紧围绕医学部中心工作,确保医学部百年庆典和重点服务保障工作顺利开展,加强管理,提高工作效率和效益,圆满完成各项重点改造和建设任务。

医学部后勤处各实体、办公室直面压力,秉承后勤传统,在改革创新中突出自身特色,奋战在服务师生第一线,不断推进常规工作稳步前进。

1. 房地产管理中心。抓重点、理思路,严格按照目标管理,推进各项工作。2012年进修生宿舍共创收478.75万元,进修生宿舍及地下室经营管理进步明显;中心实验楼安全卫生管理不松懈;房改售房工作积极推进,五道口教师住宅置换工作陆续跟进;房地产信息管理系统不断完善。此外,经各方重点调研、专业公司评估,提出《教师公寓管理办法》修订稿,并提交医学部部务会讨论。

2. 校园管理中心。在做好各项保洁、绿化、维修、水电管控等常规工作的同时,加大重点工作保障力度。做好跃进厅新浴室的管理服务,至11月,已接待洗浴人数上万人次。通过24小时值班制,确保水电正常供应及校内水电气管网的安全运行。加大水电设施设备的巡回检查力度,实行维修服务承诺制。加强协作,监督托管单位完成10万平方米的绿化工作,完成校园8万平方米的保洁工作,完成北医百年庆典环境保障任务。

3. 饮食服务中心。以办好学生的基本伙食为中心,不断调整伙食结构,满足不同层次师生需求。落实民族政策,尊重少数民族风俗习惯,创办特色清真餐饮,积极推进清真食堂改建筹备工作。强化食品卫生管理,明确卫生责任人。陆续制定《采购、验收办法》《员工日常工作规范》《物流配送管理办法》等,不断完善各项规章制度,克服成本上升、用工荒等困难,圆满完成学校大型活动的餐饮服务保障任务。

4. 教室管理服务中心。党政高度配合,强化服务,共谋发展。确保课表修订、教室编排工作运行稳定,整合教室资源,合理调配,保障医学部各项活动正常开展。基本建设稳步推进,教学设备、622网络服务器软硬件、电子监考系统等设备设施更新换代,录播教室也已进入施工。积极配合两办做好校史展、校友返校周各种活动,全年完成校内会议保障204次。

5. 运输服务中心。做好重大活动保障,确保安全第一、服务至上。强化安全理念,通过完善《运输服务中心宿舍安全管理规定》《运输服务中心车库安全管理规定》等安全制度、召开安全工作例会、车辆检查日、安全教育、安全宣传等工作,加强安全管理,全年安全运行292400公里。服务保障要求文明礼貌、热情周到、用语规范等。积极拓宽发展途径,与周边学校单位联系,建立良好合作关系,为中心财政创收。

6. 医学部医院。在开展日常医疗、护理、预防保健及公费医疗基础上,积极推动预约转诊、修订处方点评制度和药物咨询制度以及健康教育工作,并与计财处沟通,制定《校医院财务公费医疗业务流程》,缴费方式增加刷银联卡,并将医疗费报销支付方式由原现金及POS机支付方式,改为网上银行及POS机支付方式,有利于资金的管理和安全,得到了患者的好评。建立《北医部医院意见箱管理办法(试行)》,听取患者意见建议。

7. 幼儿园。加强队伍建设,建立园长、保教主任和行政班长的三级管理模式,重视班子建设,注重青年教师培养。改善办园条件,改造基础设施、添置教学设备和改善生活设施。启动职评工作,增强外聘人员的积极性。注重教学研究,积极实践"全纳教育",申报国家级课题"孤独症儿童支持性游戏"。党政工共建和谐幼儿园,幼儿园党支部获"医学部优秀党支部"称号,工会小组获得2012年"北京大学模范工会小家"称号。

8. 居委会。在北京市第十一次党代会、北医百年庆典、十八大等重大活动面前,保安全、促稳定、建和谐社区。在做好社区治安综合治理与民事调解、安置帮教、法制宣传、治安保卫、社区福利、计划生育、社区文化、环境卫生等常规工作基础上,顺利完成社区党支部换届选举工作。牵头制定每月一次的社区联合检查工作制度。保证社区环境整洁,取得居民支持,全年与社区装修户签订装修渣土清运协议15份。完成社区服务站的建站工作,并已投入使用。组织社区居民,举办各种文体活动,创建和谐社区。

9. 饮食管理办公室。通过食品安全专项检查、听取师生意见、完善饮食信息系统和网站建设、举办美食节等活动,努力做到食品安全制度到位、责任到位和监管到位。不断规范跃进厅的物业管理,制定保洁工作标准及考核实施细则,完善设备、加强巡查,构建人防、物防、技防三位一体的安全管理措施。会议服务做到"会前准备到位,会中服务到位,会后整理到位"。

10. 城内学生宿舍管理办公室。积极塑造安全稳定舒适的学生宿舍生活环境。通过专项检查、积极落实各项制度,确保安全设备设施正常运行。与学院、相关处室加大沟通力度,积极与学生展开互动交流,努力营造和谐宽松氛围。严格按照合同、协议约定,通过周期检查、协调会及月评价结果分析,加强对托管单位的监管工作。加强宿舍文化建设,加大对外交流力度,努力提供到位服务、满意服务。

党政齐心,凝民智促廉洁。党政密切配合,通过医学部、医学部后勤处及实体支部三个层面的活动,大力加强后勤文化软实力建设,塑造符合学校特色的价值观和文化理念,凝聚后勤职工,有效发挥民众智力,共同推进后勤建设。2012年,组织职工参加医学部运动会并获得团体第四名;参加医学部红歌会获得二等奖;举行"祝福北医、感恩北医"百年庆典倒计时三十天签名活动、"食尚百年、相约你我"美食节;各实体组织"百年庆典图片故事展""走校园、忆北医"主题活动、百年校庆座谈会、"立德树人、示范引领、为党旗增辉"主题党日活动等。这些活动都展现了后勤以人为本、关爱职工的情怀和阳光灿烂的和谐文化氛围。

在廉政建设中,进一步转变干部工作作风,要求深入一线,做表率、亲力亲为,阳光运行。加大廉政教育力度,积极传达上级及医学部纪委各项反腐倡廉要求和精神。启动干部任前谈话制度,发挥党内监督作用;继续深化后勤廉政风险管理工作,完善规章制度,建立长效机制。深入推进各项专项治理工作,出台制度规范财务运行、公车管理;对工程建设、招标等关键领域重点监督检查,自查自纠,实施廉政承诺,有效防范腐败风险,确保干部清廉公正,确保后勤健康发展。

【推进基础建设】 2012年医学部已竣工、在建和前期规划的基本项目见表9-45、表9-46和表9-47。

表9-45　2012年医学部基建工程已竣工项目

项目分类	项目名称	项目概况
医学部保障服务体系	全校屋面防水工程	施工面积11300m²
	人行道路大修工程	施工面积14800m²
	北京大学医学部校园标识导向系统制作并安装项目	
	北京大学医学部东区部分塔楼屋面排水系统改造工程	
	部分教学楼电增容项目	
	城内学生宿舍外电源工程	
	百年校史展项目工程	
	5号楼楼北悬挑部位、留北楼门厅吊顶装修改造项目	
	幼儿园污水改造项目	
	新公卫楼室外消防给水项目	
	2012年度水箱清洗项目	
教学科研区	老公卫楼装修改造工程	改造面积7624m²
	医学信息中心装修改造工程	改造面积1240m²
	大小教室改造项目	改造面积2200m²
	生理楼部分实验室与一教室装修改造工程	
	北京大学医学同位素中心实验室改造工程项目	
教学科研区	中心实验楼六层实验室更换灯具项目	
	北京大学医学部会议中心卫生间改造工程项目	
	国家重点实验室3号楼409房间装修项目	
	北京大学医学部图书馆部分馆舍设计及施工项目	
	解剖楼二层会议室装修改造项目	
	医药分析中心生命元素组学实验室装修改造项目	
	毒理楼103细菌室装修改造工程项目	
	生育健康研究所项目	
	国合处办公用房维修项目	
	生化楼3层西侧卫生间修缮	
	生化楼一层实验室装修改造工程项目	
	预防医学培训部装修改造项目	
学生生活区	5号楼楼北悬挑部位、留北楼门厅吊顶装修改造项目	
	7号楼卫生间加装地漏项目	
	学生公寓2、3号楼2—5层下水管改造项目	
	博士后公寓房粉刷项目	
	临床研究所老留学生楼一层装修工程	
	研究生公寓消防自动报警主机维修联网项目	
家属区	24、26号楼地下室改造项目	改造面积3300m²
	12号楼北侧增加路灯	

表 9-46　2012 年医学部基建工程在建项目

项目名称	项目概况
北京大学医学部中心实验楼消防设施改造项目	2012 年 10 月 28 日开工,计划于 2012 年 12 月 12 日完工
东区外墙缝防水维修项目	2012 年 11 月 12 日开工,计划于 2012 年 11 月 25 日完工
城内学生宿舍外电源工程	2012 年 4 月 16 日开工,计划于 2013 年 1 月完工
医学部电梯大修项目	2012 年 6 月开工,计划于 2012 年 12 月完工
医学部电梯更换项目	2012 年 7 月 3 日开工,计划于 2012 年 12 月完工
心血管研究所中心实验楼形态实验室改造项目	2012 年 10 月 29 日开工,计划于 2012 年 12 月完工
部分人才房装修改造工程	2012 年 5 月开工,计划于 2013 年 2 月完工

表 9-47　2012 年医学部基建工程规划设计项目

项目分类	项目名称	项目概况
医学部规划项目	家属区改造工程	建筑面积 100000m²
	西北区医药科技园区建设项目	建筑面积 120000m²
	游泳和综合体育健身中心项目	建筑面积 20000m²
	东北角建设项目	建筑面积 16000m²
	医学部清真食堂装修改造	
	学生宿舍 7 号楼装修改造工程	
	中心实验楼装修改造	
	药学楼装修改造	
	医学部校医院装修改造工程	
	医学部外电源增容工程	

1. 2012 年重点规划项目。

(1) 西北区(医药科技园区综合楼)项目。在国家发改委批复的可研报告基础上,通过公开征集,选取了 5 家在京甲级设计院进行建筑设计方案征集。2012 年 3 月,面向广大师生,开展了一期工程设计方案征集活动,并向不同层面群体汇报设计方案,广泛听取意见建议。经 14 轮的优化和改进,已形成较明确的设计方案。该项目一期工程已进入设计招标阶段,设计招标完成后将明确建筑设计院和建筑方案,并编制项目初步设计和概算后上报审批,由国家发改委最终确定医药科技综合楼项目一期工程中央预算内投资的比例。

(2) 综合游泳馆建设项目。2012 年 4 月,教育部批复了综合游泳馆项目的项目建议书,在充分调研有关北京高校同类别建设项目的基础上,经与体育学系共同协商,完成了综合游泳馆项目建设需求分析,确定采用方案征集的方式选取综合游泳馆的建筑方案,现正在进行综合游泳馆建筑设计方案征集。

(3) 家属区危旧房改造项目。2012 年 9 月,家属区危旧房改造项目获得国管局的正式立项批复,批复改造后新建建筑规模 85350 平方米。下一步将制定家属区危旧房改造项目建设具体实施方案和建筑设计方案,编制完成项目可行性研究报告后再上报教育部审批。

2. 2012 年竣工的重点建设项目。

(1) 老公卫楼装修改造工程。历时一年,通过设计、施工、监理、全过程审计等单位的全力配合,后勤克服时间紧、任务重、房间使用功能繁多等诸多难题,攻坚克难,于 2012 年 5 月圆满完成工程验收,5 月 28 日上午,医学部举行老公卫楼竣工典礼暨启用仪式。

(2) 医学信息中心装修改造工程。医学信息中心楼(中国卫生事业发展中心)檐高 12.3 米,共三层,建筑面积 1270 平方米。装修改造工程主要是进行主体建筑以及室内的装修改造,内容包括吊顶、墙面、地面、门窗、外墙面等。该工程于 2011 年 11 月开工,2012 年 7 月份竣工验收。

(3) 医学部道路绿化大修。为使医学部道路更加美观,更有利于通行,2012 年 7 月,开始实施医学部道路绿化大修工程。该主体工程分为两期,第一期为校园主要道路维修,于 9 月完工,新铺沥青面积 11300 平方米;二期工程主要针对人行道重新铺设透水砖,10 月开工,于 11 月竣工,新铺透水砖面积 3500 平方米。

(4) 医学部屋面防水工程。为有效解决部分房屋屋顶、雨水管道及墙体裂缝存在的残破、漏雨情况,2012 年暑期,医学部后勤处对医学部屋面集中进行防水改造。相继完成职工餐厅、留学生公寓 A 座和 B 座、两所楼、7 号教职工公寓、家属区 20、22、24、25、26 号楼等屋面防水,施工面积达到 11300 平方米。

（5）医学部电梯大修工程。为确保电梯运行安全，保障师生出行安全、学校财产安全，2012年6月，启动北京大学医学部2012年电梯大修工程，历时3个月，主要是对医学部范围内教学实验楼、学生宿舍、家属区共35部电梯进行了大修，内容包括检修曳引系统、电梯控制柜、轿厢系统、层门机构、导轨，更换钢丝绳等。

（6）校园标识导向项目。经过10个月的设计、制作与安装，2012年10月，圆满完成医学部校园标识导向项目工程。主要包括校园的分流立牌，总索引，温馨提示，各主要建筑的门楣字，中心实验楼和留学生公寓楼上两处楼顶大字，楼内包含主要教学楼及办公楼的楼层索引、导示系统等。

2012年，医学部后勤处全面推进各项基础建设工程，已竣工基建、维修、改造工程231项，在建工程6项。其中修整道路近114800平方米，装修改造面积近31664平方米，有效改善了校园硬件设施，保障了师生学习、生活和工作需求。

【规范基建制度】 1. 加强体系化建设，完善基建制度。补充完善基建工程资料，形成从方案论证、项目立项、招标到项目实施、工程管理、验收及竣工备案等系统性的工程档案。建立和完善项目方案论证制度，提高论证的科学性、准确性和速度，充分发挥外部职业公司、行业专家、使用单位的能动性，依法依规、多方参与、科学决策，使方案兼顾学校的宏观大局与师生的微观权益，具有最优的可操作性和合理性。

2. 明确目标管理，重点落实项目负责人制。加强监督管控，协调监理、审计、施工、使用单位、主管政府部门等多个相关部门，以日常巡查与定期检查相结合，勤查勤访，盯紧关键环节和重点项目。通过不定期召开专项工程协调会、施工现场会、专题会等，及时解决施工难题，确保施工保质保量保进度。

3. 严格把关，维护学校权益。2012年委托招标代理单位完成招投标项目9项，3项在进行中，完成咨询类招标7项。组织医学部自行招标项目41项、议价项目125项、比价14项、竞争性谈判1项、续签项目6项。合同实行分类管理，并形成比较成熟的合同模板，合同签订共计197项。完成工程款办理327笔，涉及资金约5460万元。完成托管服务项目付款41项，涉及资金约482万元。完成工程资料送审95项，参与审计协调会90次。

【推进项目管理】 在遵循行业自律、合同约束的原则下，通过常规巡查、成本核算、透明运作、质量监控等，形成制度化监管体系，实现管控有依据、有措施、有约束、有效力。

1. 以合同、协议为基准，强化督促检查。严格履行协议义务，以资金支付为手段，以流程管理为内容，有效监管，确保维修、卫生、绿化、城内各项服务保障工作的质量、效率。

2. 完善巡查机制。实施专人日、周、月周期监察，专人记录，掌握第一手信息和实际情况，发现问题及时提出意见，迅速要求督促整改。

3. 制度管控。通过摸索，逐步总结经验，健全监管措施，形成制度化、体系化的运作机制。校园管理中心、房地产管理中心、城内学生宿舍、饮食管理办都相应建章立制，完善监管措施。饮食管理办根据有关法律法规及政府文件、行业规范和学校要求，制定了《北京大学医学部餐饮服务与食品安全管理暂行规定》，强化对外部引入公司的管控，确保食品安全卫生。

4. 增强对话沟通，换位思考，主动倾听，增强理解。以定期与不定期相结合的协调会、专题会，了解运转情况，协调外单位与北医各部门关系，及时解决存在的问题和难点，落实学校服务保障任务。

【目标管理】 2012年，医学部后勤处以科学发展观为指导，紧密围绕医学部中心工作，全面加强目标绩效管理，提高效率效益。通过定计划，重考核，尝试年度目标与年底考核结合，形成目标管理绩效考核体系。年初，医学部后勤处根据医学部领导指示，以人为中心、以成果为标准，周密计划、广泛调研，提出切实可行的目标管理和绩效考核办法；各部门明确服务保障任务、岗位职责，细化分工，全面实施。年中有效沟通，统一认识、统一思想。后勤党政领导班子以座谈会的形式，逐个听取各实体、办公室工作汇报，着重就人员老化、成本递增、用工荒、经费不足及历史遗留问题等重点、难点问题深入讨论分析，并提出把握关键点，界定时限，商定解决途径，细化落实要求。

【队伍建设】 2012年，医学部后勤处针对人员老化、组成成份复杂、素质参差不齐、中层干部群体宏观思维能力不足等转型阶段的各种问题，转变观念、优化结构、创新管理、培养素质、凝聚人心，优化后勤队伍建设，高标准、严要求地提高服务保障能力。

1. 健全架构、完善组织。统筹实体、机关岗位设置，保持关键岗位相对稳定。在医学部批复成立饮食管理办至今，已补充人员近20人，细化架构，明确部门分工，强化监管督办。校园管理办引入校园园林绿化方面的专业技术人才，统筹学校绿化资源，强化监管力量的专业性和职业化。房地产管理办将房地产管理中心中层管理人员纳入，完善岗位设置，配备专业人才，明确服务理念。

2. 强化培训、优化素质。

2012年，医学部后勤处坚持专业培训与素质培训相结合，全员培训，加强干部职工队伍建设。干部层面，从参加医学部EMBA培训、赴外与兄弟高校沟通交流、参加专项工作交流会，到后勤各种干部会的培训等；职工层面，从例行的新职工培训到有关法律、餐饮、消防、安全及工会知识等方面的专业素质培训。从群体到个体，优化后勤队伍整体素质，提升后勤整体服务保障能力。

3. 公开公正、择优选聘。后勤处采用网络、招聘会等多种形式，不断拓宽人才引进渠道，加大人才引进力度。严格按照招聘程序，从发布招聘公告到面试答辩、签订合同，人事、财务等多个单位共同参与，公开透明，择优录取。2012年，引进研究生学历的应届毕业生5名，引入年轻化的非在编职工62名，充实到各个部门。

4. 以人为本、非在编职工入会。医学部后勤处以民生为基点，不断淡化在编、非在编概念，从各个环节关心重视非在编职工，减少差异化对待，吸引、留住人才。2012年，为相应非在编职工上缴了生育险，增加非在编职工收入，还开展了非在编职工入会工作。2012年9月，30名与医学部后勤处签订无固定期限劳动合同的非在编职工正式入会，开始享受工会福利。

5. 探索劳务派遣管理方式。2012年，医学部后勤处面对国家政策的不断完善、人员成本递增问题，在人事处的支持下，实行了劳务派遣制度，截止到11月，已有35名职工是通过劳务派遣方式管理。

【完善沟通交流制度】 1. 完善制度流程。2012年，后勤党政联席会相继通过了《北京大学医学部后勤与基建管理处印章管理办法（试行）》《北京大学医学部后勤与基建管理处法律事务管理办法（试行）》《关于进一步规范公文处理工作有关事项的通知》《北京大学医学部综合服务楼（跃进厅）管理办法（试行）》《北京大学医学部餐饮服务与食品安全管理暂行规定》《关于进一步加强和规范公车使用管理的通知》等规章制度，分别从宏观、微观层面就有关工作事项进行了专门性规定，以制度管权管人管事，规范流程程序，以科学化、制度化确保公开透明、提升运行效率。

2. 拓宽沟通交流渠道。在餐饮、卫生、维修、基建等重点领域，后勤处通过座谈会、问卷调查、访谈等形式，征求学生、老师、职工、家属等意见建议，及时改进服务，化解矛盾，减少投诉，确保学校和谐安全稳定。

除了安排主管副处长定期参加每周师生对话的信息发布会外，还积极与学生座谈，了解其需求。此外，2012年，医学部后勤处向各学院、机关发放了近500份调查问卷，就后勤房产、校园、餐饮等各个服务保障领域的服务满意度进行了调研，得到了广大师生的积极支持。

【推进重点工作】 后勤服务保障的正常运转为医学部的蓬勃发展夯实了基础。以民生为本，了解师生员工需求并落至实处；以职业化、专业化、现代化为导向，引入社会优质资源，提升运行保障能力，确保满意服务、科学服务。

1. 医学部新房屋所有权证取得在即。医学部房屋所有权证的更名工作属于历史遗留问题，更名程序复杂，涉及历史久远，材料多、范围广、审批部门多。2012年，医学部后勤处集中力量，重点解决，重点突破。在相继取得花园路派出所、海淀公安分局、测绘部门、海淀区建委的审批及备案下，已补齐办理医学部《房屋所有权证》变更的全部资料，2012年11月8日，医学部后勤处偕同测绘公司将相关资料正式上报北京市建委。审批确权后将向我校发放新的《房屋所有权证》。

2. 清真餐厅焕然一新。为保证穆斯林学生享受到价廉物美的餐饮服务，医学部后勤处于年初对清真餐厅进行了改造，取消承包经营，改由饮食服务中心直接管理。重组职工队伍，添置新的设备设施，改善就餐环境，保持价格平稳，以细节突出穆斯林特色，建立与穆斯林学生的直接对话机制。在原学生食堂二层基础上改建新的清真餐厅的整体改建方案已获得医学部批准。土建工程设计和施工方案、餐厅设备设施、桌椅配备及经营管理方案等各项准备工作正在加紧制定和落实。

3. 跃进厅（综合服务楼）试运行一周年。截止到11月，跃进厅管理团队，边摸索、边实践、边创新、边总结，克服多重困难，经一年的试运行，圆满完成运行保障任务。一年以来，跃进厅坚持以餐饮监管为重点，会议服务、物业、安全等有所侧重为核心，通过机构设置、人员组建、明确分工、建章立制、规范管理，确保学校任务顺利完成，确保服务保障功能有效实现。

4. 全力做好五道口教师住宅置换售房工作。2011年12月，北京大学党政联席会审议通过《五道口教师住宅置换售房实施办法》，正式启动了该项工作。因时间紧、任务急，并与广大教师切身利益息息相关，医学部后勤处迅速成立五道口教师售房工作小组，全面负责各项工作。至2012年1月，基本完成报名、资格审查及网上排队的公示工作。经组织广大教师现场选房、签署《认购协议书》及更名通知、电话通知网签、现场网签交款等系列工作，截至7月，保质保量完成了此次置换售房工作，医学部共61人挑选了房屋。

5. 抗汛扫雪，保障有力。7月21日，北京遭遇特大暴雨侵袭，为保障医学部医教研及师生的正常学习与工作，医学部后勤处紧急启动了特殊天气应急预案。医学部主管副主任、后勤处处长、副处长坚守校园重点巡查,亲自指挥,雨中抢险。一保供电系统安全及正常有序;二是尽快打开所有井盖,处理积水;三是教学楼、留学生楼等地下配电室、车库等重点部位消除安全隐患,保证医学部未发生一起大小事故。

11月3—4日下了强降雪,为确保师生安全出行,医学部后勤处迅速启动扫雪除冰应急预案,从医学部领导、医学部后勤处领导到校园管理中心干部职工、卫生托管部门的保洁人员、绿化公司的工作人员等,冒雪奋战在抢险一线。至抢险结束,学校绿化卫生托管单位共处理各类受损树木200余株,动用了11辆重型卡车和3辆大型卡车清运树枝,100余人次参加了扫雪抢险,迅速恢复了校内交通,有力确保了师生安全出行。

6. 科学规划,校园绿化见实效。一流环境的建设已成为大学发展的重中之重,建设以人为本、美丽干净整洁和谐的校园环境,是医学部后勤处一直致力的方向。2012年,通过科学规划,大量新建楼宇相继竣工,家属区、校园道路及校园绿化焕然一新,校园环境发生了翻天覆地的变化。医学部也相继获得了"海淀区绿化美化先进单位""首都绿化美化花园式单位"

"北京屋顶绿化优质工程"等荣誉称号。

【北医百年庆典】 1. 后勤各实体全力保障庆典活动顺利进行。百年北医,薪火相传,2012年是北医诞辰百周年。为营造喜迎北医百年庆典氛围,有力保障北医百年庆典顺利举行,医学部后勤处协助两办及有关部门,全面落实服务保障任务。后勤党政领导班子多次召开会议,要求各部门全面做好服务保障工作,并通过加强巡查范围和密度,提高重视度。医学部校园旧貌换新颜;教室中心全面配合做好教学楼一层的校史展工程、报告厅举办多场庆典活动及现场播放庆典仪式;饮食办、饮食服务中心全力保障餐饮服务,提供校友套餐、仪式当天的多项餐饮服务及多功能厅的各项接待工作;校园管理中心全程协助提供水电保障,做好会前准备工作及校园绿化、保洁等;房地产管理中心各学生宿舍楼以温暖的笑容,随时欢迎老校友的光临;保卫处、居委会、幼儿园与运输服务中心全力做好学校庆典活动的各项活动的准备与检查。后勤全体总动员,齐心协力,为百年庆典提供有力保障服务。

2. "食尚百年,相约你我"——成功举办北京大学医学部健康美食节。10月18日,适逢北医百年华诞、跃进厅正式启用一周

年之际,由医学部后勤党委、后勤与基建管理处主办的"食尚百年,相约你我——北京大学医学部健康美食节"于跃进厅楼前正式拉开帷幕。10月24日晚,"蛋糕DIY,我为百年北医送祝福"主题活动在跃进厅二层风味餐厅顺利举行,活动受到广大师生的一致好评。10月29日下午,餐饮服务礼仪讲座在跃进厅四层报告厅举行。活动邀请北京市海淀区卫生监督所监督员马飚大夫主讲《学校餐饮服务食品安全培训》。11月5日下午,由医学部后勤党委、后勤与基建管理处主办的"食尚百年,相约你我——北京大学医学部健康美食节"于跃进厅四层多功能厅顺利闭幕。

3. 举行北医百年庆典倒计时30天签名活动。9月26日,后勤组织党政工全体干部和2012年后勤新入职职工,在教学楼一层大厅举行了主题为"祝福北医,感恩北医"的北医百年庆典倒计时30天签名活动。医学部副主任宝海荣、后勤党政领导班子成员带领干部职工纷纷在条幅上签上了自己的名字,用最质朴的方式来表达对北医百年庆典的热盼和祝福。后勤共有100多名干部和职工参加此次活动,之后参观了"北医百年历程展"。

主要后勤保障服务机构

餐饮中心

【概况】 截至2012年年底,餐饮中心共有员工943人(含合作经营单位员工),其中劳动合同制职工845人,占员工总数的89.61%。

2012年,伙食营业总收入13012万元(含合作经营单位),其中自营单位营业收入8956万元,日均服务就餐师生51856人次(以2012年9月24日用餐情况统计,早、中、晚三餐合计,人次统计每人每天不超过3次),全年累计服务师生近1700万人次。

【业务发展】 1. 源头把控、质监有力,确保食品安全。面对国家日益严峻的食品安全形势及党的"十八大"维稳要求,餐饮中心确立了"严格源头把控,加大质监力度"的食品安全工作思路。作为北京高校伙食联合采购中心主任单位,中心始终坚持大宗食品原材料从北京高校联合采购平台供应,大米、面粉、食用油三类大宗食材在联采平台采购率达100%,在"北京高校伙联采"平台,全年采购品种达300余种。在食品卫生及伙食质

量监控上,坚持全年365天不间断原则,累计实施卫生检查169次,伙食质量检查190次,执行处罚600余次,并对发现的问题及时纠正。上述有效的措施,保证了党的"十八大"及学校第十二次党代会期间学校伙食的基本稳定,出色完成了"首都高校第50届大运会""哲学系百年校庆"等近十次大型活动的供餐任务,延续了北京大学餐饮中心连续55年未发生群体食源性疾患的优良办伙记录。2012年,在北京市教委的全市高校食堂卫生大检查中,北京大学餐饮中心成绩名列前茅,被评为"北京高校伙食工作先进集体"。

2. 整合资源,调整模式,缓解就餐拥挤。为缓解就餐拥挤,餐饮中心充分整合现有资源、调整部分餐厅的服务功能,制定了三项具体措施:一是将原教工加卡室改造为快餐厅(取名为"竹林");二是将原燕南地下宴会厅改造为快餐厅;三是在校内新建2个主食售卖点,以满足教职工对购买主食的需求。在总务部的大力支持下,以上三项措施正在积极落实,其中部分已具备开餐条件,燕南美食地下快餐厅于2012年12月24日开餐,竹林快餐厅将于2013年1月9日试营业,主食售卖点等待工程完毕即可投入使用。以上三项措施的落实,将对缓解校内就餐拥挤起到积极作用。

3. 克服困难,全力配合,做好太阳卡清理工作。2012年12月3日,北京大学成立太阳卡清理工作小组,重点对全校各单位太阳卡使用管理情况进行集中清理。整个清理过程历时一周,时间紧,任务重。期间,按照工作小组的要求,餐饮中心财务室向学校提供了大量数据和基础材料,并认真核对每一组数据。为按期完成此项工作,餐饮中心相关人员日夜奋战、一丝不苟,保证了清理工作的如期完成。经过清理,存量的记名太阳卡从清理前的17093张减少到9757张,减少了42.92%。为给在校师生营造良好的就餐秩序,按照学校统一部署,自2013年1月1日起,仅保留艺园食堂、农园食堂一层、畅春园食堂一层的太阳卡机,停用其他各食堂的太阳卡机。在保留太阳卡机的食堂,太阳卡、校园卡均可使用,其他食堂只能凭校园卡就餐。自此,太阳卡审批程序发生改变,餐饮中心仅按照太阳卡清理小组审批意见办理餐卡。遇大型活动,由北京大学发布公告,相关食堂按要求售卖临时饭卡。

【队伍建设】 业务培训是提高全员技术能力和业务水平的关键,按照年度培训计划,2012年中心累计实施食品卫生基础知识、成本核算、餐具洗消、切配工艺、物流系统使用等培训近10次,覆盖厨师长、财务人员、洗消、切配人员等多个工作岗位共计1400余人次。为开阔眼界,促进业务交流,2012年度餐饮中心共组织近80名优秀员工先后参加了北京市职业技能大赛、全国高校大锅菜比赛选拔赛及第七届世界中国烹饪大赛三项大型赛事。其中,在北京市技能大赛中,共有7名员工进入决赛,其中3名员工获得职业技能证书,1名员工取得技师证书。在第七届世界中国烹饪大赛中,餐饮中心代表队作为世界中餐领域的唯一高校代表队,以参赛作品"燕园饕餮"(由四个热菜、一个凉菜和一个面点拼盘组成)喜获特金奖及团体亚军,不仅锤炼了队伍,开阔了眼界,同时也为北京大学赢得了荣誉,彰显了北京大学开放办餐饮、积极与行业接轨的办伙理念。

【内部管理】 1. 重视沟通、关注需求,改进服务。加强和就餐师生沟通是化解矛盾、改进服务的有效途径。2012年,通过召开食堂监督员例会、校园BBS意见收集,共处理师生涉及饭菜异物、饭菜质量、食品卫生等方面的投诉和意见160余条,并做到件件"有落实、有调查、有处理、有反馈",及时化解矛盾,消除误解。针对同学们反映的鸡蛋偶有腐败变质现象,经认真研究、快速决策,仅用2周时间就建成了专门的鸡蛋保鲜库(约20余平方米),彻底解决了这一问题;针对有同学反映食堂菜品辣度不好识别的问题,各食堂迅速在食堂菜牌上张贴了醒目"小辣椒"标识,受到同学广泛好评。

2. 加强安全教育与督查,确保生产安全。安全工作责任重于泰山,为做好安全工作,餐饮中心通过完善制度、培训教育与定期检查相结合的方式,将安全生产工作贯穿到中心工作的始终。2012年,餐饮中心累计开展例行检查15次,开展全员安全教育及考核4次,内容涉及治安、消防、机械设备使用等多个方面,强化了员工安全意识并掌握了相关安全防范技能。2012年,餐饮中心重点加强了员工宿舍的安全管理,12月,配合校保卫部在校内42楼地下员工宿舍开展了现场消防疏散演练,取得了良好效果。全年,中心运输车辆、消防设备、加工机械安全运行,员工在生产加工过程中均未发生安全事故,被评为"2012年度海淀区交通安全先进单位"。

水电中心

【概况】 水电中心的基本职责是保证全校的水电正常供给、合理收取全校水电费和维护、检修校内各项水电设施,为学校教学科研和师生的学习生活提供优质的水电保障。水电中心下设科室6个,分别为综合办公室、水管科、电管科、水电收费科、材料科、燕北园维修科。中心现有事业编制人员65人,劳动合同制人员67人。

【业务发展】 1. 全年完成各类指

标：（1）2012年全年我校供电量约为11875.04万度；（2）2012年全年共向学校供水约为233.71万吨；（3）2012年全年共收取水电费7918.32万元；（4）2012年全年共完成零修小票23614张；（5）2012年全年燕北园维修室供电量约为332.01万度；（6）2012年全年燕北园维修室供水量约为18.91万吨。

2. 校园供电系统。2012年，水电中心负责运行管理的校园供电系统全年8760个小时无一次人为原因造成全校停电，为学校教学科研工作创造了良好的用电条件。2012年，水电中心完成了对校园电网包括1座110KV电站、9座开闭站、30多处10KV配电室、11座箱变、100多台变压器在内的清扫、检修、试验等工作。2012年7月21日，校勺园开闭站在全市61年不遇的特大暴雨天气中，由于雨水量太大，变配电设备间进水，造成学校西部宿舍区停水停电，经过中心防汛小组和供电部门抢修队伍共同连续抢修，终于在22日给该地区恢复供水供电，保证了师生的用水用电环境。2012年，水电中心电管科多次派专人负责学校各类重大活动的值班保电工作。共派出50余人圆满完成包括学校第十二次党代会召开等各项重要活动的安全供电工作。2012年，水电中心对用电负荷不断增加的家属区输配电线路及设备进行了调整并加大维修力度，加强线路巡视，从而保证了家属区全年的用电安全。2012年水电中心对全校近两千盏路灯进行巡视和检修；对全校建筑防雷、避雷器近509个点进行了检测，对检测不合格的地方进行了检修。

3. 校园给排水系统。2012年，水电中心水管科安排人员清通校内雨水管道，特别是对学校重点部位进行了疏通和清理。对全校的排水和上水系统进行检修，重点针对场主管线排水、给水系统，消除安全隐患。2012年，水电中心水管科和电管科共同完成对全校6台水井的消毒设备的运行管理工作，确保了北京大学水源的清洁，保证全校师生喝上放心水。2012年，水管科还认真做好挖漏抢修、检修阀门、疏通下水管道、夏季换纱、清修全校污水泵等工作，为全校师生的教学和生活提供了良好的用水环境。2012年，根据上级主管部门要求，中心80余名干部职工参与完成了校北区水平衡测试演练、静平衡测试、动平衡测试等多项测试工作，为学校节约用水、加强用水的科学管理奠定了良好的基础。

4. 校园水电收费管理。2012年，水电中心收费科完成了对全校近千户公用单位、7300多户居民、30余座学生宿舍楼、近6400户IC卡售电户的查表、检修和水电收费等工作。2012年，收费科完成公共办公区、家属用户、集体宿舍等用户水电费的季查、年收费工作。在校各部门的配合下，收费科基本完成了全校水电费收缴工作。2012年，收费科继续为全校师生提供优质售电服务。科室家属区收费室、学生区售电室全年365天对全校师生服务。2012年，根据北京《北京试行阶梯电价通知》的要求，学校家属区约7000户用户需要统一更换预付费式阶梯电卡表，并在年底开始实施阶梯电价。中心各科室通力合作，用2个月的时间完成了电表更换和家属用户的结账、开户、购电及答疑等工作，保证了用户的用电需求。

5. 校园零星维修。2012年，水电中心维修班组共完成水电维修小票17855张，全年换各类灯泡共6230个、日光灯管5165支、空气开关287块、单双联开关171个，插头插座1032个；挖漏抢修43多处，检修阀门80多个，疏通下水管道1.2万余米，夏季换纱220平方米，清修全校污水泵10处；燕北园家属区完成上下水零票3600张左右；玻璃等其他零票300张左右；电工零票3000张左右；公共设施零票430张左右；挖漏5处。2012年，水电中心继续推行校内维修车流动维修服务，该车校园维修服务工作行程约9900余公里，完成维修服务小票6000余张。

6. 防汛抢险工作。2012年汛期，水电中心防汛小组接居民报修电话82个，出险抢修65次，清掏雨水沟2900余米，清理雨水井120余座，清理渣土100余立方米，为居民修缮漏雨房屋、阳台10余处。

7. 校园水电施工工程。2012年，水电中心完成了燕北园更换电缆及派接柜工程、科技成果转化中心高压电气外线工程、物理大楼箱变迁移工程、老校医院实验设备楼外线工程、五四体育活动中心外线工程等基建的新建基础设施。同时，中心还针对校内管道情况对湖北区、8—13公寓给水管网环线等地区进行了管道改造工程。

8. 校园水电物业管理。2012年，水电中心继续完成理科楼群、光华楼、生命科学大楼、新第二教学楼和畅春新园学生公寓等20余万平方米的楼宇的物业管理工作。

供暖中心

【概况】 2012年供暖中心下设综合办公室、财务室、生产技术科、预算合同科、供暖运行科、燃气运行科、外网维修科、电气维修科、材料科、浴室管理科10个职能部门。有事业编制职工61人，合同制职工61人。主要承担北京大学教学区、生活区的供暖运行、外网维修和校内浴室的运行管理工作。

【业务发展】 1. 供暖工作。2012—2013年供暖季，中心辖区的供暖面积约1891386平方米。

煤改气工程。2012年3月停暖后，供暖中心"煤改气"小组多方协调，抓质量、促进度、保安全，先后完成了原有燃煤锅炉的拆除、原有锅炉房土建改造、安装燃气锅炉及附属设备、天然气施工及调试等工作。新的燃气锅炉于2012年11月1日正式启动，实现了由燃煤到燃气的历史性转变，为北京大学正常稳定供暖提供了有力的保障。改造后的四台燃气锅炉容量为116MW，比原来燃煤锅炉增加39MW，加上原有三台燃气锅炉，锅炉房总容量达到158MW，可为学校规划中的150万平方米建筑提供充足的热源保障。经测算"煤改气"后，每个采暖季将减少二氧化硫排放16619千克，减少烟尘排放10884千克，减少二氧化碳排放23032吨。"煤改气"后摒弃煤场，可为学校教学科研节约6142平方米的土地资源。但因热源方式改变，天然气成本较高，按原有供暖面积核算，燃气锅炉房的综合运行成本较燃煤锅炉房有大幅度的增加，保守估计每年运行费用将增加1700万元左右。

室内外暖线更新改造工程。2012年，供暖中心承接并完成室内外暖线更新改造工程共计11项，其中包括：物理大楼西侧采暖及地热水管道拆除恢复工程、科技成果转化中心暖外线工程、基金会室外暖气工程、基金会后院暖改造工程、校医院住院部改造暖外线工程、南门教学科研综合楼2—3号楼室外管道迁移工程、电话室搬迁室外管道迁移工程、五四体育活动中心暖外线工程、经济学院加层改造工程、保卫部暖外线改造工程、校医院住院部改造前期改线工程。

完善制度建设安全常抓不懈。2012年供暖中心进一步完善"岗位责任制""节能目标责任制""锅炉及附属设备安全经济运行操作规程""锅炉作业人员节能培训制度""燃油燃气锅炉房制度"等一系列重要规章制度，并要求工作人员严格遵守，按章执行，始终把安全生产、安全运行放在中心工作的首位。

提升服务水平。供暖中心在供暖运行期间设立报修电话，专人24小时值班，接到电话快速反应，及时反馈给各班组，确保及时、快速、高效地解决急、难、险、重问题。在2012年的供暖收费工作中，继续加大走收到户的力度，摸清和掌握热用户的情况。供暖中心针对2012—2013供暖季"煤改气"后供暖费由原来19元/平方米增长至30元/平方米的特殊情况，收费前安排供暖收费组人员上门发放通知，收费过程中主动出示北京市物价〔2001〕第372号《关于调整我市民用供暖价格和热电厂热力出厂价格的通知》，耐心解答部分用户的疑问，使服务工作深入人心。

2. 浴室工作。浴室管理运行方面，供暖中心采用先进的自控技术，对所属浴室进行远程监控。2012年供暖中心所属的公共浴室共96间，共有淋浴喷头960个，其中集中公共浴室3间，包括学生大浴室、教工浴室、畅春新园浴室。随着浴室进宿舍工程的进一步深入，已建成学生宿舍楼内浴室92间，其中学生宿舍33楼浴室5间、34楼B6间、36楼4间、37楼4间、38楼5间、39楼5间、45甲4间、45乙4间、45楼8间、46楼8间、47楼8间、48楼8间、60甲2间、61楼2间、64楼6间、65楼8间、63楼5间，淋浴喷头共414个。学校还将继续完成9座宿舍楼的室内浴室及一个供水站的建设工作，最大限度地满足北大师生的需求。浴室2012年全年洗浴人数达到2237981人，日均6304人，单日洗浴人数最高可达一万多人次。

改善师生洗浴环境。为了能够实时掌握地热井水位情况，防止地热井水位低至下限后水泵空转造成电机过热、轴瓦抱死等情况的出现，供暖中心于2012年加装了地热井远程水位显示系统，防患未然，确保系统安全运行，保障校内师生的正常洗浴。2012年供暖中心完成了校内37楼5、6层改建热水浴室工程，改善37楼同学的洗浴条件。此外，学生大浴室办卡充值窗口在同学们的建议下配置了票据打印系统，方便师生查询。

强化服务意识。供暖中心紧紧把握学生浴室的服务窗口作用，要求浴室工作人员塑造良好的工作形象：穿工作服、佩戴工作胸牌、讲文明用语、热情服务，营造良好的班组氛围。大浴室和畅春新园浴室的工作人员坚持浴室巡查制度，防止突发事件的发生。

注重精神文明建设。供暖中心注重精神文明建设，倡导拾金不昧。据统计，2012年仅校内大浴室捡到遗失财物包括钱包4个、手机3部、手表16块、手链项链5条、吹风机5部，价值1万元左右。此外校园网BBS上时而会出现对工作的批评和建议，供暖中心派专人及时回复，积极听取各方意见，及时改进工作，努力为师生提供高质量的服务，得到同学们的好评。

【党建工作】 2012年供暖中心在校党委的领导下，在后勤党委的具体指导下，认真贯彻落实党的各项方针、政策，严格按照党风廉政建设的要求，不断强化班子建设，创新工作机制，完善工作制度，狠抓工作落实，使中心的党风廉政建设取得了较好的成绩。

坚持党员学习制度。2012年供暖中心加强全体党员干部的党建理论学习教育，按照上级党委部署，结合自身工作特点采取集中学习和自学相结合的方式，开展学习十八大报告活动并开展学习座谈会，举办十八大报告知识竞赛，组织全体党员参观"复兴之路"展览，重走延安红色之旅，通过参观使党员干部整体素质不断提高，促进了职能和作风转变，增强了为人民服务的宗旨意识。

完善机制。强化监督制度建设是党风廉政建设的基础，是深入开展反腐工作的根本措施，要使党风得到根本好转，必须建立健全监督机制，形成全方位、强有力的监督体系。2012年供暖中心进一步完善了主任办公会制度、中层干部例会制度、招投标小组制度、昌平校区煤炭招标管理制度等一系列规章制度,起到了工作有标准、做事有范围,用完善的制度约束人的良好效果,增强了工作透明度,有力地制止了腐败和违规违纪现象发生。

校园管理服务中心

【概况】 校园管理服务中心成立于2000年,2012年中心有在职职工34人,代管职工5人,合同制职工174人,退休职工270人,下设中心办公室、财务室、绿化环卫服务部、保洁服务部、茶饮服务部、收发室、订票室等7个部门。中心的主要工作包括:校本部校园绿化养护工作、绿地及铺装改造工程,湖塘、河道水面的补水保洁及管理,校内道路清扫、校园保洁、生活垃圾清运、粪便清运及雪后道路积雪的清扫,公共教室及部分院系办公用房的清扫保洁,校本部各种会议和会场布置及学校重大活动、节日的校园环境布置,校本部报刊、杂志订阅及信件报刊的投递工作,师生开水饮用水的管理和供应,寒暑假学生返家车票及日常师生出行的火车票、航空机票的预定工作,毕业生及新生的行李托运、发放及新生报到在两站(北京站、北京西站)的迎新接待工作。

【业务发展】 园林绿化工作。
1. 日常养护管理工作。2012年中心完成了全校83.56万平方米绿地的绿化养护管理,新栽乔灌木3500余株,冷季型草5382平方米,崂峪苔草9576平方米,宿根花卉1140盆。完成了531株一、二级古树的养护管理工作。完成昌平校区3505亩荒山绿化的日常养护管理工作,植树2980株,抚育野生树5100余株,幼树抚育282000余株,修割防火道175000平方米,修山间小道2500平方米。完成10万平方米湖泊的清理保洁工作。2012年学校重大节日校园内花卉摆放12万余盆(株),布置花坛、花带924.8平方米,提供会议使用横幅及鲜花、绿植的租摆布置180余次。

2. 病虫害防治工作。2012年在病虫害的防治工作上积极把握时机,运用物理防治、生物防治及化学防治相结合的方法,全校设置昆虫诱捕器80余处,全年打药防治虫害240车次,挖蛹15余斤,清理高危害害虫美国白蛾网幕8处,有效地控制了虫害,保证了植物的良好生长环境。

3. 绿地及铺装改造工程。2012年绿化工程主要有勺园移伐树工程、畅春园铺装改造工程、松林餐厅前路面改造工程、学校南门景观改造工程、哲学楼绿地改造工程、生物东西馆绿化改造工程、变电站移树工程、燕北园绿篱移植工程、校园北区绿化水井及喷灌工程、电话室移树工程、大讲堂绿地改造工程、中央领导视察环境整治工程、40楼自行车停车场改造工程、一体操场东改造工程、理教内庭改造工程、镜春园83号院绿化工程、考古文博学院绿化改造工程、校园路椅安装工程、42楼自行车停车场改造工程、办公楼草坪工程以及若干零星环境改造工程等共计36项,改造面积16928平方米,改造绿地14988平方米,铺装广场及园路1940平方米,移植高大乔木54株。

环卫、保洁服务工作。1. 环卫工作。2012年完成校本部校园道路及绿化保洁64.47万平方米,清运生活垃圾4745标准箱,粪便清淘587车次,清运树枝、叶及无主垃圾1235车,全年灭蟑累计75天、225个人工,灭蚊蝇累计38天、235个人工。

2. 教室及部分院系办公楼保洁工作。2012年清扫公共教室265间,22100个座位,保洁面积65017平方米。完成51个服务单位64037平方米的日常清洁养护工作,并保质保量地完成了高考阅卷、新生报到迎新接待、研究生考试、毕业生就业洽谈会、毕业生典礼、雨季学生物品抢险等后勤保障工作。

茶饮服务工作。2012年顺利完成全校师生饮水供应工作,管理2个天然气开水房、3个电加热开水房,负责15台电加热开水器、116台饮水机的管理、维修、报修、保洁工作,全年供水13112吨。

报刊报纸信件收发服务工作。2012年完成全校175个单位的报刊、杂志、信件的分发、登记、投递工作。全年报纸分拣量971280份,杂志39240份,挂号信70609份,国内信件426600封,国际信件82800斤,国内印刷品320400斤,国际印刷品4320斤。

订票服务工作。2012年为广大师生订售火车票6万余张,航空机票3000余张。

【财务管理】 校园管理服务中心财务管理按照学校规定收取相关服务费用。要求财务工作者坚持政治及业务学习,不断提高财会知识、政策知识水平及财务电子信息化管理能力。2012年进一步完善财务制度,严格管理各项经费,完善预算编制,做好结算及会计核算工作,尽量减少财务支出,提高资金的使用效率。

【队伍建设】 校园管理服务中心加强队伍建设,严格根据学校政策,多年来陆续引进人才,构建一支高效的,集管理、技术及服务的骨干队伍。2012年聘用劳动合同制职工41人,返聘2人。加强职工的工作技能及业务培训,不断提高队伍的综合实力和整体素质。

【党建工作】 校园管理服务中心共有正式党员9人,流动党员3人,预备党员1人,2012年共开展12次党支部活动。为迎接2012年北京大学第十二次党代会,党支部开展多次支部活动,选举后勤系统中共北京大学第十二次代表大会代表候选人并结合十二次党代会开展主题党支部活动。2012年发展预备党员1人。

【内部管理】 2012年校园管理服务中心继续加强内部管理,提高队伍素质,增强团队凝聚力和工作效率。2012年校园管理服务中心获得年度海淀区爱国卫生先进单位、年度首都全面义务植物先进单位、年度海淀区绿化美化先进单位。其中张剑岷获得2012年度"海淀区爱国卫生先进个人",罗俊青获得北京市第三届职业技能大赛绿化工第八名。

【年度纪事】 2012年姚清明被推举为北京大学第十二次党代会党代表,是北京大学第一位合同制职工党代表。2010年11月,根据《北京市教育委员会关于印发北京高校标准化物业服务标准(试行)的通知》的文件精神,中心在详细收集整理相关材料后,经上级部门同意向北京市教委递交了北京大学的验收申报表。2012年10月26日,北京市教委领导和评估专家组来到北京大学开始对校园环境进行评估验收工作。在经过听取演示汇报、查验资料和校园实地查看后,专家组成员对于北京大学的校园环境标准化的服务工作给予了较高的评价,最终北京大学顺利通过了北京高校标准化物业服务校园环境的评估验收。

学生宿舍管理服务中心

【概况】 学生宿舍管理服务中心共管理校本部燕园校内、畅春新园、畅春园(篓斗桥)3个学生宿舍园区,共计31栋学生宿舍楼,分35个楼管组进行管理。额定住员20533人。现有职工181人,其中校编11人,外聘楼长105人,保洁员51人,维修人员12人,返聘及流动事业编制2人。

表9-48 2012年12月北京大学学生宿舍情况一览表

楼号	建设年代	层数	建筑面积(m²)	宿舍房间数(间)	房间面积(m²)	额定住员(人)
28	1956	4	5001.70	186	13.20	706
29	1956	4	2886.90	129	12.40	498
30	1956	4	2886.90	110	12.40	220
31	1956	4	5001.70	211	13.20	797
32	1956	4	3101.20	118	14.70	233
33	1998	6	8665.08	146	20.36	584
34B	1998	6	5519.46	71	20.36	284
34A	1999	6		170	22.04	680
35	1956	4	3101.20	118	14.70	461
36	2003	6	8065.39	222	21.87	888
37	2003	6	8319.24	246	21.87	984
38	2004	6	6941.22	201	18.76	804
39	2004	6	8206.12	249	18.76	996
40	2005	6	7675.70	224	21.87	898
41	2005	6	8202.62	218	21.87	875
42	2005	6	6698.12	208	21.87	838
45	1985	6	6285.00	224	14.20	896
45甲	2000	6	7734.50	221	22.77	896
45乙	2003	6	8423.18	241	22.77	976
46	1985	6	6034.00	212	14.20	848
47	1985	6	5450.00	188	14.20	752
48	1985	6	5450.00	188	14.20	763
60甲	2007	6	2252.18	80	15.39	160
61甲	2007	6	2041.19	71	15.39	142
63	2005	6	5460.23	189	15.39	378
64	2007	6	4529.87	161	15.39	322
65	2007	6	5307.51	205	15.39	410
畅-1	2005	6	9240.84	353	17.10	706
畅-2	2005	6	10526.07	411	17.10	822
畅-3	2005	6	12493.55	487	17.10	974
畅-4	2005	6	9744.70	377	17.10	754
合计	—	—	191245.37	6435	—	20545

【业务发展】 1. 毕业生离校及暑期修缮工程。2012年暑期校本部住宿毕业生5850人。2012年暑期共完成1150间宿舍的粉刷维修，574间宿舍的综合检修及有关工程验收，有关学生宿舍改造及家具配备和30余名高年级同学的宿舍调整搬迁工作等，共新增有效床位202个，为新学期各项准备工作打下了基础。

2. 认真做好新生党员培训以及全国优秀高中生夏令营接待工作。根据学校的2012届本科新生党员培训计划安排，学生宿舍管理服务中心暑期需承担新生党员402人、国防生68人、物理学院贫困生25人、辅导员15人共计510人的住宿服务工作。中心在接到任务后，积极配合学生工作部制定新生党员住宿方案，配备卧具和高素质管理服务人员。入住当天写着"党员之家"的横幅悬挂在宿舍楼门口。同时，2012年学生宿舍管理服务中心还承担了本科生招生办公室组织的全国优秀高中生夏令营、全国科协夏令营、光华夏令营等各项住宿接待服务，共接待各项目总人数达1870余人。

3. 迎新工作圆满完成。学生宿舍管理服务中心在暑假期间认真完成了6400名新生入住的各项准备工作。

4. 安全保卫工作常抓不懈。(1) 做好"平安校园"验收工作。为支持和配合学校"平安校园"验收，学生宿舍管理服务中心兼职保卫干部加班加点制作相关材料，修订"四个能力建设手册"。积极配合学校保卫部做好学生宿舍应急疏散演练等工作。(2) 加强新生防骗安全宣传教育。针对新生刚入学时期，新生宿舍易发生电话卡、上网卡诈骗等财产安全受损的情况，学生宿舍管理服务中心组织力量，加强了防范。首先增加了楼长值班的人数和安全巡视频率；利用《初入燕园》、网站、LED显示屏、黑板报等不同的宣传途径，重点加强宿舍安全的宣传引导，提醒同学们注意防盗防骗；与学校保卫部联合，在宿舍区醒目处悬挂多条横幅进行安全提示；及时报警和发布诈骗信息。在宿舍发现诈骗分子进行上网卡诈骗时，楼长在第一时间报案，挽回了同学的经济损失；同时，还紧急使用消防广播，向全楼的同学进行有针对性的强调和提醒。经过各方面的共同努力，燕园宿舍区内各类涉及安全工作的案发率较往年有明显下降。(3) 做好十八大安保工作。保证宿舍区的安全稳定工作一直是学生宿舍管理服务中心工作的重中之重。十八大召开前夕，根据学校要求，为进一步提升政治责任感和政治敏感度，以更高标准和更严的要求，做好宿舍区安全稳定工作。(4) 学生宿舍管理服务中心协助总务部开展40楼、42楼自行车停车区域扩建工程。在总务部的大力支持下，此工程在暑假期间已顺利完成。目前已经投入使用，在一定程度上有效地缓解了周边地区停车难的问题。(5) 学生宿舍管理服务中心为各楼管组配备"消防应急包"。为提高各宿舍楼楼管组消防"四个能力"水平和应急处突的能力，学生宿舍管理服务中心为全部35个楼管组统一配备了消防应急包。

5. 做好"2011年度安全管理先进楼管组"评审工作。2012年2月24日，安全管理先进楼管组表彰会召开，总务部部长张西峰，学生宿舍管理服务中心主任王君波，保卫部副部长、燕园派出所政委张福旺，保卫部副部长杨跃平以及全校35位楼长等相关人员参加会议。29楼、30楼、32楼、34B楼、35楼、37楼、45楼2单元、46楼1单元、47楼2单元、60甲、63楼、64楼、畅春新园1号楼、畅春新园3号楼，以较高的责任感、较好的管理方式和管理成效获得了2011年度安全管理先进楼管组的荣誉称号，此次表彰从35个楼管组中评选出14个优秀代表，起到了很好的激励示范作用，不断推动学生宿舍安全管理工作的进一步发展。

6. 未名木器厂工作。未名木器厂承担了21000余套学生家具、全校165个公共教室16274个座椅、办公楼、部分院系办公室、实验室家具的维修、保养任务。全年承担各院系机关部门搬迁、装修、家具制作工程共计100余万元。

【队伍建设】 为保障楼长队伍的健康更替，学生宿舍管理服务中心2012年两次召开楼长招聘培训会，共有四十余名来自部队、企事业单位退休干部前来应聘并认真参加了培训课程。全年又有十余名新楼长加入我们的楼长队伍，继续传承着"全心全意为同学服务"的工作作风。对外来务工人员的管理长期以来一直是学生宿舍管理服务中心工作的重点，每半个月召开一次全体会，集中学习各种规章制度，进行安全教育。选派优秀务工人员参加学校的"平民学校"课程。定期的理论及文化知识学习，丰富的业余文化生活使大家获得了家一般的归属感。

【党建工作】 1. 加强自身建设，增强党组织的凝聚力和战斗力。学生宿舍管理服务中心党支部认真规范组织工作制度，在重大决策中发挥党组织的政治核心作用，发挥党内民主，科学决策，精心策划，增强党组织的凝聚力和战斗力，使党员干部进一步加强和转变作风，提高业务、服务水平，树立讲实干、讲实效、讲奉献的风气，推动工作开展。

2. 认真学习学校第十二次党代会和党的十八大精神。学生宿舍管理服务中心结合实际，组织开展自学学校第十二次党代会精神活动。精心提炼学校第十二次党代会精神，通过学生宿舍管理服务中心网站和楼管组管理系统发布学习内容和学习要求，引导管理人员和一线员工开展自学活动。十八大召开以后，党支部响应后勤党委号召，组织党员干部学习了新党章和党的十八大报告精神，聆听了后勤党委组织的解读十八大报告研讨会，并在会上就实际工作踊跃发言。通过学习，大家进一步明确了思想、统一了认识，坚决以科学发展观为指导，认识到北大加快创建世界一流大学过程中后勤工作的重要意义和作用。学生宿舍管理服务中心全体员工要在实际工作中贯彻落实学校党代会精神和党的十八大精神，将此精神发扬光大。

3. 加强宣传教育，规范干部行为，落实党风廉政建设。党支部积极引导全体干部和党员自觉树立公仆意识，在工作中严格遵照党风廉政建设和"三重一大"有关规定，做到公正、公开、透明。

运输中心

【概况】 运输中心2000年成立，2001年完成机构设置和上岗招聘工作，主要职责是依据法律、法规和管理制度，对安全生产运输和规范服务的主要运行环节进行教育、管理和监督。业务范围是为学校各教学、科研、行政单位和师生提供不同需要的运输服务。运输中心设主任1名、副主任1名，综合办公室设主任1名、车辆运行调度1名，财务2名设会计、出纳。2012年单位人员总数55人，事业编制39人，外聘16人，其中劳动合同制职工7人。2012年退休1名，退休后返聘。2012年招外聘合同制大客车司机1名。经过近11年人员结构变化和车辆整体调整更新置换，2012年运输服务能力和综合运输效率保持稳定，在完成学校专项班车任务基础上，科学合理安排车辆，保证学校其他各项运输任务的完成。2012年中心按要求实现了全年安全生产目标，全年安全运输94万公里无责任事故，被学校安委会评为"北京市海淀区交通安全先进单位"。

【业务发展】 2012年投入运行车辆：大客车12辆、中巴车3辆、小客车29辆，全年运行94万公里，班车运输全年确保运行基本天数在220天，运行公里约70000公里，累计共接送教职工180000多人次，服务和乘车秩序稳定，无乘车事故安全发生。接新生工作进一步细化并有所创新。2012年接新车辆全部由中心自己承担，暑期提前做好各项预案和准备工作，勘察路线，预定停车位，进行大客车司机接新前安全动员，设立安全乘车须知站点提示牌，引导学生及家长安全乘车。中心接新司机本着对学生负责，安全驾驶克服困难，连续作战，完成近3000多名学生及家长送校任务。"两会"接送代表是每年必保的重要工作，中心制订安全预案并召开安全会议动员，与司机签订安全协议书，对参会车辆进行了安全检查，确保了"两会"运输任务完成。2012年附中附小各年级的劳动技能活动用车较多，中心积极调配车辆，为活动组织车源，确保活动顺利进行。2012年全校各系和学院用车，包括北京论坛、学军、暑期留办和一些学院办班、外事活动、学生留学生活动比较多，中心调度室合理安排车辆，为各单位提供不同用车需求，保证了学校各项教学科研任务的完成。

【财务管理】 中心认真执行二级单位财务管理规定，按照收费管理制度收取运行车费，规范使用车辆运行收费票据。严格执行调度、财务、用车单位三级审核程序。严格大额资金审批使用规定，确保收入和支出按照财务制度和要求规范进行操作。

【职工队伍建设】 坚持以人文本，以诚信为本，提高职工职业道德素质，树立全局服务观，克服个人主义狭隘服务意识观念，拓宽服务视野提升服务境界。中心开展向李建华师傅学习活动，提高文明服务窗口示范效用，对比不足和偏差，在本职工作中将立德树人、阳光服务、微笑服务贯穿于服务全过程，通过服务环节和服务细节的改进，提升了服务活力，推动了服务创新。中心管理人员和二线工作人员坚持以人为本，主动做好一线职工服务保障工作，积极为职工创造好的工作和生活环境，使一线工作的职工专心做好运输服务工作。针对驾驶员队伍年龄老化和职业病问题，中心进行调查研究，根据不同情况进行调整，为稳定队伍起到正面作用。

【党建工作】 在贯彻落实学校党委和后勤党委廉政风险防范管理工作的基础上，中心对风险点提出具体长效防范措施，并在工作中进行落实。坚持党支部监督和集体决策，坚持公开透明的原则，严格按照学校规定和工作程序办理，中心为了保证国有资产更好发挥作用，进一步细化了科学管理程序，从各方面建立有效防范防控制度。加强思想道德风险防范管理也作为服务承诺的一项重要内容，中心党政干部、党员，在服务工作中要树立服务学校大局思想，用正确人生观、道德观、是非观来面对我们服务工作可能发生的廉政风险问题。结合中心运输服务工作实际，学习党的十八大和学校第十二次党代会文件。组织好党员学习，根据党员各工作岗位情况，安排好学习计划，重点是按照上级党委部署，要求每个党员汇报学习体会和心得，领导班子进行定期学习交流。2012年中心党支部紧密围绕中心安全生产优质服务工作开展工作，配合行政开展各项安全教育和职工的文明服务、思想道德教育工作。在中心重要运输任务中，党支部协助行政，做好思想动员和后勤服务工作，在后勤保障、法规宣传和素质教育等方面，配合行政开展工作，确保了中心全年工作任务的完成。

【内部管理】 2012年，按照学校安委会全年各个不同阶段关于交通安全治理整顿的文件精神，开展了以保证安全行车、杜绝酒后驾驶、闯红灯、违章超速等严重违法违章为主题的宣传教育。定期召开安全会议，强化各项安全管理措施，做好安全工作预案。重点做好"两会"、接新、班车运输和学校大型活动用车的安全预案工作，保证全年交通运输工作按照要求进行。停车场加强了定期安全检查和巡视，提高检查次数和经常性安全提示，提高值班人员责任心，排除安全隐患，保证车辆停放安全。中心定期对灭火器和防火工作进行检查，对车辆停车场定期进行检查，清除杂草杂物，发现隐患及时排除。对维修保养车辆中的废油品进行及时处置，避免放置不当引发火情。开展安全行车宣传教育和工作指导，增强驾驶员安全行车的自觉性和责任心，根据各时期不同任务、不同气候环境，及时进行安全提示，如：车辆限号提示、天气变化提示、验车验照提示、重大事故提示，通过提示引起驾驶员重视，对安全行车起到促进作用。中心加强对车辆的安全检查和保养，特别是对操纵系统，强化检查力度，发现问题隐患及时排除解决，防止车辆因保养和安全检查不当发生机械事故。

幼教中心

【概括】 幼教中心目前有教职员工154名。其中党员32名；在编职工31名，外聘人员、退休返聘和实习人员123名。现有教学班29个。在园儿童910名，其中教职工子女及合同制、企编子女共496人；三代子女142人，二代和三代子女共638人，占总人数的70.11%。幼教中心不仅是北京市市级示范幼儿园，还是北京市名师工作室及海淀区干部教师培训基地。中心坚持高标准办园，继续大力度加强了科研工作的开展，不断提升教育品质，使幼教中心向更加专业化和特色化方向迈进。同时，更加注重园所文化建设、师德建设和党团建设，体现了幼教中心和谐的人文环境和氛围。

【业务发展】 在《幼儿园教育指导纲要》精神指导下，继续坚持以保教质量的提高为基础，强化为建设一流大学服务的意识，进一步开展心理与教育相结合的实践与研究。全面提升教育内涵质量。

1. 幼教中心关注儿童的身体和心理的健康发展，加强与保健室的配合，关注户外活动的开展及指导管理。继续认真落实"阳光体育"工作精神，结合冬季锻炼重点及体能测试项目，开展丰富的户外体育锻炼活动，促进幼儿体能全面发展。在园910名儿童均达到健康指标。

2. 幼教中心继续加强教科研工作力度，开展以科研促教的实践研究。继续开展三项国家及北京市的十二五课题研究工作；继续实施新入园儿童的评估方案，为老师和家长提供心理咨询和发展评估服务。

3. 幼教中心坚持不懈开展安全教育。继续通过检查考核，强调安全教育的常规化和实效性，提高教师和家长的安全教育意识，提升对幼儿的安全教育效果，让幼儿更好地学会保护自己。

4. 幼教中心开展园所的特色建设，成立北京市的名师工作室，带动全市特殊需要儿童的随班就读和特教融合工作，园内20名有特殊需要儿童也分布在各班级接受平等的教育和专业的支持。

5. 幼教中心发挥市级示范幼儿园和培训基地的作用，不仅承担市区级幼儿园的干部教师的培训工作，而且多次接待国内外不同范围的观摩和学习活动，进一步扩大了幼教中心的专业影响力。

【财务管理】 财物管理规范，政府拨款实行专款专用。在学校和总务部的帮助和市区教委的财政经费支持下，幼教中心投入资金，更新了部分设备，添置了儿童玩具图书，实施了电路改造等，使幼儿教学设施和儿童生活学习环境进一步得到改善。2012年9月，根据北京市教委、发改委、财政部颁发的《北京市幼儿园收费管理实施细则（试行）》要求，所有在园儿童均按照文件要求统一标准缴费。

【队伍建设】 幼教中心继续注重两支队伍的梯队建设和教师教和研的综合能力以及整体素质的提升，同时大胆启用新人，锻炼新人，在干部教师队伍中实施"领导带徒弟模式"和"骨干带新兵"模式培养新教师和骨干教师队伍。中心还加大对员工的师德教育，开展师德演讲竞赛活动及做好人做好事等活动。

【党建工作】 幼教中心党支部目前有党员32名，支部重视党员思想建设，积极开展学习和民主生活活动。坚持开展党员活动，2012月6月22—23日，幼教中心党组织、工会，组织中心党员及积极分子代表五十余名前往白洋淀参观考察，追忆抗日先烈，激发爱国情怀。除了外出进行政治和传统教育活动以外，中心党支部还组织党团员义务劳动，在群众中树立共产党员的良好形象。中心鼓励和帮助年轻教师积极向党组织靠拢，2012年考察发展了2名教师加入党组织。同年，幼教中心党支部被评为北京大学后勤先进党支部。

【内部管理】 幼教中心在不断完善各项管理制度的基础上构建和谐校园。1.强化民主管理，营造和谐的校园文化，建立党群、干群的密切联系。通过各种丰富的工会活动及结合教育研究的文化节活动,努力营造和谐的校园文化环境。通过为全体在职和退休人员安排体检,保障福利,凝聚人心,鼓舞干劲。

2. 细化安全管理制度,提高安全管理实效。继续实行园长11个小时在岗制和门口值班制,加强安全小组值班和巡视,强化、细化和规范重要工作环节。强化儿童生活的"一日四检"和"午睡四巡视"制度,并加大园长和医务人员的督导力度。

3. 强调规范管理、创新管理,改革中层管理机制。加大分园长的责权及班组级的管理力度,突出强调安全管理落实。继续将安全教育活动的开展大比例地纳入考核内容,保障了园所保教工作的顺利完成。

4. 所获奖励。赵娜教师获北京市优秀半日活动一等奖;9名教师被评为海淀区学科带头人和骨干教师;王燕华主任被评为教学管理带头人;20名教师的论文在海淀区第四届"童心杯"幼儿素质教育教师征文活动中分别获得一等奖、二等奖和三等奖;在中国妇女儿童博物馆举办的"中国少年儿童剪纸作品"征集活动中,3名教师指导的幼儿作品分别获得二等奖、三等奖和优秀作品奖,老师也获得指导教师奖;2名教师获得北京市"第二届辛勤育苗优秀学前教育工作者"称号;2名教师被评为海淀区师德标兵;2名教师被评为海淀区优秀教师;2名教师被评为海淀区先进教育工作者;1名青年教师获北京大学"优秀团员"称号;2012年,幼教中心获得海淀区落实《三年行动计划》先进集体奖,王燕华主任获管理创新奖。中心积极组织教师踊跃投稿,约25篇文章被选用并收录于高校后勤主编的《新时期中国高校后勤精细化管理理论及实务研究》一书。

【年度纪事】 2012年3月至6月,开展庆祝建园60周年系列活动。幼教中心为迎接园庆60周年,举办了师生艺术作品展、亲子体育活动、退休教师返园参观、学术成果交流、编辑纪念册等一系列活动。2012年5月22日,幼教中心建园60周年庆典在北京大学百周年纪念讲堂举行。北京市、海淀区教委领导和学校各级各部门领导、历任园长、姐妹园所、校友代表、家长代表及老师和儿童共约2000人参加了庆典活动。

2012年7月18日,接待联合国秘书长潘基文夫人柳淳泽女士来访。2012年7月18日,联合国秘书长潘基文夫人柳淳泽女士访问北京大学幼儿园,考察幼儿园实施"儿童伤害干预项目"的成果。联合国儿童基金会驻华代表麦吉莲(Gillian Mellsop)女士,联合国儿童基金会驻华办事处卫生、营养、水和环境卫生处处长谢若博(Robert Scherpbier),中国常驻联合国大使李保东夫人侣海林女士及其他驻华办事处官员等陪同到访。国务院妇儿工委办公室常务副主任苏凤杰,北京市妇联主席赵津芳,北京大学校长周其凤,副校长鞠传进,校长助理、党办校办主任马化祥,督查室主任、党办校办副主任王天兵,国际合作部部长夏红卫陪同参加会见。北京大学幼教中心主任王燕华汇报了燕东幼儿园的安全工作模式和实践情况。柳淳泽女士肯定了北京大学幼儿园在预防儿童伤害上所做的努力和成绩,并指出其创建安全儿童乐园的模式值得全世界了解和学习。而后,柳淳泽女士一行还参观了幼儿园,向小朋友们赠送了礼物并亲切合影留念。

2012年年初,幼教中心接待了"海峡两岸学前融合教育研讨会"40余人代表团的观摩学习。幼教中心向与会人员汇报了幼儿园融合教育工作开展的情况,获得好评。

2012年5月20日,幼教中心接待了"全国首届幼儿园科学教育研讨会"30余人课题组的观摩学习。幼教中心展示了科学教学活动和环境创设,并代表北京科学课题组作大会汇报交流。

2012年9月27日,幼教中心接待了教育部组织的港澳教育界国庆访京暨专业交流团访问活动。该代表团由香港学前教育界专家及幼儿园园长组成,由香港教育局邓发源带队,中央政府驻香港联络办陈恒博士、教育部交流协会唐唯阳陪同观摩了园所环境及班级教学活动,来访专家对幼教中心以儿童为本的教育理念和优质的教育环境表示赞许,并就幼儿教育发展与现状进行了亲切的交流和研讨。

2012年5月至10月,幼教中心开展了北京市特殊儿童教育名师工作室的工作。工作室共组织了3次专题讲座,开展了为期五天的北京市幼儿园特教师资培训活动,共有22位教师获得孤独症师资培训证书。

2012年5月至10月,幼教中心开展了海淀区学前教育干部教师培训基地工作。基地出色地完成了面向全区一级一类以上幼儿园近80名业务园长和区骨干及学科教师的为期四天的专业培训工作,培训效果深受好评。

电 话 室

【概况】 2012年电话室有在职职工9人,合同制职工8人,退休返聘职工2人,退休职工18人(含返聘2人),转岗职工6人。电话室1995年前为后勤直属单位,1995年后挂靠校长办公室,担负学校的电话通信保障服务工作。1995年9月,学校与北京电信局签订了高科工程协议,电信局在学校投资建设北京大学电话支局。电话室当时有正式职工31人,因电话电信改制其中8人转岗,电话室留用正式职工23人(其中全民制职工20

人,集体制职工3人)。为了更好地保障学校的电话通信工作,学校与北京电信局签订了代维(护)、代办、代收电话费协议。2001年11月,经学校研究决定,电话室归属总务系统。电话室现有岗位包括电话业务室、线务班、收费室、查号台、文印室。电话室工作职责包括固定电话各类业务受理、电话安装、移机、ADSL宽带安装、各类电话线路的维修、电话线路的调配和增设、电话号码查询、IP电话业务、学校机关的文印工作。根据北京大学和联通公司关于电话业务办理、电话线路代维和电话费代收工作协议,为北京大学提供优质的通信保障。

【业务发展】 线务班2012年完成新安装电话650余部,迁移电话500余部,检修电话故障3200余部,其中学生宿舍201电话1200余部。安装电话宽带(ADSL)260部,维护电话电缆18千米,修复各类电话故障1200余个。2012年电话业务室受理各类电话业务1000余宗;电话收费室收缴电话费7000余户/月,收费60万元/月;查号台电话号码查询6万人/次;文印室打印各类文件15920份,印刷复印文稿195120份,制版915张。

配合联通公司进行线路增改。斯坦福中心新增100对电缆200米,实验设备楼新增200对电缆500米,外国语学院大楼新增100对电缆300米,街道办事大厅新增50对电缆200米,微纳大厦新增50对电缆150米,协助保卫部完成8个校门预约系统的管道施工300米;为南门地区改造新增电信管道300米;移改各种线路2000米;物理西楼移改电信管道500米。2012年3月,微纳大厦新装电话70部,迁移电话30部。2012年4月,保卫部的电话回迁,新装电话10部,迁移电话30部。2012年8月下旬,按照惯例每年毕业生学生宿舍楼进行粉刷,对29、31、34A、35、38、39、40、41、45乙、46楼的部分楼层和畅春新园1—4楼的全部201电话1195部进行了安装,对563部201电话进行了检修,保障了新生楼电话的使用。2012年10月,学校斯坦福中心30部电话安装到位。

【财务管理】 严格执行学校和单位的财务规章制度。单位财务人员严格依法办事,对报销票据严格把关,定期自查财务安全。职工不得收受任何方式的礼品和馈赠。物品商品卡类的采购,严禁单人操作,至少有两人以上人员全程参加。电话室的重大决策,如人事安排、重大活动、大额资金(3万元以上)的使用等,坚持民主集中制的原则,主任、书记共同商议统一认识,统一安排,必要时召开班组长干部会共同商议做出决定。

【党建工作】 电话室现有7名党员,在职4人,退休3人。按照学校和后勤要求,认真深入学习十八大和学校第十二次党代会精神,按照基层党组织"五个好"、党员"五个带头"的要求,深入开展创先争优活动。认真抓好落实党风廉政建设,按照《廉洁自律准则》,以科学发展观为统领,以深入推进反腐倡廉建设和促进单位工作提升为目标,推进廉政风险防范管理工作。强化"一岗双责"意识,切实负起党风廉政建设工作责任,领导带头遵守廉洁自律,严格财经纪律,从源头上预防腐败,切实做好预防腐败的工作,深化对干部职工教育,强化细化岗位职责,加强制度建设,完善规章制度,加强监督,提高管理水平。落实好"三重一大"民主决策制度,支部书记参与单位重大问题的讨论、决策,党政协调,班子团结。

支持工会工作,提供活动经费,定期慰问退休职工。

【内部管理】 认真落实岗位责任制,明确分工,层层落实。工作任务量化管理,责任到人,把各项工作落到实处,实行层层管理一级抓一级的原则,逐级落实。按照联通公司对电话通信任务时限和标准化服务要求,做到对电话安装、迁移、业务办理等方便、快捷、高效,不断提高整体服务的水平。对合同制职工严格管理,增强服务意识,强化服务观念,按照单位制定的规章制度进行规范化管理。在各项工作中,严格遵守各项规章制度安全操作规程,明确重点安全,强化安全意识,把安全工作进一步落到实处。

特殊用房管理中心

【房源使用】 北京大学万柳学区共有六个区,房间总数为1594间(含食堂6间),其中套房315套,折合标间938间;独立标间656间。目前使用功能分为学生宿舍、教师、专家公寓、科研、办公、客房、校外用房等。学生公寓分布于1、2区全部及3、4区部分房间;教师、专家、科研、办公、客房及校外用房分布于5、6区及3、4区部分房间。总房源1594间,入住总人数4149人。其中校内师生用房863间,占总房源54.14%,校内师生人数2340人,占总人数56.4%。校外师生及客房731间,占总房源45.86%,校外师生人数1809人,占总人数43.6%。

【财务收支】 2012年中心预算收入6059万元,完成收入6143万元;预算支出2915万元,实际支出2781万元;预算上交学校4000万元,实际上交4000万元,预算上交税金260万元,实际上交204.5万元。在住宿收入4244万元中,68%来自校外,32%来自校内。

【室内环境打造】 2012年暑期,粉刷、油漆学生房间500余间,为1、2区学生宿舍全部安装了网线和窗帘,铺设了地板,更换了靠背座椅,腾空的学生房间均安装了热水器,学生宿舍盥洗室全部安装了装饰镜及托架。应学生的要求,对1、2区卫生间隔断重新整修并全部安装了小门。

【浴室维修】 对男女浴室进行维修。男浴室进行防水和地面维修108平方米,更换铝扣板吊顶300平方米,新式淋浴喷头73套,同时为便于管理,每个喷头都做了标识编号,新配置铝合金托物架60个。

【维修保洁】 2012年,共粉刷、检修5、6区套房36套,共4800平方米,修复近50处厨房和卫生间磁砖,检修了室内家具,为青年教师入住做好全部准备工作。粉刷3、4区暖气片周围墙面和电梯厅、通道等墙面,粉刷面积达2160平方米。为提高学生的生活质量,将1至2区具备条件的98套盥洗室的淋浴间全部加装了隔断门。除完成日常保洁工作以外,新增加保洁房间657间,新增套房36套,清洗窗帘338幅。为师生提供小时工服务3045个小时。3区地下一层公用房改造为宽敞明亮的12间学生房,为短期培训提供房源。中秋国庆双节前夕中心又购买了200支仿真绿植,将3、4区通道的暖气管全部用绿植装饰,以此来美化公共环境,提升师生居住幸福指数。

【室外环境改善】 1. 观景台。拆除680平方米观景台两侧旧地砖,重新铺设花岗岩防滑地面。在观景台上摆放了16个巨型花盆并种植了垂吊应景的绿植,将新购置的休闲座椅摆放在花盆的中间,加上新装的太阳能观景灯镶嵌在台面的外墙顶部,构建了园区立体花园景观。2. 立体绿化及更换中心花园椅面。为提升园区立体景观的效果,在3、4区每层消防平台外立面摆放三盆绿植,共计摆放60盆麦冬并嵌入少许串红,使消防平台显得更有节日的氛围。更换了中心花园的藤萝架椅面,增加花园区的室外健身器械4套,为营造万柳公寓整体环境添彩。3. 解决底商排油烟问题。万柳公司底商通过特房中心6区门厅向外排油烟问题是个历史问题,由于不是原设计的通道,在排烟中严重泄漏油烟和气味,给北京大学万柳公寓6区的生活环境造成了严重污染。2012年,在中心的催促下,在万柳永盛物业的支持下,商号将烟道改道。至此,6区教师不再受油烟气味的困扰,并消除了不安全隐患。4. 解决部分房屋渗漏及常规设施维护。对健身馆、多功能厅、小餐厅等处的屋面防水进行了重新施工,施工面积765平方米。改造了1至6区地下1、2层污水设备及管路,更换已腐蚀的污水管近百米,更换闸阀、止回阀18个,维护和保养止回阀24个,解决了污水不畅的问题。1至6区屋顶护栏全部进行了除锈,刷油漆等共900多米,翻新南门外铁艺栏杆100多平方米,加装6区12层平台不锈钢栏杆62平方米。由于大环境的整治,整体配套服务的完善,自2012年9月1日起,校外学生住房标准由原3.2万元上调为3.6万元,3区10层由原每间房1.92万元上调为4万元。北京大学学生仍执行原交费标准,个人每学年交1500元,院系补贴2100元,校内学生每间房为1.44万元。

【倾听民意】 2012年2月28日、9月20日、12月19日先后3次召开青年教师座谈会和师生座谈会,利用各种形式听取师生对万柳公寓管理和服务的意见及建议。对6个区设立的意见箱按时开启,从年初意见箱设立共开启54次,搜集师生的意见和建议一百多条,中心本着能改的当即改,有困难的克服困难做,做不到的在以后的座谈会上给予说明的原则,以积极的态度发挥师生参与管理的作用。充分发挥学生助理的作用,为学生提供实习平台、管理平台、市场调研平台,以此达到深入了解万柳公寓运行、职工队伍、市场物价情况的目的,便于发挥学生助理对中心的工作特别是与师生生活密切的食堂、宿舍卫生、日常维修及前台服务等的监督作用。按学生要求,在浴室设置了意见建议交流板,以此达到及时反馈学生对浴室的水温、水量和对服务人员的要求等方面的意见和建议,此举起到了服务与被服务之间及时沟通与交流的目的,也促进了浴室全方位服务水平的提高。

【贴近民心】 在食品原材料价格不断上涨、人力成本大幅增加的情况下,中心决定自3月1日开始,为北京大学师生在万柳食堂就餐发放伙食补贴。为方便操作,专为北大师生设置充卡机并延长充卡时间,以实现充卡时增加百分之十的伙食补贴,2012年共发出补贴17.5万元。

不断增加食品种类,提高食堂就餐质量。增加主食花样和粥的种类,中午菜的品种除节日外平均每天30种,新菜品每天向就餐者公示。学生区6层房间的暖气立管是U型伸缩管,在学生床的内侧,致使床无法紧靠墙。暑假期间将有条件的房间,全部改为柔性伸缩接头,改造后既美观又方便学生生活,此举充分体现了特殊用房管理中心想学生所想的服务意识。为了充分满足师生锻炼的需求,在健身馆新增4台跑步机并均配置平板电视。响应国家节能减排、低碳生活的号召,为1、2区首层至4层步行梯及3区地下一层晾衣场的楼梯铺设PVC地板283平方米,积极倡导低层同学走步行梯。

【师生至上】 春节过后,中心在房源十分紧张的情况下,新增学生活动室50多平方米,容纳40多个座位,缓解了学生党团活动场所紧缺的压力,受到了学生的一致好评。2012年学生累计申请使用70次。为了园区的明亮和晚间活动的便利,中心将围墙灯全部更换一新。

中心出资支持学生组织发起的万柳杯小球联赛活动,以此搭建理解与支持的平台,加深服务与被服务对象的情感交流。关注和关心广大青年教师的业余文化生活,举办单身青年沙龙活动,为单身青年搭建沟通、交流的平台。

【服务第一】 由于五道口等房源的原因,导致2012年新进校青年教师住房困难,在接到学校拟安排青年教师住万柳公寓的计划后,在公寓房源满负荷运转的情况下,中心将已出租但还未入住的15套房源协调为校内使用,并预留了赔偿款,最终顺利地安排了70名青年教师入住。

2011年年底学校相关院系申请新增专业硕士床位,中心主任办公会本着为院系着想、服务第一的原则,决定终止对校外到期的84间房的合同,原则上满足已住万柳19个院系的申请。至此,先后有外院、社会、心理、微处理、信科等院系提出增加336个学生床位,最终将申请入住万柳公寓的20个院系的1001名新生连同843名老生,总共1908名学生全部稳妥地安排入住。暑假期间,中心还利用空房的时间差,接待了北京大学院系的6批夏令营团队和4批培训班团队。管理和组织好校园班车。根据学校课时的安排,及时调整学生班车的运行时间,不定期检查班车运行的准确性。接报师生网络故障1215次,做到了随报随修。热心为师生修理自购的家用电器,受到师生的一致好评。在供暖季期间,热力站按往年掌握的温度低的宿舍的情况,跟进测温,减少学生报修,使室内温度95%以上达到20℃,5%房间温度达到18℃。

【房屋管理】 为确保住在万柳公寓师生的安全,8月初中心在各区门厅张贴了严禁出租房屋的通告,9月初中心安排相关部门,组成两个组对单间青年教师住房进行综合检查,共查房149间,针对不同情况分别采取清退或签订安全责任书的方式处理,以消除不安全隐患。

对学生宿舍进行夜查。自暑假后,连续对484间学生宿舍进行查房,查出留宿、私住、租床等问题,及时处理不留隐患。对校外学生住宿大户,除签订租房协议外同时签订安全协议,以此为万柳学区的安全增加防火墙。组织消防知识培训班和消防教育运动会,邀请校外专家授课。运动会邀请万柳公寓的师生参加,以丰富多彩的形式普及消防安全知识,提高扑救初起火灾的能力。

【设备维护】 检查和维修消防泵15台,检修污水泵19台,灭火器年检719台,新购手提式二氧化碳灭火器150个,手推式灭火器4个。更换了上晾衣场的防火门。收到消防主机报火警现场跑点260次,排除主机故障65次,收缴校外学生私带汽油桶6个(摩托车使用),发现电梯运行故障20起,调查录像一百多次,其中有5件为公安破案提供线索。摄像机故障修理80次,对进入园区可疑人关注50多人次。为了确保中央空调1.8万平方米制冷和供暖的正常运行,清洗风机盘管150台,风机房7个。新增中关村三小有偿维保面积18500平方米。维修保养食堂、热力站、中控室、前厅及配电站内设备458台次,确保了关键、要害部位安全运行。由于以上制度落实责任到部门、监管到位,面对北京61年一遇的强暴雨,万柳学区安然无恙。

【宣传工作】 2012年4月10日,是北京大学万柳公寓落成十周年暨特殊用房管理中心成立五周年的日子,鞠传进副校长和市教委、后勤研究会领导,校内外嘉宾150多人参加了大会。会上播放了反映万柳公寓十年来建设发展历程的专题片,专题片时长近25分钟,通过近百幅图片、饱含深情的解说和住在万柳公寓师生的所见所闻所感的视频向与会嘉宾汇报了特房中心成立五年来的工作。特房中心成立五年来,分项分类制定规章制度,并按照成熟一项、实施一项,注重实效、不断完善的方式逐步推进落实。集中心制度于一册的《北京大学特殊用房管理中心文集》一书和从不同角度记录和反映万柳公寓五年来发展变化的《北大万柳人的足迹》一书经过反复修改、校对均已定稿。大力加强宣传工作,在北大新闻网与信息动态发布20条信息。制作8期宣传板,及时展示万柳公寓的新风貌。在中心网站更新工作动态50条,印发特房简讯4期,在公开刊物发表论文3篇。召开庆祝"三八"妇女节茶话会,中秋、国庆员工茶话会,员工座谈会。组织员工骨干参加平民学校学习,扩展员工知识面、提高综合素质。组织员工开展法律法规培训、前厅服务人员泰能酒店管理系统培训、食堂员工技能考核、新员工入职培训等。

【员工队伍】 中心工会组织新员工参观北京大学校园,组织老员工参观日照教授花园,游览北京名胜景点,以多种形式让员工了解市情、校情,开阔视野,凝聚人气。

2012年,特房中心职工总人数179人。在全年人事管理中,招聘入职115人,离职109人,在离职员工中,试工期离开的63人,转正后离职的46人。人员变动比较大的是食堂、保安,转正后离职的20人。在中心工作三年以上员工74人,占员工总数的41.34%。从这个数字看,特房中心试工期满后的员工队伍是比较稳定的,特别是中心机关和主管干部队伍稳定。

2012年,特房中心服务师生、服务育人,得到广大师生的认可,在12月19日贯彻十八大精神师生座谈会上,法硕联合会代表住在万柳公寓的近2000名专业硕士向特房中心赠送了一面"服务至上、管理育人"的锦旗。一位住在万柳公寓的北大教师的父亲也代表全家向特房中心送上了一面"公寓如家和谐温馨,平安卫士胜似亲人"的锦旗和感谢信,以感谢中心安保部提供的无私帮助。这两面锦旗正是特房中心全心全意为师生着想,努力提供优质服务的真实写照。

燕园街道办事处

【概况】 燕园街道办事处成立于1981年12月,属于大院式街道办事处,受北京大学和海淀区双重领导。燕园街道辖区面积约1.84平方公里,其中北京大学校园面积约2.72平方公里,有社区居委会7个。辖区户籍人口约4.4万人,流动人口5384人。

【基层党建】 做好党代会代表提名推荐工作,为北京大学第十二次党代会的召开做准备。组织开展"迎接党代会,总结经验找差距""贯彻党代会,加快创一流"等主题党日活动,做学习贯彻市区及学校党代会精神的模范先锋。组织基层党支部分类定级和优秀党员评选活动,规范开展党支部换届工作,优化党支部书记队伍结构,加强培训,集中力量抓好基层党组织建设,解决基层党建的突出问题。

【环境建设】 蔚秀园社区综合整治工作涵盖节能改造、管网改造及环境整治等项目。产权单位北京大学成立了办事处主任担任组长的北京大学老旧小区综合整治工作领导小组。2012年,蔚秀园拆除砖混、彩钢板等结构违法建设92户,累计拆除面积达2300平方米;15栋单体楼外墙保温改造工作累计完成30000平方米;对于同意安装节能外窗的880户住户,全部完成安装工作;完成热计量井施工22个;管网改造及环境整治工作的各个项目也逐步开始施工。燕北园停车位改造及环境整治项目顺利推进,完成道路硬化2882平方米,新建车位316个,补种、移植草坪、绿篱1000平方米,有效缓解小区停车难等突出问题,园区面貌得到较大改观。

【平安建设】 在辖区开展社会矛盾排查化解、突出治安问题和重点地区排查整治、邪教活动防范处置、安全隐患排查整治、流动人口服务管理等九大专项行动,全方位巩固十八大安保工作防线。燕园街道将"平安海淀"与"平安校园"建设相结合,全面协调校内各相关部门安保力量、社区安保力量,实现了空间上"全覆盖、无遗漏";发动社区党员、社区民警、城管队员、居委会干部等870余人,探索各种安保力量运行方式的制度化。

【民生建设】 居民民政科向低保、地退及无收入遗属、军转、伤残优抚等人员按时发放低保金、退休金、抚恤金等7841人次4130398.06元;完成各类待遇调整补发、医药费报销、社保卡返还373人次1439580.77元;发放各类救助1036人次634272.23元。为500余人次发放各类慰问品价值十余万元。完成2次低保半年复审,涉及83户141人,撤销、变更及新申请14户。发放居家养老服务券和高龄津贴9581人次1002300元;新增老年优待证、优待卡、居家养老、高龄津贴308人。落实为各类老年人免费体检、无障碍设施改造、安装一按灵、一键式呼叫器、小帮手、镶牙、配发老花镜等,惠及267人次。

开展"送温暖 献爱心"捐赠活动,收到212人次善款12295.80元。针对"7·21"特大自然灾害,全面启动接收捐赠应急机制,收到燕园地区各界人士386人次善款44900.50元,新旧衣物2010件。

社会保障事务所开展《北京市就业援助规定》培训、"三八"节政策宣传、"北京就业故事"征文、精细化管理培训,查档案1338份,接转档案219份,招聘备案14人,发失业金247人次273549元,失业登记132人,就业143人,职业指导514人,空岗信息371个,失业监测18人,社退疗养12人,养老认证559人,特困认定25人申请补贴672444元,退休37人,补缴补支24人28595.51元,灵活就业151人次,医疗增减160人次,城镇医疗76人,发自采暖补贴煤火费10人,城乡养老54人,无保障老人增减11人,异地就医8人,报医药费79人次共354603.53元,发社保卡472张,信息变更202人次,发丧葬费8人40000元,知青回城2人,办理生育服务证18份。

计划生育办公室做好新换届上任计生干部培训工作;严格依法行政,办理生育服务证等业务共计1230件;认真落实计生奖励扶助政策,惠及群众1936人次,金额达549910元;发放各类避孕药具103977只(板/盒);开展流动人口计生业务947件;推进户籍人口及流动人口两个全员人口信息建设,集中清理、补录信息达59946条;开展"关爱女性,健康同行""我的青春谁做主"高校大学生演讲比赛等多种形式的宣教活动。

住房保障办公室发放各类申请表104份,向区住房保障中心提交53份,完成协查8户,变更9户,廉租住房复核6户,市不予备案家庭约谈2户。10月完成第六批廉租房、第三批公租房意向登记工作,共有20户家庭参与公租房意向登记。

【创建全国文明城区】 开展多种形式的宣传活动,举行燕园地区创建全国文明区系列活动启动仪式,向地区居民发放了各类宣传材料;召开创建工作动员大会,主管领导宣读了创建工作方案;在《北京大学校报》上开辟"创建全国文明城区大家谈"专栏,邀请北京大学马克思主义学院、社会学系、中文系、政府管理学院、教育学院等相关院系的知名学者、教授,撰写创建全国文明区相关文章,笔谈文明创建;与北京大学环境科学与工程学院党委开展"绿色北京,共爱燕园"的共建活动,让在校大学生和社区居民通过共建活动深入了解文明创建活动;以街道办事大厅和社区联合服务站启用为契机,搭建社会公共服务平台,为居民提供优质服务。

【网格化社会服务管理】 5月14日,全区网格化社会管理和社会服务工作动员部署大会后,燕园街道通过调研论证,决定整合地区综治维稳中心、城管监督指挥分中心和群众非紧急事务呼叫中心成立社会服务管理分中心,并确定了领导小组成员,形成"1+1+4+7"的工作架构。街道目前已完成网格化平台的建设方案,并邀请了来自区政府、北京大学、兄弟街道有关专家对方案进行论证。尽管存在社区未通OA网、城管监督指挥分中心未建设的问题,街道将以网格化社会服务管理工作为起点,结合区网格化中心的要求和北京大学"智慧校园"建设的需要,克服现实困难,整合各方资源,因地制宜、注重实效,实现网格化社会服务管理体系的全覆盖和社会服务管理信息化、智能化、集约化、精细化,切实解决社会服务管理中的问题。

【社区建设】 2月,推荐燕东园社区申报北京市"六型社区"示范社区,正式启动"六型社区"创建工作。9月,第三方机构对燕东园社区的检查评估已完成两轮。针对评估中出现的社区层面现阶段无法解决的问题,街道积极向区民政局、区文化委、北京大学等单位寻求帮助,探索解决方法。仅以文化型整改内容为例,针对社区文教资源开放不够的问题,经街道与北京大学校内相关单位协调,燕东园社区已与北大附小等单位签订资源共享协议;针对社区图书室不健全的问题,街道取得兄弟街道支持,建立社区图书室;针对年放映数字电影场次不足的问题,街道已上报区文化委申请配备数字电影放映车。

6月,顺利完成了第八届社区居民委员会选举各阶段的工作任务。除通过悬挂横幅、发布社区公告等传统途径动员居民参选外,街道还积极与北京大学离退休工作部、海淀街道等兄弟街道沟通,筛选出16位符合条件的候选人。经过选举,7个社区产生了新一届居委会干部37人,其中新当选居委会干部11人。居委会干部平均年龄由上届的56岁降低到本届的53岁;大专和本科学历人员达到总人数的37%;居委会主任中增加了两名处级退休干部。

燕园社区服务中心

【概况】 北京大学燕园社区服务中心成立于1999年11月16日,是北京大学领导下的燕园社区服务机构。燕园社区服务中心承担着北大燕园7个园区的社区建设和社区服务工作。2012年燕园社区服务中心在党的十八大及北京大学第十二次党代会精神的指导下,在学校理事会和校内各部门的大力支持、帮助下,全体员工辛勤努力,以构建"和谐校园、和谐社区"为目标,注重在服务和经营两个方面不断提高服务质量与完善服务细节,圆满地完成了2012年工作计划的各项内容。

【社区服务】 1. 居家养老服务。居家养老服务开展近三年,燕园地区服务范围内的80岁以上老人已增至884人,残疾人员近220人。2012年共计发放老年券近100万元,加收老年券(含残疾券)近50余万元。不断扩大使用老年券的服务商,使用老年券可享受到订奶、订水、理发、家庭维修、老年用品及为老服务等方面优惠,极大地方便了老年居民,被北京市人民政府评为2012年度"北京市敬老爱老为老服务示范单位"。

2. 呼叫系统及家政服务。全年接收服务呼叫346次,27次治安无事故呼叫,网站浏览量为23000余次,接听电话8670个。继续与"北京市三八家政服务公司"合作,完成保姆及小时工服务2863小时,得到了老年居民的好评。

3. 社区服务队及服务站的"上门服务"。社区服务队继续承担着小区的日常维修、房屋修缮维护工作,全年共服务2982次,免费上门351次。全年组织便民活动4次,参加人数达到2000余人。中关园、畅春园、燕北园3个社区服务站继续做好日常的小商品供货,免费为高龄及行动不便的老人送水、送粮,社区多位居民写来表扬信对他们表达谢意,社区服务深入人心。

4. 公益讲座及文体活动。继续为居民开展多种形式的公益讲座,如老年人心理咨询、老年健康的养护、食品安全、法律知识普及、防火安全的重要性等,并在重阳节联合北京大学学生举办了"重阳为老暖人心"活动，提高了居民的知识水平。继续组织离退休老干部开展各项文体活动，如手工、摄影、民乐、合唱、书法、舞蹈等各种文体班，为丰富老干部的精神生活贡献力量。

5. 文化交流及日照教授花园项目。继续开展留学生住家及厨艺活动，2012年共接收来自日本、美国等国家的留学生500多人，收住留学生120户。继续组织北大教师在假日前往日照教授花园度假，继续做好为教职工代收物业管理费、提供房源信息及购房程序的解答工作。

【社区服务设施建设】 2012年社区中心工程部按照企业经营发展的需要，保质保量地完成社区的维修改造工程共计17项，涉及金额81万元。配合燕园街道办事处工程管理，共计54项，涉及金额340万元，为改善和美化园区环境做出了贡献。

1. 2012年对超市发超市扩建后的室内工作进行完善施工，以阳光房的形式增加卖场面积，扩大商品品种，更好地满足园区居民的购物需求。

2. 完成蔚秀园粮店二层的装修改造，同时对一层进行恢复施工，便于蔚秀园招待所创造出更大的经济价值。

3. 完成燕东园便民市场的升级改造，引进规范化的超市，为小区居民生活提供便利。

4. 完成对中关园二公寓家政服务用房的装修、改造及室外管线改造，中关园三公寓服务用房局部装修工作，以及校内超市发招待所屋面防水翻新工作等，为社区服务经营的正常运转提供保障。

5. 工程部还配合完成了燕园街道办事处便民办事大厅的设计、立项、建设工程。同时完成了对各园区环境、设施、道路的维修改造工作，拓宽小区道路、铺装停车场、翻新小区围墙、围栏等项目共计29项，总造价184万元。

【经营管理】 2012年在保证职工队伍稳定、企业正常经营的情况下，合理调整各企业资源，充分发挥各行业优势，超额完成了年初制定的经营任务指标，取得了较理想的经济与社会效益，为社区服务提供了坚实的保障。

1. 燕东园便民市场升级改造，"快廉佳超市"进入社区。2011年年底对燕东园便民市场升级改造，2012年4月将品种齐全、价格合理、质量有保证、服务更规范的综合性连锁超市"快廉佳"引入园区。

2. 扩建后的超市发超市宽敞明亮，改善了购物环境。2012年对超市发超市扩建的室内部分进行施工改造，增加了经营面积，并新增了复印、文化用品等项目，更好地满足了居民的需求。调整格局后的同仁堂药店不仅环境优美、购药方便，药品也丰富了，真正实现了所提倡的"药店社区共建，真情呵护百姓"。

3. 燕欣宾馆经营步入正轨。燕欣宾馆经过摸索，不断调整经营方向和经营策略。为了尽早实现良性循环，除以增加北大风格元素吸引校内外宾客外，还将临建的活动房改造成了韵味十足的古色调客房，充实了客房数量，使宾馆周边环境得以改善，增添温馨宁静之感，经过软硬件的调整，燕欣宾馆的经营步入正轨。

4. 稳定物价，师生满意。近几年商品物价和通货膨胀问题较为严重，作为为师生员工服务的校内企业，商品价格的波动会引发师生关注。为了使师生员工买得放心、用得舒心，同时提升价格的满意度，社区中心请学生监督员走访了附近大学、家乐福、物美等超市。调查结果显示，博实商场的价格与其他高校的商品价格一样，绝不高于别家。年末由学生会权益部牵头做满意度调查，监督员负责收集问卷，满意度调查结果为95%。

【党支部、工会活动】 2012年社区中心党支部及工会充分发挥核心作用，关心职工生活福利，活跃职工文体活动，提升职工精神面貌，提高了社区中心全体人员的凝聚力和战斗力。

1. 社区中心党支部继续关心职工思想动态，加强思想建设，号召职工积极加入党组织，中心机关4名同志已通过预备期的考察，成为正式党员，为党支部输送了新鲜的血液。

2. 加强理论学习和宣传工作，提高全体职工的思想政治素质，组织各企业职工学习党的十八大和学校第十二次党代会的精神，形成了昂扬向上的精神风貌。

3. 继续做好职工各种生活福利工作。中心工会继续给在职职工和退休职工发放水果和春节节日礼品，并组织在职职工赴江西婺源、退休职工赴平谷石林峡参观考察，加强沟通和交流，开阔视野，增长见识。

4. 继续为职工举办各种文体活动，强身健体。2012年共为职工举办了棋类比赛、羽毛球比赛及职工趣味运动会，充分调动了职工的积极性，活跃了职工文化生活。

【综合管理】

1. 加强领导班子建设，重视党风廉政建设工作。社区中心领导班子高度重视党风廉政建设和组织建设。领导班子成员定期召开民主生活会，形成"三重一大"集体决策机制，重大问题在领导班子内进行广泛讨论，求同存异，一切决策以社区中心的利益和发展为重，形成决策有依据、会议有纪录，在工作中相互协调、相互配合。

2. 加强消防安全管理力度，建立和健全消防安全组织机构，定期进行消防检查；坚持全年3次（春节、五一、十一）的定期综合检查及不定期抽查工作，及时消除检查中发现的安全隐患，配合学校保卫部的各种安全要求，为实现"平

3. 加强中层干部的学习，统一思想，召开各种形式的活动学习十八大精神。召开中层干部座谈会，宣传党的十八大及学校第十二次党代会的精神，鼓舞干劲，并要求中层干部结合工作实际撰写学习十八大的思想体会，把"为民、便民、利民"的思想贯彻到服务工作中去。

4. 继续为各种公益活动提供资助，重点关注老年群体和家庭经济困难学生，为校园公益事业做贡献。继续在场地和资金上支持各种老年团体活动的开展，积极支持北大老龄问题研究中心开展老龄问题的研究。继续做好家庭经济困难新生的资助工作，为困难学生奉献"爱心生活用品大礼包"。社区博实超市还为家庭经济困难学生提供6万元的爱心早餐卡，使60名困难学生能够每天早上吃到贴心放心、营养丰富的早餐。此举受到了学校领导的高度赞扬。

北京大学医院

【概况】 北京大学医院现有在编职工132人，其中卫生技术人员121人，正高职称6人，副高职称43人，中级职称72人；行政后勤人员11人。正式调入3人；劳动合同制人员182人，其中医师39人，护士89人，其他54人。

【医疗工作】 1. 工作任务。全年门诊402187人次，急诊32173人次；日均门诊量1492人次，住院病人408人次，免疫接种29735人次，上门医疗服务2857人次，医务人员参加学校重大活动医疗保健服务95人次。全年体检35369人次，接待咨询及答疑3500余人次，对体检中发现重大问题的563人进行追访，共查出肿瘤9例；为无社会养老保障老人及精神疾患病人免费体检85人次，开展心理咨询4719人次，影像学检查41736人次，门诊静脉注射27022人次，其他治疗53386人次，各种检验2531349件次。

2. 质量管理。根据北京市卫生局《二级医院评审标准》，整理制定医院相关标准，为医院评审做准备。对全院259名医务人员进行了职业道德评定，对全院116名执业医师进行工作成绩和业务水平测评，完成执业医师考核，考核结果录入北京市卫生局人员管理信息系统。全年进行院长查房、医疗质量管理检查、护理综合查房共计48次，及时进行质量与安全管理分析，提出整改方案，落实改进措施。开展抗菌药物临床应用专项整治，加强耐药菌的管理工作，制定措施和上报流程。健全完善药事管理，对药物临床应用进行有效管理和干预。完成2012年麻醉药品和精神药品医生处方权的重新认证。全年迎接上级部门医疗工作督查、绩效考核10次，获得好评。

3. 服务质量。医院采取包括意见箱、门诊触摸屏、网站信息平台等多种渠道，收集患者的意见和建议，每日对门诊、住院部进行满意度调查，主动收集患者的意见。2012年医院共收到书面表扬信54封，投诉7条、建议12条，患者对临床科室满意度为96.5%。

【社区卫生】 1. 公共卫生。认真做好校园防病工作，积极开展传染病流行病学调查，对密接者进行应急接种。实施传染病网络直报，全年无漏报、迟报。

2. 健康教育。全年举办社区居民健康教育大课堂35次，大型健康教育及宣传活动28次，受益人群20000人次；发放健教处方及宣传品61000份，制作宣传板40块，发放大学生健康教育手册7000册，宣传投稿26次，开设大学生健康教育课30学时。2012年12月1日，医院协助北京市红十字会、北京市教育委员会、北京大学红十字会在北京大学英杰交流中心阳光大厅成功举办"因为爱，无畏艾"——2012世界艾滋病日首都高校防艾主题明信片设计大赛决赛暨颁奖典礼。

3. 慢病管理。建立慢病管理网络，专人负责，建立居民健康档案51638份，信息化管理。开展家庭医生式服务，签约9480人；社区慢病管理4701人。

4. 专科特色。口腔中心开展新业务，推广普及热牙胶充填、根管显微治疗、橡皮障隔湿等技术。组建口腔种植科，一年来共开展种植手术200多例。牙槽外科也从单纯性的拔牙发展成为可做中等难度门诊手术的颌面外科。主办全市性学术研讨会1次。2012年口腔中心就诊的患者达到59771人次，其中自费患者比例达到48%。

【教育培训】 全年组织医护人员业务学习71次，5600余人次，其中外请专家讲座7次。业务技能操作培训、考核10次；派出87人次参加各种业务学习培训；参加全国、北京市、海淀区组织的护理业务和管理培训60人次。全年医药护技人员继续医学教育达标率100%。

【科研合作】 1. 与首都医科大学附属北京安贞医院、北京市心肺血管疾病研究所合作完成"北京地区人群冠心病发病率、死亡率的监测研究"，并继续与它们合作进行"十二五"国家科技支撑项目"区域人口健康大型队列关键技术示范研究"。

2. 与卫生部北京医院及北京耀华康业科技发展有限公司合作，共同参与国家"十二五"科技支撑计划课题"预防控制老年相关疾病的研究"。

3. 与北京大学人民医院合作完成了持续三年的首都医学发展基金项目"北京市青少年运动性心脏猝死预防筛查"课题研究。

【信息化建设】 完成LIS系统（4台设备）、RIS系统（2台设备）、住院电子病历、保健科的疫苗管理系统、体检医生工作站、体检系统的完善、门诊电子病历、优化流程等模块的上线。按时完成北京市114预约挂号平台上线工作。

【国际交流与合作】 与日本渡边牡蛎研究所合作，进行"关于针对因压力过大所带来的精神不振、同时使用加味逍遥丸和牡蛎丸治疗作用的研究"。11月19日，日本渡边贡一行来医院进行学术交流。

【组织发展】 做好教工入党积极分子培养和党员发展工作，5人通过学校党委组织部业余党校培训；全年发展新党员2人，预备党员转正6人。

【群众工作】 充分发挥工会群众组织优势和桥梁纽带作用，努力把职工的智慧和力量凝聚到医院建设和发展的任务上来。认真做好"三八妇女节""六一儿童节"慰问，开展职工暑期贵州游，增强职工团队意识和凝聚力等活动。做好医院二级职代会改选。发展102位合同制职工加入工会组织，同时医院拨款为他们春节购买食用油，使其享受与在职职工一样的待遇，增加他们的归属感。组织医院职工86人参加学校教工运动会腰鼓表演，180名职工参加学习《学校教职工代表大会规定》知识竞赛。积极为患重大疾病职工申请校工会"爱心基金"帮扶，共为3位职工申请获得5.5万元帮助，其中一位为合同制职工，使他们感受到组织大家庭的温暖。充分利用学校工会2万元专项拨款，建立职工活动室。

【公费医疗管理】 2012年公费医疗专项拨款10698.1万元，其中学校公费医疗拨款4600万元。

【其他工作】 发展北京大学红十字会大学生会员585人，占入学新生的10%，教师分会发展会员11人。全年组织学校学生及教职员工无偿献血五次。联合北京市红十字会举行了一期正式初级急救培训，成立校园急救小组，北京大学红十字会学生分会被评为北京大学十佳社团。

【所获荣誉】 医院获北京市卫生局"2011年度北京市传染病报告工作先进单位""北京市敬老爱老为老服务示范单位"和"海淀区H型高血压筛查与脑卒中防控项目优秀单位"。医院获北京大学教工运动会精神文明奖、《学校教职工代表大会规定》知识竞赛优秀组织奖、学校"七一"表彰，2人被评为北京大学优秀共产党员，内科支部荣获先进集体。

北京大学附属中学

【概况】 2012年，北京大学附属中学占地面积5万平方米，建筑面积6.5万平方米，体育场（馆）面积16000平方米。图书馆（室）藏书50000册，电子图书5000册，订阅杂志408种，报纸36种。拥有计算机800台，多媒体教室座位300个，校园网出口总带宽170Mbps，数字资源量1TB，"信息技术"课程70课时/周。普通教室77个，物化生物实验室和各种专用教室46个。教职工274人，其中，副高职称102人。专任教师199人，其中本科以上学历177人；特级教师13人，北京市学科教学带头人1人；市级骨干教师10人；全国先进教育工作者2人，全国优秀教师4人。开设教学班91个，其中，初中班18个、高中班73个。毕业生728人，其中初中257人、高中471人；招生669人，其中，初中299人、高中370人；在校生2072人，其中，初中790人、高中1282人。高中录取分数线535分（海淀区），应届高考本科上线率100%。

【学部制改革】 北大附中"学院制"改革形成"三部、三学院、五中心"的全新组织架构，为学生的学习成长与全面发展提供有力保证。"三部"为初中部、高中部及预科部，为常规高考和中考体系下的学生提供课程。初中部注重基础培养；高中部定位为常规文理；预科部则全面针对高考升学。"三学院"为元培学院、博雅学院及道尔顿学院，为非常规中高考的学生提供多元选择的创新培养。元培学院为原五单元，针对本科就读于国内而非单一高考途径的学生，注重培养全方位创新性人才。博雅学院为原六单元，针对出国留学深造的学生，注重为学生提供学习的多元选择。道尔顿学院为原国际部，以"道尔顿制"为教学原则进行创新性教学。"五中心"为艺术中心、体育中心、技术中心、综合实践活动中心、心理辅导中心，五大中心面向全校提供课程和支持。艺术中心负责美术及音乐课程安排；体育中心负责体育课程和健康教育；技术中心负责计算机与通用技术课程安排；综合实践活动中心负责规划社区服务、社会实践、学生活动及其他实践内容；心理辅导中心为学生提供必不可少的心理帮助。

【教育教学】 在高考方面，2012

年北大附中高考延续了上一年度的好成绩。其中理科600分以上人数158人，文科12人，总计170人，位列海淀区示范校第三名；统招生一本上线率达到99%。与此同时，尖子生群体表现突出，保送及获得北京大学、清华大学自主招生大幅加分的学生比例继续保持优势。此外，还有40余位学生提前获得了美国华盛顿圣路易斯大学、康奈尔大学、加州大学伯克利分校、卡内基—梅隆大学、加州大学洛杉矶分校等国际著名大学的录取资格，其中有45%的学生被排名（参考《美国新闻和世界报导》大学排名）前三十的学校录取，被排名前五十的学校录取的学生达80%。

在中考方面，北大附中初三年级高孜同学以568分的高分获海淀区中考第一名。

【素质教育】 1. 第32届北京市青少年科技创新大赛获奖情况。

一等奖有四项：秦岭同学，论文题目《市售饮料中五种增塑剂的快速筛查新方法》；成城同学，论文题目《一种新堆型核电站辅机凝汽系统故障诊断的SDG建模方法初步研究》；瞿凌蔚同学，论文题目《长江流域野生拟南芥居群与哥伦比亚生态型的生活史差异初探》；张路同学，论文题目《外来入侵植物齿裂大戟的生物学特性和种群动态及其防治》。

二等奖有四项：王长天同学，论文题目《异养型硝化菌生物传感器初步探究及应用》；白冰同学，论文题目《氧化铈薄膜电阻开关效应的研究》；张云鹤同学，论文题目《基于物联网技术的个人物品管理系统及三维定位算法研究》；徐祎然、周菁、徐楚乔同学，论文题目《phbB基因的克隆及其功能验证》。

2. 物理竞赛。在2012年4月22日举行的第七届全国高中应用物理竞赛（北京赛区）中，北大附中有6名同学获得北京市一等奖，其中，有3名同学闯入了前十名；11名同学获得北京市二等奖，4名同学获得北京市三等奖。他们分别是：一等奖（共6人），周星宇、孙逸天、王思真、乔袭明、周喆、郝泽锟；二等奖（共11人），段雅琦、汪远、石磊、白冰、连震、江勇、田元贺、王子瑞、陈潇潇、刘为一、王天塑；三等奖（共4人），李子晗、曹睿杰、李铮、高丰。

3. 明天小小科学家。在第12届"明天小小科学家"奖励活动中，北大附中沈简、瞿凌蔚两位同学荣获一等奖，张路同学获得二等奖。

4. 2012年北京市信息学奥林匹克联赛（NOIP2012）。2011年10月13日进行了初赛，于11月10日和11日进行了复赛，北大附中有12名同学进入了复赛，并有5位同学获得了北京市一等奖。他们是：乔袭明（高三）、张博洋（高二）、丛润川（高二）、马鸿宇（高二）、曾沐焓（高二）。

5. 体育比赛。北大附中初中足球队在海淀区中学生足球比赛中顽强拼搏，获得冠军，同时所有参赛队员都获得5分的中考加分。

【党建工作】 1. 按照北京大学党委的统一部署和安排，经北京大学党委批复同意，中共北京大学附属中学党员大会于2012年3月22日召开，大会主要选举产生北京大学第十二次党代会代表。大会实到正式党员（党代表）162名，发出选票162张，回收选票159张，其中无效票2张，有效票157张。大会的选举公开透明，并通过电子计票的办法让全体党员监督了计票过程，与会正式党员进行了一轮投票之后选举北大附中党委书记生玉海、北大附中党委副书记杨文焕和北大附中副校长、党委统战委员张思明等三位同志为中共北京大学第十二次代表大会代表。2. 经本人申请，党支部培养考察，支部大会全体党员讨论一致通过，北大附中党委批准，决定吸收初中部党支部鲁月明、预科部党支部成城、石竹佳、刘婧妍、曹一凡五位同志为中国共产党预备党员，预备期为一年；决定批准资源支部周立松、张卓两位同志按期转为中国共产党正式党员。

【年度纪事】 1. 1月14日起，北大附中高中部面向初中部部分学生开设了初高衔接课程。短短几天，初中学生体验了许许多多的第一次。第一次了解高中的小班化教学，第一次知道什么是走班上课，第一次接触北大教授为我校高中学生开设的科学课程和人文课程。周程教授的荧光蛋白分子标记法对于初三学生来说有一定难度，陈喜波博士关于北京历史地理变迁的精彩演讲引出学生们的热烈讨论。在化学实验室，教师指导同学动手制作肥皂，同学们给自己的作品定型、上色。同学们为自己成功地制作出肥皂而兴奋！

2. 3月8日上午，新加坡南洋女子中学校长王梅凤一行4人访问北大附中，附中校长王铮和党委书记生玉海等在校会议室接待了来宾。双方就两校的合作交流，尤其是学生的短期访学进行了友好的沟通，达成了建设性的意向，并确定了2012年互派学生访学的交流项目。

3. 3月8日下午，由附中工会组织，艺体中心大力协助，北大附中首届迎"三八"国际劳动妇女节趣味运动会在学校体育馆举行。运动会设立了乒乓球反弹投准、三砖过河、地板球射门、一分钟踢毽、夹沙包、一分钟跳绳、托球绕杆跑、钓鱼等8个项目，所有项目都有趣有益，简单易做，吸引了很多女教工在繁忙的工作之余，前来锻炼身体，愉悦身心。而男教工们则甘做服务工作，为妇女节增添了一份靓丽的色彩。

4. 3月29日，北大附中召开了拔尖创新人才培养课题校际交流研讨会，人大附中、清华附中和首师大附中的领导和课题负责老师参加了此次会议。北大附中姜民副校长介绍了北大附中"拔尖创新人才课程体系建立与实施初探"子课题的理论建构、课题进展以及目前遇到的困难和存在的问题。人大附中的许飞副校长和校长助理王晶老师、清华附中的德育主任辛颖老师、首都师范大学的张国华校长和丁伯华主任分别介绍了各学校子课题的进展情况。同时，各校领导又沟通了4—5月将陆续召开的拔尖创新人才培养课题开放日活动的准备工作和校际协作内容，充分讨论了课题研究中各校间的互相支持、团结协作的方式。

5. 4—5月，初一年级学生240人参加开展"生物多样性"综合实践活动。活动由学校初中部组织，由启动、野外考察、展板展示、专题汇报4部分组成，活动目的是研究、考察分析生物多样性，树立敬畏自然生态理念。

6. 4月20—23日，北京大学第十九届体育文化节暨北京大学运动会在五四体育场举行，附中所有参赛教工运动员发扬了顽强拼搏、奋勇争先的精神，团结一心，最终以376分的总成绩再次蝉联北京大学运动会冠军。

7. 5月4日，北大附中召开高中部精品模块课程建设课题交流会。会议听取学校初中综合实践活动课程（2010—2012）介绍，介绍课题缘起、研究过程以及改进和完善情况，8名教师分别展示语文、生物、政治、英语、数学、信息技术和通用技术精品课程建设情况。

8. 5月25日，中国教育学会全国基础教育评价委员会组织全国"高效课堂"研讨会的各地校领导和教师、北京市教育学院数学系部分教师走进北大附中，走进课堂，和任课老师面对面交流，语文教师郑雁青、数学教师秦占的"研究性学习"课堂供与会教师们观摩，并进行了深入坦诚交流。与会教师对北大附中"研究性学习"课堂充满好奇，对同学们的自主学习能力、表达能力、组织能力、专注度赞叹不已。

9. 8月14日上午，北大附中体育馆一期工程可行性研究报告评估会在附中校办会议室召开。教育部发展规划司领导、同济大学建筑设计研究院（集团）有限公司评估专家小组、可行性研究报告方案设计人员，北京大学基建部领导及相关人员、北大附中相关领导出席会议。评估专家就该工程项目分别从自己专业角度提出了建议及相关评估意见。教育部领导表示教育部和国家发改委对此项目相当重视，对专家们提出的中肯意见表示感谢，对评估单位所提出来的意见，希望设计单位等相关部门进一步探讨修改。

10. 10月6日，北大附中举办首届传媒节。传媒节由学校综合实践活动中心组织，主题为"记录变化"，采取海报、照片及杂志展卖形式，展出学生作品50余幅，内容包含附中几十年的各种变化、附中学生民主、创新精神以及对梦想的某种追求等。

11. 10月13日，北大附中黑匣子剧场落成。黑匣子剧场位于学校图书馆一层左侧，建筑面积400平方米，拥有78个座位，内置全套音响设备，是新型的话剧表演场所，场所内可以实现无话筒的专业话剧表演，同时满足一些社团等小型演出活动。

12. 10月13日晚5点半，黑匣子剧场落成仪式暨第二届戏剧节启动。10月14日晚，再次举行了话剧《未完待续》的演出。北京大学副教务长兼北大附中党委书记生玉海与中央戏剧学院导演系主任丁如如教授签署了合作交流协议，并分别致辞，希望通过双方的合作，达到共同提升的目的。

13. 11月2日，教育部"国培计划"英语示范课在附中举行，作为实践基地校，附中初中英语组进行了两节英语示范课的展示。分别是初二年级张丽萍老师的课本常规课和初一年级许涵老师的校本特色阅读课。极具附中特色的课堂氛围，精彩的教学设计，师生的互动配合给五十位来自于全国各地的省市级骨干英语教师留下了深刻的印象。

14. 11月27日，由北京大学、海淀区教委主办，北大附中协办的"走进北京大学——探索拔尖创新人才培养模式"研讨会在北京大学英杰交流中心举行。此次活动的主题为基础学科拔尖学生培养试验计划。北京大学的领导和专家、海淀区教委的领导，以及北大附中、清华附中、人大附中、首师大附中、北理工附中、北航附中的师生代表参加此次活动。北大附中承接"拔尖创新人才课程体系建立与实施初探"子课题。

北京大学附属小学

【概况】 北京大学附属小学占地面积27080平方米，建筑面积21709平方米，体育场（馆）面积6120平方米。图书馆（室）藏书7.2万册，电子图书180GB，订阅杂志、报刊201种。固定资产总值2652万元。2012年，全年教育经费投入4915万元，其中，国家拨款

4225万元,自筹经费690万元。学校信息化经费投入1214万元,多媒体教室座位356个,校园网出口总带宽100Mbps,数字资源量350GB,"信息技术"课程1课时/周。普通教室63个,专用教室22个。拥有计算机466台。教职工169人,其中,高级职称7人,中级职称134人。专任教师139人,包括特级教师0人,北京市骨干教师8人,北京市学科教学带头人3人,本科以上学历134人。开设教学班63个。毕业592人,招生309人,在校生2505人。学校网址:www.bdfx.net.cn。

【科研工作】 6—8月,北大附小出版4本图书。6月,《北大附小经典古诗文赏析》出版。该书由尹超校长主编,全书共12万字,分为3册,由同心出版社出版。6—8月,另出版3本教育创新系列图书,分别为:教学研究性专著《陪学生一起做研究》,由数学教师李宁及附小数学团队主编,全书共计18万字;《信息技术教学与创新思维的培养》,作者为信息技术教师何立新,全书20万字;《小学英语"学"与"玩"》,作者为英语教师范冰,全书共计18万字。3部图书均由北京大学出版社出版。

【教学工作】 4月17日,北大附小举办北京市小学数学校本教研主题活动。该活动由市教科院基教研中心、海淀区教师进修学校主办,北大附小承办,听取数学团队"做尊重学生个性发展的数学教育"汇报,涉及数学团队建设、校本教研两方面,并利用短信互动平台与嘉宾交流。与会专家认为此次校本教研活动拓宽了数学研究的思路,对于数学怎样与生活结合、怎样与孩子经验结合有了更进一步的思考。相关人员及小学骨干教师近300人参加活动。

9月1日,北大附小开设机器人校本课程。该课程面向学校三、四年级学生,采用学校自编教材,结合信息技术课程,讲解了机器人原理、机器人的构造、机器人与无线电、机器人与创新思维培养等几方面内容,每周2节连排课时,学习时间为2年。三、四年级学生共800人参加学习。北大附小重视科学教育,学校机器人小组参加第十二届中国青少年机器人竞赛中获得Vex项目一等奖,Fll项目二等奖,北京市Fll项目一等奖;在第十三届北京市青少年机器人竞赛中获得机器人创意比赛一等奖;在北京市学生机器人智能大赛中获得Ftc项目一等奖;在北京市青少年创新大赛中获得一等奖等。

10月26—29日,北大附小教师朱晓媛参加"第六届全国小学英语教学观摩赛"获得一等奖。该比赛由中国教育学会外语教学专业委员会主办,太原理工大学承办,来自全国各省市的40名选手现场展示了40节观摩课,评出一等奖17人。

11月14—16日,北大附小教师贾宁参加全国第九届青年教师阅读教学大赛获得特等奖。该比赛由全国小学语文教学研究会主办,福建省教育学会小学语文教学委员会、厦门市教科研究院承办,现场展示阅读教学课32节,来自全国31个省、自治区、直辖市的32名教师参赛,评出特等奖10人。

【德育工作】 6月21日,北大附小纪念校园变迁60周年。纪念活动演出校园音乐舞蹈诗"五色沃土",包括序、快乐篇、进取篇、儒雅篇、大气篇及尾声,以合唱、舞蹈为主,融合朗诵、演奏、表演、京剧、情景剧、民歌、乐队等表现形态,艺术团学生近800人参加演出。学校全体师生共3000人参加演出活动。6月11日,温家宝总理来信赞扬学校开展校园变迁文化寻根活动。

【信息化工作】 至2012年年底,北大附小完成信息化工程改造。该工程包括数字校园与数字图书馆建设,累计投资2100万元,建设校园信息中心、3个台式电脑机房、1个笔记本电脑机房、2个智能机器人实验室、教学观摩室、电教录课室、演播室、互动教室、视频会议室和小礼堂音视频改造、闭路系统改造以及信号放大系统、集中打印系统、信息发布系统等多个专用教室和音视频及网络系统,并将全校教室改造为装备触控电视和吸顶展台多媒体教室。学校实现校园网万兆主干、千兆到桌面,全校无线网覆盖,校园录像系统全高清,校园办公网络化,远程会议视频化信息化。

信息化建设与管理

【制定智慧校园规划】 为实现学校建设智慧校园的战略任务,在《国家中长期教育改革和发展规划纲要(2010—2020)》《北京大学"985工程"(2010—2020)总体规划》的指导下,2012年,信息化建设与管理办公室组织制定了《北京大学智慧校园总体规划(2013—2017)》,该规划秉承"以人为尊,以人为重,以人为先"的价值观和方法论,以服务为驱动,建设"以用户为中心,面向服务的"智慧化校园环境,通过创新运行机制和管理模式,充分利用优质资源和先进技术,围绕建设、运行、管理和服务四个层面,实现先进高速的网络接入,便捷高效的移动访问,无处不在的智能感知，方便实用的公共教学、快速稳定的计算环境，方便安全的校务协同，智能科学的分析决策，丰富准确的信息资源，优质多样的信息服务，可靠完善的安全体系，全方位支持教学、科研、管理、生活等领域对信息化服务的各项需求和要求。根据"统筹规划、分层推进、分步实施、协调发展"的建设方针，在总体规划的基础上信息化建设与管理办公室又提出了《2013年智慧校园专项建设计划》。《北京大学智慧校园总体规划（2013—2017）》《2013年智慧校园专项建设计划》均已上报学校。根据《教育部关于开展教育信息化试点工作的通知》和《北京市关于上报教育信息化试点申报材料的通知》精神，信息化建设与管理办公室将北京大学智慧校园项目申报教育部教育信息化高等学校试点并最终获得"教育部本科院校信息化试点单位"资格，北京市只有两所高校获得该项试点资格。

【信息化经费管理】 推动信息化常规经费设置为保障学校信息化环境和服务正常运转所需要的日常经费，继续推动信息化常规经费设置。信息化建设与管理办公室在梳理近几年信息化经费支出和分析目前信息化日常需求的基础上，组织信息化建设相关单位对学校信息化年度常规经费额度进行了估算，并与财务部进行多次沟通确定预算额度（1277万元），上报学校领导及预算工作小组。

【规范信息化建设项目管理】 2012年信息化建设与管理办公室修订了《北京大学信息化建设项目管理办法》，该管理办法通过项目管理加强信息化建设经费管理，对信息化项目的组织、验收和经费管理进行了明确的规定，有利于保障项目实施质量，提高项目建设效益。该管理办法经征求相关单位意见后上报学校。

【网站管理与监控】 网站管理根据学校工作需要，信息化建设与管理办公室适时调整门户网站首页图库、栏目设置、内容更新及页面链接等。针对门户网站的管理思路调整，向学校师生、广大校友、社会公众征集北京大学门户网站优化的意见建议。推动门户网站内容的规范、模块化管理。继续加强内容管理平台的管理与运维，协调计算中心、软件服务商升级了北京大学网站内容管理平台（CMS6），并根据各部门网站管理的实际需求，调整其管理权限。网站监控通过网站安全预警平台和人工浏览相结合的方式，对北京大学门户网站下的重要网站（主要为各二级单位网站）进行监控。在重要时期对门户网站进行24小时不间断值守监控，发现问题及时处理，确保门户网站的安全运行。

【信息系统安全管理】 信息化建设与管理办公室重新梳理学校信息系统，并组织信息系统安全检查，甄别不同的开发、运维情况，对各级信息系统现状进行调查，确保各级信息系统安全运行。为保障十八大期间的信息安全，信息化建设与管理办公室与相关职能部门协作，组成网络清理检查工作领导小组，对学校重点单位的保密文件制发、计算机网络使用管理、网络信息发布审查及社会网站监管情况进行系统、严格的检查，对检查过程中发现的安全隐患，检查组告知责任单位及时整改。信息化建设与管理办公室组织专人监控网络与信息系统安全，按照北京市公安局文保总队要求，实行信息安全事件每日"零报送"。由于信息化建设与管理办公室在信息安全管理方面的突出表现，北京大学获得"2012年度首都高校网络与信息安全保卫工作先进单位"称号，受到北京市公安局文化保卫总队的通报表彰。

【新建楼宇及旧楼改造信息网络建设】 组织实施人文大楼、五四体育中心、实验设备楼、保卫部办公楼、校医院住院部、朗润园158号院、经济学院加层、科技成果转换中心等工程综合布线的施工、设备采购和财务管理。

【信息化服务项目管理】 短信平台管理。在全校范围内推广短信平台的使用，保障短信平台的正常运行，包括账户管理、日常维护、收费缴费管理、业务咨询。2012年新开通账号26个，年度短信发送量为3550727条。正版软件管理。丰富正版软件库，增加下列软件：Windows 7（32位中文版、64位中文版、32位英文版、64位英文版）、Windows Vista（32位中文版、64位中文版）、Windows Xp、MS Office 2010、MS Office 2007、MS Office 2003、MS Visio 2010、MS Visio 2007、SPSS 18.0（简体中文版）、AutoCAD2011（32位中文版、64位中文版）、Windows 8（32位中文版、64位中文版、32位英文版、64位英文版）、MS Office 2013（中、英文版）和SPSS 20.0（简体中文版），并对校内用户提供软件下载、升级、激活和使用方面的咨询服务。大型软件购置审批。对校内各单位的大型软件申购进行审核、审批，2012年共审批申报表36份。编码管理。负责新增单位的编码发放和既有编码的调整工作，结合学校目前编码工作的实际情况，解决各单位新编码使用中遇到的问题和困难。2012年度完成产业技术研究院、国际法学院、汇丰商学院、高等人文研究院、麦戈文脑科学研究所的编码发放和调整工作。

教育基金会与校友工作

教育基金会

【捐赠概况】 2012年是党的十八大召开之年,也是北大第十二次党代会布局学校发展战略的关键一年。面对弱复苏的经济形势和新的机遇挑战,基金会在理事会的领导和全校的共同努力下,筹款工作继续取得较好成绩,共获得社会捐赠1719笔,到账捐赠总额3.835亿元人民币;签署捐赠协议325个,协议总额3.85亿元(包括1亿元股权捐赠);另外,与学校财务部一起,争取并落实国家捐赠配比资金1.9亿元。这些资金为学校的人才培养、师资队伍建设、教学科研等提供了有力支持,为北京大学加快创建世界一流大学提供了持续的资金保障。

2012年到账捐赠中,用于基础设施建设的约占23%;用于教师发展的约占16%;用于学生发展的约占12%;用于院系发展的约占25%;非限定资金约占21%;其他用途约占3%。

2012年国内外经济形势依然严峻,基金会认真分析实际情况,一方面继续做好常规服务,进一步密切与捐赠人的联系,积极深化捐赠人对北大的感情和信任,并提供合适的项目,争取到广大老朋友的继续支持,如郭鹤年先生捐资支持餐饮中心建设,尹衍樑先生捐资启动"大学堂顶尖学者讲学计划",陈曾焘先生家族的思源基金会、择善基金会联袂支持北京大学社会工作研究中心建设,林护基金会捐资设立"杰出社会工作奖",新鸿基地产郭氏基金设立奖助学金等。另一方面,基金会通过精心策划领导拜访、与企业家会面等方式,搭建沟通平台,拓展新的捐赠资源。在基金会的积极争取下,百岁老人张明为先生慷慨捐赠毕生积蓄设立奖助学金,为国家培养人才;香港地产界翘楚信和集团黄志祥先生设立"黄廷方/信和教育基金",奖励杰出青年学者并支持优秀学生赴境外交流。

2012年,院系筹款工作发展稳健。基金会自2009年起设立了院系配比基金,对鼓励院系筹款起到了重要的作用。2012年,在为期三年的配比项目结束后,基金会理事会决定,再次出资6000万元人民币,启动第二轮院系配比基金,为期三年,每年2000万元。2012年度,全校119个院系筹款项目的申请配比基金通过审批,申请总额为4389万元,比上年增长约24%。

【项目实施】 2012年,基金会紧紧围绕学校发展目标,切实加强公益项目实施,为支持学校各领域的发展建设提供有力保障。

1. 人才培养。更加注重学生的成长成才特点,有针对性地设计各类学生项目,支持学生的全面成长。2012年,基金会共争取社会捐赠校级奖学金82项,总额达2092万元,奖励学生2351名;共争取社会捐赠校级助学金47项,总额达1073万元,资助学生2809名。除此以外,学生国际交流基金和社会实践基金取得新增长,香港永新企业有限公司曹其镛先生捐赠支持的中日青年交流中心正式启用,首批两国青年学生于9月顺利入住;嘉里集团郭氏基金会资助相关院系同学多次奔赴云南省墨江县、内蒙古察右中旗等开展脱贫模式的学术调研,探索中国的可持续发展之道。

2. 师资队伍建设。2012年,基金会共争取社会捐赠校级奖教金14项,为204名教师提供奖励,总额达960余万元;此外,为支持北京大学高水平教师队伍可持续发展,新增黄廷方/信和青年杰出学者奖,成为学校第四个青年学者奖励项目。

3. 校园建设方面。2012年,苏州新太阳置业有限公司捐建的学生活动中心顺利封顶;香港已故爱国企业家蒙民伟先生捐资支持的新闻与传播学院大楼和美籍爱国华侨方李邦琴女士捐赠支持的对外汉语教育学院大楼施工建设正式启动,工程进展顺利。

4. 学科建设方面。社会捐赠有力支持了文、理、医、工等各个学科的发展建设,特别是国学研究方面,香港思源基金会支持的《中华文明史》英译本顺利出版,有助于弘扬中华文化、推动中西文化的交流与融合;冯燊均国学基金购买捐献的秦简牍,为秦简竹书的抢救与保护、中国传统文化的学术研究与发扬做出积极贡献。

【项目管理】 基金会事业的发展、项目的增多,给项目管理和财务管理工作带来巨大的压力。基金会以"规范、透明、效益、安全、服务"为总要求,优化机制、规范流程、提高效率,在管理人手严重不足的情况下,细致完成了繁重的项目管理和财务管理工作,确保了基金会的公信力。截至2012年年底,基金会管理的各类捐赠项目达1878项,其中,讲席教授基金29项,奖学金466项,助学金192项,奖教金97项,研究资助159项,直接奖励资助教师和学生8000余名。

在扎实的项目管理和财务管理工作的基础上,2012年,基金会顺利通过了多项评估和检查工作。2012年1月,基金会接受民政部年检工作的审计;5月,民政部委托北京天鼎衡会计师事务所对基金会进行专项审计；11月，国家审计署对学校财务预算执行情况进行审计，基金会接受相关审计；12月，接受捐赠方委托的汇丰商学院项目专项审计；12月，国家审计署对太阳能竞赛项目进行专项审计；12月，民政部启动第二轮基金会评估工作，对基金会进行材料评估和专家组实地考察评估。

【机构建设】 2012年3月，基金会第四届理事会第八次会议召开，选举北京大学党委书记朱善璐担任第五届理事会理事长，选举闵维方担任基金会名誉理事长，并审议批准了第六批院系筹款配比资金的申请。会议还就基金会筹资策略、配比基金激励机制等议题进行了充分讨论。

2012年，基金会通过公开招聘，选拔了3名应届毕业生，充实了基金会的筹款和行政工作队伍。基金会对工作人员的职责不断调整细化，加强组织机构和管理体系的有效性。

表9-49 2012年度社会捐赠奖学金、助学金、奖教金概表

项目数	奖学金	助学金	奖教金	合计
校级项目数	87	50	15	152
院系项目数	140	20	25	185
合计	227	70	40	337

校友工作

【校友联络与服务】 2012年，我校校友信息覆盖更加广泛，校友联络更加紧密，多渠道服务校友能力显著增强。

首先，校友数据库已拥有20.8万的校友数据信息，实现了校友数据由量及质的跨越式发展。同时，传统的交流方式与先进的沟通手段并行适用，通过电话、信件、北大人刊物、校友网、微博、节日祝福邮件、电子校友刊物、移动客户端等渠道，已搭建起广泛、多维的立体校友联络机制，并逐步建立起遍布全球的北大校友网络互动平台，使海内外北大校友能够第一时间了解母校发展、宣传校友成就，更快捷、更便利地同校友互动，提供全方位的校友资讯服务。

其次，校友办加大了对校友群体的服务力度，针对不同年龄、不同行业、不同需求的校友群体提供针对性的服务。加强了校友同母校的联系，提高了校友会在广大校友中的影响力和号召力。对于年长校友，除了例行的新春联谊会、校庆返校等活动外，还组织老校友口述不同时期的北大历史故事，编辑出版了《北大红楼——永远的丰碑》。对于青年校友，采用了"新潮的联络手段、时尚的互动方式"。通过微博、微直播、微访谈等发起线上、线下系列活动30余次。组织了"北大版非诚勿扰"，为单身校友群体搭建联谊平台。发起了新年芭蕾音乐会、北大交响乐团独奏、重奏音乐会等多场文艺演出，以及校庆时年级校友返校、毕业季、"未名湖畔邀明月，博雅塔下话团圆"中秋赏月等系列活动，促使年轻校友的活跃性与积极性大大提升。

最后，校友办整合校内资源，统筹校友需求的能力显著加强。在分析校友需求，深度校友服务的同时，广泛同校内其他部门通力合作，积极搭建平台，协调多方资源，面向校友开放。为了弘扬母校良好的学术氛围，服务社会文化建设和学术道德建设，整合校内资源向社会传递正能量，实现北京大学在人文社科等领域优秀的学术资源更深层次地面向校友开放，在2012年年底，推出了"北大人读者会"系列品牌活动之"北大人大师论坛"，邀请大师们为广大校友传经论道，答谢各界校友多年来对母校一如既往的支持和帮助。

【配合学校整体发展战略】 2012年，校友办在深入开展校友服务的同时，积极参与学校重大活动，发动校友服务母校的能力逐步提高。

在2012年度的毕业典礼上，邀请了赵鹏大院士及王鼎盛院士作为校友代表，以多年的人生感悟为即将走出校门的青年毕业生送上临别寄语。同时，校友办以"村官"校友为采访对象，为2012届毕业生编著、发放——北大博雅系列丛书之三《村土寸心》，引导学子树立正确的就业观，把国家和人民的需求放在第一位，到祖国最需要的地方奉献自己的青春与智慧。

9月份的开学典礼上，校友代表、南京工业大学校长黄维院士寄愿新生应自觉承担起为民族立生命、为万世开太平的历史责任，给新生起跑指引了方向。

北京大学创建世界一流大学的事业，是几代北大人的梦想，三十万北大校友的共同期盼。为了凝聚广大校友的智慧与力量，2012年，校友会联合党办校办组织了"加快世界一流大学建设"校友系列研讨活动，先后开展了学术界优秀校友恳谈会、政界校友恳谈会以及企业界优秀校友座谈会，邀请学、政、商界校友精英为北大加快建成世界一流大学共话发展、纳言献策。

2012年，校友办陪同学校领导出访美、英、法、德、澳等多个国家，深入了解、学习国外校友组织的运行模式与管理经验，加强了同海外校友的联络与沟通，发动全球

校友共同投入北大创建世界一流大学的事业中,共同为母校服务。

【机构建设】 2012年,校友办在规范组织架构、完善规章制度的同时,积极探索社会组织可持续发展的全新模式,用新思路、新办法,开创校友工作新局面。

截至2012年年底,在校内,共有16个院系建立了校友组织;在地方,已经建立起了84个地方校友会。其中,包括港澳台在内的53个国内地方校友会和31个海外校友会。在拓展组织架构之上,积极加强基础规章制度的建设,深度研讨,不断修改完善《北京大学校友会章程》,起草了《北京大学地方校友会工作指导意见》与《北京大学院系校友工作管理办法》。与此同时,完善、规范了校友会作为社会组织的年度审计、年度检查、选举规程等,并逐步展开社会评估、信息公开等相关工作。

【重大活动】 2012年1月2日,由北京大学校友工作办公室主办的"2012北京大学校友会新年招待会暨方正集团之夜——新年芭蕾音乐会校友专场"在百周年纪念讲堂隆重举行,近2000名北大校友及家属观看了演出。在校友会新年招待会上,学校领导和校友会领导与各界校友代表亲切交流,互致新年祝福。出席招待会的领导有校友会名誉会长、前校长许智宏,校党委常务副书记、副校长张彦,常务副校长、校友会副会长柯杨,校务委员会副主任、校友会常务副会长王丽梅,校务委员会副主任迟惠生、郝斌、李安模等。演出开始前,校友们欣赏了视频,了解了2011年北京大学在学术研究、师资队伍、校园建设等方面取得的成绩,共同分享了母校一年来的发展与进步。

2012年5月5日,举办了以"校友的节日,开放的校园"为理念的校友返校活动。一天中,策划组织了8个门类、近20项丰富的校友活动。协调近20个校内部门、机构,开放了工学院的机器人实验室、赛克勒考古与艺术博物馆等7个科教文化资源,展现了学生课外学术科创成果、丰富的社团活动、地方校友会风采等多项校园文化资源,安排了学生艺术团校友专场汇报演出,使校友充分体验了学校的各种资源,感受了母校的进步与发展。

2012年9月9日,由北京大学校友会、北京大学校友工作办公室主办的第三届北京大学企业家论坛暨北京大学企业家俱乐部成立周年庆典在北京大学成功举办。北京大学常务副校长、校友会常务副会长吴志攀,校友会常务副会长王丽梅等领导出席了本次活动并致辞;俞敏洪、黄怒波、阎焱、赵勇、王志东、孙陶然等企业界校友与来宾深入交流,与在场三百多名北大师生和校友分享创业历程,共话企业责任。

2012年11月3日,由北京论坛、北京大学校友会、北京大学校友工作办公室主办,北京大学企业家俱乐部承办,以"全球经济新格局下的社会企业和企业家责任"为题的北京论坛(2012)企业家分论坛隆重召开,这是北京论坛首次举办企业家分论坛。剑桥大学出版社全球总裁潘仕勋(Stephen Bourne)、韩国SK集团董事长崔泰源(Chey Tae-won)、北京大学国家发展研究院名誉院长林毅夫教授等出席了论坛并发表精彩演讲。来自全国各地的北京大学政商学各界校友代表共300余人齐聚一堂,共同探讨全球经济新格局下企业家的角色、责任和精神,致力于推动社会的和谐发展和经济的共同繁荣。北京大学党委书记、校务委员会主任朱善璐,常务副书记兼副校长张彦,常务副校长、校友会常务副会长吴志攀,副校长刘伟等校领导出席了论坛及相关活动。

2012年12月15日,北京大学校友会第七届理事会第四次会议在北京大学隆重召开,来自世界各地的100余名校友理事重回燕园,共同商谈北京大学校友工作、校友会章程及各级校友组织的发展等校友工作事务。北京大学校长、校友会会长周其凤,常务副校长、校友会常务副会长吴志攀,常务副校长、校友会副会长柯杨,校友会常务副会长王丽梅,校长助理、校友会副会长邓娅,校友会秘书长、校友工作办公室主任李宇宁及相关部门负责人出席了本次大会。

2012年12月26日晚,"畅神闻音·乐颂未名"北京大学交响乐团2013新年音乐会校友专场在百周年纪念讲堂举行。本次音乐会由北京大学校友会、校友工作办公室主办,众多校友来到现场聆听北京大学交响乐团的演奏。

党建与思想政治工作

组织工作

【概况】 2012年,党委组织部重点做好学校第十二次党代会有关工作,统筹推进领导班子思想政治建设和干部队伍建设、创先争优和基层组织建设。

【学习贯彻党的十八大和学校第十二次党代会精神】 从党费中拨出专项经费,为每名党员购买一本《中国共产党十八次全国代表大会报告》和一本新的《中国共产党章程》,为每个党支部购买一本《十八大报告辅导读本》,要求全校党员、干部原原本本地学习十八大文件,认真领会党的十八大精神。开展"学习贯彻党的十八大精神"党支部书记专题培训会。各基层党组织以"使命自觉、创建自信、差距自省、奋斗自强"为主题,就如何结合自身岗位,将党代会精神落实到具体工作中展开座谈、研讨。

与宣传部配合开展"迎接党代会,总结经验找差距"主题党日,查找党支部书记队伍、工作思路、工作制度、活动阵地、保障机制等方面存在的突出问题和薄弱环节。开展"贯彻党代会、加快创一流"主题党日活动,通过党代会报告研读分享会、学习体会专题征文、"创一流、见行动"规划书等形式,要求每一个党支部完成"一次专题分享、一个学习体会、一份行动纲要",鼓励全校教工党员深入学习、笃实行动。在全校学生党团组织中开展"贯彻党代会精神,真学实干创一流"学生党团日联合主题教育活动。

按照"选好一个代表,宣传一个典型,树立一面旗帜,形成一种导向"的思路,配合新闻中心在学校主页推出"十二次党代会代表风采"专栏,以展现党代表昂扬向上的精神风貌。

【党建工作】 学校党委将2012年确定为党建工作年,是创先争优由集中性活动阶段转入经常性、常规性工作阶段的重要年份。

1. 开展创先争优集中学习阶段收尾工作。一是制定并实施创先争优第三阶段《对北京大学基层党组织和党员开展创先争优活动情况进行群众评议工作的实施方案》。二是召开北京大学深化创先争优活动开展党建工作年推进会、基层党组织创先争优交流会、创先争优活动总结表彰大会,在学校主页推出"创先争优在基层"系列报道,对化学与分子工程学院党委、考古文博学院党委、中国语言文学系2008级本科生党支部、北大医院妇产科党支部、房地产管理部党支部作了专题报道。三是形成《北大党建》创先争优学习专刊,刊登全校院系、职能部门、直属附属单位党政班子结合本单位本领域本专业实际情况撰写的个人学习心得体会文章、本单位建设发展思路报告148篇。

2. 开展党建工作年支部分类定级工作。4月,完成了对全校党支部的调查摸底、分类定级工作,制订了对标整改、创先争优的工作计划,综合党支部委员会自评、支部党员评议、党支部分类互评、上级党组织考评和群众满意度测评,北京大学有61%的党支部被评为"好",38%的党支部被评为"较好"。党委组织部对存在问题的19个教工党支部提出了整改提高、解决问题的建议。

3. 开展创先争优活动总结表彰活动。系统总结自2010年北京大学深入开展创先争优活动全面启动以来开展的"推动科学发展、促进校园和谐""服务群众树形象、示范引领创一流""党建工作年"等一系列主题教育活动成果,学校创先争优总结材料入选中组部《创先争优100例》。学校党委隆重举行表彰大会,对全校党员和广大党务工作者进行集中教育。唐孝炎、王宪等10位同志获得"北京大学优秀共产党员标兵"荣誉称号,294位同志获得"北京大学优秀共产党员"荣誉称号,85个单位获得"北京大学先进党支部"荣誉称号。党委组织部还要求各基层党委结合各类纪念日、节庆日等组织活动,对党员进行理想信念教育和党性教育,保证党员教育全面持续开展。

4. 基层党建创新立项。校本部共有27个院系级党组织的103个项目获准立项,共计下拨活动经费152600元。项目涵盖社会考察、实践调研、志愿服务、理论研究、组织建设等多个领域,充分展现了基层党组织的创造活力。考古文博学院党委"支部建在考古队上"等一系列党建工作的创新实践都源于创新立项工作进行的专门培育和发展，2012年习近平同志视察北京大学党建工作时给予了高度肯定。

5. 提供基层党建工作制度化规范化的方向指引。修订《北京大学发展党员工作规范》。下拨"两个100"基层党组织专项活动经费。

【党建和思想政治工作迎评检查】

迎接北京市委教育工委《北京普通高等学校党建和思想政治工作基本标准》检查。

1. 认真对照《基本标准》开展自查工作。先后召开由校领导、相关职能部门负责人和院系党组织负责人代表参加的工作会、现场会、自查会和动员会，并在校领导指示下深入各院系党组织了解情况、检查工作，确保各级党组织严格按照《基本标准》自评自建。

2. 准备党建迎评各类材料。认真对照《基本标准》的各级指标、测评要素具体要求，完成检查所需要的各类材料，包括综合报告、特色工作汇编、汇报稿、重要数据统计、支撑材料目录等9个方面、51盒支撑材料。

3. 做好检查期间的会务组织工作。做好党建迎评期间会务组织、人员协调、材料准备、新闻报道等各项具体安排。

4. 总结积累。通过检查提升基层党建和思想政治工作水平。针对党建迎评中暴露出来的问题，尤其是检查组所指出的问题，做到不轻视、不回避，认真总结经验，挖掘问题根源，为今后工作的开展提供突破口和切入点。

【党员发展工作】 2012年，全校共发展党员1537名，其中发展在岗教职工党员119人，发展学生党员1405人。指导各基层党组织做好党员发展规划和年度工作计划，树立"关口前移"意识，建设一支数量充足、质量过硬的入党积极分子队伍，坚持"成熟一个，发展一个"的原则，针对不同学科、不同年级的学生党员发展问题，提出有针对性的解决方案，对热心公益、在学生中有威信和影响力、能够成为院系管理骨干和学科带头人的青年教师主动关心、加强引导，努力推动在青年教师中发展党员的工作。

【干部工作】 2012年上半年，按照学校"开好党代会，加快创一流，迎接十八大"的工作主题，党委组织部干部室工作重心相应调整为以迎接和做好学校第十二次党代会工作为主，适时开展班子换届和干部调整工作，对党委宣传部部长、学生工作部部长、校团委书记、离退休工作部部长等一批正职岗位进行调整。下半年，继续推进班子换届和干部个别调整，开展轮岗交流、公开选拔等专项工作，协助相关部门积极推进后勤、继续教育等系统体制、机制调整。

1. 党代会工作。主要围绕党代会的两委委员推选展开相关工作，具体包括"两委"委员"三下三上"推选、对委员推选结果的统计分析、"两委"委员候选人预备人选的考察以及委员、常委、书记、副书记候选人预备人选建议人选材料的撰写及报送，等等。在大会召开期间，参与大会的组织筹备会务工作，重点负责大会期间两委委员选举以及新一届党委常委、书记、副书记和纪委书记、副书记的选举工作。

2. 班子换届调整和干部选拔任用工作。3月6日，学校党委专门召开党委常委会，专题研究干部选拔任用问题，明确提出北京大学干部选拔任用工作的六项原则：坚持高标准、坚持高素质、坚持重实绩、坚持按岗选人、坚持从基层一线选人、坚持民主公开竞争择优。截至2012年12月31日，选拔任用的69人次干部中，具有基层院系或后勤一线岗位工作经历的干部有53人，占76.8%，通过竞争性选拔方式产生的干部有14人，占20.3%。

2012年，学校针对不同群体、面向不同岗位开展了多种形式的竞争性选拔干部工作。有面向通用性较强的专职管理岗位的公开选拔，也有面向专业性较强的院系学科带头人的全球公开招聘，还有面向后勤一线管理干部的公开选聘和公开招聘。党委组织部按照个别部门的要求，开展了针对具体部门岗位特点的公开招聘。引入大众评委评审，组成大专家组半结构化面试，更加注重用人单位意见，更加注重个人工作实绩，实行差额考察等新的方式方法，不断提升公开选拔工作的科学性、合理性。在全球公开招聘生命科学学院院长工作中，招聘程序更进一步与国际接轨。在 Nature、Science 等国际知名刊物上发布招聘公告，安排答辩会、报告会，组织座谈会、午餐会、个别谈话等，让应聘人尽可能地与学校全方位接触，增进用人双方彼此了解，达成学校各方共识。目前学院院长招聘工作进展良好。

在后勤系统干部配备中，根据后勤系统岗位及干部群体特点采取公开选聘和公开招聘不同选拔方式。在干部配备中，既考虑保持后勤干部队伍的稳定性、实现后勤改革平稳过渡的因素，也坚持选人用人高标准，进一步扩大选人用人视野，按照有利于后勤各中心持续发展，满足创建一流后勤的需要来选人用人。

与纪委建立起经常性沟通机制，互通情况，进一步完善与纪委、监察室、财务部、审计室、人事部等相关部门监督工作联席会制度，开展不定期交流，全面掌握了解干部情况，为学校党委选拔任用干部提供决策依据。不断改进干部选拔任用工作程序，进一步将征求干部廉政意见环节提前，在班子换届、干部酝酿之初就请纪委出具相关单位廉政意见情况，尽早了解单位干部情况。对有群众来信来访的干部，待纪委做出调查处理意见后,组织部再上会通报情况,严格要求待选拔任用干部,防止带病提拔干部。

2012年考察任命了4位一线教师(龚旗煌、李冲、毕明辉、白彦),续任了1位一线教师(王成)到机关职能部门挂职。在公开选拔前,对十余个空缺岗位首先面向全校处级干部开展了交流轮岗,经过公开报名、人岗匹配等程序,一批富有基层工作经验的院系干部被交流选拔到机关职能部门岗位上(虎翼雄、刘德英、王欣涛、张莉鑫)。

【党校工作】 1. 北京大学第39期干部研讨班。2012年5月正式启动,培训对象主要是2011年5月1日以来新上岗和新晋升职务的57位中层领导干部。

培训分三个阶段实施:第一阶段是校情校策培训,邀请学校党政主要领导为学员讲授学校的基本情况、总体目标和发展战略,干部队伍现状,干部选拔任用的政策方针、考核标准等;第二阶段是国情国策培训,研讨班于7月5日至10日赴宁夏开展国情国策教育,校本部和医学部35位新上岗中层干部以及有关职能部门负责人参加,研讨班先后前往六盘山红军长征纪念馆、中华回乡文化园、沙坡头等地进行参观考察,在实践中深入了解国情国策,学习"长征精神"和"治沙精神",并通过座谈会等方式贯彻学习了北京大学第十二次党代会精神;第三阶段是治校理教能力培训,邀请中共中央党校、国家行政学院、教育部等单位的领导和专家,通过专题报告、现场教学和沟通座谈的形式,学习理论,分享经验,剖析案例,了解机关、院系的领导体制和工作机制,学习院系治理、团队管理等相关实践性内容。期间,根据干部提出的学习需求,培训班还组织学员到物理学院、口腔医学院开展现场教学,开展了与人事部的专题沟通会。

2. 北京大学第3期中青年骨干研修班。党委组织部党校办公室自2009年开始举办北京大学中青年骨干研修班,对中青年后备干部进行培训。2012年中青班受训群体更加广泛,既有专职从事教学科研工作,具有副高级及以上专业技术职务,教学科研成绩突出,关心学校和所在单位发展,对管理工作有热情、有发展潜力的中青年教师,又有经管理部门推荐,专职从事行政管理工作,年龄不超过40周岁,政治可靠,为人正直,责任感强的正科级青年管理干部。

3. 学生入党积极分子培训。2012年,党校办公室举办了第25期党的知识培训班和第19期党性教育读书班。

4. 教职工入党积极分子培训。2012年,党校办公室于2012年3—5月举办北京大学第4期教职工党的知识培训班。经过考核,全班150名学员中的138位顺利结业。

5. 干部在线学习。按照北京市委组织部、北京市委教育工委、北京市干部在线学习中心的统一部署和安排,党校办公室2012年继续动员和组织全校中层领导干部和科级干部参加北京市干部在线学习。228名干部报名参加学习,其中校本部150人,医学部78人。

6. 专题研讨班。10月启动"北京大学2012年度干部境外培训"。11月22—23日,学校党委举办了主题为"深入学习贯彻十八大精神 更加执著地加快推进创建世界一流大学步伐"的专题研讨班。基层党委(党工委、党总支、直属党支部)负责人,各学院(系、所、中心)行政负责人,各职能部门、直属附属单位负责人,校内各民主党派负责人等,共计142名干部参加研讨班。

宣 传 工 作

【概况】 2012年党委宣传部围绕"两会"和学校"十二大"的宣传和舆情工作,参与调研、讨论学校第十二次党代会报告的起草,及时掌握教师思想动态,为学校和院系理论中心组集体学习做好服务。

举办一系列理论研讨活动。承办北京大学2012年五四理论研讨会,以"中国特色社会主义:道路、理论、制度"为主题,邀请中央社会主义学院党组书记、第一副院长叶小文,教育部副部长李卫红,北京市委常委、教育工委书记赵凤桐等领导讲课。

连续第三年开展北京市哲学社会科学科研骨干研修班的组织工作。2012年轮训共十二期,涉及各院系文科教师和业务骨干51人,迄今已培训学校文科教师207人。

承担上级部门交办的课题研究和舆情报送任务。参加教育部每年一度的高校师生思想状况滚动调查活动,组织学校20个文理科院系参与此次调查。继续参与中宣部、北京教工委等部门组织的重要调研。组织上报舆情信息200余篇,其中上报校办、市教工委、教育部50余篇,专报中宣部150余篇。

医学部宣传部继续扎实推进党的理论学习、加强党风廉政建设,整合北医宣传系统干部做好"内聚人心,外树形象"的宣传工作。2012年"两会"结束后,医学部宣传部与统战部邀请医学部10位全国两会代表、委员,为师生代表解读"两会"精神,举行"两会"精神传达学习报告会。组织北医宣传系统干部赴遵义参观学习、赴黔南民族医专交流座谈,并注重宣传和学习百年北医勇担社会责任、引领医学教育的实绩与精神。

【新闻宣传】 新闻宣传工作继续围绕学校的中心工作,注重对北京大学全方位的报道。据不完全统计,对外宣传方面,平均每周协助校内大型活动或其他部门邀请、接待校外媒体3～5次,北京大学2011—2012年度对外宣传中正面宣传整体发稿3000多篇,转载率80%以上。

主动宣传报道北京大学在创建世界一流大学过程中各项工作和成绩,努力探索宣传工作新的方式方法。做好中共北京大学第十一届全委会和第十二次党代会的宣传报道工作,策划制作完成以迎接北京大学第十二次党代会为主题的北京大学建设成果展;做好党的十八大的各项宣传工作,做好贯彻落实党的十八大精神的各项宣传活动,创新活动的组织协调工作;配合学校的师德建设工作,做好高松老师事迹教育部宣讲团的工作,并做好北京大学一系列典型人物的宣传;积极策划组织开学典礼、毕业典礼、北京论坛2012、北京大学"一二·九"师生歌咏比赛等重大活动的宣传工作。积极组织安排对学校重大活动、重要科研成果的报道,妥善协调校内外媒体的宣传报道工作。协助做好医学部"风雨彩虹,世纪欢歌"庆典晚会、"顶天立地北医人"庆典专刊等庆祝活动的系列宣传报道工作,适时弘扬北大人、北医人的精神传统。

组织北京大学新闻中心媒体联谊的各项工作,继续摸索应对危机事件的处理方式,进一步调查研究危机事件新闻报道的特征影响,多方采取措施,最大程度减少负面新闻对学校形象的影响。举办北京大学中央主要媒体高层联谊会,举办北京大学金秋媒体联谊会等,注重主动与新闻媒体的多方位沟通,为社会更客观、公正地看待北京大学搭建好平台。

医学部党委宣传部采写医学部各项活动的信息报道,完成了北医百年系列庆典、"永远跟党走——北医离退休老同志建党九十周年征文活动"座谈会、"永远跟党走"庆祝建党91周年合唱比赛、中国卫生思想政治工作促进会及其医学教育分会年会、无烟校园创建工作推进会及校园控烟工作等重要活动的宣传报道工作。组织编写《永远跟党走——北医离退休老同志纪念中国共产党建党九十周年文集》《厚道北医人》等书籍,组织拍摄《生死相托——北医的一个世纪》电视纪录片、《今日北医》电视宣传片等,获得广泛好评。

【广播台】 2012年继续作为全国高校广播工作联谊会会长单位,组织协调各项工作并完成了会报、会刊的编辑出版工作。上半年,按照学校要求针对学校召开的第十二次党代会进行了前期宣传和会议期间的报道工作。除每天发布相关新闻动态外,还制作播出了五期专题节目。下半年,对学校第十二次党代会会议精神进行了宣传,至今已制作播出了三期节目。2012年度到目前为止共制作播出143期节目,总时长8580分钟。

2012年上半年及暑假期间,修复了因学校施工损毁的学生宿舍区室外广播地下电缆线路,保障新学期开学后的日常广播。

2012年,广播台完成学生兼职工作人员的招聘录用,并完成了学校人事部组织的向社会招聘英文新闻网工作人员的筛选、考核、录用工作。2012年上半年,广播台代管学校英文新闻网工作。

【电视台】 2012年,北京大学电视台继续围绕学校中心工作和热点活动进行宣传报道,全年累计拍摄新闻约800条,全程记录活动60场左右,直播的活动达20余场,学生记者团共制作学生栏目180期左右。

对北大第十二次党代会进行重点宣传报道。自3月起,在《北大新闻》中开辟了党代会专题栏目"开好党代会 加快创一流 迎接十八大",共制作了20余期,为党代会制作了名为《勇担使命 团结奋斗》的专题片,在党代会召开期间制作了4期《新闻直通车》,快速传递党代会新闻。党代会召开之后,对多名院系部门领导进行采访,制作了"深入学习贯彻党代会精神"系列访谈节目约10期。

宣传党的十八大。报道十八大期间北大师生对大会的关注,在党的十八大之后,制作了约50期有关北大师生学习领会十八大精神内容的专题节目。

北大电视台联合北大后勤党委推出了"北大后勤人风采"系列节目,展现后勤基层工作者们的辛勤劳动与爱岗敬业的精神风貌。目前该系列节目已制作3期。

宣传报道学校教学科研活动、院系活动。对重大院系活动如医学部一百周年、哲学系一百周年、经济学院一百周年、工学院六十周年、信息科学技术学院十周年等活动进行特别报道,为部分学院制作了专题片。

宣传报道学校大型活动,如首都高校第50届运动会、北大运动会、两场毕业典礼、第九届国际文化节、北京论坛(2012)等。

【新闻网】 围绕学校中心工作开设专题44个(截至2012年12月1日),编辑、发布文章7000余篇,撰写新闻、通讯等新闻作品近400余篇,发布新闻图片万余张。英语新闻网共发布新闻350余篇,开设了图书馆百年、北医百年、元培学院十周年等专题,忠实地记录北大在教学科研、国内外交流合作、思想党建、校园建设、校园文化等方面的成就。

制作北京大学第十二次党代会专题网站。主动策划，多层次、分步骤地舆论造势，及时抓住大会热点和新闻人物，利用视频加强宣传效果，并设专题，展现党代会的学习热潮及成果。

全面报道师生关注、热议党的十八大的情况，开设"聚焦十八大""解读十八大报告""学习贯彻十八大精神"三个专题，从不同角度展示北大师生将十八大精神与自己本职工作相结合、争创一流的精神面貌。

新闻宣传更注重贴近校园生活，人物典型报道注意了多样性和层次性，开设了"身边的燕园人""我爱我师""莫道桑榆晚"等专题，通过普通师生的视角展示燕园人真实的所历所感，反映校园生活的原生态。

梳理、改进工作程序，对工作制度如《北大新闻网保密工作规定》《北京大学英语新闻网工作手册（第4版）》等进行了修订。坚持每周编辑会制度。在编辑部内部进行了数次不同专题的业务交流和培训。

进行北京大学新闻网（中英文）认知度问卷调研，了解了新闻网在校内外受众中的形象、影响力度，收集受众的意见和建议，推动自身建设。英文网还对亚洲其他国家和地区部分知名大学的英语新闻网站进行了系统调研，初步明确了北大英语新闻网改版方向。

对新闻网网站发布后台进行了积极维护，对新闻网的网络安全进行了自查，并重新制定了《北大新闻网网络安全管理制度》。

建设好学生培养园地，组织了一系列的学生记者团活动：进行了2011—2012年度优秀学生记者及优秀新闻作品评选；赴河南巩义暑期实践，感受河南厚重文化；赴北京朝阳区三间房乡学习交流；每月2次学生记者交流沟通会；数次学生记者业务培训会；生日联欢会。

英文网重新启用了新浪微博"@北大之窗"，对"北京论坛2012"开幕式进行了全程微博直播，受到校内外广大受众关注。

【校刊】 2012年，北京大学校刊共出报41期（1268—1308期），平均为周报。出版了如下专刊共11期："社会学系30周年""马克思主义学院20周年""北大体育工作""经济学院（系）100年""十二次党代会""党代会报告""信息科学技术学院10周年""哲学系100周年""图书馆110年""北京论坛""学工部表彰专刊"。专刊集中宣传了学校、院系的大事、要事。同时推出第十二次党代会代表访谈等多个专版，集中宣传了师德师风、交流合作、先进典型等内容。

突出宣传中央、教育部、北京大学的重要工作部署，做好"大事"的宣传。以学校第十二次党代会和党的十八大精神为指导，突出宣传北京大学如何在创建世界一流大学的进程中发挥北京大学"走在前列、引领创新"的作用，如何实现三步走战略，服务国家建设大局。专门开设了学习专栏，加大理论文章的宣传力度。积极做好深入采访，做好"人"的宣传。对于学校中的典型教师、优秀学子、甘于奉献的普通劳动者进行了深入采访和宣传。校刊对于已经很有特色的品牌"国内政治经济热点访谈"和文艺副刊版，进行了进一步的加强，受到了校内师生的关注和喜爱。

北京大学校刊，也是中国高校校报协会的秘书处。2012年，组织全国高校校报好新闻评选，组织召开了协会年会。

【摄影组】 在校内外报刊和网上共发稿二百余幅图片。制作图片橱窗展板五十余版。全年图片拍摄总数量约七万张。

承担向学校各种图片展览、出版书籍提供图片的任务。

【医学部校园媒体】 北医新闻网、《北医》报、《北医人》杂志、广播台、电视新闻、校园橱窗、图片摄影等校园媒体，2012年在保持报道数量稳中有增的基础上，更注重报道的深度和质量。

1. 北医新闻网。2012年增添北医首页新闻。共整编新闻1000多条，更新图片新闻50多期，制作专题6个。精编首页新闻近300条。率先开辟专题"世纪学府，百年北医"，共计登载156条庆典相关信息。

2. 《北医》报。共出报25期，其中包括教代会专刊1期，党代会专刊1期，百年庆典专刊4期，全方位宣传医学部工作。

第一，编辑部继续积极开展对历史的"抢救性"工作，搜集整理校史相关内容，对老专家进行采访报道，如《泽济世人，毅弘致远——访杰出校友曹泽毅》等文章，还包括与医院协作，组织王德炳、张嘉庆、祝学光、李春英等教授畅谈北医情缘，组织老北医人追忆王光超、马旭、李肇特教授的系列文章，并特约了张质《我的思茅情结》、王存玉《我的导师李珠瑜》等追忆故事，刊发了一系列向百年庆典献礼的回忆性文章。此外，配合老同志们的校庆热情，采访了画册主编，专版刊发了北医离退休老同志书画集锦部分作品。第二，针对校友开展了一系列工作，积极约稿，配合进行校友事迹的报道。特约了新疆校友赵福祥《激情燃烧的岁月》，讲述了援疆校友群体的事迹；特约了校友焦万慧《我的母校，我的北大荒》，通过在北大荒工作的一系列故事，反映了北医人仁爱、坚强的特质。与海外校友联系，刊登了余泽民《百年不孤独》等文章，目前仍在继续刊登相关内容。第三，百年庆典之际，为使大家对北医的历史有所认识与了解，在三版刊登了《汤尔和与中国近代医学教育》《北医在中国医学史上的第一：首部解剖条例的诞生》《北医在中国医学史上的第一：第一个法医学教室》等文章，结合人物故事，切实深化大家对历史的认识。全方位跟踪报道庆典活动，出版了两期庆典专刊，每期8版，刊登了国家领导人的贺信、题辞，全面报道了庆典当天的恢弘、晚会的欢乐、校园活动的多姿多彩和校友的杰出贡献。

针对2012年度医学部不断涌现的先进人物，编辑部重点推出了《张骞：追求艺术境界的外科大夫》《周福德：福荫患者，德被杏林》《脚踏实地，助推中国药学发展——访药学院院长刘俊义》《敬业乐群、止于至善——我眼中的王夔先生》；并继续完成对医学部典型人物进行宣传报道。

《北医》报刊发了周其凤《关于北大加快创建世界一流大学的调查与思考》、张礼和《培养高质量的创新型人才是教师的责任》、王恩哥《高校学风建设从哪入手》、柯杨《师德师风就是学德学风》、陈兴安《跨世纪难题如何破解》、韩启德《加强科学道德和学风建设刻不容缓》和基础医学院《从基础医学院的发展进步看我校研究型大学的建设》等一系列研究型文章。

2012年，《北医》报继续在医学部范围内宣传创新团队的先进经验，报道了《创新铸就医药产业强心之本——访天然药物及仿生药物国家重点实验室教育部创新团队》的采访通讯。《北医》报加强与外界媒体联系，不仅全面承担起庆典期间的媒体联络任务，还联合创作了《顶天立地"北医人"》等文章，多篇文章被外媒转发。

3.《北医人》杂志。2012年《北医人》杂志日趋完善。自2011年成立编委会并对杂志进行全面改版以来，杂志的可读性和人物报道的深入性、广泛性都进一步提升。《北医人》秉承"展现北医人风采，塑造北医人形象，成为北医'内部交流、外部传播'的深度载体"的宗旨，加大对基层团队、平凡人物的宣传，加大对医疗、科研、教学领域的先进典型的宣传，鼓励启用师生的原创文章，《北医人》逐渐成为医学部的重要文化品牌。

2012年《北医人》共出版四期，包括三月刊、《医英十年特刊》、《百年庆典特刊》和十二月刊。《三月刊》报道了北大医院肾内科副主任周福德、北大医学泌尿外科副主任医师张骞、"新途径"教改负责人之一管又飞等一批在医疗、教学岗位上有突出表现的中青年骨干；介绍了北医幼儿园教师齐文雯这样爱岗敬业的普通职工；讲述了退休教授流行病学专家魏承毓的北医情怀，北医校友王存玉的杰出成绩；策划了专题《北医人在两会》和《为了梦想，他们告别校园去当兵》。《医英十年特刊》通过"封面人物""历史回顾""人物专访""教师寄语""毕业生的话"等栏目，全面深入回顾了生物医学英语专业成立十年来的艰辛历程和所取得的各项成就。

4. 北医广播台。2012年更多着眼于校内活动，包括校内新闻、北医及各临床医院动态、北大国际交流活动、北医系统教授及校友取得荣誉、各学院、学生社团活动及当周北医讲座活动预告。另外，为准备迎接百年校庆制作了专题栏目。年内共编辑播出新闻32期约220条，《英语》28期，《音乐综合》30期，《文学》22期。

同时承担了开学典礼短片、毕业典礼短片等视频制作任务。

5. 北医校园橱窗。继续发挥重要宣传作用。针对国家大事和宣传工作主旋律，制作了《科学发展，强国富民——迎接中国共产党第十八次全国代表大会召开》《拒绝烟草，珍爱生命》《始终保持党的纯洁性》《科学发展，成就辉煌——热烈迎接中国共产党第十八次全国代表大会》《廉政中国》《社会主义核心价值体系》等展板12块。在校内重大工作中，结合教师节表彰、奖学金颁奖等与其他各部门合作宣传先进。在北医百年庆典期间，宣传栏展出班级展板设计大赛决赛作品，庆典周则展出以"忆往昔喜迎百年，看今朝成就未来"为主题的各二级单位历史及成就展示。

6. 摄影图片工作。2012年共拍摄约130场会议及学校重要活动，拍摄照片约8000余张，并供报纸、杂志、新闻网、橱窗等校园媒体使用。

统战工作

【概况】 2012年，北京大学统战工作认真贯彻落实中共中央《关于加强新形势下党外代表人士队伍建设的意见》文件精神，在全校统战各界人士的积极参与和专兼职统战干部的共同努力下，民主党派工作、党外代表人士工作、民族宗教工作、港澳台侨工作、统战理论与实践研究都取得了重要进展。

【党外人士队伍思想基础】 拟定《中共北京大学委员会关于进一步加强党外代表人士队伍建设的意见》（草案）和《关于加强党外代表人士队伍建设加大党外代表人士选拔任用力度的若干政策性意见》（草案）。党的十八大召开后，统战部认真领会上级文件精神，制订《北京大学统战系统学习贯彻十八大精神实施方案》，组织统战系统各界人士采取多种形式开展学习十八大精神活动。

做好学校第十二次党代会相关筹备工作,深入贯彻落实党代会精神。2月29日,朱善璐书记、杨河副书记召开党代会筹备民主党派负责人通报会,向民主党派负责人通报学校第十二次党代会筹备情况。5月9日,学校党委再一次召开征求党代会报告民主党派负责人意见会,听取民主党派负责人的意见建议。6月12日,北京大学第十二次党代会开幕,民盟主委鲁安怀代表民主党派和侨联组织致辞,部分全国"两会"代表、委员,民主党派负责人,无党派代表人士作为嘉宾参加了开幕式。党代会结束后,统战系统出台了《学习贯彻党代会精神、迎接党的十八大实施方案》。7月5日,在江西井冈山召开了统战系统通报和学习贯彻党代会精神座谈会,朱善璐书记、敖英芳副书记向民主党派、侨联负责人及无党派人士代表通报了党代会文件精神,与会人员对统战系统如何贯彻落实党代会精神进行了深入学习讨论。

【党外代表人士队伍建设】 拟定《中共北京大学委员会关于进一步加强党外代表人士队伍建设的意见》(草案),以及《关于加强党外代表人士队伍建设加大党外代表人士选拔任用力度的若干政策性意见》,提出要做好学校党外代表人士队伍建设工作,应当明确领导责任、抓好发现储备、强化教育培训、加大选拔任用、注重管理培养、充分发挥作用、做好联谊交友、加强推荐输送、扩大舆论宣传。统战部与组织部建立了党外干部培养的联动机制。校党委副书记敖英芳、党委统战部长张晓黎先后参加了上级部门组织的4号文件座谈会,对文件的贯彻落实提出了具体的意见建议。

2012年重点推进党外代表人士培训学习工作,积极拓展培训形式,提高党外代表人士队伍素质。先后举办了党外人士暑期学习班、党外人士赴井冈山实践考察学习等活动,以理论结合实践的形式加强党外干部党的理论教育、革命传统教育。除学校开展的培训学习活动外,统战部还积极推荐党外代表人士参加中央统战部、市委统战部组织的学习培训。田刚、李晓明、刘梅林、陈十一等参加中央统战部党外人士培训;鄂维南、龚六堂、郭莉萍、邢沫参加北京市委统战部无党派人士培训班;李虹、刘丽静、姚云峰、唐志辉参加北京市党外代表人士培训班。2012年共计120多位党外人士参加各项培训活动。

经与北京市有关部门积极协调,推荐顾晋到北京市局级岗位挂职,推荐李美仙、徐仁新、刘岳峰、关振鹏四位同志到处级岗位挂职,并开展了干部挂职上岗前的培训工作。

【党派中央、党派市委及全国、北京市"两会"换届工作】 2012年是各民主党派中央、北京市委,全国及北京市人大、政协换届年。上半年,各民主党派市委换届完毕,北京大学共有33人当选为民主党派市委委员,其中常委13人(含主委1名,副主委5名)。具体名单如下:

主委1人:九三学社马大龙(基础医学院,连任)。

副主委5人:民盟蔡洪滨(光华管理学院,新任);民建符国群(光华管理学院,连任);民进张颐武(中文系,新任);农工党顾晋(肿瘤医院,连任);九三学社陆杰华(社会学系,连任)。

常委13人:民革吴泰然(地球与空间科学学院,连任),关平(地球与空间科学学院,新任);民盟蔡洪滨(光华管理学院,新任),鲁安怀(地球与空间科学学院,连任),季加孚(肿瘤医院,连任);民建符国群(光华管理学院,连任);民进张颐武(中文系,新任);农工党顾晋(肿瘤医院,连任);致公党刘阳生(环境科学与工程学院,新任);九三学社马大龙(基础医学院,连任),陆杰华(社会学系,连任),吴明(公共卫生学院,连任),沈兴海(化学与分子工程学院,新任)。

委员33人:民革吴泰然(地球与空间科学学院,连任),关平(地球与空间科学学院,连任),涂平(第一医院,连任);民盟蔡洪滨(光华管理学院,新任),鲁安怀(地球与空间科学学院,连任),季加孚(肿瘤医院,新任),刘力(光华管理学院,连任),卫燕(肿瘤医院,连任),晋长伟(口腔医院,连任),李玮(外国语学院,新任);民建符国群(光华管理学院,连任),邱建国(先进技术研究院,连任),李海丽(第一医院,连任);民进张颐武(中文系,连任),肖鸣政(政府管理学院,连任),霍勇(第一医院,连任),高承志(人民医院,新任);农工党顾晋(肿瘤医院,连任),陆地(新闻与传播学院,连任),张海燕(人民医院,连任),熊辉(第一医院,连任),杜保民(北京北大维信生物科技有限,新任);致公党刘阳生(环境科学与工程学院,连任),王若鹏(物理学院,连任),王晓敏(第一医院,连任);九三学社马大龙(基础医学院,连任),陆杰华(社会学系,连任),吴明(公共卫生学院,连任),沈兴海(化学与分子工程学院,连任),屠鹏飞(药学院,连任),刘忠范(化学与分子工程学院,新任),阙呈立(第一医院,新任),昌晓红(人民医院,新任)。

10月中旬至11月中旬,协助考察各民主党派中央换届人选,北京大学共产生了1名中央主席,2位中央副主席,7位中央常委,27位中央委员。具体名单如下:

主席1人:九三学社韩启德(医学部,连任)。

副主席2人:民盟田刚(数学科学学院,新任);九三学社马大龙

(基础医学院,连任)。

常委 7 人：民盟田刚(数学科学学院,新任),方精云(城市与环境学院,新任),贾庆国(国际关系学院,连任);民进王铮(北大附中,新任);致公党赵进东(生命科学学院,连任);九三学社韩启德(医学部,连任),马大龙(基础医学院,连任)。

委员 27 人：民革吴泰然(地球与空间科学学院,连任);民盟田刚(数学科学学院,新任),方精云(城市与环境学院,新任),贾庆国(国际关系学院,连任),鲁安怀(地球与空间科学学院,连任),蔡洪滨(光华管理学院,连任),陈晓明(中文系,连任),季加孚(肿瘤医院,连任);民建倪晋仁(光华管理学院,连任);民进王铮(北大附中,连任),刘凯欣(工学院,连任),张颐武(中文系,连任),胡军(哲学系,连任),霍勇(北大医院,连任),佟新(社会学系,新任);农工党顾晋(肿瘤医院,连任),樊东升(北医三院,连任),王平(北大医院,新任);致公党赵进东(生命科学学院,连任),陈仲强(北医三院,连任);九三学社韩启德(医学部,连任),马大龙(基础医学院,连任),申丹(外国语学院,连任),刘伟(体育教研部,连任),吴明(公共卫生学院,连任),刘忠范(化学与分子工程学院,新任),陆杰华(社会学系,新任)。

10 月中旬至 12 月中旬,协助上级部门完成北京市政协、人大换届有关人选的提名、考察工作,共有 16 名北京大学教师当选为市政协委员(其中吴泰然、胡坚、符国群、张晓黎、季加孚、高炜任常委),另有 6 位党外人士(其中张颐武、陆杰华任常委)当选为市人大代表。具体名单如下：

北京大学第十二届北京市政协委员名单(单位、界别)：吴泰然(地球与空间科学学院、民革),陈晓明(中文系、民盟),季加孚(肿瘤医院、民盟),蔡洪滨(光华管理学院、民盟),肖鸣政(政府管理学院、民进),马大龙(基础医学院、九三学社),沈兴海(化学与分子工程学院、九三学社),孙丽(校工会、总工会),胡坚(经济学院、经济界),符国群(光华管理学院、经济界),关平(地球与空间科学学院、教育界),张晓黎(统战部、教育界),李爱国(艺术学院、教育界),高炜(第三医院、医药卫生界),王杉(人民医院、医药卫生界),张毓(基础医学院、科协)。

北京大学第十四届北京市人大代表名单(单位、党派)：刘民(公共卫生学院、无党派),胡敏(环境科学与工程学院、中共),刘玉村(第一医院、中共),张守文(法学院、中共),张颐武(中文系、民进),李海丽(第一医院、民建),楼建波(法学院、民盟),樊东升(第三医院、农工、中共),陆杰华(社会学系、九三学社)。

12 月中旬以后,协助上级部门进行全国政协、全国人大换届有关人选提名、考察工作。

【民主党派和侨联工作】 4 月 15 日,致公党北京大学支部与中科院致公党支部、医学部致公党支部举行联合活动,在中科院植物所举办了讲座和联谊活动。4 月 20 日,九三北京大学委员会邀请九三学社中央政策研究室主任岳庆平作了关于"参政党理论和社史研究的几个问题"的辅导报告。5 月 30 日,民盟北京大学委员会举行成立 60 周年纪念活动,民盟中央副主席陈晓光、民盟市委主委葛剑平出席。8 月 10 日,九三学社北京大学、清华大学、北大医学部三个委员会联合举行 2012 年暑期干部学习交流会。10 月 28 日,民建北京大学委员会举行成立大会,全国人大常委会副委员长、民建中央主席陈昌智出席并讲话。11 月 20 日,北京大学侨联会组织 40 多名侨联成员,参观了北京展览馆"科学发展、成就辉煌"大型图片展。11 月 30 日,民盟北京大学、清华大学、北大医学部两校三委在北京大学联合举办第七届"民盟高教论坛—大学风范",民盟中央副主席索丽生出席。12 月 7 日,农工党北京大学支部与西苑医院支部举行联合活动。12 月 16 日,九三学社北京大学第二委员会召开了全委(扩大)会议,总结研讨工作。12 月 18 日,北京大学民主党派合唱团参加了学校 2012 年歌咏晚会演出。12 月 24 日,致公党北京大学支部举行学习贯彻十八大精神及年终工作总结研讨会。

4 月 24 日,医学部统战人士和统战干部 50 余人参观了位于大兴区亦庄经济开发区的北京同仁堂制药厂;9 月 26 日,医学部统战系统举行了"迎接百年庆典、传承统战文化"论坛,包括举办文化论坛、工作图片展览、征文比赛等;11 月 22 日,民盟北医委员会举行了第三届"医改沙龙",近 70 位盟员参加了活动。

在民主党派组织发展方面,截至 12 月底,校本部有 10 位,医学部有 36 位同志加入各民主党派。

【民族宗教、安全稳定工作】 认真贯彻落实民族政策,关心少数民族师生的工作、学习和生活情况,了解他们的思想动态,加强对少数民族师生骨干的培养教育。注意通过各种方式团结和关心广大少数民族师生,与有关部门一起组织、参加了古尔邦节等少数民族节日庆祝活动。医学部统战部部长王军为通过"民族基本知识和党的民族政策"讲座,给回民食堂工作人员讲解民族基本知识和党的民族政策。医学部还组织各民主党派、侨联、无党派人士、少数民族代表、统战干部 60 余人,参观了北京市宣武门天主教堂和牛街礼拜寺。

结合贯彻实施国务院制定的《宗教事务条例》,在广大师生中进行马克思主义宗教观和党的宗教政策的宣传教育，认真、细致地做好宗教专项工作，坚决抵制境外敌对势力利用宗教对高校进行渗透。注意提高干部、教师对宗教问题的分析判断能力和工作能力，与学工部一起组织师生参加中央统战部、教育部于5月23日在清华大学举办的正确认识和对待宗教问题报告会，先后参加市委教工委组织的宗教专项工作会和培训会10余次。

【港澳台侨工作】 积极宣传落实《中华人民共和国归侨侨眷权益保护法》，重视归侨侨眷工作，北京大学侨联会根据中国侨联"凝聚侨心、汇集侨智、发挥侨力、维护侨益"的要求，创新工作方式、拓展工作领域，积极开展工作。根据中央统战部《关于做好留学人员统战工作的意见》文件精神，注意在归国留学人员中加强统战工作，努力在优秀的归国留学人员中发现、培养、推荐党外代表人士。

2012年6月，北京大学5位教授入选首批北京市侨联特聘专家委员会委员，其中赵述东担任委员会主任委员，朱卫国担任副主任委员，董志勇、周力平、齐鲁被聘为委员。推荐吴飞、徐仁新、周飞舟、宋峰、刘群艺、郭丽萍、孔炜、徐明、叶敏、邢沫担任海淀区党外知识分子工作联谊会理事。

8月，统战部接待了台湾高校教师大陆文化教育参访团，敖英芳副书记向台湾高校教师介绍了北京大学的历史与现状，几个相关院系分别介绍了学科发展情况，中央电视台《新闻联播》做了报道；接待香港元朗区警署少年警讯团来北京大学访问。12月11日，张晓黎参加澳门中华总商会青年委员会主办的澳门青年发展图片展。2013年1月8日至18日，该图片展将在北京大学展出。12月12日，统战部接待台湾太平洋基金会董事长钱复一行来访。

【党建评估工作】 11月1日，北京市党建与思想评估检查组进驻北大，在几大块重点检查工作中，"党外代表人士队伍建设"和"抵御和防范宗教渗透"两项工作由统战部牵头负责。统战部认真准备相关材料和总结，所做工作得到了检查组的认可。

11月8日，在教工委组织的高校统战部长"党建检查统战工作专题研讨会"上，统战部与其他高校统战部对党外人士队伍建设和抵御防范宗教渗透两项工作进行了专题交流。

【理论研究和信息、宣传工作】 2012年北京大学承担了市委教工委关于台湾学生调研课题，期间多次与清华、首医大等7所高校举行座谈会，通过发放调查问卷、赴台湾考察调研等方式了解台湾学生在大陆学习、生活情况等，形成调研报告。北京大学侨联会承担了市侨联研究课题"加强与归侨侨眷、海外华侨华人高知识群体联系，为全面建设小康和侨联工作可持续发展贡献力量"，已经结题。

继续做好统战信息报送工作，努力提高信息质量和参考价值。截至12月底，共向中央统战部、北京市委统战部、北京市教育工委报送了27份统战信息。

为迎接学校第十二次党代会，统战部在北大新闻网《发展的脚步》专栏上发表了"围绕中心服务大局，携手共进与党同行"，对9年来的统战工作做了梳理和总结。

【海淀区政协领导走访北大区政协委员】 3月27日下午，海淀区政协主席彭兴业，区委常委陈惠丰，区政协副主席刘恪、丁志明等来到北京大学，走访了北京大学的海淀区政协委员。北京大学党委副书记杨河，副秘书长、统战部部长张晓黎，医学部党委副书记顾芸及部分区政协委员参加了座谈。彭兴业介绍了第九届海淀区政协委员会的概况，他表示，海淀区和北大长期友好合作，海淀区的进步发展离不开北大的支持和贡献，希望北京大学继续努力发挥自身人才智力优势，为北京市、海淀区地方经济和社会发展做出积极贡献。随后，北大的海淀区政协委员就委员履职、北大与海淀区共同发展等问题与区政协领导进行了交流，畅谈在新一届区政协的履职感受。在北京大学工作的第九届海淀区政协委员共有16名，其中2名是区政协常委。

【北京大学民盟组织举行成立60周年纪念大会】 5月30日下午，北京大学民盟组织成立60周年纪念大会在光华管理学院大楼203多功能厅隆重举行。民盟中央副主席陈晓光，民盟北京市委主委葛剑平，北京大学党委副书记于鸿君，民盟中央组织部部长陈幼平，民盟北京市委常务副主委刘玉芳、副主委贾庆国、组织部部长严为，《群言》杂志社副主任曲伟，北京大学党委统战部长张晓黎等领导，中国科学院、清华大学、中国人民大学、北京师范大学、中国农业大学、民盟海淀区委等单位民盟组织代表，九三学社北京大学委员会等民主党派组织代表，北大民盟部分盟员参加了纪念大会。

民盟北京大学委员会主委鲁安怀全面介绍了北大民盟的历史与现状，并提出以北大民盟成立六十周年为新起点，开创民盟基层组织工作的新局面。陈晓光副主席充分肯定了北京大学广大盟员多年来为我国的科学事业、民主事业做出的贡献。葛剑平主委也高度赞扬了北大民盟取得的成绩。于鸿君副书记宣读了北京大学党委书记朱善璐的贺信。

九三学社北京大学委员会主委沈兴海、民盟清华大学委员会主委何福胜发表了热情洋溢的贺词。全国人大常委会副委员长、民盟中央主席蒋树声，全国人大常委会原副委员长、民盟中央原主席丁石孙，北京市政协副主席、民盟北京市委主委葛剑平,北京大学校长周其凤,民盟中央原副主席、现任全国政协常委厉以宁,民盟中央原副主席、现任中央文史馆馆长袁行霈等为纪念大会题写了贺词。全国政协副主席、民盟中央第一副主席张梅颖为纪念大会发来了贺信。

【党委统战部组织学校党外人士暑期学习考察活动】 6月29日至7月6日,党委统战部组织学校统战人士进行暑期学习考察活动,学校民主党派基层组织、侨联负责人、部分骨干及部分无党派人士参加了有关活动。

学习考察活动主要内容包括:学习贯彻学校第十二次党代会精神、形势报告、革命传统教育,分三个阶段进行。6月29日举行的校内学习活动以报告会为主要形式,各党派负责人、骨干及校本部、医学部的各民主党派成员、统战人士等近百人参加。全国政协常委、国务院参事、经济学院李庆云教授作了"稳增长与经济发展方式转变"的报告。国际关系学院副院长王逸舟教授作了"中国外交的机遇与挑战"的报告。

7月1日开始,学习考察活动进入第二个阶段,参加学习考察活动的各党派负责人、部分骨干及统战部人员集体乘火车赴江西,以革命传统教育为主题开展了一系列学习考察活动,在革命旧址重温历史、缅怀先烈,深入学习和领会中国革命道路的历史性和必然性。7月5日,学习考察活动进入第三个阶段,朱善璐书记、敖英芳副书记专程到井冈山看望在这里学习的党外人士,并在井冈山举行北京大学统战系统通报并学习贯彻党代会精神座谈会。

【中国民主建国会北京大学委员会成立】 10月28日,中国民主建国会北京大学委员会成立大会在北京大学正大国际中心举行。全国人大副委员长、民建中央主席陈昌智,民建中央常务副主席马培华,民建中央副主席、北京市委主委王永庆,民建中央组织部部长李世杰,中共北京市委统战部副巡视员、党派处处长刘先传,民建北京市委常务副主委任学良,民建北京市委秘书长李申虹,北京大学党委副书记敖英芳,北京大学副秘书长、党委统战部部长张晓黎等出席。北京大学党委书记朱善璐向成立大会表达了祝贺。

成立大会上,民建海淀区委主委王玉梅宣布同意成立民建北京大学委员会的决定及对民建北京大学委员会选举结果的批复。北京大学城市与环境学院教授陈效逑任民建北京大学委员会第一任主委。

陈昌智主席代表民建中央对民建北京大学委员会的成立表示热烈的祝贺,对北京大学党委和统战部对民建工作的支持表示感谢,他希望民建北京大学委员会为北京大学、海淀区、北京市和全国的发展建设多做贡献,为民建中央多提优秀提案,做好参政议政工作。

敖英芳代表北京大学党委对民建北京大学委员会的成立表示祝贺,并代表北京大学党委提出希望,希望民建北大会员在新的历史时期勇挑重担,积极进取,再立新功,为国家经济社会发展、为北京市和北京大学的发展建设做出新的更大的贡献。

民建清华大学委员会主委褚福磊、九三学社北京大学委员会主委沈兴海、民建北京大学委员会主委陈效逑分别致辞。来自海淀区各民建支部代表、北京大学各民主党派代表以及民建会员共60余人出席成立会议。

中国民主建国会北京大学基层组织成立于1996年8月,委员会成立之前为民建北京大学支部。16年来,民建北京大学支部在民建上级组织和北京大学党委的领导下,在参政议政、组织建设、社会服务等方面做了大量的工作。民建北大会员结合党派特点,发挥自身专业优势,积极参政议政,多次参与民建中央、相关部委和北京市委等的重点课题调研和政策咨询研究工作,就国家经济形势、民营经济发展、民生保障建设、教育改革、农村发展等问题积极建言献策,取得了突出成绩。

【第七届民盟高教论坛在北大举行】 由民盟北京大学委员会、民盟清华大学委员会、民盟北京大学医学部委员会联合举办的"第七届民盟高教论坛——大学风范"于2012年11月30日在北京大学光华管理学院举行。

全国人大常委、民盟中央副主席索丽生,北京市政协副主席、民盟北京市委主委葛剑平,民盟北京市委专职副主委宋慰祖,民盟北京市委副主委、光华管理学院院长蔡洪滨,《群言》杂志社副主编曲伟以及校党委副书记敖英芳,医学部党委副书记顾芸,清华大学党委统战部部长唐杰,北京大学党委统战部部长张晓黎等有关领导出席了论坛。论坛由民盟北京大学委员会副主委李玮教授主持。

索丽生副主席首先致辞,他高度赞扬"民盟高教论坛"紧紧围绕高等教育的话题,探寻高校的发展方向及时代重任的精神。敖英芳副书记在致辞中代表北京大学对民盟高教论坛的召开表示热烈祝贺,他指出,民盟北京大学委员会心系教育,开创"民盟高教论坛"平台,对中国教育发展中出现的问题和中国教育发展的远景规划提出了很多有益的意见和建议。相信这次论坛的举办对于探讨如何树立和发扬大学风范,提高我国大学的办学质量和教育水准,促进我国高等教育的发展都会产生积极的作用。

论坛共设5位主旨发言人。北京大学新闻与传播学院副院长程曼丽教授针对师德建设以及大众传播时代的大学形象建设,以

"高校危机处理面临的挑战与对策"为题作了精彩的演讲。清华大学教育研究院常务副院长史静寰教授以"从人才培养看全球化时代的大学风范"为主题,探讨了如何从人才培养的角度看我们的教育和大学教育。北京大学医学部田耘主任医师作了"大学教育的方向"的主旨发言,提出大学是一个独立的教育机构,不应该有更多的制约和掣肘。北京大学法学院楼建波副教授以"大学风范与法制"为主题,指出学术自由和自主办学是大学风范的核心价值。北京大学中文系陈晓明教授以"大学风范——对知识和价值的追求"为主题,对知识、价值、公民道德做了精辟、独到的阐释与解析。

民盟北京大学委员会、民盟清华大学委员会、民盟北京大学医学部委员会的近百名盟员参加了论坛。

表 10-1 2012 年校本部民主党派组织机构状况

党派	委员会	支部(支社)	总人数	本年发展人数
民革		1	28	2
民盟	1	9	210	6
民建	1		29	2
民进	1	6	117	3
农工		1	13	
致公党		1	34	
九三	1	7	150	
台盟			1	
总计	4	25	582	13

表 10-2 2012 年医学部民主党派组织机构状况

党派	委员会	支部(支社)	总人数	发展人数
民革		1	39	1
民盟	1	6	188	10
民建			4	1
民进			20	1
农工		5	300	8
致公党		2	31	2
九三	1	9	366	15
台盟				
总计	3	23	948	38

纪检监察工作

【北京大学第十二次党代会】 认真总结学校第十一次党代会以来纪检监察工作的经验和成绩,全面回顾九年来纪检监察工作的完成情况,认真规划未来五年的工作内容和重点,起草纪委工作报告,协助学校党委落实第十二次党代会的各项工作。6月12日,党委副书记、纪委书记于鸿君代表纪委在学校第十二次党代会上作了"敢于担当、善于作为,为创建世界一流大学保驾护航"的工作报告,汇报了学校十一届纪委的工作情况和对今后工作的建议,强调要坚定不移地全面贯彻落实党风廉政建设"一岗双责"制度;进一步严明政治纪律,保证政令畅通;坚持完善与现代大学制度相适应的惩防体系;切实加强对重点领域和关键环节的监管,严把"七关";深化廉政风险防控工作;加强校园廉政文化建设;加强大学生廉洁教育;推进"三重一大"和事务公开向二级单位延伸;加强医德医风建设;加强纪检监察队伍建设。

学校第十二次党代会选举产生新一届纪委,共有 15 名纪委委员,分别是(按姓氏笔画排列):于鸿君、马兰艳(女,回族)、王雷、王天兵(满族)、孔凡红(女)、朱军、朱继业、刘波、孙丽(女)、孙祁祥(女)、张庆东、张宝岭、范春梅(女)、周有光、龚文东。召开第一次纪委全会,选举产生新一届纪委领导班子,于鸿君任纪委书记,孔凡红、周有光、龚文东任纪委副书记。

【党风廉政建设工作会】 10月29日,北京大学召开推进党风廉政建设暨加强科研经费管理工作会,会议的主题是"深入贯彻落实学校第十二次党代会精神,推进党风廉政建设'一岗双责'制度,加强科研经费管理,建设风清气正的校园文化"。党委书记朱善璐,校长周其凤,常务副校长柯杨、王恩哥,党委副书记、纪委书记于鸿君,党委副书记叶静漪,秘书长杨开忠、总会计师闫敏等领导出席会议。学校党委委员、纪委委员,各单位党政负责人、各单位纪检委员以及在研重要科研项目课题负责人共400余人参加了会议。会议由党委副书记敖英芳主持。校长周其凤对加强科研经费管理和校纪校风建设提出明确要求。闫敏总会计师重点介绍了国家和学校有关科研经费管理的政策和要求以及当前科研经费管理存在的问题。常务副校长王恩哥重点从明确责任和提高意识的角度对加强科研经费管理提出具体要求。党委副书记、纪委书记于鸿君重点结合教育系统发生的科研经费违规违法使用典型案例,分析了违规违法使用现象的典型类型、发生特点和发案规律,指出违法违规行为的存在严重影响科研发展,对个人、单位和国家造成重大损失,败坏学校的学术风气和社会声誉。学校将进一步完善现有的科研经费管理制度,全力推进"一岗双责"制度的贯彻落实,强化执行能力,加大问责力度。党委书记朱善璐最后重点谈了三点意见:一是认清形势,提高认识,进一步增强党风廉政建设的危机意识和忧患意识。二是保持党的纯洁性,强化"一岗双责"意识,增强党风廉政建设的责任感。三是明确工作重点,落实领导责任,增强校风建设的使命感。

【纪检监察工作会议】 3月31日,北京大学2012年纪检监察工作会议在国际关系学院C307室召开。会议通报了2011年学校纪检监察工作情况,安排部署了2012年的工作任务。全校各单位党委(党总支、直属支部)纪检委员、各职能部门负责党风廉政建设工作的负责人、专职纪检监察干部约50人参加了此次会议。会议由纪委常务副书记叶静漪主持。会议还下发了《北京大学纪检监察工作要点(2012年2月—2013年2月)》。

【反腐倡廉教育】 1. 领导干部教育。对32名新任正处级干部进行廉政谈话,党委书记朱善璐,校长周其凤,党委副书记、纪委书记于鸿君,党委副书记敖英芳分别对干部加强廉洁自律、增强履责能力提出具体要求。于鸿君结合近年来教育系统腐败案例,强调领导干部要切实落实好"一岗双责",在以身作则的同时履行好对所辖工作和人员管理的职责,为干部队伍建设和基层机关工作作风建设做出良好表率。医学部纪委与23名新任领导干部进行廉政谈话。

1月,转发中共中央纪委监察部《关于2012年元旦、春节期间加强廉洁自律和厉行节约工作的通知》,重申要严格执行中央关于领导干部廉洁自律各项规定;坚决制止铺张浪费和奢侈享乐;着力解决群众反映强烈的突出问题;严肃查处违纪违法行为。

2. 大学生廉洁教育。6月29日,组织30余名即将到党政机关、国有企事业单位就业的毕业生代表,参加"敬廉崇洁、诚信明法、率先垂范"廉洁教育活动。毕业生同学集体参观了学校党风廉政建设展览,观看反腐倡廉教育片《警钟长鸣》,签署《廉洁自律承诺书》。

3. 入党积极分子专题教育。医学部邀请中纪委四室副局级专员为入党积极分子讲授"反腐倡廉形势与成效"专题廉政党课,共有近300名学员参加。

4. 廉政文化作品大赛。5月28日,根据教育部办公厅《关于举办全国高校廉政文化作品大赛的通知》精神,纪委向全校师生和医学部及附属医院教职工征集参赛作品。截至7月,共收到22件参赛作品,其中,书画摄影类作品18件,艺术设计类作品3件,表演艺术类作品1件。经评审,情景诗朗诵《超越飞翔》荣获全国高校廉政文化作品大赛表演艺术类作品三等奖,Logo设计荣获全国高校廉政文化作品大赛艺术设计类作品三等奖。

【推进反腐倡廉制度建设】 根据教育部《关于进一步推进直属高校贯彻落实"三重一大"决策制度的意见》的精神,通过电子邮件、集体讨论、书面反馈等形式向学校纪委委员和部分院系领导征求修改意见,在此基础上,修订了原有的《北京大学党政领导班子"三重一大"制度实施办法》,经学校党委常委会讨论通过后下发全校。

根据教育部党组的要求,起草完成《北京大学中层干部兼职管理办法》,明确兼职管理原则和兼职行为界限,建立兼职报告制度、审批制度和公开公示制度。

【专项检查】 1. 下发通知。11月12日,为贯彻落实十七届中央纪委第七次全会和国务院第五次廉政工作会议精神,推动学校以惩防体系为重要内容的党风廉政建设工作,按照中央纪委驻教育部纪检组《关于开展2012年度推进惩治和预防腐败体系建设自查工作的通知》的要求和纪检监察工作计划,下发《关于开展2012年度推进惩治和预防腐败体系建设检查工作的通知》(北大纪发〔2012〕8号)

2. 工作要求。要求相关单位根据《北京大学关于贯彻落实〈建立健全教育、制度、监督并重的惩治和预防腐败体系实施纲要〉的具体办法》(党发〔2006〕4号)以及《任务分解表》中规定的各项工作,坚持检查惩防体系建设工作与检查党风廉政建设责任制"一岗双责"落实情况相结合,在了解反腐倡廉各项工作进展情况的同时,督促反腐败领导体制和工作机制落实;坚持突出重点与全面检查相结合,在检查重点领域和看关键环节工作成效的同时,了解反腐倡廉教育、制度、监督、改革、纠风、惩治等工作进展情况;与总结十七大以来推进惩防体系建设工作相结合,在检查2012年度工作的同时,系统总结五年来的工作成效;坚持总结经验与加强指导相结合,在总结成功经验的同时,及时发现问题,提出改进措施。

3. 自查阶段。11月12日至16日,检查《北京大学党风廉政建设责任制实施办法》的落实情况,主要检查党委对本单位党风廉政建设责任制制度修订及执行情况;对照《北京大学贯彻落实〈建立健全教育、制度、监督并重的惩治和预防腐败体系实施纲要〉的具体办法任务分解表》,检查牵头单位及配合部门重点工作完成情况;十七大以来推进惩防体系建设取得的成效、好的经验和做法。自查报告于11月16日前报纪委办公室。

4. 党风廉政建设责任制检查汇报会。12月27日和28日,在红一楼二层会议室组织部分院系党委书记,职能部门、直属附属单位主要负责人召开2012年度党风廉政建设责任制检查汇报会。会议内容包括:主要汇报党委对本单位党风廉政建设责任制制度修订及执行情况;党委、行政承担反腐倡廉建设责任的情况;领导班子主要负责人履行党风廉政建设第一责任人职责情况;领导班子其他成员抓好职责范围内党风廉政建设的情况;加强惩防体系建设,特别是加强宣传教育、监督检查、改革创新、制度建设、廉政风险防控等情况;十七大以来推进惩防体系建设取得的成效、好的经验和做法;各单位在执行党风廉政建设责任制过程中发现的问题及对学校反腐倡廉建设工作的意见和建议。

【巡视检查】 3月7日,教育部赴北京大学巡视组对学校开始进行为期三周的巡视工作。3月19日,纪委向巡视组作北京大学党风廉政建设工作汇报,内容包括党风廉政建设的主要做法、党风廉政建设的主要成效、党风廉政建设工作存在的主要问题以及今后工作的努力方向和改进措施等。巡视结束后,落实巡视组反馈意见,制定整改措施,并上报教育部。

【推进廉政风险防范管理】 贯彻中央纪委《关于加强廉政风险防控的指导意见》、教育部关于加强廉政风险防控的具体办法及北京市《〈关于进一步加强廉政风险防控管理的意见〉实施方案》,推进权力结构科学化配置体系、权力运行规范化监督体系、廉政风险信息化防控体系建设,要求根据岗位风险建立相应的防范机制,健全与完善相关制度,重点建立起民主决策制度、实施民主监督机制和监管机制。

各医院按照卫生部的要求,继续深化"三好一满意"活动;贯彻《关于加强公立医院廉洁风险防控的指导意见》,加强对职务公权力和职业公权力的监管,做好风险防控,构筑预防腐败长效机制。

2012年年底根据廉政风险防控思路,完成北京大学反腐倡廉建设制度汇编目录,形成制度总体框架。

【信访与案件】 2012年,收到纪检监察信访举报119件(其中校本部76件次,医学部43件次)。其中,举报97件,申诉3件,批评建议8件,其他类11件。举报件中,反映组织人事问题2件,经济问题13件,违反财经纪律1件,失职1件,侵权1件,违反社会道德问题9件,招生考试22件,违反学术道德问题1件,教育收费3件,基建招投标5件,违规办学办班3件,干部自律问题4件,医疗行风4件,其他类28件。举报涉及党员25人,监察对象10人,处级干部10人,科级干部7人,一般人员19人,其他人员11人。初步核查违纪线索26件,立案8件。

医学部和医院两级纪委收到举报申诉58件(另,医学部纪委接待来访45次)。其中受理47件,受理范围之外的11件均转相关单位处理。受理信访中有核查线索的32件,经查,失实20件,了结3件,属实和部分属实5件,正在核实4件。协助司法机关核查3件。

【五道口住房分配监督】 全程参与五道口住房的申请、审核、排榜、选房、认购工作,根据《五道口教师住宅置换售房实施办法》实施专项监督,认真处理相关信访投诉。

【基建工程项目与物资采购招投标】 参加基建工程部、总务部、房地产管理部、实验室与设备管理部、中关新园、肖家河项目建设办公室等单位的设备与大宗物资采购、工程建设项目招标达500多项。医学部监察室对基建、家具、设备招标和论证实施现场监督141项。

【招生工作监督】 列席招生委员会,监督各类招生工作政策的制定过程。及时受理招生方面的投诉举报和来信来访,针对招生监督中发现的问题与招生办公室进行沟通。

【教育收费工作监督检查】 按照国家七部委文件的要求,与财务部门配合,于3月份和9月份分别进行春季和秋季教育收费检查。经过全校范围的认真检查,各部门和附属中小学进一步强化了规范教育收费的意识,自查结果没有发现违反规定擅自设立收费项目、提高收费标准和扩大收费范围的行为。

【干部工作监督】 医学部为40名干部出具任前意见书。各附属医院按照卫生部的要求,对落实《关于卫生系统领导干部防止利益冲突的若干规定》进行检查,组织科室主任、支部书记以上干部,填写有关情况报告表。

【科研经费管理监督】 2012年年底,针对学校科研经费管理面临的形势,会同科学研究部、社会科学部、科技开发部、先进技术研究院、财务部、审计室等部门在校内开展科研经费专项治理工作,联合下发《北京大学科研经费规范使用检查工作通知》,明确专项治理的范围与内容、工作环节与时间安排以及工作要求,要求各基层单位开展自查自纠工作,重点查找违规违法使用科研经费等问题并予以纠正。

【"小金库"专项治理工作】 按照教育部治理"小金库"工作领导小组办公室《教育部2012年"小金库"专项治理工作的实施方案》通知精神,开展"小金库"治理复查、抽查、核查、整改落实以及长效机制建设工作。

【医德医风建设】 各附属医院按照北京市"和谐医患、同拒红包、同抵回扣、同葆健康"活动要求,加大宣传力度,弘扬高尚医德,推动医院行风建设。

【调研工作及成果】 1. 调研工作。正式启动北京大学现代大学制度研究中心"阳光高校与现代大学治理"课题,计划在五年内深入研究阳光高校内涵、高校权力结构、高校权力运行机制、高校问责机制以及高校重点领域廉政风险防控机制等内容。

3月14日,召开高校干部兼职管理座谈会,邀请清华大学、中国人民大学、北京师范大学纪检监察部门主要负责人以及国有企业法务专家参加座谈,大家结合教育部兼职管理文件精神,围绕如何规范领导干部兼职管理、如何贯彻教育部文件制定兼职管理实施办法、如何把握兼职管理的政策界限等问题展开了深入交流。

4月13日,召开校办企业监管问题座谈会,邀请校办产业管理委员会、科技开发部、财务部等部门的负责人参加座谈,形成高校校办产业管理问题研究调研报告。

2. 调研成果。"建构立体开放式、大宣教格局,全面营造风清气正的校园廉洁文化"项目获得2012年北京高等学校党的建设和思想政治工作优秀成果三等奖。纪委监察室干部撰写的《新时期廉政政策评估的理论分析和建构思路》获中央纪委"忠诚履职尽责,切实维护党的纯洁性"理论征文三等奖。

【片组会议】 1. 教育部直属高校纪委第一片组第九次会议。4月18日,教育部直属高校纪检监察第一片组第九次会议在中国药科大学召开。纪委常务副书记叶静漪就会议研讨交流主题内容和议程安排作了说明,本次会议以"新形势下,坚持强化思想理论武装和严格队伍管理,保持教育系统党员、干部队伍思想纯洁"和"校企监管"为主题进行了充分研讨。与会代表围绕保持党员、干部队伍纯洁性、完善法人治理结构、健全决策和运行机制、强化高校作为出资人的管理职责和投资效益考评、确保国有资产安全增值、促进校办企业规范管理、健康发展等问题作了深入交流。

2. 教育部直属高校纪检监察第一片组第十次会议。12月20日,在中关新园组织召开教育部直属高校纪检监察第一片组第十次会议,深入研讨贯彻落实十八大精神的相关部署和举措、科学经费管理的基本做法和经验等。中央纪委、监察部驻教育部纪检组副组长、监察局局长徐开濯,综合室主任杨火林以及片组20多名纪检监察干部参加了会议。党委副书记、纪委书记于鸿君参加会议并致欢迎辞。纪委副书记、医学部党委副书记、纪委书记孔凡红主持会议。驻教育部纪检组副组长、监察局局长徐开濯传达了教育部加强高校科研经费管理视频会议的精神,指出要针对当前高校科研管理中存在的突出问题和薄弱环节,着力健全完善科研经费管理责任机制、完善项目管理与服务机制、完善经费管理机制、完善科研评价和人才激励机制、完善监督检查机制以及完善科研人员自律机制。21日下午,与会代表参观了解北京大学人民医院的医院资源计划系统(HRP)的运行。人民医院院长王杉专题介绍了该系统的开发、建设和运行过程。

【纪委会】 3月28日,在红一楼206室召开第21次中共北京大学纪律检查委员会全体委员会议。会议的主题是按照学校党委关于第十二次党代会筹备工作的有关工作部署,征求党代会党委工作报告和纪委工作报告的意见与建议,通报新一届纪委委员候选人二下人选名单;审议《2012年北京大学纪检监察工作要点》;审议案件的处理。会议由党委副书记、纪委书记于鸿君主持。

【纪检监察干部队伍建设】 6月,经第十二次党代会选举,纪委常务副书记叶静漪任党委委员、党委副书记,主管学生工作。

纪委办公室主任曲春兰、监察室副主任侯志山于年底正式退休,经征求组织和个人意见,予以返聘。

6月14日,纪委工作人员参加在中央民族大学举行的北京教育系统纪检监察信访和案件业务培训活动。

11月27日,纪委监察室党支部集体学习中央纪委《关于认真学习宣传贯彻党的十八大精神的通知》内容及要求。党委副书记、纪委书记于鸿君传达了《通知》精神,并对下一阶段推进纪检监察工作提出具体要求。

12月8日,邀请中央纪委办公厅副主任刘硕作题为"中央纪委向党的十八大的工作报告解读"的专题辅导报告。校纪委委员、基层单位纪检委员、专职纪检监察干部参加了本次辅导报告。辅导报告由党委副书记叶静漪主持。

2012年下半年组织纪检监察系统内部业务培训,邀请相关廉政专家和法学专家作专题讲座,内容包括香港廉政公署的运行机制、高校职务犯罪中罪与非罪的界限等。

7月,选派一名纪委副书记赴香港参加教育部纪检监察业务培训,专题学习香港高教管理经验和反腐倡廉建设做法。

9月至12月,医学部选派一名纪委副书记赴英国参加教育部教育管理培训。

7月,教育部抽调一名纪委副书记和一名监察室副主任参与水利部专项科研项目经费使用情况的调查工作。

【交流活动】 4月27日,纪委监察室党支部赴房山区人民法院开展共建交流活动。房山区人民法院蔡慧永院长、凌斌副院长、院纪检组组长邢金梅、综合办、有关业务庭相关领导同志及法官代表参加了交流活动。双方围绕创先争优活动,就房山区法院和北京大学纪委监察室在廉政风险防控、新时期职务犯罪特点及案例、高校在校生的犯罪及预防等方面工作进行了交流。

5月28日,教育系统纪委书记研讨班100多名成员到北京大学交流,分组参观了"北京大学校史展""北京大学党风廉政建设展览"以及赛克勒考古与艺术博物馆。本次研讨班由监察部驻教育部监察局副局长钟燕带队。党委书记朱善璐等领导会见了研讨班成员。

11月30日,纪委监察室党支部到北京市丰台区王佐镇南宫村开展"深入学习十八大精神,体验新农村科学发展"主题党日活动。支部成员先后观看了《南宫之路》宣传片,参观南宫发展历程专题展览和温室公园,并与村党委干部进行了座谈,实地了解当地践行科学发展观、建设社会主义新农村的经验和成就。

9月14日,香港廉政公署一行8人访问北京大学。党委书记朱善璐在办公楼会见了廉政公署专员白韫六一行,党委副书记叶静漪陪同。会见结束后,廉政公署一行与来自北京大学、清华大学、中国人民大学、北京航天航空大学廉政研究机构的学者进行了深入交流。此行是廉政专员白韫六自上任以来第一次访问内地高校。

保 卫 工 作

【概况】 2012年,北京大学保卫部和医学部保卫处在学校党委行政的坚强领导和上级部门的指导支持下,紧紧围绕营造安全稳定的校园环境这一核心目标,以深入推进"平安校园"建设为中心,全面加强和改进安全管理业务工作,有力维护了校园的安全稳定。

【首都高校"平安校园"创建】 北京大学作为首都高校"平安校园"创建的首批四所试点学校之一,2012年进入创建工作的实质阶段。学校领导高度重视,成立"北京大学'平安校园'创建领导小组"和"北京大学'平安校园'创建工作小组",朱善璐书记、周其凤校长任领导小组组长,张彦常务副书记、副校长任工作小组组长,校领导就创建工作多次作出指示。

北京大学"平安校园"创建工作分为三个阶段。(1)研究部署、制订方案(2011年12月19日至2012年3月1日),多次召开动员会和专题推进会,确定工作方案。(2)单位创建、重点帮扶阶段(3月2日至4月10日),二级单位对照"基本标准"查缺补漏,对重点单位开展帮扶。(3)宣传动员、模拟检查阶段(4月11日至4月28日),广泛宣传创建工作的意义、目的,调动全校师生员工的积极性;对各二级单位开展模拟检查;梳理材料总结成果,制订迎评工作方案,做好迎接检查验收的准备工作。

4月25日至26日,由北京市委教育工委、市教委、首都综治办、市公安局文保总队、市公安局消防局等部门的领导组成的首都"平安校园"检查验收工作组对北京大学"平安校园"创建工作进行了为期一天半的检查验收。朱善璐书记会见了检查验收工作组一行,张彦常务副书记、副校长向检查组作了工作汇报。检查组对北京大学校本部、医学部"平安校园"创建工作有关材料进行了审阅,并深入保卫部、学生工作部、医学部保卫处、保密办公室、青年研究中心、学生资助中心、学生食堂等单位和场所实地查看建设成果,分组召开座谈会现场打分,并以火灾应急疏散演练和校外媒体记者混入校园采访为题进行了拉动检验。最后,北京大学"平安校园"创建工作顺利通过检查验收,检查组组长市委教育工委唐立军副书记给予了充分肯定和高度评价。

【安保任务】 2012年完成中国共产党第十八次全国代表大会、北京大学第十二次党代会、北京大学医学部百年庆典的校园安保重任。围绕"安全稳定、秩序良好、大事不出、小事力争杜绝"的目标,保卫部和医学部保卫处制订校园安保工作方案,采取有效措施。(1)严格校门管控,控制校内车流和人流量,改善了日常校园人满、车多的现象;(2)全面加强校园防控,加大校园巡查密度,特别是重点区域和重要部位;(3)做好应急处突准备,确保发现情况及时发现、妥善处置,不产生不良影响;(4)开展安全大检查活动,深入排查整治校园安全隐患,防范安全事故发生;(5)加强信息调研工作,强化与上级有关部门的沟通协作。

北京大学第十二次党代会期间,保卫部对会场的安全警卫和会场外的交通秩序进行保障。中国共产党第十八次全国代表大会期间,保卫部推进"校园网格化安全管理"工作,对校园按区域和楼宇进行了科学的网格划分,明确单元格的职责,健全工作机制,选派34名干部担任指导员,推动建立健全共用楼宇安全管理委员会。

【校园安全基础性建设】 1.建立信息化平台,开通校园秩序管理自动化平台,推出北京大学车辆预约管理系统,提升管理信息化水平。2.监控方面,加强视频监控系统建设,正式启动教室及北部园区监控工程,优化值守管理。3.消防基础建设方面,对校内二教、三教、四教进行了全面的消检和电检,对二教和部分学生宿舍的消防报警系统进行检测和维护;完成理科1号、2号及英杰交流中心火灾自动报警系统修复工程联合验收;医学部校区完成15个楼宇的消防改造工程;规范消防控制室建设,对全校34个设有消防控制室的单位进行检查整改;医学部配备车载灭火装置2台。4.交通基础建设方面,在东区增加自行车停车架,缓解自行车停放压力;在校园重要路段设立机动车测速点位3个,拟对校园超速现象进行整治;改建理教地下停车场,设停车位69个。

【校园秩序管理】 1.建立渠道,良性沟通。(1)2012年3月开通校园综合治理服务热线,收集、解决学校师生员工和校外人员提出的各类问题、建议及咨询、求助等400余件次,进一步完善了校园安全管理指挥系统;(2)医学部校园1110报警求助电话全年接报316件次;(3)召开校园秩序管理沟通会2次,与师生员工代表共同沟通、研讨校园秩序管理中的突出问题。2.严格管理,维护秩序。(1)严格执行入校验证登记、校外车辆入校预约、团队参观预约等制度,强化校门管理,校门共阻拦无证人员93779人,未预约团队1500个,无证机动车119974辆,查获假证352个;(2)医学部保卫处对医学部北门、西门实施验证入校制度,制定《北京大学医学部临时人员出入证管理规定》,为临时工作人员办理出入证;(3)严格执行横幅、展位审批制度,清理横幅1710余个,清理展位摊位47个;(4)加强校园巡逻,查抄游商287起,制止钓鱼采摘380次;(5)严格大型活动管理和安全警卫,修订《北京大学大型活动安全管理规定》,加强活动风险评估和临建设施管理,全年执行勤务204次;(6)重点加强校园内交通秩序的疏导,张贴车辆违章告知书2988张,清理校内废旧自行车2次;每天重点时段在三角地两侧路口、学五北侧路口实施交通管制,限制机动车进入。

【消防安全管理】 1.全年发生火情15起,未发生大的火灾事故;针对上半年的火情,6月召开全校消防安全工作会,要求加强消防隐患排查。2.加强检查,防患未然。全年开展专项安全检查18次,下发安全隐患通知书42个;召开消防现场会,加强消防安全"四个能力"建设,对彩钢板建筑等多类安全隐患进行了整改;医学部保卫处制定《医学部消防安全管理规定》、《北京大学医学部消防隐患整改通知书》和《医学部安全员管理制定》。3.加强演练,增强能力。暑期举行以"普及消防常识,共筑平安校园"为主题的军训消防演练,校本部和医学部3500余名2011级本科生进行实战体验,并聆听专题报告,部分学生代表参加怀柔消防支队军营体验活动;12月14日,举办"北京大学地下空间消防安全管理现场会"及现场应急演练活动;组织放射源泄漏消防演练1次,对二级单位开展消防安全教育培训7次。4.严格安全管理审批,全年办理施工申请审批16次,动火证审批43次,审批领用易制毒化学品70次。5.开展消防标识统一化工作,发放消防标牌8000个。

【交通安全管理】 1.加强调研,制定措施。针对理科一号楼、理教与光华楼(老楼)之间道路车辆停放混乱的情况,加强疏导,适时采取管制措施,使问题得到改善;针对畅春园天桥学生违规骑行问题,加强宣传引导,制作凸透镜;针对师生提出的意见和成府园区建设,多次召开专题座谈会,实地调研,向学校提出意见;针对医学部校园内非法行驶、停放的摩托车,开展专项清理工作;针对机动车停车混乱现象,医学部推行机动车分区管理、就近停放制度。2.加强管理,落实责任。严格校内车辆通行证办理和校外车辆预约入校制度;处理3起校园交通事故,维护师生权益;协助海淀交通支队,处理违法超标单位42次;认真完成"两会"和十八大期间交通安全管理任务,逐级签订交通安全责任书,落实"三见面、三把关"工作;认真开展交通安全验收评比工作,顺利通过首都文明交通检查;认真落实中小学幼儿园校车交通安全联合治理工作,加强燕园地区接送中小生、幼儿车辆交通安全管理;认真落实2012年春运交通安全监管工作,确保春运期间道路交通安全畅通,严防发生重、特大交通事故。3. 加强法规宣传和业务培训,举办交通安全知识培训2次,组织"9·22"无车日宣传活动,参加海淀区高校安全委员会"交通安全辩论赛"。

【校园治安管理】 2012年,校本部共发生刑事案件193起(与2011年相比下降18.6%),治安案件965起,破获刑事案件50余起,调解处理各类纠纷270余起,抓获、处理违法违纪人员680余人;医学部接报案件18起,破获13起。1. 预防方面,保卫部与燕园派出所加大安全宣传力度,张贴发放宣传材料,深入各单位、居民楼宣传提醒,增强师生员工和居民的防范意识;医学部保卫处加强学生宿舍楼管理,走访楼卫,提高楼卫治安防范意识和辨识可疑人员的能力。2. 打击方面,依靠便衣打击队和视频监控系统,加大巡逻、跟踪、监控和蹲守力度,成功破获在校园有较大影响的夜晚猥亵女生案件、二教、三教盗窃案和光华、生科、国关楼盗窃案。召开系列盗窃案物品发还仪式和校园治安管理座谈会,研讨改进校园治安管理工作。3. 做好户籍管理、流动人口和出租房屋管理、养犬管理等工作,修订《北京大学集体户口管理暂行办法》;全年办理集体户口迁入2000余人次,迁出2600余人次,办理暂住证4862人,流动人口信息维护628条、出租房屋登记及统计159间、信息核查2263人;办理居民养犬注册登记135条,养犬注册率达到100%,收缴无证犬14条。

【安全宣传教育】 1. 塑造精品,巩固成效。(1)持续抓好迎新安全教育、暑期军训消防综合演练、"119消防宣传周"、安全管理业务培训会等几项精品工程,丰富教育形式和内容,扩大覆盖面,增强教育成效。(2)宣传教育材料多样化,包括海报、折页、手册、教材、购物袋、围裙、卡套等10余种,发放材料覆盖本科生、研究生新生宿舍楼和部分高年级学生宿舍楼,全年发放宣传材料22000余份。(3)宣传教育途径不断完善,充分发挥校园网、未名BBS、保卫部网站、短信平台的作用,全年发布安全提示12篇,总点击率2万余次,加强宿舍、食堂、教室等学生经常活动场所的安全提醒,将学生宿舍楼作为重要的安全宣传教育阵地。2. 推出新品,增强效果。"5.12"期间首次组织开展防灾减灾宣传教育,制作展板和海报,网上发布安全常识。暑假期间召开保卫部安全宣传教育工作研讨会,总结和改进工作,梳理未来工作方向和思路。总结提炼大学校园安全文化,创新安全文化的载体,制作安全文化藏书票、安全宣传鼠标垫等。

【突发事件应急处置】 1. 加强防控,提高重大活动和重要时期安保能力,科学制订校园安保防控工作方案,应急处突预案和专项工作方案,综合采取各项防控措施,妥善处置了多起突发情况,维护了校园的安全稳定。2. 强化应急,建设快速反应和应急处置队伍。健全完善应急分队的建制职责,选拔优秀的保安员充实应急分队力量,配备基本的应急救援器材设备,加强应急分队队员的培训和教育,多次开展应急演练和素质拓展活动,打造一支素质过硬、业务突出的应急处置队伍。应急分队承担和配合了应急处突、秩序维护、警务协助、抢险救援、勤务保障等多方面的任务,全年紧急出动灭火任务12次、暴雨暴雪天气抢险任务2次,将风险消除在萌芽状态。

【理论研究】 2012年承接北京市教育工委重点课题3项,修订出版《大学生安全知识》教材,帮助中共北京市委教育工作委员会修订《大学生安全知识》手册,向各种期刊和学术会议投稿10余篇,其中3篇在重要刊物上发表,2篇入选海峡两岸第六届高校安全管理论坛论文集。

【所获荣誉】 2012年,北京大学保卫部被北京市公安系统授予集体三等功,北京大学医学部保卫处被北京市公安局授予集体嘉奖,北京大学医学部被北京市交通安全委员会评为2012年度北京市交通安全先进单位;2人被授予北京市公安系统个人三等功,13人被授予北京市公安系统个人嘉奖,5人获得区级先进个人。

保 密 工 作

【概况】 2012年,北京大学保密工作办公室进一步出色地完成了上级的各项任务安排和工作部署;进一步深化军工涉密科研保密管理;进一步完善保密宣传教育培训体系建设;进一步规范国家秘密载体的全程监督管理;进一步推动各单位科学合理分工、真诚高效协作,提高保密工作的实效性;进一步增强保密技术防范能力,加大保密监督检查力度,为广大师生提供更专业、更可靠的指导服务;进一步开展保密调查研究,虚心学习兄弟院校的成功经验,为推进"平安校园"建设,确保党的各级代表大会顺利召开,加快创建世界一流大学的步伐,促进国家、学校和师生的全面协调可持续发展,做出更多、更积极的贡献。

【保密委员会】 召开全体会议,传达教育部文件精神,审议保密检查工作方案、保密委员会成员调整建议等内容。

遵照教育部和北京市的通知要求,总结"五五"普法期间保密宣传教育工作开展情况,编制《北京大学落实"六五"保密法制宣传教育规划实施计划》。

根据教育部的通知精神,组织军工认证征文活动,征集并向教育部报送13篇相关论文;在校内评出"优秀论文奖"6名,"论文纪念奖"7名。

【专项保密工作研讨会】 会议围绕应如何有效开展保密工作,真正消除隐患,创造安全、可靠的科研环境这一中心议题展开讨论。程旭校长助理、保密委员会成员单位负责人、涉密人员定岗领导小组成员、涉密计算机及设备管理技术小组成员、涉密单位主管保密工作领导以及涉密管理人员、保密员等参加会议。

【制度建设】 建立季度保密工作沟通布置会议制度,部署档案提交工作,沟通、分析学校、院系层面存在的保密隐患,研究制订应对措施和整改方案,逐步建立"保密工作预警机制"。建立保密要害部门、部位年度审核制度,并开展2012年度申请审核工作。在认真分析学校保密管理体制机制存在的问题的基础上,提出《关于对学校涉密科研工作进行集中管理的建议》。

【教育培训】 举办北京大学2012年定密工作专题培训会议。邀请国家保密局政策法规司专家为各单位相关人员共197人讲解定密工作基础知识及重点环节。

召开北京大学2012年计算机保密培训会议,邀请北京市国家保密局技术检测中心专家结合学校在接受上级单位检查时发现的问题,为有关人员详细讲解日常工作、生活中应当注意的失泄密隐患及防范对策。

邀请全国保密工作系统先进工作者、北京邮电大学保密处处长景晓军对学校部分单位领导进行保密形势和项目管理培训。

邀请国家军工保密认证委检查调研第一小组副组长、国防科技工业局安全生产与保密司张海登处长参加保密工作座谈会,对参会人员进行保密教育提醒。

对参加地球与空间科学学院党员代表大会和社会学系教师大会的师生进行保密教育,宣讲保密形势、法律法规和涉密载体管理基本知识。

根据国家认证中心的通知精神,选派专职保密干部参加安全信息员培训班。

在学校保密基本知识网络考试平台中加入保密警示语和保密工作流程图等内容,增强平台实用性,强化其教育、培训功能。

为师生配发《北京大学普通教职工保密须知》《北京大学普通学生保密须知》《党政机关工作人员保密须知》《信息公开保密审查工作手册》等宣传教育材料;编印《保密工作简报》6期、《保密教育专栏》5期;在《保密工作》杂志刊载文章1篇;在《北京保密工作》刊载信息2条。

【监督检查】 按照上级单位文件要求,在全校范围开展专项检查共3次;并按学校保密工作计划部署开展常规检查。

【人员管理】 联合党委组织部门、人事部门研究制定进一步加强涉密人员职务聘任过程保密工作的措施。

完善学校保密补贴发放制度,改由学校统一发放补贴。

【设备管理】 联合设备管理部门共同完善学校"实验室与设备管理系统",严把设备报废、外调等关口,解决失泄密隐患。

分别联系上级主管单位和兄弟院校,了解保密技术防护专用系统软件配置情况,并对部分产品进行试用。

【载体管理】 协助城市与环境学院保密资料室完成库存涉密测绘成果清理及资料室迁址工作。

规范数字测震台网数据使用管理流程。

严格按照规章制度,完成各类事项审查、审批共514件;组织统一销毁材料共22.02吨。

【人文社会科学领域保密工作】 成立"北京大学人文社会科学领域定密工作小组及其专家组"。规范相关学院社会调查数据管理流程。就进一步加强人文社会科学研究领域保密工作提交建议报告。

【教育考试】 协助研究生院、继续教育部、本科生招生办公室等单位做好各类考试过程中的保密工作。

【调研工作】 分别赴北京理工大学、北京化工大学就如何做好军工保密资格审查认证工作、建立规范有效的二级制度等问题进行沟通交流;接待清华大学保密管理办公室调研组来校调研。

参加中组部干部三局组织的"因私出国(境)审批管理工作会议",汇报交流相关管理情况。

与学校发展规划部门就学校保密工作体制机制、开展情况、面临难题及与信息化建设和管理工作中的保密要求等问题进行调研座谈。

【定密工作】 刘旭东主任被国家保密局聘任为国家密级鉴定委员会专家。

工会与教代会工作

【概况】 北京大学第五届教职工代表大会执行委员会委员17人,第十七届工会常委会委员16人,工会委员会委员36人。校工会有专职干部9人,兼职干部4人。下属基层工会委员会、直属工会小组59个。2012年,北京大学教代会、工会在校党委的领导和上级工会的指导下,在校行政的大力支持下,以学校改革发展为中心,以服务教职工为根本,以依法维权为手段,以健全机制为保障,以队伍建设为关键,以构建和谐为目的,较好地发挥了工会组织、引导、服务、维护教职工的作用,为创建世界一流大学做出了应有贡献。北京大学工会被评为北京市教育工会工作先进单位,教职工大型团体操工作荣获北京市教育工会工作成果奖第一名。

【民主建设】 1. 召开"双代会"年会。1月5日,北京大学第五届教职工代表大会暨第十七次工会会员代表大会第八次会议在英杰交流中心召开。会议听取学校年度工作报告(含财务工作报告)、"建家"工作报告,讨论通过教代会、工会工作报告,并就"教学科研与文化建设""后勤保障与服务""医学教育与医疗改革"等工作作了专项通报与沟通。19个代表组结合党委书记讲话、学校年度工作报告和教代会、工会工作报告,以及沟通会会议精神进行了充分探讨,为加快北京大学创建世界一流大学步伐积极建言献策。校党委书记朱善璐、校长周其凤等校领导,教代会代表,各职能部门、院(系、所、中心)、附属医院党政主要领导,教代会、工会各专门工作委员会委员,基层工会主席,教职工义务监督员,民主党派负责人,学校全国、北京市及海淀区人大代表、政协委员等300余人出席会议。

2. 积极推动教代会提案落实。3月,教代会提案工作委员会召开会议,对27件提案、11件意见逐一进行审议,对议题及内容相近的教职工医疗、住房相关提案作并案处理,最终立案19件,建议6件,意见11件。工会与有关职能部门协作,通过书面答复、电话答复和面对面沟通等方式,对教代会代表的提案(建议、意见)进行答复和落实。医学部五届四次教代会征集提案36件,立案18件,意见建议18件,闭会期间积极推动落实。

3. "校领导与教职工沟通会"拓宽民主参与渠道。2012年,工会先后召开4次校领导与教职工沟通会。校党委书记朱善璐就学校发展建设与女教职工面对面交流;校长助理张宝岭就肖家河教师住宅项目进展情况与教代会代表进行沟通;校党委常务副书记、副校长张彦就"关爱教职工身心健康"主题与教代会代表深入沟通;校党委书记朱善璐、总会计师闫敏、校长助理孙丽就"贯彻十八大,加快创一流"主题与教代会代表座谈。

4. 加大教职工民主参与力度。工会汇总教代会各代表组讨论意见上报校领导,为学校改革发展献计献策。组织教代会代表参与民主评议领导干部,参加全校工作会议、学校党代会报告征求意见会、校园秩序管理沟通会、北京市委调研活动、学校党委理论中心组学习活动等,更好地发挥了教代会代表的作用,进一步加强了教职工的民主管理与监督力度。医学部工会召开教职工热点问题沟通会,针对教职工关心的热点问题和教代会"关于改善北医周边交通拥堵的提案"进行沟通。

【教职工合法权益维护】 1. 真诚服务教职工。工会积极开展"送温暖"和慰问活动,慰问骨干教师、资深教授、劳动模范、两院院士、困难教职工等共约149人次,慰问在节假日坚守岗位的职工,"两节"期间代表学校党政慰问全校教职工(含离退休)。做好会员信息采集工作,为1200余名教职工办理职工互助卡(京卡)。为5458名女教职工办理了女职工特殊疾病互助保险,为2042人办理了职工重大疾病互助保险,为1721位教职工办理了职工住院津贴互助保险。举办"健康燕园行"科普讲座、"健康生活每一天"主题日和医学部午间健康讲堂活动,促进教职工身心健康。举办青年教职工联谊活动,为单身青年教职工牵线搭桥。启动"父母沙龙"并举办4场讲座,帮助年轻父母适应家庭角色转变、分享育儿经验。组织暑期旅游、驾驶员培训班等活动,服务教职工。

2. 开展丰富多彩的女教职工活动。工会举办校领导与女教职工沟通会、女教职工趣味运动会、电影招待会、女干部座谈会、基层工会女工委员交流会、医学部教职工服装服饰大赛、平民学校联欢会等活动,欢庆"三八"妇女节。举办"女教授与女大学生面对面"活动,引导女大学生成长。举办女教授沙龙系列活动,学习认识身边的花草树木,参观国家博物馆玉器展与青铜器展及圣唐古驿文化创意园,女教职工在轻松温馨的氛围里增进交流,在缓解工作压力、丰富精神文化生活的同时更全面及时地了解学校发展新动向。医学部开展"女教职工之星""天使之星"评选及"巾帼建功"岗位创新活动,调动教职工献身医疗教育事业的积极性和创造性。

3. 关爱维护合同制和劳务派

遣制职工。工会稳步推进合同制职工入会工作,探索劳务派遣制职工入会工作。全校工会活动向合同制职工全部开放,爱心基金等工作全面覆盖。通过平民学校为合同制和劳务派遣制职工搭建成长平台,增强他们的认同感与归属感。为保安员和建筑工地工友送中秋月饼和保暖手套,体现学校大家庭的关怀。医学部召开研讨会探讨合同制职工的管理、入会和待遇问题。

4. 完善群众利益表达和协调机制。做好劳动争议调解和教职工接待工作。2012年,教代会劳动争议调解工作委员会、工会教职工接待室共接待教职工来访13人次,为教职工排忧解难,理顺情绪,化解矛盾。

5. 完善扶贫帮困长效机制。2012年,工会"爱心基金"校本部账户共收到2876名教职工的捐款405312元,为18名重症教职工、身故教职工家属(含3名合同制职工)送去32.6万元的慰问金。

【教职工队伍建设】1. 加强师德师风建设,"评、选、树"模范标兵。2012年,工会推荐评选出1名"首都劳动奖章"获得者、1名"北京市'三八'红旗奖章"获得者、1名"北京市师德标兵"、10名"北京市师德先进个人"。通过评选先进、树立典型,引导教职工爱岗敬业、争创一流。

2. 比赛、实践相辅相成,助力青年教师发展。8月,青年教师毕明辉作为首都高校代表参加第一届全国高校青年教师教学竞赛,以精湛的教学技能和良好的师德风貌,展现了北大青年教师在讲台上的魅力和风采,荣获文科组二等奖。9月,工会教师节表彰大会对学校第十一届青年教师教学基本功比赛获奖单位和个人进行表彰,校领导为获奖者颁奖。12月,举办北京大学第十二届青年教师教学基本功比赛,82名参赛教师展示风采,外籍教师首次出现在教学基本功比赛的讲台上。基层单位开展各类业务竞赛以促进教职工业务素质的提高。暑期,工会组织青年教师赴广西崇左生物多样性基地开展社会实践,周其凤校长、生命科学学院潘文石教授在基地与青年教师进行交流。医学部工会组织青年教师赴安徽歙县等地考察。

3. 117名新学员走进平民学校第七期课堂。3月,北京大学平民学校第七期开学。除主课、英语和计算机培训外,平民学校还举办学员骨干培训、素质拓展、徒步穿越、参观校史馆、才艺大赛等活动。平民学校召开理事会扩大会议,英语课改讨论会以提高办学水平。6月,95名学员顺利结业。下半年,平民学校面向全校合同制和劳务派遣制职工举办"歌唱艺术与技巧""如何提高人际交往能力""英国浪漫主义诗作《夜莺颂》赏析"等专题讲座。平民学校办学工作得到校领导的高度重视和各方的大力支持,2012年共有60余名北京大学师生加入第七期教师和学生志愿者队伍,北京大学常务副校长吴志攀、党委副书记于鸿君为学员授课。

【文化体育活动】1. 开展群众性文体运动,丰富教职工精神文化生活。工会组织开展各类群体性文体活动,形成以全校运动会为主,多种健身、文娱项目并举的工作格局。4月,1200余名教职工排演"欢聚一堂"腰鼓团体操,在校运动会、首都高校田径运动会及首都教育系统教职工运动会开幕式上大放异彩,展现了北大人健康向上的精神风貌,掀起一股校园健身潮。为增强基层单位凝聚力,调动教职工健身积极性,2012年校教工运动会在广泛征求意见的基础上,更加突出个人项目竞技性和团队项目合作性,增设若干趣味团体项目,受到广泛好评。工会主办的教职工羽毛球、乒乓球、摄影等赛事和教职工冬季健步走等活动得到热情响应;瑜伽、声乐、网球培训班,工会干部登山和女教职工趣味运动会等活动,满足不同群体的健身需求。4月,工会组织教工棋牌队参加第26届"京华杯"北大清华棋牌友谊赛并获冠军,为北大代表队创造"京华杯"历史上第一个六连冠做出贡献。医学部举办第49届田径运动会,700名教职工表演荷花扇子操,1500名教职工参加各项比赛;以医学部百年庆典为主题,举办教职工划船比赛、毽球比赛、"我眼中的北医"摄影展等活动。2012年,全校约有近5万人次参加校工会组织的各类群众性文体活动。

2. 积极参与首都"教职工健康快乐年"活动,展现北大人风采。上半年,工会组队参加首都教育系统教职工运动会。在历时三个月的比赛中,北京大学1500余名教职工参加8个大项50余个小项的竞赛及团体操表演,先后获得高校甲组乒乓球混合团体冠军、羽毛球混合团体第3名、田径团体总分第3名、游泳团体总分第6名和中国象棋混合团体第8名,最终获得"健康快乐年"活动高校甲组团体总分第6名,并荣获特别贡献奖、体育道德风尚奖和优秀组织奖。

3. 支持基层自主开展活动,满足教职工多样性文化需求。工会下拨文体活动专项经费,为"教职工小家"添置文体器材,鼓励二级单位自主开展文体活动。2012年继续为基层单位配备乒乓球台37张,在一定程度上改善了教职工的体育活动条件。以丰富多彩的社团活动带动全员参与文体活动。据不完全统计,学校现有各级、各类教职工社团和兴趣小组126个,其中校级骨干社团15个。工会尽力满足社团需要,为各类文体社团购买必要的设备器材,为合唱团长期聘请指挥和钢琴伴奏教师,为舞蹈团排练协调、租订场地,帮助户外健身协会举办全校性活动等。教职工社团建设丰富了校园文化,拉近了教职工彼此间的距离,拓宽了教职工彼此认识、交往、合作的渠道。

【工会组织自身建设】 1. 学习贯彻上级精神,做好"双代会"换届筹备工作。9月,北京大学第六届教职工代表大会暨第十八次工会会员代表大会筹备工作启动。学校成立筹备工作领导小组及若干工作小组,召开学习贯彻《学校教职工代表大会规定》研讨会暨"双代会"筹备工作动员部署会,中国教科文卫体工会主席万明东出席会议并作报告。11月,"双代会"代表选举工作圆满完成,326名代表参加校工会组织的培训。工会通过多种形式和渠道组织全校教职工、工会干部学习《学校教职工代表大会规定》,召开二级教代会建设工作推进会,组织校本部4700余名教职工参加《学校教职工代表大会规定》知识竞答活动。党的十八大及学校第十二次党代会顺利召开后,工会第一时间组织全校专兼职工会干部认真学习会议精神,结合学校工会、教代会工作交流心得、畅谈体会、明确要求、共话发展。

2. 搭建工会干部学习交流平台。工会举办"加强信息化建设"宣传委员沙龙、"走进北大出版社大兴基地"工会主席沙龙、"贯彻党代会精神,参观沙滩红楼"工会干部沙龙以及"迎百年庆典,建和谐家园"医学部工会主席论坛,为各级工会干部的互相学习、交流和成长搭建平台,及时了解教职工的思想动态和诉求,使工会工作更加贴近实际、贴近生活、贴近群众。暑期,组织基层单位主管领导、工会主席、副主席70余人分赴四川大学、浙江大学、西藏大学考察,交流工会、教代会工作经验,拓宽视野。

3. 大力推进"建家"工作。2012年是校工会"'教职工之家'建设加强年",工会下拨80万元基层"教职工之家"建设专项经费。不断规范二级"建家"工作,探索三级"建家"模式,医学部验收通过16个"北京大学模范职工小家"。

4. 用激励机制激活基层。校工会深入开展"创先争优"活动,促进北京大学工会整体工作水平的提升。隆重表彰2010年、2011年北京大学模范工会主席、优秀工会干部和优秀工会积极分子,开展先进工会委员会、工会工作先进集体、先进教职工社团及工会精品活动、好新闻奖等评选交流活动,推广先进经验,激发基层工会活力。医学部设专项经费支持"权益杯"立项工作。

5. 加强信息化建设。工会不断探索新思路,寻求新突破,引入新技术力量支撑工会组织能力建设。3月,校工会邀请基层工会宣传委员及信息员就"加强信息化建设"广泛听取意见。10月,校工会新版网站上线,新网站更加适应工会宣传工作的要求及信息化时代发展的需要,有效提高了工会工作的效率及服务水平。11月,工会系统评优工作平台投入使用,活动报名工作平台等其他网上办公系统的建设工作业已展开。

6. 加大理论研究和宣传工作力度。工会鼓励和引导工会干部开展理论研究与调研工作。建设《北大教工》《教工之声》宣传阵地,充分利用互联网、电视台等媒介宣传北大工会、教代会工作。医学部工会开展调研课题立项活动,出版工会工作论文集,通过理论研究指导实际工作。

学 生 工 作

【概况】 2012年,学生工作部深入学习贯彻党的十八大精神和学校第十二次党代会精神,紧密结合思想政治教育契机,深入推进"实践育人"工作。《把握人才培养规律,全过程、全方位、全覆盖推进实践育人》荣获"2010—2011年北京高等学校党的建设和思想政治工作优秀成果奖一等奖和创新成果奖";哲学系2009级本科生裴济洋荣获"2011中国大学生年度人物"。地球与空间科学学院党委副书记于超美老师获得"全国辅导员年度人物提名奖",城市与环境学院团委书记金鑫获评"2011—2012年度北京高校十佳辅导员"。学生就业指导服务中心荣获"全国就业先进工作单位"称号。王小玲、高松分别以总分第一名、第二名的优异成绩在第二届全国大学生职业生涯规划大赛中荣获特等奖和一等奖,学生就业指导服务中心陈永利主任、庄明科老师荣获优秀指导教师奖。心理学系党委副书记魏老师在首届全国高校就业指导课程教学大赛中荣获二等奖。孙妍妍在全国大学生模拟面试大赛总决赛(2011年年底)中夺得第一名。资助中心获评"希望工程激励行动"优秀组织奖。

【队伍建设】 1. 党风廉政建设。2012年,学生工作部组织干部深入学习和落实《中共中央关于改进工作作风、密切联系群众的八项规定》及相关文件精神,开展"迎接党代会,总结经验找差距"主题党日活动、"贯彻党代会,加快创一流"组织生活会及"十八大精神学习"主题党日活动,不断强化干部队伍的廉洁自律意识和拒腐防变能力。

2. 学工系统队伍建设。形成

《2012年北京大学辅导员队伍状况统计报告》。通过建设信息化平台,将网上考核与线下测评同步开展,完善辅导员培训与考评措施,组织学工系统老师赴安徽、吉林等地学习调研,拓宽工作视野;完善辅导员队伍表彰激励机制,首次举办学工系统优秀德育奖和优秀班主任表彰大会。

3. 选留学工干部管理。多次召开选留学工干部座谈会,制订培养培训方案。规范2013届选留学工干部选拔工作;规范人岗匹配,实行双向选择,契合选留学工干部的意愿和设岗单位的需求;聘用校外专业机构,严格考试程序,提高选拔公信力,保障公平公正。

【学生思想政治教育】 1. 学生党建。深入开展学习贯彻党的十八大精神主题教育活动。举办大型报告活动集中宣讲,10月31日,邀请朱善璐书记为2000余名学生党员骨干作党课和形势政策报告。12月21日,组织"学习贯彻党的十八大精神"党支部书记专题培训会,邀请朱善璐书记作辅导报告。广泛开展各类学习研讨活动,向院系下发《关于学生工作系统学习贯彻十八大精神的通知》,组织学生党支书代表集体观看十八大开幕式和新一届中央政治局常委见面会并座谈;指导学生助理学校、学生工作宣传骨干中心等学生骨干团体开展座谈学习活动;组织师生参观"科学发展,成就辉煌"大型图片展览;根据市委教育工委要求,面向北大学生开展"首都百万师生微党课"微博工作;号召全体学生将学习十八大精神与贯彻落实党代会精神相结合,走入社区宣讲理论,深入开展党团日活动。

广泛掀起学习贯彻学校第十二次党代会精神高潮。一是将迎接党代会召开、学习贯彻党代会精神贯穿全年学生党建工作,在学生军训、新生党培、座谈研讨、参观调研等各类活动中设置学习党代会精神环节;二是先后举办了"继承传统勇担青年使命,建言献策参与学校发展"和"贯彻党代会精神 真学实干创一流"两次学生党团日联合主题教育活动;三是组织学生工作系统的辅导员党代表和学生党代表,分组深入各院系,广泛开展党代会精神宣讲调研活动,取得良好效果。

本科新生党员培训班。以"时代先锋、青年表率、顶天立地、勇于担当"为培训理念,重点突出"勇担新使命,尽展新面貌"的主题。突出以下创新举措:第一,将新生党员首次分为16个党小组,在辅导员的带领下开展活动;第二,将学习北京大学第十二次党代会报告作为重要培训内容,在新生党员中掀起学习党代会精神的热潮,引导新生党员关注学校建设发展,为北京大学加快创建世界一流大学贡献力量;第三,统一为每位新生党员办理好宿舍钥匙、临时校园卡、澡卡、党旗徽章等物资,协调相关部门提前完成证卡充值,为新生党员提供便利;第四,为加强新生党员的互动交流,继续在北大未名BBS开设"新生党培"版面,并在主要培训地点和宿舍楼设置留言墙,鼓励新生党员随时写下培训心得感悟和学习党代会的心得体会。

学生党支部书记组织工作。组织十佳学生党支部书记评审,经过院系推荐、资格筛选、初评答辩、最终评审等多个环节,采取材料说明、现场展示、评委提问相结合的方式进行严格而全面的展示。最终,11位党支书(有2名党支书票数并列第10名)当选。先后9次召开学生党支部书记代表座谈会,通过学生党支书代表,切实了解学生思想动态,讲解学校相关政策,传递学校重要精神。

北京高校红色"1+1"示范评比活动,上半年共4个支部在该项评比中获奖,其中化学与分子工程学院2010级本科生党支部获三等奖,2010级法律硕士第二支部、北京大学第一医院学生党总支2007级党支部、公共卫生学院社医卫管班联合党支部获鼓励奖。下半年组织32个支部前往怀柔、平谷、大兴等区县开展对口共建活动。

迎评工作。配合学校全力以赴做好学生党建和思想政治教育部分的评估资料汇集、评估报告撰写等迎评工作,服务学校大局,坚持以评促建,以评促改,圆满完成北京市党建和思想政治工作基本标准检查任务。

2. 主题教育。确立实践育人工作主线。为深入贯彻落实胡锦涛同志给北京大学第十二届研究生支教团成员回信精神及《教育部等部门关于进一步加强高校实践育人工作的若干意见》(教思政〔2012〕1号)文件精神,引导北大学生向实践学习、向人民群众学习,北京大学将实践育人工作作为2012年学生工作的重要主线,一方面系统总结已有成功经验和特色亮点工作,形成的申报材料《把握人才培养规律,全过程、全方位、全覆盖推进实践育人》荣获"2010—2011年北京高等学校党的建设和思想政治工作优秀成果一等奖和创新成果奖";另一方面结合党代会精神要求,系统规划育人战略目标,在2012年北京大学学生工作暑期研讨会上以研究推进实践育人工作为主题展开全面研讨,加深理解,凝聚共识,初步形成进一步研究推进实践育人工作的理念、思路和举措,确保将实践育人工作落到实处。

广泛开展学雷锋活动,创新推出"春燕行动"。以传承和弘扬雷锋精神为主题,广泛开展学雷锋实践活动,于2012年春季正式启动北京大学"春燕行动",组织近200名寒假留校学生在春节期间探访慰问空巢老人,引起社会各界广泛关注,形成良好的社会舆论效应。随后,学生工作部将"春燕行动"作为长期工作,下发《关于进一步深入开展"春燕行动"的通知》,号召全体学生持续开展,组织各院系广泛参与,节假日定期开展服务老人活动,逐渐发展成为北大学生开展学雷锋活动的重要品牌项目。此外,学生工作部组建扫雪小分队,每逢雪天便第一时间组织学生助理和选留学工干部开展扫雪志愿服务活动。

聚时事观热点,适时开展形势政策教育活动。学生工作部结合时政热点,紧扣学生需求,先后举办了六场"聚时事·观热点"形势政策系列报告会,既有围绕"两会"的政策解读,又有针对"中东问题""黄岩岛事件""钓鱼岛问题"等时事热点的形势分析,为学生搭建了及时跟踪形势、准确了解政策的平台。此外,学生工作部还承办了北京市教工委"部长进校园"首都大学生系列形势政策报告会、中国残联残奥事迹报告会、中宣部、教育部2012年首场高校形势报告会、张维为"中国道路和中国话语"主题报告会、"重返太空,为国争光"英雄航天员景海鹏北京大学报告会、北京市迎接党的十八大"党在百姓心中"百姓宣讲团报告会,组织学生代表参加首都高校学习党的十八大精神报告会和海南鹦哥岭青年团队先进事迹报告会。

创新开展新生入学教育和毕业教育。2012年,学生工作部启动"忆爱燕园——北京大学2012毕业季活动",延长毕业教育时间,将毕业前一个月作为"毕业季",分"成长感恩、温情告别""体验职场、投身实践"和"调适心理、文明离校"三大系列集中开展毕业教育活动,组织毕业生代表开展了"敬廉崇洁、诚信明法、率先垂范"廉洁教育活动。9月份,启动"新生引航工程",确定"2012,理想从这里起航"本科新生教育主题和"学术创新,诚信至上"研究生新生教育主题,有计划、分阶段、有重点、循序渐进地开展教育活动。学生工作部和挂靠中心设计安排了迎新系列报告会、参观校史馆以及红楼精神学习等项目,涵盖了理想信念教育、校史校情教育、校规校纪教育、安全知识教育、心理健康教育、专业思想教育、职业规划教育、诚实守信教育、健康知识教育等多项内容。

树立学生典型,扎实开展榜样教育。由学生工作部负责申报的北京大学哲学系2009级本科生裴济洋荣获"2011中国大学生年度人物",在新闻网主页、学生工作部主页、《学生工作周报》等媒体上广泛报道裴济洋同学先进事迹,在全校范围内产生了良好的示范效应。此外,开展"学生五·四奖章系列报道",发布《忆爱燕园——2012届北京大学优秀毕业生纪念文集》,有效发挥优秀学生典型大学导航、榜样示范的作用。

【学生管理】 1. 奖励评优。2012年,全校获奖学生总数为4557人,占参评总人数的17%。其中"北京大学三好学生标兵"262人,"北京大学三好学生"1876人,"北京大学优秀学生干部"93人,学习优秀奖1273人,社会工作奖787人,红楼艺术奖32人,五四体育奖16人。"创新奖"获奖个人196人,其中学术类189人,体育类6人,社会活动类1人;获奖团队6个,其中学术类2个,体育类1个,文艺类1个,社会活动类2个。评出2011—2012学年"学生工作先进单位"9个。2012年,共有9人获得第八届"学生五·四奖章",6个集体获得"班级五·四奖杯"。积极选送优秀班集体参加北京高校"我的班级我的家"十佳示范班集体评审活动。其中,信息科学技术学院2009级本科9班荣获"十佳示范班集体"称号,营养与食品卫生研究生班荣获"优秀示范班集体"称号。

2. 奖学金评选。2012年奖学金参评总人数达21009人,较2011年增加1254人。港澳台籍学生、留学生被纳入2012年度奖学金参评范围,是参评人数增加的主要原因。2012年,校本部共评出校级奖学金78项,奖金总额约5077.5万元,较2011年度增加2412.5万元;人均奖学金额度为11847元,较2011年增长5947元。校本部、软件与微电子学院、深圳研究生院共4286人次获奖,获奖比例为20.4%。其中个人奖励额度最高的项目为福光奖学金,每人每年40000元。医学部本专科生奖学金获得者1045人,集体奖项获得单位17个;共需支出奖学金经费161.9万元,其中医学部出资经费为64.9万元,其他资助经费为97.0万元。医学部295名研究生获得各类奖学金奖励,获奖比例12.79%,奖学金金额达61.16万元。今后,还将针对出国交流学生、延期毕业学生的奖学金参评资格进行调研,制定更加科学可行的管理办法。

3. 规范评选流程。学生工作部通过增加填写说明、严格材料审核、使用具有统一标识的抬头纸等方式,进一步提高了用于寄送奖学金捐赠方和学生存档的材料质量。通过要求学生撰写感谢信、在中小型奖学金颁奖仪式上为捐赠方赠送定制礼物等方式,在获奖学生中开展感恩教育。通过组织唐仲英德育奖学金和曾宪梓奖学金获奖学生开展图书整理、大兴中学支教、"爱心包裹""春燕行动"等活动,帮助同学更好地理解奖学金捐赠方的良苦用心,在实践活动中文明生活、健康成才。医学部形成医学部—学院两级指标体系的、定性与定量评价相结合的新版综合评价体系,并在医学部55个班级(占班级总数60%)中推广,并收集反馈意见。

【国防教育】 1. 创新军训工作。8月16日至29日,3468名参加军训同学首次以全团为单位成立临时党总支,在各连成立临时党支部,支部书记从连队党员指导员中推选产生,支部委员从学生党员中推选产生。通过丰富的党建活动激励学生党员争做标兵模范,带动全体参训同学高标准、高质量地完成各项训练任务。

2. 国防教育和征兵工作。协调联系国防大学军训办,选派优秀教员完成近3000人的军事理论课教学工作,继续开设"孙子兵法""当代国防"等选修课程。扎实认真开展征兵工作,2012年共有4名男兵、3名女兵、1名毕业生光荣应征入伍,1名男兵光荣退伍返校。

【理论研究】 1. 开展课题研究。组织申报2013年首都大学生思想政治教育课题,1项重点课题中标,1项一般课题中标,3项支持课题中标。启动学工系统2012年课题招标工作,有15个课题获立项批准。鼓励学工干部积极参与十七大以来全国高校党建研究成果征集活动申报和首都大学生思想政治教育优秀科研成果申报等。

心理中心完成了"大学生心理危机事件预防与干预研究——同伴支持与心理助理制度设计与原则"结题工作。资助中心在全国高校范围内首创"学生资助研究"。《加强人文关怀,促进家庭经济困难学生健康成长》在教育部中国教育改革发展丛书《完善家庭经济困难学生资助体系》发表。发布《北京大学学生资助发展报告(2006—2011年)》。学生就业指导服务中心完成了北京市教委立项课题"分层次、有重点的高校创新创业教育模式与思想政治教育对其的带动作用",荣获二等奖;申报了教育部课题"高校学科专业设置与就业状况关系的研究"(课题号12jycyw010)以及北京地区高校就业特色工作项目"探索建立适合当代中国国情和大学生实际需求的就业指导体系"。

青年研究中心《高校BBS网络建设的实践探索》在2012年第5期《高校理论战线》发表。提交了《网络及文化对大学生成长发展的影响暨网络研究学科发展建设状况调研报告》和《关于开设"大学生网络媒介素养"全校公共课程的分析报告》。课题"突发事件的网络舆论引导模式"结题,形成多篇理论成果并发表于相关领域的权威刊物。教育部"高校BBS的科学转型和可持续发展研究""网络媒介素养教育"课题成功获批立项,《网络社会起源、发展与本质初探》等文章被《中国青年研究》等核心期刊转载,并为新华网等权威媒体报道。

2. 做好杂志编辑。《北大青年研究》全年经编辑部推荐被校外核心和权威期刊转载文章数近70篇,转载率超过60%。基本构建由学工系统相关工作人员担当常任编辑,院系及相关单位代表担任流动编辑的工作机制。选题紧密贴合时事政策以及工作重点。朱善璐书记、周其凤校长先后撰文探讨学校青年工作和文化建设。利用杂志平台开展各类交流研讨和成果推广活动。进一步规范"北大·地带"中《北大青年研究》网络版的运营,根据"刊网合一"要求,保证杂志封面、文章内容在网上同步发布。

【安全稳定工作】 1. 安全稳定工作。2012年重大活动频繁,敏感节点较多。学生工作部始终保持高度的政治敏感性,牢固树立大局意识,在党的十八大、学校党代会及其他关键时间段全面加强安保维稳工作,配合保卫部等有关部门圆满完成首都高校"平安校园"检查验收工作。

2. 舆情调研。多次召开学生代表座谈会,通过访谈调研、问卷调查、网络观察等各种途径,广泛了解学生关注热点,准确把握学生思想动态。顺利完成2012年北京大学学生思想政治状况滚动调查工作,编写《学生工作周报》36期、《情况反映》32期(含思想动态、学生思想动态专报)、《北京大学"文明生活、健康成才"主题教育活动工作简报》4期、《学生工作简报》9期、《学生工作部十八大教育引导和安保维稳工作汇报》9期。青年研究中心继续坚持实施24小时网络舆情监测分析,撰写完成《网络舆情研究初探集》。

【学生心理健康教育】 1. 心理危机排查与干预。依托严密的心理危机监控网络,及时识别、干预危机个体。采用访谈、经验交流及专业督导等形式,加强对干预体系各环节指导与沟通。各院系常规排查危机上报总共148人,危机个体临时干预23人。与学业有关出现的心理问题为最多,占据总人数的42.6%。面向各院系分管学生工作的教师、辅导员、党团领导等开展培训。与助理学校联合开展专项培训,开设了面向本科生朋辈辅导助理的课程"朋辈心理辅导"。6679人参加心理健康测评并建立心理健康档案。向190名表现出阳性症状的同学发放了约谈邀请信,其中141名同学参加了约谈,并建议部分人做进一步的心理咨询。

2. 心理咨询工作。463人申请心理咨询辅导,其中342人接受了咨询,累计咨询时间为1568小时。中心的网络咨询仍在每周四晚举行,累计近64小时,累积发帖467次,共处理588人次的咨询问题。邀请北京高教学会心理咨询研究会秘书长、首都师范大学心理咨询中心主任蔺桂瑞教授为中心咨询师进行督导;参与"中英婴儿观察及儿童青少年心智化情绪发展培训项目""全国高等学校心理健康教育骨干教师培训与学术交流研讨会""北京高校心理咨询教师完形疗法培训第一期"等培训。与中美精神分析协会共同主办了精神分析学术研讨会,与中国科学院心理所心理健康促进中心共同主办了首届亚洲灾后心理援助案例研讨会。

3. 心理健康教育宣传普及工作。举办"爱在中国 青年使命"系列公益实践活动。2012年是朋辈辅导工作坊普及推广的第六年,学生的总覆盖面约731人次,其中新生适应工作坊500人次,素质拓展工作坊104人次,会心小组127人次,涵盖了人际交往、情绪管理、生涯规划等十余个主题;一次性素质拓展工作坊、多次会面的短程工作坊、中长程团体辅导小组等多类型团体并存;全年共培训工作坊志愿者200人次。面向院系辅导员开展首届"教练技术:会心小组培训",组建了第一批"会心小组教练团队",在院系面向新生开展"Coach——新生适应会心小组"活动。编撰了《高校心理健康教育创新活动——朋辈辅导工作坊》,为工作坊的广泛推广提供了范本。心理中心独立创办的《燕园心声》共发行9期。举办毕业生离别情绪团体辅导工作坊、新生心理健康教育报告会,创新开展了"Shining Friends阳光伙伴新生同行项目"。编发主题宣传折页,撰写刊登共性问题指导文章,开设了心理成长热线。派教师到军训基地开展心理健康主题的讲座。

【学生资助工作】 1. 稳步推进学生资助服务工作。面向全体新生发送绿色成长方案,通过绿色通道入学的423名同学领取了总价值约260万元的爱心礼包和20万元燕园关爱助学金。加强认定工作研究,邀请香港、台湾地区等境内外学生资助专家做指导。寻访5省18名学生的家庭,组织基层院系需求调研会、学生代表座谈会。叶静漪副书记带领调研组赴中国银行总行访问研讨,促进银校助学贷款深入合作。联动就业部门、武装部做好学费补偿和贷款代偿工作,在中西部省份建立校友月度联络制,动态掌握校友基层就业情况。为3名参军在校生办理学费补偿或贷款代偿申请手续,为4名退伍返校生办理学费资助申请手续,为44名赴基层就业校友发放代偿金。

助学金资金来源渠道多样化,总量稳中有升。资金使用方式从需求型资助延伸到发展型资助。组织助学金申请指导大会。为学生共发送提示短信二十余万条,人均近百条。探索"致家长的一封信"等形式向学生家庭反馈资助情况,主动搭建受助学生与捐赠人见面交流平台,举办助学金交流活动四十余场。针对自然灾害启动应急资助,为家庭经济困难的国防生发放专项补助,为家庭经济特别困难的应届毕业生发放资助。积极开展学生借款、临时困难补助、实物捐赠、伙食补贴、节日补助等其他资助项目。

2. 强化制度建设和队伍建设。牵头联合30余所高校学生资助机构建立了专业化的学生资助机构联动平台,与省级专业化机构和高校专业化机构建立友好联系,建立家庭经济困难学生的成长成才基地,如江苏、湖北、贵州大学、东北师范大学等。加强全校学生资助队伍培训,举办学生资助工作培训课堂、学生资助工作现场会等活动。完善内控管理、资助资金监督和项目管理反馈。健全学生资助信息管理机制,完善资助项目、捐赠物资等管理制度。建立健全宣传预案制度。围绕家庭经济困难新生入学的宣传种类达16种,各类宣传媒达126家,各类报道达215篇次。在全国范围内率先开通免费咨询热线电话。坚持宣讲资助政策的传统,完善招生部门与学生资助中心的信息反馈和联动机制。

联络22家公益机构设置成长成才资金150余万元,对少数民族、特困、革命老区、偏远农村、老工业基地等特殊地区学生倾斜照顾。首次推出"燕园起航"项目,全面实施"燕园领航""燕园携手"计划,统筹社会成功人士、党员干部教师、优秀受助学生的爱心资源。30余位领航老师参与迎新绿色通道,现场指导学生。开拓家教培训、校园引导、图书馆助理、教室多媒体协管等勤工助学岗位,惠及学生5000余人次。联络提供校运会、大运会等公益服务岗位5000人次。实施"优才拓展"项目。

【学生就业工作】 1. 全面实施北京大学就业家国战略。吉林、广西、重庆、河南、甘肃、新疆、江苏、辽宁、四川、天津、福建、湖北襄阳等省区市来校招录选调生或者定向招录公务员,其中吉林、广西、重庆、甘肃、新疆、福建、河南等地建立了针对北京大学的定向招录选调生计划。全校共有980余名毕业生报名,197名毕业生完成选调签约。校党委书记朱善璐同学校相关职能部门领导先后赴甘肃、吉林、广西等地,看望慰问北京大学2012届选调生,并与各省区主要领导就开展校地人才输送合作进行深入交流。各地区选调生项目均由专人全程组织招录,举办政策宣讲会和各类座谈活动,通过网络、电话、短信等多种渠道发布通知和温馨提示。组建"北京大学2013届毕业生就业党员示范引领班",开展专题培训、内部研讨、开放交流、实践体验等多种教育指导活动。编写《北京大学选调生》季刊。

2. 完善就业指导课程体系。从课程内容、授课模式、师资团队、考核机制等方面改革"大学生就业指导与生涯规划"课程,更加强调课程的实践性,积极发挥学生的主动性。与部分院系合作开设针对大一新生的就业指导和生涯规划课程。4月,举行"北大四月·开心就业"北京大学职业指导咨询月活动,开展了生涯发展辅导师面对面咨询、电话咨询、网络咨询以及"职场北大人"系列讲座、职业发展志愿者认证培训、传统文化和生涯教育沙龙、生涯教育网络课堂等活动。6月,为尚未落实去向的毕业生专门组织答疑咨询会。9月,组织召开2013届毕业生就业信息交流及策略指导会。

3. 加快就业工作信息化建设。筹划建立了以百度品牌专区、新浪微博、人人网主题页面等贴近学生日常生活和用人单位实际需求的互联网展示和信息发布空间。自行开发使用了信息化报名服务平台,该平台由分类筛选、状态核定等模块支撑,对整个报名工作进度直观呈现,有效提升数据采集的准确性。优化升级北京大学毕业生就业管理签约系统,编写了针对院系就业教师和毕业生的不同版本的使用手册,组织院系就业工作队伍开展专题培训。建设完成"职场北大人"网站,由优秀校友指导在校学生提升职业技能、规划职业生涯。面向毕业生免费提供就业信息手机报服务,以及针对就业工作教师建立网络信息摘报制度。

4. 深入推进就业"蓝海战略"。与西安浐灞生态区及西安曲江影视集团签署了全面人才合作开发协议,与广西贺州市委组织部签订共建西部实习实训基地合作协议。组织了实习实训团分赴江苏省南京市和如皋市、广西壮族自治区北海市和贺州市开展为期一个月的实习实训活动。4月,举办"领军民企竞点将,燕园才俊汇群英"民营企业高端招聘会。5月,承办了中关村科技园区海淀园企业博士后专场招聘洽谈会暨中关村博士及高层次人才专场招聘洽谈会。10月,举办了北京大学第二届500强企业高端就业酒会,中粮集团、五矿集团、中国农业银行、联合利华等十余家海内外知名企业参会。

5. 加强就业工作队伍建设。组织校院两级就业工作负责教师开展"职场体验日"主题活动,组织开展了八期"传统文化与生涯教育"沙龙。聘任第二批共15名北京大学学生生涯发展辅导师,组织全校学生生涯发展辅导师参加了国际流行的"生涯教练"技术认证培训。和学生心理健康教育与咨询中心进行业务交流,探讨在对学生开展咨询中就业指导和心理辅导交流与融合的实务技巧;与香港教育学院同行探讨如何在国际化和多元文化背景下做好学生就业辅导工作。牵头组织了9所首批"985工程"高校就业联盟年会。举办"教育部直属重点综合性大学就业工作协作会"年会。

【青年研究中心】 1. 强化网络舆情管理。进一步加强了全网舆情监控、处置、分析、报送的规范化力度,经受了薄熙来政治事件、邹恒甫微博造谣事件、十八大网络维稳、食堂太阳卡事件、中日钓鱼岛争端等重大舆情事件的考验。积极推动"网络问政"的展开,鼓励网友在未名BBS上发表建设性意见建议,协助校内相关单位正面回应网络质疑与批评。

2. 推进校园网络文化建设。加快推进站点技术升级,成功完成了手机客户端的开发、试用及更新,新版www页面在线聊天、订阅回复等功能也进入测试阶段。新浪微博账号"北大未名BBS"粉丝数2012年年底已近万人。组织新年系列辞旧迎新活动、十二周年站庆文化衫纪念明信片发售等活动,并针对2012级新生推出未名新生手册,实现"预习北大"与"预习未名"的同步进行。以"网聚青年·年度风云ID评选活动"为龙头,评出个人风云ID 6名、集体风云ID 3名和特别贡献奖1名,在校内外产生了积极反响。赴武汉大学、华中科技大学、中山大学、华南理工大学等高校进行交流考察,并形成专题报告,提出内容管理育人、综合服务育人、文化环境育人和舆论引导育人的总体思路。联合专业技术社团共同推进"北大·地带"改版上线工作,对其功能进行了新的挖掘与外延,拟将其打造为北京大学校园生活信息的新门户,网站内部公测已经顺利展开。

共青团工作

【概况】 2012年,北京大学团委以学习党的十八大精神和北京大学第十二次党代会精神、纪念中国共产主义青年团建团90周年和北京大学开展学生社会实践30周年等重大主题学习和纪念活动为主线,深入推进第二课堂和校园文化建设,大学生素质教育取得新成就。将促进大学生就业创业放在服务学生成长成才的重要位置,与校外单位建立就业创业见习合作关系,帮助学生解决成长发展中面临的突出问题。继续加强学生课外活动指导中心建设,构建多元丰富的第二课堂育人体系。成功举办五四文化季、"挑战杯"——五四青年科学奖竞赛、"跨学科"竞赛、医学部生物医学论坛等课外学术科研活动和系列精品讲座,圆满完成社团文化节、十佳歌手大赛、新生文艺汇演、"演讲十佳"、新年联欢晚会及"北大杯""新生杯"和"硕博杯"体育联赛等校园文体活动。稳步推进青年志愿者协会、青年理论研究、"北大讲座"、暑期社会实践、中国大学生环境教育基地等品牌工作，培养学生与时代发展要求相适应的全面素质。

进一步做好学生骨干培养工作，召开"与祖国共奋进"北大青年时事分享汇等活动，以"在路上学党史，举团旗跟党走"为主题，在江西井冈山、贵州遵义等地扎实开展社会实践活动。在培训体系和制度层面，巩固并发展三层办学体系；总结基层院系成功经验，结合实际编写基层团校工作案例；聘请有丰富工作经验的校友担任校外导师，进一步丰富团校导师资源。

2012年12月14—15日，共青团北京大学医学部第十六次代表大会胜利召开。大会选举产生了共青团北京大学医学部第十六届委员会，审议通过了共青团北京大学医学部第十五届委员会工作报告。此外，在医学部第十六次团代会召开前夕，医学部团委在总结四年来的工作经验的基础上，组织编辑了《探索青春路——北医共青团理论研究与实践探索文集》《炫彩青春路——爱·责任·成长》画册、《白衣青春路——讲述北医青年自己的故事》书籍，为今后团建理论的创新与团建内容的丰富打下了良好的基础，积累了宝贵的资料。

【迎接党的十八大】 北京大学团委组织系列活动迎接党的十八大。校团委组织团系统青年教师和学生代表集体收看了大会开幕式的实况转播，聆听了胡锦涛总书记代表第十七届中央委员会向大会所作的题为《坚定不移沿着中国特色社会主义道路前进 为全面建成小康社会而奋斗》的报告，并展开了热烈的讨论，分享了各自的心得与体会。

11月8日下午，北京大学团校第29期高级团校学员集体前往沙滩红楼，参观新文化运动纪念馆。学员们参观了"新文化运动陈列"展览及毛泽东工作过的新闻纸阅览室、北大学生上课的教室、李大钊任北大图书馆主任时的办公室等复原旧址。

医学部团委积极动员、号召各级团学组织认真开展"全面学习、深刻领会十八大精神"活动，组织共青团干部和学生骨干集体观看了十八大开幕式，并为各基层团组织订购《在中国共产党第十八次全国代表大会上的报告》单行本，鼓励团员青年认真学习讲话精神，要求基层团组织、学生组织围绕主题，结合自身优势，开展形式多样的教育活动。

【学习北京大学第十二次党代会精神】 北京大学团委举办北大共青团系统学习贯彻学校第十二次党代会精神座谈会暨北京大学"深入社会实证调研计划"启动仪式，介绍基层院系团委围绕学习贯彻党代会精神开展的系列活动，组织暑期社会实践团成员代表、"深入社会实证调研计划"团队成员代表分享学习体会和活动心得。

【纪念中国共产主义青年团成立90周年】 北京大学团委通过专题讲座、座谈研讨、展览参观、图文连载、影像展播等生动丰富的形式，在5月，先后举办了"青春的征程——北京大学纪念中国共产主义青年团建团90周年暨五四运动93周年"座谈会、五四特别升旗仪式、"高举团旗跟党走，青春献礼九十年"主题教育等活动。校团委与沈阳军区雷锋生前所在团建立了"学雷锋共建共育协作关系"，通过开展多种形式的"共建共育"活动，在广大团员青年中全面弘扬雷锋精神，推进社会主义核心价值体系建设。北京大学第七期学生骨干训练营分别以"追寻雷锋足迹，践行雷锋精神""青春征程，光辉足迹"为主题，在辽宁抚顺和陕西延安等地扎实开展实践活动。

【纪念开展学生社会实践30周年】 12月14日，北京大学团委举办了北京大学开展学生社会实践30周年暨2012年学生社会实践总结表彰大会，回顾北京大学学生社会实践历史，组织同学交流社会实践心得，讲述社会实践中的感人故事，并表彰了北京大学2012年学生暑期社会实践、实证调研计划、青年就业创业见习等社会实践及志愿服务活动中表现突出的团队和个人。

【学生思想政治教育】 北京大学团委建立健全了"上下畅通、横向到边、纵向到底"的舆情信息网络。在钓鱼岛事件中，举行"铭记历史、勿忘国耻、理性报国、振兴中华"——纪念"九·一八"事变81周年特别升旗仪式，引领广大青年理性爱国，进一步推进和谐校园建设，做好校园维稳工作。

北京大学团委深入学习贯彻党的人才强国战略和《国家中长期人才发展规划纲要》。2012年暑期，北京大学团委先后选派4支"青年公益接力服务计划"团队分赴四川省绵阳市安县睢水镇道喜村、湖南省长沙市浏阳市大围山镇金钟桥村、西藏自治区日喀则地区聂拉木县亚来乡中心小学和山东省济宁市曲阜市尼山镇真维斯希望小学开展包括"暑期夏令营""乡亲乡情调研""健康讲座""农村青年技能培训讲座"、客家文化发掘与整理、村志编纂、图书馆建设、旅游规划、摄影讲座、手工课堂、联欢晚会、主题调研等在内的公益服务活动。

医学部团委通过团属刊物《北医青年》、"北医青年"人人网公共主页、校园广播台、专家专题讲座等平台正确引导青年情绪，关注青年，倾听青年心声，号召团员青年做到理性报国，坚定医学职业信仰。面对钓鱼岛、医患关系等校内外热点事件，医学部团委高度重视，第一时间召开团干部、学生组织骨干紧急会议，传达学校指示精神，收集学生意见，密切关注、疏导学生情绪。医学部团委通过举办"敬畏生命、关爱生命、珍惜生活"

主题讲座、发表致全体医学生的倡议书等方式,号召全体医学生坚定理想,践行誓言。

【理论研究与宣传引导】 进一步加强青年理论骨干发展中心建设,带动团校、研究生骨干研修班以及青年马克思主义发展研究会等学生理论社团,主动发挥"理论代表队"的作用。继续开展"学习例会""专题学习""专业写作""实践调查""基层理论研究"等特色工作,继续完善和巩固《理论动态》等项目。

组织开展"青年流行文化专题研究"以及"90后大学生特质调研",通过问卷调查、小组座谈交流、深度访谈等方法形式,全面深入梳理当前北大青年学生关注的重要思想理论问题和现实生活问题。

《北大青年》电子日报内容框架日渐完善,并推出手机报,受到同学广泛欢迎,发挥了团属传媒体系在引领青年思想方面的积极作用。与马克思主义学院合作,共同为本科生开设"形势与政策"实践课程,使同学们在实践活动中加深对理论的理解,达到了了解国情社情、拓宽国际视野、培养道德情操、坚定理想信念的目的。

【大学生素质教育】 增设"形势与政策"实践课程选修名额,加强师生交流互动,进一步完善课程网络平台建设。融合时下流行的网络语言对《预习北大》电子书进行改版,特别是《师兄师姐告诉你》手册的制作,帮助新生得到本院系师兄师姐的直接指导,实现"以新生教育为起点,进一步完善第二课堂育人体系"的目标。扩大"第二课堂面对面"工作坊覆盖范围,加强对参与工作坊同学的追踪调查与长期辅导。积极调整校园生活简历项目工作机制,将宣传重点从校内扩展到校外,2012年全年共发放《校园生活简历项目指南》5000余份。

举办第十四届学生创业计划大赛,共有24个院系、42支团队、250多名学生参加,参赛作品涉及移动互联网、节能环保、生活服务、医疗健康等诸多领域。建立健全北京大学学生创业成长计划网络平台,构筑了起步创业、助跑创业、加油创业、腾飞创业四大体系。持续开展"创业、创新理论与实践"暑期课程,深挖校内外资源,邀请校内相关领域专家和校外知名企业家进行讲授。开展北京大学与东京大学第五次创业交流活动,并顺利签订第八年的"河合创业基金"。

积极开展"博士生服务团"和青年就业创业见习活动。截至2012年,累计建立青年就业创业见习基地48个,新增陕西榆林、江苏淮安等见习基地8个。2012年,共征集见习岗位521个,覆盖国有企事业单位、政府机关、民营企业等领域,吸引800余名同学报名,共组成31个见习团队,分赴19个省、市、自治区,在24个见习基地开展见习活动。

【学术科创活动】 开展"五四文化季"、研究生"学术十杰"评选、"北大讲座""学生科学年会"、医学部学术之星评选、"北大生物医学论坛"等品牌活动。

北京大学第二十届"挑战杯"——五四青年科学奖竞赛影响力进一步提升。本届赛事涵盖了校本部、医学部和深圳研究院等25个院系,参赛作品达419件。北京大学第九届"江泽涵杯"数学建模竞赛顺利举行,共有161支团队、443名同学报名参赛,参赛规模达到历史新高。北京大学第四届计算机应用大赛顺利举行,共有来自校内22个院系126支队伍、285名同学参赛并提交作品,参赛作品的数量和质量稳步提高。

在第八届全国"挑战杯"大学生创业计划竞赛中,团委学术科创部组织学生积极参赛,对校内作品进行选拔和模拟答辩,指导学生修改、完善创业项目,项目最终获得了本次大赛的银奖。在全国第四届大学生数学竞赛暨北京市第二十三届大学生数学竞赛中,校团委学术科创部和相关基层院系共同努力,吸引了众多同学的参加。北京大学9名同学获得数学专业组一等奖,25名同学获得数学专业组二、三等奖。2名同学获得非数学专业组一等奖,2名同学获得非数学专业组的二、三等奖。

成功举办第十四届学生创业计划大赛,来自24个院系的250多名学生参加比赛,参赛作品涉及移动互联网、环境保护、生活服务、医疗健康等诸多领域;继续推行"大学生创业与创新"暑期课程,面向全校同学普及创业创新理念,采取理论授课和实践教育相结合的授课模式,实行导师责任化机制;初步建立北京大学学生创业成长计划网络平台,预计2013年投入使用;积极推进创业创新讲座及论坛的开展,成功开展了北京大学与东京大学的第五次创业交流活动;拓展学生创业资源,在"河合创业基金"项目上,与日本通用工程股份有限公司保持长期友好稳定的合作。

推行新版"未名学页",优化内容结构,提升学生阅读乐趣;建立人人网学术小站,寓教于乐,贴近生活;举办首届科普知识竞赛及系列科普讲座。

医学部研究生会举办由第十届"学术之星"评选、"学术之星"经验交流会和"科研之境界"名师讲座三个系列活动组成的北京大学医学部首届研究生学术文化节。举办"溯源百年北医,纵横时代经略——担当与厚道的医学精神"第十三届北大生物医学论坛活动。北大生物医学论坛是富有北大特色并具有全国影响力的精品学术活动,自2000年10月首届论坛成功举办以来,经过13年的发展,现已经成为北京大学参与人数最多、规模最大、影响力最广的精品学术活动之一。

【青年志愿者与青年文明号】 北京大学团委以学生社会实践活动开展30周年为契机，认真总结了三十年社会实践所积累的宝贵经验，客观分析了新形势下社会实践面临的挑战与机遇，对实践形式和实践体制进行了科学调整，进一步扎实推进学生社会实践与志愿服务活动。

2012年寒假，北京大学团委组织了主题为"家乡(乡镇村庄、街道社区)建设和人民生活的现状及其变迁过程"的考察活动，448名参与者共提交各类实践成果330篇(件)。胡锦涛同志在纪念中国共产主义青年团成立90周年大会讲话中对广大青年提出"坚持远大理想，坚持刻苦学习，坚持艰苦奋斗，坚持开拓创新，坚持高尚品行"五点希望。2012年北京大学学生暑期社会实践活动以"牢记'五个坚持'，矢志成才报国"为主题，293支社会实践团队奔赴全国34个省、自治区、直辖市、香港特别行政区、澳门特别行政区和台湾地区开展活动，参与总人数达3110人次，10支团队被评为2012年首都大学生暑期社会实践优秀团队。

北京大学团委与北京大学中国社会科学调查中心在2012暑期联手推出"实证求真知，深处看中国——北京大学第1期深入社会实证调研计划"。通过专业化的系统培训机制，从根本上提升了参与人员的样本采集与量化分析能力，在甘肃、浙江农村地区开展的基层调查获得丰富数据。2012年北京大学团委继续与北京大学教育基金会、嘉里集团郭氏基金会开展脱贫模式调研活动，新增的云南墨江和内蒙古察右中旗两处基地为北京大学学子提供了更为广阔的实践舞台，调研团队在兼顾学术性和实用性的基础上取得丰厚成果。

北京大学团委志愿者工作部、北京大学青年志愿者协会继续着力加强志愿服务组织建设和项目拓展。3月，为响应共青团北京市委员会、北京市志愿者联合会发起的"弘扬北京精神，学雷锋我行动"首都学雷锋志愿服务活动，建立志愿服务长效机制，北京大学团委牵头完成了在校志愿者的实名注册工作。"五四"期间，北京大学团委响应团中央号召，集中开展"关爱农民工子女"志愿服务活动。由北京大学团委和北京大学青年志愿者协会负责管理的平民学校项目于3月至6月开办了第七期平民学校，借助校内教育硬件资源和学生、教师志愿者，为校内工友提供免费培训。暑期，北京大学团委继续推行"青年公益接力服务计划"，选派两批学生分赴四川绵阳道喜村和湖南浏阳金钟桥村开展教育公益、文化公益和科技公益活动，取得良好社会反响。下半年，北京大学团委组织志愿者参与服务了2012年中国网球公开赛(9月)、北京大学第四届国际研究生奖学金信息说明会(10月)、中国志愿服务博览会(12月)。12月5日，北京大学团委和北京大学青年志愿者协会召开"北京大学2012年青年志愿者评优表彰大会"，大力倡导"力助公益性实践，倡导服务中学习"的志愿服务理念，弘扬"用我智慧奉献爱"的互助氛围。截至2012年，北京大学已成功组织十四届研究生支教团，近200名学生志愿者参与西部地区的支教扶贫事业，累计服务时间超过40万小时。

2012年暑期，医学部团委积极响应胡锦涛总书记回信精神的号召，派出多支社会实践团队。部分团干与学生骨干赴四川大学华西临床医学院进行实践调研。4名优秀团委与学生骨干赴山东参加"李嘉诚基金会2012年全国大学生暑期医疗扶贫暑假服务学习计划"社会实践活动。医学部研究生会赴江苏省宿迁市开展以"迎接百年庆典，关注基层医疗"为主题的实践考察活动。6个学生社团分赴云南、河南、广东、广西等地，通过义务支教、调研访谈、健康宣讲、交流座谈等形式开展社会实践活动。

医学部团委积极响应"春燕行动"号召，动员学生利用寒假期间探望慰问空巢老人。2012年1月，医学部青年团干、研究生会、学生会、社团志愿者先后探望原北京医科大学党委书记彭瑞骢老师、药学院蔡孟深教授、公共卫生学院魏承毓教授和公共卫生学院王黎华教授。2月以来，医学部团委以迎接北医百年庆典为契机，招募472名志愿者。志愿者团队在9个月时间内承担了27场大型活动的志愿服务工作，同时协助医学部两办、党委宣传部、国合处、校友会等部处，共开展1100余人次的志愿服务活动，赢得了医学部领导以及海内外嘉宾、校友的高度赞扬。12月5日，医学部团委举办北医百年庆典志愿者表彰大会暨2012年北京大学医学部青年志愿服务工作表彰活动。

2012年，医学部青年志愿者协会在坚持国家图书馆服务团、医学生控烟服务团、天安门国旗班英语服务团等品牌服务的同时，不断拓展志愿服务空间，建立与人民医院、肿瘤医院等单位的长期合作。北京大学人民医院心脏中心、北京大学第三医院陈晓勇同志分别荣获国家卫生系统2011—2012年度"全国青年文明号""青年岗位能手"称号；北京大学第一医院急诊科吴圣主治医师被评为2011年度"北京市青年岗位能手标兵"。

【校园文化建设】 2012年，北京大学团委遵循中央16号文件以及北京大学第十二次党代会报告精神，以校园文化为"第二课堂"，精心筹备组织了一系列校园文体活动。

5月,在由中宣部、教育部、共青团中央举办的"五月的鲜花"全国大学生文艺展演活动中,北京大学40名同学参与了晚会歌曲《江山》的演唱。5月,举办"未名礼乐,博雅来仪——第二届北京大学学生礼仪风采大赛"。12月,北京大学团委开展"爱乐传习"活动,以"一二·九"运动77周年为契机,在北京大学百周年纪念讲堂举办"唱响北大,爱我中华"北京大学2012年歌咏晚会。学校党委书记朱善璐、校长周其凤等领导出席并与来自26个院系的近4000名师生共同参与演出。举办"五四"朗诵大赛、中秋晚会、新生文艺汇演、新年联欢晚会、毕业生晚会、校园十佳歌手大赛等一系列品牌活动。

2012年,北京大学团委积极开展校园体育达人、北京大学"体育之夜"、迎校庆师生长跑、学生趣味运动会等群众体育活动。北大杯系列体育比赛、"北京大学——延世大学"围棋友谊赛、北京大学棋牌冬令营等竞技体育赛事同样丰富了校园生活。8月1日,北京大学新闻与传播学院2009级本科生雷声赢得伦敦奥运会击剑比赛男子花剑个人金牌。4月,在第26届"京华杯"北京大学、清华大学棋类桥牌友谊赛中,北京大学代表队创造"京华杯"赛史上首个六连冠;4月,北京大学中国象棋代表队夺得第七届"连珠杯"北京市高校中国象棋团体赛冠军;8月,北京大学国际象棋代表队队员王皓夺得瑞士比尔国际象棋大师赛冠军。

2012年,北大医院团委举办"新活力、新希望"中秋青春咏月会、首届科研"希望之星"评选等活动。人民医院团委举办迎新舞会、青年联谊会。机关团总支举行"缅怀革命先烈,追忆北大校友,增强机关团员凝聚力"活动。10月23日,医学部团委主办的"北医青年杯"舞台剧大赛成功举行。

【青年团干与学生骨干培养】高级团校开展"高举团旗跟党走,青春献礼九十年"主题教育活动,深入学习胡锦涛总书记五四重要讲话精神。举办"追寻红色足迹""重温辉煌征程""明确青年使命"和"传承先辈精神"四大主题活动。先后组织学员参加清明公祭缅怀先烈活动,观看天安门升旗仪式并与国旗班军人深入交流,参观北大沙滩红楼,重温入团誓词,追忆光荣革命传统。聘请有丰富工作经验的校友担任校外导师,进一步拓宽了培训主体来源。

建立、优化基层团校通讯平台,并开展基层院系团校调研与交流,完善基层团校学员培养机制。结合实际编写基层团校工作案例,总结院系先进典型经验,推进基层骨干建设全面协调发展。

北京大学第七期学生骨干训练营以"追寻雷锋足迹,践行雷锋精神""青春征程,光辉足迹"为主题,在辽宁抚顺和陕西延安等地扎实开展实践活动。

9月20日,北京大学医学部第二期高级团校开学典礼暨首场专题讲座在逸夫楼114会议室隆重举行。北京大学党委副书记、医学部党委书记敖英芳,北京大学医学部党委副书记、医学部高级团校名誉校长李文胜,医学部各学院的领导,第二期高级团校的37名学员参加活动。

【学生组织与学生社团】1.学生会。北京大学学生会在历届学生会搭建的品牌活动基础上,进一步完善活动形式,扩大了"校园十佳歌手大赛""剧星风采大赛"和"北大之锋"辩论赛等品牌活动的影响力,增强了校园凝聚力。

"就爱我"全校新生舞会让初入燕园的新生们在娱乐中感受到归属感。新一期骨干培训学校新增导师培养制度,为学生会输入了大量新鲜血液。"十佳教师评选"及系列讲座活动,继续引导同学们对学术的热爱与追求。"挑战职场"模拟招聘大赛充分体现了北大学生的智力与风采,为大家带来一场场精彩的视听盛宴。"新生杯"辩论赛秉承"崇尚团队合作,尊重个人独创精神"的理念,让新生感受到辩论的魅力。新年晚会不仅带来浓浓的喜庆的新年味,也增强了学生会人的凝聚力。"NGO参访"系列活动则为同学们走入社会与了解社会提供了难得机会。

2012年,学生会继续打造新的校园活动品牌。举办"运动达人"和"体育之夜"。正式发行《此间》报纸创刊号,搭建北京大学学生会人人网公共主页,进一步增强了学生会的宣传力与影响力。开展"文化中国说"系列活动,北京大学学生会国际化尝试迈出重要一步。进行"未名一卡通"的商谈,践行了"从小事做起,为同学服务"的誓言,方便了同学们的生活。策划"'奇'迹之路穿越沙漠"活动,鼓励同学们挑战自我、挑战自然,使北京大学学生会品牌活动在户外领域实现零的突破。

基于信息传播的电子化与信息化需要,及时策划并搭建学生会网站,借用人人网等社交网络平台发布信息,节约资源并扩大宣传效应。通过产业化建设,扶植学生创业团队,形成学生会稳定的资金来源,使得学生会各项活动能够稳定开展。对"创意设计产业项目"组织招投标活动,初步建立了"宸北淘沙"设计团队,筹划建立"未名纪"毕业纪念品销售团队,积极响应国家倡导大学生创业的号召。

维权方面,以BBS学生会版面为平台,持续解决同学们生活中的学习、住宿、饮食等维权问题;增加二教走廊自习桌椅,方便同学们的学习、生活。

医学部团委通过积极指导学生会、研究生会大会提案机制的确立,以及其他学生组织的创立与项目的拓展,吸收并鼓励学生代表参与到与学生有关的教学和管理事务中。学生代表们向医学部相关部门递交了关于课程设计、教室资源利用、学术活动开展、食堂菜品与价格调整、宿舍供水供电、校园路灯安全隐患等方面问题的提案，积极与有关部门科室负责人进行沟通交流，并及时向全体学生反馈落实情况。

由医学部学生会举办的新生文艺汇演、新生风采大赛、新生班刊、班衫设计大赛等系列迎新生活动，以及"北医杯"联赛、十佳歌手大赛、消夏文化节等文体活动已成为北医校园文化的重要组成部分。同时，医学部学生会在原有经典活动的基础上不断推陈出新，打造出了三国杀3V3联赛、新生定向越野赛等新的品牌文体活动。

2. 研究生会。2012年，研究生会组织第十五届"北京大学研究生'学术十杰'暨首届'十佳导师'评选活动"，重点开展了社会实践工作。1月，研究生会组织了深入云南省红河哈尼族彝族自治州的实践调研活动，并首次走出国门到越南进行访问考察。同月，针对广州沙湾的第一期调研实践团成功开展了实践活动，全面分析和总结了沙湾现状，确定了未来沙湾文化书籍的基本框架和侧重点。9月，研究生会继续承办以发现人才、培育人才、服务人才为目标的"国际青年创新大赛"。11月，研究生会与信息科学技术学院联合举办了"2013年北京大学就业求职交流酒会"，中石化、华为、IBM等十余家海内外知名企业代表应邀参加。酒会为优秀毕业生与杰出校友、企业之间提供了良好的面对面交流平台。

研究生会始终重视对内建设和对外交流，并开展了一系列的活动。4月，研究生会举办了户外素质拓展，增进了研究生会成员间的交流，培养了大家的团队合作能力，增强了团队凝聚力。11月11日，研究生会参与合办"'死了都要爱'大型联谊晚会"，三百多名来自各个学院的同学聚集在一起，共同度过狂欢之夜。9月，由研究生会主办的"2012北京高校研究生创新工作交流会"在北京大学举行。

研究生会举办了内容丰富的校园文化和公益活动。10月，与国际交流部主办北京大学"五洲同乐"中外趣味运动会；12月，与化学与分子工程学院研究生会联合举办了2012年研究生冬夜联欢会。3月，与红丹丹教育文化交流中心合作，利用声音解说技术帮助盲人朋友看电影；12月，组织"关爱流动儿童，圣诞爱心义卖"活动，将1500余元义卖所得全部捐助给湖南湘西土家族苗族自治州花垣县腊乙村留守儿童。

研究生会始终重视思想建设，以多种形式积极学习贯彻落实党的十八大精神。3月，研究生会举办"学习雷锋精神主题教育活动"，邀请到"双百人物"包起帆举行专场报告会。11月，研究生会和共青团北京大学生命科学学院委员会共同举办了"十八大"代表面对面系列活动第一场——"关爱留守儿童，你我共同努力"报告会。为响应党的十八大号召，深入学习贯彻落实党的十八大会议精神，11月19日，研究生会在文史楼205召开学习十八大精神座谈会。

3. 学生社团。2012年秋季学期，团委组织社团骨干，多次召开会议，集体学习并修订《北京大学学生社团管理条例实施细则》。3月及9月，根据《条例》及其实施细则，团委两次对全校的学生社团进行了重新登记注册，截至2012年年底，全校共有近260家学生社团。11月，团委对所有提交完整申请材料的共22家拟成立社团进行审核，通过公开听证、现场答辩等多种方式，最终批准了城市与建筑协会等6家拟成立社团通过审核。与此同时，逐步规范教室、展板、活动场地申请的审批，并尝试通过网络办公提高效率。

5月和9月，团委沿袭传统，两次举办社团大观园，不断提升社团在学生中的影响力。5月，团委开创性地尝试社团盛典，以晚会的形式将各类获奖社团呈现给观众，凤凰网等多家媒体全程直播，得到各界广泛称赞。盛典还邀请到全国政协常委、北京四中校长刘长铭，北京大学党委常务副书记、副校长张彦以及多名北大著名教授出席。10月，在学生社团引导资金的资助下，北京大学创新学社主办首届北京大学创意集市，多家社团参与，参赛作品种类丰富、形式新颖。

4月，团委对2011年度获奖社团进行表彰。在"品牌社团"的基础上，为多元化、精致化发展社团，增设9个"社团单项奖"作为新设置的团体奖项。这9个奖项分别是："精诚合作奖""厚德公益奖""新锐成长奖""文化传承奖""求学问道奖""乐活创意奖""践行探索奖""组织建设奖"和"成长助力奖"。同年4月，团委启动首批社团引导资金发放仪式，首批资助主要专注于"弘扬传统文化""助力第二课堂"和"践行雷锋精神"三个重点发展领域，北大剧社、街舞风雷社等7个社团获得了首批引导资金的资助。

2012年，团委继续推进社团管理服务网络平台的建设，通过信息化手段改造现有学生社团活动申报流程，简化审批手续，使社团管理工作更加科学、透明、高效，并在"大数据"平台上加强对学生社团的监督和指导，助推学生社团活动科学高效进行。通过社团网络平台，团委实现各类社团活动信息的汇集和发布，提高信息传递效率，提升社团影响力。截至2013年年底，共有125家社团或部门在社团网络平台上开通账号。与此同时，《北大社团》编辑部完成《北大社团》杂志第五期、第六期和第七期的印刷及发放工作。

医学部团委通过校园伙食委员会、无烟校园志愿者协会、青年志愿者协会交通安全志愿者小队等学生组织的建立,加强学生自主对食堂饮食环境、校园吸烟现象、道路交通安全等日常的监督与宣传,依托调查撰写《关于新食堂(跃进厅)餐饮服务状况调查问卷的调查报告》,举办世界无烟日主题签名活动、学生控烟知识竞赛、控烟海报设计大赛等活动,开展大学生交通文明演讲比赛、交通安全宣传等工作,鼓励学生主动参与到学校后勤、安保等管理工作中来。通过学生社团学生服务团图书馆图书整理项目、绿风社实验室废弃仪器环保回收宣传项目、红百合志愿者协会医院志愿陪护项目的建立,吸收社团骨干积极参与到学校公共服务、行政办公、医院管理等事务中来。截至2012年9月17日,注册学生社团共计53家,包括学术科创类5家、文化艺术类15家、体育健身类11家、公益志愿类11家、实践促进类5家、合作交流类6家。其中新申请成立注册的社团有3家,包括京昆社、光影社和新月休闲协会。5月11日,在北京大学2012年社团盛典活动中,医学部两家学生社团喜获殊荣:阳光爱心诊所荣获"品牌社团"称号,先锋网络联盟荣获"新锐成长奖"称号。2012年12月,医学部年度优秀学生社团评选活动正式举行,评选出北医十佳优秀学生社团及优秀社团指导教师。

【团的自身建设】 1. 作风建设。2012年,北京大学团委深入学习实践科学发展观,重点加强民主集中制建设,巩固了党员岗位工作责任制度、党的基层组织建设制度和党风廉政建设制度。制定加强团干部作风建设的具体举措,努力用制度约束和规范党员言行,用制度促进机关作风建设,形成常抓不懈的工作机制。充分利用现代信息技术提高工作效率和对外亲和力,注重培养严谨高效的工作作风。

面向全校所有团支书开展基层学生团支部工作专题调研,对基层团组织的先进经验和成功做法进行了及时总结,对存在的问题和薄弱环节做了充分了解和分析。2012年先后完成"达标创优""先锋杯"等各类上级组织奖项申报工作。

校团委书记阮草被评为北京市优秀团干部,工学院2010级硕士2班团支部等30个团支部、邵子剑等30名基层团干部、秦晓蒙等30名团员分别获得"先锋杯"优秀团支部、优秀基层团干部和优秀团员荣誉。2012年,医学部团委卓有成效地组织开展了达标创优竞赛活动,表彰先进,树立典型,北京大学第一医院团委等6个基层团委、北京大学口腔医学院药剂科团支部等47个团支部、王楠等89名团干部受到了表彰。

2. 组织建设。研究完善现有学生副部长选聘机制,加强干部配备,进一步维持组织机构稳定,保障了团委工作的高效开展。2012年校团委机关学生干部聘任工作于春秋两学期两次进行,先后聘任103名和99名学生骨干为校团委机关学生干部。编制了《2012年校团委机关、学生会、研究生会常规工作一览表》。

修编完善团支部指导手册,加入社团团建、支部团员大会和团支部年度工作计划等重要内容,尽可能地拓宽基层团支部的服务领域。继续探索实验室建团、社团建团、学生会建团、年级建团、宿舍建团、网络建团等新模式,夯实团小组建设,完善构建全方位、多层次的网状基层团组织。推进竞争性建团试点工作,加大对基层院系资源倾斜力度,保障团建创新工作的顺利实施。举行基层团组织基本职责落实情况述职,由各基层院系团委书记就落实基本职责达标要点的情况,推进基层团建工作的思路和方法等方面进行述职,并将达标情况作为评优资格、划拨团建经费的参考。

深化党建带团建工作。认真分析总结北京大学团委党建带团建工作经验,先后完成了《北京大学党建带团建工作经验总结》《北京大学关于贯彻落实党建带团建工作会议精神说明》《北京大学党建带团建工作思路梳理》。继续推动各院系团委(总支)在党委(总支)支持下,推选和任用党员、预备党员、条件比较成熟的党员发展对象或入党积极分子担任团支书。

医学部团委下发了《2012年医学部基层团组织建设经费下拨方案》,从专项活动经费中下拨发放基层团组织建设经费,正式任命了团委办公室、组织部、宣传部、志愿者工作部、社团部等六个岗位的兼职学生团干部,协助部门主管教师积极开展各项团的工作。2012年,医学部团委加大对燕园工作部的指导与支持力度,针对医学预科学生的特点,通过在团员青年中宣传党的知识和历史、开展专题讨论、举办团员理论学习交流会、搭建讲座信息平台、组织学习互助活动、参与团支部风采展示等特色工作的开展,使新生团员们对团组织有了更强的归属感。

3. 信息工作。做好信息采编和报送工作。信息采集过程中改进文风,以灵活生动的语言书写新思路新举措,以言简意赅的方式表达丰富内容、突出核心主题,切实提升信息质量;编辑每周一期的《北大团内信息》,完成《2012年共青团北京大学委员会大事记》的编写工作;上报信息被团市委网站采用,为上级团组织及整个团系统更好了解北大共青团提供了重要渠道。

改进基层信息员制度。通过对全校各院系基层信息员进行信息员制度建设相关调研,改进基层信息员工作,着手建立以基层信息员例会为基础、以信息员公邮为载体的沟通渠道,将及时上传相关资料、集中学习与专门培训相结合,调动了基层信息员的工作热情,有效提升了信息员队伍的业务水平,从源头上确保了信息的质量。

·人 物·

在校院士名录

类别	姓名	所在院系	类别	姓名	所在院系
中国科学院	张恭庆	数学科学学院	中国科学院	秦国刚	物理学院
中国科学院	姜伯驹	数学科学学院	中国科学院	杨芙清	信息科学技术学院
中国科学院	文 兰	数学科学学院	中国科学院	王阳元	信息科学技术学院
中国科学院	王诗宬	数学科学学院	中国科学院	梅 宏	信息科学技术学院
中国科学院	田 刚	数学科学学院	中国科学院	陶 澍	城市与环境学院
中国科学院	鄂维南	数学科学学院	中国工程院	唐孝炎	环境科学与工程学院
中国科学院	陈佳洱	物理学院	中国工程院	沈渔邨	医学部
中国科学院	杨应昌	物理学院	中国工程院	郭应禄	医学部
中国科学院	甘子钊	物理学院	中国工程院	陆道培	医学部
中国科学院	赵光达	物理学院	中国工程院	庄 辉	医学部
中国科学院	徐光宪	化学与分子工程学院	中国工程院	王陇德	医学部
中国科学院	刘元方	化学与分子工程学院	中国科学院	丁伟岳	数学科学学院
中国科学院	周其凤	化学与分子工程学院	中国科学院	张焕乔(兼)	物理学院
中国科学院	唐有祺	化学与分子工程学院	中国科学院	解思深(兼)	信息科学技术学院
中国科学院	黄春辉	化学与分子工程学院	中国科学院	陈建生(兼)	物理学院
中国科学院	黎乐民	化学与分子工程学院	中国科学院	徐至展(兼)	物理学院
中国科学院	高 松	化学与分子工程学院	中国科学院	李政道(兼)	物理学院
中国科学院	吴云东	深圳研究生院	中国科学院	苏肇冰(兼)	物理学院
中国科学院	严纯华	化学与分子工程学院	中国科学院	张弥曼(兼)	地球与空间科学学院
中国科学院	刘忠范	化学与分子工程学院	中国科学院	马宗晋(兼)	地球与空间科学学院
中国科学院	张礼和	医学部	中国科学院	陈运泰(兼)	地球与空间科学学院
中国科学院	王 夔	医学部	中国科学院	童庆禧(兼)	地球与空间科学学院
中国科学院	涂传诒	地球与空间科学学院	中国科学院	叶大年(兼)	地球与空间科学学院
中国科学院	侯仁之	城市与环境学院	中国科学院	朱作言(兼)	生命科学学院
中国科学院	王恩哥	物理学院	中国科学院	叶恒强(兼)	物理学院
中国科学院	赵柏林	物理学院	中国工程院	何新贵(兼)	信息科学技术学院
中国科学院	方精云	城市与环境学院	中国科学院	霍裕平	物理学院
中国科学院	翟中和	生命科学学院	中国科学院	李启虎	先进技术研究院
中国科学院	许智宏	生命科学学院	中国科学院	陆汝钤	信息科学技术学院
中国科学院	赵进东	生命科学学院	中国科学院	蒋有绪	城市与环境学院
中国科学院	朱玉贤	生命科学学院	中国科学院	贺贤土	工学院
中国科学院	童坦君	医学部	中国科学院	周又元(兼)	物理学院
中国科学院	韩济生	医学部	中国科学院	秦大河	城市与环境学院
中国科学院	韩启德	医学部	中国工程院	高 文	信息科学技术学院
中国科学院	尚永丰	医学部	中国科学院	包为民	工学院
中国科学院	黄 琳	工学院			

文科资深教授名录

批次	院 系	姓 名	批次	院 系	姓 名
1	中国语言文学系	袁行霈	2	中国语言文学系	严家炎
1	哲学系（宗教学系）	黄楠森	2	哲学系（宗教学系）	汤一介
1	历史学系	田余庆	2	哲学系（宗教学系）	叶 朗
1	考古文博学院	宿 白	2	历史学系	马克垚
1	光华管理学院	厉以宁	2	考古文博学院	严文明
			2	外国语学院	刘安武
			2	外国语学院	胡壮麟
			2	国际关系学院	梁守德
			2	马克思主义学院	梁 柱
			2	信息管理系	吴慰慈
			2	党委办公室校长办公室	吴树青
			2	教育学院	汪永铨

长江学者名录

批次	单 位	姓 名	类别	批次	单 位	姓 名	类别
1	数学科学学院	田 刚	讲座	3	数学科学学院	张继平	特聘
1	数学科学学院	夏志宏	讲座	3	物理学院	孟 杰	特聘
1	物理学院	欧阳颀	特聘	3	生命科学学院	赵进东	特聘
1	化学与分子工程学院	刘忠范	特聘	3	生命科学学院	邓宏魁	特聘
1	信息科学技术学院	彭练矛	特聘	3	城市与环境学院	陶 澍	特聘
1	生命科学学院	邓兴旺	讲座	3	环境科学与工程学院	朱 彤	特聘
1	物理学院	龚旗煌	特聘	3	信息科学技术学院	丛京生	讲座
1	工学院	佘振苏	特聘	3	医学部	王 宪	特聘
1	信息科学技术学院	张志刚	特聘	3	医学部	叶新山	特聘
2	数学科学学院	鄂维南	讲座	3	分子医学研究所	程和平	特聘
2	数学科学学院	许进超	讲座	4	化学与分子工程学院	来鲁华	特聘
2	物理学院	刘晓为	特聘	4	化学与分子工程学院	杨 震	特聘
2	化学与分子工程学院	程正迪	讲座	4	化学与分子工程学院	刘文剑	特聘
2	化学与分子工程学院	赵新生	特聘	4	物理学院	马伯强	特聘
2	城市与环境学院	周力平	特聘	4	化学与分子工程学院	席振峰	特聘
2	信息科学技术学院	查红彬	特聘	4	化学与分子工程学院	夏 斌	特聘
2	化学与分子工程学院	严纯华	特聘	4	化学与分子工程学院	金长文	特聘
2	工学院	陈十一	特聘	4	生命科学学院	朱玉贤	特聘

批次	单位	姓名	类别	批次	单位	姓名	类别
4	地球与空间科学学院	陈永顺	特聘	7	教育学院	曾满超	讲座
4	数学科学学院	王诗宬	特聘	7	工学院	张东晓	讲座/全职
4	工学院	王龙	特聘	8	地球与空间科学学院	宗秋刚	特聘
4	医学部	刘国庆	特聘	8	医学部	杜军保	特聘
4	医学部	汪涛	特聘	8	法学院	朱苏力	特聘
5	数学科学学院	张平文	特聘	8	历史学系	彭小瑜	特聘
5	物理学院	俞大鹏	特聘	8	数学科学学院	韩青	讲座
5	物理学院	汤超	讲座/全职	8	物理学院	涂豫海	讲座
5	化学与分子工程学院	高松	特聘	8	地球与空间科学学院	费英伟	讲座
5	生命科学学院	苏晓东	特聘	8	医学部	徐清波	讲座
5	地球与空间科学学院	高克勤	特聘	8	物理学院	李浩	讲座
5	城市与环境学院	方精云	特聘	8	信息科学技术学院	徐雷	讲座
5	医学部	尚永丰	特聘	8	历史学系	王晴佳	讲座
5	分子医学研究所	肖瑞平	特聘	8	工学院	任秋实	特聘
5	工学院	韩平畴	特聘	9	数学科学学院	姜明	特聘
5	工学院	方岱宁	特聘	9	工学院	王建祥	特聘
6	数学科学学院	郁彬	讲座	9	生命科学学院	瞿礼嘉	特聘
6	物理学院	沈波	特聘	9	历史学系	荣新江	特聘
6	化学与分子工程学院	邵元华	特聘	9	数学科学学院	郭岩	讲座
6	生命科学学院	张传茂	特聘	9	工学院	徐昆	讲座
6	历史学系	王希	特聘	10	数学科学学院	宗传明	特聘
6	外国语学院	申丹	特聘	10	物理学院	朱世琳	特聘
6	法学院	陈兴良	特聘	10	物理学院	林志宏	讲座
6	人口研究所	郑晓瑛	特聘	10	化学与分子工程学院	高毅勤	特聘
6	中国经济研究中心	约翰·施特劳斯 (John Strauss)	讲座	10	生命科学学院	谢晓亮	讲座
6	中国经济研究中心	詹姆斯·赫克曼	讲座	10	信息科学技术学院	黄如	特聘
				10	环境科学与工程学院	张人一	讲座
6	医学部	管又飞	特聘	10	医学部	陆林	特聘
6	医学部	王克威	特聘	10	医学部	柴洋	讲座
6	医学部	王存玉	讲座	10	中国语言文学系	张旭东	讲座
6	信息科学技术学院	周治平	特聘	10	光华管理学院	蔡洪滨	特聘
7	数学科学学院	王长平	特聘	6	工学院	杨槐	特聘
7	物理学院	陈勇	讲座	10	中国社会科学调查中心	谢宇	讲座
7	化学与分子工程学院	王剑波	特聘	11	数学科学学院	朱小华	特聘
7	生命科学学院	王世强	特聘	11	数学科学学院	庆杰	讲座
7	生命科学学院	郭红卫	特聘	11	化学与分子工程学院	宛新华	特聘
7	生命科学学院	龙漫远	讲座	11	化学与分子工程学院	吴凯	特聘
7	地球与空间科学学院	张立飞	特聘	11	化学与分子工程学院	何川	讲座
7	环境科学与工程学院	何玉山	讲座	11	地球与空间科学学院	Guillaume Dupont-Nivet	讲座
7	信息科学技术学院	梅宏	特聘	11	城市与环境学院	胡建英	特聘
7	医学部	张毓	特聘	11	信息科学技术学院	蔡进一	讲座
7	中国语言文学系	陈平原	特聘	11	医学部	乔杰	特聘
7	历史学系	阎步克	特聘	11	历史学系	李剑鸣	特聘
7	经济学院	刘伟	特聘	11	法学院	陈瑞华	特聘

批次	单位	姓名	类别	批次	单位	姓名	类别
7	艺术学院	王一川	特聘	12	工学院	夏定国	特聘
6	工学院	陈峰	特聘	12	中国语言文学系	陈晓明	特聘
9	心理学系	余聪	特聘	12	哲学系（宗教学系）	韩水法	特聘
6	工学院	刘锋	讲座/全职	12	经济学院	黄桂田	特聘
4	物理学院	刘征宇	讲座	12	社会学系	郭志刚	特聘
12	数学科学学院	史宇光	特聘	12	建筑与景观设计学院	俞孔坚	特聘
12	化学与分子工程学院	裴坚	特聘	12	医学部	黄晓军	特聘
12	化学与分子工程学院	施章杰	特聘	12	数学科学学院	赵宏宇	讲座
12	生命科学学院	蒋争凡	特聘	12	物理学院	张冰	讲座
12	城市与环境学院	朴世龙	特聘	12	地球与空间科学学院	李宝生	讲座
12	心理学系	方方	特聘	1	工学院	陆祖宏	特聘
12	工学院	谭文长	特聘				

教 授 名 录

校 本 部

说明：本名录为2012年在职的具有正高级专业技术职务的人员。

数学科学学院

教授

艾明要　蔡金星　陈大岳　邓明华　丁帆　丁伟岳
范辉军　方新贵　房祥忠　冯荣权　甘少波　高立
耿直　郭岩　韩青　姜伯驹　姜明　蒋美跃
李若　李铁军　李伟固　李治平　林作铨　刘和平
刘力平　刘培东　刘小博　刘旭峰　刘张炬　柳彬
马尽文　莫小欢　潘家柱　庆杰　裘宗燕　任艳霞
史宇光　孙文祥　谭小江　汤华中　田刚　王保祥
王冠香　王鸣　王诗宬　王长平　王正栋　文兰
伍胜健　夏壁灿　夏志宏　徐恺　徐茂智　徐树方
许进超　杨家忠　杨建生　杨静平　郁彬　张恭庆
张继平　张平文　章志飞　郑浩　郑志明　周蜀林
周铁　朱小华　宗传明

研究员

蔡云峰　刘化荣　王家军　席瑞斌　姚远

物理学院

教授

班勇　陈斌　陈佳洱　陈建生　陈勇　陈志坚
戴伦　杜瑞瑞　樊铁栓　范祖辉　付遵涛　盖峥
甘子钊　高家红　龚旗煌　胡小永　胡晓东　胡永云
霍裕平　季航　蒋红兵　李定平　李浩　李焱
李振平　林志宏　刘川　刘富坤　刘克新　刘树华
刘晓为　刘玉鑫　刘征宇　马伯强　马中水　冒亚军
孟杰　牛谦　欧阳颀　钱思进　钱维宏　秦国刚
邱子强　冉广照　沈波　施靖　史俊杰　谭本馗
汤超　田光善　涂豫海　王恩哥　王福仁　王宏利
王若鹏　王世光　王晓钢　王宇钢　吴学兵　肖立新
谢心澄　熊传胜　徐仁新　徐至展　许甫荣　颜学庆
杨海军　杨金波　杨应昌　叶恒强　叶沿林　尹澜
俞大鹏　张冰　张朝晖　张国辉　张国义　张酣
张宏昇　张焕乔　张家森　张庆红　赵柏林　赵春生
赵光达　郑汉青　周又元　朱世琳　朱守华　朱星

教授级高工

陈晶　葛愉成　连贵君　鲁向阳　陆元荣　王洪庆
王建勇

研究员

曹庆宏　方哲宇　冯济　傅宗玫　何琼毅　胡宗海
贾爽　黎卓　李博　李新征　李源　林金泰
林熙　刘运全　孟智勇　裴俊琛　彭逸西　全海涛
任泽峰　施均仁　施可彬　宋慧超　孙栋　王大勇
王健　王新强　危健　韦骏　吴飙　吴孝松
肖池阶　肖云峰　徐莉梅　杨李林　张霖

化学与分子工程学院

教授

陈尔强	程正迪	范星河	甘良兵	高 松	高毅勤
何 川	黄春辉	黄富强	黄建滨	贾欣茹	金长文
来鲁华	黎乐民	李星国	李 彦	李子臣	梁德海
林建华	刘春立	刘 锋	刘海超	刘虎威	刘文剑
刘元方	刘忠范	马玉国	裴 坚	齐利民	其 鲁
邵元华	沈兴海	施章杰	施祖进	唐有祺	宛新华
王剑波	王颖霞	王 远	王哲明	魏高原	吴 凯
吴云东	席振峰	夏 斌	徐东升	徐光宪	严纯华
杨 震	余志祥	袁 谷	翟茂林	张 锦	张新祥
张亚文	赵美萍	赵新生	周其凤	朱 涛	邹德春

研究员

陈 鹏	陈 兴	付雪峰	郭雪峰	蒋 鸿	李笑宇
刘 剑	刘小云	马 丁	孙俊良	孙聆东	张俊龙

生命科学学院

教授

安成才	白书农	蔡 宏	柴 真	昌增益	陈建国
陈章良	邓宏魁	邓兴旺	范六民	顾红雅	顾 军
郭红卫	纪建国	孔道春	李沉简	李 毅	吕 植
秦咏梅	瞿礼嘉	饶广远	饶 毅	苏都莫日根	
苏晓东	王家槐	王世强	王忆平	魏丽萍	谢晓亮
许崇任	翟中和	张 博	张传茂	张 研	赵进东
郑晓峰	朱玉贤	朱作言			

教授级高工

李兰芬

研究员

方 敏	高 歌	蒋争凡	李 晴	李瑞强	李毓龙
刘 东	刘 磊	罗述金	宋 艳	汤富酬	唐世明
陶乐天	魏文胜	谢 灿	徐冬一	姚 蒙	伊成器
张 晨					

城市与环境学院

教授

蔡运龙	曾 辉	柴彦威	陈效逑	邓 辉	方精云
冯长春	韩光辉	韩茂莉	贺灿飞	贺金生	胡建英
蒋有绪	李双成	李有利	林 坚	刘耕年	刘鸿雁
刘文新	吕 斌	满燕云	莫多闻	朴世龙	秦大河
阙维民	唐晓峰	陶 澍	王红亚	王学军	王仰麟
吴必虎	徐福留	许学工	杨小柳	张永和	周力平

研究员

李喜青	刘峻峰	万 祎	王喜龙	许云平	赵鹏军
赵淑清					

地球与空间科学学院

教授

白志强	曾琪明	陈 斌	陈鸿飞	陈秀万	陈衍景
陈永顺	陈运泰	传秀云	费英伟	傅绥燕	高克勤
关 平	郭召杰	韩宝福	侯贵廷	侯建军	胡天跃
黄宝春	黄清华	江大勇	李江海	李培军	李 琦
林伯中	刘树文	鲁安怀	马学平	马宗晋	毛善君
宁杰远	潘 懋	秦其明	秦 善	沈正康	宋述光
孙元林	童庆禧	涂传诒	王德明	王河锦	魏春景
邬 伦	吴朝东	吴泰然	徐 备	晏 磊	叶大年
张进江	张立飞	张弥曼	赵永红	郑海飞	周仕勇
朱永峰	宗秋刚				

研究员

法文哲	何建森	林 沂	刘 曦	宋振清	王玲华
巫 翔	许 成	周 莹			

心理学系

教授

方 方	甘怡群	韩世辉	李 量	钱铭怡	苏彦捷
王 垒	吴艳红	谢晓非	余 聪	周晓林	

研究员

李 健　李 晟

建筑与景观设计学院

教授

JOHN KEITH ZACHARIAS　　俞孔坚

信息科学技术学院

教授

蔡进一	查红彬	陈 兢	陈景标	陈 清	陈向群
陈徐宗	陈章渊	陈中建	陈 钟	程 旭	程玉华
迟惠生	丛京生	代亚非	党安红	杜 刚	封举富
傅云义	高 军	高 文	郭 弘	郝一龙	何 进
何新贵	侯士敏	胡薇薇	黄 罡	黄 如	黄铁军
焦秉立	焦文品	解思深	金玉丰	金 芝	康晋锋
李红滨	李红燕	李文新	李晓明	李正斌	李志宏
梁学磊	廖怀林	林宙辰	刘 宏	刘晓彦	刘新元
陆汝钤	罗 武	罗英伟	梅 宏	彭练矛	苏开乐
穗志方	谭少华	谭 营	汪国平	王捍贫	王厚峰
王金延	王立威	王千祥	王腾蛟	王阳元	王 漪
王志军	王子宇	邬江兴	吴文刚	吴玺宏	谢 冰
谢昆青	徐洪起	许 超	许 进	许胜勇	杨芙清
姚建铨	叶安培	于晓梅	张大成	张 帆	张耿民
张海霞	张 路	张 铭	张 兴	张志刚	赵建业
赵玉萍	周小计	周治平	朱柏承		

教授级高工
段晓辉　高成臣　何永琪　金　野　李　婷　王兆江
于敦山
研究员
曾　钢　陈一峯　崔　斌　盖伟新　解晓东　黎　明
李廉林　宋令阳　孙　栩　王亦洲　王永锋　魏贤龙
肖　臻　熊瑞勤　熊英飞　袁晓如　张　刚　张盛东
赵卉菁

工学院

教授
包　刚　包为民　陈　峰　陈十一　董蜀湘　方岱宁
韩平畴　贺贤土　侯仰龙　刘　锋　米建春　任秋实
史建军　侍乐媛　孙　强　王健平　王习东　吴晓磊
谢天宇　徐　昆　张东晓　郑　强
研究员
蔡　剑　曹安源　陈　正　戴志飞　段慧玲　黄　迅
黄岩谊　霍云龙　刘一军　陆祖宏　王芗祥　王　前
席建忠　夏定国　杨　槐　杨剑影　于海峰　袁章福
占肖卫　张信荣　张艳锋　郑春苗

力学系

教授
白树林　陈国谦　陈　璞　程承旗　楚天广　段志生
方　竞　耿志勇　黄　琳　李存标　励　争　刘才山
刘凯欣　佘振苏　谭文长　唐少强　陶建军　王建祥
王金枝　王　龙　王　勇　熊春阳　郑玉峰　朱怀球

计算机科学技术研究所

教授
彭宇新　肖建国
研究员
陈晓鸥　郭宗明　汤　帜　杨　斌　赵东岩　周秉锋
邹　维

环境科学与工程学院

教授
蔡旭晖　陈忠明　郭怀成　何玉山　胡建信　胡　敏
籍国东　李文军　李振山　刘阳生　栾胜基　马晓明
毛志锋　倪晋仁　邵　敏　宋　宇　宋豫秦　唐孝炎
谢绍东　徐晋涛　张剑波　张人一　张世秋　张远航
郑　玫　朱　彤
教授级高工
曾立民
研究员
程雅芳　刘思彤　刘　永　陆克定　邱兴华　童美萍
要茂盛

软件工程国家工程研究中心

教授
柳军飞　王　平　吴中海
研究员
李　影　张世琨

中国语言文学系

教授
曹文轩　常　森　车槿山　陈保亚　陈平原　陈晓明
陈泳超　陈跃红　程郁缀　戴锦华　杜晓勤　傅　刚
高路明　高远东　葛晓音　耿振生　龚鹏程　郭　锐
韩毓海　胡敕瑞　康士林　孔江平　孔庆东　李　简
李小凡　李　杨　廖可斌　刘勇强　刘玉才　卢永磷
潘建国　漆永祥　钱志熙　沈　阳　孙玉文　王洪君
王　岚　王岳川　王韫佳　吴　鸥　吴晓东　夏晓虹
项梦冰　杨荣祥　杨　铸　于迎春　袁行霈　袁毓林
张　辉　张　鸣　张颐武　朱庆之
研究员
李　铎

历史学系

教授
包茂红　陈苏镇　邓小南　董正华　高　岱　高　毅
郭润涛　郭卫东　黄　洋　李剑鸣　刘浦江　刘一皋
罗　新　罗志田　穆启乐　牛大勇　欧阳哲生
彭小瑜　钱乘旦　桥本秀美　　　　　荣新江　尚小明
王红生　王立新　王奇生　王晴佳　王　希　王小甫
王晓秋　王新生　吴小安　辛德勇　徐　勇　许　平
阎步克　颜海英　杨奎松　臧运祜　张　帆　赵世瑜
朱凤瀚　朱孝远
研究员
John Dillon　Valentina Toneatto　　　陈侃理
法恩瑞　井上亘　陆　扬　朱玉麒

考古文博学院

教授
方　拥　杭　侃　胡东波　雷兴山　李崇峰　李水城
林梅村　齐东方　秦大树　宋向光　孙　华　王幼平
韦　正　吴小红　徐天进　张　弛　张　辛　赵化成
赵　辉

哲学系（宗教学系）

教授
陈　波　陈鼓应　陈少峰　杜维明　丰子义　韩林合
韩水法　何怀宏　胡　军　靳希平　李四龙　刘华杰
刘壮虎　聂锦芳　尚新建　孙尚扬　王　博　王海明

王中江	王宗昱	吴国盛	吴增定	徐凤林	杨立华
杨学功	仰海峰	姚卫群	叶闯	叶峰	叶朗
张广保	张学智	张志刚	章启群	赵敦华	郑开
周北海	周程	朱良志			

研究员

冀建中	彭国翔				

外国语学院

教授

薄文泽	查晓燕	陈岗龙	陈明	程朝翔	褚敏
丁宏为	董强	段晴	付志明	高一虹	拱玉书
辜正坤	谷裕	韩加明	黄必康	黄燎宇	姜景奎
姜望琪	金景一	金勋	孔菊兰	李昌珂	李强
李生俊	李玮	李先汉	李政	梁敏和	林丰民
凌建侯	刘锋	刘建华	刘金才	刘曙雄	刘树森
罗炜	宁琦	潘钧	彭广陆	彭甄	钱军
秦海鹰	任一雄	申丹	沈定昌	唐孟生	唐仁虎
滕军	田庆生	王邦维	王丹	王东亮	王继辉
王建	王军	王辛夷	王一丹	谢秋荣	杨国政
于荣胜	喻天舒	湛如	张敏	张世耘	赵白生
赵桂莲	赵华敏	赵杰	周小仪		

艺术学院

教授

陈旭光	丁宁	侯锡瑾	李爱国	李道新	李松
彭锋	彭吉象	王一川	翁剑青	俞虹	朱青生

对外汉语教育学院

教授

李红印	刘颂浩	刘元满	王若江	杨德峰	张英

歌剧研究院

教授

傅海静	蒋一民	金曼			

国际关系学院

教授

查道炯	贾庆国	孔凡君	李安山	李寒梅	李义虎
连玉如	梁云祥	罗艳华	牛军	潘维	尚会鹏
唐士其	王缉思	王联	王逸舟	王勇	王正毅
许振洲	杨保筠	叶自成	印红标	袁明	张光明
张海滨	张清敏	张小明	张植荣	朱锋	

法学院

教授

白桂梅	白建军	陈端洪	陈瑞华	陈兴良	甘培忠
龚刃韧	郭自力	贺卫方	姜明安	李鸣	梁根林
刘剑文	刘凯湘	刘燕	马忆南	潘剑锋	钱明星
强世功	饶戈平	邵景春	沈岿	汪建成	汪劲
王成	王磊	王世洲	王锡锌	王新	吴志攀
徐爱国	尹田	张建国	张平	张骐	张千帆
张守文	赵国玲	周旺生	朱苏力		

研究员

蒋大兴	叶静漪	易继明			

信息管理系

教授

陈建龙	段明莲	李常庆	李广建	李国新	刘兹恒
马张华	祁延莉	申静	王军	王延飞	王余光
王子舟	张浩达	周庆山			

社会学系

教授

蔡华	方文	高丙中	郭志刚	李建新	刘爱玉
刘能	刘世定	陆杰华	马戎	钱民辉	秦明瑞
邱泽奇	佟新	王铭铭	王思斌	吴宝科	谢立中
熊跃根	张静	郑也夫	周云	朱晓阳	

政府管理学院

教授

傅军	关海庭	黄恒学	江荣海	金安平	李成言
李国平	李强	陆军	路风	沈明明	王丽萍
王浦劬	吴丕	肖鸣政	徐湘林	燕继荣	杨开忠
袁刚	张国庆	赵成根	周志忍		

研究员

顾昕					

马克思主义学院

教授

白雪秋	程美东	郭建宁	黄小寒	康沛竹	李少军
李淑珍	李翔海	李毅红	刘志光	孙蚌珠	孙代尧
孙熙国	仝华	王文章	郇庆治	杨河	尹保云
张守民	祖嘉合				

研究员

夏文斌					

教育学院

教授

陈洪捷	陈向明	陈晓宇	陈学飞	丁小浩	郭建如
李文利	刘云杉	马万华	闵维方	施晓光	汪琼
文东茅	阎凤桥	岳昌君			

新闻与传播学院

教授

陈刚	陈汝东	程曼丽	关世杰	刘德寰	陆地
陆绍阳	师曾志	吴靖	肖东发	谢新洲	徐泓

杨伯溆
研究员
冯支越

体育教研部

教授
董进霞　顾玉标　郝光安　何仲恺　李德昌　张　锐

经济学院

教授
曹和平　董志勇　杜丽群　何小锋　胡　坚　黄桂田
李　虹　李庆云　李绍荣　李心愉　林双林　刘民权
刘　伟　刘文忻　刘　怡　平新乔　施建淮　宋　敏
孙祁祥　王大树　王曙光　王一鸣　王跃生　王志伟
萧　琛　叶静怡　张　博　张　延　章　政　郑　伟
周建波
编审
于小东

光华管理学院

教授
蔡洪滨　陈丽华　陈松蹊　单忠东　符国群　龚六堂
何志毅　黄　涛　贾春新　江明华　姜国华　金　李
雷　明　李　东　李怡宗　厉以宁　梁钧平　刘国恩
刘　力　刘　俏　刘　学　刘玉珍　陆正飞　彭泗清
涂　平　王汉生　王　辉　王建国　王立彦　王明进
吴联生　武常岐　徐信忠　杨云红　姚长辉　于鸿君
岳　衡　张国有　张红霞　张维迎　张一驰　张　影
张志学　周黎安　周长辉　朱善利

人口研究所

教授
陈　功　李涌平　穆光宗　乔晓春　宋新明　郑晓瑛

国家发展研究院

教授
曾　毅　海　闻　胡大源　黄益平　霍德明　李　玲
梁　能　林毅夫　卢　锋　马　浩　沈　艳　宋国青
唐方方　汪丁丁　汪　浩　巫和懋　杨　壮　姚　洋
张　黎　张晓波　赵跃辉　周其仁　朱家祥
研究员
徐建国

先进技术研究院

教授
李启虎

前沿交叉学科研究院

教授
陈东敏

中国社会科学调查中心

教授
谢　宇

分子医学研究所

教授
肖瑞平
研究员
陈良怡　程和平　顾雨春　李　建　梁子才　罗金才
田小利　汪阳明　熊敬维　周　专

科维理天文研究所

教授
Douglas Nelson Chao Lin　樊晓晖
研究员
Gregory Joseph Herczeg　柯文采　李立新　理查德
闫慧荣　于清娟　Marcel Zemp

北京国际数学研究中心

教授
鄂维南
研究员
葛　颢　刘若川　许晨阳

中国画法研究院

教授
范　曾

教育财政科学研究所

教授
王　蓉

党委办公室校长办公室

教授
马化祥　吴树青　许智宏　张　彦　朱善璐
研究员
陈文申　林钧敬

纪委办公室监察室

研究员
王丽梅

组织部
教授
李文胜
研究员
郭　海　岳素兰

宣传部
研究员
赵为民

统战部
教授
张晓黎

保密办
研究员
刘旭东

教务部
研究员
金顶兵　卢晓东　秦春华

科学研究部
研究员
吴　锜　周　辉

社会科学部
编审
刘曙光

研究生院
研究员
贾爱英

继续教育部
研究员
张　虹　李国斌

人事部
研究员
蒋宗凤　刘　波　王红印

财务部
研究员
闫　敏

国际合作部
研究员
李岩松　刘新芝　夏红卫

实验室与设备管理部
研究员
李小寒　史守旭

总务部
研究员
鞠传进　张宝岭

发展规划部
研究员
孙　华

基建工程部
教授级高工
莫元彬

产业管理办公室
教授级高工
王　川　周亚伟

工会
研究员
孙　丽

图书馆
研究馆员
陈　凌　高倬贤　关志英　胡海帆　刘大军　刘素清
聂　华　沈乃文　宋力生　肖　珑　姚伯岳　张红扬
张明东　朱　强

计算中心
教授级高工
陈　光　陈　萍　李庭晏　张　蓓　种连荣

教育基金会
研究员
邓　娅

出版社
编审
杜若明　冯益娜　符　丹　高秀芹　金娟萍　林君秀
刘　方　刘乐坚　马辛民　沈浦娜　王明舟　杨立范

杨书澜　张　冰　张凤珠　张黎明　周雁翎

校医院

主任医师
李　华　杨萍兰　云　虹　张宏印　赵丽雅　周广华

会议中心

研究员
陈振亚　范　强

社区服务中心

研究员
赵桂莲

餐饮中心

研究员
崔芳菊

方正集团

教授
魏　新
教授级高工
黄肖俊　汪岳林　王国印　杨燕如
研究员
蒋必金　张兆东

未名公司

教授级高工
潘爱华
研究员
张　华

北大青鸟

教授级高工
田仲义　叶智勇
研究员
初育国　杨　明

资源集团

研究员
张永祥

维信公司

研究员
段震文

医　学　部

说明：本名录为2012年在职的具有正高级专业技术职务的人员。

基础医学院

教授
陈英玉　崔彩莲　崔德华　崔庆华　杜晓娟　方伟岗
高远生　高子芬　顾　江　管又飞　韩济生　韩晶岩
韩文玲　李　刚　李凌松　李学军　刘国庆　鲁凤民
马大龙　毛泽斌　梅　林　濮鸣亮　齐永芬　钱瑞琴
邱晓彦　沙印林　尚永丰　沈　丽　谭焕然　唐军民
田新霞　童坦君　万　有　汪南平　王　凡　王　露
王文恭　王　宪　王　韵　王月丹　吴立玲　徐国恒
杨宝学　尹长城　尹玉新　于常海　云彩红　张　波
张宏权　张书永　张炜真　张永鹤　张　毓　章国良
赵红珊　郑　杰　周春燕　钟　南　钟延丰　朱卫国
朱　毅　祝世功　庄　辉　孔　炜　王　应　彭宜红
葛　青　邵根泽
研究员
吴鎏桢
编审
安晓意

药学院

教授
蔡少青　崔景荣　李润涛　李中军　梁　鸿　凌笑梅
刘俊义　卢　炜　吕万良　蒲小平　齐宪荣　史录文
屠鹏飞　王　超　王　夔　王　璇　王银叶　徐　萍
杨晓达　杨秀伟　杨振军　叶　敏　叶新山　曾慧慧
张礼和　张亮仁　张　强　张天蓝　周德敏　杨晓改
王克威　张　烜
研究员
车庆明　崔育新　傅宏征　郭敏杰　郭绪林　林文翰
贾彦兴　焦　宁

公共卫生学院

教授
安　琳　常　春　曹卫华　陈　娟　方　海　郭新彪
郭　岩　郝卫东　胡永华　贾　光　康晓平　李立明
林晓明　刘　民　马　军　马谢民　马迎华　钮文异
潘小川　王培玉　王晓莉　王　燕　吴　明　詹思延
张宝旭　张拓红　陈大方　王志锋　朱文丽　王　旗
张玉梅
研究员
陈晶琦　李可基　李　勇　王京宇　武阳丰　余小鸣
周小平
主任技师
欧阳荔

护理学院

教授
陆 虹　路 潜　郭桂芳　尚少梅

公共教学部

教授
丛亚丽　贺东奇　洪 炜　贾炳善　李 菡　刘大川
刘新芝　王 玥　吴任钢　张大庆　甄 橙　孙秋丹
郭莉萍　王一方

研究员
王红漫　谢 虹

党政机关、后勤、直属及产业

教授
孟庆跃　田 佳

研究员
蔡景一　陈立奇　戴 清　邓艳萍　樊建军　高澍苹
郭 立　郭艾花　侯 卉　李 红　李 鹰　梁建辉
刘建蒙　刘穗燕　刘志民　陆 林　马长中　聂克珍
任爱国　时 杰　王春虎　王 青　徐白羽　张 翎
朱树梅　祝 虹　张 明　王翠先　叶荣伟　范春梅

主任医师
韩方群　王晓军　易 英　王振宇　阮 晶　张素敏

研究馆员
林小平　王金玲　谢志耘

主任技师
袁 兰

教授级高工
何其华

编审
安 林　白 玲　暴海燕　冯智勇　王凤庭　曾桂芳
赵 莳　赵成正

第一临床医学院（第一医院）

教授
白文佩　包新华　鲍圣德　陈 旻　迟春花　崔一民
丁 洁　丁文惠　杜军保　高献书　郭晓蕙　郭应禄
洪 涛　黄一宁　霍 勇　贾志荣　姜 毅　姜玉武
金 杰　李建平　李若瑜　李 挺　李晓玫　廖秦平
刘朝晖　刘梅林　刘新民　刘荫华　刘玉村　潘英姿
秦 炯　秦 永　任汉云　涂 平　万远廉　王东信
王广发　王贵强　王海燕　王 丽　王荣福　王薇薇
王蔚虹　王霄英　王学美　温宏武　吴问汉　谢鹏雁
肖水芳　辛钟成　徐小元　严仁英　晏晓明　杨慧霞
杨 柳　杨艳玲　杨尹默　杨 勇　姚 晨　于岩岩
袁 云　张 宏　张彦芳　张月华　张卓莉　赵明辉

周丛乐　周利群　周应芳　朱 平　朱丽荣　朱学骏
邹英华　左 力

主任医师
白 勇　毕 蕙　曹永平　岑溪南　柴卫兵　陈 建
陈 明　陈 倩　陈喜雪　陈旭岩　陈永红　陈育青
董 颖　段学宁　冯 琪　冯珍如　高 枫　高燕明
龚 侃　韩文科　何志嵩　贺占举　黄 真　金其庄
季素珍　李淳德　李海潮　李海丽　李 简　李巧娴
李淑清　李 岩　梁芙蓉　梁丽莉　梁卫兰　刘 刚
刘玲玲　刘桐林　刘宪义　刘小颖　刘秀芬　刘雪芹
刘玉和　刘玉洁　柳 萍　卢新天　陆海英　马晓伟
米 川　年卫东　聂红萍　聂立功　潘义生　庞 琳
齐慧敏　乔歧禄　曲 元　阙呈立　山刚志　盛琴慧
时春艳　宋以信　孙洪跃　孙 洁　孙伟杰　孙晓伟
谭 伟　佟小强　汪 波　汪 欣　王爱萍　王化虹
王建中　王 军　王宁华　王 平　王全桂　王素霞
王维民　王文生　王 颖　文立成　吴士良　吴 晔
席志军　肖 锋　肖慧捷　肖江喜　许 幸　杨海珍
杨建梅　姚 勇　邑晓东　殷 悦　尹 玲　于晓兰
袁振芳　张宝娓　张家湧　张俊清　张澜波　张明礼
张淑娥　张宪生　张晓春　张学智　章小维　赵建勋
郑 波　周福德　庄 岩

研究员
高树宽　李惠芳　李敬伟　李六亿　刘 伟　刘晓燕
吕 媛　马兰艳　潘 虹　戚 豫　王静敏　吴 林
辛殿祺　徐国兵　张春丽　张庆林　曾 争

研究馆员
黄明杰

主任药师
孙培红　周 颖　赵 侠

主任护师
陈建军　丁炎明　耿小凤　王 群

主任技师
艾 乙　李雪迎　刘静霞　卢桂芝　王 彬

编审
单爱莲

第二临床医学院（人民医院）

教授
白文俊　鲍永珍　陈 红　崔 恒　杜湘珂　冯传汉
冯 艺　高承志　高旭光　高占成　郭淮莲　郭 卫
洪 楠　黄晓波　黄晓军　纪立农　姜保国　姜冠潮
姜燕荣　黎晓新　李建国　栗占国　林剑浩　刘开彦
刘文玲　刘玉兰　陆道培　那彦群　苗懿德　彭吉润
沈 浣　苏 茵　王德炳　王 辉　王建六　王 俊
王 梅　王秋生　王 杉　王晓峰　魏 来　魏丽惠
徐 涛　杨 欣　余力生　张建中　张 萍　张庆俊

张小明	赵明威	赵彦	朱继业	冯婉玉		贺蓓	洪晶	洪天配	姜辉	解基严	克晓燕
						李东	李惠平	李邻峰	李昭屏	林共周	凌晓锋

主任医师

安友仲	白文	蔡林	蔡美顺	曹照龙	常英军	刘剑羽	刘湘源	刘晓光	刘忠军	马彩虹	马芙蓉
陈欢	陈坚	陈江天	陈雷	陈陵霞	陈琦玲	马潞林	马志中	乔杰	汪涛	王贵松	王金锐
陈彧	陈源源	陈育红	陈周	戴林	杜娟	王俊杰	王薇	王侠	王颖	王悦	王振宇
冯国平	付中国	高燕	关菁	关振鹏	郭静竹	吴玲玲	修典荣	徐智	杨孜	余家阔	袁慧书
郭丹杰	郭继鸿	郭杨	韩芳	何晋德	何燕玲	翟所迪	张爱华	张纯	张捷	张燕燕	张永珍
胡肇衡	黄磊	黄迅	贾玫	江滨	江倩	赵扬玉	郑丹侠	周丽雅	周谋望		
姜可伟	金龙	寇伯龙	李帮清	李建兴	李剑锋						

主任医师

李琦	李澍	李学斌	李永杰	李月红	栗光明	毕洪森	陈文	陈亚平	陈朝文	崔国庆	崔鸣
梁建宏	梁梅英	梁旭东	梁冶矢	梁勇	刘春兰	窦宏亮	范家栋	冯新恒	高洪伟	葛堪忆	顾芳
刘代红	刘桂兰	刘海鹰	刘健	刘杰	刘捷	郭长吉	郭红燕	郭丽君	郭昭庆	韩劲松	侯纯升
刘靖	刘军	刘兰燕	刘鹏	刘士军	刘献增	侯小飞	胡跃林	黄雪彪	黄毅	黄永辉	姬洪全
刘元生	刘月洁	陆爱东	路瑾	毛汛	苗榕生	贾建文	姜亮	景红梅	李比	李东	李东明
穆荣	倪磊	牛兰俊	裴秋艳	齐慧君	钱彤	李海燕	李红真	李危石	李小刚	李选	李学民
曲军	曲星珂	任泽钦	沈晨阳	沈丹华	孙宁玲	李在玲	李志刚	林发俭	刘桂花	刘平	刘书旺
孙铁铮	汤晓东	唐军	田莉	佟富中	王波	刘延青	刘瑜玲	刘仲奇	鲁明	鲁珊	马力文
王朝华	王东	王福顺	王豪	王晶桐	王旻	马勇光	么改琦	苗立英	聂有智	牛杰	朴梅花
王茜	王少杰	王伟民	王世军	王殊	王天兵	齐虹	齐强	沈宁	沈扬	史成和	宋世兵
王屹	王悦	王智峰	吴夕	吴彦	吴燕	宋为明	孙宇	田华	田耘	童笑梅	万峰
谢启伟	邢志敏	熊六林	许俊堂	许克新	许兰平	王爱英	王超	王海燕	王继军	王健全	王军
许清泉	薛利芳	严荔煌	杨德起	杨荣利	杨松娜	王乐今	王丽	王立新	王少波	王霄	王新利
杨铁生	叶颖江	尹东辉	尹虹	尹慕军	袁燕林	王雪梅	魏玲	夏志伟	肖卫忠	谢京城	熊光武
曾超美	张殿英	张海澄	张欢	张乐萍	张立红	徐迎胜	肖春雷	胥婕	许艺民	闫辉	闫明
张万蕾	张熙哲	张晓红	张晓辉	张学武	赵辉	闫天生	杨雪松	姚宏伟	袁炯	张冀	张凤山
赵辉	郑春华	周波	周殿阁	周蓉	朱凤雪	张福春	张华斌	张俊	张克	张立	张立强
朱继红	朱天刚	朱元民	刘慧君	薛晓艳		张利萍	张璐芳	张媛	赵军	赵素焱	赵艳
						郑亚安	周方	周劲松	朱红	朱丽	朱曦
						朱昀	庄申榕	郑卓肇	曾辉		

研究员

陈红松	李翠兰	戴谷音	何雨生	黄锋	李红	艾华	常翠青	耿力	金昌晓	李树强	林丛
李月东	刘艳荣	路阳	阮国瑞	王吉善	赵越	刘薇薇	秦泽莲	沈韬	宋纯理	宋一青	徐明
周庆环						许锋	张春雷	张小为	张幼怡	赵一鸣	周洪柱

主任药师

顾健　于芝颖

段京莉　胡永芳　赵荣生

主任护师

应菊素　张海燕

张洪君　张会芝

主任技师

李丹　马丽萍

吕志珍

编审

李静然　李燕华　林文玉　王黛　张立群

第三临床医学院(第三医院)

口腔医学院

教授

敖英芳	陈跃国	陈仲强	丁士刚	段丽萍	樊东升	蔡志刚	傅开元	傅民魁	甘业华	高学军	葛立宏
付卫	高炜	郭向阳	韩鸿宾	韩启德	郝燕生	高岩	郭传瑸	贾绮林	李铁军	栾庆先	吕培军
						林久祥	林野	徐韬	俞光岩	王兴	许天民
						张益	王伟建	魏世成	毛驰	徐军	张建成
						张震康	周彦恒	郑树国	刘宇	谭建国	周永胜
						张刚	李刚	刘宏伟	孟焕新	姜婷	秦满

王新知　谢秋菲　冯海兰　华　红　李巍然　岳　林
李翠英　刘　鹤　谷　岩　马　莲　董艳梅　高雪梅
彭　歆　欧阳翔英

主任医师

陈　洁　邓旭亮　樊　聪　何秉贤　徐　莉　张　伟
罗　奕　胡晓阳　和　璐　胡　炜　胡文杰　姜　霞
高　娟　晋长伟　姬爱平　张万林　李彤彤　李自力
柳登高　马　琦　孙　凤　邱立新　张　杰　刘　怡
刘玉华　佟　岱　王世明　王泽泗　王尊一　荣文笙
阎　燕　杨亚东　伊　彪　翟新利　张汉平　赵燕平
姜若萍　张祖燕　刘瑞昌　赵　奇　张　清　王晓燕
李健慧　江　泳　唐志辉　聂　琼　马文利　康　军

研究员

李盛林　林　红　郑　刚

主任技师

吴美娟

主任护师

李秀娥

教授级高工

王　勇

临床肿瘤学院（肿瘤医院）

教授

陈克能　邓大君　方志伟　顾　晋　郭　军　郝纯毅
季加孚　柯　杨　李惠平　李萍萍　刘宝国　吕有勇
任　军　沈　琳　寿成超　王　洁　解云涛　邢宝才
杨仁杰　杨　勇　游伟程　张力建　张青云　张珊文
张晓鹏　朱广迎

主任医师

安彤同　蔡　勇　陈　晓　迟志宏　邸立军　范志毅
方　健　高雨农　胡永华　李　洁　李金锋　李　萍
李　燕　李子禹　陆爱萍　马丽华　那　加　欧阳涛
苏向前　孙　红　孙　艳　王洪义　王宏志　唐丽丽
卫　燕　吴梅娜　徐　博　薛卫成　严　昆　杨　跃
张集昌　张乃嵩　张晓东　郑　文　朱步东　朱　军

研究员

胡亚洲　隗铁夫　许秀菊　潘凯枫　徐国兵　张焕萍
张　联　张志谦

主任药师

张艳华　杨　锐

2012年逝世人员名单

姓　名	单　位
张曼华	图书馆
邹贞富	总务部
孙德鸿	化学与分子工程学院
张丽珠	物理学院
赵　欣	外国语学院
毕源章	教务部
楼滨龙	方正集团
张　溁	化学与分子工程学院
黄爱华	组织部
王文采	物理学院
戴济冠	历史学系
沈宗灵	法学院
崔幼平	北大附中
卫新成	生命科学学院
梁　燕	力学系
赵宝煦	国际关系学院
李守中	物理学院
郑颖达	外国语学院
孙瑞祥	餐饮中心

姓　名	单　位
刘连义	方正集团
白荫良	餐饮中心
吕乃岩	中国语言文学系
王　平	生命科学学院
王胜治	体育教研部
李树芳	现代教育技术中心
赵　斌	物理学院
肖书斌	水电中心
胡敏珍	幼教中心
邵　琦	北大附中
吴惟敏	物理学院
权奎山	考古文博学院
刘时彬	地球与空间科学学院
石世奇	经济学院
李南强	化学与分子工程学院
甘　霖	哲学系（宗教学系）
曾庆贞	北大附中
黄桂森	力学系
顾稚英	外国语学院

姓　名	单　位	姓　名	单　位
徐宣宣	北大附小	赵永旺	环境科学与工程学院
孙德中	出版社	张美蓉	出版社
金东瀚	信息科学技术学院	顾孝诚	生命科学学院
姚兆宁	校园管理服务中心	唐知愚	物理学院
华　青	社会学系	刘瑞麟	化学与分子工程学院
王奎运	保卫部	罗经国	外国语学院
孙兴荣	餐饮中心	何俊英	化学与分子工程学院
王林如	校园管理服务中心	殷纯嘏	地球与空间科学学院
田进科	北大青鸟	郝天利	保卫部
沈金兰	供暖中心	刘守谨	供暖中心
杨文治	化学与分子工程学院	简玉珠	体育教研部
左增选	校医院	戚世长	基础医学院
张世鹏	国际关系学院	王鸿儒	基础医学院
徐醒华	基建工程部	崔富宝	医学部后勤
邓成光	力学系	罗培良	基础医学院
陈宝祥	校园管理服务中心	周增慧	医学部机关
姚殿芳	对外汉语教育学院	吕姿之	公共卫生学院
梁根成	国际关系学院	柴元瑞	医学部机关
彭克伟	出版社	张继朴	医学部部医院
李正孝	物理学院	邢焕明	医学部机关
吴清平	信息科学技术学院	张树清	医学部后勤
张正本	生命科学学院	吴本介	基础医学院
吴绪连	出版社	纪延年	医学部后勤
杜绪惠	地球与空间科学学院	刘云清	医学部校产
刘少成	信息科学技术学院	温发和	医学部机关
路迎春	出版社	赵紫兰	基础医学院
赵　鸿	计算机科学技术研究所	贾丽娟	医学部机关
钟兰芝	校园管理服务中心	樊宝燕	医学部机关
宋德福	北大青鸟	徐克亮	医学部机关
沈德灿	心理学系	杨大纬	公共教学部
赵　城	国际关系学院	景露萍	医学部后勤
洪君彦	经济学院	诚静蓉	药学院
毛鸿业	宣传部	陈俊英	医学部部医院
李吉国	图书馆	张寿增	医学部后勤
蔡伯濂	物理学院	杨琴祖	医学部机关
赵子钰	街道办	方长春	医学部公共教学部
李玉珍	出版社	王书玉	药学院
林伯中	地球与空间科学学院	张效良	基础医学院
屈国英	国际关系学院	刘振声	医学部机关
张寄谦	历史学系	孙振芳	医学部后勤
潘　乃	生命科学学院	何端僧	药学院

党发、校发文件目录

党发

党发〔2012〕1号	关于学习贯彻中共北京大学第十一届委员会全体会议精神的通知
党发〔2012〕2号	关于北京大学医学部第十二次党员代表大会选举结果的批复
党发〔2012〕3号	关于李红任职的通知
党发〔2012〕4号	关于印发《北京大学出席中共北京市第十一次代表大会代表选举工作方案》的通知
党发〔2012〕5号	中共北京大学委员会关于召开中共北京大学第十二次代表大会的通知
党发〔2012〕6号	关于在全校深入开展学雷锋活动的实施意见
党发〔2012〕7号	关于蒋朗朗、夏文斌职务任免的通知
党发〔2012〕8号	关于张庆东、马化祥职务任免的通知
党发〔2012〕9号	关于转发《教育部中华全国总工会关于学习宣传、贯彻实施〈学校教职工代表大会规定〉的通知》的通知
党发〔2012〕10号	中共北京大学委员会关于第十二次党代会文件起草工作征求意见建议的通知
党发〔2012〕11号	关于阮草、吕晨飞职务任免的通知
党发〔2012〕12号	关于吕晨飞免职的通知
党发〔2012〕13号	关于查晶、张庆东职务任免的通知
党发〔2012〕14号	关于霍晓丹任职的通知
党发〔2012〕15号	关于印发《北京大学党委2012年工作要点》的通知
党发〔2012〕16号	关于调整北京大学保密委员会组成人员的通知
党发〔2012〕17号	关于龚旗煌任职的通知
党发〔2012〕18号	关于罗永剑任职的通知
党发〔2012〕19号	关于在教工党支部中开展"迎接党代会,总结经验找差距"主题党日活动的通知
党发〔2012〕20号	关于学习贯彻胡锦涛总书记在纪念中国共产主义青年团成立90周年大会上重要讲话精神的通知
党发〔2012〕21号	关于成立北京大学党委政策研究室的通知
党发〔2012〕22号	关于中共北京大学城市与环境学院党员大会选举结果的批复
党发〔2012〕23号	关于任羽中、张兴明任职的通知
党发〔2012〕24号	关于转发《北京高校党代表大会代表提案制实施办法(试行)》的通知
党发〔2012〕25号	关于转发中共北京市委组织部《关于中共北京大学第十二次代表大会和第十二届委员会第一次全体会议、纪律检查委员会第一次全体会议选举结果的批复》的通知
党发〔2012〕26号	关于转发《关于印发李长春同志在观看原创歌剧钱学森和五月的鲜花—心中的歌儿唱给党2012全国大学生校园文艺汇演时讲话的通知》的通知
党发〔2012〕27号	关于认真学习贯彻中共北京大学第十二次党代会精神的通知
党发〔2012〕28号	关于调整北京大学安全稳定一线工作小组组成人员的通知
党发〔2012〕29号	关于焦岩任职的通知
党发〔2012〕30号	关于毕明辉任职的通知

党发〔2012〕31号	关于学校党委领导班子分工安排的通知	
党发〔2012〕32号	关于印发《中国共产党北京大学代表大会代表任期制实施办法(试行)》的通知	
党发〔2012〕33号	关于印发习近平同志在高校党的建设工作座谈会上的讲话的通知	
党发〔2012〕34号	关于印发《北京大学关于干部退岗退休的规定》的通知	
党发〔2012〕35号	关于转发《中共北京市委教育工作委员会关于北京市教育系统学习贯彻中国共产党北京市第十一次代表大会精神的通知》的通知	
党发〔2012〕36号	关于印发中国共产党北京大学第十二次代表大会工作报告的通知	
党发〔2012〕37号	关于贯彻落实中共北京大学第十二次代表大会会议精神进行任务分工的通知	
党发〔2012〕38号	关于进一步加强和改进学校党委领导班子建设的意见	
党发〔2012〕39号	中共北京大学委员会北京大学关于表彰2011—2012学年获奖教师的决定	
党发〔2012〕40号	关于印发中国共产党北京大学纪律检查委员会向中国共产党北京大学第十二次代表大会的工作报告的通知	
党发〔2012〕41号	关于筹备召开北京大学第六届教职工代表大会暨第十八次工会会员代表大会的通知	
党发〔2012〕42号	中共北京大学委员会关于表彰优秀共产党员和先进党支部的决定	
党发〔2012〕43号	关于杨文焕免职的通知	
党发〔2012〕44号	关于北京大学精神卫生研究所、第六医院第三次党员大会选举结果的批复	
党发〔2012〕45号	关于北京大学人民医院第三次党员代表大会选举结果的批复	
党发〔2012〕46号	关于付新免职的通知	
党发〔2012〕47号	关于印发《北京大学党务公开实施办法》的通知	
党发〔2012〕48号	关于印发《北京大学关于党政领导班子落实"三重一大"制度的实施办法》的通知	
党发〔2012〕49号	关于调整北京大学党务公开工作领导小组的通知	
党发〔2012〕50号	关于孙明任职的通知	
党发〔2012〕51号	关于曲春兰免职的通知	
党发〔2012〕52号	关于严敏杰、李贡民职务任免的通知	
党发〔2012〕53号	关于白志强、栾胜基职务任免的通知	
党发〔2012〕54号	关于萧群、高倬贤职务任免的通知	
党发〔2012〕55号	中共北京大学委员会关于认真学习贯彻党的十八大精神的通知	
党发〔2012〕56号	关于成立北京大学党史校史工作委员会的通知	
党发〔2012〕57号	关于张莉鑫任职的通知	
党发〔2012〕58号	关于2013年元旦、春节期间加强廉洁自律和厉行节约工作的通知	
党发〔2012〕59号	关于王欣涛、严敏杰职务任免的通知	
党发〔2012〕60号	关于刘德英、查晶职务任免的通知	
党发〔2012〕61号	关于成立中共北京大学直属单位委员会的通知	
党发〔2012〕62号	关于中共北京大学心理学系党员大会选举结果的批复	
党发〔2012〕63号	关于中共北京大学机关党员代表大会选举结果的批复	
党发〔2012〕64号	关于中共北京大学化学与分子工程学院党员代表大会选举结果的批复	
党发〔2012〕65号	关于李琦、吴联生职务任免的通知	
党发〔2012〕66号	关于虎翼雄任职的通知	
党发〔2012〕67号	关于中共北京大学国际关系学院党员大会选举结果的批复	

党发〔2012〕68号	关于白彦任职的通知
党发〔2012〕69号	关于印发《北京大学2012年校级领导班子民主生活会方案》的通知
党发〔2012〕70号	关于印发《北京大学2012年处级领导班子民主生活会方案》的通知
党发〔2012〕71号	关于印发《北京大学校级领导班子和领导干部2012年度考核及干部选拔任用"一报告两评议"工作方案》的通知
党发〔2012〕72号	关于北京大学医学部第六次教职工代表大会和第六届教职工代表大会常设主席团第一次全体会议选举结果的批复
党发〔2012〕73号	关于北京大学医学部第十一次工会会员代表大会和第十一届工会委员会第一次全体会议选举结果的批复
党发〔2012〕74号	关于郭丛斌职务级别的通知
党发〔2012〕75号	关于姚建文任职的通知

校发

校发〔2012〕1号	关于同意科技开发部企业法定代表人变更的批复
校发〔2012〕2号	关于批复基建工程部内设机构负责人招聘结果的通知
校发〔2012〕3号	关于批复科学研究部内设机构负责人岗位调整的通知
校发〔2012〕4号	关于批复燕园街道办事处内设机构负责人招聘结果的通知
校发〔2012〕5号	关于转发教育部、中国教科文卫体工会全国委员会《关于印发〈高等学校教师职业道德规范〉的通知》的通知
校发〔2012〕6号	关于撤销北京大学现代中国研究中心的通知
校发〔2012〕7号	关于撤销北京大学和谐社会研究中心的通知
校发〔2012〕8号	关于撤销北京大学历史人物研究中心的通知
校发〔2012〕9号	关于印发《北京大学公用房管理条例》的通知
校发〔2012〕12号	关于吴联生、徐信忠职务任免的通知
校发〔2012〕13号	关于阮草、吕晨飞职务任免的通知
校发〔2012〕14号	关于张庆东免职的通知
校发〔2012〕16号	关于李冲任职的通知
校发〔2012〕17号	关于蒋云、魏中鹏职务任免的通知
校发〔2012〕18号	关于童春林任职的通知
校发〔2012〕19号	关于王太芹任职的通知
校发〔2012〕31号	北京大学关于表彰"老有所为先进个人"的决定
校发〔2012〕32号	关于成立北京大学英国研究中心的通知
校发〔2012〕33号	关于同意聘请王中林博士为北京大学客座教授的决定
校发〔2012〕34号	关于同意聘请杨培东博士为北京大学客座教授的决定
校发〔2012〕35号	关于同意聘请戴宏杰博士为北京大学客座教授的决定
校发〔2012〕36号	关于同意聘请刘刚玉博士为北京大学客座教授的决定
校发〔2012〕37号	关于同意聘请乔治·欧帝先生为北京大学客座教授的决定
校发〔2012〕38号	关于同意聘请卡斯腾·拉比克先生为北京大学客座教授的决定
校发〔2012〕39号	关于同意授予盖博·索马杰教授北京大学名誉教授称号的决定
校发〔2012〕40号	关于批复房地产管理部内设机构负责人岗位调整的通知

校发〔2012〕43号	关于调整北京大学实验教学示范中心建设领导小组组成人员的通知
校发〔2012〕44号	关于调整北京大学仪器设备招标采购领导小组组成人员的通知
校发〔2012〕45号	关于调整北京大学学术道德委员会组成人员的通知
校发〔2012〕46号	关于授予张瑞祥等"学生五·四奖章"口腔医学院2005级口腔班等"班级五·四奖杯"的表彰决定
校发〔2012〕47号	关于蒋朗朗任职的通知
校发〔2012〕48号	关于调整北京大学武器装备科研生产许可证延续申请工作领导小组及领导小组办公室组成人员的通知
校发〔2012〕49号	关于张辉任职的通知
校发〔2012〕50号	关于批复人事部内设机构负责人招聘结果的通知
校发〔2012〕51号	关于北京大学第三医院、第三临床医学院行政班子任职的通知
校发〔2012〕54号	关于成立北京大学崔琦实验室和聘请崔琦教授为北京大学终身教授的通知
校发〔2012〕55号	关于解除生命科学学院任波聘用合同的决定
校发〔2012〕56号	关于同意聘请张保罗博士为北京大学客座教授的决定
校发〔2012〕57号	北京大学关于全面实施教育收费治理工作责任制的意见
校发〔2012〕58号	关于批复国际合作部内设机构负责人招聘结果的通知
校发〔2012〕59号	关于王恩哥任职的通知
校发〔2012〕60号	关于成立"2011计划"领导小组及领导小组办公室的通知
校发〔2012〕61号	北京大学关于表彰2012届优秀毕业生的决定
校发〔2012〕66号	关于批复教务长办公室内设机构负责人招聘结果的通知
校发〔2012〕67号	关于表彰2012年度北京大学优秀博士学位论文获得者及其导师的决定
校发〔2012〕68号	关于表彰2011—2012学年北京大学公益之星的决定
校发〔2012〕69号	关于印发《北京大学因公出国审批与管理规定》的通知
校发〔2012〕71号	关于批复信息化建设与管理办公室内设机构负责人招聘结果的通知
校发〔2012〕72号	关于批复社会科学部内设机构负责人招聘结果的通知
校发〔2012〕75号	关于同意授予雅各布·盖德莱伊莱基萨·祖马总统北京大学名誉教授称号的决定
校发〔2012〕82号	关于张悦任职的通知
校发〔2012〕83号	关于授予于浩然、李林芳等同学北京大学2012—2013学年度博士研究生校长奖学金的决定
校发〔2012〕84号	关于成立北京大学麦戈文脑科学研究所的通知
校发〔2012〕85号	关于姚卫浩等任职的通知
校发〔2012〕86号	关于北京大学中国语言文学系行政班子任职的通知
校发〔2012〕87号	关于同意聘请费迪·舒思博士为北京大学客座教授的决定
校发〔2012〕88号	关于同意聘请贺子森博士为北京大学客座教授的决定
校发〔2012〕89号	关于同意聘请黄忆宁博士为北京大学客座教授的决定
校发〔2012〕90号	关于同意聘请许国勤博士为北京大学客座教授的决定
校发〔2012〕91号	关于表彰北京大学第十一届青年教师教学基本功比赛获奖单位及个人的决定
校发〔2012〕92号	关于同意聘请张文卿博士为北京大学客座教授的决定
校发〔2012〕93号	关于同意聘请希尔根多夫博士为北京大学客座教授的决定

校发〔2012〕94号	关于同意聘请大塚孝治博士为北京大学客座教授的决定	
校发〔2012〕95号	关于同意聘请铃木俊夫博士为北京大学客座教授的决定	
校发〔2012〕96号	关于同意聘请谢亚宏博士为北京大学客座教授的决定	
校发〔2012〕97号	关于同意聘请叶军博士为北京大学客座教授的决定	
校发〔2012〕101号	北京大学关于表彰2011—2012学年本科招生优秀个人和优秀团队的决定	
校发〔2012〕102号	关于批复审计室内设机构负责人招聘结果的通知	
校发〔2012〕103号	关于批复人事部、离退休工作部内设机构负责人招聘结果的通知	
校发〔2012〕105号	关于丛威青任职的通知	
校发〔2012〕106号	关于史守旭免职的通知	
校发〔2012〕107号	关于张维迎免职的通知	
校发〔2012〕108号	关于朱星免职的通知	
校发〔2012〕109号	关于马大龙免职的通知	
校发〔2012〕110号	关于孙丽、陈宝剑任职的通知	
校发〔2012〕111号	关于周爽免职的通知	
校发〔2012〕112号	北京大学关于开展"研讨型小班教学"试点工作的若干意见(试行)	
校发〔2012〕115号	关于调整北京大学计划生育委员会成员单位及组成人员的通知	
校发〔2012〕116号	关于北京大学环境科学与工程学院行政班子任职的通知	
校发〔2012〕117号	关于丁万东免职的通知	
校发〔2012〕118号	关于侯志山免职的通知	
校发〔2012〕119号	关于进一步做好校领导联系院系基层工作的意见	
校发〔2012〕120号	关于魏志义免职的通知	
校发〔2012〕121号	关于刘海骅、查晶职务任免的通知	
校发〔2012〕124号	关于批复总务部内设机构负责人招聘结果的通知	
校发〔2012〕125号	关于印发《北京大学网格化安全管理实施方案(试行)》的通知	
校发〔2012〕126号	关于批复研究生院内设机构负责人招聘结果的通知	
校发〔2012〕127号	关于批复国际合作部内设机构负责人招聘结果的通知	
校发〔2012〕128号	关于授予王阳元等六位教授2012年度北京大学国华杰出学者奖的决定	
校发〔2012〕130号	关于马春英、蒋宗凤职务任免的通知	
校发〔2012〕131号	关于印发《北京大学纵向科研课题间接费用管理办法(暂行)》的通知	
校发〔2012〕132号	关于白志强任职的通知	
校发〔2012〕133号	关于蔡满堂免职的通知	
校发〔2012〕134号	关于田刚任职的通知	
校发〔2012〕135号	关于北京大学国家发展研究院行政班子任职的通知	
校发〔2012〕137号	关于开展第三届"蔡元培奖"评选工作的通知	
校发〔2012〕140号	北京大学关于表彰2011—2012学年度学生优秀个人和先进集体的决定	
校发〔2012〕144号	关于表彰2012年北京大学学生资助工作先进单位的决定	
校发〔2012〕145号	关于批复房地产管理部内设机构负责人招聘结果的通知	
校发〔2012〕146号	关于批复审计室内设机构负责人招聘结果的通知	

校发〔2012〕152号	关于成立北京大学软物质科学与工程中心的通知
校发〔2012〕153号	关于成立北京大学社会研究中心的通知
校发〔2012〕155号	关于同意聘请贡塔·托依布纳教授为北京大学客座教授的决定
校发〔2012〕156号	关于调整北京大学后勤系统中心设置的通知
校发〔2012〕157号	关于同意变更《中国斜视与小儿眼科杂志》期刊法定代表人的批复
校发〔2012〕158号	关于后勤各中心主任任职的通知
校发〔2012〕159号	关于成立北京大学继续教育学院的通知
校发〔2012〕160号	关于王成任职的通知
校发〔2012〕161号	关于成立北京大学治理教育乱收费工作领导小组及领导小组办公室的通知
校发〔2012〕162号	关于调整北京大学港澳台工作领导小组及领导小组办公室组成人员的通知
校发〔2012〕163号	关于印发《北京大学协同创新中心培育管理办法》的通知
校发〔2012〕164号	关于成立北京大学后勤财务核算中心的通知
校发〔2012〕165号	关于调整北京大学招生委员会组成人员的通知
校发〔2012〕166号	关于成立北京大学招生工作监督领导小组的通知
校发〔2012〕169号	关于张硕任职的通知

表彰与奖励

2012年度党建与思想政治工作奖励名单

北京市创先争优先进基层党组织(1个)

北京大学地球与空间科学学院党委

北京市创先争优优秀共产党员(1人)

孙祁祥　经济学院院长　教授

北京大学优秀共产党员标兵(10人)

吴艳红　心理学系党委书记　副系主任　教授
唐孝炎　环境科学与工程学院教授　中国工程院院士
高　明　光华管理学院2011级博士生
关世杰　新闻与传播学院教授
卢咸池　党建组织员　研究员
李赛丽　财务部党支部组织委员　结算中心副主任　助理会计师
王　宪　医学部党委委员　副主任　基础医学院生理学与病理生理学系副主任　教授
杜军保　第一医院儿科副主任　教授　主任医师
寇伯龙　人民医院骨科第一党支部书记　骨关节科副主任　主任医师
李振甫　肿瘤医院中心实验室主任　副研究员

北京大学优秀共产党员(294人)

范后宏　数学科学学院数学系几何与拓扑教研室主任　副教授
杨静平　数学科学学院概率金融党支部书记　金融数学系副主任　教授
董子静　数学科学学院团委书记　党委秘书　2009—2011级本科生联合党支部书记　讲师
周玄同　数学科学学院团委副书记
郑春开　物理学院退休教师　教授
冯庆荣　物理学院退休教师　教授
刘树华　物理学院教授
王思广　物理学院技术物理系教工党支部书记　副教授
郑　纹　物理学院教学党支部副书记　实验师
郭　蔚　物理学院综合办公室副主任
王　伟　物理学院凝聚态物理博士生第二党支部书记
石光明　物理学院2011级博士生
张　鹤　物理学院重离子物理研究所党支部书记　2009级核技术硕士生班长
刘晧阳　物理学院2010级本科生党支部书记
王能东　化学与分子工程学院有机化学实验室主任　高级工程师
刘虎威　化学与分子工程学院党委书记　教授
张　莉　化学与分子工程学院党委副书记　高级工程师
严宣申　化学与分子工程学院退休教师　教授
孙天文　化学与分子工程学院2007级研究生党支部书记
闫　冰　化学与分子工程学院2010级本科生党支部书记
林　木　化学与分子工程学院团委副书记　2011级本科生党支部书记
蔡　宏　生命科学学院生化党支部书记　组织委员　教授
柴　真　校党委委员　生命科学学院党委书记　副院长　教授
唐　平　生命科学学院党委委员　院长助理　团委书记　助理研究员
蔡昌祖　生命科学学院2009级硕士生党支部书记　2010级本科生3班班主任
刘再冉　生命科学学院2009级本科生党支部书记　2009级本科生2班班长
沈璧蓉　生命科学学院2011级博士生
孟晓晨　城市与环境学院副教授
韩茂莉　城市与环境学院教授
田昭舆　城市与环境学院退休教师　教授
徐梓原　城市与环境学院2008级本科生党支部书记
韩　霞　城市与环境学院2010级硕士生第二党支部

	书记　研究生会副主席		党委秘书　王选纪念室主任　副研究员
朱高儒	城市与环境学院 2008 级博士生	李雪瑜	软件与微电子学院科技四苑党支部书记
于超美	地球与空间科学学院党委副书记　副研究员	毛英明	软件与微电子学院经管三苑党支部书记
潘　懋	地球与空间科学学院党委委员　院长　教授	曲沛霖	软件与微电子学院经管二苑党支部书记
何国琦	地球与空间科学学院退休教师　教授	王汉江	软件与微电子学院文艺二苑党支部书记
秦其明	地球与空间科学学院党委委员　副院长　教授	余　恋	软件与微电子学院经管四苑党支部书记
		张佳棣	软件与微电子学院科技三苑党支部书记
吴朝东	科学研究部副部长　211 工程办公室副主任　地球与空间科学学院岩矿党支部书记　教授	张　硕	软件与微电子学院 2011 级硕士生
		刘　锋	软件与微电子学院经管二苑党支部宣传委员
邵子剑	地球与空间科学学院地质本科生党支部书记　团委副书记　校团委社会实践部副部长	丁　玉	软件与微电子学院教师行政党支部宣传委员　人力资源办助理　助理研究员
曲振卿	心理学系党委副书记　副研究员	许　英	软件与微电子学院就业办助理　助理研究员
孙艳春	信息科学技术学院副教授	胡　敏	环境科学与工程学院党委委员　国家重点联合实验室北大分室主任　教授
程　旭	校长助理　先进技术研究院院长　信息科学技术学院计算机系统结构所所长　教授	廖夏伟	环境科学与工程学院 2011 级硕士生党支部书记
张钢刚	信息科学技术学院高级工程师		
黄铁军	信息科学技术学院信息中心与数字媒体教工党支部副书记　数字媒体研究所常务副所长　教授	王　战	环境科学与工程学院本科生联合党支部书记
		王大鹏	中国语言文学系 2009 级本科生党支部组织委员
尹德红	信息科学技术学院会计　助理会计师	李　瑞	中国语言文学系团委副书记　2009 级二班团支部书记
唐镇松	信息科学技术学院退休教师　教授		
吴锦雷	信息科学技术学院电子学离退休党支部书记　教授	沈　悦	中国语言文学系 2010 级硕士生党支部书记
		张　辉	中国语言文学系 2009 级博士生党支部书记
李冬晨	信息科学技术学院智能科学与计算机应用博士生党支部书记　团委副书记	叶文曦	中国语言文学系语言学和现代汉语党支部书记　副教授
阴红志	信息科学技术学院计算机网络所博士生党支部书记	孟爱华	历史学系行政党支部书记　综合办公室主任　副研究员
孔令明	信息科学技术学院计算机软件所 2010 级硕士生党支部书记　软件 1 班班长	崔金柱	历史学系 2011 级博士生党支部书记
		昝　涛	历史学系副教授
柳　毅	信息科学技术学院计算机软件所博士生党支部书记	王幼平	考古文博学院党委委员　旧石器教研室主任　教授
邓丽霞	信息科学技术学院电子学 2011 级硕士生党支部书记	杨弘博	哲学系党委委员　主任助理　团委书记　人事干事　讲师
赵大宇	信息科学技术学院 2008 级本科生电子微电子党支部书记	张　梧	哲学系 2008 级博士生党支部书记
		李　林	哲学系 2009 级硕士生党支部书记
马　郓	信息科学技术学院 2011 级本科生党支部书记	凌建侯	外国语学院教授
		安炳浩	外国语学院离休教师　教授
袁章福	工学院能源与资源工程系党支部书记　工会组织委员　教授	顾巧巧	外国语学院副教授
		张冬梅	外国语学院党委委员　党委秘书　行政办公室主任　副研究员
傅　缤	工学院固体力学党支部书记　工会主席　高级工程师	孔菊兰	外国语学院南亚系党支部书记　教授
李军凯	工学院党委副书记　副教授	马　剑	外国语学院德语系教工党支部书记　副教授
赵大伟	工学院 2010 级博士生 2 班党支部书记	施顶立	外国语学院 2008 级本科生党支部书记
徐敏义	工学院 2007 级博士生班党支部书记	唐金楠	艺术学院党总支副书记　讲师
周子桓	工学院团委书记助理	张　英	对外汉语教育学院党委委员　院长　教授
荤伟峰	前沿交叉学科研究院 2011 级党支部书记　团支部书记　团委书记助理	白　玉	对外汉语教育学院 2011 级硕士生党支部书记
丛中笑	计算机科学技术研究所直属党支部宣传委员	许振洲	国际关系学院党委委员　教授

曲一铭	国际关系学院党委秘书　助理研究员	侯华伟	教育学院党委副书记　副研究员
虎翼雄	国际关系学院党委副书记　院办主任　讲师	肖龙凤	新闻与传播学院2010级硕士生
初晓波	国际关系学院教师　副教授	张　锐	体育教研部直属党支部书记　教授
江许婷	国际关系学院2009级本科生党支部书记	赫忠慧	体育教研部主任助理　副教授
孙祁祥	经济学院院长　教授	李　胜	成人教育学院党总支副书记　讲师
崔建华	经济学院党委副书记　副院长　副研究员	秘相欣	昌平校区管理办公室运行保障室主任　助理工程师
齐　伟	经济学院2008级博士生党支部书记　2010级硕士生班主任	朱子云	元培学院2008级学生党支部组织委员
徐佩玉	经济学院2011级硕士生党支部书记　研究生会副主席	顾鼎鼎	元培学院2009级学生党支部书记
		曲　鹿	元培学院2010级学生党支部书记
丁匡达	经济学院2010级本科生党支部书记　校学生会实践部部长	刘兴隆	深圳研究生院团委副书记　教工机关党支部组织委员
戚晶晶	人口研究所2011级研究生党支部书记	冯　凝	深圳研究生院环境与能源学院实验技术人员　教工环境党支部组织委员
王子明	光华管理学院管理科学系与商务统计系党支部书记　副教授	张国梁	深圳研究生院城市规划与设计学院副院长　教工城市党支部书记
张　峥	光华管理学院金融系副主任　副教授		
孟涓涓	光华管理学院讲师	张　旭	深圳研究生院信息工程学院2009级党支部组织委员
李　东	光华管理学院团委副书记		
代龙脊	光华管理学院2008级本科生党支部书记	赵月明	深圳研究生院信息工程学院2010级2班党支部书记　班长
刘志成	光华管理学院2008级博士生党支部书记		
尹　俊	光华管理学院2007级博士生党支部书记	张轶博	深圳研究生院化学博士生党支部书记
王　浩	光华管理学院2010级MBA党支部书记　MBA联合会副主席	刘　文	深圳研究生院环境与能源学院2009级党支部书记
王　新	法学院刑法党支部书记　教授	冯昱洁	深圳研究生院城市规划与设计学院2009级硕士生
王　慧	法学院国际法党支部宣传委员　副教授		
路姜男	法学院团委书记　行政党支部书记　讲师	牛　妍	深圳研究生院城市规划与设计学院2011级城规班党支部书记
张冠驰	法学院2009级本科生第3党支部书记		
陈立诚	法学院2010级本科生第4党支部书记	洪　达	深圳研究生院汇丰商学院2011级企业管理班党支部宣传委员
冯荣玉	法学院2009级法律硕士第2党支部书记		
张　克	法学院2010级硕士生	张凯诚	深圳研究生院国际法学院2009级硕士生
黄昕瑞	法学院2010级法律硕士第4党支部书记	卢　丹	深圳研究生院国际法学院2011级党支部书记
刘跃挺	法学院2010级博士生党支部组织委员		
龚冰冰	法学院2011级法学硕士第1党支部书记	付　饶	深圳研究生院人文社会科学学院2010级传播学党支部书记
原　宁	法学院2011级法律硕士第3党支部书记		
郑莉莉	信息管理系离退休党支部书记　教授	刘　波	校纪委委员　人事部党支部书记　部长　人才交流中心主任　研究员
杨冰心	信息管理系本科生党支部书记　2008级本科生班班长		
		蔡　联	科技开发部党支部书记　综合办公室主任　助理研究员
郭志刚	社会学系教授		
刘越懿	社会学系2011级硕士生党支部书记	蒋晓涛	教务部交流合作暨暑期学校办公室副主任　助理研究员
王晓慧	社会学系2008级博士生党支部书记　2008级博士生班班长		
		杨凌春	科学研究部党支部书记　海外项目办公室副主任　助理研究员
句　华	政府管理学院副教授		
李国平	政府管理学院党委副书记　副院长　教授	吴　军	审计室副主任　审计师
杨京宁	政府管理学院2008级博士生党支部书记	崔　龙	工会综合办主任　生活福利部副部长　助理研究员
孔　斌	政府管理学院团委副书记		
李石生	马克思主义学院团委书记　党委秘书　人事干事　科研秘书　讲师	廖来红	继续教育部党支部宣传委员　综合办公室副主任　助理研究员
文东茅	教育学院院长　教授	刘明利	研究生院副院长　深圳研究生院副院长　副

	研究员	李卫华	基础医学院病理学系研究生班班长
张志强	实验室与设备管理部环境保护办公室暨辐射防护室主任 助理研究员	黄晶	基础医学院免疫学系党支部组织委员 讲师
陈永利	学生工作部人民武装部党支部青年委员 学生就业指导服务中心主任 副教授	彭宜红	基础医学院病原生物学系副主任 教授
		孟书聪	基础医学院工会委员 副主任技师
张宝岭	校纪委委员 校长助理 副总务长 校工会副主席 后勤党委委员 肖家河教师住宅项目建设办公室主任 工会副主席 研究员	孙敏	基础医学院党委委员 副院长 学院办公室主任 机关党支部书记副研究员
		郭琦	基础医学院党委副书记 学生党总支书记 副研究员
王炳文	水电中心主任助理 水管科科长 助理工程师	赵诚	基础医学院学生党总支副书记 临床五班党支部书记
李少庄	水电中心离退休党支部书记 助理研究员	刘俊义	药学院党委委员 院长 北大创新药物研究院常务副院长 教授
杨雪扬	幼教中心燕东幼儿园园长 小教高级教师		
段利久	学生宿舍管理服务中心副主任 助理研究员	徐萍	药学院党委书记 副院长 教授
殷雪松	房地产管理部副部长 副研究员	郭敏杰	药学院副院长 研究员
陈庚	北京北大科技园有限公司党支部书记 总经理	史录文	药学院药事管理与临床药学系主任 教授
		焦宁	药学院天然药物及仿生药物国家重点实验室党支部书记 研究员
初育国	北大青鸟集团总裁 研究员		
范小慧	北京北大维信生物科技有限公司党支部宣传委员	王晓锋	药学院2009级博士生
		潘小川	公共卫生学院劳动卫生与环境卫生学系党支部书记 系副主任 教授
姜新	北大方正集团有限公司党委委员 方正科技集团股份有限公司党支部书记 信息技术管理部总经理	李曼	公共卫生学院办公室副主任
		秦雪英	公共卫生学院流行病与卫生统计学系讲师
刘伟	北大未名生物工程集团有限公司财务部经理	张召锋	公共卫生学院营养与食品卫生学系讲师
唐睿	北大临湖科技发展有限公司部门经理	陈润滋	公共卫生学院预防2008级党支部书记
赵亚男	北大方正集团有限公司战略规划部总监 方正和生投资有限责任公司副总经理	王志稳	护理学院教工第二党支部书记 副教授
		孙曼霞	公共教学部工会副主席 幼教二级教师
邓娅	校长助理 教育基金会秘书长 直属单位党总支副书记 研究员	王冠龙	公共教学部医学英语2008级党支部宣传委员
张美萍	图书馆资源建设党支部书记 资源建设部主任 副研究馆员	周福德	第一医院纪委委员 肾脏内科副主任 主任医师
刘素清	图书馆信息咨询部主任 副研究馆员	冯驭驰	第一医院口腔科副主任 副主任医师
田秀玲	出版社党委组织委员 副研究员	张岱	第一医院妇产科门诊医师组长 副主任医师
王军	出版社教学服务中心副主任 行政第二党支部书记 编辑	孙浩林	第一医院骨科医生 主治医师
		刘伯山	第一医院介入血管外科党支部副书记 副主任技师
王付启	北京大学医院放射科主任 副主任医师		
冷芷安	北京大学医院办公室主任 主管技师	王东信	第一医院麻醉科主任 教授
周吉庆	燕园街道办事处综合治理办公室干部 实验师	杨尹默	第一医院党委委员 普通外科党支部副书记 科副主任 教授 主任医师
聂树泉	燕北园社区居委会主任	李梅	第一医院眼科党支部组织委员 副主任医师
栾斌	附属中学党委委员 北达资源中学校长助理 中学高级教师	赵宁	第一医院团委副书记 药剂科党支部宣传委员 主管药师
陈寄芳	附属中学初中部党支部书记 中学高级教师	刘建平	第一医院党院办党支部组织委员 科员
刘苏杰	附属中学教师 中学一级教师	周立华	第一医院护理部党支部宣传委员 门诊科护士长 主管护师
何立新	附属小学教学主任 中学高级教师		
祁荣	基础医学院心血管研究所党支部书记 副研究员	罗光辉	第一医院离退休党总支书记 离退休办公室主任 主管技师
王传社	基础医学院中西医结合教研室党支部书记 副主任 副教授	孙琳	第一医院人事处党支部书记 主管护师
		王向宜	第一医院财务处收费处主任 会计师

房洪军	第一医院医务处工会小组组长 助理研究员		面外科主任委员 教授 主任医师
李德润	第一医院2006级临床学生党支部书记	葛立宏	中华口腔医学会儿童口腔医学专委会主任委员 口腔医学院儿童口腔科教授 主任医师
胡 娟	第一医院外科临床研究生党支部书记		
李敬伟	第一医院党委委员 副院长 研究员	王 伟	口腔医学院后勤保卫党支部组织委员 保卫处处长 技士
潘义生	第一医院党委委员 副院长 主任医师		
刘代红	北京大学血液病研究所骨髓移植部副主任 主任医师	施祖东	口腔医学院医务处党支部书记 医务处副处长 助理研究员
高 杰	人民医院学生研究生党总支书记 普通外科党支部委员 副主任医师	高雪梅	口腔医学院睡眠呼吸障碍诊疗中心副主任 口腔正畸科医生 主任医师
张海澄	人民医院医务处副处长 主任医师	尹兴喆	口腔医学院特诊科党支部组织委员 主治医师
王伟民	人民医院心脏中心副主任 主任医师		
余力生	人民医院耳鼻喉科主任 教授	刘建彰	口腔医学院修复科党支部副书记 副主任医师
汤小东	人民医院骨肿瘤科副主任 副教授		
尉 然	人民医院学生党支部书记 长学制2005级班长	李秀娥	口腔医学院党委委员 医务处党部组织委员 护理部主任 主任护师
朱继红	人民医院急诊科主任 主任医师	张建国	口腔医学院口腔颌面外科医生 教授 主任医师
穆新林	人民医院呼吸科医生 副主任医师		
刘国莉	人民医院妇产科党支部委员 副主任医师	许秀菊	肿瘤医院党委委员 工会主席 研究员
贺 辉	人民医院团委委员 血液病研究所团支部书记 主管护师	李 萍	肿瘤医院麻醉手术室党支部书记 麻醉科副主任 主任医师
田文沁	人民医院输血科主任 主治医师	李萍萍	肿瘤医院中西医结合科医生 教授 主任医师
刘 杰	人民医院老年科党支部委员 主任医师		
张志玲	人民医院机关第四党支部副书记 工会办公室主任	张燕群	肿瘤医院门诊党支部委员 口腔科主任 副主任医师
刘 辉	第三医院人事处干部 助理经济师	孟 为	肿瘤医院头颈妇科党支部委员 头颈科护士长 主管护师
张 喆	第三医院心脏外科党支部书记 副教授 副主任医师	李秀华	精神卫生研究所计财处处长 会计师
李 春	第三医院财务处处长 高级会计师	康海华	精神卫生研究所病房党支部组织委员 感控办副主任 主管护师
仰东萍	第三医院党院办副主任 助理研究员		
刘幸芬	第三医院工会常务副主席 助理研究员	迟 锐	精神卫生研究所信息化建设办公室干部 工程师
蒋建渝	第三医院麻醉科党支部纪律委员 教授 主任医师		
		马长中	医学部国际合作处党支部书记 副处长 研究员
刘鹭燕	第三医院妇产科党支部纪律委员 妇产科门诊士长 副主任护师	王军为	党委统战部副部长 医学部委统战部部长 副研究员
杨 莉	第三医院纪委副书记 纪检审计联合党支部书记 监察室副主任 副研究员		
		董惠华	医学部档案馆副馆长 副研究员
郭 莉	第三医院护理部副主任 手术室护士长 副主任护师	赵 莳	医学出版社党支部组织委员 常务副总编辑 编审
李昭屏	第三医院心血管内科党支部副书记 教授 主任医师	徐 璐	医学部党委宣传部党支部宣传委员 助理研究员
李晓光	第三医院药剂科党支部副书记 副主任药师	程晓英	医学部人事处党支部组织委员 人事处综合办公室主任 副研究员
郑卓肇	第三医院放射科党支部书记 放射科副主任 主任医师		
		李兴武	医学部后勤与基建管理处副处长 高级工
霍 刚	第三医院教育处干部 助理研究员	张大用	医学部后勤与基建管理处公寓房办公室组长
张英爽	第三医院神经内科医生 副主任医师	堵文静	北京医大爱思唯尔教育科技有限公司总经理 助理 讲师
侯志强	第三医院眼科医生 主治医师		
吕会斌	第三医院研究生四班党支部书记		
俞光岩	中华口腔医学会副会长 口腔医学院口腔颌		

北京大学先进党支部(85个)

数学科学学院计算信息党支部
物理学院凝聚态第二党支部
物理学院2009级本科生党支部
化学与分子工程学院中仪—测试中心党支部
化学与分子工程学院2007级研究生党支部
分子医学研究所教工党支部
城市与环境学院2008级本科生党支部
地球与空间科学学院行政党支部
地球与空间科学学院地质2010级硕士生党支部
心理学系本科生党支部
信息科学技术学院电子学教工第一党支部
信息科学技术学院信息中心与数字媒体教工党支部
信息科学技术学院计算机系统结构所硕士生党支部
工学院行政党支部
工学院2008级博士生党支部
软件与微电子学院2011级科技四苑党支部
环境科学与工程学院本科生联合党支部
中国语言文学系2009级硕士生党支部
历史学系2009级本科生党支部
考古文博学院学生实习基地临时党支部
哲学系马克思主义哲学党支部
外国语学院大学英语党支部
艺术学院教工党支部
对外汉语教育学院汉语精读教研室党支部
国际关系学院行政党支部
经济学院2011级硕士生党支部
光华管理学院行政教辅党支部
法学院2010级本科生第四党支部
法学院2010级法律硕士生第二党支部
法学院2011级法硕士生第一党支部
信息管理系博士生党支部
社会学系2010级硕士生党支部
政府管理学院2009级博士生党支部
马克思主义学院2011级硕士生党支部
教育学院2010级高校管理硕士生党支部
新闻与传播学院2009级本科生党支部
元培学院教工党支部
深圳研究生院教工城市党支部
深圳研究生院汇丰商学院2011级管理党支部
深圳研究生院国际法学院2011级党支部
深圳研究生院人文社会科学学院2010级传播学党支部
校团委党支部
国际合作部党支部
纪委监察室党支部
科学研究部党支部
社会科学部党支部
总务部党支部
会议中心党总支
北大科技园党支部
计算中心党支部
图书馆资源建设党支部
出版社行政第一党支部
校医院内科党支部
燕园街道机关第一党支部
附属中学资源党支部
基础医学院药理学系党支部
基础医学院免疫学系党支部
药学院化学生物学系党支部
药学院研究生第二党支部
公共卫生学院营养与食品卫生学系党支部
公共卫生学院劳动卫生与环境卫生学系研究生党支部
护理学院2007级学生党支部
医学部公共教学部哲学与社会科学系党支部
第一医院儿科党支部
第一医院妇产科党支部
第一医院肾脏内科党支部
第一医院药剂科党支部
第一医院医学影像科党支部
人民医院肝病研究所党支部
人民医院老院党支部
人民医院急诊科党支部
人民医院医务处党支部
第三医院普通外科党支部
第三医院呼吸内科党支部
第三医院药剂科党支部
第三医院运动医学研究所党支部
第三医院总务处党支部
口腔医学院口腔修复科党支部
口腔医学院离退休党支部
肿瘤医院中西医结合科党支部
精神卫生研究所研究室第一党支部
医学部党委组织部党校党支部
医学部机关教育党支部
医学部后勤与基建管理处机关党支部
医学部产业党总支国产办党支部

2012全国高校辅导员年度人物(1人)

金　鑫　北京大学城市与环境学院院长助理、院友会秘书长、团委书记,讲师

2011—2012年度北京高校优秀辅导员(18人)

董子静	北京大学数学科学学院团委书记
李 妍	北京大学信息科学技术学院学工办主任
刘德英	北京大学生命科学学院党委副书记
李军凯	北京大学工学院党委副书记
金 鑫	北京大学城市与环境学院学工办主任、团委书记
刘 卉	北京大学环境科学与工程学院学工办主任、团委书记
金 锐	北京大学中国语言文学系党委副书记
杨弘博	北京大学哲学系团委书记
金 英	北京大学考古文博学院党委副书记
郭晓春	北京大学外国语学院团委书记
高 静	北京大学国际关系学院团委书记
王逸鸣	北京大学元培学院团委书记
王 玥	北京大学医学人文研究院党委副书记
罗友晖	北京大学基础医学院学工办副主任
李保芹	北京大学第一临床医院本科生辅导员
陈 欣	北京大学药学院研究生辅导员
魏雪涛	北京大学公共卫生学院研究生辅导员
尹同良	北京大学精神卫生学院研究生辅导员

北京大学2011—2012年度优秀德育奖(20人)

董子静	数学科学学院
侯华伟	教育学院
张宪尧	工学院
刘 岚	人口研究所
董晓华	物理学院
毕明辉	艺术学院
佟 磊	地球与空间科学学院
沙丽曼	元培学院
王一涵	信息科学技术学院
何仲恺	体育教研部
邵 威	化学与分子工程学院
严敏杰	学生工作部
唐 平	生命科学学院
魏培徽	学生工作部
金 鑫	城市与环境学院
蓝少华	学生工作部
周 蜜	环境科学与工程学院
石运佳	校团委
曲振卿	心理学系
张 驰	校团委
韩沛奇	中国语言文学系
张天然	校团委
王元周	历史学系
杨爱民	学生资助中心
金 英	考古文博学院
徐凯文	心理健康教育与咨询中心
简成章	哲学系
李泊桥	就业指导服务中心
努尔兰·巴合提努尔	国际关系学院
周 航	青年研究中心
罗 飞	经济学院
朱跃生	深圳研究生院
滕 飞	光华管理学院
陈红松	第二临床医院
粘怡佳	法学院
张景怡	公共卫生学院
李 杨	信息管理系
乔志芳	第三临床医院
熊 锦	社会学系
俞荔琼	基础医学院
梁 玢	政府管理学院
陈 娟	公共卫生学院
郑清文	外国语学院
张庆英	药学院
王 强	马克思主义学院

北京大学2011—2012年度优秀班主任

一等奖(16人)

李 博	数学科学学院
姚中元	物理学院
陈 江	信息科学技术学院
蔡昌祖	生命科学学院
刘 卉	环境科学与工程学院
昝 涛	历史学系
陈玉宇	光华管理学院
杨宗威	法学院
周 晨	外国语学院
张 冉	教育学院
吴国治	元培学院
王东美	深圳研究生院
吴 迪	公共教学部
石淑宵	第二临床医院
梁书静	第二临床医院
张小为	第三临床医院

二等奖(26人)

卢存宣	数学科学学院

李东风	数学科学学院	李 瑛	航天中心医院
李奇特	物理学院		
刘项琨	物理学院		**三等奖(81人)**
何 涛	地球与空间科学学院	李铁军	数学科学学院
李秋根	地球与空间科学学院	戴 波	数学科学学院
赵卉菁	信息科学技术学院	安金鹏	数学科学学院
李红燕	信息科学技术学院	曹国鑫	工学院
王金延	信息科学技术学院	刘 杰	工学院
陈明星	化学与分子工程学院	张艳锋	工学院
李亦舟	化学与分子工程学院	葛子钢	工学院
石 佼	生命科学学院	李 彪	物理学院
卢晓霞	城市与环境学院	孔 楠	物理学院
祁延莉	信息管理系	戴海珺	物理学院
高 翔	社会学系	李培军	地球与空间科学学院
闫立佳	政府管理学院	田 原	地球与空间科学学院
黄燎宇	外国语学院	郭艳军	地球与空间科学学院
林丰民	外国语学院	张贵宾	地球与空间科学学院
田庆生	外国语学院	陆俊林	信息科学技术学院
蒋 凯	教育学院	严 伟	信息科学技术学院
李 静	艺术学院	宋国杰	信息科学技术学院
何 姝	新闻与传播学院	鲁文高	信息科学技术学院
加那提古丽·卡德尔	元培学院	李巨浩	信息科学技术学院
林 爽	元培学院	林 木	化学与分子工程学院
孔令跃	对外汉语教育学院	邱 顿	化学与分子工程学院
徐建国	国家发展研究院	赵文博	化学与分子工程学院
要茂盛	环境科学与工程学院	苏翠翠	化学与分子工程学院
魏坤琳	心理学系	胡晓倩	生命科学学院
李 晟	心理学系	苏晓东	生命科学学院
许红霞	中国语言文学系	吴业涛	生命科学学院
何 晋	历史学系	彭 建	城市与环境学院
钟棉棉	考古文博学院	王 娓	城市与环境学院
王彦晶	哲学系	童 昕	城市与环境学院
董昭华	国际关系学院	刘兆荣	环境科学与工程学院
王宜然	经济学院	刘 萍	中国语言文学系
张俊妮	光华管理学院	白一瑾	中国语言文学系
杜雪娇	法学院	潘华琼	历史学系
常鹏翱	法学院	胡 钢	考古文博学院
卢志明	深圳研究生院	宁晓萌	哲学系
许 华	深圳研究生院	沙宗平	哲学系
祝 虹	医学部预科管理办公室	余万里	国际关系学院
程化琴	医学部预科管理办公室	吴湘宁	国际关系学院
王凤清	公共卫生学院	周正卿	经济学院
张进瑜	护理学院	林山君	经济学院
宋晓明	公共卫生学院	孟涓涓	光华管理学院
李 颜	第三临床医学院	王 莹	光华管理学院
谷士贤	第三临床医学院	薛 军	法学院
刘建彰	口腔医学院	章永乐	法学院

洪艳蓉	法学院		杨 健	公共卫生学院
徐 杨	信息管理系		邹晓民	药学院
朱晓阳	社会学系		魏征新	护理学院
孙飞宇	社会学系		陈晓雯	第一临床医院
孙铁山	政府管理学院		潘晓静	第五临床医院
句 华	政府管理学院		董美丽	口腔医学院
梁鸿飞	政府管理学院		常岩芹	北京世纪坛医院
王 巍	外国语学院		邵 然	航天中心医院
程小牧	外国语学院		杨 勇	第一临床医学院
王 靖	外国语学院		乔正国	第二临床医学院
金 勇	外国语学院		孙 伟	精神卫生研究所
刘 璐	外国语学院		孔俊彩	卫生部北京医院
郭文革	教育学院			
张 蕾	人口研究所			

学生工作先进单位(9个)

地球与空间科学学院
工学院
生命科学学院
环境科学与工程学院
物理学院
经济学院
外国语学院
北京大学第三临床医学院
北京大学第二临床医学院

李爱国	艺术学院
李平原	艺术学院
张 积	新闻与传播学院
史学军	新闻与传播学院
李金波	深圳研究生院
刘 辉	深圳研究生院
尹小玲	深圳研究生院
孙 际	深圳研究生院
柳 絮	基础医学院
王盛兰	基础医学院
陈月萍	基础医学院

2012年度教学科研奖励与奖教金名单

第八届北京市教学名师奖(4人)

钱乘旦	历史学系
柳 彬	数学科学学院
钱志熙	中国语言文学系
刘俊义	医学部药学院

北京市人民教师奖(1人)

张礼和	药学院

北京大学教学优秀奖获奖名单(51人)

刘培东	数学科学学院
宋春伟	数学科学学院
李水乡	工学院
荀 坤	物理学院
胡晓东	物理学院
郭 耀	信息科学技术学院
冯梅萍	信息科学技术学院
刘 莹	化学与分子工程学院
荆西平	化学与分子工程学院
佟向东	生命科学学院
饶光远	生命科学学院
雷 军	地球与空间科学学院
郝永强	地球与空间科学学院
赵红颖	地球与空间科学学院
王 娓	城市与环境学院
刘兆荣	环境科学与工程学院
易春丽	心理学系
杨荣祥	中国语言文学系
王 娟	中国语言文学系
唐士林	中国语言文学系

徐　健	历史学系
周北海	哲学系
徐龙飞	哲学系
雷兴山	考古文博学院
韦　正	考古文博学院
严　洁	政府管理学院
梅　然	国际关系学院
王跃生	经济学院
胡　涛	经济学院
姚长辉	光华管理学院
翟　昕	光华管理学院
章永乐	法学院
刘凯湘	法学院
李常庆	信息管理系
张　静	社会学系
崔　怡	外国语学院
吴杰伟	外国语学院
朱青生	艺术学院
师曾志	新闻与传播学院
张会峰	马克思主义学院
杨钋	教育学院
沈　艳	国家发展研究院
王东敏	体育教研部
金舒年	对外汉语教育学院
沈晴霓	软件与微电子学院
倪菊华	基础医学院
王　欣	药学院
刘占兵	第一临床医学院
姜冠潮	第二临床医学院
杨渝平	第三临床医学院
冯海兰	口腔医院

2012年全国高等教育学籍学历管理工作先进集体(1个)

教务部

2012年全国高等教育学籍学历管理工作先进个人(2个)

王　卫　教务部
高宏鹏　继续教育部

国华奖杰出学者奖(6人)

信息科学技术学院：王阳元
环境科学与工程学院：唐孝炎
外国语学院：申　丹
法学院：陈兴良

基础医学院：童坦君
第一医院：郭应禄

杨芙清—王阳元院士奖教金(16人)

特等奖

生命科学学院：朱玉贤

优秀奖

环境科学与工程学院：曾立民
信息科学技术学院：廖怀林、穗志方、谭　营
软件工程国家工程研究中心：赵　文
城市与环境学院：韩茂莉
物理学院：朱　星
外国语学院：刘　锋
艺术学院：高　译
国家发展研究院：汪丁丁
口腔医院：葛立宏
人民医院：刘玉兰
第一医院：杨慧霞
精神卫生研究所：张　岱
第三医院：赵一鸣

正大奖教金(19人)

城市与环境学院：孟晓晨
环境科学与工程学院：叶正芳
信息科学技术学院：邓志鸿
地球与空间科学学院：孙元林
数学科学学院：何洋波
物理学院：古　英
化学与分子工程学院：夏　斌、张　锦
心理学系：谢晓非
法学院：邓　峰
国际关系学院：初晓波
信息管理系：李广建
社会学系：周飞舟
外国语学院：段映虹、黄必康
马克思主义学院：郇庆治
体育教研部：毛智和
对外汉语教育学院：刘颂浩
教育学院：林小英

东宝奖教金(3人)

生命科学学院：罗静初、陶乐天、魏文胜

树仁学院奖教金(5人)

地球与空间科学学院：田　原
物理学院：谭本馗
社会学系：马凤芝
外国语学院：姜望琪
新闻与传播学院：许　静

宝洁奖教金(5人)

信息科学技术学院：周小计
地球与空间科学学院：郑海飞
数学科学学院：艾明要
物理学院：刘富坤、周路群

中国工商银行教师奖(15人)

城市与环境学院：许学工
信息科学技术学院：段慧明
物理学院：薛建明
工学院：黄　迅
中国语言文学系：邵永海
历史学系：董正华
哲学系：章启群
考古文博学院：张　海
法学院：郭自力
政府管理学院：王丽萍
外国语学院：李　强、琴知雅
对外汉语教育学院：刘德联
财务部：慈莉娟、李赛丽

中国工商银行经济学杰出学者奖(1人)

经济学院：董志勇

中国工商银行经济学优秀学者奖(5人)

人口研究所：穆光宗
经济学院：宋芳秀
光华管理学院：刘　俏、陆正飞
国家发展研究院：卢　锋

北京银行教师奖(5人)

地球与空间科学学院：田　伟
物理学院：朱守华
外国语学院：王立刚
光华管理学院：徐　菁
体育教研部：钱俊伟

方正奖教金(30人)

教师特等奖

信息科学技术学院：彭练矛

教师优秀奖

数学科学学院：夏壁灿、徐树方
物理学院：穆良柱
心理学系：吴艳红
工学院：王启宁
法学院：王锡锌
国际关系学院：朱文莉
外国语学院：金　勋、孔菊兰
光华管理学院：王汉生
教育学院：缪　蓉
新闻与传播学院：刘德寰
计算机科学技术研究所：邹　磊
药学院：蔡少青
公共卫生学院：钮文异
基础医学院：尹玉新
临床肿瘤学院：朱　军

优秀管理奖

信息科学技术学院：王　进
国际关系学院：关贵海
医学部机关：李文胜
公共教学部：吴玉杰
党办校办：姚卫浩
组织部：孙　明
宣传部：王天天
人事部：金和征
科学研究部：张　琰
档案馆：刘晋伟
计算中心：丁万东
电话室：马红梅

人文杰出青年学者奖(50人)

中国语言文学系：陈连山、陈泳超、董秀芳、顾永新、郭锐、韩毓海、胡敕瑞、李鹏飞、李　杨、潘建国、漆永祥、汪　锋、吴晓东、王　岚、项梦冰、詹卫东、张　辉、张　沛、张颐武

历史学系：包茂红、董经胜、黄春高、黄　洋、尚小明、王立新、王奇生、吴小安、颜海英、臧运祜、张　帆

哲学系：韩林合、李四龙、聂锦芳、孙尚扬、王　博、王锦民、吴国盛、徐　春、徐凤林、杨立华、仰海峰、郑开、周　程

考古文博学院：杭　侃、曹　宏、倪润安、孙庆伟、王伟华、吴小红、张晓梅

物理学院：颜学庆

地球与空间科学学院：李　艳

外国语学院：梁　波、马　剑、萨尔吉、史　阳、苏琪、王彦秋

对外汉语教育学院：张文贤

艺术学院：向　勇

法学院：金锦萍

马克思主义学院：刘　军

教育学院：尚俊杰

中国药物依赖性研究所：鲍彦平

公共卫生学院：简伟研、许雅君

绿叶生物医药杰出青年学者奖(16人)

化学与分子工程学院：付雪峰、李笑宇、彭　静

生命科学学院：秦跟基、张　晨、张　泉

工学院：侯仰龙、席建忠

分子医学研究所：李川昀、张　岩

基础医学院：铁　璐、杨吉春、赵　颖

药学院：贾彦兴、王坚成

精神卫生研究所：岳伟华

宝钢奖教金(5人)

特等奖

化学与分子工程学院：刘忠范

优秀奖

信息科学技术学院：贾　嵩

地球与空间科学学院：韩宝福

马克思主义学院：宇文利

护理学院：路　潜

黄廷方/信和青年杰出学者奖(20人)

环境科学与工程学院：尚　静

信息科学技术学院：陈　江、张　路

数学科学学院：宋春伟

2011—2012年度学生及学生工作奖励名单

第八届"学生五·四奖章"(9人)

数学科学学院2008级本科生　　　　　张瑞祥
信息科学技术学院2007级直博生　　　严　睿
外国语学院2011级硕士生　　　　　　田　妍
药学院2009级博士生　　　　　　　　潘德林
经济学院2011级硕士生　　　　　　　杜浩然
哲学系2009级博士生　　　　　　　　王　巍
城市与环境学院2008级本科生　　　　范敬怡
马克思主义学院2010级硕士生　　　　孙　宇
地球与空间科学学院2009级硕士生　　高　松

第八届"班级五·四奖杯"(6个)

口腔医学院2005级口腔班
元培学院2010级3班
物理学院2008级本科生1班
信息科学技术学院2009级本科生9班
公共卫生学院社会医学与卫生事业管理研究生班
外国语学院2008级英语本科生班

北京大学优秀班集体(46个)

法学院2010级法硕2班
口腔医学院口腔颌面外科临床研究生班
深圳研究生院2011级计算机应用班
元培学院2011级2班
地球与空间科学学院2011级遥感硕士生班
环境科学与工程学院2011级硕士生班
工学院2009生物医学工程本科生班
心理学系2009级本科生班
公共卫生学院预防医学2010级2班
信息科学技术学院2010级本科生计算机1班
外国语学院2011级西班牙语本科生班
对外汉语教育学院2011级汉语言文字班
经济学院2011级硕士生班
政府管理学院2011级硕士生班

物理学院 2010 级本科生 2 班
基础医学院 2011 级临床 1 班
生命科学学院 2011 级本科生 4 班
物理学院 2009 级本科生 5 班
公共卫生学院流行病与卫生统计学研究生班
法学院 2011 级本科生 4 班
社会学系 2010 级本科生
政府管理学院 2011 级本科生班
信息科学技术学院 2010 级本科生智能班
第三临床医学院研究生 3 班
光华管理学院 2011 级本科生 3 班
生命科学学院 2010 级本科生 3 班
基础医学院 2011 级口腔班
新闻与传播学院 2011 级本科生班
国际关系学院 2011 级本科生 3 班
深圳研究生院 2011 级传播学班
国际关系学院 2010 级本科生 3 班
光华管理学院 2011 级管理科学与信息系统硕博班
考古文博学院 2011 级本科生班
化学与分子工程学院 2010 级本科生 1 班
物理学院 2010 级本科生 1 班
第五临床医学院临床医学 2009 级 2 班
教育学院 2010 级硕士生班
法学院 2010 级本科生 2 班
信息科学技术学院 2009 级本科生计算机 5 班
艺术学院 2011 级本科生班
化学与分子工程学院 2011 级本科生 3 班
历史学系 2010 级本科生
地球与空间科学学院 2009 级地质本科生 2 班
第三临床医学院临床医学 2008 级 5 班
工学院 2010 级硕士生 2 班

北京大学"先进学风班"(74 个)

地球与空间科学学院 2010 级本科生 GIS 班
地球与空间科学学院 2011 级地质博士生班
地球与空间科学学院 2010 级硕士生 GIS 班
数学科学学院 2011 级硕士生班
数学科学学院 2011 级博士生班
数学科学学院 2011 级本科生 4 班
光华管理学院 2011 级企业管理班(硕博连读)
光华管理学院 2009 级博士生班
中国语言文学系 2011 级本科生班
中国语言文学系 2011 级硕士生班
中国语言文学系 2010 级本科生班
对外汉语教育学院博士生班
信息科学技术学院 2010 级本科生微电子班
信息科学技术学院 2009 级本科生 6 班
信息科学技术学院软件 1 班(研究生)
经济学院 2011 级本科生 6 班
化学与分子工程学院 2010 级本科生 5 班
化学与分子工程学院 2010 级本科生 3 班
化学与分子工程学院 2011 级本科生 1 班
哲学系 2011 级本科生班
哲学系 2010 级硕士生班
工学院 2011 级博士生 2 班
工学院 2011 级硕士生 1 班
工学院 2010 级工程航空航天本科生班
政府管理学院 2009 级本科生班
政府管理学院 2010 级本科生班
政府管理学院 2011 级博士生班
社会学系 2011 级本科生班
元培学院 2011 级 3 班
元培学院 2010 级 3 班
元培学院 2009 级 5 班
国际关系学院 2011 级本科生 2 班
国际关系学院 2011 级本科生 1 班
心理学系 2011 级本科生班
心理学系 2010 级硕士生班
新闻与传播学院 2010 级本科生班
新闻与传播学院 2011 级专业硕士生班
环境科学与工程学院 2011 级本科生班
生命科学学院 2009 级本科生 2 班
生命科学学院 2011 级本科生 1 班
生命科学学院 2011 级本科生 2 班
外国语学院 2011 级英语硕士班
外国语学院 2011 级韩语本科生班
外国语学院 2010 级英语本科生班
物理学院 2011 级本科生 5 班
物理学院 2009 级本科生 3 班
物理学院光学所硕博班
城市与环境学院 2009 级本科生 2 班
城市与环境学院 2010 级本科生 2 班
城市与环境学院 2011 级本科生班
艺术学院 2011 级硕士生班
艺术学院 2011 级博士生班
考古文博学院 2010 级硕士生班
深圳研究生院 2010 级城市规划班
深圳研究生院 2011 级微电子 2 班
深圳研究生院 2011 级国际法硕士生班
法学院 2011 级本科生 2 班
法学院 2010 级法律硕士 3 班
法学院 2011 级法律硕士 3 班
教育学院 2011 级高校管理硕士生班

马克思主义学院2011级硕士生班
基础医学院2011级临床5班（医学预科）
公共卫生学院2011级预防2班（医学预科）
基础医学院临床医学2010级1班（医学本科）
公共卫生学院预防医学2008级2班（医学本科）
第四临床医院临床医学2009级3班（医学本科）
第五临床医院临床医学2008级2班（医学本科）
口腔医学院口腔医学2006级（医学本科）
人民医院研究生小班17班（医学研究生）
公共教学部研究生班（医学研究生）
护理学院研究生班（医学研究生）
药学院研究生1班（医学研究生）
基础医学院免疫学系研究生班（医学研究生）

十佳学生党支部书记(11人)

信息科学技术学院2011级本科生党支部	马 郓
物理学院凝聚态物理博士生第二党支部	王 伟
法学院2010级本科生第四党支部	陈立诚
医学部公共卫生学院流行病与卫生统计学系研究生党支部	何祥波
心理学系本科生党支部	李靖宇
哲学系本科生第一党支部	李 震
地球与空间科学学院地质本科生党支部	邵子剑
工学院2008级博士班党支部	张又升
北京大学第三医院临床八年制2007级学生党支部	欧阳汉强
外国语学院2008级本科生党支部	施顶立
光华管理学院2009级金融学硕士生党支部	高 明

（注：有2名党支书票数并列第10名）

北京市三好学生(55人)

数学专业2008级博士	洪阿丽
数学专业2009级本科	童嘉骏
岩石学专业2010级硕士	钱加慧
智能科学专业2009级本科	曾齐齐
计算机软件与理论专业2011级博士	马 郓
化学专业2009级研究生	孟 虎
化学专业2010级本科	闫 冰
金融专业2009级本科	韩雪骏雯
生物科学专业2009级本科	陈则宇
人文地理学专业2010级硕士	王一帆
历史专业2010级硕士	徐 梦
哲学专业2009级博士	赵金刚
阿拉伯语专业2009级本科	徐博雅
外语专业2010级硕士	崔丽伟
植物学专业2010级直博	纪玉锶
金融经济学专业2009级本科	于静文
金融专业2011级硕士	庞 桐
城市设计专业2010级硕士	杨天翼
中国语言文学专业2011级本科	陈子丰
物理专业2009级本科	房智轩
国际政治专业2011级硕士	李 丹
国际关系专业2011级本科	杨起帆
环境科学专业2011级硕士	万 瑞
法学专业2009级本科	康玮星
考古学专业2009级本科	侯 琳
物理专业2010级本科	李 智
国际法专业2011级博士	刘 庄
政治经济学专业2011级硕士	杜浩然
金融学专业2009级本科	罗建宇
社会学专业2011级硕士	强子珊
基础心理学专业2010级博士	吴 南
广播电视专业2010级本科	赵 恺
古典文献专业2010级本科	徐紫馨
文化艺术管理专业2010级硕士	张 慧
公共管理专业2011级本科	汪星宇
国际政治专业2009级本科	薄秋磊
社会学（老年学）专业2011级硕士	吴金晶
临床医学专业2006级八年制	王 超
临床医学专业2008级八年制	曾 成
临床医学专业2009级八年制	李 浩
临床医学专业2008级八年制	廖 锋
临床医学专业2008级八年制	黄 可
临床医学专业2005级八年制	胡 展
预防医学专业2010级本科	郭 娜
护理学专业2009级本科	赵增鹏
医学专业2010级本博	何培欣
医学专业2009级本博	柳江枫
口腔医学专业2009级八年制	田杰华
药学专业2010级本硕	涂 健
药学专业2009级本硕	赵逸舟
医学专业2010级本科	胡 昕
影像医学与核医学专业2011级博士	胡 娟
流行病与卫生统计学专业2008级直博	田 君
生物化学与分子生物学专业2008级硕博连读	王珊珊
药学专业2011级六年制	于 晨

北京市优秀学生干部(18人)

数学专业2010级本科	赵国宇
能源与资源工程专业2010级本科	王绍鑫
智能科学专业2009级本科	郭佳奇

城市规划专业2009级本科	刘禹君
印度语言文学专业2011级硕士	贾 岩
经济法学专业2011级硕士	胡 超
金融专业2009级本科	潘 援
财政学专业2009级本科	张 俏
信息管理与信息系统专业2009级本科	赵玉现
行政管理专业2010级本科	赵培强
中国文学专业2009级本科	樊桔贝
大气与海洋科学专业2010级本科	张 玥
临床医学专业2007级本博	于丰源
预防医学专业2010级本硕	李晴雨
临床医学专业2010级本博	王 颢
公共卫生专业2010级硕士	付知雨
肿瘤学专业2010级硕士	叶春祥
预防医学专业2011级本科	王 丹

北京市先进班集体(19个)

工学院　2009级生物医学工程本科生班
地球与空间科学学院　2011级遥感硕士生班
信息科学技术学院　2010级本科生计算机1班
生命科学学院　2011级本科生4班
外国语学院　2011级西班牙语本科生班
深圳研究生院　2011级传播学班
法学院　2010级法律硕士生2班
物理学院　2010级本科生2班
经济学院　2011级硕士生班
光华管理学院　2011级本科生3班
国际关系学院　2011级本科生3班
教育学院　2010级硕士生班
社会学系　2010级本科生班
公共卫生学院　流行病与卫生统计学研究生班
基础医学院　2011级临床医学1班
第三临床医学院　2008级临床5班
第五临床医学院　2009级临床2班
公共卫生学院　2010级预防医学2班
口腔医学院　口腔颌面外科临床研究生班

校级三好学生标兵(262人)

数学科学学院(8人)

童嘉骏　章博宇　庄梓铨　苏　钧　王青璨　冯书豪
洪阿丽　胡婷婷

工学院(7人)

刘忻悦　陈宽宇　姚梦碧　虞之龙　张艳娇　张　翼
周立成

物理学院(12人)

王逸伦　房智轩　李　智　包宜骏　肖　虓　罗英华
李俊泽　乔　锐　李金钊　李晓岚　刘树全　王　浩

地球与空间科学学院(7人)

张　晨　黎晓东　李　骞　钱加慧　付　晨　郭瑞龙
李　婷

信息科学技术学院(19人)

任东昊　沈嘉思　陆　璇　曾齐齐　孙宇翔　徐　符
单子非　张清翔　黄睿哲　李　萌　林邦姜　熊巧丽
梁　丰　刘春彤　李　萌　杨　涛　公　韦　马　郓
何文欣

化学与分子工程学院(9人)

金　亮　严佳骏　闫　冰　程　昳　叶洪舟　章　伟
孟　虎　敖银勇　栗　则

生命科学学院(8人)

徐偲玥　陈则宇　夏思杨　吴柯蒙　纪玉锶　张婷婷
韩　晶　冯　晖

城市与环境学院(7人)

范红蕾　淑阿克　孔　卉　韩　霞　王　珏　李　韦
王一帆

环境科学与工程学院(3人)

尚冬杰　王艺淋　万　瑞

心理学系(3人)

孔文默　王　玥　吴　南

中国语言文学系(8人)

龙思云　李轶男　徐紫馨　陈子丰　王广雷　石岸书
王　尧　蒋仁正

历史学系(5人)

杨　悦　徐　梦　邵璐璐　郁妍莹　张晓慧

考古文博学院(2人)

侯　琳　张　琼

哲学系(5人)

曾　馨　丁一峰　赵金刚　曹润青　杜松石

国际关系学院(8人)

黄立志　李海涛　李　丹　郑唯实　陈菊婉聪
杨起帆　罗　芳　霍雪霏

经济学院(8人)

于淑仪　罗建宇　于　航　戴　革　何平宇　张　波
杜浩然　何　健

光华管理学院(10人)

邱　昉　韩雪骏雯　于静文　于京竹　施　茜
侯　颖　何　媛　尹澎华　史保新　王　曾

法学院(15人)

冀　放　康玮星　俞广君　陈立诚　吴冬妮　徐温妮
张　炎　许星遥　卢龙婕　李　燕　应宗国　唐　颖

何锦前　郭世杰　刘　庄
　　　　　　信息管理系（2人）
李　维　刘　通
　　　　　　社会学系（3人）
毛一凡　张　楠　强子珊
　　　　　　政府管理学院（6人）
付筱菁　王　浩　汪星宇　惠长虹　张　纯　张　满
　　　　　　外国语学院（9人）
廖崧渊　李诗聪　陈　肖　赵晓兰　梁欣然　徐博雅
黄　真　李冰天　崔丽伟
　　　　　　马克思主义学院（1人）
孟繁旺
　　　　　　艺术学院（2人）
张天竹　张　慧
　　　　　　新闻与传播学院（4人）
丁怡婷　赵　恺　魏兆阳　王　缔
　　　　　　元培学院（6人）
薄秋磊　马方圆　刘　熠　李　灏　汤　逊　齐薪添
　　　　　　人口研究所（1人）
吴金晶
　　　　　　对外汉语教育学院（1人）
曹巧丽
　　　　　　国家发展研究院（1人）
梁中华
　　　　　　教育学院（1人）
杨素红
　　　　　　分子医学研究所（1人）
李　源
　　　　　　软件与微电子学院（7人）
王汉江　李雪瑜　余　恋　张　睿　赵冬冬　李　洁
郑　达
　　　　　　深圳研究生院（16人）
桂红刚　王　腾　傅辰渊　尹文鹏　康崴铃　云　慧
陈伟劲　杨天翼　朱奕宣　王　帅　岳　明　郭　剑
庞　桐　吴　昊　王　莹　胡海波
　　　　　　前沿交叉学科研究院（1人）
刘海啸
　　　　　　医学预科（5人）
王珂欣　张　颖　魏　巍　于　晨　王雅亭
　　　　　　医学部本科生系统
　　　　　　基础医学院（6人）
柳江枫　赵　伟　丁　宁　何培欣　张世红　刘奕君

　　　　　　药学院（3人）
孙　谊　赵逸舟　涂　健
　　　　　　公共卫生学院（3人）
刘　清　李　昊　郭　娜
　　　　　　护理学院（5人）
赵增鹏　蔡庆超　刘　飞　李善欣　梁芳园
　　　　　　公共教学部（1人）
胡　昕
　　　　　　第一临床医学院（3人）
胡　展　唐　琦　俞　萌
　　　　　　第二临床医学院（3人）
尉　然　曾　成　李　浩
　　　　　　第三临床医学院（3人）
赵　瑓　王　超　臧思雯
　　　　　　第四临床医学院（1人）
廖　锋
　　　　　　第五临床医学院（1人）
黄　可
　　　　　　口腔医学院（2人）
贾胜男　田杰华

　　　　　　医学部研究生系统
　　　　　　基础医学院（4人）
马良肖　吴成林　王珊珊　王子君
　　　　　　药学院（3人）
王　超　田帅华　郭　巍
　　　　　　公共卫生学院（3人）
孙　霄　田　君　黄旸木
　　　　　　第一临床医学院（3人）
胡　娟　郭芒芒　刘明明
　　　　　　第二临床医学院（2人）
谢　冰　韩冠平
　　　　　　第三临床医学院（2人）
陶立元　蒋丽潇
　　　　　　口腔医学院（2人）
雷　杰　陈启兴
　　　　　　临床肿瘤学院（1人）
孙　佳

校级三好学生（1876人）

　　　　　　数学科学学院（64人）
林　博　曾　立　梁　玥　傅晶雪　潘　略　张一甲
李欣然　魏晔翔　周意闻　李　超　徐　泽　龚斯靓
苏　钧　李晓澄　李立颖　李文博　梅　松　蒋雨辰

雷理骅 白 钰 黄政宇 艾 辛 肖经纬 邬子庄 陆 璇 曾齐齐 唐良晓 孙宇翔 徐 符 单子非
余 明 闫 峻 包正钰 顾诗颢 刘浩洋 张明睿 王斐然 张瑞松 张清翔 颜 聪 黄睿哲 曹昊文
张峻梓 王恺峥 李少垫 楼凌霄 林伟南 金 威 刘 凯 赵路睿 张宏毅 李 萌 朱锦华 毕颖杰
吕健成 付潇鹏 熊 欢 苏怡宁 樊俊波 闫博巍 黄子犟 胡志挺 戴竹韵 郑子杰 崔一凡 邓景文
刘雨晨 樊玉伟 吴贵超 郑文利 王善标 邓婉璐 赵庄田 许伦博 高 翔 丁宇辰 赵 鹏 李 果
杨智成 林义筌 王建叶 王少峰 李武璐 张金华 马 潇 朱富勇 熊文洁 曾 益 吕婷婷 侯 放
叶时炜 宋 凯 贾 晨 童嘉骏 章博宇 庄梓铨 李 宝 王文铎 倪 焱 陈诗安 王 也 王 静
王青璨 冯书豪 洪阿丽 胡婷婷 刘沛东 罗炳峰 汪成龙 薛子钊 顾贤强 吴逸鸣
廖 昀 李家耀 郑淇木 王 涵 王世衡 梁竞月

工学院（55人）

高 翔 贺宜萍 刘佳颖 毛亦心 修 壮 张 琦 魏 明 孙思伟 胥 彤 王 楠 丁瑞洲 张 昭
邹桂进 代 冲 顾佳欢 孙 赫 尹 涵 俞 玥 解环宇 蒋玉洁 杜 朋 孟祥云 于 迪 黄 博
赵乾坤 顾丁炜 李 程 刘馨月 唐 萌 林邦姜 郑雅丹 刘恩亚 陆 炀 熊巧丽 姚金宇
杨阳宇尘 张柯杰 张天汉 李华芳 白 龙 袁 野 孔令明 孔 睿 王 菲 徐 倩 朱洋洋
孟令怡 袁克彬 王新巍 陈 涛 郭 鹏 李 腾 梁 丰 刘 阳 许 腾 褚丽恒 李 江 刘婷婷
张明磊 李 铮 李亚伟 张健鹏 郑 凯 李 超 李 辉 郑 倩 江 慧 郭 颂 谢佳亮 闫丰润
申 华 刘万海 邵 玲 袁宏阳 李佳硕 赵大伟 张 伟 周家帅 刘 冬 彭 飞 刘春彤 张朝英
晋立丛 于嘉鹏 王飞飞 杨婷云 隋 杰 张艳玲 张新义 孔俊俊 杨 健 赵春旭 毛先领 黄英龙
王卫杰 于 浩 刘忻悦 陈宽宇 姚梦碧 虞之龙 刘 飞 谭 斐 余怀强 温森文 李 萌 何慧虹
张艳娇 张 翼 周立成 杨 涛 翟晓华 公 韦 梁世博 黄靖清 文永正
杨烨华 牛 力 冯 程 付 翔 黄文灏 栾 添

物理学院（83人）

程正谦 吉文成 房智轩 任天豪 杨 钊 原亚焜 涂芝娟 马 郸 朱子骁 李 靓 何文欣 张晓东
章 亮 李 余 王晗宇 张 岳 王逸伦 程 倩

化学与分子工程学院（61人）

李 正 张佳辰 付少华 张靖中 吴 蒙 包宜骏 金 亮 严佳骏 叶宇轩 徐安沁 张 涛 陈心懿
钟德亮 杨 康 严梦媛 康莹莹 靖 礼 李 智 苏一驰 王抒扬 胡 骏 肖嘉琪 诸琪磊 闫 冰
王智鑫 黄新徽 孔令剑 周智勤 杨柳绦 肖 虢 程 昳 石襄禹 蒋兴宇 上官湘航 崔知涵
胡志强 高蓿非 吕廷博 杨 帆 沈博强 杨 坚 郑钦珩 周志尧 王瑞琦 金泽鑫 叶洪舟 王浩元
马力克 陈柏桦 孙子墨 沈钰峰 孙风潇 王 蓟 程 业 何奇峰 王 直 孙旭东 张旻烨 吴文博
罗英华 朱鸿轩 李志龙 施图万 冯立文 赵子龙 李 栋 蓝光旭 谢 天 章 伟 王 航 王丁众
李 静 负 超 邵珠臣 韩 浩 祝蒙祁 李俊泽 聂俊芳 林 木 王绍杰 刘肇芳 孟 虎 王小野
乔 锐 李金钊 袁乃明 刘兆沛 徐婉筠 姜显哲 许 静 侯绍聪 常翠兰 牛 林 钟璐玮 敖银勇
黄 胜 李晓岚 黄呈橙 任金丽 刘倍贝 路翠翠 房华毅 魏俊年 叶 飞 周 宇 王硕珏 苏翠翠
刘树全 周 奎 郑晓晨 刘项琨 王 浩 夏文龙 栗 则 冯鲍盛 马荣芳 潘金龙 张 行 张祎玮
石 猛 李 宁 高智威 郭 璐 严 缘 宋凌霄 赵志远 陈 阳
陆正遥 黄太武 边宇轩 张 宸 董 良

生命科学学院（53人）

地球与空间科学学院（49人）

徐偲玥 赵 云 张樱腊 刘再冉 苗洁玲 陈则宇
张 晨 申发龙 朱尉强 刘子谓 施 力 祖希蒙 郭冰格格 张 驰 牛荣峰 吕默含 马 蕾
侯俊涛 刘世然 郑玉洁 柴宝惠 黎晓东 左 奕 杨晓旭 张 宏 夏思杨 胡琪楠 黄骎骎 张轶伟
张 旭 蒋久阳 来景涛 李 骞 闵 阁 冯 禧 吴柯蒙 殷章元 马雨桐 李一楠 古 欣 赵天舒
徐健荣 毛淑娟 李洪林 钱加慧 孙希龄 王雪艳 陈智敏 高 洁 郭 亮 安明瑞 徐琳杰 夏薇薇
闫 振 杨静懿 付 晨 王慧玲 黄 璐 石开波 韩 晶 沈璧蓉 侯英楠 王家亮 赵汗青 冯 晖
张 丹 郭瑞龙 贺伟光 王 博 李 婷 崔喜爱 杨 琰 沈兆瑞 华 余 钱永军 叶 琼 纪玉锶
郑荣国 许玉斌 舒启海 王佳敏 周肖贝 刘瑞娟 王 刚 瞿玲龙 林 薇 马 菲 林 青 郭红山
支 野 杨 楠 杨明春 张 巍 张晨晨 杨宇博 林晓雅 丁 阳 张婷婷 曹 晨 赵 丹 杨 威
涂继耀

城市与环境学院（48人）

信息科学技术学院（132人）

陈诗弘 黄懿杰 柳巧云 史秋洁 孔 卉 范红蕾
陈思洁 杨 倩 陈怡琳 淑阿克 杨晟朗 宋 萌
任东昊 沈嘉思 薛 萍 常逸坤 常一阳 王 晟 乔 钰 陈天歌 赵鹿芸 王嘉懿 郑音楠 方嘉雯

张佳梁 秦双妮 张艳晗 王宇凡 邱雪莹 丰学兵
王一帆 朱 超 朱 丹 王 珏 应凌霄 王卿梅
韩 霞 侯懿珊 杜玉成 向乔玉 鞠 莉 杜恩在
张长宏 李德瑜 崔娜娜 郭笑盈 欧浪波 张一凡
周 璋 陈 琼 孔祥臻 袁冠湘 申 悦 李 韦

环境科学与工程学院(23人)
方雪坤 吴 婧 刘巧玲 刘 润 李蒙蒙 王青峰
徐逍杰 吴 悠 郭 诚 冯 韬 王 鸣 黄 昕
黄 道 伊 璇 单敬雯 李志超 颜余真 李明真
张轩瑞 张延君 尚冬杰 王艺淋 万 瑞

心理学系(22人)
孔文默 毛 佩 何 康 陈安吉尔 宋轶凡
鲁君实 沈如意 黄哲豪 王 玥 张惠惠 罗思阳
王子叶 李 环 杨桃蹊 邹 鑫 冯胜闯 张 康
王 敏 毕泰勇 杨 寅 吴 南 张喜淋

中国语言文学系(68人)
雷瑭洵 王启玮 李少博 赵君楠 潘子豪 焦一和
张琳莉 袁 硕 宝诺娅 黎潇逸 汪春涛 李 派
谭洁羽 张一帆 谭雪晴 唐芊尔 叶栩乔 李晚寒
姜雯雯 庞若愚 何冰冰 毛锦旖 程 悦 杨 竹
林悠然 郑子欣 高 策 刘家玮 孙瑀蔓 叶 青
杨薏璇 赵 昱 李昌禹 苏 婧 郭艳瑜 杜 萌
刘 芸 沈 悦 张静芬 曹德超 黄攀伟 赵 楠
王 飞 刘金元 何雨殷 宋 雪 倪木兰 葛亮亮
王璐璐 赵柔柔 陈帅锋 毕红霞 赵林晓 许井岗
吕来好 宋欢迎 魏 航 白惠元 靳成诚 龚自强
龙思云 李轶男 徐紫馨 陈子丰 王广雷 石岸书
王 尧 蒋仁正

历史学系(35人)
蔡怡宽 漆袁旻 陈 扬 冀夏黎 李扬天 高 燎
高 源 孙雅琪 支 锂 包晓悦 王 唱 侯亚杰
张慕智 冯鹤昌 顾 韬 王明聪 董 涛 陈晓伟
郑燕燕 路峻岩 李振理 李婷君 刘亚娟 韩基奭
于 月 杨 博 徐前进 惠 慧 毕晓莹 陈志远
杨 悦 徐 梦 邵璐璐 郁妍莹 张晓慧

考古文博学院(14人)
何月馨 侯 琳 王圣雨 乔苏婷 刘晟宇 李 唯
谢西营 王彦玉 王冬冬 张 琼 白 晨 耿 朔
路国权 余雯晶

哲学系(32人)
姜芷青 王倩君 周力洋 郑 雨 龚君正 曾 馨
邱 羽 赵文涛 丁一峰 吕 立 沈仲凯 李 帅
刘凯鹏 铁春雷 吕原野 陈 凌 翁少龙 张 胜
刘长安 刘 璐 赵金刚 朱卫平 施 璇 王玉彬
曹润青 于 宙 许 迪 左 稀 廖璨璨 雷爱民
杜松石 沈 洁

国际关系学院(55人)
姜 波 任 全 李 丹 邓 凯 李宇博 刘晓曦
邰 帅 李芳芳 李海涛 林 熙 陶元浩 吴 蓓
杜晓军 张威威 王春燕 吕孝辰 郑怡洁 吴 蓉
刘 玮 吴雁飞 戚 凯 黄立志 曾琪斐 方若冰
杨起帆 索菲娅 王天白 董伟国 洪 叶 周 越
王 菊 张先弛 徐 瑞 胡 杨 赖 欣 孙博文
韩致宁 包亦然 罗 芳 吕非儿 崔 圣 王婉璐
霍雪霏 卫 琛 林文欣 田田叶 周彩婷 李洪胜
刘翌秋 黄明浩 郑唯实 陈菊婉聪 徐逸杰
王菁菁 卢雨涵

经济学院(54人)
于淑仪 罗建宇 戴 革 何平宇 张 波 杜浩然
何 健 王佳颖 王 磊 赵曦瑶 吴 泓 刘 菲
黄子威 徐小明 田 晴 王羽尧 吕 麒 程 驰
房 誉 韩丽媛 徐博立 向 佳 王绍达 王耀东
周 娜 程 悦 张博骁 陈光颖 陈冠宇 严惟诚
张月月 李 晗 刘 焰 任思璇 范博伟 王 成
王思凯 张 驰 李晓明 李馥麟 封 帆 刘 婧
王晓蕾 桓雅琦 卜凡婕 卜晓雯 马骁骁 吴越凡
丁雅坤 曲秋颖 董香书 周正卿 孟令余 于 航

光华管理学院(74人)
邱 昉 韩雪骏雯 于静文 于京竹 施 茜
侯 颖 蔡林峰 翟静媛 樊 帅 张 婧 赵 奕
郭骅亮 杨扬阳 谢晓晨 张 凡 程春晓 侯千乘
计 羽 刘 畅 李 励 杨雪萌 赵 仪 贺奕博
冯翼翔 段 湾 俞晓婧 赵昕玥 佟 瑶 陈博雅
毛友昆 曹光宇 文 雯 洪乐园 杨大恒 巩爱博
蔺怿霏 姜静妍 黄宇健 严安然 贾婷彦 仇心诚
曹 越 权五燮 陈晋宇 信 琪 刘圣尧 常雪伦
雷文妮 周兴龙 裴学成 陶 照 李 歆 于滢滢
吴明阳 郑 直 杨 乐 邹 洁 曾建光 郑晓莹
刘忠轶 段 野 周小宇 郭 放 巩天啸 安 超
刘林林 何 媛 尹澎华 史保新 王 曾 任 卓
师 祺 张峰毓 郁春华

法学院(100人)
冀 放 俞文秀 康玮星 马梦芸 徐骁睿 赵安琪
涂婧羚 王 尹 刘艺娜 马学婵 俞广君 李思佳
董家成 张 敏 于雪辰 杨翼飞 王晨一 何于彬
沈 寒 金雪儿 杨 乐 余路漫 徐温妮 肖荻菲
肖政兴 寇梦晨 刘之忻 孙红优 林熙翔 应宗国
吕玉梅 王 赫 王冰琪 李少文 许星遥 杨 名
张 炎 李临榆 刘文斌 陈俐俐 刘璐瑶 卢羽睿
周 慧 黄 韬 沈杨飞 王 帆 宋晓盼 唐 颖
张钰鑫 张雅霖 刘 洋 原 宁 孙 伟 程婷婷
黄丽华 郭颖妍 段 沁 杨 健 张朝晖 周大川

沈 晖	黑静洁	郭世杰	牟绿叶	刘跃挺	段礼乐	高 姗	马 珺	项 思	郭 蕙	张一琪	王小敏
朱 侃	胡俊英	梁慧琳	曾 理	徐 成	邱遥堃	惠济州	吕伏阳	黄晓蕾	林艺舟	尹美艳	高伊俏
陈立诚	晁 译	王艺伟	余 峰	杨伟竹	李 燕	徐润南	靳 戈	杨丽娜	蔡融融	魏兆阳	吴宛蓁
王 璇	张 萱	吴冬妮	张佳俊	李 宣	刘靖靖	谢立言	张 悦	崔远航	贾哲敏	王 缔	
乌尼木噶		王 茜	梁 桑	沈沉玲	赵 烨	<center>元培学院(41人)</center>					
刘 哲	卢龙婕	陆 佳	刘思佳	何锦前	袁 巍	薄秋磊	马方圆	刘 熠	李 灏	汤 逊	齐薪添
刘国乾	伊卫风	康 欣	陈炜强	刘 庄		吴 琼	禹丽敏	陈耿佳	董加卿	周文杰	李竞妍
<center>信息管理系(17人)</center>						丁雨晴	陈之伊	朱凌雪	湛灼杰	江昊昱	吴雨豪
李 维	郑笑宵	段紫薇	曾显悦	顾嘉伟	张理硕	陈嘉曦	黄 琨	叶 轲	宋少栋	周九羊	朱 越
武群芳	蒋 勤	王申罡	刘 通	张艺山	冯 佳	陈宇望	曲 鹿	张 帅	杨 照	吴宇青	郭雨阳
刘 丹	于春明	韩秋明	樊振佳	王一帆		谢瑞豪	江之韵	周瑞凯	许珂熠	孙伟杰	招熙林
<center>社会学系(25人)</center>						赵嘉俐	朱楠枝	张林峰	石 鋆	于子豪	
周福波	梁 栋	叶正睿	朱晓羽	沈悦菲	方 超	<center>人口研究所(4人)</center>					
毛一凡	周 扬	胡凤潮	尼玛顿珠	孙朔晗		吴金晶	王灏晨	徐铭蔚	王 镝		
牟思浩	张芩珲	李佳颖	张 楠	邹艳辉	范 谖	<center>对外汉语教育学院(9人)</center>					
史普原	王伟进	秦长运	胡萍萍	石 静	姜松延	程敏宜	陆 冉	易 维	彭 馨	王 依	王艳艳
强子珊	覃 琳					蔡幸娜	曹 霄	曹巧丽			
<center>政府管理学院(42人)</center>						<center>国家发展研究院(9人)</center>					
吴雪尧	何庆钦	李 钰	林碧霞	陈颖新	李文琪	包 锋	王 也	李志昂	商华磊	冯颖杰	谭华清
金雅昭	陈罗烨	刘舰蔚	李钦帅	韩丰蔚	侯玉婧	张 韵	闫龙方	梁中华			
吴望可	肖韵曼	李君然	赵师楠	翟 耀	王 卓	<center>教育学院(9人)</center>					
黎 薇	王向东	刘凌旗	苏美东	刘 洋	杨先哲	李秀珍	申 超	毛 丹	蔺亚琼	叶晓阳	于 洋
常 成	孙宇峰	刘懿冰	张子晔	杨 旎	盖佳萌	陈慧猛	张优良	杨素红			
王志宝	王 一	郭佳良	李 菲	刘九勇	杨晓曦	<center>分子医学研究所(5人)</center>					
付筱菁	王 浩	汪星宇	惠长虹	张 纯	张 满	胡晓敏	王怡玫	李 杨	鄢守宇	祝飞鹏	
<center>外国语学院(62人)</center>						<center>体育教研部(1人)</center>					
李亚雯	廖崧渊	董欣然	陈如晖	郑 然	刘韵姣	张景瑜					
王 珏	黄庭昌	张丰野	崔 鹤	楚 波	饶翔汉	<center>软件与微电子学院(48人)</center>					
李惟祎	李诗聪	梁晓天	赵梓彤	陈 肖	赵晓兰	王汉江	李雪瑜	余 恋	张 睿	赵冬冬	李 洁
梁欣然	达娃群宗		毛 蔚	张 昊	王一工	葛兴春	周抒睿	张佳棣	毛英明	潘 莉	朱峥丹
钱江潮	陈敬阳	张文虚	纪 娜	赵亚杰	杨 阳	王 聪	李 晛	何 晶	张 鹏	张久中	朱 耀
姚 青	贾冠春	马超平	王 恒	段晓宇	王雯莹	赵东韶	杨 莹	杨学萍	杨 墨	宋旋婷	曲沛霖
彭高唱	徐博雅	郭 翀	杨 昊	盛亚捷	曹雪姣	刘 锋	陈燕辉	李成梅	李康康	郭跃超	余 腾
华黎裕	韦慧慧	黄 真	穆路遥	蓝 玮	李楚菡	张展培	何成城	孙嘉雯	李金蔓	季 梵	单鹏程
芦 毅	张晓鸥	王 洁	汪 然	李小岛	许瀚艺	郭 萃	谷小雨	梁 微	姜凯丽	白晓晴	严 敏
李冰天	杨禽然	张露露	车 斌	袁镜淇	高雅祺	步 超	李 丹	庄国帅	孙 哲	王冬月	郑 达
崔丽伟	康 哲	李小晨				<center>深圳研究生院(113人)</center>					
<center>马克思主义学院(6人)</center>						楼海君	史莉莉	朱礼志	岳 宏	单红梅	汉京春
孟繁旺	王 昊	赵 阳	李基礼	郭小说	李薇薇	程 涛	兰紫娟	陈 冰	常鹏鹰	李 勃	刘 瑛
<center>艺术学院(15人)</center>						李龙飞	尤东鸣	张浩淼	李春艳	陈 凯	张耀凯
韩迅韬	周圣崴	张天竹	王一楠	费晨仪	秦 鼎	李 立	沈然生	陆真国	张芳妮	李泽辉	高鑫光
宁 昕	卢正源	董艺蓓	张 慧	周冠中	刘跃兵	赵 猛	阮正坤	张守鹤	仉尚航	乔 倩	刘启颂
司 达	戴 璐	范 颖				徐一峰	彭智文	肖作鹏	王 政	郭盈盈	童 磊
<center>新闻与传播学院(35人)</center>						赫胜彬	种 颖	石 悦	邓婷婷	孙慧洁	常丹琳
丁怡婷	韩 霜	孙 畅	冯美娜	周宇诗	赵 恺	汪琼玥	王 辉	韩香梅	林 婕	穆 静	徐 华
吕佳宁	赵勤勤	孙一奇	安晶丹	钱一彬	朵 兰	施 展	张 璐	谭 淼	程 放	周芳芳	刘岩红

夏雯	薛蓉蓉	姜祎	王欢	蒋锐	罗婧	魏远	陈云	李小涵	曹孟杰	朱濛	王子君
宋文	李博	苏丹	贺钊胜	文敏	彭唯	赵增鹏	蔡庆超	刘飞	邱旭	李善欣	梁芳园
李佩珊	邱红叶	王倩	雷鹏	唐巧玲	胡卜文	刘芹	孙晓晖				

公共教学部(6人)

陈博	张璋	赵亮	舒洁	胡昕	张泓昊

马松	辛争	夏韬	许一超	冯婷	张承禹
朱鹜璞	全冬兵	邱镇	范婷	邹凡云	石晓龙
林晨薇	邓子龙	丁丁	张伟国	王影	陈丹
洪达	邱昌璞	魏士清	杨坚	谢一诺	孙娴
凌润东	丁云	方万紫	孙艺	高健	高莹
梁英	张斯雅	任雪娇	狄晓黎	施维希	余姣
佟瑶	高峰	王哲	徐婷婷	高溪	

第一临床医学院(19人)

胡展	崔云鹏	冯兆亿	李志盈	耿慧	唐琦
席思思	李德润	辛灵	张玄烨	郑艺明	石依云
俞萌	王胤奎	高国璇	赵健芳	韩竞男	鲁昊骋
程丝					

前沿交叉学科研究院(9人)

刘海啸	任晓帅	李志强	彭文联	李明	李秋鸿
于双	马晓旻	吴远浩			

第二临床医学院(19人)

尉然	高莉	王江源	孙玥	刘爽	董雪
郑晓雪	王莎	安方	蒋欣彤	王冀川	曾成
冯非儿	孟庆娱	李博	王谦明	李浩	齐清怡
梁海杰					

医学预科(38人)

杨祎	董一言	乐晓峰	张昕玮	张倩莉	孙瑶
李晓蓓	韩高峰	王珂欣	徐贝宇	陈佳琰	陆旻雅
陈思霜	于钦俊	黄子雄	张颖	宋航	周乐群
唐晓棠	赵厚宇	赵丽君	黄辉	史薇	许哲
孙美平	魏巍	文彦照	郑静蕾	王森	李晨
曾群	从双晨	于晨	李耀豪	王雅亭	吴薇
侯跃隆	唐尧				

第三临床医学院(19人)

赵琇	马妍	孙卓然	田雨	王超	陈璐
魏颖	臧思雯	钱鈫	欧阳汉强		孙禹尧
杜雅丽	刘畅	邓绍晖	谢洪	陈民	韩钦
吴鹜州	吕天楚				

第四临床医学院(7人)

郭慧凝	谭梅美	赵晓蕾	郑扬	廖锋	要雅君
闻洁曦					

医学部本科生系统

基础医学院(42人)

谢郭佳	方禛浩	古柏	王超	陈颖嘉	李婉津
刘亮	史俊秀	曹帅	柳江枫	张志军	孙坤炎
崔铭	赵伟	丁宁	郭冀帆	马文梅	昕夏
刘奕君	张静	文曦	胡心怡	沈惠丹	王若珺
赵朕龙	周斌	欧阳雨晴		李怡婧	尹若昀
何培欣	李伟	付亦男	姜雅楠	郭姝珉	
张元鸣飞		伍楚君	张稚琪	张世红	张琪
夏炎	李浩鑫	冯晔囡			

第五临床医学院(7人)

曲宗阳	满富丽	李彭	杨希孟	黄可	柴坷
陈沁					

口腔医学院(13人)

刘帅	肖雨萌	黄湉	黄一平	杨洋	吕珑薇
闫燕	洪霞	余涛	贾胜男	谷明	田杰华
崔圣洁					

药学院(22人)

石继凤	张萌萌	许飞飞	孙谊	陈溢欣	黄小强
徐伟	陈斌龙	赵逸舟	王潇	郭磊	王婕
李雨书	姚望	秦蒙蒙	李青	涂健	马元亨
孙丽凤	尹安玥	胡钰曦	张朕僖		

医学部研究生系统

基础医学院(29人)

马良肖	孙琳	王宁	吴成林	郑淼峰	姜胤
李倩	邹良强	林丽云	刘敏	尚海旭	王燕婷
谢婷婷	方东	高建超	高凯	郭晓凯	刘鹏
庞丽君	邱彬	王珊珊	席晨光	张国英	张凯铭
朱萌	付志伟	程倩	董诚岩	王子君	

公共卫生学院(18人)

刘清	庞明樊	王彩云	刘胜兰	金音乐	王清波
刘灿	杨超	方任飞	李昊	努尔比亚	
江莱	司佳卉	张琪	杨燕芬	林高峰	赵雨薇
郭娜					

药学院(20人)

王刚	王超	范鑫萌	高小力	宋志玲	李丹
阙琳玲	田帅华	黄野	郭志刚	胡伟民	冀希炜
林雄浩	郭巍	田恬	邹萍萍	王渊	郑凯
涂盈锋	谭海亮				

护理学院(32人)

马晓菊	李曼	果子婷	王冰洁	张迪	杨晓旭
董晴	庞媛	秦亚楠	王伊宁	白杰	史立坡
李晨	王明杰	张萌	王静	韩永旺	仇宏宇

公共卫生学院(16人)

王佩鑫	何祥波	刘钊燕	郑婵娟	杨蕾	曲艳吉
孙霄	杨东旭	袁雁飞	王富华	郭伟龙	董凤鸣

刘佳帅　田　君　宋艳双　黄旸木
　　　　　　护理学院(2人)
李晓翠　孙瑞阳
　　　　　　公共教学部(2人)
张　骞　常　蕾
　　　　　第一临床医学院(22人)
王琳琳　王　萌　叶长青　胡　娟　郭芒芒　刘明明
刘　叠　孙　毅　李　昂　苏　仙　张阳阳　张　弛
苗林子　贺鹏康　宋依临　赵　凯　郑颖颖　郑建伟
徐　奔　黄炳伟　程法娟　刘黎黎
　　　　　第二临床医学院(16人)
谢　冰　韩冠平　彭显博　张奕杰　张石英　张维涛
李明晖　徐　力　伍　源　赵　灿　高元丰　高彦彦
冯　敏　谢艳迪　王　澍　葛　庆
　　　　　第三临床医学院(14人)
吕会斌　韩芸峰　车树楠　张莉萍　张　娜　李　彦
廖文峰　邓　凯　李　影　曹永星　张颖健　王　军
陶立元　蒋丽潇
　　　　　　口腔医学院(13人)
陈　晨　张　晓　郭　园　雷　杰　贺文鹏　权俊康
陈启兴　宋广瀛　贾凌飞　王　琳　王芳萍　刘思琦
王赛楠
　　　　　　临床肿瘤学院(10人)
王　兵　仲　佳　吕艳丽　王国栋　刘懿萱　孙　佳
李思明　李小凡　吕　昂　李少雷
　　　　　　精神卫生研究所(4人)
马晓燕　廖金敏　肖静波　高兵玲
　　　　　　第四临床医学院(1人)
李　萌
　　　　　　第五临床医学院(2人)
张海洋　禹松林
　　　　　　第九临床医学院(3人)
崔湑夏　张雁凯　刘新志
　　　　　　地坛医院(1人)
董金玲
　　　　　中日友好临床医学院(1人)
熊有毅
　　　　　航天临床医学院(1人)
霍文君
　　　　　首都儿科研究所(1人)
马晓林
　　深圳北京大学香港科技大学医学中心(2人)
刁瑞英　严　瑾
　　　　　　解放军306医院(1人)
温天杨

　　　　　　解放军302医院(1人)
曾庆磊

校级优秀学生干部(97人)

　　　　　　数学科学学院(2人)
赵国宇　杨功荣
　　　　　　工学院(2人)
王绍鑫　孙　坚
　　　　　　物理学院(4人)
张　玥　王一出　刘永富　徐广伟
　　　　　地球与空间科学学院(2人)
杨文涛　朱梅倩
　　　　　信息科学技术学院(4人)
郭佳奇　刘晶晶　刘一会　陆顾婧
　　　　　化学与分子工程学院(2人)
李天祥　雷　震
　　　　　　生命科学学院(2人)
石　泗　任庆鹏
　　　　　城市与环境学院(2人)
刘禹君　张　雪　方晓晖
　　　　　环境科学与工程学院(2人)
黄贤睿　叶俊辉
　　　　　　心理学系(2人)
王　哲　王秋鸿
　　　　　中国语言文学系(2人)
樊桔贝　荣文汉
　　　　　　历史学系(2人)
贺梦晨　许翔云
　　　　　考古文博学院(2人)
王小溪　张　洁
　　　　　　哲学系(2人)
李　震　赵　悦
　　　　　国际关系学院(2人)
周衍冰　杨品杰
　　　　　　经济学院(3人)
张　俏　陈　刚　李　铄
　　　　　光华管理学院(4人)
戴　威　潘　援　郝　阳　唐国桥
　　　　　　法学院(5人)
韩瑶瑶　李　明　胡　超　谢慧君　张庆洋
　　　　　　信息管理系(2人)
赵玉现　孔少华
　　　　　　社会学系(2人)
张雨晴　吴长青

政府管理学院(3人)
赵培强　伍优政　李亚薇

外国语学院(3人)
杜周安安　　杨亚晨　贾岩

马克思主义学院(1人)
张凯

艺术学院(2人)
郭晓菲　陈希

新闻与传播学院(2人)
姜波　沈叶

元培学院(2人)
高瑛泽　贺天

对外汉语教育学院(1人)
白玉

国家发展研究院(1人)
户德月

教育学院(1人)
刘钊

分子医学研究所(1人)
胡美钦

软件与微电子学院(2人)
张西晴　姜楠

深圳研究生院(2人)
蓝佳佳　刘星

前沿交叉学科研究院(1人)
王颖

医学预科(2人)
王丹　李润润

医学部本科生系统

基础医学院(2人)
刘心怡　王颢

药学院(1人)
陈显慧

公共卫生学院(1人)
李晴雨

护理学院(1人)
杨博杰

公共教学部(1人)
胡万亨

第一临床医学院(2人)
于丰源　刘鹭

第二临床医学院(1人)
彭媛

第三临床医学院(1人)
李轶雯

第四临床医学院(1人)
丛端端

第五临床医学院(1人)
张大磊

口腔医学院(1人)
温泉

医学部研究生系统

基础医学院(1人)
刘忱

药学院(1人)
陈哲

公共卫生学院(1人)
付知雨

第一临床医学院(1人)
刘京

第二临床医学院(1人)
娄志远

第三临床医学院(1人)
刘振龙

口腔医学院(1人)
迟晓培

临床肿瘤学院(1人)
叶春祥

航天临床医学院(1人)
荆伟龙

学习优秀奖(1273人)

数学科学学院(38人)
韩京俊　金陟　卢焕然　毕楠　韩劼群　李泽喆
欧阳云泊　　陈天珩　邹佛灵　舒睿文　钟逸岭
黄向屹　黄山筱　肖一君　范睿托　耿志远　孔嘉
赵禹　陆宇豪　邸睿达　罗鹏　富千里　任洁
卢星　孟歆　杨帅　刘海洋　柏升　张楠
董妍　刘熙　王晓星　郑嘉寅　蔡振宁　戴嵩
李禄俊　江云胜　郑直

工学院(28人)
纪炘烨　李小乖　沈欢　张东焜　胡喆　李颖
刘颖　黄逸凡　刘谦益　李海东　戴鹏　陈立洋
王恒杰　王雪刚　石昌盛　张明轩　董润莎　王琦峰
刘冬冬　吕鹏宇　陈保君　李楠　张锐　赵阳阳
刘永芳　韩梦瑶　谢浩　秦欢欢

物理学院(65人)

严引　张功球　陈骁　曹阳　秦伟伦　束加沛
曾泽生　李明峰　翟渊坤　李晶　张跃伟　王志远
崔治权　张欣　张帅宁　李巍　盛典　王大涛
曹传午　钟顶　王习　丛麟骁　彭小磊　孙晋茹
刘春骁　刘宏超　胡笛南　徐放　史可鉴　王天乐
蔡淙　李新然　贾司瑶　周洪彬　李源　简悦
刘坤　贺娟　包燕军　涂小林　朱彤　周超然
宋锋焰　马力　时俪洋　胡地　徐志庆　李贝贝
姚德良　徐强　陈学刚　付学文　李云　张从尧
赵拿菲　陈启博　刘永椿　张晖　梁午阳　文超
刘逸清　于慧珍　黄龄　冯乾　范潇

地球与空间科学学院(32人)

周艺芝　董佳慧　刘鹰　陈艳　郑萌萌　刘嘉辉
刘鹏　陈兴燃　张云帆　周基明　黄丽晶　吴红红
胡志峰　黄立博　吕丹　鄢雪龙　李元琛　熊思婷
王陆新　余萍　王桥　徐光晶　王玲　万玮
马燕　刘川江　陈理　周钊　周明辉　李可
张磊　俞红玉

信息科学技术学院(96人)

姚舒扬　杜娇　宋岳　安玮琪　郑阳　谈仲纬
马啸宇　王翔　高翔宇　王仲禹　刘志清　李佩
祝锋　乔宇澄　徐泽骅　王维侬　白洋　王雨
李翔　姚畅　冯恺骏　林海南　张泽亚　严松柏
喻韵璇　邱罡　贡献　丁欣可　乔子健　阮恒心
申天纬　杨江申　黄柱彬　张开伟　李宇琦　朱纪乐
张哲炜　刘畅　沈戈晖　姜萌　王一博　钟舫
朱嘉栩　姚超　赵一博　李海桐　张瑶林　林琛
乐天　崔雯雯　繆雨壮　王万红　杨康德　宗露
何辰章　李树节　李文杰　朱元昊　陈茜　祁茜茜
赵伊秋　黄益超　孔菁　薛瑞　张昕　廖凯
杨振　马骁　贺彬彬　杨扬　赵婧好　陈科吉
张献涛　赵树娟　周夏冰　王平　王诗淇　许婷婷
朱韫晖　霍强　周超　李冬晨　李辰　李俊晖
王鹏　詹杭龙　欧高炎　苗高杉　王洋　李辰
吴腾　王冠男　张宇识　左君　汪佳逸　武义涵

化学与分子工程学院(35人)

朱如意　王朝　王宇豪　戴晶鑫　马晓申　王龙
王珏　张鑫雨　孟赫　王传杰　刘帅　郭庆云
刘臻　李乙鑫　史含清　洪欣颖　滕明俊　高阳
郑彀　舒志斌　李珉　罗达　屈伟　李子龙
张琪凯　刘鑫　王欣　吴沣　陈洒　顾菁
胡墨　马志勇　于潇　王春丽　翁瑞

生命科学学院(36人)

陈骏　刘骥　隆例江秦萧　高远　孙芮
杨麓　冯艺　刘锦檀　邢文敏　刘彤历　许轲
陈鹿鸣　郑旭辉　蒋陈焜　李哲　臧维成　杨津
王世威　董其平　靳进朴　邓诏轩　刘旖璇　王聪
李辉辉　张博言　李萌　胡斌　柳皋隽　郑鹏里
薛昶　宗乐　周海宁　王睿　任合　余家钰

城市与环境学院(35人)

董颖　甘霖　李雅妮　卜俊骁　谢涵　邹林佚
马嘉文　张穆　王斌喆　张亦培　宋戈　袁钰莹
李上　张祎　王清卿　吴颖　胡子龙　孙建宁
汪宜龙　边雪　邱凤钺　赵可　严宽　檀文炳
邓冬松　张婷婷　李品　张岩岩　侯琳琳　曹敏政
赵烽君　张梅　刘伟国　李昭　李琰

环境科学与工程学院(11人)

周梦怡　郝艳颖　姜一晨　于晓雯　胡松禾　李玉照
廖静秋　王巍淇　闫美霖　彭剑飞　杨海燕

心理学系(12人)

孟天骄　余天心　王广谦　潘歆乐　石玉生　林靖
房志永　乔灵思　谢子龙　张砚雨　王皓　张媛

中国语言文学系(37人)

张卉　陆沁诗　许若文　赵雅娇　李玉长　闫蕎骐
杜雪　高思　刘怡君　张畅　李雪菲　程梦稷
李凌云　殷婉莹　张一帆　仝十一妹　　朱姗
朱基钗　李裕洋　李卓琳　李远达　薛静　朱俞默
刘菲晖　高海燕　范晶晶　罗旻　梁慧婧　崔晓红
张文　谢安安　陈新榜　侯晓晨　孙海燕　邵琛欣
蔡郁婉　王坤宇

历史学系(21人)

庄仕琪　张子悦　张辞修　栾颖新　孙闻博　郑宪
钱栖榕　闫建飞　刘梦佳　诸颖超　王睿恒　罗帅
王丹　肖乃铖　王华礼　张绍飞　冯立冰　李坤睿
曲柄睿　张卫忠　易丙兰

考古文博学院(9人)

邓婉文　黄莹　李楠　卢一　王佳月　张林
冀洛源　徐华烽　范佳翎

哲学系(17人)

秦晋楠　周世愚　彭宇航　程高超　郭小瑜　刘畅
刘娜　李延军　赵晋　任劭婷　田丰　孙雨辰
蒋薇　谷继明　李海燕　郑华　王博

国际关系学院(40人)

郑李　王疆婷　徐鹏　寺山学　李丽　郑多训
刘斌　颜铨颖　范旸沐　张廷丽　田隆斌　周冰鸿
陈一谔　龚信傑　吕超鸿　肖琳　白佩佳　刘冠甫
荆宗杰　金始煐　朱铁成　赵同慧　蒋雅茜　蔡佳伶
周玫琳　林怡慧　宋建含　梁筱璇　于美哲　史迪雯
刘乔　萧尧　吕秋月　陈琦斐　吴婷　冷慧宁
傅翰文　罗勉　戴帼君　杨珺

经济学院(42人)

李明曦	戴若尘	韩佳伟	唐琦	章晓婷	朱千帆
莫太平	詹惠舒	蔡志伟	闫欣	刘子琪	高庆昆
任静仪	仇文竹	顾晓琦	东文山	何蒙悦	但堂华
周斌	唐裕昕	黄海伦	程杨	朱健林	李学林
浦隽瑾	陈正勋	陈明熙	姜宁馨	何洋	李思婕
张天涯	李然	张婷	霍达	逯金才	孙爽
李晨晨	邓凯馨	赵娜	邱牧远	孟昕	谢丽平

光华管理学院(39人)

李昶	洪莉莎	任泽宇	李怡然	夏雨晗	沈宇豪
刘学良	谢可夫	苏鑫	杨法皓	何川洋	洪欣格
李露霖	于越	梁昊	向昊天	陈英浩	梁雅
吴确	蔡金旭	李嘉缘	陈晨	金子琳	贺竞萱
董晶	程子涵	池翔	李东	王怡然	王伟
詹川	赵甲东	高燕侠	丁瑛	王会娟	马晓白
张玉龙	李宏泰	王现彪			

法学院(76人)

张弛驰	李奎	梁洁艳	陈少珠	齐伟聪	孙弘儒
张立翘	马可彤童		何爽	李兆俊	郑嘉娴
陈晓航	胡瑞琪	陈虹州	黄曼兮	张露露	李昕妍
邵明潇	严学安	邹运	吴良健	黄超	侯卓
宫政	邢同荣	陈利娟	王希真	邓振华	朱琳
陶倩	欧万辉	金晓芸	周嫚	赵凯	梁剑
刘茵茵	杨婧	王伟	苏子汀	孙兆凯	张璁
尹航	恽徐丽	王志	周晓霞	杨天江	苗志江
赵运恒	李婉笛	石佳霖	金哲楠	孙红杰	张晓宇
王攀	孙天驰	闫若铭	贾雪	王林婷	韩莉
陈祖贤	林一帆	周洁娴	余敏	徐先锋	冯世杰
刘恩彤	王宇	徐源	王喆	刘权	朱新林
劳佳琦	韩啸	李世阳	朱冬	康玉梅	

信息管理系(7人)

赵菀莼	陈煜佳	于洁	武娇	徐蒙	朱爱菊
孙璐					

社会学系(16人)

高婧妍	李晓慧	刘雨甲	黄静	敖盼	刘蕊
酉梦婷	苏仲涛	赵晓航	董芃芃	许琪	李炜
姜艳	王倩茹	范钟秀	王鑫雨		

政府管理学院(25人)

王洋洋	窦新竹	许牧南	王帅	赵胥邑	马柯
杨舟	侯泽明	程斯	陈晓白	薛有为	冷笑非
高波	徐宏	范锡敏	唐军旗	麦瑞丹	孟天广
项治	姜佳英	戴木茅	达丽达	李玉生	林雪霏
卢文超					

外国语学院(39人)

张兴艺	吴一南	李子夏	吴梦云	范文艺	梁方舟
裘宇飞	王一苇	张雯怡	姜一秀	高忆晨	吉竞

张伊伊	徐如梦	尚英南	董斌	金姗	侯鑫
施文嘉	徐月	张译丹	余小翠	耿炎	郝晓彤
沈逸鸣	袁雨航	李宇婷	王腾	曹德荣	王丽婷
程羊	刘磊	姜婧	乔芊	陈若君	刘璐
陈亚萍	陈洪学	宋文静			

马克思主义学院(4人)

杨慧林	何宝峰	吕红霞	刘小畅

艺术学院(8人)

胡宁	高静静	王婧思	蒋方亭	徐之波	高原
吴燕武	赵路				

新闻与传播学院(15人)

钟雯馨	刘思毅	张啸	岳汀	宋子节	刘伊能
黄子健	李海雁	余萧桓	王言言	李凤娟	崔凯
蔡玉沛	孙美玲	叶黐明			

元培学院(28人)

王舒	李文静	王越	邹婷湘	代云	熊婉茹
刘萍	李靖	宋东青	宣宜昊	桂正卿	陈富春
周思齐	罗谦	卢思达	张凌泽	顾思蒋	陈少闻
谢思佳	杨越欣	李成杨	钱帅	钟泱	施嘉旎
龙卓然	朱超	张帆	张春晓		

人口研究所(2人)

姜桂平	张梦欣

对外汉语教育学院(4人)

常悦	张凌玢	梁清沁	崔亚冰

国家发展研究院(3人)

柳楠	李超	李相梁

教育学院(5人)

李秀晗	郭珍	赖琳娟	刘璟	张恺

分子医学研究所(6人)

刘舒然	侯婷婷	孙璐璐	冯园庆	许可	江倩

体育教研部(1人)

李黄

软件与微电子学院(17人)

曹晔	黄金	薛野	程佳乐	赵原	于达
眭悦	王诗月	刘浩	林阳	胡昆	吴帅
付更生	许胜峰	陈小欧	赵晓玮	王宫	

深圳研究生院(62人)

邵茜	刘宇超	王灿	张凯诚	张燕	林陈瑶
岳国宗	王琰	史新明	郭思尧	卢志远	杨奇桦
马龙	黄水平	温晓玲	王立佳	刘浩	李白露
于伟业	苏珊珊	梁天羽	宋月	童尧	胡辰元
洪文萍	周玥婷	薛娇娇	王家柱	刘实	韩天然
李晓平	李守成	夏玉倩	苏吉婷	黄转娣	林嘉
王君逸	宫礼星	张伟兵	郭少锋	刘幸儿	刘水茵
黄旭蕾	贺蓓	赵健艾	孙禹	谭策恒	赵冰川
林雄斌	马珣	曲琛	郭燠琳	陆瑶	叶维果

刘佺佺　张　悦　李　振　曲重阳　李　昆　赵宇先
俞　昊　杨芳蕊

前沿交叉学科研究院(5人)
尹建波　李　旸　王艺舒　蔡秋娴　李佟清

医学预科(23人)
杨瑾裕　李省辉　李　金　张斐然　孟沛琦　沈琳慧
崔佳宁　孙　哲　姚兰秋　巫凯敏　王亚魁　王　凯
司亚琴　彭意吉　张　卓　任桥宇　林垸斌　任　婕
满春霞　邹　乔　岳梅梅　孔令赫　邢小京

医学部本科生系统

基础医学院(36人)
李　歌　张　丛　梁　令　黄杨佩韦　　　　刘博雅
徐　璐　张　洁　赵　珺　许华敏　李艾为　杨　喆
王　麟　沈　芮　曾　攀　杨春媛　姬　智　袁富文
刘诗颖　王　菲　彭丽颖　吴唯伊　杜仁杰　李志一
杨菁华　刘　爽　胡　洁　胡梦雨　韩侨宇　幸华杰
唐巧思　余　翔　李璐瑶　丁　宇　杨　川　王祎然
陈　霁

药学院(12人)
谢德娟　孙梦舸　马天阳　母光妍　张文嘉　杜　若
孙　婷　郑育奋　戚　希　胡宏祥　朱冰玉　杜莉莉

公共卫生学院(18人)
李　帅　刘莹娟　张钰琪　王冰玉　高娟娟　李　政
王　烁　孙苗苗　张思奇　王　昕　满塞丽麦
李蕾蕾　杨　玲　李　夏　赵利建　冯雪云　金奥铭
成　恩

护理学院(35人)
王　润　石　佳　张　然　果子秋　王　征　崔屹强
李　雪　刁英姿　付佳伟　赵　佳　路　乐　许　晔
娄影楠　崔美玲　李丽霞　张宝平　孔德鑫　王亚楠
张　丹　武　洋　孙海凤　骆　静　杜苏芹　路思雨
陶　冶　程张静　于　奇　李　爽　陈光好　彭育颖
同　飞　于秋晓　张译天　任家林　李柳霖

公共教学部(4人)
宫恩莹　夏国强　张　帅　陈　杰

第一临床医学院(12人)
王　玮　贾　苋　苗儒林　尹彦琪　董　慧　蒋孟茜
黄　艳　佘　康　郑雪怡　吕笑冬　翁浩宇　冯　烨

第二临床医学院(17人)
王师尧　王峻瑶　章亚琼　刘　晴　韩　腾　郅　新
王佳睿　张志丽　陈　姣　刘　睿　迟雨佳　关文龙
李晓雪　李　倩　方　璇　张泽宇　王　畅

第三临床医学院(13人)
董栩然　王红霞　王　宇　金银姬　郭　歌　李　星
赵文奎　颜　野　袁　青　王奥楠　赵　然　刘　蓉
钱予忱

第四临床医学院(4人)
阎　凯　郑博隆　李　燕　张　婧

第五临床医学院(4人)
丁　霞　陈　峰　顿耀军　王冬青

口腔医学院(10人)
杨　柳　孙　玥　付　玉　陈月靖　温馥嘉　曲春娜
谢也斯　渠　薇　梁　田　边士娟

医学部研究生系统

基础医学院(34人)
刘小旦　魏复铮　毛光楣　陈霁晖　苏　文　张　恒
魏　峥　罗　聘　孔金峰　彭　辉　戚雨婷　李潇潇
张　琦　徐恩泉　宋肖邱宁　马俊风　王　跃
李际朝　卢　月　王威仪　刘　炎　张浩琳　刘旭杰
于　娜　裴学莲　宋荣景　徐　巍　肖　娟　杨　丽
刘秀秀　桂　淼　刘玉清　郑丽嫒

药学院(22人)
黄　帅　吴东应　田永亮　王颖峥　吴泽宏　彭　飞
付庆荣　蔡报彬　刘彦君　李夏溪　许泽君　柳盈盈
王洪平　李雅婷　朱仁宗　全　铭　梁静静　高　薇
季双敏　周　绚　梁　艳　唐从辉

公共卫生学院(14人)
顾永恩　林深婷　米　岚　黄　雯　雷　迪　曹望楠
许陆飞　刘铁兵　郑启文　宋　颖　赵云龙　张　莹
张　婷　徐美虹

护理学院(2人)
韩赛丹　朱丽娜

公共教学部(2人)
关立深　刘晓柳

第一临床医学院(21人)
于　歌　安乐美　陈华云　王冰洁　楚伟丽　张　敏
周文娟　王亭亭　杨锦艳　李亮亮　郝　昆　王　培
张寒峭　丁玉静　张　洁　邓文敏　李　娜　宋　迪
张晓英　谷晓广　鱼红亮

第二临床医学院(18人)
安　帅　李　琦　刘振华　张　瑶　李稳霞　高宝荣
黎庆钿　姚　丹　杜　燕　葛　庆　马淑云　刘　晰
左　波　刘冰洁　高福梅　孙青苗　程　湧　黄海艳

第三临床医学院(13人)
梅静静　袁作辉　李　曼　单红花　刘　啸　严小青
鲍　杨　刘亚杰　隋艳玲　赵　娜　孙　云　高江曼
荆立忠

口腔医学院(15人)
何慧莹　刘杉杉　周　洋　方思月　郭　睿　范　琴
李　熠　胥加斌　杨素明　李　爽　于潇楠　李　静

杨广聚　洪瑛瑛　董丽佳
临床肿瘤学院(11人)
宋　倩　王　燕　郑晓辉　王　媛　喻经纬　张婵媛
王玉霞　刘　伟　周怡军　孙志伟　李　慧

精神卫生研究所(5人)
陈雅光　李　洁　齐军慧　王恩聪　张峥嵘

第四临床医学院(1人)
张　蕾

第五临床医学院(2人)
刘　媛　梁思颖

第九临床医学院(3人)
曹世长　李国青　李银娟

中日友好临床医学院(1人)
白倩倩

首都儿科研究所(1人)
李　睿

深圳北京大学香港科技大学医学中心(2人)
张明爽　赵林俊

解放军306医院(1人)
郭　庆

解放军302医院(1人)
陈　珑

社会工作奖(805人)

数学科学学院(28人)
蔡林泉　吴　岳　魏佳林　张鹏浩　付龙杰　王　凯
房　玮　张宇驰　童　涵　范若昕　文　浩　贺少杰
胡鸣鹤　罗华刚　刘乃榕　杨雨田　佟浩功　郭秋含
陈翀尧　杨　懿　罗武林　程　宏　卢天亮　张　伟
王　佩　朱　军　方华英　王　宇

工学院(27人)
孙牧旸　赵庆虎　周戈迪　朱盈盈　李佳智　张　晗
伍嘉祺　王世龙　严　堃　周　皓　赵　磊　黄欣朋
周　琪　崔　宁　贺　扬　欧阳子健　　　　杜华睿
武　丹　王雅婷　康建宏　杨　婧　吴天昊　丁翼晨
王瑛琪　杨　成　于　璐　李阿明

物理学院(32人)
王楚楚　张睿雄　林清源　倪泽伟　丁星宇　马千里
王李祺　朱承吉　杜啸宇　张沛文　李文明　严　煜
梁泽西　袁仁亮　刘　洋　周佩煌　朱逢源　王宏伟
郭　帅　邢美英　范顺飞　涂道广　高光宇　廖秀秀
张　钺　邢　星　郭超群　贾方健　刘锦龙　赵　冲
田正阳　班帅帅

地球与空间科学学院(26人)
李雪文　周彦希　刘家骏　刘　熠　吴　桐　王　也
赵月圆　邱熙蒙　赵静贤　杨泽民　孟庆鹏　张子亚
李瑞彪　王　盟　包慧漪　杨　茜　李怀瑜　崔燕波
王　鑫　王明振　王金梁　王　超　叶久艳　付婉璐
石　雷　陈慧菁

信息科学技术学院(56人)
孟子骞　郝逸洋　杨　楠　张泰之　张炜其　徐　文
王　干　左　源　邱博雅　于　晨　李楚雨
杨撒博雅　　　刘娱婷　马舒蕾　黄　鑫　盛豪杰
邹恺蘅　倪　燎　司尚春　曹　晶　李晨旸　郑峰屹
王　未　任　强　段祎纯　陈逸鹏　满天星　马列飒
辛　超　陆焕铨　敖　朋　石润伯　陆自清　李云洁
杨晓勇　杨　果　凌　莉　张敏林　刘国华　袁　瑷
崔伟龙　王　菁　林　旖　陈相羽　高　昕　贾守卿
王　栋　李　坤　王子南　魏　楠　陈　龙　尹　美
王志钢　王金龙　张龙凯　盖　孟

化学与分子工程学院(36人)
申国华　赵欧狄　刘伯通　李亦伦　郑文山　曲培源
张浩宇　胡竞文　马　骋　黄　超　罗美钰　张冬予
江海源　石　栋　王振德　李昀昊　谭灏诚　史弘略
谭　馨　沈昊明　李佳琪　张韶光　成慧明　纪天容
石玲英　张有为　刘又铭　何晓辉　朱宇峰　吴红伟
赵文博　李　劼　刘艺斌　廖　磊　潘　菲　张振宇

生命科学学院(22人)
吴霄汉　陈　曦　施逸豪　尤　宇　王　欣　龙　颖
李诗涵　赵天昊　刘云啸　席中海　刘　熹　齐　慧
陈　亮　沈美丽　徐　奕　张　俊　林建飞　郭新阳
雷　莹　刘佳峰　许一娜　张金喆

城市与环境学院(20人)
曹　今　包　涵　信　心　王　博　刘　鑫　娄勍勍
刘佳妮　谷月昆　焦　扬　李赫然　黄志基　郝　倩
张才玉　牟雪洁　许　玥　赵嘉佳　鲁超凡　杨绍银
何圮霜　刘天宝

环境科学与工程学院(12人)
范汗青　冯　琳　李　前　李　蕾　廖夏伟　陈　盼
刘　硕　刘晓途　赵怡凡　汪　清　马　涛　雷　立

心理学系(14人)
玉尔麦提江　　高一凡　张宸元　吴雷焱　雷　铭
詹稼毓　李付丹　黄　蔚　叶长春　李智威　吴　琼
尚　哲　乌云高娃　陈雨露

中国语言文学系(33人)
陈文豪　刘　娟　王大鹏　潘柔锦　黄娣佳　饶德孟
李　瑞　齐肇楠　张清莹　王　上　张庆雄　金新星
徐维焱　李　喆　王恺文　罗　浩　陈　乐　张明瑟
李若辰　刘一凡　王　璐　韩维正　韩　达　关思怡

何 欢	王媛媛	单丹丹	林惠彬	王耐刚	杨庭曦
李新良	陈 佳	冯 颖			

历史学系(15人)

武静怡	孙琪松	罗 天	杨 筝	王帅晓	邵琳琳
于天琳	曹茜茜	刘 芳	刘会文	陈 玲	牛丽君
解永春	邹皓丹	梁千里			

考古文博学院(7人)

张巳丁	张保卿	周凯南	冉宏林	任 刚	童 歆
张 锐					

哲学系(20人)

潘 骁	冯慧羚	岳圣豪	石 羚	吕瑞石	赵雅雯
郭 峰	张 通	陶 乐	钟振博	覃诗雅	鲁 锐
武 彦	陈军燕	金秦仙	郑 伟	吴宁宁	李红丽
晋世翔	罗双双				

国际关系学院(24人)

李梦婕	张恒源	尤 思	冯 峥	陈傲寒	张 灵
于 瀛	张光辉	郑方圆	唐雨旋	钱 乙	惠雅莉
周学晨	孟文婷	杨 倩	彭雅竹	陈锦烽	张小庆
赵 桐	胡康琪	卢 敏	李秋平	王靖雯	张 度

经济学院(20人)

吴 憾	杨 鹤	刘丽兵	唐 恒	刘冬雪	周大炜
熊 磊	郑煦之	谢禹韬	郭宇宸	辛梓括	孔新雅
吴雨坤	辛 星	危 然	胡欣欣	刘洁纯	王 琳
赵廷辰	覃明杰				

光华管理学院(38人)

付雪晴	曹笑阅	夏子斌	韩 涛	贾艺凡	叶思雨
张晓琳	孙菁泽	陈 哲	李 铖	覃 翔	傅 蕾
孙诗皓	俞 悦	于 超	谢旭璋	贾 巍	董骄阳
王逸男	杨 帆	关海英	晋睿智	夏 斐	曲婧佳
王 琳	赵姣姣	孙丽思	黄天潇	李 默	李金荣
张振家	冯 雨	Diana Mak		马 丁	张 路
赵欣娜	程宇丹	张曦如			

法学院(39人)

王培培	齐 乐	杨 玲	张冠驰	宋雨薇	潘驿炜
罗 菁	冯泰来	赵 安	杨 瑜	杜一凡	赵育才
王冰山	郭一杰	何扶昇	刘馨阳	聂勇键	梁林楚
张云龙	张占林	龚冰冰	李文曾	刘灿华	张 明
贾润东	李彦恺	曾 晖	申筱然	施剑云	温建康
孙嘉珣	秦嘉毅	刘祥明	黄 龙	龚梅力	周子越
张祎顿	戴天慧	仲启群			

信息管理系(12人)

于文静	张 磊	程 昕	冷 玥	瞿 绮	吴素平
张 璐	朱肇学	李志强	许美静	刘丽芝	王念祖

社会学系(11人)

郑力璇	罗杨星辰		卢 凯	万 青	周 颖
孙鲁香	卢 云	何 宁	徐仙萍	刘宏涛	庞子钰

政府管理学院(17人)

王鸣曦	王 达	运安琦	阚明玥	范若曦	赵 越
臧天宇	李春晓	邓永辉	陈逸群	袁翊珊	周武良
王 朔	吴爱芝	兰 捷	马 杰	黄敬理	

外国语学院(31人)

吴 扬	刘晓伟	郁子成	杨笑琪	张世哲	陈笑生
张 妍	范宇亮	李胜威	王荣凯	潘瑞莲	蔺紫鸥
文琦珺	刘庆龙	林一鸣	李心怡	曾穗生	李美子
曹 腾	张一凡	吕 行	朱玲玲	黄 蓉	刘 静
陈 希	吴舒琦	张天怡	霍 然	高玉乾	郭金石
李 盛					

马克思主义学院(3人)

李晓露	贺 庆	杨 菁

艺术学院(8人)

郭莉莉	宋 骞	李诗语	王一楠	王捷宇	王 晶
李 超	陈 瑶				

新闻与传播学院(20人)

黄萧玮	涂鹏程	卓 晗	王婧琦	邹圳超	金 辰
谢连英	游 牧	刘钰迪	张 欣	高 雷	妮 妮
陈诗梦	林国榆	池 煜	徐 溶	张红梅	顾京军
柳 旭	冯少杰				

元培学院(19人)

唐秋韵	刘征瀛	李 琦	陈 耕	陈 洁	庹惠铭
鲍 泓	吴思渊	陈梦蕾	李亚诗	徐涵剑	陈安祥
韵 潇	耿其尊	田 聘	杨雨成	郭子腾	姜舒文
陈 鹏					

人口研究所(2人)

周 爽	程昭雯

对外汉语教育学院(8人)

杨宏业	谢敏灵	贺玲玲	郭 鹍	夏名仪	郝俊茹
宋鹏程	陆方喆				

国家发展研究院(7人)

胡李鹏	杨继伟	张 欣	牛梦琦	谢 专	刘利科
李安宁					

教育学院(4人)

郭 晨	仇双武	王钟贤	张宸珲

软件与微电子学院(19人)

余 俊	施雯嘉	周 婷	蒋 辰	赖爱琴	周 详
温 玲	杨 雪	徐 雪	魏 瑞	贺小令	黎韬扬
涂展鹏	姚 立	李昕昕	胡 凯	张宗硕	雷 迅
赵 威					

深圳研究生院(68人)

刘 文	杨 炜	李鹏松	谢旦杏	陈 驰	高晓敏
赵 帅	罗 璇	陈杰安	麦文隽	王曦溪	白文亮
张晓刚	徐 丽	韦祉含	马 吉	李星海	徐智勇
杨 雪	韩楚楚	张旭辉	赵 引	孙 林	陈思燕

李林营	杨 枫	王美君	管明春	王 鹏	高 伟
王少南	李文军	张庆舟	张 云	王 鹏	王玉国
刘轩宇	龚 钊	陈 飞	卢 丹	陈朋宇	于三雅
沈若琳	徐 进	吴 娱	倪 华	林晓伟	陈曼如
章颖博	刘娅岚	李 直	董文欣	安丰沛	张劲虎
苗 森	李世军	秦大洲	李 冰	徐祖怡	孙楚原
张末冬	王佳鑫	杨 瑞	永 辉	杨季超	徐瑶琦
蒋海飞	胡 嫄				

前沿交叉学科研究院(5人)

杨 萌　任晓庆　高东亮　林源为　王 瑀

医学预科(10人)

| 杨子逸 | 李芷晴 | 刘若曦 | 林曼欣 | 司 高 | 林楚童 |
| 李雪晨 | 金冠一 | 比丽克孜 | | 郭 磊 | |

医学部本科生系统

基础医学院(18人)

项颂雨	冯标琪	原 帅	高翠歌	柳 英	蔡洁珠
姬超岳	白 赞	梁之桥	郭斯翊	令狐丹丹	
胡臻娴	李建坤	钟文龙	聂 丹	王秋典	张天翼
黄 榕					

药学院(19人)

尹大伟	刘建梅	王计明	赵剑雄	杨 照	林 莉
郝丽娜	何天羽	张晓丹	张 睿	娄新哲	彭 耕
邓飞阳	李梦月	郑 婷	顾 奕	黄晓敏	魏梦茜
雷冏茜					

公共卫生学院(4人)

马冬梅　李振江　段玉洁　史末也

护理学院(1人)

刘正阳

公共教学部(3人)

徐明明　奇 巍　刘国臻

第一临床医学院(10人)

| 张 晶 | 马永簌 | 张晓琳 | 李 薇 | 张思宇 | 周星彤 |
| 孙静茹 | 胡攀攀 | 王益勤 | 张慧婧 | | |

第二临床医学院(4人)

郭海江　张晓晓　吴 旭　吴玉婷

第三临床医学院(6人)

薛 侃　陈 洁　侯云飞　梁 靓　蒋子涵　何婉毓

第四临床医学院(3人)

王 含　吕蓓妮　马 驰

第五临床医学院(3人)

李春伟　王 子　孙 灿

口腔医学院(5人)

陈 虎　罗 强　刘福良　张 路　李雨舟

医学部研究生系统

药学院(2人)

宁 颖　薛敬一

公共卫生学院(4人)

郭帅军　李卓婷　陶斯宇　吴超群

第一临床医学院(4人)

刘青艳　李 浩　雷洪恩　程元甲

第三临床医学院(3人)

王志彬　邢晓颖　马元良

地坛医院(1人)

纪世博

中日友好临床医学院(1人)

赵 扬

航天临床医学院(1人)

刘晶晶

红楼艺术奖(32人)

城市与环境学院(1人)

郑超群

法学院(2人)

傅杜阳希　李松晓

社会学系(2人)

唐伊豆　裴欣竹

新闻与传播学院(5人)

吴思凡　陈佳慧　刘 晶　靳子玄　王丝丝

软件与微电子学院(12人)

| 朱凌飞 | 彭亚希 | 李博尊 | 张人欢 | 高 思 | 许亲亲 |
| 姚维佳 | 刘卉元 | 王 龙 | 邱旭乐 | 王耀彰 | 李 雪 |

医学预科(4人)

黄政翔　王惠仑　尹 露　蔡雨润

医学部本科生系统

护理学院(1人)

井 鑫

第二临床医学院(1人)

王捷夫

第三临床医学院(4人)

万苡辰　张 沫　江晓丹　曹雅晶

五四体育奖(16人)

社会学系(1人)

韦晓丹

新闻与传播学院(2人)
雷声　胡译丹

软件与微电子学院(7人)
邹杰　李波　关堂鹏　朱江　陈剑　李汉楠　周洋

医学预科(6人)
郑茜宁　白铭宇　杨一峰　黄超　傅洪哲　赵昕毓

创新奖

一、学术类(189人,2个团队)

数学科学学院(3人)
朱红梅　韦东奕　卢嘉瑞

工学院(23人)
周健　张又升　张函槊　杨策　师恩政　张春燕
邢瑞君　杨萌　周蕊　张鲁辉　阚敏　杨君宇
郝洋　烟征　李睿　李鹏飞　伍梓　李晓天
梅振锋　余靓　周浩　陈林　马琪

物理学院(13人)
刘鸿　何丽　王伟　王健　张艺宝　龙浩
金伟峰　王欢　马楠　陈静　王珞珈　杨云波
王一男

地球与空间科学学院(9人)
康朝贵　王新　杜瑾雪　尧中华　周印章　吴也
刘亮　施力　史晓菲

信息科学技术学院(4人)
姚俊杰　李振华(09博)　杨易　安传恺

化学与分子工程学院(14人)
高腾　蔡欣　吕志彬　夏莹　王杨　徐伟高
林木　敬静　常翠兰　何珊　吴红伟　陈昊
刘赟　侯绍聪

生命科学学院(3人)
黎荣昌　施慧　洪森炼

城市与环境学院(7人)
王戎　耿燕　刘小鹏　郭笑盈　吴伟超　潘雅婧
熊忻恺

分子医学研究所(3人)
黄渊余　黄章泷　杨峰

深圳研究生院(7人)
蔡顺有　杨云芳　何洁　陈璐　廖聪维　刘驰
丁超

前沿交叉学科研究院(3人)
杨雷静　赖彬彬　司光伟

环境科学与工程学院(10人)
申芳霞　黄昕　黄德生　方雪坤　岳遥　武艳
张轩瑞　直伟　陈琦　张来

心理学系(1人)
何东军

历史学系(5人)
孙闻博　罗帅　曲柄睿　王倩　谭学超

哲学系(1人)
张曦

光华管理学院(8人)
常晋源　秦昕　蒋子熹　张翠莲　陈彧西　乔坤元
刘轶群　成佳蕾

法学院(9人)
肖京　曹旭东　陈坤　陈磊　张东　高俊杰
吴义龙　郭晶　俞祺

信息管理系(2人)
冯佳　黄红华

中国语言文学系(5人)
李松睿　王尧　陈冠豪　姜仁涛　林静

政府管理学院(2人)
臧雷振　杨守涛

外国语学院(1人)
蔡枫

马克思主义学院(1人)
杨文

对外汉语教育学院(1人)
赵明

社会学系(1人)
黄匡时

考古文博学院(2人)
滕飞　孙沛阳

经济学院(2人)
陈博凯　何映天

新闻与传播学院(1人)
冯慧文

医学部本科系统(7人)
劳智奇　杨洋　毕海　郭飞　杨松　刘洋
刘少强

医学部研究生系统(41人)
罗宜孝　王珊珊　刘子懿　王维斌　周静怡　杜贻鹏
吴军舟　刘雯　刘佳　张淳　秦冲　陈锋
杨琳　边莎　宋艳双　田君　黄婧　叶芳
范彪　吕萌　魏蕊　金海强　苟慎菊　梁燕
郝健　王凤梅　周绍楠　雷杰　白琼　贾茹
孙晓丽　赵志霞　李彦　陈倩倩　赵娜　杨晓花

王 军　高娟娟　张杰铌　吴 琦　郭玉兴
　　　　学术创新团队(2个)
大学生数学竞赛团队　数学建模竞赛团队

二、体育类(6人,1个团队)

王惠琴　常鹏本　赵 鑫　方梦琦　宋璐璐　孙 骥
北京大学女子篮球队

三、文艺类(1个团队)

北京大学合唱团

四、社会活动类(1人,2个团队)

陈亚希
北京大学中乐学社
"你好·营养"团队

2011—2012年度奖学金名单

廖凯原奖学金

数学科学学院
徐 泽　王中宇　魏晔翔　蔡振宁

工学院
周 健

物理学院
管紫轩　张玉苗　孔令剑　马力克　吕 博　刘 鸿
孙兆茹

化学与分子工程学院
金 亮　程 昳　刘恒瑞　肖先金　何 珊　徐伟高

生命科学学院
陈智敏　冯 晖　黎荣昌

地球与空间科学学院
杨永飞

城市与环境学院
唐辉栋　王 祺　周 敏

心理学系
宋轶凡　何东军

软件与微电子学院
梁 微

新闻与传播学院
肖 轶　何 威　钱一彬　仲昭戎　赵亦楠
吴红毓然

中国语言文学系
李玉长　李 瑞　樊桔贝　王柯月　马娇娇　张静芬
赵 昱　曹德超　徐奉先　蒋仁正

历史学系
吴淑敏　张文怡　孙闻博　谭 皓

考古文博学院
何月馨　谢西营

哲学系
周世愚　刘 沁　汪笑男　秦晋楠　曾 馨　冯仁可
黄杨荔　彭 民　孟雨桐　余 洲　赵新侃　任劭婷
刘 环　释圣玄　王玉彬　赵 震　李海燕　雷爱民
秦一男

国际关系学院
罗 芳　迟 琳　李秋平　赵雅雯　赵同慧　蒋雅茜
吕孝辰　谷 宁

经济学院
郭 兴　杨 旭　王 磊　赵曦瑶　吴 泓　黄子威
刘 菲　戴 革　卢绮婷　詹惠舒　房 誉　吕 麒
王朝麒　马玉洁　程 驰　任静仪　仇文竹　韩丽媛
王耀东　刘子琪　顾晓琦　徐博立　张月月　东文山
何蒙悦　但堂华　周 斌　唐裕昕　黄海伦　蔡志伟
程 超　陈路漫　黄亦妙　逯金才　马骁骁　孙 爽
王峭茜　肖迎春　曾蔚萍　霍 达　赵 娜　何 健
李 丹　许蓉蓉　易芬琳　卜凡婕　卜晓雯　邓凯馨
丁雅坤　段 誉　桓雅琦　李辰遥　李晨晨　李 垚
刘 畅　刘笑黎　曲秋颖　吴越凡　许陈杰　赵廷辰

光华管理学院
常晋源

法学院
梁慧琳　王 尹　刘艺娜　朱 侃　康玮星　张亚菲
涂婧羚　徐骁睿　马学婵　马梦芸　李思佳　张 敏
马可彤童　于雪辰　张 萱　董家成　王晨一
何于彬　王 璇　杨翼飞　陈虹州　徐 成　刘之忻
肖荻菲　寇梦晨　肖政兴　余路漫　邱遥堃　曾 理
胡瑞琪　黄 韬　李 宣　梁 桑　卢羽睿　王 帆
王 茜　谢慧君　许星遥　张佳俊　张 炎　杨伟竹

李　燕	吕玉梅	余　峰	程婷婷	刘思佳	刘　洋
卢龙婕	陆　佳	孙　伟	唐　颖	原　宁	张雅霖
张钰鑫	陈　坤	何锦前	郭世杰	牟绿叶	高俊杰
张　东					

信息管理系

云梦妍	刘　通

社会学系

李隆虎

政府管理学院

武曒辉	张赫扬	孟茹玉	王安琪	揭懋汕	王怀乐
蒋秀恒	黄　宁	张梦梦	王玉潇	肖　遥	王　璇
张　皎	邓祎顿	武沐瑶	李艺宸	刘　青	侯　韵
姚璐薇	何明帅	陈楚仪	陈晓茵	王　菁	李圣晓
姚子玄	刘雪莲	宁　晶	陈星月	王茂林	萧　箫
祝欢欢	付震宇	孙宇锋	惠长虹	倪龙军	张子晔
薛秀丽	晏国雄	李伯阳	黄敬理	刘懿冰	路　娜
汪远航	朱虹璇	刘　洋	吴爱芝	杨　平	叶亚芝
李俊轶	劳　昕	黄　晗	马　洁	杨腾原	步星辉
李景华	陈纪稳	杨鸣宇	胡微微	吴新辉	李　乐

外国语学院

王清雨	喇奕琳	陈嘉瑜	徐　涵	冯　时	赵薇薇
孙晓静	贾　岩				

马克思主义学院

赵玉娴	汪　漭

艺术学院

郭莉莉	夏瑞晨	解　明	刘跃兵

对外汉语教育学院

李明珠	赵　明

元培学院

吴　琼	龚南博	王子豪	代　莹	胥振阳	盛　浩

深圳研究生院

郑传续	王　腾

信息科学技术学院

黄智鹏	安雨龙	单栋栋

国家发展研究院

边文龙

教育学院

张优良	杨素红

环境科学与工程学院

万　瑞

分子医学研究所

张小玉

前沿交叉学科研究院

杨雷静

人口研究所

林　婷

医学部

胡英杰	孔令赫	张　颖	魏　巍	陈　镕

中石化英才奖学金

地球与空间科学学院

史晓菲	王成祖	李嘉琪	范思腾	刘思叶	王思程
贾　科					

工学院

陈　林

城市与环境学院

李彤超

物理学院

袁乃明

中国石油奖学金

化学与分子工程学院

马晓申	蓝光旭

地球与空间科学学院

谢沐禾	周志豪	王晓先

国际关系学院

李沛璘	周衍冰

信息科学技术学院

薛　萍	田树一

环境科学与工程学院

陈　源

工学院

李鹏飞	张　翼

张炳熹奖学金

地球与空间科学学院

方俊钦

张昀奖学金

地球与空间科学学院

熊聪慧

生命科学学院

韩舒婷	李韩牧云	韩　娟	刘轶群

西南联大国采奖学金

国际关系学院

李芳芳

光华管理学院
周　维　袁振超
经济学院
周正卿　马　岚

章文晋奖学金
物理学院
王智鑫　孙风潇
化学与分子工程学院
韩　琦　苏　祺
新闻与传播学院
刘凡子　张筱雯
历史学系
王华礼　邵璐璐　郑燕燕　曲柄睿
国际关系学院
梁筱璇　林怡慧　董伟国　蔡佳伶
外国语学院
金美玲　高文丽　沈玉婵　刘娴真
元培学院
马越原　陈逸伦

休斯顿校友会奖学金
地球与空间科学学院
杨　柳　张申健
新闻与传播学院
李　菡　邬幸岑
元培学院
吴剑书　肖美琳
信息科学技术学院
张　成　邓叶昕
医学部
王　皓　任桥宇

西南联大曾荣森奖学金
化学与分子工程学院
王春浩　王　荣

西南联大吴惟诚奖学金
政府管理学院
张　权

益海嘉里奖学金
生命科学学院
黄　榕　赵诗杰　范逸临　夏思杨　王茵之
经济学院
周　娜　王绍达　张博骁　陈光颖　李　晗
光华管理学院
林雪婷　李　响　熊　乔　秦程程　方　铭
信息科学技术学院
陈云帆　吴俊东　杨建波　李长松　赵明民
工学院
吕　嘉　刘　颖　郑方毅　李　程　张天汉
环境科学与工程学院
杨骏楠　黄贤睿　龙显灵　冯　韬　郭　诚

西南联大奖学金
数学科学学院
李　超　李欣然
化学与分子工程学院
严佳骏　叶洪舟
物理学院
肖　虓
中国语言文学系
姜雯雯
历史学系
章　涛
哲学系
沈仲凯

钟天心奖学金
历史学系
李婷君　顾　韬
外国语学院
廖崧渊　李亚雯

周昭庭奖学金
艺术学院
秦一然
外国语学院
邹　舒

杨芙清—王阳元院士奖学金

软件与微电子学院
李康康　王诗月

中国语言文学系
冯　龙　郭艳瑜　韦胤宗　薛　静

信息科学技术学院
陈　卓　刘芳璐　谢　杰　卢思颖　尹雪帆

工学院
曾军胜　杜汇丰　刘馨月

环境科学与工程学院
王　岩　范汗青　刘巧玲　张轩瑞

哲学系
赵金刚　卞军伟　吴莉琳　郑兴中　顾超一

生命科学学院
刘诗璇　慕　童

城市与环境学院
熊忻恺　徐隐吟　秦　宁　万　岱　李　典　李川川
张　萌

元培学院
邱紫薇

曾宪梓奖学金

数学科学学院
周　越　蔡林泉　胡一鸣

物理学院
严　引　房智轩　林清源　吕　鹏　白文若　邓　欣

工学院
王志峰

化学与分子工程学院
王宇豪　许　言

生命科学学院
李争达

地球与空间科学学院
刘博达　李　明　戴宇豪

信息科学技术学院
张耘昊　李　佩　王泽瑞　张清翔　刘　琦　褚　海

城市与环境学院
李愚非　孔　卉　沈肇怡

心理学系
张　欢

中国语言文学系
李少博　向灵凤

考古文博学院
王思渝

历史学系
马　倩

哲学系
易　宇

国际关系学院
包亦然

经济学院
闫　欣　徐小明　莫太平

法学院
杨　玲　胡俊英　李　奎

外国语学院
纪　娜　金　姗　李　霞

信息管理系
谷　明

社会学系
邝继浩

光华管理学院
吕志远　刘　娜

艺术学院
胡　宁

新闻与传播学院
曹宇辰　程思炜

元培学院
耿　颖　王子坤

永旺奖学金

数学科学学院
毕　楠　欧阳云泊　易鼎东

物理学院
李　响　黄新徽　杨　坚

心理学系
郎　超

新闻与传播学院
赵舒萌　何　扬　魏　玲

中国语言文学系
殷婉莹　李凌云　林悠然

哲学系
胡翌霖

国际关系学院
钱　乙　彭晨虹　彭雅竹　叶键懿

经济学院
高庆昆　李学林　陈丹璐

光华管理学院
巩爱博　冯济舸
法学院
张弛驰　李昕妍　刘国乾　段礼乐
信息管理系
张艺山　包心萍
社会学系
苏文扬　刘小天　徐贤达　宗泽伟
外国语学院
李雪瑶　田　怡　唐嘉薇
马克思主义学院
王　璐　崔琳璐　汤　乐
艺术学系
张　慧　雍文昂　车　琳
对外汉语教育学院
何其书
信息科学技术学院
叶天扬　刘荔园　刘笑尘
教育学院
郭　珍　张　恺
人口研究所
王　曼　常青松
前沿交叉学科研究院
郝　瑛　吴娟霞　马若男
城市与环境学院
文布帆　谢　磊
分子医学研究所
尚　维

社会育才张令昭奖学金

经济学院
程　凌　黄校艺　袁　佳

住友商事奖学金

数学科学学院
秦一骁　丁之元　范　悦　盛　开　金　陟
物理学院
高　桦　金伟良　陈　煦　肖琳达　胡润杰
化学与分子工程学院
杨　笑　陈泽华　林语秋　赵庆华
生命科学学院
郝思杨　于　宙　刘星晨　臧　潇
地球与空间科学学院
顾燚芸　王天阳

三菱商事国际奖学金

国际关系学院
卢　敏　杨起帆　徐　瑞
光华管理学院
于　越　李笑宇　方　铭　贾婷彦
经济学院
高庆昆　王一鸣　何　洋

中国工商银行奖学金

经济学院
朱千帆　田　晴　李明曦　李馥麟　王思凯　范博伟
王　成　李晓明　张　驰　刘　焰　薛中一　刘　婧
封　帆　任思璇　杜浩然
光华管理学院
于静文　谭世博　沈宇豪　樊　帅　李睿鹏　卢　珊
曾　强　于丹丹　朱　虹　梁　毅　池　翔　余　超
高　明　彭　悦　Rotem Muelle
国家发展研究院
李相梁　谢　专　胡李鹏　游五岳　吕　焱　张牧扬
王碧珺　徐　腾　杨　越　牛梦琦　李　超　包　锋
谭华清　梁中华

五四奖学金

数学科学学院
向圣权　严圣培　舒睿文　张宇驰　钟逸峤　童　涵
武文逸　何　麒　熊世豪　孙卿云　朱瑞禹　吴曼曦
胡　越　谢永嘉　张峰硕　区宇飞　王宇鹏　钱鹏宇
贾颜宁　李哲轩　姜博川　姜清元　李玮玮　姜彦敏
张焱斌　王　伟　杨功荣　张国良　宋　凯　周　江
郎红蕾　李振坤
工学院
张凯强　金兆阳　钟恒森　戈阳祯　林立志　魏　琼
孙　坚　周　乐　张楠林　余　可　潘照亚
杨阳宇尘　刘梾杉　樊苹博　黄欣朋　顾丁炜
刘永芳　于　璐　王宇辉　隋修凯　王瑛琪　吴　杉
李　亮
物理学院
王浩宇　罗　星　黄越飞　周彦栋　章　树　马　铮
胡　旭　纪经纬　张学伟　李欣蔚　陈昱光　殷如廷
肖　聪　陈怡帆　蔡新强　杨　栩　王昆仑　张广鹏
Zha越　胡少冉　杨政权　朱起忠　张　琛　杨彦楠
谢　浩　杨志成　游海波　李文博　马晨耕　罗　睿

| 严 缘 | 付学文 | 李日新 | 周一凡 | 陈思聪 | 段淳若 | 王 佩 | 马婧婧 | 余 苗 | 梅 蔚 | 胡 捷 | |
| 刘哮阳 | 生冀明 | 刘 杰 | 路翠翠 | 叶鑫欣 | 李 珊 | | | | | | |

地球与空间科学学院

杨鹏涛	王 伟	李林林	张 成	吴文娟	李家腾
刘 熠	吴梦羽	朱 递	付 玲	申婷婷	陈 静
唐俊杰	熊文涛	罗旭巍	梁静之	吕 杰	罗迦文
李 滨	巫 飞	李 多			

信息科学技术学院

孙潇雪	吕梦瑜	常 絷	白瞳阳	于昕元	刘 驰
林 舒	李 菁	欧阳伟	余乐乐	李昱良	胡独巍
刘晨昊	田 钊	黎雪骄	刘 正	刘 力	李 多
王 然	王恺悦	龙 云	胡修涵	黄权隆	刘 泉
张 凯	辛 雨	周振宇	范志巍	黄佳丽	罗牧龙
朱晓旻	尹冠皓	张德辉	刘禹希	张宇辉	王心怡
马莉莎	黄 震	刘翔宇	刘竟枢	王错成	许兆鹏
向仁楷	王潇放	章双佑	余晓琦	张 鹏	郑 炜
张 涛	高云鹏	吴幸夏	颜乐驹	余牧溪	李 辉
廖泥乐	管应炳	孟思辰	何海乾	饶俊阳	方跃坚
江小敏	赵 鑫	梁广泰	孙 韬	吕雁飞	赵丹淇
张慧娟	陈宏铭	刘长泽	方 然	朱智源	蒙新泛
郑卫国	史淼晶	李政宇	白梅林	王天宇	黎桐辛
徐 畅	黄睿哲	姚俊杰	盛达魁	王一同	

化学与分子工程学院

张嘉俊	刘文驰	朱如意	吴雨桓	李亦伦	崔也澄
张可天	王瑞琦	谢禳璇	邓 琳	徐重行	范昌瑞
许匡益	邓亦范	许晨曦	王抒扬	郑文山	郑莲君
许 静	牛 林	宋成程	张成森	黄 换	李 鹤
钮 洋	刘 斌	梁 洁	李振东	张西沙	陈其伟
成慧明	王华明				

生命科学学院

范琳琳	何 源	辛 怡	钟 昳	李丹阳	冯慧中
鲍 雨	赵天舒	肖 瑶	陆 天	高海山	罗诗琦
杨永康	孔庆瑶	刘 勇	舒 健	张 俊	钟 声
王舒心	赵 诞				

城市与环境学院

江 红	李梦涵	李 羿	张 禾	健 也	李宁汀
陈培培	张逸昕	王瑀琦	王扬帆	盘 超	熊若轩
高 硕	谭心怡	王 娜	郭永沛	潘雅婧	张 姝
许超诣	李盼盼	文 婧	薛 磊	张小平	张玮璐
张 敏	彭 辉	王 斌	李 静	扬子江	赵砚彬

环境科学与工程学院

| 郑茂盛 | 苏桑桑 | 董宜安 | 李 前 | 李 蕾 | 廖夏伟 |
| 马 源 | 张兆阳 | 原 野 | 张 静 | 何启超 | |

心理学系

| 黄 怡 | 和 悦 | 孙经纬 | 郭渺渺 | 鲁君实 | 周 婷 |
| 彭玉佳 | 马国凤 | 林慧娟 | 杨奕颖 | 姜 靖 | 于 坤 |

中国语言文学系

付泽新	赵君楠	李芸鑫	刘晨智	王诗雨	张亚如
戴辰忱	罗雪晴	吕惠玲	朱佳艺	严旖萍	崔 璨
李 雪	程珊珊	刘雨晨	张梦甜	朱振国	杨子涵
丁文静	杨蕙璇	何 欢	孙 姝	王春茵	刘金元
刘菲晖	李远达	俞昕雯	倪木兰	高笑可	傅 林
姜仁涛	李松睿	王铁军	王 瑶	闫作雷	王婷婷
孙 顺					

历史学系

支 锂	王沁鸥	李 斯	方凯成	庄仕琪	宋天一
杨 博	任文彪	陈业诗	李雷波	王 禹	李振理
赵可馨	李汉符				

考古文博学院

| 刘 婷 | 杨 晨 | 丁 雨 | 陈 玭 | 金连玉 | |

哲学系

黄 迪	李 冀	程 翔	周小龙	蔡震宇	豆江涛
刘 健	李晓璇	钟振博	王海若	陈军燕	金秦仙
施 璇	熊江宁	井 琪	蒋 薇	刘佳琪	韩 冰
熊怡雯					

国际关系学院

周琪隽	郑多训	李民窥	孙天旭	张 冲	陈 昭
赵晨硕	蔺 佳	南 江	叶 琬	李 侃	李思烨
王馨安	李晋文	刘 乔	吕秋月	李晓杰	杨 倩
宋佳骏	胡伟晨	黎秋婷	任柳佳	缪 盈	李昇予
熊文雪	赖 欣	李竞菁	夏雨佳	胡 杨	

经济学院

杜 佳	李雅雯	浦隽瑾	崔英伦	许华樱	段胜辉
杨 磊	朱健林	黄 政	李婉婧	陈明熙	石瑞琳
陈琳婕	沈诗涵	李思婕	陈正勋		

光华管理学院

付雪晴	戴 晔	郭倩凝	陈 晨	林 达	江 源
钟隽仪	赵 仪	洪诺亚	孟紫煊	许 日	沙 峰
刘 畅	文欣怡	夏雨晗	张 爽	刘传洋	马 丁
王淘沙	曹思盈	陈健雄	黄 勇	李博文	
Diana Mak		杨小雨	梁 昊	陈晋宇	李雨嘉
胡民	刘 敏	叶思雨	安 超	韦 达	刘海北
韩非池	郑铭辉	杨瑞冬			

法学院

张 娇	郭怡廷	曹伊敏	林一帆	王 宇	张朝晖
孙弘儒	王 晶	翟宏堃	张 琦	金晓芸	闫 柯
张弛欣	陈晓航	陈博理	黄 超	宫 政	苏子汀
陈 璟	吴景键	徐冰彦	周洁娴	周 嫚	陈祖贤
张晓彤	赖梦茵	高文娃	邹 运	王 喆	胡灿莲
黄 硕	沈 晖	黑静洁	贺 子	田晶晶	韩 莉

王 志	刘 权	朱新林	李 颖	邢同荣	马晓雨		分子医学研究所
吕 磊	陈 磊	康玉梅	刘晓燕	王希真	张康乐	陈加余	吴 迪
朱 冬	杨 婧	孙兆凯	王若思	李 睿	汪兵兵		前沿交叉学科研究院
徐慧丽	恽徐丽	宋晓盼	张子温	欧万辉	杨俊伟	王瑞雪	李嘉明 向 安 周俊鸿 辇伟峰 曹敏华
孙红杰	刘茵茵	卢少虹	仲启群	黄昕瑞	王林婷	张亚杰	
陶 倩	朱烽枫	朱 琳	张 帆	陈俐利	徐先锋		体育教研部
刘璐瑶	张 璁	张晓宇	高 尚	王 怡	周晓霞	黄 亮	
		信息管理系					对外汉语教育学院
周 妍	翟佳璐	张瑾贤	邢竹天	曹雨佳	俞治朕	李振华	聂大昕 武宏琛 陈 叶 罗静媛 王 伟
徐 蒙	赵需要	陆小曦	李彦窒	蔡银春	金 毅	丁 静	
褚文璐	金炜玲	丁丽琴	管清天	陈颖茵	汤 澄		**沈同奖学金**
姜 艳	赖梵一	刘 硕	董婧嘉				
		政府管理学院					生命科学学院
王默儒	王向东	傅 睿	陈秀红	宋 洋	王 烨	谢 忱	
		外国语学院					**苏州工业园区奖学金**
曾立孚	李俐娇	倪 杨	杨晓青	贵明玥	冯玉妍		
刘顺玉	杨心悦	杜美辰	杨 旭	金思燕	谭 璐		化学与分子工程学院
赵 琳	周 宓	秦 唯	潘金欣	乐 颖	方晓秋	王 朝	杨麦云 宋 萍 辛恭标 刘梦溪 赵亚光
贾月梅	原 璐	陈 硕	赵 聪			徐安沁	解佳翰 申国华 王 龙 张 涛 吴红伟
		马克思主义学院					生命科学学院
张学成	周留征	王小凤				陈明辰	李 鹏 张婷婷 霍 伟 郑鹏里 马 菲
		教育学院				林 青	
赵亚楠	谷屹欣						信息科学技术学院
		人口研究所				胡 佳	孔 睿 陶智明 陈建广 于全福 段 超
黄衍华	梁博姣					文 才	杨撒博雅 王子一 余韧哲 窦夏良
		国家发展研究院					工学院
张 韵	商华磊	王 也				袁克彬	李华芳 郝 洋 白 龙 余 靓 李 铮
		艺术学院				俞 玥	张柯杰 张 寅 陆灏川
张雪婷	王一楠	费晨仪	宋 骞	裴之田	李天韵		**腾讯创新特等奖学金**
陈 希							
		新闻与传播学院					信息科学技术学院
郭 蕙	袁紫祥	张艺瑾	范泽瑾	柏小林	周 伟	张 伟	段 镭 陈维恩
吴蕙予	龚恋雯	王雨濛	龙 昊	任博雅	靳羽洁		
朱羿璇	梁天韵	陈佳佳	杨雪萍	王 缔	马 佳		**腾讯创新优秀奖学金**
姚怡云	栗 征	杨文华					
		元培学院					数学科学学院
濮天琪	李昊原	帅凯旋	李德龙	蒋雨薇	蔡小珺	苏 钧	庄梓铨
魏 玮	万琦玮	林 昭	张凯冬	李 也	张晓霖		信息管理系
王思思	李 槊	王翰生	白晓旷			冯 佳	程媛媛
		医学部					信息科学技术学院
林燕铭	孙美平	王雪玲	韩 茹	宋 歌	钱鹏展	陈立玮	黄明凯 吴 凌 刘文韬 严松柏 陈 林
张昕玮	赵 楠	李拂晓	杨一峰	李雪晨	吴震天		
程 萱	王 迪	邢小京	徐 铌	王 强	孙泽文		
巫凯敏	黄子雄	范久亿	方 可	张斐然	李 金		
刘之宇	孟沛琦	郑苦宁	杨瑾裕	李省辉	武名政		
郭 磊							

田村久美子奖学金

中国语言文学系
李 茜　王大鹏　陆沁诗

谢培智奖学金

历史学系
张丽琴　高 源

友利银行奖学金

光华管理学院
成佳蕾　曹宇菁　丁瑞祺　阳 盼　黄伦洋　彭若洋
外国语学院
田 恬　夏 坤　成 翔　朱晨多　郭月华　谷笑媛
陆思嘉　刘 畅　张 富

奔驰奖学金

法学院
宋若昕　邹 睿　张 玥　刘韵迪　吴冬妮　徐温妮
光华管理学院
张兴星　余乔升　刘 杨　陈思思　张辰阳　姚 倩
外国语学院
刘媛媛　余小翠　姚 壖　梁欣然　钟超男　叶梦婷
物理学院
任天豪　程正谦　钟德亮　杨 婧　吕廷博　沈钰峰
哲学系
林 芳　柳 舟　郑晓莹　李 想　侯杰耀　赵檬锡
中国语言文学系
叶述冕　金晓丹　黄 蕙　陈琳琳　程 悦　程梦稷

唐仲英德育奖学金

城市与环境学院
潘佳佳
地球与空间科学学院
陈太中　刘泽学
法学院
常雅玲　贾 雪　闫若铭
工学院
聂彩明　王绍鑫
光华管理学院
杨法皓

国际关系学院
李 泽　龚玉婷　王 菊
化学与分子工程学院
韩梦婷　王 直 季 栋　沈昊明
环境科学与工程学院
杨裕茵
经济学院
何平宇　刘丽兵
考古文博学院
卢亚辉　张 夏
历史学系
努丽亚·卡迪尔
社会学系
张瑞辰
生命科学学院
陈 曦　李诗涵　杨 越
数学科学学院
刘智彬
外国语学院
米业成　张子轲
心理学系
王 萍
新闻与传播学院
范徐艳　刘钰迪　王 星　杜 涵　韩 霜
信息管理系
李 维　王 聪
信息科学技术学院
郭宝宇　刘晶晶　吕婷婷　陶世博　王小西
艺术学院
高静静　李尽沙
元培学院
车 倩　杨雨成　徐 睿
哲学系
李嘉华
政府管理学院
王 帅　吴雪尧
中国语言文学系
袁 硕　李雪菲
医学部
程雅琳　杨 照　雷冏茜　杨燕芬　于 晨　段蛋蕃
章 芮　邹 达

芝生奖学金

历史学系
文 俊

三星奖学金

数学科学学院
阮 丰　雷理骅
物理学院
陈柏桦
化学与分子工程学院
王汝一
光华管理学院
冯翼翔　贺奕博
社会学系
张勇军　罗晓亚　雷 玮　颜青琪
外国语学院
黄超然
信息科学技术学院
薛继龙　陶婷婷　孙豪泽　肖刘明镜
闫任驰　秦樵风

王家蓉—王山奖学金

光华管理学院
孙 聪　潘 蕊　孙树强　王 欢　马 松　张明玺

张景钺—李正理奖学金

生命科学学院
黄清配　郑亚风

中国电科十四所国睿奖学金

数学科学学院
许奕彦　朱 军　李武璐　胡婷婷
物理学院
张天悦　李晓岚　何 法　余 杰
软件与微电子学院
张 鹏　王 刚　薛 野　于 达
信息科学技术学院
王彦飞　李 伟　张荣庆　崔益霏

膳府奖学金

新闻与传播学院
殷 晴　袁 利
历史学系
刘 学　许翔云

考古文博学院
冀洛源　徐华烽
哲学系
赵 晋　文 雅
国际关系学院
崔金珂　袁钟怡
法学院
吴义龙　陈炜强
信息管理系
杨雅芬　郑丽芬
社会学系
谢生金　裴电清
政府管理学院
吴玲玲　杨守涛
马克思主义学院
李 京
艺术学院
蒋方亭

CASC 一等奖学金

物理学院
包宜骏
心理学系
张喜淋
前沿交叉学科研究院
司光伟

CASC 二等奖学金

城市与环境学院
刘 璐　党威雄
地球与空间科学学院
石 雷　吴 也　范俊佳　丁竑瑞　张 浩　何 强

CASC 三等奖学金

物理学院
赵子龙　邓红波　全 旐　郭宝仲　王慧超　姜 爽
工学院
陈 矿　顾佳欢
地球与空间科学学院
李 奇　张宇琪

杜邦奖学金

生命科学学院
李雪莹　郭采薇　古 欣　任庆鹏　孙夏琴　洪森炼

环境科学与工程学院
段婧琳　李逸婧　汪　清　叶俊辉

中营奖学金

深圳研究生院
罗　进　张婷婷　赵月明　姚辉坤　徐祥俊　胡　钊
伍　峰　刘　洋　刘　雯　余　韬　李晶晶　易　娜
武嘉怡　刘佩雯　张　帆　尹　丰　杨云芳　王雨洁
汪兆丰　杜广延　王　璐　李卓熹　魏雪艳　曾盈盈
邹仕强　刘　浩　孟令涵　张靖远　宗敏丽　赫胜彬
李天骄　邓婷婷　孔亮集　简　婧　张　鹏　胡锦文
吴雅妮　张　蕊　邓锴钟　王宇双　赵　娟　徐晟程
雷　森　张　宇　唐龙飞　金家慧　柏　卉　范心露
王　希　员瑜平　冯唐人　邓　睿　师成平　张圣裔
赵　枫　周　聿　郭　繁　蒋　霁　李　诚　林德宇
毕潇涵　王文湛　徐嫩羽　姜玮丽　李梦莹　马　莹
夏翠翠　陈　玮

IBM 奖学金

信息科学技术学院
崔飘扬　王　晟　毛先领

软件与微电子学院
石　芮

ESEC 奖学金

中国语言文学系
饶德孟　阮如蔚

考古文博学院
冯　玥　张予南

国际关系学院
赵真睿

Panasonic 育英奖学金

地球与空间科学学院
李天意

信息科学技术学院
窦笑添　王　亮　朱富勇　刘　昊

化学与分子工程学院
张宇罡　谢　达　杨　晓

社会学系
王岩桦　曹　羽　张靖华　廖梦莎

外国语学院
李　昳　武高强　李　航

董氏东方奖学金

数学科学学院
林　博　韩京俊　卢　雨　李泽喆　李晓澄　李文博
邹佛灵　梅　松　黄向屹　黄政宇　杨柳缘

物理学院
刘宏超　金逸飞　付建龙　李虹飞　王志远　张亚晖
叶舒豪　戴晓亮　李新然

信息科学技术学院
寇　然　刘　阔　李远韬　江海挺　唐　浩　黄子犟
张泽亚　齐荣嵘　王　卓　高　欣　邹乐其　唐子豪
陈　灏　鲜　染　朱凯凯　孔令明　马尔胡甫曼苏尔
周　璟　张贤国　阴红志

国际关系学院
宁艺晴　王倩芸　兰天莹　陈菊婉聪　郭　彤

光华管理学院
沈　娟　申　睿　王小龙　张　茜　周佳利

元培学院
丁晔昕　商润青　谢雨辰　吴建邦　武韶懋

软件与微电子学院
李　波　刘　浩　李　灏　许胜峰　毛英明　吴　帅
邓　闯　姚维佳　姜凯丽　严　敏

国家奖学金

数学科学学院
李　超　李欣然　李立颖　白　钰　闫　峻　卢嘉瑞
王青璨　张峻梓　李少堃　王　泉　许奕彦　王善标
蔡振宁　李武璐　朱红梅　胡婷婷　李亮泽　宋　凯
唐凤阳　张金华　金　威　罗　鹏　熊　欢　樊玉伟
刘雨晨　闫博巍

工学院
刘忻悦　贺宜萍　陈宽宇　尹　涵　姚梦碧　张　翼
杨　萌　李鹏飞　刘万海　邵　玲　张艳娇　周立成
烟　征　师恩政　李　睿　晋立丛　张鲁辉　周　健
周　浩　白　龙　陈　林　王新魏　虞之龙　李　腾

物理学院
李　正　杨　钊　原亚焜　王晗宇　杨　康　付少华
张靖中　吴　蒙　罗英华　肖　巍　胡志强　路翠翠
刘　戈　邢　星　朱起忠　刘　铁　刘雄伟　王　伟
陈学刚　孟　虎　刘　博　龙　浩　赵仕俊　张艺宝
刘占伟　王　健　王昆仑　邵华圣　卢志鑫　邹　伟

| 徐 川 | 李 琳 | 李晓岚 | 杜 宇 | 袁乃明 | 沈红明 |
| 王思敏 | 冯立文 | 张忻怿 | 倪泽远 | 邢美英 | 缪育聪 |

化学与分子工程学院

胡 骏	严佳骏	叶宇轩	崔知涵	周志尧	
上官湘航	谢 天	叶洪舟	常翠兰	苏 昕	
石玲英	滕明俊	侯绍聪	尹延东	林世贤	刘良会
吕洪彬	禹蒙蒙	顾 均	刘 玥	何 珊	徐伟高
申 茜	高 腾	李振东	张有为	雷 霆	李 湖
林 木	张韶光				

地球与空间科学学院

朱尉强	施 力	侯俊涛	闵 阁	张 旭	梁存任
康朝贵	张 倩	王 伟	刘川江	李 军	杜瑾雪
丁竑瑞	简 星	杨永飞	侍 颖	张 浩	廖春华
蔡亚平	孟庆野	何 强	吴 也	方俊钦	王思程
王 桥	贾 科				

信息科学技术学院

常一阳	曹昊文	陆 璇	唐良晓	单子非	王斐然
常逸坤	张宏毅	毕颖杰	胡志挺	郑子杰	许伦博
陈诗安	王 静	梁竞月	丁瑞洲	杨 李	薛潇博
谭明星	任 杰	裴 天	王任鑫	栾 西	陈 星
王诗淇	陈远祥	温森文	李 萌	杨 涛	郭翰琦
韩 磊	高 滨	陈建广	王永刚	蒙新泛	姚俊杰
贾守卿	熊巧丽	姚金宇	王 菲	陈 杰	冯 辉
于全福	蒋玉洁	胡 佳	孟祥云	于 迪	张 鹏
劳 丰	江家健	王 鹏	张前南	崔益霏	张 伟
周家帅	祝 响	王 羿	林邦姜	张晓东	

生命科学学院

徐偲玥	陈则宇	杨晓旭	黄骎骎	吴柯蒙	马雨桐
徐琳杰	吴丽虹	辛广伟	黎荣昌	安明瑞	夏桎丹
祁 燃	孙 辉	孙夏琴	严 欢	白效耘	沈璧蓉
谢 忱	靳进朴	李 钦	舒 健	温 兴	王 睿
薛 昶	纪玉锶	王 刚	关俊宏	张 兴	

城市与环境学院

陈诗弘	史秋洁	陈天歌	郑音楠	杨晟朗	杨子江
王 戎	周 敏	丛 丽	秦 宁	张一凡	袁冠湘
欧阳慧灵	胡 丹	傅江帆	沈 晔	舒 华	
胡 莹	曾振中	张衍春	卫 晓	宋丽青	

环境科学与工程学院

| 单敬雯 | 吴 悠 | 付慧真 | 吴 婧 | 方雪坤 | 姚 硕 |
| 张轩瑞 | 万 瑞 | 李明真 | 王艺淋 | 李蒙蒙 | |

心理学系

| 何 康 | 沈如意 | 张喜淋 | 吴 南 | 何东军 | 颜 翔 |
| 李靖宇 | | | | | |

中国语言文学系

| 王启玮 | 雷瑭洵 | 张琳莉 | 李轶男 | 庞若愚 | 姜雯雯 |
| 毛锦嫦 | 郑子欣 | 曾南逸 | 闫作雷 | 陈恒舒 | 徐奉先 |

范晶晶	罗 旻	徐 钺	蒋仁正	李松睿	兰善兴
张静芬	赵 昱	路 杨	荣文汉	郭艳瑜	梁苍泱
曹德超	赵 楠	唐田恬			

历史学系

郁妍莹	潘致远	陈 扬	孙闻博	毕晓莹	李 欣
王 刚	李坤睿	曲柄睿	胡晓琛	张绍飞	董晓君
郭洪伯	刘 芳				

考古文博学院

| 侯 琳 | 王圣雨 | 侯卫东 | 王佳月 | 张 琼 | 谢西营 |

哲学系

李 震	邱 羽	吕 立	张 曦	张 梧	王玉彬
武 彦	陈肖生	谷继明	胡翌霖	曹润青	刘长安
陈 帅	赵新侃	陈 凌	牟潘莎	刘 璐	

国际关系学院

霍雪霏	吕非儿	卫 琛	刘翌秋	郑唯实	周彩婷
索菲娅	洪 叶	谷 宁	刘 玮	黄立志	陈昌煦
周衍冰	李海涛	缪慧凌	吕孝辰		

经济学院

于淑仪	罗建宇	张 波	于 航	王佳颖	向 佳
程 悦	陈冠宇	王羽尧	严惟诚	李 铄	王德显
段胜辉	杜浩然	何 健	曲秋颖	桓雅琦	

光华管理学院

蔡林峰	郭骅亮	邱 昉	张 婧	杨扬阳	于京竹
贾婷彦	洪乐园	曹光宇	姜静妍	秦 昕	丁 瑛
刘莎莎	刘忠轶	刘 冲	王会娟	常晋源	郑 直
曲婧佳	梁 艺	杨 乐	常雪伦	裴学成	陈思
信 琪	池 翔	刘传洋	郝 阳	董梦琬	易 洁
刘圣尧					

法学院

冀 放	俞文秀	赵安琪	陈立诚	俞广君	晁 译
王艺伟	沈 寒	杨 乐	金雪儿	陈 坤	何锦前
高俊杰	伊卫风	肖 京	段礼乐	牟绿叶	侯 卓
孙红优	应宗国	吕玉梅	杨伟竹	李少文	郭 慧
周大川	张钰鑫	张雅霖	闫 柯	唐 颖	孙 伟
苏子汀	沈沉玲	陆 佳	卢龙婕	刘 哲	刘思佳
郭颖妍	段 沁	张 炎	张佳俊	许星遥	谢慧君
王 帆	卢羽睿	梁 桑	李临榆		

信息管理系

| 段紫薇 | 郑笑宵 | 曹海霞 | 王巍巍 | 刘 通 | 张艺山 |

社会学系

| 梁 栋 | 方 超 | 牟思浩 | 张芩珲 | 王伟进 | 狄 雷 |
| 黄匡时 | 周 炎 | 刘越懿 | 张勇军 | 秦长运 | 谢生金 |

政府管理学院

| 付筱菁 | 李钦帅 | 陈罗烨 | 吴望可 | 孟天广 | 臧雷振 |
| 王志宝 | 吴新辉 | 惠长虹 | 苏美东 | 刘 洋 | 吴晓雪 |

外国语学院

段晓宇	盛亚捷	姚 青	冯振源	马超平	毛 蔚
梁晓天	董欣然	黄庭昌	陈如晖	杨珍珍	刘 潋
李 晖	周利群	吴允兵	寿晨霖	褚 叶	原 璐
金美玲	贾 岩	陆玉蕾	赵 聪	黄 真	潘潇寒
马文辉	汪 然	朱玲玲			

艺术学院

张天竹	宁 昕	刘跃兵	王黄典子	蒋方亭

新闻与传播学院

彭雪松	王文浩	陈彦蓉	杨 荃	赵 琳	朱垚颖
崔 凯	殷 晴	赵舒萌	吴红毓然		

元培学院

江昊昱	丁雨晴	叶 轲	陈嘉曦	刘 熠	吴宇青
郭雨阳	张林峰	赵嘉俐	于子豪		

马克思主义学院

张学成	张 莉	孟繁旺	汪 漭

对外汉语教育学院

赵 明	徐 威	刘 佳	李明珠

深圳研究生院

康崴铃	胡 刚	贾宇超	陈俊宇	石 伟	万 杰
郭 剑	张雪琳	张津海	饶先拓	刁梦鸽	沙文鹏
尹文鹏	王 璐	殷韦玉	成贵娟	郭益安	李丽丽
陈 疆	李 程	金 潇	丁 超	肖作鹏	王 政
石 悦	赫胜彬	邓婷婷	秦晓晴	邱国波	余 册
刘越瑛	杨惠萍	黄 莎	潘旻然	冯唐人	邓 睿
刘寅璐	郑传续	陈璇卿	傅静涛	雷 森	唐龙飞
师成平	邹 洁	马欣卫	范张翔	刘诗瑶	傅辰渊
邱力戈	李龙飞	朱奕宣	吕 甜	方明慧	吴培宁
郑田园	方日金	牛家儒	李昕琳	梁 英	侯立文
宋 文	祝 伟				

软件与微电子学院

郭 婷	何 晶	李轶湘	连 宇	刘宇希	毛英明
乔冬亮	石司南	王 龙	王紫敬	张展培	
陈兰丽娜		龚勇谋	李巧佳	杨文硕	张英超
赵冬冬	陈 楚	马恺声	魏 泰	吴 帅	任海潮
王 皓	朱晓文	李 波	梁 微	蒋 辰	李雪瑜
刘俊尧	王 哲	薛 野	刘白璐	金世超	于 达
赵 原	陈杰宾	高天辰	王钦辉	张 勇	邱旭乐
傅传家	李永啸	王 聪	韩林涛	陈泽松	张 楠
刘 强	方 舟	杨 旭	赵大超	夏 巍	

国家发展研究院

包 锋	谭华清	李 超	冯颖杰	张 韵	商华磊

教育学院

杨素红	叶晓阳	张优良	李秀晗

人口研究所

王灏晨	郭 超

前沿交叉学科研究院

杨雷静	司光伟	郝 瑛	高雅博	李 明
屈贺如歌		王 霖	辇伟峰	

体育教研部

黄 亮

医学部

俞 萌	韩竞男	冯非儿	梁海杰	谢 洪	吴骜州
要雅君	黄 可	邱 旭	赵朕龙	何培欣	张世红
柳江枫	赵 伟	王若珺	李浩鑫	杨 祎	张倩莉
丁 宁	付亦男	刘奕君	唐晓棠	史 薇	曾 群
王珂欣	陆旻雅	陈思霱	郭 娜	林高峰	赵厚宇
刘胜兰	刘 灿	李 昊	贾胜男	赵 亮	陈加余
孙 谊	黄小强	徐 伟	陈斌龙	涂 健	李 青
黄渊余	丁 怡	李 扬	李凤斐	符 涛	吴 琦
陈加余	尚海旭	王燕婷	陈 耕	王威仪	李潇潇
苑 琳	孙晓丽	卢 月	王 刚	罗荔敏	李 彦
信枭雄	刘珂弟	赵志霞	王 珍	秦 琪	陶庆梅
唐秋琼	袁雁飞	王富华	郭伟龙	赵 海	张 骞
李晓翠	徐 奔	王冰洁	高娟娟	赵 娜	杨锦艳
杨晓花	高元丰	赵 灿	黄海艳	王 军	蒋丽潇
刘振龙	吕会斌	张杰铌	雷 杰	王 莹	孟 震
党运芝	王 兵	高 天	刘晨星	陈 超	李 萌
禹松林	金恩忠	南 京			

李彦宏奖学金

数学科学学院

潘 略	梁 玥	童嘉骏	卢焕然

工学院

罗 楠	孙仕琦

物理学院

徐 放	曲慧麟	史可鉴	熊力扬	王 菁	李昊坤

地球与空间科学学院

蒋栋蔚	聂华晟

信息科学技术学院

程 烨	方译萌	张润泽	刘 凯	袁昊琛	李玉林
牟刘杉	马 林	赵 澈	徐梦炜		

化学与分子工程学院

王 拓	蒋兴宇	冯 煜	李明哲

生命科学学院

杨 津	胡致远

城市与环境学院

刘翌旸	范敬怡

环境科学与工程学院

王静远

心理学系
史　超　李耀中

中国语言文学系
孙巧智　陈静雯　杨竹班莉　陈子丰

历史学系
孙　迪　冀夏黎　惠　波

考古文博学院
陈　豪

哲学系
贺韵辉

国际关系学院
周玫琳　徐　瑞　唐雨旋　陈丹梅　宋建含

经济学院
何　洋　张　婷　张天涯　王晓蕾　李　然

光华管理学院
计　羽　宋婧瑄　傅　蕾　俞晓婧　王致远　文　豪

法学院
李　明　何　爽　张露露　陈少珠　孙天驰

信息管理系
严时彦　张梦迪　张瀚雄　许宜哲　王琪斯

社会学系
田志鹏　马志谦　田梓垚

政府管理学院
姜　琪

外国语学院
蒋　骏　王诗敏　刘欢番　李潇伊　吕如羽

艺术学院
李墨若迷

新闻与传播学院
刘怡萍　张华麟　谢　旭　王　娴

元培学院
陈箐箐　刘　萍　赵博文　杨仁坤　周文杰　伍叶露
张　帅　吴梦斓　俞秀梅　张　天　胡　东　朱楠枝
周瑞凯　戴骊颖

软件与微电子学院
林晓雁

李彦宏山西优秀学生奖

历史学系
冀夏黎　孙　迪　惠　波

心理学系
史　超

法学院
孙天驰

外国语学院
李潇伊　王诗敏

元培学院
杨仁琨　张　帅

POSCO 奖学金

数学科学学院
耿志远　林伟南

工学院
李　智　唐　萌

物理学院
孙轶依　王天乐

地球与空间科学学院
李显伟　蒋格格

信息科学技术学院
邵林博

中国语言文学系
李　琬　张　力

经济学院
陈西岳

光华管理学院
刘　穗　周伊伦

法学院
张立翘　邵明潇

社会学系
付华昊　裘一娴

元培学院
徐　青　吴兴宜

佳能奖学金

数学科学学院
张溢麟　肖经纬　金　威

物理学院
郭嘉骓　周智勤　邢　星

信息科学技术学院
张文泰　王纾寒　郭　颂

化学与分子工程学院
杜　然　刘　帅

环境科学与工程学院
周梦怡　吴　婧

信息管理系
李佳林　朱文洁　黄红华　樊振佳

外国语学院
沈亦乐　郭　丽　陆玉蕾

全球数量科学奖学金

数学科学学院
韦东奕　王　泉　李亮泽

物理学院
李　智　刘　铁　史寒朵

方正奖学金

数学科学学院
闫博巍　刘雨晨　郑文利　宋承根　杨智成　朱红梅
房　厦　张金华

工学院
袁宏阳　吕辰儒　滕益华　李佳硕　杜金铭　倪琼琳
赵大伟　梅振锋　孟　靖

物理学院
王册明　张艺宝　宋锋焰　张忻怿　刘占伟　李　宁
左文文　刘雄伟　王红刚　李　晓　金伟锋　陈　钊
邢美英　乔　锐　邹　伟　张　兴　代　宇　刘　博
龙　浩　刘永椿　陈国兴　陈　静　马　楠　戴　颖
魏　伟

地球与空间科学学院
蔡亚平　康朝贵　李　军　汤文豪　白　翔　毛　翔
孟浩然　杨晓雪　黄　琴　杨　茜　王　庆　孙　艺
王　新　罗梦佳　廖曼琪　张艾琳

信息科学技术学院
杨　楠　刘　真　柳　黎　宁志远　王任鑫　王　青
韩菁菁　豆浩斌　黄凤春　江家健　江　珊　罗　鑫
王　鹏　周　辰　钟　雷　李　冲　尹　宁　孙伟强
唐　伟　张鹏涛　郭翰琦　李冬晨　郜　哲　韩　磊
高　滨　黄芊芊　文永正　张晓升　朱福运　赵　琛
杨　李　李先刚　薛潇博　吉祥虎　张宇识　郑　何
潘　越　张晓东

化学与分子工程学院
宋泽昊　程剑辉

生命科学学院
刘佳子

城市与环境学院
范吾思　彭瑶瑶　卫　晓　宋丽青　张长宏　胡　丹
傅江帆　王旭辉　李鹏飞　曾振中　胡　莹　张静茹
邹沛思　周　鑫　舒　华　石婷婷　王　春　高　阳
陈　龙　田幼华　韩忆楠　陈义勇

环境科学与工程学院
王青峰　赵怡凡

中国语言文学系
董　晨　潘子豪　安　宁　曾南逸　王东东　徐　钺
陈荣阳　赵志国　吴　可　范　雯　白惠元　孟　飞

历史学系
孙雅琪　毕晓莹　张乔伊　郭洪伯　刘亚娟

考古文博学院
袁怡雅　王彦玉　滕　飞

哲学系
陈　彪

国际关系学院
曹疏野　帅慧敏　李春霞　员欣依　郑怡洁　吴　蓉
陆朝胜　尉秋实　周嘉宝

经济学院
陆匡妍　戴若尘

光华管理学院
杨大恒　陆维翔　王逸男　毛友昆

法学院
周雪初　黄曼兮　刘　哲　周　慧

社会学系
王晓宁　贾晗琳

政府管理学院
褚　亮　陈　飞

外国语学院
吴一南　陈思毅　冯一涵　梅　静

艺术学院
王黄典子

新闻与传播学院
祝　秀　李卓群　姜　静

元培学院
朱凌雪　石春晖

马克思主义学院
刘洪刚

对外汉语教育学院
刘　佳

教育学院
李秀晗

前沿交叉学科研究院
高雅博

分子医学研究所
胡镇乾　郭文婷　吴　翀

人口研究所
王亚菲

基础医学院
董一言　韩高峰　徐贝宇　王惠仑　童林超　于钦俊
王全武

公共卫生学院
赵丽君　王　丹
药学院
文彦照　赵玉琼　李润润　于　敏
护理学院
王雅亭
公共教学部
唐　尧

华为奖学金
数学科学学院
熊　欢　樊玉伟
信息科学技术学院
张泓亮　吴春蕾　陈　刚　王贵重　许海涛　邹积彬
软件与微电子学院
黄　金　姜　楠

宝钢奖学金
数学科学学院
刘　熙
环境科学与工程学院
申芳霞
历史学系
徐　蕊
考古文博学院
林思雨
新闻与传播学院
石　慧
社会学系
罗秋实　强子珊　李利利
外国语学院
寿晨霖　蔡若筠　蒋　杨　刘高力
元培学院
苏　骢

航天科工一等奖学金
信息科学技术学院
甘　哲
化学与分子工程学院
敬　静

航天科工二等奖学金
数学科学学院
王善标
物理学院
赵仕俊　卢志鑫
地球与空间科学学院
侍　颢　梁存任

航天科工三等奖学金
数学科学学院
罗　鹏
工学院
申　华　李小乖
物理学院
沈博强　柯伟尧
信息科学技术学院
李天予　郭　锐
化学与分子工程学院
李　田

戴德梁行奖学金
工学院
张又升　周　蕊　张艳娇　晋立丛　林钟荣
国际关系学院
赖婧颖　李　丹　才仁卓玛　　吴晨垚　郭小雨
法学院
李少文　刘文斌　沈沉玲　袁　巍　肖　京　刘　庄
刘跃挺　沈杨飞　赵　烨　康　欣
社会学系
寇浩宁　卢　露　傅春晖　李伟华　李　竹　周　杨
吴银玲　何源远　李　娜　王梦莹

方瑞贤奖学金
工学院
高　翔　张东焜　张永甲　周立成
化学与分子工程学院
孙旭东　赵博超　刘卡尔顿　　刘　玥
生命科学学院
郭靖涛　邱耘江　成　泽　张汉林　袁雪菲　任　驰
商　瑾　严筱澣　赵峻峰　张子栋　孙大韪　彭若诗

龙　婷　丁贯乔　张翔宇　刘赛男　崔　巍　许　楠
纪玉锶
　　　　　　城市与环境学院
王　戎　孔莹晖　郑　欣　肖　璇
　　　　　　环境科学与工程学院
郑　哲　帅惟韬　赵　芮　姚　硕
　　　　　　政府管理学院
施晓铭　周　宇　詹修贤　吴晓雪　俞嘉俊

康宁奖学金

　　　　　　工学院
烟　征　朱静菡
　　　　　　物理学院
何　丽　李　琳　姜雪峰
　　　　　　信息科学技术学院
西　鹏　栾　西　陈　特
　　　　　　化学与分子工程学院
曹　越　赵　莉
　　　　　　生命科学学院
王　刚　刘　阳
　　　　　　分子医学研究所
杨　峰
　　　　　　基础医学院
吴文涛

中国平安励志一等奖学金

　　　　　　城市与环境学院
丛　丽　张一凡
　　　　　　心理学系
吴　南
　　　　　　历史学系
韩基奭
　　　　　　考古文博学院
张　琼

中国平安励志二等奖学金

　　　　　　工学院
孟令怡　张艳玲　隋　杰　于嘉鹏　张鲁辉
　　　　　　历史学系
张梅雅　李坤睿　李　洋　董　涛　路峻岩

中国平安励志三等奖学金

　　　　　　数学科学学院
张一甲　邬子庄　严　堃
　　　　　　物理学院
王仲达　陈　露　许锡童
　　　　　　地球与空间科学学院
陈慧菁　金　欣
　　　　　　信息科学技术学院
郑　晴　周　岚　厉扬豪　黄祎程　吴阳怿
　　　　　　化学与分子工程学院
王申恺　谢嘉欣
　　　　　　生命科学学院
高　远　何劭达
　　　　　　城市与环境学院
王　竞　申子杭　柳巧云　黄懿杰
　　　　　　心理学系
陈安吉尔
　　　　　　中国语言文学系
何冰冰　罗　浩
　　　　　　历史学系
曹茜茜　何天白
　　　　　　考古文博学院
徐斐宏　翁汝佳
　　　　　　社会学系
智　楠　赵晓航

乐生奖学金

　　　　　　新闻与传播学院
雒健晴
　　　　　　元培学院
胡　煜

方树泉奖学金

　　　　　　艺术学院
肖妍琳　陈娴颖

芝生奖学金

　　　　　　历史学系
文　俊

季羡林奖学金

中国语言文学系
王耐刚　李　军　荣文汉

外国语学院
李慧若　白玛央金

成舍我奖学金

中国语言文学系
李晓蓉　丛治辰　金　玲

长岛奖学金

城市与环境学院
徐梓原

中国语言文学系
赵雅娇

国际关系学院
娄　敏　唐艺丹

新闻与传播学院
王凌子　冯慧文

林超地理学奖学金

城市与环境学院
刘萍萍　代　宁

环境科学与工程学院
徐逍杰　付慧真

顾温玉生命科学奖学金

生命科学学院
邬　倩　王　睿　张　媛

东宝奖学金

生命科学学院
郭运波　陈　伟　温　兴　徐　奕　崔雅轩　朱军豪

欧阳爱伦奖学金

生命科学学院
程万里

经济学院
程　杨

外国语学院
耿　炎　赵嘉龙　华诃蓓

胡晓偶奖学金

生命科学学院
石　沂　陈思雨　马牧青　李伯勋

经济学院
晏珅熔

基础医学院
陈子浩　李晓蓓　孙　瑶

护理学院
吴　薇

三菱东京日联银行奖学金

信息科学技术学院
李志男　何金薇　张晓刚　杨　慧　刘石磊　赵子骏
马　郓

化学与分子工程学院
叶小舟　李　伟　周　易　龙　霞　连　超　尚　鉴
刘　婧

经济学院
王天宇　刘维刚　李林芳　孟　昕　王　琳　赵艳朋

光华管理学院
朱轶颖　张　可　张　琳　雷潇雨　余　琰　康　立
窦　欢

法学院
王　赫　刘靖靖　段　沁　曹旭东　唐文烨　郭　慧
杨　健

外国语学院
武　婧　王惠敏　贺赛波　王　梓　高晓茹　周利群

乐森旬-白顺良奖学金

地球与空间科学学院
季　承

黄昆-李爱扶奖学金

物理学院
王　伟

冈松奖学金

物理学院
周洪彬　李博华　王培培　王通和　王洛珈

信息科学技术学院
陈　诚　马靖寰　刘卢琛　罗宇翔

城市与环境学院
夏晓天　闫昱晶

SK 奖学金

物理学院
刘春骁

信息科学技术学院
马文博

化学与分子工程学院
闫　冰

光华管理学院
杨雪萌

外国语学院
敖琳琳

李惠荣奖学金

数学科学学院
黄山筱　刘浩洋　曾力玮　孔　嘉　楼凌霄

物理学院
靖　礼　武翌阳　朱鸿轩　高藉非

地球与空间科学学院
刘天泽

化学与分子工程学院
苏　昕　刘　赟　滕明俊　刘清海　张德文　孙涛祥
李　湖　李　欢　辛纳纳　金　玥　王斯博

生命科学学院
蔡晓璇　蔡昌祖　李　钦　瞿玲龙　林　薇　周维真

城市与环境学院
田　露　王伟凯　欧阳慧灵　　　　魏　筱　张　雪
塔　娜

环境科学与工程学院
张延君　李明真　李蒙蒙　王艺淋

心理学系
王晨舟　王秋鸿　李靖宇　陆灵犀　胡天翱　石振昊

中国语言文学系
汪　忞　贺毅武　朱　姗　杜　萌　余素琴　何雨殷

李浴洋

历史学系
戚　航　徐前进　赵　茜　王龙飞　刘　芳　黄圆晴
徐　梦

考古文博学院
张　洁　邓振华

国际关系学院
黄　蕊　肖梦霓　邰　帅　张冠李　邱晨曦

法学院
蒋篾毅　杨　名　黄丽华　李临榆　郭颖妍

新闻与传播学院
赵　恺　陈楚汉　马　珺　姜　波　闪　希

元培学院
孙顺杰

马克思主义学院
王乾宇

对外汉语教育学院
徐　威

前沿交叉学科研究院
赵敏芝

分子医学研究所
郑晓璐

外国语学院
冯其玲

人口研究所
郭　超

艺术学院
周圣崴

邓真邓琨奖学金

外国语学院
万姊兰　吉　竞　黎诗雨

福光奖学金

光华管理学院
杨　帆　傅　艺　黄宇健　陈　娱　张翔雁

元培学院
施文娴

经济学院
芮思佳　江曜民

光华奖学金

数学科学学院
苏乃芳　吴朔男　邹晨晨　陈　烨　戴　嵩　王志明

叶 楠　蒋龙龙　任 洁　樊昊霏　李 蕾　余 彪
余 波　杨 帅　李晓月　孟令宇　周意闻　吴昌晶
黎雄风　黎永汉　李金哲　曲日同　魏晓宇　范若昕
艾 辛　余 明　王 喆

工学院

刘冬冬　杨君宇　李应卫　丁翼晨　王卫杰　于 浩
王飞飞　杨婷云　谢 浩　杨 成　郭 鹏　郭 珊
王 曼　张 博　高 冉　贺劲鑫　梅 然　田 巍
熊 思　赵 堃　郝进华

物理学院

杨 柳　王 翡　夏 炎　何 超　李贝贝　石 柳
田 原　孙 刚　王 龙　杜 伟　付琪镱　李庆涛
张琳琳　祝 娇　袁刚成　范顺飞　缪育聪　郜 勋
徐怡博　吴 宪　张逸伦　蔡晨蔚　刘仪襄　冯 涛
戴 极　夏平宇　宫家睿　梁泽西　贾司瑶　吴比亚
李思尘

地球与空间科学学院

董 恒　张 倩　尧中华　朱 峰　李展辉　鞠 玮
陈育晓　郁 浩　张 琼　王浩然　刘明超　廖春华
程小岛　孟庆野　廖嫣然　罗博仁　赖潇然　姜 城
陆 阳　程怡芳　尹丹东　邱熙蒙

信息科学技术学院

柳 毅　任 杰　裴 天　李应博　王中华　陈 星
王子琪　黄 锟　魏 豪　罗 川　盖 孟　陈智发
卢 欣　余 跃　宋 宇　劳 丰　李自然　万 纯
祝 响　赵皎皎　车丽美　吕盛龙　王 靖　王 羿
沈嘉思　尤鸿元　耿玉峰　刘 芸　侯冠荣　李 睢
臧 郁　张 萌　姜梦吟　孟祥一　文 吉　潘晨毅
董 未　郝 嘉　杨廷翰

化学与分子工程学院

铁 偲　王丁众　朱 智　房华毅　游 麟　李 刚
邹明健　俞初红　姜国杰　顾 均　陈涓涓　张 雪
耿巍芝　唐 伟　蔡元博　蔡 康　陈心懿　肖嘉琪
戴晶鑫　姚颖琪　诸琪磊　王 萌　武振伟　王昊楠
叶子醒　张旻烨

生命科学学院

吴丽虹　何 珊　辛广伟　黄 岳　刘 欢　石 佼
薛 昶　严 欢　白效耘　刘朋朋　胡 龙　张 兴
郭 梁　宗 乐　周海宁　关俊宏

城市与环境学院

董兆敏　周德成　赵 亮　黄金碧　吴伟超　聂 森
聂危萧　张禹平　罗 洁　王怡然　蒋洁琼

环境科学与工程学院

方雪坤　武 艳　高 伟　刘晓途　直 伟　李玉照

心理学系

汪晨波　孔令志　陆静怡　王 茜　陈霓虹　范志伟

刘 一　朴秋虹　张 晓　谢钰琪　远雪霏　丁欣放
罗 路　赵 璇　古丽努尔阿扎提

中国语言文学系

仲 瑶　赵二超　周京艳　王紫薇　兰善兴　邵琛欣
王先云　刘 奎　巩国莹　路 杨　陈欣瑶　朴 婕
李卓琳　高海燕　朱俞默　任滨雁　陈晓君　肖映萱
刘葭子　王 宁　余德江　杨柳青青　　　　李 喆
张清莹　徐佩雯　夏 雪　孙瑀蔓　韩 杨

历史学系

易丙兰　王睿恒　于 月　肖乃铖　求芝蓉
杞支雅男　　　　李扬天　高 燎　蔡怡宽

考古文博学院

耿 朔　路国权　彭明浩　王冬冬　韩 爽　张姣婧
李 唯

哲学系

田 丰　陈晓燕　武 彦　安文研　李彬彬　李兴旺
姜 虹　王 帅　易 恒　汪一峰　潘宇峰　白辉洪

国际关系学院

夏庆宇　张建宏　萧衡锺　唐 薇　徐 鹏　李梦婕
叶 枝　杨羽西　谢若莎　黎慧怡　张思思　袁静宇
田马爽　史迪雯　崔 圣　刘佳宁　田田叶　朱 彧
肖震苏　王菁菁　王唯楚　曾琪斐　姚李南　许 颖
韩嘉怡　周 越　杨起帆　王天白　张瑞赓　卢 晓
金喜秀

经济学院

李真男　高瑞琪　李博然　吴兰英　唐 琦　王文健
张雪晴　韩佳伟　陈博凯　华怡晨　姜宁馨

光华管理学院

王于鹤　韦 夏　卢军静　雷文妮　解冬雪　武 媚
邹 韬　董梦琬　崔 寒　王 凯　吴晓玮　蒋逸宸
杨昊辰　黄昊夔　何志婵　孙 彤　黄宝莹　郁春华
陈 思　王志鹏　洪振飞　黄俊凯　梁 艺　陈俊任
洪莉莎　查刘云　关诗航　翟静媛　方 怡　郝 艺
赵 奕　李怡然　于 越　刘大路　赵昕玥　高 洁
周安儿　李露霖　何川洋　程春晓　李 励　张一林
张雨晴　文 雯　肖 钰　杨 晨　刘 晗　杨伊欣
钟宁静　关海英　薛博元　陈博雅　宋 然

法学院

林熙翔　郭 晶　俞 祺　孙靖洲　齐伟聪　李梦莹
时 秒　石佳霖　梁洁艳　李 星　金哲楠　黄敏娜
郑嘉娴　封 叶　黄 栋　薛逸敏　孙嘉珣　刘祥名
黄栎蒙

信息管理系

刘 丹　赵 誉　孟晨霞　蒋 勤　赵域航　李乐章

社会学系

张文杰　周 炎　王 晨　刘雨甲　马璐岩　胡璟怡

外国语学院
郭晓丽	靖安达	韩小春	李 嘉	孙 红	潘潇寒
张珊珊	金延伟	姬晓萌	张 源	孙菲阳	聂慧慧
王 星	徐博雅	余美慧	郭雅格	赵 易	陆文静
朱中原	韩 璐	王 源	王 彧	潘 玥	韩 磊
徐晓倩	李诗聪	彭柯嘉	李金龙	谢 欣	周佳程
沈弋琳	薛凯利	张艺晨	郑刘悦	李 泽	李 季
饶翊汉	谭 政				

艺术学院
刘胜眉	梁淑涵	王思泓	李雨谏	祖纪妍	徐小棠
石 坤	吴倩如	杜若飞			

新闻与传播学院
余 人	刘 澜	姚 雪	俞海萍	刘晓桐	苏 艺
李 璟	李 靖	林 闽	王润茜	王晨子	裴莳迪
高 洁	何 萍	胡馨木	王一诺	余萌希	何苏岚
冯少杰	俞 超	沈於婕	张哲源		

元培学院
朱圣洁	江嘉骏	潘洁云	胡晓玲	梁嘉韵	熊婉茹
佘 宇	赵雨淘	刘诗尧	杨 照	乔天一	金柏宏
金 洋	刘天歌	李诗卉	狄 央	罗雅方	陈浩宇
朱睿智	冯嘉荟	侯英博	赵宇恒	黄思翰	石 鋆
周舒翔	周 妍	周闻宇	吴仪扬	黎 玥	田 琳
闫 睿	罗佳鸣	张璐雅	嵇环宇	蒋欣芯	

马克思主义学院
刘志尧	杨玉好	李 丽

对外汉语教育学院
曹 汐	郭 梦	禹文静	朱应一	赵 丹	李 萱
关彩萍	张 迪	侯 达	白 玉	张伊凡	

教育学院
江淑玲	赖琳娟	刘 璟	郭 晨	仇双武	赵涌涛
王钟贤	张宸珲	巫 锐	杨柏洁		

深圳研究生院
龚巍巍	孙建林	蔡顺有	傅辰渊	尹文鹏	朱奕宣
方日金	傅静涛				

前沿交叉学科研究院
魏 朋	党 祎	林 猛	文 学	张 茜	程 健

分子医学研究所
张 雷	杨 冉	谢 宁

人口研究所
丘明峰	宋妍萱

基础医学院
和晓垔	刘若曦	陈佳琰	张玉秀	任新华	尹 露
王岳鑫					

公共卫生学院
徐荣彬	许 哲

药学院
陈 昶	傅洪哲	高 鉴	李耀豪

护理学院
张 众

公共教学部
侯跃隆

中国石油塔里木励志奖学金

法学院
林浩鼎	袁娟娟	陈利娟	杜清磊	史志强	刘恩彤
王 伟	吴海军				

中国石油塔里木优秀奖学金

地球与空间科学学院
简 星	曹 曦	刘冬冬	邱 添	白琰冰

信息科学技术学院
马 森	蒋逸晨	祁晓霞	洪星星	王 璐

新生奖学金一等奖

数学科学学院
张逸峰	赖 仪	刘双城	万政超	陈 麟	向志敏
吴 昊	佘毅阳				

物理学院
宋明育	张鑫凯	周恒昀	刘 尚	姜一君	王贺明
陈 鑫	卫斯远	章逸飞	黄文卓	张剑寒	姚文杰

信息科学技术学院
李 超	张 弛	吴俊东	赖陆航

化学与分子工程学院
李天然	傅天任

生命科学学院
江润东	董 傲	李安然	张益豪

城市与环境学院
赵 凯

环境科学与工程学院
吴梦希

中国语言文学系
白一平

经济学院
谌泽昊	宫 颖	赵 菡

光华管理学院
杨 光	王九云	徐竞然	林嘉琪	樊樵枫	刘楚欣
陈泽萍	郭 齐	靳雯琪	翁凯浩	周 桐	阮智睿

王怀岳 翟达琦 王兴杰 刘克秀 陈碧萱 韩　超
王　宁 张心怡 赵　薇 戴昊汝 吕　晔 郑秋月
郭文韬 何　平 董小华 马博恩 顾心怡 华天韵
刘伊恬 贺　凯 杨纯子 姜　劲 张翔雁 张诗佳
周碧瑶 陈　瑒 郑林壮 何思雨 侯志腾 倪　慧
李安然 李佳楠 蒲劲秋 吴戴维 李隽卷 张思伟

法学院
陈陌阡 刘艺峰 李　翔

元培学院
韩牧岑 陈启凡 李　通 许　可 李　想 高　珏

新生奖学金二等奖

数学科学学院
李　越 储翌尧 张云帆 王　坤 苗　宁 易灵飞
虞天龙 王炜飚 韩　鑫 马　超

工学院
黄　欧

物理学院
焦子瑞 徐俊楠 尤之一 尤怀谦 邢天成 尤戍尘
徐永琪 吕廷博

信息科学技术学院
李天石 綦金玮 王潇月 张舒航

化学与分子工程学院
战　鸽 杨晗珺 易　恒

生命科学学院
何帅欣 杨嘉禾

中国语言文学系
闫嘉钰 李超宇

国际关系学院
胡金妍 段苏倩 苑子豪

经济学院
丁碧莹 李乐婷 陈宇凡 韩佳运 朱玉芹 张旭慧
周冠宇 谢丽燕 沈　颖 沈　童 侯明威 刘　玥
王雨鸥 孙海梦 郝艳东 王钰希 袁亦扬 王　晓

光华管理学院
贺震雯 王博洋 刘　力 杜云舟 蔡总熙 徐　帆
许　孜 宁龙艾婧 刘子豪 刘一飞 杨　上
王　高 韩冬琳 王文杰 李少文 朱彦臻 仲崇然
郑剑宇 牛耀丹 刘允鹏 许志超 陈志浩 苏业捷
董舒羽 韩　伊 王博文 姚梦灵 顾煜鋆 黄　鑫
刘俊宛 汤宗瑜 施恒彬 高鹏飞 陈　昉 乔　璇
刘光耀 尉进耀 林　俊 张晟宇 李　雪 唐婷婷
黄浩然 李雨竹 宋纯一 王　鹜 陈祖玉 王艺诚

法学院
肖炜霖 张婉愉

外国语学院
韩静仪 吴　戈 闫颂阳

新闻与传播学院
康越明 卢南峰

元培学院
陈如意 熊宇薇 顾　思 陈冠楚 王翰卿 周　垚
尚林玮 王晓勇 刘　妍 余东耕 陈翌扬 高　飞
高英桐 施阮正浩 徐　杨 潘怡帆 彭龄萱
郭紫倩 彭笑笑 王　越 常钰熙 徐竹西

政府管理学院
何鹏杨

新生奖学金三等奖

数学学院
杨宇霁 郭雨桐 孙斌韬 李樾辰 班颖哲 梁　爽
刘浩洋 贺怿楚 李勇锋 高　超 庞　硕 白晶晶
焦子瑞 徐俊楠 尤之一 尤怀谦 邢天成 罗晨旭
王晓玮

工学院
梅英男

物理学院
吴行中 刘天仪 乔　宽 张　程 冯一阳 岳　琛
黄河清 梁明诚 刘彦昭 许嘉星 肖朝凡

信息科学技术学院
陈方源 黎明阳 徐乾桐 李广亥 丁博岩 郑志雄
蔡少峰 林　可 李松江 李金培 彭广举 宋利伟
张哲瑞 郑　旭 裴铭渊 梁皓天

化学与分子工程学院
王佩奇 姚思羽 戴汝熙 梅　林 潘相如 金红君

生命科学学院
李丹妍 倪　畅 商玉冰 薛浩然 赵吉梅 刘春宏

城市与环境学院
杨慎敏

中国语言文学系
周诗语 李煜哲 祁　玥 史佳宁

历史学系
李远远

社会学系
可黎明 高明柔 赵晓依

考古文博学院
范　潇

哲学系
李佳轩

国际关系学院
沈雨菲　韩　阳　丁文婷　覃文婷　李　婷　刘思雨
经济学院
刘伟光　徐　磊　石　琳　唐至睿　张一凡　江曜民
李炜钊　鹿　溪　卢　宇　崔　馨　曾　婧　郭　睿
熊诗语　刘华山　谢昊君　郝孟源　王佳琛　王瑞馨
王雅婧　张梦溪　邓尚律　王柯评　白　露　谢　琪
元　燕　卫昊辰　刘文超　刘庆波　金雅贝　宋　叶
沙圣洁　汪忆源　冯薪铫
光华管理学院
董力夫　莘星月　陈　娱　梁　爽　吕珺璞　周百灵
苏梦泽　姚柳合　郑云萌　刘羽飞　杨鸿源　李盛楠
刘紫莹　贺子桐　孙　菁　曹润寰　杨欣媛　申　飞
亓悉蓉　石果平　宋宇辰　刘　超
法学院
王　靓　王超群　周　全　李玉珍　刘鸣赫　王晓萱
沈　莹　李熙泽　易　鸽　高山青　张雁楠　范星宇
王美月
外国语学院
黑　荣　赵盈盈　高毅菲　刘夕冉　安碧君
新闻与传播学院
张可欣　严　妍　黎小童　马蕴瑶
元培学院
王班班　陈星烁　李林橦　施文娴　欧红宇
周昊夏朗　　崔嘉诚　马云帆　李　霖　顾英博
周　蜜　金　瑛　徐　越　阿思汗　盛大林　于　越
邹冠男　牛安然　孙　超　毛天白　陆丹丹　成希希
谭振洲　王沁雪　孙钟涟　刘东奇　孙菡浥　程木樨
政府管理学院
瞿湘玉　曾　键　金　津　李　磊
信息管理学院
张莹莹

地球与空间科学学院
邓　凯　孙为杰　刘凤麟　何　强　李　可　李　陟
张西雅
心理学系
宋　弋　王立卉
新闻与传播学院
王成文
中国语言文学系
李林芳
历史学系
任　伟
哲学系
吕　超
光华管理学院
刘莎莎
法学院
张　欣
政府管理学院
赵　源
外国语学院
王秋霞
信息科学技术学院
李　星　刘　欢　刘大河　郭化盐　朱哌锟　周明昕
陈维政　张灵箫　袁鹏飞　周新杰　邢星星
教育学院
王世岳
前沿交叉学科研究院
王　军　陈硕冰　李秋理　王成彦　周　平　涂星辰
工学院
宋文杰　杨　艳　钟灵煦　康文婷　孙俊勇　吴　燕
陈　燕　唐慧莹　李玉辉　李华芳　钱　龙
城市与环境学院
许重阳　王旭辉　吴佳雨　苏　舒
环境科学与工程学院
梁中耀　李蒙蒙
分子医学研究所
肖成路　吴　迪　周　肖
生命科学学院
杨本灿　郭　羽　伍应丹　周悦欣
分子医学研究所
王绍华　赵　斌　赵　佳　韩晓蕊
工学院
武　丹

2012级北京大学校长奖学金
生命科学学院
胡莹莹　于浩然　李奎杰　王　越　景芳园　史际帆
俞翰君　黄晨笛　林　锋　白　洋　陈　晶
物理学院
吴洁强　陈振兴　何　晟　叶　萌　蒋庆东　李朝恺
谢子昂　俞骁翀　孙宁晨　谭晓晓　彭义来　王　翌
化学与分子工程学院
董　浩　张则尧　徐林楠　王　熠　姜延龙　林　立
姚肖男　陈　超　张　骏　师　楠　朱蕴韬　李　欢
辛纳纳　侯绍聪
生命科学学院
余腾辉　陶建立　姬亚朋　薛博鑫　王　萌

北京大学2012年才斋奖学金
孙美玲　广告产业的制度安排与制度想象　新闻与传

黄 政	《江标集》与江标研究 中国语言文学系		建设与内部高管思维方式的视角 光华管理学院
孙 顺	闽北方言的字调归派及其"弱化声母" 中国语言文学系	张 东	财产理论和分配正义——经济法的视角 法学院
罗 帅	公元前3世纪至公元3世纪的中亚与东西文化交流 历史学系	吴银玲	云南中甸古城市与宗教的历史人类学研究 社会学系
丁 雨	11—15世纪中国港口城市调查与相关比较研究 考古文博学院	臧雷振	新媒体运用中政治机会结构变迁与国家治理回应 政府管理学院
刘 明	语境中的普遍人权 哲学系	车 琳	中美明星制比较视野下的中国电影明星研究 艺术学院
顾 炜	俄罗斯与后苏联空间的地区整合 国际关系学院	谭之博	公司储蓄与全球失衡 国家发展研究院
孙露晞	先行国家制造业演进研究及其对中国的启示 经济学院	杨素红	转型时期我国城镇居民教育收益率变动趋势及其与收入分配的关系 教育学院
冯文婷	中国企业如何"走出去":基于外部品牌形象		

2011—2012年度共青团系统先进集体和先进个人表彰名单

北京大学红旗团委(5个)

城市与环境学院团委
哲学系团委
经济学院团委
法学院团委
第一医院团委

北京大学共青团专项工作创新奖(7个)

政府管理学院团委
外国语学院团委
生命科学学院团委
工学院团委
新闻与传播学院团委
基础医学院团委
人民医院团委

优秀团支部(43个)

工学院2010级硕士2班团支部
物理学院2010级本科3班团支部
化学与分子工程学院2010级本科1班团支部
信息科学技术学院2009级本科微电子3班团支部
地球与空间科学学院2010级本科团支部
城市与环境学院2009级本科2班团支部
环境科学与工程学院2011级硕士团支部
中国语言文学系2010级本科团支部
历史学系2010级本科团支部
哲学系2010级本科团支部
国际关系学院2010级本科3班团支部
经济学院2011级硕士团支部
光华管理学院2009级本科工商1班团支部
法学院2011级法学硕士1班团支部
社会学系2010级本科团支部
政府管理学院2011级本科团支部
外国语学院朝韩语系2011级本科团支部
艺术学院2009级本科团支部
新闻与传播学院2010—2011级本科联合支部
马克思主义学院2011级硕士团支部
元培学院2010级3班团支部
教育学院2011级硕士高校管理团支部
软件与微电子学院文艺二苑团支部
人口研究所2011级团支部
水电中心团支部
深圳研究生院城市规划与设计学院2011级城市设计团支部
对外汉语教育学院2011级硕士团支部
前沿交叉学科研究院2011级团支部
基础医学院临床2009级5班团支部
药学院药学2009级1班团支部
公共卫生学院预防2010级1班团支部
护理学院护本2010级团支部
公共教学部医学英语2008级团支部
第一医院2008级团支部

人民医院心脏中心一团支部
第三医院门诊部团支部
口腔医学院药剂科团支部
燕园基础医学院2011级临床1班团支部
科技教育交流协会团支部
朗诵艺术协会团支部
提琴社团支部
街舞风雷社团支部
翻译协会团支部

共青团标兵(10人)

罗碧芳	深圳研究生院团委书记
余 靓	工学院2010级硕士研究生
邵子剑	地球与空间科学学院2009级本科生
张振东	教育学院2011级硕士研究生
郭佳奇	信息科学技术学院2009级本科生
方晓晖	城市与环境学院2008级本科生
张 欣	新闻与传播学院2009级本科生
张长宏	城市与环境学院2011级硕士研究生
刘铠维	经济学院2008级本科生
邵晓凤	人民医院团委书记

十佳团支书(10人)

刘博玄	数学科学学院2009级本科生
田方敏	工学院2009级本科生
胡独巍	信息科学技术学院2009级本科生
张 岩	地球与空间科学学院2010级本科生
张亦培	城市与环境学院2010级本科生
黄贤睿	环境科学与工程学院2009级本科生
张小庆	国际关系学院2010级本科生
樊 帅	光华管理学院2009级本科生
侯玉婧	政府管理学院2010级本科生
赵捷宇	第三医院药剂科

优秀新生团支书(10人)

戴逸君	生命科学学院2011级本科生
王 未	信息科学技术学院2011级本科生
万 瑞	环境科学与工程学院2011级硕士研究生
赵雅雯	哲学系2011级本科生
张先弛	国际关系学院2011级本科生
谭思瑶	法学院2011级本科生
汪星宇	政府管理学院2011级本科生
宋妍萱	人口研究所2011级硕士研究生
员瑜平	深圳研究生院2011级硕士研究生
王 强	基础医学院2011级本科生

优秀团干部(106人)

数学科学学院
陈江琦　刘逸飞

工学院
赵　宇

物理学院
刘兆沛　吴雨航

化学与分子工程学院
刘博通　张韶光　肖艺能

生命科学学院
高　远　程万里　李泽堃

信息科学技术学院
陆　璇　马　郓　曾齐齐　张晓东

地球与空间科学学院
张艾琳　周艺芝

城市与环境学院
杨　倩　王一帆　郭　晓

环境科学与工程学院
王艺淋

心理学系
陈志起

中国语言文学系
唐芊尔　刘　娟

历史学系
贺梦晨

考古文博学院
张巳丁

哲学系
秦晋楠　张平天

国际关系学院
王婉璐　卫　琛　郑唯实　王菁菁

经济学院
高庆昆　吕　麒　夏腾骁　刘洋轩

光华管理学院
潘　援　孙菁泽　戴　威

法学院
韩瑶瑶　李婧一　黄浩荣　李　明　沈　鑫　袁　雯
孙智超　李彦恺　冯宝慧　李　根　仲启群

信息管理系
段紫薇

社会学系
宋　宇　王丽雅　吕　帅

政府管理学院
王怀乐　武暾辉　何庆钦　何孟奇　柴琨　邓永辉

外国语学院
敖琳琳　黄超然　李潇伊

艺术学院
郭莉莉

新闻与传播学院
郭蕙　于鸿鹤　梁天韵

马克思主义学院
张凯

元培学院
贺天　李琦　濮天琪　周文杰

国家发展研究院
户德月

教育学院
李秀晗

软件与微电子学院
张西晴　赵冬冬　李洁

人口研究所
孙韩钧

附中
刘星烁　方铭璐

后勤
孙志勇

校医院
肖雪

深圳研究生院
刘松杨　高伟　苗淼　杨瑞　詹谦

对外汉语教育学院
黄传雯

前沿交叉学科研究院
党祎

医学部
赵永为　车颖　齐晓宇　王新静　张涛　宋诗雨
王计明　何永欢　刘艳　刘国臻　听夏　韩竞男
潘勇　郭魏　荆伟龙　吕天楚　冯标琪

优秀团员(218人)

数学科学学院
贺少杰　刘华超　杨懿　张炜

工学院
刘一民　王琦峰　王瑛琪　张晗

物理学院
徐广伟　王宏伟　王一出　严引　宋翔宇

化学与分子工程学院
李天祥　赵泽琼　孟令辰　高翔

生命科学学院
雷雪　高洁　林建飞　徐奕

信息科学技术学院
戴竹韵　刘晶晶　薛萍　陆顾婧　杨楠　刘一会
柳黎　文永正　尚逸峰　胡明达　钟舫

地球与空间科学学院
方俊钦　刘家骏　钱加慧　施力　叶久艳　孟庆鹏

城市与环境学院
刘禹君　包涵　郭笑盈　康艺馨　韩霞　杜玉成
吴强　娄勃勃　吴宇翔

环境科学与工程学院
于晓雯　叶俊辉　冯韬

心理学系
鲁君实　朱润

中国语言文学系
雷溏珣　张庆雄　黎潇逸　濮玥　潘庭玉

历史学系
林欢彦　郁妍莹　杨筝　成柄潇　冯鹤昌　沈一心
梁千里　于天琳

考古文博学院
翁汝佳　艾佳

哲学系
郑捷　吴庆前　成立　裴济洋

国际关系学院
戴帼君　郑方圆　周瑜倩　冷慧宁　杨博允　傅翰文
孙垚垚　庄晓月

经济学院
程启帆　韩丽媛　刘丽兵　刘冬雪　田庄　陈冠宇
任溯远　怀文馨　张月月　成也

光华管理学院
傅蕾　于越　谢可夫　童坤　周静荷　耿一丹

法学院
吴景键　王培培　王天　徐骁睿　陈亚晓　时秒
龚丽媛　陈立诚　何于彬　潘驿炜　郝贵喜　黄敏娜
傅杜阳希　秦晓蒙

信息管理系
张磊　瞿绮

社会学系
胡凤潮　张勇军　闫雅心　陈方俊　肖博宇

政府管理学院
韩丰蔚　臧天宇　张皎　赵越　褚亮　肖遥
王洋洋　刘硕　于雷　侯泽明　莫屈　刘晓雯

外国语学院
陈思毅　杜周安安　李冠徽　李季　张英子

朱晨多　王可书

艺术学院
李诗语　宁　昕

新闻与传播学院
安晶丹　丁怡婷　张一琪　赵　恺　杨　柳

马克思主义学院
汤　乐　杨玉好

元培学院
杨　照　徐涵剑　江昊昱　王青艳　陈梦蕾

国家发展研究院
杨继伟

教育学院
曲茜美　张优良

软件与微电子学院
刘　锋　张展培　庄国帅　李金蔓　许伟民　张银立
陈　伟　史金明

人口研究所
李晓铭　张　旭

附中
吕　佳　张雪婧　王熠晖　杜楚林

后勤
冉　光　张立平

校医院
崔　雪

深圳研究生院
陈　疆　王　尧　胡海波　蓝佳佳　李　直　刘　星
刘轩宇　王扶潘　王南南　王玉珏

对外汉语教育学院
蔡幸娜　王林琳

前沿交叉学科研究院
李嘉明　辇伟峰

体育教研部
张景瑜

医学部
林秀峰　祁静文　张思宇　冯　瑶　傅媛媛　王黎明
连　梓　李　岩　刘　刚　张翠红　葛浩天　许　珂
韩　钦　黄　骁　刘旭妍　马伟杰　余培峰　徐　欢
朱雨泽　韩志航　马元亨　彭　耕　潘昱廷　井　鑫
李善欣　刘　飞　楚合玉　郭美含　李艾为　马闻卓
周乐群　王　丹　赵　园　王长鹏

毕业生名单

本专科毕业生名单

一、授予学士学位名单

理学学士学位 1295 人

数学与应用数学专业 104 人

卞欢	曹莹	陈然	陈锐	陈卓	邓迪
狄飞	杜广	方骁	高磊	高艺	胡旸
姜铭	江莉	勒雅	李黎	李萌	李冉
梁磊	林希	刘薇	陆直	吕桐	罗马
苗旺	乔杨	唐朝	陶原	王倩	吴蔚
吴昕	熊雪	徐禛	杨奔	姚石	余谅
张成	常红燕	陈辰超	陈恩石	陈弘毅	邓彦桢
董亦沛	段佳宁	范晨捷	高佳卉	高茉人	龚任飞
顾嘉雯	顾张杰	韩梦姗	韩世予	韩宇峰	何璐阳
胡瑞濛	黄笛	黄俊亮	匡宇明	李殿江	李光昊
李家夫	李诗宇	李粟粟	李小钢	李宣成	梁腾原
梁哲铭	廖智维	林浩宏	刘鹏飞	刘巍放	刘向阳
陆弘量	罗星晨	马瑞博	毛瑀佳	潘东海	彭建恩
彭沛超	齐寅思	潜骏阳	秦历宽	任尚伟	孙艺博
唐笑天	王诗绮	王翔宇	王宇前	王远航	王子星
吴丹丹	吴天琦	夏素缦	熊杰超	徐昊漪	许文放
于浩然	张瑞祥	张智元	郑国亮	郑泽宇	周晓渊
朱怿成	朱睿慧				

信息与计算科学专业 34 人

李聪	刘潇	刘晔	苏颖	唐坤	王珺
王博	王储	王恒	王健	魏来	张航
朱琳	常金龙	常一凡	郭兆中	黄维晨	匡斯萌
李硕彬	刘海峰	吕天野	青慈阳	石鎏澂	史际帆
苏梓晏	王广赛	王景行	王志宇	徐东昊	杨嘉骐
于吉宁	张利华	周玄同	朱景龙		

统计学专业 28 人

陈浩	杜戈	费哲	李乾	李响	楼甜
王烜	王畔	王擎	王鹭	陈瑜希	郭洑杉
李长城	李溥泽	李姊怡	刘晰心	马振武	阮欣然
孙文博	王安迪	王天辰	吴浩原	吴若愚	徐冰卉
徐建宇	许白婧	杨双悦	周光耀		

物理学专业 136 人

白晓	毕震	曹霆	曹鑫	陈晶	杜炜
冯茵	傅洺	傅成	高腾	高扬	葛琦
韩蕊	何溟	何石	何晟	贾炜	金驰
雷泽	李晶	李响	李昊	梁聪	梁好
梁霄	梁鑫	刘畅	刘畅	刘敬	刘宁
吕程	骆莎	彭骋	师沛	舒昕	唐鹏
王硕	王翌	王浒	文超	向黎	薛元
颜开	易煦	尹棚	余胜	袁骁	张帆
张骏	钟凯	周权	安硕明	车小洲	陈励治
陈牧原	陈秋澍	陈艺灵	陈逸航	崔玉章	戴琳逸
邓硕青	杜容非	杜腾飞	杜臻英	费洋扬	冯景辰
高凌鸢	郭有为	郭峥山	韩雅琦	贺卓然	洪凌宇
侯冰雅	黄俊午	黄兴祺	黄学骏	姬世龙	贾学谊
姜正申	金辰皓	黎康梅	李朝恺	李驰远	李黄幸
李诗哲	李益楠	李纵横	林斯波	林奕达	刘天奇
刘威岑	刘晓萌	骆少君	马若云	牛玥蓁	区永曦
屈智嵩	任铂宇	盛昊骐	史一鹏	孙传奎	孙励新
唐克超	田继挺	王悦文	吴洁强	吴泰霖	席静怡
谢东霖	谢云鲲	熊邦国	徐建宇	许元达	薛博鑫
严通行	杨冰岩	杨光宇	杨尚林	余海平	俞骁翀
张君华	张西通	张小峰	张兴家	赵永峰	郑虎松
郑加贝	郑琪野	周美林	周铁成	周廷发	朱立峰
朱天骢	祝业青	闫仲伯	於晓明		

化学专业 106 人

曹蓉	常欢	陈晨	陈星	陈阵	陈烨
迟樾	崔畅	董哲	董璐	何清	蒋瑞
金俊	刘玲	罗征	马开	马毅	彭霄
彭洲	邱然	邱天	石可	孙亮	王多
王熠	魏月	文豪	吴昕	杨飚	张驰
张吉	张骏	赵湉	周昂	周聪	窦萌
覃翔	卜杰洵	蔡颖潇	蔡恺珉	曹怀卿	常凤夏
常善奎	陈家强	陈硕冰	陈苏悦	成冠琪	程璐渊
楚天翔	翟赞圣	翟珂锐	冯嘉杰	傅虹桥	高梦溪

黄重行　姜夕骞　姜延龙　江蔚曦　蒋骏璁　李博意
李若铭　李雨萌　李潇瀚　李昕欣　林浩然　林雨晨
刘一洲　刘影夏　沈琛骐　沈熠晖　隋春宁　孙乾辉
孙卓鲁　汤若金　田镭鸣　王普舟　王宇平　吴曈勃
谢文俊　徐林楠　徐若愚　许文馨　殷雨丹　俞若诚
郁凯文　张达奇　张芳庭　张梦楠　张松南　张晓璐
张一鸣　张桢润　赵蒚姗　赵伯譞　赵东琴　赵靖波
赵熙康　赵子健　郑雨晴　郑志桐　周双琪　周伟俊
周璐珊　朱瑞旻　朱晗宇　祝融峰

应用化学专业 9 人
曹自强　李涤尘　刘笑明　任羽茜　王晴飞　王天民
邢佳伟　徐余颢　鄢春华

生物科学专业 112 人
白　楠　曹　畅　陈　洁　陈　赛　陈　问　杜　菁
高　露　高　强　高　山　侯　林　姜　川　井　淼
赖　俊　李　喆　梁　鹏　林　玫　刘　筱　吕　海
孟　劲　潘　恒　潘　靖　王　颜　文　杨　吴　越
吴　璇　熊　亮　徐　婉　杨　辉　杨　萌　遇　赫
袁　媛　张　帆　张　功　张　全　张　唯　张　翔
张　越　赵　宇　赵　媛　闫　晗　鲍凡尘　边树蕊
曹天骄　曹希欧　陈阿男　程协南　代骏豪　董雅韵
冯天泽　高曼琦　郭倩云　国志超　何豪杰　何雨点
何芸芸　洪鑫宇　侯华芸　矫骏逸　李纪为　李心欣
李毅科　李姗姗　梁东海　廖乐祺　刘宁菁　刘天舒
刘雨莎　刘运鹏　吕天择　马学乔　马一禾　宁润东
沈青骥　宋诗娅　宋沅芳　苏思明　苏松乔　田婉洲
万俊男　万一楠　王干诚　王顺昌　王唯晔　王雁冰
王轶楠　温玎乔　吴小骥　伍倩竹　席艳鹏　肖清扬
邢孟坦　杨海涛　杨纪元　杨金龙　杨志芃　姚致远
于哲超　曾庆龙　张浩千　张惠新　张吉安　张临政
张云山　张瀚文　赵名珏　周一望　朱天择　朱宇夫
朱子云　朱昶宇　闫临洲　臧文昭

生物技术专业 10 人
陈　龙　陈　曦　王　丽　吴　晶　向　威　郑　琪
韩倩倩　黄成玉　庞长旭　王哲骁

天文学专业 22 人
郭　震　孙　惠　田　婧　王　宇　杨　毅　郑　永
陈文俊　孔维晟　李青晟　梁凯荣　刘博洋　刘海瑞
刘禾阳　刘自华　卢吉光　孙宁晨　万峻辰　王志超
张宏博　周恩平　闫文驰　上官晋沂

地质学专业 29 人
程　翔　邓　轲　韩　雷　蒋　里　牛　琨　潘　路
沈　阳　王　潮　王　晔　熊　林　叶　姮　张　莉
邓世彪　邓正宾　景宇轩　李紫嫣　刘凤麟　孟繁露
彭一郎　史文婧　唐嘉伟　王洪浩　韦泽骋　魏费翔
叶立金　张华添　张晓玉　张昭昱　周弋涛

地球化学专业 14 人
吕　鑫　孙　勇　詹　彦　张　拓　陈艺超　郭博然
郭城桓　黄秋岳　黄泽宇　李蔚然　谢亚彤　殷义栋
云天林　张天骥

地理科学专业 10 人
陈　桑　陈　嫒　韩　雅　李　晶　李潇璐　卢明镇
汪疆玮　徐湘涛　周佩玲　周杏雨

资源环境与城乡规划管理专业 22 人
胡　韬　纪　洋　金　苏　马　妍　王　洁　肖　霄
张　芃　曹晓昱　法念真　胡昊婷　贾婷婷　孔钦钦
黎茜茜　李文超　李一星　李婷婷　林洛娜　毛如玥
周珂锐　祝晓飞　加肯·沙哈　　　热斯江·沙买提

地理信息系统专业 17 人
郭　潇　李　亭　刘　钰　马　捷　任　翔　王　雪
王　泽　王　璐　崔昊天　高一钊　蒋孝融　林佩蓉
刘子豪　梅瑛倩　宋桔尔　王瑶莉　叶威惠

地球物理学专业 17 人
陈　昭　程　乾　邓　仪　洪　川　贾　萌　石　嘉
陈彦阳　丁绿原　龚胜全　宫健华　李世林　刘志鹏
庞小娇　彭雅俊　祁逸超　王宇航　邢广驰

空间物理学专业 7 人
尚　炜　汪　珊　邹　明　吕雷奇　马占星　马昱强
张凭跃

大气科学专业 31 人
旷　烨　李　建　罗　帆　田　亨　吴　超　张　贺
张　凯　张　琼　曹汉森　陈晋轩　单单单　费可测
冯主恩　顾思凡　胡世能　姜晓飞　厉潇渊　刘伊琨
陆霏霏　彭义来　汤亦多　陶江川　王凌霄　吴书强
徐海琨　徐鄹澄　郑博文　郑一琦　周天骅　周喜讯
朱晋玄

理论与应用力学专业 25 人
李　青　李　翔　刘　晗　罗　浩　王　维　杨　翔
杨　艳　白若冰　陈博健　崔岁寒　段默龙　贡冀煊
郝宇清　金炜炜　梁文恺　孟繁星　孙宛晨　王汉雄
吴国藩　吴蕴超　于文君　张昆罡　张蕴弛　张泽群
周子桓

古生物学专业 1 人
刘　拓

电子信息科学与技术专业 81 人
江　鑑　艾　茜　陈　默　陈　一　段　巍　樊　皓
高　伟　高　源　何　鑫　胡　泊　黄　旼　李　冰
李　丹　李　刚　刘　凯　刘　跃　陆　骋　吕　毅
罗　伟　罗　阳　秦　道　隋　昕　谭　旭　王　然
王　帅　王　烁　王　正　王　娅　姚　远　于　岩
张　弛　张　平　张　振　张　钊　卞宇阳　丁雪晨
范兢雯　贺成量　侯晨波　黄雨青　姜胜寒　蒋丽婷

蒋凌君 金璐顿 雷新诚 冷鉴霄 李基荣 李剑波 戴彦祺 丁家昕 桂欣璐 何欣然 李晓骥 李欣雨
李文桓 刘博通 刘晨昕 龙秋朦 卢菲菲 吕俊义 廖明镜 刘晴芸 刘文一 刘晓明 刘炜炜 刘睿琪
罗国勇 马陶然 苗光耀 潘子健 钱雨辰 唐宇星 龙一波 吕华博 罗舒颖 马津晶 年家震 孙栋衡
王颂武 王兴茂 王运美 徐泽林 杨和敏 杨弘宇 汪曼琪 汪若凡 王巧月 王一磊 向灵竹 修若阳
姚卓志 叶剑文 张汉星 张家华 张理由 张青双 薛大山 叶希白 俞博闻 张驰丞 张佳音
张五航 张玉立 张增峰 赵超亚 赵大宇 赵晓娜 计算机科学与技术专业 124 人
周明昕 宗伟健 熊思亚东 常嵩 陈健 陈霖 陈昕 陈鑫 高戈
微电子学专业 58 人 桂欢 郝璐 何宇 胡玥 吉辰 江翰
曹宇 邓昊 冯亮 蒋昭 李暾 吕阳 兰天 李晨 李井 李杨 李湛 廖钧
马畅 梅松 苏宇 田野 王朔 韦屹 刘邦 刘盾 刘河 陆敏 吕海 孟洋
熊韬 徐帆 叶旻 游立 张超 张阳 牛爽 彭焯 王沛 王衍 王枭 魏莱
张洵 张昊 陈燕飞 崔晓锐 邓晨曦 姜子臻 徐铮 袁洋 袁野 张弛 张健 张磊
江文哲 蒋海桑 蒋俊恺 蒋晓波 李立松 李佩朔 张磊 赵星 周濛 仝艺 闫肃 鲍由之
李天宇 李昀露 廖天驹 刘宝光 刘大河 刘靖骞 蔡华谦 蔡斯任 陈德健 程楚夏 符文杉 高金杨
刘业帆 陆尹坤 吕芘芘 马丽娜 祁宏涛 任轩乐 关天祎 过岩巍 贺一骏 胡何磊 胡子千 华连盛
邵培莹 孙公晨 孙铭锐 万珍妮 王人泽 王诣斐 华哲邦 黄智聪 贾大同 姜梦笛 蒋云飞 景年强
王子男 夏宇轩 徐晓庆 颜世琳 杨曼莉 姚雨涵 鞠子谦 李春奇 李广一 李诗雨 李文怡 李泽徽
张灵倩 张文峣 郑澄然 郑永安 李晔晨 刘澜涛 卢俊旸 吕骁博 马永芳 孟祥增
材料化学专业 35 人 牟力立 牟雁超 彭立群 彭映雪 秦毅成 任玉鑫
曹杰 李晨 李铮 彭阳 陶志 徐迟 邵新鹏 沈许川 施维加 施心悦 宋辛童 宋政鉴
杨杰 杨奕 叶萌 张航 张涛 陈尔默 孙孝磊 田启翔 王超一 王东祺 王颖斐 王追萌
陈子天 杜绍伍 傅永平 付翔宇 贺宇燊 黄礼君 王睿智 文世伦 吴嘉青 吴悦昕 肖子骞 谢睿明
李翘楚 李天阳 李为真 梁亚唯 卢武习 陆扬懿 徐之刚 薛子骏 杨文瀚 杨智博 叶树雄 于洪亮
毛悦之 聂逸凡 潘白龙 宋环君 孙宇婷 王凌宇 余超旻 袁鹏飞 张番栋 张海峰 张汉生 张吉安
王越超 张一丁 张则尧 周礼楠 伊里古玛 张灵箫 张帅一 张天翔 张一沙 赵伯伦 赵梓棚
环境科学专业 17 人 郑聘威 周佳祯 周竟舸 周伟明 周燕萍 周雨辰
高飞 侯珍 黄欣 王哲 杨晨 褚天 朱国梁 朱沐尧 庄希威 栾兴龙
陈彦如 贺涔霖 胡歆笛 蒋玉娇 杨天骏 张峻华 药学专业 124 人
张亦伦 赵慧斌 周李焕 周信哲 王洪琦颉 晁冲 郭雨宾 潘龙飞 王云飞 陈培阳 董雷
生态学专业 4 人 刘北原 赵紫楠 于小婷 邱爽 唐婧姝 王蕾
傲德 刘果 张钰 秦思雨 杨辉 韩彦君 解一飞 赵阳 石伟龙 张伯洋
环境科学专业 13 人 于明君 尹路阳 张彦波 王玉飞 刘姗 李雯
陈颖 金赤 李悦 王战 吴彤 姜含宇 孔妍 杨淑苹 高儒雅 王小川 甘斯琪 李惟怡
李梦莹 李晓琼 李学钊 罗超文 宋立娜 孙浩然 徐小晴 魏楚楚 焦蕊 刘家希 陈圣慧 蒲梦瑶
朱元晴 解染 卢加琪 陶鹏宇 吴哲萌 陈悦丹 李健
心理学专业 35 人 丁新强 丁一 王俊杰 庄敬旗 孟帅 蔡玮婧
陈静 陈娜 陈曦 刘畅 刘莲 马鑫 张萌萌 刘磊 闫跃鹏 杨松 杨建胜 王喆
祁颖 孙睿 吴琼 吴洋 相峥 熊丹 郭飞 张寓安 谢德媚 吴妮 单冬 翟亚宏
于典 袁瑛 赵欣 曹珉玥 陈钰喆 崔婉钰 孙谊 史勇英 石继凤 李静 孙梦舸 杨思敏
黄思媛 李梦妍 李玉群 刘潇昊 龙一萱 卢正川 黄芦白 邢永宁 吴少桐 唐叔南 葛辉起 李懿
尚思源 沈建虹 盛子桐 谭庆棱 王一棉 王英英 张精亮 付超 黄国龙 高天 杨海松 李栋
杨斐瞳 姚泥沙 姚佑达 赵晴雪 闫亚红 欧洋 尹航 刘彬 刘安鹍 王楠 杨莹松
智能科学与技术专业 47 人 陈加贝 黄美玲 高都 孟婷婷 许飞飞 李井泉
白蔚 陈磊 成江 杜岚 郭聪 韩蕾 母光妍 兰茜 刘鑫 徐海峰 王胜军 黄云
胡楠 寇磊 刘浪 刘蒙 刘翔 刘昊 冯强 王元强 马天阳 路萌 马小卓 周世super
乔丹 武雯 肖芳 许津 章磊 陈毅运 劳智奇 冯鹏 王景达 肖安 梁清照 唐筱婉
马淑金 张文嘉 杜若 胡琨 陈溢欣 江韵

汪小又　付嫣然　吴骏宙　魏　雄　吴晓伟　巩煜焜
阿布里米提·巴吐尔　　　张子为　邱　越　胡春阳

医学实验学专业 23 人

陈天成　李　楠　赵昕淇　李　鑫　刘贺林　滕博川
王　鹏　刘金姣　王迎宝　吕思霖　周　禹　王大为
孙　峰　张博扬　管思聪　梁　婧　王　欢　程梦潇
兰　贺　张　扬　吕香霖　张唯早
鲜米洗努尔·阿布来提

法学学士学位 396 人

法学专业 189 人

曹　阳　陈　涛　初　萌　范　悦　方　叶　方　璐
冯　驰　冯　骏　冯　微　高　飞　高　岚　关　典
韩　磊　韩　玮　郝　悦　侯　乐　胡　达　黄　蒙
贾　元　姜　斌　蓝　娴　郎　海　李　昂　李　丹
李　含　李　杰　李　锐　李　菁　刘　辰　刘　丹
刘　颖　刘　薇　柳　涛　柳　倩　罗　晨　马　克
马　娜　马　欣　马　运　马　哲　马　姣　马　煜
彭　训　钱　聪　任　祎　任　妍　沈　燚　施　龙
宋　欣　台　帅　陶　沁　汪　凡　王　玥　王　超
王　闯　王　蒙　王　陶　魏　彤　闻　宇　吴　倩
武　超　肖　菲　徐　昆　许　强　杨　栴　杨　雪
杨　洋　叶　欣　叶　蕤　余　晗　袁　雯　曾　思
张　丹　张　涵　张　镇　赵　娜　赵　倩　周　旻
邰　进　闵　捷　蔡璐璐　陈吉川　陈柳芳　陈铭宇
陈瑛俏　仇晶华　从群基　邓哲昊　丁琳琳　范广宇
方卓青　高羽腾　郭剑桥　郭立伟　韩婧文　郝丹阳
胡玲燕　胡慕云　胡诗雪　胡星昊　黄浩荣　黄嘉裕
黄佳丽　黄唯倫　简志宏　姜欣然　蒋少翔　景上馨
李祎璐　李静文　李帅兵　李思懿　李晓音　李云龙
利冠廷　连晓娟　梁泽宇　林伊泓　林颖颖　林紫东
刘劼祎　刘立力　刘燕双　吕锐峰　吕舒婷　吕祚成
马博文　马金兰　马梦乔　牟雨蒙　南红玉　牛富增
戚云辉　祁龙杰　祁晓娅　秦立人　石旦波　苏敖迪
隋国澜　孙凤敏　孙逸舟　孙智超　田纯才　田海霞
王春蕾　王文宇　王小溪　王一盈　王越玥　王茜茜
王榧凡　韦敏杰　吴思颖　吴天添　吴颖媛　伍银多
徐淑云　徐雪莹　徐卓然　张露娜　杨小彤　杨心达
杨玉莹　姚希鸿　易格格　尹聪聪　尹亚林　于程远
余楚芬　岳晓琼　曾梦婕　张枫宜　张冠群　张佳宁
张梦夏　张天韵　张莹莹　张月尧　张卓梁　郑德云
郑舒平　周梦媛　周乃元　周韶龙　周宇斯　周悦霖
张美谷子　阿依霞·玉素甫阿吉
马吾叶·托列甫别尔干

社会学专业 55 人

安　浩　丁　芳　董　石　冯　丽　何　叶　贾　婷
蒋　拓　李　代　李　可　李　翃　李　茸　李　衍
李　潇　梁　艳　刘　坤　齐　群　钱　庄　宋　岳
王　硕　王　维　张　媚　张　瑶　张　晖　张　曦
陈洁灵　翟宇航　杜津威　郭尔嘉　何天予　胡智颖
黄世哲　蒋佩雯　景湘怡　李蓝天　李裕熹　李皓玥
廖广南　林梦卿　林雪红　刘小玲　刘再溪　柳闻雨
任慧岩　邵安刚　师瑞阳　苏晓童　同广宇　童淑飞
万聪榕　王艺蒙　王怡丹　王钰珏　薛思荞　杨博雅
张邦和

社会工作专业 4 人

李　萌　鲁　娟　连泽鹏　薛荻枫

国际政治专业 76 人

高　焕　龚　雪　顾　宁　郭　佳　韩　薇　黄　淼
李　越　廖　忪　刘　畅　吕　律　吕　晖　唐　韬
田　欣　王　济　王　颂　王　艳　吴　瀚　夏　雨
徐　丹　杨　萌　杨　莹　尹　萍　张　祥　张　榕
赵　晴　钟　潇　邹　蓓　湛　斌　白雪妍　陈碧玮
陈燕妮　成亚曼　董钰婷　冯东明　高雅楠　郭芳翠
何鼎鼎　江东晛　康斯亮　李莉娜　李苏轩　李一凡
李子龙　梁虹怡　梁嘉真　林彬彬　刘嘉琦　刘文卿
刘桉彤　卢紫烟　马嘉鸿　马佳韵　母君晨　南文瑞
乔冠楠　王涵洁　王慧晶　王金保　王静烨　王南子
王姝奇　吴劢杰　向昱筱　邢雅洁　薛妙羚　杨明珠
杨雯茜　姚驭文　尹伟文　曾瑜萍　张玮一　赵贝佳
赵寒玉　赵心知　周丹妮　朱越洲

政治学与行政学专业 31 人

李　创　尚　磊　苏　畅　苏　政　孙　伟　吴　攀
杨　喆　杨　昇　赵　雪　陈一铖　翟大宇　董晨子
董英霞　胡思慧　黄竹修　李晨曦　李思颖　李宜轩
刘晓雯　莫雨萌　孙金昱　汪苡轩　王智慧　徐录然
叶倩儿　于加润　曾德杰　章梦昱　张池弛　赵冠捷
郑若惜

外交学专业 14 人

崔　莹　李　锋　牟　舣　郁　霭　陈如仪　何晨璐
李奕羲　唐成超　杨如城　张里程　张蕴臻　张卓昕
赵丹盟　甄兆平

国际政治经济学专业 27 人

戴　越　胡　黉　梁　韵　万　千　王　钰　吴　凡
杨　郁　张　茗　周　介　何牧芷　侯雨凌　蒋亚男
李伟红　卢文君　马力扬　马劢铖　吴临凤　吴天力
易姿含　张安然　张磊夫　张铭毅　张淑均　张晓旭
张学明　张婧婧　周动动

工学学士学位 121 人

能源与资源工程专业 25 人

胡玥	孔超	李彪	李浩	刘芃	吴鑫
叶茜	虞渊	袁斌	张健	张昭	陈志杰
葛梦漪	林旻骁	刘传琨	刘广宇	孙梦荷	孙永奇
王启晨	王世浩	温丽群	杨志达	叶嘉俊	章鹏飞
赵泽钦					

航空航天工程专业 9 人

| 陈曦 | 李洋 | 唐肖 | 周凯 | 黄海龙 | 李全冬 |
| 徐东辉 | 赵荣凫 | 钟芳盼 | | | |

工程结构分析专业 24 人

高岳	刘琪	苑远	赵宇	周洁	濮实
胡斯特	黄潇文	刘西河	刘英杰	龙炳艺	卢港龙
皮敏捷	孙文跃	唐慧莹	王启尧	王秋月	王少杰
殷秋运	俞梦杰	张汝达	张振国	周光照	褚世敢

环境工程专业 5 人

| 吴桐 | 戴兆毅 | 李芸邑 | 梁嘉良 | 马涵宇 | |

软件工程二学位专业 17 人

费操	李穆	罗乐	倪雪	潘阳	王琼
王阳	张鹤	赵冉	黄鑫刚	李丽慧	马宇陶
曲立安	茹利男	石韶波	张凌宇	闫静华	

城市规划专业 41 人

陈洋	陈岳	董翔	樊星	江南	寇昕
李智	刘健	刘锐	罗胜	庞皓	乔淼
孙灏	吴思	杨腾	原卉	陈立群	丁启安
胡斐婷	黄若木	江雯婧	李小萌	李志徽	马国强
宋天颖	陶栋艳	陶泽兴	王格格	王胜松	王天尧
吴春萍	夏可慧	杨琳琳	曾馨漫	张洪谋	张旭怡
张一帆	张倩倩	郑闵薰	邹嘉龄	相里梦瑶	

管理学学士学位 106 人

会计学专业 21 人

曹萌	韩欢	姜妍	雷羽	梁曦	林青
王越	肖彦	陈晓灵	房一汀	黄迪舟	刘杜娟
卢梦蕾	苗博舒	钱怡虹	史晓丽	王妙琪	许美善
严驰晨	杨清嘉	申屠李融			

市场营销专业 14 人

鲍骋	杭天	靳奕	连茜	温玥	赵婕
仲夏	汤月华	陈溢辉	蒋海涛	苏子逸	王若冲
张雪晴	张亚君				

图书馆学专业 3 人

| 杨鹏 | 陈舒伟 | 李秀敏 | | | |

信息管理与信息系统专业 32 人

常鑫	黄容	李然	梁岩	刘勇	马婕
孟凡	孟越	孙硕	陶博	王航	吴涛
邢源	严洁	杨晋	蔡华斌	崔婧玉	梁兴堃
鲁洁琼	沈昀浩	时翩翩	史璐雯	宋燕如	陶宁钰
陶永恺	许春雯	杨冰心	张啸吟	周昱成	陈冰清
褚恺路	佳娜·夏依木拉提				

公共政策学专业 17 人

董婧	方锐	李月	朴龙	王洋	王奕
蔚爽	余洪	胡骏晖	贾珊珊	梁家骏	卢小苹
吴卓谦	谢冬敬	于乐然	赵玉洁	赵璐瑶	

城市管理专业 19 人

雷蕾	林力	王伟	徐杰	傅志斌	黄琳希
寇逸馨	李京京	刘雨实	齐云蕾	秦童童	荣秋艳
田家宁	许小雯	曾春阳	曾颖姝	张雅雯	张恺惟
赵楠琦					

经济学学士学位 341 人

经济学专业 58 人

丁雪	顾宪	蒋澈	经楚	李莎	李毅
刘众	宋立	王璐	夏天	辛奕	徐萌
杨硕	张娜	招杰	曹家鸣	陈乃彬	陈少波
陈禹江	陈智敏	韩廷宇	何润夏	黄劲草	黄亚丹
贾子尧	姜坤佯	姜蕴璐	蒋如洋	赖海涛	李正豪
林智贤	刘岩哲	刘铠维	龙雨林	卢睿翔	任溯远
孙鹤洋	孙梦雨	孙兆轩	陶学臻	汪术勤	汪馨予
王荟琳	吴丹晨	吴思思	杨亦然	姚虞申	苑莉莎
张露瑶	张亦弛	张雨嘉	郑亚文	钟季宁	周卓林
朱紫云	恽焓蕾	栾惠清	裘蕾洁		

国际经济与贸易专业 19 人

初静	刘昕	马腾	申龙	苏宏	魏潇
俞涛	陈彧西	林伯道	刘思羽	卢天伊	戚子健
青格尔	全姜姜	孙露莹	王福晗	王泽蕾	徐晗晖
于智玥					

金融学专业 190 人

安雨	毕龛	陈琨	方旭	高铄	宫尧
郭薇	韩冰	何远	何璐	黄琪	姜卉
蒋蓉	李磊	李想	李悦	刘佳	刘小
刘洋	彭程	秦晴	丘玥	邱翔	宋辰
孙杨	田野	王彬	王辰	王平	王田
王祺	文博	吴静	吴宪	杨霄	叶杨
游晟	喻磊	张戈	张航	张威	赵浩
钟华	宗媛	俞力嫚	包婉云	蔡嘉娴	查方梅
唱丽娜	陈希骅	陈心悦	陈宇缘	代龙脊	杜金桃
樊晰心	范轶然	冯泽成	傅仰鹏	付超平	高晓婷

高林溪	郭梦美	侯希然	黄晓寒	黄奕磊	贾静文	苗思安	邵文静	宋启航	王菲菲	王晓峰	吴建巍
康弘波	孔令鑫	李博瑞	李紫菡	林乔惟	林树悦	伍黎明	许晓云	于嘉斌	张博宇		
林秀凌	林悦辰	刘超然	刘超颖	刘克之	刘瑞丰			世界历史专业 11 人			
刘天羽	刘晓龙	罗立蔚	罗盈盈	罗赟骅	马文笛	高爽	洪橙	陆骁	陈婷婷	傅程豪	李晓琳
马骁骁	乔坤元	阮天悦	宋贾悦	田倩如	汪敬吾	李学宜	梁晓弈	许世强	杨宏晶	叶丽清	
汪巧莹	王安宁	王浩铭	王可倚	王锡蕊	王希彦			考古学专业 11 人			
王晓禹	王娅欣	吴一纯	徐雅琪	徐梓豪	许颖桦	白宁	刘瑞	王音	张宸	陈春婷	郭的非
严绍茸	叶诗豪	曾昭仪	战昕彤	张庶平	张晚晴	李云河	唐小佳	田慧心	王姝婧	马丽亚·艾海提	
张晓庆	张晓霞	张轩旗	张元珽	张昱昊	赵家璐			博物馆学专业 10 人			
郑润泽	郑玉婷	朱逸杰	邹一鸣	邓妙然	闵科玉	安婷	陈盼	刘恋	杨婷	韩博雅	李展翘
锺志明	窦士程	訾婧鑫	陈睿	何惟	黄洁	刘春超	刘世崑	张瑞宇	朱程康		
江舟	李迪	李明	李奇	林琦	刘缇			考古学(文物建筑方向)专业 10 人			
刘琰	龙捷	牛雪	孙玥	王楚	王芳	房佳	罗希	谭镭	佟可	冯乃希	李倩茹
王蕾	王征	朱畅	窦帅	戴鐘德	董逸晓	俞莉娜	张梦遥	赵靖雯	朱静华		
杜嘉美	方小华	郭枫晚	何俊业	何衍铭	胡修修						
黄曦晨	姜范依	李默涵	李天文	李子骥	林永平			**文学学士学位 436 人**			
刘佳钰	刘培冉	刘诗加	娄筱筱	卢梦瑶	陆雨薇						
马晨薇	莫雨璐	祁源浦	邱志桦	申少丽	沈芳瑶			中国文学专业 67 人			
沈泽承	隋海梅	孙达飞	王梓潋	魏远沁	吴泊逾	高雅	韩轩	何旻	胡晨	胡明	胡洋
夏飞燕	肖慧娟	谢雅晶	邢天凌	杨富纲	杨羽莎	缴蕊	缐悦	李静	林莹	彭超	乔旸
张盼盼	张棋尧	张晓婕	张晓雯	张雅桐	张真诚	石琳	田韵	万莹	王琳	肖然	辛爽
张自瑾	郑文璪	臧君怡	覃卓杰			许龙	许倩	杨旸	杨月	叶赛	张琳
		财政学专业 31 人				张迥	朱倩	朱茜	陈富利	陈焕文	陈图南
卜炜	柴卉	陈微	成欢	龚博	何畅	陈雪柠	程海伦	迟文卉	丁瑾之	付珊珊	高华鑫
贺爽	李娜	陆骥	张驰	朱琼	缪思	谷雪岩	何方竹	胡宇齐	黄君子	黄柯柯	江林峰
何颖仪	黄温轩	康蕤洁	李一纯	刘梦园	马天骄	李杭媛	李思遥	李育明	李昕桐	马晓菲	马怡虹
牟雪燕	潘明杰	王大林	王敬一	文令懿	吴姗姗	麦慧君	朴香丹	青子文	任一丁	施孟吟	舒昱扬
邢树辉	薛家耀	尹玉容	于文靖	俞雯文	张弘扬	王沛君	王文漪	武梦恬	谢宁馨	张灵羚	张文倩
郑雨雨						张玉瑶	张潇冉	赵若星	赵铁凯	周冰俏	闫梦醒
		环境、资源与发展经济学专业 16 人				欧阳月姣					
冯杰	高杨	李祎	刘航	万雨	马王悦			汉语言学专业 28 人			
吴昕	杨程	袁圆	赵维	邹欣	陈炫汐	陈茜	丁丁	李昂	刘祎	任荷	汪莹
宫广平	莫介邦	张妙妙	郑乐凯			许晴	张典	陈甦萌	陈荔闽	冯俊龙	金贤庆
		保险专业 27 人				李云轩	林芳颖	卢亚洲	马川茼	苏瑞欣	王艾琳
柏鹤	蔡雨	丁芬	冯源	胡阳	黄蕾	王一舒	王雨佳	吴婉秋	谢英镝	于佳奇	于梦晓
刘骁	罗蕾	钱进	钱玮	王迪	杨珂	赵伯奇	赵绿原	黄新骏蓉		唐姑一秀	
曾诚	陈培文	崔梦吟	顾雅楠	李其轩	李抒怡			应用语言学专业 6 人			
麦晓芃	孙小荷	王冀灵	谢思遥	徐厚泽	应静之	邵研	冯望舒	刘慧颖	刘艳敏	徐艺峰	张二伟
张雪晴	赵宇晨	朱曙光						古典文献专业 12 人			
						王彤	谢鹏	杨祎	朱蕾	陈一帆	付文红
		历史学学士学位 70 人				李林芳	李施余	申金贤	王宇飞	袁腾飞	张学妍
								编辑出版学专业 9 人			
		历史学专业 28 人				路璐	任潇	王捷	赵杰	潘婧瑶	王佳佳
安铮	白云	李真	潘敦	夏雨	章茨	王若伊	徐艺婷	朱文婕			
张婧	赵通	刘彦伯	蔡佳宏	成柄潇	冯钰宸			英语专业 47 人			
金雨薇	靳亚娟	刘继冰	刘俊霞	刘志红	吕凌寒	白冰	俱菲	李想	刘璐	陆佳	沈希

宋悦　文桥　徐晋　杨海　张驰　赵宁
曹一星　陈思敏　陈文佳　单敏捷　杜承达　杜菁菁
顾保罗　韩春蕊　洪宏烨　黄玉姣　焦璐璐　金书媛
李晨照　李文静　梁锦英　刘智菡　陆晨　潘焕明
齐俊杰　邵天红　施顶立　宋明君　苏东睿　宿慧美
唐田甜　王琳可　袁天添　张洁琳　张其林　赵晓航
庄微寰　闫冰涵　蔺心如　李杨敏慧
上官文祺

俄语专业 12 人
贺飞　申茜　王晋　王琰　王璐　阎彦
尹旭　宾依娜　刘晓敏　朴腾飞　施天驰　杨珏彤

德语专业 15 人
陈超　陈昀　龚诚　贺询　李莉　聂可
董俊玲　李川琪　刘荷真　毛明超　吴学铭　熊苗苗
张韦伟　张琰妮　朱房煦

法语专业 22 人
程康　冯源　顾晨　陆雅　施娱　王远
王愫　卜兴潼　方佳俊　高燕颖　葛一鸣　杭千里
胡钟月　黄洁华　贾宇飞　李登科　罗笑寒　王啟超
王若竹　张霁月　赵鸣磊　朱嘉琳

西班牙语专业 23 人
蔡乐　蔡瑞　蒋琳　刘畅　刘欢　延雨
杨帅　于蒙　赵丹　宝丽格　曹雅玲　金惠兰
李正穹　梁冰影　吕瑞嘉　汪天艾　王纯麟　夏培源
严潇泉　杨雨濛　曾铖虹　张文思　张雪玲

阿拉伯语专业 14 人
陈璐　贺帅　汪骥　王欢　杨洋　戴志轩
杜景涛　官逸尘　霍晓东　贾一夫　李雨竹　李骁越
刘志龙　张博伦

日语专业 17 人
董昀　胡越　贾森　宋超　谢宸　陈家宾
邓睿豪　黄哲瑞　姜雨润　李鹭瑶　刘雪玑　马芳菲
沈栩娴　施雨水　王明烛　王艳超　杨维公

波斯语专业 11 人
蔡正　李琬　林喆　田阳　王诚　卫唯
徐漫　孔祥宇　王艺潼　魏泽宁　张帝皇

朝鲜语专业 13 人
崔莹　邓楠　杜唯　耿静　耿曦　张昕
郑璐　陈翠婷　励佳媛　倪闻天　项传龙　叶小溪
赵宇彤

蒙古语专业 7 人
刘悦　王强　许珂　高丹雪　郭艺华　岳卓昕
琚静辰

泰语专业 11 人
杨欢　尹旭　赵然　丁佳明　李夏菲　李宇晴
吕进春　苏诺雅　张家祥　张晓雅　周晓丹

广播电视新闻学专业 19 人
范晔　卢茜　唐诗　张烈　赵冉　周舟
朱璐　安钰兰　陈师慧　黄健龙　刘杰尘　童正茂
王惠琴　王雪娇　肖丽荣　邢善伟　杨晓钦　甄阳楠
郑珊珊

广告学专业 28 人
谷颖　贺捷　侯佳　胡璇　孔龙　李偲
李建　刘昀　涂琳　袁园　云茹　张天
张也　奚卉　栾琪　金玉婷　黎达文　李则曦
刘晓双　罗李俊　苏晓燕　万京珺　王骏宇　王学良
张鹏飞　赵雅婷　赵逸玮　朱梦佳

新闻学专业 19 人
胡静　毛焱　孙杰　谭卓　张文　周南
李思源　李星怡　李一村　林小楠　秦宜含　王佳荣
王梦楚　谢思楠　许宇司　殷冬梅　袁馨晨　郑佳佳
郑琬莹

广播电视编导（影视编导）专业 27 人
王帆　王旌　向佳　查正琳　陈丹丹　崔情情
傅思云　高佳嫒　姜晓潼　金慧妍　李金汇　李耀东
林菁菁　刘润坤　牟欣桐　全敏玲　时梦月　宋晓文
宋雨雨　孙晓悦　索天艺　王迪迩　杨槃槃　杨潇叶
尹一伊　余良君　白玛梅朵

英语（生物医学英语）专业 29 人
赵建东　王凯昊　纪宏龙　刘涛　诸萍　杨琬霏
吴济民　李佳　姚鹏　李坤　冯江星　陈磊
李璐　孙晨皓　张旭光　涂诚　宋春立　侯文国
周平　刘亿泽　陈小伟　朱淏　张晓彤　武思文
王竟达　陈姝　徐小机　刘洋　能伟刚

哲学学士学位 54 人

哲学专业 42 人
杜若　胡翔　汤炜　王美　文浪　余旎
张乘　张杰　张朔　张雄　郑植　陈建美
崔迅铭　董文婷　范炳菲　葛海涛　黄君怡　黄皓腾
蒋桓伯　李丹琳　梁程程　林起贤　六梦钰　吕存凯
邵世恒　施劲成　石鹿鸣　王少雄　吴苗淼　邢冠宁
徐丹羽　徐可心　许一苇　杨文敏　姚雪斐　余梦婷
俞乐琦　张素芬　赵松洁　朱潇婷　佘瑞丹　臧雅然

宗教学专业 4 人
李昂　乔奕　柏宇洲　许嘉静

政治学、经济学与哲学专业 8 人
唐然　张津　傅博宇　廖元辛　刘从容　陆心嫒
马博强　尤卓越

医学学士学位 660 人

临床医学专业 405 人

何业文	文 龙	谭宸琛	刘家懿	申 洋	张方博
高 珊	张金花	王宇钊	王 仁	冯文卓	杨卓亮
汤海明	胡 鹤	阿达克·赛肯		殷 俊	田逸群
赖青颖	王 含	郑晓雪	倪彦彬	耿 慧	王 智
刘 美	闫子光	高 洁	李昱熙	张 靖	左 帅
符天旭	宋志博	贾 芃	蔡云龙	叶文倩	吴越阳
简渝苏	王 兴	张淙越	王 京	陈彦如	尹彦琪
张 夏	吴 恺	钱 维	王 辉	李 薇	王增华
王翰音	席思思	杨恺惟	刘庆浩	李德润	张扬子
苗儒林	徐茜茜	徐海燕	詹瑞玺	王 君	阮 芳
赵经纬	邢佳怡	刘培昊	赵 硕	李 珊	于龙彪
吴鹏辉	崔 凡	于鲲遥	舒俊龙	陈代晖	杨国建
张大磊	李 彭	王丁一	孙 诚	王越倩	崔 文
吴亚桐	王 权	李 岳	田 琳	吴 梦	彭 帅
马欣昕	丁 霞	张宇辰	赵 慧	路 然	何 凤
赖良鹏	谭梅美	冷颖琳	赵 瀛	李 斌	郑梦涛
王彦洁	张引红	刘 笑	高慧敏	郑博隆	王海宁
刘 晨	陈修远	施 瑞	卿许婕	何 博	刘玉芳
尚诗瑶	张明君	张 放	苏昆松	王 莎	吴 楠
杜胤龙	刘 晴	李汉钊	倪松佳	韩 腾	张 静
王伊娜	吴 岳	汤峃瑜	段天娇	林恒强	李 冰
董 薇	孙 璐	杨 珥	王佳睿	贺文斌	张冬洁
李珊珊	刁桐湘	章亚琼	郭时伟	张刘璐	赵 杰
安 岩	高瑞龙	董 雪	于 洋	任 璟	李建强
孙 澎	张晓盈	刘少兴	郭枫林	何 娜	王 阳
唐若夫	闫璐璐	鲁兆毅	魏 颖	陆 敏	黄 媛
夏 天	郭 歌	王学举	金银姬	梁辰飞	肖琦凡
徐 丽	刘少强	王 宇	王宇鸣	李 航	陈 璐
邓 畔	薛 侃	康曼德	张 斌	李一凡	周 艺
李 维	曲亦伸	王 珊	齐长松	罗 扬	王小平
赵 宇	朱 巧	王 超	刘 妍	郭雨龙	刘 爽
王婧冉	刘 畅	金 亮	江晓丹	李方烃	李浙民
唐 琦	王莉芳	唐 浩	郭 蒙	王 起	郅 新
古博文	丁 鹏	李 潇	张海静	蒋孟茜	邓春梅
漆龙涛	林 肯	贺欣然	余 康	田 原	佀思聪
周天航	辛 灵	高 明	陈依然	王大海	文 静
张 雷	吴 鑫	钟 艺	石依云	李人冬	谭 萌
田 单	任 柳	李亚静	李 敏	张 鼎	唐海燕
李 瑶	邱 林	付 聪	张 龙	李美娇	肖 何
隗永秋	张思宇	周士源	黄 艳	郑艺明	陈 昕
张玄烨	刘 芳	陆迪菲	李 昂	秦 涵	纪永鹏
王 可	张凌欣	孙艺谋	张 博	徐万东	张 健
于丰源	董 慧	周凌霄	肖爱堂	赖旭晟	潘利平
周 靖	孙凤坡	张 帅	何金山	戴允浪	岳 兵
周 祎	王冰洁	安宇林	张 丽	王 飞	牛小娟
杨希孟	常 旭	李 静	林 琳	陈 峰	雷 茜
刘慧菁	王 扬	马毅民	卓鸿武	王振栋	王宇希
马 宁	畅 阳	刘冠伊	陈 辰	张 婧	范明星
姜 钰	王志新	赵楚楚	李 燕	黄行健	赵晓蕾
陈荟荷	高 凯	刘 超	左 瑜	卿洪琨	刘 强
温 雯	刘 佳	刘 萍	周 莹	吕 毅	林塬培
蒋欣彤	王冠莹	许力月	安 方	朱 丽	张志丽
杨腾蛟	王 沛	唐 旭	翁文翰	王冀川	郭 婧
曹加顺	李 延	王克强	邵森垚	张 淼	杨文嘉
蔡煌兴	彭 媛	关 星	刘 睿	叶颖娴	陈伟男
王 旭	陈 姣	孙雪莹	阳 晨	周 勇	席 雯
黄 勍	徐 琼	王 迅	冯 云	王玲玲	李雪实
吴 旭	姚 岚	陈梦蝶	李 高	窦 莎	李 妍
黄凯莉	商澜错	容晓莹	赵 丽	孙嫣然	曹 迁
唐彦超	郭彦江	甘继瑞	李 星	郭颂一	赵文奎
刘 纯	付 伟	刘 晓	王晓华	孙世龙	厉 嫄
臧思雯	欧阳汉强		刘 畅	颜 野	罗 浩
郭新虎	黄 鑫	张云凯	刘 链	卢健琳	李忠民
孙奕鑫	杨 明	钱莉文	庞一帆	孔东丽	李梓赫
陈 洁	王睿峰	钱 铖	张慧君	林圣荣	杨 彦
陈慧莹	周 莉	高锦洁	宋文君	王 凯	侯云飞
刘 楠	杨茜茜	杨莹超	韩晶晶	刘爱春	朱雪梅
宋 爽	李文竹	张晔琼	霍晓宁	王 薇	

口腔医学专业 77 人

易晓钟	蔡仙林	刘 宁	胡 婷	黄一平	张 一
张楚南	韩小东	王 旭	陈月靖	李健男	罗 晨
杜飞宇	刘 洋	谭 旭	梁敏璐	景亚楠	刘 星
周 晨	胡 佳	吕珑薇	于 寰	索 超	卫绪懿
章文博	易 纯	杨 洋	梁 节	吕冬梅	李京琦
潘 徽	张海东	郭怡丹	邹 东	胡晓晟	王 吉
罗 强	穆海丽	王 潇	杨 璇	付 玉	刘福良
蔡 雪	王 函	王 洋	阳 雯	全星宇	洪 霞
凌 龙	付 元	刘 磊	程 灿	周志雄	王宗琦
张希茜	温馥嘉	范 聪	杨炳涛	邵 校	闫 燕
黄和龙	徐 筱	陈 飞	马 晨	刘 堃	崔 玮
曲春娜	雷 驰	刘明月	王希昱	刘敬一	木冬冬
胡 哲	汪 洋	方晓倩	陈 晨	余 涛	

基础医学专业 62 人

金鹏远	张金鹏	施 婷	红 琳	许 璐	谭 晗
吴 瑶	王博文	胡 洋	刘 奥	毛丁丁	王驭龙
张希朦	谌 鏧	唐梦园	黄华康	严 放	
阿布都热西提·喀优木		张化宇	冯嘉汶	毛小伟	
刘威利	徐凌志	徐 超	罗雨虹	高 敏	张 弛
段建辉	朱柏力	王美丽	郭宝辉	于 森	唐 辉
康 希	丁雨竹	苏雪莹	侯雯婷	刘 畅	张小磊

童亚伟	申长春	姜凌	王国强	刘洋	王佳星
张若曦	李佳丽	郭娜	周竟衡	田小生	张雪琼
李圣洁	裴晓磊	崔元辰	王志鹏	王宠	李雪
丁善龙	李雪晨	周瑞	张弈庄	何世明	

预防医学专业 55 人

徐腾	孙可欣	张晏畅	张超亭	袁文青	任爽
李晓娟	陈平	李效鹏	殷环	曾新杰	潘国英
崔政坤	李陈晨	吴彬晖	谭亚运	李静	陈乂惠
刘震	钟秋月	关丽	韩意	孙佳	廖逸星
陈森	邰凯华	赵锋	孙文非	马文杰	黄艳洁
张龙	李楠	马丽洁	娜地拉·多里坤		王思九
黄娜	沙娅	律颖	毛毅	王希	王梦
华欣洋	闫镐	张洪涛	高婷	田磊磊	李帅
尚俊丽	张越伦	王品泽	孟祥睿	刘莹娟	谢春艳
金莉娜	王志隆				

护理学专业（本科）61 人

陈茜云	罗艳金	宋培歌	王代娣	李珍	马彦
王哲	夏薇	赵萍	陈燕婧	向菲菲	侯静
童玉芬	刘秋麟	王肖婷	姚思宇	黎丹娜	张欢
苗广艳	高山	马胜男	鱼毛毛	王朝焱	李杨
赵楠	陈益群	刘兆	吴恺君	原琳	李智
李健	李春田	卢剑飞	林琪	周丽丽	李三林
张朦	刘旭	张佩锋	李海龙	黄映琼	拓丽丽
张新玲	肖萌萌	杨丽媛	魏冉	付艳会	蔡晓宇
盛晓桐	麻莹	宁雪玲	石昊昱	刘嘉琪	耿晓庆
文华	胡佳	张雅蓉	陈程	刘亚琳	朱幸婷
黄慧良					

二、留学生获得学士学位名单

法学学士学位 93 人

法学专业 20 人

韩率智	金达海	金基旭	金善景	金太洙	金钟玟
金宗道	李泰赫	鲁韩娜	南圭垠	南沅京	朴仁教
朴宰演	权多贤	辛源浩	尹昭允	张报恩	赵庭虹
朱友哲	巴布克·玛				

社会学专业 20 人

陈丽沙	崔允瑞	金承玖	金世仲	金孝珍	金允贞
李儿莲	李载允	李在原	梁熙元	林根台	朴祥煜
朴洧进	沈进硕	沈顺用	玄昇镇	尹炳龙	章惠林
赵敏廷	郑松默				

国际政治专业 30 人

安娜	安香善	黄淑韻	加林娜	姜炅琳	金度勋
金仑以	金民澈	金荣益	金誉恩	金株爽	李素林
李贤荣	李贞贤	李准茂	李炅根	刘文超	柳贤静

柳周荣	鲁秀知	朴海利	朴重勋	任起成	申宇燮
孙知延	徐秀炅	张叡恩	郑娥娟	段范河庄	
伊东纪子					

政治学与行政学专业 5 人

房珉阿	金娥兰	朴仁善	权章羽	申俊秀

外交学专业 12 人

蔡知芸	河栋仁	黄恩熙	金西京	李韩松	李霞芸
梁海仁	刘城伊	权珉志	田钟宇	吴振硕	
樋口亚希					

国际政治经济学专业 6 人

肖兰	丁茶殷	李京珍	李宪镛	徐榛佑
古乐米拉				

管理学学士学位 20 人

会计学专业 3 人

李露	崔守鹬	南雅英

市场营销专业 9 人

明月	都庆焕	郭美炅	姜真革	李载善	南智勇
任韩结	孙熹宽	尹成元			

信息管理与信息系统专业 1 人

李智英

公共政策学专业 3 人

姜孝周	具希贞	朴多晶

城市管理专业 4 人

金旻秀	金月玲	李主荣	朴廷胤

经济学学士学位 41 人

国际经济与贸易专业 14 人

金俊	奥尔佳	何丽宁	金东辰	金民锡	金艺娜
李庚浩	李智男	廉智允	林轩平	柳成珉	裴仁泉
朴钟熙	东海璃奈				

金融学专业 23 人

陈米雪	崔敬俊	河东我	黄贤俊	金亨锡	李东奎
李吴潇	李雅恬	马丽娜	朴宣平	权五显	姚智慧
俞明洋	赵舒忆	黄劲翔	姜宇钟	金龙杰	金贤益
金寅宇	李和贞	张美钟	禹东旿	大卫·史密斯	

财政学专业 3 人

金仁均	朴安娜	张小慧

保险专业 1 人

金炫郁

理学学士学位 4 人

统计学专业 1 人

陈宣元

环境科学专业 1 人

金达叶

心理学专业 1 人

金美延

计算机科学与技术专业 1 人

梅捷列夫

历史学学士学位 12 人

历史学专业 9 人

郭又祯　金珪范　金熙星　金相垣　孔智宣　李敬民
文诚坤　钟逸明　崔峨理河

考古学专业 2 人

金晋攸　全世怡

考古学（文物建筑方向）专业 1 人

吉富遥树

文学学士学位 68 人

汉语言文学专业 33 人

安雪莉　陈清华　陈思秀　陈思远　崔秀正　崔志儇
方成元　何凯莉　河政佑　黄仁锡　金韩娜　金基哲
金利恩　金奈英　金善主　金秀娟　金智恩　康基范
李承惠　李承柱　李恩珍　李美景　李沙蕾　李恺淇
林承延　朴美来　朴民均　任盛均　任素希　田惠娜
谢沁慧　薛兰芳　郑圣柱

广播电视新闻学专业 8 人

蔡勋　帝娜　白以诺　曹旱拿　林平锡　朴昭姬
权俞利　孙将军

广告学专业 11 人

李雪　崔时熏　洪锡珍　李珉娥　林昇禧　柳辰婀
朴起延　朴智璟　邱家祺　辛亚映　吉山智慧

新闻学专业 1 人

吴惠镇

广播电视编导（影视编导）专业 15 人

尹泰　洪莉秀　金规原　金民主　李相俊　朴宰奭
全娜岚　申恩景　宋周然　孙旼究　吴英珠　尹智慧
俞贤达　增田博　郑珍娥

哲学学士学位 6 人

哲学专业 6 人

洪惠珍　黄靖恩　李相旭　王嘉宝　韦珉成　许庆九

三、授予双学位学士及辅修名单

1. 双学位名单

法学学士学位 133 人

法学（知识产权）专业 13 人

黄　洁　牛　雪　王　维　文　浪　曹家鸣　陈智敏
何颖仪　隋海梅　王泽蕾　张弘扬　恽焓蕾　闫梦醒
裘蕾洁

社会学专业 43 人

狄　爽　范　雯　洪　橙　李　偲　李　浩　刘　丹
吕　鑫　孙　玥　王　彬　王　欢　徐　萌　章　芡
张　雄　闵　捷　柏宇洲　崔迅铭　代龙脊　冯乃希
冯钰宸　郭立伟　李秀敏　李则曦　李奕羲　励佳媛
林起贤　刘诗加　刘桉彤　卢文君　鲁超凡　陆霏霏
汪疆玮　王佳荣　王天天　许晓云　许一苇　杨嘉骐
姚虞申　于文靖　张博伦　张二伟　张韵竹　周佩玲
周晓丹

国际政治专业 14 人

林淑蕙　裴升镐　石渡宏　宋洋子　天野晟　吴秉骏
河野美慧　　洪宇美嘉　　糠信穗南
桑岛丽奈　　松江清扬　　王野佳优
香月夏子　　政春庄太朗

国际关系与对外事务专业 63 人

贺　帅　贾　森　李　莎　李　琬　刘　昀　申　茜
宋　辰　王　旌　吴　宪　辛　爽　徐　漫　许　强
杨　硕　张　杰　张　琳　张　威　郑　璐　周　舟
薄善祥　曹一星　陈宇缘　董俊玲　杜嘉美　杜景涛
方佳俊　郭梦美　郭玉龙　杭千里　霍晓东　金旻秀
李儿莲　李沙蕾　李夏菲　李晓琳　李学宜　李雨竹
李骁越　林芳颖　刘杰尘　刘瑞丰　卢天伊　陆雨晨
牟雨蒙　朴洧进　青格尔　盛延玉　施顶立　施天驰
孙浩然　王菲菲　文诚坤　谢思楠　熊苗苗　许宇司
严驰晨　张博宇　张家祥　张洁琳　赵晓航　郑佳佳
郑琬莹　朱房煦　朱文婕

经济学学士学位 759 人

经济学专业 759 人

白冰	白云	蔡正	曹畅	曹杉	曹宇	张天	张万	张燕	张也	张越	张茗
陈浩	陈洁	陈翀	陈龙	陈盼	陈然	张璇	张楠	张昕	张曦	张钰	赵然
陈锐	陈桑	陈问	陈星	陈卓	陈媛	赵通	赵霄	赵宇	赵倩	赵淼	郑何
陈昕	陈鑫	成江	程诚	邓仪	邓婧	邹蓓	佟可	闫肃	褚天	安鹏飞	白珍珍
邓楠	董涛	董翔	董婧	杜戈	杜广	柏佳茹	卞宇阳	宾依娜	卜杰洵	卜兴潼	蔡華斌
杜娟	杜唯	杜岚	樊星	锐方	房佳	曹明亮	曹晓昱	曹珉玥	查正琳	车小洲	陈碧玮
费哲	冯驰	冯骏	冯源	高露	高爽	陈翠婷	陈冬龙	陈弘毅	陈吉川	陈建美	陈洁灵
高艺	高源	高悦	耿静	耿曦	龚诚	陈可勇	陈柳芳	陈铭宇	陈如仪	陈仕程	陈舒伟
龚雪	谷颖	关典	桂欢	郭歌	郭佳	陈思敏	陈思丞	陈燕飞	陈艺灵	陈悦丽	陈婷婷
郭颂	郭潇	韩蕾	韩雅	韩薇	呼涛	陈瑛俏	成亚曼	程晓光	程协南	从群基	崔翰星
何淏	何石	何瀚	侯佳	侯乐	黄辰	崔华麟	崔婉钰	戴丰年	戴志轩	代骏豪	邓毕力
胡玥	胡玥	胡泊	胡达	胡越	姜铭	邓世彪	翟宇航	翟珂锐	丁家昕	丁启安	董美偲
黄凯	黄森	贾阳	贾元	贾炜	姜铭	董英霞	杜智超	杜菁菁	范无垠	冯东明	冯俊龙
江翰	蒋拓	蒋兰	金赤	金苏	金璐	冯天泽	冯雪梅	傅虹桥	傅志斌	付文红	高清湍
孔超	孔颖	李丹	李彪	李冰	李成	高丹雪	高曼琦	高燕颖	龚胜全	顾嘉雯	顾彤宇
李创	李代	李君	李多	李锋	李建	官逸尘	郭腾宇	郭又祯	郭元淇	郭兆中	过岩巍
李杰	李杰	李黎	李然	李茸	李晗	韩博雅	韩静也	韩世予	韩婧文	郝丹阳	郝金坪
李思	李亭	李雪	李智	李菁	李潇	郝文涛	何豪杰	何牧芷	贺哲丰	侯雨凌	胡何磊
李曒	梁艳	廖炊	林力	林琳	林玫	胡骏晖	胡梦月	胡世能	胡婉旸	胡欣然	胡星昊
刘畅	刘畅	刘超	刘坤	刘蜜	刘宁	胡宇齐	胡昊婷	黄成玉	黄浩荣	黄俊亮	黄琳希
刘锐	刘翔	刘洋	刘颖	刘钰	陆雅	黄若木	黄诗原	黄淑娇	黄兴祺	黄学骏	黄莹莹
吕晖	罗晨	罗森	罗胜	罗伟	骆莎	黄泽宇	黄哲瑞	霍辰伊	贾大同	贾茂时	贾婷婷
马驰	马捷	马娜	马运	马妍	马姣	姜欣然	江林峰	江蔚曦	蒋海桑	蒋少翔	蒋晓波
马煜	梅松	孟越	孟婧	牟舣	聂可	蒋晓岑	蒋亚男	蒋玉娇	蒋云飞	金世仲	金贤庆
庞皓	彭超	祁颖	钱聪	乔森	任祎	金秀娟	金玉婷	靳亚娟	景年强	敬珊珊	鞠九洋
尚磊	沈超	沈阳	施峰	施娱	石嘉	鞠子谦	康笑笑	孔钦钦	孔祥宇	孔智宣	寇逸馨
宋超	宋岳	苏畅	苏丹	苏政	孙彬	兰建文	李博闻	李晨曦	李承惠	李大韵	李芬洁
孙冲	孙放	孙杰	孙硕	孙旭	孙灏	李广一	李和欣	李京京	李梦莹	李世林	李思颖
台帅	谭旭	唐韬	陶原	田阳	汪莹	李苏轩	李伟红	李文超	李文怡	李晓臣	李晓琼
汪曦	王晨	王迪	王典	王帆	王航	李晓珏	李心欣	李星怡	李一星	李宜轩	李雨萌
王济	王洁	王晋	王美	王蒙	王畔	李宇晴	李裕熹	李在原	李志徽	李主荣	李紫嫣
王鹏	王然	王朔	王烁	王颂	王伟	李倩茹	李潇璐	李婷婷	李皓玥	连泽鹏	梁博姣
王衍	王艳	王泽	王哲	王璐	王枭	梁虹怡	梁凯荣	梁兴堃	梁宇明	林彬彬	林洛添
王晔	王熠	温喆	文	文豪	桥涛	林雪红	林奕达	刘博通	刘传琨	刘凤麟	刘广宇
吴湛	吴婕	吴昕	吴鑫	武雯	伍迪	刘国良	刘海瑞	刘海啸	刘澜涛	刘天印	刘文卿
相峥	向佳	向威	肖菲	肖瑶	肖遥	刘文一	刘晓双	刘小玲	刘笑明	刘燕双	刘雨实
谢宸	邢丹	熊丹	熊彦	徐祺	徐杰	刘再溪	刘卓霖	刘子豪	刘睿琪	六梦钰	卢菲菲
徐晋	徐婉	严洁	阎彦	杨喆	杨旸	卢武习	卢子晟	鲁辞莽	鲁洁琼	陆尹坤	吕存凯
杨枏	杨彬	杨晨	杨晋	杨鹏	杨术	吕华博	吕天涯	吕祚成	罗笑寒	罗星晨	马芳菲
杨腾	杨异	杨莹	杨猷	杨璞	尹棚	马国强	马津晶	马丽娜	马立亚	马梦乔	马若云
于泳	余洪	余晗	袁斌	袁瑛	曾思	马陶然	马永芳	马占星	马怡虹	毛宁宇	梅瑛倩
章谦	张喆	张潮	张驰	张浩	张贺	苗思安	明瀚翔	牟雁超	母君晨	年家震	欧阳昕
张凯	张凯	张烈	张芃	张琼	张全	潘婧瑶	彭建恩	彭立群	朴腾飞	戚云辉	齐云鑫
						祁宏涛	祁龙杰	祁楠珊	乔冠楠	秦童童	邱好茜
						任尚伟	任轩乐	任玉鑫	荣秋艳	邵培莹	邵世恒
						邵天红	邵文静	邵新鹏	沈栩娴	盛子桐	师瑞阳
						施孟吟	施维加	施心悦	施雨水	石教厅	时翿翻

史文婧　史璐雯　宋祎萌　宋桔尔　宋立娜　宋天颖
宋政鉴　宋祉霖　苏东睿　苏诺雅　苏思明　苏晓童
孙栋衡　孙金昱　孙立涛　孙梦荷　孙晓悦　孙艺博
孙永奇　孙智超　汤亦多　唐小晴　唐笑天　陶栋艳
陶宁钰　陶永恺　田纯才　田家宁　田凯强　同广宇
万聪榕　万珍妮　汪曼琪　汪若凡　汪玉龙　王晨曦
王浩苏　王洪浩　王金保　王骏宇　王琳可　王梦楚
王明烛　王启晨　王少杰　王少雄　王诗绮　王顺昌
王天民　王天麟　王文龙　王晓峰　王艳超　王雁冰
王宜新　王艺蒙　王颖斐　王雨佳　王宇前　王宇瑾
王玉珏　王泽睿　王志超　王榷凡　王钰珏　魏费翔
魏树灵　魏泽宁　尉大业　温玎乔　吴曈勃　吴安琪
吴春萍　吴建巍　吴锦鹏　吴苗森　吴天力　吴尉泷
吴文祥　吴悦昕　吴卓谦　吴劭杰　伍黎明　项传龙
肖涵丹　肖丽荣　谢冬敬　谢亚彤　熊杰超　熊思森
徐冰卉　徐东炜　徐建宇　徐录然　徐诗雨　徐晓荣
徐艺婷　徐余颢　徐卓然　许春雯　薛思荞　颜世琳
杨冰心　杨冰岩　杨琳琳　杨露娜　杨曼莉　杨千里
杨天骏　杨文瀚　杨小彤　杨雨濛　杨志达　姚雪斐
姚致远　叶丽清　叶晓莉　易格格　易姿含　尹亚林
于洪亮　于晓栋　余超旻　余楚芬　余海平　袁馨晨
苑昭晶　曾春阳　曾颖姝　曾虞若　曾铖虹　张春飞
张帝皇　张番栋　张海峰　张汉生　张华添　张惠新
张佳音　张理由　张里程　张临政　张梦夏　张铭毅
张瑞宇　张素芬　张天韵　张韦伟　张晓旭　张晓雅
张晓玉　张晓璐　张啸吟　张幸福　张旭怡　张雅婧
张雅雯　张一沙　张英杰　张云山　张蕴臻　张泽宜
张增峰　张振毅　张倩倩　张霁月　赵贝佳　赵超亚
赵大宇　赵宏阳　赵鸣磊　赵晴雪　赵世荣　赵文丛
赵玉洁　赵云鹏　赵泽钦　赵璐瑶　赵楠琦　赵祎超
赵雯婷　郑澄然　郑永安　郑雨晴　郑闵薰　周璟勇
周丹妮　周光耀　周锦宇　周李焕　周梦媛　周明昕
周天骅　周宇斯　周弋涛　周珂锐　周昱成　朱程康
朱恩泽　朱立峰　朱文飞　朱友哲　朱元晴　祝晓飞
祝业青　庄希威　邹嘉龄　邹静娴　邹子龙　闫亚红
琚静辰　臧文昭　於晓明　李杨敏慧　欧阳小婉
上官文祺　相里梦瑶　熊思亚东
马吾叶・托列甫别尔干

理学学士学位 203 人

数学与应用数学专业 39 人

高　飞　蒋　澈　李　井　潘　恒　舒　昕　宋　立
王　沛　王　平　杨　挺　张　戈　赵　宇　朱　畅
宗　媛　陈少波　陈硕冰　陈心悦　郭城桓　郭倩云
贺浠霖　华哲邦　江雯婧　李天阳　林智贤　刘晓龙
邱志桦　沈青骥　沈泽承　陶学臻　王超一　杨亦然

张驰丞　张洪谋　张露瑶　张亦弛　张真诚　赵慧斌
朱曙光　祝融峰　褚恺路

统计学专业 63 人

安　雨　常　鑫　陈　微　陈　睿　何　惟　贺　爽
胡　阳　江　舟　李　想　李　毅　林　琦　刘　洋
罗　蕾　秦　晴　王　楚　王　璐　王　钰　蔚　爽
夏　天　杨　程　叶　杨　张　娜　张　阳　招　杰
邹　韬　左　涵　陈禹江　崔婧玉　戴兆毅　方小华
宫健华　何衍铭　胡修修　黄奕磊　黄曦晨　姜坤伴
孔令鑫　李默涵　李子骥　林乔惟　林悦辰　卢梦瑶
马晨薇　乔坤元　尚思源　孙兆轩　谭庆棱　唐海龙
汪敬吾　王浩铭　王梓澈　吴泊逾　吴一超　吴蕴超
谢文俊　杨富纲　张磊夫　张棋尧　张晓健　张自瑾
张昱昊　赵宇晨　郑乐凯

物理学专业 1 人

苏松乔

心理学专业 83 人

蔡　雨　陈　超　陈　颖　陈　茜　陈　璐　陈　烨
初　静　丁　芳　宫　尧　何　畅　黄　蕾　李　祎
李　可　李　越　李　悦　林　青　刘　悦　刘　众
梅　蔚　邱　翔　任　妍　田　亨　王　战　王　倩
王　奕　吴　彤　辛　奕　杨　珂　张　丹　张　文
朱　琼　朱　璐　邹　欣　常雪伦　唱丽娜　陈立群
丁琳琳　董中倩　冯望舒　付超平　桂欣璐　韩倩倩
何俊业　何天予　何欣然　侯华芸　胡慕云　黄亚丹
李川琪　李金汇　李学钊　李耀东　梁锦英　刘佳钰
马佳韵　马一禾　麦晓芃　莫雨璐　牟雪燕　彭一郎
宋雨雨　孙丽思　孙小荷　王若冲　王怡丹　魏远沁
向昱筱　许颖桦　薛家耀　严绍茸　尹一伊　于加润
于智玥　余良君　苑莉莎　章梦昱　张亦伦　郑文璨
钟季宁　周信哲　朱越洲　朱紫云　覃卓杰

计算机软件专业 16 人

高　铄　葛　琦　胡　韬　黄　欣　唐　肖　袁　骁
张　航　朱　莎　曹自强　陈博健　姜正申　梁文恺
吕天野　沈昀浩　徐湘涛　赵荣奂

电子信息科学与技术专业 1 人

邹　明

历史学学士学位 18 人

历史学专业 18 人

陈　阵　崔　莹　冯　杰　李　晶　王　征　遇　赫
张　驰　周　南　韩廷宇　李施余　马博强　马力扬
祁源浦　申金贤　武梦恬　袁腾飞　赵心知　甄兆平

文学学士学位 43 人

艺术学专业 43 人

崔莹　李丹　刘果　石琳　涂琳　许珂
袁圆　袁媛　张栋　张瑶　陈晓灵　高晓婷
关梦桐　黄洁华　黄世哲　贾一夫　金雨薇　李蔚然
李展翘　梁嘉真　林梦卿　林紫东　刘超然　孟繁露
倪闻天　邵安刚　王格格　王南子　王沛君　王若竹
王小溪　吴惠镇　邢冠宁　徐鬻澄　杨心达　叶小溪
张含若　张一帆　赵靖雯　赵逸玮　赵轶凡　臧雅然
刘雪玑

哲学学士学位 21 人

哲学专业 21 人

郭佳　吴昕　张航　张润　戴琳逸　范轶然
侯晨波　贾子尧　江东昵　赖海涛　李贤真　李正豪
吕天择　宋晓文　王涵洁　王佳佳　王姝婧　杨桨桨
郑若惜　周美林　朱瑞旻

2. 辅修学生名单

行政管理学专业 5 人

陈琨　朱茜　刘智菡　莫介邦　祁晓娅

国际关系与对外事务专业 2 人

杨帅　崔峨理河

经济学专业 28 人

陈赛　高晨　纪洋　江玲　刘恋　陆佳
马哲　王硕　吴燊　谢鹏　徐丹　周敏
谌斌　曹彦雁　丁绿原　顾保罗　何晨璐　何辉辉
梁程程　廖广南　朴多晶　孙宪明　田婉洲　王子星
夏宇轩　杨玉莹　殷义栋　朱潇婷

数学与应用数学专业 5 人

刘森　王丽　喻磊　包文成　曹天骄

统计学专业 10 人

陈阳　蒋蓉　杨霄　杜金桃　华连盛　李洪阳
王大林　夏飞燕　张妙妙　张元珽

物理学专业 1 人

卞欢

生物科学专业 3 人

董璐　胡歆笛　卢明镇

心理学专业 3 人

卢茜　杨柳　王若伊

计算机软件专业 6 人

赖俊　罗帆　陈米雪　彭沛超　石鉴澄　张汉星

历史学专业 2 人

韩春蕊　李美英

德语专业 12 人

胡洋　许晴　叶姮　张媚　靳皓晨　李小萌
莫雨萌　石鹿鸣　孙宛晨　许白婧　于程远　战昕彤

法语专业 19 人

陈洋　高焕　姜斌　毛焱　孙惠　唐朝
叶茜　陈梦溪　陈文佳　法念真　李蓝天　马劭铖
杨文敏　杨雯茜　张雅桐　张月尧　赵舒忆　郑珊珊
古乐米拉

日语专业 23 人

成欢　丁丁　何旻　黄容　经楚　鲁娟
彭训　王琳　夏雨　尹旭　张健　董晨子
傅思云　康蕤洁　李云河　李贞贤　刘志红　骆少君
苏瑞欣　应静之　于乐然　张叡恩　周雨辰

艺术学专业 2 人

贺询　房一汀

哲学专业 4 人

赵婕　安钰兰　陈昌亚　毛明超

医学部 157 人

翟亚亚　冯震东　王荟霞　王翰音　杜飞宇　卫绪懿
付玉　邱林　王冠莹　冯文卓　黄勍　冯云
窦莎　唐彦超　刘晓　张化宇　李圣洁　韩晶晶
唐梦园　黄华康　曾新杰　马文杰　田磊磊　刘震
华欣洋　李楠　陈悦丹　宁雪玲　吴哲萌　魏冉
杨丽媛　石昊昱　王玉飞　金音子　拓丽丽　李惟怡
马小卓　李静　刘莹娟　钟秋月　陈茜云　陈培阳
郭雨宾　周禹　周世强　胡佳　肖萌萌　单冬
滕博川　于小婷　唐婧姝　孙谊　解一飞　罗艳金
徐小晴　孟婷婷　高儒雅　冯鹏　甘斯琪　张新玲
谢德媚　王大为　杨松　魏雄　王代娣　李珍
陈燕婧　向菲菲　侯静　童玉芬　丁新强　邱越
霍晓宁　郅新　尚俊丽　孟祥睿　马丽洁　赵建东
宋春立　杨珏　李坤　李昱熙　王辉　李珊
于洋　张晓盈　齐长松　刘爽　黄一平　周天航
文静　董慧　王沛　阳晨　王玲玲　赵丽
吴瑶　杨莹超　严放　袁文青　李丹丹　吴琼
马彦　王哲　姚思宇　吴恺君　李智　陈姝
张晓彤　李亚静　郭彦江　兰茜　张彦波　张欢
李楠　王希　刘秋麟　王肖婷　苗广艳　马胜男
鱼毛毛　陈益群　刘兆　李文竹　原琳　李健
陈义惠　李静　廖逸星　李晓娟　吴彬晖　崔政坤
谭亚运　黄艳洁　陈森　孙佳　李效鹏　陈平
王凯昊　诸萍　王琬霏　吴济民　李佳　姚鹏
张旭光　涂诚　侯文国　周平　刘亿泽　刘洋

陈小伟　朱　淏　王竞达　能伟刚　张子龙　沙　娅
郭　飞

四、本科结业可换发毕业证及学位证名单

1. 本科结业可换发毕业证书者1人

政治学与行政学1人

唐端鸿

2. 本科结业可换发毕业证及学位证者64人

中国文学专业1人

管　萌

应用语言学专业2人

顾　森　张韵竹

法语专业1人

张　朔

世界历史专业2人

葛　旭　简金赤

数学与应用数学专业2人

刘　帅　张瑞才

信息与计算科学专业1人

朱傲雄

物理学专业2人

廖雪斌　张树栋

化学专业3人

谢　龙　郭银梁　赵晓卉

应用化学专业5人

苏　丹　徐传明　叶文和　张延秀　肖聪(留)

生物科学专业3人

冯清华　马士清　章雪萍

大气科学专业2人

丛　森　魏若晨

电子信息科学与技术专业2人

刘增涛　朱天枢

材料化学专业3人

周　坤　蔡雯倩　黄云翔

环境科学专业1人

陈积微

生态学专业1人

宋倩倩

心理学专业4人

狄　爽　米　涛　张思珺　邹德龙

智能科学与技术专业1人

聂鑫维

计算机科学与技术专业7人

孙　妍　张　巍　何坦宏　王文虎　严亚伟　赵宇飞
周文航

能源与资源工程专业1人

李鹏基

会计学专业2人

江　翔　霍家格(留)

市场营销专业2人

周　竟　安逍遥

信息管理与信息系统专业1人

顾　斌

城市管理专业1人

幸　泽

国际经济与贸易专业1人

曹成昊(留)

社会学专业2人

朴龙俊(留)　赵仁善(留)

政治学与行政学5人

崔伦奭(留)　李周炯(留)　千承铉(留)　赵敏勋(留)
郑守亨(留)

外交学专业1人

权钟洙(留)

广播电视编导专业2人

李浩升(留)　郑孝仁(留)

公共政策学专业2人

金宝美(留)　金志洪(留)

临床医学专业3人

吴　迪　张　峰　张豫伟

口腔医学专业1人

王　跃

药学专业1人

刘晋豪

五、大专毕业学生名单

保险专业1人

陈而东

数学与应用数学1人

宋敏杰

信息与计算科学专业1人

李　强

应用化学专业1人

胡颢瀛

生物科学专业 1 人
徐哲

电子信息科学与技术专业 2 人
黄宇坤　袁崇杰

微电子学专业 1 人
秦强

计算机科学与技术专业 2 人
倪毅　陶泽旺

信息管理与信息系统专业 1 人
晏一夫

护理学专业 200 人

张续鹏	王涛	刘金娜	杨佳名	王翔宇	魏旭
窦晶颖	朱亿	杨波	郭英杰	张欢	刘心远
陈梦	李文奇	宋媛媛	陈钰	李超	蒋丽娟
邢倩楠	张茜	张一凡	刘微	张雪	冉慧
韩帆	李悦	李红艳	冯晓	刘荻	张帅
梁艳枝	王新月	王川	陈美勋	李雪	张志霞
张新伟	刘倩倩	赵越	徐雪超	杨斌斌	马丽莉
杨蕊	焦永红	李婷婷	韩明月	吴亚红	孙阳
龚兴慧	王雪	焦梦原	杜晴	李婷	陈茜
王丽楠	王立铮	张晓玉	刘志超	卢静丽	兰岚
王铁柱	陈娜	侯金欣	李晓轩	邓梦杰	高如月
李引	李宇	崔闯	刘新颖	张楠	孙梦
王晨璐	付佳	王国玥	穆笛	曹慧	邰梦
许雅静	朱云莲	胡爽	周晴	齐绍燕	丁辉
崔盈	王雪	岳莹	周然	许佳星	张芳
王非	王芳	边婉若	范超	安强	李雪
李鑫	宋长青	张骏	王春光	赵立静	马国轩
田春阳	王然	刘慧婉	刘蒙蒙	马傲	付豪
王瑞梅	李佳	付新影	朱欣玉	秦超男	陈晓朦
李丹	闫钰	林雪莹	崔洋	张建雪	朱佳林
赵艳梅	梁鹏	杨旭红	王微	王春艳	祖跃欣
蔡若晨	王兆静	张辉	王丹	林晓娟	庞细亚
王东旭	魏巍	闫佳琪	耿迪	李芳芳	张敏
刘倩	李晖	陈海洁	马腾飞	张利	兰昊
肖旭	陈敬	苏洪	杨进	郭晨阳	王洁
陈晓庆	刘丹	吴启佳	李雪洁	徐新	赵静
李雅晖	张跃洋	郭海涛	程周娜	芮京超	王杰
安静	崔喜丽	马雪梅	王欣	陈晓慧	杨迪
郝丽娜	郝江涛	杨正吉	李义	邵冬梅	王灿
赵雪东	张蕾	张峥	张海明	李迎	唐伟伟
刘杉杉	闫洁	芦芮	徐曼	崔丽娜	张英杰
高菁	路咏	史桂彬	范洋杨	王梦微	李娇
刘合鑫	邓蕾	白洪磊	马丽丽	杨晓吉	林腾
刘胡婷	姚洁

六、2011 年结业、2012 年换发毕业证及学位证学生名单

材料化学专业 2 人
孙佳俊　艾达尔·木合塔尔

城市规划专业 2 人
邓婧　盛哲清

德语专业 2 人
张博　李旻烨

地理信息系统专业 1 人
郭玉龙

地质学专业 1 人
麦欣

电子信息科学与技术专业 2 人
甘露　邹佐雄

法语专业 2 人
黄兢　汤梦磊

广告学专业 2 人
宫晨　易冰洁

国际政治专业 2 人
李黎　卡米拉（留）

国际政治经济学专业 1 人
张彰

化学专业 2 人
宋尔东　徐航

计算机科学与技术专业 4 人
尹诗卉　李博闻　李超逸　程错

社会学专业 2 人
朗卓达杰　江玲

生态学专业 1 人
方水石

生物科学专业 3 人
陈实　李紫聿　窦砚如

数学与应用数学专业 4 人
乔罡　孟潜　杜思海　李天翼

天文学专业 1 人
潘伯龙

统计学专业 1 人
胡涵

文物保护专业 1 人
吴蔚

物理学专业 1 人
鸦梅林

信息与计算科学专业 1 人
禹仲俊

　　　　资源环境与城乡规划管理专业2人　　　　　　宗教学专业1人
宋天宇　吴博闻　　　　　　　　　　　　　樊虹谷
　　　　汉语言文学专业2人　　　　　　　　　　　哲学专业1人
金圣镇(留)　金丞洙(留)　　　　　　　　 李炫旼
　　　　外交学专业1人　　　　　　　　　　　　临床医学专业1人
李贤真(留)　　　　　　　　　　　　　　　米　元
　　　　公共政策学专业1人　　　　　　　　　　基础医学专业1人
金柚成(留)　　　　　　　　　　　　　　　王　龚

毕业硕士研究生名单

数学科学学院

蔡 桥	曹 丽	曹 璞	陈慧明	陈建宫	陈 赢
程 莹	程之炜	方 龙	冯春远	高笑乙	郭 莉
郭英龙	胡晓欧	江 涌	姜 婷	蒋 为	雷辰奥
李大鹏	李方远	李海林	李昊宇	李 申	李雪飞
李艳梅	林剑锋	刘海东	刘文贵	陆宇澄	罗 翔
罗 毅	孟 琪	曲文卉	沈 非	史世玉	宋 洋
孙毅然	王涵民	王 珏	王楠溪	王 维	王正彦
谢 腾	熊 芳	徐 斌	杨 锟	杨纬华	叶 子
殷 杰	恽彦坚	张 凡	张 牧	张伸煦	张文丑
张学斌	赵 辉	赵 鹏	赵兴林	赵一衡	郑祺嵘
周梦荃	朱向临	朱小明			

物理学院

鲍志强	蔡文艳	陈佳龙	杜孟林	费瑞翔	冯 丽
冯 维	甘旸谷	郭霄雨	郝 伟	贺书凯	侯 雷
侯雪峰	黄丽旬	黄 林	李冰桓	李宏强	李宏钊
李 进	李文强	梁 力	梁 志	林常青	林 忠
刘世韬	刘 翔	芦佳宁	鲁辞莽	吕鹏南	罗伟科
马玉龙	彭 韬	任永超	舒海龙	孙 杰	孙永强
佟 霈	万晓敏	王伯睿	王 笃	王溯源	王文静
吴多常	谢 星	熊雪宇	徐承龙	许英杰	严大春
杨 帆	杨 蕾	杨煜东	应 越	余灵妃	俞 锋
曾红锦	张 鹤	张 亮	张 薇	张英博	张志科
赵 胜	郑俊辉	周寅亮			

化学与分子工程学院

丁 祎	付文玉	黄士堂	马 洁	马 骏	庞冠华
张 超	朱建波				

生命科学学院

安一鸣	操昭煦	黄 晓	刘 宝	刘娟丽	刘 君
潘文博	彭伟卓	齐瑞娟	任 姣	申芬芬	王 芳
王维莹	王昕蕾	徐次刚	杨晓亮	张茂林	张小明
张 翼	赵文力				

地球与空间科学学院

保吉成	蔡 晨	蔡 啸	柴蕾蕾	陈萌莎	陈润强
陈文磊	程 鹏	崔 莹	丁 霞	段玉婷	范二平
范新文	傅臣建	盖颖颖	高 松	高危言	耿嘉洲
韩 成	贺敬博	扈福堂	黄岚岚	姜莎莎	姜义权

蒋 林	颉永琛	金亚奇	景 欣	孔繁达	奎明清
李吉军	李 杰	李美铮	李能武	李生福	李溪溪
李晓敏	李 岩	李 杨	廖翰卿	林浑钦	刘晓坤
刘晓瑜	买 莹	孟庆峰	潘昱洁	秦小双	权 超
荣扬名	芮华松	石 勇	苏怀洪	童勤龙	王承睿
王 睿	王旭阳	王政华	吴 静	肖 昱	熊翠娥
徐巧娜	徐 速	徐汀滢	徐伟慕	许文平	闫 聪
严嘉年	杨 亮	杨忠智	张长好	张菲菲	张俊东
张俊魁	赵杰鹏	赵文祎	赵 越	郑 昊	钟 柯
周维卫	周玉柱				

心理学系

边 叶	蔡 强	陈明立	陈瑞云	陈 悦	戴 赟
丁雅玉	范若谷	高雅玥	何陈晨	何小璐	洪 帅
胡 月	胡振北	怀明云	黄禄华	黄梦妮	黄淑慧
黄 涛	江诚潇	雷 涛	李慧斯	李廷睿	林洁瀛
刘海波	刘 洁	刘 蕾	刘 璐	刘文玲	陆婧晶
马永剑	彭玲娇	祁 宇	邱意云	任鲁宁	盛 峰
史娅萌	宋新燕	孙晓兰	汤 沛	唐 鑫	唐旭琳
佟 晶	王东东	王 泸	王念而	王 斯	王文余
王小玲	王 琰	王 怡	王亦琼	谢 玮	薛晓芳
杨 果	杨 鹏	杨少娟	杨雅莹	杨 旸	詹杨杨
张 晨	张 静	张璞楠	张瑞芳	张逸凡	张玉玲
周广玉	周 宇				

软件与微电子学院

安 静	白东旭	白如斌	白 雪	白宇凤	毕 超
毕韦达	边国伟	蔡建涛	蔡 洁	蔡苏扬	蔡俨薇
操 群	曹 皓	曹 家	曹晓舟	曹 阳	曹羽中
柴恩召	柴浩然	柴 上	常 春	常 啸	常 卓
陈德强	陈计友	陈佳佳	陈晶晶	陈 军	陈俊强
陈 亮	陈 凌	陈梦川	陈铭杰	陈铭涛	陈 琦
陈青青	陈日华	陈思宜	陈天诚	陈文剑	陈 曦
陈 潇	陈 雄	陈 阳	陈 瑶	陈 莹	陈 越
程 楠	程艳萍	池宝旺	储啸天	褚 睿	崔 磊
崔胜利	代 健	戴 骞	邓伊岚	邸千力	丁丰岳
丁圣晨	丁 杨	董鹏飞	董 琦	董 青	董世杰
董晓晖	窦晓方	杜春晓	杜航宇	杜俊涛	杜玲玲
段玉磊	范 超	范慧阳	方大军	方文印	方祥雷
方 昕	冯斐然	付传玺	高 波	高二妹	高 飞
高 尚	高 樱	高 源	葛 飞	耿红侠	龚瀚海
关 宇	郭 峰	郭 进	郭 书	郭思文	郭 伟

郭晓燕	郭印双	韩 冰	韩 捷	韩 雯	韩 旭	王晓亮	王晓宇	王胥义	王雪萍	王亚婷	王 洋
何畅彬	何建杉	何立中	何申密	何 圣	何文新	王 尧	王义明	王 咏	王 珍	王智翔	韦诗林
何雪义	贺军伟	贺文嵩	侯婷婷	侯衍汉	胡 江	文 玲	翁书涵	翁武义	吴 广	吴 昊	吴鸿杰
胡 洁	胡 亮	胡适涵	胡文豪	胡新禄	胡伊然	吴令一	吴尉泷	吴亚琦	吴 洋	吴颖慧	吴振湘
胡志利	黄冬咏	黄 曦	黄玉芬	黄子轩	黄梓柱	武建军	夏爱华	夏 青	向 宁	向 松	萧丽娴
季海坤	贾 贝	贾莎莎	贾文轩	姜 华	姜良云	肖 三	肖少春	谢海闻	谢世锦	辛津津	熊灿彬
蒋俊杰	蒋忠秀	焦大原	解朝辉	金 辉	金 拓	熊圣杰	熊 巍	徐 波	徐建勇	徐良军	徐萧峰
金 鑫	井玉欣	居加波	鞠衍睿	阚吉龙	康 欣	徐余江	徐正柱	徐志鑫	许川江	许 飞	许 佳
孔令恺	邝卓聪	赖家材	兰洪光	兰 燕	兰 颖	许开维	许 勇	严 艳	严子龙	颜海青	颜书圣
劳振明	雷垡夫	雷文波	雷雯霆	雷应锋	李 昂	阳时来	杨 超	杨 帆	杨富学	杨 珂	杨 磊
李 斌	李 冰	李 超	李 成	李成彬	李创业	杨 猛	杨慕葵	杨 倩	杨 冉	杨天翼	杨伟荣
李海世	李宏伟	李 佳	李 佳	李金诺	李 晶	杨 欣	杨 泱	杨子斌	姚 菲	姚 兰	姚希娜
李琳琳	李璐璐	李孟杰	李 敏	李明阳	李木荣	姚运虎	叶 田	尹 亮	尹 鹏	英 明	游 明
李牧童	李南哲	李 宁	李 鹏	李期偲	李 倩	余 浩	余慧婷	余能攀	余天天	余文博	俞 洁
李绍恒	李 申	李姝凝	李 顺	李万军	李维维	俞琦敏	袁 杰	岳 苗	曾 涛	张冰锋	张 成
李 文	李熙然	李 翔	李小明	李小青	李晓英	张春钰	张 聪	张丹丰	张桂勇	张 健	张经纬
李亚琴	李扬威	李 昳	李 煜	李 昀	李章民	张景鹏	张均贺	张开元	张阔麒	张 乐	张 雷
李 偉	李宗凯	梁冰宇	梁 爽	梁 曦	林锦波	张 磊	张力哲	张 楠	张 鹏	张 倩	张任伟
林 凯	林文倩	刘 波	刘超凡	刘超伦	刘奉宝	张 威	张伟芳	张 文	张晓燕	张亚男	张 燕
刘海博	刘 宏	刘慧敏	刘佳凡	刘劲松	刘静平	张扬扬	张一宁	张一桐	张 颖	张 勇	张 宇
刘 柯	刘 黎	刘 恋	刘美亚	刘鸣思	刘 宁	张玉安	张跃玲	张忠祥	章聪颖	章 阳	赵 丹
刘 宁	刘青峰	刘仁硕	刘日佳	刘思文	刘 松	赵福杰	赵宏尧	赵洪光	赵玲莉	赵 巍	赵文玲
刘 涛	刘 涛	刘先兵	刘 潇	刘小雨	刘晓静	赵 阳	赵 洋	赵则名	郑博文	郑博阳	郑 荣
刘晓雨	刘雪花	刘 洋	刘 一	刘 寅	刘 英	郑 涛	郑 莹	郑映玫	钟 成	仲路阳	周春敏
刘勇成	柳 杨	龙智浩	卢康杰	卢夏男	卢 阳	周端亮	周佳琳	周剑峰	周炯生	周双全	周 星
芦发喜	陆毅聪	罗超华	罗明春	罗枝成	马吉祥	周 璇	朱朝升	朱金岩	朱 倩	朱仁飞	朱莎莎
马 婧	马开箱	马 凯	马 岚	马万里	马微雨	朱雪利	朱一搏	朱正国	庄 浩	邹 婧	
马 晓	马 英	毛宁祥	毛 羽	梅 洁	梅云云						
孟德帅	孟祥颖	孟子雯	缪志坚	倪际航	聂 砂	\multicolumn{6}{c	}{**新闻与传播学院**}
宁明强	牛伟颖	牛志鹏	欧阳亚丽		潘伟平	安 静	安 力	安晓静	白晨阳	蔡嘉殷	蔡静宜
潘 媛	潘 舟	彭 磊	彭 骞	蒲晶煜	祁富院	曹 璐	陈 萌	陈 田	陈 曦	方文婷	方滨婷
强 鹏	乔 琴	乔宋慧	秦 迪	秦子阳	丘明媚	冯 冰	冯 坤	冯丽萍	冯芝青	冯致雅	付 饶
邱 顿	屈 勇	全庸薇	饶 星	任 俊	任 爽	高 美	高四维	弓 健	郭元淇	韩晓维	胡 旸
桑 熙	商乾倩	邵 卿	申剑峰	沈 超	沈 阳	花 琳	黄文涛	黄晓微	黄旭丽	黄英俊	黄源媛
沈 阳	施倩文	石 芮	史耀中	帅昌军	宋春伟	汲东野	蒋 菌	金 彧	金允木	孔晓萌	李梦茹
宋惠卿	宋 强	宋仁杰	宋瑞光	苏 博	苏 霄	李 夏	梁瑾欢	林耘安	刘 聪	刘 晶	刘 青
苏周伟	孙 博	孙 丹	孙宏全	孙 盟	孙鹏飞	刘 青	刘 薇	刘振洋	刘志宇	陆静雨	路 瑶
孙鹏亮	孙钦青	孙 伟	孙晓棠	孙星恺	孙 莹	吕 程	罗 嫣	马瑞青	潘聪平	潘佼佼	庞 博
孙振远	覃 黎	谭人玮	谭 政	汤报名	汤爱云	盛宇虹	施拟阳	史鹏飞	蘇怡和	孙怡婷	谭秀凤
汤云杰	唐那颜	唐巧灵	唐舒芳	唐伟城	唐 纹	唐朝昭	王阿乐	王琛琛	王 慈	王 磊	王梦瑶
陶东益	陶 捷	陶 然	陶翼腾	田 华	田 雨	王 桥	王舒颖	王 瑶	王 莹	王 梓	魏 滨
田 渊	宛 茹	万成铖	汪 波	汪亮亮	王安然	吴明峰	夏新宏	相丹妮	向 阳	肖龙凤	肖 雪
王 彪	王 斌	王 波	王 博	王 超	王 超	徐名宇	许骏飞	杨 蕊	杨 蔚	易 晶	尹晓晓
王 佳	王 锦	王 靓	王 靖	王静静	王君鹤	袁 沅	苑明菲	张茜倩	张 青	张秋月	章玉萍
王凯涛	王 乐	王 力	王 龙	王 龙	王 璐	赵艺谦					
王淼源	王 娜	王鹏飞	王 璞	王 倩	王瑞聪						
王 腾	王天宇	王 巍	王文飞	王熙靖	王晓东						

中国语言文学系

鲍楠	曹东	陈黎	陈思	初颖宇	崔乐
丁宇文	董乐	段晓燕	范莹	关也	郭盈
韩旭	何川	胡泊	胡静静	黄晨	黄纯一
贾变变	江倩倩	赖纪伟	李金欣	李想	李笑莹
李彧	廖君	廖明飞	林晴	刘怀辉	刘坤
刘天琦	刘同华	刘文渊	刘潇雨	刘新华	刘一豪
刘月悦	卢嘉新	鲁子奇	马媛媛	聂卉	潘妍艳
戚恕平	邵鑫	史画	宋菲菲	覃夕航	万伟
王菲宇	王和平	王惠明	王倩倩	王沈洁	王学强
魏雪	温佐廷	许涵	许倩蓝	许晓颖	薛晋蓉
杨磊	於俊杰	岳娜	翟昊	张博	张惠清
张丽娟	张丽萍	张茉	张帅	赵团员	周若卉
周昀	卓敏				

历史学系

安培华	陈浩	陈捷	陈若一	陈卓	陈嘉明
郭津嵩	贾彤	姜静	李茵	刘寅	吕端
马清源	欧伶	潘洁	阙建容	吴杨	信美利
徐嘉	徐倩倩	杨莎	余欢	曾小顺	詹乃德
张程	赵健	赵野均	周丛丛	周晓菲	朱宏伟

考古文博学院

柏进波	崔金泽	戴萌	单双	高玉	韩婧
洪佑芳	李可	李鑫	李颐轩	梁敏枝	刘佳君
潘攀	沈偲	石涛	王开	温成浩	张艳
赵丹丹	郑海霞				

哲学系

白家强	陈长松	陈睿超	陈文凯	邓毅	范晓
贺磊	金琦	李成金	李昵	李昊翔	李林
李杏	励晴昀	林夏	刘鹤亭	刘晚莹	刘万瑚
刘文姗	裴倩	彭振	沈赟	苏磊	王东
王嘉新	王金岩	王坤娜	王琦	王哲然	吴浩然
熊小冀	杨洁琼	尹新然	袁源	张绍欣	张翔霞
赵曦	庄雅婷				

国际关系学院

陈秋媛	陈韬凡	陈曦	陈泽涛	戴武俊	丁颖鹃
高金声	龚婷	海龙	韩晓璐	洪嘉泽	洪丰
贾子方	江文军	李卿	李荣杰	李淑贞	李原
梁健	刘昌雨	刘江	刘少楠	刘双	刘武鑫
刘应应	刘靖缇	马楠	马奇	马骋	彭朝坤
齐特	钱一帆	任晓洁	隋缘	孙博洋	孙丰怡
王道亮	王君卿	王怡雅	吴楠	夏鹏飞	肖辉
肖桃	熊姗姗	徐粟影	杨若凝	杨雅梅	殷晴飞

袁峰	袁佩如	臧纯钢	曾璇	曾逸心	翟鹏
张汉良	张慧	张彦	张永杰	赵鹏杰	郑林栋
仲艳妮	周凯	周权	庄发琦		

经济学院

曹延龙	陈凤平	陈晖	陈坚	陈键超	陈雅卉
董照璐	杜月	付丽莎	皋璐	高胤	郭雯雯
韩鹏飞	韩奕	韩玉光	何碧婵	何雨坤	胡蓓蓓
胡梦若	黄蕾	黄维	黄有平	黄震宇	姜志霄
金秋	金晟哲	金笑非	靳明	兰澜	雷蕾
李昂	李洁	李雯轩	李源	李云海	林展鹏
刘博	刘娟	刘芮辰	刘韬	刘叶	刘智娟
吕嘉林	吕睿竞	马艳北	孟晨	潘俊杰	隋嫣然
孙航	陶良吉	王金石	王璐	王齐	王睿
王晓月	王雅毅	王宇飞	王卓	王卓	吴天淋
吴珍芳	武玲蔚	徐惠兰	许亮	薛志强	杨敏
杨镇瑀	叶淏尹	殷洁	虞萌	翟菲菲	张磊
张玲	张启明	张涛	张杨	赵敏	赵云龙
郑莹	周天	周游	周子言		

光华管理学院

艾睿	安亚超	白杰	白一池	毕聪敏	曹佳芳
曹佳平	曹江	柴俊	柴文文	常维强	常缨
陈驰	陈娟	陈卡军	陈柯彤	陈汝辉	陈爽
陈文	陈曦	陈彦臻	陈玉洁	陈智高	成保刚
程晨	程岗	程岩	崔涛	戴绮文	邓洁
董川	董春莉	董方达	董珂	董研	董艳秋
杜登峰	杜菲	杜鹃	杜媛	段勇	范瑞民
方媛	费云青	冯雪	冯一笑	符华臣	符拓求
高春梅	高明恒	高晓磊	高昕	高雄帅	咼江慧
宫晴	顾迪	顾飞辰	顾宇	郭丹	郭鹏
郭思健	郭维博	郭文亮	郭晓宁	郭轶男	郭昱廷
韩光	郝汉祥	何世悦	何岩松	何杨	贺巧玲
贺永全	侯瑞锋	胡丹琪	胡健强	胡静	胡乾
胡晓峰	胡晓龙	胡旭焕	华宁	黄成	黄今哲
黄君涛	黄莉莉	黄亮	黄敏	黄鹏	黄水秀
黄洋	黄志勇	惠江	姬凤波	冀扬	贾伟
贾志萍	江潮	江峰	姜恒	姜伟	蒋浩存
蒋纪德	蒋宇辉	焦金媛	矫堃	解景庆钰	
晋国威	靳强	荆一帆	酒香婷	鞠岩峰	瞿晔久
康鸿	寇钰	况琳	兰方玲	兰雅妮	雷蕾
雷仁光	雷维坚	李博	李博生	李粲然	李传
李丹	李德龙	李东	李菲	李峰	李红波
李红红	李宏鹤	李佳	李剑飞	李京飞	李晶
李晶婧	李军	李磊	李理	李林琳	李罗毅
李宁果	李鹏	李倩妮	李庆泊	李瑞	李淑彦
李舒宁	李思成	李夏	李小舟	李欣	李欣

李一丹	李　莹	李云洁	李著韧	廉明宇	梁　俊	赵海英	赵贺影	赵建新	赵君潇	赵　鲲	赵　磊
梁　青	廖晶晶	林　峰	林国裕	林强庆	刘　冰	赵　莉	赵　攀	赵　欣	赵　鑫	赵宇驰	郑　昊
刘　博	刘纯钦	刘　丰	刘广宇	刘洪峰	刘华美	钟书平	周梦琳	周　苗	周　楠	周　维	周湘晖
刘　吉	刘　佳	刘　晋	刘敬科	刘　坤	刘　磊	周晓露	周笑羽	周　欣	周志涛	朱嘉璐	朱名湖
刘　敏	刘　默	刘　萍	刘若溪	刘生平	刘舒擎	朱　琪	祝　捷	庄雅菲	左丁亮		
刘思颖	刘嵩扬	刘　惟	刘玮婧	刘文良	刘　潇			法学院			
刘小君	刘晓冬	刘　兴	刘彦青	刘一平	刘　译	包以芳	步　超	蔡斐屹	蔡珊珊	蔡威熙	蔡小萌
刘　芸	刘　柱	卢国锋	卢　思	陆　海	陆京娜	曹　晗	曹秀云	常会玲	陈福金	陈俐静	陈　霖
吕　骏	罗　曼	罗睿杰	罗　思	罗思琪	罗思宇	陈美蓉	陈明清	陈　锐	陈淑卿	陈　婷	陈晓东
罗婷元	马保华	马　冬	马　刚	马会静	马填依	陈晓燕	陈雄超	陈　遥	陈泽宇	陈张慧	陈张莉
马晓菁	毛绍萌	梅钰雪	缪　晟	穆光雨	倪运宏	陈　卓	程麒台	程晓光	程星烨	崔　毅	党　莹
欧阳威	潘龙玲	潘　姝	潘嫣然	潘　燕	庞　策	刁　昊	刁　艳	丁文卓	董　莎	董雪冰	杜慧超
彭　晶	彭　娜	蒲成川	蒲文雄	蒲　忆	祁艳斐	杜晓宽	杜忻奕	杜　勇	范常涛	范俊姣	方　明
齐妍春	钱晨光	钱　亮	乔　卿	卿　科	庆出蓝	冯　雷	冯荣玉	符朝玉	符明子	付大伟	傅　捷
任国平	任秋潇	邵海秋	邵　璐	沈焱真	慎利亚	高凡茜	高芳芳	高文央	高　岩	葛青青	葛　鑫
绳昕光	盛　嘉	施海林	施孔明	施　绪	施　韵	耿永飞	龚　捷	古　村	关涵之	郭宝艺	郭　滨
石乃轩	史　翔	史晓辉	史　岩	宋成勇	宋　诚	郭晶晶	郭敬敬	郭翌超	韩　旭	何　岸	何嘉文
宋继超	宋　苗	宋青松	宋　升	宋　扬	苏　盼	何　奇	何姝杰	何兴龙	何秀准	贺　丹	贺　曦
苏　琦	孙海燕	孙红伟	孙晶美	孙丽娜	孙林盛	洪小潞	洪振德	侯典杰	侯　坤	胡帮达	
孙　淼	孙明达	孙庆瑜	孙　仁	孙　威	孙旭国	胡阳潇潇		胡　洋	胡毓玲	黄　玲	黄美涛
孙彦飞	孙　艳	孙　原	孙　媛	谈文峰	谭　磊	黄婷婷	黄旭宁	黄雅君	黄亚颖	黄义也	计　奕
唐　纯	唐　昊	唐　霁	唐　亮	唐　勇	陶　锟	江　涛	姜婷婷	姜媛竞	姜媛媛	蒋道娟	金明轩
田　园	佟　飞	涂　涵	汪　帆	汪仁杰	汪　晏	靳　佳	亢艳丰	孔顺顺	雷天啸	李　诚	李代军
汪　洋	王　斌	王　渤	王　超	王　超	王晨菲	李丹丹	李　凤	李海靖	李嘉辉	李娇珑	李　晶
王　聪	王国昌	王　昊	王　浩	王　浩	王皓舒	李丽英	李　楠	李鹏飞	李　青	李清钰	李　飒
王剑锋	王捷薇	王　静	王　昆	王　蕾	王立莉	李文娟	李贤玉	李小波	李叙颖	李　岩	李　艳
王灵希	王　璐	王　梦	王　鹏	王　萍	王融璋	李泽方	李　昭	李　智	梁海勇	梁惠娟	梁　日
王诗瑶	王世超	王世恒	王　拓	王　伟	王文庆	廖　然	廖恬婧	廖　垚	林举琛	林凌南	林　曦
王文韬	王小飞	王　雄	王雪珂	王　洋	王　颖	林燕芸	林溢婧	凌　芳	刘　聘	刘广秀	刘海滋
王　颖	王　颖	王永强	王　禹	王泽清	王　政	刘　昊	刘建英	刘　婕	刘晶玮	刘　睿	刘　韬
王忠宝	韦志运	温　静	吴怡萱	吴祐阁	吴　丹	刘　汀	刘　新	刘彦仪	刘　尧	刘　月	刘真朋
吴海均	吴　瑾	吴　磊	吴　琼	吴施妮	吴　双	刘真珍	刘振坤	刘智宇	刘子平	刘梓珊	陆　宇
吴天琪	吴相男	吴逸然	吴　昱	夏　珩	羡迪海	吕　婷	吕毅品	吕　游	罗　婕	罗　梅	罗颖娴
萧家聪	肖美珍	谢　刚	谢海涛	邢华苑	邢　喆	马上云	马思虹	马晓琛	马　尧	毛丽宇	孟祥辉
熊冬韬	徐　聪	徐昊航	徐　箔	徐晶晶	徐俊国	孟紫辉	牟　媛	倪　虎	宁悦言	牛一旸	庞秀雯
徐　谦	徐婉霞	许　超	许　峰	许　丽	薛晶晶	彭雪松	皮　凯	朴文一	朴音花	齐　璐	钱媛媛
薛　磊	闫　冬	闫　旭	严　丽	严仕闯	颜　慧	邱晓琼	渠晓卉	全　林	冉文明	饶　杨	任　佳
杨　皓	杨　黎	杨茜或	杨青松	杨惟玮	杨　维	商　楠	尚林阳	尚　梅	邵六益	沈　盼	沈银芳
杨小波	杨　喆	姚婧妹	姚　楠	姚田芝	叶　博	石　欢	舒　菲	宋　明	宋天娇	苏芳芳	苏华椿
叶劲松	叶　岚	殷天月	尹晓梅	尹晓晔	应　琛	苏　盼	苏小青	孙海波	孙　浩	孙立华	孙林林
于　华	于慧显	于子福	余纪元	余晓凯	俞孟晶	孙明嘉	孙　蕊	孙胜孜	孙　逊	孙　杨	孙　怡
俞诗京	原兴宇	原　源	袁方园	袁红斌	袁　青	孙艺铭	覃　川	谭　冰	谭奇前	汤　耀	唐姝婷
袁晓铭	张冰峰	张　波	张　成	张大维	张东强	陶云生	汪俊华	王　兵	王　犁	王丹丹	王芳洁
张法吾	张　芳	张海峰	张海蓉	张　欢	张江超	王复春	王海南	王　皓	王　贺	王　洁	王　婕
张　进	张　晋	张敬华	张　玫	张琼芳	张天乐	王金鹏	王　军	王开元	王　龙	王　萌	王　宁
张　翔	张晓波	张笑蕾	张　轩	张雪原	张一鸣	王　宁	王　倩	王荣华	王若萱	王时彦	王世昭
张　宇	张兆杰	张　震	张敏训	章　雯	赵国明						

王小丹	王晓丹	王晓嫒	王晓婉	王　源	王志昌
王子聪	王子时	韦　薇	魏　恋	魏普通	魏校瑞
温丹丹	翁学松	吴才毓	吴　彻	吴天宇	吴燕琼
吴卓堃	吾采灵	武朝霞	席拾根	夏戴乐	向来富
肖　宁	谢　琳	谢木平	邢丹芳	邢舒睿	熊　俊
徐武琴	徐晓栋	徐雪冬	徐以安	许春彬	许丽敏
许　阳	薛晨钟	薛　婧	薛　坤	薛　瑜	闫春辉
闫召光	杨　欣	姚　桐	叶兵兵	叶　琪	易文君
殷秋实	应　雯	于　勤	于庆彦	于欣平	于许敏
于吟月	于镇静	喻小翠	袁　博	袁传宾	袁海滨
袁　嘉	袁　欣	悦　静	詹阿娜	张　超	张德祯
张海峰	张俪琼	张陆军	张　路	张梦嫒	张　勉
张　敏	张　明	张明明	张楠希	张　鹏	张其鉴
张庆霞	张　瑞	张　胜	张树礼	张天朔	张维肖
张　伟	张忻轶	张欣杰	张　鑫	张　彦	张宜云
张玉林	张志鹏	章　政	赵宝库	赵　岑	
赵冯聪颖		赵富东	赵　娜	赵　青	赵　雪
赵　悦	郑　博	郑　晨	郑帅男	郑　远	郑　月
周　为	周　维	周应尘	周嫒嫒	朱婵媛	朱　敬
祝　丹	邹兵建	邹　雯	左培生		

信息管理系

艾　锋	邓　倩	丁婉莹	冯　群	高　巾	李　婧
李雷明子		刘　珊	刘树婷	刘一鸣	麦晓华
牛　莉	沈　沛	隋巧涛	孙耀峰	汪晓波	王婧文
王力朋	王丽丽	王　帅	王学思	王学贤	王雪菲
肖文瑶	严越君	杨佩佩	于进川	张洪语	张梦雅
张玉涛	张志杰	仲书芬	周格非		

社会学系

鲍程亮	蔡　婧	曹玉军	曹　源	迟　帅	董郑芳
杜　月	房光宇	付　伟	高笑楠	葛文婕	顾　一
顾智锦	关江娜	郭志燊	韩启民	杭苏红	何凯波
黄皓怡	黄缇萦	焦长权	焦　姣	焦　悦	金舒衡
金　银	李长江	李成雯	李嘉羽	李　明	李　馲
李　欣	刘东鑫	刘　方	刘亮霞	刘芃希	刘　爽
刘万顺	刘　伟	刘旭伟	马君亮	马守霞	倪　涛
欧　棣	庞　渤	彭祎飞	祁玉茹	齐　凡	齐宇宁
秦　臻	任　皎	荣　珊	司徒剑萍		宋庆宇
宋文静	苏慕烽	苏文勇	孙　超	孙静文	孙　萌
孙　敏	童菲菲	汪栋杰	王红月	王建杰	王命禹
王绍琛	王石云月		王　嵩	王霞绯	王笑非
吴青阳	熊　莺	徐　辰	杨涵钰	杨亚楠	叶如诗
于　雪	袁　波	詹先辉	张　波	张婧艺	张　素
张　伟	张细香	张　璇	张　艳	张月云	赵　超
赵　杰	周　畅	朱丽娜			

政府管理学院

常　健	常　晶	陈家浩	陈　威	陈璇雯	陈　怡
崔博韬	方　怡	葛连高	顾大伟	郭述恒	韩　冬
胡　鹏	胡智勇	黄建林	黄　帅	姬　懿	蒋　荔
金文强	李　斌	李鹏程	李　倩	林永兴	刘　斌
刘海天	刘京萌	刘居正	刘　姗	刘　洋	刘玉平
栾　吉	毛丽娟	苗　萱	莫亚军	彭　韬	乔　禹
师　蕾	石　萌	时　征	苏海波	苏明明	汤海华
汤海丽	田　魏	万里鹏	王宏奕	王建朝	吴新星
吴雅文	武伟珍	徐　溯	徐涌斐	许　凝	闫　伟
杨　帆	杨柠泽	杨小雨	仪玫兰	于艳新	张冰雪
张　健	张　炜	张　晓	张　轩	张　燕	赵国文
赵　源	郑　佳	周一萱	朱　玲		

外国语学院

安　宇	柏云飞	宾　利	岑　臻	常　青	陈丹青
陈娇梅	程　璧	程　莹	大普仓	戴婷婷	邓中伟
丁露莎	丁若汀	董　珊	杜清秋	樊玉洁	冯婧时
付玲毓	姬　晨	吉　菁	焦文英	金爱华	郎旭冉
雷　霄	李海鹏	李函思	李　涵	李　然	李　杨
李月艳	廖文静	刘　荻	刘　坤	刘　虔	刘珊珊
刘苏曼	刘晓萃	刘一璇	刘玉中	陆笑天	吕　佳
吕　曦	吕郁文	罗　敏	糜金蝶	聂渡洛	聂　磊
宁志珍	逄国平	彭苗苗	齐　琳	沈文松	石良燕
宋寒冰	孙　皓	孙晓雪	孙　悦	唐小丽	滕雅姝
田　露	王冰冰	王　坤	王恋斯	王　楠	王　楠
王倩茹	王一力	王逸颖	王英魏	王雨蒙	吴　爽
吴宣勍	吴　彦	武　伟	向章倩	谢秉强	谢　超
徐克伟	徐秋群	徐　玮	徐晓荣	许婷婷	许湘颖
宣金学	杨白云	杨　惠	杨　隽	杨　苗	姚敏多
叶芳芳	叶琼林	于海龙	于泓洋	袁家涛	曾　曾
张　华	张　健	张　皎	张惢煜	张瑞雪	张　婷
张晓怡	张钰羚	章　文	赵一丞	钟　义	周　琳
周　琴	朱碧云	朱宏华	朱宏亮	朱江月	

马克思主义学院

曹　平	胡　锐	黄天颐	李　丹	李金辉	李跃华
梁淦亮	刘　寒	任宛竹	孙　伟	孙文博	孙　宇
陶积文	王明超	王　娜	夏祖奎	向金芳	辛晓川
杨业伟	于　倩	余艾力	张飞雪	张金伟	赵田园
赵艳华	朱会莉				

体育教研部

黄若琦	邵　欣	王　琦	王沂淳

艺术学院

陈家位	管健鸿	孔丽丽	孔小溪	李晓唱	林 楠
林艺艇	卢 茜	吕蔺子	罗家霖	罗 洁	罗媛媛
施 鸽	覃柳笛	王 垚	杨玉娟	张 博	张玲艳

对外汉语教育学院

薄 丹	车 溪	陈小方	池玮敏	丁利民	董雅莉
范红娟	方 茜	傅 琪	高祥予	宫瑞禧	郭素琴
郭小磊	国凌雁	韩 熙	黄传雯	黄雁青	解明静
雷友芳	李华峰	李鸣晨	李 琼	李瑞英	李燕辉
李 苑	林丹虹	林铭珊	刘 丽	陆 尧	马 薇
孟海青	庞 慧	秦 曦	沙 鑫	宋璟瑶	孙艳玲
王瑷珲	王大璐	王林琳	王 楠	王 艺	魏新恬
吴 愁	吴杏红	谢一平	闫 菁	闫姗姗	杨壹茜
叶仲青	应敏燕	于 歌	曾璐蔚	张 佳	张劲松
张未然	张雪松				

深圳研究生院

艾木入拉		白凤姣	包立超	鲍则民	毕乃支
蔡博文	蔡 俊	曹 华	曹钟斌	查凌睿	常 会
车 冉	陈浩坚	陈皇琪	陈敬坤	陈 蕾	陈梦瑶
陈 明	陈 希	陈 霄	陈晓飞	陈 莺	陈颖颖
陈圳寅	陈倬琼	承 欣	程珮筑	崔 翀	崔榕娣
邓彦阁	丁 辉	丁芝兰	范海婷	冯昱洁	付竹云
高广伟	高 玲	高 梅	高 楠	高 岳	高竹友
葛 俊	葛雪梅	耿 赫	龚 瑶	古 黛	郭鸿儒
郭 慧	郭文星	韩 见	韩舒颖	韩 旭	韩 雪
何 燕	呼荣权	胡丹丹	胡 俊	胡丽燕	胡正洋
黄承万	黄 飞	黄 非	黄瑞娇	黄政委	霍 鹏
计 瑞	季圣智	简树波	姜剑锋	姜 璐	姜文锦
姜 雪	姜 英	蒋 理	蒋培培	解庆龙	阚 然
柯晔妙	孔令艺	旷平江	黎江凤	李昌娥	李 超
李超骐	李 辰	李 驰	李 泰	李菲菲	李环环
李 慧	李慧坚	李 静	李鹏鹏	李 倩	李食美
李 思	李思远	李 桃	李雅琼	李 燕	李 源
李智能	梁 爽	廖健雯	林 虹	林 琳	林 婷
林艳萍	林宇川	刘 超	刘 川	刘丁敏	刘 晗
刘建政	刘 珂	刘利佳	刘敏杰	刘芮伶	刘士豪
刘 琬	刘 伟	刘雯莉	刘晓萍	刘譞璘	刘燕妮
刘寅喆	刘 勇	刘越男	劉遠哲	柳小路	柳雅莉
龙彬彬	龙 欢	卢佳义	卢一华	卢 毅	陆丽彬
陆慕秋	路 桐	陆 逊	吕晓蕾	罗升华	罗 涛
罗勇彬	马慧莲	马 媛	孟慧杰	孟 朔	莫耕权
穆小天	穆雪静	倪碧波	潘元犁	彭 运	祁 颂
钱 雯	钱争彦	钱政霖	秦 雨	裘 嫄	任春蕊
任君为	任孟琦	桑 颖	邵天然	施虔文	石 宁

信息科学技术学院

史鹏飞	宋 佳	宋 静	苏昊成	苏日娜	孙 放
孙海美	孙牧然	孙晰晶	孙 岩	谈奇铭	汤玮祺
唐志扬	陶兆波	万 超	万 霖	汪 欢	汪 滔
王 笛	王 荮	王 栋	王 华	王华清	王 冀
王俊彦	王 蕾	王冷莎	王力玉	王丽君	王琳琳
王梦雪	王敏燕	王奇兵	王 琼	王瑞瑞	王 森
王薇然	王希茜	王小琦	王晓彦	王新野	王彦彬
王祉宁	韦仪婷	魏国兴	吴 丹	吴东姣	吴 涵
吴礼阳	吴稚光	武 捷	向 雯	肖金玉	谢旺成
熊康生	熊 玥	徐绂宇	徐欢云	徐 黎	许小虎
许银川	薛 鹰	薛 原	颜 琳	阳 扬	杨安琪
杨 帆	杨 佳	杨嘉杰	杨 倞	杨敏行	杨 全
杨 蔚	杨 雪	杨 哲	杨卓翔	姚 奕	叶成康
殷学文	雍大为	于 聪	于甡甡	余频捷	余文俊
余 莹	俞 斌	元 勋	袁士泰	袁 哲	曾道远
曾晶晶	曾秋兰	曾 婷	詹德民	詹德昕	张江水
张开磊	张凯茵	张理宁	张丽娟	张庆楠	张汝全
张诗洋	张玮琪	张卫卫	张文广	张文娟	张 翔
张晓宇	张 寅	张禹铭	张 原	张缘波	张振铎
赵 靓	赵靖萱	赵 蕾	赵 姝	赵小凤	郑 琨
郑力戈	郑丽娜	郑 憩	钟旻生	钟泽民	钟 喆
周 斌	周福芳	周家丽	周 全	周 轶	朱海锋
朱少峰	朱 旭	邹天培			

信息科学技术学院

柏素斌	班庆远	毕可平	毕 帅	才 华	才 宇
蔡明宸	曹 霖	查 锦	常 铖	常 乐	陈伯翱
陈 长	陈长串	陈 驰	陈从琴	陈 健	陈 亮
陈日闪	陈时敏	陈 韬	陈巍巍	陈翼冬	陈志光
储小伟	崔卿虎	崔文欢	戴阳刚	单 一	邓 龙
丁 璐	丁晔磊	董 聪	董显山	杜 兵	杜凌霄
杜龙志	杜仲轩	樊 波	樊 超	樊浩力	樊志强
范 璐	方 敏	方 伟	房福志	房 路	封晓殁
冯 捷	冯 涛	冯祥晨	冯 原	付颜龙	傅亦晗
甘 森	高 乐	高 宁	高双喜	高志同	耿铭超
耿奕廷	顾 平	顾鑫峰	管 笛	郭 超	郭立强
郭留成	郭少松	郭晓蕾	韩树民	韩 旭	何方彤
何克波	何舒玮	何 伟	何 阳	洪婷婷	侯璐璐
胡飞飞	胡海勇	胡 薇	胡 智	黄丛蕊	黄 华
黄敏华	黄 群	黄舒琴	黄 欣	黄宇心	黄 泽
冀隽文	贾 雷	贾松涛	江嘉睿	江 洞	姜阿宁
姜蓓蓓	姜莲莲	姜梦林	姜 宁	姜鹏飞	蒋 龙
蒋 曼	解国栋	金星明	康善同	孔 杰	孔 亮
孔 雪	寇 宏	兰 倩	蓝 晶	李 波	李 灿
李长啸	李 成	李德珠	李菲菲	李高林	李昊煨
李红梅	李焕敏	李 辉	李 江	李 磊	李 铃
李启林	李 琼	李润东	李世川	李 帅	李夏禹

李 想	李霄翔	李晓明	李新兴	李学明	李亦宁	段 恒	方小丽	冯国栋	古晓慧	郭红星	韩 婷
李寅龙	李应非	李咏奇	李雨钊	李月伦	李 钊	杭 静	贺 兰	贺 赛	贺友巧	胡成君	焦家胜
梁 博	梁 雪	梁艳慧	廖 毓	林洪武	林 肯	鞠 兵	李宇信	刘高犁	刘 荟	刘 明	陆润寰
林 鑫	林增明	林志钦	凌晨添	刘昌盛	刘 成	马英举	闵 佳	彭 旭	钱 玥	尚振宁	孙明新
刘 诚	刘福明	刘光磊	刘广智	刘 晗	刘家顺	孙扬帆	唐 齐	田 达	王 浩	王遐昕	王艺伟
刘静伟	刘 凯	刘力力	刘丽军	刘俐敏	刘明远	王 喆	吴松涛	徐 扬	阎 炯	杨 光	杨子霄
刘鹏宇	刘轻舟	刘少龙	刘 诗	刘小兵	刘晓兵	应 骏	于春娇	于佳佳	张 怡	张志宏	钟 楠
刘晓明	刘星洋	刘 洋	刘 烨	刘宇通	刘 远	周 靖	朱晓光				
刘 哲	刘之强	柳 阳	龙晓波	卢 凯	陆晓凤			**教育学院**			
吕凯进	吕少亭	罗长宝	罗华杰	罗 卫	马 铭	毕 鹏	曹雪莲	陈明慧	陈宇溟	崔骋骋	崔宏月
马子桐	麦睿楷	毛洪强	孟必平	孟繁宇	孟霏滟	达 睿	邓和权	丁竹卉	董嫣然	范璐君	高梓菲
苗 微	穆秀娥	牛明涛	潘星星	裴冬冬	彭楠赟	耿 玥	管 浩	郭 俊	侯欣迪	黄 鑫	李 凯
平 凡	亓 浩	秦 晓	邱 瑞	任凤仙	任梦琪	李 玮	刘广宇	刘岐山	刘 萨	刘姝言	罗 希
任奕成	尚子靖	沈振宇	施 恩	石 静	舒 磊	罗 璇	马 颖	潘红涛	朴永增	钱雅静	史祎美
树柏涵	司 强	司 赢	宋建国	宋 林	宋诗琴	孙 钰	谭倩婧	童小平	王传敏	王慧敏	王婷婷
宋思聪	宋 涛	苏 炜	苏艳梅	苏之阳	孙广宇	吴宇川	武晓旭	许 锐	许智菲	阎 妍	杨收南
孙杰伟	孙茂徐	孙 青	孙志强	覃南豪	谭钧元	杨 晛	杨寓哲	姚继开	姚 睿	余盛强	张 辉
谭胜虎	谭晓慧	唐 玲	唐 昱	陶 钧	涂 昭	张镜如	张魁元	张璐帆	张 腾	张晓玥	张兴华
汪 坤	汪 沛	王 博	王步蓝	王 超	王闫奇	张 钊	张 喆	赵 栩			
王翠云	王大昌	王大雨	王 飞	王 果	王建坤			**人口研究所**			
王 珏	王乐业	王 磊	王林青	王 敏	王帅其	崔雅满	高菲菲	江素真	刘向国	刘亚芳	墨媛媛
王松林	王 涛	王文佳	王 潇	王 晓	王新平	宋 骁	孙韩钧	王振华	徐 江	周建涛	
王 鑫	王 旭	王 旭	王彦丹	王一凡	王永春			**前沿交叉学科研究院**			
王 勇	王 瑜	王元夫	王正鑫	王中杰	韦春阳	胡 娟	孔凌楠	刘湘连	屈弋淼	张 鑫	
魏 嘉	魏 然	魏子麒	温 翔	翁学天	吴承昊			**工学院**			
吴继忠	吴佳珍	吴剑英	吴松涛	吴 湛	伍丹华	陈继伟	陈佳祺	陈 坚	陈 楠	邓 昊	杜家豪
武牧之	夏 静	肖 华	肖 健	肖蕊奇	谢 飞	高嫒萍	古 冬	郭建飞	郭 鹏	韩永立	侯利明
谢宏斌	谢 琭	谢顺婷	邢文峰	徐姣姣	徐潇然	季春燕	姜 斌	姜 杰	姜志鹏	李佑兵	李紫光
徐 幸	徐志宇	许家尧	许闻达	许 跃	薛 飞	李宗州	廖俊林	林中君	刘倩茹	吕 兵	梅奇义
薛涵凛	薛炯微	闫 浩	杨宝国	杨秉澍	杨 楠	欧 澜	彭 浪	彭雪委	任 静	孙 瑛	汤 凯
杨昉东	杨 飞	杨富强	杨 纲	杨庚雨	杨建成	汪丽丽	汪绍华	王勇强	魏 懿	温 鑫	吴海燕
杨颜畅	杨勇鹏	杨智强	姚豫封	叶 锋	易 昕	吴文琪	徐 驰	徐 静	许 岩	宣慧丰	严金辉
尹金泽	尹 卿	尤 睿	由 翀	余力澜	余 扬	杨子江	张国庆	张加巍	张明洁	章生冬	赵 晨
俞金辉	袁航剑	袁欢欢	袁明泉	臧家瑞	臧孝润	赵经伟	郑少华	周 英			
曾超宇	曾 睿	曾 印	战保宇	张大鹏	张东颖			**城市与环境学院**			
张国栋	张 桓	张婧婕	张 琨	张 蕾	张 力	阿拉太	鲍煜宇	车 迪	陈昊宇	陈伟乐	陈玉飞
张利锋	张 楠	张 宁	张 韧	张同刚	张 望	程芳芳	崔 璨	丁 晨	董晓莉	杜春兰	杜书明
张文前	张向荣	张秀芳	张 旭	张 耀	张永刚	杜 星	高 琨	高雅琦	郜晓雯	郭玉杰	韩德泉
张治强	章彦星	赵红佳	赵宏波	赵 蕾	赵 青	胡 垚	黄 姣	姜 扬	寇 蕾	李 辉	李 磊
赵 晟	赵 伟	赵云峰	郑拓伦	郑 杨	周 斌	刘 晗	刘培爽	刘 强	刘如菲	刘 扬	刘元博
周 晖	周 静	周开隆	周 恺	周琪山	周荣蔚	柳超强	卢绮妍	罗 潇	马 巍	马晓明	马殷雷
周瑞莉	周 武	周晓雄	朱惠雅	朱令勇	朱洺祎	马宗文	孟丽莘	莫 琳	莫 微	牛婉虹	潘仁义
朱诗雄	朱淑芳	庄 昊	庄虔伟	宗洪强	宗 朗						
左桐忠											

国家发展研究院

曹敏华	陈 龙	陈婉宁	陈 轶	党韦华	董 昊

乔 莹	邵灼之	沈 虹	石 岳	史洪超	舒 良	于 游	肖冬梅	张 蓬		
宋 可	宋 潇	孙勇善	田鹏骋	王 辰	王 果					
王 雁	王颖莹	旺 姆	尉杨平	魏 文	文 磊	## 公共卫生学院				
席 辉	向 楠	肖 丹	肖晓俊	徐欢欢	薛 喆	孙新民	梁 坤	林晨曦	戚 晴	张留伟	郭 沈
颜思琦	燕 群	杨 思	杨远帆	姚 宇	于海东	曲 直	姚 正	洪志恒	孟璐璐	初 平	赵凯平
袁东霞	翟宇鸣	张 晶	张 俐	张良钊	张婉君	赵淑华	马雍颖	杜巍巍	徐 岩	钱 琴	董文红
张 杨	赵 刚	赵鹏飞	赵若曦	郑辰鑫		贾 梦	王 洋	姜燕飞	王双佳	王玉洁	赵 洁
## 环境科学与工程学院						李梦洁	王晶晶	折青霞	郭利娜	杨英伟	庄丽丽
						王 雪	符 君	刘伟霞	郭晓培	魏 鹏	袁 灿
陈 星	陈颖翱	邓若男	封羽涛	谷宇辰	郭卫广	张桂林	丁小庆	苗 乐	赵红艳	褚红玲	聂广孟
韩 丽	侯晓丽	赖玉珮	廖虹云	刘 宁	刘 晓	段 琳	范 旖	田 振	陈 明	王江蓉	甘 鑫
鲁雪梅	闵玉涛	申晓莉	申中正	司 今	宋 寒	黄 森	张 冉	邹 鹏	王真真	冯 瑶	李 凯
苏 玉	隋 磊	孙 芳	覃 栎	唐 倩	王翠榆	李艾芳	周 媛	杨进涛	吴学银	李振宁	陈宏达
王东伟	王莉华	王群超	王荣婧	王小青	文 航	杜宇坤	金海峰	赵 茜	颜 力	张 渊	
夏溶矫	邢 瑞	张 骞	张石磊	张书颖	张 松	丽娜·马达尼亚孜		张 佩	文 晗	肖 鑫	
张 雯	张秀丽	张 艳	赵 旭	周晟琰	周 涛	方 凯	倪 婧	聂东升	邬 娜	黄 杰	黎国威
## 分子医学研究所						段 凯	王 寻	朱逸博	刘俊含	薛 勇	李 想
						王书沆	李 昱	蔡赐河	张培培	莫运政	张恩宇
孟少帅						武珊珊	徐小翠	巴 特	李宇杰	鲍 雷	朱 琳
## 基础医学院						薛 茹					
						## 护理学院					
李 娜	赵 蕾	刘一笑	李晶津	邱承祥	钟凯音						
刘 静	赵瑞英	刘 云	赵艳霞	申 亮	潘克武	岳 丹	马 玲	杨鹏远	邓述华	臧娴娴	文翠菊
刘周英	王 家	陈 颖	龚 华	程 媛	刘玉霞	高擎擎	李晓光	苏 莉	尹翔燕	张 贤	
陈 莉	张永进	谭伟峰	李 锐	连 觅	孙倩影	## 医学人文研究院					
曾浦妹	刘 静	赵澄宇	卜秋宁	徐春晖	孙秘书						
滕 峰	陈丽倩	王小燕	孔金阁	宝 琪	周艳兰	刘佩佩	韩晓媛	崔 轶	程明伟	金晓星	
芦 玛	吴再旺	许文频	沈 楠	范华莹	孙 艳	## 第一临床医学院					
薛丽芬	张二娟	黄金铭									
## 药学院						钱 霞	张独佾	朱绿玉	夏君燕	国婷婷	栗少飞
						娄丽丽	徐 婧	许永星	赵 珺	周晶晶	王 玫
周观燊	陈 烨	崔代超	白 娟	范 超	郑 华	王 艳	辛彩焕	赵晓琳	田正芹	刘玉鹏	李 昕
牛亚茹	杨 蓉	袁鹏飞	张 磊	蔡田芝	陈博凡	臧莉莉	张平平	高 扬	焦 辉	张巧丽	陈珊珊
林宗涛	赵 欣	胡 婷	史天星	吕 聪	张晓晶	何瑞娟	黄琼辉	周 红	李务荣	潘 涛	廖金池
王珊珊	覃日懂	王超群	高 志	李晓娜	田 苗	王思卜	刘慧贤	刘伟霞	陈见友	王艺萌	李名扬
葛永杰	王大风	王 晗	何 勍	侯聪聪	李巧艳	彭应龙	范沙丽	李 玲	王璐璐	龙 彦	王腾蛟
杨 巍	陈子豪	崔 征	郑行春	晋雅卉	赵子明	张翔宇	李 沈	田 斐	吴鹏杰	闫 兵	杨 阳
江静倩	刘颖果	张 镇	杨冠宇	林 威	蒋丹枫	张福强	黄青云	刘 达	李思琦	王 宇	曾镇罡
李阳冰	胡 坚	王 宁	蒋 晓	安明胜	杨先桃	卞山岩	景志斌	薛俊芳	李晓颖	李 睿	贾茜茜
李林青	袁丽佳	李莎莎	宁妙然	李梦瑶	宫 珏	袁延楠	林金兰	刘 伟	许芷绮	程思绮	谢亚青
许娇娇	崔希凯	林 芊	李 辉	苏 蒙	侯精飞	## 第二临床医学院					
居瑞军	赵恩宇	刘恩溢	郑永祥	张福誉	刘 洋						
马凌悦	佟 倪	张建美	张子钰	王小星		文 佳	曲艳凝	杨 静	梁瑞娟	方 勇	付 春
阿不拉江·图拉克		孟文静	李 娜	于 飞		郭衍秋	黄金菊	石茂静	王国祥	张美娇	程艳娇
刘 勇	胡振宇	卢敬凯	顾海东	陈柱佗	柴 月	高 玥	刘雅芬	宁 莹	高 平	李珊珊	王文振
刘扬子	王 博	乔 康	林日远	张小飞	张 洋	萧云备	谷爱奇	李 睿	潘 浩	张绍龙	郝 锋
史琬璐	黄海锋	陈 粟	王 欣	佟淑媛	张雨帆	杨 静	高 丽	冯岩岩	宋荣娜	刘 燕	高 轩

第三临床医学院

刘锐锋	李艳莹	刘琳娜	朱 丹	朱瑞霞	张 霞
高 珊	郭红霞	李翠萍	李明珍	宋丽影	张艳飞
赖韶婷	杨 彦	胡雪聪	其木格	齐 婧	曹进进
陈 嚣	刘 毅	史 珊	王宏磊	陈 蕾	王洪亚
杨 宁	边 曦	田庆河	常 帅	陈迎涛	沈 刚
韦界卯	胡 星	田 天	田 杨	汪海鑫	黄正通
廖宏易	齐琳婧	宋晓晨	李文畅	李翠霞	孙艺倩
戴婉薇	梁 晨	刘敬佳	李芮志	许致毓	温悦萌
刘 阳	张天欧				

积水潭医院

齐衍濛　刘 肖　孙伟杰　刘宏炜　宁少南
阿依夏·那万

口腔医学院

常思佳	魏蔷薇	肖 瑶	张孟钧	朴牧子	战 园
文 静	冯志强	管 同	刘尚萍	吕佩红	马斐斐
王 威	赵 旭	王延镯	毕瑞芸	毛菲菲	孟 超
刘 苗	程俊歌	彭 晖	黄冬旭	李雪姣	王 璐
王晓静	魏青梅	祝林佳	杨 茜	潘 硕	陈 青
黄永松	彭诗芸	禹 洁	程于思	五味子	张 琳
司马梓涵		张恒彦	翁萱容	罗惠文	郭清如

精神卫生研究所

刘立恒	李会英	李 静	胡晓凤	仪玉伟	张晓丽
邹连勇	程亚玲	李泽华	范滕滕	孙丽君	庄 蓉
廖淑珍	李丹檬				

临床肿瘤学院

张 瑛	韩 浩	樊美荣	张元杰	刁立岩	刘 静
王 娜	王 洋	杜云霞	王 菲	丁小胜	李 强
俎 明	张 敏	李夏南	刘 鹏	孙莎莎	谭晓静
王婷婷	吴 烁	沈 娜			

北京医院

黄 金　乔 月　田 间　范寅泰　邓玉辉　刘 健

张媛媛　张 超　张 堃

中日友好医院

姜丽丽	柳彬彬	陈杨鑫	张冬芹	李爱民	李金奎
杨文强	张东东	赵星宇			

世纪坛医院

陈丽丽	孙 洁	于松松	李 曼	尚文	苏 磊
王汝朋	张永丽	刘 宇	张继业	苏 强	周 慧
张成才	王行表	齐浩山	陈 卫	刘鹏飞	姚健楠

航天中心医院

郭红伟　张梅静　张宗河　王立梅　姚昕璐
赛音巴雅尔　　贺建新　张绿明

首都儿科研究所

尹 辉　林甜甜　郑 萍　李 凡　崔利峰　张丽娟

民航总医院

陈 娜

深圳医院

陈豫闽　闫文浩　张庆辉　邓小林　谭 文　郭梁洁
梁凌云　黄品秀

首钢医院

黄泰源　相贵华　刘达琪

地坛医院

李洪杰

解放军第三〇二医院

任为国

解放军第三〇六医院

郭延召　王 方

毕业博士研究生名单

数学科学学院

查 理	陈 巍	崔 伟	单冶超	邓 剑	董永生
范林元	葛化彬	何宝林	洪庆国	胡 雪	胡 志
李 双	李新服	历智明	连义江	梁 琴	廖 刚
卢彦斌	马晓静	宓 玲	亓延峰	沈 铨	舒 琴
宋文兔	唐春明	唐树安	王 彬	王子龙	吴 洁
武 威	谢思远	徐行忠	杨 婷	张 帆	张克竞
张 伟	张云俊	周 宇	朱 华	朱天琪	朱湘禅

物理学院

曹留烜	曹云姗	陈 伟	陈 宇	陈云华	成枫锋
褚赛赛	戴 劲	戴凌云	冯 涛	郭志彬	洪 涛
焦长峰	金文涛	靳 松	康 凯	兰春娥	李 丁
李 航	李 鸿	李慧群	李阔昂	李奇特	李 倩
李 琼	李永明	刘 健	刘 坤	刘 磊	刘宁炀
刘奇航	刘曦励	鲁 铂	罗志刚	马 楠	那学森
牛一斐	秦思学	秦 毅	冉 靓	任致远	石 跃
孙杨慧	唐金章	滕海云	王博群	王尔东	王 飞
王 凯	王 科	王 磊	王 琳	王小保	王雪梅
王银博	温伟伟	吴培才	肖 军	谢保国	徐成勇
徐 佳	姚中元	叶 埴	于 萌	余 婧	袁岑溪
袁嘉灿	岳 嵩	张桦森	张季平	张晓萌	张 政
赵鹏巍	钟春来	周泉丰	周杨波	朱华星	朱新利

化学与分子工程学院

白 玉	曹鑫强	曹 阳	常 乐	陈丰坤	陈 峻
崔培培	崔 毅	戴博雅	戴 璐	单振华	邓钦培
邓甜音	丁 琳	丁 美	董 华	窦增培	方李超
傅东升	甘 霖	葛 静	耿 靓	龚建贤	何 海
何 阳	贺 冲	华小辉	黄华璠	黄双平	黄永棋
蒋凌翔	康 雪	黎 春	黎 恒	李必杰	李 博
李灿灿	李建明	李晋成	李 盼	李 茜	李 勋
梁德建	梁 渊	林 光	林 森	凌 曦	刘 超
刘 佳	刘佳蕙	刘君平	刘凌涛	刘 璐	刘书娟
刘小卒	刘 泽	梅 雪	倪犇博	潘庆华	潘 琼
彭 飞	乔增莹	刹 训	邵黎明	孙 飞	孙启明
孙天文	谭陆西	唐 琛	王 丹	王 丹	王 峰
王 雷	王 磊	王 翔	王晓雷	王晓明	王新波
王 玉	王子涛	魏 丽	吴昊帅	吴红亮	吴 娜
夏新元	夏玉琼	肖 明	许 卿	谢 翔	邢祥友
徐春虎	徐莺莺	许灵敏	许 潇	晏琦帆	杨 玥

杨 挺	杨新星	殷安翔	余达刚	苑 晓	张 鼎
张京晶	张 靓	张黎明	张泰基	张 通	张云舒
赵成龙	赵 飞	赵灵芝	赵玲玲	赵文博	赵小伟
郑 洁	郑军峰	郑仁垟	周长龙	周纯洁	周加才
周 焱	周志贵				

生命科学学院

曹晓芳	陈华波	陈慧慧	陈 锐	陈素婷	陈文倩
程 丹	崔雯妍	丁 琦	杜 鹏	范雪新	甘文剑
何润生	何文容	胡家志	黄吉雷	黄 鹏	黄世娇
江 峰	江志强	焦 悦	孔双蕾	李 娟	李小沫
李中海	刘春颖	刘 菲	刘 凯	刘 婷	刘跃华
刘 卓	卢雯雯	鹿 晶	罗 果	罗 昱	马 静
马 祥	石小东	孙康泰	孙晓宁	唐 艳	陶 青
汪 静	王 琛	王 放	王 珺	王子曦	魏 嘉
吴志革	肖 安	谢文兵	邢 栋	徐礼鸣	叶 子
于 泉	张存立	张建军	张金方	张起涛	张孝明
张 妍	张 元	赵 驰	赵 琼	郑乃中	钟上威
朱巧昀	邹 晓				

地球与空间科学学院

阿尔察	褚天行	勾志阳	苟龙龙	郭 辉	郭 芸
赫云兰	蒋洪波	李国平	李 乐	李 诺	李珀任
李 颖	林宜慧	刘 帅	吕雪锋	罗泽敏	莫晓华
潘文庆	沈心一	宋 刚	孙华波	谭彦虎	田 锋
王慧媛	王婷婷	魏少妮	吴 婧	夏小洪	徐 钊
闫梦龙	印 洁	袁鑫鹏	张威奕	张元元	赵俊彦
赵 勇	宗 普				

心理学系

陈 娟	邓 晶	金 睐	李松蔚	罗颖艺	马燚娜
宋 萱	吴 超	熊克寒	张 慧	朱冬青	朱冽烈

新闻与传播学院

郭 嘉	惠东坡	李杰琼	刘 静	刘 凯	刘立丰
万丽慧	王洪波	严富昌	张海华		

中国语言文学系

陈爱阳	陈春敏	陈尔杰	付湘龙	郝朝帅	郝倖仔
胡艳琳	金 溪	李飞跃	李凤英	李国华	李 榕
李英浩	李政富	凌玉建	刘洪涛	刘 军	刘 莉
刘 伟	刘 云	龙瑜宬	逯铭昕	马里扬	苏安国

苏 颖	孙 芳	田 靓	王清辉	王 琼	魏 然
翁姗姗	吴舒洁	夏 军	谢成名	辛晓娟	徐昌盛
徐 勇	杨 锋	于海峰	袁健惠	张静斐	张 文
张宗品	郑海娟	郑 妞	邹 理	邹 赞	

历史学系

边文锋	蔡 萌	陈 默	陈奕玲	陈昱良	董 洁
董仲瑜	费 晟	符莹岩	高 波	高 宇	胡 鸿
姜 勇	李 霖	李 蜜	李现红	梁 心	刘晨曦
刘 江	刘世刚	刘义勇	鲁 萍	陆青松	潘惠祥
秦克宏	宋晓东	孙伟珍	童 欣	王 辉	杨佩昌
张 弛	张 龙	周 健	周施廷		

考古文博学院

曹 斌	单月英	李 军	刘 静	马锦强	王佳音
王怡蘋	杨清越	张 莉	张薇薇	张闻捷	周繁文

哲学系

曹青云	陈培荣	程 郁	崔 微	方建勋	高 见
高源厚	郭顺利	郭羿承	韩 琪	花 威	贾克防
贾向云	江婷婷	江 新	李春颖	李高荣	李红文
李婷婷	李文靖	李 溪	李 龑	李 喆	梁议众
刘 黛	鲁鹏一	路振召	毛兴贵	纳雪沙	彭宏伟
丘乐媛	邱忠善	孙 帅	王 晶	王 奎	王美玲
王 巍	王云飞	王 梓	吴 宁	肖 涛	谢伟铭
谢晓健	熊 姣	徐保军	徐召清	许国艳	阎瑞雪
杨 浩	杨睿之	曾美珠	张凯作	赵海燕	

国际关系学院

陈静静	陈应武	范斯聪	李玲飞	刘会军	卢 昊
牛长振	沈 丹	万悦容	王衬平	王庆忠	王亚林
王振瑜	吴灿燃	徐贝宁	徐 刚	杨廷智	张伟杰
张 弦	张玉宝	折志凌	周新政	周 勇	朱晓琦
朱中博					

经济学院

陈凤仙	邓 琨	付明卫	官 皓	黄慧玲	黄启云
黄夏岚	李晨乐	李 鑫	梁 斌	林四春	刘 鹏
刘媛媛	齐 伟	綦树利	申汲龙	苏华山	孙 克
王 倩	王 晓	王晓全	王元道	王智强	吴诗锋
徐肇涵	鄢莉莉	尹志锋	余 屈	郁智慧	张义博
郑后成					

光华管理学院

曹玉瑾	陈 煦	邓建东	丁 邡	高赛昂	巩见刚
郭凯明	韩 松	何燕青	蒋 健	李 璐	李 伟
林 虎	刘应文	刘志成	梅冬州	倪红福	钱 婷

施 丹	石 光	隋 杨	孙 轶	王春飞	尹 俊
雍家胜	于 鸣	余靖雯	张 诚	张 鹏	张如慧
宗芳宇					

法学院

柏树义	蔡步青	蔡桂生	蔡曦蕾	车佳克	陈 皓
伏创宇	付 磊	付宇程	黄文熙	回 颖	蒋季雅
焦旭鹏	赖琬妮	李 臣	李国兴	李 晖	李家军
李 畠	李 燕	李永胜	李志强	梁晓晖	刘妙香
马 聪	毛竹青	孟兆平	牛广济	潘爱国	秦 岭
舒 旻	孙景新	孙乃玮	孙 宇	田飞龙	万 琪
王冠宇	王鸣峰	王 钰	吴纪奎	伍俐斌	徐 凯
薛启明	杨华权	杨 会	杨省庭	叶静漪	张传玺
张际枫	张相军	张小林	张 晏	赵启杉	赵文贵

信息管理系

陈则谦	程蕴嘉	江 洁	金 炬	李 健	王建冬
吴汉华	谢 飞	张爱霞	张 丽	张晓芬	朱 荀

社会学系

陈伟杰	陈旭峰	陈彦勋	冯 猛	高 卉	侯豫新
李化斗	李 健	李伟东	练 宏	林幸颖	罗 杨
马忠才	綦淑娟	沈洪成	宋红娟	宋跃飞	汪琳岚
王 军	王立阳	王晴锋	王 维	王晓慧	王晓慧
吴肃然	许庆红	薛 品	薛伟玲	赵德雷	周歆红
朱靖江					

政府管理学院

包刚升	蔡莹莹	陈宝剑	陈嘉玉	迟洪涛	崔宏轶
但根友	段 磊	谷 雪	韩 艺	胡 冰	金姗姗
静 炜	劳 婕	李 冷	李小土	李云驰	刘红岩
刘小青	马瑞辰	马 桑	马芝兰	倪 斌	秦 燕
任 玥	宋 彭	孙广厦	王春杨	王建丰	乌 兰
严 超	杨京宁	姚传明	余艳红	张国玉	张新刚
赵 晖	郑 寰				

外国语学院

安 尼	胡永华	黄海华	黄 慧	惠海峰	李友敏
廖运刚	刘宏刚	柳博赟	芮晓松	孙鹤云	王 静
王乐洋	吴 娟	杨岸青	姚 婕	于施洋	张嘉妹
张亚冰	赵玉皎	周砚舒			

马克思主义学院

陈文旭	代玉启	丁小丽	何海兵	侯丹娟	黄 璇
江大伟	金英君	李纪才	路克利	王 聪	郑 建
朱 峰					

艺术学院

蔡晓璐　曹予恩　顾晓燕　刘　静　孟宪平　王　琦
肖怀德

对外汉语教育学院

耿　直　李兰霞　王　芳　张利满　赵志清

信息科学技术学院

艾　果　蔡少伟　蔡斯博　崔　翔　董明科　耿　博
郭瑞民　韩心慧　何　啸　侯　冬　胡启方　胡子一
黄贝宁　黄　熙　江明阳　姜　梅　蒋　竞　金永明
李　丹　李　菲　李　皓　李宏义　李仁举　李荣锋
李素科　李　扬　李扬曦　李月龙　刘宏志　刘　勍
刘　宁　陆晨曦　马晨月　马家宽　马盛林　钮　艳
庞九凤　庞在虎　钱丰勇　邱　勤　冉　珂　申　钧
施子韬　司华友　宋　晖　唐大闰　唐　浩　唐粕人
王　冰　王　达　王　军　王　雷　王　瑞　王世涛
王啸吟　王心悦　王旭磊　王振兴　韦　韦　魏芹芹
魏益群　吴天舒　武　隽　肖　赞　谢子超　熊　炜
徐兵杰　徐　峰　徐　戈　许东阳　杨佳琦　杨　勇
易　剑　尤　朝　袁　泉　曾　琅　曾庆圣　詹　瞻
张雷鸣　张立欢　张立宁　张　琳　张　鹏　张　颖
张志昆　赵　凯　赵　祺　朱利丰　朱梅霞　朱元春
庄　伟

国家发展研究院

程令国　郭云南　梁　润　刘　锋　王　健　王天一
吴　川　余静文

教育学院

陈国定　陈　恒　付　革　韩　萌　郝彩虹　何　晶
侯　云　胡保利　金　帷　李莉春　李赛强　梁　彦
马　佳　马玉霞　牟海松　潘昆峰　庞晓东　秦　琳
屈潇潇　屈晓婷　石卫林　唐国军　王东芳　王丽娟
王世忠　吴次南　邢清清　徐铁英　严晓鹏　杨爱民
杨朝晖　杨光钦　虞宝桃　张建茹　张　焱　周红卫

人口研究所

郭　未　韩优莉　邱　月　谈玲芳　王海东　魏继红
杨　存　袁　城

前沿交叉学科研究院

承倩怡　付　龙　高　云　李姗姗　刘建波　苗俊杰
宁　波　戚逸飞　汪　泉　王　晶　王宜冰　吴元子
席洪柱　叶成红　余　再　苑亚夏　张晓东　祝快昌

工学院

陈松泽　陈　瑜　陈志福　邓毕力　邓魁英　窦海强
杜　诚　范　宇　方　明　费　鹏　冯荣欣　冯英杰
高敏江　郝　瑞　洪进兴　黄　璜　黄汝超　黄　岩
李厚国　李　静　李韶武　李文涛　李喆隆　刘洪源
刘会央　刘　瑜　柳泽深　吕　行　罗　青　马宇立
门涌帆　聂飞龙　牛　骏　潘振海　彭小玲　彭中兴
邱建航　申　洁　王建春　王　岩　王彦之　王　昭
温广辉　温　凯　吴苗苗　吴　悠　武　斌　徐敏义
尹　晨　尹家聪　余　成　张　溯　赵　健　郑春红
周　莹

城市与环境学院

陈　轶　戴湘毅　高江波　黄　斌　李春梅　李建军
李明霖　李　宁　林若琪　刘　青　刘怪宁　马福俊
马铭波　年小美　彭书时　任艳林　沈国锋　舒时光
覃金堂　汤璐瑛　王连勇　杨　磊　印　轶　于　萍
张　丹　张俊娜　张　琨　张树民　张　艳　赵寰熹
赵　晶　赵　霞　赵玉蕙　钟栎娜　朱高儒

环境科学与工程学院

薄　宇　曹　鹏　黄少明　蒋宏飞　李红娜　李　娜
李文龙　马训舟　万　薇　王　会　王　伟　王志彬
吴　丹　徐振强　袁　斌　张晶晶　赵　翠

分子医学研究所

郭　健　李　耿　李　伟　林　娜　路　瑶　毛嘉明
王昌河　王文婧　魏　娜　熊健华　熊　彦　杨　帆
易　凡　张会亮　张美玲　张宛睿　张　伊　赵　婷
左盼莉

基础医学院

毕野平　邢宝明　邓敬娜　刘　燕　王晓虹　康　凯
王丹丹　王冬来　樊贵真　李　跃　丛　馨　苏　俊
池叶楠　方　晶　陈天达　杨　静　应　磊　徐　炎
张　敏　郑莉莉　郭晓红　王　惠　赵　婷　原　翔
徐晓艳　王花丽　李承志　李艳君　刘　凯　许　冬
綦　辉　李小凤　张　望　郭嫦媛　龙　锴　栾丽菊
任超然　王发田　曹　旭　李　翀　刘　佳　刘　敏
周　亮　代小艳　刘尚昕　周　喆　王　丰　宫雁冰
伊　洁　吴丽娜　徐　芳　董　林　张　婷　韩　婧
李　飞　文睿婷　王　帆　王慎军　薛言学　张　茜
周　洲　李雪竹　张婧婕　李　倩　马孔阳　桂　宾
郑佳佳　唐　寅　刘萌萌　刘雅涵　王　涛　周　岩
宋金雷　覃旺军　毛婧倬　孙　威　张晶鑫　傅　娆
苗一非　王　萌　陈海靖　李伟继　闫　帆　陈　扬

周 允　张 重　刘振云

药学院

李清江	余沛霖	郑 楠	黎晓维	李 金	曾 凤
郭 键	李金霞	刘永华	毕姗姗	何 冰	梁 良
李 宁	李珂珂	安春娜	王 玥	陈 卓	陈 玥
潘德林	黄 维	钟文和	李日东	濮 润	陈达炜
沈 葹	李 玮	任恒春	简 锐	孙 建	王 舒
乔 雪	杨文志	李新刚	王曦培	张 亮	王朝辉
于 洋	时念秋	刘敬弢	孙双勇	孙 懿	张 博
苏毅进	王晓锋	黄文林			

公共卫生学院

赵 明	宫 廷	吕晓珍	李 旭	张佳丽	邢丽娜
王 莹	阮 嫒	马亚婷	贾晓峰	吴少伟	张亚娟
刘丽群	马 宁	王胜锋	黄育北	张 蕊	唐少文
王清亮	何 柳	沈 娟	吴 双	邹志勇	张 锋

医学人文研究院

苏静静

第一临床医学院

贾晓玉	王莹莹	刘 婧	窦艳娜	马冬梅	侯栋梁
张冬梅	王颖慧	张琰琴	李 薇	孙 燕	张 瑞
胡 倩	李 鑫	韩 佳	张庆娴	赵 静	董 晓
范晓红	刘 芃	张子龙	姚 英	张坤英	李世红
刘永哲	任嫒嫒	邢海洲	陈 杰	杨晓玮	陈 荃
季雅娟	秦昌富	纪世琪	张 楠	李广永	周 峰
李 辉	贾志超	王洪波	张苏蕾	张玉东	沈 姞
王春燕	黄春玲	茹喜芳	朱碧溱	赵丹华	孙云闯
李薇薇	张重明	朱海滨	王诗军	朱晓斐	韦晓昱
隋海晶	秦尚彬	李纯青			

第二临床医学院

王 芳	陈鹏程	李晶兢	陈新华	张祖娟	包晓霞
王春芳	唐 勇	郭忠胜	张 薇	刘 冉	段江波
丁 艳	王绪华	谢 敏	朱榕嘉	安树昌	王小溶
吴新宇	赵 琰	卢新昌	张 帅	杜 伟	魏正茂
禚洪庆	彭建平	王艳华	张振军	杜 玮	王心蕾

第三临床医学院

张 燕	李明子	韩婷婷	陈 玲	陈 玮	
艾丽菲热·买买提			李玉慧	薛 超	姚海红
张 静	姜 娟	韩伟中	王月娇	庄 君	田 珊
高俊雪	白 露	高志冬	裴 征	苏万春	唐本强
王凯丰	杨德松	赵 舟	钟群杰	张 静	周敬伟
蒋晶晶	王 莹				

陈 超	朱敬先	李 燕	李园园	刘 维	黄 翔
马 玎	李 敏	刘娜娜	于 耕	李 义	罗亚军
裴 娟	牛黎明	杨长青	高美娟	顾会平	俞志鹏
申 伟	孙新志	容 威	李 莹	封 康	邵振兴
代岭辉	付维力	刁筱琳	徐昕晔	杨 萍	廖 琴
徐嫚翎	柳 曦	高福强	侯俊杰	肖 博	张铃福
祝 斌	纪 翔	赵福江	郝燕婷	敖明昕	卓彦伶
曾 进	张绍兴				

积水潭医院

江晓舟

口腔医学院

谭雍慧	乔朋艳	韩 冰	张 欣	王文君	张智玲
杨宁燕	张翼飞	李传真	王雪东	王晴竹	赵晓光
王海丞	彭 磊	黄宝鑫	高 敏	李江明	
欧阳思远					

精神卫生研究所

刘 璐	田 霖	黄润虎	李继涛	蔡丽伟	何 毅
曲 姗	苏 怡	汪 艳			

临床肿瘤学院

刘芳芳	廉沈沂	毛琳琳	安 娟	郭 婧	郭丽娟
杜艳涛	张 君	孙 伟	李冬妹	吕 娟	谢 玮
董宁宁	王 政	李 楠	刘轶男	李付海	贾永宁
林 艺	刘 音	尹 丽	张 依	吴 洁	李 珊
连 斌	危志刚	魏 锰	勾 涛	杨合利	翟志伟

深圳医院

韩永华

毕业留学生(硕士、博士)名单

院系名称	姓　名	研究生类别	专　业	结束学业类型
对外汉语教育学院	保科修男	硕士	汉语国际教育	毕业
对外汉语教育学院	蔡淳容	硕士	汉语国际教育	毕业
对外汉语教育学院	蔡丽英	硕士	汉语言文字学	毕业
对外汉语教育学院	曹秀贞	硕士	汉语国际教育	毕业
对外汉语教育学院	崔彦京	硕士	汉语国际教育	毕业
对外汉语教育学院	黄海金	硕士	汉语国际教育	毕业
对外汉语教育学院	金美虹	硕士	汉语国际教育	毕业
对外汉语教育学院	金永明	硕士	汉语国际教育	毕业
对外汉语教育学院	金主希	硕士	汉语国际教育	毕业
对外汉语教育学院	李多慧	硕士	汉语言文字学	毕业
对外汉语教育学院	李相殷	硕士	汉语国际教育	毕业
对外汉语教育学院	林采淇	硕士	汉语国际教育	毕业
对外汉语教育学院	林银贞	硕士	汉语言文字学	毕业
对外汉语教育学院	穆　娜	硕士	汉语国际教育	毕业
对外汉语教育学院	孙立三	硕士	汉语国际教育	毕业
对外汉语教育学院	孙筱蓂	硕士	汉语国际教育	毕业
对外汉语教育学院	塔玛拉	硕士	汉语国际教育	毕业
对外汉语教育学院	魏亮仪	硕士	汉语国际教育	毕业
对外汉语教育学院	小川典子	硕士	汉语国际教育	毕业
对外汉语教育学院	杨宝君	硕士	汉语国际教育	毕业
对外汉语教育学院	殷莉莉	硕士	汉语国际教育	毕业
对外汉语教育学院	尤美云	硕士	汉语国际教育	毕业
对外汉语教育学院	余素云	硕士	汉语国际教育	毕业
对外汉语教育学院	郑镇宇	硕士	汉语国际教育	毕业
法学院	崔钟云	博士	刑法学	毕业
法学院	戴　淼	硕士	法律硕士	毕业
法学院	姑　玲	硕士	民商法学	毕业
法学院	韩一淳	硕士	民商法学	毕业
法学院	金大薰	硕士	经济法学	毕业
法学院	金周喜	硕士	经济法学	毕业
法学院	雷德成	硕士	民商法学	毕业
法学院	黎铨璧	硕士	民商法学	毕业
法学院	容永宁	硕士	民商法学	毕业
法学院	沈允善	硕士	民商法学	毕业
法学院	张妍美	硕士	经济法学	毕业
法学院	赵晟植	博士	国际法学	毕业
法学院	中村祥子	硕士	民商法学	毕业
光华管理学院	奥　黛	硕士	工商管理	毕业
光华管理学院	陈维帆	硕士	工商管理	毕业
光华管理学院	崔成镇	博士	企业管理	毕业
光华管理学院	洪锦顺	硕士	工商管理	毕业
光华管理学院	加治屋阳一	硕士	金融学	毕业
光华管理学院	金民廷	硕士	工商管理	毕业

院系名称	姓名	研究生类别	专业名称	结束学业类型
光华管理学院	金泰熙	硕士	工商管理	毕业
光华管理学院	卡米尔	硕士	工商管理	毕业
光华管理学院	柯海伦	硕士	工商管理	毕业
光华管理学院	蓝友帝	硕士	工商管理	毕业
光华管理学院	梁耀权	硕士	工商管理	毕业
光华管理学院	林 田	硕士	工商管理	毕业
光华管理学院	林殷年	硕士	工商管理	毕业
光华管理学院	吕 晶	硕士	工商管理	毕业
光华管理学院	吕雨戈	硕士	工商管理	毕业
光华管理学院	马 修	硕士	工商管理	毕业
光华管理学院	牟哲瑢	硕士	工商管理	毕业
光华管理学院	品川龙嗣	硕士	工商管理	毕业
光华管理学院	曲婉菲	硕士	金融学	毕业
光华管理学院	权向勋	硕士	工商管理	毕业
光华管理学院	史帝文	硕士	工商管理	毕业
光华管理学院	乌斯曼罕	硕士	工商管理	毕业
光华管理学院	吴守仁	硕士	工商管理	毕业
光华管理学院	谢裕民	硕士	工商管理	毕业
光华管理学院	张锡金	硕士	工商管理	毕业
光华管理学院	张艳	硕士	工商管理	毕业
光华管理学院	中川幸司	博士	企业管理	毕业
光华管理学院	钟书婷	硕士	工商管理	毕业
国际关系学院	阿贝托	硕士	国际关系	毕业
国际关系学院	艾 琳	硕士	国际关系	毕业
国际关系学院	安 娜	硕士	国际关系	毕业
国际关系学院	安 哲	硕士	国际关系	毕业
国际关系学院	白平乐	硕士	国际关系	毕业
国际关系学院	布凯莉	硕士	国际关系	毕业
国际关系学院	陈 华	硕士	国际关系	毕业
国际关系学院	陈淑欣	硕士	国际关系	毕业
国际关系学院	邓 北	硕士	国际关系	毕业
国际关系学院	杜 鹏	硕士	国际关系	毕业
国际关系学院	甘成祐	硕士	国际关系	毕业
国际关系学院	高 兴	博士	国际关系	毕业
国际关系学院	海 德	博士	国际政治	毕业
国际关系学院	洪丽玲	硕士	国际关系	毕业
国际关系学院	洪思瑞	硕士	国际关系	毕业
国际关系学院	黄郁婷	硕士	国际政治	毕业
国际关系学院	吉贝莎	硕士	国际关系	毕业
国际关系学院	金高云	硕士	国际政治	毕业
国际关系学院	金知瑢	硕士	外交学	毕业
国际关系学院	凯 蒂	硕士	国际关系	毕业
国际关系学院	凯若琳	硕士	国际关系	毕业
国际关系学院	凯诗玛	硕士	国际关系	毕业
国际关系学院	来维德	硕士	国际关系	毕业
国际关系学院	黎 穗	硕士	国际关系	毕业
国际关系学院	李相元	硕士	国际关系	毕业
国际关系学院	李哲绮	硕士	国际关系	毕业
国际关系学院	林 鸿	硕士	国际关系	毕业
国际关系学院	林 兰	硕士	国际关系	毕业

续表

院系名称	姓名	研究生类别	专业名称	结束学业类型
国际关系学院	林若欣	硕士	国际关系	毕业
国际关系学院	马克思	硕士	国际关系	毕业
国际关系学院	梅艾杰	硕士	国际关系	毕业
国际关系学院	美利达	硕士	国际关系	毕业
国际关系学院	朴大勋	博士	外交学	毕业
国际关系学院	全性河	硕士	外交学	毕业
国际关系学院	申才娟	硕士	国际政治	毕业
国际关系学院	谭苹君	硕士	国际关系	毕业
国际关系学院	铁 木	硕士	国际关系	毕业
国际关系学院	涂艾米	硕士	国际关系	毕业
国际关系学院	万 山	硕士	国际关系	毕业
国际关系学院	王造玢	硕士	国际关系	毕业
国际关系学院	潇如风	硕士	国际关系	毕业
国际关系学院	小山惠鼓	硕士	国际关系	毕业
国际关系学院	谢心瑜	硕士	国际关系	毕业
国际关系学院	衣 惟	硕士	国际关系	毕业
国际关系学院	禹进希	硕士	国际关系	毕业
国际关系学院	远 珊	硕士	国际关系	毕业
国际关系学院	詹格斯	硕士	国际关系	毕业
国际关系学院	张建平	硕士	国际关系	毕业
国际关系学院	张美君	博士	国际政治	毕业
国际关系学院	周德凯	硕士	国际关系	毕业
国际关系学院	佐藤都	博士	国际政治	毕业
环境科学与工程学院	蒙蒂洛	硕士	环境科学	毕业
教育学院	杨伟誉	硕士	教育经济与管理	毕业
经济学院	宏 康	硕士	世界经济	毕业
经济学院	黄雪贞	博士	世界经济	毕业
经济学院	江诗伦	博士	世界经济	毕业
经济学院	姜昊求	硕士	世界经济	毕业
经济学院	蒙德利	博士	世界经济	毕业
经济学院	宋 静	硕士	金融学	毕业
经济学院	严马太	硕士	财政学(含：税收学)	毕业
经济学院	游丽萍	硕士	金融学	毕业
考古文博学院	戴柔星	博士	考古学及博物馆学	毕业
考古文博学院	近藤晴香	博士	考古学及博物馆学	毕业
历史学系	赵 阮	博士	中国古代史	毕业
人口研究所	克里斯	硕士	人口学	毕业
社会学系	朴炅铁	博士	社会学	毕业
社会学系	姚慰廉	博士	社会学	毕业
社会学系	禹丞姬	博士	社会学	毕业
深圳研究生院	阿 曼	硕士	金融学	毕业
深圳研究生院	冯翰文	硕士	金融学	毕业
深圳研究生院	麦 克	硕士	金融学	毕业
深圳研究生院	麦晓雷	硕士	金融学	毕业
深圳研究生院	莫雅芳	硕士	企业管理	毕业
深圳研究生院	杨能悦	硕士	金融学	毕业
深圳研究生院	约 翰	硕士	西方经济学	毕业
外国语学院	金容敬	硕士	亚非语言文学	毕业
外国语学院	朴秀显	硕士	亚非语言文学	毕业
外国语学院	权今淑	博士	亚非语言文学	毕业

续表

院系名称	姓名	研究生类别	专业名称	结束学业类型
新闻与传播学院	韩欣欢	硕士	新闻学	毕业
信息科学技术学院	黄晨昕	硕士	计算机科学与技术（智能科学与技术）	毕业
艺术学院	陈柳玲	博士	艺术学	毕业
艺术学院	陈美善	硕士	艺术学	毕业
艺术学院	林保德	博士	艺术学	毕业
艺术学院	雅 雅	硕士	艺术学	毕业
哲学系	陈俐霖	硕士	宗教学	毕业
哲学系	黄智允	博士	美学	毕业
哲学系	金爱邻	硕士	宗教学	毕业
哲学系	卡米利	博士	马克思主义哲学	毕业
哲学系	林梅芬	博士	宗教学	毕业
哲学系	沈友友	硕士	中国哲学	毕业
哲学系	王兴民	博士	宗教学	毕业
哲学系	魏德伟	硕士	中国哲学	毕业
哲学系	辛师任	硕士	宗教学	毕业
哲学系	赵柄懋	硕士	中国哲学	毕业
哲学系	赵炳活	博士	宗教学	毕业
政府管理学院	安东尼	硕士	公共管理（公共政策）	毕业
政府管理学院	白炳毅	硕士	公共管理（公共政策）	毕业
政府管理学院	白卡仁	硕士	公共管理（公共政策）	毕业
政府管理学院	白提曼	硕士	公共管理（公共政策）	毕业
政府管理学院	窦 立	硕士	公共管理（公共政策）	毕业
政府管理学院	杜进勇	硕士	行政管理	毕业
政府管理学院	费迪男	硕士	公共管理（公共政策）	毕业
政府管理学院	冯婉盈	硕士	公共管理（公共政策）	毕业
政府管理学院	戈 登	硕士	公共管理（公共政策）	毕业
政府管理学院	汉玛丽	硕士	行政管理	毕业
政府管理学院	金井伸辅	硕士	公共管理（发展管理）	毕业
政府管理学院	康 塞	硕士	公共管理（公共政策）	毕业
政府管理学院	康 西	硕士	公共管理（公共政策）	毕业
政府管理学院	林 娜	硕士	公共管理（公共政策）	毕业
政府管理学院	罗元彬	硕士	行政管理	毕业
政府管理学院	马 步	硕士	公共管理（公共政策）	毕业
政府管理学院	马德华	硕士	公共管理（公共政策）	毕业
政府管理学院	米歇尔	硕士	公共管理（公共政策）	毕业
政府管理学院	莫 西	硕士	公共管理（公共政策）	毕业
政府管理学院	穆塔利	硕士	公共管理（公共政策）	毕业
政府管理学院	萨马德	硕士	公共管理（公共政策）	毕业
政府管理学院	苏 妮	硕士	公共管理（公共政策）	毕业
政府管理学院	索罗蒙	硕士	公共管理（公共政策）	毕业
政府管理学院	王 翰	硕士	公共管理（公共政策）	毕业
政府管理学院	谢瑞英	硕士	公共管理（公共政策）	毕业
政府管理学院	新 庄	硕士	公共管理（公共政策）	毕业
政府管理学院	雅各布	硕士	公共管理（公共政策）	毕业
中国语言文学系	安义宣	硕士	语言学及应用语言学	毕业
中国语言文学系	曹银晶	博士	汉语言文字学	毕业
中国语言文学系	陈菡思	硕士	中国古代文学	毕业
中国语言文学系	黄娇娇	硕士	中国现当代文学	毕业
中国语言文学系	吉永郁代	博士	语言学及应用语言学	毕业

续表

院系名称	姓名	研究生类别	专业名称	结束学业类型
中国语言文学系	姜多亥	硕士	中国现当代文学	毕业
中国语言文学系	金贤景	硕士	汉语言文字学	毕业
中国语言文学系	李根硕	博士	比较文学与世界文学	毕业
中国语言文学系	杨善惠	博士	中国古代文学	毕业
中国语言文学系	郑广薰	博士	中国古代文学	毕业
中国语言文学系	郑雪瑞	硕士	中国现当代文学	毕业
医学部	卓彦伶	博士	眼科学博士	毕业
医学部	徐嫚翎	博士	皮肤与性病博士	毕业
医学部	李名扬	硕士	皮肤与性病硕士	毕业
医学部	其木格	硕士	心血管内科学硕士	毕业
医学部	许致毓	硕士	康复医学硕士	毕业
医学部	黄正通	硕士	外科学硕士	毕业
医学部	廖宏易	硕士	外科学硕士	毕业
医学部	廖淑珍	硕士	精神卫生硕士	毕业

·大事记·

1月

1月3日 首届"北京大学经济国富论坛"暨北京大学经济学院兼职教授聘任典礼举行。论坛以"增长与转型：全球经济动荡背景下的中国经济"为主题，试图把握世界经济未来走向，并对中国经济发展和改革的未来趋势作出探讨。

1月9日至10日 北京大学党委书记朱善璐、校长周其凤率领北大代表团访问江苏省，与江苏省委、省政府就进一步深化校省合作进行交流磋商。在江苏省人民政府与北京大学深化合作座谈会上，校省双方就建立省校战略合作机制、在江苏建立北京大学研究院、鼓励江苏各地与北大共建学生社会实践基地和研究生就业见习基地、推进产学研一体化、加大干部输送和人才培养力度等进行了深入探讨。

1月12日 中共中央政治局委员、国务委员刘延东分别看望了中国科学院院士、北京大学化学与分子工程学院教授、2008年度国家最高科学技术奖获得者徐光宪和著名经济学家、北京大学教授、原北京大学校长吴树青。国务院副秘书长江小涓、中国科学院院长、党组书记白春礼，教育部副部长李卫红，北京大学党委书记朱善璐、校长周其凤等陪同看望。

1月15日 北京大学副校长李岩松代表学校与沙特阿拉伯阿卜杜勒·阿齐兹国王公共图书馆签署了《关于在北京大学建立、运行、管理阿卜杜勒·阿齐兹国王公共图书馆分馆的协议》，为沙特国王公共图书馆北京大学分馆开展下一阶段合作、促进中沙教育文化交流奠定了良好基础。

1月17日 由科技部基础研究管理中心组织实施的2011年度中国科学十大进展评选在京揭晓。由北京大学信息科学技术学院电子学系、纳米器件物理与化学教育部重点实验室彭练矛教授带领的研究团队完成的研究成果"实现碳纳米管的高效光伏倍增效应"入选。

1月18日 中共中央政治局常委、中央书记处书记、国家副主席习近平来到北京大学化学与分子工程学院教授、国家最高科学技术奖获得者徐光宪院士家中，代表胡锦涛总书记和党中央亲切看望徐光宪院士，向他致以诚挚的问候和新春的祝福，听取他对深入实施人才强国战略的意见和建议。中共中央政治局委员、中央书记处书记、中央组织部部长李源潮陪同看望。中央组织部、教育部等中央有关部委负责人，北京大学党委书记朱善璐、校长周其凤参加看望活动。

1月20日 中共中央政治局委员、北京市委书记刘淇来到北京大学，亲切看望慰问全国优秀共产党员、中国科学院院士、北京大学化学与分子工程学院教授高松，向他致以新春祝福。北京市委常委、市委教育工委书记赵凤桐，北京市副市长洪峰，市委教育工委常务副书记刘建，北京大学党委书记朱善璐、校长周其凤等陪同慰问。

1月21日 我国著名政治学家、北京大学哲学社会科学资深教授、北京大学国际政治系原系主任、亚非研究所原所长赵宝煦先生，因病医治无效，在北京大学第三医院与世长辞，享年90岁。

1月21日 中国工程院院长周济一行访问北京大学，慰问在校工作的工程院院士。双方就加强战略咨询、科技服务、学术引领、人才培养等方面的合作进行座谈。北京大学党委书记朱善璐会前会见了周济一行。校长周其凤出席座谈会并主持会议。

1月 2011年度国家社科基金重大项目立项名单揭晓，北京大学共获得6项重大项目立项，同时有7项课题被立为重点项目。2011年新增设了跨学科研究类课题，城市与环境学院莫多闻教授（与中国科学院袁靖研究员共同）作为首席专家的"环境考古与古代人地关系研究"获得重大项目的立项，另有3个项目被立为重点项目。

1月 为深入贯彻落实胡锦涛总书记给北京大学第十二届研究生支教团成员回信中的精神，引导北大学生向实践学习、向人民群众学习，北京大学正式启动"春燕行动"，组织寒假留校学生在春节期间探访慰问空巢老人。2012年寒假有近两百名留校学生报名参加"春燕行动"。

2月

2月7日至15日 北大—台大学生社会服务计划（2012）在台

湾举行。来自北京大学、台湾大学、云南大学的40余名青年学子赴台湾基隆尚仁小学等地,开展为期8天的社会服务活动。活动期间,两岸学子在同吃、同住、同服务的过程中相互了解、相互合作,结下了深厚的友谊,也充分认识到新时代青年所肩负的社会责任。

2月14日 中共中央、国务院在北京人民大会堂举行2011年度国家科学技术奖励大会。北京大学共有13个项目获得国家科学技术奖,包括5项国家自然科学奖、1项国家技术发明奖、7项国家科技进步奖。其中有7项是北京大学作为第一完成人所在单位或者第一完成单位获奖,包括5项国家自然科学奖,2项国家科技进步奖。

2月15日 埃德加·斯诺逝世四十周年纪念大会在北京大学举行。北京大学校长周其凤、中国国际友人研究会会长马灿荣、黄华同志夫人何理良及1972年赴瑞士救治斯诺的医生张贻芳到会讲话。中共中央对外联络部原部长朱良、国务院外事办公室原主任钱永年、北京大学原党委书记、中国埃德加·斯诺研究中心第一任主任王学珍,外交部部长助理张昆生及50多名著名国际友人、学者、外交官和北京大学师生代表出席纪念大会。美国斯诺纪念基金会名誉主席戴蒙德、现任主席詹姆斯·希尔、斯诺母校美国密苏里大学副校长汉迪·威廉姆逊和海伦·斯诺的侄女谢里尔·比绍夫为本次大会发来致电。

2月16日 法学泰斗、中国法理学和比较法学学科奠基人、北京大学哲学社会科学资深教授、博士生导师沈宗灵先生,因病医治无效,在北京大学第三医院逝世,享年89岁。

2月17日 中国残疾人联合会副主席、中国残疾人福利基金会理事长汤小泉一行访问北京大学。北京大学与中国残联历来有良好的合作关系,北京大学将充分发挥多学科优势和人才优势,加快残疾人康复的相关设备研发和科技成果转化,为残疾人事业提供智力支持和技术保障。北京大学工学院相关负责人介绍了北京大学有关残疾人康复设备的研发现状及推广计划。

2月23日至26日 第九届普林斯顿危机模拟大会(PICSIM)在美国普林斯顿大学举行,来自北京大学、普利斯顿大学、西点军校、杜克大学、新加坡国立大学等20所世界顶尖高校的100余名学生参与了本次大会。此次北京大学代表团由北京大学中美交流协会指导,由来自国际关系学院、外国语学院、哲学系等院系的8名学生组成。

2月25日 为纪念毛泽东同志"向雷锋同志学习"题词发表49周年,进一步引导广大青年学生在新的时代条件下传承和弘扬雷锋精神,北京大学团委在英杰交流中心举办了"雷锋班班长与北京大学青年面对面"座谈会,邀请历任雷锋班班长代表李桂臣、吴锡有、薛步瑞、黄帮维和新华社解放军分社资深记者王玉山与北大青年座谈交流。随后,北京大学团委还与雷锋生前所在团建立"学雷锋共建共育关系"。

2月27日 北京大学学生资助中心正式开通全国免费咨询电话,号码为800-810-018-6。此举是贯彻落实刘延东国务委员重要讲话精神的具体举措,为关注北京大学学生资助工作的广大学生和家长提供了一条便捷途径。据悉,学生资助中心全国免费咨询电话的服务方式为工作时间人工服务,暑期将适时增设24小时语音服务。

2月29日 北京大学物理学院2012年美国物理学年会招待会于美国波士顿当地时间2月29日召开。本次招待会由北京大学物理学院及量子材料科学中心共同主办。北京大学副校长王恩哥院士出席并主持招待会。到场的嘉宾、校友一起畅谈交流,使招待会不仅成为校友们了解母校情况的平台,也为推进北京大学相关领域与国际高水平接轨提供了重要机会。

3月

3月4日 广东省人民政府与北京大学签署战略合作框架协议。据悉,根据协议,双方将通过深化产学研合作等方式,着力构建北京大学优势学科与珠江三角洲地区重点产业紧密对接的技术研发、高新技术产业孵化体系,促进北京大学在科技、教育、人才等方面的综合优势与广东在产业、市场、资源等方面的优势相结合。

3月5日 加拿大不列颠哥伦比亚大学校长史蒂芬·托普一行访问北京大学,并签署了两校学生交流协议,为两校今后在学生交流领域的合作奠定了广阔的前景。

3月7日 教育部赴北京大学巡视组抵达北京大学,开始对北京大学进行为期3周左右的巡视工作。3月9日上午,巡视组与学校领导班子见面会在英杰交流中心新闻发布厅举行。教育部直属高校工作司副司长贾德永,巡视组组长、中山大学原党委书记李延保,校党委书记朱善璐,巡视组副组长简大钧、张端品、徐泽华及巡视组全体成员,学校领导班子成员及相关职能部门负责人出席见面会。见面会由贾德永主持。

3月8日 北京大学与江苏省人民政府签订新一轮战略合作协议。根据协议,双方将在决策咨询、科技创新、教育交流、人才建设等方面深化建设,共建合作载体,结合北京大学科教、人才资源优势与江苏产业、政策优势,在人才培养、产学研合作与成果转化、重大决策咨询、文化建设等领域实现协同创新、合作发展、互利共赢。据悉,自2004年江苏省与北京大学签署省校合作协议以来,在双方共同努力下,合作机制逐渐完善,合作平台更加广阔,合作领域不断拓宽,先后合作建成20多个包括院士工作站、联合研发中心、技术转移中心等在内的各类研发机构和创新平台,北京大学有一批重大科技成果在江苏企业成功实现转化。

3月8日至9日 中共中央宣传部在郑州召开舆情信息工作会议,会议表彰了2011年度全国舆情信息工作先进单位,北京大学党委宣传部被中宣部评为舆情信息工作先进单位。多年来,党委宣传部结合北京大学自身优势,围绕重大理论和实践问题,积极向上反映师生的意见和建议,为中央科学决策、民主决策提供参考,充分发挥北大智囊团和思想库作用,舆情信息工作受到了中宣部的充分肯定,连续多年受到中宣部表彰。

3月 2012年最新基本科学指标数据库ESI显示,北京大学农学在过去十年被ESI系统收入论文137篇,累计被引用940次,已经进入全球农学学科前1‰的行列,成为北京大学第18个进入全球前1‰的学科。相比2002年只有四个学科进入全球最好的1‰的学科,经过十年学科建设和发展,截至目前,北京大学实现18个学科进入ESI全球大学和科研机构的前1‰。这18个学科分别为:数学、物理、化学、生物与生物化学、工程科学、材料科学、植物和动物科学、地球科学、环境科学与生态学、临床医学、药学与毒理学、计算机科学、神经与行为科学、分子生物学与遗传学、精神病学/心理学、一般社会科学、经济学与商学、农学,入列前1‰的学科数量在国内高校中遥遥领先。

3月18日 转基因生物新品种培育重大专项棉花项目在北京召开新闻发布会,宣布我国第二代转基因棉花——优质纤维棉花转基因研究取得重大进展,这对改善我国棉花纤维品质,提升棉花产业的国际竞争力具有重要意义。北京大学生命科学学院朱玉贤院士参与了该项目,并与中国农业科学院棉花研究所合作,经过多年研究,取得重要进展。

3月19日 荷兰鹿特丹伊拉斯姆斯大学校长一行访问北京大学法学院,就与北京大学法学院继续开展合作事宜签署了协议。此次的续签协议为今后北京大学法学院在欧洲法、欧盟法的研究上提供了更优秀的平台,也有利于深化两院之间的联系与合作。北京大学常务副校长吴志攀出席会谈。

3月21日 "北京大学斯坦福中心"揭牌仪式在北京大学朗润园隆重举行。据悉,"北京大学斯坦福中心"是由斯坦福大学投资建立的教育研究中心,中心将成为促进北京大学与斯坦福大学两校合作及中美两国间人文交流的重要平台,在促进两校合作、传播先进文化、造就英才、协同创新、增进中美两国之间的人文交流、拓展合作项目等方面发挥重要作用。斯坦福大学校长约翰·亨尼斯,美国驻华大使骆家辉,中国教育部副部长杜占元,国家外国专家局副局长刘延国,国家发改委宏观经济研究院副院长王一鸣等嘉宾参加了揭牌仪式。

3月22日 国家教育咨询委员会的专家来北京大学调研,听取了北京大学本科教育改革暨国家教改试点项目的进展情况汇报。北京大学党委书记朱善璐在北京大学英杰交流中心亲切会见了国家教育咨询委员会的领导和专家。北京大学副校长、教务长王恩哥,校长助理、党办校办主任马化祥及相关职能部门负责人陪同会见。

3月27日 2012年全国对台港澳文化研究基地授牌仪式在贵阳召开。北京大学台湾研究院被文化部确定为"文化部两岸文化研究基地"。据悉,北京大学台湾研究院是文化部在全国范围内设立的仅有的三个国家级涉台研究基地之一。在当前两岸和平发展的新形势下,"文化部两岸文化研究基地"的设立着眼于发挥北京大学台湾研究院的优势,加强对台文化交流和两岸文化合作的前瞻性、战略性研究,打造拥有一流学术水准的对台文化战略高端智库。

3月27日 科技部在北京召开"十二五"863计划专家委员会和主题专家组成立大会。44名专家被聘为863计划专家委员会委员,273名专家被聘为863计划各领域的主题专家组专家。北京大学信息科学技术学院梅宏教授被聘为信息技术领域先进计算技术主题专家组专家(召集人),黄如教授被聘为信息技术领域微电子与光电子主题专家组专家。梅宏教授作为主题专家代表在成立大会上发言。

3月31日 第二次全国环保科技大会在北京召开,大会向"十一五"环保科技工作先进单位和个人获得者以及2012年度环境保护科技奖获得者颁奖。北京大学环境科学与工程学院获"十一五"环保科技工作先进集体,谢绍东教授和宋宇教授获先进个人;北京大学作为第一完成单位,由朱彤教授牵头完成的"北京及周边大气污染形成机制、区域联控及奥运空气质量保障研究"项目获2010年度环境保护科技一等奖。

3月 2012年度教育部人文社会科学研究专项任务项目(高校思想政治工作)评审结果发布,由北京大学青年研究中心组织申报的"高校BBS的科学转型和可持续发展研究"和"高校学生文明上网研究——以大学生媒介素养教育为抓手的探索"正式获批立项,课题主持人分别为新闻与传播学院党委书记冯支越研究员和青年研究中心主任蒋广学副教授。

4月

4月3日 泰国公主玛扎哈克里·诗琳通访问北京大学。诗琳通公主一直致力于关怀和支持中泰两国的交流,并为深化两国的学术交流、加强北京大学和泰国朱拉隆功大学合办的孔子学院的建设以及拓宽其他学术领域的合作,做出了积极的努力。她曾作为中华文化研究项目奖学金的获得者在北京大学进行为期一个月的学习研究,并被北京大学授予荣誉博士学位。诗琳通公主于2005年促成建立了北京大学诗琳通科技文化交流中心,并为孔子学院在泰国的发展做出了贡献。

4月5日 北京大学校长周其凤会见来京参加第三届海峡两岸医学生交流活动的台湾阳明大学校长梁赓义一行。会见中,周其凤介绍了北京大学近年来在医学学科与跨学科方面建设和发展的情况,并建议双方在医学等重点领域加强交流与合作。梁赓义希望阳明大学未来有机会与北京大学医学部开展更为深入的交流与合作。

4月7日 北京大学社会学系重建30周年纪念大会举行。30年来,北京大学社会学系在人才培养、科学研究和社会服务等方面都取得了一系列的成绩。在引进和吸收海内外优秀学术成果的基础上,逐步形成了一套具有北京大学特色的社会学学科体系,以及一批具有一定原创意味的学术成果,为政府、为社会提供了大量富有特色的、高质量的研究、咨询和参与服务,在海内外学术界树立了一个良好的、卓越的、正在向世界一流水平迈进的社会学学科形象。2011年,在《美国新闻与世界报道》(U.S. News)刊载的、由国际高等教育研究机构 QS(Quacquarelli Symonds)(USNEWS-QS)完成的全球400家一流大学各学科排名榜中,北京大学的社会学学科位居第22名,为中国大陆高校社会学学科中进入前50名的唯一高校社会学学科。

4月7日 "儒学的复兴——孔垂长先生欢迎会暨两岸学者学术研讨会"在北京大学举行。孔垂长先生是孔子第79代嫡长孙,在台湾发起成立了中华大成至圣先师孔子协会并任会长。北京大学校长周其凤院士、北京大学儒学研究院院长、北京大学《儒藏》工程首席专家、哲学系资深教授汤一介先生等校内外专家领导30余人出席研讨会。会后孔垂长先生还代表台湾中华大成至圣先师孔子协会向北京大学儒学研究院赠送了《孔子圣迹图》。

4月7日 第26届"京华杯"北京大学、清华大学棋类桥牌友谊赛在北京大学邱德拔体育馆举行。经过激烈角逐,北京大学代表队以14∶8的总比分再度胜出,勇夺"京华杯"历史上的第一个六连冠。据悉,本届比赛开幕式与邱德拔体育馆的全面开放启动仪式一并举行。奥运赛后,北京大学投入大量资金,经过一年多的装修改造,为这座奥运体育馆改造出了许多体育功能厅房,为北京大学体育教学、训练及师生的业余体育活动提供了大量的场地。

4月9日 "东方学研究方法论"项目启动仪式在北京大学举行。据悉,"东方学研究方法论"项目旨在加强中国东方学的研究,使北京大学东方学研究成为世界东方学的学术中心,使中国在世界东方学研究领域享有自己的话语权。北京大学副校长李岩松代表北京大学向项目捐赠人曾宪章夫妇授予北京大学教育贡献奖。

4月11日 山西省党政代表团访问北京大学,双方签署了全面合作框架协议。北京大学历来十分重视与山西省的合作,双方合作由来已久,合作领域广泛,取得了重要成效;北京大学与山西省过去一直以来在能源技术、文物保护等方面开展了一系列的科研合作,此次战略合作协议的签署,将为双方的合作提供更高、更广阔的平台,必将有利于充分发挥各自优势,携手推进在决策咨询、科技开发、人才培养等领域的共同事业。

4月11日 英国剑桥大学校长莱谢克·博里塞维奇爵士一行访问北京大学。北京大学授予博里塞维奇名誉博士学位,以进一步加强两校之间的学术联系与合作。北京大学校长周其凤向博里塞维奇颁发了北京大学名誉博士学位证书,随后,博里塞维奇发表了题为"什么是全球化的大学"的主题演讲,分享了剑桥大学的国际化战略,以及在国际化进程中所取得的成果和面临的挑战。

4月12日 江苏省常州市党政代表团访问北京大学,就校市合作议题进行座谈交流。据悉,北京大学将进一步巩固、深化、拓展同常州市的合作,为包括常州在内的苏南三市现代化示范区的建设提供重点支持。同时,常州市将在人才培养、干部锻炼、产学研结合等方面继续保持与北京大学的密切对接,实现校市协同创新、合作发展、互利共赢。

4月13日 中国共产党北京大学第十二次代表大会在北京大学办公楼礼堂召开,大会选举产生了北京大学出席北京市第十一次党代会的代表。大会审议通过《中国共产党北京大学代表大会选举出席北京市第十一次党代会代表的办法》;审议通过北京大学出席北京市第十一次党代会代表候选人名单；通过总监票人、监票人名单，宣布总计票人、计票人名单；大会选举朱善璐、吴艳红、柯杨、黄如4位同志为北京大学出席中国共产党北京市第十一次代表大会代表。

4月13日 《科学》杂志报道了北京大学陆林教授关于消除药物成瘾记忆研究的新进展。据悉，北京大学中国药物依赖研究所所长陆林教授领导的课题组，发现了一种基于学习记忆理论的模式——记忆唤起—消退操纵模式，用来防止药物心理渴求和复吸。同期杂志上英国剑桥大学著名神经生物学家巴里·埃弗里特为该研究撰写了评论文章《消除对毒品的记忆》。这一结果的公布引起了广泛的国际关注。

4月16日至25日 由国际著名文化研究学者、哈佛大学李欧梵教授主讲的北京大学第三届"胡适人文讲座"圆满举办。该系列讲座总题为"中西文化关系与中国现代文学"，从"现代主义的历史和文化背景"入手，关注了"西学东渐：晚清文学中的乌托邦想象""三十年代中西文坛的左翼国际主义""维柯—萨义德—朱光潜"以及"台湾的'学院现代主义'"等兼及不同文学时段、文学体裁与文学理论又互有联系的论题。

4月17日 俄罗斯新闻代表团访问北京大学，与北京大学党委副书记、校务委员会副主任杨河举行会谈。据悉，代表团此次来访旨在了解北京大学的教育状况、办学理念，以及中俄两国学生的交流情况，尤其是俄罗斯学生来北京大学求学的渠道。杨河表示，希望两国高校今后能够进一步加强联系，共同发展，并为中俄两国青年的交流创造更多的机会。

4月19日 美国科学院院士、加州大学伯克利分校教授林伯中访问北京大学。北京大学副校长王恩哥会见了林伯中教授，在会谈中希望两校能够深化校际合作，通过学生和青年科学家的互访交流等方式，继续保持合作互利的良好局面，并向林伯中院士颁发了聘书，邀请其担任北京大学地球与空间科学学院访问讲席教授。

4月20日 北京大学举行仪式，聘请余光中先生为北京大学"驻校诗人"。余光中先生的诗歌几乎影响了中国诗坛一代人的创作风格，他的诗歌名篇《乡愁》在华人世界脍炙人口，广为流传。北京大学此次聘请余光中先生为"驻校诗人"，将对促进北大和台湾文化界的交流，促进北大在诗歌方面的研究发挥积极的作用。同时还举办了"'乡愁'会'云彩'：诗与海峡——余光中、朱航仁诗会系列活动"。海峡两岸关系协会会长陈云林，驻会副会长李炳才等嘉宾出席了活动。中国国民党荣誉主席连战也向活动发来贺电。

4月21日 由北京大学台湾研究院和台湾汉青两岸基金会共同举办的"下一步如何走：台湾选后的两岸关系"研讨会在北京大学举行。研讨会就两岸和平发展、民进党转型、两岸文化教育交流、两岸政治关系和未来四年两岸关系的前景与可能遇到的障碍做了深入探讨。与会者普遍认为，未来四年既是两岸关系发展的黄金时期，但也是更加敏感和棘手的时期。大陆方面应当坚持对台政策创新，更系统地提出"两岸同属一个中国"的论述。

4月23日 中共中央政治局委员、北京市委书记刘淇、市长郭金龙一行来北京大学考察调研。校党委书记朱善璐、校长周其凤等校领导陪同调研。刘淇、郭金龙一行首先参观了北京大学化学与分子工程学院有机分子材料和高分子研究室，视察了北京大学成府园区建设情况。在英杰交流中心举办的"勇创一流，走在前列——北京大学加快创建世界一流大学和服务首都发展成果展"，他们详细了解了近年来北大以建设世界一流大学为目标，在学科建设、人才培养、科学研究、社会服务、文化传承与创新、国际交流与合作、党建与思想政治工作以及服务首都等方面取得的最新成果。随后，一行人员与北大师生进行了座谈。北京大学党政领导班子成员以及各职能部门负责人参加了座谈会。

4月24日 "软实力"概念的提出者和软实力理论的首创者、曾任美国卡特政府助理国务卿、克林顿政府国家情报委员会主席和助理国防部长的政治活动家、哈佛大学著名教授、肯尼迪政府学院前院长约瑟夫·奈访问北京大学，并在英杰交流中心作了一场题为"中国软实力崛起"的精彩演讲。演讲前，北京大学党委书记朱善璐会见了约瑟夫·奈教授，双方就北京大学与哈佛大学的教育合作以及两校在中美两国文化软实力研究领域的合作深入交换了意见。

4月25日 南苏丹总统基尔访问北京大学并发表演讲。在演讲中，基尔回顾了他本人与中国交往的经历和此次访华取得的丰硕成果，表示希望双方在未来开展更宽领域、更深层次的合作，共同谋求进一步的发展。他还分析了当前南、北苏丹的局势以及南苏丹的立场，表示南苏丹致力于通过协商谈判解决双方分歧和冲突，缓和紧张局势，争取早日达成全面、一揽子协议，最终实现和平共处。2011年7月9日南苏丹独立后，基尔任首任总统。基尔曾于2005年和2007年访华，此次是他就任总统以后的首次访华。

4月26日 美国芝加哥大学校长罗伯特·齐默一行访问北京大学。北京大学党委书记、校务委员会主任朱善璐会见了来宾。朱善璐表达了对两校合作关系的高度重视，他期望两校的合作能步入新阶段，实现双赢。齐默希望能与北京大学进一步加强交流，拓展在理工、人文、社科等领域的全面合作。会谈后，朱善璐和齐默签署了两校合作框架协议及学生交流协议。

4月27日 北京大学马克思主义学院在英杰交流中心举行建院20周年庆典暨全国高校马克思主义学院院长论坛。经过20年的发展，马克思主义学院的学科建设和科学研究都取得了长足进步，人才队伍建设更加合理有序，已经成为北京大学从事马克思主义理论学科建设和思想政治理论课教育教学、研究以及干部培训的重要基地。教育部社科司司长杨光，江苏省政协副主席、北京大学原党委书记、马克思主义学院第一任院长(兼)任彦申等嘉宾参加。

4月28日 "北京大学考古90年，考古专业设立60年"庆典活动举行。北京大学考古专业在过去的60年里伴随着我国文物考古事业的发展，如今已建设成设施完善、学科完整、研究力量雄厚的考古文博学院。北大考古专业在成长发展的六十年中，始终与各省市文物考古管理机构、科研院所以及兄弟院校考古专业保持密切联系，数十家兄弟单位派代表出席庆典，并发来贺信贺电。文化部副部长、国家文物局局长励小捷，文化部党组成员、故宫博物院院长单霁翔等嘉宾参加庆典。同日，考古文博学院主办的"中国考古学与世界考古学学术报告会"举行。此次报告会邀请到英国牛津大学副校长、考古学院亚洲考古艺术与文化研究中心教授罗森女士，美国哈佛大学人类学系史前考古学教授巴约瑟夫先生等世界顶尖考古学者。与会学者围绕"北京大学与世界考古学"这一主题，将北大考古置于世界考古学学科史的广阔背景中，立足于当下学科发展的前沿，从不同的角度全面而深刻地阐释了中国考古学与世界考古学之间的关系，突出了作为中国考古学发展缩影的北大考古的地位与贡献。本次学术报告会加强了双方的交流，将有力推动中国考古学的国际化进程。

4月 北京大学工学院侯仰龙教授获2011年度茅以升科学技术奖——北京青年科技奖。侯仰龙教授获此奖项，是由于他在多功能磁性材料的控制合成、自组装及其在生物医学影像和能源材料领域取得的系列重要研究成果。

5月

5月3日 中共中央政治局常委李长春来到北京大学，与1400余名师生一起观看原创歌剧《钱学森》，并向青年朋友致以节日的祝贺和良好的祝愿。他勉励北京大学广大师生把继承北大优良传统与学习钱学森同志紧密结合起来，深入学习钱学森同志爱党爱国的政治品格、严谨求实的科学态度、开拓进取的创新精神、无私奉献的高尚情操，不断赋予新的时代内涵，努力形成崇尚科学、追求创新的浓厚氛围，为提高自主创新能力、推动经济社会又好又快发展做出新的更大贡献。演出开始前，李长春参观了北京大学发展概况展、人文社会科学成果展和"学雷锋树新风、加强校园文明建设"系列活动成果展，与吴树青、袁行霈、沙健孙、叶朗等老教授和青年教师、学生代表亲切交流。中共中央政治局委员、北京市委书记刘淇，中共中央政治局委员、国务委员刘延东一同出席活动。

5月4日 纪念中国共产主义青年团成立90周年大会在北京人民大会堂隆重举行，中共中央总书记、国家主席、中央军委主席胡锦涛出席大会并发表重要讲话。当晚，为学习贯彻胡锦涛总书记重要讲话精神，弘扬"爱国、进步、民主、科学"的光荣传统，北京大学在英杰交流中心举行"青春的征程——纪念中国共产主义青年团建团90周年暨五四运动93周年"座谈会。座谈会上，优秀青年学生代表、"2010年中国大学生十大年度人物"、城市与环境学院2008级本科生范敬怡及优秀青年教师代表、工学院教师王启宁分别发言。会上，还举行了北京大学2011年度共青团标兵颁奖仪式及2012年北京大学学生暑期社会实践团队授旗仪式。共青团中央学校部部长陈光浩等嘉宾出席。

5月7日 北京大学研究生院与施普林格科学与商业媒体集团签署了关于合作出版优秀博士论文的协议。北京大学每年将向施普林格集团提供优秀博士学位论文候选名单及论文并协调导师推荐、论文翻译出版等工作；施普林格出版集团则对候选名单之论文进行专家评审并出版，集团还将设立优秀博士论文奖并免费为北京大学研究生进行英文论文或图书写作和投稿的专业培训。

5月8日 北京大学2012年五四理论研讨会在英杰交流中心举行。本次研讨会的主题为"中国特色社会主义：道路、理论、制度"。与会者就中国特色社会主义市场经济、制度创新、政治体制改革等问题展开了热烈讨论并发表了各自看法。中央社会主义学院党组书记、第一副院长叶小文，教育部副部长李卫红，北京市委常委、教育工委书记赵凤桐等领导受邀出席研讨会。

5月9日 哥伦比亚总统胡安·曼努埃尔·桑托斯·卡尔德隆在中国驻哥伦比亚大使汪晓源等的陪同下访问北京大学，并在英杰交流中心阳光大厅发表了题为《哥伦比亚：走向民主繁荣之路》的演讲，谈及了自身对民主繁荣概念的理解，还介绍了哥伦比亚国内政治、经济、社会的发展情况，说明了政府在改善国内安全状况、促进民主繁荣进程、普及教育、增加就业、消除贫困、保障民生等方面所做出的努力。演讲结束后，周其凤校长向桑托斯赠送了刻有"京师大学堂"字样的校匾和由北京大学西班牙语系教师范晔翻译的哥伦比亚名著《百年孤独》的中译本；桑托斯则向北京大学赠送了由哥伦比亚母语（西班牙语）编著而成的书籍。

5月10日至12日 第六届"亚洲女性论坛"在武汉举办。论坛由北京大学中外妇女问题研究中心和亚洲女性发展协会联合主办。近300位学者、嘉宾围绕"家庭婚姻·社会变革·性别文化"这一主题进行了研讨和交流。北京大学妇女研究中心5位教师和2名女性学研究生参加本次论坛。全国妇联名誉主席、第九届全国人大常委员副委员长、"亚洲女性论坛"主席彭珮云，全国妇联副主席甄砚，湖北省妇联主席肖菊华，老挝驻华大使馆公使衔参赞西莎美·鸾珍达翁和亚洲女性发展协会会长、亚洲女性论坛执行主席魏雪等出席开幕式并作了大会致辞。

5月11日 北京大学研究生院与广西国际博览事务局合作签约仪式暨北京大学研究生实践教育基地挂牌揭牌仪式在南宁举行。这是双方积极推动并贯彻落实2011年广西与北京大学区校战略合作协议的一项重要进展，也是北京大学继天津港研究生实习基地之后的又一个研究生实践教育基地，是学校加强研究生实践教育工作的重要举措之一。根据广西与北京大学的区校战略合作部署，北京大学研究生院与广西博览局多次讨论，双方约定率先在研究生培养方面开展实质性合作，开展中国与东盟合作发展前瞻性研究等；同时共建研究生实践教育基地，为北京大学高层次人才培养提供实训基地，这标志着广西与北京大学区校合作步入了更加务实的新阶段。

5月12日至13日 第九届"西南联大杯"象棋团体赛在南开大学举行，经过两天的激烈角逐，北京大学在与南开大学队场分和局分都相同的情况下，最终凭借在附加赛中的出色发挥，战胜南开大学学生象棋队，夺得第九届"西南联大杯"中国象棋赛的冠军。

5月 北京市教委公布了北京市重点学科调整及增补名单，北京大学应用经济学、心理学增补为北京市一级重点学科。截至目前，北京大学共有外国语言文学、环境科学与工程、基础医学、应用经济学、心理学等5个北京市一级重点学科，另有8个北京市二级重点学科和2个北京市交叉学科重点学科。

5月13日 首都高等学校第五十届学生田径运动会在北京大学五四田径场开幕。此次田径运动会共有63所首都高校的2000多名运动员和裁判员参加，为历届运动会报名人数之最。北京市市长郭金龙、教育部副部长郝平、国家体育总局局长助理晓敏、共青团中央书记处书记卢雍政等嘉宾出席开幕式。在体育赛事进行的同时，主题为"百年大学·百年体育"的高层论坛在英杰交流中心举行。论坛邀请到大陆26所有着百年历史高校的代表，和来自台湾的高校代表一起，就体育与人、体育与文化、大学体育面临的问题与困境等话题进行深入探讨，一同承担起"新时期大学体育的责任与使命"。

5月18日 北京大学新闻与传播学院与美国伊利诺伊大学（香槟校区）传媒学院正式签署广告教育项目合作协议。双方就各自的历史沿革以及目前的教学研究进行了交流。此次签署的教育合作项目目前仅针对新闻与传播学院在校本科生。参与此项目的学生将有望在本科四年的学习过程中同时获得由北京大学授予的本科学历学位证书和由美国伊利诺伊大学（香槟校区）传媒学院授予的广告专业硕士学位。第一批入选学生将于2013年暑期正式赴美学习。

5月19日 由北京市教委和北京市大学生体育协会共同主办的第八届北京市"校长杯"乒乓球比赛在北京邮电大学体育馆举行。北京大学医学部主任、全国人大常委会副委员长韩启德和北京大学副校长刘伟参赛。经过一天的激烈角逐，刘伟副校长在决胜局以微弱优势夺得了本届"校长杯"乒乓球比赛的冠军，韩启德副委员长获得亚军。据悉，北京市"校长杯"乒乓球比赛从2005年开始每年举办一次，得到了教育部等各级领导和首都各高校领导们的大力支持。目前，该赛事已经成为了一项为首都各高校领导们提供交流平台的传统赛事。

5月19日至20日 2012年"昆山杯"中国水中机器人大赛暨首届国际水中机器人公开赛在南京举行，来自多国的24所高校的120余支队伍报名参加了比赛。北京大学工学院代表队荣获一项冠军和一项亚军。智能控制实验室近期刚刚研发成功的两栖机器人——"中国龙"也首次亮相，成为大赛的焦点。

5月20日 第七届全国大学生女子篮球超级联赛（CUBS）全国总决赛在北京大学邱德拔体育馆举行，北京大学队以76∶64战胜北京师范大学队，第一次捧起了CUBS全国冠军奖杯，这也是北京大学女篮的第一个全国总冠军。

5月21日 全国哲学社会科学规划办公室公布了2012年度国家社会科学基金项目评审结果，北京大学再创佳绩，共获准立项41项，居全国高校系统首位。其中，重点项目6项，一般项目24项，青年项目11项。2012年度北京大学申报总数158项，立项率

大事记

为25.95%。

5月22日 北京大学幼教中心建园60周年庆典在百周年纪念讲堂观众厅举行。据悉,北京大学不仅在高等教育领域发挥示范引领作用,而且始终高度重视幼儿教育和学前教育。60年来,北京大学幼教人继承蔡元培先生提出的"崇尚自然、发展个性、快乐美育、陶养性情"的幼儿启蒙教育主张,使受教育者从孩童时代就致力于为民族复兴、国家富强和社会进步做出自己的贡献。

5月25日 北京大学经济学院100周年暨北京大学经济学科110周年庆祝大会举行。近年来,经济学院在科研、教学、人才队伍建设等方面都取得了不斐的成绩,在围绕学科发展、打造优势集群、优化人才结构、加强师资建设、创新科研体系、完善激励机制,构建基础平台、鼓励学科交叉、探索评价体系、拓展国际交流等方面都有不俗的表现。作为高等教育的重要基地,北京大学经济学院将沿着百年辉煌之路,继续为未来大师级的学者、大企业家、大科学家、大政治家注入优秀的"基因",提供茁壮成长的环境,力争成为国际一流的经济学院。

5月27日 由北京大学阳光志愿者协会、北京新阳光慈善基金会和中国人民解放军军乐团联合主办的"十年·感恩——2012阳光慈善音乐会暨解放军军乐团纪念扩编成立六十周年系列音乐会——走进北京大学"在百周年纪念讲堂举行。活动融合公益与音乐两个主题,将进一步推动全社会对抗击血液病的公益事业的关注和支持。

5月29日 美籍华人科学家、1998年诺贝尔物理学奖得主、普林斯顿大学教授崔琦访问北京大学,接受北京大学名誉博士学位,并成为"北京大学大学堂顶尖学者讲学计划"首位入选学者。"北京大学大学堂顶尖学者讲学计划"是北京大学加快世界一流大学建设的重要举措之一,旨在通过在全球范围内邀请各领域的顶尖学者来校举办讲座、开设课程、开展合作研究,在北京大学汇聚一批世界级顶尖学者,促进世界一流人才与校内科研骨干的融合,开展高水平的学术交流,以推动科学研究、人才培养的全面创新和发展,增强创建世界一流大学的综合竞争力。在未来5年中,该计划每年将邀请至少10位世界级顶尖学者来北京大学讲学、交流。

5月30日 北京大学民盟组织成立60周年纪念大会举行。60年来,广大北京大学民盟盟员立足自身专业,用自己的知识与热情,为中国教育事业的发展,为母校创建世界一流大学的宏伟目标做出了不懈努力与巨大贡献。与会嘉宾高度赞扬北大民盟的历史功绩和今天的成就,期望北大民盟以六十周年为新起点,继承与弘扬优良传统,增强社会责任感和政治使命感,开创基层组织工作新局面新面貌,为北京大学的建设与发展再立新功。民盟中央副主席陈晓光,北京市政协副主席、民盟北京市委主委葛剑平等嘉宾出席纪念大会。

5月31日 北京大学党委书记朱善璐赴肖家河教工住宅项目现场进行考察调研,并与海淀区区委书记隋振江,区委副书记、代区长孙文锴等共同出席了汇报座谈会,考察了项目进展情况,并听取项目指挥部关于项目进展情况的主题汇报。肖家河项目腾退工作进展顺利,目前已完成任务总量的90%以上。

5月 北京大学图书馆荣获教育部"中国高等教育文献保障系统"(CALIS)及"高校图书馆数字资源采购联盟"(DRAA)联合颁发的"高校引进资源集团采购组织贡献奖"。据悉,自1999年以来,北京大学图书馆牵头组织全国高校图书馆联合引进了众多国外著名出版社和学会协会的数据库产品,为全国高校教学和科研提供了有力的文献保障,带动了科研成果的产出。到目前为止,北京大学图书馆共牵头组织30个集团80余个数据库的集团采购工作,参加集团采购的高校数量超过600所,图书馆次累计超过1.6万次。各高校通过参加数据库集团采购,不仅以较低的价格获得了高质量学术资源,而且在数字化服务、数字资源的国家保存、合同内容等方面均有强有力的保障。

6月

6月6日 伊朗共和国总统马哈茂德·艾哈迈迪内贾德在伊朗副总统及外交、经贸和文化等部门的部长、中国驻伊朗大使郁红阳等人的陪同下访问北京大学,并在英杰交流中心阳光大厅发表演讲。据悉,北京大学是最早开展伊朗语言与文化研究的中国大学之一。自1957年至今已培养出200余名毕业生,为中伊两国的经济文化教育科技等各领域的交流做出了重要贡献。内贾德总统的到访和演讲,将进一步增进北京大学师生对伊朗的了解,推动北大与伊朗各大学和文化教育机构之间的交流。北京大学也将继续为两国人民的深入交往和世界和平做出自己的贡献。

6月6日 北京大学资本市场论坛第十三讲在光华管理学院举行。中国人民银行行长周小川博士作"资本市场的多层次特性"主题演讲。演讲结束后,周小川行长还就商业银行资产证券化与资本约束、利率市场化、竞争性金融服务等问题与现场听众进行了互动交流。

6月10日 在顺利完成世界

银行高级副行长兼首席经济学家的 4 年任期后,北京大学中国经济研究中心和北京大学国际(BiMBA)创始人、北京大学国家发展研究院名誉院长林毅夫回国抵京。据悉,卸任后的林毅夫教授将会继续执教北京大学。他的继续从教,将会对北京大学的经济学科的建设发展带来重要的贡献,同时也为北大学子创造了国际一流经济学学习与研究的极佳机会,更将会对中国的企业管理人员带来新的思想与方法。

6 月 11 日 由北京大学牵头的"中国非物质文化遗产推广工程"在京启动。该工程旨在结合大学的学术资源和社会力量,协助政府推广非物质文化遗产。据悉,目前"中国非物质文化遗产推广工程"包括:设立"中国非物质文化遗产推广中心",协助文化部推展相关工作;筹组内地(大陆)和港澳台地区大学"中国非物质文化遗产保护和推广联盟";建立非遗展览中心,提升非遗生产性项目保护与展示工作;加强国际交流与推广,让世界各国人民了解我国独具特色的文化;编辑《中国非物质文化遗产大系》;筹设"中国非物质文化遗产保护和推广基金会"等。

6 月 12 日 中国共产党北京大学第十二次代表大会举行。会议审议通过了上一届党委、纪委工作报告,并选举产生新一届党委、纪委委员。这次党代会是在北京大学迈出改革新步伐、谋求发展新跨越,加快创建世界一流大学的关键时期召开的一次十分重要的会议。在会议召开前夕,中央政治局委员、国务委员刘延东专门致电学校,预祝大会胜利召开,向全校广大共产党员和师生员工表示诚挚问候。出席大会的领导嘉宾有中共中央政治局委员、北京市委书记刘淇,教育部党组书记、部长袁贵仁等教育部、北京市相关部门负责人和兄弟高校领导。

6 月 16 日 北京市侨联召开"北京市侨联特聘专家委员会成立大会",北京大学 5 位学者入选首批特聘专家。特聘专家委员会主任委员由北京大学生命科学学院赵进东院士担任。北京大学基础医学院朱卫国教授担任特聘专家委员会副主任委员,城市与环境学院周力平教授、化学分子与工程学院其鲁教授、经济学院董志勇教授入选委员。

6 月 18 日 由北京新文化运动纪念馆和北京大学图书馆联合举办的"胡适文物图片展"在北京大学图书馆展出。展览汇集了北京新文化运动纪念馆、北京大学图书馆、社科院近代史所、台北胡适纪念馆等胡适藏书、档案及相关资料收藏重镇的珍贵藏品,展出原件及复制品近 120 件,包括手稿、书信、书刊、照片、证书、条幅、剪报、文具等。

6 月 18 日 意大利教育部部长弗朗西斯科·普罗夫莫一行访问北京大学,与北京大学就西方古典学和工学领域与意大利高校合作等方面开展座谈。北京大学历史系教授、西方古典学中心主任黄洋参加会谈,表示希望在拉丁语言和文化、古罗马历史和社会等方面与意大利方面进行交流与合作,同时希望吸引相关领域的意大利学者来中心任教。普罗夫莫表示非常愿意促进双方在古典学方面的合作。同时,他还希望与北京大学就研究生联合培养、双学位项目开展进一步的合作。

6 月 18 日 英国《金融时报》公布了 2012 年全球金融硕士项目排名。北京大学光华管理学院首次参评便位列第 8 位,也是排名榜前 35 位中唯一入选的亚洲院校。此前,光华管理学院还进入了《金融时报》2012 年全球 MBA 百强榜单。

6 月 19 日 中共中央政治局常委、中央书记处书记、国家副主席习近平视察北京大学。习近平先后到环境科学与工程学院、考古文博学院调研。在考古文博学院,习近平观看"考古科学 90 年、考古专业 60 年成果展",了解学院党建创新项目情况,对他们把"支部建在考古队上"和党员群众"手拉手"等创新做法给予肯定。习近平指出,党支部是高校教育和管理党员的基本单位,各个高校要努力构建充满活力、覆盖面广的高校基层党组织体系,积极探索有实效、受欢迎的组织活动方式,不断增强党支部的战斗力和凝聚力。

6 月 19 日 澳大利亚格里菲斯大学校长伊恩·奥康纳一行访问北京大学,并签署"外国语言学及应用语言学"和"对外英语教学"硕士研究生双学位培养项目协议。据悉,该双学位培养项目由北京大学外国语学院外国语言学及应用语言学研究所和格里菲斯大学教育与职业研究学院合作开设,旨在发挥两校在语言教学资源方面的综合优势,培养学生成为具有从事本学科的科学研究及教学的能力的优秀人才。

6 月 20 日 由教育部和光明日报社主办的教书育人楷模先进事迹报告团宣讲活动启动仪式暨首场报告会在人民大会堂举行。报告会前,中共中央政治局常委李长春,中共中央政治局委员、国务委员刘延东亲切接见了报告团成员。北京大学化学与分子工程学院教授高松院士作为高教分团宣讲成员参加人民大会堂的领导接见活动。高松院士还参加了教育部在天津、济南、南京、上海等城市举行的一系列宣讲活动。

6 月 20 日 "2011 中国大学生年度人物颁奖典礼暨座谈会"在人民大会堂举行。北京大学哲学系 2009 级本科生裴济洋荣获"2011 中国大学生年度人物"。会前,中共中央政治局常委李长春亲切接见了 2011 中国大学生年度人物。他强调,要深入宣传大学生先进人物的事迹,形成崇尚先进、学习先进、争当先进的鲜明导向,在全社会大力营造爱岗敬业、尊师重教和促进学生健康成长的良好环境,为推进社会主义核心价值体系建设、促进教育事业科学发展提供有力的思想保证、精神动力和舆论支持。中共中央政治局委员、国务委员刘延东,教育部党组书记、部长袁贵仁,共青团中央书记处第一书记陆昊等领导出席会议。刘延东为获得"2011中国大学生年度人物"的同学颁奖,并作重要讲话。刘延东高度赞扬了大学生年度人物坚定的理想信念和昂扬的精神风貌。她指出,大学生们的优异表现,充分表明了党中央16号文件下发以来,大学生思想政治教育工作取得的显著成效,也充分表明了在改革开放中成长起来的当代大学生能够经受住重大的考验,能够在新的历史起点上承担起中华民族伟大复兴的历史使命。

6月21日 纪念马寅初先生诞辰130周年座谈会举行。马寅初先生是北京大学师生永远敬爱的老校长,是践行和弘扬"北京大学精神"的楷模,爱国爱民、求实创新、捍卫真理的马寅初精神已成为"北京大学精神"的重要组成部分。当前,人口问题是国家重大战略问题,为满足国家重大需求开展科研活动、提供智力支持是北京大学的重要使命。全国人大常委会副委员长周铁农,全国政协副主席罗富和,第九届全国人大常委会副委员长、中国人口学会名誉会长彭珮云出席座谈会。

6月24日 北京大学国学研究院二十周年纪念会暨《中华文明史》英译本国内首发式在英杰交流中心举行。国学研究院院长袁行霈回顾了国学研究院二十年来的发展历程,他指出,国学研究院本着"虚体办实事"的宗旨和"龙虫并雕"的方针,二十年来努力营造宽松学术环境,坚守学术正气,实行学术民主,既面向学者,又面向大众,既努力在国内弘扬传统文化,又努力推进中国文化走出去,在此过程中不断将各项工作向前推进。他提出将以学术创新为明确目标,联合校内外、国内外相关研究机构和学者,为弘扬中国优秀传统文化做出新的贡献。全国人大常委会副委员长韩启德,全国政协原副主席罗豪才,教育部部长袁贵仁,国务院参事室主任陈进玉等嘉宾应邀出席大会。

6月28日 北京大学2012年赴基层和西部地区就业毕业生欢送会举行,2012年度共有313名学子赴基层和西部地区就业。引导和鼓励毕业生到基层和西部地区就业对于国家社会发展、对于履行高校责任、对于学校长远发展都具有重要的战略意义。一直以来,北京大学始终把引导和鼓励毕业生到基层西部地区成长成才,作为就业工作的一项重要内容。2012届毕业生签约基层和西部地区人数比去年增加10%以上,再创历史新高。同时,2012年北京大学抓住各地方选调生工作契机,加大了向地方尤其是西部基层地区人才输送力度,2012年全校共有980余名毕业生报名各地选调,目前共有191名毕业生完成选调签约。

6月30日 《中国儒学史》(九卷本)出版座谈会在北京大学陈守仁国际会议中心举行。据悉,由北京大学牵头、汤一介担任首席专家的《儒藏》工程,是教育部历史上目前为止最大的文科项目,并得到新闻出版总署、全国哲学社会科学规划办公室等的大力支持。该工程除了编纂儒学文献本身需要作全面的文献学、历史学研究外,同时还注重对儒家文化作系统的哲学史、思想史研究。由汤一介、李中华主编,北京大学出版社出版的《中国儒学史》(九卷本)是该工程在研究方面所取得的具有代表性、标志性的重大成果。

7月

7月17日 国务院在北京人民大会堂隆重举行全国就业创业工作表彰大会。中共中央政治局常委、国务院总理温家宝出席会议并讲话。北京大学学生就业指导服务中心荣获"全国就业先进工作单位"称号,北京大学就业中心主任陈永利出席并领奖。

7月18日 联合国秘书长潘基文夫人柳淳泽女士访问北京大学燕东幼儿园,考察幼儿园实施"儿童伤害干预项目"的成果。陪同到访的有联合国儿童基金会驻华代表麦吉莲(Gillian Mellsop)女士,联合国儿童基金会驻华办事处卫生、营养、水和环境卫生处长谢若博(Robert Scherpbier),中国常驻联合国大使李保东夫人倪海林女士及其他驻华办事处官员。国务院妇儿工委办公室常务副主任苏凤杰,北京市妇联主席赵津芳,北京大学校长周其凤、副校长鞠传进,及燕东幼儿园的师生对柳淳泽女士的到访表示热烈欢迎。北京大学校长助理、党办校办主任马化祥,副主任王天兵,国际合作部部长夏红卫,北京大学幼教中心主任王燕华等参加会见。

7月20日 南非总统祖马到访北京大学,在英杰交流中心月光厅发表演讲并接受北京大学名誉教授称号。教育部副部长郝平,中国驻南非大使田学军,北京大学校长周其凤、副校长李岩松,以及北大师生代表参加了演讲会。祖马总统就南非的教育、经济发展、中南合作等问题发表了演讲。

7月20日 北京大学"思善苑"揭幕仪式在镜春园83号"北京大学—香港理工大学中国社会工作研究中心"举行。捐赠方代表香港思源基金会主席陈曾焘先生、择善基金会主席陈乐怡女士、择善基金会董事邵宜瑜女士等出席仪式。北京大学校长周其凤，香港理工大学的代表和内地部分兄弟院校相关院系的领导和教师参加了揭幕仪式。

8月

8月1日 伦敦时间7月31日（北京时间8月1日），北京大学新闻与传播学院2009级的本科生雷声在第30届伦敦奥运会上夺得奥运会男子花剑个人项目金牌，创造中国击剑队在这一项目上的奥运会最佳成绩。在比赛中，雷声表现出不畏强手、顽强拼搏的精神，不仅为祖国，也为北大赢得了崇高的荣誉。

8月 北京大学数学科学学院寇星昌校友荣获2012年考普斯会长奖。该奖项设立于1976年，从1979年开始颁发，由美国统计学会、数理统计学会、美东及美西计量协会及加拿大统计学会等五个统计学会会长组成的委员会提名颁奖，每年只颁奖给一位40岁以下的统计学最杰出学者，被誉为统计学界的"菲尔兹奖"。

9月

9月4日 包括《王选传》在内的"九三学社人物丛书"首发式在九三学社中央机关举行。《王选传》一书由王选院士生前秘书、北京大学计算机科学技术研究所王选纪念室主任丛中笑撰写，全书约40万字，图片百余幅，分上、下两册，是迄今为止全面、真实地反映王选院士一生经历、科研成就、思想精神和风格品德的一部全景式人物传记，它的撰写得到了王选夫人陈堃銶教授的大力支持和帮助。全国人大常委会副委员长、九三学社中央主席韩启德出席并讲话，对《王选传》给予了高度评价。

9月9日 在土耳其伊斯坦布尔举行的第四十届国际象棋奥林匹克团体赛中，中国国际象棋女队以8胜3平的战绩获得亚军，中国国际象棋男队获得第四名。在本届比赛中，中国国际象棋男女队共有10名队员出战，北京大学学生占据半壁江山。其中，在本届奥赛女子组比赛中获第一台个人金牌的国际象棋现任女子世界冠军侯逸凡是北京大学国际关系学院2012级本科新生，获得第二台个人金牌的赵雪是北京大学政府管理学院2012级硕士研究生，获得第四台个人金牌的黄茜曾是北京大学法学院2005级本科生。另外，在本届奥赛公开组比赛中发挥出色的中国男队第一台棋手、2012年瑞士比尔大师赛冠军得主王皓是北京大学新闻与传播学院2010级本科生，同样发挥出色的第三台棋手、2012年世界青年锦标赛季军得主丁立人是北京大学法学院2012级本科新生。

9月10日 北京大学与日本国际交流基金会签署现代日本研究中心的第七个三年计划。从2012年9月起，现代日本研究中心继续面向北京大学国际关系学院、政府管理学院等8个院系，招收20名在读博士生学员，依托中日双方专家教授，开设日本政治、经济、文化方面的课程，对学员进行为期一年的培训学习。

9月11日 北京大学哲学系、北京大学道家研究中心主办第三届严复学术讲座。本届严复学术讲座由北京大学高等人文研究院院长、哈佛大学荣休教授、美国人文社会科学院院士及国际哲学院院士杜维明先生担任主讲教授，他以"构建北京大学经学传统刍议"为题发表演讲，就如何构建北京大学的经学传统等问题发表了自己的看法。严复学术讲座是为纪念中国近代著名启蒙思想家、教育家，曾经担任京师大学堂末任总监督暨北京大学首任校长的严复先生，由陈鼓应先生和王博教授倡议设立，并得到严复先生孙女辈严倬云女士和北京大学校长周其凤先生的关心和支持，以及台泥（英德）水泥有限公司的赞助。严复学术讲座计划每年由北京大学哲学系暨道家研究中心具函邀请海内外著名人文学者发表演讲，以弘扬人文精神，并促进台海两岸和国际学术交流。

9月13日 立陶宛共和国总理安德留斯·库比留斯一行访问北京大学，并发表了题为《欧洲危机：收获的教训和被忽略的问题》的演讲。库比留斯在演讲中指出，欧盟是世界上最大的经济体，而中国是发展最快的经济体，整个世界都在经历着前所未有的变化。他介绍了近年来立陶宛经济社会发展的情况、欧债危机对于立陶宛的影响以及立陶宛在刺激经济增长方面所采取的措施。他还讲述了立陶宛在处理与周边国家关系时所遵循的准则，着重强调了北欧—波罗的海区域的重要性。

9月14日 香港廉政公署代表团访问北京大学廉政建设研究中心。校党委书记朱善璐会见了廉政公署专员白韫六一行，白韫六简要介绍了当前廉政公署在肃贪倡廉、廉政研究等方面的新设想。他表示，廉政公署不仅重视查处案件、预防腐败、廉洁教育等方面的工作，而且日益重视廉政理论研究，愿意在已有合作的基础上，与北京大学进一步加强合作，充分发挥北大廉政研究学者的作用和优势，为促进两地反贪腐工作做出新的贡献。据悉，此行是廉政专员白韫六自2012年7月上任以来第一次访问内地高校。

大事记

9月14日 北京大学驻校诗人余光中教授在英杰交流中心阳光大厅发表"诗与音乐"主题演讲。本场演讲中,余光中教授就中西方诗与音乐的关系进行深入论述,深情朗诵自己的作品,并与全场同学热情互动。

9月15日 卢旺达共和国总统保罗·卡加梅率团访问北京大学,并就中非友好交流的历史及未来中卢合作方向发表了演讲。在演讲中卡加梅总统表示,中非之间的友好交往源远流长,如今中国和非洲各国的关系不断深入,合作不断加强,发展前景广阔。卡加梅还指出,中国的发展模式值得非洲各国学习借鉴,非洲各国也要加强与中国的贸易交流。

9月16日 北京大学举行钓鱼岛问题座谈会。来自北京大学国际关系学院、法学院、历史学系等相关院系的专家教授对钓鱼岛问题发表了自己的看法,从历史、法理等各方面以无可辩驳的理由证实钓鱼岛自古以来就是中国的领土。

9月17日 美国科学院院士毛河光博士一行访问北京大学,并与周其凤校长举行会谈。双方就如何将北京大学的高压科学乃至中国的高压科学做大做强等问题交换了意见。毛河光对北大高压科学近几年的快速发展表示赞赏,期望北大高压科学在短时间内能更上层楼,并希望与北大高压科学的研究人员进行更广泛的合作。随后,毛河光在邓祐才报告厅作题为《高压科研——中国科学崛起的捷径》的报告。

9月22日 北京大学信息科学技术学院成立10周年庆祝大会举行。10年来信息科学技术学院推动了我国信息科技研究的跨越发展,培养了大批高素质创新人才,创造了众多服务经济社会发展的科研成果,搭建了国际学术交流的桥梁纽带,为北大建设世界一流大学做出了重要贡献。

10月

10月3日 英国"泰晤士报高等教育副刊"全球首发2012—2013年世界大学排名。从总体排名看,北京大学排名第46,较上年提升了3位,是中国境内唯一跻身前50的高校。同时,北京大学在物质科学、社会科学两个学科领域进入了全球排名前50。

10月 北京大学常务副校长、教务长王恩哥院士率团出访美国,先后访问芝加哥大学、康奈尔大学、哥伦比亚大学和普林斯顿大学四所美国一流学府,拜会校领导、走访相关院系、参观研究机构、考察本科生教育和公共研究平台、探讨教授教学互换可能性,进一步拓展北京大学与四校的合作空间。访美期间,王恩哥还在芝加哥、纽约、普林斯顿三地与中国留学生举行座谈会,介绍北京大学情况和人才引进的政策,欢迎海外优秀留学人员回国,选择北大任教或从事科学研究。

10月10日至12日 以"人文交流:创新友谊和谐"为主题的第15届斯诺研讨会在北京大学举行,会议由中国国际友人研究会、美国斯诺纪念基金会和北京大学中国埃德加·斯诺研究中心共同主办。据悉,北京大学举办了多次全国性的斯诺纪念活动和学术活动,中国埃德加·斯诺研究中心是北京大学进行中美人文交流的重要窗口,当代的北大学人正沿着斯诺先生所开辟的道路,继续向世界宣传和展现中国的发展与进步,努力增进世界人民与中国人民的相互了解,为促进中外友谊和世界的持久和平不断做出新的贡献。

10月18日 北京大学软件与微电子学院建院十周年庆典举行。庆典同时举行了学院首届工程博士研究生开学典礼。10年来,软件与微电子学院顺应时代发展、结合国家战略,应运而生、顺势而上、独具特色、充满活力,创建了有北京大学特色的工程硕士研究生培养模式和教育管理制度,成为学校学科建设新的增长点及发展工程教育和培养高层次应用型人才的重要阵地。

10月23日 北京大学口腔医学院70周年庆典在国家会议中心隆重举行。全国人大常委会副委员长韩启德、卫生部副部长陈啸宏等领导出席了庆祝大会。中央和国家机关有关部门领导,北京市、海淀区有关负责同志,北京大学和北大医学部有关领导,国内30余所兄弟院校、香港及台湾地区牙医学院的院长和嘉宾应邀出席。北京大学口腔医学院历届校友代表和师生代表等共800多人参加了活动。

10月26日 医学部暨北医百年庆典大会举行。中共中央政治局常委、全国人大常委会委员长吴邦国,中共中央政治局常委、国务院副总理李克强,中共中央政治局委员、国务委员刘延东发来贺信。全国人大常委会副委员长、医学部主任韩启德,全国政协原副主席罗豪才,全国政协副主席王志珍、张梅颖,卫生部部长陈竺,教育部部长助理林蕙青,北京市人民政府副市长洪峰等领导应邀出席。百年来,北医人秉承勤奋、严谨、求实、创新的精神,在人才培养、科学研究和医疗服务等方面取得了优秀的成果。2000年4月3日,原北京医科大学与原北京大学合并,组建新的北京大学,合校使北医进入国家创建世界一流大学行列,在教育教学改革、研究生教育、学科体系建设、重点学科和科研基地建设上都取得了长足发展,无论是SCI论文发表数目,还是重大、疑难疾病的防诊治科研成果,都处在国内领先地位。同时,对社会责任的担当始终是贯穿北医百年历史的一条主线。无论是2003年抗击"非典"还是2008年汶川大地震、2010年玉树地震,北医人总是站在抗击灾难的最前线。

10月 国家社科基金2012年重大项目第三批(基础理论类)的立项名单揭晓。北京大学共获得立项8项,居全国高校首位。北京大学另有4项课题立为重点项目,总体立项率为63%。国家社科基金重大项目是我国人文社科领域最高级别的政府项目,本批基础理论类项目重点支持一批弘扬民族精神、传承民族文化、对学术发展和学科建设起关键作用的重大基础理论和文化研究课题。北京大学投标的课题获得了评审专家的肯定和好评,显示了北京大学在基础理论研究方面的雄厚实力和比较优势。

10月27日 以"电影:文化力和影响力"为主题的2012中国(北京)电影学术年会在北京大学英杰交流中心开幕。此次年会指导单位为中共北京市委宣传部、国家广播电影电视总局电影局,支持单位为北京市广播电影电视局,由中国电影博物馆、北京大学艺术学院联合主办。

10月27日 北京大学哲学系100周年庆典举行。北京大学哲学系始建于1912年,是中国最早的哲学系,百年以来,哲学系秉承人文关怀,始终以学术为本,营造宽松自由、兼容并包的学术环境,形成了独具一格的学科特色和传统;产出了一大批精品力作,如黄枬森教授主编《马克思主义哲学创新研究》、汤一介教授等主编《中国儒学史》、叶朗教授主编《中国历代美学文库》;形成了"跨学科、国际化"的高层次哲学人才培养模式;向社会输送了近万名优秀人才,为我国哲学研究和学科建设,为教育文化事业和经济社会发展做出了积极贡献。国务委员刘延东、教育部长袁贵仁发来贺信。

10月28日 北京大学第九届国际文化节举行。此次国际文化节以"公益前行:世界梦想传递"为主题,旨将各国的扶贫助弱活动和跨国公益项目通过国际文化节的平台展现出来,在北京大学校园内掀起公益爱心之风,呼吁广大学子放眼世界、关注弱势群体、在奉献中成就梦想。共有来自69个国家和地区的北大在校留学生和中国学生,以及300多名学生志愿者参与,为国际文化节翻开新的一页。

10月29日 北京大学高等人文研究院举行世界伦理中心成立典礼。据高等人文研究院院长杜维明介绍,创建世界伦理中心的宗旨是扎根中华传统文化,汲取轴心文明、非轴心文明及各原住民的伦理智慧,建立一个研究与教学、国内与国际相辅相成,具有创造力的世界伦理研究机构,让世界伦理,特别是全球经济伦理的构建与实践更丰富、更具全球意义。世界伦理中心将以系列讲座、"世界伦理论坛"、系列丛书、著作双向翻译等形式开展活动。

11月

11月2日至4日 由北京大学、北京市教育委员会、韩国高等教育财团联合主办的第九届北京论坛圆满举办。300多名海内外知名学者和嘉宾应邀参加,围绕本届论坛主题"新格局·新挑战·新思维·新机遇",分析当今世界面临的变革与挑战,反思人类精神文明的现状,探讨新格局下不同社会角色的责任,从社会发展、文明、信仰、经济、教育等不同视角,对人类发展面临的问题展开纵深讨论。

11月3日 中美人文交流研究基地揭牌仪式在北京大学斯坦福中心李兆基大厅举行。教育部副部长郝平,教育部国际合作与交流司副司长杨军,中共中央党校战略研究所副所长潘悦,党委书记朱善璐,副校长李岩松,以及来自北京大学、清华大学、复旦大学、北京外国语大学及哈佛大学等中美高校及研究机构的专家学者出席了揭牌仪式。

11月4日 北京大学图书馆建馆110周年庆典举行。截至2011年,北京大学图书馆(含总馆、医学图书馆、分馆)印本馆藏总量已逾千万册/件,其中总馆收藏近800万册,包括普通图书263万种、534万册,学位论文33932种,古籍150万册,拓片41111种、77869件,期刊合订本43922种、718562册。北京大学图书馆是亚洲最大的高校图书馆,为服务学校师生、为北京大学创建世界一流大学做出了重要贡献。哈佛大学副校长玛丽·李·肯尼迪(Mary Lee Kennedy)教授、国际图书馆协会联合会主席英格里德·帕伦特(Ingrid Parent)教授,以及教育部相关领导出席庆典。

11月8日至14日 中国共产党第十八次全国代表大会在北京召开,北京大学党委书记朱善璐作为十八大代表出席大会,并当选为第十八届中央委员会候补委员。十八大召开后,北京大学师生掀起了学习十八大精神热潮。

11月20日 北京大学召开座谈会,师生代表齐聚一堂,畅谈对十八大精神的领悟和感受。校党委书记朱善璐,党委常务副书记、副校长张彦出席座谈会,党委宣传部部长蒋朗朗主持会议。座谈会气氛热烈,师生们畅所欲言,大家纷纷表示,要将学习十八大精神与落实学校第十二次党代会所部署的各项任务相结合,将座谈会的感受和体会反馈到各自的院系,落实到各项工作中去,为创建世界一流大学这一目标而努力。

12 月

12 月 1 日 英国前首相、布莱尔信仰基金会创始人托尼·布莱尔访问北京大学,并在北京大学百周年纪念讲堂多功能厅发表题为"全球化下的合作与挑战"的演讲。他在演讲中指出,全球化的推进者是人,是与科技联系越来越紧密的人,全球化在改变世界的同时也创建了交流、合作、学习、相处的平台。如何更好地应对全球化的挑战,需要我们建立共同的价值观,在存在个体差异的情况下寻求共同认知。他认为全球化时代需要各国加强合作的四个领域:经济、气候和环境、安全、理解和共处。

12 月 3 日 全国哲学社会科学规划办公室公布 2012 年新增学术期刊资助项目。北京大学主办的 8 种哲学社会科学类学术期刊中有 7 种获得资助,获资助情况在全国高校中最优,佳绩凸显了北京大学哲学社会科学类学术期刊的整体办刊实力。获得资助的 7 种期刊分别是《北京大学学报(哲学社会科学版)》《北京大学教育评论》《经济科学》《大学图书馆学报》《中外法学》《国际政治研究》《国外文学》。

12 月 4 日至 13 日 北京大学党委书记、校务委员会主任朱善璐率团访问欧洲著名大学。先后访问了英国爱丁堡大学、剑桥大学、牛津大学、伦敦政治经济学院以及德国洪堡大学、柏林自由大学等欧洲名校。此行旨在进一步巩固北京大学与世界一流大学的交流合作,深入考察世界著名大学的发展建设经验,加强与欧洲校友的联络与沟通,积极探索北京大学的未来发展模式。

12 月 7 日 第五届北京大学中国经济思想论坛举行,论坛由中国思想史学会、北京大学经济学院主办。本次论坛以"经济伦理、商业文明与社会和谐"为主题,来自高校、科研院所、政府的诸多参与者围绕经济思想这一长久存在于中国社会却又实属新兴的研究方向进行了热烈的学术交流,促进了中国经济思想学术的繁荣发展。

12 月 12 日 美国前总统詹姆斯·厄尔·卡特及夫人罗莎琳·卡特到访北京大学。他表示,北京大学一直以高质量的办学水平和不断进取的精神而闻名,希望进一步加强中美高校在学生国际交流方面的合作。会谈之后,卡特先生出席了北京大学宪法与行政法研究中心、北京大学公众参与研究与支持中心和美国卡特中心联合主办的"信息公开与政府创新:成就、挑战与未来发展"研讨会,并作了主题演讲。

12 月 13 日 由中华文化促进会、太平洋文化基金会和北京大学共同举办的"2012 两岸人文对话"活动在北京大学英杰交流中心举行。此活动的举办对增进海峡两岸在人文领域的交流与合作,促进中华文化的传承与创新,激励青年学子成为承载民族文化、对话世界文明的栋梁将发挥重大作用。中华文化促进会名誉主席许嘉璐、太平洋文化基金会董事长钱复等知名学者嘉宾与会。

12 月 13 日 美国著名哲学家、政治学家、哈佛大学政府管理学讲席教授、美国艺术与科学院院士迈克尔·桑德尔教授北京大学演讲会在百周年纪念讲堂举行。桑德尔教授以"金钱不能买什么:金钱与公正的正面交锋"为主题,以日常生活中遇到的一个个具体问题为例,与到场同学展开了积极热烈的互动讨论。

12 月 14 日 "季羡林东方学研究讲席"启动仪式举行,首批为 7 名讲席教授颁发聘书,分别为北京大学外国语学院东方语言文化系的王邦维、张玉安、段晴、王一安、拱玉书、李政教授和福州大学闽商文化研究院的苏文菁教授。据悉,此讲席是第一个以季羡林先生命名的教席项目,将在全球范围内寻找符合特定讲席条件的人选,获选人员通常具有极强的学术实力和鲜明的研究特色。此讲席的设立得到了福建闽商文化发展基金会的资助。

12 月 15 日 北京大学与中国工程物理研究院签署战略合作协议。北京大学与中国工程物理研究院有很深的历史渊源,在中国工程物理研究院工作过的"两弹一星"元勋中,北大校友就有 6 位。截至目前,北京大学为中国工程物理研究院定向培养了近 200 名本科生,并试点培养博士生。双方将继续加强在人才培养、联合科研、队伍建设等方面的交流合作,不断推动院校合作迈上新台阶,找到基础研究与国家工程需求的平衡点。

12 月 17 日 中国航天科工集团公司代表团访问北京大学,并与北京大学签署校企战略合作协议。根据协议内容,双方将进一步深化在空间探测、微电子技术、量子技术、信息技术,以及化学与分子工程技术、航天防务专用技术、先进材料等领域的深度合作,为双方提供更高、更广阔的合作平台,为我国国防事业和高教事业做出新的更大的贡献。

12 月 21 日 深圳党政代表团访问北京大学,并举行市校合作工作座谈会。双方在未来的合作中,将依靠北京大学的学科、人才和科技优势,结合深圳的资源、区位优势,共同携手为服务国家创新驱动发展战略做出积极贡献。

12 月 24 日 北京大学与国家开发银行开发性金融合作协议签约仪式在国家开发银行举行。根据双方签订的协议内容,国家开发银行将通过规划先行,综合运用

"投、贷、债、租、证"金融服务手段,为北京大学学科建设、校园基础设施建设、肖家河教师住宅建设及"未来科学城"新区发展建设、校企重大产业项目实施、科技园区建设、科技型中小企业发展和孵化、文化创意及助学贷款等领域提供全面的融资、融智支持;同时,双方在教育培训、干部交流等方面开展深入合作。

12月28日 澳大利亚前总理、现任国会议员陆克文访问北京大学,并会见北京大学党委书记朱善璐。双方就北京论坛十周年回顾总结及未来发展等议题进行了深入的交流和探讨。陆克文高度赞扬北京论坛总主题——"文明的和谐与共同繁荣"这一理念所具有的前瞻性和时代性,并希望第十届北京论坛能够充分发挥北大在哲学等人文社科领域的学科优势,为东西方文明的沟通与融合搭建桥梁,使得"和而不同""和谐繁荣"等东方哲学理念更多地为西方所理解。

12月29日 北京大学第二届"北京大学经济国富论坛"在北京大学英杰交流中心阳光大厅召开。论坛的主题是"大局、大势、大道:十八大之后的中国经济"。会上,来自学术界、决策部门和产业界的专家学者围绕未来中国经济的发展进行了深入的交流与讨论,十位嘉宾作了精彩的主题演讲。

·附 录·

2012年授予的名誉博士

序号	姓名	性别	国籍	职务	授予日期
1	莱谢克·博里塞维奇 Leszek Borysiewicz	男	英国	剑桥大学校长	2012年4月11日
2	崔琦 Daniel Chee Tsui	男	美国	普林斯顿大学教授	2012年5月29日

2012年授予的名誉教授

序号	姓名	性别	职务	授予日期	申报单位
1	盖博·索马杰	男	加利福尼亚大学学院、加利福尼亚大学伯克利分校、劳伦斯伯克利国家实验室材料科学部终身高级科学家兼主任	2012年3月25日	化学与分子工程学院
2	雅各布·盖德莱伊莱基萨·祖马	男	南非总统	2012年7月20日	北京大学

2012年聘请的客座教授

序号	姓名	性别	职务	聘任时间	申报单位
1	戴宏杰	男	美国斯坦福大学教授	2012年3月20日	化学与分子工程学院
2	刘刚玉	女	美国加州大学戴维斯分校终身教授,美国科学促进协会会员	2012年3月20日	化学与分子工程学院
3	卡斯腾·拉比克	男	丹麦皇家科学与文学院院士,哥本哈根大学宏观生态学、进化与气候研究所所长,Ecography主编	2012年3月20日	城市与环境学院

续表

序号	姓名	性别	职务	聘任时间	申报单位
4	王中林	男	美国佐治亚理工学院终身校董、Hightower终身讲席教授、工学院杰出讲席教授和纳米结构表征中心主任,佐治亚理工学院和北京大学联合办学材料系美方首席代表	2012年3月20日	化学与分子工程学院
5	杨培东	男	美国加州大学伯克利大学化学系教授,中国教育部长江学者	2012年3月20日	化学与分子工程学院
6	乔治·欧帝	男	法国奥塞核谱研究中心主任,国际著名的实验核物理学家	2012年3月20日	物理学院
7	费迪·舒思	男	德国科学院院士,德国科学基金会副主席	2012年5月22日	化学与分子工程学院
8	许国勤	男	新加坡国立大学化学系教授、系主任	2012年5月22日	化学与分子工程学院
9	贺子森	男	新加坡科技研究局材料研究与工程研究院院长,新加坡国立大学化学系教授,新加坡国立化学所所长,亚洲化学联合会主席	2012年5月22日	化学与分子工程学院
10	黄忆宁	男	加拿大西安大略大学化学系、教授、执行系主任,加拿大国家超高场固体核磁(900MHz)指导委员会委员,加拿大西安大略大学X射线粉末衍射装置主任	2012年5月22日	化学与分子工程学院
11	张文卿	男	美国伊利诺(芝加哥)大学教授	2012年5月22日	化学与分子工程学院
12	大塚孝治	男	日本东京大学原子核研究中心主任、教授,美国密歇根州立大学国家回旋超导实验室兼职教授,日本科学委员会委员	2012年5月22日	物理学院
13	铃木俊夫	男	日本大学综合基础科学研究生院教授,日本东京大学原子核科学研究中心访问教授	2012年5月22日	物理学院
14	谢亚宏	男	美国加州大学洛杉矶分校材料科学工程系教授、副系主任	2012年5月22日	物理学院
15	叶军	男	美国商务部国家标准与技术研究所研究员,美国科罗拉多大学JILA研究所研究员和物理系兼职教授	2012年5月22日	物理学院
16	张保罗	男	联合国统计司司长	2012年5月22日	光华管理学院
17	埃里克·希尔根多夫	男	德国维尔茨堡大学刑法学、刑事诉讼法学、信息法学与法律信息学讲席教授,德国维尔茨堡大学法学院院长	2012年9月4日	法学院
18	贡塔·托依布纳	男	德国法兰克福大学私法和法律社会学教席教授	2012年12月6日	法学院

2012年媒体有关北京大学主要消息索引

序号	主题	副题	作者	报刊名称	出版日期	版面
1	新的一年 新的希望	北大校长周其凤亲切的新年致辞	陈彬	中国科学报	2012/1/4	5
2	大学应有什么样的学术和文化	北京大学校长周其凤院士与湖南大学师生的交流与探讨		光明日报	2012/1/5	5
3	黄枬森:哲学之路即人生之路		王蓓	中国教育报	2012/1/13	3

续表

序号	主题	副题	作者	报刊名称	出版日期	版面
4	《北大马克思主义研究》和《北大中国文化研究》创刊		舒晋瑜	中华读书报	2012/1/18	2
5	和校长一起包饺子！	北京大学举行家庭经济困难学生新春联欢会	王庆环	光明日报	2012/1/21	4
6	刘玉村：做一名真正的医师		袁志勇	科技日报	2012/2/1	5
7	北大光华管理学院"光华书系"第一本面世	深刻剖析企业成功经验，展现光华EMBA先进的教学理念及教学经验	陈菁霞	中华读书报	2012/2/8	2
8	扩大内需十论		厉以宁	北京日报	2012/2/13	17
9	北大光华管理学院入选"亚洲校园"试点项目		刘玮	中国教育报	2012/2/13	6
10	提升马克思主义和中国文化研究水平	"北大马克思主义和中国文化研究"座谈会强调	刘好光	中国教育报	2012/2/13	3
11	只求立世治学，无意升官发财	怀念赵宝煦先生	吴子桐	中国教育报	2012/2/14	10
12	大学，有精神方成气象	对话北京大学党委书记朱善璐教授	赵婀娜	人民日报	2012/2/17	17
13	北大继续加强与香港各界合作		王庆环	光明日报	2012/2/22	14
14	哲人已逝 德香长存	各界送别著名法学家、北京大学资深教授沈宗灵	殷泓、王逸吟	光明日报	2012/2/22	6
15	燕园领航：打造能力资助平台	关注家庭经济困难学生	杨靖	科技日报	2012/3/1	7
16	稀土在纳米尺度下"闪光"	北京大学严纯华团队持续攻关不断创新	张垚、赵永新	人民日报	2012/3/6	17
17	北大与沈阳军区雷锋团"共建共育"	北大将定期组织优秀青年学生到部队开展思想政治教育和军事实践活动	关庆丰	北京青年报	2012/3/6	A11
18	北大学子寻访雷锋故居		崔玉娟	中国青年报	2012/3/6	8
19	中国股市向好取决于两个条件	厉以宁认为社保资金入市须谨慎	张晓鸣	文汇报	2012/3/7	2
20	北大社推出国内第一部演义体美国通史		红娟	中华读书报	2012/3/7	2
21	纳米世界的探索者	访中国科学院院士、北京大学纳米科技中心主任刘忠范	胡芳	中国科学报	2012/3/7	3
22	一流大学三要素：教授、课程、学生	人大代表、北京大学校长周其凤接受人民网强国论坛在线访谈	袁泉	人民日报	2012/3/10	8
23	加快创建世界一流大学的步伐	访全国人大代表、北京大学校长周其凤	李志伟	光明日报	2012/3/11	4
24	北大深化自主招生改革	今年更注重基础知识考查	王庆环	光明日报	2012/3/12	11
25	法学家王锡锌——以法治精神推动社会管理创新		王逸吟	光明日报	2012/3/12	3
26	自主选录农村生至少两成	北大自主招生面试题六成问时弊	王东亮	北京日报	2012/3/12	7
27	著名物理学家、原北京大学校长陈佳洱	没有优秀人才，就不能占领制高点	方莉	光明日报	2012/3/13	3
28	北京大学践行新时代雷锋精神		杨靖	科技日报	2012/3/15	5
29	坦坦荡荡做人，实实在在做事	怀念赵宝煦先生	任羽中	中华读书报	2012/3/21	17
30	北大人文楼群露真容	将于今年启用 中文、历史、哲学三个系将进驻	关庆丰	北京青年报	2012/3/22	A12
31	医护人员不是医患冲突的制造者而是受害者	访北京大学社会与发展研究中心主任邱泽奇	黄冲	中国青年报	2012/3/22	7
32	钱祥麟：寄意地学五十年		高危言	中国科学报	2012/3/26	6
33	医疗"共同体"化解"看病难"	北京大学人民医院院长王杉谈医疗卫生服务共同体	田雅婷	光明日报	2012/3/25	6
34	新媒体时代：舆论引导的机遇和挑战			光明日报	2012/3/27	15

续表

序号	主题	副题	作者	报刊名称	出版日期	版面
35	为未来领导者和思想家架一座桥	"北京大学斯坦福中心"在京成立	陈一凡	中国科学报	2012/3/28	5
36	中国版协六届二次常务理事会举行	北京大学出版社社长王明舟等20人获韬奋出版奖		中华读书报	2012/3/28	1
37	燕园我爱		梁宾宾	北京日报	2012/4/1	21
38	北京大学开办"道家学术讲堂"		胡仲平	光明日报	2012/4/9	15
39	关于"马克思主义与儒学"		陈来	光明日报	2012/4/9	15
40	北大举办清明公祭活动		钟华	中国科学报	2012/4/11	6
41	北大山鹰社第七届户外技能大赛举行		张一琪、吴蕙予	光明日报	2012/4/11	14
42	北大科技园：培育区域经济增长点	关注科技金融结合（二十一）	杨靖	科技日报	2012/4/11	6
43	凝固历史的辉煌	访季羡林教授	吴为山	中华读书报	2012/4/11	3
44	北大光华MBA再出改革措施	缩短学制、区分国际化培养模式、启动"3+2"招生、课程末位淘汰	王庆环	光明日报	2012/4/12	6
45	剑桥大学校长获授北大名誉博士		王庆环	光明日报	2012/4/12	6
46	"昆曲"成北大本科生通识选修课		徐启建	中国教育报	2012/4/14	3
47	北京大学：学生意见没有那么"可怕"	学代会休会期间，"常代表"及时在学生与学校之间沟通协调	崔玉娟	中国青年报	2012-4-16	8
48	北大为孔子第79代嫡长孙举办欢迎会			光明日报	2012/4/16	15
52	燕园谁不识周郎	记红学大师周汝昌	伦玲	中华读书报	2012/4/18	3
51	高校学风建设从哪入手		王恩哥	人民日报	2012/4/20	18
50	北大聘余光中为"驻校诗人"	在未来的一年内将到北大为师生做三次演讲	关庆丰	北京青年报	2012/4/21	A8
49	学风是高校培养人才的保障		王恩哥	光明日报	2012/4/23	16
53	北大请小微企业参加文化创意大赛		王庆环	光明日报	2012/4/24	6
54	北大"飞秒光物理和介观光学"创新群体再获进展		郑见	中国科学报	2012/4/25	3
55	想念邓广铭	北京大学著名史学家邓广铭先生诞辰105周年	李苑、刘彬	光明日报	2012/4/27	7
56	攻坚克难：继续改革过大关	访北京大学马克思主义学院程美东教授	刘好光	中国教育报	2012/4/27	6
57	行走在高原	记北京大学2011级研究生张振东	王庆环	光明日报	2012/4/28	1
58	北京大学马克思主义学院庆祝20华诞		李瑞英	光明日报	2012/4/28	5
59	北京大学：强基固本谋前沿	科学基金在高校	张双虎	中国科学报	2012/5/2	3
60	大学能否助音乐剧走出原创困境	北大将蔡元培推上音乐剧舞台	王庆环	光明日报	2012/5/2	5
61	李长春观看北京大学原创歌剧《钱学森》		张烁	人民日报	2012/5/4	1
62	李长春观看北京大学原创歌剧《钱学森》		吴晶	光明日报	2012/5/4	3
63	北大颁五四学生和班级奖章		王庆环	光明日报	2012/5/5	2
64	中国爱乐连续10年走进北大		伦兵	北京青年报	2012/5/6	B7
65	北大肿瘤医院与卡迪夫大学联合建研究所		刘晨	科技日报	2012/5/7	10
66	推进马克思主义理论发展创新	北京大学马克思主义学院成立20周年	刘好光	中国教育报	2012/5/11	5
67	为改善中国黑色素瘤治疗而努力	访北京大学肿瘤医院肾癌黑色素瘤科主任郭军	李颖	科技日报	2012/5/11	9
68	"走，去西部支教！"	北京大学志愿者张振东	赵婀娜	人民日报	2012/5/14	6
69	始终把学生摆在大学工作的核心位置	关于北京大学加快创建世界一流大学的调查与思考	周其凤	光明日报	2012/5/15	1,15

续表

序号	主题	副题	作者	报刊名称	出版日期	版面
70	从"国立"大学看国民教育	京师大学堂更名为国立北京大学100周年纪念日	龚笠翁	北京日报	2012/5/15	17
71	准医生的临床技能大比拼	第三届"全国高等医学院校大学生临床技能竞赛"总决赛在北医举行	田雅婷	光明日报	2012/5/15	6
72	典籍耀故邦 学术惠四海	访全国高校古籍整理研究工作委员会主任、北京大学中文系教授安平秋	杜羽	光明日报	2012/5/15	2
73	北大学生为校工拍影集	聚焦校内普通人 三角地办影展引共鸣	满羿、郭云	北京青年报	2012/5/16	A11
74	欢迎考生报考北大	专访北京大学招生办公室副主任舒忠飞		中国教育报	2012/5/16	10
75	北京大学座谈《学者吴小如》	《学者吴小如》出版座谈会暨吴小如先生九十华诞庆祝会在北大举行	舒晋瑜	中华读书报	2012/5/23	1
76	科教改革先行先试	清华大学—北京大学生命科学联合中心	赵永新、赵晓曦	人民日报	2012/5/24	23
77	北京大学经济学院成立100周年		孔悦	新京报	2012/5/28	D3
78	为学生提供无限的发展途径	北京大学光华管理学院个性化多元化培养本科生纪实	柴葳	中国教育报	2012/5/30	1,4
79	高校博物馆育人联盟会员名单	北京大学位列其中		光明日报	2012/5/31	6
80	北京大学:以文化传承创新为使命促进不同文明间的交流对话			中国教育报	2012/6/1	8
81	在创先争优中发挥学生党员的先锋模范作用	北京大学学生党员入党宣誓仪式举行	臧小林、许亚飞、任江林	光明日报	2012/6/2	7
82	诺奖得主崔琦成"大学堂顶尖学者"讲学第一人	在北京大学举行了题为"探索二维电子世界"的学术报告	王东亮	北京日报	2012/6/4	4
83	在"大学堂"里读懂大师	记北京大学"大学堂顶尖学者讲学计划"首场活动	赵婀娜	人民日报	2012/6/5	16
84	北大启动顶尖学者讲学计划	崔琦教授获授名誉博士	钟华	中国科学报	2012/6/6	6
85	北京大学授予崔琦教授名誉博士		杨靖	科技日报	2012/6/7	7
86	北大保安出书 校长欣然作序		高玉	北京日报	2012/6/8	13
87	北京大学:师德学风"创先争优"		王庆环	光明日报	2012/6/9	1,2
88	不能模糊了职业边界	北京大学中文系主任陈平原做客《文化讲坛》,阐述大学和传媒的关系		人民日报	2012/6/11	12
89	北京大学第十二次党代会开幕	开创科学发展崭新局面加快建设世界一流大学步伐	柴葳	中国教育报	2012/6/13	1,2
90	北大经济发展论坛研讨"中国道路的世界意义"		陈菁霞	中华读书报	2012/6/13	2
91	北大 志存高远又出发	中国共产党北京大学第十二次代表大会隆重召开	赵婀娜	人民日报	2012/6/14	1,12
92	北大身份三重唱	《站着上北大》作者,北京大学保安,中文系学生	甘相伟	光明日报	2012/6/26	13
93	2012毕业季 那些打动人心的校长致辞	北京大学校长周其凤:让自己始终保持心灵的温润		北京青年报	2012/6/29	C4
94	北大国学研究院的毕业课		庄建	光明日报	2012/7/5	6
95	刘忠范:勾划中国纳米科技三部曲		戴红	科技日报	2012/8/29	5

续表

序号	主题	副题	作者	报刊名称	出版日期	版面
96	出版"走出去"的有益探索学术巨制《中华文明史》的海外出版	由北大出版社出版,袁行霈先生领衔主编的《中华文明史》英文版在伦敦书展发布		光明日报	2012/9/2	7
97	哈达献校长	来自西藏的北大新生将家乡的哈达献给校长周其凤表达感激之情	范继文	京华时报	2012/9/2	
98	北大多维度延伸"绿色通道"		王庆环	光明日报	2012/9/4	6
99	北京大学学科建设成效显著			中国教育报	2012/9/7	9
100	惜守良心	记北京大学医学部药学院教授张礼和	王东亮	北京日报	2012/9/11	4
101	饮水思源北大学子感恩师长		王庆环	光明日报	2012/9/11	6
102	百年冷暖看哲学	访北京大学哲学系主任王博	何民捷	人民日报	2012/9/13	17
103	北大迎来首届歌剧研究生		王庆环	光明日报	2012/9/17	5
104	北京大学:举行特别升旗仪式		王庆环	光明日报	2012/9/19	
105	"让王老的精神,在年轻一代中延续"	高校师生深切缅怀王忠诚院士	王庆环	光明日报	2012/10/2	2
106	我的一个读书故事		汤一介	北京日报	2012/10/8	20
107	林毅夫:中国经济要做"打硬仗"的准备		丰捷	光明日报	2012/10/8	2
108	助学贷款,照亮贫困学子求学路	北京大学助学贷款办理现场繁忙	温源	光明日报	2012/10/8	14
109	首场高校形势报告会举行	中宣部和教育部在北京大学联合举办	赵婀娜、贾娜	人民日报	2012/10/9	16
110	重点大学师资力量排行榜发布	北大百名新生平均可分享127位专任教师		中国青年报	2012/10/9	3
111	事不避难 义不逃责	记吴玉章人文社会科学终身成就奖获奖学者汤一介	姚思宇	中国教育报	2012/10/15	5
112	北大:为产学研结合开发商业模式	关注科技金融结合	杨靖	科技日报	2012/10/17	6
113	从中西比较看费孝通"差序格局"理论		马戎	北京日报	2012/10/22	19
114	人文地理:一门历久弥新的学问		唐晓峰	北京日报	2012/10/22	20
115	中国百年哲学的微缩景观	北大哲学系纪事	薄洁萍	光明日报	2012/10/22	1,2
116	推动新的文化科技变革		向勇	光明日报	2012/10/22	13
117	开拓创新 成就辉煌 努力建设世界一流的口腔医学院	记北京大学口腔医学院建院70周年	何建昆、杜晓鹏	科技日报	2012/10/23	12
118	回望北医百年:中国医学强盛史		王庆环	光明日报	2012/10/23	6
119	美国学者福山北大畅谈中美未来挑战		陈菁霞	中华读书报	2012/10/24	1
120	把世界请进校园	北京大学学生国际合作交流纪实	张东	中国教育报	2012/10/25	11
121	北大医学部百年校庆济世情怀		王君平、赵婀娜	人民日报	2012/10/27	5
122	马一浮对国学的楷定		汤一介	北京日报	2012/10/29	23
123	北医百年育六万医学人才		潘锋	中国科学报	2012/10/29	1
124	刘延东致北大哲学系百年华诞的贺信		刘延东	中国教育报	2012/10/31	1
125	科技基金提升北医创新能力		潘锋	中国科学报	2012/10/31	3
126	台湾大学教授林文月在北京大学演讲"拟古"		陈菁霞	中华读书报	2012/10/31	2
127	王明舟:综合性、学术型教育出版机构是方向		红娟	中华读书报	2012/10/31	6
128	抓好以师德为灵魂的教师队伍建设		朱善璐	人民日报	2012/11/2	13
129	谱写社会主义文化新篇章	访北京大学马克思主义学院院长郭建宁	苏超	人民日报	2012/11/4	7

续表

序号	主题	副题	作者	报刊名称	出版日期	版面
130	北大明年开工建设独立的古籍图书馆	北京大学图书馆昨迎来110岁生日	于静	北京青年报	2012/11/5	A1,10
131	北大四教授获哲学教育终身成就奖每人奖励50万元	黄枬森、张世英、杨辛、汤一介四位老先生获奖	胡欣	人民日报	2012/11/6	17
132	北京大学：体制改革下的科研真创新		陈彬	中国科学报	2012/11/7	6
133	北大图书馆迎来建馆110周年		陈彬	中国科学报	2012/11/7	6
134	朴实无华全面手	记北京大学人民医院魏丽惠教授	钟艳宇、吴红月	科技日报	2012/11/8	11
135	双向城乡一体化显露生机	调查归来话缩小城乡收入差距	厉以宁	北京日报	2012/11/12	22
136	人艺走进校园 北大上演《晚餐》		边远	北京日报	2012/11/17	8
137	科学发展 勇担使命	学习贯彻十八大精神开创高校社科发展新局面	朱善璐	光明日报	2012/11/23	6
138	北京大学口腔医学院70周年庆典隆重举行		杜晓鹏	光明日报	2012/11/24	10
139	切实加强生态教育		周其凤	人民日报	2012/11/26	10
140	北京大学举行道家学术讲堂		胡仲平	光明日报	2012/11/26	7
141	追寻燕园的学术精神	纪念北京大学哲学系成立一百周年	丁国强	北京日报	2012/11/26	20
142	"中国好童音"将唱响北大	20首歌曲回溯儿歌百年历史	郭佳	北京青年报	2012/11/28	B10
143	发展经济学：助力全面小康社会建设——写在第四届张培刚奖颁奖前夕	厉以宁等六学者获奖	张春雷	光明日报	2012/11/28	5
144	百年北医 厚道做人		李颖	科技日报	2012/11/29	10
145	旧北大西斋的那些事		高红十	北京青年报	2012/12/1	18
146	北大四姐妹 大学最牛寝室里的故事		李姝、孙芳田	北京青年报	2012/12/4	D8
147	生态文明建设：中国实现后发优势的契机	访北京大学环境科学与工程学院副院长张世秋	冯永锋	光明日报	2012/12/4	2
148	新时期 新使命 新期待	访九三学社中央主席韩启德	潘跃	人民日报	2012/12/5	5
149	北大举行"三字箴言诵人生"朗诵音乐会		方莉	光明日报	2012/12/8	4
150	北大文化与北大精神		周其凤	光明日报	2012/12/10	5
151	改变当下阅读生态 大学教师大有可为	北大教授曹文轩到小学校园畅谈读书和写作	赵晋华	中华读书报	2012/12/12	1
152	他将手术变成了艺术	记北京大学人民医院胸外科主任王俊教授		科技日报	2012/12/13	9
153	客观性的两重含义	兼谈自然科学与人文科学的异同	张世英	人民日报	2012/12/13	7
154	北京大学成立光华EMBA金融协会		妍宇	光明日报	2012/12/14	11
155	北大医院南区拟明年动工	位于大兴高米店附近，设置床位1200张，初步方案已通过评审	杜丁	新京报	2012/12/14	A36
156	新三大红利正替代旧红利	新人口红利、新资源红利和新改革红利，可以促进实体经济的回归与转型	厉以宁	北京日报	2012/12/17	17
157	著名学者桑德尔北大上演"哈佛公开课"	金钱与公正的正面交锋	韩琨	中国科学报	2012/12/19	5
158	北京大学人民医院院长王杉：临床路径将大有可为		张思玮	中国科学报	2012/12/25	7
159	专家研讨马克思主义哲学与中国道路	此次研讨会由北京大学哲学系联合主办		光明日报	2012/12/25	11
160	建设世界一流的"大美北大"		鞠传进	光明日报	2012/12/26	16
161	《炳悟人生》朗诵音乐会在北大主办		刘好光	中国教育报	2012/12/26	7

续表

序号	主题	副题	作者	报刊名称	出版日期	版面
162	杰姆逊30年后重返北大:"后现代"并未过时		陈香	中华读书报	2012/12/26	1
163	杏坛执教六十载 培育英才最快乐	学界送别著名经济学家、经济学教育家、北京大学教授胡代光先生	张雁	光明日报	2012/12/27	5
164	发扬优秀传统 加快世界一流大学建设步伐		朱善璐	中国教育报	2012/12/29	3

北京大学2011—2012学年校历

第一学期(2011.8.22—2012.1.22)

周次\月\星期	月	一	二	三	四	五	六	日
	2011年八月	22/29	23/30	24/31	25	26	27	28
	九月				1	2	3	4
1		5	6	7	8	9	10	11
2		12	13	14	15	16	17	18
3		19	20	21	22	23	24	25
4		26	27	28	29	30		
5	十月	3	4	5	6	7	1/8	2/9
6		10	11	12	13	14	15	16
7		17	18	19	20	21	22	23
8		24/31	25	26	27	28	29	30
9	十一月		1	2	3	4	5	6
10		7	8	9	10	11	12	13
11		14	15	16	17	18	19	20
12		21/28	22/29	23/30	24	25	26	27
13	十二月				1	2	3	4
14		5	6	7	8	9	10	11
15		12	13	14	15	16	17	18
16		19	20	21	22	23	24	25
17		26	27	28	29	30	31	
18	2012年一月	2	3	4	5	6	7	1/8
19		9	10	11	12	13	14	15
20		16	17	18	19	20	21	22

第一学期

一、新生报到:2011年8月27日
二、新生体检和入学教育:8月28日—9月4日
三、校本部本科生选课指导:9月1—2日
四、全校新生开学典礼:9月3日
五、上课:
　校本部:9月5日
　医学部:在校生8月22日,新生9月5日
六、在校学生注册:
　校本部:9月5—9日
　(在职攻读硕士专业学位学生:8月28日)
　医学部:8月22—26日
七、中秋节:9月12日放假,全校停课;
　9月10—11日公休,原有课程照常安排
八、国庆节:10月1—7日放假,全校停课;
　10月8—9日公休,原有课程照常安排
九、停课复习考试:
　2011年12月26日—2012年1月8日
　(2012年1月2日考试照常安排)
十、元旦:2011年12月31日—2012年1月2日放假
十一、学生放寒假:1月9日—2月12日
　(研究生放假时间与教职工轮休一致)
　(1月23日春节)
十二、教职工轮休:1月11日—2月8日,
　2月9日全体教职工上班

校本部上课时间:

第一节 8:00—8:50　　第二节 9:00—9:50　　第三节 10:10—11:00　　第四节 11:10—12:00
第五节 13:00—13:50　第六节 14:00—14:50　第七节 15:10—16:00　　第八节 16:10—17:00
第九节 17:10—18:00　第十节 18:40—19:30　第十一节 19:40—20:30　第十二节 20:40—21:30

第二学期(2012.2.6—2012.7.22)

周次	月	一	二	三	四	五	六	日
1	2012年二月	6	7	8	9	10	11	12
2		13	14	15	16	17	18	19
		20/27	21/28	22/29	23	24	25	26
3	三月				1	2	3	4
4		5	6	7	8	9	10	11
5		12	13	14	15	16	17	18
6		19	20	21	22	23	24	25
7		26	27	28	29	30	31	
8	四月	2	3	4	5	6	7	1/8
9		9	10	11	12	13	14	15
10		16	17	18	19	20	21	22
11		23/30	24	25	26	27	28	29
12	五月		1	2	3	4	5	6
13		7	8	9	10	11	12	13
14		14	15	16	17	18	19	20
15		21	22	23	24	25	26	27
16		28	29	30	31			
17	六月	4	5	6	7	1/8	2/9	3/10
18		11	12	13	14	15	16	17
19		18	19	20	21	22	23	24
20		25	26	27	28	29	30	
21	七月	2	3	4	5	6	7	1/8
22		9	10	11	12	13	14	15
23		16	17	18	19	20	21	22

第二学期

一、校本部本科生选课指导：2012年2月10日
二、上课：2月13日
三、在校学生注册：
　　校本部：2月13—17日
　　(在职攻读硕士专业学位学生：2月12日)
　　医学部：2月13—17日
四、本科生招生开放日：4月14日
五、全校运动会：4月20—22日(20日停课)
六、校庆：5月4日学生停课，教职工上班
七、停课复习考试：
　　校本部：6月11—24日
　　医学部：6月18日—7月1日
八、毕业教育：6月25日—7月8日
　　办理离校手续：7月2—6日
　　全校毕业典礼：7月3—4日
　　托运行李：7月6—7日
九、学生放暑假：
　　校本部：6月25日
　　医学部：7月2日
　　(研究生放暑假时间与教职工轮休一致)
十、校本部暑期学校：7月2日—8月5日
十一、教职工轮休：7月9日—8月19日，8月20日全体教职工上班

医学部上课时间：

第一节 8:00—8:50	第二节 9:00—9:50	第三节 10:10—11:00	第四节 11:10—12:00
第五节 13:30—14:20	第六节 14:30—15:20	第七节 15:40—16:30	第八节 16:40—17:30
第九节 18:30—19:20	第十节 19:30—20:20	第十一节 20:30—21:20	

北京大学 2012—2013 学年校历

第一学期（2012.8.20—2013.1.27）

周次 \ 月 \ 星期日	一	二	三	四	五	六	日
	2012年八月	27	28	29	30	31		
	九月	3	4	5	6	7	1/8	2/9
1		10	11	12	13	14	15	16
2		17	18	19	20	21	22	23
3		24	25	26	27	28	29	30
4	十月	1	2	3	4	5	6	7
5		8	9	10	11	12	13	14
6		15	16	17	18	19	20	21
7		22/29	23/30	24/31	25	26	27	28
8	十一月				1	2	3	4
9		5	6	7	8	9	10	11
10		12	13	14	15	16	17	18
11		19	20	21	22	23	24	25
12		26	27	28	29	30		
13	十二月	3	4	5	6	7	1/8	2/9
14		10	11	12	13	14	15	16
15		17	18	19	20	21	22	23
16		24/31	25	26	27	28	29	30
17	2013年一月		1	2	3	4	5	6
18		7	8	9	10	11	12	13
19		14	15	16	17	18	19	20
20		21	22	23	24	25	26	27
21		28	29	30	31			

第一学期

一、新生报到：
校本部、医学部：2012年9月1日
深圳研究生院：9月3日

二、新生体检和入学教育：
校本部、医学部：9月2—9日
深圳研究生院：9月4—9日

三、校本部本科生选课指导：9月6—7日

四、新生开学典礼：
校本部、医学部：9月4日
深圳研究生院：9月6日

五、上课：
校本部、深圳研究生院：9月10日
医学部：在校生8月27日，新生9月10日

六、在校学生注册：
校本部：9月10—14日
（在职攻读硕士专业学位学生：9月15日）
医学部：8月27—31日
深圳研究生院：9月10—11日

七、中秋节、国庆节：
9月30日—10月6日放假，全校停课；
9月29日、10月7日公休，原有课程照常安排

八、元旦：
2012年12月29日—2013年1月1日放假

九、停课复习考试：
校本部、医学部：2013年1月7—20日
深圳研究生院：1月21—25日

十、学生放寒假：
校本部、医学部：1月21日—2月24日
（研究生放寒假时间与教职工轮休一致）
深圳研究生院：1月28日—2月24日

十一、教职工轮休：1月23日—2月20日，
2月21日全体教职工上班

校本部上课时间：
第一节 8:00—8:50　　第二节 9:00—9:50　　第三节 10:10—11:00　　第四节 11:10—12:00
第五节 13:00—13:50　　第六节 14:00—14:50　　第七节 15:10—16:00　　第八节 16:10—17:00
第九节 17:10—18:00　　第十节 18:40—19:30　　第十一节 19:40—20:30　　第十二节 20:40—21:30

第二学期(2013.2.21—2013.7.28)

周次	月 \ 星期日	一	二	三	四	五	六	日
1	二月	18	19	20	21	22	23	24
		25	26	27	28			
2						1/8	2/9	3/10
3	三月	4	5	6	7	15	16	17
		11	12	13	14			
4		18	19	20	21	22	23	24
5		25	26	27	28	29	30	31
6	四月	1	2	3	4	5	6	7
7		8	9	10	11	12	13	14
8		15	16	17	18	19	20	21
9		22/29	23/30	24	25	26	27	28
10				1	2	3	4	5
11	五月	6	7	8	9	10	11	12
12		13	14	15	16	17	18	19
13		20	21	22	23	24	25	26
14		27	28	29	30	31		
15		3	4	5	6	7	1/8	2/9
16	六月	10	11	12	13	14	15	16
17		17	18	19	20	21	22	23
18		24	25	26	27	28	29	30
19		1	2	3	4	5	6	7
20	七月	8	9	10	11	12	13	14
21		15	16	17	18	19	20	21
22		22	23	24	25	26	27	28

第二学期

一、校本部本科生选课指导：2013年2月22日
二、全校开始上课时间：2月25日
三、在校学生注册：
　　校本部、医学部：2月25日—3月1日
　　（在职攻读硕士专业学位学生：3月2日）
　　深圳研究生院：2月25—26日
四、本科生招生开放日：4月13日
五、全校运动会：4月19—21日
六、校庆：5月4日学生停课，教职工上班
七、停课复习考试：
　　校本部：6月17—30日
　　医学部：7月1—14日
　　深圳研究生院：7月1—5日
八、学生放暑假：
　　校本部：7月1日
　　医学部：7月15日
　　（研究生放暑假时间与教职工轮休一致）
　　深圳研究生院：7月8日
九、毕业教育：7月1—12日
　　办理离校手续：
　　校本部、医学部：7月8—12日
　　深圳研究生院：7月1—7日
　　校学位评定委员会会议：7月5日
　　毕业典礼：
　　校本部、医学部：7月9—10日
　　深圳研究生院：7月6日
　　托运行李：7月12—13日
十、校本部暑期学校：7月8日—8月11日
十一、教职工轮休：7月15日—8月18日，
　　　8月19日全体教职工上班
十二、2012级本科生军训：8月16—29日

医学部、深圳研究生院上课时间：
第一节 8:00—8:50　　第二节 9:00—9:50　　第三节 10:10—11:00　　第四节 11:10—12:00
第五节 13:30—14:20　第六节 14:30—15:20　第七节 15:40—16:30　第八节 16:40—17:30
第九节 18:30—19:20　第十节 19:30—20:20　第十一节 20:30—21:20

索 引

使用说明

一、本索引采用内容分析索引法编制。除"大事记"外,年鉴中有实质检索意义的内容均予以标引,以供检索使用。

二、本索引基本上按汉语拼音音序排列。具体排列方法如下:以数字开头的标目,排在最前面;字母开头的标目,列于其次;汉字标目则按首字的音序、音调依次排列。首字相同时则以第二个字排序,并依此类推。

三、索引标目后的数字,表示检索内容所在的正文页码,数字后面的英文字母a、b、c,表示正文中的栏别,合在一起即指该页码及自左至右的版面区域。年鉴中以表格、图形形式反映的内容,则在索引标目后用括号注明(表)、(图)字样,以区别于文字标目。

四、为反映索引款目间的逻辑关系,对于二级标目,采取在一级标目下缩两格的形式编排,之下再按汉语拼音的音序、音调排列。

0~9(数字)

211 工程　49a、57a、408b
　　三期国家验收　49a
973 计划项目首席科学家　62
985 工程　49a、57a、408a
985 工程与 211 工程建设　49b、408
　　985 工程建设　408a
　　211 工程建设　408b
　　学科建设　409b
2003—2012 年北京大学到校科研经费分类统计(表)　295
2011—2012 年度　557a、580a、602、662
　　北京高校优秀辅导员　557a
　　共青团系统先进集体和先进个人表彰名单　602
　　奖学金名单　580a
　　学生及学生工作奖励名单　562a
　　校历　662
2011 年　21a、29a、297、327、328、
　　党委工作总结　21a
　　人文社科 SSCI、AHCI、SCI 论文奖励名单(表)　328
　　人文社科 SSCI、AHCI、SCI 论

文奖励院系统计(表)　327
医学部获批国家自然科学基金项目数和经费数(表)　297
　　主要工作　29a
2011 年结业 2012 年换发毕业证及学位证学生名单　620b
2012—2013 学年校历　664
2012 年　25a、31b、272、278、293、297、302、305a、327、543、551、601a、655
　　SCI 数据库收录的北京大学为第一作者单位的论文及分布总体情况　305a
　　党建与思想政治工作奖励名单　551
　　党委工作部署　25a
　　各单位获国家自然科学基金面上和青年基金项目数和经费数(表)　297
　　获全国优秀博士学位论文情况统计(表)　272
　　教育部"新世纪优秀人才支持计划"文科入选者名单(表)　327
　　聘请的客座教授　655

青年教师入选北京市科技新星计划名(表)　302
申请撤销的理工科虚体研究中心(表)　293
逝世人员名单　543
授予的名誉博士　655
授予的名誉教授　655
校长奖学金　601a
行政工作要点　31b
在校研究生统计(表)　278
2012 年媒体有关北京大学主要消息索引(表)　656
　　版面　656
　　报刊名称　656
　　出版日期　656
　　副题　656
　　主题　656
　　作者　656
2048 远景规划　14a

A~Z(英文)

CASC　588b
　　一等奖学金　588b
　　二等奖学金　588b
　　三等奖学金　588b
CFPS　188c

索 引

国际顾问委员会会议 188c
学术委员会会议 188c
CHARLS 项目第四届国际顾问委员会会议 188c
ESEC 奖学金 589a
IBM 奖学金 589a
Panasonic 育英奖学金 589a
POSCO 奖学金 592b
SK 奖学金 597a

A～B

安全工作 35b
安全稳定 27b、48a
班级五·四奖杯 562a
办学 8a、9a、11b、17b、59b
    实力 17b
    水平 8a
    条件 9a、11b、17b、59b
保持共产党员先进性教育活动 10a
保密工作 515
    保密委员会 516a
    调研工作 516c
    定密工作 516c
    监督检查 516b
    教育考试 516c
    教育培训 516a
    人文社会科学领域保密工作 516c
    人员管理 516b
    设备管理 516c
    载体管理 516c
    制度建设 516b
    专项保密工作研讨会 516a
保卫工作 513
    安保任务 513c
    安全宣传教育 515b
    交通安全管理 514c
    理论研究 515c
    首都高校平安校园创建 513a
    所获荣誉 515c
    突发事件应急处置 515b
    消防安全管理 514c
    校园安全基础性建设 514a
    校园治安管理 515c
    校园秩序管理 514c
保障工作 35a
宝钢奖教金 562b

宝钢奖学金 594a
宝洁奖教金 561a
北大杯各单项冠军名单（表） 149
北大传统 17b
北大方正集团有限公司 349a
    25 周年庆典 349b
    IET—方正大学校长奖颁奖 351a
    北京人艺舞台艺术支持 351a
    产业集团商业模式 350a
    德克萨斯太平洋集团来访接待 350a
    方正物联网基地签约 349b
    海尔人寿 350a
    合作交流 350a
    回报社会 351a
    获奖情况 351a
    经营目标签约仪式 349b
    年度纪事 351a
    十八大召开助力 350a
    数字出版全产业链布局 349b
    献爱心救助两癌 351a
    研究开发 349a
    业务发展 349a
    与日立集团建立战略合作关系 350b
    与山东政企合作 350b
    与中国新闻出版研究院合作 351a
    云计算平台 349a
    战略规划签约仪式 349b
    中部投资贸易博览会 350b
    中华数字书苑国礼 350a
北大概况 56
北大国际医院集团有限公司 365b
    合作交流 365c
    业务发展 365b
北大精神 17b、34a
    传承 34a
北大科技园工道有限公司 102a
北大科技园有限公司 359a
    合作交流 359a
    获奖情况 359b
    业务发展 359b
北大科学发展 42b
北大排协夺北京市阳光体育排球赛男女双冠 152a

北大青鸟集团 354b
    OSTA 认证 355a
    北京青麒航服公司运营 356a
    德爱北大附属实验学校 355b
    合作交流 356c
    环宇消防全国第二 355a
    回报社会 356b
    获奖情况 356a
    建筑电气设计选型入册 355a
    年度纪事 357a
    全线 IT 教育产品获 OSTA 认证 355a
    新疆旅游资源开发投资 355a
    研究开发 355a
    业务发展 355a
    与哈密合作热解利用原煤 355b
    与世茂旅游联合办学 356a
    长白山文化创意园 355b
    招生改革论坛承办 356a
北大未名生物工程集团有限公司 357b
    合作交流 358a
    获奖情况 358b
    年度纪事 359a
    研究开发 358b
    业务发展 358a
北大文化弘扬 34a
北大资源集团有限公司 352a
    北大幼教落户东莞、重庆 353a
    北大资源大讲堂 352b
    北京小城镇发展基金签约 353b
    创新创意研究院 352b
    合作交流 353a
    获奖情况 354a
    年度纪事 354a
    新文化城市战略联盟 353a
    研究开发 352b
    业务发展 353a
    与北大工学院战略合作协议 353b
    与青岛市战略合作 353b
    与中央党校合作城镇化研究 353b
    中国城市管理高峰论坛 352b
北京北大明德科技发展有限公司

361a
 合作交流　361a
 年度纪事　361c
 研究开发　361a
北京北大软件工程发展有限公司
365a
 合作交流　365b
 获奖情况　365b
 研究开发　365a
 业务发展　365a
北京北大维信生物科技有限公司
363b
 合作交流　363c
 回报社会　364b
 获奖情况　364a
 年度纪事　364b
 研究开发　363b
 业务发展　363c
北京北大先锋科技有限公司　362b
 合作交流　362c
 回报社会　363a
 年度纪事　363a
 研究开发　362b
 业务发展　362b
北京北大英华科技有限公司　360a
 ISO9001认证　36c
 裁判文上网系统　361a
 法宝云平台项目　360c
 回报社会　361a
 软件著作权　360c
 商业银行法律服务平台　361a
 研究开发　360b
 业务发展　360c
 《质量手册》编制　360c
北京大学　3、12b、13a、18b、74、
152、203、206、266c、272、292～
305、309、311、320、326、327、
601b、602a、662、664、
 2011—2012学年校历　662
 2012—2013学年校历　664
 本科课程目录（表）　206
 本科专业分布（表）　203
 博士生短期出国（境）研究项
  目　266c
 才斋奖学金　601b
 出版的理工医科类著作目录
  （表）　305

到校科研经费分类统计（表）
 295
第一个50年发展周期　12b
第二个50年发展周期　12b
第三个50年发展周期　13a
第二届CUBA京津冠军对抗
 赛冠军　152c
共青团专项工作创新奖　602a
归国华侨联合会　74
红旗团委　602a
获2011年下半年北京市社会
 科学理论著作出版基金资
 助著作名单（表）　326
获2012年上半年北京市社会
 科学理论著作出版基金资
 助著作名单（表）　327
获2012年下半年北京市社会
 科学理论著作出版基金资
 助著作名单（表）　327
获北京市科学技术奖项目
 （表）　304
获高等学校科学技术奖项目
 （表）　303
获国家科学技术奖项目（表）
 302
获批的"863计划"课题（表）
 301
获批的公益性行业专项（表）
 302
获批的国家重点基础研究发
 展计划（"973计划"）课题
 （表）　300
获批的国家重点基础研究发
 展计划（"973计划"）项目
 （表）　299
获批的国家自然科学基金重
 大国际合作项目（表）　299
获批的国家自然科学基金重
 大项目（表）　299
获批的国家自然科学基金重
 大研究计划（表）　299
获批的国家自然科学基金重
 点项目（表）　298
获批的科技部国家重大科学
 仪器设备开发专项（表）
 301
获批的支撑计划课题（表）　301

获批的重大科学研究计划课
 题（表）　301
获批的重大科学研究计划项
 目（表）　300
获批国家自然科学基金国家
 重大科研仪器设备研制专
 项（表）　299a
获批国家自然科学基金项目
 （表）　296
获中华医学科技奖项目（表）
 304
理工科获得其他国际（地区）
 合作项目（表）　311
理工科新批科研项目（表）　294
理工医科获得科技部政府间
 国际合作项目（表）　311
理工医科获批"创新团队发展
 计划"名单（表）　302
理工医科获批的"新世纪优秀
 人才支持计划"名单（表）
 302
理工医科获批的教育部重大
 项目（表）　302
理工医科科研项目到校经费
 （表）　295
理工医科在研科研项目数分
 类统计（表）　293
男篮夺CUBA北京赛区冠军
 152c
女篮夺CUBS全国总冠军
 152b
申请撤销的理工科虚体研究
 中心（表）　293
深圳研究生院　18b
文科纵向科研课题立项名单
 （表）　320
校本部主办的理工类国际学
 术会议和研讨班情况统计
 （表）　309
研究生国际学术交流基金
 266c
医科新增科研项目（表）　296
医学部归国华侨联合会　74
医学部主办的医学类国际学
 术会议和研讨班情况统计
 （表）　309
有权授予博士、硕士学位的学

索　引

　　科专业目录(表)　272
　　中共第十二次代表大会　3
北京大学出版社　385a
　　版权工作　385b
　　党建工作　386c
　　获奖情况　385c
　　集体荣誉　385b
　　年度特色　385c
　　社会公益　387a
　　重点项目　385a
北京大学附属小学　493
　　德育工作　494c
　　教学工作　494a
　　科研工作　494a
　　信息化工作　494c
北京大学附属中学　491
　　党建工作　492b
　　教育教学　491c
　　明天小小科学家　492b
　　年度纪事　492c
　　素质教育　492a
　　体育比赛　492b
　　物理竞赛　492b
　　信息学奥林匹克联赛　492b
　　学部制改革　491b
北京大学学报(医学版)　395b
　　百年华诞特辑出版　395c
　　编委会换届　395c
　　出版情况　395c
　　获奖情况　395b
　　组稿情况　395c
北京大学学报(哲学社会科学版)　394b
　　编辑队伍建设　394c
　　编辑培训　394c
　　第九届北京大学学报优秀论文奖　394a
　　结合学科建设设置栏目　395a
　　全国高校学报研究会发挥作用　395b
　　网络建设　394c
　　学术影响力　395a
北京大学学报(自然科学版)　393c
　　出版质量　394a
　　获奖情况　394a
　　数据库收录　394a
　　文献计量指标(表)　394a、315

《北京大学学术委员会章程》修订工作　411c
《北京大学章程》研究和制定　411c
北京大学医学出版社　387a
　　对外合作　387c
　　发展思路　387b
　　管理机制改革　387b
　　获奖申请　387a
　　基金申请　387a
　　数字出版　387c
　　支部建设　387c
北京大学医院　490
　　服务质量　490b
　　公费医疗管理　491c
　　公共卫生　490b
　　工作任务　490a
　　国际交流与合作　491a
　　健康教育　490b
　　教育培训　490c
　　科研合作　490c
　　慢病管理　490b
　　其他工作　491c
　　群众工作　491b
　　社区卫生　490b
　　所获荣誉　491c
　　信息化建设　491a
　　医疗工作　490a
　　质量管理　490a
　　专科特色　490c
　　组织发展　491a
北京高校优秀辅导员　557a
北京国际数学研究中心　192a
　　Yau-TianDonaldson 猜想解决　192c
　　队伍建设　192b
　　交叉领域研究　192c
　　科研成果　192c
　　科研论文发表　192c
　　人才培养　193a
　　学术交流　193a
北京开元数图科技有限公司　360a
　　年度纪事　360b
　　研究开发　360a
　　业务发展　360b
北京市创先争优　551
　　先进基层党组织　551a
　　优秀共产党员　551a

北京市　288b、290a、292、559a、564、565a
　　教学名师奖　559a
　　科研项目　290a
　　人民教师奖　559a
　　三好学生　564a
　　先进班集体　565a
　　优秀学生干部　564b
　　重点实验室　288b
　　重点实验室/工程技术研究中心(表)　292
北京医大时代科技发展有限公司　366a
　　合作交流　366b
　　回报社会　366c
　　获奖情况　366b
　　年度纪事　366c
　　研究开发　366a
　　业务发展　366c
北京银行教师奖　561a
《北医》报　503c
北医百年庆典大会　5
北医广播台　504c
《北医人》杂志　504b
北医校园橱窗　504c
北医新闻网　503c
奔驰奖学金　587a
本科结业可换发毕业证及学位证者　619a
本科课程目录(表)　206b
本科生教育　16a、199
　　本科教学管理和运行　201c
　　本科教学质量报告工作　202b
　　本科生实践创新能力培养　200a
　　本科学生课程评估　202a
　　毕业工作　202a
　　国际化能力培养　200b
　　基础阶段教学改革　201a
　　基础学科创新人才培养计划　199a
　　教材建设工作　202c
　　教师教学发展示范中心　202b
　　教学奖励　202b
　　教学质量保障　202a
　　开放课程建设　201b
　　老教授教学调研组工作　202b

临床阶段教学改革　200c
　　免试推荐研究生　202a
　　其他专业教学改革　201b
　　市属高校教师发展基地项目　202c
　　小班课教学改革　199c
　　学籍管理　201c
　　医学部新途径教学改革　200c
　　招生工作　201c
本科学生　62
本科专业　63、203b
　　分布（表）　203b
本专科毕业生名单　606
比较优势战略　15b
毕业博士研究生名单　631
毕业硕士研究生名单　622
毕业留学生（硕士、博士）名单（表）　635
毕业生名单　606
表彰　551
博士点　63
博士后　63
　　流动站　63
　　人数　63
博士生导师　62
博士学位学科专业目录（表）　272
博士研究生　62
博物馆　391b
　　博物馆志愿者管理与培训　391b
　　地质博物馆　392a
　　馆内展览　391b
　　馆外展览　391c
　　交流合作　392c
　　教育教学　392a
　　科研工作　392a
　　年度要闻　392a
　　赛克勒考古与艺术博物馆　391b
　　社会科普　392a
　　设备维护　391c

C

才斋奖学金　601b
财务工作　31a、35b、60a、432
　　办学经费　433a
　　财务管理　433b
　　财务收支　432a
　　财务信息公开　435c
　　财务信息化建设　435b
　　财务指标　433b
　　财务制度建设　434c
　　财务专题分析　433a
　　公务卡制度改革　434c
　　管理　35b
　　国有资产管理　434c
　　接待各类审计检查　435a
　　科研经费管理　434a
　　会计队伍建设　435c
　　会计委派制度建设　435a
　　预算管理　433c
　　运行效率　31a
　　支出结构　433b
　　重大专项工程实施　433b
　　资源有偿使用机制　434b
餐饮中心　474
　　安全教育与督查　475c
　　队伍建设　475b
　　就餐拥挤缓解　475a
　　内部管理　475b
　　食品安全　474c
　　太阳卡清理工作　475a
　　业务发展　474c
　　源头把控　474c
　　整合资源　474c
残疾人社会福利政策与服务研讨会　145c
差距自省　13b
产学研结合工作　33b
昌平校区管理　458
　　安全保卫　458c
　　安全消防　458c
　　党员队伍扩大　459c
　　党组织建设　459b
　　对外联络　458b
　　规章制度完善　458a
　　基础设施改造　458b
　　理论与实践学习　459b
　　日常行政　458a
　　日常运行保障　458c
　　入驻实验室　458a
　　行政管理　458a
　　应急机制　458c
　　运行保障　458b
　　租赁办学单位情况　458b
常鹏本　152a
长岛奖学金　596a
长江学者　62、532
　　奖励计划特聘教授、讲座教授　62
　　名录　532
城市与环境学院　86c
　　本科生教学　87a
　　大学生环境教育基地　88b
　　党风廉政建设　88a
　　党建工作　87c
　　党组织建设　88a
　　队伍建设　87a
　　教育教学　87a
　　科研项目　87c
　　思想政治学习　87c
　　学生工作　88a
　　学生管理和就业　88a
　　研究生教学　87b
成人教育学生　62
成舍我奖学金　596a
筹措资金　31b、35b
筹资融资能力　60a
创建工作　13a、14b、42b
　　主线　14b
　　自信　13a
创建世界一流大学　7、11、12、14a、34a、43a
　　长期战略任务　11a
　　奋斗目标　11a
　　基本思路　12a
　　形势分析　12a
　　战略设想　12a
创先争优　10b、20b、22b、26a
　　活动　10b、22b、26a
　　水平　20b
创新奖　579、580
　　社会活动类　580b
　　体育类　580a
　　文艺类　580a
　　学术类　579a
创新能力　43a
崔琦实验室　410b

D

大事记　640

索　引

大型仪器设备购置论证统计（表）
　　453
大型仪器设备开放测试基金
　　449、450
　　　　开放仪器一览（表）　450a
　　　　使用情况（表）　449b
大学生思想政治教育　27a、46b
大学堂顶尖学者讲学计划　46a
大专毕业学生名单　619b
戴德梁行奖学金　594b
党代会筹备　27b
党的建设　7a、9b、11a、11b、19a、44b
党的建设科学化水平　20a、38a、45a
　　　　新任务认识　38a
党的工作　44b
党的教育方针贯彻　7b
党的先进性建设　9b
党发文件目录（表）　545
党风建设　20a
党风廉政建设　23b、27a、47a
　　　　责任制　23b
党管干部　19b、26b
党管人才　19b、26b、45b
党建评估　45a
党建与思想政治工作　499、551
　　　　奖励名单　551
党委工作　21a、25a
　　　　部署　25a
　　　　总结　21a
党务公开　20a
党员干部思想政治水平　19a
党支部生活质量　20b
档案馆　387c
　　　　档案安全与保密　388c
　　　　档案常规收集　388c
　　　　档案管理　388a
　　　　档案利用服务　388a
　　　　档案收集数量构成（表）　388
　　　　档案收集与整理　388b
　　　　档案业务　388b
　　　　馆藏历史档案整理　388a
　　　　信息化建设　388b
　　　　学术交流　388b
　　　　学校重大活动照片整理　388a
邓真邓琨奖学金　597b
地球与空间科学学院　88c
　　　　党建工作　89c

　　　　交流与合作　90c
　　　　教学工作　89a
　　　　科研工作　89b
　　　　学生工作　90b
第二临床医学院　167b
第八届班级五·四奖杯　562a
第八届北京市教学名师奖　559a
第八届学生五·四奖章　562a
第六届教职工代表大会执行委员
　　会委员名单　68
第六医院　178b
　　　　感染管理　178c
　　　　公共卫生服务　180a
　　　　护理工作　179a
　　　　交流合作　179c
　　　　教学工作　179b
　　　　科研工作　179b
　　　　信息化建设　180b
　　　　医保工作　179c
　　　　医疗工作　178c
第三临床医学院　171b
第三医院　171b
　　　　党建工作　173a
　　　　获奖情况　173b
　　　　交流合作　173a
　　　　科研工作　172a
　　　　学科建设　172a
　　　　医疗工作　171c
　　　　医院文化　172c
第十一次党代会以来学校党的建
　　设和主要工作　7a
第十二次党代会筹备　27b
第一临床医学院　165c
第一医院　165c
　　　　对口支援　166b
　　　　护理工作　166b
　　　　基本建设　167a
　　　　交流合作　167a
　　　　教学工作　166c
　　　　科研工作　166c
　　　　医疗工作　166c
　　　　医院感染管理　166a
电话室　483
　　　　财务管理　484b
　　　　党建工作　484b
　　　　内部管理　484b
　　　　业务发展　484a

电视台　502b
顶层设计　22b
定期出版专业刊物　64
东宝奖教金　560b
东宝奖学金　596a
董氏东方奖学金　589b
杜邦奖学金　588b
对口支援　341a
对外汉语教育学院　117c
　　　　党建工作　118c
　　　　对外合作　118b
　　　　会议讲座　118b
　　　　建院十周年庆典　117c
　　　　交流合作　118b
　　　　教学工作　118a
　　　　科研工作　118b
　　　　留学生语言教学和师资培训
　　　　　118b
　　　　学生工作　118c
　　　　学院新大楼建设　117c
　　　　研究生招生　118a
对外交流　31a、412
　　　　北京论坛　413b
　　　　北美地区　412b
　　　　大学堂顶尖学者讲学计划
　　　　　413c
　　　　大洋洲地区　412c
　　　　港澳台交流　414a
　　　　国际会议　413c
　　　　汉语国际推广　413c
　　　　欧洲地区　412b
　　　　派出工作　414a
　　　　生态文明贵阳会议　413b
　　　　世界伦理中心　413a
　　　　水平和层次　31a
　　　　斯坦福中心　413a
　　　　外国专家工作　413c
　　　　学生海外学习　413a
　　　　亚洲地区　412c
　　　　重点项目　413a
　　　　重要出访　412b
对外开放　18a、43a
队伍作风　44a

E～F

儿童活动与空间主题论坛　94a
发达国家及地区医学研究生培养

索引

经验研究教育研究课题　271a
发展规划工作　409a
　《北京大学学术委员会章程》
　　修订工作　411c
　《北京大学章程》研究和制定
　　411c
　崔琦实验室　410b
　东莞光电研究院　410c
　规章制度建设　411b
　后勤系统中心设置调整　410c
　机构编制管理制度　410b
　继续教育部系统改革　410b
　教育法一揽子修订计划专题
　　研究　412b
　散置遗存修复　411b
　事业规划　410a
　事业规划工作会议　410a
　文物保护日常工作　411a
　文物保护与管理　411b
　文物普查建档　411b
　现代大学制度　411c
　校园规划　410c
　校园规划工作会议　410c
　校园交通环境改善　411a
　校园空间拓展调研　410c
　新一轮校园总体规划修编工
　　作　411a
　学科规划　409a
　学生生活条件改善　411a
　中央公共文化区规划建设
　　411a
发展理念　42a
发展思路　42a
发展战略　14a
发展中国家科学院院士　61
法学院　127a
　党建工作　129a
　法治与发展研究院　128b
　基金设立　128c
　奖助学金工作　129b
　交流合作　129a
　教学工作　128b
　就业指导工作　129a
　科研成果　128a
　科研工作　128a
　科研获奖　128b
　科研课题　128b

　离退休工作　129a
　青年工作　129a
　校友会工作　128c
　行政工作　128c
　学生工作　129a
　学术会议　128b
反腐倡廉建设　20a
方瑞贤奖学金　594b
方树泉奖学金　595b
方正奖教金　561b
　教师特等奖　561b
　教师优秀奖　561b
　优秀管理奖　561b
方正奖学金　593a
房地产管理　437
　成府园区土地征地历史遗留
　　问题　438c
　地下空间与人防工程管理
　　438a
　房地产管理　437a
　房改工作　438b
　房改售房　438b
　房屋产权管理　438a
　房屋维修管理　438a
　公用房调配与管理　437a
　公用房定额管理和有偿使用
　　438b
　公寓及住房日常管理　437b
　家具资产管理　438b
　教职工住房补贴发放　438b
　人防工程管理　438a
　土地与房屋产权管理　438a
　五道口教师住宅置换售房工
　　作　438c
　重点专项工作　438b
　住房调查及审核工作　438b
　住房改革资金测算　438b
　住房日常管理　437b
分会副高职务评议结果（表）　424
分会正高职务评议结果（表）　424
分子医学研究所　189b
　党建工作　191b
　教学工作　191a
　科研工作　189c
　学术交流　190b
奋斗自强　13b
服务国家发展战略　8a、11a、43a

　能力　43a
服务经济社会发展能力　8b
服务社会能力　58b
服务首都　53a、341b
福光奖学金　597b
辅修学生名单　618a
附录　655
附属医院　64

G

改革创新　11a、19a、43a
　动力　11a
　精神　19a、43a
改革发展　11b、18b
　稳定大局　18b
改革开放强大动力认识　38a
干部队伍建设　9b、19b、22b、23a、
　　26a、45b
干部大会主要内容　36b
冈松奖学金　597a
高层次国际人才引进　34b
高等教育改革创新　43a
高端人才队伍　33a、58a
高举旗帜　10b
高科技企业　349
高水平人才队伍建设　30a
高松　3
高校教育论坛　94a
歌剧研究院　119a
　教学工作　119b
　科研工作　119b
各民主党派和归国华侨联合会负
　　责人名单　73
各院、系、所、中心负责人名单　68
跟踪调查管理方法及研究成果国
　　际研讨会　188b
公共服务体系建设　9a
公共卫生学院　157b
　交流合作　158b
　教学工作　157b
　科研工作　158a
　学科建设　158b
　学生工作　158c
公派出国（境）人员　419
　派出类别（表）　419
　学历、职称、年龄分布状况
　　（表）　419

公派留学人员回校工作类别分布
　　（表）　420
工程教育中心　102a
工会负责人名单　70
工会与教代会工作　19b、27a、
　　47b、517a
　　工会组织自身建设　519a
　　教职工队伍建设　518a
　　教职工合法权益维护　517c
　　民主建设　517a
　　体育活动　518b
　　文化活动　518b
　　作用　19b
工勤人员数　62
工学院　99a、338b
　　本科生教学　99a
　　产业发展　102b
　　党建工作　100a
　　对外交流　101c
　　发展工作　102c
　　发展合作　102a
　　工程教育中心　102a
　　工道有限公司　102a
　　工会工作　101a
　　教学工作　99a
　　科研工作　99b
　　人才建设　101b
　　太阳能大赛　338b
　　学生工作　100c
　　研究生教学　99a
　　院地合作　102b
　　资金筹措　102c
工资福利相关其他重要工作（表）
　　428
工作思路　14a
工作主题　15a
供暖中心　476
　　安全工作　477a
　　党建工作　477c
　　党员学习制度　477c
　　服务水平　477a
　　服务意识　477c
　　供暖工作　476c
　　机制完善　477c
　　精神文明建设　477c
　　煤改气工程　476c
　　室内外暖线更新改造工程

　　　477a
　　洗浴环境改善　477b
　　业务发展　476c
　　浴室工作　477b
　　制度建设　477a
共青团标兵　603a
共青团工作　20a、524
　　大学生素质教育　526a
　　纪念青年团成立90周年　525b
　　纪念学生社会实践30周年
　　　525b
　　理论研究　526a
　　青年团干培养　528a
　　青年文明号　527a
　　青年志愿者　527b
　　团的自身建设　530a
　　校园文化建设　527c
　　信息工作　530c
　　宣传引导　526c
　　学生骨干培养　528a
　　学生会　528b
　　学生社团　528b、529b
　　学生思想政治教育　525c
　　学生组织　528b
　　学术科创活动　526b
　　学习第十二次党代会精神
　　　525b
　　研究生会　529a
　　迎接党的十八大　525a
　　组织建设　530b
　　作用　20a
　　作风建设　530c
共青团系统先进集体和先进个人
　　表彰名单　602
古今文化比较研究　17a
固定资产总额　61
顾温玉生命科学奖学金　596a
管理体制　17b、43a
　　改革　17b
　　机制创新　43a
管理与后勤保障　408
贯彻落实党代会精神　39b、43a
　　各项部署　39b
贯彻落实科学发展观根本要求认
　　识　37b
光华管理学院　124c
　　党建工作　126a

　　交流合作　126b
　　教学工作　125a
　　科研工作　125c
　　年度纪事　126c
　　学生工作　126a
光华奖学金　597b
广东省、深圳市重点实验室（表）
　　292
归国华侨联合会负责人名单　73
国华奖杰出学者奖　560a
国际关系学院　119c
　　党建工作　121c
　　交流与合作　120c
　　教学工作　120a
　　科研活动　120a
　　学生工作　121c
国际化　11a、43a
　　发展　11a
国际交流合作　9a、18a、34b、53b、
　　59a、289c
　　质量与层次　59a
　　层次与质量　53b
　　科技合作项目　289c
国际一流人才队伍　33a
国际影响力　59a
国家发展研究院　147a
　　北大国际BiMBA　147b
　　国家自然科学基金项目　147b
　　交流合作　147c
　　教学工作　147a
　　教育部人文社会科学研究项
　　　目　147b
　　科研工作　147b
　　科研奖项　147c
　　科研项目　147b
　　双学位教学与管理　147a
　　研究成果　147c
　　研究生教学与管理　147a
国家工程实验室　288b、291（表）
国家工程研究中心　64、288b、291
　　（表）
国家级重点实验室（表）　290a
国家建设高水平大学公派研究生
　　项目　266c
国家奖学金　589b
国家杰出青年科学基金获得者　62
国家实验室　64、288a 290a（表）

国家重大基础设施建设项目　288b
国家重点（培育）学科　63
国家重点实验室　64、288b、290a
　　（表）
国家重点学科（一级）　63
国家自然科学基金委员会资助各
　　类项目　288c
国内合作　33b、53a、58b、340

H

海外高层次人才引进计划　61
海外科技合作　50b
航天科工奖学金　594
　　一等奖学金　594a
　　二等奖学金　594b
　　三等奖学金　594b
和谐发展战略　15b
和谐校园建设　18、24a、27b
　　合力　24a
红楼艺术奖　578b
红旗团委　602a
后勤保障　31a、408、474
　　服务机构　474
　　水平　31a
后勤党委　467
　　党代会相关工作　467c
　　党风廉政建设　468b
　　队伍建设　467b
　　工团工作　468c
　　管理服务党员　468a
　　基层党建工作　468a
　　老干部工作　468c
后勤队伍建设　35a
后勤改革　55b
胡锦涛　37a、38b
胡晓偶奖学金　596b
护理管理　335a
护理学院　159a
　　百年庆典　163b
　　本专科教育　159b
　　继续教育　159c
　　交流合作　163a
　　教学工作　159a
　　科研工作　159c
　　科研项目情况（表）　161
　　社会服务　163b
　　学生交流　163a

研究生教育　159a
与澳大利亚 Deakin 大学学生
　　交流活动　163a
与美国宾夕法尼亚大学学生
　　交流活动　163a
与挪威 Oslo&Akershus 大学
　　学院学生交流活动　163a
主编教材情况（表）　162
华为奖学金　594a
化学与分子工程学院　80a
　　本科生学位授予专业设置　81a
　　成果统计　82c
　　党建工作　82b
　　获奖情况　82b
　　教师成就　81c
　　教学工作　81b
　　教学及研究机构（表）　81
　　就业工作　82a
　　科研项目　83a
　　年度纪事　83c
　　五年制博士学位授予专业设
　　　置及研究方向　81a
　　学生工作　82a
　　学生活动　82b
　　学生招录　82a
　　学生资助　82b
　　学术交流　83a
　　专业设置　81a
环境科学与工程学院　106a
　　本科生教学　106b
　　党风廉政建设　107b
　　党建工作　106c
　　党建活动亮点　107a
　　科研成果　106c
　　人才培养　106b
　　学生工作　107b
　　学术交流　106c
　　研究生教学　106a
黄昆一李爱扶奖学金　596b
黄廷方/信和青年杰出学者奖　562a

J

基本数据　61
基层党组织建设　9b、20b、22b、26a
基层基础建设　24b
基础设施建设　9a
基础医学院　154a

创新人才培养项目　154c
获奖情况　155c
教改工作进展　154b
教改经验全面总结　154b
教学工作　154c
科研工作　155a
实验教学改革　154c
学科建设　155b
基地科研工作　317c
基建工作　459
　　北京大学附属小学体育馆
　　　　461b
　　餐饮综合楼　461b
　　工程前期报批　461a
　　工程项目管理　460a
　　环境科学大楼及景观设计学
　　　大楼　461a
　　基建投资计划与完成　459c
　　竣工工程　460a
　　软件工程大厦　461a
　　沙特国王图书馆分馆　461b
　　生命科学科研大楼　461a
　　实验设备2号楼　461b
　　学生公寓　461b
　　在施工程　460b
　　制度建设　459b
机构研究　50b
机构与干部　65
亟待解决的问题　11b
集成聚焦战略　15b
季羡林奖学金　596a
纪检监察工作　509
　　大学生廉洁教育　510b
　　党风廉政建设工作会　510a
　　党风廉政建设责任制检查汇
　　　报会　511a
　　第十二次党代会　509a
　　调研成果　512b
　　调研工作及成果　512a
　　反腐倡廉教育　510b
　　反腐倡廉制度建设　510c
　　干部队伍建设　512c
　　干部工作监督　511c
　　工作要求　510c
　　工作自查　511a
　　基建工程项目监督　511c
　　纪检监察工作会议　510a

索　引

　　纪委会　512c
　　交流活动　513b
　　教育收费工作监督检查　511c
　　科研经费管理监督　512a
　　廉政风险防范管理　511b
　　廉政文化作品大赛　510c
　　片组会议　512b
　　入党积极分子专题教育　510b
　　五道口住房分配监督　511c
　　物资采购招投标监督　511c
　　下发通知　510c
　　小金库专项治理　512a
　　信访与案件　511b
　　巡视检查　511b
　　医德医风建设　512a
　　招生工作监督　511c
　　专项检查　510c
继续教育　32b、52a、279
　　毕业生情况　279c
　　成人高考　279b
　　成人教育学院　281a
　　多种合作办学　281c
　　访问学者　280a
　　非学历教育　280a
　　进修教师　280a
　　培训中心　282a
　　授予学位情况　280a
　　网络教育　279b
　　违纪处分　280a
　　校区基础设施建设　281c
　　学历教育　279b
　　学术成果　280b
　　学位英语考试　280a
　　圆明园校区资源优势　281c
　　在校生情况　279c
　　招生情况　279b
　　自学考试　280b
计算机辅助调查技术用户经验交
　　流会研讨会　188a
计算机科学技术研究所　102c
　　党建工作　104b
　　交流合作　104b
　　教学工作　103a
　　科研工作　103a
　　王选纪念陈列室　104a
计算中心　396a
　　8号机房更新改造　396c

CERNET、CNGI－CERNET2
　　北大主节点建设　397a
　　IPv6校园网建设　397a
　　安全服务能力　397b
　　党风廉政建设　398c
　　党建工作　398c
　　电子校务建设　398a
　　高考语文阅卷环境支撑　396b
　　高性能并行计算　398b
　　工会工作　398c
　　机房系统优化　396b
　　计算机实习机时　396b
　　楼宇汇聚网络支撑环境　397a
　　楼宇网络新建及改造　396c
　　人文上机平台　396c
　　赛事支撑环境　396b
　　微机教学实验环境　396b
　　校工会网站开发　396c
　　校园网建设　396c
　　校园网主干网环境　397a
　　校园无线网络建设　397a
　　新版北大运动会信息管理系
　　　统开发　396c
　　信息服务质量　397b
　　英语教学实习机时　396b
佳能奖学金　592b
建筑与景观设计学院　93a
　　儿童活动与空间主题论坛　94a
　　交流合作　93b
　　教学科研　93b
　　年度纪事　94a
　　全国高校景观设计毕业作品
　　　交流暨高校教育论坛　94a
　　社会服务　93c
　　生态治水　94a
奖教金名单　559
奖励　551
奖学金　61、580a
　　名单　580a
　　项数　61
　　总额　61
交叉研究　31b
交流合作　340a
教代会工作　517a
教辅人员数　62
教师队伍　9b、16b、53a、415、424
　　党员建设　9b

　　国籍/地区构成(表)　415
　　建设　16b
　　晋升正高人员年龄与学历情
　　　况(表)　424
　　晋升正高人员任职时间与教
　　　学任务、科研文章统计(表)
　　　424
　　问题　53a
　　学历分布(表)　415
　　学缘结构(表)　415
教授名录　534
教学科研　59b、63、367、559
　　单位　63
　　服务机构　367
　　奖励　559
　　空间拓展　59b
教学优秀奖获奖名单　559a
教育部　27b、288b、289c、291
　　工程研究中心(表)　291
　　巡视　27b
　　重点实验室　288b、291(表)
　　资助项目　289c
教育基金会　496
　　机构建设　497b
　　捐赠情况　496a
　　人才培养　496b
　　师资队伍建设　496c
　　项目管理　496c
　　项目实施　496b
　　校园建设　496c
　　学科建设　496c
教育教学改革　8a、30b、51b、57b、199
教育学院　139b
　　党建工作　142a
　　横向、委托和国际合作项目情
　　　况(表)　140
　　获奖情况　141b
　　交流合作　143a
　　教学工作　139c
　　科研工作　140c
　　纵向项目情况(表)　140
教育质量　8a
教职工　60、61、68
　　代表大会执行委员会委员名
　　　单　68
　　待遇合理增长机制　60a
　　情况　61

数量 61
　　住房紧张状况改善 60a
今后五年工作任务 16a
晋升副高人员 425
　　年龄与学历情况统计(表) 425
　　任职时间与教学任务、科研文章统计(表) 425
精神面貌 25b
精神卫生研究所 178b
精神文明建设 18b
精神状态 25b、42a
精致化工作理念 23b
经济建设、政治建设、文化建设、社会建设以及生态文明建设重大部署认识 38a
经济学院 122a
　　百年庆典 122c
　　本科工作 123c
　　获奖情况 123a
　　继续教育 124c
　　交流合作 124a
　　教学工作 123c
　　教学评估 123c
　　科研工作 123a
　　科研机构 123b
　　课程开设 123c
　　留学生教学管理 123c
　　项目与成果 123a
　　学生工作 124b
　　学术论坛 123b
　　研究生工作 123c
　　一级学科评估 124a
九三学社 74
　　北京大学第二委员会 74
　　北京大学委员会 74
居民对医疗卫生服务的满意度调查 188a

K

开放办学 53b
开放合作战略 15b
开好党代会要求 27b
康宁奖学金 595a
考古文博学院 110a
　　党建工作 111a
　　第二课堂 111b
　　获奖情况 110c

　　基层党建 111a
　　奖助和就业工作 111b
　　教学工作 110b
　　科研工作 110c
　　科研项目 110c
　　人才培养 110a
　　实习基地建设 110a
　　学科建设与评估 110b
　　学生工作 111a
　　学生心理健康 111b
　　学术成果 110c
　　学术会议 111a
　　院庆活动 111b
科技部主管各类项目 289a
科技创新能力 17a
科技奖项 290a
科技开发 336
　　产业技术研究院理事会 338a
　　成果收集 336a
　　成果推广 336b
　　创新创业研究及培训 338a
　　地方合作 336b
　　工学院太阳能大赛 338b
　　合同管理 337a
　　会议举办 338b
　　交流与合作 337a、338a
　　经费管理 337a
　　校企创新 337b
　　医学部专利工作 338b
　　院系走访 338b
　　知识产权培训 338a
科技开发部 336a、339
　　签署技术合同分布区域统计名单(表) 339
科维理天文与天体物理研究所 191b
　　交流与合作 192a
　　教学工作 191c
　　科研工作 191c
　　科研论文及专著 191c
　　科研项目和基金 191c
　　日常学术活动 192a
　　学术研讨会 192a
科学发展 8a
科学发展观统领学校发展全局 11a
科学理论学习 9b
科学研究 287

科研成果 290a、316a
科研创新体系 50b
科研工作 30a、32b、51b
　　保密意识 32b、51b
　　水平 30a
科研机构 62、317a
　　人员数 62
科研经费 288c、295
　　分类统计(表) 295
科研竞争力 57b
科研实力 57b
科研体制改革 17a
科研项目 288c、315a
科研组织 34b、43a
　　体制创新 43a
可持续发展 35b
客座教授 655
口腔医院 173c
　　党建工作 175a
　　后勤工作 175b
　　交流合作 175a
　　教学工作 174c
　　科研工作 174c
　　年度纪事 175c
　　年度人物 175c
　　医疗工作 174a
　　医院文化 175b

L

蓝天杯海峡两岸篮球邀请赛 152a
乐森旬—白顺良奖学金 596b
乐生奖学金 595b
雷声 152c
离退休工作 431
　　工作调研 432a
　　工作队伍 431a
　　关工委秘书处工作 432b
　　老有所为 431c
　　落实生活待遇 431c
　　落实政治待遇 431b
　　上级表彰与奖励 432c
　　特色活动 432a
　　退休典礼 432b
离退休人员数 62
李长春 2
李长春观看北京大学原创歌剧《钱学森》 2

索 引

李惠荣奖学金　597a
李彦宏奖学金　591b
李彦宏山西优秀学生奖　592a
理工科与医科科研　287
　　SCI数据库收录的北京大学为第一作者单位的论文及分布总体情况　305a
　　北京市科学技术奖项目（表）　304
　　北京市科研项目　290a
　　北京市重点实验室　288b
　　出版理工医科类著作目录（表）　305
　　到校科研经费分类统计（表）　295
　　高等学校科学技术奖项目（表）　303
　　国际科技合作项目　289c
　　国家工程实验室　288b
　　国家工程研究中心　288b
　　国家科学技术奖项目（表）　302
　　国家实验室　288a
　　国家重大基础设施建设项目　288b
　　国家重点实验室　288b
　　国家自然科学基金委员会资助各类项目　288c
　　获国家自然科学基金面上和青年基金项目数和经费数（表）　297
　　获批的"863计划"课题（表）　301
　　获批的公益性行业专项（表）　302
　　获批的国家重点基础研究发展计划课题（表）　300
　　获批的国家重点基础研究发展计划项目（表）　299
　　获批的国家自然科学基金重大国际合作项目（表）　299
　　获批的国家自然科学基金重大项目（表）　299
　　获批的国家自然科学基金重大研究计划（表）　299
　　获批的国家自然科学基金重点项目（表）　298
　　获批的科技部国家重大科学仪器设备开发专项（表）　301
　　获批的支撑计划课题（表）　301
　　获批的重大科学研究计划课题（表）　301
　　获批的重大科学研究计划项目（表）　300
　　获批国家自然科学基金国家重大科研仪器设备研制专项（表）　299a
　　获批国家自然科学基金项目（表）　296
　　教育部重点实验室　288b
　　教育部资助项目　289c
　　科技部主管各类项目　289a
　　科技奖项　290a
　　科研成果　290a
　　科研基地建设　288a
　　科研经费　288c
　　科研项目　288c
　　理工科获得其他国际（地区）合作项目（表）　311
　　理工科新批科研项目（表）　294
　　理工科虚体研究机构管理　288a
　　理工类国际学术会议和研讨班情况统计（表）　309
　　理工医科获得科技部政府间国际合作项目（表）　311
　　理工医科获批创新团队发展计划名单（表）　302
　　理工医科获批的教育部重大项目（表）　302
　　理工医科获批的新世纪优秀人才支持计划名单（表）　302
　　理工医科科研项目到校经费（表）　295
　　理工医科在研科研项目数分类统计（表）　293
　　论文专著　290b
　　其他部门科研专项　290a
　　青年教师入选北京市科技新星计划名（表）　302
　　医科新增科研项目（表）　296
　　医学部获批国家自然科学基金项目数和经费数（表）　297
　　医学类国际学术会议和研讨班情况统计（表）　309
　　中华医学科技奖项目（表）　304
　　专利　290c
　　理工医科在研科研项目数分类统计（表）　293
理论创新　19b
理学部学术委员会　67
历史方位判断　12a
历史学系　109a
　　党建工作　109c
　　交流合作　109c
　　教学　109b
　　科研　109c
　　历史文化节　110a
廉洁从教意识　10a
廉洁从政意识　10a
两个更加集中　42b
两条主线　14b、42b
廖凯原奖学金　580a
林超地理学奖学金　596a
临床肿瘤学院　176a
领导班子　19、26a
　　建设　19b、26a
　　水平　19a
领导水平　19b
领军人才　11b
刘淇　3
　　看望高松院士　3
刘延东　3、39
　　看望徐光宪、吴树青　3
留学生（硕士、博士）名单（表）　635
留学生获得学士学位名单　614a
留学生与港澳台学生教育　34b、285
　　第九届国际文化节　286a
　　港澳台学生工作　286b
　　港澳台学生活动　286b
　　留学生文体活动　286a
　　留学生新生奖学金　286a
　　留学生招生工作　285a
　　自主招生　34b
论文专著　290b
绿色校园　18a、59b
　　建设　59b
绿叶生物医药杰出青年学者奖　562a

M～P

马克思主义学院　137b
　　毕业生就业去向统计（表）
　　　138
　　党建工作　138b
　　党员发展　138c
　　交流与合作　139a
　　教学工作　138a
　　科研工作　138b
　　思想建设　138b
　　学科建设　137c
　　学生工作　138c
　　院庆活动　139a
媒体报道北京大学消息索引（表）
　656
　　版面　656
　　报刊名称　656
　　出版日期　656
　　副题　656
　　主题　656
　　作者　656
民生　24a、27b、31a、35a
　　服务　35a
　　工程　24a、27b、31a
民主参与　24a
民主党派　73、509
　　负责人名单　73
　　组织机构状况（表）　509
民主管理　10a、24a
民主监督制度　24a
民主建设　20a
名誉博士　655
名誉教授　655
内部管理体制改革　17b
内涵发展主线　14b
能力建设　19b、20a
凝聚共识谋划未来　22a
欧阳爱伦奖学金　596a
普通本专科毕业生一次就业率　63

Q

其他部门科研专项　290a
其他人员数　62
其他省部级研究基地（表）　293
《钱学森》原创歌剧　2
青年教师队伍建设　16b
青年千人计划　62
区域发展服务机构　341
全国高等教育学籍学历管理工作
　560
　　先进个人　560a
　　先进集体　560a
全国高校辅导员年度人物　556b
全国高校景观设计毕业作品交流
　暨高校教育论坛　94a
全国优秀博士学位论文情况统计
　（表）　272
全面推进重点突破工作方针　11a
全面学习宣传贯彻十八大精神　45a
全球前1％的学科　63
全球数量科学奖学金　593a
全日制学生　62
全职人员　415
　　分布情况（表）　415
　　职称分布（表）　415
群众观点　10a

R

人才队伍　26a、33、45b
　　建设　26a、33b、45b
人才工作理念创新　52b
人才培养　8a、16a、32a、43a、
　51b、57b
　　模式创新　43a
　　质量　8a、51b、57b
人才强校战略　33a
人才体制机制改革创新　33a
人才优势提升　16b
人口研究所　145b
　　党建工作　146c
　　国际学术交流　146a
　　国内学术交流　145c
　　交流与合作　145c
　　科研成果　145b
　　科研工作　145b
　　科研项目　145b
　　社会服务　146b
　　重要奖励　145b
人民医院　167b
　　安全生产　170b
　　财务管理　170c
　　党建工作　171a
　　改革试点　167c
　　管理机制　170a
　　合作交流　171a
　　后勤工作　170a
　　护理工作　168c
　　获奖情况　171b
　　技术难题攻克　170a
　　教学工作　169a
　　科研成果与专利　170a
　　科研工作　169c
　　科研论文与著作　170a
　　科研平台建设　170a
　　科研项目管理　169c
　　空间规划调配　170c
　　人才培养　169c
　　人力资源管理　170b
　　社会资源引入　170a
　　信息化　170c
　　学科发展　169c
　　阳光工程廉政建设机制　170b
　　医疗工作　168a
　　运营工作　170b
　　资源避免浪费　170a
人事管理　414
　　博士后管理　429a
　　高端人才　421a
　　工资与福利　427b
　　减员情况　418a
　　奖教金评审工作　419a
　　教职工队伍状况　414b
　　劳动合同制职工管理　426a
　　培训中心工作　430c
　　人才服务　430c
　　人才开发　419c
　　人事档案管理　430b
　　社会保险　428c
　　团队　421a
　　校本部派出国别（表）　419
　　增员情况　416a
　　专项培训　420a
人事制度改革　16b
人文基金人员分布及资助情况
　（表）　420
人文杰出青年学者奖　561b
人文社会科学　34a、51b
　　发展　34a
　　建设　51b
人文校园　18a

索 引

人文学部学术委员会 67
人物 531
软件与微电子学院 104c
 党建工作 105b
 交流合作 105c
 教学工作 105a
 学生工作 105b
 招生就业 105c
软实力建设 59a

S

三步走战略 14a、42a
 设想 14a
三好学生 564a、565a、567b
 标兵 565a
三菱东京日联银行奖学金 596b
三菱商事国际奖学金 584b
三星奖学金 588a
厦门北大泰普科技有限公司 361c
 合作交流 362a
 回报社会 362a
 获奖情况 362a
 年度纪事 362a
 研究开发 361c
 业务发展 362a
膳府奖学金 588a
摄影组 503b
社会保险缴费情况（表） 429
社会服务 18a、31a、33b、53a、287
 能力 18a、53a
社会工作奖 576a
社会贡献力 33b
社会捐赠奖学金、助学金、奖教金
 （表） 497
社会科学学部学术委员会 67
社会学系 131a
 博士后工作 132c
 党的基础知识培训 133b
 党建工作 133a
 党团活动 134a
 党员统计 133b
 教学工作 131c
 科研工作 132c
 廉洁教育 133b
 思想建设 133a
 思政育人 133c
 系庆活动 131b

学生发展 134a
学生工作 133b
学生就业 134b
学生资助 134a
制度建设 133a
志愿服务活动 134b
组织建设 133a
社会学与人口学研讨会 188a
社会育才张令昭奖学金 584a
社会主义办学方向 7b
社会主义核心价值体系 17a、
 19b、46a
 建设 17a、19b
深港产学研基地 344b
 产业孵化 345a
 高层次人才培养 345a
 公共研发平台 345a
深圳市重点实验室（表） 292
深圳研究生院 36a、193c
 城市规划与设计学院 196b
 国际法学院 197b
 国际化高水平人才队伍建设
  194b
 化学生物学与生物技术学院
  195c
 环境与能源学院 196a
 汇丰商学院 197a
 科研实力 194b
 人文社会科学学院 198b
 校区发展 193c
 信息工程学院 194b
 学科整合与提升 194a
 学习贯彻党的十八大精神
  193c
 学习贯彻学校第十二次党代
  会精神 193c
深圳医院 183c
 党建工作 185b
 护理工作 184b
 护理团队轮训 185a
 基建工作 185a
 教学工作 184c
 科研工作 184b
 科主任轮训 185a
 人才培养 185a
 信息化建设 185b
 业务骨干培训 185a

医疗工作 183c
院士论坛 185a
申请撤销的理工科虚体研究中心
 （表） 293
审计工作 435
 建设财务拨款审计 436c
 建设工程管理审计 436b
 建设工程投资评审 436b
 经济责任审计 436a
 内部控制审计与调查 436a
 三重一大经济事项 436c
 审计工作数量与绩效 435a
 审计专业化建设 436c
 肖家河项目拆迁管理审计
  436c
 预算执行审计 436a
 造价管理审计 436b
 招标管理审计 436b
 专业规范建设 437b
 专业技术建设 437c
 专业业人才建设 436c
 综合管理审计 435c
沈同奖学金 586b
生命科学学院 84c
 党建工作 85c
 工会工作 86c
 教学工作 85a
 科研工作 85c
 太平洋大厦改造 86b
 校友工作 86c
 新科研楼建设 86b
 学生工作 86a
生态治水 94a
省部共建国家重点实验室培育基
 地（表） 291
省部级设置的研究（院、所、中心）、
 实验室 64
省部级重点学科 63
 交叉学科 63
 一级学科 63
 二级学科 63
师德建设 25b
师生工作、学习和生活条件改善
 60a
师资队伍建设 8b、52b
师资人事制度改革 58a
十八大前学校安全稳定工作 48a

十佳团支书　603a
十佳学生党支部书记　564a
实干创业　15a
实践育人工作　52b
实验动物科学部　402a
　　党建工作　402c
　　动物实验服务　402b
　　教学与培训　402b
　　伦理审查　402c
　　年度纪事　403a
　　设备更新　402c
　　设施改造　402c
　　实验动物生产供应　402b
　　文章发表　402c
　　医用废弃物清运　402c
实验室与设备管理　441
　　985工程/211工程设备经费
　　　管理与执行　442c
　　大型教学科研仪器设备使用
　　　情况调查及分析　443a
　　大型科学仪器公共平台建设
　　　442b
　　大型仪器设备测试服务　443a
　　大型仪器设备开放测试基金
　　　申报和评审　443a
　　地铁振动影响评估专项工作
　　　444c
　　辐射安全与防护　444b
　　国家科技基础条件资源调查
　　　443b
　　国内仪器设备采购　443c
　　国外仪器设备采购　443c
　　环境保护　444c、444a
　　境外赠送接受　444a
　　旧仪器设备报废、调剂与回收
　　　443c
　　科教用品免税办理　444a
　　科普基地建设　443b
　　实验技术队伍建设　442a
　　实验教学改革　441c
　　实验教学改革和教学实验室
　　　建设经费评审和执行　442a
　　实验教学示范中心评建　441c
　　实验教学示范中心验收　442a
　　实验室安全与环境保护　444
　　实验室基本情况一览(表)　445a
　　实验室技术安全管理　444a

实验室建设　441c
首都科技条件平台北京大学
　研发实验服务基地建设
　443a
危险化学废物管理与处理
　444a
仪器创制与关键技术研发中
　心建设　443b
仪器设备采购　443c
仪器设备管理　442c
招标采购工作　443c
使命自觉　13a
逝世人员名单　543
首都发展研究院　341a
　　党建工作　344a
　　发展概况　341a
　　服务首都　341b
　　国子监大讲堂　341b
　　科研报告提交情况(表)　343
　　科研工作　342a
　　科研项目承担情况(表)　342
首都高等学校　152、153
　　第33届健美操、艺术体操大
　　　赛　152b
　　第五十届学生田径运动会
　　　152a
　　乒乓球锦标赛　153a
首钢医院　180b
　　本科教育　181b
　　党建工作　182b
　　护理工作　181b
　　获奖情况　181b
　　继续教育　181c
　　健康管理　181a
　　交流合作　182a
　　教学工作　181b
　　科研工作　181c
　　年度纪事　183a
　　社区医疗　181a
　　医保工作　181a
　　医疗工作　180c
　　医院感染管理　180c
　　医院文化　182c
首届计算机辅助调查技术用户经
　验交流会研讨会　188a
授予博士、硕士学位学科专业目录
　(表)　272

授予学士学位名单　606a
数据服务长效机制　50b
数学科学学院　75a
　　党风廉政建设　77a
　　党建工作　77a
　　党建基本情况　77a
　　党员活动　77a
　　队伍建设　77a
　　获奖情况一览(表)　76a
　　获准科研项目一览(表)　75a
　　教学科研获奖项目　76a
　　科研及学术交流　75b
　　学科建设与教学　75a
　　学生工作　77b
　　学生获奖情况　77b
　　资助学生情况　77a
树仁学院奖教金　561a
双学位名单　615b
水电中心　475
　　防汛抢险　476c
　　水电施工工程　476c
　　水电收费管理　476b
　　水电物业管理　476c
　　校园给排水系统　476a
　　校园供电系统　476a
　　校园零星维修　476b
　　业务发展　475c
硕士点　63
硕士学位学科专业目录(表)　272
硕士研究生　62
思想观念　42a
思想理论　19a、21b
　　建设　19a
　　武装　21b
思想政治工作　11b、19a
四个着力点　15a、43b
苏州工业园区奖学金　586b

T

唐仲英德育奖学金　587a
特殊用房管理中心　484
　　财务收支　484c
　　房屋管理　486a
　　房源使用　484c
　　服务第一　486a
　　倾听民意　485b
　　设备维护　486b

索　引

师生至上　485c
室内环境　484c
室外环境改善　485a
贴近民心　485c
维修保洁　485a
宣传工作　486b
浴室维修　485a
员工队伍　486c
特载　1
腾讯创新奖学金　586b
　　特等奖学金　586b
　　优秀奖学金　586b
体育工作　55b
体育馆　393a
　　课余锻炼　393c
　　满意度调查　393c
　　体育教学　393b
　　体育培训　393c
　　校内活动　393c
　　校系服务　393a
体育教研部　148b
　　冰场开放　153c
　　交流合作　153c
　　教学工作　151b
　　科研工作　153a
　　邱德拔体育馆全面开放启动仪式　154a
　　山鹰社岩壁翻修落成典礼　154a
　　体育场馆工作　153c
　　体育活动　148c
　　体育教研部办公地点动迁　153c
　　体育赛事　152a
田村久美子奖学金　587a
田径运动会及校运会获奖情况（表）　148
统战工作　10a、27a、47b、504
　　安全稳定工作　506c
　　党建评估工作　507a
　　党派中央、党派市委换届　505b
　　党外代表人士队伍建设　505a
　　党外人士队伍思想基础　504b
　　党外人士暑期学习考察活动　508a
　　第七届民盟高教论坛　508c
　　港澳台侨工作　507c

海淀区政协领导走访北大区政协委员　507b
理论研究　507b
两会换届工作　505b
民盟组织成立60周年纪念大会　507c
民主党派　506b
民族宗教工作　506c
侨联工作　506b
信息工作　507b
宣传工作　507b
中国民主建国会委员会　508a
作用　19b
图书馆　367a
2008—2012年图书馆分馆读者服务情况统计（表）　372
2008—2012年图书馆馆际互借与文献传递满足率比较（表）　370
2008—2012年图书馆相关读者服务工作进展情况（表）　369
2008—2012年图书馆总馆多媒体服务情况（表）　371
2008—2012年图书馆总馆主页访问情况（表）　371
CALIS全国文理中心　377a
CALIS全国医学中心　377b
PRDLA工作回顾　379b
北大读书讲座　370b
出版物　375b
党建工作　373a
电子文献和多媒体资源　368a
电子资源订阅情况统计（表）　368
电子资源检索服务　369a
读者到馆服务　369c
读者服务创新　370a
对外交流　377b
多媒体服务　371a
分馆服务与建设　372b
分馆建设进展　372b
服务时间延长　370a
高校图工委与中国图书馆学会高校分会　378c
高校图书馆数字资源采购联盟　378b

高质量医药电子资源　377b
工会工作　374a
古籍与特藏整理　369b
馆藏数字化　368b
馆际互借　369b、377b
馆庆主页　376a
国际会议　376a
基础设施保障　372b
建馆110周年系列活动　375c
科研机构　376b
科研项目一览（表）　374
课题咨询　371a
领导职务变动情况（表）　373
培训工作　377b
人力资源建设　373b
人员流动情况（表）　373
书刊采访工作统计（表）　368
数字图书馆门户　371b
数字图书馆研究所　376b
微电影　376a
文献传递　369b、377b
文献服务　378a
文献捐赠　368a
文献信息资源体系　372a
文献资源建设　367c
文献资源组织与揭示　368c
西部馆员培训　377c
系列人文活动　370b
向西部院校捐助图书　377c
信息基础设施建设　372a
宣传推广　378a
学科服务　371a
学术成果获奖情况统计（表）　375
学术交流　374c、377b
亚洲史地文献研究中心　376b
医学部及其附属医院文献资源共建共享进程　372c
移动图书馆服务　370c
移动图书馆服务情况统计（表）　370
印本文献采访工作　368a
运行管理　378a
展览　376a
中国高等教育文献保障系统（CALIS）　376b
中国高校人文社会科学文献

中心 377c
中期检查报告 377b
专业技术职务评定工作情况
（表） 373
资源增长 377c
图书馆藏书 61
电子资源 61
一般藏书 61
土地基本情况汇总（表） 439b
团委负责人名单 70

W

外国留学生 62、63
本科学生 63
博士研究生 63
培训 63
硕士研究生 63
外国医师在京行医资格考试中心 336a
外国语学院 113b
本科生培养 114b
毕业情况 114b
党建工作 114a
获北京市哲学社会科学优秀成果奖情况（表） 115
继续教育 114c
教学工作 114b
科研工作 114c
科研奖励 115b
荣誉称号 115b
外事工作 115a
研究生培养 114b
招生工作 114b
专业学位教育 114c
纵向项目申报和立项 114c
外事工作 54a
王惠琴 152a
王家蓉—王山奖学金 588a
王雪东 271b
网络本专科学生 62
网络教育学院 280a
毕业生情况 280b
国家级精品资源共享课申报 281a
教学工作会议 281a
课程互选工作 281a
师资情况 280b

圆梦计划返校活动 281a
招生工作 280b
网络乱象治理 48b
卫生部工程技术研究中心（表） 292
卫生部重点实验室（表） 291
文化传承创新 17a、34a
文化传承与创新 9a、59a
文化创新 43b
文化建设 21b、25a
文化科研 34a
文化引领战略 15a
文科科研 315a
2008—2012年北京大学文科科研经费到账情况（表） 316
2012年下半年北京市社会科学理论著作出版基金资助著作名单（表） 327
北京市第十二届哲学社会科学优秀成果奖（表） 316
成果要报 316b
第六届吴玉章人文社会科学奖 316b
获2011年下半年北京市社会科学理论著作出版基金资助著作名单（表） 326
获2012年上半年北京市社会科学理论著作出版基金资助著作名单（表） 327
教育部"新世纪优秀人才支持计划"文科入选者名单（表） 327
教育部哲学社会科学重点研究基地情况（表） 317
科研成果 316a
科研管理活动 319a
科研机构 317a
科研项目 315a
李长春参观北京大学人文社会科学成果展 319b
人才工作 319a
人文社会科学工作会议 319b
人文社科SSCI、AHCI、SCI论文奖励名单（表） 328
人文社科SSCI、AHCI、SCI论文奖励院系统计（表） 327
社会科学部获2011年度高校信息工作先进单位 320a

文科其他纵向项目立项情况（表） 315
文科主要纵向项目申报和立项情况（表） 315
文科纵向科研课题立项名单（表） 320
吴玉章人文社会科学奖 316b
新世纪人才工作 319a
新体制机构 318a
虚体机构 317c
哲学社会科学骨干研修班 319a
重点研究基地 317b
文科资深教授 62、532
名录 532
吴树青 3
五大战略 15a
五年工作任务 16a
五四奖学金 584b
五四体育奖 578b
物理学院 77a
本科招生与培养 79a
筹资工作 78c
党建工作 79c
党员情况 79c
对外交流 78c
工会工作 79c
科研工作 78b
离退休工作 79c
年度纪事 78a
人才培养 79a
人事情况 78b
实验室建设 79b
校友工作 78c
行政后勤 79b
学科建设 78b
学生工作 79c
研究生招生和培养 79b
物质文明建设 18b

X

西南联大 581b、582
国采奖学金 581b
奖学金 582b
吴惟诚奖学金 582a
曾荣森奖学金 582a
习近平 1、2

索　引

看望徐光宪院士　2
视察北京大学　1
先进班集体　565a
先进党支部　556a
先进性建设　20b
先进学风班　563a
现代大学制度建设　55a
现代教育技术中心　399a
　　多媒体教室环境建设　399c
　　国际国内影响　400b
　　奖励与荣誉　400b
　　教学促进相关工作　399b
　　天线/闭路电视建设　400a
　　优质资源建设　399a
肖家河教师住宅建设工程　55a
肖家河项目建设　440
　　安置房销控团队组建　440b
　　帮助腾退工作　440b
　　拆迁工作阶段性成果　440c
　　拆迁指挥部架构调整　440a
　　方案复函重新获得　441a
　　方案复函取得　440c
　　国家文物局意见　441a
　　建设用地规划许可证　441c
　　教育部立项批复　441b
　　入户测量评估　440a
　　项目规划指标　441b
校办产业管理　346
校办企业职工数　62
校本部　415～420、423～428、509
　　各分会副高职务评议结果
　　　（表）　424
　　各分会正高职务评议结果
　　　（表）　424
　　各学部副教授（副研究员）审
　　　议结果（表）　423
　　各学部教授（研究员）审议结
　　　果（表）　423
　　公派出国（境）人员派出类别
　　　（表）　419
　　公派出国（境）人员学历、职称、
　　　年龄分布状况（表）　419
　　公派留学人员回校工作类别
　　　分布（表）　420
　　工资福利相关其他重要工作
　　　（表）　428
　　减员分布（表）　418b

　　教师队伍学历分布（表）　415
　　教师国籍/地区构成（表）　415
　　教师系列晋升正高人员年龄
　　　与学历情况（表）　424
　　教师系列晋升正高人员任职
　　　时间与教学任务、科研文章
　　　统计（表）　424
　　教师学缘结构（表）　415
　　晋升副高人员年龄与学历情
　　　况统计（表）　425
　　晋升副高人员任职时间与教
　　　学任务、科研文章统计（表）
　　　425
　　民主党派组织机构状况（表）
　　　509
　　全职人员职称分布（表）　415
　　人文基金人员分布及资助情
　　　况（表）　420
　　现有全职人员分布情况（表）
　　　415
　　选留应届毕业生分布（表）　416
　　引进高层次人才名单（表）　416
　　引进人员分布（表）　416
　　增员分布（表）　416
　　增员类别及学历分布（表）　416
校本部产业管理　346a
　　产业管理　346a
　　合作交流　346a
　　回报社会　346b
　　业务发展　346a
　　制度建设　346a
校地合作　8b
校发文件目录（表）　547
校风建设　20a
校机关各部门、工会、团委负责人
　　名单　70
校级三好学生　565a、567b
　　标兵　565a
校级优秀学生干部　571b
校刊　503b
校历　662、664
校领导机构组成名单　65
校企合作　18b
校舍　61、440
　　基本情况汇总（表）　440
　　建筑面积　61
校史馆　389b

　　参观接待　389c
　　党建工作　390c
　　队伍建设　389c
　　内部管理　390c
　　图书资料　391a
　　文物征集与管理　390a
　　校史研究　390a
　　业务交流　390c
　　展览筹办　390a
校友工作　35b、54b、497
　　机构建设　498a
　　配合学校整体发展战略　497b
　　校友服务　497a
　　校友联络　497a
　　重大活动　498a
校园安全　24b、54b
　　管理　54b
校园管理服务中心　30b、35a、478
　　保洁服务　478b
　　财务管理　478c
　　茶饮服务　478b
　　党建工作　478c
　　订票服务　478c
　　服务水平　35a
　　公共服务体系　30b
　　队伍建设　478c
　　环卫服务　478b
　　内部管理　479a
　　年度纪事　479a
　　业务发展　478a
　　园林绿化　478b
校园和谐稳定　11a
校园环境　47a
校园建设　17b
校园媒体建设　46b
校园面积　61
校园民生工程　18b、59b
校园平安　31a
校园生活和服务设施布局　18a
校园文化建设工作　46a
校园秩序　35b、54b
　　管理　35b
校园总体规划编制工作　18a
校长奖学金　601a
协同创新　31b、50b、51a
　　能力　50b
谢培智奖学金　587a

心理学系 90c
　　党建工作 91a
　　交流合作 92b
　　教学工作 91b
　　科研工作 91c
　　人事工作 92b
　　学生工作 92c
新生奖学金 599、600
　　一等奖 599b
　　二等奖 600a
　　三等奖 600b
新体制机构 50a、318a
　　科研机构建设 50a
新闻网 502c
新闻与传播学院 143c
　　本科生教学与管理 143c
　　党建工作 145a
　　继续教育工作 144b
　　教学工作 143c
　　科研工作 144b
　　学生工作 145a
　　研究生教学与管理 144a
新增40万元以上大型仪器设备一览（表） 445a
信息管理系 129b
　　党建工作 130a
　　继续教育 131a
　　交流与合作 131a
　　教学工作 130a
　　科研工作 130b
　　团队管理 130b
　　学生工作 130c
　　学生思想教育 130c
　　学生综合素质 130c
信息化建设与管理 494
　　旧楼改造信息网络建设 495c
　　网站管理与监控 495b
　　新建楼宇信息网络建设 495a
　　信息化服务项目管理 495c
　　信息化建设项目管理规范 495a
　　信息化经费管理 495a
　　信息系统安全管理 495b
　　智慧校园规划制定 494a
信息科学技术学院 94a
　　985/211工程三期建设 97c
　　班团集体先锋榜样 98b

保密工作 97c
表彰先进 95c
博士后工作 97c
党代会精神宣传学习和贯彻落实 95b
党建工作 95b
党团骨干综合素质 98b
党支部建设 95c
奖助工作体系 98b
交流合作 98a
教学成果 96b
教学改革 96b
教学工作 96a
科研成果 97a
科研工作 97a
科研项目和经费 97a
日常教学 96b
社会服务 97a
实验室与仪器设备 97c
协调发展 96a
学籍管理 96a
学生工作 98a
学生工作队伍建设 98c
学生就业指导和服务 98c
学生人文关怀 98b
重点实验室 97b
信息与工程科学部学术委员会 67
形势分析 12a
行政工作要点 31b
行政人员数 62
休斯顿校友会奖学金 582a
徐光宪 2、3
宣传工作 501
　　《北医》报 503c
　　《北医人》杂志 504b
　　北医广播台 504c
　　北医校园橱窗 504c
　　北医新闻网 503c
　　电视台 502b
　　广播台 502b
　　摄影组 503b
　　校刊 503b
　　新闻网 502c
　　新闻宣传 502a
　　医学部校园媒体 503c
宣传思想工作 26b、46a
选留应届毕业生分布（表） 416

学部副教授（副研究员）审议结果（表） 423
学部教授（研究员）审议结果（表） 423
学部学术委员会名单 67
学科布局 49b、50a、57a
　　优化 49b
学科发展建设 17a
　　水平 17a
学科建设 8a、34b、49b、50a、199
　　水平 49b
　　总体战略 50a
学科交叉融合 17a
学科品质 31b
学科数据分析 50b
学科协同创新 51a
学科优化与建设 17a
学科整体竞争力 29b
学生服务管理工作 30b
学生工作 519
　　安全稳定 522b
　　北京大学就业家国战略实施 523c
　　本科新生党员培训班 520b
　　党风廉政建设 519c
　　队伍建设 519c、523b
　　国防教育 521c、522a
　　奖励评优 521b
　　奖学金评选。 521b
　　就业工作队伍建设 524b
　　就业工作信息化建设 524a
　　就业蓝海战略 524a
　　就业指导课程体系 523c
　　军训工作创新 521c
　　课题研究 522a
　　理论研究 522a
　　评选流程规范 521b
　　青年研究中心 524b
　　网络舆情管理 524b
　　校园网络文化建设 524c
　　心理健康教育宣传普及 523a
　　心理危机排查与干预 522b
　　心理咨询工作 522c
　　选留学工干部管理 520a
　　学工系统队伍建设 519c
　　学生党建 520a
　　学生管理 521b

索　引

　　学生就业　523c
　　学生思想政治教育　520a
　　学生心理健康教育　522c
　　学生资助服务　523a
　　学生资助工作　523a
　　迎评工作　520c
　　舆情调研　522b
　　杂志编辑　522b
　　征兵工作　522a
　　制度建设　523b
　　主题教育　520c
学生工作先进单位　559b
学生管理和服务　32a、32b、47b
　　工作水平　47b
学生及学生工作奖励名单　562a
学生思想政治教育　23a
学生宿舍管理服务中心　479
　　2011年度安全管理先进楼管
　　　组评审工作　480b
　　安全保卫工作　480a
　　毕业生离校　480a
　　党建工作　480c
　　队伍建设　480c
　　全国优秀高中生夏令营接待
　　　480a
　　暑期修缮工程　480a
　　未名木器厂工作　480c
　　新生党员培训　480a
　　学生宿舍情况一览(表)　479
　　业务发展　480a
　　迎新工作　480a
学生五·四奖章　562a
学生资助工作　52b
学士学位名单　606a
学术委员会名单　66
学术研究水平　8a
学位评定委员会名单　66
学习传达胡锦涛总书记在省部级
　　主要领导干部专题研讨班开班
　　式上的重要讲话精神　36b
学习传达刘延东同志在教育部直
　　属高校工作咨询委员会第二十
　　二次全体会议上的重要讲话精
　　神　39a
学习传达全国科技创新大会精神
　　38b
学习传达中央领导同志重要讲话

精神　36b
学习贯彻落实第十二次党代会精
　　神　40、41
学习贯彻十七届六中全会精神　25a
学习贯彻中央领导同志重要讲话
　　精神　22a
学习实践科学发展观活动　10a
学习型党组织建设　19a
学习优秀奖　572b
学校管理　43b
学校文化建设　25a

Y

研究生教育　32b、52a、265
　　2012年研究生教育专家研讨
　　　会　270a
　　报名　266a
　　博士生校长奖学金　270c
　　博士生指导教师遴选　268c
　　博士研究生学术新人奖　267a
　　博士研究生指导教师管理和
　　　服务　268b
　　才斋奖学金　270a
　　才斋讲堂系列课程　267c
　　导师信息管理系统　268c
　　第三轮全国学科评估　268b
　　分类培养目标及途径探索
　　　267b
　　分类培养途径探索　267b
　　共建经费日常管理　269a
　　共建项目财务预算　269a
　　继承与创新　269a
　　奖学金覆盖专业学位硕士生
　　　269a
　　奖助工作　269a
　　奖助管理系统建设　270b
　　奖助体系完善　269a
　　交叉学科招生工作　266b
　　接收2012年推荐免试研究生
　　　266a
　　科学实践创新奖设立与评审
　　　270b
　　科研经费资助模式招收研究
　　　生　270c
　　课程建设与评估　267c
　　联合培养研究生　267a
　　录取　266a

　　培养工作　266c
　　日常管理　267c
　　社会科学学部助研津贴发放
　　　270c
　　申请—审核制招收博士生
　　　266b
　　硕博连读选拔培养机制　267a
　　同等学力在职申请学位　268a
　　外单位博士研究接收　267a
　　王文忠-王天成奖学金　270a
　　校外实习基地建设　267b
　　新上岗博士生导师交流研讨
　　　会　268c
　　新增一级学科硕博学位授权
　　　点　268b
　　学科建设　268a
　　学科增补　269a
　　学术道德建设　268a
　　学位工作　268a
　　学位授予　268a
　　学业奖学金改革与完善　270b
　　延期博士生资助与管理　270a
　　研究生创新计划　267a
　　研究生访学项目申请　267a
　　研究生教育国际化　266c
　　研究生培养模式创新　267a
　　研究生院促进交流计划　270b
　　优秀大学生夏令营活动　266b
　　与北京市共建项目管理工作
　　　268c
　　院系绩效评估　268a
　　招生工作　266a
　　招生计划经费收取调控　270b
　　招生选拔机制　266a
　　助教津贴发放　270c
　　助学金资助标准提高　269a
　　专项奖学金评定　270c
　　专业学位研究生教育
　　　267c、270a
　　专业学位综合改革试点　267c
　　自主设置二级学科工作　268b
研究生培养　16b、52a、267a
　　机制改革　52a
　　模式创新　16b、267a
　　质量　52a
研究生院相关工作　55b
燕园街道办事处　487

环境建设　487a
　　基层党建　487a
　　民生建设　487b
　　平安建设　487b
　　全国文明城区创建　488a
　　社区建设　488b
　　网格化社会服务管理　488a
燕园社区服务中心　488
　　党支部活动　489c
　　服务站上门服务　488c
　　公益讲座　488c
　　工会活动　489c
　　呼叫系统　488b
　　家政服务　488b
　　经营管理　489b
　　居家养老服务　488a
　　日照教授花园项目　489a
　　社区服务　488a
　　社区服务队　488c
　　社区服务设施建设　489a
　　文化交流　489a
　　文体活动　488c
　　综合管理　489c
杨芙清—王阳元院士　560b、583a
　　奖教金　560b
　　奖学金　583a
药学院　155c
　　党建工作　157a
　　获奖情况　156c
　　交流合作　156c
　　教学工作　156a
　　科研工作　156b
　　学科建设　156c
医疗卫生服务能力建设　33b
医疗信访　335a
医疗质量管理　335a
医学部　35b、54b、65、67、339、348a、415～418、426、429、470、471、503c、509
　　调出人员岗位及流向分布情况（表）　418
　　调入人员岗位及来源分布情况（表）　417
　　负责人名单　65
　　管理岗位聘用统计（表）　426
　　管理岗位聘用新增情况统计（表）　426

基础设施建设　35a
基建工程规划设计项目（表）　471
基建工程已竣工项目（表）　470
基建工程在建项目（表）　471
教职工基本情况一览（表）　415
接收毕业生情况统计（表）　418
民主党派组织机构状况（表）　509
企业名录　348a
社会保险缴费情况（表）　429
校园媒体　503c
学术委员会　67
重点规划项目（表）　471
专利申请及授权情况统计（表）　339
专业技术二级、三级、四级岗位比例（表）　426
医学部产业管理　347a
　　产业关停并转进展情况（表）　347
　　传统企业关停并转　347b
　　党建工作　348a
　　共建医院工作　347a
　　回报社会　347a
　　教育培训体系　347b
　　廉洁从政教育　348a
　　廉政风险防范管理　348b
　　企业名录　348a
　　思想建设　348a
　　新项目开展　348a
　　医学网络教育　348a
　　在职教育培训中心工作　348a
　　作风建设　348a
医学部档案馆　389a
　　党建工作　389b
　　档案编研　389b
　　档案利用　389a
　　档案收集　389a
医学部发展　9a、34b
　　新阶段　34b
医学部后勤与基建管理处　468a
　　百年庆典　474b
　　城内学生宿舍管理办公室　469c

道路绿化大修　471c
电梯大修工程　472a
队伍建设　472c
房地产管理中心　469a
非在编职工入会　473a
公开公正　473a
沟通交流制度　473a
基础建设　470a
基建制度规范　472a
家属区危旧房改造项目　471a
教室管理服务中心　469a
居委会　469b
劳务派遣管理方式　473a
老公卫楼装修改造工程　471b
目标管理　472c
素质优化　472c
屋面防水工程　471c
西北区医药科技园区综合楼项目　471a
项目管理　472b
校园标识导向项目　472a
校园管理中心　469a
医学部医院　469b
医学信息中心装修改造工程　471b
以人为本　473a
饮食服务中心　469a
饮食管理办公室　469c
幼儿园　469b
运输服务中心　469b
重点工作　473b
重点规划项目　471a
综合游泳馆建设项目　471a
组织完善　472c
医学部继续教育　282c
　　北京市卫生局委托公共课程讲座组织安排　283c
　　北京市住院医师公共课程任务　283b
　　单科进修班管理　283c
　　第二阶段审查与考核　283a
　　第一阶段考核报名与审查　283a
　　对口支援西藏大学教师培养项目　283c
　　对内继续医学教育　284a
　　国内访问学者培训　283b
　　基本情况　282c

继续医学教育课题研究 284a
进修生培养 283b
零散进修管理 284a
新疆汉语骨干教师培养项目 283b
信息化管理系统优化 284b
学科骨干培养 283b
夜大学 282c
住院医师规范化培训 282c
医学部信息通讯中心 400c
　百年庆典 400c
　基础设施 401a
　网络环境 400c
　信息安全 401a
　信息服务 400c
　信息网络电话 401a
　制度建设 400c
医学部研究生教育 271a
　创先争优活动 271b
　德育工作队伍建设 271c
　分委员会工作 272b
　教学成果 272c
　就业工作 271a
　课题研究 272c
　良师益友评选活动 271c
　临床医学专业学位学科体系建设 272a
　论文发表情况 272c
　培养工作 271a
　社会实践项目化管理 271c
　首位口腔医学双博士学位获得者 271b
　学生工作科学化 271c
　学位工作 271a
　研究生班集体及个人奖励表彰 271c
　研究生奖学金工作 271c
　医学教育改革工作 272b
　医学教指委工作 272a
　医学研究生课程体系现状调研 271a
　医药科秘书处工作 272a
　应用型人才培养 271a
　在职攻读公共卫生硕士招生录取工作 272b
　在职人员申请学位 271b
　招生工作 271a

　专业学位建设 271a
　综合工作 271c
医学教育持续发展 54b
医学教育研究所 404b
　对外合作与服务 406a
　教学工作 405c
　科研工作 405b
　论文发表 405c
　团队建设 405b
　学会工作 404c
　学科建设 405b
　医学教育研究 404b
　《中华医学教育杂志》 404b
医学人才培养 35a
医学人文研究院/医学部公共教学部 163c
　党建工作 165b
　交流与合作 165a
　教学改革 164a
　教学工作 164a
　科研工作 164c
　年度纪事 165a
　学生素质教育 164c
　研究生学术沙龙 164b
　医学英语专业 164b
　专业建设 164b
医学图书馆 379c
　CALIS医学中心 384a
　北医百年教材展 382b
　党建工作 384a
　电子资源服务 381a
　电子资源使用统计（表） 381
　读者服务 380a
　服务器品牌、型号和数量一览（表） 383
　工会工作 384b
　基础设施 383b
　继续教育 383c
　交流往来 383c
　科研成果 384b
　科研项目 384c
　科研项目获奖 384c
　人力资源 383b
　网站建设 383c
　信息用户培训教育项目情况（表） 381
　学科化信息服务 382a

　学科评价 382a
　用户使用图书馆远程访问系统情况（表） 382
　资源保障 382b
　自建数据库 383a
医学网络教育学院 284b
　本科学历教育 284c
　管理模式 284c
　基本情况 284b
　技术保障 285b
　教育与培训 285a
　内部建设 285c
　企业化运作 284c
　专科学历教育 284c
医学信息学中心 405a
医药卫生分析中心 401a
　对外服务 402a
　教学工作 401c
　科研成果 401b
　科研协作和交流 401c
　设备新功能开发研发 401b
　新仪器设备采购 401a
　研发基金 402a
医院管理 335
　护理管理 335a
　会议论坛 336a
　评估模型 335b
　社会服务 335a
　外国医师在京行医资格考试中心 336a
　医疗信访 335a
　医疗质量管理 335a
　中国医院协会大学附属医院分会 336a
医院管理处 335a
一个保证 14b
一个目标 14b
以人为本 24a、47b
益海嘉里奖学金 582b
艺术学院 115c
　对外交流活动 117b
　获奖情况 117c
　科研工作 116a
　外请讲座 116c
　校内大型活动 117b
　学科建设 116c
　学生工作 117b

学生艺术团　117b
　　艺术教学　116c
　　艺术教育　116c
引进人才　416、52b
　　分布（表）　416
迎接十八大胜利召开　44b
永旺奖学金　583b
优秀班集体　562b
优秀班主任　557b
　　一等奖　557b
　　二等奖　557b
优秀博士学位论文情况统计（表）　272
优秀德育奖　557a
优秀辅导员　557a
优秀共产党员　551a
　　标兵　551a
优秀团干部　603b
优秀团员　604a
优秀团支部　602b
优秀新生团支书　603a
优秀学生干部　564b、571b
友利银行奖学金　587a
幼教中心　482
　　财务管理　482c
　　党建工作　482c
　　队伍建设　482c
　　内部管理　482c
　　年度纪事　483a
　　业务发展　482b
俞光岩　175c
舆论引导工作　46b
育人成效　32a
育人质量　16a
预算管理　35b
元培学院　185c
　　导师工作　186a
　　第一届飞行国防生培养　185c
　　交流合作　186c
　　教学工作　185c
　　蓝天丰苑支教项目　186c
　　社会实践　186b
　　文体活动　186b
　　新跨学科专业　185c
　　学生工作　186b
　　学术活动　186b
　　学习贯彻十八大精神系列活动　186b
　　志愿服务事业　186c
　　住宿学院管理模式建设　186c
原创歌剧《钱学森》　2
院、系、所、中心负责人名单　68
院系基层建设　17b
院系情况　75
院士　61、531
　　名录　531
运输中心　481
　　财务管理　481b
　　党建工作　481c
　　内部管理　482a
　　业务发展　481b
　　职工队伍建设　481b

Z

在春季全校干部大会上的讲话　21、29
在秋季全校干部大会上的讲话　36、48
在校学生情况　62
在校研究生统计（表）　278
在校院士名录　531
在中国共产党北京大学第十二次代表大会上的报告　7
增员分布（表）　416
增员类别及学历分布（表）　416
曾宪梓奖学金　583a
战略谋划　22b
张炳熹奖学金　581b
张景钺—李正理奖学金　588a
张昀奖学金　581b
章文晋奖学金　582a
招生工作　32b、52a
　　制度改革　32b
哲学社会科学　17、62
　　发展　17a
　　研究　17a
　　资深教授　62
哲学系（宗教学系）　111c
　　百年系庆　113a
　　党建工作　112b
　　获奖情况　112b
　　交流合作　112c
　　教学工作　112a
　　科研成果　112b
　　科研工作　112a
　　科研项目　112a
　　学生工作　113a
政府管理学院　134b
　　党建工作　136a
　　交流合作　135c
　　教学工作　134c
　　科研工作　135b
　　学生工作　137a
　　研究基地　137b
政治发展与政府管理研究所　137b
政治文明建设　18b
政治学基地　137b
正大奖教金　560b
正确办学方向　10b
支撑保障　15a
芝生奖学金　587b、595b
直属院系　63
指导思想　14a
制度　15a、20a、44a
　　创新　15a
　　建设　20a、44a
智慧校园　18a
质量　42b
中关村开放式实验室（表）　292
中国残疾人事业发展论坛　145c
中国大学生体育协会健美操、艺术体操分会换届大会　153a
中国电科十四所国睿奖学金　588a
中国工程院院士　61
中国工商银行　561a、584b
　　奖学金　584b
　　教师奖　561a
　　经济学杰出学者奖　561a
　　经济学优秀学者奖　561a
中国共产党北京大学第十二次代表大会　3
中国国民党革命委员会　73、74
　　北大医院支部　74
　　北京大学支部委员会　73
中国家庭追踪调查　187b
中国健康与疾病负担调查合作协议　189a
中国健康与养老追踪调查　187b
中国科学院院士　61
《中国民生发展报告·2012》　188a
中国民主建国会北京大学委员会

索 引

74
中国民主同盟　73、74
　　北京大学委员会　73
　　医学部委员会　74
中国农工民主党　74
　　北京大学委员会　74
　　北京大学支部委员会　74
中国平安励志奖学金　595a
　　一等奖学金　595a
　　二等奖学金　595a
　　三等奖学金　595b
中国社会科学调查中心　187a
　　交流合作　189a
　　科研工作　187b
　　密歇根大学访问　189a
　　与团委合作　189b
中国石油奖学金　581b、599b
　　塔里木优秀奖学金　599b
中国特色社会主义伟大道路的认
　识　38a
中国特色现代大学制度　44a
中国卫生发展研究中心　406a
　　交流合作　406b
　　科研工作　406b
　　年度纪事　407a
　　学术会议　406b
　　研究产出　406b
　　招生教学　406a
　　政策服务　406c
　　政策简报　406c
　　政策咨询　407a
　　重点研究领域　406b
中国药物依赖性研究所　403a
　　教学工作　404a
　　科研成果　403c
　　科研工作　403b
　　社会服务　404a
　　实验室建设　404b
　　学科建设　403b
　　学术活动　403c
中国医院协会大学附属医院分会
　336a
中国语言文学系　107c
　　党建工作　108c
　　教学工作　108a
　　科研工作　108b
　　学生工作　108c

中国致公党　74
　　北大医院支部　74
　　北京大学支部委员会　74
　　医学部支部　74
中华文化走出去战略　34a
中华医学会医学教育分会医学教
　育科研课题　284b
《中华医学教育杂志》　404b
中华优秀文化传播　34a
中石化英才奖学金　581b
中西文化对话交流　17a
中营奖学金　589a
钟天心奖学金　582b
肿瘤医院　176a
　　党风廉政建设责任制　178a
　　党建工作　177c
　　党建评估自查迎评　177c
　　党务干部培训　177c
　　党支部换届　177c
　　改革与管理　177a
　　护理工作　176b
　　健康促进工作　178a
　　健康大讲堂　178b
　　交流合作　177a
　　教学工作　176c
　　科研工作　176b
　　领导班子建设　177c
　　思想教育　178a
　　医疗工作　176a
　　医院文化建设　178a
　　职业道德教育　178a
重大校园民生工程　18b、47b
重点问题　42a
重点研究基地　317b
周其凤　29、48
周昭庭奖学金　582b
朱善璐　7、21、36
主要举措　16a
住友商事奖学金　584a
专兼职辅导员　62
专科学生　62
专科专业　63
专利　290c
专任教师　61
　　按学历划分　61
　　按职称划分　61
　　数量　61

专文　7
专项工作　35b、55a、602a
　　创新奖　602a
专业技术二级、三级、四级岗位比
　例（表）　426
专业技术职务评审委员会名单　66
专业情况　63
转变发展方式　42b
资深教授名录　532
资源使用效率　54a
资源统筹　35b、54a
　　能力　54a
资源优化配置　54a
总体数据　61
总务工作　461
　　爱卫会工作　462c
　　财务管理　464a
　　队伍建设　465a
　　工程技术学科组职称评审
　　　465c
　　工资返还及上交学校款项情
　　　况：465c
　　后勤干部队伍建设　465c
　　环境美化　462c
　　计划管理　464a
　　家属区阶梯电价表改造　464c
　　节能改造项目情况（表）　464
　　节能工作　464a
　　节能监管平台建设　464b
　　绿色照明推广工程　464b
　　煤改气工程　464b
　　年度纪事　466c
　　人文和谐校园建设　462c
　　实施项目情况（表）　462
　　食堂设施改造　462b
　　水电暖运　462a
　　未名湖北岸区域水平衡测试
　　　464b
　　学生宿舍设施改造　462b
　　学生宿舍远程集中抄表系统
　　　464c
　　预算支出　464a
　　运行管理　462a
　　在职人员人事管理服务　465b
　　专项经费支出　464c
　　自有资金使用　465a
　　综合事务管理　466b

邹恒甫微博事件　36a、48a
组织工作　499
　　班子换届调整　500b
　　创先争优活动总结表彰活动
　　　499c
　　创先争优集中学习阶段收尾
　　　工作　499b
　　党代会工作　500b
　　党建工作　499b
　　党建和思想政治工作迎评检
　　　查　500a
　　党建迎评材料准备　500a
　　党校工作　501a
　　党员发展　500a
　　第39期干部研讨班　501a
　　第3期中青年骨干研修班
　　　501b
　　干部工作　500b
　　干部选拔任用　500b
　　干部在线学习　501c
　　基层党建创新立项　499c
　　基层党建工作制度化规范化
　　　500a
　　检查期间会务组织　500a
　　教职工入党积极分子培训
　　　501c
　　学生入党积极分子培训　501b
　　学习贯彻党的十八大精神
　　　499a
　　学习贯彻学校第十二次党代
　　　会精神　499a
　　支部分类定级工作　499b
　　专题研讨班　501c
　　自查工作　500a
　　总结积累　500a
作风建设　20a
作风问题　44a

（王彦祥、张若舒、张豪越　编制）